Minha vida

Bill Clinton

Minha vida

Editora Globo

Copyright © 2004 William Jefferson Clinton
Copyright da tradução © 2004 Editora Globo S.A.
Tradução publicada mediante acordo com Alfred A. Knopf, divisão da Random House, Inc.

Todos os direitos reservados. Nenhuma parte desta edição pode ser utilizada ou reproduzida – em qualquer meio ou forma, seja mecânico ou eletrônico, fotocópia, gravação etc. – nem apropriada ou estocada em sistema de bancos de dados, sem a expressa autorização da editora.

Título original:
My life

Tradução: Cristina Cupertino (coord.), Paulo Castanheira,
Beth Olinto, Vera Caputo, Helena Londres
e Cássio de Arantes Leite
Preparação: Beatriz de Freitas Moreira
Revisão: Agnaldo Holanda e Valquíria della Pozza
Índice: Luciano Marchiori

Agradecemos a autorização para a transcrição de materiais anteriormente publicados por: Harcourt, Inc., trecho de *The People, Yes*, de Carl Sandburg. Copyright © 1936 by Harcourt Brace & Company. Copyright renovado em 1964 por Carl Sandburg. Reimpresso com permissão de Harcourt, Inc. — Random House Inc.: trecho de *On the Pulse Of Morning*, de Maya Angelou. Copyright © 1993 by Maya Angelou. Reimpresso com permissão de Random House Inc. — *The Washington Post*: trecho de "Opinion Roundup GOP Distorts History", de Edwin Yoder. Originalmente publicado em *The Atlanta Journal and Constitution* (9 de março de 1994) by The Washington Post Writers Group. Reimpresso com permissão de *The Washington Post*. Fizeram-se todos os esforços para identificar os detentores dos direito de publicação. Se necessário, correções serão feitas na próxima edição.

Caderno de fotos: pesquisa, edição e projeto de Vincent Virga, auxiliado por Carolyn Huber.

Crédito das fotos — CADERNO I: com exceção dos casos assinalados, todas as fotos são da coleção do autor. AP/Wide World Photos: página 15, esquerda inferior; *Arkansas Democrat-Gazette*: página 5, direita superior; página 6, esquerda superior; página 10, direita superior; página 15, alto; *Arsenio Hall Show*, cortesia de Paramount Pictures: página 15, esquerda inferior; PF Bentley Archive, Center for American History, UT-Austin: página 13, esquerda e direita centro; página 14, centro à direita e embaixo; PF Bentley/pfpix.com: página 13, embaixo; Donald R. Broyles/Office of Governor Clinton: página 9, centro à esquerda; Clinton Presidential Materials Project: página 14, esquerda superior, direita superior, acima; Tipper Gore: página 13, alto; Harry Hamburg/*Daily News* de Nova York: página 16, inferior; *Morning News of Northwest Arkansas*: página 7, superior; Jim Parry, *The Hope Star*: página 3, esquerda inferior; Brooke Shearer: página 6, esquerda inferior; Joseph Sohm/visionsofamerica.com: página 15, direita superior. CADERNO II: com exceção dos casos assinalados, todas as fotos são do Clinton Presidential Materials Project, Little Rock, Arkansas. AP/Wide World Photos: página 10, direita inferior; página 15, esquerda superior; The Architect of the Capitol: página 1, esquerda superior; Coleção do autor: página 5, direita superior; página 15, centro à direita; Diana Walker/*Time*: página 2, esquerda superior; página 13, embaixo, página 16, esquerda superior.

Dados Internacionais de Catalogação na Publicação (CIP)
(Câmara Brasileira do Livro, SP, Brasil)

Clinton, Bill, 1946-
　Minha vida / Bill Clinton ; [organização da tradução Cristina Cupertino]. – São Paulo : Globo, 2004.

　Título original: My life
　Vários tradutores.
　ISBN 85-250-3888-1
　ISBN 0-375-41457-6 (ed. original)

　1. Clinton, Bill, 1946- 2. Clinton, Bill, 1946- - Família 3. Estados Unidos - Política e governo - 1993-2001 4. Presidentes - Estados Unidos - Biografia I. Título

04-5459　　　　　　　　　　　　　　　　　　　　　　CDD-973.929092

Índice para catálogo sistemático:
1. Estados Unidos : Presidentes : Biografia 973.929092

Direitos de edição em língua portuguesa para o
Brasil adquiridos por Editora Globo S. A.
Av. Jaguaré, 1485 – 05346-902 – São Paulo – SP
www.globolivros.com.br

Para minha mãe, que me deu um amor de vida

Para Hillary, que me deu uma vida de amor

Para Chelsea, que deu alegria e significado a tudo isso

E à memória de meu avô,
que me ensinou a considerar as pessoas que os outros desprezavam,
porque, afinal, não somos tão diferentes assim

Minha vida

Prefácio

Quando me formei em Direito, um jovem ávido por começar a vida, decidi abrir mão temporariamente do meu gosto por livros de literatura e história e comprei um livro de auto-ajuda: *Como controlar seu tempo e sua vida*, de Alan Lakein. A idéia básica do livro dizia respeito à necessidade de enumerar metas de vida a curto, médio e longo prazos, classificá-las por ordem decrescente de importância em grupos A, B e C, e abaixo de cada meta fazer uma lista de atividades para alcançá-la. Ainda tenho o livro, guardado por quase trinta anos. E com certeza tenho aquela lista entre os meus papéis, mas não consigo encontrá-la. No entanto, lembro-me perfeitamente da lista A. Eu queria ser um homem bom, bem casado e com filhos, ter bons amigos, uma carreira política bem-sucedida e escrever uma grande obra.

Se sou um homem bom, só Deus sabe. Tenho consciência de que não sou tão bom quanto meus maiores admiradores acreditam ou quanto espero me tornar, nem tão detestável quanto meus maiores críticos afirmam. Fui fartamente agraciado na minha vida familiar, com Hillary e Chelsea. Como em todas as famílias, a nossa vida também não é perfeita, mas tem sido maravilhosa. Como todo mundo sabe, sou o responsável por quase todas as falhas da nossa família, e o seu pacto contínuo está baseado no amor. Ninguém que eu conheça teve mais e melhores amigos. De fato, pode-se alegar que cheguei à Presidência nos ombros dos meus melhores amigos pessoais, os atualmente legendários Amigos do Bill (FOBs).*

Minha vida política foi ótima. Adorava as campanhas e adorava governar. Sempre tentei fazer uma política correta, dando a mais pessoas a oportunidade de realizar seus sonhos, elevando sua estima e as tornando unidas. Este era o meu lema.

E quanto à grande obra? Com certeza esta é uma boa história.

---

* FOBs: *Friends of Bill*. (N. dos T.)

1

No início da manhã de 19 de agosto de 1946, sob um céu azul após uma violenta tempestade de verão, nasci no Julia Chester Hospital em Hope, uma cidade de 6 mil habitantes no sudoeste do Arkansas, 53 quilômetros a leste da fronteira com o Texas, em Texarkana. Minha mãe, já então viúva, batizou-me como William Jefferson Blythe III, o nome do meu pai, William Jefferson Blythe Jr., um dos nove filhos de um fazendeiro pobre de Sherman, no Texas, que morreu quando meu pai tinha dezessete anos. Segundo suas irmãs, meu pai sempre se esforçou para cuidar delas e acabou se tornando um homem bonito, trabalhador e divertido. Ele conheceu minha mãe no Tri State Hospital em Shreveport, Louisiana, em 1943, quando ela fazia seu estágio de enfermagem. Eu vivia pedindo à minha mãe para me contar a história de como eles se conheceram, namoraram e se casaram. Ele havia trazido uma namorada para ser atendida na enfermaria onde minha mãe estava trabalhando. Enquanto a outra era atendida, os dois conversaram. Ao sair do hospital, ele tocou no dedo em que ela usava um anel e perguntou se era casada. Ela gaguejou um "não" — era solteira. No dia seguinte ele enviou flores para a namorada, porque sempre enviava flores quando terminava uma relação. Então convidou a minha mãe para sair.

Dois meses depois eles se casaram e ele partiu para a guerra. Meu pai serviu nas Forças Armadas na invasão da Itália, como integrante de uma companhia motorizada, consertando jipes e tanques. Quando retornou a Hope, os dois se mudaram para Chicago, onde ele retomou o emprego de vendedor da Manbee Equipment Company. Compraram uma pequena casa no subúrbio de Forest Park, mas teriam de esperar dois meses para se mudar. Como a minha mãe estava grávida de mim, eles decidiram que até lá ela ficaria em Hope. No dia 17 de maio de 1946, depois de fazer a mudança para a casa nova, meu pai dirigia de Chicago para Hope para buscar a esposa. Tarde da noite, na Highway 60 perto de Sikeston, no Missouri, ele perdeu o controle do carro, um Buick 1942, quando o pneu direito dianteiro estourou na pista molhada. Ele foi atirado do carro, mas caiu numa vala recém-aberta para drenar um pântano. A vala de quase um metro de profundidade estava cheia d'água. Quando ele foi encontrado, após duas horas de busca, sua mão estava agarrada a um galho acima do nível da água. Ele havia tentado se salvar. Morreu afogado. Tinha apenas vinte e oito anos de idade, dois anos e oito meses de casado, dos quais somente sete meses vividos com a minha mãe.

Essa breve narrativa é praticamente tudo o que eu de fato soube sobre o meu pai. Durante toda a minha vida tentei avidamente preencher os espaços em branco, agarrando-me a cada fotografia, história ou pedaço de papel que me informasse mais sobre o homem que me deu a vida.

Certo dia, estava sentado na varanda da casa de meu tio Buddy, em Hope — tinha então uns doze anos —, quando um homem subiu os degraus, olhou-me e disse: "Você é filho do Bill Blythe. Você é a cara dele". Fiquei radiante por vários dias.

Em 1974 eu me candidatei para o Congresso. Era a minha primeira candidatura, e o jornal local fez uma matéria sobre a minha mãe. Ela estava tomando seu café num lugar habitual e discutindo o artigo com um amigo advogado, quando um dos freqüentadores, que ela conhecia superficialmente, se aproximou e disse: "Eu estava lá; fui o primeiro a chegar ao local do acidente naquela noite". Ele então contou à minha mãe o que havia visto, inclusive o fato de que meu pai mantivera a consciência ou o instinto de sobrevivência para agarrar-se ao galho na tentativa de sair da água. Minha mãe lhe agradeceu, foi para o carro e chorou; depois secou as lágrimas e foi trabalhar.

Em 1993, no Dia dos Pais, meu primeiro como presidente, o *Washington Post* divulgou uma longa reportagem investigativa sobre o meu pai, e por mais dois meses outras matérias foram veiculadas pela Associated Press e por jornais menores. Os artigos confirmaram o que eu e minha mãe já sabíamos. Também revelaram muitos fatos que desconhecíamos, inclusive que o meu pai provavelmente se casara três vezes antes de conhecer a minha mãe. Parece que teve mais outro filho e uma filha.

O outro filho do meu pai foi identificado como sendo Leon Ritzenthaler, um empresário aposentado de uma administradora de imóveis do norte da Califórnia. No artigo ele dizia que havia me escrito durante a campanha de 1992 e não recebera resposta. Não me lembro de ter ouvido falar nessa carta e, considerando toda a artilharia da qual tentávamos escapar na época, é possível que a minha equipe tenha evitado me mostrá-la. Ou talvez acabou sendo equivocadamente extraviada na montanha de cartas que recebíamos. De qualquer modo, quando li sobre Leon, procurei contatá-lo e posteriormente encontrei com ele e sua esposa, Judy, durante uma das minhas passagens pelo norte da Califórnia. Foi um encontro muito agradável, e desde então nos comunicamos nas férias. Nós nos parecemos muito, sua certidão de nascimento diz que somos filhos do mesmo pai, e gostaria de tê-lo conhecido há muito mais tempo.

Por essa época também recebi a confirmação de um artigo da imprensa sobre Sharon Pettijohn, registrada como Sharon Lee Blythe em Kansas City, em 1941, filha de uma mulher de quem meu pai teria se divorciado posteriormente. Ela enviou para Betsey Wright, minha ex-chefe de gabinete quando eu era governador, cópias da sua certidão de nascimento, da certidão de casamento dos seus pais, de uma fotografia do meu pai e de uma carta do meu pai para a sua mãe perguntando pelo "nosso bebê". Infelizmente nunca a encontrei.

A divulgação dessa notícia em 1993 foi um choque para a minha mãe, que nessa ocasião já vinha fazia algum tempo lutando contra o câncer, mas ela conseguiu contornar. Disse que durante a Depressão e a guerra os jovens faziam muitas coisas que em outra época não seriam aceitas. O importante era que meu pai era o amor da sua vida e ela não tinha dúvida do amor dele por ela. Independentemente dos fatos, era só isso que ela precisava saber, já que a sua vida chegava ao fim. Quanto a mim, fiquei um pouco confuso com tudo aquilo, mas, pela vida que levava, não poderia me surpreender muito com o fato de que meu pai fosse um sujeito com mais complições do que a imagem idealizada com a qual eu convivera por quase meio século.

Em 1994, próximo à comemoração do 50º aniversário do Dia D, vários jornais publicaram um artigo sobre a atuação do meu pai na guerra, com uma fotografia dele de uniforme. Pouco tempo depois, recebi uma carta enviada por Umberto

Baron, de Netcong, Nova Jersey, narrando sua experiência durante e após a guerra. Ele disse que era garoto quando os americanos chegaram à Itália, e que adorava ir ao acampamento deles, onde fez amizade com um soldado, que lhe dava balas e lhe mostrava como os motores funcionavam e como consertá-los. Ele o conhecia simplesmente por Bill. Após a guerra, Baron veio para os Estados Unidos e, inspirado pelo que ouvira do soldado que o chamava de "Recrutinha", montou sua própria oficina mecânica e se casou. Ele me contou que viveu o sonho americano, tendo um negócio próspero e três filhos. Disse que devia muito do seu sucesso àquele jovem soldado, de quem não pôde se despedir naquela outra ocasião, e freqüentemente imaginava o que teria sido feito dele. Então, contou ele, "no Memorial Day deste ano, eu estava folheando o jornal nova-iorquino *Daily News* no café-da-manhã quando de repente levei um choque. Bem no canto esquerdo inferior do jornal estava a foto de Bill. Senti um calafrio ao saber que Bill era nada mais, nada menos que o pai do presidente dos Estados Unidos".

Em 1996, os filhos de uma das irmãs do meu pai compareceram pela primeira vez à ceia anual de Natal da nossa família na Casa Branca e me trouxeram um presente: uma carta de condolências que a minha tia recebera de um parlamentar de quem era eleitora, o ilustre Sam Rayburn, após a morte do meu pai. É só uma pequena carta formal que deve ter sido assinada no automatismo do dia-a-dia, mas agarrei aquela carta com a mesma alegria com que um menino de seis anos recebe o seu primeiro trem elétrico do Papai Noel. Eu a pendurei na parede do meu escritório particular no segundo andar da Casa Branca e a olhava todas as noites.

Pouco depois da minha saída da Casa Branca, eu estava embarcando numa aeronave da USAir em Washington com destino a Nova York, quando um funcionário da companhia aérea me abordou para dizer que o seu padrasto lhe havia dito que servira na guerra com o meu pai e que gostava muito dele. Pedi o telefone e o endereço dele; o homem disse que não os tinha no momento mas que os arranjaria para mim. Estou esperando até hoje, na esperança de haver mais uma conexão humana com o meu pai.

No final do meu mandato de presidente, escolhi alguns lugares especiais para me despedir da função e agradecer ao povo americano. Um deles foi Chicago, onde Hillary nasceu; onde por pouco, no Dia de São Patrício, em 1992, não deixara de confirmar a minha indicação do Partido Democrata; onde muitos dos meus eleitores mais fanáticos moram, e onde muitas das minhas iniciativas governamentais relacionadas à criminalidade, à seguridade social e à educação foram mais eficazes; e, naturalmente, para onde os meus pais se mudaram depois da guerra. Eu brincava com a Hillary dizendo que se meu pai não tivesse perdido a vida naquela auto-estrada molhada do Missouri, eu teria me criado a pouca distância da sua casa e talvez nunca teríamos nos conhecido. O último evento em Chicago se deu no Palmer House Hotel, cenário da única foto que tenho dos meus pais juntos, tirada logo antes da volta da minha mãe para Hope em 1946. Depois do discurso e das despedidas, fui a uma pequena sala onde conheci Mary Etta Rees e suas duas filhas. Ela me contou que tinha praticamente crescido com a minha mãe e que as duas freqüentaram a mesma escola secundária. Depois havia partido para Indiana com o propósito de trabalhar na indústria bélica e lá se casou. Então me deu um outro presente precioso: a carta que a minha mãe, aos 23 anos, lhe escrevera pelo seu aniversário, três semanas após a morte do meu pai, ou seja, há mais de 54 anos. Nos anos dourados da minha mãe. Com sua bela letra, ela escreveu sobre o seu sofrimento e a determinação de continuar: "Na hora foi difícil aceitar, mas você sabe que estou grávida de seis meses e, quando penso no nosso bebê, adquiro forças para imaginar uma vida inteira pela frente".

Minha mãe me deixou a aliança com que presenteou o meu pai, histórias comoventes e a certeza de que ela me amava também por ele.

Meu pai me legou a sensação de que eu teria de viver por dois e que, se eu conseguisse fazer isso, de algum modo resgataria a vida que ele deveria ter tido. Numa idade bastante precoce, em razão da memória do que havia acontecido a meu pai, tomei então consciência da minha própria mortalidade. O fato de saber que também eu poderia morrer jovem me levou tanto a tirar o máximo de cada momento como a buscar sempre o próximo desafio. Mesmo quando não tinha certeza do meu destino, estava sempre com pressa.

2

ALGUMAS SEMANAS PREMATURO, mas com respeitáveis três quilos em um corpo de 53 centímetros, nasci — e bem no dia do aniversário do meu avô. Minha mãe e eu fomos morar na casa dos pais dela na Hervey Street, em Hope, onde eu viveria os meus próximos quatro anos. Aquela casa antiga na época me transmitia imponência e mistério, e ainda hoje guarda memórias remotas. A população de Hope angariou fundos para restaurá-la e decorá-la com fotografias antigas e móveis de época, e dotá-la de registros de fatos importantes. A casa recebeu o nome de Casa do Clinton.* Certamente foi o local do meu despertar para a vida — dos aromas da cozinha rural; das vasilhas de leite e utensílios para fazer manteiga, tábuas de lavar roupa e varais; das pessoas que liam para mim "Dick and Jane", dos meus primeiros brinquedos, incluindo uma simples corrente, o meu preferido; de vozes estranhas no telefone de "linha compartilhada"; dos meus primeiros amigos, e do trabalho dos meus avós.

Depois de aproximadamente um ano, minha mãe achou que deveria voltar para Nova Orleans, para o Charity Hospital, onde ela fizera parte do seu estágio em enfermagem, a fim de se especializar como enfermeira anestesista. Anteriormente eram os próprios médicos que aplicavam a anestesia, e passou a haver maior demanda por essa nova profissão, o que valorizava o seu trabalho, além de nos proporcionar mais dinheiro. Mas deve ter sido difícil para ela me deixar. Por outro lado, Nova Orleans era um lugar incrível depois da guerra, cheio de gente jovem, som de Dixieland e lugares fora de série como o Club My-Oh-My, onde homens vestidos de mulher dançavam e cantavam como verdadeiras beldades. Enfim, não era uma má opção para uma jovem bela viúva se recuperar de uma perda.

Por duas vezes fui de trem visitar a minha mãe com a vovó. Eu só tinha três anos, mas me lembro nitidamente de duas coisas. A primeira é que ficamos no Jung Hotel, em um dos andares mais altos, em frente à Canal Street, no French Quarter. Este foi o primeiro prédio com mais de dois andares em que eu entrava, na primeira cidade de verdade que eu acabava de conhecer. Lembro-me de como fiquei fascinado olhando a cidade de cima, com a sua iluminação noturna. Não tenho lembranças do que a minha mãe e eu fizemos em Nova Orleans, mas nunca me esquecerei do que houve quando embarquei no trem para partir numa dessas vezes. No momento em que o trem começou a deixar a estação, minha mãe se ajoelhou ao lado dos trilhos e chorou enquanto se despedia. Ainda consigo vê-la lá, chorando ajoelhada, como se fosse ontem.

A partir dessa primeira viagem, há mais de cinqüenta anos, Nova Orleans exerce fascínio sobre mim. Adoro a música, a comida, o povo e a alma dessa cidade. Quando eu tinha quinze anos, minha família foi passar as férias em Nova Orleans e

---

* Do inglês, *Clinton Birthplace*. (N. dos T.)

na costa do Golfo, e tive a oportunidade de ouvir Al Hirt, o grande trompetista, no seu próprio clube. De início não nos deixaram entrar, pois eu era menor de idade. Mas quando minha mãe e eu estávamos saindo, o porteiro nos disse que Hirt estava lendo dentro do seu carro logo na esquina, e que somente ele poderia me autorizar a entrar. Eu o encontrei em nada menos que um Bentley, bati na janela e expliquei o meu caso. Ele tanto me permitiu entrar como também nos conseguiu uma mesa bem na frente. Ele e a sua banda fizeram uma apresentação fantástica — foi o meu primeiro show de jazz ao vivo. Al Hirt morreu quando eu era presidente. Escrevi para sua esposa e lhe contei a história, demonstrando a minha gratidão pela gentileza de um grande homem para com um garoto.

Quando eu estava no secundário, apresentei um solo de saxofone tenor em uma peça musical sobre Nova Orleans chamada *Suíte da Crescent City*. Sempre acreditei que toquei bem aquele dia porque o fiz com a lembrança do meu primeiro olhar sobre a cidade. Quando estava com 21 anos, ganhei uma bolsa da Rhodes em Nova Orleans. Acho que me saí bem na entrevista porque me sentia familiarizado com o lugar. Quando eu era um jovem professor de Direito, Hillary e eu fizemos viagens interessantes a Nova Orleans para congressos, e ficávamos num hotelzinho simpático no French Quarter, o Cornstalk. Quando fui governador do Arkansas, jogamos no Sugar Bowl de lá, perdendo para o Alabama em uma das lendárias e últimas grandes vitórias do Bear Bryant. Bom, pelo menos ele nasceu e se criou em Arkansas! Quando me candidatei à Presidência, o povo de Nova Orleans deu-me duas vezes margens de vitória bastante elevadas, garantindo os votos de Louisiana para o nosso lado.

Mesmo conhecendo grande parte das maiores cidades do mundo, Nova Orleans será sempre especial — pelo café com *beignets** no Morning Call on the Mississippi; pela música de Aaron e Charmaine Neville, os veteranos do Preservation Hall, e pela memória de Al Hirt; pelas corridas matinais no French Quarter; pela comida maravilhosa que saboreei nos restaurantes fantásticos em companhia de John Breaux, do delegado Harry Lee, e de outros amigos; e, sobretudo, pelas primeiras lembranças da minha mãe. Todos funcionam como ímãs que me arrastam rio Mississippi abaixo em direção a Nova Orleans.

Enquanto minha mãe se encontrava em Nova Orleans, fiquei sob a responsabilidade dos meus avós. Eles eram extremamente dedicados a mim e me amavam muito, infelizmente muito mais do que eram capazes de se amarem ou, no caso da minha avó, de amar minha mãe. Naturalmente, graças a Deus, eu não percebia nada naquela época. Só sabia que era amado. Bem mais tarde, quando me interessei por educação familiar em circunstâncias adversas, e aprendi algo sobre desenvolvimento infantil com o trabalho da Hillary no Centro de Estudos da Infância de Yale, eu me dei conta da sorte que tivera. Apesar de todos os seus defeitos, meus avós e minha mãe sempre me fizeram sentir que era a pessoa mais importante no mundo para eles. Para a maioria das crianças, basta que uma pessoa a faça sentir isso. Eu tive três.

Minha avó, Edith Grisham Cassidy, tinha pouco mais que 1,50 metro de altura e pesava uns oitenta quilos. Vovó era inteligente, passional e agressiva, e, com certe-

---

* Do francês, rosquinhas doces fritas. (N. dos T.)

za, fora uma jovem bem bonita. Tinha uma gargalhada gostosa, mas também guardava muito ódio, desilusão e obsessões que ela mal compreendia. Ela os descontava no meu avô e na minha mãe antes e depois do meu nascimento, mas eu era poupado na maioria das vezes. Ela fora uma boa aluna, cheia de planos e, após o secundário, fizera um curso de enfermagem da Escola de Enfermagem de Chicago por correspondência. Quando eu era ainda bem pequeno, ela trabalhava como enfermeira particular de um homem que morava na mesma Hervey Street. Ainda me lembro de correr pela calçada para encontrá-la quando ela vinha para casa depois do trabalho.

Minha avó esperava que eu comesse bastante, estudasse muito e estivesse sempre limpo. Nós comíamos na cozinha, numa mesa perto da janela. Minha cadeira alta ficava de frente para a janela, e na hora das refeições ela colocava cartas de baralho ali na moldura de madeira para que eu pudesse aprender a contar. Ela também me empanturrava em todas as refeições, pois na época criança saudável era criança gorda, desde que tomasse banho todos os dias. Pelo menos uma vez por dia ela lia para mim os livros de "Dick and Jane", até que eu pudesse lê-los sozinho, assim como *A Enciclopédia Mundial dos Livros,* que na época era vendida de porta em porta, sendo o único livro existente, além da Bíblia, na casa de simples trabalhadores. Essas minhas primeiras instruções talvez expliquem o meu gosto pela leitura, por jogos de cartas, minha luta contra o peso e o meu hábito de sempre lavar as mãos e escovar os dentes!

Eu adorava o meu avô, o primeiro modelo masculino na minha vida, e tinha orgulho de ter nascido no dia do seu aniversário. James Eldridge Cassidy era um homem esbelto, de 1,76 metro de altura, mas ainda forte e bonito naquela época. Sempre achei que ele se parecia com o ator Randolph Scott.

Quando os meus avós se mudaram de Bodcaw, vilarejo de uns cem habitantes, para a cidade de Hope, vovô passou a trabalhar para uma fábrica de gelo, fazendo entregas em uma carroça puxada a cavalo. Naquela época as geladeiras eram verdadeiras caixas de gelo, mantidas frias por grandes pedras de gelo de tamanhos variados de acordo com a finalidade. Embora ele não chegasse a pesar setenta quilos, meu avô carregava blocos de gelo de 45 quilos ou mais, usando um par de ganchos para deslizá-los até as suas costas, que eram protegidas por uma grande capa de couro.

Meu avô era um homem extremamente amável e generoso. Na época da Depressão, quando ninguém tinha dinheiro, ele costumava convidar os meninos para andar na carroça de gelo com ele, só para tirá-los da rua. Eles recebiam 25 centavos por dia. Em 1976, quando eu estava em Hope concorrendo para ser procurador-geral, estive com um desses meninos, o juiz John Wilson. Ele acabou se tornando um advogado conceituado e bem-sucedido, mas ainda se lembrava vividamente daquela época. E me contou que no final de um dia, quando o meu avô lhe deu a moeda de 25 centavos, ele pediu para trocá-la por duas moedas de dez e uma de cinco, para ficar com a impressão de que tinha mais dinheiro. Foi então andando para casa, tilintando as moedas no bolso. Mas ele as chacoalhou com tanta força que uma moeda de dez acabou caindo do bolso. Ele a procurou por horas, mas foi em vão. O juiz então me confessou que, mesmo quarenta anos mais tarde, toda vez que passava por aquele trecho da calçada ainda tentava achar a moeda.

É difícil para os jovens de hoje entender o impacto que a Depressão teve na geração de nossos pais e avós, mas fui influenciado por ela na minha formação.

Uma das minhas histórias infantis mais memoráveis foi uma contada por minha mãe: em uma Sexta-Feira Santa durante a Depressão, quando o meu avô voltou do trabalho para casa, ele caiu em prantos por não poder dar uma quantia equivalente a um dólar para comprar para ela um vestido novo de Páscoa. Minha mãe nunca se esqueceu disso, e durante a minha infância eu sempre tinha uma roupa nova na Páscoa, mesmo que não quisesse. Lembro-me de uma Páscoa na década de 1950, em que eu era gordo e acanhado. Fui à igreja vestindo uma camisa de mangas curtas de cor clara, calças brancas de linho, sapatos rosa e preto, e um cinto de camurça cor-de-rosa. Não foi fácil para mim, mas a minha mãe quis seguir fielmente o ritual de Páscoa do seu pai.

Quando eu morava com ele, meu avô tinha duas ocupações que eu adorava: ele tinha um pequeno armazém e complementava a renda como vigia de uma serraria. Eu adorava as noites que passava com o vovô na serraria. Nós levávamos sanduíches em um saco de papel e eu dormia no banco traseiro do carro. Em noites estreladas, eu subia nos montes de serragem, para ficar sentindo aquele cheiro mágico de madeira recém-serrada. Meu avô também adorava trabalhar lá. Ele tinha a oportunidade de sair de casa e matava a saudade dos tempos em que trabalhara em um moinho, quando a minha mãe nasceu. Tirando certa vez em que ele fechou a porta do carro nos meus dedos, as noites lá eram verdadeiras aventuras.

O armazém era um tipo diferente de aventura. Em primeiro lugar, tinha um vidro enorme de biscoitos Jackson's no balcão, que eu atacava com prazer. Em segundo lugar, adultos desconhecidos vinham fazer compras, de modo que pela primeira vez eu via adultos que não eram nossos parentes. Em terceiro lugar, muitos fregueses do meu avô eram negros. Muito embora o Sul fosse completamente segregado na ocasião, a interação racial era inevitável em lugares pequenos, como sempre fora no Sul rural. No entanto, não era fácil encontrar um sulista rural sem instrução que não fosse racista. Meu avô não era racista. Evidentemente eu percebia que os negros eram diferentes, mas como o meu avô os tratava da mesma forma que aos outros, perguntando-lhes sobre os seus filhos e o trabalho, eu achava que eles eram iguais a mim. De vez em quando crianças negras entravam na loja e nós brincávamos juntos. Levei anos para saber da existência de segregação e preconceito e o que significava a pobreza, anos para saber que a maioria dos brancos não era como o meu avô e a minha avó, cuja opinião sobre raça era uma das poucas coisas que ela compartilhava com o marido. Aliás, minha mãe me contou que uma das vezes em que ela mais apanhou foi quando chamou uma mulher negra de "crioula", aos três ou quatro anos de idade. Não é exagero dizer que a punição aplicada pela vovó foi uma atitude inesperada para uma sulista pobre na década de 1920.

Minha mãe me contou que, quando o vovô morreu, descobriram que muitos fregueses estavam inadimplentes com o armazém e estes eram na sua maioria negros. Ela então se lembrou de que ele lhe dissera que gente boa, que se esforçava ao máximo, merecia poder alimentar suas famílias, e por isso ele nunca lhes negara vender fiado. Talvez por isso eu tenha sempre acreditado na distribuição de cupons que podem ser trocados por alimentos.

Após ter assumido a Presidência, recebi um outro testemunho de primeira mão sobre a loja do meu avô. Em 1997, uma mulher afro-americana, Ernestine Campbell, deu ao jornal da sua cidade natal, Toledo, em Ohio, uma entrevista, na qual afirmou que o seu avô comprava fiado do meu avô, e que sempre a levava consigo à loja. Ela disse que se lembra de brincar comigo e que eu era o "único menino branco no bairro que brincava com crianças negras". Graças ao meu avô, eu não sabia que era a única criança branca a fazer isso.

Além dos clientes do armazém do meu avô, era com os vizinhos do bairro o meu único outro contato com pessoas fora da família. Eu vivi várias experiências naqueles confins. Vi uma casa no outro lado da rua pegar fogo e naquele dia percebi que eu não era a única vítima no mundo. Fiz amizade com um garoto que colecionava criaturas estranhas, e uma vez ele me chamou para ir à sua casa ver uma cobra, dizendo que ela estava no guarda-roupa. Ele abriu a porta do armário, me empurrou para dentro, fechou a porta com força, e me disse que eu estava sozinho no escuro com a cobra. Isso não era verdade, graças a Deus, mas eu estava morrendo de medo. Aprendi que o que parece engraçado para o forte pode ser cruel e humilhante para o fraco.

Nossa casa ficava a um quarteirão da passagem sob a estrada de ferro, que era uma estrutura de vigas de madeira cobertas de betume. Eu gostava de me segurar naquelas tábuas, ouvir o barulho dos trens sobre a minha cabeça e imaginar para onde eles iam e se algum dia eu também iria até lá.

Eu costumava brincar no quintal com um menino que morava numa casa vizinha à minha. Ele tinha duas irmãs bonitas, e moravam numa casa maior e melhor que a nossa. Nós ficávamos horas sentados na grama atirando uma faca no chão, tentando fazê-la cair de ponta. O nome dele era Vince Foster. Ele era legal comigo e nunca mandava em mim como outros meninos mais velhos faziam com os mais jovens. Ao crescer se tornou um homem alto, bem-apessoado, inteligente e bom. Ele hoje é um advogado conceituado e me apoiou bastante no início da minha carreira, além de ser o melhor amigo da Hillary na Rose Law Firm. Nossas famílias começaram a conviver socialmente em Little Rock, geralmente na sua casa, onde Lisa, sua esposa, dava aulas de natação a Chelsea. Ele veio para a Casa Branca conosco e representou a voz da calma e da razão naqueles primeiros meses loucos.

Houve uma outra pessoa de fora da família que me influenciou na infância: Odessa. Ela era uma mulher negra que vinha à nossa casa para lavar, cozinhar e tomar conta de mim enquanto os meus avós trabalhavam. Ela tinha uns dentes grandes que embelezavam seu sorriso. Mantive contato com ela por anos depois que deixei Hope. Em 1966, um amigo e eu fomos até a casa de Odessa depois de visitarmos os túmulos do meu pai e dos meus avós. É que nessa época a maioria dos negros em Hope morava perto do cemitério, em frente ao antigo armazém do meu avô. Eu me lembro que ficamos ali na sua varanda por um bom tempo. Na hora de partir, entramos no meu carro e dirigimos pelas ruas de terra. As únicas ruas não asfaltadas que vi em Hope, e em Hot Springs, quando mais tarde me mudei para lá, ficavam em bairros negros, com uma grande população de trabalhadores, muitos pais de família e filhos como eu, e que pagavam impostos. Odessa merecia coisa melhor.

Os outros personagens importantes da minha infância eram parentes: meus bisavós maternos, minha tia-avó Otie e o tio-avô Carl Russell e, sobretudo, meu tio-avô Oren — apelidado de Buddy, que me influenciou muito — e sua esposa, tia Ollie.

Meus bisavós Grisham moravam no campo, numa cabaninha de madeira sobre palafitas. Como o Arkansas sofre a maior incidência de tornados entre todos os outros lugares dos Estados Unidos, a maioria das pessoas que mora em casas sobre palafitas costuma cavar um buraco para servir de abrigo em ocasiões de tempestade. O deles ficava na frente da casa e tinha uma pequena cama e uma mesinha com uma lamparina a óleo. Uma vez, ao espiar aquele lugar, me lembro do meu bisavô dizer: "É, às vezes entra cobra aí, mas elas não atacam se a lamparina estiver acesa". Nunca confirmei nem desmenti esse fato. A outra única lembrança que tenho do meu bisavô é a da visita que ele me fez no hospital, quando quebrei uma perna aos cinco anos. Ele segurou a minha mão e posamos para uma fotografia. Ele usava um paletó preto simples e uma camisa branca abotoada até o pescoço, com uma aparência de gente de outros tempos, como que saído da tela *American Gothic*.

A irmã da minha avó, Opal — que chamávamos de Otie —, era uma mulher bonita, que tinha a gargalhada típica dos Grisham, cujo calado marido Carl foi a primeira pessoa que conheci que plantava melancias. O solo arenoso e favorecido pelo rio ao redor de Hope é ideal para elas, e o tamanho das melancias de Hope se tornou a marca registrada da cidade no início da década de 1950, quando a comunidade enviou a maior delas jamais colhida até aquela época, com quase cem quilos, para o presidente Truman. Mas as mais saborosas não pesam mais que 27 quilos. Eram dessas que o meu tio-avô Carl plantava, e eu o via molhar o solo ao redor das melancias e percebia a água desaparecendo como se fosse sugada por um aspirador. Quando fui presidente, o primo do tio Carl, Carter Russell, ainda tinha uma barraca de melancias em Hope, onde se podiam comprar tanto as de polpa avermelhadas quanto aquelas amareladas, que são mais doces.

Hillary diz que a primeira vez que me viu eu estava no saguão da Faculdade de Direito de Yale gabando-me do tamanho das melancias de Hope a um descrente grupo de colegas. Quando fui presidente, meus velhos amigos de Hope organizaram um encontro em que comemos melancia no Gramado Sul da Casa Branca, e eu tive de contar as minhas histórias sobre melancias a uma platéia de jovens que fingiu estar interessada no assunto sobre o qual eu aprendera com a tia Otie e o tio Carl.

Tio Buddy, irmão da minha avó, e a esposa dele, Ollie, eram os parentes mais importantes da minha numerosa família. Buddy e Ollie tiveram quatro filhos, três dos quais já haviam deixado Hope quando eu nasci. Dwayne era executivo de uma empresa fabricante de calçados em New Hampshire. Conrad e Falba moravam em Dallas, mas freqüentemente vinham a Hope e hoje moram lá. A caçula Myra foi rainha de rodeio. Ela montava como um profissional e acabou fugindo com um caubói, teve dois filhos, se separou e voltou para Hope, onde depois foi a responsável pelo Departamento de Habitação. Myra e Falba eram mulheres incríveis, que riam até chorar e nunca abandonavam a família ou os amigos. Fico feliz em saber que elas ainda fazem parte da nossa vida. Eu passava muito tempo na casa de Buddy e Ollie, não só nos meus seis primeiros anos de vida em Hope, mas também ao longo dos quarenta anos seguintes que precederam a morte de Ollie e a venda da casa por Buddy, que acabou indo morar com Falba.

O convívio social da nossa família toda, como na maioria das que levam uma modesta vida no campo, acontecia ao redor da mesa, com bate-papo e contando histórias. Eles não tinham dinheiro para viajar, muito raramente iam ao cinema e só foram ter televisão em meados da década de 1950. Saíam poucas vezes no ano

— para uma feira rural, um festival da melancia, uma dança de quadrilha e uma cantoria de *gospel*. Os homens caçavam, pescavam e plantavam legumes e melancias em pequenas chácaras no perímetro rural, que eles mantinham mesmo quando se mudavam para a cidade à procura de trabalho.

Embora vivessem sempre com poucos recursos, eles não se sentiam pobres se pudessem ter uma casa em ordem, roupas limpas e comida para oferecer a quem batesse na porta. Eles trabalhavam para viver, e não o contrário.

Minhas refeições preferidas nos tempos de infância eram na casa de Buddy e Ollie, ao redor de uma mesa enorme em uma cozinha muito pequena. Um almoço típico de fim de semana tinha presunto ou um assado, pão de milho, espinafre ou couve, purê de batata, batata-doce, ervilha, vagem ou feijão-de-lima, torta de fruta, e uma quantidade infinita de chá gelado que bebíamos em grandes taças. Eu me sentia um adulto bebendo naqueles copos grandes. Em ocasiões especiais, tínhamos sorvete caseiro para acompanhar a torta. Se eu chegasse cedo, ajudava a preparar a comida, descascando legumes ou girando a manivela da sorveteira. Antes, durante e depois do almoço, a conversa não parava: fofocas, novidades e assuntos familiares e muitas histórias. Todos os meus parentes sabiam contar histórias em que transformavam acontecimentos, encontros e desventuras banais em dramas e gargalhadas.

Buddy era o melhor contador de histórias. Como suas duas irmãs, ele era muito inteligente. Eu freqüentemente imaginava o que teria sido dele e dos outros se tivessem nascido na minha geração ou na da minha filha. Naquela época, havia muitas pessoas assim como eles. O frentista do posto de gasolina devia ter o mesmo grau de QI que o médico que opera as amígdalas. Ainda há muitas pessoas como os Grisham nos Estados Unidos, muitos deles novos imigrantes, razão pela qual eu, como presidente, procurei abrir as portas das universidades para os que chegavam.

Apesar de ter tido uma educação limitada, Buddy tinha boa cabeça e Ph.D. em natureza humana, proveniente de uma vida de observação profunda e de lidar com os próprios demônios, assim como os da sua família. No início do casamento ele bebia demais. Um dia chegou em casa e confessou à esposa que tinha consciência de a estar magoando, como também magoando a todos da família, e que ele nunca mais iria beber. E por mais de cinqüenta anos ele nunca mais bebeu.

Com oitenta e tantos anos, Buddy era capaz de contar interessantes histórias sobre as personalidades dos cachorros que ele tinha tido cinco ou seis décadas antes. Ele se lembrava dos seus nomes, das suas formas físicas, dos seus hábitos peculiares, de como ele os adquirira e da maneira precisa como eles traziam uma ave abatida. Muitas pessoas iam lá, ficar de papo com Buddy em sua varanda. Quando partiam, ele já tinha uma história sobre elas ou os filhos delas para contar — às vezes engraçada, outras vezes triste, mas sempre se mostrava solidário e compreensivo.

Aprendi muito com as histórias dos meus tios, tias e avós: que ninguém é perfeito, mas a maioria é boa; que as pessoas não podem ser julgadas pelas suas fraquezas; que julgamentos severos podem nos transformar em hipócritas; que muito da vida depende de estar presente e participar; que a risada é geralmente a melhor, se não a única, resposta ao sofrimento. Talvez a lição mais importante que aprendi é que todos temos uma história — de sonhos e pesadelos, esperança e desilusão, amor e perda, coragem e medo, sacrifício e egoísmo. Por toda a minha vida tive interesse na vida e na história das outras pessoas. Sempre quis conhecê-las, compreendê-las e saber o que elas sentem. Quando cresci e entrei na política, sempre acreditei que a base do meu trabalho seria dar oportunidade às pessoas de terem melhores histórias.

A história do tio Buddy foi boa até o fim. Ele teve câncer de pulmão em 1974, quando um deles foi removido, mas viveu até os 91 anos. Tio Buddy me aconselhava na carreira política, e se eu tivesse seguido o seu conselho e me posicionando contra um aumento impopular na taxa de licenciamento de automóveis, provavelmente não teria perdido a minha primeira campanha de reeleição a um cargo administrativo em 1980. Quando fui eleito presidente, ele ainda estava vivo e curtiu muito o fato. Depois que Ollie morreu, ele se manteve ativo, visitando a loja de *donuts* da sua filha Falba e regalando toda uma nova geração de crianças com as suas histórias e observações sagazes sobre a condição humana. Ele nunca perdeu o senso de humor. Buddy ainda dirigia aos 87 anos, quando saía para passear com suas duas amigas, uma com 91 e outra com 93 anos, uma de cada vez, todas as semanas. Quando ele me contou sobre as suas "namoradas", perguntei: "Então agora você prefere as mais velhas?". Com um riso maroto ele disse: "É, prefiro. Parece que são mais equilibradas".

Em todos os nossos anos de convívio, só vi meu tio chorar uma vez. Ollie teve Alzheimer e precisou ir para um asilo. Por várias semanas depois disso, só por alguns minutos por dia ela tinha consciência de si. Nesses intervalos de lucidez, telefonava para Buddy e dizia: "Oren, como você pôde me deixar num lugar desses depois de 56 anos de casados? Venha me buscar imediatamente". Ele então pegava o carro e dirigia até onde ela estava, mas, quando chegava lá, Ollie já se encontrava perdida na névoa da sua doença e não o reconhecia.

Foi nesse tempo que fui visitá-lo no final de uma tarde, a última visita na velha casa. Eu esperava poder animá-lo. Mas, em vez disso, ele me fez rir com piadas obscenas e comentários cômicos sobre fatos reais. Quando a noite caiu, eu lhe disse que tinha de voltar para Little Rock. Ele me acompanhou até a porta, e, quando eu estava saindo, agarrou meu braço. Eu me virei e vi lágrimas nos seus olhos, pela primeira e única vez em cinqüenta anos de amor e amizade. Eu lhe disse: "Está muito difícil, não é?". Nunca me esquecerei da sua resposta. Ele sorriu e disse: "É, mas eu fiz a assinatura de todo o pacote, e grande parte dele foi muito bom". Meu tio Buddy me ensinou que todos têm a sua história. E ele soube resumir a sua naquela única frase.

3

DEPOIS DE UM ANO EM NOVA ORLEANS, minha mãe voltou para Hope ansiosa para pôr em prática a sua formação de anestesista, feliz por voltar a estar comigo e de novo mostrando a sua alegria de viver. Ela havia namorado vários homens e se divertido bastante em Nova Orleans, conforme contou em seu livro de memórias, *Leading with My Heart*,* que, tenho certeza, teria sido um best-seller se ela tivesse sobrevivido para promovê-lo.

No entanto, antes, durante e depois da sua estada em Nova Orleans, minha mãe vinha se encontrando mais freqüentemente com um homem em especial, o dono da revendedora local da Buick, Roger Clinton. Ela era uma viúva bela e espirituosa. Ele, um bonitão, *bon vivant*, dois casamentos desfeitos, proveniente de Hot Springs, a "Cidade do Pecado" do Arkansas, que por vários anos foi sede das maiores operações de jogos ilegais nos Estados Unidos. Raymond, irmão de Roger, era o dono da revendedora em Hot Springs, e Roger, o caçula e a "ovelha negra" dos cinco irmãos, viera para Hope em busca de alguma oportunidade em torno da atividade bélica do Campo de Provas do Sudoeste, e, talvez, assim sair da sombra do irmão.

Roger adorava beber e se divertir com os seus dois melhores amigos de Hot Springs, Van Hampton Lyell, proprietário da engarrafadora da Coca-Cola — uma fábrica em frente à Clinton Buick; e Gabe Crawford, dono de várias farmácias em Hot Springs e uma em Hope, e que mais tarde construiu o primeiro shopping de Hot Springs, sendo na época casado com a bela sobrinha de Roger, Virginia, uma mulher que sempre admirei e que foi a primeira Miss Hot Springs. Para eles, diversão significava jogar a dinheiro, beber muito e fazer loucuras com carros, aviões ou motocicletas. É surpreendente que eles não tenham morrido jovens.

Minha mãe gostava de Roger porque ele era divertido, dava atenção a mim e era generoso. Ele pagava a despesa dela nas suas várias viagens para me ver quando estava em Nova Orleans, e provavelmente custeou as viagens de trem que fiz com a vovó para ver a minha mãe.

O vovô gostava de Roger porque ele era bom para mim e para ele. Meu avô teve uma loja de bebidas depois que abandonou seu ofício de transportar gelo por causa de uma bronquite grave. Quase no final da guerra, o condado de Hempstead, do qual Hope é distrito, votou pela Lei Seca. Foi quando o meu avô abriu o armazém. Depois eu soube que o vovô vendia bebida escondido para médicos, advogados e outras pessoas respeitáveis que não queriam dirigir 53 quilômetros até o ponto mais próximo de venda legal de bebidas em Texarkana, e também que Roger era o seu fornecedor.

* Virginia Kelley, *Leading with My Heart: My Life* [Guiando com meu coração: Minha Vida] Nova York: Simon and Schuster, 1994. (N. dos T.)

A vovó desaprovava Roger por achar que ele não era o tipo de homem com quem sua filha e seu neto deveriam estar envolvidos. Havia nela um lado lúgubre, que faltava no marido e na filha, mas que lhe permitia enxergar o lado negativo que os outros não eram capazes de ver. Para ela, Roger Clinton era só problema. Ela estava certa em relação ao problema, mas não ao "só". Ele era muito mais do que isso, o que torna a sua história ainda mais triste.

Eu o achava bom para mim e gostava da sua cadela Susie, uma pastora alemã, preta e marrom, e que ele trazia para brincar comigo. Susie participou de grande parte da minha infância, dando início à minha eterna relação de amor com os cães.

Mamãe e Roger se casaram em Hot Springs em junho de 1950, logo depois de ela completar 27 anos. Somente Gabe e Virginia Crawford compareceram. Então minha mãe e eu deixamos a casa dos pais dela para morar com o meu padrasto, a quem comecei a chamar de "papai", em uma casa de madeira ao sul da cidade, na Thirteenth Street 321, esquina com a Walker. Logo depois, passei a me chamar Bill Clinton.

Minha nova vida era fascinante. Ned e Alice Williams eram nossos vizinhos. O sr. Ned era um trabalhador aposentado da rede ferroviária e construíra uma oficina nos fundos da casa com uma instalação enorme e sofisticada de trem elétrico. Naquela época, todos os meninos sonhavam ter um trem elétrico Lionel. Papai me deu um e costumávamos brincar juntos, mas aquilo não se comparava às longas vias intrincadas e aos lindos trens velozes do sr. Ned. Eu ficava horas lá. Era como ter uma Disneylândia particular na casa do vizinho.

Meu bairro era um protótipo do *baby boom* pós-guerra. Havia vários casais jovens com filhos. Do outro lado da rua morava a criança mais especial de todas, Mitzi Polk, filha de Minor e Margaret Polk. Mitzi tinha uma risada alta e ressonante. Ela se balançava tão alto no balanço que as estacas da instalação saíam do chão, enquanto ela berrava a todo vapor, "O Billy toma mamadeira! O Billy toma mamadeira!". Ela me deixava furioso. Afinal de contas, eu já estava ficando grande e não fazia mais isso.

Mais tarde soube que Mitzi era deficiente mental. Naquela época, o termo não teria nenhum significado para mim, mas quando, como governador e presidente, tentei expandir os benefícios para deficientes, lembrava-me freqüentemente de Mitzi Polk.

Vivi muitas coisas enquanto morava na Thirteenth Street. Comecei a freqüentar o jardim-de-infância School for Little Folks, da srta. Marie Purkins, local que eu adorava até quebrar uma perna pulando corda. E não era nem uma corda móvel. A corda no pátio era amarrada a uma árvore de um lado e, do outro, à estaca dos balanços. As crianças faziam fila para correr e pular por cima da corda. Todas as outras crianças saltavam.

Um deles era Mack McLarty, filho do dono da revendedora local da Ford, tornando-se mais tarde presidente do Boys State,* lançador campeão, deputado estadual, empresário bem-sucedido e o meu primeiro chefe de gabinete na Casa

---

* Associação juvenil nacional para rapazes, mas organizada em nível estadual, e que visa à formação de lideranças imbuídas dos valores da sociedade americana. (N. dos T.)

Branca. Mack sempre conseguiu transpor os obstáculos. Felizmente ele sempre esperava para que eu o alcançasse.

Eu? Eu não saltei a corda. O fato é que eu era um pouco atarracado e lerdo, tão lerdo que uma vez fui a única criança, na busca de ovos de Páscoa, que não conseguiu pegar um só ovo, não porque não conseguisse achá-los, mas porque não chegava a eles a tempo. No dia em que tentei pular a corda, eu estava usando botas de caubói. Fui um idiota em não tirá-las antes de saltar. O calcanhar ficou preso na corda, me virei, caí e ouvi a perna estalar. Fiquei no chão morrendo de dor por alguns minutos, até papai vir voando da sua loja para me apanhar.

Quebrei a perna acima do joelho, mas, devido ao meu crescimento rápido, o médico relutou em pôr gesso até o quadril. Fez então um buraco na altura do meu tornozelo, colocou uma barra de aço inoxidável atravessada, conectou-a a uma ferradura também de aço inoxidável e pendurou a minha perna sobre a cama do hospital. Fiquei assim deitado de costas por dois meses, sentindo-me ao mesmo tempo ridículo e contente por não ter de ir à escola e receber tantas visitas. Demorei muito tempo para superar esse acidente com a minha perna. Quando saí do hospital, ganhei de presente uma bicicleta, mas nunca perdi o medo de andar nela sem as rodinhas. Conseqüentemente, nunca superei a sensação de ser desajeitado e descoordenado, até que aos 22 anos finalmente comecei a andar de bicicleta em Oxford. Mesmo então cheguei a cair algumas vezes, mas encarava isso como um processo para estabelecer o meu limiar de dor.

Fiquei muito agradecido ao papai por ter me socorrido quando quebrei a perna. Uma ou duas vezes ele veio para casa do trabalho para convencer a minha mãe a não me bater quando eu tinha feito algo errado. No começo do casamento deles, ele era muito presente como pai. Uma vez me levou de trem para St. Louis para assistir a um jogo dos Cardinals, o maior time de beisebol da região. Passamos a noite e voltamos no dia seguinte. Eu adorei. Infelizmente essa foi a única viagem que fizemos juntos. E também foi uma única vez que pescamos juntos. Uma única vez que entramos no bosque para cortar nossa árvore de Natal. Uma única vez que nossa família fez uma viagem para outro estado. Houve muitas coisas que significaram muito para mim, mas que não voltaram a acontecer. Roger Clinton me amava e amava a minha mãe, mas não conseguia se libertar das sombras da insegurança, da falsa segurança da bebedeira, das farras adolescentes, e o isolamento em relação à minha mãe, além da destemperança verbal com ela, o impediam de se tornar o homem em potencial que existia nele.

Numa noite a sua bebedeira autodestrutiva chegou a uma situação crítica durante uma briga, para mim inesquecível, com a minha mãe. Ela queria que nós todos fôssemos visitar a minha bisavó, em estado terminal no hospital. Meu pai disse que ela não podia ir. Eles gritavam um com o outro no seu quarto nos fundos da casa. Não sei por quê, saí no corredor que dava para o quarto deles. Nesse exato momento, papai puxou um revólver das costas e atirou na direção da minha mãe. A bala entrou na parede entre mim e ela. Fiquei impressionado e amedrontado. Eu nunca havia ouvido um tiro antes, muito menos visto alguém atirar. Minha mãe me agarrou e atravessou a rua para a casa dos vizinhos. Chamaram a polícia. Ainda me lembro nitidamente de vê-lo saindo algemado para a prisão, onde passou a noite.

Tenho certeza de que papai não tinha a intenção de ferir a minha mãe, e ele ia querer morrer se uma bala tivesse acidentalmente atingido um de nós. Mas alguma coisa mais destruidora do que o álcool o levou àquele estado de desequilíbrio. Só depois de muito tempo fui capaz de entender tais forças em outros e em mim mesmo. Quando o meu pai saiu da cadeia, sóbrio em vários sentidos, ficou tão envergonhado que nada de ruim nos aconteceu por muito tempo.

Tive mais um ano de vida e de escola em Hope. Entrei na primeira série na Brookwood School; minha professora era a srta. Mary Wilson. Muito embora ela só tivesse um braço, era partidária da punição física, e tinha sempre disponível uma palmatória com buracos, a fim de evitar que o vento amortecesse o golpe. Mais de uma vez fui merecedor da sua atenção.

Além dos meus vizinhos e de Mack McLarty, fiquei amigo de alguns outros garotos com quem mantive contato durante a vida toda. Um deles, Joe Purvis, teve uma infância que fez a minha parecer um sonho. Ele foi criado para ser um bom advogado e, quando fui eleito procurador-geral, convidei-o para fazer parte da minha equipe. Quando o estado do Arkansas tratou de um caso importante perante a Suprema Corte dos Estados Unidos, eu fui para a audiência, mas deixei Joe fazer o argumento. Do seu assento, o juiz Byron "Perito" White me enviou uma mensagem dizendo que ele tinha feito um bom trabalho. Mais tarde, Joe se tornou o primeiro presidente da Fundação Casa do Clinton.

Ao lado dos amigos e da família, minha vida na Thirteenth Street foi marcada também pela descoberta do cinema. Em 1951 e 1952, o programa custava dez centavos: cinco centavos de entrada, e cinco centavos para a Coca-Cola. Eu ia de duas em duas semanas, mais ou menos. Naquela época, via-se um longa-metragem, um desenho, um seriado e o noticiário. Era a época da Guerra da Coréia e, dessa forma, aprendi sobre ela. Flash Gordon e o Homem-Foguete eram os grandes heróis dos seriados. Quanto aos desenhos, eu preferia o *Pernalonga*, o *Gasparzinho* e o *Baby Huey*, com quem eu provavelmente me identificava. Eu via muitos filmes, e tinha preferência pelos de faroeste. O meu preferido era *Matar ou morrer* – eu provavelmente o vi meia dúzia de vezes quando passou em Hope, e mais de uma dúzia de vezes desde então. Ainda é o meu preferido, pois não é o típico faroeste machista. Eu adorava esse filme, porque do começo ao fim Gary Cooper morre de medo, mas não deixa de fazer a coisa certa.

Quando fui eleito presidente, contei a um entrevistador que o meu filme preferido era *Matar ou morrer*. Na ocasião, o diretor, Fred Zinnemann, estava com quase noventa anos e morando em Londres. Recebi dele uma carta genial, com uma cópia do roteiro com suas anotações e uma fotografia autografada dele com Gary Cooper e Grace Kelly em roupas comuns, em um cenário de *Matar ou morrer*, em 1951. Ao longo de todos esses anos, desde que vi *Matar ou morrer* pela primeira vez, especialmente quando eu me via diante de confrontos decisivos, freqüentemente me lembrava do olhar de Gary Cooper ao encarar a derrota quase certa e, apesar dos seus medos, de como ele mantinha o passo em direção ao seu dever. Isso funciona muito bem na vida real também.

4

No verão, depois de eu terminar a primeira série, papai decidiu voltar para Hot Springs. Ele vendeu a concessionária Buick e nos mudamos para uma fazenda de 161 hectares na Wildcat Road, poucos quilômetros a oeste da cidade. Tínhamos gado, carneiros e cabras. O que não tínhamos era banheiro dentro de casa. Sendo assim, ao longo de um ano e pouco que moramos lá, tanto nos dias mais quentes do verão quanto nas noites mais frias do inverno, tínhamos de ir à cabana de madeira do lado de fora para nos aliviar. Era uma experiência interessante, especialmente se uma enorme *king snake** que vivia ali pelo nosso quintal estivesse me espiando quando eu ia até lá. Mais tarde, quando entrei para a política, poder dizer que morei numa casa de fazenda com banheiro do lado de fora deu um bom ibope, quase tão bom quanto ter nascido numa cabana de madeira.

Eu gostava de morar na fazenda, de dar de comer aos animais e de andar entre eles, até um domingo fatal. Papai tinha convidado muitos dos seus parentes para almoçar, inclusive seu irmão Raymond e os filhos dele. Eu levei uma das suas filhas, Karla, ao campo onde os carneiros estavam pastando. Eu sabia que tinha de tomar cuidado com um carneiro especialmente bravo, mas decidimos arriscar, o que foi um grande erro. Quando estávamos a quase cem metros da cerca, o carneiro nos viu e começou a vir para o ataque. Nós disparamos para a cerca. Karla, que era maior e mais rápida, conseguiu. Eu tropecei numa pedra grande. Quando caí, percebi que não conseguiria chegar à cerca antes que o carneiro me pegasse, e então fugi para perto de uma pequena árvore a poucos metros dali, na esperança de ludibriá-lo correndo em volta da árvore até ser socorrido. Outro grande erro. Ele logo atacou as minhas pernas, me derrubando. Antes que eu pudesse me levantar, atingiu com força a minha cabeça. A essa altura eu estava atordoado e não conseguia me levantar. Então ele recuou, posicionou-se e me golpeou "pra valer". Repetiu o ataque várias vezes, alternando o alvo entre a cabeça e a barriga. Eu já estava sangrando e todo dolorido. Após o que pareceu ser uma eternidade, meu tio apareceu, pegou uma pedra grande e atirou com força, atingindo o carneiro entre os olhos. O carneiro balançou a cabeça e foi embora, aparentemente pouco perturbado. Fiquei somente com uma cicatriz na testa, que com o tempo foi transferida para o couro cabeludo. Aprendi que podia ser duramente golpeado, uma lição que reaprendi umas tantas vezes na infância e mais tarde na vida.

Poucos meses depois de nos mudarmos para a fazenda, meus pais começaram a trabalhar na cidade. Papai desistiu de ser fazendeiro e foi ser gerente de autopeças na revendedora Buick do tio Raymond, ao passo que minha mãe conseguiu mais trabalho como anestesista em Hot Springs do que ela podia dar conta. Um dia, a cami-

* *King-snake*: nome popular de cobra não-venenosa nativa dos Estados Unidos.

nho do trabalho, mamãe deu carona a uma senhora que estava indo para a cidade. Depois de se apresentarem, minha mãe lhe perguntou se ela conhecia alguém que pudesse tomar conta de mim enquanto ela e papai trabalhavam. Aquele foi um dos momentos de muita sorte da minha vida, pois ela se ofereceu para o trabalho. Seu nome era Cora Walters; ela foi uma típica vovó do campo de antigamente. Era inteligente, amável, correta, responsável e profundamente cristã. Ela fez parte da nossa família durante onze anos. Toda a família dela era gente boa e, depois que ela nos deixou, sua filha Maye Hightower veio trabalhar para a minha mãe e ficou com ela por trinta anos, até mamãe morrer. Em outra época, Cora Walters teria sido uma ótima líder religiosa. Com o seu exemplo ela fez de mim uma pessoa melhor, e certamente não foi a responsável por meus pecados daqueles tempos nem dos posteriores. Ela também era valente. Um dia me ajudou a matar um rato enorme que apareceu na nossa casa. Na verdade, eu o achei e ela é que o matou, enquanto eu torcia.

Quando fomos morar no campo, minha mãe ficou preocupada com a minha educação numa escola rural e por isso matriculou-me na St. John's Catholic School, na cidade, onde fiz a segunda e a terceira série. Nesses dois anos, minha professora foi a Irmã Amata McGee, uma educadora boa e carinhosa, mas não muito exigente. Eu quase sempre recebia A nas matérias e C em disciplina, que era a nota do comportamento em sala de aula. Eu adorava ler e participar de concursos de leitura, mas o problema é que eu conversava demais. Isso era constante na época e, de acordo com os meus críticos e os meus amigos, um problema que até hoje nunca superei. Também me meti em encrenca quando um dia pedi para ir ao banheiro e fiquei um bom tempo ausente na hora do rosário. Ficava fascinado com a Igreja católica, seus rituais e a devoção das freiras, mas ter de me ajoelhar no banco da carteira escolar e estar o tempo todo com um rosário na mão foi demais para um menino rebelde, cuja única experiência religiosa tinha sido a escola dominical e o curso bíblico de férias na Primeira Igreja Batista de Hope.

Depois de mais ou menos um ano na fazenda, papai decidiu morar na cidade de Hot Springs. Ele alugou uma casa do tio Raymond na Park Avenue, número 1011, no extremo leste da cidade. Convenceu minha mãe de que fizera um bom negócio e que compraria a casa com a renda dos dois. Mesmo assim, apesar de os custos com habitação representarem menos nos gastos familiares do que hoje, não consigo entender como eles bancavam aquela vida. A casa ficava no topo de um morro; tinha dois andares, cinco quartos e um pequeno salão com uma espécie de bar, sobre o qual havia uma grande armação rotativa que continha dois dados enormes. Parece que o primeiro proprietário era de uma organização ligada ao jogo. Tive momentos ótimos naquele salão, dando festas ou simplesmente brincando com os meus amigos.

O exterior da casa era branco com remate verde, e tinha um telhado que se estendia sobre a entrada principal e as laterais da casa. O jardim da frente era dividido em três patamares, com uma calçada no meio e um muro de pedra entre o segundo e o primeiro nível. Os jardins laterais eram pequenos, mas suficientemente grandes para minha mãe praticar seu hobby ao ar livre preferido — jardinagem. Ela adorava plantar rosas, o que fez em todas as suas casas até o fim da vida. Minha mãe ficava bronzeada com facilidade, e a maior parte das vezes ela tomava sol arrancando mato ao redor das flores, vestida com bustiê e short. No fundo do quintal tinha uma passagem de cascalho e uma garagem para quatro carros, um gramado bonito com balanço e, dos dois lados da passagem para os carros, um gramado inclinado até a rua de trás, a Circle Drive.

Nós moramos nessa casa desde os meus sete ou oito anos até os quinze. Foi fascinante para mim. O jardim era cheio de arbustos, touceiras, flores, tinha uma extensa cerca viva entrelaçada com madressilva, e muitas árvores, como figueiras, pereiras, duas macieiras e um imenso carvalho velho.

Eu ajudava papai a cuidar do solo. Isso realmente era uma coisa que fazíamos juntos, mas, à medida que eu crescia, passava cada vez mais a trabalhar sozinho. A casa ficava próxima de um bosque, o que me fazia deparar constantemente com aranhas, centopéias, escorpiões, vespas, marimbondos, abelhas e cobras, mas também com criaturas mais benignas como esquilos, tâmias, gaios, tordos e pica-paus. Uma vez eu estava usando o cortador de grama e, quando olhei para baixo, vi uma cascavel deslizando ao lado da máquina, aparentemente hipnotizada pela vibração do motor. Eu não gostava de cobras, então corri como um louco e escapei ileso.

Outra vez não tive tanta sorte. Meu pai mandou construir um grande viveiro de três andares para as andorinhas, que faziam ninhos comunitários. Um dia eu estava cortando grama quando descobri que eram as abelhas mamangavas que estavam fazendo ninho lá. Elas se apinharam sobre todo o meu corpo, braços e rosto. Mas, para minha surpresa, nenhuma me ferroou. Corri, tomei fôlego e avaliei minhas opções. Erroneamente concluí que elas não me consideraram uma ameaça, e depois de alguns minutos voltei a cortar a grama. Ao andar menos de dez metros, elas se apinharam de novo sobre mim, mas dessa vez ferroaram todo o meu corpo. Uma abelha ficou presa na roupa e me ferroou na barriga várias vezes, o que uma abelha de colméia não faz. Depois comecei a delirar e tive de ser levado às pressas para o médico, me recuperando com mais uma lição valiosa: as abelhas mamangavas advertem os intrusos uma vez, não duas. Mais de 35 anos depois, Kate Ross, a filha de cinco anos dos meus amigos Michael Ross e Markie Post, enviou-me uma carta que dizia simplesmente: "As abelhas podem ferroar você. Cuidado". Entendi perfeitamente o que ela quis dizer.

A mudança para Hot Springs trouxe para a minha vida muitas novas experiências: uma nova cidade, muito maior e mais sofisticada; novas vizinhanças; uma escola nova, amigos novos, minha introdução à música; minha primeira experiência religiosa séria numa igreja nova; e, naturalmente, muitos outros novos parentes para conhecer, o clã dos Clinton.

As fontes sulfurosas quentes, que deram nome à cidade, borbulham no subsolo e saem por uma fenda estreita nas Montanhas Ouachita, a pouco mais de oitenta quilômetros a oeste e um tanto ao sul de Little Rock. O primeiro europeu a vê-las foi Hernando de Soto, que passou pelo vale em 1541 e, conforme a lenda, ao ver os índios se banhando nessas águas fumegantes achou que tinha descoberto a fonte da juventude.

Em 1832, o presidente Andrew Jackson assinou um projeto de lei para proteger as quatro áreas de terra* ao redor de Hot Springs como reserva federal, a pri-

---

* No original, *sections of land* se refere a cada área de uma milha quadrada em que se dividem as terras públicas. (N. dos T.)

meira lei dessa natureza a passar no Congresso, bem antes de o Serviço de Parques Nacionais ser criado ou que o Yellowstone se tornasse nosso primeiro parque nacional. Pouco depois, o número de novos hotéis cresceu progressivamente. Na década de 1880, a Central Avenue — a sinuosa rua principal de quase dois quilômetros e meio que atravessa a parte onde estão situadas as fontes — estava também jorrando casas de banho magníficas na medida em que mais de 100 mil pessoas por ano iam se banhar ali, para tratamentos desde reumatismo até paralisia, malária, doenças venéreas, ou para um simples relaxamento. A maioria das casas de banho mais luxuosas foi construída nos 25 primeiros anos do século XX, e quando passaram a ser tomados mais de 1 milhão de banhos por ano, a cidade da estação de águas ficou mundialmente famosa. Depois da mudança de status de reserva federal para parque nacional, Hot Springs tornou-se a única cidade nos Estados Unidos a pertencer a um dos nossos parques nacionais.

Os atrativos da cidade foram incrementados por hotéis suntuosos, um teatro lírico e, a partir de meados do século XIX, pelo jogo. Já na década de 1880, várias casas de jogo se encontravam abertas, e Hot Springs estava no caminho para se tornar tanto uma estação de águas atraente quanto uma cidade famosa. Por várias décadas antes e durante a Segunda Guerra Mundial, a cidade foi administrada por um chefão digno de uma cidade grande, o prefeito Leo McLaughlin. Ele gerenciava o jogo com a ajuda de um mafioso que viera de Nova York, Owen Vincent "Owney" Madden.*

Após a guerra, uma chapa de veteranos reformadores liderada por Sid McMath rompeu o poder de McLaughlin, num movimento que logo faria de McMath o governador mais jovem do país, com 35 anos. A despeito dos veteranos reformadores, o jogo continuou a existir com subornos a políticos locais e estaduais e a oficiais de justiça até a década de 1960. Owen Madden viveu em Hot Springs como um cidadão "respeitável" até o resto de sua vida. Uma vez minha mãe lhe aplicou anestesia para uma cirurgia. Quando ela voltou para casa, contou rindo que sua radiografia parecia um planetário: as doze balas que ainda se alojavam em seu corpo faziam lembrar estrelas cadentes.

Por mais irônico que possa parecer, por ser ilegal, a Máfia nunca se interessou em bancar o jogo em Hot Springs; contudo, tínhamos nossos chefes locais. Às vezes havia confronto entre os grupos, mas no meu tempo a violência era controlada. As garagens de duas casas chegaram a ser bombardeadas, mas numa hora em que estavam vazias.

Nas três últimas décadas do século XIX, e nas cinco primeiras do século XX, o jogo atraiu à cidade uma série de personagens incríveis: os fora-da-lei, mafiosos, heróis militares, atores e uma legião de craques do beisebol. O legendário campeão de sinuca Minnesota Fats ia sempre até lá. Em 1977, como procurador-geral, joguei com ele uma partida para um evento de caridade em Hot Springs. Ele arrasou comigo no jogo, mas, em compensação, presenteou-me com as histórias das suas visitas de outros tempos à cidade, quando ele apostava nos cavalos de dia e, durante toda a noite, comia e jogava na Central Avenue, engordando tanto a carteira quanto a cintura.

Hot Springs atraiu também os políticos. William Jennings Bryan esteve lá várias vezes. Assim como Teddy Roosevelt em 1910, Herbert Hoover em 1927, e

---

* Apelido a partir de um trocadilho, "patrãozinho raivoso". (N. dos T.)

Franklin e Eleanor Roosevelt para o centenário do estado em 1936. Huey Long passou lá a sua segunda lua-de-mel com a esposa. John Fitzgerald Kennedy e Lyndon Johnson estiveram lá antes de serem presidentes. Harry Truman também, e foi o único que jogou — ou pelo menos o único que assumiu ter jogado.

Novas atrações, além do jogo e das águas termais, abrilhantaram Hot Springs, como as grandes casas de leilão muito iluminadas, que se alternavam na Central Avenue com os pontos de jogo e os restaurantes, em frente às casas de banho; as corridas anuais de cavalos puros-sangues em Oaklawn por trinta dias na primavera, o único jogo legal da cidade; as máquinas caça-níqueis em vários restaurantes, em muitas das quais até as crianças podiam jogar se estivessem no colo dos pais; e os três lagos próximos à cidade, sendo o mais importante deles o lago Hamilton, onde muitos notáveis da cidade tinham casa, inclusive meu tio Raymond. Milhares de pessoas se apinhavam nos hotéis do lago nas férias de verão. Havia também uma fazenda de jacarés, onde o maior deles media cinco metros e meio; uma fazenda de avestruzes, os quais às vezes desfilavam na Central Avenue; o IQZoo de Keller Breland, com muitos animais, tendo como atração principal o esqueleto de uma sereia; e o famoso bordel de Maxine Harris (posteriormente Maxine Temple Jones), uma personagem incrível que diariamente, sem nenhuma discrição, depositava subornos nas contas bancárias das autoridades locais e que, em 1983, escreveu uma autobiografia interessante: *"Call me Madam": The Life and Times of a Hot Springs Madam* [Me chame de Madame: A vida e a época de uma Madame de Hot Springs]. Quando estava com uns dez ou onze anos, algumas vezes meus amigos e eu nos divertíamos passando trotes telefônicos para a casa de Maxine, impedindo os telefonemas dos clientes verdadeiros. Ela ficava furiosa e nos xingava com uma linguagem obscena e criativa que nunca tínhamos ouvido de outra mulher, ou de um homem em tal situação. Era hilário. Acho que ela também achava engraçado, pelo menos nos primeiros quinze minutos.

Para um estado composto basicamente de sulistas batistas brancos e de negros, como o Arkansas, Hot Springs era surpreendentemente diversificada, sobretudo se considerarmos sua pequena população de 35 mil habitantes. A população negra era grande, e havia um hotel, Knights of the Pythias, para hóspedes negros. Havia duas igrejas católicas e duas sinagogas. Os moradores judeus eram donos de algumas das melhores lojas e eram deles as casas de leilão. A melhor loja de brinquedos da cidade se chamava Ricky's; seus proprietários, os Silverman, deram-lhe esse nome em homenagem ao filho, que tocava na banda comigo. Lauray's, a joalheria onde eu comprava pequenos presentinhos para a minha mãe, era de propriedade de Marty e Laura Fleishner. E também tinha o B'nai B'rith Leo N. Levi Hospital, que usava as águas termais para tratar a artrite. Em Hot Springs conheci os meus primeiros amigos árabe-americanos, os Zorub e os Hassin. Quando os pais de David Zorub foram mortos no Líbano, ele foi adotado por seu tio. Veio para este país com nove anos sem falar uma palavra de inglês, e acabou sendo o orador de sua turma e presidente do Boys State. Hoje ele é neurocirurgião na Pensilvânia. Guido Hassin e suas irmãs são fruto de um romance da Segunda Guerra Mundial entre um sírio-americano e uma italiana; eles eram meus vizinhos durante o secundário. Também tive um amigo nipo-americano, Albert Hahm, e um colega de turma tcheco, René Duchac, cujos pais imigrantes tinham um restaurante, The Little Bohemia. A comunidade grega era grande e englobava uma igreja ortodoxa e o Angelo's, um restaurante na esquina próxima à Clinton Buick. Era um lugar antiquado e maravilhoso, com um bar decorado como uma fonte de refrigerante e as mesas cobertas com toalhas de xadrez vermelho e branco. A especialidade da casa era o trio molho de pimenta, feijão e espaguete.

Com certeza os meus melhores amigos gregos eram da família Leopoulos. George tinha um pequeno café na Bridge Street, entre a Central Avenue e a Broadway, à qual eu reivindicava o título de rua mais curta dos Estados Unidos, não ultrapassando um terço de um quarteirão. Evelyn, sua esposa, era pequenininha e acreditava na reencarnação, colecionava antiguidades e adorava o pianista Liberace, que a deixou esfuziante ao ir jantar em sua casa uma vez em que se apresentou em Hot Springs. O caçula dos Leopoulos, Paul David, passou a ser o meu melhor amigo na quarta série, e tem sido como um irmão desde então.

Quando éramos meninos, eu adorava ir com ele ao café do seu pai, particularmente no Carnaval, porque todos os foliões comiam lá. Uma vez eles nos deram tíquetes para todas as diversões que havia no parque. Brincamos em todas, o que agradou ao David e me deixou tonto e nauseado. Depois disso, fiquei louco por carrinhos bate-bate e roda-gigante. Nós compartilhamos uma vida de bons e maus momentos e gargalhadas para três vidas.

O fato de eu ter tido um grupo tão diverso de amigos e conhecidos quando era jovem pode parecer normal hoje, mas no Arkansas da década de 1950 isso só poderia ter acontecido em Hot Springs. Mesmo assim, a maioria dos meus amigos e eu levávamos vidas bem normais, com exceção dos telefonemas ocasionais para o bordel de Maxine e a tentação de matar aulas na época das corridas, o que nunca fiz, mas era irresistível para alguns dos meus colegas do secundário.

A maior parte da minha vida se passava na Park Avenue. Nosso bairro era interessante. Tinha uma série de belas casas a leste da nossa até o bosque, e uma outra fileira de casas atrás dela na Circle Drive. David Leopoulos morava a uns dois quarteirões de distância. Meus melhores amigos entre os vizinhos mais próximos eram os Crane. A casa deles era de madeira, grande e misteriosa, dando para os fundos da nossa. A tia de Edie Crane, Dan, levava os filhos dos Crane a todos os lugares — ao cinema, ao Snow Springs Park para nadar na piscina de água corrente gelada, e ao Whittington Park para jogar minigolfe. Rose, a mais velha, tinha a minha idade. Larry, o do meio, era uns dois anos mais novo. Sempre nos demos muito bem, até que um dia apliquei a ele uma palavra nova do meu vocabulário. Estávamos brincando com a Rose no meu quintal, quando disse a ele que sua epiderme estava aparecendo. Ele ficou louco da vida. Então eu disse que as epidermes da mãe e do pai dele também estavam aparecendo. Foi a gota d'água. Ele foi até a sua casa, pegou uma faca, voltou e a atirou contra mim. Apesar de ter errado o alvo, a partir desse dia passei a desconfiar das palavras complicadas. Mary Dan, a caçula, certa vez pediu-me para esperá-la crescer e então nos casarmos.

Em frente à nossa casa havia uma série de pequenos negócios. Havia uma pequena oficina revestida com placas de alumínio. David e eu costumávamos ficar escondidos atrás de um carvalho e atirar os frutos da árvore no alumínio para assustar os trabalhadores. Às vezes tentávamos acertar as calotas dos carros passando pela rua e, quando conseguíamos, a bolota produzia um som áspero e alto. Um dia, um dos nossos alvos parou o carro, desceu e, ao nos ver escondidos atrás de um arbusto, correu atrás de nós. Depois disso, atirei muito poucas bolotas de carvalho nos carros. Mas era divertido.

Ao lado da oficina vinha todo um quarteirão de lojas em tijolo aparente, uma mercearia, uma lavanderia e o Stubby's, uma churrascaria pequena tocada por uma família, onde eu gostava de comer sozinho perto da janela, olhando as pessoas passarem de carro e imaginando sobre suas vidas. Meu primeiro emprego foi na mercearia dessa rua, aos treze anos. O dono, Dick Sanders, tinha quase setenta anos e, como as pessoas dessa idade naquela época, achava que ser canhoto era um defeito e decidiu me corrigir, logo eu, que era um canhoto assumido. Um dia ele me fez empilhar vidros de maionese com a mão direita; os vidros grandes de maionese Hellmann's custavam 89 centavos de dólar. Deixei cair um no chão, fazendo muita sujeira. Logo limpei, mas Dick me disse que descontaria o valor do meu pagamento. Eu ganhava um dólar por hora. Enchi-me de coragem e disse: "Olha aqui, Dick, você pode ter um bom empregado canhoto por um dólar a hora, mas não terá um destro de graça". Para minha surpresa, ele riu e concordou. Até permitiu que eu começasse meu primeiro negócio, uma banca de revistas em quadrinhos usadas, em frente à sua loja. Eu tinha guardado com todo cuidado duas caixas de revistas em quadrinhos. Elas estavam em muito bom estado e venderam bem. Fiquei muito orgulhoso, embora hoje saiba que se as tivesse guardado agora elas seriam consideradas valiosas pelos colecionadores.

A oeste da nossa casa, em direção à cidade, ficava o Perry Plaza motel. Eu gostava dos Perry e de sua filha, Tavia, uns dois anos mais velha que eu. Um dia passei na casa dela exatamente quando ela havia acabado de ganhar um revólver BB. Eu devia ter uns nove ou dez anos. Ela jogou um cinto no chão e disse que se eu pisasse em cima dele, ela atiraria. Claro que pisei. E ela atirou em mim. Acertou na perna, felizmente, mas decidi me tornar um entendido em blefes.

O hotel dos Perry me vem à lembrança por mais um fato. Ele tinha uma fachada de tijolos amarelados — dois andares e a largura de um quarto, mas os fundos alcançavam a Circle Drive. Às vezes as pessoas ficavam hospedadas ali, assim como em outros hotéis próximos à cidade, por semanas e até por meses. Uma vez um homem de meia-idade alugou o último quarto dos fundos no segundo andar. Um dia a polícia veio e o levou. Ele estava fazendo abortos ali. Até então, acho que não sabia o que era aborto.

Um pouco além na Park Avenue havia uma pequena barbearia onde o sr. Brizendine cortava o meu cabelo. A pouco mais de cem metros da barbearia, a Park Avenue encontra a Ramble Street, que para o sul levava a uma subida até a minha nova escola, Ramble Elementary. Na quarta série entrei na banda. Esta era composta por alunos de todas as escolas de ensino fundamental da cidade. O maestro, George Gray, tinha muito jeito com as crianças desafinadas. Toquei clarinete por um ano, mais ou menos, e depois mudei para saxofone tenor porque precisavam de um, mas não me arrependo. Minha lembrança mais nítida da sexta série foi um debate na turma sobre memória, no qual um de meus colegas, Tommy O'Neal, disse à nossa professora, sra. Caristianos, que ele se lembrava do momento do seu nascimento. Eu não sabia se ele tinha imaginação fértil ou um parafuso a menos, mas o fato é que eu gostava dele e finalmente conhecia alguém com uma memória melhor que a minha.

Eu adorava a minha professora da sexta série, Kathleen Schaer. Como muitas professoras da sua geração, ela nunca se casou e dedicou a vida às crianças. Viveu até os oitenta e tantos anos com sua prima, que escolhera a mesma vida. Da mesma forma que era carinhosa e amável, a srta. Schaer também acreditava no amor sincero. Um dia, antes da nossa formatura, ela me deteve depois da aula. Disse que eu deveria me formar como primeiro da turma, empatado com Donna Standiford. Em vez disso, por ter tido nota baixa em disciplina — acho que naquela época se chamava "comportamento" —, caí para o terceiro lugar. A srta. Schaer me disse: "Billy, quando você crescer, ou você vai ser governador ou vai se meter em muita encrenca. Tudo depende de você aprender quando deve falar e quando deve se calar". Aconteceu de ela acertar nas duas probabilidades.

Quando eu estava na Ramble, meu interesse pela leitura despertou e descobri a Biblioteca Pública Garland County, que ficava no centro, próxima ao tribunal e não muito longe da Clinton Buick Company. Permanecia lá por horas, olhando os livros e lendo muitos deles. Fiquei especialmente fascinado com os livros sobre os índios norte-americanos e lia biografias infantis do Gerônimo, o famoso Apache; o Cavalo Louco, da tribo Lakota Sioux, que matou Custer e conduziu suas tropas pelo rio Little Bighorn; o chefe Joseph of the Nez Percé, que selou a paz com a famosa frase: "A partir do ponto onde o Sol se encontra neste momento, eu jamais lutarei de novo"; o chefe da etnia semínola Osceola, que criou um alfabeto escrito para o seu povo. Nunca perdi meu interesse pelos índios norte-americanos, nem deixei de considerá-los vítimas de muita violência.

Minha última descrição a fazer da Park Avenue é sobre a que foi minha primeira igreja de verdade, a Park Place Baptist Church. Embora minha mãe e papai só fossem à igreja na Páscoa e algumas vezes no Natal, minha mãe me incentivava a ir e eu ia quase todos os domingos. Adorava me vestir e caminhar até lá. Dos meus onze anos até me formar no secundário, meu professor foi A. B. "Sonny" Jeffries. Seu filho, Bert, estava na minha turma e ficamos muito amigos. Durante anos, todos os domingos íamos à escola dominical e ao culto juntos, sempre nos sentando nos últimos bancos e freqüentemente fechados em nossos próprios pensamentos. Em 1955, os ensinamentos básicos da Igreja absorvidos nesses domingos já eram suficientes para eu saber que era pecador e queria Jesus para me salvar. Então, num domingo ao final do culto, fui pela nave lateral até o reverendo, professei minha fé em Cristo e pedi para ser batizado. O reverendo Fitzgerald foi à minha casa para conversar comigo e com minha mãe. Os batistas exigem uma profissão de fé consciente para o batismo; querem que as pessoas saibam o que estão fazendo, em contraste com os metodistas, que livraram Hillary e todos os seus irmãos das garras do inferno já no ritual de espargimento de água no bebê.

Numa noite de domingo, Bert Jeffries e eu fomos batizados juntamente com várias outras pessoas. A piscina batismal ficava logo acima do jirau do coro. Quando as cortinas se abriram, a congregação pôde ver o pastor de pé em um manto branco, mergulhando uma leva de fiéis. Uma mulher, logo na nossa frente na fila, estava visivelmente com medo da água. Ela tremia ao descer os degraus para a piscina. Quando o pastor segurou seu nariz e a afundou, ela ficou completamente rígida. A seguir ela levantou sua perna direita reta para o ar e a apoiou sobre uma borda estreita do vidro que protegia o jirau do coro contra os respingos d'água. O calcanhar dela ficou preso. Ela não conseguia tirá-lo e, desse modo, quando o pastor tentava levantá-la, ela não se mexia. Sem entender o que acontecia, pois ele olhava para a sua cabeça submersa, o pastor continuava a puxá-la. Finalmente ele olhou ao redor, percebeu o que estava acontecendo, e abaixou a perna da coitada antes que ela se afogasse. Bert e eu ríamos descontroladamente. Não pude evitar pensar que, se Jesus tinha tanto humor, ser cristão não devia ser tão difícil assim.

Além dos novos amigos, do bairro, da escola e da igreja, Hot Springs deu-me uma nova família, bastante ampliada com os parentes de nome Clinton. Meus avós postiços eram Al e Eula Mae Cornwell Clinton. Vô Al, como o chamávamos, veio de Dardanelle, no condado de Yell, um lugar bonito e cheio de bosques a 112 quilômetros a oeste de Little Rock, na parte norte do rio Arkansas. Ele conheceu minha vó e se casou ali, depois de a família dela ter emigrado do Mississippi na década de 1890. Nós a chamávamos de vó Clinton. Ela vinha da imensa família Cornwell, que povoou quase todo o Arkansas. Juntando os Clinton com os parentes da minha mãe, eles me proporcionaram um parentesco que ocupava quinze condados dos 75 do Arkansas, um patrimônio eleitoral enorme no início da minha carreira política, numa época em que os contatos pessoais contavam mais do que as credenciais ou as ideologias.

O vô Al era um homem pequeno, mais baixo e mais magro do que meu avô materno, com um temperamento amável e doce. A primeira vez que o vi nós ainda morávamos em Hope, e ele deu uma passada em casa para ver seu filho e sua nova família. Não estava só. Na ocasião ele ainda trabalhava como agente penitenciário estadual, responsável pelo setor de liberdade condicional, e estava levando um dos prisioneiros, provavelmente ao término de sua licença, de volta à penitenciária. Quando ele saiu do carro, o homem estava algemado a ele. Foi uma cena hilária, pois o prisioneiro era enorme; devia ter o dobro do tamanho do vô Al. Mas o vô Al era delicado e respeitoso com ele, e o homem respondia com reciprocidade. Tudo o que sei é que o vô Al levou o homem de volta na hora certa.

O vô Al e a vó Clinton moravam numa casinha antiga em cima de um morro. Ele cuidava do extenso jardim nos fundos, do qual se orgulhava muito. Viveu até os 84 anos, e quando já estava com mais de oitenta seu jardim produziu um tomate que pesava mais de um quilo. Tive de usar as duas mãos para segurá-lo.

A vó Clinton mandava na casa. Ela era boa para mim, mas sabia como manipular os homens ao seu redor. Tratava o papai como o bebê da família, que nunca fazia nada errado, razão pela qual talvez ele nunca tenha crescido. Ela gostava da minha mãe, que ouvia seus infortúnios hipocondríacos mais do que qualquer outro parente e lhe dava conselhos sensatos e solidários. Viveu até os 93 anos.

O vô Al e a vó Clinton tiveram cinco filhos, uma menina e quatro meninos. A menina, tia Ilaree, foi a segunda a nascer. Sua filha, Virginia, cujo apelido era Sister, era então casada com Gabe Crawford e muito amiga da mamãe. Quanto mais Ilaree envelhecia, mais desenvolvia idiossincrasias. Um dia minha mãe foi à sua casa e ela se queixou de que estava com dificuldade para caminhar. Ela levantou a saia e mostrou um tumor enorme na parte interna da perna. Pouco tempo depois, quando foi apresentada a Hillary, ela levantou a saia de novo e mostrou o tumor. Foi um bom começo. Ilaree foi a primeira pessoa dos Clinton a gostar de fato de Hillary. Minha mãe acabou por convencê-la a extrair o tumor. Assim, ela entrou num avião pela primeira vez para ir para a Clínica Mayo. Quando retiraram o tumor, ele pesava mais de quatro quilos, mas milagrosamente não havia atingido por metástase o restante da perna. Eu soube que a clínica guardou por algum tempo esse tumor incrível para estudo. Quando a velha e querida Ilaree voltou para casa, ficou claro que ela temera mais a primeira viagem de avião do que o tumor e a cirurgia.

Robert era o primogênito. Ele e sua esposa, Evelyn, eram tranqüilos e moravam no Texas, e se sentiam satisfeitos em consumir Hot Springs e a família Clinton em pequenas doses.

O segundo filho, tio Roy, tinha uma loja de gêneros alimentícios. Sua esposa, Janet, e minha mãe eram as duas personalidades mais fortes fora da família Clinton e se tornaram grandes amigas. No início dos anos 1950, Roy se candidatou para o Capitólio estadual e ganhou. No dia da eleição, panfletei para ele em meu bairro, no ponto mais próximo possível dos postos eleitorais permitido por lei. Foi minha primeira experiência política. O tio Roy só teve um mandato. Ele era muito popular, mas não se candidatou à reeleição. Acho que porque Janet odiava política. Durante anos Roy e Janet jogaram dominó com meus pais quase todas as semanas, revezando entre a nossa casa e a deles.

Raymond, o quarto filho, foi o único Clinton com dinheiro de fato e a ter um envolvimento constante com a política. Ele havia participado do movimento de reforma dos veteranos após a Segunda Guerra Mundial, muito embora não tivesse servido. Raymond Jr., o "Corky", era o único mais jovem do que eu na família. Era também mais inteligente do que eu. Ele literalmente se tornou um cientista de foguetes, com uma carreira conceituada na NASA.

Minha mãe tinha um relacionamento ambíguo com Raymond porque ele gostava de mandar em tudo mas, devido ao problema do papai com a bebida, pedíamos sua ajuda com mais freqüência do que gostaríamos. Logo que nos mudamos para Hot Springs, até freqüentamos a igreja do tio Raymond, a Primeira Presbiteriana, embora minha mãe fosse supostamente batista. O pastor daquela época, o reverendo Overholser, era um homem notável que produziu duas filhas igualmente notáveis: Nan Keohane, que foi presidente da Wellesley, a *alma mater* de Hillary e depois a primeira reitora da Duke University; e Geneva Overholser, que foi editora do *Des Moines Register* e me apoiou quando me candidatei à Presidência, sendo mais tarde a *ombudsman* do *Washington Post*, no qual ela propalava as queixas legítimas do público em geral, mas não as do presidente.

Apesar das reservas da minha mãe, eu gostava do Raymond. Eu me impressionava com sua força, seu poder na cidade e seu interesse genuíno por seus filhos e por mim. Seu egocentrismo não me incomodava muito, embora fôssemos diferentes como água e vinho. Em 1968, enquanto eu dava palestras em clubes cívicos de Hot Springs a favor dos direitos civis, Raymond apoiava George Wallace para presidente. Mas em 1974, quando lancei uma campanha aparentemente impossível para o Congresso, Raymond e Gabe me deram 10 mil dólares, só para começar. Para mim, naquele tempo, era uma quantia exorbitante. Quando sua esposa morreu com pouco mais de 45 anos, Raymond reencontrou uma viúva que tinha sido sua namorada no secundário e eles se casaram, para a felicidade de seus últimos anos. Por algum motivo que não consigo me lembrar agora, Raymond se afastou de mim no fim da sua vida. Antes que pudéssemos nos reconciliar, ele teve Alzheimer. Fui visitá-lo duas vezes, uma vez no St. Joseph's Hospital, e a outra vez numa casa de repouso. Na primeira vez disse-lhe quanto o amava, que sentia muito aquela barreira colocada entre nós, e que sempre lhe seria grato por tudo o que ele havia feito por mim. Ele talvez tenha me reconhecido por um ou dois minutos. Na segunda vez eu sabia que ele não me reconheceria, mas quis vê-lo mais uma vez mesmo assim. Ele morreu aos 84 anos, como minha tia Ollie, muito depois de sua consciência tê-lo deixado.

Raymond morava com sua família numa casa grande no lago Hamilton, onde costumávamos ir para fazer piqueniques e passear no grande barco de madeira Chris-Craft. Nós sempre comemorávamos o Quatro de Julho lá, com muitos fogos. Após sua morte seus filhos decidiram, com pesar, vender a velha casa. Felizmente minha biblioteca e a Fundação precisavam de um abrigo, então compramos o imóvel e o estamos reformando com essa finalidade, de modo que os filhos e os netos do Raymond ainda poderão usá-lo. Agora ele está sorrindo para nós lá de cima.

Pouco depois de nos mudarmos para a Park Avenue, acho que em 1955, os pais da minha mãe se mudaram para Hot Springs, para um apartamento pequeno numa antiga casa na nossa rua, em direção à cidade, a aproximadamente um quilômetro e meio da nossa casa. A mudança deu-se basicamente por problemas de saúde. A bronquiectasia do vovô continuava a evoluir e a vovó tinha tido um derrame. O vovô conseguiu trabalho num bar em que provavelmente o papai era um dos sócios-proprietários, bem em frente à barbearia do sr. Brizendine. Ele tinha muito tempo livre, pois, mesmo em Hot Springs, a população era por demais convencional para freqüentar bares em pleno dia, e eu passava muito tempo com ele lá. Estava sempre jogando paciência e me ensinou a jogar. Ainda jogo três tipos diferentes do jogo, sobretudo quando estou pensando em um problema e preciso de uma válvula de escape.

O derrame da vovó fora de grandes proporções e, na convalescença, ela foi acometida por gritos histéricos. Imperdoavelmente, para acalmá-la, seu médico receitou morfina, muita morfina. Quando ela ficou dependente da substância, minha mãe decidiu trazê-la, com o vovô, para Hot Springs. Seu comportamento ficou ainda mais irracional e, no desespero, minha mãe, embora relutante, internou-a no manicômio estadual, a uns cinqüenta quilômetros de distância. Acho que não havia tratamentos químicos naquele tempo.

Claro que eu não sabia do problema na ocasião, só sabia que ela estava doente. Uma vez minha mãe me levou de carro ao hospital para vê-la. Foi horrível. Era um verdadeiro hospício. Entramos numa grande sala aberta, refrigerada por ventiladores dentro de grades enormes, para evitar que os pacientes colocassem a mão. Pessoas com expressões aturdidas, vestidas com roupas largas de algodão, andavam a esmo resmungando para si próprias ou gritando para o espaço. Contudo, a vovó parecia normal e feliz de nos ver, e tivemos uma boa conversa. Poucos meses depois ela se estabilizou, a ponto de poder voltar para casa, e nunca mais tomou morfina. O problema dela expôs para mim, pela primeira vez, o tipo de sistema de saúde mental que servia à maior parte do país naqueles dias. Quando Orval Faubus foi eleito governador, ele modernizou nosso hospital estadual e investiu muito mais recursos ali. Apesar dos prejuízos que ele causou em outras áreas, sempre lhe fui grato por isso.

5

FINALMENTE, EM 1956, GANHEI UM IRMÃO, e a nossa família, uma televisão. Meu irmão, Roger Cassidy Clinton, nasceu no dia do aniversário do seu pai, 25 de julho. Fiquei muito contente. Minha mãe e papai já estavam tentando ter um bebê havia algum tempo (dois anos antes ela havia tido um aborto espontâneo). Acho que ela, e provavelmente ele também, acreditava que isso pudesse salvar o casamento deles. A reação do papai não foi das mais auspiciosas. Eu fiquei na casa da vovó e do vovô enquanto a minha mãe se submetia a uma cesariana. Papai me pegou e me levou para vê-la, depois me deixou em casa e saiu. Ele andava bebendo nos últimos meses, e o nascimento do seu único filho, em vez de fazê-lo mais feliz e responsável, foi a gota d'água para que ele recorresse à garrafa.

Além da alegria com um novo bebê na casa, havia a empolgação com a novidade da televisão. Eram muitos os programas infantis: desenhos animados, *Captain Kangaroo* e *Howdy Doody*, Buffalo Bob Smith, os meus preferidos. Também havia beisebol: Mickey Mantle e os Yankees, Stan Musial e os Cardinals, e o meu preferido de todos os tempos, Willie Mays, e os velhos New York Giants.

Mas por mais estranho que possa parecer para um garoto de dez anos, o que de fato me prendeu à televisão naquele verão foram as convenções republicanas e democratas. Eu me sentava no chão bem em frente à TV e assistia às duas, hipnotizado. Pode parecer esquisito, mas me sentia familiarizado com o mundo da política e dos políticos. Eu gostava do presidente Eisenhower e gostei de vê-lo indicado mais uma vez, embora fôssemos democratas, mas me envolvi na convenção deles. O governador do Tennessee, Frank Clement, fez um discurso instigante de orientação geral. Houve um embate interessante para a indicação do vice-presidente entre o senador John F. Kennedy e o vencedor final, senador Estes Kefauver, que foi senador por Tennessee com o pai de Al Gore. Quando Adlai Stevenson, o indicado em 1952, aceitou o chamado do partido para se candidatar novamente, ele disse que havia rezado para que "esta taça passasse para outras mãos". Eu admirava a inteligência e a eloqüência de Stevenson, mas não conseguia entender como alguém não quisesse ser presidente. Hoje em dia acho que ele não queria apostar no fracasso. Isso até consigo entender. Eu mesmo perdi umas duas eleições, mas nunca enfrento uma batalha da qual não me convença que sairei vitorioso.

Não ficava o tempo todo assistindo à televisão. Também ia ao cinema ver todos os filmes possíveis. Hot Springs tinha dois cinemas antiquados, o Paramount e o Malco, com seus palcos enormes, onde estrelas do faroeste se apresentavam nos fins de semana. Vi Lash LaRue, de caubói e fazendo seus truques com o chicote, e Gail Davis, que fazia o papel de Annie Oakley na TV, em uma rápida exibição.

Elvis Presley começou a fazer cinema nos anos 1950. Eu adorava o Elvis e sabia cantar todas as suas músicas, assim como as músicas de fundo dos Jordanaires.

Eu o admirava por ter servido no Exército, e fiquei fascinado com seu casamento com a bela e jovem Priscilla. Diferentemente da maioria dos pais, que achavam indecentes seus movimentos giratórios dos quadris, minha mãe também adorava o Elvis, talvez mais ainda do que eu. Nós assistimos juntos à sua apresentação legendária no *Ed Sullivan Show* e rimos quando as câmeras cortaram os movimentos da parte inferior do seu corpo para nos proteger contra a indecência. Além da sua música, eu também me identificava com suas raízes sulistas do interior. Como também achava que ele tinha um grande coração. Steve Clark, um amigo que foi procurador-geral quando eu era governador, levou sua irmãzinha em fase terminal de câncer para ver uma apresentação do Elvis em Memphis. Quando Elvis soube da menina, ele a colocou com seu irmão na primeira fileira e, depois do show, a chamou para o palco e conversou com ela por algum tempo. Nunca me esqueci disso.

O primeiro filme do Elvis, *Ama-me com ternura*, é o meu preferido até hoje, embora também goste de *A Mulher que eu amo, O prisioneiro do rock, Balada sangrenta* e *Feitiço havaiano*. Depois desses, seus filmes ficaram mais açucarados e previsíveis. O interessante sobre o *Ama-me com ternura*, um faroeste pós Guerra Civil, é que apesar de já ser um símbolo sexual ele só consegue a garota, Debra Paget, porque ela acha que o irmão mais velho dele, seu verdadeiro amor, tinha morrido na guerra. No final do filme Elvis leva um tiro e morre, deixando seu irmão com sua esposa.

Elvis sempre me perseguiu. Na campanha de 1992, alguns membros da minha equipe me apelidaram de Elvis. Poucos anos mais tarde, quando nomeei Kim Wardlaw, de Los Angeles, para uma magistratura federal, ela foi simpática a ponto de me enviar um cachecol do Elvis que ele havia usado e autografado para ela num dos seus shows no início da década de 1970, quando ela tinha seus dezenove anos. Eu ainda o tenho na minha sala de música. E confesso que ainda adoro o Elvis.

Meus filmes preferidos nessa época eram os épicos bíblicos: *O manto sagrado, Demétrio e os gladiadores, Sansão e Dalila, Ben Hur* e, principalmente, *Os Dez Mandamentos,* o primeiro filme por cujo ingresso me lembro de ter pago mais de dez centavos. Eu vi *Os Dez Mandamentos* quando minha mãe e papai tinham ido a Las Vegas em uma viagem curta. Levei um lanche e me sentei lá por duas sessões seguidas pelo preço de uma entrada. Bem mais tarde, quando recebi o Charlton Heston na Casa Branca como homenageado do Kennedy Center, ele era presidente da Associação Nacional do Rifle e um crítico mordaz dos meus esforços legislativos para manter as armas longe dos criminosos e das crianças. Brinquei com ele e a platéia dizendo que eu o preferia como Moisés a como presidente dessa associação. Um ponto a seu favor: ele aceitou a brincadeira com humor.

Em 1957, os pulmões do vovô finalmente se exauriram. Ele morreu no relativamente novo Ouachita Hospital, onde minha mãe trabalhava. Tinha apenas 56 anos. Grande parte da sua vida fora consumida com atribulações econômicas, problemas de saúde e guerra conjugal, e, no entanto, ele sempre descobria prazeres em face de tantas adversidades. Ele nos adorava, a mim e à minha mãe, mais do que à própria vida. Seu amor e seus ensinamentos, em geral por meio de exemplos que incluíam o reconhecimento pelas dádivas do dia-a-dia e a preocupação com o outro, fizeram de mim uma pessoa melhor do que eu teria sido sem ele.

No ano de 1957 ocorreu a crise na Little Rock Central High. Em setembro, nove crianças negras, apoiadas por Daisy Bates — a editora do *Arkansas State Press,* o jornal dos negros de Little Rock —, foram matriculadas na Escola Secundária Central de Little Rock. O governador Faubus, ansioso por romper com a tradição dos governadores de ser eleito no máximo para dois mandatos no Arkansas, acabou também abandonando a tradição progressista da sua família (seu pai votara em Eugene Debs, o eterno candidato socialista para a Presidência), e chamou a Guarda Nacional para impedir que elas freqüentassem a escola. O presidente Dwight Eisenhower federalizou as tropas para proteger os alunos, que de fato foram à escola, sob refrões racistas gritados pela multidão enraivecida. A maioria dos meus amigos ou era contra a integração ou parecia alienada. Eu não conversava sobre isso, talvez por minha família não ser particularmente política, mas detestei a atitude de Faubus. Embora ele tenha manchado a imagem do estado por um bom tempo, garantiu para si não só um terceiro mandato de dois anos, mas três outros mandatos além desse. Mais tarde ele tentou voltar concorrendo com Dale Bumpers, David Pryor e comigo, mas o estado já havia evoluído para além da reação.

Os Nove de Little Rock se tornaram um símbolo de coragem na busca pela igualdade. Em 1987, no trigésimo aniversário da crise, como governador convidei os Nove de Little Rock. Eu os recepcionei na Mansão do Governador e depois os levei à sala onde o governador Faubus havia orquestrado a campanha para impedi-los de entrar na escola. Em 1997 fizemos uma grande cerimônia no gramado da escola em comemoração ao quadragésimo aniversário. Durante o evento, o governador Mike Huckabee e eu mantivemos as portas da escola abertas enquanto os nove entravam. Elizabeth Eckford, que aos quinze anos havia ficado traumatizada com os cochichos maliciosos ao andar sozinha no meio de uma multidão raivosa, reconciliou-se com Hazel Massery, uma das meninas que a havia insultado quarenta anos antes. Em 2000, numa cerimônia no Gramado Sul da Casa Branca, presenteei os Nove de Little Rock com a Medalha de Ouro conferida pelo Congresso norte-americano, uma homenagem de iniciativa do senador Dale Bumpers. Naquele verão de 1957, os Nove nos ajudaram, brancos e negros, a nos libertar dos grilhões da segregação e da discriminação. Dessa forma, eles fizeram mais por mim do que eu jamais poderia fazer por eles. Mas espero que o que fiz por eles, e pelos direitos civis nos anos seguintes, tenha honrado as lições aprendidas na loja do vovô mais de cinqüenta anos atrás.

No verão de 1957, e outra vez depois do Natal daquele ano, fiz minhas primeiras viagens para fora do Arkansas, desde quando havia visitado minha mãe em Nova Orleans. Nas duas vezes fui num ônibus da Trailways com destino a Dallas para visitar a tia Otie. Era um ônibus luxuoso para aquela época, com comissária de bordo servindo canapés, dos quais me entupi.

Dallas foi a terceira cidade de verdade que conheci. Eu havia visitado Little Rock numa excursão escolar da quinta série, para visitar o Capitólio estadual do estado, sendo o ponto alto do passeio uma visita ao gabinete do governador, com direito a sentar-se na cadeira dele, que estava ausente. Fiquei tão impressionado que anos mais tarde freqüentemente tirava fotografias com as crianças sentadas na minha cadeira, tanto no gabinete do governador como no Salão Oval.

As viagens a Dallas para mim foram marcantes por três razões, além da fantástica comida mexicana, do jardim zoológico e do mais bonito campo de minigolfe que eu já tinha visto. A primeira razão: porque conheci alguns dos parentes do meu pai. Seu irmão mais jovem, Glenn Blythe, que era delegado de Irving, um subúrbio de Dallas. Ele era alto e bonitão, e estar com ele me deu a sensação de estar próximo do meu pai. Infelizmente ele também morreu jovem demais, aos 48 anos, de um derrame. A sobrinha do meu pai, Ann Grisby, era amiga da minha mãe desde o seu casamento com meu pai. Nessas viagens, ela foi uma eterna amiga, contando histórias sobre o meu pai e sobre a minha mãe, quando ainda era uma jovem noiva. Ann continua sendo a minha conexão mais estreita com a família Blythe.

A segunda razão: no primeiro dia do ano de 1958 fui ao Cotton Bowl assistir à minha primeira partida de futebol americano. O Rice, liderado pelo lançador King Hill, jogou contra o Navy, cujo grande lançador Joe Bellino venceu o Troféu Heisman dois anos mais tarde. Eu me sentei em um lugar bastante afastado, mas me senti como se estivesse num trono, pois o Navy ganhou de 20 a 7.

A terceira razão: logo depois do Natal fui ao cinema sozinho, quando a tia Otie teve de ir trabalhar. Acho que estava passando *A ponte do rio Kwai*. Eu adorava esse filme, mas não gostei de ter de pagar uma entrada inteira, apesar de não ter doze anos. Eu era tão grande para a minha idade que o bilheteiro não acreditou em mim. Foi a primeira vez que alguém duvidou de mim. Isso me magoou, mas aprendi algo sobre a diferença entre cidades grandes impessoais e cidades pequenas, e dei início à minha longa preparação para viver em Washington, onde ninguém confia em ninguém.

Comecei o curso de admissão em 1958. A escola ficava exatamente em frente ao Ouachita Hospital e vizinha à Escola Secundária de Hot Springs. Os prédios das duas escolas eram de tijolo escuro. O do secundário era de quatro andares, com um auditório grande e antigo, e linhas clássicas no melhor estilo de 1917. O do admissão era menor e mais baixo, mas mesmo assim representou uma nova fase da minha vida. No entanto, o fato mais importante para mim nesse ano não teve nada a ver com a escola. Um dos meus professores da escola dominical se ofereceu para levar alguns meninos até a nossa igreja em Little Rock para ouvir Billy Graham pregar em sua cruzada no War Memorial Stadium, onde jogavam os Razorback. As tensões raciais ainda estavam acirradas em 1958. As escolas de Little Rock se encontravam fechadas num último esforço para impedir a integração, estando seus alunos espalhados por outras escolas nas redondezas. Os segregacionistas do White Citizens Council [Conselho dos Cidadãos Brancos] e de outras procedências sugeriram que, dada a atmosfera tensa, seria melhor se o reverendo Graham restringisse a entrada na cruzada somente aos brancos. Ele respondeu que Jesus amava a todos os pecadores, todos necessitavam de uma oportunidade para ouvir Sua palavra e, finalmente, que ele preferia cancelar a cruzada a ter de pregar para uma platéia segregada. Naquela época, Billy Graham era a única incorporação viva da autoridade batista no Sul, a figura religiosa mais importante do Sul e talvez do país. Sendo assim, mais do que nunca eu queria ouvi-lo pregar. Os segregacionistas recuaram e o reverendo Graham passou uma mensagem poderosa nos seus vinte minutos usuais. Quando ele convidou as pessoas a descerem para o campo de futebol, para se tornarem cristãos ou rededicarem suas vidas a Cristo, centenas de negros e brancos desceram juntos ao estádio, ficaram juntos e rezaram juntos. Foi um contraponto poderoso à política racista que estava grassando o Sul. Adorei Billy Graham por ter feito isso. Meses depois eu ainda enviava parte da minha pequena mesada para apoiar a sua causa.

Trinta anos mais tarde, Billy voltou a Little Rock para uma outra cruzada no War Memorial Stadium. Como governador, numa noite tive a honra de me sentar ao seu lado no palco, inclusive de ir com ele e meu amigo Mike Coulson visitar meu pastor e velho amigo de Billy, W. O. Vaught, que estava com câncer em fase terminal. Fiquei admirado de ouvir esses dois homens de Deus discutirem sobre a morte, seus medos e sua fé. Quando Billy se levantou para partir, ele segurou a mão do dr. Vaught na sua e disse: "W. O., não nos sobra muito tempo. Vou vê-lo em breve perto do Portão Leste", a entrada para a Cidade Sagrada.

Quando eu era presidente, Billy e Ruth Graham vieram nos visitar, Hillary e a mim, em nossa residência na Casa Branca. Billy rezou comigo no Salão Oval e mais tarde me escreveu inspiradoras cartas de aconselhamento e apoio em meus momentos difíceis. Em todos os contatos comigo, como na cruzada crucial de 1958, Billy foi fiel à sua fé.

O ano do admissão me trouxe uma nova gama de experiências e desafios, na medida em que passei a saber mais sobre minha mente, meu corpo, meu espírito e meu pequeno mundo. Eu gostava da maior parte do que aprendia sobre mim mesmo, mas não de tudo. Várias coisas me assustavam um bocado, como a raiva que sentia do papai, os primeiros impulsos sexuais pelas meninas e as dúvidas sobre minhas convicções religiosas por não poder provar a existência de um Deus que havia criado um mundo tão imperfeito.

Meu interesse pela música cresceu. Eu ia às aulas da banda do admissão todos os dias, ansioso por desfilar no intervalo dos jogos de futebol americano e nos desfiles de Natal, também pelos concertos e os festivais de bandas regionais e estaduais, nos quais juízes conferiam notas ao desempenho solo e ao conjunto. Ganhei várias medalhas nesse ano, e as que não ganhei foram invariavelmente pela minha escolha de composições difíceis demais para mim. Ainda tenho as avaliações dos juízes sobre os meus primeiros solos, chamando a atenção para o meu pouco controle dos registros inferiores, mau fraseado e bochechas infladas. As notas melhoraram com a idade, mas nunca resolvi o problema das bochechas infladas. Meu solo preferido nessa época era um arranjo da *Rapsody in Blue*, que eu adorava tentar tocar, chegando a fazer uma apresentação para convidados no tradicional Majestic Hotel. Eu estava tremendo como vara verde de nervoso, mas decidido a causar uma boa impressão dentro do meu novo paletó branco, minha gravata-borboleta de xadrez vermelho e uma faixa na cintura.

Os maestros da minha banda do admissão me incentivaram a me aprimorar e eu decidi tentar. O Arkansas tinha vários cursos de verão sobre música de banda em campus universitários e eu queria freqüentar um deles. Optei pelo curso no campus principal da Universidade de Arkansas em Fayetteville porque tinha muitos professores bons, e eu queria passar umas duas semanas no campus onde acreditava vir a freqüentar um dia. Por sete anos eu o freqüentei, até o verão seguinte à minha formatura do secundário. Foi uma das experiências mais importantes na minha formação. Em primeiro lugar, eu tocava sem parar. E melhorei. Alguns dias eu tocava por doze horas, até meus lábios ficarem tão doloridos que eu mal podia movê-los. Eu também ouvia muito para aprender com músicos mais experientes.

O curso de verão da banda mostrou-se o espaço ideal para que eu desenvolvesse a habilidade de liderança política. Durante toda a minha formação foi o único lugar em que ser um "músico da banda", ao contrário de um jogador de futebol, não acarretava compromisso político. Também era o único lugar em que o músico da banda não tinha desvantagem na busca adolescente por meninas bonitas. Todos nós adorávamos cada minuto das atividades, do café-da-manhã no refeitório da universidade até a hora de ir para os dormitórios, nos sentindo muito importantes.

Eu também adorava o campus. É a universidade federal mais antiga a oeste do Mississippi. Fiz um trabalho no admissão sobre ela e, quando governador, destinei verbas para restaurar o Old Main, o prédio mais antigo do campus. Construído em 1871, é uma lembrança *sui generis* da Guerra Civil por suas duas torres, a do norte mais alta que a do sul.

A banda também me deu o meu melhor amigo do admissão, Joe Newman. Ele era baterista e muito bom. Sua mãe, Rae, que ensinava em nossa escola, e o marido dela, Dub, me recebiam muito bem em sua casa espaçosa de madeira branca na Ouachita Avenue, próxima à casa do tio Roy e da tia Janet. Joe era inteligente, cético, temperamental, engraçado e leal. Eu gostava de brincar com ele, ou simplesmente de conversar, e ainda gosto — mantemos nossa amizade até hoje.

Minha matéria preferida no admissão era matemática. Tive sorte de pertencer à primeira turma que aprendeu álgebra na oitava série, e não só na série seguinte, o que me conferiu a vantagem de estudar geometria, álgebra II, trigonometria e cálculo no secundário. Eu adorava matemática por causa dos problemas que estimulavam meus neurônios. Embora nunca tenha feito matemática na faculdade, sempre achei que fosse bom nisso até o dia em que tive de desistir de ajudar a Chelsea com o dever de casa na nona série. Uma outra ilusão que caiu por terra.

Mary Matassarin me ensinou álgebra e geometria. Sua irmã, Verna Dokey, me ensinou história, e seu marido, Vernon, um treinador aposentado, me ensinou ciências na oitava série. Eu gostava de todas as disciplinas, mas, apesar de não ser especialmente bom em ciências, foi justamente uma das aulas do sr. Dokey que mais me marcou. Muito embora sua esposa e a irmã dela fossem bonitas, Vernon Dokey, para usar um eufemismo, não era muito bonito. Ele era corpulento, com cintura grossa, usava óculos de fundo de garrafa e fumava charutos baratos com um bocal que lhe conferia um ar angustiado quando ele o embocava. Ele era dado a gestos bruscos, mas tinha um sorriso encantador e muito humor, além de uma compreensão profunda da natureza humana. Um dia ele nos olhou e disse: "Turma, daqui a alguns anos talvez vocês não se lembrem do que aprenderam sobre ciências nestas aulas, então vou lhes ensinar algo sobre a natureza humana de que vocês vão se lembrar. Todas as manhãs, quando me levanto, entro no banheiro, jogo água no rosto, faço a barba, limpo a espuma e então olho no espelho e digo: 'Vernon, você é bonito'. Lembrem-se disso, crianças. Todos querem se sentir bonitos". E eu sempre me lembro disso, há quarenta anos. O que me ajudou a entender coisas que, se não fosse Vernon Dokey ter dito que ele era bonito, e eu não ter visto que, de fato, ele era, eu não teria entendido.

Precisei de muito esforço para compreender as pessoas durante o admissão. Foi lá que aprendi que não era amado por todos e por razões que ignorava. Uma vez, quando estava indo a pé para a escola e me encontrava a um quarteirão de distância, um aluno mais velho, um dos arruaceiros da cidade, estava fumando num canto entre dois prédios e deu um piparote com a brasa acertando meu rosto, quase atingindo meu olho. Nunca entendi por que ele fez isso, mas, afinal de contas, eu era um músico de banda gordo que não usava o jeans da moda (de preferência Levi's, e tinha de arrancar os bolsos traseiros).

Naquela mesma época, tinha discutido com Clifton Bryant, um menino cerca de um ano mais velho, porém menor que eu. Um dia meus amigos e eu decidimos ir a pé para casa, a uns quase cinco quilômetros de distância. Clifton morava na mesma direção e nos seguiu até em casa, me insultando e me batendo nas costas e nos ombros. Fomos assim por toda a Central Avenue até o chafariz e o início da Park Avenue. Por quase dois quilômetros tentei ignorá-lo. Até que não agüentei mais. Então me virei, peguei impulso com o braço para bater nele. Seria um bom golpe, mas ele se virou e correu, recebendo a pancada nas costas. Como eu já disse, eu era lerdo. Quando Clifton fugiu para casa, eu gritei chamando-o para lutar como homem. Mas ele não voltou. Quando cheguei em casa, já estava mais calmo e sem o incentivo dos colegas. Eu receava que o tivesse machucado, e fiz minha mãe ligar para a casa dele para me certificar de que ele estava bem. Nunca mais brigamos. Aprendi que posso me defender, mas não gostei de tê-lo machucado e fiquei desnorteado com meu ódio que se expressaria de uma maneira mais profunda e mais forte nos anos seguintes. Hoje sei que meu ódio naquele dia foi uma reação normal e saudável à maneira como fui tratado. Mas devido ao comportamento do papai quando estava zangado e bêbado, eu associava seu ódio a uma perda de controle que eu não tinha a menor intenção de ter. Poderia liberar o ódio mais profundo e constante que eu trancava bem escondido, por não saber de onde vinha.

Mesmo quando eu ficava zangado, tinha o bom senso de não reagir a cada desafio. Fui provocado duas vezes naquela ocasião, ou melhor, fui nocauteado. Uma vez eu estava nadando com os Crane no rio Caddo, a oeste de Hot Springs, próximo a uma cidadezinha chamada Caddo Gap. Um dos meninos do lugar se aproximou pela margem de onde eu estava nadando e gritou um insulto. Então respondi. Depois disso ele pegou uma pedra e atirou contra mim. Ele estava a muitos metros de distância, mas a pedra bateu na minha cabeça, próxima à têmpora, e sangrou. Eu queria sair e brigar, mas como ele era maior, mais forte e mais metido do que eu, simplesmente nadei para mais longe. Graças à minha experiência com o carneiro, o revólver BB da Tavia Perry, além de outros erros semelhantes que estavam ainda por vir, acho que fiz a coisa certa.

Na segunda vez em que fui provocado no admissão, sei que agi corretamente. Nas noites de sexta-feira havia sempre dança no ginásio da ACM local. Eu adorava rock e ia lá com freqüência desde a oitava ou a nona série, embora fosse gordo, meio bobão e não muito benquisto entre as meninas. Além do mais, ainda usava o jeans errado.

Uma noite entrei no salão de bilhar da Associação, ao lado do ginásio, para comprar um refrigerante, pois ali tinha uma máquina. Alguns secundaristas mais velhos estavam jogando sinuca, enquanto outros assistiam. Um deles era Henry Hill, cuja família era proprietária do boliche no centro da cidade, o Lucky Strike Lanes. Henry começou a implicar com a minha calça que, naquela noite, estava especialmente errada. Era um jeans de carpinteiro com uma alça no lado direito para pendurar um martelo. Eu já era inseguro sem a implicância do Henry, e acabei xingando-o. Ele me esmurrou no maxilar com toda a força. Bem, eu era grande para minha idade, praticamente 1,80 metro e uns oitenta quilos. Mas o Henry tinha dois metros e um grande alcance. Eu não tinha condição de revidar. Além disso, para minha surpresa, não doeu muito. Eu simplesmente fiquei na mesma posição e o encarei. Acho que o Henry ficou surpreso de eu não ter caído ou fugido, porque ele riu, deu um tapa nas minhas costas e disse que eu era legal. Depois disso passamos a ser simpáticos um com o outro. Mais uma vez aprendi que posso apanhar, e que existe mais de uma maneira de enfrentar uma agressão.

Quando comecei a nona série, em setembro de 1960, a campanha presidencial estava a pleno vapor. Minha professora de inglês e de deveres de casa era Ruth Atkins que, como eu, era de Hope e uma democrata fervorosa. Ela nos fazia ler e discutir o *Grandes esperanças* de Dickens, mas reservava bastante tempo para debate político. Hot Springs tinha mais republicanos do que a maior parte do Arkansas naquele tempo, mas suas raízes eram muito menos conservadoras do que a safra atual. Algumas das famílias mais antigas se encontravam ali desde a Guerra Civil, e se tornaram republicanas porque eram contra a secessão e a escravidão. Outras famílias tinham suas raízes republicanas no caráter progressivo de Teddy Roosevelt. Outros apoiavam o conservadorismo moderado de Eisenhower.

Os democratas do Arkansas eram um grupo ainda mais diverso. Os da tradição da Guerra Civil eram democratas porque seus antepassados haviam apoiado a secessão e a escravidão. Um grupo maior engrossou as fileiras do partido na Depressão, quando muitos desempregados e fazendeiros pobres viram em Franklin D. Roosevelt um salvador e, posteriormente, amaram nosso vizinho do Missouri, Harry Truman. Um grupo menor era de imigrantes, basicamente de europeus. A maioria dos negros era democrata por causa do Roosevelt e à defesa dos direitos civis pelo Truman, e a expectativa de que Kennedy faria mais pela causa do que Nixon. Um pequeno grupo de brancos também acreditava nisso. Eu era um deles.

Na turma da srta. Atkins a maior parte das crianças era a favor de Nixon. Lembro-me da defesa que David Leopoulos fez dele baseada no fato que ele tinha muito mais experiência do que o Kennedy, principalmente na política externa, e que sua atuação em prol dos direitos civis era bastante boa, o que era verdade. Naquela altura eu não tinha nada contra Nixon. Ainda não sabia sobre sua campanha política para o Capitólio e o Senado pela Califórnia, que ludibriou os comunistas contra Jerry Voorhis e Helen Gahagan Douglas, respectivamente. Eu gostava de sua postura com Nikita Khruschev. Em 1956 eu admirava tanto Eisenhower quanto Stevenson, mas em 1960 já tinha um partido. Eu havia sido a favor de Lyndon B. Johnson nas primárias em razão de sua liderança no Senado, sobretudo por seu projeto de lei pelos direitos civis em 1957 e pela sua origem pobre no Sul. Eu também gostava de Hubert Humphrey, por ser o advogado mais apaixonado dos direitos civis; e do Kennedy, por sua juventude, força e compromisso com o desenvolvimento do país. Com a indicação de Kennedy, passei a defendê-lo ferrenhamente perante meus colegas de turma.

Torci muito por sua vitória, especialmente depois que ele ligou para Coretta King, para transmitir sua preocupação com a prisão do seu marido, e falou aos batistas do Sul em Houston, defendendo sua fé e o direito de católicos norte-americanos se candidatarem à Presidência. A maioria dos meus colegas, e dos pais deles, discordava. Eu já estava me acostumando a isso. Poucos meses antes eu perdera a disputa pela presidência do conselho estudantil para Mike Thomas, um cara legal, um dos nossos quatro colegas que morreram no Vietnã. Nixon se elegeu no nosso condado, mas Kennedy conseguiu 50,2% do eleitorado do Arkansas, apesar dos grandes esforços dos protestantes fundamentalistas em convencer os democratas batistas de que ele receberia ordens do papa.

O fato de Kennedy ser católico foi, naturalmente, uma das razões da minha torcida para que ele fosse presidente. Eu gostava e admirava os católicos — seus valores, devoção e consciência social — através da minha própria experiência na St. John's School e da minha convivência com as freiras que trabalhavam com a minha mãe no St. Joseph's Hospital. Eu também me orgulhava do fato de que o único político do Arkansas que se candidatou a um cargo no executivo federal, o senador Joe T. Robinson, concorreu na chapa do primeiro candidato católico à Presidência, o governador Al Smith de Nova York, em 1928. Como Kennedy, Smith se elegeu no Arkansas graças a Robinson.

Pela minha afinidade com os católicos, é irônico que meu segundo maior interesse extracurricular, depois da música, a partir da nona série, fosse a Ordem de DeMolay, uma organização juvenil masculina patrocinada pela Maçonaria. Sempre achei que os maçons e os DeMolays fossem anticatólicos, embora eu não entendesse por quê. DeMolay fora um mártir da pré-reforma que, afinal de contas, morreu crente nas mãos da Inquisição espanhola. Somente quando fiz uma pesquisa para este livro soube que a Igreja católica havia condenado os maçons por constituírem em pleno início do século XVIII uma instituição perigosa e ameaçadora à autoridade da Igreja, enquanto os maçons não banem ninguém pela fé proferida e, de fato, acolhiam católicos em seus quadros.

A finalidade do DeMolay era fomentar as virtudes pessoais e cívicas e a amizade entre os seus associados. Eu curtia a camaradagem, decorar os passos dos rituais, galgar os gabinetes para ser o grão-mestre da assembléia local e ir às convenções estaduais, plenas de vigor político, e reuniões com as Rainow Girls, a organização-irmã. Ao participar das eleições estaduais da DeMolay aprendi ainda mais sobre política, embora nunca tenha me candidatado. O homem mais inteligente que apoiei para ser grão-mestre foi Bill Ebbert de Jonesboro. Ebbert teria sido um excelente prefeito ou presidente de comissão parlamentar antigamente, quando a idade era sinônimo de autoridade. Ele era engraçado, esperto, severo e bom diplomata, como Lyndon Baines Johnson. Uma vez ele estava pisando no acelerador a 150 quilômetros por hora numa auto-estrada do Arkansas, quando a viatura de um policial estadual começou a perseguição com a sirene aos berros. Como Ebbert tinha um rádio de ondas curtas, ele contactou a central de polícia para avisar sobre um acidente quase cinco quilômetros para trás. A viatura da polícia recebeu a mensagem e mudou a direção, deixando o veloz Ebbert chegar livre em casa. Embora eu curtisse a DeMolay, não acreditava que seus rituais secretos indicassem superioridade.

Quando me formei na DeMolay, não segui o caminho de muitos americanos ilustres — que remontava a George Washington, Benjamin Franklin e Paul Revere — entrando na Maçonaria, talvez porque aos vinte anos eu estivesse numa fase anti-social, além de não gostar do caráter anticatólico latente que na época eu via na Maçonaria, nem da segregação entre negros e brancos em setores diferentes (apesar de que quando vim a conhecer as convenções negras de Prince Hall Masonic, como governador, achei que eles se divertiam bem mais do que os maçons que eu conhecia).

Além disso tudo, eu não precisava de uma fraternidade para ter segredos. Eu tinha meus segredos provenientes do alcoolismo e dos maus-tratos do papai. Esses pioraram quando eu tinha catorze anos e estava na nona série, e meu irmão só tinha quatro anos. Uma noite o papai fechou a porta do seu quarto e começou a gritar com a minha mãe e depois a bater nela. O pequeno Roger ficou amedrontado, da mesma forma que eu tinha ficado nove anos antes, na noite do tiro de revólver. No final das contas, não suportei mais a idéia da minha mãe apanhando e do Roger amedrontado. Peguei um taco de golfe e abri a porta com ele. Minha mãe estava no chão e papai de pé, ao seu lado, batendo nela. Eu lhe disse que se ele não parasse eu lhe daria uma surra com o taco de golfe. Ele simplesmente sucumbiu, sentando-se na cadeira ao lado da cama e abaixando a cabeça. Fiquei enojado. Em seu livro, minha mãe diz que chamou a polícia e que papai ficou na cadeia por uma noite. Não me lembro disso, só sei que não tivemos problema por mais um bom tempo. Acho que senti orgulho por defender minha mãe, mas depois também fiquei triste. Eu não conseguia aceitar o fato de que alguém considerado uma pessoa de bem descontaria suas insatisfações machucando os outros. Eu gostaria de ter tido alguém com quem conversar sobre tudo isso, mas eu não tinha, então tive de entender sozinho.

Passei a aceitar os segredos da nossa casa como contingências da vida. Eu nunca conversava com ninguém sobre eles — nem com amigo, vizinho, professor ou pastor. Muitos anos mais tarde, quando concorri para presidente, muitos dos meus amigos disseram aos repórteres que nunca souberam de nada. Como acontece com muitos segredos, algumas pessoas sabiam. O papai, por mais que tentasse, não conseguiria ser bom com todo mundo e mau só conosco. Os que sabiam — parentes, amigos íntimos da minha mãe, alguns policiais — nunca mencionaram nada para mim, de maneira que eu acreditava ter um segredo de fato e fiquei calado. A política da nossa família era: "Não pergunte, nem conte".

O único outro segredo que eu tinha no ensino fundamental e no admissão era o dinheiro que eu mandava para o Billy Graham depois de sua cruzada em Little Rock. Também nunca contei sobre isso para meus pais ou amigos. Uma vez, quando estava indo para a caixa coletora dos correios perto da entrada para os carros nos fundos da casa, na Circle Drive, com parte da minha mesada para o Billy, vi meu pai trabalhando no jardim dos fundos. Para evitar que ele me visse, saí pela frente na Park Avenue, virei à direita e cortei o caminho pelo quintal do Perry Plaza Motel, que era do lado. Nossa casa ficava num morro. O Perry Plaza Motel ficava na parte de baixo. A meio caminho do atalho, meu pai me viu com a carta na mão. Continuei até a caixa dos correios, coloquei a carta dentro dela e voltei para casa. Ele deve ter ficado curioso com o que eu estava fazendo, mas não perguntou nada. Ele nunca perguntava. Acho que os seus segredos para ele já pesavam demais.

Ter segredos é um assunto sobre o qual pensei muito por vários anos. Todos os temos, e acho que temos direito de tê-los. Eles tornam nossa vida mais interessante e, quando decidimos compartilhá-los com alguém, a relação adquire uma nova importância. Os lugares onde os segredos são guardados também podem servir de refúgio, um retiro do resto do mundo, onde nossa identidade pode adquirir forma e ser confirmada, onde estar só é sinônimo de segurança e paz. Apesar disso tudo, os segredos podem representar um tremendo peso a carregar, especialmente se estiver associado à vergonha, mesmo que a fonte da vergonha não seja quem está guardando o segredo. Ou a sedução dos nossos segredos pode ser forte demais, tão forte a ponto de não podermos viver sem eles, e não saberemos quem somos sem eles.

Naturalmente que não comecei a entender tudo isso quando passei a ser um guardador de segredos e quando soube que estava fazendo isso. Eu não pensava muito nisso na época. Apesar de ter uma ótima memória da minha infância, não confio nela totalmente para me revelar tudo o que eu sabia naquele tempo. Só sei que para mim foi uma batalha encontrar o equilíbrio entre os segredos de riqueza interior e os segredos dos medos escondidos e a vergonha, além de que eu sempre relutava em conversar com alguém sobre alguns fatos da minha vida pessoal. Tive uma crise existencial séria aos treze anos, quando minha fé não sustentou uma crença em Deus diante do que eu testemunhava e passava. Hoje sei que essa batalha em parte provém do fato de viver no lar de um alcoólatra e dos mecanismos que desenvolvi para lidar com o problema. Levei muito tempo para entender. Foi ainda mais difícil saber quais segredos guardar, quais liberar, quais evitar desde o início. Ainda tenho dúvidas a respeito. Isso me parece ser um projeto permanente.

6

Não sei como a minha mãe soube lidar tão bem com a situação. Todas as manhãs, não importava o que tivesse acontecido na noite anterior, ela se levantava e fazia seu rosto de ânimo. E que rosto! Desde sua volta de Nova Orleans, e quando eu já me levantava cedo, adorava me sentar no chão do banheiro para vê-la maquiar seu belo rosto.

Levava um bom tempo, em parte por ela ter escassas sobrancelhas. Ela sempre brincava dizendo que gostaria de ter sobrancelhas peludas que precisassem ser tiradas, como as do Akim Tamiroff, um ator famoso daquele tempo. No seu caso, ela tinha de desenhar as sobrancelhas com lápis. Então se empoava e passava o batom vermelho brilhante que combinava com o esmalte das suas unhas.

Até meus onze ou doze anos, ela tinha cabelo castanho comprido e ondulado. Era uma cabeleira cheia e linda, e eu gostava de vê-la escová-la. Nunca vou me esquecer do dia em que ela veio do cabeleireiro para casa com o cabelo cortado, sem uma única onda. Isso foi um pouco depois que tivemos de sacrificar a nossa primeira cadela, a Susie, de nove anos, o que me chocou da mesma forma. Ela disse que cabelo curto estava na moda, além de ser mais apropriado a uma mulher na casa dos trinta. Não acreditei, e sempre senti falta do seu cabelo comprido, mas realmente gostei quando ela, poucos meses depois, deixou de pintar os fios grisalhos que começaram a tomar conta da sua cabeça desde os vinte e poucos anos.

Quando acabava de se maquiar, mamãe já tinha fumado uns dois cigarros e bebido umas duas xícaras de café. Logo depois que a sra. Walters chegava ela saía para trabalhar, às vezes me deixando na escola, se nossos horários combinavam. Quando eu chegava da escola, brincava com amigos ou com o Roger. Eu adorava ter um irmãozinho, e meus colegas gostavam de tê-lo por perto até que, quando mais velho, ele preferiu ter seus próprios amigos.

Minha mãe geralmente chegava em casa entre quatro e cinco horas, a não ser que o hipódromo estivesse aberto. Ela adorava corrida de cavalos. Muito embora ela raramente apostasse mais de dois dólares no "*tiercé*",* levava o assunto a sério e estudava o programa de corridas e a opinião dos vendedores de "barbadas", ouvia os jóqueis, treinadores e proprietários que ela viesse a conhecer, e debatia com os colegas aficionados. Foi ali que ela conheceu grande parte de seus melhores amigos: Louise Crain e seu marido Joe, um policial que mais tarde se tornou comandante e que costumava levar o papai, quando bêbado, para uma volta na sua viatura a fim de acalmá-lo; Dixie Seba e seu marido Mike, que era treinador; e Marge Mitchell, uma enfermeira que trabalhava na clínica do hipódromo para atender as

---

* Aposta que premia o apostador se o cavalo chegar em primeiro, em segundo ou em terceiro lugar. (N. dos T.)

pessoas que lá estivessem. Marge Mitchell, Dixie Seba, e, mais tarde, Nancy Crawford, segunda esposa de Gabe, foram as amizades mais íntimas da minha mãe. Marge e minha mãe se tratavam por "irmã".

Pouco depois de me formar em Direito, quando voltei para casa, tive a oportunidade de recompensar Marge por tudo o que ela havia feito por minha mãe e por mim. Quando foi despedida de seu emprego no centro de saúde mental da comunidade local, resolveu contestar a decisão e me pediu para representá-la na audiência, na qual, mesmo com o meu interrogatório inexperiente, ficou patente que ela fora demitida por conflitos pessoais com o seu supervisor. Destruí as alegações judiciais contra ela e, ao vencermos, fiquei muito contente. Ela merecia o seu emprego de volta.

Antes que eu envolvesse minha mãe na política, a maioria dos seus outros amigos vinha do seu ambiente de trabalho — médicos, enfermeiros, funcionários do hospital. Eram muitos. Ela era extrovertida, dava duro para aliviar seus pacientes antes da cirurgia, e realmente curtia a companhia dos seus colegas de trabalho. Claro que nem todos gostavam dela. Ela não hesitava em engrossar com as pessoas que tentavam menosprezá-la ou se aproveitar de uma posição no ambiente de trabalho para maltratar os colegas. Ao contrário de mim, ela adorava provocar raiva em algumas pessoas. Eu fazia inimigos sem nenhum esforço da minha parte, bastando ser eu mesmo, ou, depois que entrei na política, defendendo minhas posições e as mudanças que eu tentava implementar. Quando a minha mãe realmente não gostava de alguém, ela fazia tudo para ver o outro espumando pela boca. No final de sua carreira isso lhe saiu caro, após ter lutado por vários anos para não trabalhar para um médico anestesista e tido problemas com algumas operações. Mas a maior parte das pessoas realmente gostava dela porque ela gostava dessas pessoas, as tratava com respeito e, obviamente, amava a vida.

Nunca entendi como ela foi capaz de manter a energia e o bom humor ao preencher seus dias com trabalho e diversão, dar apoio a mim e ao meu irmão, estar sempre presente nos eventos escolares, ter tempo também para os nossos amigos e guardar os problemas para si.

Eu adorava visitá-la trabalhando no hospital, conhecer as enfermeiras e os médicos e vê-los cuidarem das pessoas. Cheguei a assistir a uma operação de verdade uma vez, quando estava no admissão, mas só me lembro dos muitos cortes e sangue e que não fiquei enjoado. Eu ficava fascinado com o trabalho dos cirurgiões, e cheguei a pensar na possibilidade de vir a ser um.

Minha mãe era muito interessada em seus pacientes, ricos ou pobres. Naquele tempo anterior aos planos de saúde, muitas pessoas não podiam pagar pelo atendimento. Lembro-me de um dia um homem pobre e altivo vir à nossa porta para pagar a sua conta. Ele era colhedor de frutas e pagou à minha mãe oitenta quilos de pêssegos frescos. Comemos pêssego durante muito tempo — no café-da-manhã, em tortas, em sorvete caseiro. Eu torcia para que ela tivesse mais pacientes pobres!

Acho que a minha mãe compensava as tensões no casamento com o trabalho, os amigos e as corridas de cavalos. Devem ter sido muitos os dias em que ela chorava por dentro, inclusive com dor física, mas ninguém percebia. O seu exemplo foi muito proveitoso para mim quando assumi a Presidência. Ela quase nunca discutia seus problemas comigo. Acho que imaginava que eu sabia tudo o que era necessário, tinha inteligência suficiente para entender o resto, e merecia ter uma infância a mais normal possível, dadas as circunstâncias.

Quando eu tinha quinze anos, a estratégia do silêncio foi atropelada pelos acontecimentos. O papai começou a beber e a ser mais violento de novo, o que levou a minha mãe a sair de casa comigo e com o Roger. Já tínhamos feito isso uns dois anos antes, quando nos mudamos por algumas semanas para um condomínio de apartamentos, o Cleveland Manor Apartments, no sul da Central Avenue, bem próximo do hipódromo. Dessa vez, em abril de 1962, ficamos umas três semanas num hotel, enquanto minha mãe procurava uma casa. Vimos várias casas juntos, todas bem menores do que aquela em que morávamos, mas mesmo assim fora das suas possibilidades financeiras. Finalmente ela fechou negócio e fomos para uma casa de três quartos e dois banheiros na Scully Street, uma rua de um só quarteirão no sul de Hot Springs, uns oitocentos metros a oeste da Central Avenue. Era uma das casas novas da Gold Medallion, com sistema elétrico de aquecimento e refrigeração central — tínhamos ar condicionado individual na Park Avenue —, e custou uns 30 mil dólares. A casa tinha à esquerda da entrada um ótimo salão para a sala de estar e a de jantar. Atrás desse salão ficava uma sala íntima que se conectava à área de jantar e à cozinha e, do lado de fora, uma área de serviço exatamente atrás da garagem. Ao lado daquela sala tinha uma ótima varanda, que mais tarde envidraçamos e decoramos com uma mesa de sinuca. Dois dos quartos ficavam à direita do hall, à esquerda havia um banheiro imenso e, atrás dele, uma suíte com ducha. Minha mãe me deu o quarto grande com a ducha, pois acho que ela queria ficar com o banheiro grande com penteadeira e espelhos maiores. Ela ficou com o quarto médio, nos fundos, e o Roger, com o menor.

Eu adorava a casa na Park Avenue, o jardim que eu mantinha com muito trabalho, e os vizinhos e amigos, além de outros freqüentadores, mas sobretudo gostei de estar numa casa normal, de me sentir mais seguro, talvez mais pela minha mãe e pelo Roger do que por mim mesmo. Naquela época, embora não soubesse nada de psicologia infantil, tinha começado a me preocupar com os efeitos que a bebida e os maus-tratos do papai poderiam ter sobre o Roger, mais do que sobre mim, pois o meu irmão tinha vivido esse problema toda a sua vida, e também porque Roger Clinton era o seu pai natural. Saber que o meu pai era outro, alguém que para mim era forte, honrado e confiável, conferiu-me maior segurança emocional e um distanciamento necessário para ver tudo com mais clareza, até mesmo com solidariedade. Nunca deixei de amar Roger Clinton, nem de incentivá-lo a mudar, nem deixei de sentir prazer com a sua presença quando ele estava sóbrio e sociável. Mesmo naquele tempo eu tinha receio de que o pequeno Roger viesse a odiar o seu pai. O que de fato aconteceu, e lhe custou muito caro.

Ao narrar esses eventos passados, vejo como é fácil cair na armadilha da qual o Marco Antônio de Shakespeare falou em seu elogio a Julio César: permitir que o mal que os homens fazem sobreviva a eles, enquanto o bem é enterrado com os seus ossos. Da mesma maneira que os alcoólatras e os viciados em drogas que conheci, Roger Clinton era uma pessoa boa na essência. Ele adorava a minha mãe, a mim e ao Roger filho. Ele me ajudou a estar com a minha mãe enquanto ela estudava em Nova Orleans. E era uma pessoa generosa com parentes e amigos. E era também inteligente e engraçado. Mas, por outro lado, reunia uma mistura incendiária de medo, insegurança e vulnerabilidade psicológica que compromete o potencial de tantos outros viciados. Nunca soube que para esse problema ele tivesse procurado ajuda das pessoas certas.

O que é realmente perturbador quando se vive com um alcoólatra é que nem sempre a convivência é ruim. Durante semanas, ou até meses, desfrutamos uma vida familiar normal e tranqüila. Felizmente não me esqueci desses momentos, mas, mesmo se me esquecer, posso recordá-los através dos cartões-postais e das cartas que troquei com o papai.

Os maus momentos algumas vezes se destinam ao esquecimento. Ao reler recentemente meu testemunho no processo do divórcio da minha mãe, vi que tinha contado um incidente de três anos antes, quando liguei pedindo para o advogado dela chamar a polícia, para que levassem o papai depois de uma cena violenta. Também disse que ele havia ameaçado me bater na última vez em que eu tinha tentado impedi-lo de espancá-la; o que foi risível, pois naquela época eu era maior e, além disso, mais forte do que ele quando sóbrio — e muito mais ainda quando bêbado. Eu tinha me esquecido dos dois fatos, provavelmente resultado do comportamento de negação que, segundo psicólogos, a família do alcoólatra desenvolve ao conviver com ele. Não importa a razão, o fato é que especialmente essas lembranças ficaram bloqueadas por quarenta anos.

No quinto dia após nossa saída de casa, em 14 de abril de 1962, a minha mãe entrou com o pedido de divórcio. No Arkansas o processo de divórcio é bem rápido, sobretudo em casos como o dela, cuja causa era justificada. Mas a história ainda não havia terminado. O papai estava doido para tê-la de volta, assim como a nós. Ele desmoronou, emagreceu muito e então costumava parar com o carro perto da nossa casa, chegando a dormir no chão de cimento da nossa varanda algumas vezes. Um dia ele me chamou para dar uma volta com ele. Fomos para os fundos da nossa antiga casa na Circle Drive. Ele estacionou no fundo da casa, diante da entrada de carros. Estava péssimo, com uma barba de uns três ou quatro dias, mas parecia sóbrio. Disse que não conseguia viver sem a gente, nem tinha outra razão para viver. Chorou e implorou para que eu pedisse à minha mãe para voltar para ele. Disse que nunca mais gritaria com ela ou bateria nela. Com certeza ele acreditava no que prometia, mas eu não. Ele nunca entendeu, ou aceitou, a causa do seu problema. Nunca reconheceu que era impotente perante a bebida e que não conseguia parar de beber sozinho.

Enquanto isso, suas súplicas iam surtindo efeito na minha mãe. Ela devia estar insegura quanto à sua capacidade financeira para nos sustentar — somente uns dois anos mais tarde a renda dela iria aumentar com a regulamentação do Medicaid e do Medicare.* Mas o que deve ter pesado mais foi a visão negativa dela sobre o divórcio, trazida dos tempos de escola, sobretudo se o casal tivesse filhos, a não ser que houvesse maus-tratos. Acho que ela também se sentia responsável por parte dos problemas do casal. Muito provavelmente ela deflagrava a insegurança nele; afinal de contas, ela era uma mulher bonita e interessante, que chamava

---

* Sistemas pelo qual o governo dos Estados Unidos ajuda a pagar o custo do tratamento médico para os pobres (Medicaid) e para os idosos (Medicare).

a atenção dos homens e trabalhava com muitos colegas do sexo masculino atraentes e mais bem-sucedidos que o marido. Eu nunca soube de qualquer relacionamento dela com algum deles, embora não pudesse culpá-la se isso tivesse acontecido, e durante a separação ela de fato saiu para jantar com um moreno elegante que me deu uns tacos de golfe que guardo até hoje.

Alguns meses após nossa mudança para a Scully Street, e de o divórcio estar concluído, minha mãe propôs a mim e ao Roger uma pequena reunião familiar para discutir sobre o papai. Ela disse que ele queria voltar a morar conosco na casa nova e que ela achava que dessa vez seria diferente, mas perguntou nossa opinião. Não me lembro do que o Roger disse — ele só tinha cinco anos e devia estar confuso. Eu fui contra porque não acreditava que ele pudesse mudar, mas apoiaria qualquer decisão que ela tomasse. Ela disse que precisávamos de um homem em casa e que se sentiria culpada se não lhe desse outra oportunidade. Então ela lhe deu, e eles se casaram novamente, o que foi bom para o papai, mas não tão bom para o Roger e para ela. Não sei que efeito aquilo surtiu em mim, mas quando ele adoecesse mais tarde, ficaria feliz em poder estar presente nos seus últimos meses.

Apesar de discordar da decisão da minha mãe, compreendia os seus sentimentos. Logo depois de o papai voltar, fui sozinho ao tribunal para mudar o meu nome oficialmente de Blythe para Clinton, nome que já usava havia vários anos. Ainda não sei exatamente o porquê disso, mas na ocasião achava que era o que eu tinha de fazer, talvez porque o Roger estivesse para entrar na escola e eu não queria que nossas ascendências diferentes lhe causassem problemas, ou talvez quisesse ter o mesmo nome do resto da família. Pode ser que eu quisesse agradar ao papai, mesmo antes tendo gostado de a minha mãe ter pedido o divórcio. Eu não a tinha avisado, apesar de precisar da sua permissão. Quando lhe ligaram do tribunal, ela autorizou, mas deve ter me achado precipitado. Não seria a última vez na vida que as minhas decisões e meu senso de oportunidade seriam questionados.

Do final do admissão até o segundo ano na mesma escola secundária que ficava no alto do morro, fui bastante afetado emocionalmente pelo desgaste do casamento dos meus pais, o divórcio e a reconciliação.

Da mesma maneira que a minha mãe se dedicou de corpo e alma ao trabalho, eu me envolvi com a escola e a nova vizinhança na Scully Street, ao longo de um quarteirão de casas novas e na maioria modestas. Do outro lado da rua tinha um quarteirão inteiro de terreno baldio remanescente da fazenda Wheatley. Todos os anos o senhor Wheatley plantava peônias nesse terreno baldio. Elas emprestavam um novo colorido à primavera e atraíam gente de quilômetros de distância, que esperava pacientemente que ele as cortasse e distribuísse.

Nós morávamos na segunda casa da rua. A primeira, na esquina com a Wheatley, pertencia ao reverendo Walter Yeldell, sua esposa Kay, e os filhos Carolyn, Lynda Deborah e Walter. O senhor Walter era o pastor da Segunda Igreja Batista, e mais tarde foi presidente das Convenções das Igrejas Batistas do Arkansas. Ele e a Kay foram geniais comigo desde o primeiro dia. Não sei como o irmão Yeldell, como o chamávamos, morto em 1987, seria tratado numa convenção batista do Sul na década de 1990, quando os equivocados "liberais" foram expulsos dos seminários e a Igreja endureceu para a direita em todas as questões sociais, com exceção do racismo (ela se desculpava pelos pecados passados). O irmão Yeldell era alto, troncudo e pesava mais de 110 quilos. Por trás dessa silhueta havia um homem divertido e com uma risada magnífica. Assim como a sua esposa. Eles não eram arrogantes. Ele conduzia as pessoas a Cristo através da educação e do exemplo, nunca por meio da condenação e do escárnio. Hoje em dia ele não estaria entre os protegidos de alguns dos recentes grandes senhores batistas, nem teria um programa de entrevistas conservador na televisão, mas eu gostava muitíssimo de conversar com ele.

Carolyn, a primogênita, tinha a minha idade. Ela adorava música, tinha uma voz maravilhosa e era exímia pianista. Ficávamos horas cantando ao piano. Eventualmente ela acompanhava meus solos de saxofone, e por certo essa não seria a primeira vez que um acompanhamento instrumental foi melhor que o solo. Logo ficamos muito próximos e ela passou a fazer parte da nossa turma com David Leopoulos, John Newman e Ronnie Cecil. Íamos juntos ao cinema e aos eventos escolares, e ficávamos horas jogando cartas e outros jogos, ou simplesmente matávamos o tempo em sua casa. Em 1963, quando entrei para o American Legion Boys Nation e tirei uma famosa foto com o presidente Kennedy, Carolyn foi eleita para a Girls Nation, a primeira vez que alguém do bairro conseguia essa façanha. Depois ela foi para a Universidade de Indiana estudar música. Queria ser cantora lírica, apesar de não gostar do estilo de vida dos cantores. Acabou se casando com um bom fotógrafo, Jerry Staley, teve três filhos e foi craque na alfabetização de adultos. Durante meu mandato de governador, ela foi responsável pelo programa de alfabetização de adultos e morava com a família numa casa antiga e maravilhosa a três quarteirões da Mansão do Governador, onde eu os recebia em festas, jogos e cantorias como nos velhos tempos. Quando eu era presidente, Carolyn e a família se mudaram para Washington, onde ela foi trabalhar no Instituto Nacional de Alfabetização, vindo mais tarde a dirigi-lo. Ela ainda ficou um tempo depois que deixei a Casa Branca, mas acabou seguindo o sacerdócio, como o seu pai. Os Staley fazem parte do lado bom da minha vida. E pensar que tudo começou na Scully Street.

A casa do outro lado da nossa era do Jim e da Edith Clark, que não tinham filhos mas me tratavam como se eu fosse da família. Os Fraser, um casal mais velho, entre outros dos nossos vizinhos, me apoiaram quando entrei para a política. Mas o melhor presente que eles me deram foi casual. Nas férias de 1974, depois de uma derrota feia nas eleições para o Congresso e ainda me sentindo muito abatido, vi a netinha dos Fraser, que devia ter uns cinco ou seis anos. Ela sofria de uma doença bastante grave que enfraquecia os ossos, e por isso ficava engessada até o tórax, o que por sua vez ajudava a afastar suas pernas para os lados a fim de aliviar a pressão sobre a coluna. Era muito difícil se equilibrar nas muletas assim, mas ela era valente e tinha a total desinibição típica das crianças protegidas. Quando a vi, perguntei-lhe se ela sabia quem eu era. Ela respondeu: "Claro, você será sempre o Bill Clinton". Naquele momento em especial eu precisava ouvir isso.

Os Hassin, a família sírio-italiana que já havia mencionado, moravam, todos os seis, como sardinha em lata numa casinha pequena no final da rua. Eles deviam gastar boa parte do dinheiro que ganhavam em comida. Todos os Natais e em outras ocasiões no meio do ano eles distribuíam comida italiana para todo o quarteirão. Ainda me lembro da voz da Mama Gina dizendo: "Ah, Bíu, ah Bíu, come mais".

Ainda havia Jon e Toni Karber, que liam muito e eram as pessoas mais intelectualizadas que eu conhecia, e seu filho Mike, que estudava na minha turma. E havia Charley Housley — o protótipo do homem que sabia tudo sobre caça, pesca e conserto de coisas de interesse para qualquer garoto —, que protegia o Roger. Embora a nossa casa e o jardim fossem menores que na antiga casa, e numa região menos bonita, aprendi a gostar da casa nova e do bairro. Foi o lugar ideal para brincar na rua durante o tempo do secundário.

7

Os ANOS DO SECUNDÁRIO FORAM UM BARATO. Eu me interessava pelos estudos, gostava dos meus amigos, da banda, da DeMolay e de outras atividades, mas me sentia incomodado com a situação nas escolas de Hot Springs, que ainda não eram racialmente integradas. As crianças negras iam para a escola secundária Langston, que se orgulhava do seu aluno mais famoso, o lançador Bobby Mitchell, do legendário Washington Redskins. Eu acompanhava o movimento pelos direitos civis por meio do noticiário noturno e do nosso jornal diário, o *Sentinel-Record*, como também via os acontecimentos da Guerra Fria, como o incidente da Baía dos Porcos e o do U-2 com Francis Gary Powers. Ainda me lembro de Fidel Castro entrando em Havana comandando um Exército vitorioso, apesar de formado pelo povo. Como acontece com a maioria das crianças, a política é secundária no dia-a-dia. Exceto pelas recaídas ocasionais do papai, eu gostava muito da minha vida.

Foi no secundário que eu me apaixonei pela música. A música clássica, o jazz e a música de banda se somavam ao rock, ao *swing* e ao *gospel* para me proporcionarem imenso prazer. Não sei bem por quê, mas só fui curtir a música country nos meus vinte anos, quando Hank Williams e Patsy Cline caíram como que do céu para mim.

Além das bandas de marcha e de concerto, entrei para um grupo de dança, os Stardusters. Durante um ano competi com o Larry McDougal para ser o primeiro sax tenor; com seus trejeitos ele até aparentava ter tocado como ritmista no conjunto do roqueiro Buddy Holly, que morreu tragicamente num acidente de avião em 1959 com dois outros astros, Big Bopper e Rich Valens, de dezessete anos. Quando presidente, fiz um discurso para universitários em Mason City, em Iowa, perto de onde Holly e seus companheiros tocaram pela última vez. Depois fui até lá, ao Surf Ballroom, nos arredores do lago Clear. O prédio ainda está de pé, e deveria ser transformado num santuário para os que praticamente cresceram com aqueles caras.

De qualquer maneira, o McDougal não só tinha a aparência mas também tocava como se tivesse feito parte do conjunto. Ele usava o corte de cabelo *ducktail* [rabo de pato], corte militar na parte de cima, comprido nos lados e penteado para trás com brilhantina. Quando se levantava para um solo, ele rodopiava e tocava num tom estridente, mais para um rock pesado do que jazz ou *swing*. Em 1961 eu não era tão bom quanto ele, mas estava decidido a me aperfeiçoar. Nesse ano entramos numa competição com outras bandas de jazz em Camden, no sul do Arkansas. Fiz o solo de uma peça musical que era de um ritmo lento e agradável. No final, para minha surpresa, ganhei o prêmio de "melhor solista romântico". Até o fim do ano seguinte me aperfeiçoei a ponto de ser o primeiro sax tenor da All-State Band, um posto que novamente consegui no último ano do secundário, quando Joe Newman assumiu o posto como baterista.

Nos dois últimos anos toquei num trio de jazz chamado The 3 Kings [Os 3 Reis] com Randy Goodrum, um pianista um ano mais jovem do que eu e anos-luz melhor do que sempre fui em termos de música. Nosso primeiro baterista era o Mike Hargreaves. Mike foi criado sem o pai, e a mãe dele freqüentemente recebia alguns amigos de Mike, eu inclusive, para jogarmos cartas. No último ano Joe Newman assumiu as baquetas. Fizemos alguma grana tocando em festas e em eventos escolares, inclusive no anual Band Variety Show. A peça com a qual concorremos foi o tema do *El Cid*. Ainda tenho a gravação e em bom estado, a não ser por uma distorcida que eu dei no fim do refrão. Sempre tive dificuldade com os tons mais baixos.

O maestro da minha banda, Virgil Spurlin, era um homem alto e pesado, com cabelo ondulado e uma postura de vencedor, porém amável. Ele era um bom maestro e um ser humano de primeira qualidade. O sr. Spurlin também organizou o Festival Estadual de Bandas que acontecia durante vários dias uma vez por ano em Hot Springs. Ele tinha de agendar todas as apresentações das bandas, além das centenas de apresentações solos e dos conjuntos nas salas de aula do admissão e da escola secundária. Ele relacionava os dias, os horários e os locais de todos os eventos do ano em grandes cartazes. Os que quisessem podiam ficar na escola depois do horário e trabalhar à noite por vários dias para ajudá-lo. Foi a primeira experiência num grande empreendimento organizacional em que me envolvi, e ali aprendi muita coisa que coloquei em prática bem mais tarde.

Nos festivais estaduais ganhei várias medalhas por solo e por conjunto, e umas duas por regência estudantil, das quais me orgulhei muito. Eu adorava ler as partituras e tentar fazer a banda tocar exatamente como eu achava que deveria soar. No meu segundo mandato como presidente fui convidado pelo maestro Leonard Slatkin, da Washington National Symphony, a reger a sua orquestra no Kennedy Center, numa execução do "Star and stripes forever", do Sousa. Ele me disse que eu só teria de mover a batuta de vez em quando e que os músicos fariam o resto. Até se ofereceu para me levar a batuta e me ensinar como segurá-la. Quando lhe disse que adoraria reger, mas também queria que ele me enviasse a partitura da marcha para que eu pudesse revê-la, ele quase desligou o telefone na minha cara. Mas acabou trazendo a partitura e a batuta. De pé diante da orquestra fiquei um pouco nervoso, mas quando entrei no clima a coisa andou. Espero que o sr. Sousa tenha gostado.

O único outro empreendimento artístico que fiz no secundário foi no terceiro ano, com a peça *Arsênico e Alfazema*, uma farsa hilária sobre duas solteironas que envenenam as pessoas e as escondem pela casa onde moram com o sobrinho, que não suspeita de nada. Fiquei com o papel do sobrinho que Cary Grant fez no cinema. A minha namorada na peça era uma menina alta e atraente chamada Cindy Arnold. A peça foi um enorme sucesso, principalmente por duas cenas que não estavam no roteiro. Numa delas eu tinha de levantar a tampa de um banco próximo à janela, encontrar uma das vítimas das minhas tias e fingir pavor. Treinei bastante e tinha tudo na ponta da língua. Mas na noite da apresentação, quando a tampa foi aberta, meu amigo Ronnie Cecil estava encolhido ali dentro, olhou para mim e disse "boa-noite", com sua voz de vampiro. Eu me perdi. Felizmente não fui o único, porque todo o restante do elenco também não sabia o que fazer. No entanto, a cena mais engraçada aconteceu fora do palco. Ao beijar Cindy na única cena de amor, seu namorado —

um jogador de futebol americano do último ano do secundário chamado Allen Broyles, sentado na primeira fileira — deixou escapar um grunhido alto e cômico que levou a platéia a cair estrondosamente no riso. Mesmo assim, curti o beijo.

A minha escola secundária oferecia cálculo e trigonometria, química e física, espanhol, francês e quatro anos de latim, uma variedade de cursos que as escolas menores do Arkansas não tinham. Fomos agraciados com professores capacitados e eficientes, além de uma líder escolar notável, Johnie Mae Mackey, uma mulher imponente e alta de cabelos pretos e volumosos, pronta para um sorriso ou uma repreensão, dependendo da ocasião. Johnie Mae comandava um navio lotado e mesmo assim conseguia incentivar o nosso espírito escolar, tarefa esta que já era um cargo em si, pois o nosso time de futebol era o mais derrotado do Arkansas numa época em que futebol americano parecia uma religião e se esperava que todo treinador fosse um Knute Rockne. Todos os alunos daquela época se lembram da Johnie Mae fechando as concentrações com o grito troiano, punho levantado, alheia à sua posição e a voz rugindo: "*Hullabloo, Ke-neck, Ke-neck, Hullabloo, Ke-neck, Ke-neck, Wo-Hee, Wo-Hi, We win or die! Ching Chang, Chow Chow! Bing Bang, Bow Wow! Trojans! Trojans! Fight, Fight, Fight!*".* Graças a Deus, isso só era uma torcida. Com um recorde de 6-29-1 nos três anos que estive ali, se o grito tivesse sido levado extremamente a sério, a taxa de mortalidade entre nós teria sido elevada.

Fiz quatro anos de latim com a sra. Elizabeth Buck, uma mulher sofisticada e encantadora da Filadélfia que nos fazia decorar trechos das *Guerras gaulesas* de César. Depois que os russos nos venceram no espaço com o *Sputnik*, o presidente Eisenhower e, posteriormente, o presidente Kennedy decidiram que as escolas deveriam ensinar mais ciências e matemática aos norte-americanos; então fiz todos os cursos disponíveis. Eu não era dos melhores alunos da turma de química do Dick Duncan, mas me dei melhor em biologia, apesar de me lembrar apenas de uma única aula memorável na qual o professor, Nathan McCauley, nos disse que morríamos mais cedo do que devíamos porque a capacidade do nosso corpo de transformar alimento em energia e processar as sobras se desgasta. Em 2002 um estudo médico importante concluiu que os idosos poderiam aumentar sobremaneira seu tempo de vida se diminuíssem o consumo de alimentos. O professor McCauley sabia disso quarenta anos atrás. Agora que sou uma pessoa mais velha, estou tentando seguir o seu conselho.

O meu professor de história geral era Paul Root, que tinha vindo da zona rural do Arkansas. Baixo e atarracado, ele reunia uma mente refinada a um jeito rústico e um humor malicioso não convencional. Quando me tornei governador, ele se afastou de seu cargo de professor na Universidade de Ouachita para trabalhar comigo. Certo dia em 1987, no Capitólio estadual, eu me aproximei de Paul, que conversava com três deputados estaduais. Eles discutiam a recente queda de Gary Hart após a matéria sobre Donna Rice no colo dele no barco *Monkey Business*. Os deputados estavam arrasando hipocritamente o Gary. Paul, um batista devoto, regente do coral da sua igreja e de honestidade garantida, ouviu pacientemente a lenga-lenga dos deputados.

---

* Além das interjeições, as palavras de ordem são: "Vencemos ou morremos! [...] Troianos! Troianos! Lutem, lutem, lutem!". (N. dos T.)

Ao pararem para pegar fôlego, ele disparou com a maior cara-de-pau: "Vocês estão absolutamente certos. O que ele fez foi horrível. Mas sabem de uma coisa? É impressionante como ser baixo, gordo e feio afetou o meu caráter". Os deputados ficaram calados e Paul saiu comigo. Adoro aquele cara.

Eu me deliciava em todas as aulas de inglês. John Wilson fez o *Julio César* de Shakespeare adquirir vida para os adolescentes de quinze anos do Arkansas, ao nos fazer transpor o texto para uma linguagem mais atual e nos perguntar sempre se a visão de Shakespeare sobre a natureza e o comportamento humanos era correta para nós. Ele devia achar que o velho Will acertou na mosca: a vida é cômica e trágica.

Na turma de estudos avançados de inglês do penúltimo ano tive de escrever um ensaio autobiográfico. O meu continha dúvidas sobre coisas que não entendia ou não havia admitido para mim mesmo. Seguem-se alguns trechos:

> Sou uma pessoa motivada e influenciada por uma grande variedade de forças. Às vezes questiono a validade da minha existência. Sou um paradoxo em pessoa — profundamente religioso, porém não totalmente convencido das minhas crenças; desejoso de responsabilidade, apesar de me esquivar dela; amante da verdade, mas permitindo a interferência da falsidade [...] Detesto o egoísmo, mas o vejo no espelho diariamente [...] Vejo aqueles a quem quero tão bem, apesar de que nunca aprenderam a viver. Desejo e luto para ser diferente deles, embora muitas vezes seja impressionantemente semelhante [...] Que palavrinha chata — eu! Eu, me, mim, meu [...] as únicas coisas que tornam válido o uso dessas palavras são as qualidades universais que nem sempre podemos fazer com que as acompanhem — fé, confiança, amor, responsabilidade, compaixão, conhecimento. Mas não podemos esquecer que tais palavras constituem os símbolos daquilo que torna a vida válida. Eu, na tentativa de ser honesto, não serei o hipócrita que odeio e confessarei a presença agourenta delas neste menino que se esforça muito seriamente para ser um homem [...]

Minha professora, Lonnie Warneke, conferiu a nota máxima ao trabalho, dizendo ser uma bela e honesta tentativa de "ir fundo" no clássico pedido para "conhecer a si próprio". Fiquei contente, mas inseguro com o que fazer com tudo aquilo. Eu não agia com maldade, não bebia, não fumava e não ia além de carinhos com as meninas, embora beijasse bastante. Na maior parte do tempo me sentia feliz, mas nunca conseguia ter certeza se era tão bom quanto queria ser.

A srta. Warneke levou nossa pequena classe em uma excursão ao condado de Newton, minha primeira viagem ao coração das montanhas Ozarks no norte do estado do Arkansas, os nossos Apalaches. Naquela época era um lugar de beleza estonteante, pobreza rural, e política violenta e dominante. O condado tinha uma população de umas 6 mil pessoas espalhadas por alguns quilômetros quadrados de morros e vales. Jasper, o município-sede do condado, era um lugar com pouco mais de trezentas pessoas, um tribunal construído pela WPA,* dois cafés, uma venda e um

---

* Work Project Administration (Administração de Projetos de Obras), um antigo órgão federal (1935-43) encarregado de criar e administrar obras públicas com o intuito de aliviar o desemprego. (N. dos T.)

cinema minúsculo onde à noite assistimos a um antigo faroeste com Audie Murphy. Quando entrei na política, conheci cada vilarejo do condado de Newton, mas me apaixonei por aquele lugar quando tinha meus dezesseis anos, ao cruzarmos as montanhas e aprendermos sobre a história, a geologia, a flora e a fauna das montanhas Ozarks. Um dia visitamos a cabana de um montanhês dono de uma coleção de rifles e pistolas que datavam da Guerra Civil, e depois exploramos uma caverna que os confederados usaram para guardar munição. As armas ainda funcionavam e o restante do arsenal ainda se encontrava na caverna. A preservação de um conflito de um século de idade era uma manifestação clara de que ali o tempo passava lentamente, os ressentimentos teimavam em não morrer e as lembranças permaneciam sendo transmitidas de geração a geração. Em meados da década de 1970, quando era procurador-geral, fui convidado a fazer o discurso inaugural na escola secundária Jasper. Conclamei os alunos a não esmorecerem perante as adversidades, citando Abraham Lincoln e as vicissitudes que ele teve de superar. Depois disso, à noite, os líderes democratas me convidaram para um passeio pela redondeza, sob um cenário de montanhas intensamente iluminadas pelas estrelas, e disseram: "Bill, foi um discurso legal. Você pode proferi-lo em Little Rock a qualquer momento. Mas nunca mais venha aqui enaltecer aquele presidente republicano de novo. Se ele tivesse sido realmente bom, nós não teríamos tido a Guerra Civil!". Fiquei sem palavras.

Na turma de inglês da professora Ruth Sweeney, no quarto ano, lemos *Macbeth* e ela nos incentivava a decorar e recitar trechos da peça. Cheguei a decorar umas cem falas, inclusive o famoso solilóquio que começa com "Amanhã, e amanhã, e amanhã rasteja em pequenos passos diários até a última sílaba do tempo registrado", e termina assim: "a vida não passa de uma sombra que caminha, uma atriz medíocre que se empertiga, depois se aflige com seu tempo no palco e por fim silencia. É uma história narrada por um idiota, cheia de som e fúria, mas sem significado". Quase trinta anos depois, quando era governador, fui visitar uma turma em Vilonia, no Arkansas, onde os alunos estavam estudando *Macbeth*, e recitei para eles as falas, ainda fortes para mim, com uma mensagem aflitiva que nunca adotei como medida para a minha vida.

No verão imediatamente após o término do terceiro ano participei do programa anual de uma semana do American Legion Boys State, no Acampamento Robinson, um antigo acampamento militar com quantidade suficiente de casernas de madeira para acomodar mil rapazes de dezesseis anos. Eles nos organizavam por cidades e condados, dividiam-nos em dois partidos políticos e nos apresentavam como candidatos e eleitores para a política local, estadual e nacional. Também desenvolvíamos plataformas políticas e votávamos em questões debatidas. Ouvíamos discursos de personalidades importantes do âmbito estadual e podíamos passar um dia no Capitólio estadual, na qual o governador do Boys State, os eleitos para outros cargos e seus secretários, assim como os deputados, ocupavam simbolicamente as secretarias estaduais e as Câmaras Legislativas.

No fim da semana os dois partidos indicaram dois candidatos para o programa Boys Nation, a ser realizado no fim de julho no College Park da Universidade de Maryland, próximo à capital do país. A eleição foi realizada e os dois mais votados puderam ir como senadores pelo Arkansas. Fui um deles.

Fui para o Acampamento Robinson querendo me candidatar a senador do Boys Nation. Apesar de o cargo mais prestigiado ser o de governador, na ocasião não tive interesse nele e por muitos anos nem mesmo nas atribuições do cargo em si. Eu achava que Washington era o centro de tudo que se relacionasse a direitos civis, pobreza, educação e política externa. De qualquer maneira eu não teria ganho a eleição para governador, já que ela estava definida muito antes de iniciada. Meu velho amigo de Hope, Mack McLarty, já tinha a vitória como certa. Por ser presidente do diretório estudantil da sua escola, um ótimo lançador, e excelente aluno, ele arregimentou apoio em todo o estado várias semanas antes. Nosso partido indicou Larry Taunton, um locutor de rádio dono de uma voz maravilhosa e aveludada que transmitia sinceridade e segurança, mas McLarty já tinha os votos e ganhou com folga. Todos tínhamos certeza de que ele seria o primeiro da nossa geração a ser eleito governador, uma impressão reforçada quatro anos mais tarde, quando ele foi eleito presidente do diretório estudantil da Universidade do Arkansas e, logo um ano depois, aos 22 anos, ele se tornou o deputado mais jovem na Capitólio estadual. Pouco depois Mack, que com seu pai tinha negócios com o Ford, inventou um esquema de *leasing* para tratores daquela marca, fazendo com que ele próprio e a Ford Motor Company ganhassem uma fortuna. Ele desistiu da política para se dedicar aos negócios que o levaram à presidência da Arkansas-Louisiana Gás Company, nossa maior empresa de gás natural. Mas ele continuou ativo na política, capacitando as lideranças e fornecendo orientações para o levantamento de fundos de campanha de muitos democratas do Arkansas, particularmente David Pryor e eu. Ele chegou a ir comigo para a Casa Branca, onde começou como ministro da Casa Civil e, posteriormente, como enviado especial para as Américas. Atualmente é sócio de Henry Kissinger em consultorias e é proprietário, entre outras coisas, de doze concessionárias de automóveis em São Paulo, no Brasil.

Embora tenha perdido as eleições para governador, Larry Taunton recebeu um grande prêmio de consolação: como o único, além de McLarty, cujo nome tinha 100% de reconhecimento, ele era uma barbada para uma das duas urnas do Boys Nation; tudo o que ele tinha de fazer era se inscrever. Mas havia um problema: Larry era um dos dois "astros" da delegação da sua cidade. O outro era Bill Rainer, um atleta polivalente, além de charmoso e inteligente. Já chegaram ao Boys State com o acordo fechado de que Taunton concorreria para governador e Rainer para o Boys Nation. Os dois estavam livres para concorrer para o Boys Nation, mas não havia nenhuma chance de dois candidatos da mesma cidade ganharem. Além disso, os dois eram do meu partido e eu já estava em campanha havia uma semana. Na época escrevi para a minha mãe contando que já havia ganho as eleições para coletor de impostos, secretário do partido e juiz municipal, e que estava concorrendo para juiz do condado, um cargo importante na política real do Arkansas.

No último minuto, enquanto o partido se reunia para ouvir os discursos de campanha, Taunton se inscreveu. Bill Rainer ficou tão surpreso que mal conseguiu terminar a sua fala. Ainda guardo a cópia do meu discurso, que não foi excepcional, a não ser por uma referência à crise na Escola Secundária Central de Little Rock: "Crescemos num estado oprimido pela vergonha de uma crise que não fomos nós que a desejamos". Eu não tinha aprovado a atitude de Faubus e queria que as pessoas dos outros estados tivessem uma imagem mais positiva do Arkansas. Após a contagem dos votos, Larry Taunton venceu por uma grande margem de diferença. Fui o segundo, com um bom apoio. Bill Rainer ficou bem atrás. Passei a gostar muito do Bill, e nunca vou me esquecer da sua postura digna diante da derrota.

Em 1992, quando Bill estava morando em Connecticut, ele contatou a minha equipe de campanha e se ofereceu para ajudar. Nossa amizade, forjada na dor da desilusão adolescente, foi renovada com felicidade.

Larry Taunton e eu derrotamos os adversários do outro partido após mais um dia de campanha e cheguei ao College Park, em 19 de julho de 1963, ansioso para conhecer os outros delegados, votar sobre assuntos importantes, ouvir os secretários de estado e outros funcionários do governo, e visitar a Casa Branca na esperança de ver o presidente.

A semana voou, cheia de eventos e sessões legislativas. Fiquei especialmente impressionado com o secretário do Trabalho, William Wirtz, e completamente absorvido pelos debates sobre direitos civis. Muitos dos rapazes eram republicanos e apoiavam Barry Goldwater na expectativa de que ele derrotasse o presidente Kennedy em 1964, mas nas questões de direitos civis havia progressistas suficientes, inclusive quatro de nós do Sul com propostas legislativas que dominaram o dia.

Por causa da minha amizade com Bill Rainer e dos meus pontos de vista mais liberais quanto aos direitos civis, meu relacionamento com Larry Taunton foi tenso durante toda a semana do Boys Nation. Fiquei contente por ter encontrado, quando eu era presidente, o Larry Taunton adulto com filhos. Ele parecia ser um homem realizado, que havia construído uma boa vida.

Em 22 de julho, uma segunda-feira, visitamos o Congresso, tiramos fotografias na escada e conhecemos os senadores do nosso estado. Larry e eu almoçamos com J. William Fulbright, presidente da Comissão de Relações Exteriores, e com John McClellan, presidente da Comissão Orçamentária. O sistema que valorizava a antiguidade na casa estava vivo e passava bem, e o Arkansas usufruía mais poder em função disso do que qualquer outro estado. Além do mais, todos os nossos quatro congressistas ocupavam cargos importantes: Wilbur Mills era presidente da Comissão de Planejamento; Oren Harris, presidente da Comissão de Comércio; "Took" Gathings, membro graduado da Comissão de Agricultura; e Jim Trimble, que estava no Congresso "só" desde 1945, era membro da poderosa presidência da Câmara, que controla o movimento dos temas votados no plenário do Legislativo. Mas eu não sabia que dentro de três anos estaria trabalhando para o Fulbright na equipe da Comissão de Relações Exteriores. Poucos dias depois daquele almoço, minha mãe recebeu uma carta do senador Fulbright dizendo que ele havia gostado muito do nosso encontro e que ela devia se orgulhar de mim. Ainda guardo a carta, minha primeira experiência com o trabalho de uma boa equipe.

Em 24 de julho, uma quarta-feira, fomos à Casa Branca para nos encontrar com o presidente no Jardim Rosa. O presidente Kennedy saiu do Salão Oval para o jardim ensolarado e proferiu algumas palavras de elogio ao nosso trabalho, principalmente nosso apoio aos direitos civis, e nos deu notas mais elevadas do que aos governadores, que não foram tão progressistas no encontro anual daquele verão. Após aceitar a camiseta do Boys Nation que lhe foi presenteada, Kennedy começou a descer os degraus e apertou as nossas mãos. Eu estava na frente e, por ser maior, assim como o maior partidário do presidente entre a maioria dos outros, tinha certeza de que ele apertaria a minha mão, mesmo se ele só apertasse a mão de dois ou três. Para mim foi um momento mágico conhecer o presidente que eu havia apoiado nos debates de turma da nona série, e por quem cada vez mais me entusiasmava depois de seus dois anos e meio de mandato. Um amigo tirou a foto para mim e mais tarde também localizamos o registro daquele momento num filme do acervo da Biblioteca Kennedy.

Muito já se comentou sobre esse breve encontro e o impacto que ele teve na minha vida. A minha mãe disse que quando voltei para casa ela percebeu que eu já tinha decidido entrar para a política, e depois de ser indicado como o candidato democrata em 1992 a foto foi amplamente apontada como o limiar das minhas aspirações presidenciais. Mas não tenho certeza disso. No discurso que fiz para a American Legion em Hot Springs não dei muita importância ao aperto de mão. Naquele tempo eu achava que queria ser senador, mas bem lá no fundo eu me sentia mais como o jovem Abraham Lincoln, que escreveu: "Estudarei e me prepararei, e talvez o meu dia chegará".

Fui relativamente bem-sucedido na política secundarista ao me eleger presidente de turma do admissão e quis concorrer a presidente do diretório estudantil, mas a diretoria da escola secundária decidiu que os alunos de Hot Springs não poderiam se envolver em muitas atividades e estabeleceu restrições. Por causa dos novos regulamentos, e por já estar na banda, tornei-me inelegível tanto para o diretório como para ser presidente de turma mais uma vez. O mesmo se deu com Phil Jamison, capitão do time de futebol e favorito nas eleições.

O fato de não concorrer para a presidência do diretório secundarista não me afetou muito, nem ao Phil Jamison. Phil entrou para a academia naval e, ao se formar, fez trabalhos importantes sobre controle de armas no Pentágono. Durante o meu mandato de presidente ele participou de todos os trabalhos importantes com a Rússia, e a nossa amizade propiciou um relatório minucioso dos nossos esforços do ponto de vista operacional, que eu não teria recebido caso não o conhecesse.

Uma das atitudes políticas mais imbecis da minha vida foi permitir que um amigo furioso com as restrições às novas atividades lançasse o meu nome para secretário de turma do último ano. Minha vizinha, Carolyn Yeldell, me derrotou brincando, como era previsto. Foi besteira. Fui egoísta, e o fato comprovou uma das minhas regras da política: nunca concorra a um cargo que você não queira de fato e que não tenha justificativa para querê-lo.

Apesar das adversidades, nos meus dezesseis anos decidi que queria entrar na vida pública através de um cargo eletivo. Eu adorava música e acreditava que pudesse ser muito bom, mas sabia que nunca seria um John Coltrane ou um Stan Getz. Eu me interessava por medicina e acreditava poder ser um bom médico, mas nunca seria um Michael DeBakey. Mas sabia que poderia ser ótimo no serviço público. As pessoas, a política e a tarefa de governar me fascinavam, e eu acreditei que pudesse ser político sem ter de investir dinheiro de família, ou por intermédio de relações, ou defendendo posições sulistas sobre raça e outras questões. Claro que era improvável, mas isso não é a cara dos Estados Unidos?

8

No verão de 1963 vivi um acontecimento memorável. No dia 28 de agosto, nove dias depois de ter completado dezessete anos, sentei-me sozinho em frente à TV, em uma grande cadeira reclinável branca, e assisti ao melhor discurso de toda a minha vida, quando diante do Lincoln Memorial Martin Luther King Jr. falou do seu sonho para os Estados Unidos. Em cadências rítmicas remanescentes dos antigos *spirituals* negros — sua voz subia e tremia —, ele falou perante uma enorme multidão e para milhões de telespectadores, tão hipnotizados quanto eu, sobre o seu sonho de que "um dia nas colinas da Geórgia, os filhos de ex-escravos e os filhos de ex-proprietários de escravos poderão se sentar juntos na mesa da fraternidade", e que "meus quatro filhos pequenos um dia viverão em uma nação onde não serão julgados pela cor da pele, mas pelo caráter".

Passados mais de quarenta anos, é difícil transmitir hoje a emoção e a esperança que o discurso de Martin Luther King Jr. provocou em mim; ou quanto suas palavras significaram para uma nação sem lei dos direitos civis, sem lei do direito ao voto, sem lei da abolição da segregação racial, sem Thurgood Marshall* na Suprema Corte; ou o que aquilo significou no Sul dos Estados Unidos, onde a maioria das escolas ainda era segregada, o imposto do voto era usado para impedir os negros de votar ou fazê-los votar em bloco para manter o grupo conservador no poder, e onde a expressão "crioulo" ainda era pronunciada por pessoas instruídas.

Comecei a chorar durante o discurso e ainda solucei por um bom tempo depois que Martin Luther King Jr. terminou. Ele simplesmente expressou todas as minhas crenças, só que bem melhor do que eu faria. Esse discurso superou tudo o que eu já tinha vivido e sentido, talvez com exceção da força do exemplo do meu avô, me levando a jurar fazer tudo o que eu pudesse para realizar o sonho de Martin Luther King Jr.

Umas duas semanas depois eu começava meu último ano, ainda inebriado pelo Boys Nation, mas decidido a aproveitar a minha última dose de infância.

A matéria mais difícil no secundário era cálculo. Como ela nunca havia sido oferecida, a turma só tinha sete alunos. Lembro-me com clareza de dois acontecimentos. Um dia o professor, o sr. Coe, me devolveu uma prova em que eu tinha acertado todas as questões, mas a nota indicava que uma estava errada. Quando pedi uma explicação ao sr. Coe, ele disse que o raciocínio não estava correto e que eu tinha alcançado o resultado certo por acaso, pois o livro indicava muito mais etapas para a solução do problema do que as de que lancei mão. A nossa turma tinha um gênio de verdade, Jim McDougal (não, não é o do Whitewater), que me pediu para ver a minha prova. Então ele disse ao sr. Coe que ele deveria reconhe-

---

* Primeiro negro nomeado para a Suprema Corte em 1967. (N. dos T.)

cer o meu mérito, pois a minha solução era tão válida quanto a do livro, e até melhor, por ser mais concisa. Ele então se ofereceu para demonstrar a validade do seu ponto de vista. O sr. Coe estava tão impressionado com a inteligência do Jim quanto todos nós, e pediu para ele prosseguir. Jim continuou e preencheu dois quadros-negros com símbolos de fórmulas matemáticas que analisavam o problema e comprovavam que eu havia superado a solução do livro. Eu estava boiando. Sempre gostei de resolver problemas, ainda gosto até hoje, mas em relação a esse eu só conseguia chegar à entrada do labirinto. Eu não tinha a mínima idéia do que o Jim estava falando, e acho que o sr. Coe também não, mas no final da sua apresentação brilhante minha nota foi alterada. Aquele incidente me ensinou duas coisas: que a intuição pode ajudar a superar a incapacidade intelectual na solução de problemas, e que o estudo avançado de matemática não tinha nada a ver comigo.

A aula de cálculo era logo depois do almoço. No dia 22 de novembro o sr. Coe foi chamado à secretaria no meio da aula. Ao voltar, estava branco como uma folha de papel e mal podia falar. Ele nos contou que o presidente Kennedy tinha levado um tiro em Dallas e talvez estivesse morto. Fiquei arrasado. Fazia somente quatro meses que eu o tinha visto no Jardim Rosa, onde ele esbanjou vida e vigor. Muito do que ele fez e disse — o discurso inaugural; a Aliança para o Progresso na América Latina; a administração racional da crise com Cuba, no caso da plataforma de lançamento de mísseis; o Peace Corps; a fala formidável no discurso "Ich bin ein Berliner": "A liberdade encontra muitos obstáculos e a democracia não é perfeita, mas nunca tivemos de construir um muro para prender nosso povo" — concretizava minhas expectativas para o meu país e minha fé na política.

Depois da aula, que era dada no prédio anexo, todos os alunos voltaram para o prédio principal. Estávamos todos muito tristes, com exceção de uma pessoa. Ouvi uma moça bonita, que tocava na banda comigo, dizer que talvez fosse melhor para o país ele se ir. Eu sabia que a sua família era mais conservadora do que eu, mas fiquei chocado e furioso com o fato de alguém que eu considerava amigo ter dito tal coisa. Foi a primeira vez que me vi exposto não só ao racismo puro, mas a um tipo de ódio que veria com freqüência na minha carreira política; ódio esse que seria canalizado num movimento político forte das últimas décadas do século XX. Fico feliz com o fato de que a minha amiga tenha vindo a superar isso. Em 1992, quando eu estava em campanha em Las Vegas, ela compareceu a um dos eventos. Era assistente social e democrata. Dei muito valor ao nosso reencontro e à oportunidade de curar uma velha ferida.

Depois de assistir ao funeral do presidente Kennedy e de ter a confirmação da posse tranqüila de Lyndon Johnson na Presidência, com as palavras emocionantes "Eu daria tudo para que não estivéssemos em luto e eu não estivesse aqui hoje", aos poucos minha vida voltou à normalidade. O restante do último ano passou rapidamente com a DeMolay e as atividades da banda, incluindo uma viagem a Pensacola, na Flórida, e uma outra viagem para a All-State Band;* e muita diversão com os amigos, inclusive almoços no Club Café, que tinha a melhor torta de maçã holandesa que já provei, cinema, festas no ginásio da escola, sorvete no Cook's Dairy e churrasco no McClards, um restaurante familiar que já contava 75 anos de existên-

---

* Reunião de todas as bandas do estado. (N. dos T.)

cia e controvertidamente reivindicava ter o melhor churrasco de todo o país, mas sem sombra de dúvida oferecia era o melhor feijão, em um prato típico deles.

Durante vários meses naquele ano namorei Susan Smithers, de Benton, Arkansas, quase cinqüenta quilômetros a leste de Hot Springs na estrada para Little Rock. Geralmente aos domingos eu ia à igreja em Benton e almoçava com a sua família. No final do almoço a mãe de Susan, Mary, colocava na mesa uma pilha de pêssegos e maçãs fritos, e seu pai, Reese, e eu comíamos tudo até eu praticamente me entupir de comer. Num domingo depois do almoço Susan e eu fomos de carro até Bauxite, uma cidade perto de Benton, e cujo nome homenageia o minério extraído de suas minas, usado para fazer alumínio. Quando chegamos à cidade decidimos ir até as minas, saindo da pista para pegar uma estrada de barro seco que aparentemente levava até a borda de um poço imenso. Depois de uma volta a pé pelo local, voltamos ao carro para ir para casa, mas houve um contratempo. As rodas do carro tinham afundado no terreno úmido e mole: elas giravam mas não saíam do lugar. Achei umas tábuas, cavei por trás das rodas e as enfiei no vão para servir de apoio e fazer a tração. Sem sucesso. Depois de duas horas, os pneus já completamente gastos, escurecia e ainda estávamos atolados. Finalmente desisti, andei até a cidade, pedi socorro e telefonei para os pais da Susan. O reboque acabou chegando, fomos içados dos enormes sulcos e os pneus estavam lisos como bumbum de nenê. Quando cheguei à casa da Susan já estava completamente escuro. Acho que os pais dela acreditaram na história, mas de qualquer modo seu pai deu uma olhada nos pneus para se certificar. Só sei que naquele momento inocente me senti terrivelmente envergonhado.

Ao se aproximar o final do ano letivo comecei a ficar cada vez mais ansioso com a faculdade. Não sei por quê, nunca pensei em concorrer a uma vaga em uma das Universidades da Ivy League.* Eu sabia o que queria e só me candidatei para a School of Foreign Service [Escola de Serviço Diplomático] da Universidade de Georgetown. Eu não pretendia realmente entrar na diplomacia nem tinha estado no campus da Georgetown por ocasião do Boys Nation, mas queria voltar a Washington. A Georgetown tinha a melhor reputação acadêmica da cidade, o rigor intelectual dos jesuítas era legendário e me fascinava, e eu sentia necessidade de aprender tudo sobre as relações internacionais, ao passo que de alguma maneira as questões internas seriam absorvidas só pelo fato de eu estar em Washington em meados da década de 1960. Eu acreditava que seria aceito, pois era o quarto da turma de 327, minhas notas no conselho para a admissão na faculdade eram muito boas, além de a Georgetown tentar admitir pelo menos um aluno de cada estado (precursor do programa de ações afirmativas!). Mesmo assim, ainda estava preocupado.

Eu já tinha decidido que, se não fosse aceito na Georgetown, iria para a Universidade do Arkansas, a qual adotava uma política de abrir as admissões aos alunos do secundário do Arkansas e para onde iam os aspirantes a políticos aconselhados por apostadores experientes. Na segunda semana de abril chegou a res-

---

* As primeiras e mais tradicionais universidades dos Estados Unidos, localizadas no nordeste do país. (N. dos T.)

posta positiva da Georgetown. Fiquei feliz, mas comecei a questionar a validade da escolha. Não consegui uma bolsa e era muito caro: 1200 dólares de matrícula e 700 dólares para hospedagem e mensalidade, além de livros, alimentação e outros gastos. Embora a minha família pertencesse a uma classe média de boa situação financeira para os padrões do Arkansas, eu receava que meus pais não pudessem arcar com esses gastos. Também me preocupava ter de ir para tão longe e deixar a minha mãe e o Roger com o papai, embora a idade o estivesse deixando mais calmo. Minha orientadora educacional, Edith Irons, estava inflexível quanto à minha ida, por ver naquilo um investimento no futuro que meus pais deveriam fazer. A minha mãe e papai concordaram. Ela estava convencida de que uma vez lá, ao mostrar resultados, eu obteria uma bolsa. Então decidi tentar.

No dia 29 de maio de 1964 foi realizada a cerimônia de formatura do secundário, no Rix Field, onde jogávamos futebol americano. Como quarto aluno da turma, tive de proferir a oração de ação de graças. Se as decisões judiciais posteriores sobre religião nas escolas públicas tivessem sido tomadas naquela época, nós, os líderes de oração, teríamos sido expulsos da cerimônia. Concordo que o dinheiro dos impostos não deveria ser usado para fomentar causas puramente religiosas, mas me senti honrado de pronunciar a palavra final do curso secundário.

Minha oração refletiu as minhas convicções religiosas, assim como as políticas, quando pedi a Deus que "deixasse em nosso meio o idealismo e as reflexões morais juvenis que nos fizeram fortes. Faça-nos repugnar a apatia, a ignorância e a rejeição para que a nossa geração remova a complacência, a pobreza e o preconceito do coração dos homens livres [...] Faça-nos solidários para que jamais conheçamos o sofrimento e a confusão da vida sem objetivo e para que, quando morrermos, outros tenham a oportunidade de viver num país livre". Sei que para alguns não religiosos isso pode ser agressivo ou ingênuo, mas fico feliz de ter sido tão idealista naquele tempo, e ainda acredito em cada palavra da oração.

Depois da cerimônia fui com Mauria Jackson ao baile de formatura no antigo Belvedere Club, não muito longe da nossa casa da Park Avenue. Como nem eu nem Mauria estávamos namorando na época, e por termos estudado juntos na escola de ensino fundamental St. John's, pareceu ser uma boa idéia fazermos um par, e foi de fato.

Na manhã seguinte começava o meu último verão como garoto. Foi um típico verão do Arkansas, quente e gostoso, e passou rápido com a sexta e última viagem para o curso de verão da banda na universidade e um retorno ao Boys State como conselheiro. Nesse verão, por duas semanas ajudei o papai no balanço anual da Clinton Buick, algo que eu já tinha feito algumas vezes antes. Hoje, com os dados informatizados e as peças sendo encomendadas de grandes centros distribuidores, é até difícil entender como as peças eram estocadas naquele tempo, inclusive as de carros de mais de dez anos. E pensar que nós as contávamos manualmente todos os anos. As peças pequenas ficavam nas prateleiras, em pequenas repartições, todas com tampa, escurecendo assim os fundos do departamento de peças, em nítido contraste com o *show room* fortemente iluminado na frente, que só tinha espaço para abrigar um dos novos Buick.

O trabalho era monótono, mas eu gostava, especialmente porque era a única coisa que eu fazia com o papai. Também gostava de ficar na Buick com o tio Raymond, no pátio cheio de carros novos e usados com os vendedores, e lá nos fundos com os mecânicos. Gostava de três dos rapazes da manutenção. Dois eram negros. Um era Early Arnold, que se parecia com o Ray Charles e tinha uma risada fantástica. Ele sempre foi muito legal comigo. James White era mais relaxado. Ele não tinha outra saída: fazia um esforço danado para criar os oito filhos com o salário que recebia do tio Raymond e com o que a sua esposa, Earlene, ganhava trabalhando na nossa casa desde que a sra. Walters nos deixou. Eu simpatizava com a filosofia de sombra e água fresca do James. Um dia, quando comentei que os anos da escola secundária voaram, ele disse: "É, o tempo passa tão depressa que mal consigo acompanhar minha época". Eu ouvi como piada naquela ocasião. Hoje em dia já não acho isso tão engraçado.

O cara branco, Ed Foshee, era o gênio dos carros e mais tarde abriu sua própria oficina. Quando parti para a universidade, vendemos para ele o Henry J. que eu dirigia, um dos seis carros em pior estado que haviam sido reparados na revendedora Buick do papai, em Hope. Senti muito por ter de me desfazer dele, apesar do vazamento no freio hidráulico, e daria tudo para tê-lo de volta hoje. Os meus amigos e eu nos divertimos muito com ele, com exceção de uma vez. Certa noite eu estava saindo de Hot Springs de carro na Highway 7, com o asfalto oleoso, atrás de um carro preto. Ao passarmos pelo *drive-in* da Jessie Howe, o carro da frente parou completamente, talvez o motorista quisesse olhar a telona. Uma das luzes do freio estava apagada, não o vi parar e, de repente, era tarde demais. A falta de atenção, o reflexo lento e o freio com problema fizeram meu carro se chocar contra a traseira do carro preto, e a mim contra o volante, que imediatamente se partiu em dois. Felizmente ninguém se feriu com gravidade e o seguro cobriu o estrago do carro. Os funcionários da Clinton Buick deixaram o Henry J. novo e agradeci pelo volante ter quebrado em vez do meu maxilar. Não me machuquei mais do que quando Henry Hill me esmurrou, anos antes, nem mais do que quando o carneiro quase me matou. Naquele tempo eu era mais filosófico quanto a essas coisas e, como se fosse um sábio, eu dizia: "É bom para o cachorro ter algumas pulgas de vez em quando. Isso evita que ele se preocupe com o fato de ser cachorro".

9

O VERÃO VOOU, COMO TODOS OS VERÕES DA INFÂNCIA, e no dia 12 de setembro minha mãe e eu pegamos o avião para Washington, onde passearíamos por uma semana antes de começar o ano básico. Ainda não tinha uma idéia exata do que me esperava, mas estava com muita expectativa.

A viagem foi mais difícil para a minha mãe do que para mim. Ficamos o tempo todo juntos e eu percebia que, quando me olhava, ela via a mim e ao meu pai. Ela devia estar preocupada com a educação do Roger filho e a convivência com o Roger pai sem a minha ajuda nas duas frentes. Nossas semelhanças e diferenças se equilibravam, e assim nós curtíamos a companhia um do outro. Meus amigos a adoravam também, e ela adorava tê-los em casa. O que continuou acontecendo, mas só no Natal e nas férias de verão, quando eu voltava pra casa.

Naquela época eu não tinha como saber quanto a minha mãe se preocupava comigo. Recentemente me deparei com uma carta que ela escreveu em dezembro de 1963 para a comissão julgadora quando da minha bem-sucedida candidatura a um prêmio anual da Elks Leadership, dado a um ou dois alunos do último ano do secundário nas cidades em que o Elks Clubs estava presente. Ela escreveu que a carta "de certa maneira alivia o complexo de culpa que tenho em relação ao Bill. Sou anestesista e meu trabalho sempre roubou o tempo que pertencia a ele por direito. Por causa disso, o mérito pelo que ele é e pelo que fez da sua vida pertence unicamente a ele. Assim, quando olho para ele vejo um *self-made man*". Ela estava completamente enganada! Foi ela quem me ensinou a acordar cedo e a seguir em frente; a procurar o lado bom das pessoas mesmo quando elas só vêem em mim o lado negativo; a ser grato por todos os dias e recebê-los sorrindo; a acreditar que eu poderia fazer ou ser qualquer coisa desde que tivesse determinação; a acreditar que o amor e a bondade vencerão a crueldade e o egoísmo. Minha mãe não era convencionalmente religiosa naquela ocasião, apesar de ter se inclinado à religião ao envelhecer. Ela viu tantas pessoas morrerem que tinha dificuldade em acreditar na vida depois da morte. Mas se Deus é amor, então ela foi uma mulher devotada. Queria poder ter lhe dito mais vezes que eu estava longe de ser um *self-made man*.

Apesar de toda a apreensão sobre a mudança em nossas vidas, minha mãe e eu chegamos a Georgetown muito entusiasmados. A apenas dois quarteirões do campus principal ficava o chamado Campus Leste, que incluía a Escola de Serviço Diplomático e outros cursos em que havia mulheres e maior diversidade religiosa e racial. A universidade foi fundada em 1789, no primeiro ano do mandato presidencial de George Washington, pelo arcebispo John Carroll. Sua estátua está no centro do grande círculo na entrada do campus principal. Em 1815, o presidente James Madison assinou um projeto de lei que autorizava a Georgetown a conceder diplomas. Apesar de a nossa universidade ter sido sempre aberta a todos os credos e um de seus reitores ter sido o primeiro reitor afro-americano — o padre Patrick Healy, de 1874 a 1887 — de uma universidade predominantemente branca, a Yard era toda masculina, quase toda católica e toda branca. A Escola de Serviço Diplomático foi fundada em 1919 pelo padre Edmund A. Walsh, um anticomunista ferrenho, e quando cheguei lá ainda havia muitos professores que tinham fugido ou sofrido com os regimes comunistas da Europa e da China, sendo, portanto, simpatizantes de qualquer atividade anticomunista por parte do governo dos Estados Unidos, inclusive na questão do Vietnã.

Não só na política a Escola de Serviço Diplomático era conservadora. O currículo também refletia o rigor da filosofia educacional dos jesuítas, o *Ratio Studiorum*, elaborado no fim do século XVI. Durante dois anos eram obrigatórios seis cursos por semestre, com um total de dezoito ou dezenove horas de aula, e sem disciplinas eletivas até o segundo semestre do segundo ano. Além disso, havia o código de vestuário. Os calouros tinham de usar camisa social, paletó e gravata. Camisas de tergal eram permitidas, mas me incomodavam, então decidi ir a Georgetown, comprar umas camisas com o valor reservado para despesas com tinturaria, ou seja, cinco dos 25 dólares semanais que eram para comida e outros gastos. E havia também o regulamento do alojamento: "Os calouros têm de ficar no quarto e estudar toda noite durante a semana, e devem apagar a luz à meia-noite. Nas noites de sexta e sábado, os calouros devem estar de volta a seus quartos até a meia-noite e meia. [...] Visitas do sexo oposto, bebidas alcoólicas, animais e armas de fogo são expressamente proibidos nos alojamentos da universidade". Sei que muita coisa mudou desde então, mas quando Hillary e eu levamos Chelsea para Stanford, em 1997, foi estranho ver moças e rapazes ocupando o mesmo alojamento. Parece que a NRA* ainda não conseguiu anular as restrições às armas de fogo.

Uma das primeiras pessoas que conheci depois que minha mãe e eu cruzamos o portão de entrada foi o padre responsável pela orientação dos calouros. O padre Dinneen me cumprimentou dizendo que a Georgetown não entendia por que um jovem batista do Sul, que não sabia nenhuma língua estrangeira além do latim, estaria interessado na Escola de Serviço Diplomático. O tom da sua voz indicava que ele não conseguia entender como eu tinha sido aprovado. Apenas ri e disse que talvez descobríssemos isso em um ou dois anos. Percebi que a minha mãe ficou preocupada e, depois que o padre Dinneen se dirigiu a outros alunos, eu disse a ela que em pouco tempo eles todos saberiam por que eu havia sido aprovado. Acho que eu estava blefando, mas foi uma boa solução.

Depois das formalidades fomos procurar meu alojamento e conhecer meu colega de quarto. O Loyola Hall fica na esquina da 35th com a N, exatamente atrás do Walsh Building, que abriga a Escola de Serviço Diplomático à qual está conectado. O número do meu quarto era 225; ele ficava exatamente em cima da entrada principal na 35th e dava para a casa e o belo jardim do ilustre senador Clairborne Pell, de Rhode Island, que ainda estava no Senado quando fui eleito presidente. Ele e sua esposa, Nuala, ficaram muito amigos de Hillary e de mim e, finalmente, trinta anos depois de observar o exterior da mansão, pude conhecer seu interior.

---

* National Rifle Association, a Associação Nacional de Armas de Fogo americana, já mencionada. (N. dos T.)

Quando minha mãe e eu chegamos à porta do meu quarto, levei um choque. A campanha presidencial de 1964 estava a pleno vapor, e lá, grudado na porta do aposento, estava um adesivo do Goldwater. Eu pensava que tivesse deixado todos eles no Arkansas! Era do meu colega de quarto, Tom Campbell, um católico irlandês de Huntington, em Long Island. Ele vinha de uma família republicana de extrema direita e tinha sido jogador de futebol americano na escola secundária Xavier Jesuit, de Nova York. Seu pai era advogado e tinha passado no concurso para juiz, seguindo a linha do partido conservador. Tom provavelmente estivesse mais surpreso do que eu com o colega de quarto. Eu era o primeiro batista do Sul que ele conhecia e, pior ainda, democrata doente a favor de Lyndon Baines Johnson.

A minha mãe não ia permitir que um pequeno detalhe como a política atrapalhasse a boa convivência. Ela começou a conversar com o Tom como se já o conhecesse havia muito tempo, exatamente como fazia com todo mundo, e não demorou muito para que ela o conquistasse. Eu também gostei dele e achei que podíamos nos dar bem. E nos demos, quatro anos morando juntos na Georgetown, e quase quarenta anos de amizade.

Logo que a minha mãe se despediu de mim animada, escondendo a emoção, comecei a explorar os arredores a partir do andar do alojamento. Ouvi uma música vindo do corredor — o *"Tema de Tara"* do *...E o vento levou* — e a segui na esperança de encontrar algum sulista, talvez até um democrata. Ao chegar ao quarto onde a música tocava, me deparei com um tipo inusitado, Tommy Caplan. Ele estava sentado numa cadeira de balanço, a única no nosso andar. Soube que ele era filho único e de Baltimore, que seu pai estava no ramo de jóias e tinha conhecido o presidente Kennedy. Ele me disse que queria ser escritor e me regalou com histórias do Kennedy, com um sotaque incomum que cortava as palavras e soava aristocrático. Embora tenha gostado dele, na ocasião não podia saber que tinha acabado de conhecer mais um dos que viriam a ser os meus melhores amigos. Nos quatro anos seguintes, Tommy me apresentaria a Baltimore; à sua casa no Eastern Shore em Maryland; à igreja episcopal e sua liturgia; ao Pierre Hotel e seu fabuloso curry indiano de Nova York; ao Carlyle Hotel, onde pela primeira vez soube o que é um serviço de quarto caro; ao Clube "21", onde todos nós comemorávamos nosso vigésimo primeiro aniversário; e à Massachusets da Cape Cod, onde quase me afoguei por não conseguir me segurar em uma pedra coberta de crustáceos, e acabei ralando mãos, braços, peito e pernas. Ao tentar com todas as minhas forças voltar à praia, fui salvo por um fortuito banco de areia comprido e estreito e pela mão de um velho colega de colégio do Tommy, Fife Symington, mais tarde governador republicano do Arizona (se ele pudesse ter previsto o futuro, poderia estar com segundas intenções). Em retribuição, apresentei o Tommy ao Arkansas, ao estilo de vida sulista e à política local. Acho que fizemos um bom intercâmbio.

Com o passar dos dias vim a conhecer outros alunos, antes do início das aulas. Também fiz um plano para sobreviver com 25 dólares por semana. Com a subtração dos cinco dólares para as camisas sociais, decidi gastar um dólar por dia para comida de segunda a sexta e investir mais um dólar para as refeições do fim de semana, e ter assim catorze dólares para o sábado à noite. Em 1964 era possível convidar uma moça para jantar, com catorze dólares no bolso, às vezes até ir ao cinema também, embora eu tivesse de esperar a convidada fazer o pedido primeiro e ver se, somado ao meu e mais a gorjeta, o total não ultrapassaria o meu orçamento. Naquela época, em Georgetown havia vários restaurantes bons nessa faixa de preço. Além do mais, nos primeiros meses eu não tinha companhia para sair todos os sábados, o que deixou meu orçamento com uma certa folga.

Não era tão difícil viver com um dólar por dia, e eu tinha a sensação de ter bastante dinheiro, pois dava até para freqüentar bailes da faculdade e outros programas. Todas as manhãs eu tomava café com duas roscas por vinte centavos na delicatessen Wisemiller, na 36th, bem em frente ao Walsh Building, onde eu tinha a maioria das minhas aulas. Foi ali que eu pela primeira vez na vida tomei café, um hábito que ainda tento adquirir sem muito sucesso. Mas podia me gabar de almoçar por trinta centavos. Metade ia para a torta frita de maçã ou cereja da Hostess; a outra metade ia para quase meio litro de Royal Crown Cola. Eu adorava os refrigerantes da RC e fiquei realmente chateado quando pararam de produzi-los. O jantar era mais caro, cinqüenta centavos. Eu geralmente comia no Hoya Carry Out, que ficava a dois quarteirões do nosso alojamento e, apesar do nome,* tinha um balcão. O fato de comer ali já era divertido. Eu tomava um refrigerante grande por quinze centavos e comia por 35 centavos um ótimo sanduíche de atum no pão de centeio, tão grande que a borda mal cabia na boca. E tinha um sanduíche de rosbife do mesmo tamanho por 85 centavos. Vez por outra, quando eu não tinha estourado meus catorze dólares no sábado à noite, eu comia um desses.

Mas o que de fato me atraía ao Hoya Carry Out eram os seus proprietários, Don e Rose. O Don era uma figura robusta com uma tatuagem em um dos seus bíceps volumosos, numa época em que as tatuagens eram mais raras nos corpos de roqueiros, atletas e jovens hippies. A Rose usava um penteado que parecia uma grande colméia, tinha um rosto bonitinho e um corpo fantástico, que ela exibia com grande efeito em suéteres justos, calças ainda mais justas e saltos agulha. Ela atraía os rapazes com pouco dinheiro e muita imaginação, e a presença do Don, bonachão mas vigilante, garantia que eles ficassem só em torno de seus sanduíches. Quando a Rose estava servindo, comíamos bem devagar para garantir uma boa digestão.

Nos dois primeiros anos eu raramente me aventurei além dos limites da universidade e de suas imediações mais próximas, uma pequena área limitada pela M Street e o rio Potomac ao sul, a Q Street ao norte, a Wisconsin Avenue a leste e a universidade a oeste. Meus lugares preferidos em Georgetown eram o Tombs, uma cervejaria que ficava no porão do 1789 Restaurant, onde a maioria dos estudantes bebia cerveja e comia hambúrguer; o restaurante do Billy Martin, com boa comida, bom ambiente e preços dentro do meu orçamento; e o Cellar Door, logo abaixo da ladeira do meu alojamento na M Street. Tinha uma música ao vivo fantástica. Ouvi o Glenn Yarborough, um popular cantor de música country dos anos 1960; o excelente organista de jazz Jimmy Smith; e um grupo que caiu no esquecimento, chamado Mugwumps, desfeito logo depois da minha chegada a Georgetown. Dois dos homens formaram uma banda mais famosa, The Lovin' Spoonful, cuja líder e vocalista, Cass Eliot, se tornou a Mama Cass dos The Mamas and the Papas. No domingo à tarde o Cellar Door às vezes abria e com um dólar eu ficava chocando uma Coca-Cola e ouvindo os Mugwumps durante uma hora.

Embora de vez em quando me sentisse enjaulado na Georgetown, quase sempre eu estava feliz sozinho, absorvido no curso ou convivendo com os colegas. No entanto, me senti muito recompensado pelas poucas saídas do meu casulo. No início do semestre fui ao Lisner Auditorium ouvir Judy Collins cantar. Lembro-me dela sozinha com seu violão no palco, os cabelos longos e louros, vestido comprido de algodão. Daquele dia em diante me tornei um grande fã da Judy Collins. Em dezembro de 1978 Hillary e eu fomos em uma viagem curta a Londres, logo após

---

* *Carry out* quer dizer "para viagem". (N. dos T.)

eu ter sido eleito governador pela primeira vez. Um dia, quando estávamos olhando as vitrines na King's Road, em Chelsea, o alto-falante de uma loja tocou a versão da Judy para "Chelsea Morning", da Joni Mitchell. Combinamos ali mesmo que se viéssemos a ter uma filha ela se chamaria Chelsea.

Apesar de quase nunca sair de Georgetown, cheguei a fazer duas viagens para Nova York no primeiro semestre. Fui para a casa do Tommy Campbell em Long Island no feriado de Ação de Graças. Lyndon Johnson já tinha sido eleito, e eu gostava de discutir política com o pai do Tom. Numa noite cheguei a irritá-lo ao perguntar se o ótimo bairro em que eles moravam tinha sido loteado sob um "pacto de proteção", em que os proprietários dos imóveis se comprometiam a não vendê-los a pessoas pertencentes a grupos proscritos, como os negros. Isso era uma prática comum até que a Suprema Corte a tornou inconstitucional. O sr. Campbell concordou em que a área onde viviam tinha sido criada sob um pacto, mas não contra os negros, e sim contra os judeus. Eu era de uma cidade do Sul com duas sinagogas e um bom número de anti-semitas que se referiam aos judeus como os "assassinos de Cristo", mas me surpreendi ao descobrir o anti-semitismo em Nova York, vivinho da silva e passando bem. Acho que teria me sentido muito feliz com a ausência de racismo ou anti-semitismo no Sul, mas a realidade não era essa.

Pouco antes do feriado de Ação de Graças, dei minha primeira mordida na Big Apple* quando viajei para Nova York com a banda de Georgetown, na época uma banda bastante mixuruca. Nós só ensaiávamos uma ou duas vezes por semana, mas foi o suficiente para sermos convidados a dar um show numa pequena faculdade católica feminina do Brooklyn, a St. Joseph's College for Women. O show foi bom, e depois, na confraternização, conheci uma aluna que me convidou para acompanhá-la até a sua casa e tomar refrigerante com ela e sua mãe. Foi a minha primeira incursão num daqueles prédios repletos de apartamentos que abrigam os nova-iorquinos em geral, ricos e pobres. Não tinha elevador e tivemos de subir vários lances de escada para chegar à sua casa. Naquela ocasião o apartamento me pareceu excessivamente pequeno, acostumado que eu estava ao estilo de vida no Arkansas, onde até pessoas de baixa renda moravam em casas espaçosas e com jardim. Só me lembro de que a garota e a mãe dela eram extremamente simpáticas e que fiquei impressionado com o fato de as pessoas serem sociáveis mesmo morando em espaços tão limitados.

Depois de me despedir, fiquei sozinho na cidade grande. Chamei um táxi e pedi para me levar à Times Square. Nunca tinha visto tantas luzes de néon. O lugar era barulhento, movimentado e palpitava de vida, inclusive o lado menos bonito dela. Vi uma prostituta se exibindo provocantemente para um infeliz: um cara de aparência patética, terno escuro e uma pasta de mão, cabelo escovinha e óculos de aros grossos e escuros. Ele estava ao mesmo tempo tentado e aterrorizado. Mas foi vencido pelo terror. Ele continuou andando e ela sorriu, deu de ombros e foi à cata de outros clientes. Dei uma olhada nos teatros e vitrines até que uma placa atraiu o meu olhar — Tad's Steaks —, um anúncio de bifes enormes por $ 1.59.

* Big Apple [Grande Maçã], apelido dado a Nova York. (N. dos T.)

Era sedutor demais para eu deixar passar. Então entrei, pedi um bife e me sentei numa mesa. Perto de mim havia um rapaz mal-humorado e a sua mãe ressentida. Ele a estava agredindo com palavras: "É porcaria, mãe. Não presta". Ela argumentava que o vendedor havia dito que era de boa qualidade. Pouco depois entendi a história: ela tinha poupado dinheiro para dar ao filho um toca-fitas que ele queria muito. O problema é que a mãe escolhera o sistema de alta-fidelidade, chamado de "hi-fi", mas ele queria o novo sistema estéreo, que tinha um som de melhor qualidade e parecia dar mais status à garotada ligada em moda. Com o seu salário minguado, a mãe não tinha condições de comprar um estéreo. Em vez de ser grato, o garoto berrava com ela em público: "Só temos coisa vagabunda. Quero algo de boa qualidade". Fiquei enojado. Eu queria esmurrá-lo e gritar que ele tinha sorte de ter uma mãe que o amava, o alimentava e vestia com a remuneração de um trabalho provavelmente chato e mal pago. Levantei-me e saí, sem terminar o bife da promoção. O incidente teve um grande impacto sobre mim, talvez pelo que a minha própria mãe tinha feito e passado. Tornou-me mais sensível às lutas diárias de mulheres e homens que fazem os serviços que nós não gostaríamos de fazer, mas mesmo assim não queremos remunerá-los decentemente. Isso me fez odiar ainda mais a ingratidão e, ao mesmo tempo, me propor ser mais grato. E me fez até mais determinado a usufruir as boas oportunidades da vida procurando não levá-las muito a sério, consciente das peças que o destino pode nos pregar.

Pouco depois de voltar de Nova York deixei a banda para me concentrar nos estudos e na política estudantil. Ganhei a eleição para presidente da turma dos calouros em uma das minhas melhores campanhas travadas em meio a eleitores católicos irlandeses e italianos do Leste. Não me lembro como decidi me candidatar, mas tive muito apoio e foi bem interessante. Não houve debates nem muito patrocínio, de maneira que a campanha se limitou a discussões com a base e um único discurso. Um dos meus cabos eleitorais me escreveu um bilhete demonstrando a nossa penetração entre os eleitores: "Bill, problema no New Men's; o Hanover está pegando uma porção de votos. Há possibilidades no 3º andar do Loyola (do Pallen) — no final, próximo ao telefone público. Graças ao Dick Hayes. Até amanhã. Durmam bem, Cavalheiros. King". King era John King, um dínamo que não chegava a 1,70 metro de altura e que acabou sendo o timoneiro do time do pessoal da Georgetown. Ele era colega de estudo de Luci Johnson, filha do presidente, e ela uma vez o convidou para jantar na Casa Branca, o que o tornou alvo da nossa admiração e inveja.

Na terça-feira anterior à eleição, a turma se reuniu para ouvir os discursos de campanha. Eu fui indicado por Bob Billingsey, um nova-iorquino cujo tio — Sherman — era dono do Stork Club, e que me contou histórias ótimas de todas as estrelas que freqüentavam o clube a partir da década de 1920. O Bob disse que eu já tinha uma história de liderança e era "a pessoa indicada para fazer as coisas, e fazer bem". Aí veio a minha vez. Não levantei nenhuma bandeira e só prometi servir "sempre que necessário", vencendo ou perdendo, e permitir que a eleição adquirisse "um espírito que fará a turma se sentir mais forte e mais honrada ao término dela". Foi um esforço modesto, como deveria mesmo ser; eu tinha muitas razões para me sentir modesto.

O meu adversário mais forte tentou infundir alguma gravidade num momento inerentemente sem peso quando nos disse que se candidatava para evitar que a nossa turma caísse "no abismo sem fundo da perdição". Não entendi muito bem — ele parecia se referir a um lugar para onde os colaboradores dos comunistas iam. Esse comentário sobre algo tão absurdo foi a minha primeira grande oportunidade. Trabalhamos loucamente e fui eleito. Depois da contagem dos votos, meus amigos coletaram moedas de cinco, dez e 25 centavos para eu telefonar para casa do telefone público mais próximo e contar à minha família que eu tinha sido eleito. A conversa foi genial. Pude me certificar de que estava tudo bem por lá, e a minha mãe pôde perceber que eu estava superando a saudade de casa.

Eu curtia a política estudantil, as viagens a Nova York e gostava de morar em Georgetown, mas no primeiro ano as aulas foram a minha principal atividade. Pela primeira vez tive de estudar muito para aprender. Eu tinha uma grande vantagem: todas as seis matérias do curso eram ensinadas por professores interessantes e qualificados. Todos tínhamos de estudar uma língua estrangeira. Escolhi alemão por ter interesse no país e pela clareza e precisão da língua. O dr. Von Ihering, o professor de alemão, era uma pessoa amável e havia escapado dos nazistas escondendo-se em um aposento de uma casa de fazenda depois de eles começarem uma queima de livros, inclusive os livros infantis que ele havia escrito. Arthur Cozzens, o professor de geografia, tinha um cavanhaque esbranquiçado e um jeito esquisito. Eu achava a sua aula chata até o dia em que ele nos disse que o Arkansas era geologicamente um dos lugares mais interessantes na face da Terra, devido aos seus depósitos e formações de diamante, cristal de quartzo, bauxita, assim como de outros minerais.

Em lógica, fui aluno de Otto Hentz, um jesuíta que ainda não tinha se ordenado padre. Ele era inteligente, animado e preocupado com os alunos. Um dia me convidou para comermos um hambúrguer. Fiquei lisonjeado e aceitei, e fomos de carro ao Howard Johnson's, na Wisconsin Avenue. Depois de uma conversa rápida, o Otto ficou sério e me perguntou se eu já havia pensado em me tornar jesuíta. Ri e respondi: "Eu não teria de me tornar um católico primeiro?". Quando lhe disse que eu era batista e dei a entender que não conseguiria manter o voto do celibato mesmo que fosse católico, ele balançou a cabeça e disse: "Não acredito. Li todos os seus trabalhos e exames, e você escreve como se fosse católico. Você pensa como católico". Eu costumava contar essa história para grupos de católicos na caravana de campanha no Arkansas, garantindo-lhes que eles não conseguiriam um governante mais católico do que eu.

Um outro professor jesuíta, Joseph Sebes, foi um dos homens mais notáveis que conheci. Magro e curvo, ele tinha dotes lingüísticos e um interesse especial pela Ásia. Estava trabalhando na China quando os comunistas tomaram o poder, e ficou preso por algum tempo, passando grande parte desse cativeiro num pequeno buraco no chão. Os maus-tratos lesaram o seu estômago, custaram-lhe um rim e deixaram-no com uma saúde deficiente para o resto da vida. Ele ministrava uma disciplina chamada Culturas Comparadas. Deveria se chamar "As Religiões do Mundo": estudávamos judaísmo, islamismo, budismo, xintoísmo, confucionismo, taoísmo, hinduísmo, jainismo, zoroastrismo e outras crenças. Eu adorava o Sebes e aprendi muito com ele a respeito de como as pessoas em todo o mundo definem Deus, a verdade e o que entendem como uma vida moralmente boa. Ciente do grande número de estrangeiros na turma, ofereceu-lhes a oportunidade de fazer o exame oral final em um dos nove idiomas oferecidos. No segundo semestre eu obtive um dos únicos quatro 'A' da turma, o que foi uma das conquistas acadêmicas de que mais me orgulho.

Meus outros dois professores eram verdadeiros personagens. Robert Irving era o professor de inglês dos calouros, que se surpreendiam com os seus comentários ácidos, rápidos e certeiros sobre a propensão a verborréia e imprecisão dos alunos novos. Ele escrevia comentários avassaladores nas margens dos trabalhos, chamando um dos seus alunos de "máquina produtora de baboseira" ou respondendo a uma expressão de dissabor de um outro aluno com "virou repolho?". Os meus trabalhos recebiam reprovações mais prosaicas: na margem ou no final da página, o dr. Irving escrevia "nó" para meio confuso e "uf" para "desinteressante, patético". Num trabalho que guardei, ele escreveu no final "inteligente e profundo", mas logo a seguir me pede para "ser mais divertido da próxima vez" e escrever num "papel melhor"! Uma vez o dr. Irving leu em voz alta o ensaio de um ex-aluno sobre Marvell, a fim de ilustrar a importância do uso apropriado da língua. O aluno comentara que Marvell amou a esposa mesmo após sua morte, acrescentando então a frase infeliz: "Claro que o amor físico, na maioria dos casos, termina após a morte". Irving fez um escândalo: "Na maioria dos casos! Na maioria dos casos! Suponho que para alguns não haja nada melhor num dia quente do que um agradável cadáver geladinho!". O que foi divertido para uma cambada de rapazes de dezoito anos, católicos, e um batista do Sul. Onde quer que ele esteja hoje, morro de medo ao pensar que o dr. Irving possa ler este livro, pois imagino os comentários cáusticos que ele rabiscaria nas suas margens.

O curso mais legendário na Georgetown era sobre a história das civilizações, dado pelo professor Carroll Quigley. A disciplina era obrigatória para todos os calouros e as turmas tinham mais de duzentos alunos. Apesar de difícil, a matéria era incrivelmente popular graças ao intelecto, às opiniões e às excentricidades do Quigley. Duas das suas excentricidades eram o discurso sobre a realidade dos fenômenos paranormais, que incluía a alegação de ter visto uma mesa se elevar do chão e uma mulher voar durante uma sessão, e a aula condenando Platão por elevar a racionalidade absoluta sobre a experiência observada, que ele dava no final do curso. Ele sempre terminava a aula rasgando um volume da *República* de Platão, atirando-o sobre a turma e gritando: "Platão é um fascista!".

Os exames continham elucubrações do tipo: "Escreva uma história concisa e bem fundamentada da península balcânica desde o início do quarto estágio da Era glacial até Homero" e "Qual a relação entre o processo de evolução cósmica e a dimensão da abstração?".

Duas teorias do Quigley tiveram em mim um impacto especialmente duradouro. A primeira dizia respeito à necessidade de as sociedades desenvolverem instrumentos de organização para alcançar seus objetivos militares, políticos, econômicos, sociais, religiosos e intelectuais. O problema, segundo Quigley, é que todos os instrumentos acabam se tornando "institucionalizados" — quer dizer, convertem-se em meios de pressão mais comprometidos em preservar as suas prerrogativas do que em satisfazer às necessidades para as quais eles foram criados. Se isso ocorrer, a mudança só se dará através da reforma das instituições ou artifício para ludibriá-las. Acaso isso também falhe, ocorrerão reação e declínio.

Sua segunda teoria duradoura dizia respeito à explicação sobre a grandeza da civilização ocidental e sua constante capacidade de reformar e renovar. Ele dizia que o sucesso da nossa civilização está baseado nas convicções singulares da religião e da filosofia: que o homem é bom na essência; que a verdade existe, mas não pertence a nenhum mortal; que podemos chegar perto da verdade através do trabalho conjunto; e que por meio da fé e de boas ações podemos alcançar uma vida melhor neste mundo e uma recompensa no próximo. Segundo Quigley, essas idéias conferiram otimismo, pragmatismo e uma crença inabalável na possibilidade de uma mudança positiva da nossa civilização. Ele resumia a sua teoria na expressão "preferência pelo futuro", a crença de que "o futuro pode ser melhor do que o passado e é uma obrigação moral do indivíduo tentar contribuir para isso". Desde a minha campanha de 1992, até o fim do meu segundo mandato, não deixei de citar a frase do professor Quigley, na esperança de que ela incitasse os meus compatriotas norte-americanos, e a mim também, a praticar o que ele pregou.

Comecei o meu primeiro namoro duradouro poucos meses antes do final do primeiro ano. Denise Hyland era uma moça irlandesa alta e sardenta com lindos olhos doces e um sorriso contagiante. Ela era de Upper Montclair, em Nova Jersey, a segunda de seis filhos de um médico que inicialmente estava num seminário, quando conheceu a mãe dela. Denise e eu rompemos no final do terceiro ano, mas nossa amizade se aprofundou.

Eu estava contente de ir para casa, onde pelo menos encontraria meus antigos amigos e aproveitaria o verão que eu adorava. Também tinha um emprego esperando por mim no Acampamento Yorktown Bay, um acampamento da Navy League [Liga Naval] para crianças carentes do Texas e do Arkansas, no lago Ouachita, o maior dos três lagos de Hot Springs e um dos mais limpos dos Estados Unidos. Dava para ver o fundo a uma profundidade de quase nove metros. O lago artificial ficava na Floresta Nacional de Ouachita, de maneira que as construções ao seu redor, assim como a conseqüente poluição, eram limitadas.

Durante várias semanas me levantei cedo e dirigi meu carro até o acampamento, a uns trinta quilômetros de distância, onde eu supervisionava atividades como natação, basquete e outras. Muitas das crianças precisavam de uma semana de férias de seu dia-a-dia. Uma delas vinha de uma família de seis crianças e mãe solteira, e não tinha um tostão quando chegou. Sua mãe estava se mudando e o garoto não tinha a mínima idéia de para onde iria quando voltasse para casa. Conversei também com um menino que em vão tentava aprender a nadar e estava quase se afogando quando foi tirado do lago. Ele disse que não era nada. Em sua curta vida ele já tinha se sufocado com a própria língua, se envenenado, sobrevivido a um acidente de automóvel e perdido o pai três meses antes.

O verão passou rápido depois de muitos programas com os meus amigos e de cartas interessantes da Denise, que estava na França. Houve um incidente sério com o papai. Um dia ele chegou do trabalho cedo, bêbado e enfurecido. Eu estava na casa dos Yeldell, mas felizmente o Roger estava em casa. Papai perseguiu a minha mãe com uma tesoura e a encurralou na área de serviço. Roger saiu em direção à casa dos Yeldell gritando: "Bubba, socorro! O Daddy está matando a Dado!" (Quando era bebê, Roger aprendeu a dizer "papai" antes de "mamãe", e então inventou o termo "Dado" para ela, usando-o depois por muito tempo.) Corri até em casa, tirei o papai de cima da minha mãe e peguei a tesoura. Levei minha mãe e o Roger para a sala de estar e voltei para retirar dali o papai. Ao olhar nos seus olhos, vi mais medo do que raiva. Fazia pouco tempo que ele tinha recebido o diagnóstico de câncer de boca e garganta. Os médicos recomendaram uma cirurgia radical e desfiguradora, a que ele se recusou, recebendo então um tratamento alternativo. O incidente aconteceu no início do período de dois anos que antecederam sua morte, e acho que a vergonha da vida que tinha levado e o medo da morte estimularam aquela sua última explosão de violência. Depois disso ele continuou a beber, mas ficou mais fechado e passivo.

Esse incidente teve um efeito devastador sobre o meu irmão. Quase quarenta anos depois ele me contou como se sentiu humilhado por pedir socorro, a sua sensação de impotência por não conseguir reprimir o seu pai, e quanto o seu ódio se tornou irrevogável depois disso. Só então me dei conta da burrice que fizera ao assumir a política familiar de fazer de conta que nada havia acontecido e voltar ao "normal" logo após o episódio. Em vez disso eu deveria ter dito ao Roger quanto me orgulhava dele; que graças ao seu alerta, amor e coragem a nossa mãe tinha sido salva; que o que ele fez foi muito mais difícil do que o que eu tinha feito antes; que ele precisava esquecer o seu ódio, pois seu pai estava doente, e odiando-o ele só conseguiria igualmente sofrer com a sua doença. Bem, eu escrevia e telefonava muitas vezes para Roger quando estava fora, incentivava-o nos estudos e nas outras atividades, e lhe dizia quanto o amava. Mas não percebi a profundidade da sua ferida e o que ela inevitavelmente acarretaria mais tarde. Roger levou muito tempo e sofreu muito para finalmente chegar à causa da sua dor.

Muito embora a segurança da minha mãe e do Roger ainda me preocupasse um pouco, acreditei no papai quando ele garantiu que tinha posto um ponto final na violência, e que além do mais estava perdendo a capacidade de gerá-la. Assim sendo, quando chegou a hora de voltar para Georgetown, no início do segundo ano, eu estava preparado. Em junho eu tinha ganho uma bolsa de quinhentos dólares e a exigência de gravata e camisa social tinha sido abolida, o que me deixou ansioso por uma vida mais confortável com os meus 25 dólares semanais. Também fui reeleito presidente de turma, mas dessa vez com um programa real concentrado em questões relacionadas ao campus, inclusive serviços religiosos extra-oficiais e uma iniciativa de serviços comunitários que assumimos da turma do último ano: o Programa de Ação Comunitária da Universidade de Georgetown, em que estudantes voluntários davam aulas de reforço para crianças carentes em bairros pobres. Também monitorávamos classes de adultos para obtenção do diploma do secundário através de cursos de extensão e fazíamos o possível para ajudar as famílias de baixa renda. Participei algumas vezes, porém não tanto quanto deveria. A partir da minha vivência no Arkansas, e do que vi na área metropolitana de Washington, cheguei à conclusão de que o trabalho voluntário de caridade em si nunca seria capaz de superar a combinação opressora de pobreza, discriminação e falta de oportunidades, problemas que mantêm excluídos muitos concidadãos. Isso fortaleceu o meu apoio às iniciativas do presidente Johnson em favor dos direitos civis, do direito ao voto e do combate à pobreza.

No segundo ano, como no primeiro, me concentrei totalmente nas aulas, mas pela última vez em que faria isso. Daí em diante — desde os dois anos finais na Georgetown, depois em Oxford e na Faculdade de Direito —, o estudo formal travou uma batalha em que saiu derrotado contra a política, as experiências pessoais e as vivências particulares.

Mas durante aquele ano várias matérias ainda mereceram a minha atenção: o segundo ano de alemão, o envolvente curso de literatura britânica dado por Mary Bond, e Ulrich Allers, com a sua história do pensamento político. O Allers era um alemão ríspido que escreveu num trabalho que fiz sobre o antigo sistema judiciário ateniense: "Trabalhoso porém decente". Naquela época eu me sentia péssimo com um elogio frouxo. Porém depois de uns anos na Presidência, eu daria tudo para ser chamado de "decente".

No primeiro semestre, Joe White me deu um C na disciplina de microeconomia; mas no segundo semestre, em macroeconomia, o mesmo professor White me concedeu um A. Acho que as duas notas foram um presságio, pois como presidente fiz um bom trabalho para a economia do país, mas não administrei minha economia pessoal muito bem, pelo menos até deixar a Casa Branca.

Fiz história européia com Luis Aguilar, um cubano exilado que tinha sido líder do movimento de oposição a Batista antes de este ser derrubado por Fidel Castro. Uma vez Aguilar me perguntou sobre os meus planos para o futuro. Eu lhe disse que iria voltar para o Arkansas e entrar na política, mas que outras coisas também estavam despertando o meu interesse. Ele respondeu prontamente: "Escolher uma carreira é como escolher uma esposa entre dez namoradas. Mesmo se escolher a mais bonita, a mais inteligente e a mais amável, haverá sempre o sentimento de perda por não ter as outras nove". Apesar de gostar imensamente de ensinar, e de fazê-lo bem, acho que, para o professor Aguilar, Cuba era as outras nove mulheres.

A melhor matéria do segundo ano foi sobre a Constituição e o governo dos Estados Unidos, dada pelo professor Walter Giles, especialmente porque com ele estudávamos o ponto de vista dos casos da Suprema Corte. Giles era ruivo, de cabelo escovinha, e um solteirão convicto cuja vida era dedicada aos seus pupilos, ao amor pela Constituição e pela justiça social e à paixão pelo Washington Redskins, estivesse o time vencendo ou perdendo. Ele convidava os alunos para jantar em sua casa, e uns poucos privilegiados iam com ele assistir a jogos do Redskins. Giles era um democrata liberal de Oklahoma, o que era incomum para aquela época e mais raro ainda para os dias de hoje, passível de ser colocado sob a proteção da lei para as espécies em extinção.

Ele simpatizou comigo sobretudo porque eu vinha de um estado que fazia fronteira com o seu — apesar de brincar comigo por causa disso. Quando comecei o seu curso, já tinha adquirido a minha afinidade pelo sono anárquico e pelo hábito constrangedor de cochilar por cinco a dez minutos na sala de aula, mas me manter acordado depois. Eu me sentava na primeira fila da turma numerosa do Giles, um alvo perfeito para o seu humor perspicaz. Um dia em que estava cochilando, ele falou alto que um certo despacho da Suprema Corte era tão simples de entender, "a menos, naturalmente, que você seja um caipira do Arkansas". Acordei com as gargalhadas dos meus colegas e nunca mais dormi na sua aula.

10

DEPOIS DO MEU SEGUNDO ANO fui para casa sem emprego, mas sabendo o que queria fazer. O Arkansas chegava ao fim de uma era, e ao terminar o sexto mandato Orval Faubus não se candidatou à reeleição para governador. Finalmente, surgia uma oportunidade para o estado superar as cicatrizes de Little Rock e o nepotismo que o manchava naqueles últimos anos. Eu queria trabalhar na eleição para governador, não só para aprender sobre política como também para ajudar o Arkansas a se tornar mais progressista.

Com as oportunidades bloqueadas durante a era Faubus, nessa eleição houve uma proliferação de candidatos, sendo sete democratas e um republicano, muito forte, Winthrop Rockefeller, o quinto dos seis filhos de John D. Rockefeller Jr. Ele abandonou o império do pai para supervisionar os trabalhos de caridade da Fundação Rockefeller, sob a influência da sua esposa Abby, mais liberal, e do grande político liberal canadense, Mackenzie King; deixou a política antitrabalhista conservadora do pai, e por fim abandonou também as opiniões religiosas conservadoras paternas para fundar, na cidade de Nova York, com Emerson Fosdick, a Igreja Riverside, não sectária.

Winthrop parecia destinado a ser a ovelha-negra da família. Foi expulso de Yale e então foi trabalhar nos poços de petróleo do Texas. Serviu com distinção na Segunda Guerra Mundial, casou-se com uma *socialite* de Nova York e readquiriu a reputação de diletante político. Em 1953 ele se mudou para o Arkansas, incentivado por um companheiro de guerra que era dali, a fim de criar gado e também porque ali o divórcio podia ser obtido em trinta dias e ele estava ansioso para pôr fim ao seu breve primeiro casamento. Rockefeller era um homem enorme, de quase dois metros de altura e mais de 110 quilos. Ele realmente se adaptou ao Arkansas, onde todos o chamavam de Win, nome nada ruim para um político.* Usava botas de caubói e chapéu branco de aba larga, que passaram a ser a sua marca registrada. Comprou uma imensa propriedade em Petit Jean Mountain, aproximadamente oitenta quilômetros a oeste de Little Rock, tornou-se criador bem-sucedido de gado Santa Gertrudis e se casou pela segunda vez, com a Jeanette.

Ao se estabelecer no estado que adotou como seu, Rockefeller fez um grande esforço para se livrar da imagem de playboy que o perseguia em Nova York. Formou o pequeno partido republicano do Arkansas e se empenhou para levar a industrialização ao nosso estado pobre. O governador Faubus o nomeou presidente do Comitê de Desenvolvimento Industrial do Arkansas, e ele de fato proporcionou a criação de vários novos empregos. Em 1964, impaciente com a imagem de atraso do Arkansas, ele desafiou Faubus na eleição para governador. A aprovação para os

---

* Win, em inglês, significa "vitória". (N. da R.)

seus feitos era geral, mas Faubus tinha base em todos os condados; a maioria das pessoas, sobretudo na zona rural, ainda apoiava a posição segregacionista do governador contra a posição pró-direitos civis de Rockefeller; além de o Arkansas ser na época um estado majoritariamente democrata.

Para piorar as coisas, Rockefeller era extremamente tímido e mau orador, um problema que se agravou com a bebida, que também o levava a se atrasar tanto para os compromissos que perto dele eu parecia ter pontualidade britânica. Um dia ele chegou alcoolizado e atrasado mais de uma hora para fazer um discurso num banquete da Câmara de Comércio de Wynne, sede municipal do governo de Cross County, no leste do Arkansas. Quando se levantou para falar, ele disse: "Estou muito contente de estar aqui em...". Mas quando se deu conta de que não sabia onde estava, sussurrou para o mestre-de-cerimônias: "Onde é que eu estou?". O homem sussurrou de volta: "Wynne". Ele perguntou novamente e obteve a mesma resposta. Então ele falou alto: "Droga, eu sei o meu nome! Eu quero saber é o nome de onde eu estou!".* Essa história atravessou o estado na velocidade de um raio, mas contada com humor, pois todos sabiam que Rockefeller havia optado pelo estado e tinha as melhores intenções para com o Arkansas. Em 1966 Rockefeller concorreu novamente, mas eu duvidava que ele pudesse ganhar, mesmo sem o Faubus no páreo.

Além do mais, eu queria apoiar um democrata progressista. Eu tinha uma preferência sentimental por Brooks Hays, que havia perdido sua cadeira de deputado em 1958 por apoiar a integração na Escola Secundária Central de Little Rock. Ele foi derrotado pelo oftalmologista dr. Dale Alford, um segregacionista que ganhou a eleição para deputado, em parte, pelos adesivos com o seu nome que podiam ser colados nas cédulas por eleitores que não sabiam escrever, mas eram "inteligentes" o suficiente para saber que brancos e negros não podiam freqüentar a mesma escola. Hays era um cristão fervoroso que tinha sido presidente da Convenção Batista do Sul antes de a maioria dos meus companheiros batistas decidir que somente os conservadores podiam governá-los, ou governar o país. Era um homem maravilhoso, inteligente porém humilde, incrivelmente engraçado e compreensível até mesmo com os jovens que faziam campanha para o adversário.

Por ironia, o dr. Alford era também candidato a governador e não ganharia porque os racistas encontraram no magistrado Jim Johnson um defensor passional de sua causa; nascido numa família humilde de Crossett, no sudeste do Arkansas, Johnson galgou à Suprema Corte estadual com a retórica que ganhou o endosso da Ku Klux Klan nas eleições para governador. Achava Faubus muito indulgente quanto aos direitos civis; afinal de contas, ele havia nomeado alguns negros para postos e comissões estaduais. Para Faubus, que era um genuíno populista, o racismo era um axioma político, sendo preferível se preocupar com os investimentos em obras nas escolas, asilos, estradas e hospitais psiquiátricos a discutir o racismo. Era o preço pago para ficar no cargo. Para Johnson, o racismo era teologia. O ódio era o seu combustível. Johnson tinha as feições bem definidas e angulosas, além de uns olhos claros e impacientes que lhe conferiam um olhar "esquálido e faminto", capaz de fazer o Cássio de Shakespeare morrer de inveja. Era também um político hábil, conhece-

---

* Em inglês, os dois nomes — Win e Wynne — são idênticos na pronúncia. (N. dos T.)

dor de sua base. Em vez de participar de uma infinidade de comícios em que os outros candidatos falavam, ele viajava sozinho pelo estado, acompanhado de uma banda de música country como recurso para atrair a multidão. Então ele a levava ao delírio, com tiradas contra os negros e os seus "simpatizantes brancos traidores".

Na ocasião eu não percebi isso, mas ele estava se fortalecendo entre eleitores que os outros candidatos não alcançavam: os descontentes com a militância federal pelos direitos civis; os assustados com as rebeliões de Watts e outros conflitos raciais; os convencidos de que a Guerra contra a Pobreza não passava de uma previdência socialista para os negros; e os frustrados com a sua própria condição econômica. Psicologicamente, somos uma mistura complexa de esperanças e medos. Todo dia acordamos com a balança pendendo um pouco para um lado ou para outro. Se formos demasiadamente esperançosos, é possível que nos tornemos ingênuos e irrealistas. Se formos longe demais na outra direção, podemos ser consumidos pela paranóia e pelo ódio. No Sul, o lado obscuro da balança foi sempre o maior problema. Em 1966, Jim Johnson era o homem certo para levar o eleitorado nessa direção.

O melhor candidato, com uma boa probabilidade de vencer, era outro magistrado da Suprema Corte e ex-procurador-geral, Frank Holt. Ele tinha o apoio de quase todo o pessoal do tribunal e dos grandes grupos de interesses financeiros, mas era bem mais progressista sobre o racismo do que Faubus, além de cem por cento honesto e decente. Frank Holt era admirado por praticamente todos os que o conheciam (com exceção daqueles que o achavam condescendente demais para ser capaz de fazer mudanças reais), sempre quis ser governador e queria redimir a recente derrota de um membro da família: poucos anos antes seu irmão, Jack, que fazia o estilo populista ultrapassado do Sul, tinha perdido as eleições para o Senado em favor do veterano conservador John McClellan.

Meu tio Raymond Clinton apoiava Holt e se ofereceu para me colocar na campanha. Holt já tinha como certo o apoio de um grande número de líderes estudantis das faculdades do Arkansas, que se autodenominavam "Geração Holt". Não levou muito tempo para que eu fosse contratado a cinqüenta dólares por semana. Acho que o tio Raymond pagou pela minha participação. Como eu estava vivendo com 25 dólares por semana na Georgetown, me senti rico.

Os outros estudantes eram um pouco mais velhos e mais bem relacionados do que eu. O Mac Glover tinha sido presidente do diretório estudantil da Universidade do Arkansas; Dick King era presidente do diretório estudantil da Arkansas State Teachers College; Paul Fray era presidente dos jovens democratas na Ouachita Baptist; Bill Allen era ex-governador do Boys State do Arkansas e líder estudantil na Universidade Estadual de Memphis, do outro lado do rio Mississippi; Leslie Smith era uma moça bonita e inteligente de uma família politicamente poderosa e tinha sido Miss Secundarista do Arkansas.

No início da campanha eu não passava do segundo escalão da "Geração Holt". Minhas tarefas se resumiam a pregar cartazes de "Holt para governador" nas árvores, convencer as pessoas a colarem os adesivos nos pára-choques dos carros e distribuir folhetos nos comícios por todo o estado. Naquela época, e mais tarde, quando fui candidato, um dos comícios mais importantes era no Mount Nebo Chicken Fry. O Mount Nebo é um lugar magnífico com vista para o rio Arkansas no condado de Yell, no oeste do estado, onde originalmente os Clinton se estabeleceram. As pessoas iam pela comida, pela música e pela longa série de discursos dos candidatos, iniciando pelos que concorriam a cargos locais e indo até os candidatos a governador.

Não muito depois de eu chegar lá e me pôr a organizar o pessoal, nossos adversários começaram a chegar. O magistrado Holt estava atrasado. Quando os seus adversários começaram seus comícios, ele ainda não tinha chegado. Fiquei preocupado, pois esse era um evento imperdível. Fui a um telefone público para tentar localizá-lo, o que era bem mais difícil antes de os telefones celulares serem inventados. Ele disse que não conseguiria chegar a tempo e pediu para que eu falasse por ele. Fiquei surpreso e perguntei se ele tinha certeza disso. Ele disse que eu conhecia as suas propostas e simplesmente devia transmiti-las ao povo. Quando comuniquei aos organizadores do evento que o magistrado Holt não compareceria e perguntei se poderia falar em seu lugar, eu estava morrendo de medo; era muito mais difícil do que falar por mim mesmo. Ao terminar, fui acolhido com cortesia. Não me lembro do que disse, mas não devo ter me saído muito mal, pois além das tarefas com cartazes e adesivos em pára-choques passei a ter também de falar pelo magistrado Holt em comícios pequenos aos quais ele não podia comparecer. Eram tantos os comícios que nenhum candidato conseguia ir a todos. O Arkansas tem 75 condados e vários deles sempre realizam diversos comício simultâneos.

Poucas semanas depois os organizadores da campanha decidiram que tanto a esposa do magistrado, Mary, quanto as suas filhas, Lyda e Melissa, deveriam sair em caravana para cobrir os lugares a que ele não podia comparecer. Mary Holt era alta, inteligente e fazia o estilo independente, sendo dona de uma butique em Little Rock; Lyda estudava na Faculdade Mary Baldwin, em Staunton, Virgínia, onde nasceu Woodrow Wilson; e Melissa estava no secundário. Todas eram atraentes, cheias de desenvoltura, adoravam o magistrado Holt e assumiram de coração a campanha. Só precisavam de um motorista. Não sei por que cargas d'água fui o escolhido.

Nós atravessávamos o estado. Ficávamos fora por uma semana de cada vez e voltávamos a Little Rock para lavar as roupas e nos recarregar para a próxima viagem. Era muito divertido. Passei a conhecer bem o estado e aprendi muito conversando com Mary e as meninas. Uma noite fomos a Hope para um comício nos degraus do tribunal. Como a vovó estava no meio do público, Mary fez a gentileza de me convidar para falar ao povo da minha cidade, embora de acordo com o programa quem faria isso era Lyda. Acho que as duas perceberam quanto eu queria ter essa oportunidade para mostrar que tinha crescido. O público me ouviu com atenção e ainda recebi uma nota no jornal local, o *Hope Star*, o que divertiu o papai, pois o editor o odiava quando ele tinha a sua concessionária em Hope, chegando mesmo a dar o nome de Roger a um cachorro vira-lata feio, que de propósito ele deixava solto em frente à loja só para gritar: "Vem cá, Roger! Aqui, Roger!".

Naquela noite levei a Lyda para ver a casa em que morei durante os primeiros quatro anos da minha infância e a passagem de madeira por baixo da linha do trem, onde eu brincava. No dia seguinte fomos ao cemitério visitar os túmulos de familiares de Mary Holt, e eu mostrei a elas os túmulos do meu pai e do meu avô.

As lembranças daquelas viagens são preciosas. Eu estava acostumado a ser mandado por mulheres, então nos demos bem e acho que fui útil para elas. Troquei pneu furado do carro, ajudei a socorrer uma família de uma casa em chamas e fomos picados por mosquitos tão grandes que sentíamos eles espetarem a nossa pele. Durante as horas no volante conversávamos sobre política, pessoas e livros. E acho que conseguimos alguns votos.

Pouco antes do comício de Hope, a campanha decidiu pôr no ar um programa de televisão de quinze minutos mostrando os estudantes que estavam trabalhando para a eleição do magistrado Holt; os organizadores acreditavam que isso o identificaria como o candidato do Arkansas do futuro. Vários de nós falamos por dois minutos sobre a razão pela qual o apoiávamos. Não sei se isso ajudou, só sei que gostei da minha primeira aparição na televisão, embora não a tenha assistido. Tive de falar em mais um comício, em Alread, uma comunidade remota no condado de Van Buren, no centro-norte do Arkansas. Geralmente os candidatos que subiam até lá conseguiam os votos, e eu começava a achar que precisaríamos de todos os que pudéssemos obter.

À medida que o verão avançava, ficava cada vez mais óbvio que o Velho Sul ainda não tinha morrido e o Novo Sul ainda não tinha forças suficientes para substituí-lo. A maioria das escolas ainda era segregada e a resistência permanecia forte. Um tribunal de um condado no delta do Mississippi ainda mantinha as placas "Brancos" e "Negros" nas portas de seus banheiros públicos. Quando, em outra cidade, pedi a uma negra idosa para votar no magistrado Holt, ela me respondeu que estava impossibilitada de fazer isso, pois não tinha pago o imposto do voto. Eu lhe disse que o Congresso tinha eliminado esse imposto dois anos antes, e que ela só tinha de se cadastrar. Não sei se fez isso.

Apesar disso tudo, havia sinais de um novo tempo. Quando eu estava fazendo campanha em Arkadelphia, pouco mais de cinqüenta quilômetros ao sul de Hot Springs, conheci o candidato favorito do sul do Arkansas para a cadeira de deputado, um jovem chamado David Pryor. Ele era nitidamente progressista e acreditava no seu poder de persuasão, e por isso queria conhecer um grande número de pessoas. Ele usou essa tática em 1966, novamente em 1974, nas eleições para governador, e mais uma vez nas eleições para o Senado em 1978. Quando, para a minha tristeza, se aposentou do Senado em 1996, David Pryor era o político mais popular do Arkansas, deixando um legado progressista positivo. Todos o consideravam um amigo, até mesmo eu.

O tipo de política de varejo que Pryor dominava tão bem era importante num estado rural como o Arkansas, onde mais da metade da população morava em vilarejos com menos de quinhentas pessoas e muitos milhares moravam no meio do nada. Ainda não estávamos na era das propagandas políticas na televisão, especialmente as de baixo nível, que assumiram o papel mais importante nas eleições de hoje em dia. Naquela altura, os candidatos em geral compravam horário da televisão exclusivamente para falar aos eleitores diante da câmera. Eles também tinham de visitar o tribunal e as associações comerciais em cada sede de condado, entrar nas cozinhas dos cafés e fazer campanha em estrebarias, onde os animais eram leiloados. As feiras agrícolas e as barracas de tortas eram territórios férteis. E naturalmente todos os jornais e estações de rádio locais esperavam uma visita ou uns anúncios. Foi esse o tipo de política que aprendi. Prefiro essa às atuais guerras televisivas. Falava-se e também se ouvia. No corpo-a-corpo os candidatos tinham de ouvir dos eleitores perguntas difíceis. Claro que se expunham mais aos ataques, mas pelo menos os adversários tinham de se esforçar bastante. E os ataques ao adversário tinham de ser feitos por você mesmo, e não por meio de uma comissão espúria que, tendo conseguido com suas investidas destruir o adversário, lhe cobra uma recompensa quando você passa a ocupar o cargo.

Mesmo sendo mais pessoais, as campanhas não se restringiam a disputas entre personalidades. Quando questões importantes estavam em jogo, elas tinham de ser debatidas. E se a grande maioria da opinião pública estava pendendo para um lado e fosse impossível seguir esse fluxo de maneira coerente, o político tinha de ser decidido, disciplinado e rápido para evitar desaparecer no meio da correnteza.

Em 1966, Jim Johnson — que gostava de ser chamado de "Magistrado Jim" — estava remando com a maré e fazendo ondas muito feias. Ele chamou Frank Holt de "legume simpático", e deu a entender que Rockefeller tinha tido relações homossexuais com negros, uma acusação risível, já que anteriormente ele tinha feito jus a uma reputação de mulherengo. A mensagem do Magistrado Jim era simplesmente a última versão de uma velha canção do Sul para eleitores brancos em épocas de incerteza econômica e social: Você é bom, decente, temente a Deus; "eles" estão ameaçando o seu modo de viver; você não tem de mudar, porque a culpa é deles; vote em mim e eu o defenderei como você é e os mandarei para o inferno. A eterna divisão política, Nós *versus* Eles. Era vil, feia e, em última instância, autodestrutiva para os que embarcavam nela, mas, como até hoje vemos, funciona em momentos de descontentamento e insegurança. A retórica extremamente radical de Johnson e a sua grande invisibilidade na cena política tradicional faziam com que vários analistas políticos acreditassem que dessa vez sua tática não iria funcionar. À medida que a eleição se aproximava, Frank Holt se recusava a responder aos seus ataques, inclusive aos de outros candidatos, que concluíram que ele estava vencendo por larga margem e assim começaram a atacá-lo como se ele fosse o candidato que representava a máquina da velha-guarda. Naquele tempo não havia muitas pesquisas de opinião e a maioria das pessoas não dava muito crédito às poucas que eram divulgadas.

A estratégia do Holt parecia boa para os jovens idealistas que o rodeavam, como eu. Ele sempre respondia a todas as acusações com o mesmo argumento de que era totalmente independente, não replicaria ataques infundados, não atacaria de volta seus adversários e ganharia por seu próprio mérito, "ou então nada feito". Finalmente percebi que frases do tipo "ou então nada feito" são freqüentemente usadas por candidatos que se esquecem de que a política é um jogo de comunicação. A estratégia pode funcionar quando o público se sente confiante e esperançoso, e quando o candidato tem propostas políticas específicas e sérias, mas no verão de 1966 o ânimo estava bastante heterogêneo e, na melhor das hipóteses, a plataforma do Holt era por demais geral para inspirar uma adesão significativa. Além disso, os que acima de tudo desejavam um candidato que simplesmente fizesse oposição à segregação podiam simplesmente votar em Brooks Hays.

Apesar dos ataques sofridos, a maioria acreditava que a chapa de Frank Holt ganharia, sem obter a maioria, e então venceria no segundo turno duas semanas mais tarde. No dia 26 de julho o povo deu a sua opinião, mais de 420 mil pessoas. O resultado surpreendeu os especialistas. Johnson liderou com 25% dos votos;

Holt ficou em segundo lugar, com 23%; Hays em terceiro, com 15%; Alford conseguiu 13%; e os outros três dividiram o restante dos votos.

Nós ficamos chocados, mas não desesperançados. O magistrado Holt e Brooks Hays tinham conseguido juntos um pouco mais de votos do que a cambada segregacionista do Johnson e do Alford. Além disso, em uma das eleições legislativas mais interessantes, um deputado veterano e da velha-guarda, Paul Van Dalsem, perdeu para um jovem advogado progressista formado em Yale, Herb Rule. Poucos anos antes, Van Dalsem tinha deixado as militantes do emergente movimento feminista enfurecidas ao dizer que as mulheres deviam ficar em casa, "descalças e grávidas". Isso proporcionou a Herb, futuro sócio de Hillary na Rose Law Firm, um exército de mulheres voluntárias que se autodenominaram "Mulheres Descalças pró-Rule".

O resultado do segundo turno estava no ar, pois o segundo turno é um desempate que depende do poder que tem o candidato de persuadir o seu eleitor a voltar às urnas e, principalmente, de conquistar o eleitor que teve o seu candidato eliminado da competição; mas também precisa convencer eleitores que se abstiveram no primeiro turno a comparecerem às urnas desta vez.*. O magistrado Holt se esforçou para manter evidente que a eleição representaria a escolha entre o Velho Sul e o Novo Sul. Johnson não contribuiu para subverter esse ponto de vista sobre a eleição quando foi à televisão e disse aos eleitores que estava "com Daniel na cova dos leões" e "com João Batista na corte de Herodes" ao se opor à integração sem Deus. Acho que a certa altura daquele discurso o Magistrado Jim chegou até a montar no cavalo de Paul Revere.**

Embora a estratégia de Holt fosse inteligente, e Johnson estivesse disposto a resolver a questão através da luta do Velho *versus* Novo, havia dois problemas na abordagem de Holt. Em primeiro lugar, os eleitores do Velho Sul estavam altamente motivados a votar e não tinham dúvidas de que Johnson era o seu candidato, enquanto os eleitores do Novo Sul não estavam tão certos quanto ao Holt. A sua demora em partir para a briga com o adversário manteve o eleitorado inseguro e reduziu o seu estímulo para votar. Em segundo lugar, um número indefinido de eleitores de Rockefeller havia escolhido votar no Johnson nas prévias das convenções por achar que ele seria mais fácil de ser derrotado do que Holt, além de que qualquer eleitor, republicano ou democrata, podia votar em um democrata no segundo turno, caso não tivesse votado no republicano nas primárias. Só 19.646 eleitores fizeram isso, pois Rockefeller não se opôs. No segundo turno, 5 mil pessoas a menos do que nas primárias votaram. Cada candidato recebeu o dobro dos votos em relação às prévias, e Johnson venceu por 15 mil votos, alcançando 52% do eleitorado.

Fiquei doente com o resultado. Tinha me tornado amigo do magistrado Holt e da sua família, além de acreditar que ele seria melhor governador do que era candidato. E passei a repudiar ainda mais as bandeiras do Magistrado Jim. O único ponto positivo foi o fato de Rockefeller, diante desse quadro, ter tido a oportunidade de ganhar a eleição. Ele se organizou melhor nessa segunda vez. Gastou dinhei-

---

* Nos Estados Unidos, o voto não é obrigatório. (N. da R.)

** Herói americano conhecido pela cavalgada que fez durante a Revolução Americana para avisar a população de Massachusetts que os soldados ingleses estavam chegando. (N. dos T.)

ro a rodo, chegando mesmo a comprar centenas de bicicletas para as crianças negras. Conseguiu 54,5% dos votos. Eu me sentia orgulhoso do meu estado. Na ocasião eu estava de volta a Georgetown e não acompanhei em primeira mão os acontecimentos da campanha, mas muitas pessoas comentaram que Johnson parecia menos animado nas eleições gerais, talvez por causa da limitação dos seus fundos de campanha, embora houvesse também o boato de que ele tinha recebido um "incentivo" de Rockefeller para se acalmar. Não tenho a mínima idéia se isso era ou não verdade.

Com exceção de um curto período durante o governo de Carter, quando eu era o homem-chave do presidente no Arkansas e Jim Johnson quis uma nomeação federal para o filho, o magistrado permaneceu bem distante em sua posição conservadora e cada vez mais hostil a mim. Na década de 1980 ele passou para o Partido Republicano, assim como muitos sulistas conservadores. Concorreu mais uma vez para a Suprema Corte, mas perdeu. Mais tarde ele aprontou nos bastidores. Quando me candidatei a presidente, plantou umas histórias fantasiosas em que somente ingênuos acreditariam, mas para surpresa geral houve quem as comprasse, especialmente as de Whitewater. Entre os crédulos estava a imprensa liberal do Leste, que ele adorava descompor. Ele é um velhaco astuto. E deve ter se deleitado em tapear outros, mas se os republicanos de Washington tivessem conseguido me expulsar da cidade, ele poderia de fato ter rido por último.

Depois da campanha eu desacelerei, fazendo a minha primeira viagem à Costa Oeste. Um cliente do tio Raymond queria um novo Buick que o meu tio não tinha no estoque. Mas o tio Raymond conseguiu um numa concessionária de Los Angeles, onde ele estava sendo usado para *test-drive* pelos clientes interessados no modelo. Geralmente os donos das concessionárias trocavam esses carros ou os vendiam com desconto. Meu tio me pediu para ir de avião até Los Angeles e trazer o carro, guiando-o com Pat Brady, filho da sua secretária, que tinha sido meu colega no secundário e na banda. Se os dois fôssemos até lá, poderíamos dirigir todo o percurso de volta. Estávamos ansiosos para ir, e como as passagens de estudantes eram realmente baratas naquela época, mesmo tio Raymond pagando o avião para nós dois ele ainda lucraria com a venda do carro.

Chegamos ao LAX, pegamos o carro e rumamos para casa, mas em vez de ir em linha reta resolvemos pegar um desvio para Las Vegas, aonde talvez não tivéssemos outra oportunidade de ir. Ainda me lembro de estar dirigindo à noite pelo deserto plano, com as janelas abertas, sentindo o ar seco e quente e vendo as luzes de Vegas brilhando à distância.

Naquele tempo Las Vegas era bem diferente. Não havia ainda os grandes hotéis temáticos, como o Paris ou o Veneziano, mas somente uma rua com jogos e diversões. Nem eu nem o Pat tínhamos muito dinheiro, mas queríamos jogar nos caça-níqueis; então escolhemos um lugar, pegamos umas pilhas de moedas e entramos em ação. Em quinze minutos eu já havia ganho um prêmio acumulado e o Pat, dois. Claro que os freqüentadores reféns desses bandidos manetas notaram o fato. Eles estavam convencidos de que tínhamos sorte e, então, todas as vezes que saíamos de uma máquina sem ganhar, eles voavam para ela se acotovelando para ter o direito de ganhar o prêmio acumulado que havíamos deixado sobrar de bandeja para eles. Não conseguíamos entender, pois estávamos convencidos de que tínhamos exaurido a nossa cota de anos de sorte naqueles poucos minutos e não queríamos desperdiçá-la. Voltamos para a estrada com os bolsos volumosos com os ganhos. Acho que ninguém mais hoje em dia carrega aquela quantidade de moedas.

Após entregar o carro para o tio Raymond, que não se importou com a nossa viagem paralela, tive de me preparar para voltar para Georgetown. No final da campanha eu tinha falado com Jack Holt sobre o meu interesse em trabalhar para o senador Fulbright, mas não sabia se isso daria em alguma coisa. Na primavera eu tinha escrito uma carta para Fulbright pedindo um emprego e recebido uma resposta dizendo que não havia vaga no momento, mas que o meu nome ficaria cadastrado. Eu duvidava que a situação tivesse mudado, mas poucos dias após a volta a Hot Springs, de manhã cedo, recebi um telefonema de Lee Williams, assistente administrativo do Fulbright. Lee disse que Jack Holt tinha me recomendado e que havia uma vaga para assistente na Comissão de Relações Internacionais. Ele me disse que eu poderia escolher entre um meio expediente de 3.500 dólares e um expediente integral de 5 mil dólares. Apesar de não estar bem desperto por ter sido acordado tão cedo, eu não podia deixar passar essa oportunidade e perguntei: "Que tal dois meio expedientes?". Ele riu e disse que eu era a pessoa certa e devia me apresentar na segunda-feira para trabalhar. Fiquei a ponto de explodir de tão animado. A Comissão de Relações Internacionais sob o comando de Fulbright tinha se tornado o centro do debate nacional sobre a política externa, particularmente por causa da intensificação da Guerra do Vietnã. A partir de então eu poderia acompanhar em primeira mão o desenrolar do drama, mesmo como *boy*. E também poderia pagar a universidade sem a ajuda da minha mãe e do papai, retirando o fardo financeiro dos ombros deles, e a culpa dos meus. Nunca entendi como eles conseguiam pagar os gastos médicos com o papai e os meus estudos. Apesar de nunca ter dito a ninguém, eu receava ter de abandonar a Georgetown e voltar para o Arkansas, onde a universidade era bem mais barata. Mas agora, para a minha total surpresa, tinha a oportunidade de continuar na Georgetown e trabalhar na Comissão de Relações Internacionais. Devo muito ao Jack Holt, até o fim da minha vida, por ter me recomendado àquele emprego, e ao Lee Williams, por ter me dado a oportunidade.

11

Poucos dias depois do telefonema de Lee Williams, fiz as malas e fui até Washington dirigindo o carro que ganhara de presente. Como a minha nova atividade exigia que eu me locomovesse diariamente até o Capitólio, a minha mãe e o papai me deram o seu "carro velho" de três anos, um LeSabre conversível da Buick, com bancos de couro em branco e vermelho. Papai trocava de carro de três em três anos e vendia o antigo no lote de carros usados. Dessa vez substituí o lote de carros usados e fiquei em êxtase. O carro era uma beleza. Embora só fizesse entre onze e doze quilômetros por galão [3,78 litros], a gasolina era barata, caindo para menos de trinta centavos de dólar o galão quando havia uma "guerra de gasolina".

Seguindo as instruções recebidas, na primeira segunda-feira depois do retorno a Washington me apresentei no escritório do senador Fulbright, a primeira sala à esquerda no então chamado New Senate Office Building, atualmente Dirksen Building. Assim como o Old Senate Office Building, do outro lado da rua, esse é também um prédio imponente com fachada de mármore, porém mais chamativo. Lee e eu conversamos e depois fui para o quarto andar, onde ficavam os escritórios e o auditório da Comissão de Relações Exteriores. A Comissão tinha outro espaço, até maior, no prédio do Capitólio, onde o chefe de gabinete, Carl Marcy, e outros funcionários graduados trabalhavam. Havia também uma excelente sala de conferências, onde a comissão podia se reunir com privacidade.

Quando cheguei ao escritório da comissão conheci Buddy Kendrick, o responsável pela documentação, que seria o meu supervisor, contador de piadas e provedor de conselhos baratos durante os dois anos seguintes; o ajudante de Budd em período integral, Bertie Bowman, um afro-americano amável e de bom coração que trabalhava como motorista de táxi à noite e ocasionalmente servia de motorista ao senador Fulbright; e dois estudantes, Phil Dozier, do Arkansas, e Charlie Parks, estudante de Direito de Anniston, no Alabama.

Eu teria de levar memorandos e outros materiais do Capitólio para o escritório do senador Fulbright e vice-versa, inclusive documentos confidenciais para os quais eu teria de ter uma autorização formal do governo. Além disso, teria de fazer tudo o que me pedissem, desde ler jornais e recortar os artigos importantes para a equipe e os senadores interessados, até pesquisar sobre informações requisitadas, localizar documentos e acrescentar novos nomes à lista de correspondentes da Comissão. É importante lembrar que isso foi antes do computador e do e-mail, até mesmo antes das modernas copiadoras, mas enquanto eu estava lá nós aposentamos as cópias feitas com papel carbono em favor das primeiras e ainda rudimentares cópias "xerox". A maioria dos recortes dos artigos de jornais que eu selecionava não era copiada, sendo diariamente colocada numa grande pasta com uma folha-padrão que continha os nomes do pessoal da equipe da Comissão em ordem decrescente a partir do diretor. Cada um a recebia e examinava detalhadamente o conteúdo, ticava o seu nome na folha e a passava adiante. As principais listas de correspondentes ficavam no porão. Cada nome, e endereço, era impresso numa pequena placa de metal, e as placas eram guardadas em ordem alfabética em armários de arquivos. Quando enviávamos correspondência, as placas eram colocadas em uma máquina que imprimia os dados nos envelopes.

Eu gostava de descer ao porão para imprimir novos nomes e endereços nas placas e colocá-las nas gavetas de arquivos, especialmente quando estava cansado e com sono, pois então aproveitava para tirar rápidos cochilos, à vezes apenas encostado ali nos armários. E adorava ler os jornais e recortar os artigos para a equipe ler. Por quase dois anos, diariamente, eu lia o *New York Times,* o *Washington Post,* o hoje falecido *Washington Star,* o *Wall Street Journal,* o *Baltimore Sun* e o *St. Louis Post Dispatch,* este último porque achavam que a Comissão deveria ler pelo menos um bom jornal do interior. Quando McGeorge Bundy era o conselheiro de Segurança Nacional do presidente Kennedy, ele comentou que qualquer cidadão que lesse seis bons jornais por dia teria tanto conhecimento quanto ele. Disso eu não sei, mas depois que por dezesseis meses fiz o que ele recomendou, adquiri conhecimento para passar na entrevista da bolsa da Rhodes. E se o Trivial Pursuit existisse naquela época, eu talvez tivesse sido um herói nacional.

Também tínhamos de lidar com solicitações de documentos. A Comissão produzia vários: relatórios de viagens internacionais, depoimentos de especialistas e transcrições da íntegra desses depoimentos. Quanto mais nos envolvíamos no Vietnã, mais o senador Fulbright e seus aliados tentavam fazer uso de depoimentos para educar os americanos sobre a complexidade da vida e da política no Norte e no Sul do Vietnã, no restante do Sudeste Asiático e na China.

A sala de documentação era o nosso local de trabalho mais constante. No primeiro ano eu trabalhava no expediente da tarde, da uma às cinco. Como os depoimentos da Comissão, assim como as outras atividades, ocorriam geralmente depois desse horário, eu freqüentemente ficava até muito além do meu horário, e nunca me arrependi disso. Eu gostava das pessoas com quem trabalhava, assim como do trabalho que o senador Fulbright desenvolvia na Comissão.

Foi fácil inserir o trabalho na minha agenda de estudante, em parte porque no terceiro ano eu só tinha cinco disciplinas, em vez de seis, e também porque algumas aulas começavam às sete da manhã. Além de que três das matérias obrigatórias — história e diplomacia dos Estados Unidos, governos estrangeiros modernos e teoria e prática do comunismo — ofereciam conhecimentos que complementavam o meu trabalho. O fato de eu não ter novamente concorrido para presidente da turma também contribuiu para a minha agenda na Comissão.

Todo dia, eu esperava com ansiedade o fim das aulas para pegar o carro e ir para o Capitólio. Naquele tempo era mais fácil estacionar. E estar lá naquela época era fascinante. A grande maioria que tinha levado Lyndon Johnson à vitória esmagadora em 1964 estava começando a se desfazer. Em poucos meses os democratas assistiriam à diminuição da sua maioria no Congresso e no Senado nas eleições de 1966, no meio do mandato presidencial, ao passo que o país se inclinava para a direita em reação a tumultos, distúrbios sociais e aumento da inflação; e o presidente Johnson de fato elevou os gastos internos e os do Vietnã. Ele alegava que o nosso país podia arcar com "armas e manteiga", mas o povo começou a duvidar disso. Nos primeiros dois anos e meio do seu mandato de presidente, Johnson desfrutou os mais incríveis sucessos legislativos desde Franklin Roosevelt: a lei dos direitos civis em 1964, a lei do direito ao voto em 1965, a legislação para diminuir a pobreza, além do Medicare e o Medicaid, que finalmente garantiram serviço de saúde aos pobres e idosos.

Cada vez mais a atenção do presidente, do Congresso e do país se voltava para o Vietnã. Quanto maior o número de mortos e sem perspectiva de vitória, mais crescia a oposição à guerra, desde os protestos nos campi das universidades até os sermões em púlpitos, de discussões nos cafés a discursos no plenário do Congresso. Quando fui trabalhar na Comissão de Relações Internacionais, eu não tinha conhecimento suficiente sobre o Vietnã para ter uma opinião formada, mas gostava tanto do presidente Johnson que mantive comigo um boa imagem dele, amparada pelo benefício da dúvida, como se diz em Direito. Mesmo assim, os fatos conspiravam para enfraquecer o momento mágico do progresso que adveio com a sua vitória esmagadora.

O país se dividia também por causa de outras questões, além do Vietnã. Em 1965 os tumultos de Watts, em Los Angeles, e o aumento da militância negra empurravam os seus simpatizantes para a esquerda e os adversários para a direita. A lei do direito ao voto, da qual Lyndon Johnson se orgulhava com razão, teve um efeito semelhante, principalmente quando passou a vigorar. Johnson era um político com uma astúcia incomum. Ao assinar a lei do direito ao voto ele disse que estava matando o Partido Democrata no Sul durante uma geração. Na verdade o chamado Sul Sólido dos democratas há muito não estava mais tão sólido. Os democratas conservadores já haviam começado a debandar desde 1948, quando recuaram horrorizados diante do apaixonante discurso de Hubert Humphrey sobre os direitos civis na convenção democrata, e Strom Thurmond se recusou a apoiar o candidato do partido para concorrer à Presidência pelo Dixiecrat.* Em 1960, Johnson ajudou Kennedy a vencer as eleições nos estados do Sul, mas o compromisso deste com a integração racial por ordem judicial nas escolas públicas e universidades sulistas levou muitos conservadores brancos para o Partido Republicano. Em 1964, enquanto perdia vertiginosamente, Goldwater levou consigo cinco estados do Sul.

Em 1966, no entanto, muitos segregacionistas brancos do Sul ainda eram democratas, como Orval Faubus, Jim Johnson e o governador George Wallace, do Alabama. E o Senado tinha muitos deles, grandes personalidades como Richard Russell, da Geórgia, e John Stennis, do Mississippi, e muitos outros sem nenhuma grandiosidade, só poder. Mas o presidente Johnson estava certo quanto ao impacto da lei do direito ao voto e de seus outros esforços em prol dos direitos civis. Em 1968, Richard Nixon e George Wallace, este concorrendo à Presidência independentemente, obtiveram mais votos no Sul do que Humphrey, e desde então os dois únicos democratas a chegar à Casa Branca foram dois sulistas, Jimmy Carter e eu. Vencemos em um número expressivo de estados do Sul, com grande apoio dos negros e pouco mais eleitores brancos do que um não-sulista obteria. A era Reagan

* Facção sulista do Partido Democrata que se opôs ao programa dos direitos civis do partido para aderir aos direitos dos estados. (N. dos T.)

consolidou o apoio dos sulistas brancos conservadores ao Partido Republicano, pois os republicanos fizeram com que eles se sentissem bem no partido.

O presidente Reagan chegou mesmo a fazer um discurso de campanha defendendo os direitos dos estados e, conseqüentemente, a resistência à intromissão federal nos direitos civis na Filadélfia, Mississippi, onde em 1964 os ativistas dos direitos civis Andrew Goodman, Michael Schwerner e James Chaney, dois brancos e um negro, se tornaram mártires da causa. Sempre gostei pessoalmente do presidente Reagan, e preferia que ele não tivesse feito aquilo. Nas eleições de 2002, mesmo com Colin Powell, Condoleezza Rice e outros afro-americanos em cargos proeminentes do governo Bush, os republicanos ainda ganharam votos baseados no racismo e houve reação de brancos na Geórgia e na Carolina do Sul, quando governadores democratas retiraram a bandeira da Confederação dos mastros que permaneciam ao lado da bandeira do estado e do Capitólio da Carolina do Sul.* Dois anos antes, George W. Bush tinha feito campanha na Bob Jones, a notória faculdade de direita da Carolina do Sul, e se recusara a pronunciar-se sobre a questão da bandeira, dizendo que isso era assunto do governo estadual. Quando uma escola do Texas insistiu em hastear a bandeira da Confederação todas as manhãs, o governador Bush disse não se tratar de um assunto estadual, mas sim municipal. E eles me chamaram de oportunista! O presidente Johnson previu tudo isso em 1965, mas ele fez a coisa certa e lhe sou grato por isso.

No verão de 1966, e mesmo no outono após as eleições, todos os conflitos externos e internos se manifestavam nas deliberações do Senado dos Estados Unidos. Havia grandes personalidades no Senado, que atravessava um período notório quando comecei a trabalhar lá. Tentei absorver tudo. Seu presidente temporário, Carl Hayden, do Arizona, estava no Congresso desde 1912, quando o seu estado entrou na União, e no Senado há quarenta anos. Ele era careca e ossudo, quase esquelético. Uma vez o redator dos discursos do senador Fulbright, o inteligente Seth Tillman, fez uma piada sobre Carl Hayden, dizendo que ele era "o único homem de noventa anos do mundo que parecia ter o dobro dessa idade". O líder da maioria no Senado, Mike Mansfield, de Montana, tinha se alistado para lutar na Primeira Guerra Mundial aos quinze anos e depois acabou sendo professor universitário, especializado em assuntos asiáticos. Ele foi o líder da maioria por dezesseis anos, até 1977, quando o presidente Carter o nomeou embaixador no Japão. Mansfield era fanático pela forma física e andava oito quilômetros por dia até os noventa anos. Era um liberal genuíno e, por trás de um rosto taciturno, tinha humor e perspicácia. Nasceu em 1903, dois anos antes do senador Fulbright, e viveu até os 98. Pouco depois de eu ser eleito presidente, Mansfield almoçou com Fulbright. Quando ele perguntou ao Fulbright quantos anos este tinha, e ele respondeu 87, o Mansfield suspirou: "Ah, eu daria tudo para ter oitenta e sete de novo".

O líder republicano Everett Dirksen, do Illinois, teve um papel fundamental na aprovação dos projetos de lei do presidente, garantindo o número suficiente de votos de republicanos liberais para superar a oposição de democratas segregacionistas do

---

* A bandeira da Confederação (Cruz do Sul), representando os estados segregacionistas do Sul, pode ser hasteada ao lado das bandeiras federal ou estadual, e a partir de 1956, por iniciativa de um legislador da Geórgia, pode ser incorporada às bandeiras estaduais. (N. dos T.)

Sul. Dirksen tinha um rosto incrível, com boca grande e muitas rugas, e uma voz ainda mais incrível. Profunda e cheia, ela retumbava frases vigorosas, e era uma atrás da outra. Uma vez ele atacou o hábito de gastar dos democratas com esta trova: "Um bilhão aqui, um bilhão ali, e daqui a pouco vocês vão falar de dinheiro de verdade". Quando Dirksen falava, era o mesmo que ouvir a voz de Deus ou de um pomposo vendedor de óleo de cobra, dependendo do ponto de vista de quem o ouvia.

A composição do Senado era bem diferente naquela época. Em janeiro de 1967, depois de os democratas terem perdido quatro cadeiras nas eleições entre os mandatos presidenciais, ainda tinham uma margem de 64 para 36 — um grupo muito mais assimétrico do que os que temos hoje. Mas naquele tempo as diferenças eram profundas também, e as linhas divisórias não eram desenhadas somente na afiliação partidária. Umas poucas coisas não mudaram: Robert Byrd, da Virgínia Ocidental, ainda tem mandato no Senado. Em 1966, ele já era uma autoridade nas regras e história do órgão.

Oito estados do Velho Sul ainda tinham cada um dois senadores democratas os representando, embora antes das eleições de 1966 fossem dez, mas a maioria deles era segregacionista conservadora. Hoje, somente Arkansas, Flórida e Louisiana são representados por dois democratas. Oaklahoma tinha dois democratas e a Califórnia tinha dois republicanos. Hoje é o inverso. Já nos estados entre as montanhas do Oeste, hoje solidamente republicanos, Utah, Idaho e Wyoming, cada um tinha um senador democrata progressista. Indiana, um estado conservador, tinha dois senadores democratas liberais, um dos quais, Birch Bayh, é pai do atual senador Evan Bayh, que é um líder nato com chance de um dia vir a ser presidente, apesar de não ser tão liberal quanto o pai. Minnesota era representado pelo intelectual brilhante, porém modesto, Gene McCarthy, e o futuro vice-presidente Walter Mondale, que sucedeu Hubert Humphrey quando este foi ser o vice do presidente Johnson. Johnson escolheu Humphrey no lugar do senador de Connecticut, Tom Dodd, um dos principais promotores no julgamento dos nazistas no tribunal de crimes de guerra de Nuremberg. O filho do Dodd, Chris, agora representa Connecticut no Senado. O pai de Al Gore estava no seu último mandato e era um herói para os jovens sulistas como eu, porque ele e o seu colega do Tennessee, Estes Kefauver, foram os dois únicos senadores do Sul a se recusarem a assinar o chamado Manifesto Sulista em 1956, que conclamava à resistência contra a decisão judicial de integração racial nas escolas. O populista colérico Ralph Yarborough representava o Texas, apesar de a tendência do estado para a direita já estar se configurando em 1961 com a eleição de um senador republicano, John Tower, e um jovem deputado republicano de Houston, George Herbert Walker Bush. Um dos senadores mais interessantes era Wayne Morse, do Oregon, que começou a carreira política como republicano, depois se tornou independente e, em 1966, democrata. Morse, que era inteligente e assertivo, apesar de cansativo, e Ernest Gruening, democrata do Alaska, foram os dois únicos senadores que se opuseram à resolução do Golfo de Tonkin de 1964, por meio da qual Lyndon Johnson reivindicava ter lhe autorizado a fazer a Guerra no Vietnã. A única mulher no Senado, Margaret Chase Smith, do Maine, era republicana e fumava cachimbo. Em 2004 há catorze senadoras, nove democratas e cinco republicanas. No passado, havia também numerosos republicanos liberais influentes, infelizmente um grupo em franca extinção hoje em dia, inclusive Edward Brooke, de Massachusets, o único afro-americano no Senado; Mark Hatfield, do Oregon; Jacob Javits, de Nova York; e George Aiken, de Vermont, um ancião impertinente da Nova Inglaterra que achava a nossa política no Vietnã uma loucura e energicamente sugeriu que devíamos "declarar vitória e tirar o time de campo".

De longe o senador estreante mais famoso era Robert Kennedy, de Nova York, que se juntou ao irmão Ted em 1965, depois de derrotar Kenneth Keating para a cadeira que Hillary ocupa atualmente. Bobby Kennedy era fascinante. Ele irradiava energia pura. Foi o único homem que, apesar do andar curvado e de cabeça baixa, parecia uma mola encolhida pronta para se soltar no ar. Ele não era um grande orador no sentido formal do termo, mas falava com tanta intensidade e paixão que chegava a ser hipnotizante. Se não conseguia atrair a atenção do público pelo sobrenome, o semblante ou o discurso, pelo menos ele tinha Brumus, o maior cão que eu já vi, peludo e da raça Newfoundland. Brumus quase sempre acompanhava o senador Kennedy ao trabalho. Quando Bobby caminhava do seu escritório no New Senate Building para votar no Capitólio, Brumus o acompanhava lado a lado, subia as escadas do Senado, então parava perto da porta giratória no nível da rotunda e se sentava pacientemente do lado de fora à espera do dono, para então voltarem. Alguém capaz de impor respeito àquele cão só podia ter o meu respeito também.

John McClellan, senador pelo Arkansas, não era um mero conservador passional. Ele era duro como uma pedra, vingativo quando enfurecido, um verdadeiro prodígio em seu trabalho e adepto de usufruir o poder, tanto para levar dinheiro federal para o seu estado, o Arkansas, quanto para perseguir pessoas que considerava maléficas. McClellan levou uma vida de determinação e angústia, e as dificuldades resultantes disso forjaram nele uma vontade férrea e ressentimentos profundos. Filho de advogado e fazendeiro, aos dezessete anos tornou-se o mais jovem advogado do Arkansas ao ser aprovado com honra num exame oral, após ter lido inúmeros livros sobre direito da biblioteca itinerante da Cumberland Law School. Ao voltar para casa depois de servir na Primeira Guerra Mundial, descobriu que a sua esposa tinha tido um caso com outro homem e se divorciou dela, um acontecimento raro no Arkansas daquela época. Em 1953, a sua segunda esposa morreu de meningite da medula quando ele estava no Congresso. Dois anos mais tarde ele se casou com a terceira esposa, Norma, que ficaria com ele até a sua morte, por quarenta anos. Mas os seus sofrimentos ainda estavam longe do fim. Entre 1943 e 1958, perdeu todos os seus três filhos: o primeiro de meningite aguda, o outro num acidente de automóvel, e o último num acidente de avião.

McClellan teve uma vida bastante conturbada, em nome da qual mergulhou em tanto uísque que poderia fazer o Capitólio flutuar até o rio Potomac. Finalmente, depois de alguns anos, ele chegou à conclusão de que a bebida era incoerente com os seus valores e a sua auto-imagem, e então deixou de beber completamente, fechando com a sua vontade de ferro o único furo que tinha na armadura.

Quando cheguei a Washington ele era presidente da poderosa Comissão de Orçamento, cargo que lhe possibilitou conseguir uma grande soma de dinheiro para o nosso estado, para empreendimentos como o sistema de navegação do rio Arkansas. Ele foi parlamentar por mais doze anos, totalizando seis mandatos, e morreu em 1977 depois de ter anunciado que não concorreria a um sétimo. Quando trabalhei no Capitólio, McClellan parecia uma figura solitária, quase agourenta, a imagem que de fato ele queria passar para a maioria das pessoas. Em 1977, quando me tornei procurador-geral, convivi muito com ele. Fiquei sensibilizado com a sua amabilidade e o seu interesse na minha carreira, e gostaria que tivesse sido capaz de mostrar a mais pessoas o lado dele que eu vi e de adotar mais aquela postura no seu trabalho político.

Fulbright se distinguia de McClellan como água do vinho. Sua infância tinha sido muito mais despreocupada e segura, sua instrução mais abrangente e seu pensamento menos dogmático. Ele nasceu em 1905, em Fayetteville, uma bela cidade nas montanhas Ozark, no norte do estado, onde fica localizada a Universidade do Arkansas. Sua mãe, Roberta, era uma editora progressista e sem papas na língua do jornal local, o *Northwest Arkansas Times*. Fulbright cursou a universidade na sua cidade natal, onde foi um aluno brilhante e lançador do Arkansas Razorbacks. Aos vinte anos foi para Oxford com bolsa da Rhodes. Ao voltar, dois anos depois, já era um internacionalista engajado. Depois da Faculdade de Direito e de um breve trabalho em Washington como advogado do governo, ele voltou para a sua cidade e ensinou na universidade juntamente com a sua encantadora e elegante esposa, Betty, que se revelou uma melhor política do varejo do que ele e capaz de reprimir o lado mal-humorado do marido durante os mais de cinqüenta anos em que viveram casados, até a morte dela em 1985. Nunca me esquecerei de uma noite em Georgetown, em 1967 ou 68, em que eu estava caminhando sozinho quando vi o senador e a sra. Fulbright saindo de um jantar em uma residência elegante. Quando eles chegaram à rua, onde pareciam protegidos de outros olhares, ele a tomou em seus braços e dançou com ela alguns passos. De pé na escuridão, vi a luz que ela representava na sua vida. Aos 34 anos, Fulbright foi nomeado reitor da Universidade do Arkansas, o mais jovem de uma importante universidade dos Estados Unidos. Ele e Betty pareciam destinados a uma vida longa e feliz nas idílicas montanhas de Ozarks. Mas poucos anos depois, sua ascensão aparentemente fácil à notoriedade foi bruscamente interrompida quando o novo governador, Homer Adkins, o despediu, ofendido que estava com os editoriais altamente críticos da sua mãe.

Em 1942, sem alternativa, ele se candidatou a uma cadeira no Congresso pelo noroeste do Arkansas. Foi eleito, e no seu único mandato no Congresso patrocinou a Resolução Fulbright, que pressagiou a criação da ONU ao solicitar a participação americana num organismo internacional para preservar a paz após o fim da Segunda Guerra Mundial. Em 1944 Fulbright se candidatou ao Senado americano e, de quebra, a uma oportunidade de dar o troco. Tinha como principal adversário o seu desafeto, o governador Adkins. Adkins era dotado de um talento especial para criar inimizades, uma característica arriscada na política. Além de despedir Fulbright, ele também havia errado quando se opôs a John McClellan dois anos antes, chegando até a fazer auditorias nas declarações de imposto de renda dos seus adeptos mais importantes. Como eu já disse, McClellan nunca esquecia ou perdoava uma desfeita. Ele se esforçou ao máximo para ajudar Fulbright a derrotar Adkins, e Fulbright de fato ganhou. Os dois estavam vingados.

* * *

Apesar dos trinta anos em que desempenharam juntos os seus cargos no Senado, Fulbright e McClellan nunca foram muito próximos. Nem eram chegados a amizades pessoais com outros políticos. Eles de fato trabalharam juntos para fomentar os interesses econômicos do Arkansas e votaram com o bloco sulista contra os direitos civis; fora isso, não tinham muito em comum.

McClellan era um militarista e anticomunista conservador que queria investir somente em defesa, obras públicas e cumprimento das leis a receita obtida com os impostos. Era inteligente, mas nada sutil. Via o mundo em preto-e-branco. Não era adepto de meias palavras, e se alguma vez estivesse indeciso com relação a algo, nunca demonstrava isso por medo de parecer fraco. A política para ele se resumia a dinheiro e poder.

Fulbright era mais liberal do que McClellan. Era um bom democrata que apreciava e apoiava o presidente Johnson até discordar dele sobre a República Dominicana e o Vietnã. Era a favor do imposto progressivo, de programas sociais para reduzir a pobreza e a desigualdade, da ajuda federal para a educação e de contribuições mais generosas para as instituições internacionais, a fim de aliviar a pobreza nos países pobres. Em 1946 ele apresentou uma legislação criando o programa internacional Fulbright de intercâmbio estudantil, que financiou a formação de centenas de milhares de bolsistas tanto dos Estados Unidos como de outros sessenta países. Ele acreditava que a política tinha a ver com o poder das idéias.

Quanto aos direitos civis, Fulbright nunca se dedicou muito a justificar o mérito do seu voto. Ele simplesmente dizia que tinha de votar com a maioria dos seus eleitores em assuntos como direitos civis, áreas sobre as quais eles sabiam tanto quanto ele, o que era uma justificativa diplomática para não ser atacado. Assinou o Manifesto Sulista depois de amenizar um pouco o texto e, de fato, só em 1970 votou pelos direitos civis no governo Nixon, chegando inclusive a assumir um papel importante na derrota do magistrado indicado por Nixon para a Suprema Corte, G. Harrold Carswell, que era contra os direitos civis.

Apesar da sua posição quanto aos direitos civis, Fulbright não era nenhum covarde. Ele odiava os demagogos hipócritas que desfilavam de patriotas. O senador Joe McCarthy, de Winsconsin, estava aterrorizando pessoas inocentes com acusações inverídicas de ligações comunistas e com a sua intimidação levou a maior parte dos políticos, mesmo aqueles que o odiavam, a silenciar. Fulbright lançou o único voto no Senado contra a liberação de verbas para a subcomissão especial de investigação de McCarthy. Ele também co-patrocinou a resolução de censura a McCarthy, que o Senado aprovou por unanimidade depois que Joseph Welch expôs a todo o país a fraude que ele era. McCarthy chegou cedo demais — ele teria sido perfeito na companhia do grupo que assumiu o Congresso em 1995. Mas no início da década de 1950, um período tão vulnerável à histeria anticomunista, McCarthy era um jagunço. E Fulbright resolveu enfrentá-lo antes que os outros fizessem isso.

Fulbright também não se intimidava com as controvérsias sobre as relações internacionais, uma área que, ao contrário dos direitos civis, ele dominava mais do que os seus eleitores. Decidiu fazer unicamente o que achava certo, e esperava convencer o seu eleitorado. Era a favor da cooperação multilateral em vez da ação unilateral; do diálogo com a União Soviética e os países do Pacto de Varsóvia em vez do isolamento; de uma ajuda mais generosa em vez de intervenções militares;

e, por fim, de ganhar a adesão aos valores e interesses americanos pela força do exemplo e das idéias, em vez da força das armas.

Eu gostava de Fulbright também por seus interesses fora da política. Para ele, a finalidade da política se resumia em permitir que as pessoas desenvolvessem todos os seus potenciais e gozassem suas vidas efêmeras. A idéia do poder como um fim em si era autodestrutiva e imbecil, e ele via o poder como um meio para dar a segurança e a oportunidade necessárias para alcançar a felicidade. Fulbright gostava de passar o seu tempo com a família e os amigos, e tirava férias duas vezes por ano para descansar, recarregar as baterias e ler muito. Gostava de caçar patos e adorava jogar golfe, chegando mesmo a alcançar 78 pontos quando tinha a mesma idade. Era um grande prosador, com o seu sotaque incomum e elegante. Quando estava relaxado, era eloqüente e convincente. Ao se impacientar, exagerava no tom do discurso através da gradação da voz, parecendo arrogante e esnobe.

Em agosto de 1964 Fulbright apoiou a resolução do Golfo de Tonkin, que autorizava o presidente Johnson a reagir aos supostos ataques às embarcações americanas ocorridos ali; mas em meados de 1966 ele chegou à conclusão de que a nossa política no Vietnã estava equivocada, fadada ao fracasso e peça de uma engrenagem de erros que, se não mudasse, teria conseqüências desastrosas para os Estados Unidos e para o mundo. Em 1966 ele publicou suas opiniões sobre o Vietnã e uma crítica geral sobre a política externa americana no seu livro mais famoso, *The Arrogance of Power* [A arrogância do poder]. Poucos meses depois de entrar para a equipe da Comissão, ele autografou um exemplar para mim.

Em essência, a argumentação de Fulbright responsabilizava a "arrogância" das grandes potências — por fazer o que não deviam onde não deviam estar — por seus problemas e pelo longo declínio a que poderiam estar fadadas. Ele duvidava de toda e qualquer política externa baseada no zelo missionário, que por sua vez nos levaria a compromissos que "embora generosos e caridosos no conteúdo, têm um alcance que supera a capacidade dos Estados Unidos". Segundo ele, quando impomos nosso poder em nome de um conceito abstrato, como o anticomunismo, sem compreender a história, a cultura e a política locais dos povos, podemos estar fazendo mais mal do que bem. Foi exatamente o que se deu em 1965 com a nossa intervenção unilateral na guerra civil da República Dominicana, onde os Estados Unidos apoiaram a ditadura militar repressiva, reacionária e freqüentemente sanguinária do general Rafael Trujillo — que durou 34 anos e acabou quando ele foi assassinado, em 1961 —, unicamente por medo de que o presidente esquerdista Juan Bosch estabelecesse um governo comunista *à la Cuba*.

Segundo Fulbright, estávamos repetindo o mesmo erro no Vietnã, só que numa escala muito maior. O governo Johnson e os seus aliados consideravam os vietcongues instrumentos do expansionismo chinês no Sudeste Asiático, e estavam convencidos de que esse expansionismo tinha de ser neutralizado antes que todo o continente caísse no comunismo, num efeito dominó. Foi o que levou os Estados Unidos a apoiarem o governo sul-vietnamita anticomunista porém antidemocrático. Como o Vietnã do Sul não era capaz de derrotar sozinho os vietcongues, nosso apoio foi ampliado para incluir treinamento militar e até, no final, uma presença militar maciça para defender o que Fulbright via como "um governo fraco e ditatorial desprovido da lealdade do povo sul-vietnamita". Segundo Fulbright, Ho Chi

Minh, que admirava o presidente Roosevelt pela sua oposição ao colonialismo, só queria libertar o Vietnã das forças estrangeiras e torná-lo independente. Ele acreditava que Ho Chi Minh, longe de ser marionete da China, compartilhava da histórica antipatia vietnamita pelo vizinho gigante ao norte, e também da desconfiança quanto às reais intenções chinesas. Assim sendo, para ele nós não tínhamos um interesse nacional que justificasse a perda de tantas vidas. No entanto ele não era a favor de uma retirada unilateral. Em vez disso, apoiava a tentativa de "neutralizar" o Sudeste Asiático com uma retirada condicional dos Estados Unidos mediante um acordo assinado por todas as partes envolvidas, concedendo autonomia ao Vietnã do Sul, mas condicionada a um plebiscito sobre a reunificação com o Vietnã do Norte. Infelizmente, em 1968, quando a paz começou a ser discutida em Paris, essa decisão sensata não era mais possível.

O que eu de fato sabia era que todos os que trabalhavam na Comissão compartilhavam da opinião de Fulbright quanto ao Vietnã. Eles também percebiam que cada vez mais os líderes políticos e militares do governo Johnson exageravam sobre os progressos militares das nossas forças. E a comissão sistematicamente cobrava do governo, do Congresso e do país uma mudança na política. No momento em que escrevo isso, tudo parece lógico e óbvio. Mas Fulbright, seus colegas da Comissão e a equipe estavam de fato andando numa corda bamba e sobre um perigoso abismo. Os belicosos dos dois partidos acusavam a comissão, e principalmente Fulbright, de "ajudar e proteger" os nossos inimigos, dividindo o país e enfraquecendo o nosso ânimo para lutar pela vitória. Mesmo assim Fulbright persistia. Apesar de receber críticas muito duras, os depoimentos ajudavam a aumentar o descontentamento quanto à guerra, principalmente entre os jovens, que cada vez mais participavam de reuniões e protestos contra a guerra.

No período em que trabalhei lá, a Comissão ouviu depoimentos sobre assuntos como o comportamento dos norte-americanos em relação à política externa, as relações sino-americanas, possíveis conflitos entre os objetivos internos e a política externa norte-americanos, o impacto da disputa entre a União Soviética e a China no conflito do Vietnã, e os aspectos psicológicos das relações internacionais. Críticos ilustres da nossa política compareceram, como Harrison Salisbury, do *New York Times*; George Kennan, ex-embaixador na União Soviética e autor da idéia de "contenção" daquele império; Edwin Reischauer, ex-embaixador no Japão; o notório historiador Henry Steele Commager; o general reformado James Gavin; e o professor Crane Brinton, especialista em movimentos revolucionários. Obviamente o governo enviava suas testemunhas também. Um dos mais eficientes foi o subsecretário de Estado Nick Katzenbach, que tinha minha simpatia em razão do seu trabalho em relação aos direitos civis no Departamento da Justiça do presidente Kennedy. Fulbright também se reunia privadamente, em geral para um café na sua sala, com o secretário de Estado Dean Rusk.

Eu achava fascinante a dinâmica da relação entre Rusk e Fulbright. O próprio Fulbright estava incluído na lista reduzida de nomes do Kennedy para secretário de Estado. A maioria das pessoas achava que ele tinha sido preterido por causa da sua oposição aos direitos civis, principalmente por ter assinado o Manifesto Sulista. Rusk também era sulista da Geórgia, mas simpatizante dos direitos civis e não sofrera a mesma pressão política que Fulbright, pelo fato de não estar no

Congresso, mas sim no Departamento de Estado. Rusk via o conflito no Vietnã sob uma ótica simples e maniqueísta: era uma batalha entre a liberdade e o comunismo na Ásia. Se perdêssemos no Vietnã, o comunismo varreria o Sudeste Asiático e isso teria conseqüências devastadoras.

Sempre achei que as opiniões radicalmente divergentes de Fulbright e Rusk sobre o Vietnã deviam-se em parte aos momentos diferentes em que eles foram bolsistas da Rhodes na Inglaterra. Quando Fulbright foi para Oxford em 1925, o Tratado de Versalhes que pôs fim à Primeira Guerra Mundial estava sendo implementado. O tratado impôs encargos financeiros e políticos impiedosos à Alemanha, e redesenhou o mapa da Europa e do Oriente Médio após o colapso dos impérios austro-húngaro e otomano. A humilhação imposta à Alemanha pelas potências européias vitoriosas, e o isolacionismo e protecionismo norte-americanos do pósguerra, levaram o Senado a rejeitar a Liga das Nações e a aprovar a lei do imposto aduaneiro Smoot-Hawley, conduzindo a Alemanha a uma posição ultranacionalista, à ascensão de Hitler e posteriormente à Segunda Guerra Mundial. Fulbright rechaçava a idéia de cometer o mesmo erro. Ele raramente tinha uma visão maniqueísta dos conflitos, evitava converter os adversários em demônios e procurava sempre começar negociando soluções, de preferência em um contexto multilateral.

Em contraste, Rusk esteve em Oxford no início da década de 1930, quando Hitler chegou ao poder. Mais tarde, ele acompanhou os esforços inúteis do primeiro-ministro britânico, Neville Chamberlain, para negociar com Hitler, em uma abordagem mordazmente criticada: a pacificação. Rusk equiparava o totalitarismo comunista ao totalitarismo nazista, e desprezava ambos. O movimento expansionista da União Soviética na Europa Central e Oriental após a Segunda Guerra Mundial o convenceu de que o comunismo era uma doença que contaminava as nações com uma hostilidade à liberdade pessoal e uma violência insaciável. E ele estava decidido a não ser pacifista. Dessa maneira, ele e Fulbright abordavam o Vietnã por vias diametralmente opostas a partir de uma divisão intelectual e emocional que vinha de décadas anteriores ao surgimento do Vietnã na tela do radar dos Estados Unidos.

Entre os favoráveis à guerra, a divisão psicológica foi reforçada pela tendência natural, nesses períodos, de converter o inimigo em demônio e pela determinação de Johnson, Rusk e de outros de não "perder" o Vietnã, o que infligiu danos duradouros ao prestígio americano e ao deles próprios. Quando fui presidente, em período de paz vi a mesma compulsão nas minhas batalhas ideológicas com o Congresso republicano e seus aliados. A falta de entendimento, respeito e confiança faz com que qualquer concessão, muito menos uma admissão de erro, seja vista como fraqueza e deslealdade, uma receita certa para a derrota.

Para os gaviões do Vietnã do fim da década de 1960, Fulbright era garoto-propaganda da boa-fé ingênua. Todas as pessoas bem-intencionadas precisam saber se proteger da ingenuidade. Mas a teimosia também tem os seus próprios riscos. Quando o político se encontra num buraco, a primeira regra é parar de cavar; se ele for cego à possibilidade de erro ou decidido a não admiti-lo, ele simplesmente pegará uma pá maior. Quanto maiores eram as dificuldades no Vietnã, maiores eram os protestos internos e mais tropas eram enviadas. Em 1969 chegamos a um número de mais de 540 mil homens enviados, antes que a realidade finalmente nos forçasse a mudar de rumo.

Eu assistia a todo o desenrolar da guerra com espanto e fascínio. Lia tudo o que caía nas minhas mãos, inclusive o material "confidencial" e "secreto" que eu tinha de entregar de vez em quando e que mostrava em que proporção o país estava sendo enganado quanto ao nosso progresso — ou melhor, quanto à falta dele — na guerra. E via o número de corpos aumentar cada vez mais. Todos os dias Fulbright recebia uma lista dos rapazes do Arkansas mortos no Vietnã. Eu me habituei a passar no seu escritório para verificar a lista, e um dia vi o nome de um amigo e colega de turma, Tommy Young. A poucos dias da volta para casa, o jipe em que ele estava passou por cima de uma mina. Fiquei muito triste, pois Tommy Young era um cara legal, inteligente, um pouco desajeitado e sensível, que poderia vir a ter uma boa vida. Ver o seu nome na lista, ao lado de outros que também tinham direito à vida, deflagrou os meus primeiros sentimentos de culpa por ser estudante e participar somente à distância das mortes no Vietnã. Por um momento pensei em abandonar a faculdade e me alistar — afinal de contas, eu era democrata na teoria e na prática; não me sentia no direito de fugir da guerra a que me opunha. Conversei com Lee Williams sobre isso. Ele disse que seria loucura abandonar os estudos; que eu deveria continuar a contribuir para o fim da guerra e de que não adiantaria nada ser mais um soldado, talvez mais uma vítima. Racionalmente eu entendi e continuei levando a minha vida, mas nunca aceitei inteiramente essa postura. Afinal de contas, eu era filho de um veterano da Segunda Guerra Mundial e respeitava os militares, apesar de achar que muitos comandantes agiam no escuro, guiados mais pela emoção do que pelo cérebro. Começou assim o meu sentimento pessoal de culpa, que também afetou milhares de nós que amávamos o nosso país mas que odiávamos a guerra.

Não é fácil recriar aqueles dias, já distantes no tempo, para os que não os viveram. Para os que os conheceram, não há muito a ser dito. A guerra cobrou seu tributo também nos Estados Unidos, até para os seus adversários mais convictos. Fulbright gostava do presidente Jonhson e o admirava. Ele apreciava o fato de participar de uma equipe que, segundo ele, estava fazendo os Estados Unidos progredirem, até mesmo nos direitos civis — aspecto para o qual ele não contribuía. Embora disfarçasse sempre, ele detestava ser visto como um estranho — insultado e isolado. Um dia em que cheguei cedo ao trabalho, eu o vi andando sozinho no corredor em direção à sua sala, perdido em tristeza e frustração, chegando mesmo a dar um ou dois encontrões contra a parede à medida que se arrastava para o dever maldito.

Muito embora a Comissão de Relações Internacionais tivesse de lidar com outras questões, o Vietnã sobrepujava todos os outros assuntos para os seus membros, inclusive para mim. Guardei com outras papeladas todas as anotações, dissertações e exames dos dois primeiros anos na Georgetown. A partir do terceiro ano, somente as dissertações sobre Dinheiro e Bancos restaram. No segundo semestre, pela primeira e última vez em todo o curso, tranquei uma disciplina na Georgetown: teoria e prática do comunismo. Tive uma boa razão, embora ela não se relacionasse com o Vietnã.

Na primavera de 1967, o câncer do papai voltou e ele foi para o Duke Medical Center em Durham, na Carolina do Norte, para um tratamento de várias semanas.

Toda sexta-feira à tarde eu dirigia uns 430 quilômetros para vê-lo e voltava no domingo à noite. Não dava para conciliar isso com o curso sobre o comunismo, então desisti. Foi um dos períodos mais exaustivos, porém importantes, da minha vida de jovem. Eu chegava a Durham sexta à noite, pegava o papai e passava o sábado com ele. Ficávamos juntos domingo desde a manhã até o início da tarde, e então eu voltava para os estudos e o trabalho.

No domingo de Páscoa de 26 de março de 1967 fomos à igreja na capela Duke, uma igreja gótica imponente. Apesar de papai nunca ter freqüentado muito a igreja, ele pareceu gostar do culto. Talvez tenha encontrado conforto na mensagem de que Jesus tinha morrido pelos seus pecados também. Talvez ele tenha finalmente acreditado na letra do maravilhoso hino antigo, *Cante com todos os filhos da glória*: "Cante com todos os filhos da glória, cante a canção da ressurreição! Morte e dor, o lado obscuro da Terra, pertencem ao passado. Tudo se parte ao redor das nuvens e logo as tempestades do tempo cessarão; o homem semelhante a Deus desperta e conhece a paz eterna". Depois da igreja fomos de carro até Chapel Hill, onde fica a Universidade da Carolina do Norte. O lugar estava totalmente florido, inundado de cornisos e olaias. No Sul, quase todas as primaveras são muito bonitas; essa, especificamente, estava espetacular, e é a Páscoa mais vívida que eu guardo na memória.

Naqueles fins de semana papai conversou comigo de uma maneira que nunca tinha feito antes. Em geral falávamos sobre coisas corriqueiras, como a minha vida e a dele, a minha mãe e o Roger, a família e os amigos. Às vezes papai era mais profundo e refletia sobre a vida que ele tinha consciência de estar deixando em breve. Mas mesmo em assuntos sem muita importância ele falava aberta e profundamente, sem rodeios, como eu nunca tinha ouvido antes. Naqueles fins de semana longos e lânguidos, nós passamos a nossa relação a limpo e ele aceitou o fato de que eu o amava e o havia perdoado. Se tivesse sido capaz de enfrentar a vida com a mesma coragem e dignidade com que enfrentou a morte, ele teria sido um cara muito melhor.

12

CHEGANDO AO FINAL DO TERCEIRO ANO já era época de eleição mais uma vez. Aproximadamente um ano antes eu tinha decidido me candidatar a presidente do diretório. Embora estivesse um tanto afastado do campus, mantinha contato com os amigos e a participação nas atividades, e em razão do sucesso anterior achei que poderia ganhar. O meu adversário, Terry Modglin, era o vice-presidente da nossa turma. Durante o ano todo ele se preparou para a eleição, arregimentando apoio e elaborando uma estratégia. Apresentei uma plataforma política específica, porém convencional. Modglin explorava o crescente descontentamento nos campi universitários dos Estados Unidos e, especificamente, a oposição à rigidez das exigências acadêmicas e dos regulamentos do campus da Georgetown. Ele chamava sua campanha de a "Rebelião Modg", um arremedo para "A Rebelião Dodge", que era o slogan da empresa fabricante de automóveis. Seus partidários e ele providenciaram uma caricatura em que eram representados com chapéus brancos lutando contra a administração jesuíta e contra mim. Meu bom relacionamento com os administradores da universidade, meu emprego e meu carro, minha campanha ortodoxa e minha simpatia fizeram de mim o candidato do sistema. Eu me esforcei bastante, assim como os meus amigos, mas não com a mesma intensidade de Modglin e seus correligionários. Nossos cartazes estavam sumindo a uma velocidade alarmante. Em retaliação, numa noite perto da eleição, alguns dos meus amigos retiraram os cartazes do Modglin, os colocaram no assento traseiro de um carro e foram enterrá-los longe. Foram pegos e repreendidos.

Isso decidiu a eleição. Modglin me venceu fácil: 717 a 570. Ele merecia ganhar; pensou melhor, se organizou melhor e trabalhou melhor também. Além de tudo queria mais essa vitória do que eu. Pensando retrospectivamente, vejo que eu não devia ter me candidatado. Eu discordava da maioria dos meus colegas sobre a necessidade de relaxar as exigências curriculares; eu concordava com elas. Não estava mais tão voltado para a vida no campus, e com isso tinha perdido a fonte de combustível responsável pela vitória anterior como presidente de turma. E a minha ausência do cotidiano do campus facilitou a tarefa dos adversários, de me tacharem de puxa-saco do sistema em um momento de grande inquietação. Superei logo a derrota e, no fim do ano, já estava ansioso para ficar em Washington no verão, trabalhando para a Comissão e fazendo alguns cursos. Eu não podia prever que o verão de 1967 seria a bonança antes da tempestade, para mim e para os Estados Unidos.

Washington fica mais calma no verão, e o Congresso entra em recesso durante todo o mês de agosto. É uma boa época para ficar na cidade quando se é jovem, interessado em política e indiferente ao calor. Kit Ashby e um outro colega, Jim Moore, tinham alugado uma casa velha na Potomac Avenue, número 4513, perto do MacArthur Boulevard, a aproximadamente um quilômetro e meio dos fundos do campus da Georgetown. Eles me convidaram para passar as férias lá com eles, e a morar ali também no meu último ano da faculdade, quando Tom Campbell e Tommy Caplan se juntariam a nós. A casa dava para o rio Potomac. Tinha cinco quartos, uma pequena sala de estar e uma cozinha decente. Também havia dois deques que avançavam dos quartos do segundo andar, onde podíamos pegar sol durante o dia e ocasionalmente dormir em noites de verão, tomando uma suave brisa. A casa tinha pertencido ao homem que redigiu o código nacional de saneamento no início dos anos 1950. Havia ainda nas estantes da sala uma coleção de volumes fascinantes inapropriadamente mantidos na posição vertical por um suporte de livros com a imagem de Beethoven ao piano. Era a única peça interessante em toda a casa. Meus colegas me deixaram ficar com a peça, e eu ainda a tenho até hoje.

Kit Ashby era filho de um médico de Dallas. Enquanto eu trabalhava para o senador Fulbright, ele trabalhava para o senador Henry Jackson, do estado de Washington, que, como Lyndon Johnson, era liberal para os assuntos internos e conservador quanto ao Vietnã. Kit compartilhava das opiniões dele e tínhamos ótimas discussões. Jim Moore era filho de militar e cresceu morando em muitos lugares. Era um historiador sério e um autêntico intelectual, cujas opiniões sobre o Vietnã se situavam entre as de Kit e as minhas. Naquele verão e no último ano da faculdade fiquei muito amigo dos dois. Depois da Georgetown, Kit entrou para o corpo de fuzileiros navais e, mais adiante, se tornou banqueiro internacional. Quando fui presidente, eu o nomeei embaixador no Uruguai. Jim Moore seguiu a carreira do pai no Exército, e depois fez uma carreira bem-sucedida em gerenciamento dos investimentos dos fundos de pensões estaduais. Quando muitos estados tiveram problemas com esse tipo de investimento, ele me aconselhou sem cobrar nada sobre como eu deveria fazer no Arkansas.

Todos nós nos divertimos muito naquele verão. No dia 24 de junho fui ao Constitution Hall para ouvir Ray Charles cantar. Fui acompanhado de Carlene Jann, uma garota linda que eu tinha conhecido numa das numerosas áreas mistas que havia nas escolas femininas da Georgetown. Ela era quase tão alta quanto eu e tinha longos cabelos louros. Nós nos sentamos quase no final do balcão e fizemos parte da pequena minoria branca presente. Eu adorei Ray Charles desde que ouvi a letra de "What'd I Say": "Pode dizer à sua mãe e ao seu pai que vou te mandar de volta para o Arkansas". No final do show, Ray Charles fez a platéia dançar nos corredores de passagem. Quando voltei para a Potomac Avenue, eu estava tão animado que não conseguia dormir. Às cinco da manhã desisti e fui me exercitar: corri quase cinco quilômetros. Guardei a entrada do show na minha carteira por uma década.

O Constitution Hall tinha evoluído muito desde a década de 1930, quando as Filhas da Revolução Norte-americana tinham negado permissão à fenomenal Marian Anderson para cantar lá, só por ela ser negra. Mas muitos jovens negros estavam reivindicando muito mais do que simplesmente ter acesso a casas de espetáculos. O descontentamento crescente com a pobreza, a discriminação constante, a violência contra os ativistas dos direitos civis e o número desproporcional dos negros que lutavam e morriam no Vietnã tinham provocado a explosão de uma nova militância, especialmente nas cidades norte-americanas onde Martin Luther King Jr. competia pela adesão dos negros norte-americanos contra o conceito muito mais agressivo do Black Power.

Em meados da década de 1960, rebeliões raciais de várias proporções e intensidades varreram os guetos não-sulistas. Antes de 1964, o líder muçulmano negro Malcom X rejeitou a integração, dando preferência aos esforços exclusivamente negros na luta contra a pobreza e outros problemas urbanos, e previu "mais violência racial do que qualquer outra forma de violência vivida pelos norte-americanos brancos".

No verão de 1967, enquanto eu desfrutava minha permanência em Washington, houve rebeliões graves em Newark e Detroit. No final do verão já tinha havido 160 rebeliões em cidades norte-americanas. O presidente Johnson nomeou uma comissão de âmbito nacional para distúrbios civis, presidida por Otto Kerner, governador de Illinois, o qual achava que as rebeliões eram resultado do racismo e da brutalidade da polícia, além da ausência de oportunidades econômicas e educacionais para os negros. Sua conclusão ameaçadora foi resumida na seguinte frase, que ficou famosa: "Nosso país está caminhando para a divisão em duas sociedades, uma negra, uma branca — separadas e desiguais".

Washington ainda estava razoavelmente tranqüila naquele verão conturbado, mas chegamos a ter uma pequena noção do movimento Black Power quando, todas as noites, por várias semanas, militantes negros tomaram o Dupont Circle, não muito longe da Casa Branca, na interseção das avenidas Connecticut e Massachusetts. Um amigo que conhecia alguns deles certa vez me chamou para ouvir o que eles tinham a dizer. Eles eram arrogantes, agressivos e, às vezes, incoerentes, mas não eram burros e, embora eu discordasse das soluções que propunham, as causas do ressentimento deles eram reais.

Cada vez mais as linhas divisórias entre a militância em prol dos direitos civis e os movimentos contra a guerra ficavam indistintas. Apesar de o movimento contra a guerra ter começado como um protesto de universitários brancos da classe média e ricos, e dos seus aliados intelectuais, artistas e líderes religiosos da geração mais velha, muitos dos primeiros líderes tinham feito parte do movimento pelos direitos civis. Na primavera de 1966 o movimento contra a guerra suplantou os seus organizadores, com grandes manifestações e comícios em todo o país, alimentados parcialmente pela reação popular aos depoimentos de Fulbright. Na primavera de 1967, cerca de 300 mil pessoas fizeram uma manifestação contra a guerra no Central Park de Nova York.

A minha primeira experiência com ativistas sérios contra a guerra foi naquele verão, quando a Associação Nacional Estudantil (National Student Association — NSA), de orientação liberal, se reuniu no campus da Universidade de Maryland, onde eu tinha estado pelo Boys Nation quatro anos antes. A NSA era menos radical que os Estudantes por uma Sociedade Democrática (Students for a Democratic Society — SDS), mas firmemente engajada contra a guerra. A sua credibilidade tinha sido manchada no ano anterior pela revelação de que a organização vinha recebendo dinheiro da CIA havia anos para financiar suas atividades internacionais. Apesar disso, ela ainda tinha o apoio da maioria dos estudantes em todos os Estados Unidos.

Uma noite fui à convenção no College Park para ver o que estava acontecendo. Esbarrei em Bruce Lindsey, de Little Rock, que eu conhecera na campanha para o governo do estado em 1966, e ele estava trabalhando para Brooks Hays. Ele tinha ido à reunião com a representante do sudoeste da NSA, Debbie Sale, também do

Arkansas. Bruce se tornou um grande amigo meu, conselheiro e confidente quando fui governador e presidente — o tipo de amigo de que toda pessoa precisa e sem o qual nenhum presidente governa. Mais tarde, Debbie me ajudou a ter um ponto de apoio em Nova York. Mas na convenção da NSA de 1967 éramos somente três jovens convencionais do Arkansas contra a guerra, e que procuravam companhia.

A NSA abrigava pessoas como eu, que não se adaptariam à posição mais extremista da SDS, mas querendo ser incluídas nas estatísticas dos que lutavam pelo fim da guerra. O discurso mais digno de nota foi o de Allard Lowenstein, que conclamou os estudantes a formarem uma organização nacional para derrotar o presidente Johnson em 1968. A maioria das pessoas achou que era um esforço ridículo, sem perspectiva; mas tudo estava mudando muito rápido, a ponto de fazer de Al Lowenstein um profeta. Em três meses o movimento contra a guerra mostraria 100 mil manifestantes no Lincoln Memorial. Desses, trezentos devolveram os cartões da convocação militar, apresentados ao Departamento da Justiça por dois velhos militantes contra a guerra, William Sloane Coffin, capelão da Universidade de Yale, e o dr. Benjamin Spock, o famoso pediatra.

Achei curioso que a NSA tivesse uma história de oposição a regimes extremamente totalitários, abrigando vários representantes dos "países cativos" do Báltico. Conversei com uma mulher representante da Letônia. Era pouco mais velha do que eu e tive a impressão de que a sua profissão era comparecer a esses tipos de reunião. Ela acreditava com convicção que um dia o comunismo soviético cairia e a Letônia seria livre novamente. Na época achei que aquela mulher tinha um parafuso a menos. No entanto, ela acabou sendo tão profética quanto Al Lowenstein.

Além do meu trabalho na Comissão e das minhas excursões ocasionais, fiz também três cursos no verão — filosofia, ética e diplomacia norte-americana no Extremo Oriente. Pela primeira vez li Kant e Kierkegaard, Hegel e Nietzsche. No curso de ética fiz muitas anotações, e um dia em agosto um outro aluno que era superinteligente, mas que raramente comparecia às aulas, pediu para estudar comigo, recapitulando as minhas anotações, antes do exame final. No dia 19 de agosto, no meu aniversário de 21 anos, fiquei quatro horas estudando com ele, que conseguiu um B. Vinte e cinco anos depois, quando já era presidente, meu velho colega de estudo Turki al-Faisal, filho do falecido rei saudita, era chefe do serviço de informação da Arábia Saudita, cargo em que ele esteve durante 24 anos. Duvido que aquela nota de filosofia tenha contribuído de alguma maneira para o seu sucesso na vida, mas gostamos de fazer piada com isso.

O professor de diplomacia norte-americana, Jules Davids, era um acadêmico consagrado, que mais tarde ajudou Averell Harriman a escrever as suas memórias. O meu trabalho era sobre o Congresso e a resolução sobre o Sudeste Asiático. A resolução, mais conhecida como a resolução sobre o Golfo de Tonkin, foi aprovada no dia 7 de agosto de 1964 a pedido do presidente Johnson, depois que dois destróieres norte-americanos — o *USS Maddox* e o *USS C. Turner Joy* — foram atacados por embarcações norte-vietnamitas nos dias 2 e 4 de agosto de 1964, segundo alegou o governo dos Estados Unidos, que retaliaram com ataques às bases navais norte-vietnamitas e a um depósito de petróleo. A resolução autorizava o presidente a "tomar todas as medidas necessárias para repelir qualquer ataque armado contra as forças dos Estados Unidos e para prevenir futuras agressões", e ainda a "tomar todas as providências cabíveis, inclusive o uso da força armada", para ajudar qualquer nação protegida pelo tratado SEATO "em defesa da sua liberdade".

A idéia principal do meu trabalho de aproveitamento do curso era que, fora o senador Wayne Morse, ninguém examinou com seriedade ou questionou a constitucionalidade, ou mesmo a prudência, da resolução. O país e o Congresso estavam furiosos e queriam mostrar que não íamos nos submeter a autoritarismos ou ser expulsos do Sudeste Asiático. O dr. Davids gostou do trabalho e disse que valia a pena ser publicado. Eu não tinha certeza disso, pois muitas perguntas não tinham sido respondidas. Além das questões constitucionais, alguns jornalistas renomados levantaram a hipótese de os ataques nunca terem ocorrido, e quando terminei o trabalho Fulbright estava pedindo mais informações ao Pentágono sobre os incidentes. O exame da Comissão Fulbright sobre o episódio do Golfo de Tonkin acabou em 1968, e as investigações pareceram confirmar que pelo menos na segunda data, 4 de agosto, os destróieres norte-americanos não foram atacados. Raramente na História um não-acontecimento provocou conseqüências tão devastadoras.

Dentro de alguns meses aquelas conseqüências viriam a cair sobre a cabeça de Lyndon Johnson. A aprovação rápida e quase unânime da resolução sobre o Golfo de Tonkin se transformou num exemplo doloroso do velho provérbio que diz que a maior praga da vida é a oração atendida.

13
―――

MEU ÚLTIMO ANO DE FACULDADE foi uma estranha combinação de vida universitária interessante e acontecimentos pessoais e políticos cataclísmicos. Quando relembro esse período, me parece estranho alguém poder estar absorvido em tantas coisas grandes e pequenas ao mesmo tempo; mas as pessoas inevitavelmente procuram os prazeres e lidam com a dor da vida sob condições difíceis e até bizarras.

Cursei duas disciplinas particularmente interessantes, participei de um seminário de direito internacional e de um colóquio sobre história da Europa. O dr. William O'Brien ministrou o curso de direito internacional e me possibilitou escrever um artigo sobre fatores seletivos na oposição consciente ao recrutamento, examinando os sistemas de recrutamento dos Estados Unidos e de outros países, e explorando as raízes legais e filosóficas da tolerância à objeção por razões de consciência. Argumentei que a objeção consciente não deveria se limitar aos que se opõem à guerra por razões religiosas, porque nesse caso a pessoa não se baseava na doutrina teológica e, sim, na oposição moral ao serviço militar. Assim, embora fosse difícil o julgamento de casos individuais, o governo deveria ser tolerante à objeção por razões de consciência quando ficasse comprovado que a alegação era genuína. O encerramento do alistamento obrigatório na década de 1970 retirou o interesse dessa questão.

O colóquio sobre história da Europa foi essencialmente um levantamento sobre a história intelectual européia. O professor foi Hisham Sharabi, um erudito libanês brilhante que se empenhava apaixonadamente na defesa da causa palestina. Havia, pelo que me lembro, catorze alunos num curso semestral que durava catorze semanas e tinha duas horas de aula semanais. Lemos todos os livros, e toda semana um aluno abria a discussão com uma apresentação de dez minutos sobre o livro da semana. Podia-se fazer o que se quisesse durante esses dez minutos — resumir o livro, falar sobre sua idéia central ou discutir um aspecto de maior interesse —, mas isso precisava ser feito dentro desses dez minutos. Sharabi acreditava que, se o aluno se alongava além desse limite, ele não havia compreendido o livro. Por isso, o tempo para a breve exposição era rigorosamente controlado. Na verdade, ele fez certa vez uma única exceção, para um aluno do último ano de filosofia, a primeira pessoa que ouvi pronunciar a palavra "ontológico" — achei que se tratava de uma especialização médica. Ele ultrapassou bastante o limite dos dez minutos, e quando finalmente ficou sem gás, Sharabi encarou-o com seus olhos grandes e expressivos e disse: "Se tivesse um revólver eu atirava em você". Ai! Fiz a minha apresentação sobre *Capitalism, Socialism and Democracy*, de Joseph Schumpeter. Não sei se me saí bem, mas usei palavras simples e, acreditem ou não, terminei minha fala exatamente quando se completavam os dez minutos.

Passei bastante tempo do outono de 1967 me preparando para a Conferência da Comunidade do Atlântico em novembro [Conference on the Atlantic Community

— CONTAC]. Como dirigente dos nove seminários da conferência, minha função era encaminhar os delegados, determinar os assuntos e recrutar especialistas para um total de 81 sessões. A Georgetown levou estudantes da Europa, do Canadá e dos Estados Unidos para uma série de seminários e palestras, no intuito de tratar de assuntos comuns ao grupo. Eu tinha participado dessa conferência dois anos antes, e o estudante que mais me impressionou na época foi um cadete da West Point do Arkansas, Wes Clark, primeiro de sua classe e bolsista da Rhodes. Nossas relações com alguns países europeus eram tensas pela oposição européia à Guerra do Vietnã, mas a importância da OTAN para a segurança da Europa na Guerra Fria levou a uma séria dissensão até o fim dos debates. A conferência foi um grande sucesso, sobretudo graças à qualidade dos estudantes.

No fim do outono papai ficou mal novamente. O câncer havia se espalhado e era óbvio que não adiantaria continuar o tratamento. Ele ficou no hospital durante algum tempo, mas depois quis voltar para morrer em casa. Avisou à minha mãe que não queria que eu perdesse muitas aulas, e assim eles não me chamaram imediatamente. Um dia ele disse: "Está na hora". Minha mãe mandou me chamar e eu voei para casa. Sabia que qualquer hora aconteceria, e só esperava que ele ainda me reconhecesse quando eu chegasse, para eu poder lhe dizer que o amava.

Quando cheguei em casa, papai já praticamente não saía da cama, levantando-se apenas para ir ao banheiro, e mesmo então com ajuda. Tinha emagrecido muito e estava fraco. Sempre que tentava se levantar, seus joelhos se curvavam várias vezes; ele estava como uma marionete manipulada por mãos trêmulas. Parecia gostar de ter a ajuda de Roger e a minha. Acho que ajudá-lo a ir e vir do banheiro foi a última coisa que fiz para ele. Papai enfrentava tudo com bom humor, rindo e dizendo que aquilo era uma chateação, e por isso era até bom que estivesse por acabar. Quando ficou tão fraco que não conseguia andar nem mesmo com ajuda, ele teve de desistir do banheiro e usar um papagaio, utensílio que ele odiava utilizar diante das enfermeiras — amigas da minha mãe que tinham vindo ajudar.

Embora ele estivesse rapidamente perdendo o controle sobre o corpo, sua mente e sua voz ficaram claras durante cerca de três dias depois da minha chegada, de modo que tivemos algumas boas conversas. Ele disse que ficaria bem quando se fosse, e que tinha certeza de que eu ganharia uma bolsa para estudar na Universidade de Oxford quando realizassem as entrevistas, dentro de um mês. Depois de uma semana era raro ele estar mais do que semiconsciente, embora tivesse ondas de atividade mental até em suas últimas horas. Por duas vezes ele acordou para dizer à minha mãe e a mim que ainda estava lá. Por duas vezes também, quando devia estar exausto demais ou drogado demais para pensar ou falar (o câncer já ocupara a sua cavidade torácica, e não tinha sentido deixá-lo sofrer com aspirina, que era tudo o que ele tomava até então), ele nos espantou perguntando-me se eu tinha certeza de que podia ficar tanto tempo longe da escola, e dizendo que se não tivesse não era necessário ficar, uma vez que já não iria acontecer muita coisa e já havíamos tido nossos últimos bons papos. Quando parou de falar, ele ainda acordava, olhava para nós e fazia sons para que entendêssemos coisas simples, como por exemplo que queria ser virado na cama. Eu ficava imaginando o que mais estaria passando pela sua cabeça.

Depois da sua última tentativa de se comunicar, ele sobreviveu de modo terrível por mais um dia e meio. Era horrível ouvir o ruído entrecortado da sua respiração difícil e ver seu corpo inchar até ficar desfigurado e não se parecer com nada que eu já tivesse visto. Perto do fim, minha mãe caiu no choro e lhe disse que o amava. Depois de tudo por que ele a havia feito passar, eu esperava que ela estivesse sendo sincera, mais por causa dela do que por ele.

Os últimos dias de papai levaram para a minha casa a vigília da morte que é típica da região. A família e os amigos entravam e saíam para oferecer solidariedade. A maioria trazia comida, e assim nós não precisávamos cozinhar e podíamos também alimentar os outros visitantes. Uma vez que eu quase não dormia e comia com todos os que chegavam, nas duas semanas que fiquei em casa engordei quase cinco quilos. Mas foi reconfortante ter toda aquela comida e todos aqueles amigos quando não havia nada para fazer além de esperar que a morte fizesse sua reivindicação final.

Estava chovendo no dia do enterro. Muitas vezes, quando eu era garoto, papai olhava pela janela num dia de tempestade e dizia: "Não me enterrem na chuva". Era um desses ditos antigos sem os quais não se conversa no Sul, e eu nunca dava muita atenção quando ele dizia isso. Entretanto, ficou registrado em mim que ele considerava aquilo importante, que ser levado na chuva para o descanso final era, para ele, uma coisa terrível. Agora aquilo ia acontecer; depois de tudo o que ele havia passado durante a sua longa doença, merecia coisa melhor.

Nós nos preocupamos com a chuva no percurso todo até a capela e durante toda a cerimônia fúnebre, enquanto o pregador, em sua ladainha, ia dizendo sobre o papai coisas agradáveis que não eram verdadeiras, coisas de que ele teria zombado e rido se as tivesse ouvido. Ao contrário de mim, papai nunca pensou muito em funerais em geral e não teria gostado muito do seu, a não ser pelos hinos, que ele havia escolhido. Quando a cerimônia fúnebre acabou, quase corremos para fora da capela, querendo ver se ainda estava chovendo. Estava, e no curto trajeto de carro até o cemitério a preocupação com o tempo ruim fora para nós maior que a dor.

Então, quando saímos da capela e entramos no caminho estreito, avançando lentamente para a cova recém-cavada, Roger foi o primeiro a notar que a chuva havia passado e quase gritou para nós. Ficamos inacreditável e irracionalmente contentes e aliviados. Mas guardamos a história para nós mesmos, permitindo-nos apenas discretos sorrisos cúmplices, como o que tão freqüentemente tínhamos visto no rosto de papai quando ele fez as pazes consigo mesmo. Na sua última longa viagem para o fim que está também à espera de todos nós, papai encontrou um Deus clemente, pois ele não foi enterrado na chuva.

Um mês depois do funeral, voltei para comparecer à entrevista para a bolsa Rhodes, que me interessava desde o colegial. Todo ano 32 norte-americanos bolsistas da Rhodes são selecionados para dois anos de estudo na Universidade de Oxford, pagos pelo fundo criado em 1903 no testamento de Cecil Rhodes. Tendo feito fortuna com os diamantes da África do Sul, Rhodes destinou uma soma para as bolsas que beneficiariam jovens de todas as colônias e ex-colônias inglesas; estudantes que tivessem se destacado nas qualidades intelectuais, atléticas e de liderança. Ele queria mandar para Oxford pessoas cujos interesses e aptidões transcendessem a área acadêmica, porque achava que elas tinham maior probabilidade de "valorizar o bom desempenho nos deveres públicos" mais que as buscas puramente privadas. Ao longo dos anos, as comissões de seleção haviam relevado uma deficiência na habilidade atlética se um candidato tivesse sobressaído em algum campo não-acadêmico. Poucos anos depois o fundo receberia uma emenda para permitir que também as mulheres concorressem às bolsas. O estudante podia se candidatar no estado em que vivia, ou naquele para o qual tinha se mudado a fim de cursar a faculdade. Todo mês de dezembro cada estado indicava dois candidatos, que em seguida participavam de uma das oito seletivas regionais nas quais se escolhiam bolsistas para o ano acadêmico seguinte. O processo de seleção exigia que o candidato tivesse entre cinco e oito cartas de recomendação, escrevesse uma justificativa sobre por que queria ir para Oxford e fosse entrevistado nos âmbitos estadual e regional por bancas compostas por ex-bolsistas da Rhodes, com um presidente que não tinha esse status. Pedi ao reverendo Sebes, ao dr. Giles, ao dr. Davids e à minha professora de inglês no segundo ano da faculdade, Mary Bond, que me recomendassem em cartas, como também ao dr. Bennett e Frank Holt, da minha cidade, e Seth Tillman, redator dos discursos do senador Fulbright e mestre na Escola de Estudos Internacionais Avançados Johns Hopkins, e que tinha se tornado meu amigo e mentor. Por sugestão de Lee Williams, fiz o pedido também ao senador Fulbright. Eu não queria aborrecer o senador porque ele andava preocupado e cada vez mais abatido com a guerra, mas Lee disse que ele queria me ajudar, e acabei ganhando uma carta com elogios generosos.

A comissão da Rhodes pediu aos assinantes das cartas de apresentação que assinalassem as minhas fraquezas, como também os meus pontos fortes. O pessoal da Georgetown disse, amavelmente, que eu não era um grande atleta. Seth disse que, embora sendo altamente qualificado para a bolsa, "Ele não é exatamente competente no trabalho rotineiro que faz para a Comissão; esse trabalho está abaixo da sua capacidade intelectual e ele sempre parece ter outras coisas na cabeça". Isso foi novidade para mim; eu achava que estava fazendo um bom trabalho na Comissão, mas, como disse ele, eu de fato tinha outras coisas na cabeça. Talvez tenha sido essa a razão da dificuldade em me concentrar na minha carta de justificativa. Finalmente desisti de escrevê-la em casa e me registrei num hotel em Capitol Hill, a mais ou menos um quarteirão do New Senate Office Building, para ter tranqüilidade total. Explicar a minha breve vida e por que eles fariam bem em me mandar para Oxford foi mais difícil do que eu havia imaginado.

Comecei dizendo que eu tinha ido para Washington "a fim de me preparar para o ingresso na política"; pedi à comissão que me mandasse para Oxford "para poder estudar em profundidade os assuntos que eu havia apenas começado a investigar", na esperança de que eu pudesse "moldar um intelecto capaz de resistir às pressões da vida pública". Na época eu achei que a carta era um trabalho muito bom. Agora ele me parece um pouco forçado e exagerado, como se eu estivesse tentando encontrar o tipo de tom que um bolsista culto da Rhodes usaria. Talvez esse fosse simplesmente a voz típica da sinceridade, empregada por uma juventude que viveu numa época em que tantas coisas eram exageradas.

A candidatura em Arkansas era uma grande vantagem. Devido ao tamanho do nosso estado e ao menor número de estudantes universitários, havia menos concorrentes; provavelmente eu não teria chegado ao nível regional se tivesse concorrendo em Nova York, na Califórnia ou em outro estado grande, disputando com alunos das escolas da Ivy League, que tinham sistemas bem afiados para recrutar e preparar seus melhores alunos para competirem pela bolsa Rhodes. Dos 32 especialistas escolhidos em 1968, Yale e Harvard entraram com seis cada uma, Dartmouth com três, Princeton e a Academia Naval com dois. Hoje os vencedores são de pontos mais espalhados, mas as escolas da elite e as academias militares ainda se saem muito bem.

A comissão do Arkansas era dirigida por Bill Nash, um homem alto e magro que era maçom atuante e sócio sênior da Rose Law Firm em Little Rock, a cidade mais antiga do trecho em que o rio Mississippi se volta para o oeste, e cujas raízes remontam a 1820. O sr. Nash era um homem de mentalidade antiquada, que diariamente caminhava vários quilômetros até o trabalho, chovesse ou fizesse sol. A comissão incluía outro sócio da Rose Law Firm, Gaston Williamson, que também atuou como representante do Arkansas na comissão regional. Gaston era enorme, corpulento e brilhante, com uma voz forte e profunda, e modos imponentes. Ele havia se oposto à conduta de Faubus na Escola Secundária Central e feito o possível para rechaçar as forças da reação. Foi extremamente prestativo e me deu enorme apoio durante todo o processo de seleção. Mais tarde, quando me tornei procurador-geral e governador, também foi uma fonte de conselhos sensatos. Quando Hillary foi trabalhar na Rose em 1977, ele a ajudou e aconselhou do mesmo modo. Gaston adorava Hillary. Ele me apoiou politicamente e gostava muito de mim, mas sempre acho que ele não me considerava o melhor partido para ela.

Fui aprovado nas entrevistas em Arkansas e viajei para Nova Orleans, concorrendo nas finais. Ficamos no Royal Orleans Hotel, no French Quarter, onde os finalistas de Arkansas, Oklahoma, Texas, Louisiana, Mississippi e Alabama foram entrevistados. A única preparação que eu fiz na noite anterior foi reler a minha carta pessoal, como também a *Time*, a *Newsweek* e a *U.S. News & World Report*, de ponta a ponta, e em seguida procurei dormir bem. Eu sabia que haveria perguntas inesperadas e queria estar com o pensamento ágil. E não gostaria que as minhas emoções levassem a melhor sobre mim. Nova Orleans me trazia lembranças de viagens anteriores: quando eu era garotinho, olhando minha mãe se ajoelhar ao lado do trilho e chorar enquanto vovó e eu subíamos no trem; quando visitamos a cidade e as margens do golfo do Mississippi na única viagem de férias que toda a nossa família fez junta fora do estado. E não podia esquecer papai à beira da morte prevendo confiantemente que eu seria escolhido graças à minha inteligência. Também por causa dele eu queria ganhar.

O presidente da comissão era Dean McGee, de Oklahoma, diretor da Kerr-McGee Oil Company e uma figura poderosa na vida econômica e política de Oklahoma. Mas quem mais me impressionou foi Barney Monaghan, presidente da Vulcan, uma companhia produtora de aço sediada em Birmingham, Alabama. Ele parecia mais um professor universitário do que um empresário sulista, impecavelmente vestido, envergando inclusive o colete do terno.

A pergunta mais difícil foi sobre comércio. O sr. Monaghan me perguntou se eu era a favor do livre-comércio, do protecionismo ou de algo intermediário. Quando respondi que era pró-livre-comércio, sobretudo para as economias desenvolvidas, ele disparou: "Então como você justifica os esforços do senador Fulbright para proteger os produtores de frango do Arkansas?". Foi uma boa pergunta, capciosa, cujo intuito era me levar a sentir que eu tinha de escolher, no calor do momento, entre ser incoerente com relação ao comércio ou desleal a Fulbright. Confessei que não sabia nada sobre a questão dos frangos, mas para ter orgulho de trabalhar com ele eu não precisava concordar com o senador em tudo. Gaston Williamson interveio e me socorreu, dizendo que a questão não era tão simples quanto a pergunta dava a entender; na verdade, Fulbright tinha tentado abrir mercados externos para os nossos frangos. Jamais me havia ocorrido que eu pudesse arruinar a entrevista por não saber o suficiente sobre frangos. Isso nunca mais aconteceu. Quando fui governador e presidente, as pessoas se espantavam com quanto eu sabia sobre a criação de frangos, seu processamento e seu comércio dentro e fora do país.

No final das doze entrevistas, e depois de um tempo para a deliberação, fomos levados para uma sala. A comissão tinha escolhido um canditato de Nova Orleans, dois do Mississippi e eu. Depois de falarmos um pouquinho com a imprensa, liguei para a minha mãe, que estava ansiosa à espera do meu telefonema, e lhe perguntei se ela achava que eu ficaria bem com um terno de tweed inglês. Meu Deus, eu estava muito feliz — feliz por minha mãe, depois de tudo o que ela havia vivido para que eu chegasse àquele dia; feliz pela última previsão do papai ter se cumprido; feliz pela honra e a promessa dos próximos dois anos. Não havia Vietnã, tumulto racial, problemas na família, ansiedades sobre mim mesmo e o meu futuro. Eu ainda ficaria umas poucas horas em Nova Orleans, e desfrutei a cidade que todos chamam de "the Big Easy" ["a Grande Boa-Vida"] como se eu fosse um nativo.

Quando voltei para casa, depois de visitarmos o túmulo do papai entramos de sola na temporada de férias. O jornal publicou uma reportagem e até um editorial laudatório. Falei para um clube cívico da cidade, passei boas horas com os amigos e me deliciei com um monte de cartas e ligações telefônicas de congratulações. O Natal foi bom, mas agridoce: pela primeira vez, desde o nascimento do meu irmão, éramos apenas três.

Depois que voltei para Georgetown houve mais uma notícia ruim. No dia 17 de janeiro vovó morreu. Poucos anos antes, depois de ter tido um segundo derrame, ela quis voltar para Hope para morar no asilo do centro, que funcionava onde havia existido o velho Julia Chester Hospital. Ela pediu e obteve o mesmo quarto que minha mãe ocupou quando nasci. Sua morte, como a do papai, deve ter desencadeado sentimentos contraditórios em minha mãe. Vovó era dura com ela. Talvez por se sentir enciumada pelo fato de o vovô amar tanto a sua única filha, ela com freqüência exagerada fazia da filha o alvo das suas explosões de raiva. Seus ataques de cólera diminuíram depois da morte do vovô, quando ela aceitou um emprego como enfermeira de uma senhora bondosa, que a levava em viagens a Wisconsin e ao Arizona, satisfazendo parte do seu anseio por ir além das circunstâncias da sua vida confinada e previsível. E ela havia sido maravilhosa comigo nos meus quatro primeiros anos de vida, ensinando-me a ler e a contar, a limpar meu prato e a lavar as mãos. Depois que nos mudamos para Hot Springs, sempre que o boletim trazia somente notas "A", ela me mandava cinco dólares. Quando fiz 21 anos, ela ainda queria saber se "o queridinho dela" ainda tinha um lenço que me dera. Eu gostaria que ela pudesse ter se conhecido melhor, e cuidado melhor de si própria e da sua família. A verdade é que ela gostava mesmo de mim, e fez o possível para me dar um bom começo de vida.

* * *

Achei que tinha começado bem a vida, mas nada havia me preparado para o que ia acontecer. O ano de 1968 foi um dos mais tumultuados e dolorosos da história norte-americana. Lyndon Johnson o inaugurou esperando continuar a guerra no Vietnã, prosseguir na investida da sua Grande Sociedade contra o desemprego, a pobreza e a fome, e com a intenção de se reeleger. Mas o país estava se afastando dele. Embora tivesse simpatia pelo espírito da época, eu não endossava o modo de vida dos que adotavam a retórica radical. Meu cabelo era curto, eu nem mesmo bebia, e algumas músicas eram demasiado barulhentas e estridentes para o meu gosto. Eu não detestava Lyndon Johnson; apenas queria que se pusesse um ponto final na guerra e tinha medo de que os embates culturais minassem a causa, em vez de fazê-la avançar. Numa reação aos protestos da juventude e aos modos de vida "de contracultura" juvenis, republicanos e muitos democratas da classe trabalhadora se bandearam para a esquerda, reunindo-se para ouvir conservadores como o ressuscitado Richard Nixon e o novo governador da Califórnia, Ronald Reagan, ex-democrata ao estilo Franklin Roosevelt.

Os democratas também estavam se afastando de Johnson. Na ala da direita, o governador George Wallace anunciou que iria disputar a Presidência como candidato independente. Na ala esquerda, jovens ativistas como Allard Lowenstein estavam insistindo com os democratas contrários à guerra para que eles desafiassem o presidente Johnson nas primárias do Partido Democrata. Sua primeira opção era o senador Robert Kennedy, que vinha sendo pressionado para lutar por um acordo negociado no Vietnã. Ele declinou, temendo que, se concorresse, dada a sua notória antipatia pelo presidente, pareceria estar empenhado numa vingança, e não numa cruzada baseada em princípios. O senador George McGovern, de Dakota do Sul, que estava em ascensão para a reeleição em seu estado conservador, também declinou. O senador Gene McCarthy, de Minnesota, não o fez. Como provável herdeiro do legado de liberalismo intelectual de Adlai Stevenson no partido, McCarthy conseguia ser irritante, até falso, em sua campanha, para parecer quase santo em sua falta de ambição. Mas teve coragem de enfrentar Johnson, e no fim do ano era o único cavalo que os opositores da guerra tinham para cavalgar. Em janeiro ele anunciou que concorreria na primeira primária em New Hampshire.*

---

* As eleições nos Estados Unidos funcionam da seguinte forma: a Câmara dos Deputados tem 435 membros. O número de deputados de cada estado depende da população do estado. Os estados se dividem em áreas menores, os distritos eleitorais, e a população de cada distrito elege um deputado. A cada dois anos há eleições para todas as cadeiras da Câmara. Os deputados em geral pertencem a um dos dois partidos políticos principais, o dos democratas e o dos republicanos, mas não é o partido que escolhe quem irá concorrer. Há eleições primárias antes da eleição geral, nas quais os eleitores escolhem entre os candidatos dos dois partidos principais, os de partidos pequenos ou ainda candidatos independentes. O Senado tem cem membros, dois para cada estado. Os senadores têm um mandato de seis anos. A cada dois anos um terço dos senadores é eleito pelo povo. A eleição presidencial se dá por meio de um colégio eleitoral. Cada estado tem um certo número de votos de colégio eleitoral igual ao seu número de senadores e deputados. O candidato que ganha a maioria dos votos num estado recebe todos os votos do colégio eleitoral desse estado. O candidato com a maioria dos votos de colégios eleitorais ganha a eleição e se torna presidente.

Em fevereiro dois acontecimentos no Vietnã fortaleceram ainda mais a oposição à guerra. O primeiro foi a execução precipitada de uma pessoa suspeita de ser vietcongue, em uma ação do diretor da Polícia Nacional Sul-Vietnamita, general Loan. Loan atirou na cabeça do homem em plena luz do dia, numa rua de Saigon. A execução foi registrada em filme pelo grande fotógrafo Eddie Adams, cuja foto levou mais norte-americanos a questionar se os nossos aliados chegavam a ser melhores do que os nossos inimigos, os quais também eram inegavelmente impiedosos.

O segundo acontecimento, bem mais significativo, foi a ofensiva Tet, recebendo este nome por ter ocorrido durante o feriado vietnamita Tet, que marca o ano-novo deles. As forças norte-vietnamitas e vietcongues lançaram uma série de ataques coordenados sobre as posições norte-americanas por todo o Vietnã do Sul, visando inclusive as nossas fortalezas em Saigon, onde até a Embaixada norte-americana foi atacada. A investida foi repelida e os norte-vietnamitas e vietcongues sofreram inúmeras perdas, o que levou o presidente Johnson e nossos comandantes militares a proclamar vitória. Mas na verdade o Tet foi uma enorme derrota psicológica e política para os Estados Unidos, porque os norte-americanos viram com os próprios olhos, na nossa primeira "guerra pela televisão", que nossas forças eram vulneráveis até em lugares teoricamente sob nosso controle. Um número cada vez maior de cidadãos começou a questionar se poderíamos ganhar a guerra que os sul-vietnamitas não poderiam ganhar sozinhos, e se valia a pena enviar cada vez mais soldados ao Vietnã, quando a resposta à primeira pergunta parecia ser "não".

Na frente interna, o líder da maioria no Senado, Mike Mansfield, pediu o cessar dos bombardeios. O secretário de Defesa do presidente Johnson, Robert McNamara, e seu assessor próximo, Clark Clifford, juntamente com o ex-secretário de Estado Dean Acheson disseram ao presidente que era hora de "rever" sua política de continuidade da escalada para conseguir uma vitória militar. Dean Rusk continuou a apoiar a política, e os militares pediram mais 200 mil soldados para tentá-la. Os incidentes envolvendo a questão racial, alguns deles violentos, continuavam ocorrendo em todo o país. Richard Nixon e George Wallace declararam formalmente suas candidaturas para a Presidência. Em New Hampshire, a campanha de McCarthy estava ganhando força, com centenas de estudantes contrários à guerra sendo despejados no estado para bater nas portas e fazer propaganda dele. Aqueles que não queriam cortar o cabelo e se barbear atuavam nos fundos do prédio da sede da campanha envelopando correspondência. Enquanto isso, Bobby Kennedy continuava se consumindo no dilema de entrar ou não na corrida eleitoral.

No dia 12 de março, McCarthy obteve 42% dos votos em New Hampshire, contra 49% para Lyndon Johnson. Embora sendo um candidato potencial que jamais havia ido a New Hampshire para fazer campanha, esse resultado foi uma grande vitória psicológica para McCarthy e para o movimento contra a guerra. Quatro dias depois, Kennedy entrou na corrida, anunciando no Senado a sua candidatura na mesma Sala de Convenções onde seu irmão John havia começado sua campanha em 1960. Dizendo que a campanha de McCarthy já havia exposto as profundas divisões dentro do Partido Democrata, e que ele queria dar ao país um novo rumo, Kennedy esperava neutralizar as acusações de que era movido por uma implacável ambição pessoal. Evidentemente Kennedy tinha agora outra questão "implacável": ele estava enfraquecendo a campanha de McCarthy, uma vez que este desafiou o presidente quando ele não o fez.

Vi tudo isso acontecer de uma perspectiva peculiar. Tommy Caplan, meu companheiro de casa, trabalhava no escritório de Kennedy, e assim eu sabia o que estava se passando lá. E eu tinha começado a sair com uma colega de classe que era voluntária na sede nacional da campanha de McCarthy em Washington. Ann Markusen era uma brilhante aluna de economia, capitã da equipe feminina de vela de Georgetown e uma liberal apaixonada contrária à guerra, além de ser de Minnesota. Admirava McCarthy e, como muitos jovens que trabalhavam com ele, detestava Kennedy por ele tentar abocanhar a sua indicação. Tivemos algumas discussões ferozes, porque eu achava bom Kennedy estar na disputa. Eu havia observado a sua atuação como procurador-geral e como senador, e achava que ele se preocupava mais com as questões internas do que McCarthy, portanto estava convencido de que ele seria um presidente muito mais eficiente. McCarthy era um homem fascinante, alto, grisalho e bonitão, um intelectual católico irlandês inteligente e com um humor fino e cáustico. Mas eu o havia observado na Comissão de Relações Exteriores, e ele era muito desapaixonado para o meu gosto. Até entrar nas primárias de New Hampshire, ele parecia curiosamente passivo em relação ao que estava acontecendo, contente por votar direito e dizer as coisas certas.

Bobby Kennedy, pelo contrário, logo antes de anunciar sua candidatura à Presidência estava trabalhando arduamente para aprovar uma resolução sustentada por Fulbright, cujo objetivo era dar uma voz ao Senado antes que Lyndon Johnson pudesse mandar mais 200 mil soldados para o Vietnã. Além disso, ele havia ido a Appalachia para expor a extensão da pobreza rural nos Estados Unidos, e fez uma surpreendente viagem à África do Sul, onde conclamou os jovens do país a lutar contra o *apartheid*. Embora eu gostasse de McCarthy, ele me dava a impressão de que preferiria estar em casa lendo são Tomás de Aquino a ir a uma favela para ver como vivem os pobres ou viajar meio mundo para discursar contra o racismo. Toda vez que eu tentava usar esses argumentos com Ann ela me infernizava dizendo que, se Bobby Kennedy tivesse mais princípios e fosse menos político, ele teria feito o que McCarthy fez. A mensagem subjacente, é claro, era que eu também era muito político. Eu estava louco por ela na época e detestava contrariá-la, mas queria sair ganhando e eleger um homem bom e capaz de ser também um bom presidente.

Meu interesse se tornou mais pessoal no dia 20 de março, quatro dias depois de Kennedy ter anunciado que estava no páreo, quando o presidente Johnson encerrou todos os adiamentos para o alistamento de estudantes universitários, com exceção dos de medicina, o que comprometia o meu futuro em Oxford. A decisão de Johnson desencadeou outra carga de culpa pelo Vietnã: como Johnson, eu não acreditava que os estudantes universitários devessem ter seu alistamento adiado, mas não acreditava tampouco na nossa política em relação ao Vietnã.

Na noite de 31 de março, um domingo, o presidente Johnson deveria fazer um discurso à nação sobre o Vietnã. Especulava-se se ele faria uma escalada na guerra ou se iria moderá-la na esperança de começar a negociar, mas ninguém imaginou o que realmente iria acontecer. Eu estava dirigindo na Massachusetts Avenue, ouvindo o discurso pelo rádio do meu carro. Depois de falar durante algum tempo, Johnson disse que havia decidido limitar drasticamente o bombardeio do Vietnã do Norte, na expectativa de encontrar uma solução para o conflito. E então, quando eu ia passando pelo Cosmos Club, o presidente soltou a sua bomba: "Com os filhos da pátria nos campos distantes e nossas esperanças de paz no mundo em perigo diariamente, não acho que deva dedicar mais uma hora ou mais um dia do meu tempo a questões partidárias pessoais. [...] Assim, não devo buscar, e não aceitarei, a indicação do meu partido para outro mandato como presidente da nação". Subi incrédulo no meio-fio, sentindo-me triste por Johnson, que tinha feito tanto pelos Estados Unidos internamente, mas feliz por meu país e pela perspectiva de um recomeço.

Esse sentimento não durou muito tempo. Quatro dias depois, na noite de 4 de abril, Martin Luther King Jr. foi morto na sacada do seu quarto no Hotel Lorraine, em Memphis, aonde tinha ido para apoiar a greve de operários dos serviços de água e esgoto. Nos dois últimos anos de vida ele havia ampliado seu programa de luta pelos direitos civis, levando-o a incluir uma investida sobre a pobreza urbana e a oposição aberta à guerra. Era politicamente necessário rechaçar o desafio à sua liderança por parte de negros mais jovens, mais militantes, mas era óbvio, para todos os que o observavam, que o dr. King falava sério quando dizia que não podia obter progressos nos direitos civis dos negros sem se opor igualmente à pobreza e à guerra no Vietnã.

Na véspera da sua morte, à noite, o dr. King fez uma pregação sinistramente profética para uma casa lotada na Mason Temple Church. Numa óbvia referência às muitas ameaças à sua vida, ele disse: "Como todos, eu gostaria de ter uma vida longa. A longevidade tem seu lugar. Mas não estou preocupado com isso agora. Só quero cumprir a vontade de Deus. E ele me permitiu ir até o alto da montanha. E eu olhei à minha volta e vi a terra prometida. Pode ser que eu não chegue lá com vocês, mas quero que saibam hoje que nós, como povo, chegaremos à terra prometida. Assim, hoje eu estou feliz. Não estou preocupado com nada. Não temo nenhum homem. Meus olhos viram a glória da chegada do Senhor!". Às seis horas da tarde seguinte, James Earl Ray, um vagabundo crônico que fora condenado por roubo à mão armada e fugira da prisão cerca de um ano antes, atirou nele e o matou.

A morte de Martin Luther King Jr. abalou o país como nenhum outro acontecimento desde o assassinato do presidente Kennedy. Em campanha em Indiana naquela noite, Robert Kennedy tentou acalmar os temores dos norte-americanos com o que talvez tenha sido o melhor discurso da sua vida. Pediu aos negros que não se tomassem de ódio pelos brancos e lembrou-lhes de que seu irmão também havia sido morto por um branco. Citou os grandes versos de Ésquilo sobre a sabedoria advinda da dor, contra a nossa vontade, "por meio da espantosa graça de Deus". Para a multidão que estava diante de si e para o país que o ouvia, ele disse que essa fase terminaria porque a grande maioria dos negros e dos brancos "quer viver juntos, quer melhorar a qualidade da nossa vida e quer justiça para todos os seres humanos que vivem na nossa terra". Concluiu com estas palavras: "Dediquemo-nos ao que os gregos escreveram tantos anos atrás: domar a selvageria do homem e tornar mais suave a vida neste mundo. Dediquemo-nos a isso e façamos uma prece para o nosso país e para o nosso povo".

A morte do dr. King provocou mais do que preces; alguns temiam, e outros esperavam, que ela também assinalasse a morte da não-violência. Stokely Carmichael disse que os brancos norte-americanos tinham declarado guerra aos negros norte-americanos, e que para isso não havia "nenhuma outra alternativa para os negros". Irromperam distúrbios em Nova York, Boston, Chicago, Detroit, Memphis e em mais de cem outras cidades maiores ou menores. Mais de quarenta pessoas foram mortas e houve centenas de feridos. A violência foi mais grave em Washington, predominantemente dirigida contra os estabelecimentos de comércio de proprietários negros, os quais ficavam ao longo das ruas Fourteenth e H. O presidente Johnson convocou a Guarda Nacional para restaurar a ordem, mas o clima continuou tenso.

Georgetown estava a uma distância segura da violência, mas tivemos uma amostra dela quando algumas centenas de guardas nacionais acamparam no ginásio McDonough, onde jogava o nosso time de basquete. Muitas famílias negras tiveram suas casas incendiadas e se refugiaram nas igrejas locais. Atuei como voluntário na Cruz Vermelha, ajudando a lhes entregar alimentos, cobertores e outros suprimentos. Do meu conversível Buick 1963, com chapas do Arkansas e o logotipo da Cruz Vermelha colado nas portas, eu tinha uma imagem estranha das ruas, quase todas vazias, marcadas por edifícios ainda enfumaçados e lojas com o vidro das vitrines quebrado para serem saqueadas. Fiz esse percurso de carro à noite e depois novamente na manhã de domingo, quando levei comigo Carolyn Yeldell, que tinha chegado de avião para o fim de semana. À luz do dia era seguro, e assim nós descemos do carro e andamos um pouco, examinando os destroços do tumulto. Foi a única vez que me senti inseguro num bairro negro. E eu pensei, não pela primeira vez, nem pela última, que era triste e irônico o fato de as principais vítimas do ódio negro serem os próprios negros.

A morte do dr. King deixou um vazio num país desesperadamente necessitado do seu compromisso com a não-violência e da sua crença na promessa dos Estados Unidos — agora havia o perigo de perdermos todos os avanços feitos nesse sentido. O Congresso reagiu aprovando a lei do presidente Johnson que proibia a discriminação racial na venda e no aluguel de imóveis. Robert Kennedy também tentou preencher o vazio. Ganhou as primárias de Indiana no dia 7 de maio pregando a reconciliação racial, enquanto se dirigia aos eleitores mais conservadores descendo a lenha no crime e falando sobre a necessidade de fazer com que as pessoas passassem do seguro contra a pobreza para o emprego. Alguns liberais atacavam a sua mensagem de "segurança pública", mas ela era politicamente necessária. E ele acreditava nela assim como acreditava no término dos adiamentos de recrutamento.

Em Indiana, Bobby Kennedy se tornou o primeiro Novo Democrata, antes de Jimmy Carter, antes do Conselho de Liderança Democrática que ajudei a iniciar em 1985, e antes da minha campanha de 1992. Ele acreditava em direitos civis para todos e em privilégios especiais para ninguém, em dar aos pobres mais elevação que distribuição: trabalho era melhor que auxílio-pobreza. Ele compreendeu de modo visceral que a política progressista exige a defesa de novas medidas, além de valores fundamentais, mudança ampla e estabilidade social. Se tivesse se tornado presidente, a jornada norte-americana pelo restante do século XX teria sido muito diferente.

No dia 10 de maio iniciaram-se em Paris as conversações de paz entre os Estados Unidos e o Vitenã do Norte, o que trouxe esperança para os norte-americanos ansiosos pelo término da guerra, e alívio para o vice-presidente Hupert Humphrey, que tinha entrado na corrida no fim de abril e precisava de alguma mudança na nossa sorte para ter alguma oportunidade de ganhar a indicação ou quem sabe a eleição. Enquanto isso, os distúrbios sociais continuavam no mesmo ritmo. A Universidade de Colúmbia em Nova York foi fechada por manifestantes até o fim do ano acadêmico. Dois pregadores católicos, os irmãos Daniel e Philip Berrigan, foram presos por roubar e queimar registros de recrutamento. E em Washington, pouco antes de se completar um mês do início dos tumultos, ativistas dos direitos civis levaram em frente os planos de Martin Luther King Jr. de uma Campanha para os Pobres, criando um acampamento de tendas na avenida — a Cidade da Ressurreição — para dar visibilidade aos problemas da pobreza. Chovia torrencialmente, e com isso a avenida virou pura lama e as condições de vida ficaram terríveis. Em junho, Ann Markusen e eu fomos até lá um dia para ver o acampamento e oferecer nosso apoio. Entre as tendas haviam disposto tábuas para que se pudesse caminhar sem afundar na lama, mas depois de algumas horas perambulando por ali e conversando com as pessoas estávamos cobertos de barro. Foi uma boa metáfora para a confusão da época.

Maio terminou e a disputa pela indicação democrática ainda não estava resolvida. Humphrey começou a ganhar delegados entre adeptos leais do partido nos estados que não têm eleições primárias, e McCarthy derrotou Kennedy na primária do Oregon. As esperanças de Kennedy para a indicação estavam dependendo da primária da Califórnia no dia 4 de junho. Minha última semana na faculdade foi passada em meio a uma grande expectativa quanto a esse resultado, quatro dias antes da nossa formatura.

Na noite de terça-feira Robert Kennedy ganhou na Califórnia, graças a uma grande manifestação entre os eleitores da minoria do Condado de Los Angeles. Tommy Caplan e eu estávamos entusiasmados. Ficamos acordados até Kennedy fazer o discurso da vitória, e então fomos dormir; já eram quase três da manhã em Washington. Poucas horas depois fui acordado por Tom, que me chacoalhava e gritava: "Atiraram no Bobby! Atiraram no Bobby!". Alguns minutos depois de termos desligado a televisão e desmaiado no sono, o senador Kennedy estava andando na cozinha do Ambassador Hotel, quando um jovem árabe, Sirhan Sirhan, furioso com ele pelo seu suposto apoio a Israel, desfechou uma saraivada de balas nele e nos que o cercavam. Outros cinco homens foram feridos, mas sobreviveram. Com um ferimento grave na cabeça, Bobby Kennedy foi operado. Morreu um dia depois, com apenas 42 anos, no dia 6 de junho, o dia do aniversário de 55 anos da minha mãe, dois meses e dois dias depois do assassinato de Martin Luther King Jr.

No dia 8 de junho Caplan foi para Nova York assistir ao funeral na Catedral de São Patrício. Admiradores do senador Kennedy, famosos e anônimos, tinham passado para se despedir de seus restos mortais durante todo o dia e toda a noite, antes do serviço fúnebre. O presidente Johnson, o vice-presidente Humphrey e o senador McCarthy estavam lá. Assim como o senador Fulbright. Ted Kennedy fez um magnífico discurso para o irmão, fechando com palavras vigorosas e elegantes que eu jamais esquecerei: "Meu irmão não precisa ser idealizado ou engrandecido na morte além do que ele foi em vida. Ele deverá ser lembrado simplesmente como um homem bom e decente, que via os erros e tentava corrigi-los, via o sofrimento e tentava apaziguá-lo, via a guerra e tentava cessá-la. Aqueles entre nós que o amávamos, e hoje o conduzimos para o seu repouso, pedimos a Deus para que o que ele era para nós e o que ele desejava para os outros algum dia aconteça para o mundo todo".

Também eu queria isso, mas era algo que parecia mais distante do que nunca. Vivemos aqueles últimos dias letivos da faculdade numa névoa dormente. Meu amigo Tommy tomou o trem fúnebre de Nova York rumo a Washington e quase não voltou a tempo para a formatura. Cancelaram-se todos os outros atos da formatura, mas a cerimônia de colação de grau foi realizada tal como programada. Contudo, nem mesmo isso deu muito certo, o que gerou os primeiros momentos de descontração depois de vários dias. Pois exatamente quando Walter Washington, prefeito da cidade e orador da colação, se levantava para discursar, formava-se bruscamente uma tempestade. Ele falou durante cerca de trinta segundos, cumprimentando-nos, desejando-nos sorte e dizendo que se não entrássemos imediatamente todos nós iríamos nos afogar embaixo da chuva. Então o aguaceiro desabou e nós saímos correndo. Com aquilo nossa classe ficou disposta até a votar no prefeito Washington para presidente. Naquela noite os pais de Tommy Caplan levaram minha mãe, Roger, Tommy e eu, e mais umas poucas pessoas, para jantar num restaurante italiano. Tommy conduziu a conversa, e em certo ponto disse que a compreensão de um determinado assunto exigia um "intelecto maduro". Meu irmão de onze anos olhou para cima e disse: "Tom, eu tenho um intelecto maduro?". Foi bom encerrar um dia tumultuado e dez semanas dolorosas com uma risada.

Depois de alguns dias para fazer as malas e me despedir, dirigi de volta para o Arkansas com o meu companheiro de quarto Jim Moore, para trabalhar na campanha de reeleição do senador Fulbright. Ele parecia vulnerável em dois pontos: primeiro, sua oposição aberta à Guerra do Vietnã num estado conservador, simpatizante dos militares, e que já estava contrariado com todos os distúrbios nos Estados Unidos; e, segundo, sua recusa a se adaptar às exigências da moderna política legislativa, que exigia dos senadores, congressistas e deputados a presença na sua cidade na maioria dos fins de semana para o encontro com seus eleitores. Fulbright tinha ido para o Congresso na década de 1940, quando as expectativas eram muito diferentes. Naquela época se esperava que os membros do Congresso fossem para casa durante as férias e nos longos recessos de verão, e respondessem às cartas e telefonemas dos seus eleitores, recebendo-os quando eles fossem a Washington. Nos fins de semana do período em que o Congresso estava em sessão, os parlamentares podiam ficar na cidade, descansar e refletir, como a maioria dos outros cidadãos trabalhadores. Quando iam para casa nos longos recessos, esperava-se que eles trabalhassem algumas horas no escritório de sua casa e fizessem algumas viagens ao interior para conversar com as pessoas. A interação intensa com os eleitores ficava reservada para as campanhas.

No fim dos anos 1960, a facilidade e a oferta das viagens aéreas estavam mudando rapidamente as regras da sobrevivência política. Cada vez mais os senadores e os congressistas estavam indo para casa na maioria dos fins de semana, viajando para mais lugares e ali fazendo declarações para a mídia local sempre que pudessem.

A campanha do Fulbright se defrontou com uma resistência razoável por parte das pessoas que discordavam dele quanto à guerra ou pensavam que ele era inacessível, ou ambas as coisas. Ele achava que a idéia de voar para casa todo fim de semana era bobagem, e uma vez me disse, referindo-se aos colegas que assim faziam: "Como é que eles arranjam tempo para ler e pensar?". Infelizmente as pressões sobre os membros do Congresso para que eles viajassem constantemente ficaram ainda mais intensas. A elevação dos custos da publicidade na televisão, no rádio e em outros veículos, assim como a insaciável sede de aparecerem no noticiário punham toda semana muitos senadores e deputados no avião e freqüentemente os levavam a sair várias noites durante a semana para se encontrar com captadores de recursos para campanha na área de Washington. Quando era presidente, eu muitas vezes disse para Hillary e para minha equipe que achava que uma razão pela qual o debate no Congresso tinha se tornado tão negativo e áspero era que muitos congressistas estavam num permanente estado de exaustão.

No verão de 1968 a exaustão não era o problema de Fulbright, embora ele estivesse cansado de discutir sobre o Vietnã. Não era de descanso que ele precisava, e sim de um modo de voltar a cair nas graças dos eleitores que estavam indispostos com ele. Por sorte seus opositores eram fracos. Seu principal adversário na primária era ninguém menos que o juiz Jim Johnson, que estava de volta à sua velha rotina, viajando pelas sedes de condado com uma banda country, acusando Fulbright de ser complacente com o comunismo. A esposa de Johnson, Virginia, tentava se igualar à esposa de George Wallace, Lurleen, que havia sucedido seu marido como governadora. O candidato republicano ao Senado era um pequeno empresário desconhecido do leste do Arkansas, Charles Bernard, segundo o qual Fulbright era liberal demais para representar o nosso estado.

Lee Williams tinha ido coordenar a campanha, com uma grande ajuda de Jim McDougal (o de Whitewater), o jovem, mas experiente político, que dirigia o escritório do senador Fulbright em Little Rock. Jim era um populista ao velho estilo que contava ótimas histórias numa linguagem pitoresca e dava o melhor de si no seu trabalho para Fulbright, que ele venerava.

Jim e Lee resolveram reapresentar o senador para o Arkansas como "apenas o despretensioso Bill", um sensato cidadão do Arkansas que vestia uma camisa xadrez vermelha. Todo o material impresso de campanha, e a maior parte da publicidade veiculada pela televisão, mostrava-o desse modo — embora eu não acredite que ele gostasse disso, e, na campanha, ele estivesse quase sempre usando terno. Para inculcar essa imagem, o senador resolveu fazer uma viagem de campanha às pequenas cidades de todo o estado, acompanhado apenas por um motorista e uma caderneta preta cheia de nomes dos seus apoiadores do passado. Ela havia sido preparada por Parker Westbrook, um integrante da equipe que parecia conhecer todo mundo no Arkansas que tivesse um pingo de interesse em política. Uma vez que o senador Fulbright fazia campanha a cada seis anos, era de esperar que todos os nomes constantes nas anotações de Parker fossem de pessoas que ainda estivessem vivas.

Lee Williams me deu a oportunidade de dirigir para o senador durante alguns dias numa viagem ao sudoeste do Arkansas, e eu a agarrei. Estava fascinado com Fulbright, agradecido pela carta que ele havia escrito sobre mim para a Comissão de Bolsas da Rhodes, e ansioso por aprender mais sobre o que pensavam as pessoas das pequenas cidades do Arkansas. Elas estavam muito distantes da violência urbana e das demonstrações contra a guerra, mas uma porção de suas famílias tinha garotos no Vietnã.

Certo dia Fulbright estava sendo seguido por uma equipe da televisão nacional quando entramos numa cidadezinha, estacionamos o carro e fomos para um armazém de secos e molhados onde os fazendeiros compravam ração para seus animais. Com as câmeras gravando tudo, Fulbright apertou as mãos de um velhote de avental e lhe pediu seu voto. O homem disse que não votaria nele porque ele não enfrentaria os comunistas e os deixaria "tomar conta do nosso país". Fulbright se sentou numa pilha de sacos que estava no chão e começou a conversar. Disse ao homem que enfrentaria os comunistas no país caso se deparasse com eles. "Mas eles estão por aí", respondeu o homem. Então Fulbright comentou: "É verdade? Você viu algum por aqui? Eu tenho procurado por toda parte e ainda não encontrei nenhum". Era divertido assistir ao Fulbright fazendo o seu trabalho. O sujeito achou que ele estava falando sério. Tenho certeza de que os telespectadores se divertiram com aquilo, mas o que eu vi me incomodou. Aquele homem tinha um muro diante dos olhos. O fato de não encontrar um comunista, para salvar a alma dele, não fazia a menor diferença. Ele nem ouvia o que Fulbright dizia; por mais que este falasse, o muro que havia diante dele não seria derrubado. Torci para que o número de eleitores com uma cabeça diferente fosse a maioria naquela cidade e nas centenas de outras cidades iguais a ela.

Apesar do incidente no armazém de secos e molhados, Fulbright estava convencido de que a maior parte dos eleitores das cidadezinhas era gente sensata, prática e de cabeça boa. Ele achava que aquelas pessoas dispunham de mais tempo para refletir sobre as coisas, e assim os seus críticos da direita não teriam tanta facilidade para levá-las a fugir em pânico. Mas eu já não tinha tanta certeza disso depois de uns poucos dias de visita a lugares onde todos os eleitores brancos pareciam estar com George Wallace. Então chegamos a Center Point, onde aconteceu um dos encontros mais memoráveis da minha vida na política. Center Point era um vilarejo de menos de duzentas pessoas. De acordo com a caderneta preta, o homem que precisava ser visitado era Bo Reece, um antigo aliado que vivia na melhor casa da cidade. Na época anterior à televisão havia um "Bo Reece" na maioria das cidades do Arkansas. Algumas semanas antes da eleição as pessoas perguntavam: "Em quem o Bo vai votar?". Sua escolha era divulgada e decidia dois terços dos votos, às vezes até mais.

Quando saímos do carro diante da casa, Bo estava sentado na varanda. Apertou a mão de Fulbright e a minha, disse que tinha estado à espera dele e nos convidou para entrar. A decoração da casa era antiquada, com lareira e poltronas confortáveis. Logo que nos sentamos, Reece disse: "Senador, este lugar está com uma porção de problemas. Uma porção de coisas não está certa". Fulbright concordou, mas não sabia aonde Bo Reece queria chegar, nem eu — talvez fosse dizer que estava com Wallace. Então Bo contou uma história de que vou me lembrar enquanto viver: "Outro dia eu estava conversando com um amigo agricultor que planta algodão no oeste do Arkansas. Ele tinha uma monte de meeiros trabalhando para ele. [Os meeiros eram mão-de-obra rural, normalmente negros, remunerada com uma pequena parte da colheita. Freqüentemente moravam em casebres arruinados na fazenda e eram sempre gente pobre.] A certa altura eu lhe perguntei: 'Como é que os seus meeiros estão se saindo?' E ele disse: 'Bom, se o ano é ruim, eles ficam sem nenhum'. Aí ele riu e completou: 'E se o ano é bom, eles ficam sem nenhum'". Então Bo disse: "Senador, isso não está certo, e o senhor sabe disso. É por isso que nós temos tanta pobreza e outros problemas neste país, e se o senhor tiver outro mandato precisa fazer alguma coisa com relação a isso. Os negros merecem um tratamento melhor". Depois de tanta conversa racista que tínhamos ouvido, Fulbright quase caiu da cadeira. Ele garantiu a Bo que tentaria fazer algo a respeito disso quando fosse reeleito, e Bo prometeu continuar lhe dando seu apoio.

Quando voltamos para o carro, Fulbright disse: "Está vendo? É como eu falei para você. Nessas cidades pequenas encontramos muita gente sensata. Bo fica sentado naquela varanda refletindo sobre as coisas". Bo Reece teve um grande impacto sobre Fulbright. Poucas semanas depois, num comício de campanha em El Dorado, uma cidade petrolífera do sul do Arkansas que era um reduto de racismo e apoio a Wallace, perguntaram a Fulbright qual era o maior problema dos Estados Unidos. Ele respondeu sem hesitar: "A pobreza". Fiquei orgulhoso dele e agradecido a Bo Reece.

Quando estávamos indo de cidade a cidade naquelas estradas escaldantes da região, eu tentava fazer Fulbright falar. As conversas me deixaram com grandes lembranças mas encurtaram bastante a minha carreira como seu motorista. Certo dia estávamos falando a respeito da Suprema Corte sob a presidência de Warren. Eu concordava plenamente com a maioria das suas decisões, sobretudo as referentes aos direitos civis. Fulbright discordava. Ele disse: "Vai acontecer uma terrível reação contra a Suprema Corte. Não se pode mudar demais a sociedade por meio dos tribunais. A maioria das mudanças precisa ser feita através do sistema político. Embora isso exija mais tempo, é mais provável que elas persistam". Ainda acho que os Estados Unidos avançaram bastante enquanto a Suprema Corte esteve sob a presidência de Warren, mas indubitavelmente estamos tendo há mais de trinta anos uma forte reação às suas decisões.

Depois de viajarmos por quatro ou cinco dias, comecei uma dessas discussões políticas com Fulbright ao sairmos de uma cidadezinha no trajeto rumo a nossa próxima parada. Depois de cinco minutos, ele me perguntou para onde eu estava indo. Quando falei o nome da cidade, ele disse: "Então é melhor voltar. Você está indo exatamente na direção oposta". Enquanto envergonhadamente eu fazia a manobra de retorno, Fulbright falou: "Você vai dar uma fama ruim para os bolsistas da Rhodes. Está agindo como um intelectual que não sabe nem que caminho pegar".

Fiquei constrangido, evidentemente, enquanto levei o senador para o seu encontro. E sabia que os meus dias como motorista tinham acabado. Mas afinal eu estava apenas inseguro nos meus 22 anos e acabara de ter alguns dias de experiências e conversas que me acompanhariam pela vida inteira. Fulbright precisava de um motorista que pudesse levá-lo rapidamente ao próximo lugar, e eu estava feliz por voltar para o trabalho no comitê do partido, ir para os comícios e piqueniques, e para os longos jantares ouvindo as histórias políticas do Arkansas contadas por Lee Williams, Jim McDougal e outros velhos parceiros.

* * *

Pouco tempo antes da primária, Tom Campbell, a caminho do Texas para o seu ingresso no Corpo da Marinha, nos fez uma visita. Naquela noite Jim Johnson faria em Batesville, cerca de uma hora e meia ao norte de Little Rock, mais um dos seus comícios nos degraus do tribunal, com animação de uma banda country, e resolvi mostrar a Tom um lado do Arkansas de que, até então, ele tinha apenas ouvido falar. Johnson estava em boa forma. Depois de empolgar a multidão, pegou um sapato e gritou: "Vocês estão vendo este sapato? Ele foi feito na Ro... mê... nia, um país comunista! Bill Fulbright votou a favor de deixar esses sapatos comunistas entrarem nos Estados Unidos e de tirar o emprego da gente direita do Arkansas que trabalha nas nossas fábricas de calçados". Naquela época tínhamos uma porção de trabalhadores do setor calçadista e Johnson prometia a eles, e também a todos nós, que quando chegasse ao Senado não haveria mais sapatos comunistas invadindo os Estados Unidos. Eu não tinha idéia se nós estávamos realmente importando calçados romenos, se Fulbright havia votado a favor de uma tentativa fracassada de abrir nossas fronteiras para eles, ou se foi Johnson quem inventou tudo aquilo. Mas a história surtiu bom efeito. Depois do discurso, Johnson parou para cumprimentar as pessoas da multidão. Esperei pacientemente a minha vez. Quando apertou a minha mão, eu lhe disse que ele havia me deixado envergonhado de ser do Arkansas. Acho que a minha sinceridade o divertiu. Ele apenas sorriu, sugeriu que eu lhe escrevesse relatando o que eu sentia e pensava, e passou para o aperto de mão seguinte.

No dia 30 de julho Fulbright derrotou Jim Johnson e dois candidatos menos expressivos. A esposa do juiz Jim, Virginia, quase conseguiu chegar à final para governadora, derrotando um jovem reformista chamado Ted Boswell por 409 votos de um total de 400 mil votos dados, apesar dos grandes esforços do pessoal do Fulbright para ajudá-lo nos últimos dias da campanha e nos seis dias seguintes, quando todo mundo estava se acotovelando para evitar omissões na contagem ou para obter alguns votos de vantagem nas zonas eleitorais cujo resultado não havia sido oficialmente anunciado. A sra. Johnson perdeu a disputa por 63% a 37% para Marion Crank, parlamentar do estado que vinha de Foreman, no sudoeste do Arkansas. Crank contava com apoio do pessoal do comício no tribunal, e tinha atrás de si a máquina administrativa do Faubus. O Arkansas finalmente havia se fartado dos Johnson. Não estávamos ainda no Novo Sul dos anos 1970, mas éramos suficientemente sensatos para não retroceder.

Em agosto, quando estava encerrando o meu envolvimento na campanha de Fulbright e me preparando para ir para Oxford, passei várias noites na residência dos amigos da minha mãe Bill e Marge Mitchell, em Lake Hamilton, onde eu sempre me sentia bem recebido. Naquele verão encontrei ali algumas pessoas interessantes. Como a minha mãe, eles gostavam de corridas de cavalo e ao longo dos anos ficaram conhecendo muita gente do meio, inclusive dois irmãos de Illinois, W. Hal e "Burro" Bishop, que eram donos de cavalos e também treinadores. W. Hal Bishop era mais bem-sucedido, mas "Burro Bishop" foi um dos personagens mais inesquecíveis que conheci. Ele visitava freqüentemente a casa de Marge e Bill. Certa noite estávamos à beira do lago conversando sobre as experiências da minha geração com drogas e mulheres, e o "Burro" mencionou que no passado bebia muito e tinha casado dez vezes. Fiquei admirado. "Não olhe para mim desse jeito", disse ele. "Quando eu tinha a sua idade as coisas eram diferentes. Quando a gente queria fazer sexo não adiantava dizer que amávamos a moça. Era preciso casar!" Eu ri e perguntei se ele se lembrava do nome de todas elas. "Só de duas", respondeu ele. Quanto tempo durou o seu casamento mais curto? "Uma noite. Eu acordei num motel com uma terrível ressaca e uma mulher desconhecida. Então eu disse: 'Mas que diabos?! Quem é você?'. Ela disse: 'Sou a sua esposa, seu f-da-p!'. Eu me levantei, vesti minha roupa e saí dali." Na década de 1950 "Burro" conheceu uma mulher que era diferente de todas as outras. Ele lhe contou toda a verdade sobre a sua história e disse que, se ela se casasse com ele, a bebida e as farras seriam riscadas da sua vida. Ela topou correr o risco e ele cumpriu a palavra durante 25 anos, até a morte.

Marge Mitchell também me apresentou a dois jovens que estavam começando a lecionar em Hot Springs: Danny Thomason e Jan Biggers. Danny era de Hampton, sede do menor condado do Arkansas, e tinha um mundo de boas histórias rurais para contar ao falar disso. Quando eu era governador, todo domingo cantávamos lado a lado como tenores no coro da Igreja Batista Emanuel. Seu irmão e sua cunhada, Harry e Linda, tornaram-se amigos muito íntimos de Hillary e eu, e tiveram um grande papel na campanha presidencial de 1992 e nos nossos anos na Casa Branca.

Jan Biggers era uma moça alta, falante e bonita de Tuckerman, no nordeste do Arkansas. Eu gostava dela, mas deplorava as opiniões segregacionistas que haviam lhe inculcado na sua criação. Quando parti para Oxford, dei a ela uma caixa de papelão cheia de brochuras sobre direitos civis e a estimulei a lê-las. Poucos meses depois ela foi embora com outro professor, John Paschal. Eles acabaram se fixando em New Hampshire, onde ele se tornou construtor e ela continuou lecionando; tiveram três filhos. Quando concorri para a Presidência, fiquei agradavelmente surpreso ao saber que Jan era presidente do Partido Democrata num dos dez condados de New Hampshire.

Embora eu estivesse me preparando para ir para Oxford, agosto foi um dos meses mais tumultuados de 1968, e estava difícil pensar no futuro. O mês começou com a convenção republicana em Miami Beach, onde o anúncio do governador de Nova York, Nelson Rockefeller, de que iria derrotar um Richard Nixon ressuscitado mostrou claramente como a ala moderada do partido tinha se enfraquecido, e onde Ronald Reagan, o governador da Califórnia, surgiu como presidenciável, com seu apelo para os conservadores "de verdade". Nixon ganhou na primeira urna, com 692 votos contra 277 para Rockefeller e 182 para Reagan. A mensagem de Nixon era simples: internamente ele defendia a segurança pública e externamente a paz honrada no Vietnã. Embora o verdadeiro tumulto político estivesse para acontecer quando os democratas se encontraram em Chicago, os republicanos tiveram a sua parcela de contribuição na turbulência, agravada com a escolha que Nixon fez para a Vice-Presidência o governador Spiro Agnew, de Maryland, cuja única notoriedade nacional havia sido a sua postura de linha dura contra a desobediência civil. Jackie Robinson — jogador de beisebol que está no Hall da Fama e o primeiro negro a jogar nas principais ligas — renunciou ao seu posto como assistente de

Rockefeller por não poder apoiar uma chapa de candidatos republicanos que considerou "racista". Sucessor de Martin Luter King Jr., o reverendo Ralph Abernathy transferiu de Washington para Miami Beach a Campanha dos Pobres, esperando imprimir certa influência na convenção republicana. Eles se desapontaram com a plataforma de trabalho, os discursos fracos e os apelos de Nixon para os ultraconservadores. Depois do anúncio da indicação de Agnew, o que tinha sido uma reunião pacífica contra a pobreza se transformou em tumulto. A Guarda Nacional foi convocada e então se desenrolou a história que àquelas alturas já era previsível: gás lacrimogêneo, pancadaria, saques e incêndios. Quando tudo acabou, três negros tinham sido mortos, impôs-se um toque de recolher por três dias e 250 pessoas foram presas e mais tarde libertadas para calar as acusações de brutalidade policial. Mas todo o problema apenas fortaleceu a carta da segurança pública que Nixon estava usando em seu jogo para a chamada maioria silenciosa de norte-americanos, que ficou assustada com o que considerou o rompimento do tecido vital para a tranqüilidade no país.

A briga em Miami foi apenas um aquecimento para o que os democratas enfrentaram quando se reuniram em Chicago mais tarde, naquele mesmo mês. No início do mês, Al Lowenstein e outras pessoas ainda estavam procurando uma alternativa para Humphrey. McCarthy continuava na parada, sem nenhuma perspectiva real de ganhar. No dia 10 de agosto o senador George McGovern anunciou a sua candidatura, claramente esperando ter o apoio dos que tinham sido pró-Robert Kennedy. Enquanto isso, Chicago estava se enchendo de jovens que se opunham à guerra. Um grupo pequeno pretendia fazer muita confusão; os demais estavam ali para encenar diversas formas de protesto pacífico, inclusive os hippies — que programaram um "Festival da Vida" bem no gênero "contracultura", com a maioria dos participantes sob o efeito de maconha — e a Comissão Nacional de Mobilização, que tinha em mente um protesto mais convencional. Mas o prefeito Richard Daley não estava facilitando as coisas: ele pôs em estado de alerta toda a força policial, pediu ao governador que mandasse a Guarda Nacional e se preparou para o pior.

No dia 22 de agosto a convenção anunciou a sua primeira vítima, um índio norte-americano morto pela polícia, a qual se justificou dizendo que o homem havia atirado primeiro. O rapaz morreu próximo ao Lincoln Park, onde as pessoas se reuniam diariamente. Dois dias depois, mais de mil manifestantes se recusaram a acatar a ordem de deixar o parque à noite. Munidos de cassetetes, centenas de policiais abriram caminho entre a multidão, enquanto os alvos deles atiravam pedras, xingavam ou corriam. Tudo isso foi registrado pela televisão.

Foi assim que vivenciei Chicago. Era surrealista. Eu havia ido para Shreveport, na Louisiana, com Jeff Dwire, o homem com quem minha mãe estava envolvida e logo depois se casaria. Jeff era um homem incomum: veterano da Segunda Guerra Mundial, ele havia lutado no Pacífico, onde sofreu uma lesão permanente na musculatura abdominal, ao saltar de pára-quedas num recife de coral para abandonar seu avião atingido; era um marceneiro de mão-cheia; um sedutor esperto vindo de Louisiana; e era dono do salão de beleza onde a minha mãe arrumava o cabelo (ele próprio havia pago seus estudos na faculdade com o trabalho de cabeleireiro). Também tinha sido jogador de futebol americano, instrutor de judô, construtor de casas, vendedor de equipamento para poços de petróleo e corretor de ações. De um primeiro casamento, tinha três filhas. E, além disso, tinha cumprido uma pena de nove meses de prisão em 1962 por fraude envolvendo ações. Em 1956 ele havia arrecadado 24 mil dólares para uma companhia que ia fazer filmes sobre personagens pitorescos de Oklahoma, inclusive o gângster Pretty Boy Floyd. O procurador-geral dos Estados Unidos concluiu que mal o dinheiro entrou a companhia já havia gasto inteiramente, de modo que nunca houvera a menor intenção de fazer os filmes. Jeff alegava ter abandonado o negócio logo que percebeu se tratar de uma falcatrua, mas que daí já era tarde demais. Eu o respeitei por me contar tudo aquilo logo que nos conhecemos. De qualquer maneira, a minha mãe tinha intenções sérias para com ele e queria que nós passássemos algum tempo juntos, o que me levou a concordar em ir com ele para a Louisiana durante alguns dias, enquanto ele tratava de negócios numa companhia de casas pré-fabricadas. Shreveport era uma cidade conservadora no noroeste da Louisiana, não muito longe da divisa com o Arkansas, com um jornal ultradireitista que toda manhã me dava uma versão totalmente diferente do que eu havia visto na televisão na noite anterior. Eu estava me sentindo pouco à vontade, mas ficava preso à televisão durante horas, saindo para ir a uns poucos lugares e ir comer com Jeff. Eu me senti muito isolado. Não me identificava com a moçada que estava armando confusão, nem com o prefeito de Chicago e suas táticas grosseiras, nem com as pessoas que o estavam apoiando, ou seja, a maioria das pessoas com quem eu tinha crescido. Eu estava desgostoso com o fato de o meu partido e suas causas progressistas estarem se desintegrando diante dos meus olhos.

As eventuais esperanças de que a convenção pudesse resultar em um partido unificado foram desfeitas pelo presidente Johnson. O senador Edward Kennedy, na primeira declaração que fez desde o funeral do seu irmão, pediu suspensão unilateral do bombardeio e retirada conjunta das forças norte-americanas e norte-vietnamitas do Vietnã do Sul. Sua proposta era a principal tábua de uma plataforma de conciliação acertada entre os líderes Humphrey, Kennedy e McCarthy. Quando o general Creighton Abrams, comandante das forças norte-americanas no Vietnã, disse a Lyndon Johnson que o cessar-fogo poria em risco os soldados norte-americanos, o presidente pediu a Humphrey que abandonasse a tábua de apoio do Vietnã, e Humphrey cedeu. Mais tarde, em sua autobiografia, Humphrey diria: "Eu devia ter ficado firme. [...] Não devia ter cedido". Mas ele cedeu, e a represa se rompeu.

A convenção foi aberta no dia 26 de agosto. O discurso programático foi feito pelo senador pelo Havaí, Dan Inouye, um corajoso descendente de japoneses que era veterano da Segunda Guerra Mundial, a quem em 2000 dei a Medalha de Ouro do Congresso, num reconhecimento atrasado pelo heroísmo que lhe havia custado um braço e por pouco também não lhe ceifou a vida, enquanto seu povo estava sendo levado para campos de detenção no Havaí. Inouye demonstrou simpatia pelos manifestantes e por seus objetivos, mas insistiu com eles para que não abandonassem os meios pacíficos. Ele falou contra "violência e anarquia", mas também condenou a apatia e o preconceito "que se escondem fora do alcance da segurança", o que foi uma clara bofetada em Nixon e talvez igualmente na tática da polícia de Chicago. Inouye havia encontrado um bom equilíbrio a sugerir, mas as coisas estavam muito fora de ordem para ser consertadas pela força das suas palavras.

Não foi somente o Vietnã que dividiu a convenção. Algumas das delegações do Sul ainda resistiam à norma partidária de que o processo de seleção dos delegados fosse aberto aos negros. A comissão de credenciais, inclusive David Pryor, congressista pelo Arkansas, votou pela aceitação da desafiadora delegação do Mississippi, chefiada pelo ativista dos direitos humanos Aaron Henry. Os demais do Sul eram contra, com exceção da delegação da Geórgia, que estava dividida, com metade dos seus integrantes apoiando um pequeno grupo de ativistas liderado por Julian Bond, jovem representante do estado que hoje é presidente da NAACP [National Association for the Advancement of Colored People]; e a do Alabama, que teve dezesseis dos seus delegados desqualificados por não se comprometerem a apoiar o indicado pelo partido, supostamente porque Wallace, o governador do Alabama, estava concorrendo como independente.

Apesar dessas disputas, o pomo da discórdia era a guerra. McCarthy parecia desconsolado, de volta à sua velha personalidade modesta, resignado com a idéia da derrota, distanciado da moçada que estava sendo importunada e espancada toda noite no Lincoln Park ou no Grant Park quando se recusava a ir embora. Num esforço de última hora para encontrar um candidato que a maioria dos democratas achasse elegível e aceitável, surgiu o nome de Ted Kennedy na boca de gente que ia de Al Lowenstein até o prefeito Daley. Quando ele deu um firme "não", a indicação de Humphrey ficou mais que certa — 60% dos delegados votariam a seu favor. Essa foi a tábua do Vietnã que Johnson procurava.

Na noite em que a convenção devia indicar o seu candidato, 15 mil pessoas se reuniram no Grant Park para se manifestar contra a guerra e as táticas repressivas do prefeito Daley. Quando um deles começou a aviltar a bandeira norte-americana, a polícia atacou furiosamente a multidão, espancando e prendendo pessoas. Então os manifestantes foram em direção ao Hilton, e aí a polícia lançou gás lacrimogêneo e voltou a espancá-los novamente quando estavam na Michigan Avenue. Toda a ação foi vista pela TV na sala da convenção. Os dois lados se inflamaram. McCarthy finalmente se dirigiu aos seus aliados no Grant Park, dizendo-lhes que não iria abandoná-los e não apoiaria Humphrey ou Nixon. Ao indicar McGovern, o senador Abe Ribicoff, de Connecticut, condenou as "táticas da Gestapo nas ruas de Chicago". Daley se pôs de pé num salto e, com as câmeras de televisão focalizando-o, urrou um apelido raivoso para Ribicoff. Quando acabaram os discursos, começou a contagem nas urnas. Humphrey ganhou tranqüilamente, com a apuração terminando por volta da meia-noite. Sua escolha para candidato a vice-presidente, o senador Edmund Muskie, do Maine, foi aprovada sem problemas logo depois. Enquanto isso, os protestos continuaram fora da sala da convenção, liderados por Tom Hayden e o comediante negro Dick Gregory. O único fato de destaque acontecido dentro da sala, além do discurso de abertura de Inouye, foi o filme de encerramento, um tributo a Robert Kennedy que levou os delegados a um frenesi. Sabiamente, o presidente Johnson havia dado ordem para que o filme só fosse projetado depois da indicação de Humphrey.

Numa última ação indigna, depois da convenção a polícia tomou de assalto o Hilton para espancar e prender os voluntários de McCarthy que estavam numa festa de despedida. A polícia afirmou que do décimo quinto andar, onde ficava a sala de McCarthy, os jovens que bebiam para esquecer a tristeza tinham atirado objetos atingindo suas viaturas. No dia seguinte Humphrey apoiou firmemente a tese da violência "planejada e premeditada" proposta por Daley, negando que o prefeito tivesse feito algo errado.

Os democratas saíram de Chicago divididos e desanimados, as últimas vítimas de uma guerra cultural que ultrapassava as diferenças quanto ao Vietnã. Ela remodelou e realinhou a política norte-americana pelo resto do século e até depois, frustrando a maioria dos esforços para fazer o eleitorado se concentrar nas questões que mais afetam a sua vida e o modo de ganhá-la, e não a sua psique. A rapaziada e os que a apoiavam viam o prefeito e os policiais como fanáticos autoritários, ignorantes e violentos. O prefeito e sua força policial predominantemente negra viam aquele pessoal como boca suja, imoral, sem espírito patriótico, mole, de classe alta, gente mimada demais para respeitar a autoridade, egoísta demais para avaliar o que é preciso fazer a fim de manter coesa uma sociedade, covarde demais para servir no Vietnã.

Enquanto observava tudo isso do meu hotelzinho em Shreveport, entendi como se sentiam os dois lados. Eu era contra a guerra e a brutalidade policial, mas graças ao fato de ter crescido no Arkansas valorizava a luta das pessoas comuns que cumprem seu dever diariamente e me sentia profundamente cético quanto à arrogância hipócrita na esquerda ou na direita. O fanatismo transitório da esquerda ainda não estava gasto, mas já havia desencadeado uma reação radical na direita, que se demonstraria mais durável, mais bem financiada, mais institucionalizada, mais cheia de recursos, mais propensa ao poder e bem mais hábil para obtê-lo e mantê-lo.

Grande parte da minha vida pública foi passada tentando erguer uma ponte para transpor a divisão que em Chicago havia se convertido num abismo. Ganhei uma porção de eleições e acho que fiz muitas coisas boas, mas quanto mais tentei juntar as pessoas, tanto mais os fanáticos da direita se enfureciam. Ao contrário da rapaziada de Chicago, eles não queriam que os Estados Unidos voltassem a se unir. Eles tinham um inimigo e queriam mantê-lo.

14

PASSEI O MÊS DE SETEMBRO me preparando para ir para Oxford, despedindo-me dos amigos e assistindo ao desenrolar da campanha. Eu tinha tudo para ser escolhido para a convocação, e assim procurei o chefe da junta local, Bill Armstrong, e lhe perguntei quando ele achava que ocorreria a minha chamada. Embora o adiamento da convocação dos estudantes de pós-graduação, que já seria o meu caso, tivesse sido abolido na primavera anterior, os alunos poderiam concluir o período que estavam cursando. Oxford tinha anualmente três períodos de oito semanas, separados por duas férias de cinco semanas. Disseram-me que o meu nome não estava na convocação de outubro e que eu poderia ficar mais de um período, dependendo de quantas pessoas a junta de recrutamento da minha cidade tivesse de apresentar. Eu queria demais ir para Oxford, mesmo que fosse somente para ficar uns poucos meses. O Fundo Rhodes permitia que as pessoas prestassem o serviço militar e fossem para Oxford depois, mas uma vez que eu havia resolvido me apresentar para o recrutamento, e com a guerra no Vietnã sem perspectiva de acabar, não parecia prudente pensar em mais tarde.

Na frente política, embora achando que estávamos "mortinhos da silva" depois de Chicago, e apesar de Humphrey persistir em seu apoio à política de Lyndon Johnson para o Vietnã, eu ainda queria que ele vencesse. Os direitos civis eram uma razão suficiente. O problema racial ainda dividia o Sul e, cada vez mais, com a generalização das ordens de tribunais para levar de ônibus para outras escolas crianças que estavam na escola local, a fim de obter um equilíbrio racial nos distritos escolares, o restante do país também estava se dividindo. Ironicamente, a candidatura de Wallace deu a Humphrey uma oportunidade, uma vez que a maioria dos seus eleitores era segregacionistas pró-segurança pública que votariam em Nixon numa disputa com dois candidatos.

Embates culturais continuaram irrompendo no país. Os manifestantes contrários à guerra atacavam mais Humphrey do que Nixon ou Wallace. O vice-presidente também era maltratado pelas contínuas críticas às táticas policiais do prefeito Daley durante a convenção. Embora uma pesquisa Gallup dissesse que 56% dos norte-americanos aprovavam a conduta da polícia com os manifestantes, a maioria deles não estava na base democrata, especialmente numa disputa entre três e que incluía Wallace. Como se isso tudo não fosse suficiente, a ordem estabelecida foi perturbada também por dois grupos de manifestantes no concurso de Miss América em Atlantic City. Um grupo negro protestou contra a ausência de representantes negras. Um grupo de feministas protestou contra o concurso em si, visto como depreciador da mulher. Como atração extra, algumas delas queimaram o sutiã, o que para muitos norte-americanos de mentalidade antiga era uma prova incontestável de que algo tinha dado terrivelmente errado.

Na campanha presidencial, Nixon parecia estar num caminho suave para a vitória, acusando Humphrey de fraco e ineficiente, e dizendo o mínimo possível sobre o que faria como presidente. Procurava, entretanto, agradar aos segregacionistas (e cortejar os eleitores de Wallace), prometendo reverter a política de retenção dos fundos federais para os distritos escolares que se recusavam a cumprir as ordens do tribunal federal para integrar suas escolas. O colega de chapa de Nixon, Spiro Agnew, era o cão agressor da campanha, ajudado nesta tarefa por quem escrevia os seus discursos, Pat Buchanan. Sua truculência e as gafes verbais que cometia estavam ficando lendárias. Humphrey sofria com os ruidosos manifestantes onde quer que estivesse. No fim do mês, Nixon estava com 43% nas pesquisas, ao passo que Humphrey havia caído doze pontos, ficando com 28%, apenas sete pontos à frente de Wallace, que estava com 21%. No último dia de setembro, desesperado, Humphrey rompeu publicamente com o presidente Johnson na questão do Vietnã, dizendo que cessaria o bombardeio do Vietnã do Norte como "um risco aceitável para a paz". Finalmente ele havia começado a pensar por conta própria, mas àquela altura restavam apenas cinco semanas.

Na época em que Humphrey fez o seu discurso de "finalmente livre", eu estava em Nova York preparando-me para ir para Oxford. Denise Hyland e eu tivemos um almoço incrível com Willie Morris, que então era o jovem redator da *Harper's Magazine*. No meu último ano na Georgetown eu havia lido seu livro de memórias *North Toward Home* [Ao Norte, em direção ao lar], e me tornei seu fã para o resto da vida. Depois que ganhei a bolsa da Rhodes escrevi para Willie perguntando se podia ir visitá-lo quando fosse a Nova York. Na primavera ele me recebeu no seu escritório, na Park Avenue. Gostei tanto da visita que lhe pedi para vê-lo mais uma vez antes de partir e, por alguma razão, talvez por sua educação sulista, ele arranjou um tempo para o encontro.

No dia 4 de outubro Denise foi comigo para o píer 86 no rio Hudson, onde eu embarcaria no *SS United States* para a Inglaterra. Eu sabia para onde o enorme transatlântico rumava, mas não tinha idéia de para onde eu estava indo.

O *United States* era na época o navio de passageiros mais rápido, mas ainda assim a viagem levou quase uma semana. Era uma tradição antiga o grupo da Rhodes viajar junto para se conhecer. O sossego da viagem marítima e os jantares em grupo nos davam tempo para travar conhecimento uns com os outros (depois do inevitável período de "farejar um ao outro" como um bando de cães de caça bem nutridos), para encontrar outros passageiros e assim relaxar um pouco, distantes da estufa do ambiente político norte-americano. A maior parte de nós encarava aquilo com seriedade tão excessiva que quase nos sentíamos culpados por gostar da viagem; por encontrar gente que estava bem menos obcecada do que nós pelo Vietnã e pela política interna.

O encontro mais inesperado que tive foi com Bobby Baker, o conhecido protegido político de Lyndon Johnson que tinha sido secretário do Senado, quando o presidente da casa era o líder da maioria. Um ano antes Baker tinha sido condenado por sonegação de impostos e diversos outros crimes federais, mas ainda estava em liberdade enquanto tramitava o recurso. Baker parecia despreocupado, totalmente absorvido pela política e interessado em passar o tempo com os bolsistas da Rhodes. Esse interesse não era compartilhado por todos. No nosso grupo alguns não sabiam quem ele era, mas a maioria o via como a encarnação da panelinha política corrupta do *establishment*. Eu não aprovava o que ele supostamente tinha feito, mas suas histórias e idéias me fascinavam, e ele adorava compartilhá-las. Bastava que se fizesse uma pergunta ou duas e ele já começava.

Fora as horas com Bobby Baker e seu séqüito, em geral eu ficava às voltas com outros bolsistas da Rhodes e gente jovem que estava a bordo. Gostei especialmente de Martha Saxton, uma brilhante e encantadora aspirante a escritora. Ela passava a maior parte do tempo com outro bolsista da Rhodes, mas acabei tendo a minha chance, e depois que o nosso romance acabou nos tornamos amigos para o resto da vida. Recentemente ela me deu um exemplar do seu último livro, *Being Good: Women's Moral Values in Early America* [Ser boa: Os valores morais femininos nos primórdios dos Estados Unidos].

Certo dia um homem convidou alguns de nós para uns drinques no seu camarim. Eu nunca havia bebido antes e nunca quis beber. Detestava o que a bebida havia feito com Roger Clinton e temia que ela tivesse o mesmo efeito sobre mim. Mas resolvi que já era hora de superar esse temor tão antigo. Quando nosso anfitrião me perguntou o que eu desejava, disse que queria uísque com soda, uma bebida que eu preparava para os outros quando trabalhei como *barman* em algumas festas particulares em Georgetown. Eu não tinha idéia de como seria o gosto daquilo e, quando experimentei, não gostei muito. No dia seguinte experimentei um *bourbon* com água, e gostei um pouco mais. Depois que fui para Oxford, bebia sobretudo cerveja, vinho e xerez. E, quando voltei para casa, gostava de beber cerveja e gim tônica, no verão. Poucas vezes nos meus vinte anos e início dos trinta eu bebi demais. Depois que conheci Hillary, gostávamos de tomar champanhe nas ocasiões especiais, mas felizmente as bebidas fortes nunca foram o meu fraco. Adquiri uma alergia para todas as bebidas alcoólicas, exceto a vodca. No frigir dos ovos, acho bom ter me livrado do medo de experimentar bebidas fortes naquela noite no navio, e me sinto aliviado por nunca ter tido grande queda para as bebidas. Já tive problemas suficientes sem elas.

O melhor da viagem foi, de longe, exatamente aquilo que esperávamos: travar contato com os demais bolsistas da Rhodes. Tentei passar um pouco de tempo com cada um deles, ouvindo as suas histórias e aprendendo com elas. Muitos deles tinham um histórico acadêmico bem mais impressionante que o meu, e uns poucos haviam sido atuantes no protesto contra a guerra, nos campi ou nas campanhas de McCarthy e Kennedy. Muitos entre aqueles de quem eu mais gostei se tornaram amigos para sempre, e um grande número deles teve um papel importante na minha presidência: Tom Williamson, um negro jogador de futebol americano em Harvard, que foi conselheiro do Departamento do Trabalho na minha primeira equipe; Rick Stearns, formado em Stanford, que me levou para a campanha nacional de McGovern, e que nomeei juiz federal em Boston; Strobe Talbott, redator do *Yale Daily News*, que se tornou meu assessor especial para a Rússia e vice-secretário de Estado após uma carreira notável na revista *Time*; Doug Eakeley, que depois foi meu companheiro de casa na Faculdade de Direito, e que nomeei presidente da Corporação de Serviços Legais; Alan Bersin, outro jogador de futebol americano em Harvard, nascido no Brooklyn, que nomeei advogado dos Estados Unidos em San Diego, onde hoje é supervisor de escolas; Willie Fletcher, de Seattle, Washington, que nomeei para o Nono Tribunal de Recursos Itinerante; e Bob Reich, já então a famosa força motriz do nosso grupo, que foi secretário do Trabalho na minha primeira equipe. Dennis Blair, formado na Academia Naval, foi almirante no Pentágono quando me tornei presidente, e depois comandante das nossas forças no Pacífico, mas chegou a isso sem nenhuma ajuda minha.

Durante os dois anos seguintes todos nós vivenciamos Oxford de modos diferentes, mas compartilhamos as incertezas e as ansiedades da época em que estávamos nos Estados Unidos, amando Oxford e ao mesmo tempo imaginando que diabos nós estávamos fazendo ali. A maioria de nós se atirou na nova vida mais do que nos horários de estudo ou em conferências. Nossas conversas, leituras pessoais e viagens nos pareciam mais importantes, sobretudo para aqueles entre nós que acreditavam estar vivendo um tempo extra. Depois de dois anos a porcentagem dos norte-americanos que efetivamente receberia diploma de aprovação nos cursos foi menor do que em qualquer ano anterior entre os bolsistas da Rhodes. Do nosso jeito, cheios de ansiedade juvenil, em Oxford provavelmente o que melhor aprendemos foi sobre nós mesmos e sobre coisas que seriam importantes para toda a nossa vida, e mais do que a maioria das turmas que nos antecederam.

Depois de cinco dias e uma parada curta em Le Havre finalmente chegamos a Southampton, onde tivemos o primeiro vislumbre de Oxford na pessoa de Sir Edgard "Bill" Williams, diretor da Casa da Rhodes. Ele estava nos esperando no cais, usando um chapéu-coco, capa de chuva e guarda-chuva, mais parecendo um *dandy* inglês do que um homem que durante a Segunda Guerra Mundial tinha chefiado o serviço de inteligência para o marechal-de-campo Montgomery.

Bill Williams nos encaminhou para um ônibus no qual faríamos a viagem até Oxford. Estava escuro e chuvoso, e assim não víamos grande coisa. Quando chegamos a Oxford eram cerca de onze horas da noite e a cidade inteira estava fechada, fora um caminhãozinho iluminado que vendia cachorros-quentes, café ruim e comida enlatada na High Street, bem em frente à faculdade onde eu estudaria. Descemos do ônibus ali e transpusemos a porta do quadrilátero principal, construído no século XVII, onde fomos recebidos por Douglas Millin, o responsável pelos funcionários da portaria e que controlava o acesso à faculdade. Millin era um velho esquisitão e sem-cerimônia, que conseguiu emprego na faculdade depois de ter se aposentado na Marinha. Era muito perspicaz, o que ele se esforçava para disfarçar emitindo torrentes de xingamentos joviais. Gostava particularmente de castigar os norte-americanos. As primeiras palavras que ouvi dele foram dirigidas a Bob Reich, que tem mais ou menos um metro e meio. Millin disse que tinha entendido que ia receber quatro norte-americanos, mas no final lhe mandaram apenas três e meio. Ele nunca deixava de caçoar de nós, mas por trás daquele comportamento era um homem sábio e avaliava as pessoas com extrema acuidade.

Passei muito tempo nos dois anos seguintes conversando com Douglas. Entre muitos *"bloody hell"* e uma série de outros xingamentos ingleses, ele me ensinou como a faculdade realmente funcionava, contou-me histórias dos principais professores e funcionários e me apresentou sua visão a respeito de questões da época, inclusive sobre as diferenças entre o Vietnã e a Segunda Guerra Mundial. Nos 25 anos que se seguiram, quando voltava à Inglaterra, ia visitar Douglas para ver se estava tudo bem. No fim de 1978, depois de ter sido eleito governador do Arkansas pela primeira vez, levei Hillary para a Inglaterra, em férias muito merecidas. Quando chegamos a Oxford eu estava me sentindo muito orgulhoso de mim mesmo ao transpormos o portão da faculdade. Então vi Douglas. Ele não deixou por menos. "Clinton", disse ele, "ouvi dizer que você foi eleito rei de algum lugar onde vivem três homens e um cachorro." Eu adorava Douglas Millin.

Meus aposentos ficavam nos fundos da faculdade, atrás da biblioteca, no Helen's Court, um espaçozinho gracioso cujo nome homenageava a esposa de um professor da faculdade. Numa área murada havia dois prédios que se defrontavam. O mais antigo, à esquerda, tinha duas portas que levavam a dois conjuntos de quartos para estudantes no andar térreo e no segundo andar. Eu iria para os quartos do lado esquerdo do segundo andar da entrada mais afastada. Eu tinha um quarto pequeno e uma pequena sala de estudos, que na verdade eram um único cômodo grande. O banheiro ficava no primeiro andar, o que freqüentemente nos obrigava a descer a escada morrendo de frio. Já o chuveiro ficava no meu andar. Às vezes havia água quente. O prédio moderno à direita era para os alunos mais antigos ali, que tinham apartamentos de dois andares. Em outubro de 2001 ajudei Chelsea a desfazer a mala no apartamento com um dormitório, que ficava exatamente em frente dos aposentos que eu havia ocupado 33 anos antes. Foi um desses momentos que nenhum dinheiro paga, quando o brilho do sol leva embora todas as sombras da vida.

Acordei na minha primeira manhã em Oxford para encontrar uma das curiosidades da vida de lá, o nosso *"scout"* [criado] Archie, que cuidava dos quartos do Helen's Court. Eu estava acostumado a arrumar a cama e a cuidar das minhas coisas, mas aos poucos fui deixando para Archie o trabalho que ele fazia, naquela época, há quase cinqüenta anos. Era um homem tranqüilo e bondoso, por quem eu e os outros rapazes sentíamos uma real afeição e a quem respeitávamos. No Natal e em outras ocasiões especiais os estudantes deviam dar ao criado um presentinho, e a maioria de nós não poderia dar mais do que isso mesmo, com a remuneração anual de 1.700 dólares paga pela Rhodes. Archie nos fez saber que o que ele realmente queria eram garrafas de Guinness, uma cerveja irlandesa forte e escura. Dei a ele uma porção delas durante o ano em que estive no Helen's Court, e de vez em quando bebericava com ele. Archie gostava mesmo da Guinness, e graças a ele também acabei gostando dessa marca de cerveja.

A vida universitária em Oxford se organiza em torno das suas 29 faculdades. Ali o principal papel da universidade na vida dos estudantes é oferecer conferências, a que eles assistem se quiserem, e aplicar as provas que são feitas no final da série completa de estudos. A obtenção do diploma e o modo como nele o aluno é qualificado dependem inteiramente do desempenho conseguido durante a semana de exames. Enquanto isso, o principal meio de aprender bem é resolver todas as dúvidas no horário semanal com o tutor, que normalmente exige a produção de um pequeno ensaio sobre o assunto a ser discutido. Cada faculdade tem a sua própria capela, o seu próprio refeitório e a sua própria biblioteca. A maioria daqueles prédios é arquitetonicamente notável; alguns têm jardins formidáveis, até parques e lagos, ou margeiam o rio Cherwell, que limita com a cidade velha a leste. Logo abaixo de Oxford o Cherwell encontra o Isis, como ali é conhecido o Tâmisa, o grande rio que emoldura a maior parte de Londres.

Passei quase todo o tempo das minhas duas primeiras semanas andando por Oxford, uma cidade antiga e linda. Explorei seus rios, parques, alamedas, igrejas, o mercado coberto e, evidentemente, as faculdades.

Embora a minha faculdade não tivesse grandes jardins, e seus prédios mais antigos fossem apenas do século XVII, gostei muito dela. No século XIV o pessoal da faculdade forjara documentos para mostrar que ela era a mais antiga de Oxford, com raízes no governo de Alfredo, o Grande, no século IX. Indiscutivelmente a Univ, como todos a chamam, é uma das três faculdades mais antigas, criada juntamente com a Merton e a Balliol, no século XIII. Em 1292, os estatutos continham um conjunto de normas rigorosas, inclusive proibindo que se cantassem baladas e se falasse inglês. Algumas noites em que a farra era exagerada, eu quase desejei que meus contemporâneos ainda estivessem obrigados a apenas murmurar em latim.

O aluno mais famoso da universidade, Percy Bysshe Shelley, matriculou-se em 1810 no curso de química. Ficou mais ou menos um ano, sendo expulso não por ter usado seu conhecimento para montar uma pequena destilaria no seu quarto para produzir bebida, mas por causa de um artigo que escreveu: "A necessidade do ateísmo". Antes de completar trinta anos ele se afogou na costa da Itália. Em 1894 a Univ reabilitou Shelley, na forma de uma linda estátua de mármore. Os visitantes da faculdade que nunca leram a sua poesia podem dizer, só de olhar para a figura graciosa retratada em pose de morte, por que ele teve tanta influência sobre os jovens da sua época. No século XX os alunos de graduação e pós-graduação aumentaram a lista da Univ com três escritores famosos, Stephen Spender, C. S. Lewis e V. S. Naipaul; o grande físico Stephen Hawking; dois primeiros-ministros ingleses, Clement Attlee e Harold Wilson; o primeiro-ministro australiano Bob Hawke, que ainda detém o recorde de maior bebedor de cerveja da faculdade; o ator Michael York, e o homem que matou Rasputin, o príncipe Felix Yusupov.

Ao mesmo tempo que começava a me informar sobre Oxford e a Inglaterra, também estava tentando seguir à distância os acontecimentos da eleição e esperava ansiosamente a urna dos eleitores no exterior, na qual iria depositar o meu primeiro voto para presidente. Embora continuasse havendo violência urbana e manifestações de estudantes, Humphrey estava se saindo melhor. Depois de sua semideclaração de independência de Lyndon Johnson quanto ao Vietnã, ele motivou menos protestos e teve mais apoio dos jovens. McCarthy finalmente o apoiou, do seu modo tipicamente frio, acrescentando que não seria candidato para a reeleição no Senado em 1970 nem para presidente em 1972. Enquanto isso, Wallace cometeu um terrível erro escolhendo para vice-presidente o ex-chefe do Estado-Maior das Forças Armadas, Curtis LeMay. LeMay, que havia insistido com o presidente Kennedy para bombardear Cuba durante a crise dos mísseis cinco anos antes, estreou na campanha dizendo que as bombas nucleares eram "apenas mais uma arma no arsenal", e que "há muitas ocasiões em que é mais eficaz usá-las". As declarações de LeMay puseram Wallace na defensiva e ele não se recuperou mais.

Enquanto isso, Nixon manteve a estratégia com a qual estava caminhando para a vitória, recusando-se várias vezes a debater com Humphrey; estava perturbado apenas pela comparação universalmente desfavorável de Spiro Agnew com o companheiro de chapa de Humphrey, o senador Muskie, e pelo temor de que com um cessar-fogo Johnson conseguisse uma virada, uma "surpresa de outubro" nas conversações de paz em Paris. Hoje sabemos que a campanha de Nixon estava recebendo informações de bastidores sobre as conversações, dadas por Henry Kissinger, que como consultor de Averell Harriman estava suficientemente envolvido nas conversações de Paris para ter conhecimento do que estava acontecendo. Também sabemos que o coordenador da campanha de Nixon, John Mitchell, fez pressão sobre o presidente do Vietnã do Sul, Thieu, por meio de Anna Chennault, amiga de Nixon, no intuito de que ele não cedesse aos pedidos de Lyndon Johnson para participar das conversações de paz com os governos de oposição sul-vietnamitas, a Frente de Libertação Nacional. Johnson sabia dos esforços da equipe de Nixon graças ao grampeamento autorizado pelo Departamento de Justiça nos telefones de Anna Chennault e do embaixador sul-vietnamita em Washington. Finalmente, no último dia de outubro, o presidente Johnson anunciou a total cessação dos bombardeios, a concordância de Hanói quanto à participação do Vietnã do Sul nas conversações, e a aprovação dos Estados Unidos de um papel para a Frente de Libertação Nacional.

Novembro começou com grandes esperanças para Humphrey e seus correligionários. Ele estava subindo rápido nas pesquisas e obviamente pensava que a iniciativa de paz o levaria para o topo. No dia 2 de novembro, o sábado anterior à eleição, o presidente Thieu anunciou que não iria a Paris porque a Frente de Libertação Nacional estava incluída nas conversações. Disse que isso o forçaria a um governo de coalizão com os comunistas, e que ele só trataria com o Vietnã do Norte. Os correligionários de Nixon se apressaram para insinuar que Lyndon Johnson havia se precipitado na sua iniciativa de paz, agindo para ajudar Humphrey sem que todos os seus diplomatas estivessem preparados.

Johnson ficou furioso e deu a Humphrey as informações sobre os esforços de Anna Chennault para sabotar a iniciativa, com o intuito de beneficiar Nixon. Não havia mais necessidade de ocultar do público o fato que iria solapar o presidente Thieu, mas espantosamente Humphrey se recusou a divulgar o episódio. Pelo fato de as pesquisas o mostrarem num virtual empate com Nixon, ele achava que poderia vencer sem isso, e aparentemente temia uma possível reação adversa porque os fatos não provavam que Nixon sabia o que os outros, inclusive John Mitchell, estavam fazendo em seu benefício. Mas havia fortes indícios de que Nixon tinha se empenhado numa atividade que era virtualmente traiçoeira. Johnson ficou furioso com Humphrey. Acredito que Lyndon Johnson teria deixado vazar a bomba se a decisão coubesse a ele, e que, se os papéis fossem invertidos, também Nixon a teria usado sem piscar os olhos.

Humphrey pagou pelos seus escrúpulos ou pela sua suscetibilidade. Perdeu a eleição por 500 mil votos, 43,4% contra 42,7%, com Wallace obtendo 13,5%. Nixon venceu em 301 regiões eleitorais, 31% sobre a maioria, com vitórias apertadas em Illinois e Ohio. Nixon se deu bem com a artimanha de Kissinger-Mitchell-Chennault, mas, como Jules Witcover especula em seu livro de 1968, *The Year the Dream Died* [O ano em que o sonho morreu], pode ter sido uma saída mais cara do que parecia. O sucesso dessa manobra provavelmente contribuiu para a crença dos seguidores de Nixon de que eles poderiam conseguir qualquer coisa, inclusive se valendo de todas as contravenções que vieram à tona no Watergate.

No dia 1º de novembro comecei a escrever um diário no primeiro de dois volumes com capa de couro que Denise Hyland me deu de presente na minha partida dos Estados Unidos. Quando Archie me acordou com a boa notícia sobre o fim dos bombardeios, escrevi: "Hoje eu gostaria de ser o senador Fulbright, porque isso é mais um exemplo que confirma a correção da sua batalha incansável e tenaz". No dia seguinte pude supor que o cessar-fogo levaria a uma redução do efetivo e à minha não-convocação, ou no mínimo iria "possibilitar a muitos amigos meus já em serviço militar voltarem do Vietnã. E talvez agora alguns dos que estão naquela selva possam ser salvos da morte precoce". Eu não sabia que metade dos nossos rapazes ainda estava por morrer. Encerrei meus dois primeiros registros naquele diário assim: "Sigo louvando a mesma virtude: esperança, a fibra da minha existência, que permanece comigo mesmo nas noites como esta, quando já perdi todo o poder de análise e de expressão". Sim, eu era jovem e melodramático, mas já acreditava no que iria chamar de "um lugar chamado Esperança" no meu discurso na convenção democrata de 1992. Isso me levou em frente durante toda a vida.

No dia 3 de novembro esqueci por algum tempo a eleição quando fui almoçar com George Cawkwell, o decano da pós-graduação na Univ. Era um homem imponente, que em tudo e por tudo ainda parecia ser a estrela do rúgbi que ele tinha sido quando bolsista da Rhodes, vindo da Nova Zelândia. No nosso primeiro encontro o professor Cawkwell já havia me censurado pela minha decisão de mudar a direção dos meus estudos. Logo que cheguei a Oxford eu tinha desistido do meu programa de pós-graduação *lato sensu* em política, filosofia e economia, o "PFE", e passado para o "Lit.B", concentrado em política, que requeria uma dissertação final de 50 mil palavras. Na Georgetown eu já havia coberto praticamente todo o trabalho do primeiro ano do PFE e, por causa da convocação, não esperava ter um segundo ano em Oxford. Cawkwell achava que eu tinha cometido um erro terrível perdendo os horários semanais com os tutores, quando os ensaios eram lidos, criticados e defendidos. Em grande parte por causa da argumentação de Cawkwell, mudei novamente de curso, indo para o Fil.B em política, que incluía horários com o tutor, ensaios, exames e uma dissertação final mais curta.

O dia da eleição nos Estados Unidos, 5 de novembro, era também a comemoração do Dia de Guy Fawkes na Inglaterra, que relembra a sua tentativa de incendiar o Parlamento em 1605. Meu diário diz: "Todo mundo na Inglaterra comemora o acontecimento: alguns porque Fawkes não conseguiu, outros porque ele tentou". Naquela noite nós bolsistas norte-americanos tivemos uma festa de vigília pela eleição na Casa da Rhodes. O pessoal, predominantemente pró-Humphrey, estava cantando vitória. Fomos dormir sem ter idéia do que tinha acontecido, mas na verdade sabíamos que Fulbright ganharia fácil, o que era um alívio, uma vez que nas primárias ele havia prevalecido sobre Jim Johnson e dois outros candidatos pouco conhecidos com apenas 52% dos votos. Na Casa da Rhodes o anúncio da sua vitória foi muito aplaudido.

No dia 6 de novembro ficamos sabendo que Nixon tinha ganhado e que, como escrevi então, "o tio Raymond e seus camaradas deram o apoio do Arkansas a Wallace, o nosso primeiro desvio da chapa nacional (democrata) desde que nos tornamos um estado em 1836. [...] Preciso mandar os meus dez dólares para o tio Raymond, pois apostei com ele em novembro passado que o Arkansas, o mais 'liberal' dos estados do Sul, nunca ficaria com Wallace, o que simplesmente mostra como esses pseudo-intelectuais podem se equivocar". ("Pseudo-intelectual" era um xingamento de Wallace para quem quer que tivesse um curso universitário e discordasse dele.) Observei que, ao contrário do governo sul-vietnamita, eu estava terrivelmente desapontado com o fato de que "depois de tudo o que aconteceu, depois da fantástica recuperação de Humphrey, o final foi o que eu havia esperado em janeiro passado: Nixon na Casa Branca".

E como desgraça pouca é bobagem, a urna para os eleitores no exterior não chegou e perdi a minha primeira oportunidade de votar para presidente. Para economizar, o funcionário do condado não a despachou por via aérea. Por isso ela levou três semanas em viagem, chegando bem depois da eleição.

No dia seguinte voltei à vida. Liguei para a minha mãe, que àquela altura tinha resolvido se casar com Jeff Dwire e estava num tal estado de felicidade que me deixou também feliz. E mandei o cheque de dez dólares para o tio Raymond, sugerindo que os Estados Unidos instituíssem um Dia de George Wallace, parecido com o Dia de Guy Fawkes. Todo mundo poderia comemorar: alguns porque ele havia concorrido para a Presidência, e outros porque ele se deu mal.

O resto do mês foi de atividade intensa, o que por algum tempo levou a política e o Vietnã a saírem da minha cabeça. Numa sexta-feira, Rick Stearns e eu fomos ao País de Gales e voltamos, de carona e de ônibus. Enquanto viajávamos Rick pegava o livro e lia para mim os poemas de Dylan Thomas. Foi a primeira vez que ouvi "Não entre suavemente nessa boa noite". Adorei o poema, e continuo adorando quando as almas valentes "esbravejam contra a extinção da luz".

Também viajei várias vezes com Tom Williamson. Certa vez resolvemos fazer uma inversão de papéis sobre os estereótipos de negros subservientes e senhores racistas do Sul. Quando o simpático motorista inglês parou para nos levar, Tom disse: "Cara, vai sentar lá no fundo". "Certo, patrão", respondi. O motorista inglês achou que éramos malucos.

Duas semanas depois da eleição, marquei o meu primeiro *touchdown** classificado como um *"try"*, para o time de rúgbi da Univ. Foi um grande feito para um ex-músico de banda. Mesmo sem nunca ter entendido as suas sutilezas, eu gostava do rúgbi. Era mais alto que a maioria dos rapazes ingleses, e normalmente podia dar uma contribuição respeitável correndo para a bola e chegando no lado do adversário, ou fazendo uma pressão vigorosa na segunda fileira do *"scrum"*, uma estranha formação em que os dois lados pressionam um contra o outro para ter o controle da bola, colocada no chão entre eles. Certa vez fomos a Cambridge para jogar. Embora Cambridge seja mais tranqüila que Oxford, que é maior e mais industrializada, o time adversário tinha um jogo duro e brutal. Levei uma cabeçada e devo ter sofrido uma luxação sem tanta gravidade. Quando disse ao treinador que estava tonto, ele me lembrou que não havia substitutos e que o nosso lado ficaria sem um homem caso eu saísse: "Vá para o campo e dê um jeito de ficar". Mesmo assim nós perdemos, mas fiquei feliz por não ter saído do campo. Quando não desistimos, sempre temos uma chance.

---

* Jogada que vale seis pontos no futebol americano. Consiste em chegar à linha de fundo do adversário com a posse da bola. (N. dos T.)

No fim de novembro escrevi o primeiro ensaio, a apresentar para o meu tutor, o dr. Zbigniew Pelcynski, um emigrante polonês, sobre o papel do terror no totalitarismo soviético ("uma faca esterilizada introduzida no corpo coletivo, que retira os tumores da diversidade e da independência"), compareci ao meu primeiro horário com o tutor e fui ao primeiro seminário acadêmico. Fora esses esforços ínfimos, passei o resto do mês mais ou menos vagabundeando. Fui duas vezes a Stratford-upon-Avon, a cidade de Shakespeare, para ver as suas peças; fui a Londres duas vezes para ver os ex-colegas de residência de Ann Markusen em Georgetown, Dru Bachman e Ellen McPeake, que estavam vivendo e trabalhando ali; a Birmingham, para jogar basquete sofrivelmente; e a Derby, onde fui falar para alunos do colegial e responder às suas perguntas sobre os Estados Unidos no quinto aniversário da morte do presidente Kennedy.

Quando chegou dezembro comecei a planejar uma viagem de surpresa a Hot Springs, para assistir ao casamento da minha mãe, cheio de pressentimentos sobre o meu futuro e o dela. Muitos amigos da minha mãe eram radicalmente contra o seu casamento com Jeff Dwire, porque ele tinha estado na prisão e por acharem que ele continuava não sendo confiável. Para piorar ainda mais as coisas, ele não tinha conseguido concluir o divórcio da esposa de quem estava separado havia muito tempo.

Enquanto isso, a incerteza quanto à minha própria vida aumentou quando meu amigo Frank Aller, bolsista da Rhodes no Queen's College, do outro lado da High Street, na altura da Univ, recebeu a notificação da sua convocação expedida pelo conselho de recrutamento da sua cidade natal, Spokane, estado de Washington. Ele me disse que ia para casa preparar os pais e a namorada para a sua decisão de não se apresentar e de ficar indefinidamente na Inglaterra para evitar ser preso. Frank era um estudioso dos assuntos da China e que compreendia muito bem o Vietnã; ele achava a nossa política errada e imoral. Era também um bom rapaz de classe média que amava o seu país. Ficou se sentido muito angustiado em meio a esse dilema. Eu e Strobe Talbott, que vivia logo mais abaixo na nossa mesma rua, no Magdalen College, tentamos consolá-lo e ajudá-lo. Frank era um homem de bom coração, que sabia que nos opúnhamos tanto à guerra quanto ele, e vendo a nossa preocupação tentou nos consolar. Foi particularmente convincente comigo, dizendo-me que, ao contrário dele, eu tinha o desejo e a capacidade de fazer algo de bom na política, e seria errado desperdiçar as minhas oportunidades resistindo à convocação. Sua benevolência comigo apenas me fez sentir mais culpado, como mostram as páginas angustiadas do meu diário. Ele estava me isentando do sentimento de culpa mais do que eu próprio me permitia.

No dia 19 de dezembro aterrissei em Minneapolis, em meio a uma terrível nevasca, para me encontrar com Ann Markusen. Ela tinha voltado para casa depois dos seus estudos de doutorado em Michigan, e tão em dúvida quanto eu com relação ao seu próprio futuro e ao nosso. Eu a amava, mas naquele momento estava muito inseguro quanto a mim mesmo para assumir um compromisso com alguém.

No dia 23 de dezembro tomei um avião para casa. A surpresa foi total. Minha mãe não parava de chorar. Ela, Jeff e Roger pareciam felizes com o casamento, tão felizes que quase nem se importaram com o meu cabelo comprido. O Natal foi feliz, apesar dos esforços desesperados de duas das amigas da minha mãe para me convencer a falar com ela, tentando fazê-la desistir de se casar com Jeff. Pus no túmulo do papai quatro rosas amarelas e rezei pedindo que a sua família ajudasse minha mãe e o Roger na sua nova tentativa. Eu gostava do Jeff Dwire. Ele era inteligente, trabalhador, bom para o Roger, e estava obviamente apaixonado pela minha mãe. Eu era a favor do casamento, tendo registrado que "se todos os que desejam sorte, mas estão descrentes, e todos os que na verdade estão torcendo para que o casamento dê errado tiverem razão quanto ao Jeff e à minha mãe, dificilmente a união deles será mais infeliz do que as anteriores — da minha mãe e também dele", e por algum tempo esqueci todo o tumulto de 1968, o ano que abalou a nação e despedaçou o Partido Democrático; o ano em que o populismo conservador substituiu o populismo progressista como a força política dominante no nosso país; o ano em que a segurança pública e a força se tornaram terreno dos republicanos e os democratas foram associados ao caos, à fraqueza e às elites inacessíveis e autoprotetoras; o ano que levou a Nixon, depois a Reagan, depois a Gingrich, depois a George W. Bush. A reação hostil da classe média moldou e distorceu a política norte-americana pelo resto do século. O novo conservadorismo ficaria abalado com Watergate, mas ainda persistiria. Seu apoio público seria enfraquecido — assim como os ideólogos da direita enfatizariam a desigualdade econômica, a destruição ambiental e as divisões sociais —, mas não seria destruído. Quando ameaçado pelos seus próprios excessos, o movimento conservador prometia ser "melhor e mais suave" ou mais "compassivo", sempre acusando de suposta inconsistência de valores, caráter e vontade os democratas retraídos. E para vencer bastava provocar a reação previsível, quase pavloviana, de um número suficiente de eleitores brancos de classe média. Evidentemente foi mais complicado do que isso. Algumas vezes as críticas dos conservadores aos democratas eram válidas, e havia sempre republicanos moderados e conservadores de boa vontade que trabalhavam com os democratas para conseguir algumas mudanças positivas.

Contudo, os pesadelos profundamente arraigados de 1968 formaram a arena em que eu e todos os outros políticos progressistas tivemos de lutar durante toda a nossa carreira. Se Martin Luther King Jr. e Robert Kennedy não tivessem morrido, talvez as coisas tivessem sido diferentes. Se Humphrey tivesse usado as informações sobre a interferência de Nixon nas conversações de paz em Paris, talvez as coisas tivessem sido diferentes. Talvez não. Independentemente disso, aqueles entre nós que acreditávamos que na década de 1960 o bem havia sido maior que o mal continuaríamos lutando, ainda inflamados pelo exemplo dos nossos heróis e pelos sonhos da nossa juventude.

15

MANHÃ DO ANO-NOVO DE 1969 — comecei o ano num tom alegre. Frank Holt tinha acabado de ser reeleito para a Suprema Corte, apenas dois anos depois da sua derrota na eleição para governador. Fui de carro para Little Rock, a fim de assistir à cerimônia de juramento do juiz. Como era de esperar, ele havia insistido conosco para que não desperdiçássemos o Ano-Novo nesse ritual simples, mas mais de cinqüenta de nós, insistentes, fomos até lá. Em meu diário consta: "Eu lhe disse que não iria debandar só porque ele estava tendo êxito". Ironicamente, como um juiz "novo", ele foi designado para as antigas salas do juiz Jim Johnson.

No dia 2 de janeiro Joe Newman e eu levamos minha mãe de carro a Hope, para ela contar ao que havia restado da sua família que iria se casar com Jeff no dia seguinte. Quando voltamos para casa, Joe e eu tiramos da caixa do correio a placa "Família Roger Clinton". Com a sua aguda ironia, Joe riu e disse: "É triste ver que ela sai tão fácil". Apesar dos arautos do desastre, achei que o casamento ia dar certo. Como escrevi no meu diário, "Se Jeff não passa de um trapaceiro, como há quem ainda insista em afirmar, então que me considerem um trapaceado".

Na noite seguinte, a cerimônia foi curta e simples. Nosso amigo reverendo John Miles conduziu os noivos no juramento. Roger acendeu as velas. Eu fui o padrinho. Depois houve uma festa, com Carolyn Yeldell e eu tocando e cantando para os convidados. Alguns religiosos teriam se recusado a dar a bênção da Igreja para os noivos, pelo fato do Jeff ser divorciado, e há tão pouco tempo. Mas não John Miles. Ele era um metodista liberal, briguento, duro, que acreditava que Jesus tinha sido mandado pelo seu Deus Pai para nos dar, a todos nós, novas chances.

Em 4 de janeiro, graças à minha amiga Sharon Evans, que conhecia o governador Rockefeller, fui convidado para almoçar com o governador no seu rancho Petit Jean Mountain. Achei Rockefeller amigável; expressava-se muito bem. Conversamos sobre Oxford e o desejo do seu filho, Winthrop Paul, de ir para lá. O governador queria que eu mantivesse contato com Win Paul, que passara grande parte da sua infância na Europa, quando, no outono, começou a estudar no Pembroke College.

Depois do almoço tive uma boa conversa com Win Paul, e em seguida fomos para o sudeste para um encontro com Tom Campbell, que tinha dirigido do Arkansas para o Mississippi, onde tinha um treinamento de vôo na Marinha. Nós três nos dirigimos para o Palácio do Governador, pois Win Paul tinha nos convidado para ir até lá. Estávamos impressionados, e fui embora achando que tinha acabado de conhecer uma importante parte da história do Arkansas, e não o lugar que em uma década iria se tornar minha casa por vinte anos.

No dia 11 de janeiro peguei um vôo de volta para a Inglaterra. No mesmo avião estavam Tom Williamson, que vinha me elucidando sobre o que é ser negro nos Estados Unidos, e Frank Aller, que falou sobre as suas férias difíceis, durante as quais o seu pai conservador o fez cortar o cabelo mas não o obrigou a se apresentar para a convocação, pois esta tinha sido uma condição para a sua ida aos Estados Unidos para o Natal. Quando voltei para a Univ, encontrei na pilha de correspondência uma extraordinária carta do meu velho amigo e companheiro de batizado, o praça da Marinha Bert Jeffries. Registrei alguns trechos da sua triste e chocante mensagem:

> [...] Bill, eu já vi muitas coisas e vivi um bocado de situações que ninguém de cabeça boa gostaria de ver ou viver. Aqui eles não têm ética. E é ganhar ou perder. Não é nada bom ver um companheiro com quem vivemos e que se torna tão próximo de nós morrer do nosso lado, e a gente sabendo que não foi por uma boa causa. E percebemos que aquele fim podia perfeitamente ter sido o da gente.
> Trabalho diretamente com um tenente-coronel. Sou o guarda-costas dele. [...] No dia 21 de novembro chegamos a um lugar chamado Winchester. Nosso helicóptero despejou o grupo e o coronel, e então eu e outros dois homens começamos a examinar a área [...] havia dois soldados do Exército norte-vietnamita num depósito de combustíveis e eles abriram fogo contra nós. [...] O coronel foi atingido, meus outros dois parceiros também. Bill, naquele dia eu rezei. Felizmente eu atirei nos dois antes que eles me pegassem. Nesse dia eu matei o meu primeiro homem. E Bill, é uma coisa horrível saber que você tirou a vida de outra pessoa. Você fica revoltado. E depois percebe que aquilo podia perfeitamente ter acontecido com você.

No dia 13 de janeiro fui para Londres fazer o meu exame médico para a convocação. De acordo com as minhas fantasiosas anotações no diário, o médico me declarou "Você é um dos mais saudáveis espécimes do mundo ocidental, próprio para ser exibido em escolas de medicina, exposições, zoológicos, carnavais e em bases de treinamento". No dia 15 assisti à peça de Edward Albee *Um equilíbrio delicado*, que foi "a minha segunda experiência surrealista nos últimos dias". Os personagens de Albee forçaram o público "a imaginar se algum dia perto do fim eles não irão acordar e achar que estão sentindo um enorme vazio e com medo". Eu já estava imaginando isso.

O presidente Nixon tomou posse no dia 20 de janeiro. Seu discurso foi uma tentativa de reconciliação, mas "me deixou muito desinteressado, a pregação das velhas e boas virtudes e conduta religiosa da classe média. Espera-se que esses atributos resolvam os nossos problemas com os asiáticos, os quais não vêm da tradição judaico-cristã; com os comunistas, que nem mesmo acreditam em Deus; com os negros, tão freqüentemente fustigados pelos brancos tementes a Deus que quase já não há nenhum terreno comum entre eles; e com a rapaziada que ouviu esses mesmos sermões soarem falso tantas vezes a ponto de o audacioso auto-engano dos mais velhos fazê-los preferirem se drogar". Ironicamente, eu também acreditava na religiosidade e nas virtudes da classe média; só que elas não me levavam para o mesmo lugar. Eu achava que viver de acordo com os nossos autênticos princípios religiosos e políticos exige de nós chegar mais fundo e ir mais longe do que o sr. Nixon propunha.

Resolvi me dedicar à minha vida na Inglaterra, fosse qual fosse o tempo que permaneceria ainda ali. Fui ao meu primeiro debate do Diretório de Oxford — Resolvido: que o homem criou Deus à sua própria imagem, "um sujeito que é um solo potencialmente fértil e precariamente arado". Fui a Manchester, no norte, e me maravilhei com a beleza daquelas casas de campo inglesas, "feitas de antigas paredes de pedra sem argamassa, lama ou cimento". Houve um seminário sobre "Pluralismo como um Conceito da Teoria Democrática", que achei enfadonho, simplesmente mais uma tentativa "de explicar em termos mais complexos (e portanto mais precisos, evidentemente) o que está acontecendo diante dos nossos olhos [...] É aborrecedor para mim porque eu decididamente não sou intelectual, não conceituo sobre o real, simplesmente não sou inteligente o bastante, suponho, para acompanhar o passo rápido dessa turma".

No dia 27 de janeiro o real voltou a mostrar a sua cara feia quando um grupinho deu uma festa para Frank Aller, no dia em que ele oficialmente se tornou um resistente à convocação, "caminhando pela única estrada aberta". Apesar da vodca, dos brindes e das tentativas de piada a festa foi um fracasso. Nem mesmo Bob Reich, de longe o mais espirituoso de nós, conseguiu fazê-la engrenar. Nós simplesmente não podíamos tirar o peso dos ombros de Frank no dia em que ele tomou uma atitude e agüentou as conseqüências. No dia seguinte, Strobe Talbott — cuja classificação para a convocação já era 1-Y, por ele ter se ferido seriamente tempos antes no futebol americano — ficou totalmente desqualificado para o serviço militar quando seus óculos trombaram com a raquete de *squash* de John Isaacson na quadra da Univ. O médico passou duas horas tirando da sua córnea os pedacinhos de vidro. Ele se recuperou, e nos 35 anos seguintes viu coisas que a maioria de nós não conseguiu enxergar.

Por muito tempo fevereiro fora para mim um mês difícil, em que a tônica era a luta contra um certo quê de melancolia e a espera da primavera. Meu primeiro fevereiro em Oxford foi uma verdadeira surpresa. Lutei contra ele com leituras, o que fazia muito em Oxford, lendo tudo o que os meus estudos sugeriam, centenas de livros. Naquele mês li *The Moon Is Down* [A Lua desceu], de John Steinbeck, em parte porque ele tinha acabado de morrer e eu queria relembrá-lo lendo algo que ainda não havia lido. Reli *North Toward Home* [Ao norte, rumo ao lar], de Willie Morris, porque esse livro me fazia compreender melhor minhas raízes e a mim mesmo. Li *Soul on Ice* [Alma no gelo], o livro de Eldridge Cleaver, e refleti sobre o significado da alma: "Alma é uma palavra que uso com freqüência suficiente para ser identificado como negro, mas, evidentemente, e às vezes acho que infelizmente, eu não sou. [...] A alma: sei o que ela é — ela está onde eu sinto as coisas; é o que me move; é o que me torna um homem, e quando eu a deixo em mal estado, sei que, se não a recuperar, logo morrerei". Na época eu temia estar perdendo-a.

As lutas que eu travava com a idéia da possibilidade de ser convocado reacenderam as minhas dúvidas antigas sobre se eu era, ou poderia vir a ser, uma boa pessoa. Parece que uma porção de gente que cresceu em circunstâncias difíceis se culpa subconscientemente e se sente indigna de um destino melhor. Acho que esse problema surge de vivermos vidas paralelas, uma vida externa que segue o seu curso natural e uma interna, em que os segredos são ocultados. Quando era criança, a minha vida externa era cheia de amigos e diversão, eu aprendia e fazia. A minha vida interna era cheia de incerteza, raiva e um medo terrível da violência que estava sempre assomando. Ninguém pode viver vidas paralelas com sucesso total; as duas têm de se cruzar. Em Georgetown, quando o medo da violência do papai se dissipou e depois desapareceu, eu me tornei mais capaz de viver uma vida única e coerente. Agora, o dilema da convocação havia trazido de volta violentamente a minha vida interna. Sob minha nova e estimulante vida externa, os antigos demônios da dúvida e da destruição iminente voltavam a se mostrar.

Tenho continuado a lutar durante toda a vida para fundir as vidas paralelas, para viver com a mente, o corpo e o espírito no mesmo lugar. Nesse meio tempo, tentei tornar a minha vida externa tão boa quanto possível, sobreviver aos perigos e aliviar a dor da vida interna. Isso provavelmente explica a profunda admiração que tenho pela coragem pessoal dos soldados e de outras pessoas que põem em risco a vida por uma causa honrada, e o meu ódio visceral à violência e ao abuso do poder; a minha paixão pelo serviço à nação e a profunda simpatia pelos problemas das outras pessoas; o conforto que encontrei no companheirismo humano e a dificuldade que tive em permitir que as pessoas penetrassem nos recessos profundos da minha vida interna. Dentro dela era escuro.

Eu já tinha ido fundo na minha interioridade, mas nunca daquele jeito e por tanto tempo. Como disse, a primeira vez que tive consciência suficiente para saber que esses sentimentos negativos pairavam sob a minha disposição alegre e a aparência otimista foi no início do secundário, mais de cinco anos antes de eu ir para Oxford. Foi então que escrevi um texto autobiográfico para a turma de estudos avançados de inglês da professora Warneke, e falei sobre "o desgosto" que "toma de assalto o meu cérebro".

Essas investidas foram mesmo desmoderadas em fevereiro de 1969, e tentei expulsá-las com leituras, viagens e também passando o tempo na companhia de pessoas interessantes. Eu as encontrava no número 9 da Bolton Gardens, em Londres, um apartamento espaçoso que em muitos fins de semana se tornou o meu lar fora de Oxford. Seu ocupante em tempo integral era David Edwards, que tinha aparecido no Helen's Court uma noite com Dru Bachman, que morava junto com Ann Markusen em Georgetown, usando um *zoot suit*,* com o paletó cheio de botões e bolsos e as calças cintilantes. Antes disso, eu só tinha visto esse tipo de roupa em filmes antigos. O apartamento do David na Bolton Gardens se tornou uma *open house* para uma turma heterogênea de jovens norte-americanos, bretões, e outros que chegavam e saíam de Londres. Havia muita comida e festas, quase sempre financiadas pelo David, que tinha mais dinheiro que os outros e era generoso até demais.

*Terno composto de colete, paletó comprido e folgado, e calça de cintura alta afunilada na perna. (N. dos T.)

Também passei muito tempo sozinho em Oxford. Gostava da solidão da leitura e fiquei especialmente tocado por um trecho da canção *The People, Yes*, de Carl Sandburg:

Diga-lhe para ficar sozinho com freqüência e voltar-se para si mesmo e acima de tudo não lhe diga mentiras sobre ele.
[...]
Diga-lhe que a solidão é criativa se ele for forte e as decisões finais são tomadas em quartos silenciosos.
[...]
Ele ficará suficientemente sozinho
para ter tempo para as incumbências
que ele sabe ser dele próprio.

Sandburg me fez pensar que algo de bom poderia vir das minhas especulações e preocupações. Eu sempre tinha passado muito tempo sozinho, sendo filho único até os dez anos de idade, com pai e mãe trabalhando. Quando entrei na política nacional, um dos mitos mais divertidos propagados pelas pessoas que não me conheciam era o de que eu detestava ficar só, talvez por me deliciar na companhia dos outros, em enormes multidões ou até em jantares íntimos ou jogos de cartas com amigos. Como presidente trabalhei com afinco para programar meu tempo de modo a poder ter umas duas horas diárias para ficar sozinho pensando, refletindo, planejando, ou mesmo sem fazer nada. Freqüentemente dormia menos apenas para ter esse tempo sozinho. Em Oxford estava muito solitário e usava o tempo para fazer as escolhas que, segundo Sandburg, uma vida satisfatória exige.

Em março, com a primavera se aproximando, o tempo melhorou e com ele o meu humor. Durante as férias de cinco semanas fiz a minha primeira viagem ao continente; depois de pegar um trem para Dover, a fim de ver os rochedos brancos, fui de balsa para a Bélgica, onde peguei outro trem e fui para Colônia, na Alemanha. Desembarquei às 9h30, e ao sair da estação entrei na sombra de uma esplêndida catedral medieval que fica no alto da colina, e entendi por que os pilotos aliados na Segunda Guerra Mundial arriscaram a vida para evitar destruí-la, voando muito baixo nas suas tentativas de bombardear a ponte sobre o rio Reno, próximo dali. Senti-me perto de Deus naquela catedral, como acontece toda vez que volto lá. Na manhã seguinte me encontrei com Rick Stearns, Ann Markusen e meu amigo alemão Rudy Lowe, que eu havia conhecido na CONTAC de Washington em 1967, para viajarmos pela Baviera. Em Bamberg, um lugar milenar e sua cidade natal, Rudy me levou para ver a fronteira com a Alemanha Oriental, próximo dali, onde havia um soldado alemão oriental de sentinela num posto elevado atrás de uma cerca de arame farpado na orla da Floresta Bávara.

Enquanto eu estava viajando, morreu o presidente Eisenhower, "um dos últimos remanescentes que sobraram do Sonho Americano". O mesmo aconteceu com a minha relação com Ann Markusen, relação vitimada pelas circunstâncias e pela minha incapacidade de assumir um compromisso. Ainda se passaria muito tempo antes de restabelecermos a nossa amizade.

De volta a Oxford, George Kennan foi falar para nós. Ele via com graves restrições a nossa política com o Vietnã, e meus amigos e eu estávamos ansiosos por ouvi-lo. Infelizmente ele se manteve distante da política externa e, em vez disso, se lançou numa invectiva contra as manifestações estudantis e toda a "contracultura" que se opunha à guerra. Depois que alguns dos meus colegas, sobretudo Tom Williamson, debateram com ele durante algum tempo, o show acabou. Nossa reação consensual foi perfeitamente resumida num comentário divertido de Alan Bersin: "O livro é melhor do que o filme".

Alguns dias depois tive um jantar e uma conversa surpreendentes com Rick Stearns, provavelmente o sujeito mais maduro e sensato do nosso grupo, em se tratando de política. Conforme as anotações do meu diário, Rick "atacou violentamente a minha oposição à convocação", dizendo que o resultado de nossas posturas seria que o fardo do serviço militar pesaria ainda mais sobre os pobres. Em vez de oposição, "Stearns quer o serviço nacional com meios alternativos de engajamento nas forças armadas, mas com incentivos de menor tempo de serviço e salários mais altos, para manter a força militar em níveis aceitáveis. Ele acha que todos, não só os pobres, devem contribuir com o serviço comunitário". Isso plantou a semente que mais de vinte anos depois, na minha primeira campanha presidencial, floresceria na forma da proposta de um programa nacional de serviço à comunidade prestado pelos jovens.

Na primavera de 1969, o único serviço nacional era o militar, e as suas dimensões eram medidas pela desumana expressão "número de baixas". Em meados de abril as baixas incluíram o meu amigo de infância Bert Jeffries. No sofrimento dos dias que se seguiram, sua esposa deu à luz prematuramente um filho que, como eu, cresceria com lembranças do pai transmitidas pelos outros. Quando Bert morreu, estava servindo como fuzileiro naval com dois dos seus amigos mais chegados de Hot Springs, Ira Stone e Duke Watts. Sua família precisou escolher uma pessoa para trazer o corpo de volta, uma escolha que teria conseqüências consideráveis, uma vez que, de acordo com os regulamentos militares, essa pessoa não precisaria retornar. Eles escolheram Ira, que já havia se ferido três vezes, em parte porque Duke, que também já havia estado diversas vezes perto da morte, teria apenas mais um mês de trabalho a cumprir. Chorei pelo meu amigo, e novamente fiquei imaginando se a minha decisão de ir para Oxford não era motivada mais pelo desejo de continuar vivendo do que pela oposição à guerra. Registrei no meu diário que "é impossível provar a correção do privilégio de viver em suspensão, mas, talvez infelizmente, apenas difícil demais viver com ele".

Nos Estados Unidos, os protestos contra a guerra continuavam com o mesmo vigor. Em 1969, 448 universidades entraram em greve ou foram forçadas a suspender as aulas. No dia 22 de abril eu me surpreendi ao ler no *The Guardian* que Ed Whitfield, de Little Rock, havia levado um grupo de negros armados a ocupar um prédio no campus da Universidade Cornell, em Ithaca, Nova York. Exatamente no verão anterior, Ed havia sido criticado por jovens militantes negros em Little Rock quando trabalhamos juntos para ajudar Fulbright a se reeleger.

Uma semana depois, no dia 30 de abril, a guerra finalmente chegou em casa para mim, sem nenhuma ambigüidade e com um estranho capricho que era uma metáfora daqueles tempos bizarros. Fui notificado da minha convocação: deveria me apresentar para cumprir meu dever no dia 21 de abril. Era evidente que a notificação havia sido postada no dia 1º de abril, mas, assim como nossa urna de eleitores no exterior meses antes, fora mandada por via marítima. Liguei para os Estados Unidos querendo garantir que o conselho de convocação soubesse que eu não estava havia nove dias resistindo à convocação e perguntando o que devia fazer. Eles me disseram que a falha tinha sido deles e que, além disso, de acordo com as normas, eu precisaria concluir o período que estava cursando, e assim me orientaram a me apresentar quando tivesse terminado.

Resolvi aproveitar ao máximo o que com certeza seria — era o que me parecia — o fim da minha permanência em Oxford, saboreando cada momento dos longos dias de primavera na Inglaterra. Fui ao pequeno povoado de Stoke Poges para ver o lindo adro da igreja onde Thomas Gray está enterrado, e li a sua "Elegy Written in a Country Churchyard" [Elegia escrita no átrio de uma igreja interiorana], depois fui a Londres assistir a um concerto e visitar o Cemitério de Highgate, onde Karl Marx está enterrado sob um grande busto que o reproduz com muita força. Passei o máximo de tempo que pude com outros bolsistas da Rhodes, especialmente Strobe Talbott e Rick Stearns, com quem continuava aprendendo coisas. Durante o café-da-manhã no George's, um café antiquado no segundo andar do mercado coberto de Oxford, Paul Parish e eu discutimos o seu pedido para ser enquadrado na condição de opositor consciente, para o qual contribuí com uma carta ao seu conselho de convocação.

No fim de maio, acompanhando Paul Parish e uma amiga dele, Sara Maitland, uma senhora escocesa espirituosa e uma pessoa maravilhosa que depois veio a se tornar notável escritora, fui ao Royal Albert Hall em Londres para ouvir a grande cantora de *spirituals* Mahalia Jackson. Ela esteve magnífica, com sua voz estrondosa e sua fé pujante e inocente. No final do concerto seu público jovem tomou todo o palco, aplaudindo e implorando um bis. Eles ainda ansiavam por acreditar em algo maior que eles mesmos. E eu também.

No dia 28 dei uma festa de despedida na Univ para os meus amigos: companheiros da faculdade com quem havia feito minhas refeições e jogado rúgbi; Douglas e os outros porteiros; meu *scout*, Archie, mais o diretor Williams e a esposa dele; George Cawkwell; e uma leva de estudantes norte-americanos, indianos, caribenhos e sul-africanos que eu tinha conhecido. Queria lhes agradecer por terem sido uma parte importante do meu ano. Meus amigos me deram algumas recordações: uma bengala, um chapéu inglês de lã e um exemplar de *Madame Bovary* em brochura, que guardo até hoje.

Passei a primeira parte de junho conhecendo Paris. Não queria voltar para casa sem fazer isso. Fiquei num quarto no Quartier Latin, acabei de ler *Down and Out in Paris and London*, de George Orwell, e passei por todos os pontos turísticos, inclusive me surpreendi com o pequeno monumento em homenagem ao Holocausto logo atrás de Notre-Dame. Facilmente se deixa de vê-lo, mas o esforço vale a pena. Na extremidade da ilha descemos uma escada e entramos num lugar pequeno, então nos viramos e deparamos com uma câmara de gás.

Minha guia e companheira na estada foi Alice Chamberlin, que eu havia conhecido por intermédio de amigos comuns em Londres. Caminhamos pelas Tulherias, parando nos lagos para ver as crianças com seus barcos a vela; comemos exóticos e baratos pratos das cozinhas vietnamita, argelina, etíope e jamaicana; subimos Montmartre e visitamos a igreja do Sacré Coeur — onde em respeito e com humor acendi uma vela pelo meu amigo dr. Victor Bennett, que tinha morrido dias antes e que, com todo o seu gênio, era irracionalmente anticatólico. Eu estava tentando ir a todos os lugares de que ele gostava. Era o mínimo que eu podia fazer depois de toda a sua dedicação à minha mãe, ao papai e a mim.

Na época em que voltamos para Oxford, o céu estava ficando claro até tarde da noite. Nas primeiras horas de uma manhã, meus amigos ingleses me levaram para o teto de um dos prédios da Univ para ver o sol se levantar no bonito horizonte de Oxford. Ficamos tão exaltados que irrompemos na cozinha da Univ, pegamos pão, salsichas, tomates e queijo, e fomos para o meu quarto tomar lá o café-da-manhã.

No dia 24 de junho fui me despedir de Bill Williams. Ele me desejou boa sorte e disse esperar que eu me tornasse "um velho ex-aluno desagradavelmente entusiasmado e empolado". Aquela noite foi a última vez que comi num *pub* de Oxford com Tom Williamson e seus amigos. No dia 25 disse adeus a Oxford — permanentemente, achava eu. Fui para Londres e encontrei Frank, Mary e Lyda Holt. Depois de assistirmos a uma sessão noturna do Parlamento, e de o juiz e a sra. Holt irem para casa, levei Lyda para encontrar alguns amigos no meu último jantar na Inglaterra, dormi umas duas horas na casa de David Edward, me levantei cedo e rumei para o aeroporto com seis amigos que foram ao meu bota-fora. Nós não sabíamos quando iríamos nos ver novamente; talvez isso não acontecesse. Abracei-os e corri para o avião.

16

MEU AVIÃO ATERRISSOU EM NOVA YORK nove horas depois do previsto, às 21h45, em razão de atrasos na saída e na chegada. Quando cheguei a Manhattan já era meia-noite, e assim resolvi ficar por ali a noite inteira para pegar um avião bem cedo. Acordei Martha Saxton e nos sentamos e conversamos durante duas horas nos degraus da frente do seu prédio, no Upper West Side, depois fomos para um jantar que durou toda a noite; havia meses não comia um hambúrguer tão gostoso. Em seguida conversei com dois motoristas de táxi, li *What is History* [O que é História], de E. H. Carr, e pensei no ano extraordinário que tinha vivido e no que estava à minha espera. E fiquei contemplando o meu mais lindo presente de despedida: dois cartões com provérbios franceses, cujos títulos eram "L'Amitié" [A amizade] e "Sympathie" [Simpatia]. Eram presente de Anik Aléxis, uma linda caribenha negra que estava vivendo em Paris e saindo com Tom Williamson. Nikki havia guardado aqueles cartões durante oito anos, desde que era criança. Dou a eles o maior valor porque simbolizaram os presentes que eu tinha tentado dar, compartilhar e receber das pessoas. Eu os emoldurei e os levei para todos os lugares onde vivi nos últimos 35 anos.

Saí do jantar com menos de vinte dólares no bolso para ir até o Arkansas, mas na última página do meu diário escrevi que me sentia "como um cara rico de fato, com muita sorte, muitos amigos, esperança e convicções um pouquinho mais específicas e refletidas do que aquelas com que comecei este diário em novembro do ano passado". Naquela época louca, o meu estado de espírito subia e descia como um elevador. Para o bem ou para o mal, Denise Hyland tinha me mandado um segundo diário na primavera, para eu comentar tudo o que aconteceria em seguida.

Quando no fim de junho cheguei em casa, eu tinha cerca de um mês antes de me apresentar para a preparação, e nesse período estava livre para tomar outras providências com relação à minha vida militar. Não havia lugares disponíveis na Guarda Nacional ou em reservas. Procurei na Força Aérea, mas fiquei sabendo que não poderia me tornar piloto de avião a jato porque não era dotado de grande acuidade visual. A visão do meu olho esquerdo era fraca, tive problemas de focos divergentes quando eu era garotinho. Isso tinha se corrigido bastante, mas a minha visão ainda não convergia para um ponto único e, aparentemente, por causa disso as conseqüências num vôo podiam ser graves. Também fiz o exame médico para um programa dos oficiais navais, mas novamente fui reprovado, dessa vez por causa de uma deficiência auditiva, um problema do qual não tinha me dado conta e que só fui perceber uma década depois, quando entrei na política e não compreendia, e freqüentemente nem ouvia, o que as pessoas na multidão me diziam. A melhor opção que restou parecia ser me matricular no curso de Direito e juntar-me aos Oficiais de Reserva do Exército, no Corpo de Treinamento da Universidade do Arkansas.

Fui para Fayetteville no dia 17 de julho, e em duas horas ambos me aceitaram: a cidade e a guarnição. O oficial que estava na chefia do programa, coronel Eugene Holmes, disse que me aceitava porque, como oficial, eu prestaria ao país um serviço melhor do que como convocado. Seu segundo no comando, o tenente-coronel Clint Jones, parecia mais conservador e cético com relação a mim, mas tivemos uma conversa agradável sobre a sua filha, que eu tinha conhecido em Washington e de quem gostava. Ingressar no Corpo de Treinamento dos Oficiais de Reserva [Reserve Officers Training Corps — ROTC] significava que eu entraria para o serviço ativo depois da Faculdade de Direito. Aparentemente eles não poderiam me recrutar antes do verão seguinte, porque eu precisaria ir para o acampamento de verão antes de começar a assistir às aulas do ROTC, mas assinar uma carta de intenção era o suficiente para o conselho de convocação esquecer a minha data de apresentação e me dar uma classificação de Reservista 1-D. Eu tinha sentimentos conflitantes. Sabia que teria uma chance de evitar ir para o Vietnã, "mas algumas pessoas vão entrar naquele ônibus dentro de dez dias e talvez eu também devesse estar entrando nele".

Mas dez dias depois eu não entrei no ônibus. Em vez disso, peguei o meu carro e dirigi para o Texas, onde ia participar de uma reunião com colegas de quarto da Georgetown que ainda estavam na vida militar: Tom Campbell, Jim Moore e Kit Ashby. Nas viagens de ida e de volta desse encontro fiquei atento para coisas que me reorientariam em relação aos Estados Unidos. Houston e Dallas estavam apinhados de novos complexos de apartamentos, que se espalhavam aparentemente sem nenhum planejamento. Concluí que aquilo era a onda do futuro, um tempo incerto aonde já não tinha tanta certeza de que queria chegar. Percebia um significado cultural nos adesivos dos pára-choques e nas chapas personalizadas. Meu adesivo predileto dizia: "Não culpe Jesus se você for para o inferno". Mas de longe a placa mais engraçada estava num carro funerário, deixando a impressão de que se esperava dos leitores que eles temessem o inferno, mas rissem da morte.

Eu ainda não estava no palco dessa comédia, mas sempre tinha sido muito consciente — e nem tão incomodado assim — quanto minha própria mortalidade. Talvez pelo fato de o meu pai ter morrido antes do meu nascimento, comecei a pensar na morte quando ainda muito pequeno. Sempre fui fascinado por cemitérios e gosto de passar um tempo nesses lugares. Quando voltei do Texas, parei em Hope para ver Buddy e Ollie e visitar os túmulos do meu pai e dos meus avós. Enquanto tirava as ervas daninhas que cresciam em volta deles, me impressionei novamente com o tempo tão curto que os três haviam passado na terra: meu pai morreu com 28 anos, vovô viveu 58 anos, e vovó, 66 (e no caso do meu pai adotivo, em Hot Springs, 57). Eu sabia que poderia não ter uma vida longa, e queria tirar o máximo dela. Minha atitude em relação à morte era captada na frase final de uma brincadeira sobre a Irmã Jones, a mulher mais devota da igreja que ela freqüentava. Certo domingo, o pastor, que normalmente era muito tedioso, pregou o maior sermão da vida dele. E no final gritou: "Quero que todos que desejam ir para o céu se ponham de pé". Ato contínuo, toda a congregação se levantou, com exceção da Irmã Jones. O pastor ficou desconcertado e disse: "Irmã Jones, você não quer ir para o céu quando morrer?". A boa senhora pulou de pé e disse: "Ah, quero sim, pastor. Mas eu achei que o senhor estava tentando reunir uma turma para ir agorinha mesmo!".

As seis semanas seguintes em Hot Springs foram mais interessantes do que eu havia imaginado. Trabalhei uma semana ajudando um senhor de 67 anos a montar uma das casas pré-fabricadas do Jeff no pequeno povoado de Story, a oeste de Hot Springs. O velhote me deixava exausto todo dia, e compartilhava comigo grande parte da sua sabedoria simples e do seu ceticismo caipira. Apenas um mês antes, Buzz Aldrin e Neil Armstrong, os astronautas da Apollo 11, tinham deixado seu colega Michael Collins a bordo da espaçonave Columbia e caminhado pela Lua, antecipando-se em cinco meses no objetivo do presidente Kennedy de pôr um homem na Lua até o fim da década. O velho carpinteiro me perguntou se eu de fato acreditava que aquilo tinha acontecido. Respondi que sim, que tinha visto pela televisão. Ele discordou; disse que não havia acreditado nem um minuto naquilo, que "esse povo da televisão" pode fazer parecerem reais as coisas que não são. Nessa época eu achei que ele era maluco. Mas durante os meus oito anos em Washington assistiria a algumas coisas na TV que me fariam perguntar se aquele velho não estava à frente do seu tempo.

Eu passava a maioria das noites e uma porção de dias com Betsey Reader, que na escola sempre estivera um ano na minha frente e agora trabalhava em Hot Springs. Ela era um maravilhoso antídoto para as minhas ansiedades implacáveis: sábia, pensativa e muito amável. Haviam nos pedido que fôssemos à ACM para sermos uma presença semi-adulta em alguns eventos para estudantes do colegial, e nós mais ou menos adotamos três estudantes secundaristas: Jeff Rosensweig, filho do meu antigo pediatra, e que era muito bem informado sobre política; Jan Dierks, uma tranqüila e inteligente garota que era interessada em direitos civis; e Glenn Mahone, um rapaz negro que estava por dentro de todos os assuntos e se expressava muito bem, tinha uma cabeleira afro e gostava de usar *dashikis* africanas, camisas compridas e coloridas que ele deixava para fora da calça. Íamos juntos a todos os lugares e nos divertimos muito.

Hot Springs teve naquele verão alguns incidentes raciais e as tensões estavam altas. Glenn e eu achávamos que poderíamos aliviá-las formando uma banda de rock inter-racial e promovendo um baile gratuito no estacionamento da Kmart. Ele cantaria e eu tocaria saxofone. Na noite marcada apareceu uma grande multidão. Tocamos em cima de um caminhão e eles dançaram e se integraram no chão. Tudo correu bem durante cerca de uma hora. Então um jovem negro e boa-pinta convidou uma loira linda para dançar. Eles dançavam bem — incrivelmente bem. Aquilo foi demais para alguns racistas que estavam ali. Começou uma briga, depois outra, e mais outra. Antes que déssemos pela coisa, estávamos às voltas com uma grossa pancadaria e os carros da polícia já haviam chegado ao estacionamento. E assim terminou a minha primeira iniciativa de reconciliação racial.

Certo dia, Mack McLarty, que tinha sido eleito para a legislatura logo ao sair da faculdade, foi a Hot Springs para um encontro de revendedores da Ford. Ele já era casado e estava indo de vento em popa nos negócios e na política. Eu queria vê-lo e resolvi pregar uma peça nele diante dos seus colegas altamente convencionais. Tomei as providências para encontrá-lo na praça onde fica o nosso centro de convenções. Ele não sabia que eu tinha deixado o cabelo crescer e que estava barbudo. Meu aspecto assim já era suficientemente inusitado, mas, além disso, levei comigo três pessoas: duas moças inglesas que tinham parado em Hot Springs num ônibus que percorria o país inteiro, e que tinham a aparência típica de quem está há dois ou três dias num ônibus; e Glenn Mahone, com o seu cabelo afro e a sua *dashiki*. Nós parecíamos refugiados do festival de Woodstock. Quando Mack entrou na praça com dois dos seus amigos, deve ter sentido azia ao nos ver. Mas ele não se alterou; simplesmente me cumprimentou e nos apresentou. Sob a sua camisa muito alva e o cabelo curto havia um coração e um cérebro que simpatizavam com a paz e os movimentos em prol dos direitos civis. Ele ficou do meu lado sempre, durante toda a vida, mas eu não o testei mais.

À medida que o verão ia chegando ao fim, eu me sentia cada vez pior com relação à minha decisão de entrar no ROTC e ir para a Faculdade de Direito do Arkansas. Estava difícil conciliar o sono, e eu passava a maioria das noites sentado na poltrona branca, na qual havia assistido ao discurso "Eu tenho um sonho", feito por Martin Luther King Jr. seis anos antes. Eu lia até sentir que seria capaz de dormir umas poucas horas. Pelo fato de ter entrado tarde no ROTC, eu não poderia ir para o acampamento de verão antes do verão seguinte, e assim o coronel Holmes concordou em me deixar voltar para um segundo ano em Oxford, o que significava que o meu serviço militar pós-Faculdade de Direito duraria três anos, e não quatro. Eu continuava perturbado com a minha decisão.

Uma conversa com o irmão do reverendo John Miles me deixou ainda mais inseguro. Warren Miles abandonou a escola aos dezoito anos para ser fuzileiro naval e ir para a Coréia, onde foi ferido em ação. Então voltou para os Estados Unidos e foi para o Hendrix College, faculdade onde ganhou uma bolsa da Rhodes. Ele me incentivou a esquecer a segurança do meu curso atual, tornar-me fuzileiro naval e ir para o Vietnã, onde pelo menos eu aprenderia alguma coisa. Ele rejeitou imediatamente a minha oposição à guerra, dizendo que eu não podia fazer nada com relação ao fato da continuidade da guerra e, uma vez que ela continuava declarada, as pessoas decentes deviam ir, experimentar, e lembrar. Era um argumento poderoso. Mas eu logo lembrei. Lembrei o que havia aprendido trabalhando na Comissão de Relações Exteriores, inclusive as indicações sigilosas de que o povo norte-americano estava sendo enganado com relação à guerra. E eu me lembrava da carta de Bert Jeffries me dizendo para ficar o mais longe que pudesse. Eu estava muito dividido. Como filho de um veterano da Segunda Guerra Mundial, e como alguém que cresceu vendo os filmes de John Wayne, sempre tinha admirado as pessoas que serviram nas forças armadas. Agora eu sondava o meu coração, tentando determinar se a minha aversão a servir era motivada pela convicção ou pela covardia. Da forma como se desenrolaram os acontecimentos, não tenho certeza se algum dia respondi para mim mesmo a essa pergunta.

Perto do fim de setembro, enquanto preparava a minha volta para Oxford, fui de avião até Martha's Vineyard para uma reunião de ativistas contrários à guerra que tinham trabalhado para Gene McCarthy. Obviamente aquele não era o meu caso. Rick Stearns me convidou aparentemente por saber que eu queria ir, e porque eles queriam mais um sulista participando. O outro era Taylor Branch, que recentemente havia se formado pela Universidade da Carolina do Norte e acabara de passar um tempo na Geórgia fazendo o alistamento eleitoral da população negra. Posteriormente Taylor fez uma carreira brilhante no jornalismo, ajudou John Dean, famoso pelo caso Watergate, e o gigante do basquete Bill Russel a escreverem suas autobiografias, depois escreveu o seu magnífico livro *Parting the Water*, que ganhou o Prêmio Pulitzer, primeiro volume de uma trilogia planejada sobre Martin Luther King Jr. e o movimento dos direitos civis. Taylor e eu tivemos uma amizade que em 1972 nos levaria a trabalhar juntos na campanha de McGovern no Texas e, depois, em 1993, a uma história oral da minha presidência relatada quase mensalmente, e sem a qual muitas das minhas lembranças desses anos teriam se perdido.

Além de Rick e Taylor, havia quatro outros sujeitos que participaram da reunião, e com quem estive ligado ao longo dos anos: Sam Brown, um dos mais destacados dirigentes do movimento estudantil contra a guerra, mais tarde participou da política do Colorado e, quando eu era presidente, serviu aos Estados Unidos na organização sobre segurança e cooperação na Europa; David Mixner, que aos catorze anos havia começado a organizar trabalhadores migrantes, me visitou várias vezes na Inglaterra e mais tarde se mudou para a Califórnia, onde se tornou ativista na luta contra a AIDS e pelos direitos dos gays, e que me apoiou em 1992; Mike Driver, que iria se tornar um dos meus amigos mais estimados durante os trinta anos seguintes; e Eli Segal, que eu tinha conhecido na campanha de McGovern, se tornou coordenador da campanha de Clinton-Gore.

Todos desse grupo reunido naquele fim de semana viveram uma trajetória inimaginável naquele final de outono de 1969. Nós só queríamos ajudar a acabar com a guerra. O grupo estava planejando o próximo grande protesto, conhecido como Moratória do Vietnã, e dei a pequena contribuição que podia dar para as suas deliberações. Mas eu estava pensando sobretudo na convocação, e me sentindo cada vez mais desconfortável com relação ao modo como agiria. Logo antes de partir do Arkansas para ir a Martha's Vineyard redigi uma carta para Bill Armstrong, diretor do conselho de convocação em Hot Springs, dizendo-lhe que na verdade eu não queria fazer o programa do ROTC e pedindo-lhe para retirar a minha dispensa temporária e me pôr de volta na convocação. Strobe Talbott foi ao Arkansas me visitar e discutimos se eu deveria postar a carta. Não a postei.

No dia em que viajei, nosso jornal local trouxe na primeira página a notícia de que Mike Thomas — tenente do Exército, que havia me derrotado na eleição para escolha do presidente do conselho estudantil no início do secundário — tinha sido morto no Vietnã. A unidade do Mike foi atacada e se protegeu. Ele morreu quando voltou para a linha de fogo no intuito de resgatar um dos seus homens que tinha ficado preso no veículo dos oponentes; uma granada matou os dois. Depois da sua morte, o Exército lhe deu uma Estrela de Prata, uma Estrela de Bronze e uma Purple Heart* pela boa conduta. Cerca de 39 mil norte-americanos tinham morrido no Vietnã, e 19 mil baixas ainda ocorreriam.

*A Purple Heart [Coração Púrpura] é a primeira condecoração militar americana (criada em 1782 por George Washington), a medalha militar mais antiga do mundo ainda em uso e a primeira condecoração a contemplar o soldado comum. É outorgada a militares norte-americanos feridos ou mortos em combate. Nesse último caso, é entregue aos descendentes. (N. dos T.)

Nos dias 25 e 26 de setembro escrevi no meu diário: "Lendo [o livro de David Halberstam] *The Unfinished Odyssey of Robert Kennedy* [A odisséia inacabada de Robert Kennedy], eu me lembrei novamente de que não acredito em dispensas temporárias. [...] Não posso fazer esse ROTC". Poucos dias depois liguei para Jeff Dwire, disse-lhe que eu queria ser posto de novo na lista dos convocáveis, e lhe pedi para dizer isso a Bill Armstrong. No dia 30 de outubro o conselho de convocação me reclassificou como 1-A. No dia 1º de outubro o presidente tinha ordenado uma mudança na política do Sistema de Serviço Seletivo, para permitir aos alunos de pós-graduação que eles terminassem o ano letivo — e não apenas o período — em que estavam, e assim eu não seria convocado antes de julho. Não me lembro, e meu diário não registra, se eu pedi ao Jeff para falar com o conselho local antes ou depois de saber que as dispensas temporárias das convocações dos estudantes de pós-graduação tinham sido estendidas para um ano acadêmico inteiro. Lembro-me, isso sim, de me sentir aliviado, porque passaria mais algum tempo em Oxford e porque a situação da convocação estava resolvida: eu me sentia redimido com o fato de que provavelmente seria convocado no final do ano letivo de Oxford.

Também pedi ao Jeff que falasse com o coronel Holmes. Ainda me sentia em dívida com ele: o coronel havia me ajudado a evitar a apresentação em 28 de junho. Embora eu agora fosse novamente 1-A, se ele me mantivesse no meu compromisso com o programa do ROTC que começava com o acampamento do próximo verão, eu provavelmente teria de encarar a parada. Jeff disse que o coronel aceitou a minha decisão, mas achava que eu estava cometendo um erro.

No dia 1º de dezembro, de acordo com uma lei assinada pelo presidente Nixon cinco dias antes, os Estados Unidos instituíram uma espécie de loteria de convocação, com um sorteio em que todos os dias do ano eram tirados de um receptáculo e dispostos em ordem seqüencial. Quanto antes a data de aniversário do indivíduo saía, mais cedo era a chamada em que ele poderia ser convocado. O dia 19 de agosto foi o 311. Mesmo com esse número alto no sorteio, durante vários meses achei que tinha uma grande probabilidade de ser convocado. No dia 21 de março de 1970 recebi uma carta de Lee Williams, dizendo que ele tinha conversado com o coronel Lefty Hawkins, diretor do Sistema de Serviço de Recrutamento do Arkansas, que lhe disse que todos nós seríamos convocados.

Quando recebi o número alto que mencionei, liguei novamente para Jeff e lhe pedi para dizer ao coronel Holmes que eu não havia voltado para a convocação sabendo que aconteceria o sorteio, e que eu imaginava que ele ainda podia me chamar para a minha obrigação com o ROTC. Então, no dia 3 de dezembro, eu me sentei e escrevi para o coronel Holmes. Agradeci-lhe por me proteger da convocação no verão anterior, disse-lhe quanto eu o admirava e acrescentei que duvidava que ele iria me admirar se soubesse das minhas crenças e atividades políticas: "No mínimo o senhor me julgaria mais talhado para a convocação do que para o ROTC". Mencionei o meu trabalho na Comissão de Relações Exteriores, "numa época em que não eram muitas as pessoas que tinham mais informações disponíveis sobre o Vietnã do que eu". Contei-lhe que depois de deixar o Arkansas no verão anterior trabalhei um pouco para a chamada Moratória do Vietnã em Washington e na Inglaterra. Disse-lhe que tinha analisado a convocação na Georgetown e concluíra que ela só se justificava quando, assim como na Segunda Guerra Mundial, a nação e o nosso modo de vida estivessem em risco. Manifestei simpatia pelos que se opunham conscientemente à guerra e pelos que resistiam à convocação. Disse-lhe que Frank Aller, que identifiquei apenas como meu companheiro de quarto, era "um dos melhores e mais corajosos indivíduos que conheço. Nosso país precisa mais do que imaginamos de homens assim. Considerarem-no criminoso é uma obscenidade". Então admiti que tinha cogitado ser um resistente mas acabei aceitando a convocação, "apesar das minhas crenças, por uma única razão: manter a minha viabilidade política dentro do sistema". Também admiti que tinha pedido para ser aceito no programa do ROTC porque era esse o único modo de evitar "possivelmente, mas não com certeza, tanto o Vietnã quanto a resistência". Confessei ao coronel que, "depois de assinar a carta de intenções para o ROTC, comecei a imaginar se o compromisso assumido comigo mesmo não seria mais objetável do que teria sido a convocação, porque eu não tinha interesse no programa do ROTC em si mesmo, e aparentemente tudo o que eu havia feito era me proteger de danos físicos [...] Depois que fizemos o nosso acordo e o senhor mandou a minha dispensa temporária de 1-D para o conselho de convocação, a angústia e a perda do meu auto-respeito e da minha autoconfiança realmente se instalaram". Então eu disse ao coronel que no dia 12 de setembro tinha escrito uma carta para o conselho de convocação pedindo para ser incluído novamente na convocação, mas que não havia chegado a postá-la. Não mencionei que tinha pedido a Jeff Dwire que providenciasse para eu ser reclassificado em 1-A, e que o conselho de convocação local tinha feito isso na reunião de outubro. Revelei isso por saber que Jeff já havia contado aquilo ao coronel. Disse esperar que "contar essa história vai ajudá-lo a compreender mais claramente como tantas pessoas boas se deram conta de que amam seu país mas nem tanto o serviço militar, ao qual o senhor e outros inúmeros bons homens dedicaram anos, toda uma vida, do melhor serviço que podiam oferecer". Era como eu me sentia na época, como um jovem profundamente perturbado e em conflito com relação à guerra. De qualquer modo, eu ainda me considerava preso ao compromisso com o ROTC se o coronel Holmes me chamasse por causa dele. Ele não respondeu à minha carta, e assim eu não soube durante meses o que ele faria.

Em março de 1970, mais ou menos na mesma época em que ouvi a opinião de Lee Williams de que todos os números da loteria seriam convocados, recebi duas fitas feitas pela minha família quando David Edwards os visitou em Hot Springs. A primeira contém cenas de brincadeiras joviais em volta da nossa mesa de sinuca, e termina com Roger tocando saxofone para mim enquanto King, o nosso pastor alemão, uiva. A segunda fita tem mensagens pessoais da minha mãe e do Jeff. Minha mãe disse que me amava muito e insistiu comigo para que eu descansasse mais. Jeff me fez um relatório de questões familiares e depois disse estas palavras:

> Tomei a liberdade de ligar para o coronel dias atrás e fazer uma visitinha a ele. Ele lhe manda seus bons votos e espera que você encontre tempo para aparecer lá quando voltar. Eu não me preocuparia nem um pouco com o programa do ROTC no que diz respeito a ele, porque aparentemente a compreensão do coronel sobre a situação geral da nossa juventude é maior do que as pessoas pensam.

Assim, na segunda semana de março de 1970, soube que estava livre da minha obrigação com o ROTC, mas não da convocação.

Com o correr do tempo ficou claro que Lee Williams estava enganado. O arrefecimento da guerra reduziu a necessidade de novos soldados, a ponto de o meu número jamais ter sido chamado. Sempre me senti mal com relação a fugir dos riscos que colheram a vida de tantos da minha geração, cujo direito ao futuro era tão legítimo quanto o meu. Ao longo dos anos — como governador, quando estive na direção da Guarda Nacional do Arkansas, e especialmente depois que me tornei presidente —, quanto mais contato tive com o Exército norte-americano, mais desejei ter participado dele quando jovem, embora o meu modo de pensar sobre o Vietnã nunca tenha mudado.

Se não tivesse ido para a Georgetown e trabalhado na Comissão de Relações Exteriores, poderia ter tomado decisões diferentes sobre o serviço militar. Durante a era do Vietnã, 16 milhões de homens evitaram por meios legais o serviço militar; 8,7 milhões se alistaram; 2,2 milhões foram convocados; somente 209 mil declararam ter se esquivado da convocação ou resistido, dos quais 8.750 foram condenados.

Aqueles entre nós que podiam ter ido para o Vietnã mas não foram ficaram igualmente marcados, sobretudo se tivemos amigos que morreram lá. Sempre me interessei por ver como os outros que foram dispensados do serviço e depois entraram na vida pública lidaram com as questões militares e com a discordância política. Alguns deles se tornaram supergaviões e hiperpatriotas, alegando que considerações pessoais justificaram o fato de eles não terem servido, enquanto ainda condenavam os que se opuseram a uma guerra que eles mesmos evitaram. Em 2002, o Vietnã aparentemente havia se recolhido tanto nas sombras da psique norte-americana que na Geórgia o congressista republicano Saxby Chambliss, que teve uma dispensa temporária da época do Vietnã, foi capaz de derrotar o senador Max Cleland, que teve três membros de seu corpo atingidos irrecuperavelmente no Vietnã e durante a campanha questionava se seu adversário tivera patriotismo e compromisso com a segurança dos Estados Unidos.

Em nítido contraste com as atividades dos supergaviões que não lutaram, os esforços dos Estados Unidos para se reconciliar e normalizar as relações com o Vietnã foram comandados por ilustres veteranos do Vietnã no Congresso como Chuck Robb, John McCain, John Kerry, Bob Kerrey, Chuck Hagel e Pete Peterson, homens que foram muito além do cumprimento de seus deveres e que não tinham nada para esconder ou provar.

Quando, no início de outubro, voltei a Oxford para o meu inesperado segundo ano, as circunstâncias da minha vida foram quase tão complicadas quanto haviam sido no Arkansas. Eu não tinha um lugar para ficar, porque até o final do verão não pensara que ia voltar, e nós só tínhamos quarto garantido na faculdade durante o primeiro ano. Fui morar com Rick Stearns nas primeiras semanas, durante as quais trabalhamos para a organização e participamos das atividades da Moratória do Vietnã na Embaixada norte-americana em Londres, no dia 15 de outubro, apoiando o evento principal que estava ocorrendo nos Estados Unidos. Além disso, ajudei a organizar uma série de seminários na London School of Economics.

Acabei achando um lar para o resto da minha estada em Oxford, com Strobe Talbott e Frank Aller, no número 46 da Leckford Road. Alguém que iria morar com eles desistiu, e eles contaram comigo para dividir o aluguel. Pagávamos 36 libras por mês — 86,5 dólares no câmbio de 2,40 dólares a libra. O lugar estava em estado bastante precário, mas era mais do que adequado para nós. No primeiro andar havia uma pequena sala de estar e um quarto para mim, além de uma cozinha e um banheiro, a primeira coisa que se via ao entrar na casa. A porta do banheiro tinha uma janelinha de vidro coberta com o retrato de uma mulher no estilo pré-rafaelita; à distância a folha de papel fina fazia a imagem parecer um vitral. Essa era a parte mais elegante da casa. Os quartos e sala de estudos de Strobe e Frank ficavam no segundo e no terceiro andar. Tínhamos atrás um quintalzinho malcuidado.

Ao contrário de mim, Strobe e Frank trabalhavam seriamente. Frank estava escrevendo uma tese sobre a epopéia da Longa Marcha na Guerra Civil chinesa. Ele tinha ido à China para encontrar Edgar Snow, cujo famoso livro *Red Star Over China* [Estrela vermelha sobre a China] relata a extraordinária experiência que ele teve com Mao e seus revolucionários em Yenan. Snow tinha dado a Frank algumas das suas anotações não publicadas para que ele as utilizasse, e era evidente que Frank produziria uma obra especializada de real importância.

Strobe estava trabalhando num projeto ainda maior: as memórias de Nikita Khruschev. Os Estados Unidos conheciam Khruschev pelos seus confrontos com Kennedy e Nixon, mas ao mesmo tempo em que os soviéticos da Guerra Fria se iam, ele se revelava um reformista e uma personalidade fascinante. Ele havia construído o belo sistema de metrô de Moscou e denunciado os excessos assassinos de Stálin. Depois que forças conservadoras mais ortodoxas o afastaram do poder e instalaram Brejnev e Kossíguin, Khruschev gravou secretamente em fita cassete as suas memórias e providenciou, por meio de amigos da KGB, creio eu, para que elas chegassem a Jerry Schecter, que na época era o responsável pelo escritório da revista em Moscou. Strobe falava russo fluentemente e no verão anterior tinha trabalhado para a *Time* em Moscou. Ele foi de avião para Copenhague a fim de encontrar Schecter e pegar as fitas. Quando voltou para Oxford, começou o trabalhoso processo de transcrever as palavras de Khruschev em russo, para depois traduzi-las e editar o texto.

Freqüentemente eu preparava o café-da-manhã para Frank e Strobe enquanto eles começavam a trabalhar. Eu fazia muito bem comidas rápidas, servindo-lhes as iguarias da "Cozinha Rural da Mãe Clinton". Durante o café eu me informava sobre o trabalho deles. Achava fascinante ouvir Strobe contar as histórias de Khruschev sobre as intrigas do Kremlin. O livro de Strobe, *Khrushchev Remembers*, deu ao Ocidente uma importante contribuição para a compreender o funcionamento interno da União Soviética e aumentou a esperança de que um dia a reforma interna trouxesse mais liberdade e abertura àquele país.

No dia 15 de novembro ocorreu o segundo evento da Moratória, maior que o primeiro, com mais de 5 mil pessoas andando em torno da Grosvenor Square, diante da embaixada norte-americana. Juntou-se a nós o padre Richard McSorley, um jesuíta da faculdade de Georgetown, que fazia muito tempo vinha sendo ativo no movimento pela paz. Como capelão na Segunda Guerra Mundial, McSorley sobreviveu à marcha mortal de Bataan* e mais tarde se tornou amigo de Robert Kennedy e de sua família. Depois da manifestação tivemos um serviço de oração na Igreja de São Marcos, próxima da embaixada. O padre McSorley recitou a prece de são Francisco de Assis pela paz, e Rick Stearns leu os famosos versos de John Donne que terminam assim: "Não procure saber por quem os sinos dobram; eles dobram por ti".

Depois do Dia de Ação de Graças, Tom Williamson e eu pegamos um vôo para Dublin, onde nos reunimos a Hillary Hart e Martha Saxton, com quem eu vinha me encontrando havia vários meses. Mais de trinta anos depois, Martha me lembrou que nessa viagem eu lhe disse que ela era triste demais para mim. Na verdade, naquela época, angustiado como eu estava com a questão do Vietnã, eu é que era triste demais para ela, ou para qualquer outra pessoa. Mas mesmo estando triste-adorei a Irlanda e me senti em casa ali. Detestei ter de ir embora depois de apenas um fim de semana.

No sábado, dia 6 de dezembro, três dias depois de eu ter escrito a carta para o coronel Holmes, eu estava em Londres no apartamento de David Edward para um grande evento, o jogo de futebol norte-americano Arkansas *versus* Texas. Os dois times vinham se mantendo invictos. Nas pesquisas de opinião nacional, o Texas era o que tinha mais chances de ganhar. Era uma partida do campeonato nacional, o último jogo da temporada normal e no centésimo ano do futebol universitário. Aluguei um rádio de ondas curtas que não custou muito caro, mas exigiu um depósito de cinqüenta libras, muito dinheiro para mim. David preparou um panelão de um *chili* delicioso. Alguns amigos nossos acharam que tínhamos ficado loucos, pelo modo como gritávamos durante um jogo de futebol, tão emocionante que estava sendo chamado de O Jogo do Século. Durante algumas horas voltamos a ser inocentes, totalmente concentrados na disputa.

O jogo e o seu contexto cultural e político foram deliciosamente narrados por Terry Frei no livro *Horns, Hogs, and Nixon's Coming* [Buzinas, carrões, e lá vem o Nixon]. Frei pôs no livro o subtítulo *Texas v. Arkansas in Dixie's Last Stand* [Texas *versus* Arkansas no último foco de resistência do Sul] porque foi o último evento esportivo importante envolvendo dois times que só tinham jogadores brancos.

Alguns dias antes, a Casa Branca tinha anunciado que o presidente Nixon, que era fanático por futebol americano, assistiria ao jogo e entregaria o troféu de campeão nacional ao time vencedor. Nove membros do Congresso o acompanhariam, inclusive o seu arquiinimigo na questão do Vietnã, o senador Fulbright, que tinha jogado pelo Razorback mais de quarenta anos antes, e um jovem congressista do Texas, George H. W. Bush. Eram esperados também os assistentes da Casa Branca Henry Kissinger, H. R. Haldeman e Ron Ziegler, o secretário de Imprensa.

O Arkansas deu o pontapé inicial, forçou o Texas a perder a bola na primeira posse e marcou seus primeiros pontos a menos de um minuto e meio de jogo. No intervalo, com o Arkansas ainda ganhando por 7 a 0, o presidente Nixon foi entrevistado. Ele disse: "Espero ver os dois times marcarem no segundo tempo.

---

*Bataan é uma província das Filipinas, um dos últimos focos de resistência dos soldados norte-americanos e filipinos antes de eles serem derrotados pelas forças japonesas na Segunda Guerra Mundial. (N. dos T.)

A questão é que a equipe superiormente preparada do Texas, e acredito que com os melhores reservas, pode muito bem ser capaz de virar o placar no último período da partida. Vejo as coisas assim". Na primeira jogada do quarto e último período, com o Arkansas ganhando por 14 a 0, o *quarterback** do Texas, James Street, fez uma espantosa corrida de 42 jardas e marcou seu *touchdown*, numa jogada que a princípio estava dando errado, pois não conseguia passar a bola. O Texas foi em frente, tentou a conversão de dois pontos permitida após um *touchdown*. Conseguiu-a e diminuiu a diferença: 14 a 8. Na posse de bola seguinte, o Arkansas imediatamente conseguiu avançar até faltarem apenas sete jardas para a linha de fundo do Texas. Com o melhor chutador de todo o país em campo, o Arkansas poderia ter feito um *field goal**, levando o placar para 17 a 8, e fazendo com que o Texas tivesse de marcar duas vezes para virar o jogo. Mas, em vez do chute, eles tentaram uma jogada de passe. A jogada foi mal executada e a bola acabou sendo interceptada pelo time do Texas. Com menos de cinco minutos para terminar o jogo, o Texas teve uma situação de quarta tentativa*, na sua própria linha de 43 jardas. O quarterback completou um passe milagroso para um parceiro bem marcado na linha de 13 jardas do Arkansas. Duas jogadas depois, o Texas marcou e passou a liderar o jogo: 15 a 14. Em seu último esforço, o Arkansas fez a bola avançar com passes curtos, sobretudo para o seu talentoso corredor, Bill Burnett, que estava jogando maravilhosamente naquele dia e logo depois se tornaria genro do coronel Eugene Holmes. Depois de uma jogada emocionante, o Texas interceptou um passe do Arkansas, gastou o último minuto e ganhou por aquele placar de 15 a 14.

Tinha sido um jogo magnífico. Até mesmo jogadores do Texas disseram que nenhum dos times devia ter perdido. Na verdade, o único gosto amargo na minha boca foi por causa da previsão do presidente Nixon no intervalo, de que o Texas poderia perfeitamente ganhar o jogo no finalzinho. Por anos e anos acho que para mim isso teve o mesmo peso que Watergate.

O fato de David Edwards e eu termos nos dado o trabalho de alugar um rádio de ondas curtas para ouvir um jogo de futebol americano não surpreenderia ninguém que tenha crescido nos Estados Unidos, uma cultura louca por esportes. Torcer pelo Razorback era um ponto fundamental da idéia de ser do Arkansas. Antes de a nossa família comprar um aparelho de televisão, eu ouvia todos os jogos no meu rádio. No secundário, levava o equipamento para a banda do Razorback só para conseguir assistir aos jogos. Na Georgetown, eu assisti a todos os jogos do Razorback que foram televisionados. Quando voltei para o Arkansas, como professor de Direito, depois procurador-geral e governador, assisti a praticamente todos os jogos disputados na capital. Quando Eddie Sutton se tornou treinador de basquete, e sua esposa, Patsy, assumiu um importante papel na minha campanha de 1980, também comecei a ir a todos os jogos de basquete que podia. Quando o time

---

* *Quarterback* — Principal jogador do time, aquele que faz os passes; *Field goal* — Jogada que vale 3 pontos no futebol americano. Consiste em chutar a bola por entre as traves suspensas na linha de fundo do adversário; Quarta tentativa — No futebol americano, um time tem quatro chances para avançar 10 jardas. Se conseguir, ganha mais quatro chances para mais 10 jardas e assim por diante. Se não conseguir, perde a posse da bola para o adversário.

do Arkansas, sob a direção do treinador Nolan Richardson, ganhou o Campeonato da NCAA* ao derrotar o Duke, em 1994, eu estava assistindo ao jogo ao vivo.

De todos os grandes jogos de futebol americano a que eu já assisti, só o Jogo do Século teve um impacto na minha carreira política. Embora os manifestantes contra a guerra não fossem mostrados na televisão nacional, eles estavam lá. Um deles estava empoleirado numa árvore da colina que dava para o estádio. No dia seguinte essa imagem estava em muitos dos jornais e semanários do Arkansas. Cinco anos depois, em 1974, pouco antes da minha primeira eleição para o Congresso, os homens da campanha do meu opositor ligaram para os jornais de todo o distrito eleitoral perguntando se eles tinham guardado uma cópia "da foto de Bill Clinton no alto da árvore fazendo manifestação contra Nixon no jogo Arkansas-Texas". A história se espalhou rapidamente e me custou uma porção de votos. Em 1978, quando disputei o governo do estado pela primeira vez, um soldado da força pública estadual jurou para muita gente no sul do Arkansas que tinha me obrigado a descer da árvore naquele dia. Em 1979, meu primeiro ano como governador, e dez anos depois do jogo, quando eu estava respondendo a perguntas numa reunião de estudantes secundários em Berryville, a cerca de uma hora de carro a leste de Fayetteville, um aluno me perguntou se de fato era eu quem estava naquela árvore. Quando perguntei quem tinha ouvido essa história, metade dos alunos e três quartos dos professores levantaram a mão. Em 1983, catorze anos depois do jogo, fui a Tontitown, uma pequena comunidade ao norte de Fayetteville, para coroar a rainha do Festival da Uva daquele ano. Depois da coroação, a garota de dezesseis anos olhou para mim e disse: "O senhor realmente subiu naquela árvore sem nenhuma roupa para um manifesto contra o presidente Nixon e a guerra?". Quando eu disse que não, ela respondeu: "Ora, bolas! Essa era a única razão pela qual eu sempre simpatizei com o senhor!". A história foi evoluindo, e agora já tinham tirado a minha roupa. Felizmente, pouco tempo depois *The Grapevine*, o irreverente jornal semanal de Fayetteville, pôs um ponto final naquela história maluca ao publicar uma reportagem sobre o verdadeiro manifestante, e incluiu a foto dele na árvore. O autor do texto também disse que, quando o governador Clinton era jovem, ele era certinho demais para uma atitude tão audaciosa.

Aquele jogo de futebol americano foi uma oportunidade de curtir um esporte que eu adorava e me sentir mais próximo dos Estados Unidos. Eu tinha começado a ler *You Can't Go Home Again* [Você não pode voltar para casa], de Thomas Wolfe, e temia que aquilo acontecesse comigo. E eu estava prestes a me distanciar de casa como jamais me distanciara, em mais de um sentido.

No fim da primeira semana de dezembro, durante as férias um pouco mais longas de inverno, comecei uma viagem de quarenta dias que me levaria de Amsterdã, passando pelos países escandinavos, até a Rússia; depois, na volta para Oxford, a Praga e a Munique. Era, e continua sendo, a viagem mais extensa da minha vida.

---

*Associação Atlética dos Colégios Nacionais [National Collegiate Athletic Association]. Estabelece as regras para as competições esportivas entre as faculdades e as universidades norte-americanas. (N. dos T.)

Fui para Amsterdã com a minha amiga Aimée Gautier, uma artista. As ruas, repletas de lojas encantadoras, estavam cobertas de luzes natalinas. O famoso distrito da luz vermelha apresentava prostitutas, em trabalho absolutamente legal, sentadas em exposição nas janelas das casas. Brincando comigo, Aimée perguntou se eu queria ir a um daqueles lugares, mas eu disse que não estava a fim.

Visitamos as igrejas principais, vimos as pinturas de Van Gogh no Museu Municipal e as de Vermeer e Rembrandt no Rijksmuseum. Na hora do fechamento, tiveram de nos pedir para deixar aquele maravilhoso prédio antigo. Fui até a chapelaria para pegar os nossos casacos. Na minha frente na fila havia apenas uma pessoa. Quando ele se virou, vi que estava de frente para Rudolf Nureyev. Trocamos algumas palavras, e ele me perguntou se eu queria tomar uma xícara de chá com ele. Eu sabia que Aimée adoraria fazer isso, mas do lado de fora da porta de entrada um jovem de boa aparência mas carrancudo estava andando de um lado para o outro, obviamente à espera de Nureyev, e assim recusei o convite. Anos depois, quando era governador, certa vez fiquei no mesmo hotel em que ele estava hospedado, em Taipé, Taiwan. Finalmente tomamos nossa xícara de chá juntos, uma noite depois de termos cumprido nossas obrigações. Obviamente ele não se lembrou daquele primeiro encontro.

Em Amsterdã me despedi de Aimée, que estava voltando para casa, e peguei o trem para Copenhague, Oslo e Estocolmo. Na fronteira da Noruega com a Suécia quase fui posto para fora do trem no meio do nada.

Numa estaçãozinha os guardas vasculharam a bagagem de todos os jovens, à procura de drogas. Na minha sacola eles encontraram uma porção de pílulas de Contac, que eu estava levando para um amigo em Moscou. Era um medicamento relativamente novo, e por alguma razão ainda não estava na lista das substâncias aprovadas pelo governo sueco. Tentei explicar que se tratava de um remédio para resfriado disponível em qualquer farmácia dos Estados Unidos e que não criava dependência. O guarda confiscou as pílulas, mas pelo menos não fui atirado naquele deserto de neve por estar traficando drogas, pois se isso acontecesse eu teria virado uma interessante escultura de gelo, conservada com perfeição até o degelo da primavera.

Depois de alguns dias em Estocolmo, tomei uma balsa noturna para Helsinque. Já bem tarde, quando eu estava sentado sozinho numa mesa no salão de refeições lendo um livro e tomando café, começou uma briga no bar. Dois homens muito bêbados estavam brigando por causa da única garota que havia ali. Os dois estavam embriagados demais para se defender, mas com força e vontade para se golpearem. Não demorou para que eles sangrassem abundantemente. Um deles era da tripulação, e havia dois ou três companheiros dele simplesmente de pé ali, observando. Chegou um momento em que não pude agüentar mais aquilo. Levantei-me e fui até lá para acabar com a briga, antes que eles se ferissem gravemente. Quando estava a uns três metros deles, um dos homens da tripulação barrou a minha passagem e disse: "Você não pode se meter nessa briga. Se tentar fazer isso, eles dois vão cair matando em cima de você. E nós vamos ajudá-los". Quando lhe perguntei por quê, ele apenas sorriu e respondeu: "Nós somos finlandeses". Dei de ombros, saí dali, peguei o livro e fui para a cama, depois de ter assimilado outra lição sobre diferenças culturais. Aposto que nenhum dos dois ficou com a garota.

Registrei-me num hotelzinho e comecei a visitar a cidade com Richard Shullaw, meu colega na Georgetown, cujo pai era vice-chefe da missão diplomática na Embaixada norte-americana ali.

No dia de Natal, o primeiro que eu passava longe de casa, fui andando até a baía de Helsinque. O gelo estava grosso e com uma camada de neve suficiente para dar alguma tração. Entre todas as belezas naturais, vi a poucos metros da margem uma pequena casinha de madeira e, perto dela, um pequeno buraco redondo no gelo. A casa era uma sauna, e logo um homem saiu dela vestindo um calção reduzidíssimo. Ele caminhou diretamente para o gelo e entrou dentro do buraco, naquela água gelada. Depois de alguns minutos saiu, entrou de novo na sauna e repetiu o ritual. Achei que ele era mais louco que os dois homens do bar. Tempos depois vim a gostar do vapor quente de uma sauna, mas, apesar do meu crescente encanto com a Finlândia durante as várias viagens que fiz para lá desde então, nunca fui capaz de entrar na água gelada.

Na véspera do Ano-Novo tomei o trem para Moscou, com uma parada na Estação Finlândia, em Leningrado. Era o mesmo itinerário cumprido por Lênin quando, em 1917, ele voltou para a Rússia a fim de assumir a Revolução. Isso estava na minha cabeça porque eu tinha lido o maravilhoso livro *To the Finland Station* [Rumo à Estação Finlândia], de Edmund Wilson. Quando chegamos à fronteira com a Rússia, outro posto avançado em total isolamento, encontrei o meu primeiro comunista de carne e osso, um guarda rechonchudo que parecia um querubim. Quando ele olhou com um ar de suspeita para as minhas sacolas, esperei que ele fosse procurar por drogas. Em vez disso ele me perguntou, com um inglês carregado de sotaque: "Livros sujos? Livros sujos? Tem livro sujo?". Eu ri, abri a minha sacola de livros e despejei de dentro dela livros de bolso da Penguin, com romances de Tolstoi, Dostoievski e Turgueniev. O guarda ficou muito desapontado. Acho que ele estava ansioso por encontrar algum contrabando, algo que pudesse dar vida às suas longas noites solitárias na fronteira gelada.

O trem soviético era composto de inúmeros compartimentos espaçosos. Cada vagão tinha um samovar gigantesco cheio de chá quente, que era servido acompanhando pão preto, por uma senhora. Na mesma cabine que eu havia um homem interessante, que tinha sido treinador da equipe estoniana de boxe das Olimpíadas de 1936, três anos antes de a União Soviética englobar os estados bálticos. Ambos falávamos alemão o bastante para nos comunicar. Era um sujeito vivaz que me disse, num tom absolutamente confiante, que um dia a Estônia voltaria a ser livre. Em 2002, quando viajei para Tallinn, a bela e antiga capital da Estônia, contei a história dele para o público que me ouvia. Meu amigo, o ex-presidente Lennart Meri, estava ali e fez uma rápida pesquisa para mim. O nome do homem era Peter Matsov. Ele morreu em 1980. Às vezes penso nele e na nossa viagem de trem no Ano-Novo. Gostaria que ele tivesse vivido mais dez anos para ver o seu sonho se realizar.

Já era quase meia-noite e madrugada de uma nova década quando entramos em Leningrado. Desci do trem e caminhei durante alguns minutos, mas só vi policiais tirando bêbados das ruas sob uma tempestade de neve. Somente trinta anos depois conseguiria ver o esplendor da cidade. A essa altura os comunistas tinham ido embora, e o seu nome original, São Petersburgo, havia sido reempregado.

Na manhã de Ano-Novo de 1970 comecei uma surpreendente viagem de cinco dias. Eu havia me preparado para a viagem a Moscou comprando um guia e um bom mapa das ruas em inglês, pois não lia nada escrito no alfabeto cirílico.

Registrei-me no Hotel Nacional, pertinho da Praça Vermelha. O hotel tinha um enorme saguão com pé-direito alto, quartos confortáveis e um bom restaurante e bar.

A única pessoa que eu conhecia em Moscou era Nikki Aléxis, que havia me dado os dois cartões que eu adorava, quando eu deixei Oxford no verão anterior. Ela era uma mulher admirável, nascida na Martinica, nas Antilhas, e vivia em Paris porque o pai era diplomata na França. Nikki estava estudando na Patrice Lumumba University, que recebeu esse nome em homenagem ao dirigente congolês assassinado em 1961, ao que tudo indica com a cumplicidade da CIA. A maioria dos estudantes era gente pobre dos países subdesenvolvidos. Obviamente os soviéticos esperavam que, educando-os, estavam formando um pessoal que voltaria para casa convertido ao comunismo.

Certa noite peguei um ônibus e saí da Lumumba para jantar com Nikki e alguns amigos dela. Um deles era uma mulher haitiana chamada Hélène, cujo marido estava estudando em Paris. Eles tinham uma filha que estava vivendo com ele. O dinheiro deles não sobrava para viagens, e por isso eles não se viam fazia quase dois anos. Quando prestes a partir, poucos dias depois, Hélène me deu um daqueles chapéus de pele que são uma das marcas registradas da Rússia. Eles não eram caros, mas Hélène não tinha dinheiro. Perguntei-lhe se ela tinha certeza de que queria me dar aquilo. Ela respondeu: "Sim. Você foi muito amável comigo e me fez ter esperança". Em 1994, quando era presidente, tomei a decisão de derrubar o ditador militar do Haiti, general Raoul Cedras, e reempossei o presidente eleito Jean-Bertrand Aristide; pensei naquela boa mulher pela primeira vez depois de muitos anos e fiquei imaginando se ela teria voltado para o Haiti.

Por volta da meia-noite peguei o ônibus para o meu hotel. Havia apenas uma pessoa a bordo. Seu nome era Oleg Rakito, e ele falava inglês melhor que eu. Fez-me uma porção de perguntas e me disse que trabalhava para o governo, admitindo indiretamente que o haviam designado para ficar de olho em mim. Ele disse que gostaria de continuar a nossa conversa no dia seguinte, durante o café-da-manhã. Enquanto comíamos bacon frio e ovos, ele me contou que lia a *Time* e a *Newsweek* toda semana e que adorava o *pop star* inglês Tom Jones, cujas músicas ele tinha em fitas contrabandeadas. Se Oleg estava me sondando em busca das informações a que eu tive acesso quando trabalhava para o senador Fulbright, seu esforço foi em vão. Mas com ele aprendi algumas coisas sobre a sede de informações verdadeiras sobre o mundo externo sentida pelos jovens atrás da Cortina de Ferro. Isso ficou comigo durante todo o meu percurso até a Casa Branca.

Oleg não foi o único russo amigável que encontrei. A política de *détente* do presidente Nixon teve resultados notáveis. Poucos meses antes a televisão russa havia mostrado os norte-americanos caminhando na Lua. As pessoas ainda estavam alvoroçadas com aquilo, e pareciam fascinadas com tudo o que era dos Estados Unidos. Elas invejavam a nossa liberdade e supunham que nós fôssemos ricos. Acho que, comparados com a maioria delas, realmente éramos. Sempre que eu pegava o metrô as pessoas se aproximavam de mim e diziam orgulhosas: "Eu falo inglês! Bem-vindo a Moscou". Uma noite jantei no hotel com uns poucos hóspedes, um motorista de táxi russo e sua irmã. A moça tinha se excedido um pouco na bebida e resolveu que queria ficar comigo. Seu irmão teve de arrastá-la na neve e metê-la no táxi. Até hoje não sei se ele temia que ficando comigo a moça seria submetida a um interrogatório pela KGB ou se ele simplesmente achava que eu era indigno dela.

Minha aventura moscovita mais interessante começou com um encontro casual no elevador do hotel. Quando entrei, havia outros quatro homens dentro da cabine. Um deles estava usando um alfinete do Lions Club da Virgínia. Ele obviamente achou que eu era estrangeiro, com o meu cabelo comprido e a barba, as botas de couro cru e a jaqueta inglesa azul-marinho, curta e larga. Ele falou arrastado: "De onde você é?". Quando sorri e disse "Arkansas", ele respondeu: "Nossa, achei que você era da Dinamarca ou algum outro lugar desses!". O nome do homem era Charlie Daniels. Ele era de Norton, na Virgínia, cidade de Francis Gary Powers, o piloto capturado na Rússia em 1960, após ter o U-2 que pilotava derrubado. Ele estava acompanhado por Carl McAfee, que era advogado de Norton e tinha ajudado a conseguir a libertação de Powers; e de um fazendeiro criador de frangos do estado de Washington, Henry Fors, cujo filho tinha tido seu avião derrubado no Vietnã. Eles haviam ido até Moscou a fim de ver se os norte-vietnamitas que estavam ali podiam dizer ao fazendeiro se o filho dele estava vivo ou morto. O quarto homem era de Paris e, assim como os homens da Virgínia, filiado ao Lions Club. Estava com os outros porque os vietnamitas falam francês. Eles todos tinham acabado de chegar a Moscou, sem nenhuma garantia de que os russos lhes permitiriam conversar com os vietnamitas, ou de que se fizessem isso obteriam alguma informação. Nenhum deles falava russo. Eles me perguntaram se eu conhecia alguém que pudesse ajudá-los. Minha velha amiga Nikki Aléxis havia estudado inglês, francês e russo na Patrice Lumumba University. Eu a apresentei a eles e eles passaram alguns dias juntos, indo a lugares, checando informações na Embaixada dos Estados Unidos, pedindo ajuda aos russos e, por fim, vendo os norte-vietnamitas, que aparentemente se impressionavam com o fato de o sr. Fors e seus amigos terem feito tal esforço para saber qual tinha sido o destino de seu filho e de muitos outros que desapareceram em ação. Eles disseram que investigariam e os contatariam. Poucas semanas depois Henry Fors soube que o filho tinha de fato sido morto quando seu avião foi derrubado. Pelo menos ele teria assim um pouco de paz de espírito. Eu pensei em Henry Fors quando trabalhei enquanto era presidente para resolver os casos dos prisioneiros de guerra e dos desaparecidos em ação, como também para ajudar os vietnamitas a descobrir o que tinha acontecido com mais de 300 mil pessoas do seu povo para as quais ainda não havia nada declarado.

No dia 6 de janeiro, Nikki e sua amiga haitiana Hélène me puseram no trem para Praga, uma das mais belas cidades antigas da Europa, ainda abalada pela repressão soviética de Alexander Dubček ao movimento reformista Primavera de Praga, de agosto de 1968. Eu tinha sido convidado para ficar com os pais de Jan Kopold, que jogava basquete comigo em Oxford. Os Kopold eram pessoas boas, cuja vida pessoal se ligava intimamente à da moderna Tchecoslováquia. O pai da sra. Kopold tinha sido redator-chefe do jornal comunista *Rude Pravo*. Ele morreu combatendo os nazistas na Segunda Guerra Mundial e seu nome foi dado a uma ponte de Praga. O sr. e a sra. Kopold eram acadêmicos e tinham apoiado Dubček.

A mãe da sra. Kopold também vivia com eles. Ela me levava para conhecer a cidade durante o dia, quando os Kopold estavam trabalhando. Eles moravam num belo apartamento, num arranha-céu moderno, de onde se tinha uma linda vista da cidade. Dormi no quarto de Jan, e estava tão inquieto que acordava três ou quatro vezes durante a noite para olhar o horizonte.

Os Kopold, como todos os tchecos que conheci, se apegavam à crença de que voltariam a ter uma chance de conquistar a liberdade. Eles mereciam essa chance tanto quanto qualquer pessoa na Terra. Eram inteligentes, orgulhosos e determinados. Os jovens tchecos que conheci eram particularmente pró-Estados Unidos. Apoiavam o nosso governo com relação ao Vietnã porque éramos a favor da liberdade, e os soviéticos não. O sr. Kopold me disse certa vez: "Nem mesmo os russos podem desafiar para sempre as leis do desenvolvimento histórico". Obviamente eles não podiam. Depois de vinte anos, a "Revolução de Veludo", de Václav Havel, reclamaria a promessa da Primavera de Praga.

Dez meses depois que deixei os Kopold e voltei para Oxford eu recebi deles uma participação, num papel branco simples emoldurado em negro: "Com imensa dor queremos informar aos seus amigos que no dia 29 de julho, no Hospital Universitário de Smyrna, na Turquia, morreu com a idade de 23 anos Jan Kopold. [...] Durante muito tempo ele teve o grande desejo de visitar o que resta da cultura helênica. Não foi longe de Tróia que ele caiu de uma grande altura e faleceu em decorrência dos ferimentos sofridos". Eu gostava de verdade de Jan, com seu sorriso fácil e seu bom discernimento. Quando eu o conheci, ele se sentia torturado pelo conflito entre o amor à Tchecoslováquia e o amor à liberdade. Eu gostaria que ele tivesse vivido para desfrutar os dois.

Após seis dias em Praga, parei em Munique para comemorar a Faschingsfest com Rudy Lowe, e depois voltei para a Inglaterra com uma fé renovada nos Estados Unidos e na democracia. Apesar de todas as suas falhas, eu tinha descoberto que o meu país ainda era uma fonte de luz para as pessoas descontentes com o comunismo. Ironicamente, quando concorri para a Presidência em 1992, os republicanos tentaram usar contra mim essa viagem, alegando que eu havia me ligado aos comunistas em Moscou.

Com o novo período, voltei para os meus tutores e os horários dedicados à política, com estudos sobre a pertinência de teorias científicas para o planejamento estratégico; o problema — analisado desde Napoleão até o Vietnã — de levar um Exército recrutado a se tornar um Exército patriótico; e as dificuldades que a China e a Rússia colocavam para a política norte-americana. Li o que Herman Kahn pontuou sobre as probabilidades de uma guerra nuclear, os diferentes níveis de destruição implicados e o comportamento pós-ataque. Tinha cara de Strangelove*

---

* Dr. Strangelove é um personagem (e o título original) do filme *Dr. Fantástico*, de Stanley Kubrick. No filme o dr. Strangelove, um cientista alemão que sonhava com a destruição do mundo e sua recriação a partir de espécimes humanos selecionados, fazia parte da equipe do presidente dos Estados Unidos. (N. dos T.)

e não convencia. Observei no meu diário que "o que acontece depois do início dos fogos de artifício pode não seguir o curso estabelecido de nenhum sistema científico ou modelo analítico".

Enquanto eu suportava outro inverno inglês sem sol, não paravam de chegar cartas e cartões dos Estados Unidos. Meus amigos estavam se empregando, casando, levando em frente a vida. Essa normalidade me parecia muito boa depois de toda a angústia que eu tinha sentido com relação ao Vietnã.

Março e a chegada da primavera alegraram um pouco as coisas. Li Hemingway, compareci nos horários com os tutores e conversei com meus amigos, inclusive uma garota fascinante que eu havia conhecido fazia pouco tempo. Mandy Merck tinha vindo para Oxford do Reed College, no Oregon. Era hipercinética e altamente inteligente, e em Oxford não conheci outra norte-americana que em conversas ágeis fosse mais do que uma companheira para seus colegas ingleses. Ela foi também a primeira lésbica assumida que conheci. Março foi um grande mês para a minha consciência da homossexualidade. Paul Parish também se revelou para mim, e estava mortalmente temeroso de ser considerado um pária social. Ele sofreu durante muito tempo. Agora está em São Francisco e, em suas próprias palavras, "a salvo e de bem com a vida". Mandy Merck ficou na Inglaterra e se tornou jornalista e defensora dos direitos dos homossexuais. Na época, as suas brincadeiras brilhantes iluminaram a minha primavera.

Uma noite Rick Stearns me deixou atordoado ao me dizer que eu não levava jeito para a política. Segundo ele, Huey Long e eu tínhamos ambos um grande estilo de político sulista, mas Long era um gênio político que sabia como obter e usar o poder. Ele insinuou que os meus talentos eram mais literários, que eu devia ser escritor porque escrevia melhor do que falava, e que além disso eu não era suficientemente durão para a política. Ao longo dos anos uma porção de gente teve essa mesma opinião. No entanto, Rick estava próximo da verdade. Jamais gostei do poder pelo poder, mas quando era atingido pelos meus oponentes, normalmente conseguia reunir a dureza suficiente para sobreviver. Não acho que poderia fazer de modo mais satisfatório alguma outra coisa.

No início da década de 1970, tendo recebido a fita de Jeff Dwire relatando a conversa dele com o coronel Holmes, e me informando sobre o meu número alto na loteria de convocação, eu sabia que estava fora do ROTC e não seria convocado pelo menos até o fim do ano. Se não fosse convocado, eu estava dividido entre voltar para Oxford e cursar um terceiro ano, que a bolsa da Rhodes financiaria, ou ir para a Yale Law School, se fosse aceito.

Eu adorava Oxford, talvez até demais, mas tinha medo de que se voltasse para um terceiro ano me deixaria levar numa vida acadêmica sem objetivo, que acabaria por me desapontar. Em virtude da minha oposição à guerra, eu não tinha absolutamente certeza de que conseguiria alguma coisa na política, mas estava inclinado a voltar para os Estados Unidos e tentar.

Em abril, durante o recesso entre o segundo e o terceiro período, fiz uma última viagem — para a Espanha, com Rick Stearns. Eu andava lendo sobre a Espanha e estava totalmente hipnotizado por ela, graças aos livros *A esperança*, de André Malraux,

Lutando na Espanha, de George Orwell, e a obra-prima de Hugh Thomas, *The Spanish Civil War* [A Guerra Civil Espanhola]. Malraux explorou o dilema que a guerra apresenta para os intelectuais, muitos dos quais foram lutar contra Franco. Ele disse que o intelectual quer fazer distinções, conhecer precisamente o objetivo da sua luta e saber como ele deve lutar, atitude que é por definição antimaniqueísta, mas todo guerreiro é por definição maniqueísta. Para matar e ficar vivo ele precisa ver as coisas nitidamente em preto-e-branco, o bem e o mal. Eu reconheci a mesma coisa na política anos depois, quando a extrema direita tomou conta do Partido Republicano e do Congresso. Para eles, a política era simplesmente guerra por outros meios. Eles precisavam de um inimigo, e eu era o demônio que estava do outro lado da linha divisória maniqueísta.

Nunca me recuperei do alento romântico sorvido na Espanha, do pulsar rústico da terra, da índole expansiva e incisiva do povo, das lembranças obsedantes da Guerra Civil, do Prado, da beleza do Alhambra. Quando fui presidente, Hillary e eu nos tornamos amigos do rei Juan Carlos e da rainha Sofia. (Na nossa última viagem à Espanha durante a presidência, Juan Carlos se lembrou de que eu havia lhe falado da saudade que sentia de Granada e novamente nos levou lá. Depois de trinta anos, voltei a andar pelo Alhambra, numa Espanha que agora era democrática e livre do franquismo, graças em grande parte a ele.)

No fim de abril, quando voltei para Oxford, minha mãe me ligou para dizer que a mãe de David Leopoulos, Evelyn, tinha sido assassinada na sua loja de antiguidades com quatro facadas no coração. O crime nunca foi esclarecido. Na época eu estava lendo o *Leviatã*, de Hobbes, e lembro de ter pensado que ele talvez estivesse certo ao dizer que a vida é "mesquinha, detestável, brutal e curta". David foi me ver algumas semanas depois, a caminho do serviço militar na Itália, e eu tentei animá-lo. Sua perda me estimulou a finalmente concluir um conto sobre o último ano e meio do papai e a sua morte. Meus amigos o elogiaram muito, o que me levou a escrever no meu diário: "Talvez eu possa escrever, em vez de me tornar um porteiro, quando a minha carreira política tiver ido para o brejo". De vez em quando eu imaginava que a vida de um porteiro do Hotel Plaza em Nova York, na extremidade sul do Central Park, devia ser boa. Os porteiros do Plaza tinham belos uniformes e conheciam gente interessante de todo o mundo. Eu me imaginava ganhando generosas gorjetas dos hóspedes, que me achariam um bom papo, apesar do estranho sotaque sulista.

No fim de maio fui aceito em Yale e resolvi ir. Concluí os meus estudos com os tutores sobre o conceito de oposição, o primeiro-ministro inglês e teoria política, tendo preferido Locke a Hobbes. No dia 5 de junho falei pela última vez para alunos de uma escola militar norte-americana que se formavam no secundário. Sentei-me num palco com generais e coronéis, e no meu discurso disse por que eu amava os Estados Unidos, respeitava o Exército e me opunha à Guerra do Vietnã. A rapaziada gostou do discurso, e acho que os oficiais respeitaram o modo como eu expus o que pensava.

No dia 26 de junho peguei o avião para Nova York, depois de despedidas emocionadas, sobretudo as de Frank Aller, Paul Parish e David Edwards. De repente, tinham acabado dois dos anos mais extraordinários da minha vida. Eles começaram na véspera da eleição de Richard Nixon e terminaram quando os Beatles anunciaram que estavam se separando, e lançaram o seu último filme para os fãs que os adoravam e choravam por causa da notícia. Eu tinha viajado muito, e adorei o que fiz. Também tinha me aventurado nas profundezas da minha mente e do meu coração, lutando com a minha situação de convocação, minha ambivalência quanto à minha ambição, e minha incapacidade de manter algo além de relações breves com as mulheres. Não ganhei um diploma, mas tinha aprendido muito. A minha *"long and winding road"* [estrada longa e sinuosa] estava me levando para casa, e eu esperava que, como os Beatles cantaram em "Hey Jude", eu pudesse finalmente *"take a sad song and make it better"* [pegar uma canção triste e melhorá-la].

17

EM JULHO FUI TRABALHAR EM Washington para o Projeto Pursestrings [Recursos Financeiros], um lobby dos cidadãos para a emenda McGovern-Hatfield, que exigia uma interrupção do financiamento para a Guerra do Vietnã no fim de 1971. Não tínhamos chance de aprová-la, mas a campanha para isso forneceu um veículo para mobilizar e realçar nos dois partidos a crescente oposição à guerra.

Consegui um quarto para o verão na residência de Dick e Helen Dudman, que moravam numa grande casa de dois pavimentos com uma enorme varanda, na zona noroeste de Washington. Dick era um jornalista de renome. Ele e Helen tinham se oposto à guerra e apoiado os jovens que tentavam encerrá-la. Eles foram maravilhosos comigo. Uma vez me convidaram para tomar o café-da-manhã com eles e com o seu amigo e vizinho Gene McCarthy, que estava no último ano do seu mandato de senador, tendo anunciado em 1968 que não concorreria novamente. Naquela manhã ele estava num humor expansivo, aberto. Ofereceu-nos uma análise precisa do que estava acontecendo na época e manifestou certa melancolia com relação a deixar o Senado. Gostei de McCarthy mais do que esperava, particularmente depois que ele me emprestou um par de sapatos para eu usar no Jantar Feminino da Imprensa, para o qual, creio eu, os Dudman tinham me dado um convite. O presidente Nixon compareceu e apertou a mão de muita gente, mas não a minha. Eu estava sentado numa mesa com Clark Clifford, que tinha vindo do Missouri para Washington com o presidente Truman, sido assessor próximo e depois secretário da Defesa do presidente Johnson no seu último ano de governo. Quanto ao Vietnã, observou secamente Clifford: "É realmente um dos lugares mais terríveis no mundo para estar". O jantar foi para mim uma experiência estonteante, sobretudo porque tinha os pés no chão calçando os sapatos de Gene McCarthy.

Logo depois que comecei a participar do Pursestrings aproveitei um feriado prolongado e fui para Springfield, em Massachusetts, para o casamento do tenente da Marinha Kit Ashby, meu companheiro de quarto na Georgetown.

Na volta para Washington parei em Cape Cod para visitar Tommy Caplan e Jim Moore, que também tinham ido ao casamento de Kit. À noite fomos ver Carolyn Yeldell, que durante o verão estava cantando com um grupo de jovens artistas. Nós nos divertimos muito, mas acabei ficando mais tempo do que deveria. Quando voltei para a rodovia estava muito cansado. Antes mesmo que eu saísse de Massachusetts, na rodovia interestadual, um carro deixou o acostamento e se pôs bem na minha frente. O motorista não tinha me visto, e nem eu o vi antes que fosse tarde demais. Desviei para não bater, mas atingi em cheio a traseira do carro no lado esquerdo. O homem e a mulher que estavam no carro pareciam aturdidos, mas ilesos. Eu também não me ferira, mas o Fusquinha que Jeff Dwire tinha me dado para passar o verão estava destruído. Quando a polícia chegou, eu tinha um problemão: não me lembrava onde havia guardado a carteira de habilitação ao voltar da Inglaterra e não podia provar que era motorista habilitado. Naquela época não havia registros informatizados dessas coisas, e com isso apenas no dia seguinte seria possível confirmar a veracidade do que eu dizia. O guarda disse que teria de me prender. Quando chegamos à cadeia eram cinco da madrugada. Eles me tiraram os pertences e ficaram com o meu cinto — um procedimento para que o preso não se enforcasse — deram-me uma xícara de café e me puseram numa cela com uma cama dura de metal, um cobertor, uma privada entupida e fedorenta e uma luz que ficava acesa o tempo todo. Depois de umas duas horas de cochilos liguei para Tommy Caplan pedindo ajuda. Ele e Jim Moore foram comigo para o tribunal e pagaram a fiança. O juiz foi amável, mas me repreendeu por não estar com a carteira de habilitação. O episódio funcionou: depois daquela noite na cadeia nunca mais dirigi sem a carteira.

Duas semanas depois da minha viagem para Massachusetts voltei à Nova Inglaterra para passar uma semana em Connecticut, trabalhando para Joe Duffey na eleição primária do Partido Democrata para o Senado. Duffey estava concorrendo como o candidato da paz, ajudado principalmente pelas pessoas que tinham feito uma grande manifestação para Gene McCarthy dois anos antes. O senador interino, o democrata Tom Dodd, era havia muito tempo uma figura constante na política de Connecticut. Ele havia acusado os nazistas no Julgamento de Nuremberg e trazia uma boa folha de atuações progressistas, mas tinha também dois problemas. Primeiro, o Senado o havia censurado pelo uso pessoal de fundos levantados para ele empregar na sua posição oficial. Segundo, ele tinha apoiado o presidente Johnson na questão do Vietnã, e os eleitores das primárias do Partido Democrático eram predominantemente contrários à guerra. Dodd ficou magoado e enfurecido com a censura do Senado, e não estava disposto a desistir da sua cadeira sem lutar. Em vez de enfrentar um eleitorado hostil nas primárias do Partido Democrático, ele se inscreveu como independente para concorrer na eleição geral de novembro. Joe Duffey era professor de ética na Hartford Seminary Foundation e presidente do movimento liberal Americanos pela Ação Democrática. Embora fosse filho de um mineiro de carvão da Virgínia Ocidental, seus simpatizantes eram liberais prósperos que viviam nos subúrbios, bem-educados, contrários à guerra, e jovens atraídos pelo que ele já havia feito em favor dos direitos civis e da paz. Um dos coordenadores da sua campanha era Paul Newman, que trabalhou muito. Sua equipe incluiu a fotógrafa Margaret Bourke-White, o artista Alexander Calder, o cartunista Dana Fradon e um notável grupo de escritores e historiadores que incluía Francine du Plessix Gray, John Hersey, Arthur Miller, Vance Packard, William Shirer, William Styron, Barbara Tuchman e Thornton Wilder. Seus nomes faziam uma bela figura no material de campanha, mas não teriam o mesmo efeito nos votos entre os operários negros.

Fui incumbido de organizar entre 29 de julho e 5 de agosto a campanha em duas cidades do Quinto Distrito Eleitoral, Bethel e Trumbull. Ambas eram cheias de antigas casas de madeira branca, com grandes varandas na frente e longas histórias relatadas nos noticiários locais. Em Bethel, no primeiro dia providenciamos telefones e organizamos uma tenda, para depois procedermos às entregas pessoais de material informativo para os eleitores indecisos. Voluntários dedicados mantinham aberto o escritório durante grande parte do dia, e eu tinha total certeza de que Duffey seria o grande vitorioso ali. Trumbull não tinha uma sede funcionando plenamente; os voluntários estavam ligando para alguns eleitores e visitando outros. Insisti para que eles mantivessem aberto um escritório das dez da manhã até as sete da noite de segunda a sábado, e fizessem uma tenda como a de Bethel, o que garantiria dois contatos com todos os eleitores passíveis de ser persuadidos. Também examinei a situação das duas outras cidades que não eram tão bem organizadas, e insisti com a sede estadual para que eles pelo menos se assegurassem de que tinham a relação completa dos eleitores de ambas e verificassem se não seria possível instalar ali nossas tendas com telefone.

Gostei do trabalho e conheci uma porção de gente que seria importante na minha vida, inclusive John Podesta, que serviu eficientemente na Casa Branca como responsável pelo setor de funcionários do Governo, vice-chefe do Estado-Maior e chefe do Estado-Maior, e Susan Thomases, que me deixava dormir no sofá do seu apartamento na Park Avenue quando eu ficava em Nova York, onde ela vive até hoje, e que se tornou uma das mais próximas amigas e conselheiras de Hillary e eu.

Quando Joe Duffey ganhou a primária, pediram-me para coordenar o Terceiro Distrito Eleitoral para a eleição geral. A maior cidade do distrito era New Haven, onde eu iria fazer o curso de Direito, e o distrito abrangia Milford, o lugar em que eu iria morar. Fazer o trabalho implicava perder muitas aulas até a eleição, no início de novembro, mas achei que conseguiria me sair bem valendo-me das anotações dos colegas e estudando muito no final do período.

Eu adorava New Haven, com seu caldeirão de política racial antiquada e seu ativismo estudantil. East Haven, logo ao lado, era esmagadoramente italiana, ao passo que Orange, um pouco mais adiante, era mais irlandesa. As cidades mais distantes de New Haven tendiam a ser mais ricas, com os traços raciais menos nítidos. As duas cidades da extremidade leste do distrito, Guilford e Madison, eram particularmente antigas e belas. Passei muito tempo dirigindo até as outras cidades em que dirigiria a campanha, assegurando-me de que o nosso pessoal tinha um bom plano pronto para ser usado, assim como verificando se eles tinham necessidade da assistência e de materiais oferecidos pela sede central. Uma vez que o meu Fusquinha tinha se acabado no desastre em Massachusetts, eu estava dirigindo uma caminhonete Opel cor de ferrugem, que a propósito era mais adequada para a entrega do material de campanha. Rodei muitos quilômetros naquela caminhonete velha.

Quando dava uma folga no meu trabalho na campanha, eu assistia às aulas de direito constitucional, contratos, código de processo penal. O curso mais interessante era, de longe, o de direito constitucional, dado por Robert Bork, que mais tarde assumiu o Tribunal de Recursos do Distrito de Columbia e, em 1987, foi escolhido para a Suprema Corte pelo presidente Reagan. Bork tinha uma filosofia extremamente conservadora sobre Direito e era muito agressivo na tentativa de impor o seu ponto de vista, mas tolerava a discordância. Na minha única e memorável troca de idéias com ele observei que o seu argumento sobre a questão que estava sendo discutida era circular. Ele respondeu: "Claro que é. Todos os melhores argumentos são".

Depois da eleição primária fiz o possível para trazer para Duffey os simpatizantes dos outros candidatos, mas foi um trabalho difícil. Eu ia para as áreas de alta concentração de trabalhadores negros e despejava a minha conversa, mas podia jurar que grande parte daquelas pessoas era impermeável aos argumentos. Um número grande demais de democratas negros achava que Joe Duffey, a quem o vice-presidente Agnew tinha chamado de "marxista revisionista", era radical ao extremo, identificado demais com os hippies maconheiros e contrários à guerra. Muitos dos democratas negros também estavam se opondo à guerra, mas ainda não se sentiam à vontade na companhia dos que tiveram essa posição antes deles. A campanha para conquistá-los se complicava pelo fato de o senador Dodd estar concorrendo como independente, o que oferecia uma alternativa para os democratas descontentes. Joe Duffey fez uma boa campanha, pondo nela coração e cérebro e inspirando os jovens de todo o país, mas foi derrotado pelo candidato republicano, o congressista Lowell Weicker, um dissidente que depois deixou o Partido Republicano e como candidato independente se tornou governador de Connecticut. Weicker obteve pouco menos de 42% dos votos, o suficiente para derrotar Duffey, que teve menos de 34%, com o senador Dodd reunindo quase 25%. Fomos liquidados em cidades como East Haven e West Haven, onde a questão racial era candente.

Não sei se Duffey teria vencido se Dodd não tivesse concorrido, mas eu tinha certeza de que o Partido Democrata estava fadado à minoria a menos que pudéssemos ter de volta conosco o tipo de gente que votou em Dodd. Depois da eleição falei durante horas sobre isso com Anne Wexler, que tinha feito um trabalho magnífico como coordenadora da campanha. Ela era uma grande política e se relacionava bem com todo tipo de gente, mas em 1970 a maioria dos eleitores não estava acreditando na mensagem ou nos mensageiros. A partir de então Anne se tornou grande amiga minha e conselheira. Depois que ela e Joe Duffey se casaram, continuei mantendo contato com eles. Quando estava na Casa Branca, nomeei Joe diretor do Departamento de Informações dos Estados Unidos, que administrava a Voz da América, onde ele levou a mensagem dos Estados Unidos para um mundo mais receptivo a ele do que o eleitorado de Connecticut em 1970. Considerei que essa seria a última campanha de Joe, e ele a venceu.

O fato mais auspicioso de novembro de 1970 foi a eleição de um jovem governador democrata, Dale Bumpers, no Arkansas. Na primária ele venceu com facilidade o ex-governador Faubus, e na eleição geral derrotou fragorosamente o governador Rockefeller. Bumpers era ex-fuzileiro naval e, nos tribunais, um grande advogado. Divertido como ninguém, com a sua conversa ele conseguia das pessoas o impossível. E era um autêntico progressista, que tinha levado Charleston, a sua cidadezinha conservadora no oeste do Arkansas, a integrar pacificamente as escolas locais, em nítido contraste com os distúrbios de Little Rock. Dois anos depois ele foi reeleito governador por uma pequena margem, e dois anos depois disso se tornou um dos senadores dos Estados Unidos. Bumpers demonstrou que o poder da liderança de mobilizar e unir as pessoas em torno de uma causa comum era capaz de vencer a velha política sulista de divisão. Era isso que eu queria fazer. Não me incomodava por dar meu apoio a candidatos que quase certamente perderiam, quando estávamos lutando pelos direitos civis ou contra a guerra. Porém, mais cedo ou mais tarde é preciso ganhar, quando se quer mudar as coisas. Fui para a Yale Law School querendo aprender mais sobre política. E caso as minhas aspirações políticas não se concretizassem, eu queria uma profissão da qual nunca poderiam me obrigar a me aposentar.

* * *

Depois da eleição me lancei na vida universitária dando a virada final para os exames, travando conhecimento com alguns alunos e curtindo a minha casa e os três colegas que moravam comigo. Doug Eakeley, que fora bolsista da Rhodes, meu colega na Univ, encontrou uma casa antiga e grande em Long Island Sound, em Milford. Tinha quatro quartos, uma cozinha de bom tamanho e uma varanda com tela que dava diretamente na praia. Era ótimo fazer as refeições na praia, e quando a maré baixava tínhamos espaço suficiente para jogos de *touch-footall*.* A única desvantagem da casa era ter sido projetada para o verão, sem nenhuma proteção contra os ventos cortantes do inverno. Mas éramos jovens e nos acostumamos com isso. Ainda me lembro vividamente de, num inverno frio, passar dia após dia sentado na varanda enrolado num cobertor lendo *O som e a fúria*, de William Faulkner.

Meus outros companheiros na casa da East Broadway 889 eram Don Pogue e Bill Coleman. Don era mais esquerdista que todos nós, mas parecia mais um típico operário. Era atarracado e forte como um boi. Ia de moto para a Faculdade de Direito, onde provocava uma discussão política com cada um que chegava. Felizmente, para nós, ele era também um bom cozinheiro, e quase sempre tinha um comportamento adequado, graças à sua namorada inglesa, Susan Bucknell, igualmente apaixonada pelas discussões, mas mais sutil. Bill era um dos estudantes negros de Yale, cujo número vinha crescendo. Seu pai era um advogado republicano liberal — naquela época ainda havia isso — que trabalhara para o juiz Felix Frankfurter na Suprema Corte, e tinha sido secretário de Transportes do presidente Ford. Bill passava a impressão de ser o mais relaxado do nosso grupo.

Além do pessoal que morava comigo, quando voltei para Yale depois da campanha de Duffey conheci apenas uns poucos estudantes, entre eles o meu amigo do Boys Nation de Louisiana, Fred Kammer, e Bob Reich. Pelo fato de ter sido líder da nossa turma da Rhodes, Bob se manteve em contato com todo mundo e era uma fonte contínua de informações corretas ou incorretas — essas últimas sempre muito divertidas — sobre o que os componentes da nossa antiga turma estavam fazendo.

Bob dividia uma casa perto do campus com três outras pessoas do curso, uma das quais, Nancy Bekavac, tornou-se para mim uma amiga especial. Ela era uma liberal apaixonada, cuja oposição à guerra tinha se confirmado no verão anterior durante seu trabalho no Vietnã como jornalista. Ela escrevia belos poemas, cartas vigorosas e fazia anotações brilhantes sobre as aulas, as quais deixou que eu utilizasse quando apareci no curso com dois meses de atraso.

Por intermédio de Bill Coleman conheci alguns dos estudantes negros. Eu tinha interesse em saber como eles haviam ido para Yale e o que pretendiam fazer com o que, naquela época, era ainda uma oportunidade incomum para os afro-americanos. Além do Bill, fiquei amigo de Eric Clay, de Detroit, que mais tarde nomeei para o Tribunal de Recursos dos Estados Unidos; de Nancy Gist, colega da Hillary em Wellesley, que trabalhou no Departamento de Justiça quando fui presidente; de Lila Coleburn, que desistiu do Direito para se tornar psicoterapeuta; de Rufus Cormier,

---

* Variedade recreativa de futebol americano, sem contato físico violento. Para interromper o avanço do adversário, basta tocar com as mãos o jogador de posse da bola. (N. do R.)

um homem alto e tranqüilo que tinha sido estrela da defesa no time de futebol americano da Universidade Metodista do Sul; e de Lani Guinier, que tentei nomear procuradora-geral assistente para direitos civis, uma triste história cujos detalhes vou relatar mais adiante. O juiz da Suprema Corte Clarence Thomas também era meu colega de classe, mas nunca chegamos a nos tornar próximos um do outro.

Quando estávamos chegando ao final do período soubemos que Frank Aller tinha resolvido voltar para os Estados Unidos. Ele se mudou para as proximidades de Boston e foi à sua cidade, Spokelane, enfrentar a questão da convocação. Foi preso, acusado e depois libertado para ser julgado. Frank havia decidido que já havia superado o impacto sofrido ao resistir, e que não queria passar o resto da vida longe dos Estados Unidos à espera de uma meia-idade fria e difícil em alguma universidade canadense ou inglesa, sempre associado ao Vietnã. Uma noite, em dezembro, Bob Reich disse que parecia bobagem Frank se arriscar a ser preso quando havia tanta coisa que poderia fazer fora do país. Nas minhas anotações do diário está a minha resposta: "Um homem é mais do que a soma de todas as coisas que ele pode fazer". A decisão do Frank girava em torno de quem ele era, e não do que ele poderia fazer. A mim me pareceu que ele havia tomado a resolução certa. Não muito tempo depois de voltar, Frank foi avaliado por um psiquiatra que o achou deprimido e inadequado para o serviço militar. Fez o exame físico e, como Strobe, foi enquadrado na categoria 1-Y, passível de ser convocado apenas numa emergência nacional.

No dia de Natal eu estava em Hot Springs, bem longe da baía de Helsinque, onde eu havia caminhado no gelo no Natal anterior. Em vez disso, caminhei pelo gramado da minha velha escola de ensino fundamental, e enumerei as minhas bênçãos e as mudanças que haviam ocorrido na minha vida. Muitos dos meus amigos chegados estavam se casando. Eu lhes desejei meus bons votos e fiquei imaginando se algum dia faria o mesmo.

Eu vinha pensando muito sobre o passado e as minhas raízes. No dia de Ano-Novo terminei de ler *The Burden of Southern History* [O fardo da história sulista], de C. Vann Woodward, em que ele fala sobre a "consciência histórica peculiar" dos sulistas, a que Eudora Welty chamou de "o senso de lugar". O Arkansas era o meu lugar. Ao contrário de Thomas Wolfe, cuja prosa cascateante eu tanto admirava, eu sabia que podia voltar para casa. Na verdade eu devia fazer isso. Mas primeiro tinha de terminar a Faculdade de Direito.

Eu precisava passar o meu segundo período em Yale como um bom estudante de Direito, assumindo naquela altura do curso uma carga mais pesada de disciplinas. Meu professor de direito empresarial era John Baker, o primeiro negro a integrar o corpo docente da Faculdade de Direito de Yale. Ele foi muito bondoso comigo, deu-me uma vaga no trabalho de pesquisa para complementar a minha escassa renda e me convidou para jantar em sua casa. John e sua esposa tinham estudado na Universidade Fisk, uma escola que fica em Nashville, no Tennessee, fundada por negros no início da década de 1960, quando o movimento dos direitos civis estava no apogeu. John Baker me contou histórias incríveis sobre o medo em que eles viviam e a alegria que ele e seus colegas sentiam trabalhando no movimento.

Cursei direito constitucional com Charles Reich, que era tão liberal quanto Bob Bork era conservador, e tinha escrito um dos criativos livros "contraculturais" sobre a década de 1960, *The Greening of América* [A revitalização dos Estados Unidos]. Meu professor de direito criminal, Steve Duke, era um homem espirituoso, crítico cáustico e bom professor, com quem posteriormente fiz um seminário sobre crime do colarinho-branco. Eu gostava bastante de estudar direitos políticos e civis, dado por Tom Emerson, um homenzinho garboso que tinha estado na administração do Franklin Delano Roosevelt e cujo livro didático nós usávamos. Também tive aulas com o professor William Leon McBride sobre lei e filosofia nacional, fiz alguns trabalhos na área jurídica e arranjei um emprego de meio período. Durante alguns meses dirigi até Hartford quatro vezes por semana para ajudar Dick Suisman, um empresário democrata que conheci na campanha de Duffey, com seu trabalho no conselho da cidade. Dick sabia que eu precisava do emprego, e acho que eu o ajudei.

No fim de fevereiro fui de avião até a Califórnia para passar alguns dias com Frank Aller, Strobe Talbott e a namorada de Strobe, Brooke Shearer. Nós nos encontramos em Los Angeles na casa dos pais de Brooke, Marva e Lloyd Shearer, pessoas extraordinariamente acolhedoras e generosas. Os dois escreveram durante muitos anos a coluna de mexericos mais lida dos Estados Unidos, o "Desfile de Personalidades de Walter Scott". Depois, em março, fui para Boston, onde Frank estava vivendo e procurando trabalho como jornalista, para voltar a vê-lo e também a Strobe. Nós passeamos no bosque que havia atrás da casa de Frank e ao longo da costa de New Hampshire, não muito distante. Frank parecia animado por estar de volta, mas ainda triste. Embora tendo escapado da convocação e da prisão, parecia estar nas garras da depressão, como aquela que, de acordo com Turgueniev, "só os muito jovens conhecem e que não tem razão aparente". Achei que ele a superaria.

A primavera melhorou o meu humor, como sempre acontecia. O noticiário político mostrava uma variedade de coisas. A Suprema Corte sustentou unanimemente a integração, apoiada pelo governo, de crianças negras a escolas de brancos como meio de chegar a um equilíbrio racial. Os chineses aceitaram um convite norte-americano para retribuir a visita da equipe de tênis de mesa dos Estados Unidos à China, mandando a sua equipe para um amistoso conosco. E os protestos contra a guerra prosseguiam. O senador McGovern foi a New Haven no dia 16 de maio, claramente planejando concorrer para a Presidência em 1972. Gostei dele e achei que ele teria chances de ganhar, por causa da sua heróica folha de serviços como piloto de bombardeiro na Segunda Guerra Mundial, do seu desempenho no comando do programa de Alimentos para a Paz durante o governo Kennedy, e das novas regras para escolha de delegados para a próxima convenção democrata. McGovern estava liderando uma comissão que ia redigir essas regras, com o objetivo de garantir uma convenção mais diversa no tocante a idade, raça e sexo. Juntamente com o peso dos liberais contrários à guerra nas primárias, as novas regras teoricamente garantiram que a influência dos velhos chefões políticos seria menor, e a dos ativistas do partido seria maior, no processo de escolha de 1972. Rick Stearns estivera trabalhando para a comissão, e eu tinha certeza de que ele seria duro e inteligente o bastante para arquitetar um sistema favorável a McGovern.

* * *

Embora a Faculdade de Direito e a política estivessem indo bem, minha vida pessoal estava uma porcaria. Eu havia rompido com uma garota, que acabou voltando para a sua cidade e se casou com o ex-namorado; depois disso conheci uma estudante de Direito que me agradava muito, mas com quem eu não conseguia ter um compromisso mais sério e por isso tivemos uma separação dolorosa. Eu já estava quase me conformando com a idéia de ficar sozinho e determinado a não me envolver com ninguém durante algum tempo. Então, certo dia, quando estava sentado no fundo da classe assistindo a uma aula do professor Emerson sobre direitos civis e políticos, vi uma mulher que eu ainda não tinha notado. Aparentemente ela assistia a ainda menos aulas que eu. Seu cabelo era louro-escuro e cheio, usava óculos e não se maquiava, mas transmitia uma impressão de força e autocontrole que eu raramente havia visto em alguém, homem ou mulher. Depois da aula eu a segui, pretendendo me apresentar. Quando fiquei a menos de um metro dela estendi a mão para tocar o seu ombro, mas imediatamente me contive. Foi quase uma reação física. De algum modo eu sabia que aquilo não seria apenas um tapinha no ombro, sabia que estava começando algo que eu não poderia parar.

Nos dias seguintes vi a garota várias vezes, sem nunca me dirigir a ela. Uma noite eu estava de pé numa extremidade da comprida e estreita biblioteca de Direito da universidade conversando com outro estudante, Jeff Gleckel, sobre a possibilidade de eu passar a trabalhar no *Yale Law Journal*. Jeff insistia comigo nesse sentido, dizendo que isso me garantiria um emprego com um juiz federal ou num dos bons escritórios de advocacia. Sua argumentação era boa, mas eu simplesmente não estava interessado naquilo, porque pretendia ir para o Arkansas e, enquanto isso não acontecia, preferia fazer política a ser revisor do jornal de Direito. Depois de algum tempo subitamente parei de prestar atenção no que ele dizia, porque vi a moça, de pé, na outra extremidade da sala. Dessa vez ela também estava olhando para mim. Depois de algum tempo ela fechou o livro, caminhou por toda a extensão da biblioteca, olhou-me nos olhos e disse: "Se você vai ficar olhando para mim e eu vou ficar olhando para você, precisamos pelo menos saber o nome um do outro. O meu é Hillary Rodham. E o seu?". Hillary evidentemente se lembra disso, mas as palavras que ela recorda são um pouco diferentes. Fiquei impressionado e tão perplexo que não pude dizer nada por alguns segundos. Finalmente pronunciei o meu nome. Trocamos algumas palavras e ela se foi. Não sei o que o pobre do Jeff Gleckel pensou que estava acontecendo, mas ao retomarmos nossa conversa ele não mais tocou na idéia de eu ser revisor do jornal de Direito.

Uns dois dias depois eu estava descendo a escada para o andar térreo da Faculdade de Direito quando vi Hillary novamente, com uma saia florida que quase chegava até o chão. Eu estava decidido a passar algum tempo com ela. Hillary disse que ia se matricular nos cursos do período seguinte, e assim eu disse que também ia. Ficamos na fila e conversamos. Eu achei que estava me saindo muito bem até que chegamos na ponta da fila. O funcionário olhou para mim e disse: "Bill, o que é que você está fazendo aqui outra vez? Você já se matriculou de manhã". Fiquei muito vermelho e Hillary riu do jeito como sempre ri. Como as minhas intenções já não eram mais secretas, eu a convidei para dar uma caminhada até a galeria de arte da universidade para ver a exposição de Mark Rothko. Com toda aquela ansiedade e nervosismo eu me esqueci que os funcionários da universidade estavam em greve, e assim o museu não estava aberto ao público. Felizmente havia um guarda em serviço. Expus o meu caso e me ofereci para varrer os galhos e o que quer que houvesse no jardim do museu se ele nos deixasse fazer a visita.

O guarda deu uma olhada para nós, sacou o que estava se passando e nos deixou entrar. Tivemos a exposição só para nós. Foi um momento maravilhoso, e desde então gosto de Rothko. Quando terminamos, fomos para o jardim e eu catei os gravetos. Acho que fui um fura-greve pela primeira e única vez na vida, mas o sindicato não tinha um piquete na frente do museu e, além disso, naquele instante a política era a última coisa que me passava pela cabeça. Depois de ter feito a limpeza que prometi, Hillary e eu devemos ter ficado no jardim por mais uma hora. Havia uma bela escultura de Henry Moore, uma enorme mulher sentada. Hillary se sentou no colo da mulher e eu me sentei ao lado dela, e ficamos conversando. Pouco tempo depois, eu me inclinei e pus a mão no seu ombro. Tinha começado o nosso namoro.

Passamos os dias seguintes juntos, matando o tempo, conversando sobre tudo o que existe sobre a face da Terra. No fim de semana Hillary foi a Vermont fazer uma visita ao sujeito que ela tinha estado namorando. Isso me deixou muito apreensivo. Eu não queria perdê-la. Quando voltou, no domingo à noite, liguei para ela. Hillary disse não estar passando muito bem após a viagem, então eu lhe levei uma canja e suco de laranja. A partir de então nós nunca nos separávamos. Ela passava muito tempo na nossa casa na praia e logo ganhou a simpatia de Doug, Don e Bill.

Quando, algumas semanas depois, minha mãe foi me visitar, Hillary não se saiu tão bem, em parte porque tentou cortar ela mesma o próprio cabelo antes da chegada da minha mãe. Foi um fiasco sem grande importância; ela parecia mais um roqueiro *punk* do que alguém que tinha acabado de sair do salão de beleza do Jeff Dwire. Sem maquiagem, usando camiseta e jeans, os pés descalços sujos de lodo depois de um passeio na praia em Milford, ela deve ter parecido uma extraterrestre. O fato de ficar evidente que eu estava seriamente envolvido com ela deixou a minha mãe desgostosa. Em seu livro, ela disse que Hillary foi uma "experiência de crescimento". Era uma garota "sem maquiagem, com óculos de fundo de garrafa e cabelo castanho sem nenhum estilo", *versus* uma mulher de sobrancelhas pintadas, batom rosa, e uma faixa prateada na cabeça. Eu me diverti observando uma tentando mapear a outra. Com o tempo a minha mãe passou a se preocupar menos com a aparência da Hillary e Hillary passou a se preocupar mais com isso, e elas se entenderam. Apesar dos estilos diferentes, as duas eram mulheres inteligentes, fortes, animadas e apaixonadas. Quando estavam juntas não sobrava espaço para mim.

Em meados de maio eu queria estar com a Hillary durante todo o tempo. Assim, fiquei conhecendo vários amigos dela, inclusive Susan Graber, sua antiga colega de classe na Wellesley, que posteriormente nomeei para a magistratura federal em Oregon; Carolyn Ellis, uma libanesa brilhante, engraçada, que se dizia mais sulista do que eu, e hoje é reitora da Universidade do Mississippi; e Neil Steinman, o homem mais inteligente que conheci em Yale, e que em 1992 foi o responsável pela captação dos primeiros fundos de campanha para mim na Pensilvânia.

Fiquei sabendo como tinha sido a infância de Hillary em Park Ridge, no estado de Illinois; os quatro anos que ela cursou na Wellesley, onde deixou de ser republicana e passou a ser democrata por causa dos direitos civis e da guerra; sua viagem de estudos de pós-graduação ao Alasca, onde ela limpava peixes para se sustentar; e o seu interesse pela assistência jurídica aos pobres e pelas questões ligadas à infância. Também fiquei sabendo do seu famoso discurso de formatura na Wellesley*, quando ela expôs os sentimentos contraditórios da nossa geração, de alienação do sistema político e o desejo de todos de melhorar a nação. O discurso teve muita publicidade em todo o país, e foi a primeira vez que Hillary teve um contato com a fama para além dos limites do seu meio imediato. O que eu gostava em sua política era que, como eu, ela era idealista e prática. Queria mudar as coisas e sabia que isso exigia um esforço persistente. Tanto quanto eu, ela estava cansada de o nosso lado ser maltratado e encarar a derrota como prova de virtude moral e superioridade. Hillary era uma presença formidável na Faculdade de Direito, um grande peixe no nosso lago pequeno mas altamente competitivo. Eu era uma presença flutuante, que ia de um lugar para outro.

Uma porção de estudantes que nós dois conhecíamos falava da Hillary como se se sentissem um pouco intimidados por ela. Eu não. Eu só queria estar com ela. Mas o tempo estava se esgotando para nós. Hillary tinha aceitado um trabalho de verão no Treuhaft, Walker, and Burnstein, um escritório de advocacia de Oakland, na Califórnia, e tinham me oferecido um trabalho de coordenador dos estados sulistas para o senador McGovern. Até conhecer Hillary, estava esperando ansiosamente esse trabalho. Eu ficaria em Miami mas viajaria por todo o Sul, na montagem das campanhas do estado. Eu sabia que faria isso a contento, e embora não achasse que McGovern fosse se sair bem nas eleições gerais no Sul, acreditava que ele podia ganhar um bom número de delegados na convenção durante a temporada das primárias. De qualquer maneira, eu teria uma experiência política importantíssima. Era uma oportunidade rara para um sujeito de 25 anos, conseguida graças à minha amizade com Rick Stearns, este com posição importante na campanha, aliada ao fato de eles quererem ter pelo menos um sulista numa posição de responsabilidade.

O problema era que eu não estava mais a fim daquilo. Sabia que se eu fosse para a Flórida, Hillary e eu poderíamos acabar nos afastando de vez. Embora a perspectiva da campanha fosse empolgante, eu temia, como escrevi no meu diário, que ela fosse simplesmente "um modo de formalizar a minha solidão", levando-me a lidar com as pessoas numa boa causa, mas sem estabelecer intimidade. Com Hillary havia intimidade desde o início e, sem que eu percebesse, passou a haver também amor.

Reuni coragem e perguntei a Hillary se podia passar o verão com ela na Califórnia. De início ela não acreditou, porque sabia quanto eu gostava de política e como era forte o meu sentimento com relação à guerra. Eu lhe disse que teria o resto da vida para o meu trabalho e a minha ambição, mas a amava e queria ver se nossa relação tinha chance de dar certo. Ela respirou fundo e concordou em me deixar levá-la para a Califórnia. Estávamos juntos fazia apenas um mês.

Paramos por pouco tempo em Park Ridge, para ver a família dela. A mãe, Dorothy, era uma mulher encantadora, atraente, com quem me entendi desde o início, mas eu era um ser de outro planeta para o pai da Hillary, assim como Hillary

---

* Nos Estados Unidos o orador da turma é o "valedictorian", ou seja, aquele que obteve as melhores notas durante todo o curso. (N. dos T.)

o era para a minha mãe. Hugh Rodham era um sujeito mal-humorado, um republicano de fala rude que, para dizer o mínimo, desconfiava de mim. Mas quanto mais nós conversávamos, mais eu gostava dele. Resolvi dar tempo ao tempo para ele se aproximar. Logo fomos para Berkeley, na Califórnia, perto do trabalho da Hillary em Oakland, onde ela ficaria numa pequena casa da meia-irmã da sua mãe, Adeline. Depois de um dia ou dois dirigi de volta para Washington, a fim de dizer para Rick Steans e Gary Hart, coordenador da campanha do senador McGovern, que eu não podia ir para a Flórida. Gary achou que eu tinha ficado louco para perder essa oportunidade. Provavelmente Rich também pensou isso. Suponho que para eles eu parecia um bobo, mas a vida é moldada tanto pelas oportunidades que desprezamos quanto pelas que agarramos.

Na verdade eu me sentia mal por deixar a campanha, e assim me ofereci para ir a Connecticut e ficar lá umas duas semanas iniciando a organização das coisas. Logo que reuni um pessoal em todos os distritos eleitorais voltei para a Califórnia, dessa vez pelo Sul, para poder dar um pulo em casa.

Gostei da viagem pelo Oeste, que incluiu uma visita ao Grand Canyon. Cheguei lá no fim da tarde e rastejei numa saliência na borda do desfiladeiro para ver o sol se pôr. Era espantoso o modo como as pedras, comprimidas ao longo de milhões de anos em camadas nítidas, mudavam de cor enquanto o desfiladeiro escurecia desde o fundo até o alto.

Depois que deixei o Grand Canyon fiz uma viagem escaldante pelo Vale da Morte, o lugar mais quente dos Estados Unidos; em seguida rumei para o norte, para o meu verão com a Hillary. Quando entrei na sua casa em Berkeley, ela me recebeu com uma torta de pêssego — a minha predileta — que ela mesma havia feito. Estava gostosa, e não durou muito. Durante o dia, enquanto ela trabalhava, eu caminhava pela cidade, lia livros nos parques e nos cafés, e explorava São Francisco. À noite íamos ao cinema ou a restaurantes, ou simplesmente ficávamos conversando em casa. No dia 24 de julho fomos até Stanford ouvir Joan Baez cantar no anfiteatro ao ar livre. Todos os seus fãs puderam vê-la, pois cobraram apenas 2,5 dólares pelo ingresso, um contraste chocante com os preços altíssimos dos grandes shows de hoje em dia. Joan Baez cantou seus velhos sucessos e, numa das primeiras apresentações públicas, "The Night They Drove Old Dixie Down" [A noite em que derrubaram o velho Sul].

Quando terminou o verão, Hillary e eu ainda não tínhamos terminado a nossa conversa, então resolvemos viver juntos em New Haven, uma decisão que sem dúvida preocupou tanto a família dela quanto a minha. Achamos um apartamento no térreo de um prédio antigo no número 21 da Edgewood Avenue, perto da Faculdade de Direito.

A porta da frente do nosso apartamento abria-se para uma sala de estar bem pequena, atrás da qual havia uma sala de jantar ainda menor e um quartinho exíguo. Atrás do quartinho ficavam uma velha cozinha e um banheiro tão diminuto que a tampa da privada encostava na banheira. A casa era tão velha que o assoalho afundava no centro dos cômodos, e a diferença era tanta que eu precisava pôr calços nas pernas da nossa mesinha de jantar. Mas o aluguel era barato para pobres estudantes de Direito: 75 dólares por mês. A melhor coisa do apartamento era a lareira na sala de estar. Até hoje me lembro de ficar sentado diante dela num dia frio de inverno lendo com Hillary uma biografia de Napoleão escrita por Vincent Cronin.

Éramos felizes demais e pobres demais para não nos orgulharmos daquela casa. Gostávamos de ter os amigos à nossa mesa. Entre os convidados prediletos estavam Rufus e Yvonne Cormier. Os dois eram filhos de afro-americanos de Beaumont, no Texas, cresceram no mesmo bairro e viveram juntos alguns anos antes de se casarem. Enquanto Rufus estudava Direito, Yvonne estava fazendo o doutorado em Bioquímica. Ela se tornou doutora e ele seria o primeiro sócio negro do grande escritório de advocacia Baker and Botts, em Houston. Certa noite, durante o jantar, Rufus, que era um dos melhores alunos da nossa classe, estava se lamentando pelas longas horas passadas estudando. "Sabe", disse ele na sua fala arrastada, "a organização da vida é errada. A gente passa os melhores anos estudando, depois trabalhando. Quando nos aposentamos, aos 65, estamos velhos demais para aproveitá-la. As pessoas deviam se aposentar entre os 21 e 35 anos de idade, depois trabalhar como loucas até morrer." Obviamente não foi isso que aconteceu. Todos nós estamos quase chegando aos 65 e ainda na ativa.

Comecei o meu terceiro semestre da Faculdade de Direito, com cursos de finanças corporativas, processo penal, direito tributário, regulamentação das heranças e um seminário sobre Responsabilidade Social das Empresas. O seminário foi dado por Burke Marshall, uma figura lendária pelo seu trabalho como procurador-geral assistente para direitos civis quando Robert Kennedy era procurador-geral, e Jan Deutsch, considerado a única pessoa, até aquela época, aprovada com distinção em todos os cursos que fez na Faculdade de Direito de Yale. Marshall era baixinho e vigoroso, com olhos claros e inquietos. Falava pouco mais alto que um sussurro, mas sua voz era de aço, assim como a sua coluna. Ele escandia as palavras de um modo bastante singular, e falava num fluxo de consciência que passava rapidamente de uma frase não concluída para outra. Parece que isso era conseqüência de uma lesão grave que ele sofreu ao ser atingido por um carro e ser arremessado a uma longa distância até se chocar com violência contra o concreto. Ele ficou inconsciente durante várias semanas e acordou com uma placa de metal na cabeça. Mas era brilhante. Eu apreendi o seu jeito de falar e "traduzia" as suas aulas para os colegas que não conseguiam entender o que ele dizia. Jan Deutsch era também o único homem que conheci que comia a maçã inteira, inclusive o miolo. Ele dizia que todos os minerais mais nutritivos estavam nessa parte. Ele era mais inteligente do que eu, e assim tentei comer maçãs tal como ele. De vez em quando ainda faço isso, com carinhosas lembranças do professor Deutsch.

Marvin Chirelstein ensinou-me finanças corporativas e direito tributário. Eu era um cara desagradável nas aulas de direito tributário. O código de impostos se ocultava atrás de um sem-número de distinções artificiais pelas quais eu não tinha o menor interesse; mais do que servir para promoverem objetivos sociais válidos, aquelas regras pareciam aumentar as oportunidades de os advogados da área conseguirem reduzir a obrigação dos clientes de contribuir para o país custear o seu avanço. Um dia, em vez de prestar atenção à aula, fiquei lendo *Cem anos de solidão*, de Gabriel García Márquez. No final da aula o professor Chirelstein me perguntou o que havia ali de tão mais interessante do que a sua exposição. Eu lhe mostrei o livro e lhe disse que era o melhor romance já escrito em qualquer idioma desde a morte de William Faulkner. Ainda acho isso.

Eu me redimi em finanças corporativas fazendo um belo exame final. Quando o professor Chirelstein me perguntou como eu podia ser tão bom em finanças corporativas e tão ruim em direito tributário, eu lhe disse que era porque as finanças corporativas se aproximavam da política: dentro de um conjunto dado de normas ocorria uma luta constante pelo poder, com todas as partes tentando evitar ser logradas, mas ansiosas por lograr.

Além dos estudos, eu trabalhava em dois lugares. Mesmo tendo uma bolsa e contraído dois diferentes empréstimos para estudantes, estava precisando ganhar dinheiro. Eu trabalhava algumas horas por semana para Ben Moss, um advogado de New Haven, fazendo pesquisa jurídica e entregas. A pesquisa me aborreceu depois de algum tempo, mas as entregas eram interessantes. Um dia precisei entregar alguns documentos num prédio deteriorado do centro. Quando estava subindo a escada, na altura do terceiro ou quarto andar passei por um homem com um olhar embaçado e uma agulha hipodérmica e a seringa penduradas no braço. Ele tinha acabado de injetar uma boa dose de heroína. Entreguei os papéis e saí dali correndo o mais rápido que pude.

Meu outro trabalho era menos perigoso e mais interessante. Ensinei direito para estudantes que participavam de um programa de aplicação de leis na Universidade de New Haven. Eu era pago pelo programa de Assistência à Aplicação da Lei Federal, que tinha recém-começado no governo Nixon. Os cursos visavam preparar policiais mais profissionais que pudessem prender, fazer buscas e apreensões de maneira constitucional. Freqüentemente eu tinha de preparar minhas aulas tarde da noite para dá-las no dia seguinte. Para conseguir me manter acordado, fazia grande parte do trabalho no Elm Street Diner, a mais ou menos um quarteirão da nossa casa. Ficava aberto a noite inteira, tinha um ótimo café e uma excelente torta de frutas, e era freqüentado por personagens da vida noturna de New Haven. Tony, um imigrante grego que era sobrinho do proprietário, tomava conta do lugar à noite. Ele enchia a minha xícara de café incontáveis vezes enquanto eu trabalhava, mas me cobrava uma só.

A rua do bar ficava na fronteira do território de dois grupos de prostitutas. De vez em quando a polícia as levava, mas elas rapidamente voltavam para o trabalho. Volta e meia elas entravam no bar para tomar café e se aquecer. Quando descobriram que eu estava estudando Direito, várias delas passaram a vir para a minha mesa à procura de aconselhamento legal de graça. Eu fiz o que dava para fazer, mas nenhuma delas seguiu meu melhor conselho: arranje outro trabalho. Certa noite, um travesti negro e alto se sentou do outro lado da minha mesa e disse que o seu clube queria rifar um aparelho de televisão para levantar dinheiro; ele queria saber se a rifa poderia ter problemas por causa da lei contra o jogo. Depois eu vim a saber que ele na verdade estava preocupado porque o televisor era roubado. Tinha sido "doado" ao clube por um amigo que comprava coisas roubadas e as revendia bem barato. De qualquer modo eu lhe disse que outros grupos rifavam coisas o tempo todo, e era muito improvável que o clube fosse processado. Em troca do meu conselho sensato ele me deu o único honorário que eu me lembro de receber por orientação jurídica no Elm Street Diner: um bilhete de rifa. Não ganhei o televisor, mas me senti bem remunerado só com o bilhete que tinha o nome do clube escrito em letras grandes: The Black Uniques.

No dia 14 de setembro, quando Hillary e eu estávamos entrando no Blue Bell Café, alguém se aproximou de mim e disse que eu precisava ligar urgentemente para Strobe Talbott. Ele e Brooke estavam visitando seus pais em Cleveland. Enquanto punha as fichas no telefone público em frente do Café, eu sentia um nó no estômago. Brooke atendeu e disse que Frank Aller tinha se suicidado. Ele havia acabado de receber uma proposta de trabalho no escritório de Saigon do *Los Angeles Times*, aceitara-a e tinha ido para casa em Spokane, aparentemente bem, pegar suas roupas e se preparar para ir embora. Acho que ele queria ver e escrever sobre a guerra à qual se opunha. Talvez quisesse se expor ao perigo para provar que não era covarde. Exatamente quando tudo estava dando certo na superfície da sua vida, algo que estava se passando dentro dele o levou a acabar com ela.

Seus amigos ficaram perplexos, mas talvez não houvesse tanta razão para se surpreender com sua atitude. Seis semanas antes eu havia anotado no meu diário que Frank estava novamente deprimido, não tendo conseguido até então um emprego que estava tentando, como jornalista no Vietnã ou na China. Eu disse que finalmente ele tinha sido "derrubado, física e emocionalmente, por tensões, golpes e dores dos últimos anos, o que ele havia agüentado quase sempre sozinho". Os amigos mais próximos de Frank, muito racionais, disseram que, se ele tivesse posto a sua vida externa novamente nos trilhos, aquele turbilhão interior se acalmaria. Mas, como aprendi naquele dia terrível, a depressão expulsa violentamente a racionalidade. É uma doença que, quando está em fase bem adiantada, fica além do alcance racional de esposas, filhos, amantes e amigos. Acho que jamais compreendi isso até ler o relato corajoso do meu amigo Bill Styron sobre a sua própria luta contra a depressão e as idéias suicidas: *Darkness Visible: A Memoir of Madness* [Escuridão visível: memórias da loucura]. Quando Frank se matou, eu senti dor e raiva — raiva dele, por fazer isso, e de mim, por não ver que aquilo poderia acontecer e por não insistir com ele para que procurasse ajuda profissional. Naquela época eu gostaria de saber o que compreendo agora, embora talvez isso não tivesse feito nenhuma diferença.

Depois da morte de Frank perdi o meu otimismo habitual e o meu interesse nas aulas, na política e nas pessoas. Não sei o que teria feito sem a Hillary. Quando voltamos a nos encontrar, ela teve uma breve crise de perda da autoconfiança, mas ela era sempre tão forte em público que nem mesmo seus amigos mais próximos devem ter percebido isso. O fato de ela ter se aberto comigo apenas fortaleceu e confirmou os meus sentimentos por ela. Agora eu precisava dela. E ela se manteve firme, lembrando-me de que o que eu estava aprendendo, fazendo e pensando tinha importância para ela.

No período da primavera eu me aborreci em todos os cursos, com exceção de evidência, dado por Geoffrey Hazard. As regras para o que é e o que não é admissível num julgamento correto e o processo a seguir para uma discussão honesta e racional sobre os fatos disponíveis eram fascinantes para mim e me deixaram uma impressão duradoura. Sempre tentei discutir a evidência na política tão bem quanto no Direito.

A evidência contou muito na atividade mais importante daquele período do curso de Direito: o julgamento com o qual o Diretório dos Advogados de Tribunal realizava anualmente uma competição. No dia 28 de março Hillary e eu competimos nas semifinais, quando quatro estudantes e mais dois suplentes seriam selecionados para participar de um julgamento simulado, mas com características bem reais, numa ação a ser proposta por um aluno do terceiro ano. Nós nos saímos bem e fomos selecionados.

Durante o mês seguinte nos preparamos para o Julgamento com Premiação: *Estado versus Porter*. Porter era um fictício policial acusado de espancar até a morte um cabeludo. No dia 29 de abril, Hillary e eu acusamos Porter com a ajuda do nosso suplente, Bob Alsdorf. Os advogados de defesa eram Mike Conway e Tony Rood, com Doug Eakeley como suplente. O juiz era Abe Fortas, ex-juiz da Suprema Corte. Ele levou a sério o seu papel e o desempenhou com todo o rigor, emitindo objeções e decisões, uma após a outra, dos dois lados, e durante todo o tempo avaliando a nós quatro para resolver quem iria ganhar o prêmio. Se o meu discurso público nas semifinais foi o melhor desempenho ao longo da minha passagem pela Faculdade de Direito, meu esforço no Julgamento com Premiação foi o pior. Eu estava num dia ruim e não mereci ganhar. Hillary, por sua vez, se saiu muito bem. Assim como Mike Conway, que apresentou um argumento final eficiente e emocional. Fortas deu o prêmio a Conway. Na época achei que Hillary não ganhou em parte porque o severo Fortas desaprovou a sua roupa, que estava em desacordo com o ambiente. Ela usava um paletó de camurça azul, calça de camurça laranja-vivo — melhor dizendo, laranja-luminoso —, de boca larga, e uma blusa azul, laranja e branca. Hillary se tornou uma boa advogada de tribunal, mas nunca mais foi para um julgamento com aquela calça alaranjada.

Fora o Julgamento com Prêmio, canalizei os meus impulsos competitivos para a campanha de McGovern. No início do ano limpei a minha conta bancária para abrir um comitê perto do campus. Eu tinha no banco cerca de duzentos dólares, dinheiro bastante para pagar o aluguel de um mês e instalar um telefone. Em três semanas apareceram oitocentos voluntários, e recebemos pequenas contribuições cuja soma foi suficiente para me reembolsar e manter em funcionamento o comitê.

Os voluntários eram importantes para a iminente campanha das primárias, quando eu esperava termos de guerrear contra a organização democrata e o seu chefe poderoso, Arthur Barbieri. Quatro anos antes, em 1968, as forças de McCarthy tinham ganho na primária em New Haven, em parte porque os adeptos leais do Partido Democrata consideravam garantida a vitória do vice-presidente Humphrey. Eu não tinha ilusões de que Barbieri voltaria a cometer esse erro, por isso resolvi tentar persuadi-lo a apoiar McGovern. Dizer que aquilo foi um ato arriscado é um grande eufemismo. Quando entrei na sua sala e me apresentei, Barbieri foi cordial, mas sério. Recostou-se no espaldar da cadeira com as mãos cruzadas no peito exibindo dois enormes anéis, um redondo, formado por várias pedras no entorno, e o outro com as suas iniciais, AB, preenchidas de brilhantes. Ele sorriu e me disse que 1972 não repetiria 1968, que ele já havia recrutado pessoal e providenciado alguns carros para levá-los até os locais da primária. Disse que havia destinado 50 mil dólares para a campanha, uma soma enorme, naquela época, para uma cidade do tamanho de New Haven. Respondi que eu não dispunha de muito dinheiro mas tinha oitocentos voluntários que bateriam na porta de todas as casas da sua cidadela dizendo para todas as mães italianas que Arthur Barbieri queria continuar mandando os filhos delas para lutar e morrer no Vietnã. "O senhor não precisa ter esse desgosto", disse eu. "O que importa para o senhor quem ganha a escolha? Apóie McGovern. Ele é um herói da Segunda Guerra Mundial. Pode conseguir a paz, e o senhor pode se manter no comando de New Haven." Barbieri ouviu-me e respondeu: "Sabe, filho, você não é nada bobo. Vou pensar nisso. Volte aqui para falar comigo daqui a dez dias". Quando voltei, Barbieri disse: "Andei pensando no caso. Acho que o senador McGovern é um homem bom e nós precisamos sair do Vietnã. Vou dizer para os meus homens o que nós vamos fazer, e quero que você esteja aqui com a sua lábia".

Poucos dias depois levei Hillary comigo para o extraordinário encontro com os dirigentes partidários de Barbieri num clube italiano de New Haven, o Melebus, no andar térreo de um prédio antigo no centro da cidade. A decoração era toda em vermelho e preto. O ambiente estava muito escuro, muito italiano, muito o oposto de McGovern. Quando Barbieri disse aos seus homens que eles iriam apoiar McGovern para que não houvesse mais rapazes de New Haven morrendo no Vietnã, houve grunhidos e exclamações. "Arthur, ele é quase comunista!", um homem deixou escapar. Outro disse: "Arthur, ele parece ser veado!", referindo-se à fala anasalada de High Plains. Barbieri não se abalou: me apresentou, falou com eles sobre os meus oitocentos voluntários e me deixou derramar a minha lábia, que se concentrou na folha de serviços de McGovern na guerra e em seu trabalho no governo do Kennedy. No fim da noite todos eles tinham mudado de idéia.

Fiquei em êxtase. Em todo o processo da primária, Arthur Barbieri e Matty Troy, de Queens, em Nova York, foram os únicos chefes democratas da velha-guarda que apoiaram McGovern. Nem todos os nossos homens gostaram. Depois do anúncio do apoio, recebi no início da madrugada uma ligação de dois dos nossos adeptos intransigentes de Trumbull, com quem eu tinha trabalhado na campanha de Duffey. Eles não podiam acreditar que eu tinha traído o espírito da campanha com uma conciliação tão nefanda. "Sinto muito", gritei no telefone, "achei que o nosso objetivo era ganhar", e desliguei. Barbieri mostrou ser leal e eficiente. Na convenção democrata, o senador McGovern obteve na primeira votação cinco dos nossos seis votos de distritos eleitorais. Na votação de novembro, New Haven foi a única cidade de Connecticut em que ele venceu. Barbieri fez o que havia prometido. Quando me tornei presidente, quis entrar em contato com ele. Ele não estava bem de saúde e já havia se retirado da política havia muito tempo. Eu o convidei para ir me ver na Casa Branca e tivemos um bom encontro no Salão Oval, não muito tempo antes da sua morte. Barbieri era o que James Carville chama de "tenaz". Na política não há nada melhor.

Aparentemente o meu trabalho em Connecticut me redimiu aos olhos da campanha de McGovern. Pediram-me para entrar na equipe nacional e trabalhar na Convenção Democrata Nacional em Miami Beach, concentrando-me nas delegações da Carolina do Sul e do Arkansas.

Enquanto isso Hillary tinha ido para Washington trabalhar para Marian Wright Edelman no Projeto de Pesquisas de Washington, um grupo de advocacia para crianças que pouco tempo depois se chamaria Fundo de Defesa das Crianças. Seu trabalho era investigar escolas do Sul onde só havia estudantes brancos e que tinham sido criadas em resposta à ordem do tribunal para a integração na escola pública. No Norte, os pais brancos que não queriam seus filhos em escolas do centro se transferiam para os subúrbios. Essa opção não se colocava para as cidadezinhas do Sul — os subúrbios ali eram pastos e plantações de soja. O problema era que o governo de Nixon não estava fiscalizando a aplicação da lei que proibia essas escolas de reivindicar o *status* de isentas de impostos, e a situação claramente incentivava os brancos do Sul a deixar as escolas públicas.

Comecei o meu trabalho para McGovern em Washington, primeiro me apresentando para Lee Williams e meus outros amigos da equipe do senador Fulbright, depois indo ver o congressista Wilbur Mills, o poderoso presidente da Comissão de Recursos e Meios da Câmara. Mills, que era uma lenda em Washington por causa do seu conhecimento detalhado do código de impostos e da habilidade com que administrava a sua comissão, tinha anunciado que seria o candidato do "filho predileto" do Arkansas na convenção de Miami. Essas candidaturas normalmente eram lançadas na esperança de impedir uma delegação de estado de votar no candidato com mais chance, embora naquela época um filho predileto ocasionalmente pensasse que poderia ser brindado pela sorte e pelo menos acabar na chapa como candidato a vice-presidente. No caso de Mills, a sua candidatura atendia aos dois objetivos. Os democratas do Arkansas achavam que McGovern, que estava bem à frente no cálculo do congressista, certamente seria derrotado em casa na eleição geral, e Mills sem dúvida achava que seria um presidente melhor. Nosso encontro foi cordial. Eu disse ao Mills que esperava lealdade a ele por parte dos delegados, mas iria trabalhar para obter o apoio deles para aprovação de itens importantes e numa segunda votação, se o senador McGovern precisasse dela.

Depois da reunião com Mills tomei um avião e fui para Colúmbia, na Carolina do Sul, para encontrar lá o maior número possível de delegados da convenção. Muitos eram simpatizantes de McGovern e achei que eles nos ajudariam com votos nos pontos cruciais, muito embora suas credenciais pudessem ser contestadas alegando-se que a delegação não tinha a diversidade racial, de sexo e de idade exigida pelas novas normas elaboradas pela Comissão McGovern.

Antes de ir para Miami, fui também à Convenção Democrata do Arkansas em Hot Springs, para cortejar os delegados do meu estado natal. Eu sabia que o governador Bumpers, que chefiaria a delegação em Miami, achava que McGovern poderia prejudicar os democratas no Arkansas, mas, assim como na Carolina do Sul, uma porção de delegados era contra a guerra e pró-McGovern. Parti para Miami me sentindo muito bem com relação às delegações com que estava trabalhando.

Na convenção de meados de julho, os principais candidatos montaram comitês nos hotéis em torno de Miami e de Miami Beach, mas suas atividades eram desenvolvidas em trailers que ficavam na frente do Centro da Convenção. O trailer de McGovern era supervisionado por Gary Hart como coordenador da campanha nacional, com Frank Mankiewicz como diretor de política nacional e porta-voz do partido, e o meu amigo Rick Stearns como diretor de pesquisa e atividades da primária no estado. Rick conhecia as normas melhor que qualquer outro. Aqueles entre nós que estávamos lidando com as delegações fazíamos o trabalho mais de base, seguindo instruções vindas do trailer. A campanha de McGovern havia feito um grande progresso, graças a uma série de voluntários empenhados, ao comando de Hart, ao manejo da imprensa por Mankiewicz e à estratégia traçada por Stearn. Com a ajuda deles, McGovern superou na luta e na eleição políticos que estavam numa situação mais sólida ou eram mais carismáticos, ou ambas as coisas: Hubert Humphrey; Ed Muskie; John Lindsay, o prefeito de Nova York que havia mudado de partido para concorrer; o senador Henry Jackson, do estado de Washington; e George Wallace, que durante a campanha escapou de morrer num atentado mas ficou paralítico. A congressista Shirley Chisholm, de Nova York, também disputou, tornando-se a primeira afro-americana a fazer isso.

Nós achávamos que McGovern tinha votos suficientes para ganhar na primeira votação, se superasse a contestação da delegação da Califórnia. As novas regras de McGovern exigiam que cada estado com eleição primária escolhesse seus delegados respeitando o máximo possível a proporcionalidade da representação. Contudo, a Califórnia ainda tinha um sistema em que o vencedor levava tudo, e estava afirmando o seu direito de mantê-lo porque na época da convenção a legislatura estadual não havia mudado a sua lei eleitoral. Ironicamente, McGovern preferiu o sistema da Califórnia às suas próprias regras porque havia ganho a primária com 44% dos votos, mas tinha consigo todos os 271 delegados do estado. As forças que se opunham a ele afirmavam que McGovern era um hipócrita, e que apenas 44% da convenção, ou seja, 120 delegados, estaria com ele, e os restantes 151 eram comprometidos com os outros candidatos proporcionalmente à fatia deles na votação primária da Califórnia. A Comissão de Credenciais da convenção era anti-McGovern e votou apoiando a contestação da Califórnia, de modo que McGovern pôde contar com apenas 120 dos seus delegados e isso punha em dúvida a sua vitória na primeira votação.

Se a maioria dos delegados na convenção assim decidisse, as decisões da Comissão de Credenciais poderiam ser derrubadas. As forças de McGovern queriam fazer isso com a Califórnia. E também a delegação da Carolina do Sul, que corria o risco de perder seus votos porque também tinha sido pega violando as regras: apenas 25% da delegação eram mulheres, quando o exigido seria a metade. McGovern estava ostensivamente contra a posição da Carolina do Sul por causa dessa representação aquém do exigido.

O que aconteceu depois foi complicado e não vale a pena detalhar. Para resumir: Rick Stearns resolveu que devíamos perder o voto da Carolina do Sul, e atar os nossos opositores a uma regra de procedimento que favorecesse a nossa objeção; assim nós ganharíamos a votação da Califórnia. Deu certo. A representação da Carolina do Sul foi instalada e os nossos opositores sentiram o cheiro da vitória. Quando eles perceberam que tinham sido enganados, já era tarde demais; ficamos com todos os 271 delegados e fechamos a escolha. O desafio da Califórnia foi provavelmente o maior exemplo de jiu-jítsu político de uma convenção partidária desde que as eleições primárias se tornaram o modo dominante de escolher delegados. Como já disse, Rick Stearns era um gênio para se aproveitar das normas. Fiquei animado. Agora McGovern tinha praticamente garantida a vitória na primeira votação, e o pessoal da Carolina do Sul, de quem eu tinha passado a gostar muito, podia ficar.

Infelizmente, a partir de então as coisas degringolaram. McGovern entrou na convenção bem atrás nas pesquisas de opinião, mas a uma distância não desprezível do presidente Nixon, e nós esperávamos ganhar cinco ou seis pontos durante a semana, graças a muitos dias de intensa cobertura na mídia. No entanto, esse tipo de salto exigia o controle rigoroso da imagem que as nossas forças tinham demonstrado no episódio das contestações dos delegados. Por algumas razões, a partir de então esse controle evaporou. Primeiro, o grupo dos direitos dos gays se plantou na frente do hotel de McGovern e se recusou a dar um passo enquanto ele não os recebesse. Quando o encontro aconteceu, a mídia e os republicanos retrataram aquilo como uma capitulação que fez McGovern parecer fraco e liberal demais. Então, na tarde de quinta-feira, depois da escolha do senador Tom Eagleton, do Missouri, para ser seu companheiro de chapa, McGovern permitiu que durante a votação daquela noite outros nomes fossem postos contra ele na escolha. Mais seis pessoas entraram na disputa, com direito inclusive a discursos para defesa da indicação e uma longa chamada nominal. Embora a vitória de Eagleton fosse um resultado inevitável, os outros seis obtiveram alguns votos, e também Roger Mudd, do noticiário da CBS, o personagem televisivo Archie Bunker e Mao Tsé-tung. Foi um desastre. O exercício inútil tinha tomado o horário nobre de todos os canais de televisão, com cerca de 80 milhões de famílias assistindo à convenção. Os tão esperados acontecimentos de mídia — o discurso do senador Edward Kennedy indicando McGovern e o discurso de aceitação do próprio indicado — foram jogados para as primeiras horas da madrugada. O senador Kennedy era um campeão e fez um discurso empolgante. O de McGovern também foi bom. Ele convocou os Estados Unidos para "lutar contra [...] a fraude nos altos cargos [...] a ociosidade [...] o preconceito. [...] Voltar para a afirmação de que temos um sonho [...] para a convicção de que podemos levar nossa nação para a frente [...] para a crença de que podemos buscar um mundo novo". O problema é que McGovern começou a falar às 2h48, "horário nobre em Samoa", como gracejou o humorista Mark Shields, e com isso perdeu 80% da sua audiência na televisão.

E como desgraça pouca é bobagem, logo veio a público que Eagleton tinha passado por um tratamento para depressão que incluiu choques elétricos. Infelizmente, naquela época, de modo geral ainda se ignoravam a natureza e a extensão dos problemas de saúde mental, assim como o fato de que outros presidentes, entre eles Lincoln e Wilson, tinham depressão de tempos em tempos. A idéia de que o senador Eagleton seria o primeiro na fila para a Presidência caso McGovern fosse eleito estava preocupando muita gente, ainda mais porque Eagleton não tinha falado com McGovern sobre isso. Se McGovern soubesse de tudo isso antes e o escolhesse mesmo assim, talvez pudéssemos previamente ter feito um progresso real na compreensão pública da saúde mental; mas do jeito como foi revelado, o fato levantou objeções ao julgamento e também à competência de McGovern. Nossa tão elogiada direção de campanha não tinha nem sequer estudado a escolha de Eagleton com o governador democrata do Missouri, Warren Hearnes, que sabia da questão da depressão.

Uma semana depois da convenção de Miami estávamos numa situação ainda pior do que os democratas quando deixaram Chicago quatro anos antes, parecendo ao mesmo tempo demasiadamente liberais e demasiadamente ineptos. Após a revelação da história de Eagleton, McGovern primeiro disse que estava "mil por cento" do lado do seu companheiro de chapa. Poucos dias depois, sob pressão intimidante e incessante dos seus próprios adeptos, abandonou-o. Aí foi preciso esperar até a segunda semana de agosto para encontrar um substituto. Robert Sargent Shriver, cunhado do presidente Kennedy, disse sim depois que Ted Kennedy, o senador Abe Ribicoff, de Connecticut, o governador Reubin Askew, da Flórida, Hubert Humphrey e o senador Ed Muskie se recusaram a figurar ao lado de McGovern na cédula. Eu estava convencido de que a maioria dos norte-americanos votaria no candidato da paz, que era progressista mas não demasiado liberal; e antes de Miami achava que conseguiríamos fazer com que McGovern emplacasse. Agora estávamos de volta à estaca zero. Depois da convenção fui a Washington me encontrar com a Hillary, e estava tão cansado que dormi mais de 24 horas ininterruptas.

Alguns dias mais tarde fui para o Texas ajudar a coordenar a campanha da eleição geral. Eu sabia que a tarefa seria penosa quando voei de Washington para o Arkansas, onde ia pegar um carro. No avião me sentei ao lado de um jovem de Jackson, no Mississippi, que me perguntou o que eu estava fazendo. Quando lhe disse, ele quase gritou: "Você é o primeiro branco que me diz que vai votar no McGovern!". Tempos depois, eu estava em casa assistindo ao John Dean testemunhar diante do senador Sam Ervin, da Comissão Watergate, sobre as iniqüidades cometidas pela Casa Branca de Nixon, quando o telefone tocou. Era o jovem que eu tinha conhecido no avião. Ele disse: "Liguei só para você poder me dizer: 'Bem que eu avisei'". Nunca mais ouvi falar nele, mas gostei do telefonema. Foi espantoso como a opinião pública mudou em apenas dois anos com o caso Watergate.

No verão de 1972, contudo, ir para o Texas era entrar numa canoa furada, embora a canoa fosse fascinante. A partir de John Kennedy, em 1960, a diretoria das campanhas presidenciais democratas freqüentemente designavam pessoas de outros estados para supervisionar campanhas estaduais importantes, baseadas na teoria de que essas pessoas poderiam unir facções que competiam e garantir que todas as decisões pusessem em primeiro lugar os interesses do candidato, e não os de grupinhos. Fosse qual fosse a teoria, na prática os forasteiros podiam inspirar ressentimento de todos os lados, especialmente numa campanha tão perturbada quanto a de McGovern, num ambiente tão fragmentado e contencioso quanto o Texas.

A diretoria da campanha resolveu mandar dois de nós para o Texas, eu e Taylor Branch, que eu tinha conhecido, como já disse, em Martha's Vineyard em 1969. Como apólice de seguro, eles indicaram um jovem e bem-sucedido advogado de Houston, Julius Glickman, para ser o terceiro integrante do triunvirato. Uma vez que Taylor e eu éramos sulistas, e não tínhamos nada contra a cooperação, achei que poderíamos fazer as coisas funcionarem no Texas. Estabelecemos nosso comitê central de Austin na West Sixth Street, mais ou menos perto do Capitólio estadual, e dividimos um apartamento que ficava do outro lado do rio Colorado. Taylor supervisionava o funcionamento do comitê e controlava o orçamento. Nós não tínhamos muito dinheiro, e assim foi uma sorte ele ser pão-duro e melhor do que eu quando era preciso dizer não às pessoas. Eu trabalhei com as organizações do condado e Julius arregimentava o apoio que podia conseguir dos texanos proeminentes que conhecia, além de que tínhamos uma ótima equipe de jovens entusiasmados. Três deles se tornaram meus amigos muito próximos, e também da Hillary: Garry Mauro, que se tornou comissário de terras e assumiu um papel importante na minha campanha presidencial; e Roy Spence e Judy Trabulsi, os quais fundaram uma agência de publicidade que se tornou a maior dos Estados Unidos fora de Nova York. Garry, Roy e Judy ajudaram a mim e a Hillary nas nossas campanhas.

No Texas, a pessoa que de longe teve o maior impacto sobre a minha carreira foi Betsey Wright, filha de um médico e nascida na cidadezinha texana de Alpine. Ela era apenas uns dois anos mais velha que eu, mas tinha muito mais experiência na política de base, tendo trabalhado na seção estadual do Partido Democrata e Causa Comum. Era uma mulher brilhante, apaixonada pelo que fazia, leal e consciensiosa, quase até demais. E foi a única pessoa que conheci que era mais fascinada e absorvida pela política do que eu. Ao contrário de alguns dos nossos colegas mais inexperientes, ela sabia quando nós estávamos começando a não conseguir mais raciocinar de tão cansados, mas ela própria trabalhava dezoito horas por dia. Quando fui derrotado na eleição para governador em 1980, Hillary pediu a Betsey para ajudar a organizar os meus arquivos em Little Rock para minha volta. Ela fez isso, e ficou para dirigir a minha campanha bem-sucedida de 1982. Mais tarde foi chefe de gabinete do governador. Em 1992 desempenhou papel fundamental na campanha presidencial, defendendo-me da enxurrada de ataques pessoais e políticos com uma habilidade e um vigor que mais ninguém teria sido capaz de reunir e manter. Sem Betsey Wright, eu não teria me tornado presidente.

Depois de algumas semanas no Texas, Hillary se juntou a mim e à campanha, tendo sido contratada por Anne Wexler para fazer registro de eleitores, para o Partido Democrata. Ela se entendeu bem com o restante do pessoal e iluminou até os meus piores dias.

O início da campanha do Texas foi difícil, sobretudo por causa do desastre de Eagleton, mas também porque muitos democratas do lugar não queriam ser identificados com McGovern. O senador Lloyd Bentsen, que dois anos antes tinha derrotado o impetuoso liberal senador Ralph Yarborough, declinou do convite para dirigir a campanha. O escolhido pelo governador, Dolph Briscoe, um fazendeiro do sul do Texas que anos antes tinha se tornado meu amigo e adepto, nem mesmo queria aparecer em público com o nosso candidato. O ex-governador John Connally, que estava no carro com o presidente Kennedy quando ele foi assassinado nove anos antes, e tinha sido um aliado muito próximo do presidente Johnson, estava liderando um grupo chamado Democratas pró-Nixon.

Além disso, o Texas era grande demais para ser desprezado, e Humphrey havia ganho ali havia quatro anos, embora por apenas 38 mil votos. Finalmente, dois funcionários estaduais eleitos concordaram em dirigir a campanha, John White, membro da Comissão da Agricultura, e Bob Armstrong, membro da Comissão da Terra. White, um antiquado democrata texano, sabia que não venceria, mas queria apoiar a chapa democrata para ganhar visibilidade no Texas. John mais tarde se tornou presidente do Comitê Nacional Democrata. Bob Armstrong era um ambientalista ardoroso que adorava tocar guitarra e ficava conosco no Scholtz's Beer Garden, a cancha de boliche da cidade, ou no Armadillo Music Hall, aonde ele nos levou, Hillary e eu, para ver Jerry Jeff Walker e Willie Nelson.

No fim de agosto, quando o senador McGovern e Sargent Shriver foram ao Texas para se encontrar com o presidente Johnson, achei que as coisas estavam indo bem. Shriver era um homem simpático, com uma personalidade animada que emprestava energia e seriedade à chapa. Tinha sido fundador da Corporação de Serviços Legais, que oferece assistência jurídica aos pobres, primeiro diretor do Peace Corps do presidente Kennedy e primeiro diretor da Guerra à Pobreza do presidente Johnson.

O encontro de McGovern e Shriver com o presidente Johnson transcorreu razoavelmente bem, mas rendeu poucos benefícios políticos, porque Johnson insistiu em que a imprensa não estivesse presente e porque alguns dias antes ele já havia dado ao jornal local um endosso morno a McGovern. Para mim, o principal ganho que ficou do evento foi uma foto autografada do presidente, assinada por ele quando Taylor foi à sua fazenda alguns dias antes do encontro a fim de finalizar as providências. Talvez por sermos sulistas favoráveis aos direitos civis, Taylor e eu gostávamos de Johnson mais do que a maioria dos que trabalhavam conosco para McGovern.

Depois do encontro, McGovern voltou para a suíte do seu hotel em Austin, para conversar com alguns correligionários e com sua equipe. Muita gente se queixava de desorganização na campanha, o que era um fato. Taylor e eu não havíamos estado lá por tempo suficiente para nos instalarmos, porém insuficiente para instalar uma organização azeitada, e a nossa base liberal desanimou depois que a sua candidata, Sissy Farenthold, foi derrotada por Dolph Briscoe numa disputa acirrada nas primárias para governador. Por qualquer razão, a maior autoridade do estado que apoiava McGovern, o secretário de Estado Bob Bullock, nem mesmo foi convidado para encontrá-lo. McGovern escreveu-lhe pedindo desculpas, mas o descuido causou uma péssima impressão.

Pouco depois de McGovern deixar o Texas, a diretoria da campanha resolveu que nós precisávamos de supervisão de pessoal maduro, e assim eles mandaram para lá um irlandês grisalho e mal-humorado de Sioux City, Iowa, chamado Don O'Brien, que tinha participado na campanha de John Kennedy e sido advogado do poder público por indicação de Robert Kennedy. Eu gostava muito de Don O'Brien, mas ele era um chauvinista antiquado que irritava muitas das jovens independentes que trabalhavam conosco. Mesmo assim, conseguimos fazer com que a campanha desse certo, e fiquei mais aliviado porque passei a poder ficar mais tempo na estrada. Aqueles foram os meus melhores dias no Texas.

Fui trabalhar em Waco, no norte do estado, onde conheci o magnata dos seguros e meu futuro adepto, o liberal Bernard Rapoport; em Dallas, no leste, conheci Jess Hay, um empresário democrata moderado mas leal, que também se tornou meu amigo e adepto, e Eddie Bernice Johnson, um senador negro do estado que foi um dos meus aliados mais fortes no Congresso quando me elegi presidente; depois, em Houston, onde conheci e me apaixonei pela chefe dos liberais texanos, Billie Carr, uma mulher imponente e de voz áspera que me lembrava um pouco a minha mãe. Billie me pôs debaixo da sua asa e até morrer nunca me deixou sair de lá, mesmo quando eu a desapontei por ser menos liberal que ela.

Ocorreram nessa época meus primeiros contatos com norte-americanos de raiz mexicana — chamados normalmente de *chicanos* —, e eu passei a adorar o espírito, a cultura e a comida dessa gente. Em San Antonio descobri o Mario's e o Mi Tierra, onde uma vez fiz três refeições em dezoito horas.

Trabalhei no sul do Texas com Franklin Garcia, que era durão na organização do trabalho mas tinha coração mole, e seu amigo Pat Robards. Uma noite, Franklin e Pat, cruzando o Rio Grande, nos levaram até Matamoros, no México, onde fomos a uma espelunca que tinha um conjunto de *mariachis*, uma *strip-teaser* desanimada e, para comer, cabeça de cabrito assada na brasa. Eu estava tão exausto que adormeci com a *strip-teaser* dançando e a cabeça do cabrito de olhos voltados para mim.

Certo dia em que estava dirigindo sozinho na zona rural do sul do Texas, parei num posto de gasolina e comecei a conversar com o jovem atendente *chicano* enquanto ele enchia o tanque. Quando lhe pedi para votar em McGovern, ele disse: "Não posso". Perguntei-lhe por que e ele respondeu: "Por causa do Eagleton. O McGovern não podia ter abandonado ele. Todo mundo tem seus problemas. É preciso ser leal com os amigos". Nunca esqueci esse conselho sábio. Quando fui presidente, os hispano-americanos sabiam que eu tinha procurado ser amigo deles e foram leais comigo.

Na última semana da campanha, embora tudo já estivesse perdido, tive duas experiências memoráveis. A primeira foi no Menger Hotel em San Antonio, próximo de Alamo, onde mais de duzentos texanos liderados por Jim Bowie e Davy Crockett morreram lutando para o Texas ser independente do México. Mais de sessenta anos depois, Teddy Roosevelt tinha se hospedado no Menger quando estava preparando os Rough Riders para a sua famosa batalha na colina de San Juan, em Cuba. O Menger tem um sorvete de manga fantástico, e fiquei viciado nele. Na véspera da eleição de 1992, quando paramos em San Antonio, o meu pessoal comprou quatrocentos dólares desse sorvete, e todos os que estavam naquele avião de campanha devoraram tudo noite adentro.

No Menger Hotel houve um Jantar Democrata do Condado de Bexar, cujo anfitrião era o congressista Henry B. Gonzáles. O orador do jantar foi o líder da maioria na Câmara, Hale Boggs, de Louisiana. Ele fez um discurso apaixonado apoiando McGovern e os democratas. Na manhã seguinte fui apanhá-lo cedo para ele pegar um avião e ir para o Alasca, onde iria fazer campanha com o congressista Nick Begich. No dia seguinte, numa oscilação ao atravessar as montanhas cobertas de gelo, seu avião cairia e nunca mais seria encontrado. Eu admirava Hale Boggs e gostaria que ele tivesse perdido a hora naquele dia. Ele deixou uma família formidável. Sua esposa, Lindy, que além de encantadora era uma política de primeira classe, assumiu mais tarde a sua cadeira na Câmara de Nova Orleans, e foi uma das minhas simpatizantes mais ativas em Louisiana. Eu a indiquei para embaixadora dos Estados Unidos no Vaticano.

O outro acontecimento notável foi durante a última visita de Sargent Shriver ao Texas. Tivemos um ótimo comício em McAllen, bem no sul do Texas, e voltamos rapidamente para o aeroporto, chegando quase em cima da hora de pegarmos um avião para Texarkana, onde o congressista Wright Patman havia reunido milhares de pessoas no State Line Boulevard, na divisa entre o Arkansas e o Texas. Por alguma razão o nosso avião não decolou. Depois ficamos sabendo que um piloto em seu avião monomotor tinha perdido a orientação no céu noturno e nevoento acima de McAllen. Ele vinha descrevendo círculos sobre o aeroporto, e para aterrissar estava à espera de receber instruções pelo rádio. Em espanhol. Primeiro era preciso encontrar um piloto que soubesse lidar com os instrumentos e falasse espanhol, para depois acalmar o rapaz e fazê-lo descer. Enquanto o drama se desenrolava, fiquei sentado diante de Shriver, repassando com ele a parada em Texarkana. Se tínhamos alguma dúvida sobre como a sorte da campanha havia despencado, esse episódio acabou com ela. Shriver levou tudo numa boa e pediu aos comissários de bordo que servissem o jantar. Logo depois estávamos o pessoal de campanha e gente da imprensa comendo bistecas dentro de dois aviões parados na pista em McAllen. Quando finalmente chegamos a Texarkana, com mais de três horas de atraso, o público do comício havia se dispersado, mas cerca de duzentos resistentes, inclusive o congressista Patman, tinham ido ao aeroporto receber Shriver. Ele desceu do avião e apertou as mãos de todos eles como se fosse o primeiro dia de uma eleição bem equilibrada.

McGovern perdeu no Texas: 67% contra 33%, um desempenho ligeiramente melhor do que o do Arkansas, onde apenas 31% dos eleitores o apoiaram. Depois da eleição, Taylor e eu ainda ficamos mais alguns dias para agradecer às pessoas e fechar o comitê. Então Hillary e eu voltamos para Yale, depois de umas férias curtas em Zihuatanejo, em solo mexicano na costa do Pacífico. Hoje o lugar está bem melhorado, mas na época era ainda uma aldeiazinha mexicana com ruas acidentadas e sem pavimento, bares na calçada e pássaros e árvores tropicais.

Nós nos saímos bem nos exames finais, sobretudo considerando-se a nossa longa ausência. Precisei estudar muito para dominar as normas misteriosas do direito marítimo, curso que eu fiz só porque queria ser aluno de Charles Black, um texano eloqüente e refinado, respeitado pelos alunos e que gostava particularmente da Hillary. Para a minha surpresa, a jurisdição da lei da navegação se aplicava a qualquer extensão de água nos Estados Unidos que tivesse sido navegável na sua condição original. Isso incluía os lagos criados a partir de rios outrora navegáveis em torno da minha cidade.

No período acadêmico da primavera de 1973 eu me matriculei em todos os cursos que o meu horário permitia, mas a volta para casa e o que ia acontecer com a Hillary me preocupavam. Nós dois participamos com muito entusiasmo do Julgamento com Premiação do Sindicato dos Advogados de Tribunal. Ordenamos um julgamento baseado nos personagens do filme *Casablanca*. O marido da Ingrid Bergman foi morto e Humphrey Bogart foi levado a julgamento, acusado de tê-lo assassinado. John Doar, amigo de Burk Marshall e ex-colega dele no Departamento de Justiça, foi para New Haven com seu jovem filho para ser o juiz. Hillary e eu o recepcionamos e ficamos muito impressionados. Era fácil compreender por que ele tinha sido tão eficiente na aplicação das decisões em vigor sobre direitos civis no Sul. Ele era tranqüilo, direto, inteligente e forte. Julgava bem, e o Bogie foi inocentado pelo júri.

Um dia, depois da aula de imposto corporativo, o professor Chirelstein me perguntou o que eu ia fazer quando me formasse. Eu lhe respondi que iria para casa no Arkansas e provavelmente penduraria por lá uma tabuleta de advogado, pois não tinha ofertas de emprego. Ele disse que havia uma vaga inesperada na Faculdade de Direito da Universidade do Arkansas, em Fayetteville, e sugeriu que eu me candidatasse para o cargo, oferecendo-se para me recomendar. Nunca tinha passado pela minha cabeça que eu poderia ou deveria arrumar um trabalho de professor, mas a idéia me fascinou. Alguns dias depois, no fim de março, fui de carro para casa passar o feriado da Páscoa. Quando cheguei a Little Rock saí da rodovia, fui até um telefone público, liguei para o diretor da Faculdade de Direito, Wylie Davis, apresentei-me, disse que tinha ficado sabendo da vaga e que gostaria de me candidatar. Ele respondeu que eu era jovem demais e inexperiente. Eu ri e lhe disse que estava ouvindo isso havia anos, mas se ele estivesse precisando muito de um professor eu serviria, porque estudaria bastante e lecionaria qualquer matéria que ele quisesse. Além disso, eu não estava exigindo garantia de emprego, e assim ele poderia me despedir quando quisesse. Ele deu uma risadinha e disse para eu ir a Fayetteville para uma entrevista; peguei um avião para lá na primeira semana de maio. Tinha boas cartas de recomendação do professor Chirelstein, de Burke Marshall, de Steve Duke, de John Baker e de Caroline Dinegar, diretora do Departamento de Ciências Políticas da Universidade de New Haven, onde lecionei lei constitucional e direito penal para estudantes universitários. Eu me saí bem nas entrevistas, e no dia 12 de maio recebi uma carta de Dean Davis me oferecendo um cargo de professor assistente, com um salário anual de 14.706 dólares. Hillary era totalmente favorável à idéia, e dez dias depois eu aceitei.

Não era muito dinheiro, mas ensinando eu poderia amortizar o meu empréstimo da Educação para a Defesa Nacional, em vez de pagá-lo com dinheiro. O outro empréstimo de que tive de lançar mão para cursar Direito era ímpar, porque eu e os meus colegas tínhamos de pagá-lo com uma pequena porcentagem fixa da nossa renda anual até que a dívida agregada da nossa turma fosse quitada. Obviamente os que obtivessem mais rendimentos acabariam pagando mais, porém todos nós sabíamos disso quando tomamos o dinheiro emprestado. A minha experiência com o programa de empréstimo de Yale foi o estímulo para o meu desejo de mudar o programa de empréstimo federal para estudantes quando me tornei presidente, para que os estudantes tivessem a opção de pagar seus empréstimos durante um período de tempo mais longo e com uma porcentagem fixa da sua renda. Desse modo, seria menos provável que eles abandonassem o estudo por recear não ser capazes de pagar o empréstimo, e relutariam menos em aceitar trabalhos com alta utilidade social mas com salário baixo. Quando demos aos estudantes a possibilidade de fazer os empréstimos a serem pagos com uma parte da renda, muitos aderiram a essa nova opção.

Embora não tenha sido o aluno mais diligente, gostei dos meus anos na Faculdade de Direito. Tinha aprendido muito com alguns professores brilhantes e dedicados e com os meus colegas, dos quais mais de vinte nomeei posteriormente para cargos na administração do Judiciário federal. Passei a ter uma avaliação mais aguçada do papel que a lei desempenha na manutenção de um sentimento geral de ordem e justiça na nossa sociedade, e de sua importância como um meio de fazer o progresso social. Morar em New Haven me deu um senso da realidade e da diversidade étnica urbana dos Estados Unidos. E foi em New Haven que conheci Hillary.

Graças às campanhas de Duffey e McGovern, fiz alguns bons amigos que compartilhavam a minha paixão pela política e aprendi mais sobre a mecânica eleitoral. Também aprendi novamente que vencer eleições como progressista exige muito interesse e disciplina na elaboração e na apresentação de uma mensagem e de um programa que dêem às pessoas a confiança para mudar de curso. Nossa sociedade pode absorver apenas uma certa quantidade de mudanças num dado tempo, e quando avançamos precisamos fazê-lo de um modo que reafirme nossas convicções centrais de oportunidade e responsabilidade, trabalho e família, força e compaixão — os valores que foram o alicerce do sucesso dos Estados Unidos. A maior parte da população está ocupadíssima criando os filhos, fazendo o seu trabalho e pagando suas contas. Não está tão preocupada com a política do governo quanto os liberais, nem tem a obsessão pelo poder que é patente nos conservadores da nova direita. Essas pessoas têm muito senso comum e querem compreender as forças mais amplas que moldam a sua vida, mas não se pode esperar delas o abandono dos valores e dos arranjos sociais que pelo menos lhes possibilitam sobreviver e se sentir bem com relação a si mesmos. Desde 1968 os conservadores têm sido muito eficientes convencendo os Estados Unidos, de modo geral, de que os candidatos, as idéias e as políticas progressistas são contrários aos seus valores e ameaçam a sua segurança. Assim, eles pintaram Joe Duffey como um filho de mineiro que se metamorfoseou em elitista ultraliberal, e George McGovern como um autêntico herói de guerra posto no Senado pelos conservadores da zona rural de Dakota do Sul, que se transformou num esquerdista desprovido de tutano e de sensatez, que não defenderia os Estados Unidos, e sim criaria impostos e consumiria o país até levá-lo ao esquecimento. Em ambos os casos os candidatos e as suas equipes de campanha cometeram erros que reforçaram a imagem que seus opositores estavam se empenhando em criar. Embora a minha consciência da dificuldade de empurrar as pedras dos direitos civis, da paz e dos programas contra a pobreza na subida da montanha política já fosse suficiente para saber que não poderíamos esperar vencer durante o tempo todo, estava determinado a parar de ajudar os nossos opositores a ganhar sem lutar. Mais tarde, como governador e como presidente, voltei a cometer alguns desses erros, mas não tantos quanto teria cometido se não tivesse tido a chance de trabalhar para esses dois grandes homens, Joe Duffey e George McGovern.

Fiquei contente por estar voltando para o meu estado com a perspectiva de um trabalho interessante, mas ainda não sabia o que fazer com relação a Hillary, ou o que seria melhor para ela. Sempre acreditei que o seu potencial para ser bem-sucedida na política era igual ao meu (ou talvez maior), e queria que ela tivesse a sua chance. Na época eu queria isso para ela mais ainda que ela própria, e achei que se ela fosse para o Arkansas comigo a sua perspectiva de uma carreira política estaria encerrada. Eu não queria fazer isso, mas também não queria desistir dela. Hillary já tinha resolvido que não queria trabalhar para um grande escritório ou para algum juiz; ela optara por trabalhar no novo escritório do Fundo Marian Edelman de Defesa da Criança aberto em Cambridge, em Massachusetts, e assim nós estaríamos muito longe um do outro.

Isso era tudo o que nós sabíamos quando terminamos a Faculdade de Direito e eu levei Hillary em sua primeira viagem ao exterior. Fomos para Londres e

Oxford, depois para o País de Gales, e em seguida visitamos Lake District, que eu ainda não conhecia. Um dia, no crepúsculo, na praia de Lake Ennerdale, pedi a Hillary que se casasse comigo. Eu não podia acreditar que tinha feito aquilo. Nem ela. Hillary disse que me amava mas que não podia dizer sim. Eu não podia culpá-la por isso, mas não queria perdê-la. Assim, pedi-lhe para ir comigo para o Arkansas e ver o que ela achava de lá. E também lhe pedi para fazer o exame da Ordem dos Advogados do Arkansas, por via das dúvidas.

18

Em junho Hillary foi de avião até Little Rock, para me fazer uma visita. Eu a levei de carro para casa pelo caminho mais longo, pois queria lhe mostrar uma parte do estado de que eu gostava muito. Fomos para o oeste acompanhando a subida do rio Arkansas por mais de cem quilômetros até Russellville, depois fomos para o sul, na Highway 7, passando pelas montanhas Ouachita e a Floresta Nacional, parando de vez em quando para apreciar as lindas paisagens. Passamos uns poucos dias em Hot Springs com a minha mãe, o Jeff e o Roger, depois voltamos a Little Rock para freqüentarmos um curso preparatório para o exame da Ordem dos Advogados, aliás bastante útil, porque ambos fomos aprovados.

Depois do exame, Hillary voltou para Massachusetts, onde começaria a trabalhar com o Fundo de Defesa da Criança, e eu fui para Fayetteville, dar início à minha nova vida de professor de Direito. Achei um lugar perfeito para morar, uma bonita casinha projetada pelo famoso arquiteto do Arkansas Fay Jones, cuja admirável Thorncrown Chapel, perto de Eureka Springs, ganhou prêmios e distinções internacionais. A casa ficava a quase doze quilômetros de Fayetteville pela Highway 16, e fora construída em uma chácara com mais de 30 hectares. A leste o limite do terreno era a bifurcação média do rio Branco. Dezenas de cabeças de gado pastavam por lá. A casa, construída em meados da década de 1950, era essencialmente uma estrutura de um único cômodo, comprida e estreita, dividida ao meio pelo banheiro depositado como um caixote bem no centro. As portas da frente e do fundo eram deslizantes e de vidro, o que, juntamente com as clarabóias do quarto e do banheiro, nos garantia muita luz natural. Na lateral, em toda a extensão da sala de estar, uma varanda envidraçada se projetava sobre o declive que avançava até a estrada. A casa foi uma dádiva de paz e tranqüilidade, sobretudo depois que comecei a minha primeira campanha. Eu adorava me sentar na varanda e perto da lareira, e caminhar junto no campo observando o gado, à margem do rio.

Na verdade, a casa tinha alguns problemas. Os camundongos a visitavam todas as noites. Quando percebi que não iria me livrar deles, até comecei a lhes deixar migalhas de pão. O espaço externo era cheio de aranhas, carrapatos e outras ameaças. Eles não me aborreciam muito, mas quando uma aranha marrom picou Hillary, as pernas dela incharam absurdamente e levaram muito tempo para voltar ao normal. E era impossível tornar a casa segura. Naquele verão houve uma onda de roubos em todo o noroeste do Arkansas. O vilão estava visitando uma porção de casas nas terras ao longo da Highway 16. Certa noite, quando chegamos em casa, parecia que alguém havia entrado lá, mas não estava faltando nada. Talvez tenhamos chegado assim que ele conseguira abrir a porta, evitando sua ação. No impulso, eu me sentei e escrevi uma carta para o caso de ele voltar:

Caro ladrão:
Não estava faltando nada na minha casa, e assim não posso dizer com certeza se você entrou aqui ontem. Se não entrou, eis o que você vai encontrar aqui: um televisor que custou 80 dólares quando comprei há mais ou menos um ano; um rádio que custou 40 dólares há três anos; um toca-discos pequeno que custou 40 dólares há três anos; e uma porção de lembranças, pequenas coisas, sendo que poucas delas custam mais de 10 dólares. Quase todas as roupas têm mais de dois ou três anos de uso. Não acho que compensem o risco de ser preso.

William J. Clinton

Colei a carta na lareira. Infelizmente o recurso não deu certo. No dia seguinte o cara voltou enquanto eu estava trabalhando e levou o televisor, o rádio, o toca-discos e um item que eu tinha feito questão de deixar fora da lista: uma espada militar alemã da Primeira Guerra Mundial, lindamente trabalhada. Eu tinha muito medo de perdê-la porque tinha sido um presente do papai, e porque, um ano antes, o único outro objeto de valor que eu tinha, o sax-tenor Selmer Mark VI que a minha mãe e o papai tinham me dado em 1963, havia sido roubado no meu carro em Washington. Posteriormente substituí o saxofone por um Selmer *"cigar-cutter"* de 1935, mas não pude fazer o mesmo com a espada.

Passei as últimas semanas de um agosto intensamente calorento preparando as minhas aulas e correndo na pista da universidade nas horas mais quentes do dia. Cheguei a pesar 84 quilos, pela primeira (e última) vez desde que completei trinta anos. Em setembro comecei a lecionar para as minhas primeiras turmas: antitruste, que estudei em Yale e de que gostava muito, e agenciamento e parceria, que trata da natureza das relações contratuais e das responsabilidades que elas geram. Eu tinha dezesseis alunos em antitruste e 56 em A e P. A lei antitruste se fundamenta na idéia de que o governo deve impedir a formação de monopólios, assim como outros procedimentos não-competitivos, a fim de preservar a existência de uma economia de livre-mercado justa. Sabendo que nem todos os alunos tinham uma boa base de economia, tentei tornar a matéria clara e os princípios compreensíveis. Agenciamento e parceria, pelo contrário, parecia bastante fácil. Eu temia que os alunos se aborrecessem e deixassem de perceber a importância e a eventual dificuldade de determinar a natureza exata das relações entre as partes num empreendimento comum, e assim tentei pensar em exemplos interessantes e esclarecedores para manter acesa a discussão na sala de aula. Por exemplo, os depoimentos sobre Watergate e a resposta da Casa Branca para as revelações que surgiam tinham levantado uma série de questões sobre os perpetradores da violação. Eles eram agentes do presidente? E se não fossem, para quem e sob a autoridade de quem eles estavam agindo? Em todas as aulas que dava, eu tentava manter uma porção de alunos envolvidos nas discussões, e estar muito acessível a eles em minha sala e na Faculdade de Direito.

Eu gostava de elaborar provas, tentando torná-las interessantes, desafiadoras e justas. Nos relatos que li sobre os anos em que lecionei, fui criticado pelas notas que dava; consideraram-me muito indulgente, por ser mesmo mole ou por temer magoar possíveis aliados quando precisava ganhar votos. Em Yale os únicos conceitos existentes eram Com Distinção, Aprovado ou Reprovado. De modo geral, era muito difícil obter um Com Distinção e praticamente impossível ser reprovado. Em muitas outras escolas, sobretudo aquelas onde o padrão de admissão era muito frouxo, a aprovação tendia a ser mais difícil, com a expectativa de 20% a 30% de reprovação no curso. Eu não concordava com isso. Se um aluno tinha um desempenho ruim, eu sempre sentia que eu também tinha falhado, por não ter sido capaz de despertar o seu interesse ou motivá-lo. Quase todos os alunos eram intelectualmente capazes de aprender o suficiente para ter um C. Por outro lado, eu achava que um conceito bom devia ter um significado. Nas minhas turmas grandes, que tinham entre cinqüenta e noventa alunos, eu dava dois ou três "A" e mais ou menos a mesma quantidade de "D". Numa turma de 77 alunos, dei apenas um A, e só uma única vez reprovei um aluno. Normalmente aqueles que caminhavam para a reprovação abandonavam o curso antes de arriscar um F. Nas turmas menores eu normalmente dava mais "A" porque os alunos trabalhavam mais, aprendiam mais e mereciam essa nota.

Embora os primeiros alunos negros da Faculdade de Direito da Universidade do Arkansas tenham entrado 25 anos antes, foi só no início dos anos 1970 que os cursos de Direito do Sul finalmente passaram a ter um número considerável de estudantes negros. Muitos não estavam bem preparados, especialmente aqueles cuja educação tinha sido confinada às escolas segregadas pobres. Cerca de vinte alunos negros freqüentaram os meus cursos entre 1973 e 1976, e eu conheci os outros. Quase todos eles estavam estudando arduamente. Queriam se sair bem, e vários deles viviam sob enorme pressão emocional porque temiam não dar conta da empreitada. Por vezes esse temor era justificado. Nunca me esqueço de quando li com um misto de incredulidade e raiva a prova de um aluno negro. Eu sabia que ele havia estudado como louco e sabia a matéria, mas o exame dele não demonstrava isso. As respostas certas estavam lá, mas encontrá-las implicava escavar entre montanhas de palavras com erros de ortografia e gramática e com frases mal construídas. O que pelo conhecimento mereceria um A estava oculto no matagal de uma exposição F, prejudicada por coisas que ele não tinha aprendido na escola de ensino fundamental. Eu lhe dei um B, corrigi a gramática e a ortografia, e resolvi disponibilizar horários para ajudar a transformar o trabalho tenaz e a inteligência dos alunos negros em resultados melhores. Acho que isso adiantou, substantiva e psicologicamente, embora muitos dos alunos continuassem a lutar com as suas habilidades de escrita e com o fardo emocional de ter um pé na porta da oportunidade e o outro preso lá atrás pelo grande peso da segregação ocorrida no passado. Quando muitos desses alunos foram em frente e tiveram carreiras ilustres como advogados e juízes, os clientes que eles representavam e as partes que eles julgavam provavelmente não fizeram idéia da altura da montanha que eles tiveram de escalar para chegar ali. Quando em 2003 a Suprema Corte sustentou o princípio da ação afirmativa pensei nos meus alunos negros, em como eles tiveram de trabalhar arduamente e em tudo o que precisaram superar. Eles me deram todas as evidências de que eu precisava para apoiar a decisão da Corte.

Fora a minha interação com os alunos, para mim o melhor de ser professor de Direito era fazer parte de uma faculdade cheia de gente de quem eu gostava e admirava. Meus melhores amigos na faculdade eram da minha idade, Elizabeth

Osenbaugh e Dick Atkinson. Elizabeth era uma brilhante fazendeira de Iowa, boa democrata e dedicada professora, que se tornou amiga também da Hillary. Depois ela voltou para Iowa e foi trabalhar no escritório da procuradoria-geral. Quando fui eleito presidente, convenci-a a trabalhar no Departamento de Justiça, mas depois de alguns anos ela mais uma vez voltou para a sua terra, em grande parte por achar que isso seria melhor para a sua jovem filha, Betsy. Infelizmente Elizabeth morreu de câncer em 1988; a garota foi morar com o tio, irmão da sua mãe. Tentei manter contato com Betsy por todos esses anos; a sua mãe foi uma das melhores pessoas que conheci. Quanto a Dick Atkinson, era um amigo da Faculdade de Direito que tinha se desgostado com a prática privada da advocacia em Atlanta. Eu lhe sugeri a idéia de lecionar, e tentei convencê-lo a passar por uma entrevista em Fayetteville. Ele fez isso, ofereceram-lhe uma vaga para dar aulas na faculdade, e ele a aceitou. Os alunos adoravam Dick e ele adorava lecionar. Em 2003 ele se tornou reitor da Arkansas Law School. Nosso professor mais famoso e fascinante era Robert Leflar, o mais eminente especialista em Direito que o nosso estado produziu, uma autoridade respeitada em deveres extracontratuais, conflito de leis e julgamento de recursos. Em 1973 ele já havia completado setenta anos, idade da aposentadoria compulsória, mas estava lecionando com carga horária integral e remuneração de um dólar anual. Lecionava na faculdade desde os 26 anos. Durante muitos anos, antes de eu o conhecer, Bob viajava semanalmente entre Fayetteville e Nova York, onde dava um curso de Julgamento de Recursos para juízes federais e estaduais na Faculdade de Direito da Universidade de Nova York, pelo qual passou mais da metade dos juízes da Suprema Corte. Nunca chegou atrasado para nenhuma aula nos dois lugares.

Bob Leflar era um homenzinho vigoroso, forte como um boi, e tinha enormes olhos penetrantes. Não devia pesar mais de 67 quilos, mas quando trabalhava no seu jardim carregava enormes pedras que eu a custo conseguia levantar. Sempre que havia um jogo de volta para casa com o time de futebol americano Razorback, Bob e sua esposa, Helen, davam uma festa em sua casa. Às vezes os convidados jogavam *touch football* no jardim da frente. Eu me lembro de um jogo em que ele, eu e outro jovem advogado jogamos contra dois rapazes grandalhões e um garoto de nove anos. O jogo estava empacado e nós resolvemos de comum acordo que quem marcasse primeiro ganharia. O nosso lado estava com a bola. Eu perguntei ao Bob se ele queria mesmo ganhar. Ele respondeu: "Claro que quero". Ele era tão competitivo quanto Michael Jordan. Assim, eu disse para o terceiro homem do nosso time para ir bloquear um dos grandalhões, que estava a postos na linha de defesa à direita. O garoto de nove anos estava cobrindo Bob, supondo que eu ia lançar a bola para o outro rapaz, que era mais alto e mais jovem. Ou que, se Bob pegasse a bola, ele, garoto, poderia tocá-lo facilmente e assim parar nossa jogada. Eu falei para o Bob bloquear o garoto à direita também e depois dar uma boa corrida para a esquerda. Assim, eu lançaria a bola para ele logo antes de o atacante na linha dianteira me alcançar. Quando consegui agarrar a bola e fazer o passe, Bob estava tão alvoroçado que derrubou o garoto no chão e correu para a esquerda. Ele estava bem posicionado. Eu lancei a bola para o Bob e ele correu pela linha de gol, parecendo o homem de 75 anos mais feliz dos Estados Unidos. Bob Leflar tinha uma mente agilíssima, um coração de leão, uma vontade férrea e amava a vida como uma criança. Era uma espécie de versão democrática de Strom Thurmond. Se tivéssemos mais gente como ele ganharíamos com mais freqüência. Quando Bob se foi, aos 93 anos, achei que ele ainda era jovem demais para morrer.

As políticas da Faculdade de Direito eram determinadas internamente em reuniões regulares. De vez em quando eu achava que o que abrangíamos ia além do desejável, e elas se atolavam demais em detalhes que ficariam mais bem cuidados pelo reitor e outros administradores, mas com elas aprendi muito sobre a administração e a política acadêmicas. Em geral eu me submetia à opinião dos meus colegas quando havia consenso, porque sentia que eles conheciam mais do que eu o assunto e tinham um compromisso de mais longo prazo com a vida acadêmica. Insisti para que oferecêssemos mais serviços gratuitos à comunidade e relaxássemos o imperativo aos professores do "publique ou pereça" para dar maior ênfase ao ensino em sala de aula e à dedicação de mais tempo fora da classe com os alunos.

A minha assistência jurídica gratuita para a comunidade incluiu o tratamento de problemas legais menores dos alunos e de um jovem professor assistente; a tentativa — sem sucesso — de convencer mais médicos em Springdale, logo ao norte de Fayetteville, a atender pacientes pobres pelo Medicaid; a preparação de uma petição para a Suprema Corte dos Estados Unidos num processo de antitruste por solicitação do procurador-geral Jim Guy Tucker; e, no meu primeiro trabalho como advogado num tribunal, o registro de uma petição para defender o meu amigo e procurador do estado Steve Smith numa disputa sobre a lei eleitoral no condado de Madison.

Huntsville, sede do condado e cidade natal de Orval Faubus, tinha pouco mais de mil pessoas. Os democratas ocupavam todos os cargos ligados à justiça, desde o de juiz e o de xerife, mas havia uma porção de republicanos nas colinas e nos vales do norte do Arkansas, a maioria deles descendente de gente que tinha se oposto à secessão em 1861. Os republicanos haviam tido um bom desempenho nas urnas em 1972, ajudados pela grande vitória de Nixon, e achavam que se conseguissem descartar um bom número de votos de ausentes* poderiam reverter os resultados das eleições locais.

O processo foi julgado no velho tribunal do condado de Madison perante o juiz Bill Enfield, um democrata que depois se tornou meu amigo e aliado. Os democratas foram representados por duas personalidades fabulosas: Bill Murphy, um advogado de Fayetteville cujas grandes paixões eram a Legião Norte-americana, na qual ele serviu como comandante do Arkansas, e o Partido Democrata; e um advogado local, W. Q. Hall, conhecido como "Q", que tinha só um braço e um senso de humor tão agudo quanto o gancho fixado no seu braço esquerdo. As pessoas que foram arrastadas até lá para depor sobre por que haviam votado pelo correio ofereciam um quadro vívido das lealdades ferozes, da política rude e das pressões econômicas que moldavam a vida da população das colinas do Arkansas. Um homem defendeu seu voto de ausente no último minuto, sem ter feito antecipadamente o requerimento exigido por lei. Ele explicou que trabalhava para a Comissão de Caça

---

* Nos Estados Unidos, os eleitores podem votar antecipadamente (inclusive mandar seu voto pelo correio), caso estejam ausentes da cidade onde votam no dia da eleição. (N. dos T.)

e Pesca do estado e foi votar na véspera da eleição porque tinha acabado de receber ordem para levar a única armadilha para ursos do estado pelas difíceis estradas da montanha até o condado de Stone no dia da eleição. Seu voto foi aceito. Outro homem, que trabalhava em Tulsa, Oklahoma, foi chamado para depor. Ele reconheceu que vivia em Tulsa há mais de dez anos mas que ainda enviava o seu voto de ausente para o condado de Madison em todas as eleições, embora não fosse mais residente legal da cidade. Quando o advogado republicano o pressionou, ele disse com grande emoção que o condado de Madison era o seu lugar; que ele havia ido para Tulsa só porque não conseguia ganhar a vida nas colinas; que ele não conhecia a política de lá e não ligava a mínima para ela; e que dentro de dez anos, assim que se aposentasse, ele voltaria. Não me lembro se o voto foi considerado, mas o apego que aquele homem tinha às suas raízes deixou em mim uma impressão duradoura.

Steve Smith depôs sobre o seu papel na coleta desse tipo de votos entre os eleitores que residiam no asilo do seu pai. A lei parecia permitir que as pessoas que cuidavam dos idosos nos asilos os ajudassem a preencher as cédulas, mas exigia que as cédulas fossem postadas por um membro da família ou alguém que tivesse autorização específica por escrito para fazê-lo. Steve tinha recolhido todas as cédulas e as jogado na caixa de correio mais próxima. Eu apresentei ao juiz o que me pareceu uma exposição muito persuasiva, argumentando ser absurdo dizer que Steve não podia postá-las; ninguém havia sugerido que ele tinha adulterado os votos ou que os residentes não queriam que ele os postasse. Até onde sabíamos, nem todos os moradores do asilo tinham membros da família que pudessem realizar a tarefa. O juiz Enfield decidiu contra mim e Steve, mas acatou o número suficiente de votos de eleitores ausentes para que o juiz do condado Charles Whorton, o xerife Ralph Baker e sua equipe permanecessem nos cargos.

Eu não tive sucesso na minha participação no processo, mas ganhei uma valiosa percepção da vida dos habitantes das colinas do Arkansas. E me tornei amigo de alguns dos políticos mais eficientes que já conheci. Se uma pessoa se mudava para o condado de Madison, dentro de uma semana eles sabiam se ela era democrata ou republicana. Os republicanos tinham de ir ao tribunal para se registrar como eleitores. O funcionário do condado ia até a casa dos democratas para registrá-los. Duas semanas antes da eleição eles ligavam para todos os democratas pedindo votos. Na manhã da eleição, ligavam novamente. Se até o final da tarde eles não tinham votado, alguém ia até a casa deles e os arrastava até o local de votação. No dia da minha primeira eleição geral, em 1974, liguei para Charles Whorton para saber como estávamos indo por lá. Ele disse que havia chovido pesado e uma ponte num canto afastado do condado tinha sido levada, e assim alguns dos nossos não tiveram como chegar ao local de votação; mas eles estavam se esfalfando e achavam que nós ganharíamos com uma margem de uns quinhentos votos. Venci no condado de Madison por 501 votos.

Poucos meses depois de ter me mudado para Fayetteville, já me sentia completamente em casa ali. Eu adorava lecionar, ir aos jogos de futebol americano do Razorback, dirigir nas montanhas e viver numa comunidade universitária de gente que se interessava pelas mesmas coisas que eu. Fiz amizade com Carl Whillock, vice-diretor da universidade, um sujeito de cabelo grisalho cortado bem curto e com um jeito muito reservado. Encontrei-o pela primeira vez no almoço na Wyatt's Cafeteria, no grande shopping center que fica num terreno elevado entre Fayetteville e Springdale. Todo mundo na nossa mesa criticava o presidente Nixon, com exceção de Carl, que não dizia nada. Eu não tinha idéia do que ele pensava, por isso lhe perguntei. Nunca vou me esquecer da sua resposta monocórdia: "Eu concordo com o Harry Truman. Ele disse que Richard Nixon é o tipo de homem que tiraria as moedas de madeira dos olhos de um morto". Antigamente, as moedas de madeira eram os objetos redondos que os empregados das funerárias punham nos olhos dos cadáveres para mantê-los fechados durante o processo de embalsamamento. Carl Whillock era um livro que não se podia julgar pela capa. Por trás da sua aparência austera havia uma mente determinada e um coração valente.

Eu gostava particularmente de duas professoras cujos maridos estavam no Legislativo estadual. Ann Henry lecionava na Faculdade de Administração; seu marido, Morriss, era oftalmologista e nosso senador estadual. Ann e Morriss se tornaram amigos de Hillary e meus, e quando nos casamos eles nos ofereceram a recepção de casamento na casa deles. Diane Kincaid era professora do Departamento de Ciências Políticas e, na época, casada com o congressista estadual Hugh Kincaid. Diane era linda, brilhante e politicamente astuta. Quando Hillary se mudou para Fayetteville, Diane e ela se tornaram mais que amigas; elas eram almas irmãs, encontrando na companhia uma da outra o tipo de compreensão, estímulo, apoio e amor que acontece muito raramente na vida.

Embora Fayetteville, como todo o noroeste do Arkansas, estivesse em rápido crescimento, a cidade ainda tinha uma pracinha graciosamente antiquada com uma velha agência do correio no centro, que depois foi transformada num restaurante e bar. Lojas, escritórios e bancos se dispunham nos quatro lados da praça, e toda manhã de sábado havia naquele local uma feira livre e ali ficava cheio de gente. Meu primo Roy Clinton dirigia a Campbell-Bell Departament Store na extremidade noroeste da praça. Eu conversava bastante com ele e aprendi muito sobre a minha nova cidade. O tribunal ficava a apenas um quarteirão da praça. Os advogados do lugar com clientela na cidade, e que tinham escritório próximo à praça, formavam uma impressionante coletânea que incluía desde velhotes astutos a animados jovens, muitos dos quais logo se tornariam fortes aliados meus.

O local de conversas políticas era a Billie Schneider's Steakhouse, na Highway 71, ao norte da cidade. Billie era uma mulher enérgica, com voz áspera e fala dura, e que já tinha visto de tudo mas não perdera a sua paixão absorvente e idealista pela política. Todos os políticos do lugar estavam sempre no seu estabelecimento, inclusive o magnata da criação de frangos, Don Tyson, cuja empresa se tornaria a maior companhia agrícola do mundo, e o advogado de Don, Jim Blair, um gênio idiossincrático de 1,95 metro de altura que se tornaria um dos meus amigos mais próximos. Poucos meses depois de eu ter me mudado para Fayetteville, Billie fechou o restaurante e abriu um bar e discoteca no andar térreo de um hotel em frente ao tribunal. Todo mundo se transferiu para lá, e ela conseguiu agregar também um grande grupo de alunos da universidade, mobilizados para trabalhar para o candidato dela nas eleições. Billie foi uma parte importante da minha vida, desde quando a conheci até o dia em que a conduzimos para o enterro.

Na época do Dia de Ação de Graças, deixei a minha toca na montanha durante alguns dias para visitar Hillary em Cambridge. Nós não tínhamos resolvido a nossa situação, mas ela havia concordado em me visitar durante o recesso de Natal. Eu a amava e queria estar com ela, mas compreendia as suas reservas. Eu era apaixonado e obstinado, e nada no meu histórico familiar indicava que eu sabia o que envolvia um casamento estável. Ela tinha consciência de que casada comigo estaria numa corda bamba em vários sentidos. Além disso, o Arkansas deve ter lhe parecido ainda um lugar estranho para morar, embora ela não o visse mais como o outro lado da Lua. E, como já disse, eu não tinha certeza de que seria bom para ela. Eu ainda achava que ela devia ter sua carreira política própria. Naquele momento da minha vida eu considerava o trabalho mais importante do que ter vida pessoal. Eu tinha conhecido muitas das pessoas mais capazes da minha geração, e achava que Hillary estava bem acima de todas elas no potencial político. Tinha um grande cérebro, um coração generoso, habilidades de organização melhores que as minhas e habilidades políticas quase tão boas quanto as minhas; eu simplesmente era mais experiente. Eu a amava o suficiente para querer que ela ficasse comigo e para querer o melhor para ela. Era um dilema de primeira ordem.

Quando voltei para o Arkansas, as discussões políticas tinham começado para valer. Como acontecia por toda parte com os democratas, a nossa população estava em rebuliço com as audiências do senador Sam Ervin no caso Watergate e a continuidade da guerra. Parecia que teríamos uma chance de ter algum êxito nas eleições de meio de mandato para o Congresso, sobretudo depois que o preço do petróleo disparou e a gasolina começou a ser racionada. Contudo, os democratas locais acreditavam que as perspectivas de desalojar o então atual congressista, John Paul Hammerschmidt, não eram muito boas. Hammerschmidt não era bom de voto e defendia vigorosamente o presidente Nixon. Mas ele tinha um jeito discreto e amigável, ia para o Arkansas e viajava pelo seu distrito quase todos os fins de semana, e ainda dispunha de um fabuloso esquema de serviço social, ajudando as pequenas cidades a obter água e subvenções para a instalação de rede de esgotos, e garantindo para os eleitores benefícios do governo, com verbas freqüentemente advindas de programas que ele fora a favor de reduzir em Washington. Hammerschmidt estava no ramo madeireiro, tinha bom apoio dos pequenos empresários do distrito e cuidava dos grandes interesses dos negócios envolvendo madeira, aves e transporte, os quais compunham uma parte significativa da economia.

Naquele outono conversei com muitas pessoas sobre o interesse delas em concorrer, falei inclusive com Hugh e Diane Kincaid, Morriss e Ann Henry, Steve Smith e o procurador do estado Rudy Moore, que era cunhado de Clark Whillock. Todo mundo achava que a disputa precisava se realizar, mas ninguém queria participar dela; parecia não haver nenhuma chance de vitória. Além disso, estava quase certo que o governador Bumpers, que era bastante popular, iria desafiar o senador Fulbright nas primárias do Partido Democrata. Fulbright era de Fayetteville, e a maioria dos meus amigos, embora gostasse de Bumpers, se sentia obrigada a ajudar o senador no que tinha tudo para ser uma luta dificílima.

Quando ficou claro que na nossa área ninguém que fosse capaz de ser um concorrente forte estava disposto a disputar, comecei a pensar em me candidatar. Aquilo parecia absurdo. Eu estava no estado havia apenas seis meses, depois de ter ficado nove anos fora. Estava no meu novo trabalho fazia apenas três meses. Não tinha contatos na maior parte do distrito. Por outro lado, Fayetteville, com seus estudantes e democratas liberais, não era um mau lugar para começar. Hot Springs, onde eu cresci, era a maior cidade da extremidade sul do distrito. E o condado de Yell, a terra dos Clinton, também fazia parte dele. Computando tudo, eu tinha parentes em cinco dos 25 condados do distrito. Era jovem, solteiro e disposto a trabalhar todas as horas do dia e da noite. E, mesmo se não vencesse, conseguiria me tornar mais conhecido, fato que só me auxiliaria nas futuras campanhas de que eu participasse. Evidentemente, se eu tivesse uma votação pífia, a minha carreira política longamente acalentada poderia estar morta antes de começar.

Eu tinha muita coisa para pensar quando Hillary foi me fazer uma breve visita depois do Natal. Numa manhã do início de janeiro estávamos discutindo sobre a questão quando o telefone tocou. Era John Doar, com quem Hillary e eu tínhamos passado algum tempo na primavera anterior, quando ele foi a Yale para julgar o "nosso caso" *Casablanca*. Ele me disse que havia acabado de aceitar ser o principal conselheiro da Comissão Judiciária da Câmara que ia analisar se o presidente Nixon deveria sofrer *impeachment*, e que eu lhe fora recomendado por Burke Marshall. Ele queria que eu tirasse uma licença na Faculdade de Direito e fosse trabalhar com ele, inclusive ajudando-o a recrutar outros jovens advogados confiáveis. Eu lhe disse que estava pensando em concorrer para o Congresso, mas ia pensar na proposta e ligaria para ele no dia seguinte. Eu precisava pensar rápido e, como aconteceria com tanta freqüência no futuro, me vali do discernimento e do conselho da Hillary. Tomei a decisão e liguei para John. Agradeci-lhe o convite mas o recusei, dizendo que tinha resolvido concorrer nas eleições para o Congresso; mesmo porque havia uma porção de jovens advogados talentosos que dariam tudo para trabalhar com ele na investigação sobre o *impeachment*, mas ninguém para concorrer no Arkansas. Sei que John provavelmente achou que eu estava cometendo um erro bobo, e por todos os critérios racionais eu estava mesmo. Mas, como já disse antes, boa parte da nossa vida é moldada tanto pelas oportunidades que rejeitamos quanto pelas que aceitamos.

Sugeri a John que ele contratasse Hillary, Mike Conway e Rufus Cormier, nossos colegas de Yale. Ele riu e disse que Burke Marshall também os havia recomendado. Todos eles acabaram indo colaborar com o John e fizeram um trabalho importante. John Doar contou com uma extraordinária equipe de jovens advogados talentosos, o que provou que, como eu havia imaginado, ele não precisava de mim.

Alguns dias antes da volta da Hillary para Cambridge, eu a levei até Huntsville, uns quarenta quilômetros a leste da minha casa, para visitar o ex-governador Faubus. Essa visita de cortesia tinha de ser feita caso eu fosse disputar uma cadeira no Congresso. Por mais que eu desaprovasse a conduta dele em Little Rock, ele era brilhante, e na sua cabeça pululavam os conhecimentos políticos sobre o Arkansas, coisas que eu queria apreender. Faubus morava num lindo casarão com projeto de Fay Jones, moradia que seus correligionários haviam construído para ele quando, depois de doze anos no governo, ele se aposentou sem um tostão no bolso.

Na ocasião ele estava vivendo com a sua segunda e atraente esposa, Elizabeth, uma mulher de Massachusetts que ainda usava um penteado de colméia que estivera em moda na década de 1960; antes do casamento Elizabeth tinha tido uma curta carreira de comentarista política em Little Rock. Ela era extremamente conservadora e, tanto na aparência quanto nas opiniões, fazia um contraste muito grande com Alta, a primeira esposa do governador, uma boa populista no estilo da gente rude do campo e redatora do jornal local, o *Madison County Record*.

Hillary e eu fomos recebidos no lar de Faubus e nos sentamos a uma grande mesa redonda, num recesso envidraçado da sala, de onde se viam as montanhas Ozark e a cidade lá embaixo. Durante as quatro ou cinco horas seguintes lhe fiz perguntas e Orval falou, traçando um fascinante panorama da história e da política do Arkansas: como era a vida durante a Depressão e a Segunda Guerra Mundial, por que ele continuava defendendo o que havia feito em Little Rock, e como ele achava que os problemas do presidente Nixon poderiam afetar, ou não, a disputa para o Congresso. Eu não falei muito; apenas fazia uma nova pergunta quando Faubus acabava de responder à anterior. Hillary não abriu a boca. Surpreendentemente, durante mais de quatro horas Elizabeth Faubus se manteve também silenciosa, apenas nos servindo café e *cookies*.

Finalmente, quando era óbvio que a visita tinha se encerrado, Elizabeth Faubus me encarou e disse: "Muito bem, Clinton, mas o que você acha da conspiração internacional para derrubar os Estados Unidos?". Encarei-a de volta e respondi: "Claro que sou contra. A senhora não é?". Não muito tempo depois os Faubus se mudaram para Houston, onde Orval ficou muito perturbado depois que Elizabeth foi brutalmente assassinada no apartamento deles. Quando fui eleito governador, em 1979, convidei para a posse todos os ex-governadores, inclusive Faubus. Foi uma iniciativa controversa entre os meus aliados progressistas, para os quais eu havia dado vida nova à velhacada. O desenrolar dos acontecimentos provou que eles estavam certos, um exemplo clássico do velho adágio que diz que nenhuma boa ação deixa de ser punida. Mas eu repetiria tudo somente para ter com Elizabeth Faubus aquele diálogo sobre a ameaça vermelha.

Depois da partida de Hillary, fui falar com o reitor Davis, disse-lhe que queria concorrer para o Congresso e prometi dar todas as aulas e manter os horários com os estudantes. Eu iria dar processo penal e direito marítimo no período da primavera e já havia preparado uma boa parte do trabalho. Para minha surpresa, Wylie me deu a sua bênção, talvez por ser muito tarde para encontrar outro professor.

O Terceiro Distrito do Arkansas era formado por 21 condados no quadrante noroeste do estado e era um dos distritos congressionais mais rurais dos Estados Unidos. Incluía os grandes condados de Washington e Benton, no extremo noroeste; sete condados setentrionais nas Ozark; oito condados no vale do rio Arkansas, no sul; e quatro nas montanhas Ouachita, no sudoeste. Graças à Wal-Mart, à Tyson Foods e outras empresas de avicultura, e a empresas de transportes como a J. B. Hunt, a Willis Shaw e a Harvey Jones, as cidades dos condados de Benton e Washington estavam ficando mais prósperas e mais republicanas. Posteriormente, o crescimento das igrejas cristãs evangélicas e o fluxo de aposentados que imigraram do Meio-Oeste aliaram-se ao sucesso das grandes companhias para converter o noroeste do Arkansas na parte mais republicana e mais conservadora do estado, com exceção de Fayetteville, que estava num nível mais ou menos balanceado, graças à universidade.

Em 1974, Fort Smith, na fronteira com Oklahoma, era a maior cidade do distrito, com uma população de 72.286 habitantes, e a mais conservadora. Na década de 1960, os fundadores da cidade tinham recusado os fundos para renovação urbana, que eles acreditavam ser o primeiro passo para o socialismo, e quando John Mitchell, o personagem do Watergate, foi indiciado poucos anos depois, seus advogados disseram que Fort Smith era um dos únicos três lugares dos Estados Unidos onde ele poderia ter um julgamento justo. O que ele teria tido lá era a recepção dada a um herói. A leste de Fort Smith, descendo o rio Arkansas, e na região montanhosa ao norte, os condados tendiam a ser populistas, conservadores nas questões sociais e muito equilibradamente divididos entre republicanos e democratas.

Os condados montanheses, sobretudo Madison, Newton e Searcy, ainda eram muito isolados. Poucas pessoas haviam se mudado para lá, mas muitas famílias estavam na mesma terra havia mais de cem anos. Eles falavam de um modo singular, usando expressões vívidas que eu nunca tinha ouvido antes. A minha predileta era uma referência a alguém de quem decididamente não gostamos: "Eu não mijaria no ouvido dele se seu cérebro estivesse pegando fogo". Os condados rurais da parte meridional do distrito tendiam a ser mais democratas, mas ainda assim conservadores, e o maior condado, Garland, que tinha como sede Hot Springs, normalmente votava nos republicanos nas eleições presidenciais e tinha uma porção de novos republicanos aposentados vindos do extremo norte. O congressista era muito popular ali.

Havia pouquíssimos negros, a maioria deles concentrada em Fort Smith; em Hot Springs, a segunda maior cidade do distrito; e em Russellville e Dardanelle, cidades concentradas no vale do rio do distrito. A mão-de-obra sindicalizada tinha uma presença muito forte em Fayetteville, Fort Smith e Hot Springs, mas não muito nos outros lugares. Por causa das estradas ruins na montanha e do predomínio dos carros e caminhonetes antigos, o distrito tinha o mais alto consumo de gasolina por veículo registrado nos Estados Unidos, um fator de importância considerável, dadas a elevação do preço e a escassez da gasolina. Tinha também a maior porcentagem de veteranos deficientes físicos entre todos os distritos eleitorais. O congressista Hammerschmidt era veterano da Segunda Guerra Mundial, e cortejava intensamente os veteranos. Na eleição anterior as forças sociais e fiscais conservadoras tinham massacrado os democratas e os populistas econômicos que resistiam, quando Nixon derrotou McGovern por 74% a 26%. Hammerschmidt obteve 77%. Não é de espantar que ninguém quisesse disputar com ele.

Poucos dias depois da partida da Hillary, Carl Whillock me levou para a minha primeira viagem de campanha, um roteiro pelos condados setentrionais do distrito. Paramos primeiro no condado de Carroll. Em Berryville, um vilarejo de cerca de 1.300 habitantes, visitei a loja de Si Bigham, um democrata importante na cidade, que tinha consigo o neto de quatro anos. Mais de vinte anos depois, esse garotinho, Kris Engskov, seria meu assistente pessoal na Casa Branca. Conheci também o ministro metodista do lugar, Vic Nixon, e sua esposa, Freddie. Eles eram democratas liberais que se opunham à Guerra do Vietnã, e concordaram em me ajudar. Acabaram fazendo bem mais do que isso. Freddie se tornou a minha coordenadora no condado, convencia os líderes de todos os locais de votação, e posteriormente trabalhou para mim na sede do governo, onde nunca deixou de tentar me convencer de que a pena de morte era um erro. Quando Hillary e eu nos casamos, Vic realizou a cerimônia.

Dirigimos na direção leste até o condado de Boone, e depois rumamos para Mountain Home, sede do condado mais a nordeste do distrito, Baxter. Carl queria que eu conhecesse Hugh Hackler, um empresário que nos disse de saída que estava comprometido com outro candidato na primária. Ainda assim nós começamos a conversar. Ao ficar sabendo que eu era de Hot Springs, ele contou que Gabe Crawford era um grande amigo dele. Quando respondi que Gabe tinha sido o melhor amigo do papai, Hugh esqueceu o seu compromisso com o outro candidato e me apoiou. Conheci também Vada Sheid, dona de uma loja de móveis e tesoureira do condado. Ela observou que estava faltando um botão na minha camisa e o repôs enquanto conversávamos. Naquele dia ela também se tornou minha aliada. Nunca mais pregou botões para mim, mas quando eu era governador, e ela estava no Senado estadual, seus eleitores freqüentemente me socorreram.

Depois de deixar Mountain Home fomos para o sul, para Searcy County. Paramos em St. Joe, que tinha uns 150 habitantes, para ver o chefe democrata do condado, Will Goggins. Will tinha mais de oitenta anos, mas era ainda muito perspicaz, fisicamente forte e apaixonado por política. Quando ele disse que me apoiaria, eu sabia que isso significaria muitos votos, e mais adiante comentarei isso. Em Marshall, sede do condado, conheci George Daniel, dono da loja de ferragens. O irmão mais novo de George, James, era um estudante de Direito que me deu uma das minhas primeiras contribuições de mil dólares; seu irmão mais velho, Charles, era o médico da cidade. Eu ri bastante com o humor grosseiro de George e coletei ali um caso surpreendente. Um veterano da Guerra do Vietnã, que tinha ficado vários anos fora do condado, foi até a loja de George certo dia para comprar um revólver. Disse que queria treinar tiro ao alvo. No dia seguinte ele matou seis pessoas. Depois se soube que ele havia escapado de Fort Roots, a instituição federal de saúde mental para veteranos que fica na zona norte de Little Rock, onde ele tinha ficado durante muitos anos, aparentemente por causa do seu trauma de guerra. George Daniel levou muito tempo para conseguir superar o episódio. E aquilo era o melhor argumento que eu tinha para o tipo de verificação sobre o histórico dos compradores de armas exigido pelo projeto Brady, que eu finalmente transformei em lei em 1993, depois de mais dezenove anos de mortes evitáveis praticadas por pessoas que já haviam cometido assassinato ou roubos, ou que tinham distúrbios mentais passíveis de ser constatados.

Quando Carl e eu voltamos para Fayetteville, eu estava exultante. Eu sempre tinha gostado da política "a varejo", corpo a corpo, quando trabalhava para outros candidatos. Agora estava adorando ir às cidadezinhas ou parar nas vendas e bares da zona rural e nos postos de gasolina à beira da estrada. Eu nunca tinha sido muito bom para pedir doações para campanha, mas gostava de ir à casa e ao trabalho das pessoas e lhes pedir o voto. Além disso, não dava para saber quando se ia encontrar uma pessoa diferente, ouvir uma história interessante, aprender algo valioso ou fazer uma nova amizade.

Aquele primeiro dia de viagem de campanha seria seguido por inúmeros outros igualmente proveitosos. Eu saía de Fayetteville de manhã, trabalhava o máximo possível de cidades e condados até tarde da noite, depois voltava para casa se precisava dar aula no dia seguinte ou, se não precisasse, dormia na casa de um democrata acolhedor para poder continuar até o próximo condado logo de manhã.

No domingo seguinte voltei ao leste para concluir os condados montanheses. Quase não consegui. Tinha me esquecido de encher o tanque do meu American Motors Gremlin antes do fim de semana. Por causa da escassez de gasolina, uma lei federal exigia que os postos ficassem fechados aos domingos. Mas eu precisava voltar às colinas. Desesperado, liguei para o diretor da nossa companhia de combustíveis em Fayetteville, Charles Scharlau, e lhe perguntei se ele poderia abastecer o tanque do meu carro na bomba do seu pátio de equipamentos. Ele me disse para ir até lá, que ele daria um jeito. Fiquei admirado ao vê-lo chegar e ele próprio pôr a mão na massa para completar o tanque. Charles Scharlau foi o responsável pela continuidade da minha recém-iniciada campanha.

Primeiro dirigi até Alpena para falar com o presidente local do Partido Democrata, Bo Forney, que eu não tinha encontrado na minha primeira visita ao lugar. Localizei sem dificuldade a sua pequena casa. No terreno em frente ao seu havia uma caminhonete com um suporte para armas, equipamento básico dos homens da montanha. Bo me encontrou na porta da frente vestindo jeans e uma camiseta branca sobre a enorme barriga. Estava assistindo à televisão e quase não disse nada enquanto eu despejava o meu pedido de apoio. Quando terminei, ele disse que Hammerschmidt precisava levar uma surra e que, embora fosse ganhar com ampla margem em Harrison, sua cidade natal, ele achava que nós podíamos conseguir alguma coisa na parte rural do condado de Boone. Então ele me deu os nomes de algumas pessoas que eu deveria visitar, disse-me que eu conquistaria mais votos se cortasse o cabelo, garantiu que me apoiaria, e voltou à televisão. Eu não estava seguro quanto a Bo até olhar melhor a sua caminhonete ao voltar para o carro. Tinha um adesivo no pára-choque que dizia: "Não me culpe. Eu votei no McGovern". Mais tarde, quando perguntei a Bo sobre o adesivo, ele disse que não se importava com o que os críticos de McGovern diziam, e o importante era que os democratas defendiam as pessoas comuns e os republicanos, não. Quando eu era presidente e Bo estava doente, nosso amigo comum e companheiro democrata Levi Phillips o levou para passar a noite conosco na Casa Branca. Bo se divertiu, mas se recusou a dormir no Quarto de Lincoln. Ele não o perdoava pelos excessos do Partido Republicano durante a Era da Reconstrução depois da Guerra Civil, ou pela dedicação do partido aos ricos e poderosos durante todo o século XX. Agora que Bo e Lincoln estão no céu, gosto de pensar que eles se encontraram e resolveram as suas diferenças.

Depois de Alpena fui para Flippin, uma cidade de cerca de mil habitantes no condado de Marion, que tinha mais quilômetros de estradas sem pavimentação do que qualquer outro condado do estado. Fui encontrar dois jovens que eu tinha em mente para fazer a minha campanha lá: Jim "Vermelho" Milligan e Kearney Carlton. Eles me puseram entre os dois no banco da caminhonete do "Vermelho" e nós fomos por uma daquelas estradas poeirentas até Everton, um lugarzinho minúsculo na parte mais remota do condado, para visitar Leon Swofford, dono da única loja de lá e cujo apoio significaria algumas centenas de votos. A uns dezesseis quilômetros da cidade, o "Vermelho" parou a caminhonete no meio do nada. Estávamos cobertos pela poeira. Ele pegou um maço de Red Man, tabaco de mascar, pôs na boca um tufo e depois passou o maço para o Kearney, que fez o mesmo. Então o Kearney me entregou o maço e disse: "Nós queremos saber que tipo de gente você é. Se você for homem o bastante para mascar esse tabaco, nós vamos te apoiar. Se não, vamos pôr você para fora e você vai voltar a pé para a cidade". Eu pensei um pouco e disse: "Abre essa droga de porta". Eles ficaram me olhando durante cinco segundos, depois explodiram na risada e arrancaram com o veículo pela estrada até a loja de Swofford. Conseguimos os votos lá, e muitos outros pelos anos afora. Se eu tivesse experimentado o Red Man para que eles me avaliassem, pode ser que até hoje eu estivesse vagando pelas estradas secundárias do condado de Marion.

    Algumas semanas depois eu seria posto à prova novamente. Eu estava em Clarksville, no vale do rio Arkansas, com o meu líder do condado, um rapaz de 22 anos chamado Ron Taylor, que era de uma família importante e tinha uma sabedoria política bem além da sua idade. Ele me levou até a feira do condado para eu encontrar o xerife, cujo apoio Ron disse ser imprescindível para que nós ganhássemos ali. Nós o encontramos na área de rodeio, segurando as rédeas de um cavalo. O rodeio estava prestes a começar com um desfile de cavalos marchando pela arena. O xerife me passou as rédeas e me sugeriu entrar no desfile para ser apresentado à multidão que ali estava. Ele me garantiu que o cavalo era manso. Eu estava usando um terno escuro com gravata e sapatos com furinhos na biqueira. Não tinha montado num cavalo desde os cinco anos, quando me puseram em cima de um para eu tirar uma foto vestido de caubói. Eu tinha recusado o tabaco de mascar, mas peguei as rédeas e montei no cavalo. Depois de uma vida assistindo a filmes de caubói, pensei eu, haveria algum problema? Quando começou a cerimônia de abertura, entrei na arena como se estivesse muito ciente do que estava fazendo. Mais ou menos a um quarto do trajeto em volta da arena, logo depois de eu ter sido apresentado, o cavalo parou e empinou apoiado nas pernas traseiras. Milagrosamente eu não caí. A multidão aplaudiu. Acho que eles pensaram que eu tinha feito aquilo de propósito. O xerife sabia que não, mas mesmo assim tive seu apoio.

    Terminei a minha rodada das Ozark no condado de Newton, um dos lugares mais bonitos dos Estados Unidos, onde nasce o rio Buffalo, que na época fora recentemente escolhido para ser o primeiro rio protegido pelo Congresso, de acordo com a Lei dos Rios Pitorescos e Inexplorados. Parei primeiramente em Pruitt, um pequeno povoamento à margem do Buffalo, para visitar Hilary Jones. Embora vivesse numa casa modesta, ele era empreiteiro e devia ser o homem mais rico do condado. A herança democrata da sua família remontava à Guerra Civil e até antes, e Hilary tinha os livros de genealogia que provavam isso. Ele estava profundamente enraizado nas suas terras à margem do rio. A família havia perdido grande parte delas na Depressão, e quando voltou para casa depois da Segunda Guerra Mundial ele trabalhou durante anos para recuperá-las. A escolha do Buffalo para ser um rio protegido era o seu pior pesadelo. A maioria dos proprietários das terras na margem do rio tinha recebido arrendamentos vitalícios; eles não podiam vender as terras para ninguém, exceto para o governo, enquanto vivessem e, quando morressem, apenas o governo poderia comprá-las dos herdeiros. Uma vez que a casa da fazenda do Hilary ficava na estrada principal, o governo iria desapropriá-la num futuro próximo como domínio eminente e torná-la parte da sede. Ele e a esposa, Margaret, tinham oito filhos. Eles queriam que as crianças pudessem usufruir aquelas terras. Havia ali um velho cemitério onde estavam enterradas pessoas nascidas desde 1700. Sempre que alguém sozinho ou um indigente morria no condado, Hilary custeava o enterro no seu cemitério. Eu apoiava a proteção do rio, mas achava que o governo deveria ter deixado os antigos colonos conservarem a sua terra sob um regime de servidão nas partes onde estavam as paisagens protegidas, o que teria impedido qualquer empreendimento ou degradação ambiental e, ao mesmo tempo, permitiria às famílias continuar transmitindo a terra de geração a geração. Quando me tornei presidente, a minha experiência com a população que vivia às margens do Buffalo me deu uma compreensão melhor da que tinha a maioria dos democratas sobre os ressentimentos de uma porção de fazendeiros do Oeste, quando considerações ambientais se chocaram com o que eles achavam que era sua prerrogativa.

Hilary Jones acabou perdendo a sua luta com o governo. Isso lhe custou muito, mas nunca aniquilou a sua paixão pela política; ele se mudou para uma casa nova e continuou. Passou uma noite memorável comigo e com Hillary na Casa Branca. Quase chorou quando Hillary o levou à sala de guerra* para lhe mostrar o mapa da guerra que Franklin Roosevelt estava usando quando morreu em Warm Springs, na Geórgia, em 1945. Ele adorava Roosevelt. Ao contrário de Bo Forney, ele passou a noite no Quarto de Lincoln. Até brinquei com ele porque ele ia dormir na cama do Lincoln, que tinha sido rejeitada por Bo Forney. Hilary disse por fim que ele tinha "dormido do lado da cama, para ficar debaixo de um retrato do Andrew Jackson", que havia ali.

Desde o dia em que o conheci até o dia em que fui de avião de Washington ao meu estado para falar no seu funeral, Hilary Jones foi o meu principal aliado no condado de Newton. Ele incorporava o espírito selvagem e bonito de um lugar especial que amei desde que conheci pela primeira vez, aos dezesseis anos.

A sede do condado, Jasper, era uma cidade de menos de quatrocentos habitantes. Tinha dois bares, um freqüentado por republicanos, e o outro, por democratas. O homem que eu queria ver, Walter Brasel, vivia sob o telhado do bar democrata, que era dirigido pela sua esposa. Cheguei lá numa manhã de domingo e ele ainda estava na cama. Eu me sentei na sala e, pela porta aberta do quarto, o vi se levantar e começar a pôr as calças. Ele não estava totalmente desperto; escorregou, e era gordo o suficiente para literalmente rolar mais de uma vez até entrar uns três metros na sala. Eu queria o apoio dele, e assim não ri. Mas ele riu. Disse que já tinha sido jovem, magro e ligeiro, titular da posição de ala do time de basquete da Escola Secundária Coal Hill na década de 1930; tinha ganho todo aquele peso nos anos em que fora o contrabandista de bebidas alcoólicas do condado, e nunca mais emagreceu. Depois de algum tempo ali na sala ele disse que me apoiaria, talvez porque só assim ele pudesse voltar para a cama.

Em seguida dirigi pelo campo para visitar Bill Fowler, que tinha uma fazenda em Boxley. Bill havia sido o representante do Arkansas no Serviço de Agricultura e Conservação do Solo durante o governo de Johnson. De pé numa encosta, com

---

* A "war room" é a sala do quartel onde ficam os mapas da situação. (N. dos T.)

uma espetacular vista das montanhas, ele disse que me apoiaria, mas achava que essa história de que "tem tanta merda do Nixon no Hammerschmidt que no dia da eleição ele vai feder" não era verdade. Então ele me ofereceu esta avaliação do presidente: "Eu detesto dizer isso sobre um republicano, mas o Nixon poderia ter sido um presidente maravilhoso. Ele é brilhante e muito corajoso. Mas ele é simplesmente desprezível, e não há como negar isso". Eu fiquei pensando naquilo durante todo o caminho de volta para Fayetteville.

Durante as primeiras semanas da campanha, além da política corpo a corpo eu tentei atuar na mecânica da campanha. Como já havia mencionado, tio Raymond e Gabe Crawford assinaram uma promissória de 10 mil dólares para eu dar a largada, e comecei a levantar dinheiro. Iniciei pela área de Fayetteville, depois trabalhei todo o distrito e acabei percorrendo todo o estado. Muitos dos meus amigos da Georgetown, de Oxford e Yale, e das campanhas de McGovern e Duffey, mandaram cheques de pequeno valor. Minha maior colaboradora foi a minha amiga Anne Bartley, filha adotiva do governador Winthrop Rockefeller, que depois veio a dirigir o escritório do Arkansas em Washington quando fui governador. Milhares de pessoas acabavam dando notas de um, cinco e dez dólares quando passávamos o pires nos comícios.

No dia 25 de fevereiro anunciei formalmente a minha candidatura com a minha família e uns poucos amigos no Avanelle Hotel, onde a minha mãe ia tomar café quase diariamente antes de ir trabalhar.

Tio Raymond me arranjou uma pequena casa num bom local para o comitê de Hot Springs. Minha mãe, mais Rose Crane, nossa vizinha na Park Avenue, e Bobby Hargraves, um jovem advogado com cuja irmã eu havia trabalhado em Washington, montaram uma estrutura de primeira categoria. Posteriormente a Rose se mudou para Little Rock e trabalhou no meu governo, mas minha mãe continuou cuidando da organização e a pôs em funcionamento nas campanhas seguintes. O comitê central era em Fayetteville, onde George Shelton, meu amigo e gerente do banco em que tinha conta, concordou em ser o coordenador da campanha; e F. H. Martin, um jovem advogado com quem eu jogava basquete, assumiu a tesouraria. Aluguei uma casa velha na College Avenue; durante a semana quase sempre eram alunos que ficavam ali de plantão, e nos fins de semana, apenas a filha de quinze anos do meu primo Roy, Marie Clinton. Pintamos grandes placas com os dizeres CLINTON PARA O CONGRESSO e as dispusemos dos dois lados da casa. Elas ainda estão lá, repintadas toda vez que uma nova empresa se instala na casa. Hoje há uma palavra sobre as letras antigas: TATUAGENS. Mais tarde a minha amiga de infância Patty Howe abriu um comitê em Fort Smith, e outros pipocaram pelo distrito à medida que a eleição se aproximava.

Na época em que fui para Little Rock para registrar minha candidatura, no dia 22 de março, eu tinha três opositores: o senador pelo estado Gene Rainwater, um democrata conservador de Greenwood, logo ao sul de Fort Smith; o jovem e boa-pinta David Stewart, advogado de Danville, no condado de Yell; e Jim Scanlon, o prefeito alto e sociável de Greenland, que fica poucos quilômetros ao sul de Fayetteville. Quem mais me preocupava era Stewart, porque ele era atraente, se expressava muito bem e era do condado dos Clinton, do qual eu tanto esperava o apoio.

O primeiro grande evento político da campanha foi no dia 6 de abril: o Comício do Vale do Rio em Russellville, uma cidade universitária que fica na extremidade leste do distrito. Era um acontecimento obrigatório, e todos os candidatos para cargos federais, estaduais e locais estavam lá, inclusive o senador Fulbright e o governador Bumpers. O senador Robert Byrd, da Virgínia Ocidental, era o orador de destaque. Ele fez um discurso no velho estilo "o inferno nos ameaça" e depois entreteve a multidão com o seu violino. Então começaram os discursos dos candidatos; candidatos ao Congresso deviam ser os últimos a discursar. Já eram mais de dez horas quando todos os demais tinham falado de três a cinco minutos. Eu sabia que quando subi no palanque as pessoas estavam cansadas e entediadas, mas apostei na sorte e escolhi falar por último. Imaginei que aquela seria a minha última chance de impressionar.

Eu tinha trabalhado muito na elaboração do discurso e conseguido enxugá-lo até ele ter apenas dois minutos. Era um apelo apaixonado por um Congresso mais forte, que representasse as pessoas comuns contra a concentração de poder da administração republicana e os interesses econômicos aliados a ela. Embora tivesse comigo o texto do discurso, falei sem lê-lo e pus nele a minha emoção. Ele atingiu a audiência, que, embora cansada depois de uma longa noite, encontrou energia para se pôr de pé e aplaudir. Enquanto a multidão ia saindo, os meus voluntários lhe entregavam cópias do discurso. Eu tinha tido um bom começo.

Quando o evento acabou, o governador Bumpers veio ao meu encontro. Depois de me cumprimentar pelo discurso, disse que sabia que eu tinha trabalhado para o senador Fulbright e achava que ele, Bumpers, não devia tentar tirar Fulbright do Congresso. Então ele me deixou pasmo ao dizer: "Dentro de mais ou menos doze anos pode ser que você tenha de enfrentar a mesma decisão com relação a mim. Se nesse dia você achar que deve fazer isso, vá em frente, e lembre-se de que eu lhe disse para fazer isso". Dale Bumpers era um cara fantasticamente perspicaz. Poderia ter ficado rico como psicólogo.

As sete semanas seguintes foram uma confusão de comícios, feiras, piqueniques, levantamento de fundos para campanha e contato com os eleitores. Nossa campanha teve um belo avanço financeiro e organizacional quando a AFL-CIO* me apoiou, em seu encontro em Hot Springs. A Associação de Educadores do Arkansas também me apoiou por eu defender a ajuda federal para a educação.

Passei muito tempo nos condados em que eu era menos conhecido e que eram menos organizados do que os condados das montanhas Ozark: o condado de Benton, no extremo noroeste, os condados limitados pelo rio Arkansas, e os condados que ficam nas montanhas Ouachita, no sudoeste. No condado de Yell a campanha foi dirigida pelo meu primo Mike Cornwell, o agente funerário do lugar. Uma vez que ele havia enterrado parentes de todos ali, ele conhecia todo mundo, e era um cara otimista que estava sempre empenhado na luta contra o seu vizinho de Danville, David Stewart. Havia um número espantoso de pessoas que tinha papéis ativos na campanha: jovens profissionais idealistas e empresários, talentosos líderes de trabalhadores, funcionários do condado e da cidade, e

---

*AFL-CIO: American Federation of Labor and Congress of Industrial Organizations. Associação dos sindicatos norte-americanos, muito influente nos Estados Unidos. (N. dos T.)

democratas intransigentes, desde secundaristas até veteranos de setenta ou mesmo oitenta anos.

No dia da eleição primária tínhamos conseguido uma organização e um funcionamento melhores do que os da oposição. Eu obtive 44% dos votos, com o senador Rainwater quase não superando David Stewart para concorrer na votação seguinte: 26% a 25%. O prefeito Scanlon, que não tinha recursos mas lutou bravamente, ficou com o restante.

Eu achava que ganharíamos facilmente na votação de 11 de junho, a menos que muito pouca gente fosse votar e, nesse caso, tudo poderia acontecer. Eu não queria que os meus aliados não levassem a sério a votação, e fiquei alarmado quando Will Goggins, o presidente do Partido Democrata do condado de Searcy, anunciou que toda a votação local seria realizada no tribunal da praça de Marshall. O pessoal da zona rural não teria como dirigir cinqüenta ou até mais de sessenta quilômetros em estradas serpeantes para votar. Quando eu liguei e tentei convencê-lo a abrir mais locais de votação, Will riu e disse: "Calma, Bill. Se você não consegue derrotar o Rainwater sem um grande comparecimento aqui, sua chance de derrotar o Hammerschmidt é nula. Eu não tenho dinheiro para disponibilizarmos a votação na zona rural, em lugares onde duas ou três pessoas compareçam. Vamos precisar do dinheiro em novembro. Você vai ter praticamente todos os votos que estiverem na urna".

No dia 11 de junho eu ganhei por 69% a 31%, inclusive na pouco concorrida votação do condado de Searcy: 177 contra 10. Depois da eleição de novembro, quando liguei para Will para lhe agradecer a ajuda, ele disse que queria me tranqüilizar com relação a uma coisa: "Eu sei que você acha que eu fraudei aquela votação para você, mas não foi nada disso. Na verdade você ganhou por 177 contra 9. Eu dei um voto para o Rainwater porque não dá para agüentar ver alguém com menos de dois algarismos".

A campanha da primária foi animadora para mim. Eu havia enfrentado uma situação desconhecida após a outra e aprendido um bocado sobre as pessoas — o impacto das ações do governo na sua vida, e como as suas opiniões políticas são moldadas pelos seus interesses e valores. Além disso, tinha conseguido cumprir o meu programa na faculdade. Foi difícil, mas gostei, e acreditava ter me saído muito bem, a não ser por um erro imperdoável. Depois de aplicar as provas na primavera era preciso dar as notas, com a campanha a todo vapor. Eu levava no carro comigo as provas de direito marítimo, corrigia-as e lhes atribuía as notas enquanto íamos de um lugar para outro, ou à noite, depois de terminado o trabalho da campanha. Não sei como, perdi cinco provas. Fiquei mortificado. Ofereci aos alunos a opção de fazerem outro exame ou serem aprovados sem uma nota específica. Todos optaram pela aprovação, mas uma delas ficou muito aborrecida com o fato, por ser uma boa aluna que provavelmente teria recebido um A, e também porque era uma boa republicana que tinha trabalhado para o congressista Hammerschmidt. Não acho que ela tenha me perdoado por ter perdido a sua prova ou por concorrer contra o seu velho patrão. Claro que me lembrei disso quando, mais de vinte anos depois, essa ex-aluna, a juíza federal Susan Webber Wright, foi a juíza do processo da Paula Jones. Susan Webber Wright era muito inteligente, e talvez eu devesse ter lhe dado um A. De qualquer modo, para a eleição geral eu pedi licença sem remuneração na Faculdade de Direito.

* * *

Durante o verão fiquei num ritmo frenético, com pausas para a formatura do meu irmão na escola secundária, para a reunião do décimo ano de formatura na escola secundária, e uma viagem a Washington para encontrar Hillary e alguns dos advogados que trabalharam com ela na equipe de investigação para o *impeachment*. Hillary e todos os seus colegas estavam se debatendo com as rígidas exigências de John para serem meticulosos, justos e absolutamente discretos. Eu me preocupei com o estado de exaustão dela — estava magra como eu nunca a havia visto, tão magra que, embora com um belo rosto, sua cabeça ligeiramente grande parecia ser desproporcional para o corpo.

No fim de semana eu a levei comigo para um descanso em Outer Banks, na Carolina do Norte. Foi maravilhoso, e eu estava começando a achar que ao término da investigação Hillary iria viver comigo no Arkansas. Um pouco antes, naquele mesmo ano, ela tinha ido a Fayetteville e havia sido convidada para uma entrevista com o reitor Davis, em vista de uma vaga na Faculdade de Direito. Ela havia voltado algumas semanas depois, impressionado bem a comissão, e recebido uma oferta de trabalho; portanto ela agora poderia lecionar e praticar a advocacia no Arkansas. A pergunta era se ela iria. Naquele momento eu estava mais preocupado era com aquela magreza e o seu cansaço.

Voltei para a campanha e para um problema de saúde bem maior na minha família. No dia 4 de julho falei no Mount Nebo Chicken Fry pela primeira vez desde que representara Frank Holt em 1966. Jeff, a minha mãe e Rose Crane foram lá me ouvir e me ajudar a entusiasmar a multidão. Eu achei que Jeff não estava se sentindo bem, e fiquei sabendo que ele não andava trabalhando muito. Ele disse que era muito difícil ficar de pé durante o dia todo. Sugeri que ele fosse para Fayetteville e passasse umas semanas comigo; ele poderia auxiliar fazendo os telefonemas e dar uma supervisão madura para os comitês. Ele topou e pareceu gostar do trabalho, mas quando cheguei em casa certa noite depois de uma viagem vi que ele estava doente. Outra noite fiquei chocado ao vê-lo ajoelhado ao lado da cama e com o corpo estendido sobre ela. Ele disse que não conseguia mais respirar deitado e que estava tentando encontrar um jeito de dormir. Quando não estava conseguindo mais trabalhar um dia inteiro nos comitês, ele voltou para casa. A minha mãe me disse que o problema dele era decorrência da diabetes ou do remédio que ele vinha tomando havia anos. No hospital VA de Little Rock haviam diagnosticado cardiomegalia, uma hipertrofia e lesão do músculo do coração. Aparentemente o mal era incurável. Jeff foi para casa e tentou viver bem a vida que ainda lhe restava. Poucos dias depois, quando estava em campanha em Hot Springs, eu o encontrei brevemente para um café. Ele estava indo para as corridas de cães em West Memphis, garboso como sempre, vestido de branco da cabeça aos pés. Era a última vez que o veria.

No dia 8 de agosto o presidente Nixon, condenado pelas fitas das conversas que ele mantivera com seus assistentes, anunciou que ia renunciar no dia seguinte. Achei que a decisão do presidente era boa para a nação mas ruim para a minha campanha. Poucos dias antes do anúncio, o congressista Hammerschmidt tinha defendido Nixon e criticado a investigação sobre Watergate numa entrevista de primeira página no *Arkansas Gazette*. A minha campanha vinha ganhando impulso, mas com o estorvo do Nixon tirado dos ombros de Hammerschmidt, eu sentia que estava perdendo oxigênio.

Tive uma segunda guinada quando alguns dias depois Hillary me ligou dizendo que estava indo para o Arkansas. Sua amiga Sara Ehrman ia levá-la de carro. Sara era uns vinte e poucos anos mais velha que Hillary, e tinha visto nela todo o potencial para as novas oportunidades abertas às mulheres. Ela achava que seria loucura Hillary ir para o Arkansas depois de ter feito um trabalho tão bom e tantas amizades em Washington, e assim despendeu o seu próprio tempo levando Hillary ao seu destino, enquanto no trajeto tentava fazê-la mudar de idéia. Quando elas finalmente chegaram a Fayetteville já era sábado à noite. Eu estava num comício em Bentonville, não muito longe de lá, e assim as duas foram de carro me encontrar. Eu tentei fazer um bom discurso, pela Hillary e pela Sara, e igualmente pela multidão. Depois dos meus apertos de mão, fomos para Fayetteville e para o nosso futuro.

Dois dias depois minha mãe me ligou para dizer que Jeff tinha morrido durante o sono. Ele tinha apenas 48 anos. Ela estava arrasada, assim como Roger. Era o terceiro marido que ela perdia, e meu irmão já havia perdido dois pais. Fui de carro para casa e cuidei das providências para o funeral. Jeff tinha dito que queria ser cremado, e assim era preciso enviar o corpo para o Texas, porque no Arkansas não havia crematório naquela época. Quando as cinzas de Jeff chegaram, de acordo com as suas instruções elas foram espalhadas sobre o lago Hamilton, próximo da doca onde ele gostava de pescar, observadas pela minha mãe e por sua amiga Marge Mitchell.

Eu fiz o discurso do funeral. Tentei pôr em poucas palavras o amor que ele deu à minha mãe; a orientação paternal que ele deu ao Roger; a amizade e os conselhos sensatos que ele me deu; a bondade que ele manifestava com as crianças e as pessoas desamparadas pela sorte; a dignidade com que ele suportou a dor do seu passado e a sua doença. Como o Roger disse tantas vezes nos dias posteriores à sua morte: "Ele se esforçava tanto". O que quer que ele tenha sido antes, durante os seis breves anos em que ficou conosco ele foi um homem muito bom. Todos nós sentimos a sua falta durante muito tempo.

Antes de Jeff ficar doente, eu não sabia quase nada sobre a diabetes. Depois disso ela matou o coordenador da minha campanha de 1974, George Shelton. A doença atormenta dois filhos do meu amigo e ex-chefe de gabinete Erskine Bowles, assim como milhões de outros norte-americanos, com um impacto desproporcional nas nossas minorias. Quando me tornei presidente fiquei sabendo que a diabetes e as suas complicações são responsáveis por 25% de todos os gastos da Medicaid. Essa é uma grande razão pela qual, como presidente, apoiei a pesquisa de células-tronco e o programa de auto-atendimento do diabético que a Associação Norte-americana da Diabetes disse ser o maior progresso no tratamento da diabetes desde o desenvolvimento da insulina. Fiz isso pelos filhos de Erskine, pelo George Shelton e pelo Jeff, que teria dado tudo para poupar os outros da sua dor e do seu fim prematuro.

Poucos dias depois do funeral, a minha mãe me incitou, do seu jeito decidido, a retomar a campanha. A política pára quando acontece uma morte, mas não durante muito tempo. Assim, voltei para o trabalho, embora tenha passado a ligar e a visitar com mais freqüência a minha mãe, sobretudo depois que Roger foi para o Hendrix College em Conway, no outono. Ele estava tão preocupado com ela que quase não foi. A minha mãe e eu finalmente o convencemos.

Quando chegou setembro eu ainda estava atrás nas pesquisas: 59% a 23%, depois de oito meses de trabalho estafante. Então eu tive sorte. No dia 8 de setembro, cinco dias antes da convenção estadual do Partido Democrata em Hot Springs, o presidente Ford concedeu a Richard Nixon o perdão incondicional por todos os crimes que ele "cometeu ou pudesse ter cometido" enquanto era presidente. A nação discordou vigorosamente. Voltávamos à atividade.

Na convenção estadual, toda a atenção se concentrou na minha disputa. O governador Bumpers tinha derrotado o senador Fulbright por ampla margem na primária, e não havia outras disputas sérias. Eu detestei ver Fulbright perder, mas isso era inevitável. Os delegados da convenção foram sendo trabalhados e nós acrescentamos combustível ao fogo enchendo o Centro de Convenções de Hot Springs com amigos que tínhamos na cidade e com aliados extras de todos os cantos do distrito.

Fiz um discurso que foi muito comentado, articulando as minhas crenças de um modo que eu acreditava capaz de unir os elementos conservadores e liberais populistas do distrito. Comecei repudiando o perdão do presidente Ford ao ex-presidente Nixon. Uma das minhas melhores frases era: "Se o presidente Ford quer perdoar alguém, ele tem de perdoar os assessores econômicos do governo".

Com o correr dos anos passei a ver de modo diferente o perdão dado a Nixon. Percebi que o país precisava ir em frente, e hoje acho que o presidente Ford fez a coisa certa, embora impopular, e disse isso quando estávamos juntos em 2000 para comemorar os duzentos anos da Casa Branca. Mas continuo com a mesma opinião sobre a política econômica republicana. Até hoje acho que Franklin Roosevelt estava certo quando disse: "Sempre soubemos que o negligente interesse próprio era ruim para nossa moral. Hoje sabemos que é ruim para nossa economia". Isso se aplica de modo ainda mais amplo hoje do que em 1974.

Deixamos Hot Springs bastante animados. Com sete semanas à nossa frente, tínhamos uma chance, mas muito trabalho a fazer. Nossos comitês estavam ficando cada vez melhores. Meus melhores voluntários estavam se tornando profissionais experientes.

Eles receberam sugestões muito boas de uma pessoa que o Partido Democrata mandou para nos ajudar. Seu nome era Jody Powell, e o seu chefe, o governador Jimmy Carter, da Geórgia, estava assumindo um papel importante ajudando os democratas a vencer em 1974. (Poucos anos depois, quando Jimmy Carter concorreu para a Presidência, muitos de nós nos lembramos daquele apoio e o retribuímos.) Quando Hillary chegou, ela também ajudou, assim como o pai dela e o irmão mais novo, Tony, o qual pôs faixas em todo o norte do Arkansas e disse aos republicanos aposentados do Meio-Oeste que os Rodham eram republicanos dali, mas que eu era um cara legal.

Muitos dos meus alunos na Faculdade de Direito provaram ser motoristas confiáveis. Além do auxílio deles para alguns longos trajetos de carro, durante a campanha para o Congresso, havia dois aviões que eu algumas vezes podia tomar emprestado para as viagens. Um dos meus pilotos, o quase setentão Jay Smith, usava um tapa-olho e não sabia lidar com os instrumentos, mas voava pelas Ozark há quarenta anos. Quando éramos surpreendidos por turbulências, ele freqüentemente dava uma descida para ficar abaixo das nuvens e seguia um vale de rio através das montanhas, enquanto me contava histórias ou elogiava o senador Fulbright, por ele saber antes de qualquer outro que o Vietnã era um erro.

Steve Smith fez um brilhante trabalho de pesquisa sobre alguns assuntos e o histórico de votos do Hammerschmidt. Foi o criador de uma série de panfletos engenhosos que comparavam a minha posição quanto a várias questões com os votos que ele deu referentes a elas, e soltamos um por semana durante as últimas seis semanas da campanha. Eles tiveram uma boa cobertura nos jornais locais, e Steve os transformou em anúncios eficazes publicados na imprensa. Por exemplo, o vale do rio Arkansas, de Clarksville até a fronteira de Oklahoma, ao sul de Fort Smith, era cheio de mineiros que tinham trabalhado durante décadas nas minas de poço aberto que abriram feridas na paisagem, até as leis federais obrigarem a recuperação dos terrenos. Muitos desses mineiros apresentavam doenças pulmonares debilitantes contraídas depois de respirar durante muitos anos a poeira do carvão, e tinham direito a benefícios do governo federal. O esquema de trabalho social do congressista os ajudava a obter os benefícios, mas quando o governo Nixon quis cortar o programa, ele votou pelo corte. O pessoal do vale do rio só ficou sabendo disso quando Steve Smith e eu lhes contamos.

Eu também tinha muitas propostas positivas, algumas das quais defendi durante vinte anos, inclusive um sistema de impostos mais justo, um programa nacional de assistência à saúde, financiamento das eleições presidenciais, uma burocracia enxugada e mais eficiente, mais financiamento federal para a educação e a criação de um Departamento Federal de Educação (na época o que havia era uma repartição dentro do Departamento de Saúde, Educação e Bem-Estar Social), e incentivos para promover a conservação da energia e ampliar o uso da energia solar.

Graças sobretudo ao apoio financeiro dos sindicatos de trabalhadores de todo o país, pelo qual o meu amigo e dirigente regional da AFL-CIO Dan Powell trabalhou bastante, tivemos dinheiro suficiente para fazer alguma publicidade na televisão. O velho Dan Powell estava propagando que eu um dia seria presidente, quando eu ainda estava 25 pontos atrás na disputa pelo Congresso. Tudo o que eu fiz foi ficar atrás de uma câmera e falar. Precisei pensar em falas de 28 segundos. Depois de algum tempo eu não precisava de um marcador para saber que faltava um segundo ou que eu havia ultrapassado o tempo. Os custos de produção dos anúncios eram baixos.

Os anúncios na televisão foram rudimentares, mas a nossa publicidade no rádio foi ótima. Um anúncio memorável, produzido em Nashville, apresentava uma cantora de música country que parecia um Johnny Cash do Arkansas. Dizia na abertura: "Se você está cansado de comer feijão e alface e até já se esqueceu do que é uma bisteca ou um bife, você precisa ouvir o que ele tem a lhe dizer". Em seguida o governo Nixon era malhado por financiar enormes vendas de grãos para a União Soviética, o que fez subir o preço dos alimentos e da ração animal, prejudicando as empresas avícolas e de carne bovina. A música dizia: "Já está na hora de derrubar o Earl Butz de cima do cocho", que era o secretário de Agricultura de

Nixon. Entre os versos havia este refrão: "Bill Clinton está pronto, ele também não agüenta mais. Ele parece muito comigo, ele parece muito com você. Bill Clinton vai fazer o que é preciso, e vamos levá-lo para Washington". Eu gostava muito daquele anúncio. Don Tyson, cujos custos de produção avícola tinham disparado com as vendas de grãos, e cujo irmão, Randal, estava trabalhando energicamente para mim, tratou de garantir que eu tivesse dinheiro suficiente para tocar a música sem parar nas rádios da zona rural.

À medida que nos aproximávamos do dia da eleição, o apoio aumentou e a oposição se intensificou. Ganhei o apoio do *Arkansas Gazette*, o maior jornal do estado, e de vários outros jornais do distrito. Comecei a fazer campanha pesada em Fort Smith, onde eu tinha um grande apoio da comunidade negra, especialmente depois que entrei para a comissão local da Associação Nacional pelo Progresso das Pessoas de Cor. Tive um bom apoio em todo o condado de Benton, decididamente republicano. Do outro lado do rio, na altura de Fort Smith, quatro ou cinco pessoas deram o máximo de si na tentativa de fazer com que o condado de Crawford me apoiasse. Tive uma grande recepção no condado de Scott, ao sul de Fort Smith, no concurso anual de caçadores de raposas e lobos. Era um evento que se estendia pela noite inteira — sempre numa noite de lua cheia —, no qual homens que gostavam dos seus cachorros tanto quanto dos seus filhos (e tratavam com os mesmos cuidados uns e outros) apresentavam os cachorros e depois os soltavam para caçar raposas acuadas, enquanto as mulheres iam trazendo montanhas de comida para as mesas de piquenique. Eu estava até ganhando um bom apoio em Harrison, a cidade do congressista, de algumas pessoas corajosas que não tinham medo de enfrentar o *establishment* da cidadezinha.

Um dos comícios mais emocionantes da eleição aconteceu numa noite de outono no rio Branco, não longe da infame propriedade de Whitewater, na qual mais tarde investi mas nunca vi. Os democratas da região estavam todos no maior rebuliço porque o Departamento de Justiça de Nixon estava tentando mandar o xerife democrata do condado de Searcy, Billy Joe Holder, para a cadeia por sonegação de impostos. De acordo com a nossa Constituição de 1876, os salários dos funcionários do estado e do município precisam ser submetidos a aprovação em uma deliberação popular; eles tinham sido aumentados pela última vez em 1910. Os funcionários do condado ganhavam apenas 5 mil dólares anuais. O governador ganhava apenas 10 mil dólares, mas pelo menos tinha uma casa e despesas pagas com transporte e alimentação. Muitos funcionários locais eram obrigados a usar suas despesas de representação, que, pelo que me lembro, somavam cerca de 7 mil dólares anuais, para poder viver. O Departamento de Justiça queria que o xerife Holder fosse para a cadeia por não ter pago o imposto de renda dos gastos pessoais registrados na sua conta de despesas. Acho que o caso Holder é a denúncia mais desprezível de sonegação de impostos que já foi apresentada pelo governo federal, e a população do local estava convencida de que aquilo tinha motivação política. Se foi isso mesmo, a tentativa malogrou. Depois de uma hora e meia de deliberações, o júri apresentou um veredicto de inocente. Segundo se soube, eles decidiram rapidamente, mas permaneceram na sala do júri por mais de uma hora só para que a coisa parecesse certinha. Billy Joe saiu do tribunal, pegou o carro e foi diretamente para o nosso comício, onde foi recebido como um herói que voltava da guerra.

De volta a Fayetteville parei em Harrison, onde tinha acontecido o julgamento, para discuti-lo com Ruth Wilson, uma contadora que estava no serviço público e que havia trabalhado com impostos para muita gente naquela região montanhosa. Eu disse a Ruth que compreendia que ela havia dado uma ajuda para o advogado de Holder, o meu amigo F. H. Martin, na escolha do júri. Ela disse que sim. Eu lhe perguntei meio em tom de brincadeira se ela havia selecionado só democratas para o júri. Nunca vou esquecer a resposta dela: "Não, Bill, eu não fiz isso. Na verdade, havia um bom número de republicanos naquele júri. Sabe, os moços que vieram de Washington para denunciar o xerife eram gente muito esperta e chiquérrima, com aqueles ternos caros. Só que eles não conheciam o nosso pessoal. Foi uma coisa muito esquisita. E nove dos doze jurados tinham sido auditados pelo Serviço Interno de Renda nos últimos dois anos". Fiquei satisfeito com o fato de a Ruth Wilson e os seus rapazes estarem do meu lado. Depois que ela maltratou aqueles advogados de Washington, nos casos de impostos o Departamento de Justiça começou a perguntar aos prováveis jurados sobre as suas próprias experiências com o Serviço Interno de Renda.

Com mais duas semanas pela frente, o congressista Hammerschmidt finalmente pôs a sua campanha para funcionar. Ele viu uma pesquisa mostrando que, se ele não fizesse isso, o meu impulso talvez me levasse para uma vitória apertada. O pessoal dele deu o máximo de si. Seus amigos empresários e os republicanos puseram mãos à obra. Alguém começou a ligar para todos os jornais pedindo a minha foto inexistente da manifestação contra o presidente Nixon no jogo de 1969, do Arkansas contra o Texas, fazendo nascer a infame "história da árvore" que já mencionei. Em Hot Springs a Câmara de Comércio ofereceu um grande jantar para lhe agradecer por tudo o que ele havia feito. Compareceram muitas centenas de pessoas, e o evento recebeu ampla cobertura do jornal local. Por todo o distrito os republicanos amedrontaram os empresários dizendo que eu tinha recebido tanto apoio dos sindicatos que no Congresso eu seria um boneco nas mãos deles. Em Fort Smith, 6 mil cartões-postais que nós mandamos para aliados políticos, identificados na nossa busca telefônica, nunca foram entregues. Aparentemente o meu apoio dos sindicatos não se estendeu aos funcionários dos Correios. Os cartões foram encontrados poucos dias depois da eleição na lixeira que fica do lado de fora do principal prédio dos Correios. O ramo estatal da Associação Médica Norte-americana se manifestou decididamente pró-Hammerschmidt, criticando-me pelos meus esforços para conseguir que os médicos da área de Springdale tratassem dos pobres que eram pacientes do Medicaid. Hammerschmidt até conseguiu que o dinheiro dos impostos federais encaminhados para o condado fosse usado para pavimentar as ruas de Gilbert, uma cidadezinha do condado de Searcy, poucos dias antes da eleição. Ele ganhou ali por 38% a 34%, mas essa municipalidade foi a única do condado em que ele ganhou.

Tive noção de quanto o trabalho dele tinha sido eficaz no fim de semana anterior à eleição, quando fui a um comício de encerramento no Centro de Convenções de Hot Springs. Nós não tínhamos lá tanta gente quanto ele teve no seu jantar, poucos dias antes. O nosso pessoal tinha feito o possível, mas estava cansado.

Contudo, no dia da eleição achei que poderíamos ganhar. Quando nos reunimos no comitê para acompanhar os resultados, estávamos nervosos mas esperançosos. Seguimos a contagem dos votos até quase meia-noite, porque o condado maior e mais republicano, Sebastian, demorou para mandar o resultado. Eu ganhei em doze dos quinze condados com menos de 8 mil votos no total, inclusive em todas as urnas das margens do rio Buffalo nos condados de Newton e Searcy. Mas perdi em cinco dos seis maiores condados, sofrendo derrotas naqueles com menos de quinhentos votos cada um, como no condado de Garland, onde cresci, e no condado de Washington, onde eu vivia; acabei perdendo no condado de Crawford por 1.100 votos e sendo triturado nos condados de Benton e Sebastian, onde as minhas perdas somadas foram duas vezes a margem total do obtido pelo adversário. Cada um de nós ganhou num condado por cerca de 2 para 1. Ele ganhou no condado de Sebastian, o maior, e eu ganhei no condado de Perry, o menor. Hoje parece irônico, com a população rural norte-americana sendo esmagadoramente republicana nas eleições nacionais, eu ter começado a minha carreira política com uma base profundamente rural, fundamentada em intensos contatos pessoais e no fato de eu ter demonstrado sensibilidade aos ressentimentos e problemas reais da região. Eu estava do lado deles, e eles sabiam disso. A votação final foi de 89.324 a 83.030, cerca de 52% contra 48%.

Os democratas tiveram uma noite muito boa em todo o país, ficando com 49 cadeiras na Câmara e quatro cadeiras no Senado, mas nós simplesmente não pudemos superar a enorme popularidade de Hammerschmidt e a sua arrancada do último minuto. Quando a campanha começou, o seu índice de aprovação era de 85%. Cheguei a levá-lo para 69%, ao passo que o meu tinha ido de 0% para 66%, o que foi muito bom, mas não bom o suficiente. Todo mundo dizia que eu tinha tido uma boa exposição e que o meu futuro seria brilhante. Era bom ouvir isso, mas eu queria mesmo era ter ganho. Estava orgulhoso da nossa campanha e achava que nos últimos dias eu não havia me dedicado com o máximo de energia que poderia, e com isso deixei na mão todas as pessoas que trabalharam com tanto empenho para mim e para as mudanças que queríamos fazer. Se eu tivesse tido o dinheiro e a percepção para pôr na televisão o material sobre o histórico de votos do congressista, isso teria feito diferença. Ou, quem sabe, não. Contudo, em 1974 eu vi por experiência própria, em milhares de encontros, que os eleitores da classe média apoiariam o ativismo do governo para resolver os seus problemas e os dos pobres, mas somente se esse esforço fosse feito com o devido cuidado com os dólares dos impostos pagos por eles, e se os esforços para aumentar a oportunidade se aliassem a uma insistência quanto à responsabilidade.

Depois de passar uns poucos dias viajando e fazendo ligações para agradecer às pessoas, fiquei um pouco deprimido. Passei a maior parte das seis semanas seguintes na casa da Hillary, uma casa agradável perto do campus. Ficava quase o tempo todo deitado, afagando os meus arrependimentos e tentando imaginar como iria pagar a minha dívida de campanha, mais de 40 mil dólares. Meu novo salário, de 16.450 dólares, era mais do que suficiente para viver e liquidar as minhas dívidas dos empréstimos para cursar a Faculdade de Direito, mas estava longe de ser suficiente para cobrir a dívida da campanha. Em dezembro, não me lembro em que dia, houve um grande baile na universidade, e Hillary conseguiu me convencer a levá-la. Depois de dançarmos algumas horas comecei a me sentir melhor. Mas ainda se passaria um bom tempo até eu perceber que o congressista tinha me feito um favor ao me derrotar. Se eu tivesse ganho e ido para Washington, tenho certeza de que nunca teria sido eleito presidente. E teria perdido os maravilhosos dezoito anos que passei no Arkansas depois daquela eleição.

19

EM JANEIRO DE 1975 VOLTEI A LECIONAR; foi o único ano inteiro em que fiz isso sem ser interrompido pela política. No período da primavera ministrei um curso sobre lei antitruste e dirigi um seminário tratando de crime do colarinho-branco; no curso de verão, direito marítimo e Jurisprudência Federal; no outono, crime do colarinho-branco novamente e direito constitucional. Em direito constitucional passei duas semanas inteiras no caso *Roe versus Wade*; a decisão da Suprema Corte nesse caso foi que deu às mulheres o direito constitucional de recorrer ao aborto nos primeiros dois trimestres da gravidez, aproximadamente o período durante o qual o feto ainda não se tornou "viável" — ou seja, capaz de viver fora do ventre da mãe. Depois da viabilidade, decidiu a Corte, o Estado poderia proteger os interesses da criança em nascer, opondo-se à decisão da mãe de não tê-la, a menos que a vida ou a saúde da gestante estivesse ameaçada pela continuação da gravidez ou pelo parto. Alguns dos meus alunos, que viam o direito Constitucional como apenas mais um curso em que eles tinham de decorar o que preceitua a lei em cada caso, não podiam entender por que eu gastava tanto tempo no caso Roe. Pois era fácil lembrar a regra dos três trimestres e o arrazoamento que havia por trás dela.

Eu os fiz mergulhar profundamente porque achava então, e ainda acredito, que o caso *Roe versus Wade* constitui a mais crucial de todas as decisões judiciais. Qualquer que fosse a decisão tomada, a Corte teria de fazer o papel de Deus. Todo mundo sabe que a vida começa biologicamente na concepção. Ninguém sabe quando a biologia se transforma em humanidade ou, para os religiosos, quando a alma entra no corpo. A maioria dos abortos que não envolvem a vida ou a saúde da mãe é decidida por jovens e garotas amedrontadas que não sabem que outra atitude poderiam tomar. A maioria das pessoas que são pró-livre escolha compreende que o aborto põe fim a uma vida potencial e acredita que o procedimento deveria ser legal, seguro, embora sem se tornar prática comum, e que nós deveríamos apoiar as mães que decidem completar a sua gravidez, e a maioria delas assim o faz. A maioria das pessoas ardorosamente contrárias ao aborto é a favor de processar os médicos, mas sua certeza diminui quando o seu argumento de que o aborto é um crime é levado à sua conclusão lógica: a de processar a mãe por assassinato. Mesmo os fanáticos que jogam bombas em clínicas de aborto não têm como objetivo atingir as mulheres que mantêm essas clínicas funcionando. Também, como aprendemos, primeiro com a proibição, depois com as nossas leis antidrogas, mais apoiadas do que as relacionadas à eliminação total do aborto, é difícil aplicar a lei criminal a atos que uma porção substancial da cidadania não vê como crimes.

Eu pensava na época, e ainda acredito, que a Corte chegou à decisão correta, embora, como tão freqüentemente acontece na política dos Estados Unidos, a sua ação tenha provocado uma reação poderosa, o crescimento de um movimento nacional ativo e efetivo contra o aborto, que ao longo do tempo reduziu drasticamente a disponibilidade prática de abortos em muitos lugares e levou um grande número de eleitores para a nova extrema direita do Partido Republicano. Não obstante o que as pesquisas de opinião pública demonstram sobre as posições dos eleitores no caso do aborto, a nossa ambivalência nacional sobre a questão significa que o seu impacto nas eleições depende de qual lado se sinta mais ameaçado. Durante a maior parte dos últimos trinta anos, por exemplo, nos quais o direito de decisão das mulheres tem sido assegurado, os eleitores pró-aborto se sentiram livres para ficar a favor ou contra candidatos em outras questões, enquanto para os eleitores contrários ao aborto as outras questões não importavam. O ano de 1992 foi uma exceção. A noticiadíssima decisão do Tribunal de Recursos com relação ao caso *Webster*, limitando o direito de escolha, aliada à perspectiva de vagas na Suprema Corte num futuro próximo, ameaçou e galvanizou os eleitores pró-aborto, e assim eu e outros candidatos a favor do direito de optar pelo aborto não sofremos com as nossas posições naquele ano. Depois que fui eleito, já quando o direito de escolha fora garantido, os eleitores pró-aborto da classe média da periferia das grandes cidades novamente se sentiram livres para votar por outras razões em republicanos contrários ao aborto, enquanto os democratas contrários ao aborto e os independentes que aprovavam o meu histórico em questões sociais e econômicas muitas vezes se sentiram, apesar disso, compelidos a apoiar os candidatos antiaborto que eram quase sempre republicanos conservadores.

Em 1975, eu não sabia ou não dava muita importância à política sobre aborto. Estava interessado no esforço gigantesco da Suprema Corte para conciliar convicções conflituosas sobre lei, moralidade e vida. Na minha opinião, eles fizeram o melhor que puderam, na falta de acesso à mente de Deus. Quer meus alunos concordassem comigo ou não, eu queria que eles pensassem muito sobre a questão.

No outono recebi as minhas novas incumbências de professor: me chamaram para ir ao campus da Universidade de Little Rock uma vez por semana ministrar um seminário noturno sobre Direito e Sociedade para os estudantes que trabalhavam durante o dia em Aplicação da Lei. Eu estava ansioso para fazer isso e gostei da minha interação com pessoas que pareciam genuinamente interessadas em como o seu trabalho nos departamentos e delegacias de polícia se encaixava tanto no tecido da Constituição quanto na vida dos cidadãos.

Além de ensinar, continuei na política e também fiz alguns interessantes trabalhos jurídicos. Fui designado para chefe da comissão estadual do Partido Democrata sobre ação afirmativa. Essa comissão foi criada para garantir a crescente participação das mulheres e das minorias em questões do partido sem cair na armadilha das regras de McGovern. Graças a isso tivemos para a convenção nacional delegados representantes de todos os grupos demográficos, mas que freqüentemente nunca tinham trabalhado para o partido e não podiam conseguir nenhum voto. Essa tarefa me deu a chance de viajar pelo estado para me encontrar com democratas negros e brancos que se interessavam pela questão.

Outro pormenor que me manteve politicamente ativo foi a necessidade de pagar a minha dívida de campanha. Finalmente eu consegui quitá-la, arrumando boa parte do dinheiro de modo muito semelhante ao que havíamos usado para financiar a campanha: com muitos eventos de pequenas contribuições e com a ajuda de alguns donativos maiores e generosos. Consegui meus primeiros 250 dólares de Jack Yates, um ótimo advogado de Ozark que, com o seu sócio Lonnie Turner, tinha trabalhado duro para mim na eleição. Jack me deu um cheque apenas duas semanas após a eleição. Na época eu não sabia ao certo onde poderia conseguir meus dólares, e nunca me esqueci daquela contribuição. Infelizmente Jack Yates morreu de um ataque do coração dois meses depois de me ajudar. Então Lonnie Turner me perguntou se eu poderia assumir os processos que estavam sendo conduzidos por Jack, movidos pelos trabalhadores de minas que tiveram seus pulmões lesados. A administração Nixon tinha promulgado novas leis que tornavam mais difícil conseguir indenizações e exigiam a revisão dos casos de pessoas que já recebiam esses benefícios. Em muitos casos os benefícios estavam sendo revogados. Comecei a ir até Ozark uma ou duas vezes por semana para examinar os arquivos e entrevistar os velhos mineiros, sabendo que qualquer pagamento que eu poderia obter viria nos honorários percentuais sobre os casos que eu vencesse.

Lonnie sabia que além de me interessar muito pela questão eu estava familiarizado com o modo como o programa funcionava. É verdade que, quando o programa foi implementado pela primeira vez, as avaliações não eram rigorosas e algumas pessoas recebiam benefícios a que não faziam jus, mas como geralmente acontece nos programas governamentais, a tentativa de corrigir o problema foi bem longe, na direção oposta.

Mesmo antes de assumir os casos de Jack Yates eu tinha concordado em tentar ajudar outro homem em sua luta para obter esses benefícios. Jack Burns, de uma pequena cidade ao sul de Fort Smith, era pai do administrador do Hospital Ouachita em Hot Springs, onde minha mãe trabalhava. Ele tinha em torno de 1,60 metro e não pesava muito mais de 45 quilos. Jack era um homem à moda antiga, de uma dignidade calma, que estava sofrendo muito com a lesão no pulmão. Jack tinha direito à indenização e ele e sua esposa precisavam muito dela para poder pagar suas contas. Nos meses em que convivemos, eu trabalhando no seu caso, passei a respeitar tanto a sua paciência quanto a sua determinação. Quando vencemos na justiça, me senti quase tão feliz quanto ele.

Acredito que havia mais de cem casos como o de Jack Burns na grande quantidade de arquivos que Lonnie Turner me passou. Eu gostava muito de ir de Fayetteville até Ozark pela estrada cheia de curvas conhecida como "Rabo de Porco" para trabalhar nos arquivos. Primeiro um juiz de direito administrativo, Jerry Thomasson, que era um republicano sensato, se informava sobre os casos para julgá-los. Depois era possível recorrer à apelação com o juiz em Fort Smith, Paul X. Williams, que era um democrata simpático. Democrata simpática era também a sua assistente de longa data, Elsijane Trimble Roy, que foi de grande ajuda para mim. Fiquei muito feliz quando o presidente Carter a nomeou a primeira juíza federal do Arkansas.

Enquanto eu continuava com as minhas aulas, a política e o trabalho de advogado, Hillary estava se engrenando na vida em Fayetteville. Eu percebia que ela realmente gostava de lá, talvez até o suficiente para ficar. Ela ensinava direito criminal e advocacia processual, coordenava a prestação de assistência jurídica para os reclusos nas prisões e supervisionava os estudantes que trabalhavam ali. No início, alguns dos vetustos advogados e juízes, e alguns dos estudantes, não souberam lidar com ela, mas Hillary acabou por ganhar a simpatia deles. Uma vez que a Constituição garante o direito de um advogado acompanhando qualquer processo criminal, nossos juízes designavam advogados locais para representar os réus pobres; e uma vez que os réus criminais pobres quase nunca pagavam honorários, a Ordem dos Advogados empurrava esses casos para o escritório de Hillary tomar conta. No primeiro ano o escritório serviu a mais de trezentos clientes e tornou-se uma instituição estabelecida na Faculdade de Direito. Com isso, Hillary ganhou o respeito de nossa comunidade jurídica, ajudou muita gente que precisava e ganhou mérito para que alguns anos mais tarde o presidente Carter a indicasse para o conselho de diretores da Corporação Nacional de Serviços Legais.

Jimmy Carter era o nosso palestrante programado para o Dia do Direito, perto do final da primavera. Era evidente que ele estava concorrendo para presidente. Hillary e eu falamos com ele brevemente e ele nos convidou para continuar a conversa em Little Rock, onde tinha um outro compromisso. Nossa conversa confirmou a minha impressão, de que ele tinha uma boa chance de ser eleito. Depois do Watergate e de todos os problemas econômicos do país, um bem-sucedido governador do Sul que não estava envolvido na política de Washington — e que pudesse atrair os eleitores que os democratas tinham perdido em 1968 e 1972 — parecia um sopro de ar fresco. Seis meses antes eu tinha procurado Dale Bumpers e lhe sugerira que concorresse, dizendo: "Em 1976 alguém como você vai ser eleito. Bem que poderia ser você". Ele pareceu interessado, mas disse que isso estava fora de cogitação. Ele tinha acabado de ser eleito para o Senado, e os eleitores do Arkansas não o apoiariam se ele começasse imediatamente a campanha para presidente. Talvez ele estivesse correto, mas teria sido um grande candidato e um presidente muito bom.

Além do nosso trabalho e da vida social normal com amigos, Hillary e eu tivemos algumas aventuras perto de Fayetteville. Uma noite estávamos de carro na Highway 71 indo até Alma para ouvir Dolly Parton cantar. Eu era grande fã da Dolly Parton e ela esteve fantástica naquela noite. Mas o que mais ficou na memória daquela noite foi termos conhecido as pessoas que a levaram para Alma: Tony e Susan Alamo. Naquela época os Alamo vendiam roupas para as apresentações em Nashville, e muitas das grandes estrelas da música country eram clientes deles. Isso não era tudo o que eles faziam. Tony, que se parecia com o Roy Orbison na sua velocidade a todo vapor, era promotor de shows de rock-and-roll na Califórnia quando encontrou Susan, que tinha crescido perto de Alma mas tinha se mudado para o Oeste e se tornado pregadora evangélica em programas de televisão. Eles se juntaram e Roy a promoveu, assim como também fazia com seus artistas do rock-and-roll. Susan tinha cabelo louro-esbranquiçado e sempre usava vestidos longos brancos para pregar na TV. Ela era muito boa nisso, e ele a dirigia na carreira com muita competência. Eles construíram um pequeno império, que incluía uma grande fazenda administrada por jovens seguidores dedicados e tão encantados por eles quanto os jovens sectários do reverendo Sun Myoung Moon eram por seu líder. Quando Susan foi acometida por um câncer, ela quis voltar para o Arkansas. Eles compraram uma enorme casa em Dyer, a cidade natal dela, abriram o lugar em Alma, onde Dolly Parton cantou, assim como também uma versão menor da loja de roupas de artistas de Nashville, bem no outro lado da rua, e mandavam vir semanalmente caminhões cheios de alimentos da sua fazenda na Califórnia para suprir a alimentação deles e de seu contingente de jovens trabalhadores no Arkansas. Susan conseguiu um programa de TV na cidade e desfrutou algum sucesso, até que finalmente sucumbiu à sua doença. Quando ela morreu, Tony anunciou que Deus havia lhe dito que iria trazê-la de volta do reino dos mortos algum dia, e colocou o corpo dela numa caixa de vidro na sua casa para esperar que esse dia abençoado chegasse. Ele tentou manter o império em funcionamento com a promessa do retorno da Susan, mas o fato é que um promotor fica perdido sem o seu produto. As coisas foram por água abaixo. Quando eu era governador, ele entrou em uma grande disputa com o governo por causa de uma cobrança de impostos e armou uma breve e sofrível manifestação pacífica em volta da sua casa. Alguns anos mais tarde se envolveu com uma mulher mais jovem. E — pasmem! — Deus falou com ele de novo e disse que no final das contas a Susan não ia mais voltar. Então ele a tirou da caixa de vidro e a enterrou.

No verão dei aulas para duas turmas, no intuito de ganhar algum dinheiro extra, e me diverti muito ficando por ali, passeando em Fayetteville com a Hillary e os nossos amigos. Um dia eu a estava levando de carro rumo ao aeroporto para uma viagem à Costa Leste. Enquanto íamos pela California Drive, passamos por uma casinha de tijolos aparentes assentada num platô elevado e com um muro de pedras cercando o jardim da frente. Havia uma placa de vende-se. Hillary comentou que a casa era muito bonita. Depois que a deixei, voltei e examinei o imóvel. Era uma estrutura de um andar, de cerca de cem metros quadrados, com um quarto, um banheiro, uma copa-cozinha, uma pequena sala de jantar e uma bela sala de estar com forro um pouco mais alto que o dos outros cômodos da casa, uma atraente lareira ao lado e uma grande porta-balcão. Havia também um bom alpendre envidraçado que poderia fazer as vezes de quarto de visitas durante a maior parte do ano. A casa não tinha ar-condicionado, mas o grande ventilador de teto que pendia do sótão fazia um bom trabalho. O preço era 20.500 dólares. Comprei a casa com uma entrada de 3 mil dólares, o suficiente para baixar os pagamentos mensais para 174 dólares.

Transferi o pouco de mobília que tinha para a nova casa e comprei outras coisas para que não parecesse muito vazia. Quando Hillary voltou de viagem, eu lhe disse: "Lembra daquela casinha de que você gostou tanto? Eu a comprei. Agora você tem de se casar comigo, porque eu não posso viver lá sozinho". Eu a levei até lá. A casa ainda precisava de muitas melhorias, mas a minha providência ousada foi como um toque de mágica. Embora nunca tivesse me dito que estava pronta para ficar no Arkansas, ela finalmente disse sim.

Em 11 de outubro de 1975 nós nos casamos na grande sala da casinha com número 930 da California Drive, a qual tinha recebido novo acabamento sob o olhar atento de Marynm Basset, uma ótima decoradora que sabia dos limites do nosso orçamento. Ela nos ajudou, por exemplo, a escolher o papel de parede amarelo-claro para a copa, mas quem o aplicou fomos nós, uma experiência que reafirmou as minhas limitações como trabalhador manual. Hillary usou no casamento um vestido de renda em estilo antigo, vitoriano, que eu adorei. O reverendo Vic Nixon celebrou nossa união na presença dos pais e irmãos de Hillary, da minha mãe, do Roger (que foi o padrinho) e de alguns poucos amigos: a maior amiga de Hillary de Park Ridge, Betsy Johnson Ebeling, e seu marido, Tom; a sua colega de sala de Wellesley, Johanna Branson; minha jovem prima Marie Clinton; o tesoureiro da minha campanha, F. H. Martin e a esposa dele, Myrna; nossos melhores amigos da Faculdade de Direito, Dick Atkinson e Elizabeth Osenbaugh; e Patty Howe, a minha amiga de infância e incansável companheira de campanha. Hugh Rodham nunca imaginou que estaria entregando a sua filha metodista do Meio-Oeste para um batista sulista das montanhas Ozark do Arkansas, mas ele fez isso. Por essa época eu já estava tentando conquistar o pai da Hillary e os outros integrantes da família Rodham havia quatro anos. Esperava ter ganho a simpatia de todos. Eu, da minha parte, estava cativado por eles.

Depois da cerimônia, uns duzentos amigos nossos se reuniram na casa do Morriss e da Ann Henry para uma recepção, e naquela noite nós dançamos a noite inteira no espaço comandado por Billie Schneider, o Downtown Motor Inn. Lá pelas quatro da manhã, depois que tínhamos ido dormir, recebi uma chamada de meu jovem cunhado Tony, que me contou estar preso na cadeia do condado de Washington. Enquanto ia levando de carro um dos convidados depois da festa, foi parado por um guarda rodoviário não por estar em alta velocidade ou ziguezagueando na estrada, mas porque o seu carona estava com os pés pendurados fora da janela do carro. Depois de parar Tony, o guarda rodoviário percebeu que ele havia bebido, e então o prendeu. Quando cheguei à cadeia para pagar a fiança, Tony estava tremendo de frio. O carcereiro me disse que o nosso delegado, Herb Marshall, um republicano de quem eu gostava, mantinha a cadeia bastante fria à noite para impedir que os bêbados vomitassem. Quando estávamos saindo, Tony me pediu para conseguir a liberação de outro homem, que tinha vindo para a cidade fazendo um filme com Peter Fonda. Eu fiz isso. Ele estava tremendo mais que o Tony, tanto que quando entrou no seu carro, ao sair, ele fez um grande raspão na lateral do pequeno Fiat amarelo da Hillary. Muito embora eu o tenha tirado da cadeia, ele nunca me pagou os custos do conserto do carro. Por outro lado, pelo menos não deixou o seu jantar no piso da cadeia do condado. Assim terminou minha primeira noite como um homem casado.

Por muito e muito tempo eu nunca havia imaginado que ia me casar. Agora me parecia que era isso mesmo que eu tinha de ter feito, mas aonde o casamento iria nos levar eu ainda nem imaginava.

É provável que mais coisas tenham sido escritas ou ditas sobre o nosso casamento do que sobre qualquer outro nos Estados Unidos. Sempre me surpreendi com as pessoas que se sentiam livres para analisar, criticar e pontificar sobre ele. Depois de estar casado por mais de trinta anos, e observando a experiência de meus amigos com separações, reconciliações e divórcios, aprendi que o casamento, com toda a sua magia e atribulações, suas alegrias e desapontamentos, permanece um mistério cuja compreensão não é fácil para aqueles que o vivem e em grande medida inacessível para os que estão do lado de fora. No dia 11 de outubro de 1975 eu não sabia nada disso. Tudo o que eu sabia então era que eu amava Hillary, a vida, o trabalho, os amigos que agora tínhamos em comum, e as boas perspectivas do que poderíamos fazer juntos. Eu estava orgulhoso dela também, e emocionado por estar num relacionamento que poderia não ser sempre perfeito, mas que certamente jamais seria enfadonho.

Depois da nossa noite de núpcias, sem ter conseguido pregar o olho, voltamos ao trabalho. Estávamos no meio do período letivo e eu tinha de comparecer às audiências do tribunal sobre os processos pelas doenças pulmonares. Dois meses depois finalmente tivemos uma lua-de-mel em Acapulco, uma lua-de-mel incomum, acompanhada de toda a família da Hillary e da namorada de um dos irmãos dela. Passamos uma semana juntos numa bela suíte de cobertura, caminhando na praia, indo a todos os restaurantes. Eu sei que foi diferente, mas nos divertimos muito. Eu adorava a mãe de Hillary, Dorothy, e gostei muito de ficar horas a fio com o seu pai e o seu irmão jogando baralho e trocando histórias — assim como eu, eles também eram contadores de histórias.

Li um livro em Acapulco, *The Denial of Death* [A negação da morte], de Ernest Becker. A leitura era pesada para uma lua-de-mel, mas eu estava com apenas um ano a mais do que o meu pai quando ele morreu, e tinha acabado de tomar uma grande decisão. Parecia um bom momento para continuar explorando o significado da vida.

De acordo com Becker, quando crescemos, em algum momento nos tornamos conscientes da morte, do fato de que as pessoas que conhecemos e amamos morrem, e do fato de que algum dia nós também morreremos. A maioria de nós faz o que pode para evitar essa consciência. Enquanto isso, de modos que compreendemos apenas escassamente, se é que compreendemos alguma coisa, abraçamos identidades e a ilusão de auto-suficiência. Buscamos atividades, tanto positivas quanto negativas, com as quais esperamos nos levantar além das cadeias da existência comum e que talvez permaneçam depois que nos tivermos ido. Fazemos tudo isso num esforço desesperado contra a certeza de que a morte é o nosso destino final. Alguns de nós buscam o poder e a riqueza, outros, o amor romântico, o sexo, ou algum outro prazer. Alguns querem ser grandes, outros, fazer o bem e ser bons. Quer sejamos bem-sucedidos ou fracassemos, de qualquer modo vamos morrer. O único consolo, certamente, é acreditar que, já que fomos criados, deve haver um Criador que gosta de nós e para quem um dia retornaremos.

Onde é que a análise de Becker nos deixa? Ele conclui: "Sabe lá que forma assumirá no futuro o impulso da vida. [...] O máximo que qualquer um de nós parece ser capaz de fazer é criar alguma coisa — um objeto ou nós mesmos — e jogá-la na confusão, fazer dela uma oferenda, por assim dizer, à força da vida". Ernest Becker morreu pouco antes de *The Denial of Death* ser publicado, mas ele parecia ter descoberto o segredo do teste da vida de Immanuel Kant: "Como ocupar adequadamente o lugar na criação que está designado para o homem e como aprender com ele o que se deve ser para que se seja um homem". Passei uma vida inteira tentando fazer isso. O livro de Becker me convenceu que o esforço valia a pena.

Em dezembro eu tinha outra decisão política a tomar. Muitos dos meus aliados queriam que eu voltasse a concorrer para o Congresso. A dívida da campanha estava paga e eles queriam uma revanche. Imaginei que dessa vez seria ainda mais difícil derrotar o congressista Hammerschmidt, mesmo se Jimmy Carter vencesse a indicação do partido. E o que era mais importante: eu tinha perdido a vontade de ir para Washington; queria ficar no Arkansas. E estava ficando mais interessado no governo do estado, em parte graças à oportunidade que o procurador-geral Jim Guy Tucker tinha me dado para escrever uma petição para a Suprema Corte dos Estados Unidos em apoio ao nosso estado, num processo de antitruste que envolvia o estabelecimento de taxas de juros para os cartões de crédito. Jim Guy estava concorrendo para o Congresso, à cadeira que ficara vaga com a aposentadoria de Wilbur Mills, de modo que o cargo de procurador-geral estaria em aberto, e me atraía bastante.

Enquanto eu pensava nisso, o meu amigo David Edwards, que estava trabalhando para o Citibank, nos ligou e nos pediu para ir ao Haiti com ele. Ele disse que tinha muita milhagem à disposição e queria nos dar a viagem como presente de casamento. Pouco mais de uma semana depois de retornamos do México estávamos de partida de novo.

No fim de 1975, Papa Doc Duvalier tinha morrido e fora sucedido pelo seu filho, um jovem corpulento que todo mundo chamava de Baby Doc. Nós o vimos um dia quando ele passou de carro pela grande praça em frente à sua residência oficial em Port-au-Prince, para deixar uma coroa de flores no monumento à independência haitiana, a estátua de um vigoroso escravo liberto soprando numa concha. A sua força de segurança, os malfadados Tontons Macoute, estava por toda parte, e intimidava com seus óculos escuros e metralhadoras.

Os Duvalier tinham conseguido dominar, pilhar e administrar mal o Haiti até torná-lo o país mais pobre do hemisfério norte. Port-au-Prince ainda tinha lugares bonitos, mas dava a impressão de uma glória esmaecida. Eu me lembro especialmente do tapete desfiado e dos bancos quebrados na Catedral Nacional. Apesar da política e da pobreza, achei os haitianos fascinantes. Eles pareciam cheios de energia e inteligentes, e tinham uma música cativante e uma linda arte folclórica. Fiquei maravilhado com eles, que quase sempre pareciam não apenas sobreviver, mas curtir realmente a vida.

Fiquei particularmente intrigado com a religião e a cultura vodu, das quais eu já havia tido uma pequena idéia em Nova Orleans, e de elas coexistirem com o catolicismo no Haiti.

O nome da religião tradicional do Haiti vem da língua *fon* do Benin, na África Ocidental, onde o vodu se originou. Significa "Deus" ou "espírito", sem as conotações de magia negra ou feitiçaria que tantos filmes ligam a ele. O ritual principal do vodu é uma dança durante a qual os seus praticantes ficam "possuídos" por espíritos. No dia mais interessante da viagem, tive a oportunidade de presenciar um ritual de vodu. O contato de David no Citibank de Port-au-Prince se ofereceu para nos levar até uma vila próxima para encontrar um sacerdote de vodu que, segundo ele, era fantástico. Max Beauvoir tinha passado quinze anos fora do Haiti, estudando na Sorbonne, em Paris, e trabalhando em Nova York. Sua esposa era uma bela loura francesa e o casal tinha duas esplêndidas filhas. Ele trabalhava como engenheiro químico até o dia em que o seu avô, que era sacerdote do vodu, em seu leito de morte o escolheu como seu sucessor. Max era um crente e abraçou o ofício, embora a escolha deva ter sido um verdadeiro desafio para a sua esposa francesa e as suas filhas ocidentalizadas.

Chegamos lá no final da tarde, cerca de uma hora antes da dança cerimonial vodu, que Max abriu para turistas pagantes como meio de cobrir parte dos custos do seu terreiro. Ele explicou que no vodu Deus se manifesta aos humanos por meio de espíritos que representam tanto as forças da luz quanto as da escuridão, o bem e o mal, que estão mais ou menos em equilíbrio. Depois que Hillary, David e eu terminamos o nosso breve curso de teologia vodu, fomos acompanhados a uma área aberta e nos sentamos com outros convidados que tinham vindo para observar a cerimônia na qual os espíritos são convocados a entrar no corpo dos iniciados, que dançam. Depois de vários minutos de dança ritmada ao som de tambores percutidos, os espíritos chegaram, apossando-se de uma mulher e de um homem. O homem começou a esfregar sobre o corpo uma tocha acesa e caminhou sobre brasas ardentes sem se queimar. A mulher, em frenesi, gritava repetidamente, depois agarrou uma galinha viva e arrancou com os dentes a sua cabeça. Então os espíritos saíram e deixaram no chão aqueles que tinham sido possuídos.

Alguns anos depois que testemunhei esse evento extraordinário, um cientista da Universidade de Harvard, chamado Wade Davis, foi fazer pesquisas no Haiti em busca de uma explicação para o fenômeno dos zumbis, ou mortos-vivos, e também procurou Max Beauvoir. De acordo com o seu livro, *The Serpent and the Rainbow* [A serpente e o arco-íris], com a ajuda de Max e de uma de suas filhas Davis conseguiu desvendar o mistério dos zumbis, seres que aparentemente morrem e depois voltam a viver. Sociedades secretas lhes administram uma dose de veneno como punição por alguma ofensa. O veneno, a tetrodoxina, é extraído de peixes que inflam quando se sentem ameaçados. Em doses adequadas ele paralisa o corpo e reduz a respiração a níveis tão baixos que mesmo um médico acredita que a pessoa esteja morta. Quando o efeito do veneno passa, a pessoa desperta. Casos semelhantes foram relatados no Japão, onde o peixe venenoso é uma ótima iguaria se preparado corretamente, e um prato mortal caso não o seja.

Exponho essa minha breve incursão no mundo do vodu porque sempre fui fascinado pela maneira como as várias culturas tentam dar sentido à vida e à natureza, e pela crença praticamente universal de que há em ação no mundo uma força não-física, um espírito, que já existia antes da humanidade e que estará aqui quando todos tivermos desaparecido há muito tempo. A compreensão haitiana de como Deus se manifesta na nossa vida é muito diferente da que tem a maioria dos cristãos, judeus e muçulmanos, mas as suas experiências documentadas certamente provam o velho ditado de que o Senhor age por caminhos misteriosos.

Quando voltamos do Haiti eu tinha resolvido me candidatar a procurador-geral. Tirei outra licença como professor na Faculdade de Direito e comecei a trabalhar. Havia dois outros candidatos nas primárias democratas: George Jernigan, o secretário de Estado, e Clarence Cash, que era chefe da divisão de proteção ao consumidor no escritório de Jim Guy Tucker. Ambos sabiam discursar bem e não eram muito mais velhos que eu. Jernigan parecia ser o adversário mais difícil, com muitos amigos na organização do governador Pryor, nos vários tribunais dos condados, e entre os conservadores de todo o estado. Estranhamente, nenhum republicano se candidatou, e essa foi a única vez em que eu concorri sem a oposição numa eleição geral.

Eu sabia que tinha de fazer a campanha a partir de Little Rock. Além de ser a capital, a cidade fica no centro do estado e tem o maior eleitorado e o maior potencial de levantamento de fundos de campanha. Estabeleci o comitê central numa velha casa a alguns quarteirões do prédio do Capitólio estadual. Wally DeRoeck, um jovem bancário de Jonesboro, aceitou ser o meu gerente de campanha. Steve Smith, que tinha feito um trabalho muito bom na eleição para o Congresso, assumiu a coordenação. O escritório era administrado por Linda McGee, que fez um ótimo trabalho com um orçamento muito pequeno: gastamos menos de 100 mil dólares em toda a campanha. Linda manteve o comitê aberto durante longos períodos, pagou as contas e administrou os voluntários. Paul Berry, que eu tinha conhecido e de quem ficara amigo quando ele administrou o escritório do Arkansas do senador McClellan, e que então era vice-presidente no Union Bank, convidou-me para morar na casa dele. Além de tudo o mais, ele fazia questão que eu dormisse na única cama de seu apartamento, mesmo se eu chegasse das viagens às duas ou três da manhã. Noite após noite, quando me arrastava para casa, eu o encontrava adormecido no sofá da sala com uma luz acesa na cozinha, onde ele deixava preparado o meu lanche preferido: com recheio de manteiga de amendoim e cenouras.

Amigos de longa data, como Mack McLarty e Vince Foster, me ajudaram a entrar nas comunidades profissionais e de negócios de Little Rock. Eu ainda tinha um bom apoio dos líderes sindicais, embora tivesse perdido parte dele quando me recusei a assinar uma petição em apoio ao esforço dos sindicatos para repelir a lei de direito ao trabalho do Arkansas, colocando a questão na votação de novembro. As leis de direito ao trabalho possibilitam às pessoas trabalhar em fábricas com mão-de-obra sindicalizada sem pagar os impostos sindicais. Naquela época, a lei agradava ao meu lado libertário. Mais tarde fui saber que o senador McClellan ficara tão impressionado com a minha posição que pediu a Paul Berry para ligar para os seus principais aliados e lhes dizer que ele estava comigo. Alguns anos mais tarde mudei de idéia sobre o direito ao trabalho. Acho que é errado alguém receber os salários mais altos, a assistência médica e os planos de aposentadoria normalmente encontrados nas fábricas sindicalizadas sem fazer a contribuição ao sindicato que assegura esses benefícios.

Minha base no Terceiro Distrito parecia segura. Todas as pessoas que tinham trabalhado para mim em 1974 estavam dispostas a fazer isso de novo. Consegui alguma ajuda extra dos irmãos de Hillary, que haviam ambos se mudado para Fayetteville e se matriculado na universidade. Eles também acrescentaram muita diversão às nossas vidas. Uma noite Hillary e eu fomos jantar na casa deles e passamos o tempo todo ouvindo Hugh nos regalar com histórias das suas aventuras na Colômbia com o Peace Corps — histórias que pareciam ter vindo diretamente do livro *Cem anos de solidão*, mas que ele jurava serem todas verdadeiras. Para bebermos ele também preparou *piña colada*, que, apesar do gosto de suco de fruta, me derrubou. Depois do segundo ou terceiro copo eu estava tão sonolento que saí e fui para a parte traseira da minha caminhonete Chevy El Camino, que tinha herdado de Jeff Dwire. A carroceria estava revestida com grama artificial, e assim dormi como um cordeirinho. Hillary me levou para casa e no dia seguinte retomei o trabalho. Eu adorava aquela velha caminhonete, e a usei até ela se acabar completamente.

Encontrei bastante apoio dentro e fora da cidade de Hope, onde nasci, e nos cinco ou seis municípios fora do Terceiro Distrito, onde tinha parentes, perfazendo todo o estado. Tive um bom começo entre os negros na parte central, sul e leste de Arkansas, graças a ex-alunos que estavam praticando a advocacia naquelas áreas. E tive apoio de ativistas democratas que, mesmo sem participar da campanha, haviam aplaudido a minha candidatura contra o Hammerschmidt; ou que tinham se envolvido no trabalho da minha comissão de ação afirmativa. Apesar de tudo isso, ainda havia enormes falhas na organização. A maior parte da campanha foi uma tentativa de preencher essas falhas.

Viajando pelo estado eu tinha de lutar com a ascensão de uma nova força política, a Maioria Moral, fundada pelo reverendo Jarry Falwell, um pastor batista conservador da Virgínia que tinha ganho um grande público televisivo e que o estava usando para erigir uma organização nacional comprometida com o fundamentalismo cristão e a política da extrema direita. Em qualquer parte do estado acontecia de eu apertar a mão de alguém que me perguntava se eu era cristão. Quando eu dizia que sim, me perguntavam se eu era cristão evangélico. Quando eu respondia que sim, seguiam-se várias outras perguntas, aparentemente fornecidas pela organização do Falwell. Quando estava fazendo campanha em Conway, cerca de trinta quilômetros a leste de Little Rock, fui ao escritório do arquivista do condado, onde fica a urna com os votos dos eleitores ausentes. Uma das mulheres que trabalhavam lá me fez essas perguntas. Aparentemente dei a resposta errada para uma delas, e isso me custou quatro votos. Eu não sabia o que fazer. Não ia responder a uma pergunta religiosa com uma mentira, mas não queria continuar perdendo votos. Telefonei para o senador Bumpers, um bom metodista liberal, para me aconselhar. "Ah, eu recebo esse tipo de pergunta toda hora", disse ele. "Mas nunca deixo que eles passem da primeira pergunta. Quando me perguntam se sou cristão, eu digo: 'Espero que sim, claro, e sempre tentei ser. Mas na verdade eu acho que só Deus pode dar a palavra final sobre essa questão'. Isso normalmente cala a boca deles." Depois que Bumpers terminou, caí na risada e disse para ele que agora entendia por que ele era um senador e eu era apenas um candidato para procurador-geral. E pelo resto da campanha eu usei a resposta dele.

O episódio mais engraçado da campanha ocorreu no condado de Mississippi, no extremo nordeste do Arkansas. O condado tinha duas cidades maiores, Blytheville e Osceola, e um conjunto de vilarejos dominados por fazendeiros que cultivavam enormes extensões de terra. Os trabalhadores, que eles recrutavam, e os pequenos comerciantes, cuja renda eles garantiam, votavam na escolha dos fazendeiros, normalmente a pessoa mais conservadora que estava disputando — nesse caso, o secretário de Estado Jernigan. O condado também tinha uma forte organização local, encabeçada pelo juiz "Shug" Banks, que também era a favor de Jernigan. Aparentemente eu não tinha a menor chance, mas o condado era grande para ser ignorado, o que me levou a dedicar um sábado para trabalhar Blytheville e Osceola. Eu estava sozinho e, para dizer assim de uma forma branda, foi um dia desencorajador. Em ambas as cidades, embora eu encontrasse algum apoio graças aos meus ex-alunos de Direito, a maioria das pessoas que encontrei estava contra mim ou não sabia quem eu era nem queria saber. Ainda assim, apertei todas as mãos disponíveis, terminando em Osceola às onze horas da noite. Finalmente desisti quando me dei conta de que ainda tinha de dirigir três horas para voltar a Little Rock e não queria dormir no volante.

Quando estava dirigindo de volta para o sul do estado, passando por uma cadeia de pequenas comunidades, lembrei que não tinha comido o dia inteiro e estava faminto. Chegando a um lugar chamado Joiner, vi uma luz acesa num bar. Na esperança de que também servissem comida, estacionei e entrei. Os únicos que estavam lá eram o balconista e quatro pessoas que estavam jogando dominó. Depois de pedir um hambúrguer, saí para telefonar para Hillary de um orelhão. Quando voltei, decidi me apresentar para os jogadores de dominó. Os três primeiros, assim como tantas pessoas que eu tinha encontrado durante o dia, não sabiam quem eu era nem queriam saber. O quarto homem da roda olhou para mim e sorriu. Nunca vou esquecer as primeiras palavras dele: "Rapaz, nós vamos acabar com você aqui. Você sabe disso, não sabe?". Eu respondi que tinha tido essa minha impressão depois de um dia de campanha, mas lamentava ouvir essa confirmação. "Bom, nós vamos mesmo acabar com você. Você é professor da universidade, um hippie de cabelo comprido. Até onde a gente sabe, você é comunista. Mas vou te dizer uma coisa. Qualquer pessoa capaz de fazer campanha num boteco como este aqui em Joiner à meia-noite de um sábado merece levar uma urna. Portanto, aguarde e verá. Você vai vencer aqui, mas vai ser o único lugar onde você vai vencer neste condado."

O nome do homem era R. L. Cox e a sua profecia se cumpriu. Na noite da eleição fui esmagado nos outros distritos eleitorais controlados pelos grandes fazendeiros, mas consegui 76 votos em Joiner; meus dois adversários conseguiram juntos 49. Foi o único lugar do condado de Mississippi em que eu venci, exceto por dois outros distritos de moradores negros em Blytheville, que viraram o jogo a meu favor no fim de semana anterior à eleição, graças a um agente funerário negro, La Vester McDonald, e ao editor do jornal local, Hank Haines.

Felizmente me dei melhor em quase todas as outras partes do estado, ganhando mais de 55% do total dos votos e vencendo em 69 dos 75 condados graças à grande votação no sul do Arkansas, onde eu tinha muitos parentes e amigos, e a um avassalador 74% do Terceiro Distrito. Todas as pessoas que tinham trabalhado tanto para mim em 1974 foram finalmente recompensadas com uma vitória.

O verão depois da eleição foi uma temporada feliz para Hillary e para mim. Passamos os primeiros dois meses apenas nos divertindo em Fayetteville com nossos amigos. Então, em meados de julho, fizemos uma viagem à Europa, parando em Nova York para participar de uma noite da convenção democrata, e depois viajamos para Paris para encontrar David Edwards, que estava trabalhando lá. Alguns dias mais tarde fomos para a Espanha. Logo após cruzarmos os Pireneus, recebi uma mensagem pedindo para eu ligar para a diretoria da campanha do Carter. Quando, na cidadezinha de Castro Urdiales, liguei para o telefone fornecido, convidaram-me para comandar a campanha no Arkansas, e aceitei imediatamente. Eu apoiava abertamente Jimmy Carter, e embora devesse lecionar no verão em Fayetteville, sabia que poderia cumprir a tarefa. Carter era bastante popular no Arkansas por causa do seu histórico progressista, da sua experiência como fazendeiro, do seu comprometimento genuíno com a fé batista sulista, e dos seus contatos pessoais, que incluíam quatro proeminentes cidadãos do Arkansas que tinham sido seus colegas na Academia Naval. A questão no Arkansas não era se o estado votaria nele, mas sim com que margem de diferença ele venceria. Depois de todas as eleições perdidas, a perspectiva de vencer duas num ano era demasiado tentadora para eu deixar passar.

Terminamos as nossas férias na Espanha com uma parada em Guernica, a cidade homenageada na extraordinária pintura de Picasso, e que fora bombardeada na Guerra Civil Espanhola. Quando chegamos lá, estava acontecendo um festival basco. Gostamos da música e da dança, mas foi difícil comer um dos pratos típicos: peixe frio no leite. Exploramos as cavernas dos arredores com seus desenhos pré-históricos e passamos um dia glorioso à sombra dos montes Pireneus, com seus picos nevados, em uma praia quente que tinha um pequeno restaurante com comida boa no sabor e no preço, e cerveja baratíssima. Na fronteira, na volta para a França — a essa altura já era início de agosto, o mês de férias na Europa —, os carros se enfileiravam diante de nós até onde a vista podia alcançar, testemunhando o bom senso europeu que não vê a vida apenas como trabalho. Para mim, seria cada vez mais difícil vivenciar isso.

Quando voltamos para casa, fui para Little Rock a fim de montar com Craig Campbell o esquema de campanha. Craig era um antigo membro executivo do Partido Democrata no estado e trabalhava em Little Rock para o Stephens, Inc., que então era o maior banco de investimento dos Estados Unidos fora de Wall Street. Os donos do banco eram Witt e Jack Stephens. Witt Stephens era uma antiga força na política do estado. Jack, que era dez anos mais jovem, tinha ido para a Academia Naval com Jimmy Carter. Quanto a Craig, era um cara enorme, de boa aparência e muito divertido, com atitudes pessoais e políticas enganosamente sensíveis, que o tornavam muito eficiente.

Viajei pelo estado para me certificar de que eu teria uma organização funcionando em cada condado. Numa noite de domingo fui a uma pequena igreja na periferia de Little Rock, cujos freqüentadores eram de maioria negra. O pastor era Cato Brooks. Quando chegamos lá, o lugar já estava balançando com a música de um grande coro *gospel*. Durante a segunda ou terceira canção, a porta se abriu e uma jovem mulher parecida com a Diana Ross, com botas pretas que chegavam aos joelhos e um vestido justo, caminhou pelo corredor, acenou para o coro e se sentou ao órgão. Eu nunca tinha ouvido antes uma música de órgão como a daquele dia. Era tão vigorosa que eu não teria me surpreendido se o instrumento tivesse levitado e deixado a igreja pela sua força própria. Quando Cato se levantou para pregar, quatro ou cinco homens da igreja se puseram em volta dele, sentados em cadeiras dobráveis. Praticamente todo o seu sermão foi salmodiado e cantado por ele em cadências rítmicas, pontuadas pelo som de uma espécie de colheres que os homens batiam nos joelhos. Depois do sermão o reverendo Brooks me apresentou para falar em favor de Carter. Eu estava entusiasmado, mas não chegava nem perto da oratória do pastor Cato. Quando me sentei, ele me disse que a igreja votaria no Carter e sugeriu que eu fosse embora, porque eles ainda iam ficar lá por cerca de uma hora ou mais. Alguns passos já fora da igreja, uma voz atrás de mim disse: "Ei, branquelo, você quer uma ajuda na sua campanha?". Era a organista, Paula Cotton. Ela se tornou uma das nossas melhores voluntárias. Cato Brooks se mudou para Chicago não muito tempo depois da campanha. Ele era bom demais para ficar no campo.

Quando eu estava trabalhando no Arkansas, Hillary se juntou também à campanha de Carter, mas com uma tarefa muito mais difícil. Ela foi ser a coordenadora de campo em Indiana, estado que tradicionalmente vota nos republicanos nas eleições presidenciais mas onde o pessoal do Carter esperava que as suas raízes agrícolas lhe dessem uma chance de ganhar. Ela trabalhou duro e viveu algumas aventuras interessantes, que me contava entusiasticamente em conversas diárias pelo telefone e em uma viagem que fiz a Indianápolis para encontrá-la.

A campanha do outono foi uma verdadeira montanha-russa. Carter saiu da convenção em Nova York com uma liderança de trinta pontos sobre o presidente Ford, mas a divisão no país era mais equilibrada que isso. O presidente se esforçou por acertar o passo, sobretudo questionando se um governador do Sul, cuja promessa principal era nos dar um governo tão honesto para ser digno do povo norte-americano, tinha experiência para ser presidente. No final, Carter derrotou Ford por cerca de 2% do voto popular e por 297 votos contra 240 dos colégios eleitorais. Em Indiana nós perdemos por muito pouco, mas ganhamos no Arkansas com 65%, apenas dois pontos a menos que a margem de vitória de 67% do presidente Carter no seu estado natal, a Geórgia, e sete pontos acima da melhor margem seguinte, na Virgínia Ocidental.

Depois da campanha, Hillary e eu nos estabelecemos na nossa casa por alguns meses enquanto eu completava minhas tarefas finais de professor de direito constitucional e direito marítimo. Em três anos e três meses eu tinha dado oito cursos em cinco semestres, mais um curso de verão, dois cursos para o pessoal do departamento de polícia em Little Rock, concorri duas vezes a cargos públicos e administrei a campanha de Carter no estado. E eu tinha adorado cada minuto, lamentando apenas ter de ficar um tempo longe da nossa vida em Fayetteville e dos amigos que tínhamos lá, como também daquela pequena casa no número 930 da California Drive, que tanta alegria trouxe para mim e para Hillary.

20

Durante os dois últimos meses de 1976 viajei quase diariamente a Little Rock para me preparar para o novo cargo. Paul Berry me ofereceu um escritório no décimo oitavo andar do edifício do United Bank, onde ele próprio trabalhava, para eu entrevistar os futuros membros de minha equipe.

Muitas pessoas idealistas e capazes se candidataram a um emprego. Convenci Steve Smith a assumir a coordenação da equipe, para ter certeza de que poderíamos oferecer boas iniciativas políticas sem deixar de executar os trabalhos que aparecessem. O grupo contava com apenas vinte advogados. Alguns dos melhores preferiram ficar comigo. Contratei negros e mulheres, advogados jovens — um número suficiente para termos na equipe 25% de mulheres e 20% de negros, o que naquela época era absolutamente incomum.

Em dezembro, Hillary e eu encontramos a casa do número 5419 da rua L em Hillcrest, Little Rock, um bairro antigo e simpático perto do centro. Com cerca de noventa metros quadrados, ela era ainda menor que nossa casa em Fayetteville, apesar de muito mais cara, 34 mil dólares. No entanto tivemos como bancar esse valor, pois na eleição anterior os eleitores haviam aprovado um aumento de salário para os funcionários estaduais e locais, o primeiro aumento desde 1910, elevando para 26.500 dólares o salário do procurador-geral do estado. E Hillary conseguiu um bom emprego na Rose Law Firm, que tinha muitos advogados experientes e altamente respeitados, além de jovens brilhantes, inclusive o meu amigo Vince Foster, e Webb Hubbell, um gigante que havia sido astro do time de futebol do Razorback e que depois se tornaria um de nossos amigos mais próximos. Desde então, ela sempre ganhou muito mais que eu, até o ano em que me tornei presidente e ela deixou de exercer a advocacia.

Além de emitir pareceres sobre questões legais do estado, o procurador-geral se encarregava da acusação e da defesa nas ações civis em nome do estado; representava o estado em recursos criminais à Suprema Corte e em processos criminais na justiça federal; oferecia aconselhamento legal a comissões e agências do estado; e protegia os interesses dos consumidores por meio de processos na justiça, *lobby* no Legislativo e participação nas audiências para fixação de tarifas na Comissão de Serviço Público (CSP). Havia muito trabalho a fazer, mas variado e interessante.

O ano começou num ritmo alucinante. Os trabalhos legislativos tiveram início em janeiro e houve uma audiência da CSP para analisar uma solicitação de aumento de tarifa para a Arkansas Power and Light Company, com base no custo da participação da AP&L na grande usina nuclear de Grand Gulf, no Mississippi, que estava sendo construída pela sua controladora, Middle South Utilities (hoje Entergy). Como a Middle South não atendia diretamente aos consumidores, os custos da usina de Grand Gulf tinham de ser rateados entre as subsidiárias que atendiam Arkansas, Louisiana, Mississippi e a cidade de Nova Orleans. O caso Grand Gulf iria consumir muito do meu tempo e atenção durante os anos seguintes. Eu tinha dois problemas: primeiro, como quem estava construindo a usina era a controladora, não se exigia que ela fosse aprovada pela CSP do nosso estado, embora os consumidores tivessem de pagar 35% de seu custo; e, segundo, eu achava que seria possível atender ao aumento de demanda de energia elétrica de maneira muito mais barata, com medidas de conservação e operação mais eficiente das usinas existentes.

Ao se preparar para essas audiências, Wally Nixon, um dos advogados da minha equipe, encontrou um trabalho de Amory Lovins que demonstrava o enorme potencial e os benefícios econômicos da conservação de energia e da energia solar. Achei sua opinião sensata e entrei em contato com Lovins. Naquele tempo, os líderes políticos e empresariais admitiam sem discussão o fato de que o crescimento econômico exige o aumento constante da oferta de eletricidade. Apesar das fortes evidências a favor da conservação de energia, ela era vista como uma fantasia meio tola de intelectuais mal informados. Infelizmente muita gente ainda encara assim esse problema.

Durante mais de vinte anos, como procurador-geral, governador e presidente, tentei implantar uma política de fontes alternativas de energia, usando o trabalho de Amory Lovins e de outros para apoiar meus argumentos. Apesar de ter conseguido um progresso modesto nessa área em minha passagem pelos três cargos, a oposição sempre esteve contra, especialmente depois que os conservadores assumiram o controle do Congresso em 1995. Durante anos, Al Gore e eu tentamos sem sucesso fazer aprovar um crédito tributário de 25% para a produção e compra de energia limpa e de tecnologias de conservação, com muitas evidências para apoiar nossa posição. Os republicanos sempre bloquearam essas iniciativas. Eu brincava que uma das conquistas mais significativas do meu segundo mandato foi ter conseguido um corte de impostos que nem Newt Gingrich nem Tom DeLay apoiaram.

Trabalhar com o Legislativo era fascinante, não somente por serem as questões interessantes e imprevisíveis, mas também porque o Capitólio e o Senado estaduais tinham muitas pessoas instigantes e porque mais cedo ou mais tarde metade do estado aparecia para fazer *lobby* contra ou a favor de alguma medida. Um dia, no início da sessão legislativa, eu me apresentei perante uma comissão para argumentar contra uma medida. A sala estava lotada de pessoas representando interesses a favor dela, inclusive Vince Foster. E Hillary. Ele a tinha chamado para aproveitar a experiência, sem saber que eu iria defender o outro lado. Sorrimos um para o outro e cumprimos nosso dever. Felizmente a Rose Law Firm tinha um parecer da Associação Norte-americana de Advogados dizendo que ela podia contratar a esposa do procurador-geral do Estado e definindo os passos necessários para evitar conflitos de interesses. Hillary os seguiu ao pé da letra. Depois que assumi o governo do estado e ela passou a ser sócia da firma, abriu mão de sua quota dos lucros anuais resultantes de negócios com bônus do estado, atividade legal que a firma exerce desde a década de 1940.

* * *

Quando assumi o cargo, havia uma pilha de pareceres e outros processos pendentes. Geralmente trabalhávamos até a meia-noite para tirar o atraso, e com isso desenvolvemos um ótimo relacionamento e nos divertíamos a valer. Às sextas-feiras em que não havia sessão legislativa, eu admitia o uso de traje esportivo e incentivava a equipe a passar mais tempo no almoço num local próximo que oferecia hambúrgueres de primeira, jogos eletrônicos e uma mesa de *shuffleboard*.* A velha cabana tinha também uma canoa pendurada no teto e um nome desditoso: Taverna Whitewater.

A força crescente do Moral Majority e de outros grupos semelhantes abriu caminho para muitas leis que legisladores moderados e progressistas teriam preferido não aprovar, mas eles não queriam prejudicar suas imagens votando contra. A tática óbvia era fazer o procurador-geral declarar que a proposta era inconstitucional. Esse era mais um exemplo de uma das Leis de Clinton da política: Se alguém puder passar a brasa para você, ele o fará sem titubear.

As proposições mais engraçadas foram apresentadas pelo deputado Arlo Tyer, de Pocahontas, no nordeste do Arkansas. Arlo era um homem decente que queria estar sempre um passo à frente do Moral Majority. Apresentou um projeto que tornava ilegal a exibição de filmes pornográficos em qualquer cinema do Arkansas, mesmo para adultos. Perguntaram-me se o projeto era uma restrição inconstitucional ao direito de liberdade de expressão. Eu já via as manchetes: "Procurador-geral defende filmes pornográficos!". Liguei para Bob Dudley, juiz distrital da cidade natal de Arlo, tentando descobrir por que ele havia apresentado o projeto. Perguntei a Dudley, um sujeito esperto: "Vocês têm aí muitos cinemas que exibem filmes pornográficos?". E ele respondeu: "Aqui não existe nenhum cinema. Ele está é com inveja de vocês, de todos os outros lugares do estado, que podem ver pornografia".

Tão logo morreu o projeto antipornografia, Arlo veio com mais esta pérola: um imposto anual de 1.500 dólares a ser pago por todos os casais que viviam juntos sem ter uma certidão de casamento. Isso mais uma vez no meu cérebro disparou o alarme das manchetes: "Clinton é a favor dos que vivem em pecado!". Dessa vez procurei o deputado Tyer e perguntei: "Arlo, quanto tempo um homem e uma mulher devem viver juntos para serem obrigados a pagar esse imposto? Um ano, um mês, uma semana? Ou basta um programa de uma noite?". Ele respondeu: "Eu não tinha pensado nisso". Continuei: "E a cobrança? Será que teremos, você e eu, de pegar bastões de beisebol e derrubar portas para ver quem faz o que com quem?". Arlo deu de ombros: "Também não tinha pensado nisso. Talvez seja melhor eu retirar o projeto". Voltei para o escritório aliviado por escapar de mais essa bala. Para minha surpresa, alguns membros da equipe ficaram desapontados. Dois deles disseram querer muito que a lei fosse aprovada e a equipe ficasse encarregada de aplicá-la. Já tinham mesmo criado o uniforme. Uma camiseta com a sigla SNIF, que significa Sex No-no Investigation Force [Força de Investigação Contra o Sexo].

---

*Jogo popular nos Estados Unidos; usa-se um taco para empurrar um objeto chato e redondo na direção de uma área com números. (N. dos T.)

Foi mais difícil com o que dizia respeito aos direitos dos gays. Dois anos antes, o procurador-geral Jim Tucker havia liderado a aprovação de um novo Código Penal pelo Legislativo que simplificava e esclarecia as complicadas interpretações de o que de fato constituía um crime; a lei antiga tinha mais de um século e era, portanto, ultrapassada. Um crime exige que se cometa intencional ou irresponsavelmente um ato proibido; o simples fato de cometer um ato considerado indesejável pela sociedade não constitui crime. Por exemplo, ser alcoólatra não era crime. Nem ser homossexual, apesar de já ter sido antes da adoção do novo código. A mudança também eliminava as chamadas ofensas aos bons costumes, que já haviam sido condenadas pela Suprema Corte.

O deputado Bill Stancil foi muito criticado pelos pastores conservadores da sua cidade natal, Fort Smith, por ter votado a favor da revisão do Código Penal. Diziam que ele havia votado pela legalização do homossexualismo. Stancil era um homem bom que tinha sido um dos mais famosos técnicos de futebol das escolas secundárias em Arkansas. Era um sujeito musculoso, de nariz quebrado e queixo quadrado, e sutileza não era um dos seus pontos fortes. Ele não conseguia entender como havia votado a favor do homossexualismo e estava determinado a corrigir seu erro antes que a direita religiosa conseguisse puni-lo por isso, e assim apresentou um projeto tornando crime o homossexualismo. Para aproveitar que já estava com a mão na massa, também tornou crime o bestialismo, o que levou alguns dos seus colegas mais brincalhões a observar que certamente não devia haver muitos fazendeiros no seu distrito eleitoral. O projeto descrevia em vívidos detalhes todas as variações concebíveis de coito que ficavam proibidas. Depois de lê-lo, um pervertido poderia passar uma semana sem se sentir tentado a comprar material pornográfico.

Não havia como rejeitar o projeto em votação direta. Ademais, a Suprema Corte ainda estava longe da decisão de 2003 que protegeria as relações homossexuais consensuais no seu direito à privacidade e, portanto, um parecer declarando ser o projeto inconstitucional não era uma opção válida. A única estratégia possível era adiar a votação do projeto até que ele morresse por si mesmo. Na Câmara dos Deputados, três jovens liberais que eram grandes aliados meus — Kent Rubens, Jody Mahoney e Richard Mays — decidiram apresentar uma emenda interessante. Houve um boato de que alguma coisa estava para acontecer, e eu me juntei à multidão na galeria para acompanhar o espetáculo. Um deles se levantou e elogiou o projeto de Stancil, dizendo já ser tempo de alguém se lançar em defesa da moral no Arkansas. Mas, segundo ele, o único problema era o projeto ser muito tímido, e ele propunha uma "pequena emenda" que tornava crime qualquer membro do Legislativo cometer adultério em Little Rock nos dias em que houvesse sessão legislativa.

Toda a galeria caiu na gargalhada. No plenário, entretanto, o silêncio foi estarrecedor. Para muitos dos deputados de cidades pequenas, ir a Little Rock para a sessão legislativa era a grande diversão — o equivalente a dois meses em Paris. Esses não gostaram, e disseram aos três engraçadinhos que eles nunca mais conseguiriam aprovar nenhum projeto a menos que a emenda fosse retirada. E ela foi. O projeto foi aprovado e enviado para o Senado.

Lá a nossa chance de rejeitá-lo era maior, porque ele foi entregue à comissão presidida por Nick Wilson, um jovem senador de Pocahontas e um dos membros mais brilhantes e progressistas do nosso Legislativo. Achei que teríamos uma boa chance de convencê-lo a engavetar o projeto até o recesso do Senado.

No último dia da sessão legislativa, o projeto ainda estava na comissão de Nick e eu contava as horas até o recesso. Liguei para ele diversas vezes para falar sobre o assunto e esperei, chegando mesmo a me atrasar uma hora para um discurso que deveria fazer em Hot Springs. Quando finalmente não pude esperar mais, chamei-o pela última vez. Ele me disse que o recesso começaria dentro de meia hora e que daí o projeto teria caducado, então eu saí. Quinze minutos depois, um poderoso senador ofereceu a Nick Wilson um novo edifício para a escola técnica vocacional do seu distrito eleitoral, se ele liberasse o projeto. Como o presidente da Câmara dos Deputados, Tip O'Neill, costumava dizer, a política é sempre local. Nick liberou o projeto e ele foi facilmente aprovado. Fiquei doente de raiva. Alguns anos mais tarde, o atual congressista por Little Rock, Vic Snyder, tentou derrubar a lei quando estava no Senado estadual. Também não conseguiu. Pelo que sei, a lei nunca foi aplicada, mas tivemos de esperar até 2003 para que a decisão da Suprema Corte a anulasse.

Outro problema interessante que eu enfrentei como procurador-geral era realmente uma questão de vida ou morte. Um dia recebi um chamado do Hospital Infantil de Arkansas. O hospital havia acabado de contratar um jovem cirurgião muito competente que deveria operar dois irmãos siameses unidos pelo peito, os quais usavam os mesmos sistemas para respiração e bombeamento de sangue. Seus órgãos não seriam capazes de mantê-los por muito mais tempo, e os dois morreriam caso não se fizesse a cirurgia para separá-los. O problema era que a cirurgia resultaria certamente na morte de um deles. O hospital queria um parecer afirmando que o doutor não poderia ser processado por homicídio culposo pela morte do irmão que não sobrevivesse à cirurgia. Eu não poderia dar a ele uma garantia estrita, porque o parecer do procurador-geral protege a pessoa contra ações civis, não contra as criminais. Entretanto, o parecer seria um instrumento forte para dissuadir um promotor mais zeloso. Dei-lhe um documento oficial declarando ser minha opinião que a morte certa de um dos gêmeos para salvar a vida do outro não seria crime. O médico realizou a operação. Um dos irmãos morreu, mas o outro sobreviveu.

A maior parte do nosso trabalho era muito mais convencional que os exemplos que citei. Durante dois anos, trabalhamos bastante para emitir pareceres bem redigidos, executar um bom trabalho para as agências do estado e para os casos criminais, melhorar a qualidade da assistência oferecida pelas entidades governamentais e manter baixas as tarifas das concessionárias de serviços públicos, inclusive com um esforço vigoroso para não permitir o aumento do custo das chamadas de telefones públicos — dos dez centavos então cobrados para os 25 que já vigoravam em quase todos os outros estados.

Além do meu trabalho, eu percorria o estado para ampliar meus contatos e fortalecer minha organização para as eleições seguintes. Em janeiro de 1977 pronunciei meu primeiro discurso como eleito durante um banquete do Rotary Club em Pine Bluff, a maior cidade do sudeste de Arkansas. Eu obtivera 45% dos votos da cidade em 1976, mas teria de melhorar nas eleições seguintes. As quinhentas pessoas presentes ao banquete eram uma excelente oportunidade de melhoria. Foi uma longa noite, com muitos discursos e um número interminável de apresentações. Geralmente os organizadores desses eventos receiam que as pessoas que não foram apresentadas voltem para casa furiosas. Se isso for verdade, poucas pessoas ficaram contrariadas depois daquele banquete. Já passava das dez horas da noite quando o anfitrião se levantou para me apresentar formalmente. Estava mais nervoso que eu. Suas primeiras palavras foram: "A gente poderia terminar por aqui, e esta seria uma noite maravilhosa". Sei que ele queria dizer que o melhor ainda estava por vir, mas suas palavras não deram a entender isso, soando mal. Todos riram e meu discurso foi bem recebido, sobretudo por ter sido breve.

Também compareci a muitos eventos na comunidade negra. Um dia fui convidado pelo reverendo Robert Jenkins para sua celebração como o novo pastor da Igreja Batista Estrela d'Alva. Era uma igreja pequena de madeira na zona norte de Little Rock, com bancos para acomodar confortavelmente 150 pessoas. Numa tarde quente de verão, estavam presentes cerca de 300 pessoas, inclusive pastores e coros de várias outras igrejas, e apenas mais um branco, o juiz distrital Roger Mears. Todos os coros cantaram e todos os pregadores ofereceram congratulações. Quando Robert se levantou para pregar, a congregação já estava ali havia um bom tempo. Mas ele era jovem, charmoso, um vigoroso orador, e prendeu a atenção de todos. Começou lentamente, dizendo que queria ser um pastor acessível, mas não mal compreendido. "Quero dizer uma palavra especial às senhoras desta paróquia. Se precisarem de um pastor, podem contar comigo a qualquer hora do dia ou da noite. Mas se precisarem de um homem, orem ao Senhor: ele lhes dará um". Essa franqueza seria impensável numa igreja de brancos, mas a multidão gostou. Ele recebeu um sonoro coro de améns.

Continuando o sermão, a temperatura pareceu subir. De repente uma velha senhora sentada perto de mim se levantou, tremendo e gritando, tomada pelo espírito do Senhor. Pouco depois um homem se levantou gritando mais alto e num estado de descontrole ainda maior. Vendo que ele não se acalmava, dois paroquianos o levaram para uma salinha no fundo da igreja, onde se guardavam as togas do coro. Ele continuou a gritar coisas incompreensíveis e a bater na porta e nas paredes. Virei-me e ainda o vi arrancar a porta das dobradiças, derrubá-la e sair da igreja ainda gritando. Lembrei-me de Max Beauvoir e a cerimônia vodu no Haiti, com a diferença de que essas pessoas acreditavam ter sido movidas por Jesus.

Pouco tempo depois vi cristãos brancos manifestando as mesmas experiências quando a chefe do departamento financeiro da Advocacia Geral, Dianne Evans, me convidou para um acampamento de verão dos pentecostais em Redfield, uns cinqüenta quilômetros ao sul de Little Rock. Dianne era filha de ministros pentecostais e, tal como outras mulheres devotadas à sua religião, não se maquiava, usava roupas discretas e não cortava o cabelo, que era arranjado num coque. Naquela época os pentecostais radicais não iam ao cinema nem a eventos esportivos. Muitos nem ouviam música que não fosse religiosa no rádio de seus carros. Eu estava interessado na religião deles e nas suas práticas, especialmente depois de conhecer Dianne, que era inteligente, extremamente competente no trabalho e tinha um grande senso de humor. Quando brinquei com ela sobre a imensidão de coisas proibidas aos pentecostais, ela me disse que eles se divertiam era na igreja. Logo eu iria descobrir quanto ela estava certa.

Quando cheguei a Redfield fui apresentado ao líder dos pentecostais no estado, o reverendo James Lumpkin, e a outros proeminentes ministros religiosos.

Saímos então para o santuário, com capacidade para 3 mil pessoas. Sentei-me no palco com os pregadores. Depois da minha apresentação e de outras preliminares, teve início o culto com uma música tão vigorosa e rítmica quanto as melhores que eu já havia ouvido em igrejas negras. Após uns dois hinos, uma linda mulher se levantou de um dos bancos, sentou-se ao órgão e começou a cantar uma canção *gospel* que eu não conhecia, "Na presença de Jeová". Foi emocionante. Comovi-me até as lágrimas. A mulher era Mickey Mangun, filha de Lumpkin e esposa do reverendo Anthony Mangun, que com seus pais e Mickey dirigia uma importante paróquia em Alexandria, no estado de Louisiana. Depois de um sermão emocionante que incluiu falas "em outras línguas" — com o pastor pronunciando todos os sons que o Senhor lhe inspirava —, a congregação foi convidada a vir à frente e orar diante de alguns altares baixos. Muitos vieram, elevando as mãos e louvando ao Senhor, e também gritando em outras línguas. Foi uma noite inesquecível.

Entre 1977 e 1992 compareci a todos os acampamentos, com exceção de um, geralmente levando comigo alguns amigos. Uns dois anos depois, quando souberam que eu fazia parte do coro da minha igreja, fui convidado a cantar com um quarteto de pastores carecas conhecidos como os Bald Knobbers [Cervos Carecas]. Adorei e me integrei perfeitamente, menos no que dizia respeito aos cabelos.

A cada ano eu testemunhava uma nova manifestação da fé pentecostal. Houve um ano em que se apresentou um pastor sem instrução que disse ter recebido de Deus o poder de decorar a Bíblia. Citou mais de 230 versículos no seu sermão. Tinha comigo a minha Bíblia e conferi a sua memória. Parei depois dos primeiros 28 versículos; não faltava nem uma palavra. Uma vez vi um jovem com uma grave deficiência que vinha todo ano responder ao chamado do altar na sua cadeira automática. Da parte da entrada ele vinha a toda a velocidade com a cadeira e, quando estava a três metros do altar, acionava os freios com toda a força para ser lançado da cadeira e cair ajoelhado bem diante do altar, onde se inclinava e louvava ao Senhor como todos os outros.

Muito mais importante que as coisas que eu via os pentecostais fazendo foram as amizades que fiz entre eles. Gostava deles e os admirava porque viviam segundo sua fé. Eram radicalmente contra o aborto, mas, diferentemente de outros, asseguravam a todo bebê indesejado, independentemente de raça ou deficiência, um lar amoroso. Discordavam de mim na questão dos direitos dos gays e do aborto, mas ainda assim seguiam o preceito de Cristo de amar o próximo. Em 1980, quando fui derrotado na reeleição para governador, um dos primeiros telefonemas que recebi foi de um dos Bald Knobbers, dizendo que três deles gostariam de ir me visitar. Eles chegaram à Mansão do Governador, oraram comigo, disseram-me que continuavam me amando como quando fui vencedor e depois foram embora.

Além de viverem sua fé, os pentecostais que conheci eram bons cidadãos. Achavam que era pecado não votar. A maioria dos pastores que conheci gostava de política e poderiam ter sido, eles próprios, bons políticos práticos. Em meados dos anos 1980, por todos os Estados Unidos, as igrejas fundamentalistas protestavam contra as leis estaduais que determinavam que as creches atendessem a padrões definidos pelo estado e precisavam de licença para funcionamento. Em alguns lugares essa passou a ser uma questão calorosamente debatida, em que pelo menos um pastor num estado do Meio-Oeste preferiu ser preso a aceitar os padrões de assistência à infância. Essa questão tinha potencial para fazer explodir o Arkansas, onde tivemos problemas com uma creche religiosa e onde os novos padrões estaduais ainda estavam em discussão. Chamei dois de meus amigos pastores pentecostais e perguntei qual era realmente o problema. Eles responderam que não havia problema em atender às exigências sanitárias e de segurança do estado; o problema era a exigência de obter uma licença do estado e exibi-la na parede. Eles consideravam que a assistência à criança era uma parte crucial do seu ministério, a qual, diziam, deveria estar livre da intervenção do estado, conforme as garantias de liberdade de religião da Primeira Emenda. Dei a eles uma cópia dos novos padrões do estado e lhes perguntei o que achavam. Quando voltaram no dia seguinte, disseram que os padrões eram justos. Propus então um meio-termo: as creches religiosas seriam liberadas do licenciamento pelo estado se as igrejas aceitassem se ajustar a elas e possibilitassem inspeções regulares. Eles aceitaram, passou a crise, os padrões foram implementados e, pelo que eu saiba, as creches mantidas pelas igrejas nunca tiveram problemas.

Nos anos 1980, Hillary e eu levamos Chelsea para ver o culto de Páscoa do Messias na igreja de Mangun, em Alexandria. Os sistemas de som e luz eram de primeira, o cenário realista, inclusive com animais vivos, e todos os atores eram membros da igreja. A maioria das músicas eram originais e magnificamente interpretadas. Quando era presidente e estive em Fort Polk, perto de Alexandria, pela época da Páscoa, voltei para assistir ao culto do Messias e convenci o grupo de jornalistas que me acompanhava a vir comigo e com mais dois congressistas negros de Louisiana, Cleo Fields e Bill Jefferson. No meio do culto as luzes se apagaram. Uma mulher começou a cantar um hino bem conhecido numa voz profunda e grave. O reverendo se inclinou e perguntou ao congressista Jefferson: "Bill, na sua opinião essa paroquiana é branca ou negra?". Bill respondeu: "É uma irmã, não há dúvida". Alguns minutos depois as luzes se acenderam revelando uma mulher branca e pequena, vestida com um longo vestido negro e o cabelo preso em coque, e Jefferson limitou-se a balançar a cabeça; mas um homem negro sentado duas filas à nossa frente não se conteve e gritou: "Meu Deus, é uma bibliotecária branca!". No fim do espetáculo vi vários jornalistas, geralmente descrentes, com lágrimas nos olhos, a couraça de ceticismo perfurada pela força da música.

Mickey Mangun e outra amiga pentecostal, Janice Sjostrand, cantaram no culto comemorativo da minha primeira posse e trouxeram a casa abaixo. Quando estava saindo da igreja, Colin Powell, chefe do Estado-Maior Conjunto, inclinou-se para mim e perguntou: "Onde você foi encontrar uma mulher branca capaz de cantar desse jeito? Nunca vi coisa igual". Sorri e lhe disse que conhecer gente assim foi um das razões de ter sido eleito presidente.

No segundo mandato, quando os republicanos estavam tentando me retirar do cargo e muitos críticos já me julgavam liquidado, Anthony Mangun me ligou e perguntou se ele poderia ir com Mickey para me visitar por vinte minutos. Respondi: "Vinte minutos? E você vai viajar toda essa distância para ficar só vinte minutos?". Ele respondeu: "Você tem muitas ocupações. Para nós isso é mais que suficiente". Disse-lhe que os esperaria. Alguns dias depois, Anthony e Mickey sentaram-se sozinhos comigo no Salão Oval. Ele disse: "O que você fez foi ruim, mas você não é ruim. Educamos juntos nossos filhos. Conheço o seu coração. Não desista. E se você perceber que vai cair e os ratos começarem a abandonar o navio, pode me chamar. Eu o acompanhei na subida, e quero cair com você". Então rezamos e Mickey me deu uma gravação da linda canção que havia escrito para me apoiar, intitulada "Redimido". Depois de vinte minutos os dois se levantaram e voltaram para casa.

Conhecer os pentecostais mudou e enriqueceu a minha vida. Não importa a sua crença religiosa, ou a falta dela, é lindo ver pessoas que vivem de acordo com a sua fé num espírito de amor por todas as pessoas, e não somente pelos seus. Se tiver a chance de assistir a um culto pentecostal, não deixe de ir.

Perto do fim de 1977 recomeçaram as conversações políticas. O senador McClellan anunciou que se retirava depois de aproximadamente 35 anos no Senado, preparando a cena para uma batalha épica pela escolha do seu sucessor. O governador Pryor, que chegara quase a derrotar McClellan seis anos antes, iria concorrer. Também concorreriam Jim Guy Tucker e o representante do Quarto Distrito, no sul de Arkansas, Ray Thornton, que tinha conquistado proeminência como membro do Comitê Judiciário da Câmara durante o processo de *impeachment* de Nixon. Além disso, ele era sobrinho de Witt e Jack Stephens, e assim tinha garantido o financiamento da sua campanha.

Eu tinha de decidir se também participava da disputa pelo Senado. Uma pesquisa recente me dava o segundo lugar, cerca de dez pontos atrás do governador e um pouco adiante dos dois congressistas. Eu ainda não havia completado um ano no cargo para o qual fora eleito, mas ao contrário dos congressistas eu representava todo o estado, estava sempre presente, e tive a boa sorte de ter um cargo que, se bem executado, favorece naturalmente a aprovação do público. Poucas pessoas eram contra a proteção ao consumidor, melhor assistência para os idosos, baixas tarifas para os serviços públicos e segurança pública.

Mas no fim das contas decidi concorrer para governador. Gostava da idéia de comandar o estado e não queria sair de lá. Antes de poder entrar na disputa, tive de lidar com um último grande caso como procurador-geral. Resolvi-o por interurbano. Depois do Natal, Hillary e eu fomos para a Flórida para ver o Arkansas jogar contra o Oklahoma no Orange Bowl. O técnico Lou Holtz, em seu primeiro ano trabalhando para o Arkansas, havia dirigido o Razorback numa temporada de 10-1 e que os levara ao sexto lugar na classificação nacional; sua única derrota foi para o líder do campeonato, o Texas. O Oklahoma estava em segundo, só tendo perdido para o Texas, mas por uma diferença mínima.

Mal havíamos chegado e começou a tempestade no Arkansas envolvendo o time. O técnico Holtz suspendeu três jogadores, o que os impedia de participar daquele jogo, por terem se envolvido num incidente com a participação de uma moça no dormitório dos atletas. Não eram apenas três jogadores. Um era o corredor titular, o corredor mais veloz da liga do sudoeste; o segundo, o *fullback* titular; e o terceiro era o recebedor avançado titular, dono de uma velocidade espantosa e que tinha reais perspectivas de fazer uma grande carreira profissional. Os três eram os responsáveis pela maior parte da força ofensiva do time. Embora não tivessem sido apresentadas queixas contra os três na polícia, Holtz disse que os estava suspendendo porque eles haviam violado a regra de "fazer o que é certo", e que ele dirigia seus pupilos para serem não somente bons jogadores, mas igualmente para se tornarem homens de bem.

Os três propuseram uma ação pedindo o levantamento da suspensão, alegando que ela fora arbitrária e talvez se baseasse em considerações raciais, pois os três eram negros e a moça era branca. Eles arregimentaram o apoio do time. Nove jogadores declararam que também não jogariam no Orange Bowl, a menos que os três fossem reintegrados.

Minha tarefa era defender a decisão de Holtz. Depois de falar com Frank Broyles, que havia se tornado diretor de esportes, decidi ficar na Flórida, onde poderia discutir com ele e Holtz. Pedi a Ellen Brantley, da minha equipe, para resolver as coisas no Tribunal Federal em Little Rock. Ellen havia sido aluna da Wellesley com Hillary e era uma advogada brilhante; pareceu-me que seria bom ter uma mulher defendendo o nosso lado do caso. Enquanto isso, aumentava entre os jogadores o apoio a Holtz e à realização do jogo.

Durante alguns dias caóticos, passei mais de oito horas diárias ao telefone, discutindo o assunto com Ellen em Little Rock e com Broyles e Holtz em Miami. A pressão e as críticas estavam perturbando Holtz, especialmente a acusação de racismo. A única evidência contra ele era o fato de, quando era técnico do North Carolina Star, ele ter apoiado a candidatura à reeleição do ultraconservador Jesse Helms para o Senado. Depois de passar horas conversando com Holtz, eu me convenci de que ele não era racista nem político. Helms fora gentil com ele e ele havia devolvido o favor.

Em 30 de dezembro, três dias antes do jogo, os três jogadores desistiram da ação e liberaram os nove colegas para participar do jogo. Mas isso ainda não resolvia a questão. Holtz estava tão contrariado que me disse que iria chamar Frank Broyles e renunciar. Eu imediatamente liguei para Broyles e lhe disse para não atender ao telefone, em nenhuma hipótese, naquela noite. Eu estava certo de que Lou acordaria de manhã com vontade de ganhar o jogo.

Durante os dois dias seguintes os jogadores treinaram como nunca. Para começar, eles eram considerados incapazes de vencer, e depois que os três jogadores foram cortados o jogo saiu das tabelas de apostas. Mas os jogadores se estimulavam uns aos outros freneticamente.

Na noite de 2 de janeiro, Hillary e eu nos sentamos no Orange Bowl para ver o aquecimento dos jogadores do Oklahoma. No dia anterior o líder Texas havia perdido para o Notre Dame no Cotton Bowl. Bastava o Oklahoma vencer um Arkansas desfalcado para ganhar o campeonato nacional. Como todo mundo, eles achavam que o jogo ia ser uma mamata.

Então o Razorback subiu para o gramado. Os jogadores entraram trotando numa linha reta e deram tapas na trave do gol antes de começar com os exercícios. Hillary os observou, agarrou o meu braço e disse: "Olhe para eles, Bill. Eles vão ganhar". Com uma defesa sufocante e uma corrida recorde de 205 jardas do *back* reserva Roland Sales, o Razorback esmagou o Oklahoma por 31-6, talvez a maior, e certamente a mais improvável vitória da história do futebol do Arkansas. Lou Holtz é um sujeito tenso e magro, e andava pelas laterais do campo de uma maneira que fazia Hillary se lembrar de Woody Allen. Fiquei grato por esse episódio me ter dado a chance de conhecê-lo. É um homem brilhante e corajoso, possivelmente o melhor técnico de campo dos Estados Unidos. Foi bem-sucedido em outras grandes temporadas com o Arkansas, o Minnesota, o Notre Dame e o Carolina do Sul, mas nunca vai ter outra noite igual àquela.

Passado o caso do Orange Bowl, voltei para casa a fim de dar o meu passo seguinte. Depois de o senador McClellan ter anunciado publicamente sua aposentadoria, fui visitá-lo para lhe agradecer o exercício político e pedir conselhos. Ele insistiu em que eu deveria concorrer à sua cadeira no Senado: não queria que David Pryor vencesse e não tinha apreço particular por Tucker ou Thornton. Disse que o pior que poderia acontecer seria eu perder, como ele havia perdido na primeira tentativa, e que, se eu perdesse, era jovem e poderia tentar de novo, como ele havia feito. Quando lhe disse que pensava em concorrer ao governo do estado, ele disse que não era uma boa idéia, que tudo o que se podia fazer no cargo de governador era irritar as pessoas. No Senado era possível ter uma grande atuação em prol do estado e da nação. O cargo de governador, disse ele, era o caminho mais curto para o cemitério político. Historicamente, sua análise estava correta. Apesar de Dale Bumpers ter conseguido navegar a onda de prosperidade e progressismo do Novo Sul, ele foi uma exceção à regra. Os tempos eram difíceis durante o governo de Pryor e ele teria de enfrentar um duro desafio, independentemente da minha participação na disputa. Pois era difícil permanecer quatro anos no cargo de governador. Desde que o Arkansas adotou o mandato de dois anos, em 1876, somente dois governadores, Jeff Davies, antes da Primeira Guerra Mundial, e Orval Faubus, haviam governado por mais de quatro anos. E Orval Faubus teve de fazer o absurdo que fez na Escola Secundária Central de Little Rock para conseguir continuar no cargo.

McClellan, com 82 anos, ainda estava afiado e eu respeitava seu conselho. Também me surpreendi com o seu incentivo. Eu era muito mais liberal que ele, mas isso se aplicava a todos os seus potenciais sucessores. Por alguma razão nós nos dávamos bem, em parte porque estive ausente da Faculdade de Direito quando o governador Pryor concorreu com ele, e portanto não poderia trabalhar em favor de Pryor, o que eu teria feito se não estivesse fora. Eu também respeitava o trabalho sério de McClellan de ataque às redes do crime organizado, que representavam uma ameaça a todo norte-americano, independentemente de suas posições políticas ou das circunstâncias econômicas. Pouco depois de nosso encontro o senador McClellan morreu, antes de terminar o mandato.

Apesar dos seus conselhos e das ofertas de apoio que recebi de todo o Arkansas para me candidatar para o Senado, decidi concorrer ao cargo de governador. Estava entusiasmado com as perspectivas do que poderia realizar e achava que conseguiria vencer. Embora a idade de 31 anos seja mais problemática numa disputa pelo governo do estado que numa pelo Senado, por causa das pesadas responsabilidades de tomada de decisões, a competição não era tão dura quanto a que eu teria de enfrentar se concorresse ao Senado.

Quatro outros candidatos concorreram nas primárias do Partido Democrata: Joe Woodward, advogado de Magnólia, no sul do Arkansas, que havia participado ativamente das campanhas de Dale Bumpers; Frank Lady, advogado do nordeste do Arkansas, evangélico e conservador, o candidato preferido dos eleitores da Moral Majority e o primeiro, mas não o último, dos meus concorrentes a criticar explícita e publicamente Hillary por exercer a advocacia e implicitamente por ter mantido o nome de solteira quando nos casamos; Randall Mathis, o bem relacionado juiz distrital do condado de Clark, ao sul de Hot Springs; e Monroe Schwarlose, um simpático criador de perus do sudeste do Arkansas. Woodward parecia ser o candidato mais forte. Era inteligente, falava bem e tinha contatos em todo o estado por causa do trabalho com Bumpers. Ainda assim comecei na liderança com grande folga. Só precisava mantê-la. Como todo interesse estava na disputa pelo Senado, eu só tinha de trabalhar duro e continuar o bom trabalho como procurador-geral.

Apesar dessa relativa falta de dramaticidade, a campanha teve seus momentos interessantes. A "história da árvore" ressurgiu quando um policial estadual que apoiava Joe Woodward jurou que tinha me retirado daquela maldita árvore em 1969. Em Dover, ao norte de Russellville, encarei um desafio à minha masculinidade participando de um cabo-de-guerra com um grupo de robustos madeireiros. Eu era o menor dos dois times e fui colocado na frente. Puxamos a corda de um lado para o outro sobre um buraco cheio de água e lama. Meu lado perdeu, e terminei coberto de barro, com as mãos feridas e sangrando pelo esforço de puxar a corda. Felizmente um amigo que havia insistido para que eu competisse me arranjou uma roupa nova, do contrário eu não poderia ter voltado naquele dia ao palco para a campanha. Em St. Paul, um povoado com cerca de 150 habitantes perto de Huntsville, eu apertava as mãos de todos os participantes da parada do Dia do Pioneiro mas me acovardei diante de um homem que se dirigia diretamente para mim com seu bichinho de estimação preso por uma coleira. Era um urso já adulto. Não sei se aquela corrente dava tranqüilidade a alguém, mas a mim não dava.

Pode não parecer, mas a verdade é que os tomates tiveram um papel importante na campanha de 1978. O Arkansas produz grande quantidade deles no condado de Bradley, a maior parte colhida por trabalhadores que na época da safra vêm do sul do Texas pelo Mississippi, chegando até o Michigan, seguindo o aumento da temperatura e o amadurecimento das colheitas. Como procurador-geral, eu havia ido a Hermitage, no sul do condado, participar de uma reunião comunitária para tratar do problema da implementação dos novos padrões federais de moradia para os trabalhadores, uma imposição que os pequenos produtores então enfrentavam. Eles não tinham dinheiro para tanto. Consegui para eles um auxílio da administração Carter, e assim eles construíram as instalações exigidas e conseguiram se manter em atividade. O povo ficou agradecido e depois que anunciei minha candidatura foi programado um Dia de Agradecimento a Bill Clinton, que incluía uma parada aberta por uma banda escolar desfilando pela rua principal. Eu estava entusiasmado com tudo aquilo e feliz por ter uma repórter do *Arkansas Gazette* me acompanhando para cobrir o evento. No caminho, ela me fez muitas perguntas sobre campanha e polêmicas. Disse alguma coisa que trouxe à baila meu apoio à pena de morte, e isso foi a reportagem daquele dia. Toda a cidade de Hermitage compareceu, mas o evento e o trabalho que o suscitaram continuaram sendo desconhecidos do restante do estado. Reclamei por causa disso durante alguns dias, até que minha equipe finalmente decidiu que a única forma de me fazer calar era zombar de mim. Mandaram imprimir em camisetas essas palavras: "Você devia ter visto a multidão em Hermitage". De qualquer modo, ganhei praticamente todos os votos de Hermitage e aprendi a ser mais cuidadoso ao tratar com repórteres.

Algumas semanas depois voltei ao condado de Bradley para fazer campanha durante o Festival do Tomate Cor-de-Rosa em Warren, e participei do concurso de mais rápido comedor de tomates. Três dos sete ou oito competidores eram jovens muito maiores que eu. Cada um de nós recebeu um saco de papel cheio de tomates que haviam sido cuidadosamente pesados. Quando soou o sinal, comemos tantos tomates quanto nos foi possível no tempo estabelecido — cinco minutos, pelo que me lembro —, tempo demais para uma multidão observar grandes marmanjões comendo tomates como porcos num cocho. Qualquer pedaço de tomate que não fosse comido voltava para o saco, para que se pudesse determinar a quantidade exata do que havíamos consumido. Como um idiota, tentei ganhar. Terminei em terceiro ou quarto, e me senti mal durante uns dois dias. Mas tive a recompensa: recebi também a maioria dos votos de Warren. No entanto nunca mais participei do concurso.

O Congresso dos Estados Unidos havia aprovado a emenda à Constituição que tratava da igualdade de direitos, e a enviaram aos estados, mas ela ainda não havia sido ratificada pelo quórum mínimo de três quartos pelos Legislativos estaduais, e nunca seria. Mesmo assim, essa era, por diversas razões, uma questão polêmica entre os conservadores do Arkansas. O senador Kaneaster Hodges, indicado por David Pryor para concluir o mandato do senador McClellan, havia pronunciado um eloqüente discurso no plenário do Senado apoiando a emenda. Nossa amiga Diane Kincaid havia superado Phyllis Schlafly, a principal adversária da emenda no país, num debate muito noticiado que se deu no Legislativo do Arkansas. Hillary e eu éramos conhecidos como favoráveis à emenda. Os opositores previam o fim da civilização tal como a conhecemos, se a emenda fosse aprovada: mulheres na guerra, banheiros unissex, famílias destruídas em que mulheres "avançadinhas" já não se submeteriam a seus maridos.

Por causa da emenda, tive um entrevero com alguns partidários de Frank Lady num comício de cerca de quinhentas pessoas em Jonesboro, nordeste do Arkansas. Eu estava discursando sobre as minhas propostas para a educação e o desenvolvimento econômico quando uma mulher com camiseta da campanha de Lady começou a gritar para mim: "Fale sobre a emenda da igualdade! Fale sobre a emenda da igualdade!". Finalmente eu disse: "Certo. Vou falar. Eu sou a favor. A senhora é contra. Mas ela não deverá fazer tanto mal quanto a senhora imagina, nem tanto bem quanto eu e outros que a apóiam gostaríamos que fizesse. Então vamos voltar às escolas e aos empregos". Ela não desistiu e gritou: "O senhor está promovendo o homossexualismo!". Olhei para ela, sorri e disse: "Minha senhora, na minha curta vida política já fui acusado de tudo o que se possa imaginar. Mas a senhora é a primeira pessoa a me acusar de promover o homossexualismo". A multidão caiu na gargalhada. Até alguns dos companheiros dela riram. Então eu consegui terminar o meu discurso.

No dia das primárias recebi 60% dos votos, vencendo em 71 dos 75 condados. Os votos para o Senado se dividiram quase igualmente entre Pryor, Tucker e Thornton. Pryor teve 34% e Jim Guy Tucker um pouco mais que Ray Thornton, e era necessário um desempate. A opinião geral era de que Pryor estava em dificuldade porque, como governador em exercício, ele deveria ter recebido no mínimo 40% dos votos. Como eu gostava de Pryor e de trabalhar com ele no governo do estado, insisti com ele para consultar meu especialista em pesquisas, Dick Morris, um jovem consultor político que já trabalhara na política de Nova York. Era um sujeito brilhante e áspero, fervilhando de idéias sobre política e políticas. Propunha campanhas agressivas e criativas, e tinha tanta fé no próprio taco com relação a tudo que muita gente, especialmente a gente caseira de um lugar como o Arkansas, considerava-o um sujeito difícil de tolerar. Mas ele me estimulava. E me ajudou muito, em parte por eu não me deixar ofender por suas maneiras e em parte porque eu tinha bons instintos sobre quando ele estava certo ou errado. O que me agradava particularmente em Morris era que ele tinha coragem de me dizer as coisas que eu não queria ouvir.

Na campanha do outono, meu adversário era o criador de gado e chefe do Partido Republicano no estado, Lynn Lowe. A disputa não teve grandes lances, a não ser por uma entrevista coletiva nos degraus do Capitólio, em que ele me acusou de ter fugido do serviço militar. Mandei-o conversar com o coronel Holmes. Ganhei a eleição com 63% dos votos, vencendo em 69 dos 75 condados.

Com 32 anos eu era o governador eleito do Arkansas, com apenas dois meses para formar a minha equipe, criar um programa legislativo e concluir o meu trabalho como procurador-geral. Gostava do que fazia e, graças a muito trabalho e dedicação de uma equipe notável, havíamos realizado muito. Limpamos uma pilha de solicitações pendentes de pareceres jurídicos, emitindo um número recorde deles; recuperamos mais de 400 mil dólares em reclamações de consumidores, mais do que se havia conseguido nos cinco anos de existência da divisão; instruímos as câmaras reguladoras de profissões para não mais proibirem a menção ao preço nas propagandas publicadas pelos grupos profissionais regulados por elas, uma prática comum naquela época em todos os Estados Unidos; impusemos a melhoria dos padrões de assistência aos idosos e um fim à discriminação contra eles; interviemos em mais audiências sobre tarifas de serviços públicos do que em toda a história daquela repartição, economizando milhões de dólares para os usuários; elaboramos e conseguimos aprovar leis para indenizar as vítimas ou familiares de vítimas de crimes violentos; e protegemos o direito à privacidade dos cidadãos com relação a informações pessoais mantidas por agências estaduais. Mas uma coisa que realizei foi especialmente importante para mim: convenci os três quartos necessários das duas Câmaras Legislativas a emendar a lei eleitoral do estado para restaurar o direito de voto aos ex-condenados que tivessem cumprido sua sentença. Argumentei que, como já tinham pago inteiramente a sua dívida, eles deviam ter restaurada a completa cidadania. Fiz isso em nome de Jeff Dwire, um cidadão trabalhador e que pagava religiosamente os impostos, mas que nunca foi perdoado e morria mil mortes a cada eleição. É triste dizer, mas passados mais de 25 anos o governo federal e a maioria dos estados ainda não seguiram o nosso exemplo.

21

COMEÇAMOS A NOS PREPARAR para o meu primeiro mandato depois da eleição primária, em maio, e a trabalhar de fato depois de novembro, convertendo a sede do comitê na sede do governo de transição. Rudy Moore e Steve Smith, que haviam sido deputados estaduais, me ajudaram na preparação de orçamentos, na redação de projetos de lei para realizar minhas prioridades políticas, na análise dos principais desafios administrativos, e começaram a contratar a equipe e o secretariado.

Em dezembro o Partido Democrata realizou em Memphis sua convenção de meio de mandato. Pediram-me para cruzar o Mississippi para ser o moderador de um painel de debates sobre serviços de saúde de que participariam Joe Califano, o secretário de Saúde, Educação e Bem-Estar Social do presidente Carter, e o senador Edward Kennedy, o principal advogado do Seguro Universal de Saúde no Senado. Califano fez uma boa defesa da abordagem de Carter, que visava incrementar a reforma do sistema de saúde, mas Kennedy conquistou a platéia com o pleito emocionado de que o norte-americano comum tivesse a mesma cobertura que a sua riqueza pôde oferecer a seu filho Teddy quando ele teve câncer. Gostei da experiência e da exposição nacional, mas estava convencido de que aquela convenção apenas tornara evidentes as nossas dissensões internas, quando se esperava que ela unisse e revigorasse os democratas nos anos em que não havia eleições presidenciais. Mais tarde a convenção de meio de mandato foi abolida.

Pouco antes do Natal, Hillary e eu partimos em férias há muito necessitadas para a Inglaterra. Passamos o Natal com minha amiga de Oxford, Sara Maitland, e seu marido, Donald Lee, norte-americano que se fez pastor da Igreja da Inglaterra. Aquele ia ser o primeiro culto de Natal de Donald. Ele estava um pouco nervoso, mas começou-o com uma atividade que só poderia dar certo, um sermão para as crianças. Sentou-se nos degraus próximo ao púlpito diante de um lindo cenário da natividade e pediu às crianças para se sentarem ali perto dele. Quando estavam todas sentadas, ele disse: "Crianças, este é um dia muito especial". Elas concordaram com a cabeça. "Vocês sabem que dia é hoje?" E elas responderam: "Sabemos". Donald irradiava felicidade. "Que dia é hoje?" Todas gritaram em uníssono: "Segunda-feira". Não sei como ele continuou. Talvez se consolasse com o fato de na sua igreja as crianças dizerem literalmente a verdade.

Dali a um mês já era hora de nos mudarmos para a mansão do governador e nos preparamos para a posse. A mansão era uma grande casa colonial de cerca de novecentos metros quadrados no belo bairro de Quapaw em Little Rock, perto do Capitólio estadual. A casa principal era ladeada por duas outras menores; a da esquerda servia como casa de hóspedes, e a da direita abrigava os soldados da polícia estadual que guardavam o lugar e atendiam ao telefone 24 horas por dia. A mansão tinha três belos salões públicos, uma cozinha grande e uma pequena sala de refeições no térreo, um porão espaçoso que convertemos em completa sala de recreação, com fliperama, ficando a área íntima no segundo andar. Apesar do tamanho, a área íntima da mansão consistia em cinco cômodos pequenos e dois banheiros modestos. Ainda assim, era um salto tão grande em relação à nossa pequena casa da rua L que não tivemos mobília suficiente para encher os cinco cômodos.

A parte mais difícil da transição foi nos acostumar com a segurança. Sempre me orgulhei da minha auto-suficiência e prezei a minha privacidade. Já era economicamente independente desde os vinte anos, e com o passar do tempo me acostumei a limpar a casa, a cozinhar e a realizar as pequenas tarefas do dia-a-dia, já que Hillary e eu dividíamos as tarefas domésticas. Agora, outras pessoas preparavam as refeições, limpavam a casa, e realizavam aquelas tarefas que estava acostumado a fazer eu mesmo. Desde os dezesseis anos gostava de dirigir sozinho meu próprio carro, ouvindo música e pensando. Tudo isso agora era impossível. Sempre gostei de correr todo dia, geralmente antes ou depois do trabalho. Agora era seguido por um segurança num carro comum. No início aquilo me irritou — dava vontade me livrar dele entrando em uma via de contra mão. Com o tempo me acostumei e passei a apreciar o trabalho do pessoal da mansão e dos seguranças; eles me possibilitavam ter mais tempo para o meu trabalho. Como tinha motoristas, me acostumei a adiantar a papelada em trânsito. No devido tempo decidimos que eu mesmo iria dirigindo para a igreja aos domingos. Não era uma grande concessão, pois minha igreja e a igreja metodista que Hillary freqüentava ficavam perto da mansão, mas esperava ansioso o domingo para poder dirigir sozinho. Um dos seguranças que estava de serviço me acompanhava, o que para mim era muito melhor que ser seguido. Depois de vários anos no cargo, sabendo que não havia nenhuma ameaça iminente, passei a correr sozinho pela manhã, mas seguindo um roteiro conhecido, em que havia muitas pessoas. Essas corridas geralmente terminavam no McDonald's ou na padaria próxima, os dois bem perto da mansão, quando tomava água e voltava caminhando para casa.

Às vezes os seguranças tinham de enfrentar ameaças reais. No meu primeiro mandato um homem fugiu do hospício e telefonou para a mansão dizendo que iria me matar. Como ele havia decapitado a própria mãe alguns anos antes, a ameaça foi levada a sério. Prenderam-no e o devolveram à instituição, o que talvez tenha sido seu desejo inconsciente quando telefonou. Um dia, um homem musculoso com um cravo de fixar trilhos aos dormentes entrou no escritório da administração e disse que precisava falar comigo a sós. Não permitiram. Em 1982, quando tentava recuperar o cargo de governador, apareceu um homem assegurando ter recebido uma mensagem de Deus dizendo que meu adversário era instrumento d'Ele, e eu um instrumento do diabo, e que ele iria realizar o desejo de Deus e me eliminar. Havia fugido de um hospício no Tennessee. Tinha um revólver de calibre não padronizado e foi de loja em loja tentando comprar munição, mas não o conseguiu por não ter documento de identidade. Mesmo assim tive de usar um desconfortável colete à prova de balas nos últimos dias de campanha. Uma vez, quando esqueceram destrancada a porta principal, uma mulher perturbada, mas inofensiva, chegou até a metade da escadaria que levava à nossa área íntima e me chamou, quando então os soldados a prenderam. Outra vez, um homem baixinho mas vigoroso, usando coturnos e short, foi preso tentando arrombar a porta principal. Havia consumido alguma mistura de drogas que o tornou tão forte que foram necessários dois seguranças maiores que eu para contê-lo, e isso somente depois de ele ter derrubado um deles e enfiado a cabeça pela janela da casa dos guardas. Foi carregado em camisa-de-força e amarrado à maca. Mais tarde, quando se acalmou, o homem pediu desculpas aos soldados e lhes agradeceu por terem evitado que ele fizesse mal a alguém.

Os soldados que me serviram se tornaram um embaraço no meu primeiro mandato como presidente, quando dois deles, insatisfeitos e passando por dificuldades financeiras, espalharam histórias a meu respeito em troca de algum dinheiro e de fama, além da esperança de um ganho maior. Mas a maioria dos que serviram na equipe de segurança eram pessoas excelentes que faziam bem o seu trabalho, e vários deles se tornaram meus amigos. Em janeiro de 1979 eu achava que nunca iria precisar de proteção durante as 24 horas do dia, mas estava tão empolgado com meu trabalho que não tinha tido tempo para pensar nisso.

Além do tradicional baile de posse, oferecemos uma noite de entretenimento com o título "Diamantes e Brim". Todos os artistas eram do Arkansas, inclusive o grande cantor de soul Al Green, que depois passou a se dedicar à música evangélica e à pregação, e Randy Goodrum, o pianista do trio do nosso colégio, The 3 Kings [Os 3 Reis]. Com 31 anos, ele já tinha ganho um Grammy por suas composições. Juntei-me a ele no sax para tocar "Summertime", na primeira vez em que tocávamos juntos desde 1964.

A posse foi um grande acontecimento. Compareceram centenas de pessoas vindas de todos os cantos do estado, bem como os amigos que Hillary e eu havíamos conhecido ao longo dos anos, entre eles meu companheiro de quarto, Tommy Caplan; Dave Matter, que dirigiu minha desafortunada campanha em Georgetown; Betsy Wright; meus amigos pró-direitos civis do Boys Nation, de Louisiana, Fred Krammer e Alston Johnson; e três amigos de Yale, Carolyn Ellis, Greg Craig e Steve Cohen. Carolyn Yeldell Staley também veio de Indiana para cantar.

Trabalhei duro no meu discurso de posse. Queria captar o momento histórico e dizer aos amigos do Arkansas um pouco mais a respeito dos valores e ideais que trazia para o governo. Na noite da véspera, Steve Cohen me deu uma idéia que usei no discurso, ao dizer que estava sentindo duas coisas que não sentia havia muito tempo, "orgulho e esperança". Disse algumas coisas naquele discurso em que acredito hoje tanto quanto acreditava na época, palavras que captam o que tentei realizar em toda a minha obra pública, inclusive na Presidência:

> Desde que me entendo por gente tenho acreditado apaixonadamente na causa da igualdade de oportunidades, e farei tudo para promovê-la.
>
> Desde que me entendo por gente tenho deplorado o exercício arbitrário e abusivo do poder por aqueles em posição de autoridade, e hei de fazer tudo o que puder para evitá-lo.
>
> Desde que me entendo por gente tenho lamentado o desperdício e a falta de ordem e de disciplina tão freqüentes nos negócios do governo, e farei o que me for possível para reduzi-los.

Desde que me entendo por gente tenho amado a terra, o ar e a água do Arkansas, e farei o que puder para protegê-los.

Desde que me entendo por gente tenho desejado aliviar o peso da vida para aqueles que, não por sua culpa, são fracos ou necessitados, ou estão velhos, e hei de ajudá-los.

Desde que me entendo por gente tem me entristecido ver tantos do nosso povo ativo e independente trabalhando demais em troca de muito pouco, por causa da falta de oportunidades econômicas, e farei o que puder para favorecê-los.

No dia seguinte, fui trabalhar no que seriam os dois anos mais estimulantes e exaustivos, compensadores e frustrantes da minha vida. Vivia com pressa de fazer as coisas, e dessa vez o alcance dos meus deveres geralmente era maior que a minha capacidade. Acredito que um bom resumo do meu primeiro ano de governo seja que ele foi um sucesso de políticas e um desastre político.

Naquela sessão legislativa eu tinha duas prioridades principais, educação e rodovias, e pretendia fazer várias outras reformas substanciais na saúde, no setor de energia e no desenvolvimento econômico. Em 1978, o Arkansas estava em último lugar entre todos os estados nos gastos per capita com educação. Um estudo das nossas escolas realizado pelo dr. Kern Alexander, um especialista da Universidade da Flórida nacionalmente respeitado em políticas educacionais, concluiu que o nosso sistema estava em condições desesperadoras: "Do ponto de vista educacional, uma criança média no Arkansas estaria melhor se freqüentasse uma escola pública de qualquer outro estado do país". Tínhamos 369 distritos escolares, muitos deles pequenos demais para oferecer os cursos necessários em matemática e ciências. Não havia nenhum sistema de padrões ou de avaliação. E os salários dos professores eram dolorosamente baixos em quase todos os lugares.

O Capitólio estadual aprovou quase todas as minhas propostas para a educação, incentivada pela Associação Educacional do Arkansas, que representava a maioria dos professores; a associação representativa dos administradores e diretores de escola; e legisladores interessados em educação, incluindo Clarence Bell, o poderoso presidente da Comissão de Educação do Senado. Aprovaram um aumento de 40% nos recursos para os dois anos seguintes, que incluía um aumento salarial de 1.200 dólares para os professores em cada ano; um aumento de 67% para educação especial; aumento nos recursos destinados a livros didáticos, transporte e outras operações; e, pela primeira vez, ajuda aos distritos escolares para programas destinados a alunos superdotados e para o transporte dos alunos menores, um grande passo rumo à universalização do jardim-de-infância.

O dinheiro estava vinculado a esforços para elevar padrões e aprimorar a qualidade, algo que sempre tentei fazer. Aprovamos os primeiros programas estaduais para exigir testes que avaliassem o desempenho dos estudantes e indicassem as áreas que precisavam ser aperfeiçoadas; exigir que todos os professores se submetessem ao Exame Nacional de Professores para serem autorizados a trabalhar; e um projeto de lei proibindo a dispensa de professores por "capricho, razões arbitrárias ou discriminatórias". Também estabelecemos a Escola Governador do Arkansas para alunos superdotados, que se reuniu pela primeira vez no

Hendrix College no verão de 1980. Hillary e eu discursamos para a primeira turma. Era uma das realizações de que mais me orgulhava, e vai bem até hoje.

Em duas outras áreas não tive tanto sucesso. O relatório de Alexander recomendava a redução do número de distritos escolares para duzentos, o que resultaria numa grande economia de recursos em custos administrativos. Mas eu não poderia nem mesmo propor um projeto de criação de uma comissão para estudar a questão, porque muitos dos pequenos povoados acreditavam que, se não tivessem os seus próprios distritos escolares, o "povo da cidade" iria fechar as suas escolas e destruir as suas comunidades.

A outra área em que encontrei resistência foi a questão da fórmula de distribuição do auxílio às escolas. Vários distritos escolares haviam apresentado recurso alegando que nosso sistema era injusto e que, associadas às diferenças nas receitas locais dos impostos de propriedade, as desigualdades nos gastos por aluno eram tão grandes a ponto de quase poderem ser consideradas inconstitucionais. A fórmula adotada não levava em conta as diferenças nos valores de propriedade ou nas alterações da população estudantil, e aplicava mais dinheiro por aluno nos distritos muito pequenos, onde os custos administrativos por aluno eram muito mais altos. Era difícil alterar esse sistema, pois dar mais a alguns distritos significava dar menos a outros. Os dois grupos estavam bem representados no Capitólio estadual, e quando viram as tabelas mostrando as conseqüências das mudanças nos seus distritos, os perdedores lutaram duro para impedi-las. Seria necessária uma decisão de 1983 da Suprema Corte do estado invalidando as fórmulas de cálculo para que pudéssemos realmente mudar as coisas.

O programa de recuperação das rodovias que propus deveria solucionar a deterioração do sistema rodoviário do estado, as estradas municipais e as vias urbanas, e suprir a necessidade de novas construções. O Arkansas não tivera um único programa voltado à estrutura rodoviária em mais de uma década, e as péssimas condições da pavimentação e a lentidão nas estradas estavam custando muito em tempo e dinheiro ao nosso povo. Era grande o apoio a este programa, mas havia grandes desacordos quanto à forma de financiá-lo. Propus um pacote de aumento de impostos para caminhões pesados, que provocavam a maior parte dos danos, e um aumento substancial nos impostos para veículos menores. Naquela época, a taxa de emplacamento de automóveis, bem como a de caminhões, era calculada com base no peso do veículo. Achei que isso era injusto, pois as variações de peso dos automóveis, ao contrário dos caminhões, não eram significativas em termos de danos às rodovias, e os carros mais pesados eram mais velhos e geralmente pertenciam a pessoas de renda mais baixa. Propus um conjunto de taxas de emplacamento de automóveis baseado no valor do carro, estipulando que os proprietários dos mais caros pagavam cinqüenta dólares, e os dos mais baratos, vinte dólares. Pela minha proposta, os proprietários de carros de passeio mais pesados não teriam de pagar mais.

Alguns deputados mais experientes sugeriram que não se deveria aumentar as taxas de emplacamento, e que o programa rodoviário poderia ser financiado por impostos sobre combustíveis. Os sindicatos não concordavam, porque os motoristas comuns teriam de pagar bem mais ao longo do ano, embora não o sentissem, pois o imposto estaria escondido no preço do combustível. Concordei com o sindicato quanto ao mérito do argumento, mas o aumento do imposto sobre combustíveis seria politicamente muito menos danoso do que o que eu propus.

Nenhum dos grupos organizados, com exceção dos empreiteiros de construção estradas, apoiou minhas propostas. Representantes organizados dos interesses em torno do transporte rodoviário, das granjas e do ramo madeireiro disseram que não teriam capacidade de absorver o aumento de custos dos caminhões grandes que usavam, e eles foram reduzidos. As agências de carros novos disseram que eu queria cobrar muito de seus clientes, e o emplacamento baseado no preço seria um pesadelo administrativo. Seus argumentos me pareceram particularmente fracos, mas o Capitólio estadual concordou com eles. O *lobby* rodoviário foi representado no Senado por Knox Nelson, um deputado decidido, ele próprio um empreiteiro do ramo de construção de estradas, que queria o dinheiro para as melhorias mas não estava interessado no modo de levantá-lo. No final, o Capitólio aprovou um grande aumento da receita de emplacamento, mas ainda vinculado à velha regra de peso do veículo, quase dobrando a taxa para os carros pesados — de 19 dólares para 36 dólares. Eu teria de decidir. Poderia sancionar a lei e ter um bom programa de recuperação de rodovias financiado de forma injusta, ou vetá-la e renunciar ao programa. Sancionei a lei. Foi o maior erro que já cometi na política, até 1994, quando também concordei em pedir um promotor especial para investigar o caso Whitewater sem que houvesse o menor indício para justificá-lo.

No Arkansas, a taxa de emplacamento é paga anualmente no dia do aniversário do proprietário, que tem de ir até as repartições arrecadadoras do condado local para a renovação da licença. Depois de aprovado o aumento em 1º de julho, todo dia, durante um ano, novos grupos de pessoas chegavam às repartições arrecadadoras e encontravam o meu presente de aniversário: a taxa de emplacamento havia dobrado. Muitas dessas pessoas eram fazendeiros que haviam viajado às vezes mais de trinta quilômetros até a sede do condado para pagar pela nova placa. Geralmente não tinham cheques e só traziam o necessário para pagar o valor antigo; eram então obrigados a voltar para casa, pegar mais dinheiro, destinado a outras despesas da família, e tornar a fazer a viagem. Quando retornavam, tinham de esperar na fila, o que geralmente acontecia, e a única coisa que viam nas instalações espartanas das repartições era o retrato do governador sorrindo para eles.

No fim de 1978, quando pela primeira vez fui eleito governador, Hilary Jones tinha feito um comentário profético. Ele disse que os caipiras me apoiaram em três eleições, mas agora eu teria de procurar votos nas cidades. Quando perguntei por quê, ele respondeu que eu iria trabalhar em prol da educação e do desenvolvimento econômico, algo de que o estado necessitava, mas que tudo o que eu fizesse para aumentar o padrão das escolas seria uma ameaça às escolas rurais; que eu nunca iria conseguir novos empregos nas áreas rurais pobres; e que uma decisão recente da Suprema Corte dos Estados Unidos proibia a dispensa por razões políticas de servidores estaduais que não ocupassem cargos de confiança, o que significava que não poderíamos substituir os efetivos estaduais das áreas rurais por gente nossa. "Vou continuar fazendo o que puder por você, mas as coisas nunca mais serão as mesmas." Como aconteceu tantas vezes, Hilary estava certo. Nas minhas campanhas vitoriosas para governador, passei a receber apoio crescente de eleitores independentes e dos republicanos das cidades e subúrbios, mas nunca recuperarei a profundidade do apoio que sempre tive entre os eleitores rurais brancos no Terceiro Distrito e grande parte do restante do estado. Agora, além de todas as coisas que não conseguia evitar, tinha dado um tiro no pé com o aumento na taxa de emplacamento, jogando fora cinco anos de trabalho duro na área rural do Arkansas — e também entre grande parte do eleitorado operário urbano — com um simples golpe de pena.

O padrão da boa e da má política não se limitava às questões legislativas. Organizei o gabinete do governador sem um chefe de gabinete, atribuindo diferentes áreas de responsabilidade a Rudy Moore, Steve Smith e John Danner, um analista político da Califórnia cuja esposa, Nancy Pietrafesa, era uma velha amiga de Hillary. Nancy também estava trabalhando na administração da área da educação. O presidente Kennedy havia se organizado de maneira similar na Casa Branca, mas seus homens tinham todos cabelos curtos, ternos discretos, camisas brancas e gravatas estreitas. Rudy, Steve e John tinham barba e não tantas restrições com relação à maneira de se vestir. Meus críticos conservadores no Capitólio se esbaldaram com eles. Com o tempo, estouraram vários conflitos interdepartamentais. Decidi fazer de Rudy o meu chefe de gabinete, pedir a Steve para supervisionar várias iniciativas políticas, e liberar John Danner e sua esposa Nancy de suas responsabilidades. Com uma covardia imperdoável, pedi a Rudy para comunicar aos dois a decisão. Ele o fez e os dois se desligaram. Apesar de eu ter tentado conversar com eles mais tarde, nossa relação nunca se recuperou. Duvido que tenham me perdoado por não ter tratado do assunto eu mesmo, e não os condeno. Eram ótimas pessoas, trabalhavam duro e tinham boas idéias; por inexperiência, coloquei-os em uma situação muito difícil. Foi um erro meu.

Também tive muitos problemas ao trazer gente de fora do estado para dirigir o Departamento de Saúde; o Departamento de Serviços Humanitários e suas divisões de serviços sociais e de saúde mental; o Departamento de Educação; e o novo Departamento de Energia. Era gente competente e bem-intencionada, mas precisavam de mais contatos e experiência no trato com as populações interessadas para produzir as grandes mudanças que queríamos.

Esses problemas foram agravados pela minha própria falta de experiência e juventude. Parecia mais jovem que os meus 32 anos. Quando me tornei procurador-geral, George Fisher, o talentoso caricaturista do *Arkansas Gazette*, me desenhou num carrinho de bebê. Só quando me tornei presidente ele me tirou do triciclo para me colocar numa picape. E ele era um dos que me apoiavam. Eu devia ter percebido, mas não me toquei.

Depois de procurar uma pessoa ideal em todo o país, indiquei o dr. Robert Young, que chefiava uma ótima clínica rural na Virgínia Ocidental, para o cargo de diretor do Departamento de Saúde. Esperava que ele enfrentasse os graves problemas de qualidade e de acesso à assistência médica nas áreas rurais do Arkansas. O dr. Young e Orson Berry, diretor do Departamento de Saúde Rural, apresentaram um plano inovador para instalar clínicas em que houvesse atendimento ambulatorial pelo menos uma vez a cada duas semanas, com enfermeiras e médicos assistentes em tempo integral, oferecendo os diagnósticos e os tratamentos — um trabalho para o qual seriam treinados. Apesar do número insuficiente de médicos dispostos a atender nas áreas rurais, havia estudos apontando que os pacientes preferiam ser atendidos por enfermeiras ou médicos assistentes porque eles passavam mais tempo com os doentes. Além disso, propuseram um programa de enfermeiras-parteiras do condado de Mississippi, reduzindo com isso à metade a mortalidade infantil.

Os médicos do Arkansas se opuseram vigorosamente ao plano. O dr. Jim Weber, representando os médicos de família, disse: "Não acreditamos que um pouco de medicina seja melhor que nada". Apesar da oposição dos médicos, a administração Carter aprovou recursos para o nosso plano. Abrimos quatro clínicas rurais, começamos a construção de mais três outras e ampliamos o programa de enfermeiras-parteiras do condado de Mississippi. E nosso trabalho recebeu elogios em todo o país.

Tentamos sempre que foi possível manter um bom relacionamento com os médicos. Destinei recursos para construir uma unidade de tratamento intensivo no Hospital Infantil de Arkansas, para os prematuros e outros recém-nascidos de risco, e para instalar um instituto de terapias radioativas no Centro Médico da universidade, a fim de oferecer melhor tratamento aos pacientes com câncer. Nomeei Hillary para chefiar a Comissão Consultora sobre Saúde Rural, para recomendar outras melhorias e ajudar a priorizar o grande número de pedidos de auxílio das comunidades rurais. Ampliamos a contratação de médicos para trabalhar em áreas rurais; criamos um fundo de empréstimos para oferecer 150 mil dólares dos recursos do estado a todo médico que quisesse instalar uma clínica em cidades com até 6 mil habitantes, e autorizamos os médicos de família nas cidades pequenas a solicitar uma complementação de renda de 6 mil dólares anuais. Os médicos deram grande apoio a essas medidas, que eram especialmente importantes porque a recessão econômica do início da década de 1980 forçou vários cortes significativos no orçamento do Departamento de Saúde. Ainda assim, os médicos nunca perdoariam, a mim e ao dr. Young, por não consultá-los com a freqüência esperada e por apressarmos a instalação das clínicas rurais. Em agosto de 1980, a Associação Médica do Arkansas pedia a exoneração do dr. Young. Quando deixei o cargo, em 1981, algumas das minhas iniciativas foram reduzidas, ilustrando o fato de que é possível realizar boas políticas sem exercer boa política, mas que não se pode oferecer um bom governo ao povo sem as duas coisas.

A questão energética passou a ser um problema de enorme importância por causa dos aumentos impostos pela OPEP (Organização dos Países Exportadores de Petróleo) ao preço do petróleo, o que provocou a elevação dos preços de tudo o mais. Nessa área, também realizamos boas políticas e boa política, embora eu tenha conquistado alguns inimigos poderosos. Consegui que o Capitólio elevasse o Departamento de Energia do Arkansas à condição de Secretaria de Estado e tentei reunir uma grande coalizão de consumidores, concessionárias, empresas e governo para economizar o dinheiro dos primeiros; e para ajudar a desenvolver novas fontes de energia limpa. Pensei que talvez pudéssemos nos tornar mais autossuficientes em energia e líderes nacionais em conservação e em energias alternativas. Aprovamos leis permitindo reduções de impostos para projetos de conservação de energia e sobre gastos em energia renovável para consumo residencial, comercial e industrial, e isentamos de imposto os combustíveis mistos que contivessem um mínimo de 10% de álcool no cálculo do imposto estadual sobre combustíveis. Oferecemos consultoria sobre energia a consumidores industriais e comerciais, e demos auxílios de até 50% a escolas, hospitais e outras instituições públicas para o desenvolvimento de programas de conservação. O governo federal ofereceu recursos para essas iniciativas e fomos o primeiro estado a utilizá-los. Quando assumi o governo, de acordo com as estatísticas federais, nosso programa de conservação de energia era o mais atrasado do país. Depois de um ano já estávamos no nono lugar geral e no terceiro em conservação na indústria.

De modo geral, nossos esforços de regulamentação das concessões tiveram muito sucesso, mas muito mais controvérsias. Eu queria que o Departamento de Energia tivesse competência para intervir nas audiências públicas da Comissão de Serviço Público para a fixação de tarifas, e para receber informações sobre instalações nucleares de energia, bem como para inspecioná-las. O Capitólio estadual, incentivada por um de seus membros mais antigos, Max Howell, que era liberal em questões de educação e impostos, mas muito próximo das concessionárias de serviços públicos, diluiu minha primeira proposta e recusou recursos para a segunda. Quando convenci a Arkansas Power and Light Company a oferecer a seus consumidores empréstimos sem juros para que implantassem medidas de conservação de energia, que depois seriam cobrados na tarifa, todos os que entendiam a questão aplaudiram, sabendo que seria uma forma muito mais barata de aumentar a oferta de eletricidade do que construir novas usinas. Infelizmente, alguns deputados que consideravam conservação de energia o equivalente à subversão do sistema de livre iniciativa levantaram tantas objeções que a AP&L se sentiu obrigada a engavetar o programa. A empresa continuou a apoiar os nossos esforços para climatizar os lares de pessoas de baixa renda, tornando-os mais frescos no verão e mais quentes no inverno, medida capaz de reduzir o consumo de energia.

Nem mesmo as nossas medidas de conservação de energia escaparam à controvérsia. Um repórter investigativo descobriu que um dos projetos que financiamos era uma inutilidade. Destinava-se a treinar pessoas de baixa renda para cortar lenha e distribuir entre outros pobres para que usassem em seus fogões. O projeto Recursos Especiais de Energia Alternativa por Lenha tinha até uma boa sigla, SAWER [Special Alternative Wood Energy Resources], mas um péssimo desempenho. Tivera um gasto de 62 mil dólares para treinar seis lenhadores e cortar três cordas* de lenha. Despedi o diretor e convoquei outra pessoa que colocou o programa nos eixos, mas o que ficou na lembrança de todos foi o desperdício. Para a maior parte da população do Arkansas, 62 mil dólares é muito dinheiro.

Na frente reguladora, fomos vencidos em duas questões importantes. Primeiro, fizemos o possível para proibir o chamado empilhamento feito pelas concessionárias. Se solicitassem um aumento de 10% nas tarifas, e obtivessem somente 5%, elas podiam recorrer e cobrar os 10% até a decisão judicial. Nesse meio tempo, apresentavam outro pedido de aumento, acumulando tarifas não aprovadas umas em cima das outras. Mesmo que tivessem o recurso negado, o que geralmente acontecia, o efeito desse processo de empilhamento era forçar os consumidores, inclusive muitas pessoas de baixa renda, a lhes propiciar grandes empréstimos a juros baixos. Era errado, mas mais uma vez as concessionárias tiveram mais influência que eu no Capitólio, matando ainda em comissão o projeto antiempilhamento.

Segundo, continuei a luta contra a AP&L e sua controladora, a Middle South Utilities, no caso do plano para forçar os consumidores do Arkansas a pagar a conta

*Nesse contexto, uma corda é o equivalente a 3,5 metros cúbicos de lenha.(N. dos T.)

de 35% das usinas nucleares de Grand Gulf, no Mississippi, enquanto a AP&L propunha a construção de mais seis usinas térmicas a carvão no Arkansas, numa época em que a demanda de eletricidade estava em queda e a AP&L planejava vender a energia excedente para consumidores de fora do estado. De acordo com a lei, as concessionárias tinham direito ao lucro, eufemisticamente denominado "taxa de retorno", além de todos os seus custos. E de acordo com o plano de construção de Grand Gulf, os consumidores do Arkansas teriam de pagar mais de um terço dos custos da construção, mais a taxa de retorno, mesmo que não usassem a eletricidade gerada pela AP&L. A Arkansas Power and Light Company não participava como proprietária da usina; esta pertencia a uma subsidiária independente, que não tinha consumidores, e seu plano de construção e financiamento teve de ser aprovado apenas pelo governo federal, que submetia o projeto a um exame longe de aceitável. Quando foram publicados no *Arkansas Gazette*, esses fatos levantaram uma tempestade de protestos. O presidente da Comissão de Serviço Público exigiu que a AP&L se desligasse do projeto Grand Gulf. Organizamos uma grande campanha postal dirigida à Comissão Reguladora Federal de Energia, solicitando que revertessem a decisão sobre a construção de Grand Gulf e liberassem o estado do Arkansas daquele ônus. Tudo sem resultado.

O arranjo de Grand Gulf foi confirmado pelo Tribunal de Apelação do Distrito de Colúmbia, que tinha jurisdição sobre os casos que envolvessem as agências reguladoras federais. A sentença foi redigida pelo juiz Robert Bork, meu velho professor de direito constitucional. Assim como em Yale, ele era inteiramente a favor dos direitos do estado quando se tratasse de restrições à liberdade individual. Por outro lado, quando estavam envolvidas as grandes empresas, ele acreditava que a palavra final deveria caber ao governo federal, cujo papel seria protegê-las contra os esforços dos estados em prol do cidadão comum. Em 1987, eu mesmo redigi a declaração apresentada à Comissão Judiciária do Senado, e a sentença de Bork no caso Grand Gulf foi um das razões que citei para me opor à sua indicação à Suprema Corte dos Estados Unidos.

Trabalhei duro em um plano de energia, mas ele criou para mim um forte adversário, a AP&L, que tinha agências na maioria dos condados. E ela não foi meu último inimigo. Estava preocupado com o que considerava serem práticas excessivas de corte de árvores pelas nossas madeireiras, e indiquei Steve Smith para dirigir um grupo de trabalho a examinar o assunto. Steve ainda estava na sua fase desafiadora, e assustou e irritou os madeireiros. Tudo o que eu queria deles era reduzir a devastação, e manter uma reserva adequada ao lado de nossas estradas e rios para conter a erosão do solo. Meus críticos mais barulhentos alegaram que eu queria destruir toda a atividade madeireira e as serrarias do estado. Nada conseguimos, Steve se decepcionou e pouco depois largou tudo e foi para a sua casa nas montanhas.

Até mesmo o meu trabalho de desenvolvimento econômico enfureceu muitas pessoas, o que é difícil acontecer. Eu estava determinado a ampliar os esforços do estado para além da função tradicional de atrair novas indústrias, passando a incentivar a expansão das existentes, e a ajudar os pequenos fazendeiros, as empresas pequenas e as em minoria a fazer os seus produtos chegarem aos mercados no estado e fora dele. Aumentamos significativamente as atividades do Escritório de Representação na Europa, localizado em Bruxelas, e levei a primeira missão comercial do Arkansas ao Extremo Oriente — Taiwan, Japão e Hong Kong. Fomos o primeiro estado norte-americano a ter um programa próprio de manuseio de resíduos de material perigoso aprovado pelo governo federal. Também fomos bem-sucedidos no trabalho tradicional de atração de novas indústrias, com acréscimos sobre os investimentos no ano anterior de 75% em 1979 e 64% em 1980. Como um histórico desses poderia enfurecer alguém? A resposta estava na mudança do nome do departamento, que passou de Comissão para o Desenvolvimento Industrial do Arkansas para Departamento de Desenvolvimento Econômico, visando representar a maior abrangência de suas atividades. O nome Arkansas Industrial Development Commission — AICD — era sagrado para muitos empresários influentes e diretores de câmaras de comércio de todo o estado que haviam trabalhado na AICD e com ela. E também não gostaram de eu ter indicado Jim Dyke, um empresário bem-sucedido de Little Rock, para dirigir o novo departamento. Se eu não tivesse mudado o nome, poderia ter feito todas essas mesmas coisas, mas sem as conseqüências adversas. Em 1979 e 1980 eu parecia atrair as conseqüências adversas.

Cometi um erro igual na educação. Nomeei o dr. Don Roberts, superintendente das escolas de Newport News, na Virgínia, para diretor de educação. Alguns anos antes Don havia atuado como administrador no sistema escolar de Little Rock, e conhecia bem muitas das pessoas da área, além de ser simpático, discreto e se dar bem com a maioria delas. Implementou as reformas que consegui aprovar no Legislativo estadual, mais uma dele próprio, um programa de treinamento de professores denominado Programa para o Ensino Eficaz, PET [Program for Effective Teaching]. O problema é que, para poder nomear Don, tive de destituir do cargo o antigo diretor do departamento, Arch Ford. Arch era uma pessoa excelente, que havia devotado décadas de serviço às crianças do Arkansas. Já era tempo de ele se aposentar, e dessa vez não cometi o erro de pedir a outra pessoa para convidá-lo a renunciar. No entanto, poderia ter lidado melhor com o problema, oferecido-lhe uma grande festa de despedida, arranjado uma maneira de fazer tudo parecer idéia dele. Mas eu estraguei tudo.

Na área de serviços humanitários fomos em geral bem avaliados, apesar dos problemas administrativos e orçamentários que herdamos e dos três diretores de fora do estado. Isentamos os remédios do imposto de venda, uma medida que favorecia especialmente os idosos, e aumentamos em dois terços a isenção de impostos predial e territorial sobre suas casas. Em resumo, conseguimos aprovar mais de 25 leis beneficiando os idosos, inclusive padrões mais rígidos para os abrigos e expansão da assistência médica em domicílio.

O ano de 1979 foi o Ano Internacional da Criança. Hillary, que ocupava a presidência dos Advogados para as Crianças e Famílias, organização que havia ajudado a fundar, tomou para si a tarefa de conseguir a aprovação de algumas mudanças importantes, incluindo aí: a Lei de Uniformização da Custódia de Crianças, no intuito de eliminar o problema de custódia para famílias que entravam ou saíam do nosso estado; redução em 25% da população diária média dos nossos centros de detenção para menores; criação de programas comunitários para crianças problemáticas e melhores tratamentos durante a internação; e aumento de 35% no número de crianças com necessidades especiais encaminhadas a lares adotivos.

Por fim, pela primeira vez me envolvi na questão da reforma do sistema de seguro contra a pobreza. A administração Carter incluiu Arkansas no pequeno grupo de estados que iriam participar de uma experiência em que pessoas sadias que recebiam cupons de alimentação como auxílio-desemprego passariam a ter de efetivamente procurar emprego para ter direito a continuar recebendo os cupons. Essa experiência despertou o meu interesse na busca de uma abordagem mais adequada para esse trabalho de assistência e que desse mais dignidade às pessoas pobres, algo que levei comigo até a Casa Branca e à assinatura, em 1996, da Lei de Reforma do Seguro contra a Pobreza.

Com a chegada de 1980, eu me sentia satisfeito com o meu governo e com a minha vida. Tinha provocado a fúria em poderosos grupos de interesses, e cresciam as queixas sobre o emplacamento de carros, mas eu tinha uma longa lista de leis progressistas e de iniciativas administrativas de que me orgulhava.

Em setembro, nossos amigos Diane Kincaid e Jim Blair se casaram no quintal da casa de Morriss e Ann Henry, onde quatro anos antes Hillary e eu havíamos feito a nossa recepção de casamento. Eu realizei a cerimônia, poder que a Constituição do Arkansas dá ao governador, e Hillary foi dama de honra da noiva e madrinha de casamento. Morriss e Ann, sempre politicamente corretos, diziam que ela tinha desempenhado otimamente ambos os papéis, com o que eu não poderia deixar de concordar.

Além de ter se saído muito bem, Hillary estava grávida — muito grávida. Queríamos muito ter um bebê, e já vínhamos tentando sem sucesso. No verão de 1979, decidimos consultar um especialista em fertilidade de São Francisco, tão logo voltássemos de nossas curtas férias nas Bermudas. Mas as férias foram tão boas que tornaram desnecessária nossa ida a São Francisco. Logo depois de voltarmos, Hillary descobriu que estava grávida. Continuou trabalhando por vários meses, e nós dois participamos de um curso da Lamaze,* na expectativa de minha participação num parto natural. Eu gostava realmente daquelas aulas e do tempo que passávamos com os outros futuros pais, em sua maioria gente de classe média tão entusiasmada quanto nós. Algumas semanas antes do parto, Hillary estava com alguns problemas. Seu médico a proibira de viajar. Tínhamos total confiança nele, e aceitamos a proibição da viagem. Infelizmente, isso queria dizer que ela não poderia ir comigo à reunião da Associação Nacional de Governadores, com um banquete na Casa Branca com o presidente e a sra. Carter. Eu fui à reunião; levei Carolyn Huber — que havia deixado a Rose Law Firm para gerir para nós a Mansão do Governador — ao jantar na Casa Branca, e telefonava para casa a cada duas horas; e voltei imediatamente na noite de 27 de fevereiro.

Quinze minutos depois de chegar à Mansão do Governador, a bolsa amniótica de Hillary rompeu, três semanas antes do prazo. Eu estava nervoso como um gato, rodando pela casa com a lista, indicada pela Lamaze, de materiais a serem levados para o Hospital Batista do Arkansas. Os seguranças que trabalhavam na mansão também estavam nervosos. Pedi a eles para buscar gelo para Hillary ir chu-

---

*Organização sem fins lucrativos que incentiva o parto natural nos Estados Unidos. (N. dos T.)

pando enquanto eu juntava o restante do material. Eles trouxeram — quase cinco quilos de gelo, mais que suficientes para uma semana de trabalho de parto. Com o porta-malas cheio de gelo, os rapazes nos levaram em tempo ao hospital. Logo depois de chegarmos, soubemos que Hillary teria um parto por cesariana, pois o bebê estava "sentado" no útero. Disseram-me que a política do hospital era não autorizar a presença do pai na sala de parto quando fosse necessária uma cirurgia. Insisti com o administrador do hospital para me deixar entrar, dizendo que havia assistido a muitas cirurgias com a minha mãe, e que eles poderiam cortar Hillary da cabeça aos pés que eu não desmaiaria, e, além disso, Hillary estava muito nervosa por nunca ter entrado como paciente num hospital e precisava de mim. Eles concordaram. Às 11h24 da noite, enquanto eu segurava a mão de Hillary, olhei por cima do anteparo que escondia de nós o campo operatório e vi o médico retirar nossa filha de seu corpo. Foi o momento mais feliz da minha vida, um momento que meu pai nunca conheceu.

Nossa filha era saudável, nasceu com 2,750 quilos e chorou na hora certa. Enquanto Hillary ficava na sala de recuperação, levei Chelsea para mostrá-la a minha mãe e a qualquer um que quisesse ver a menina mais linda do mundo. Conversei com ela e cantei para ela. Gostaria que aquela noite nunca terminasse. Finalmente eu era pai. Apesar do amor pela política, pelo governo e de minhas ambições crescentes, eu sabia que ser pai seria o trabalho mais importante da minha vida. Graças a Hillary e a Chelsea, ele foi também o mais compensador.

Quando voltamos do hospital, Chelsea já tinha uma família ampliada formada pela equipe da Mansão do Governador, incluindo Carolyn Huber e Eliza Ashley, a cozinheira da mansão desde o tempo dos dinossauros. Liza achava que eu parecia muito jovem para ser governador, em parte por eu ser magro; dizia que se eu fosse "mais forte" teria mais aparência de governador, e estava determinada a me fortalecer. É uma grande cozinheira e infelizmente ela conseguiu o que queria.

A Rose Law deu a Hillary quatro meses de licença-maternidade para garantir que Chelsea tivesse um bom começo. E como eu era o patrão no meu trabalho, pude controlar o horário das minhas atividades e organizei as coisas para estar em casa durante aqueles primeiros meses. Hillary e eu conversávamos sobre a felicidade de ter aquele tempo crucial para nos ligarmos a Chelsea. Hillary dizia que a maioria dos outros países adiantados oferecia licença para todos os cidadãos, e nós achávamos que todos os pais deveriam ter a mesma preciosa oportunidade que tivemos. Pensei sobre esses primeiros meses com Chelsea em fevereiro de 1993, quando assinei a sanção da lei de meu primeiro projeto como presidente, a Lei da Licença Médica e Familiar, que oferece à maioria dos trabalhadores norte-americanos três meses de licença quando nasce um filho ou um membro da família adoece gravemente. Quando deixei a Presidência, mais de 35 milhões de famílias haviam se valido dessa lei. Ainda hoje há pessoas que se aproximam, contam sua história e me agradecem por causa disso.

Depois de Chelsea já estar confortavelmente instalada, voltei ao trabalho num ano que seria dominado pela política e pelos desastres. Geralmente os dois eram indistinguíveis.

Uma das coisas que os candidatos não comentam muito e os eleitores não consideram com cuidado nas disputas para o governo ou para a Presidência é a questão da administração de crises. Como o chefe do Executivo irá administrar os desastres naturais ou provocados pelo homem? No meu primeiro mandato como governador fui contemplado com mais que a minha cota justa. O estado estava sob um dilúvio de tempestades de inverno quando assumi o governo. Convoquei a Guarda Nacional no intuito de oferecer geradores para pessoas sem eletricidade, desimpedir estradas rurais e retirar veículos presos em buracos e lamaçais. Na primavera de 1979 houve uma série de tornados, o que me forçou a solicitar ao presidente Carter que declarasse o Arkansas área de emergência, dando-nos acesso a recursos federais. Abrimos centros de assistência em áreas castigadas para ajudar as pessoas que haviam perdido as suas casas, os seus negócios e as suas colheitas. Tivemos de fazer tudo novamente quando a primavera de 1980 trouxe mais tornados.

No verão de 1980 houve uma terrível onda de calor, que matou mais de cem pessoas e trouxe a pior seca em cinqüenta anos. Os idosos eram os que mais sofriam. Mantivemos os centros de assistência ao idoso abertos por mais tempo, e disponibilizamos dinheiro federal e do estado para a compra de ventiladores elétricos, aluguel de aparelhos de ar-condicionado, e para ajudar a pagar as contas de eletricidade. Também tivemos um grande apoio da administração Carter sob a forma de empréstimos a juros reduzidos para os criadores que haviam perdido milhões de frangos e para os fazendeiros cujas colheitas se perderam. As estradas se desmanchavam no calor, e tivemos um número recorde de incêndios, quase oitocentos, forçando-me a proibir queimas ao ar livre. A área rural do Arkansas não despertava otimismos ao se aproximarem as eleições de novembro.

Além dos desastres naturais, tivemos algumas crises decorrentes de acidentes humanos, ou ações humanas. O dano que causaram foi mais psicológico que físico ou financeiro, mas foi profundo. Na primavera de 1979, a Ku Klux Klan, por seu diretor nacional, David Duke, decidiu realizar um congresso em Little Rock. Eu estava determinado a evitar a violência que havia estourado recentemente entre os homens da Klan e protestantes adversários durante um evento semelhante em Decatur, no Alabama. Meu diretor de segurança pública, Tommy Robinson, havia estudado a situação de Decatur e adotou rígidas medidas de segurança para evitar que aquilo se repetisse. Tínhamos no local um grande número de soldados das polícias estadual e municipal, com instruções para efetuar prisões ao primeiro sinal de desordem. Seis pessoas foram presas, mas ninguém se feriu, graças em grande parte ao efeito desestimulante da maciça presença policial. Gostei da maneira como lidamos com a situação criada pela Klan, e isso aumentou minha confiança em nossa capacidade de dar uma solução adequada a qualquer episódio semelhante no futuro. Um ano depois, aconteceu algo muito maior.

Na primavera de 1980, Fidel Castro deportou para os Estados Unidos 120 mil prisioneiros políticos e outros "indesejáveis", muitos deles criminosos fichados ou doentes mentais. Eles vieram para a Flórida, buscando asilo e criando um enorme problema para a administração Carter. Vi imediatamente que a Casa Branca poderia querer mandar alguns cubanos para Fort Chaffee, uma grande instalação próxima à cidade de Fort Smith, porque ele havia sido usado, durante a década de 1970, como centro de realocação para refugiados vietnamitas. Aquela realocação fora muito bem-sucedida, e muitas famílias vietnamitas ainda viviam, e bem, no oeste do Arkansas.

Quando discuti a questão com Gene Eidenberg, o funcionário da Casa Branca encarregado pelo presidente Carter da questão cubana, disse-lhe que o esforço vietnamita tivera bons resultados em parte por causa da seleção preliminar nas Filipinas e na Tailândia, para separar os que não deveriam ser admitidos nos Estados Unidos. Sugeri que ele fundeasse um porta-aviões ou outro navio de grande porte diante da costa da Flórida e procedesse ao mesmo tipo de seleção. Eu sabia que a maioria dos refugiados não era de criminosos ou loucos, mas eram apresentados assim pela imprensa, e o processo de seleção haveria de aumentar o apoio público àqueles que fossem admitidos. Gene dizia que a seleção não teria sentido porque não havia lugar para onde mandar os recusados. "Claro que há! Ainda temos uma base em Guantánamo, e deve haver um portão na cerca que a separa de Cuba. Leve-os para Guantánamo, abra o portão, e mande-os de volta a Cuba." Castro estava ridicularizando os Estados Unidos e fazendo o presidente parecer fraco. Jimmy Carter já tinha problemas demais com a inflação e a crise dos reféns no Irã; e não teria tempo para mais esse. Minha proposta me pareceu uma boa forma de o presidente demonstrar força, de transformar limões em limonada, e abrir caminho para a aceitação pública dos refugiados que tivessem permissão para ficar. Quando a Casa Branca recusou a minha sugestão, eu sabia que estava iniciando uma tarefa longa e difícil.

Em 7 de maio, a Casa Branca me notificou que Fort Chaffee seria usado para receber alguns cubanos. Insisti com a Casa Branca para tomar fortes medidas de segurança e dei uma declaração à imprensa dizendo que os cubanos eram fugitivos de "uma ditadura comunista" e prometendo "fazer tudo o que for possível para cumprir todas as responsabilidades que o presidente imposer ao Arkansas" para facilitar a adaptação daquelas pessoas. Em 20 de maio havia quase 20 mil cubanos em Fort Chaffee. Tão logo chegaram, as agitações provocadas por jovens cubanos inquietos, cansados de viver confinados entre cercas e duvidosos com relação ao próprio futuro, passaram a ser comuns no forte. Como já disse, Fort Smith era uma comunidade conservadora, e a maioria da população não estava nada feliz com a chegada dos cubanos. Quando se publicaram os relatos sobre os distúrbios, o povo de Fort Smith e cidades próximas ficou assustado e com raiva, especialmente os que moravam na cidade perto de Barling, que fazia divisa com o forte. Como declarou numa entrevista o xerife Bill Cauthron, que durante toda a crise se manteve forte e sensato: "Dizer que eles [a população local] estão assustados é dizer pouco. Eles estão se armando até os dentes, e isso só pode tornar a situação mais explosiva".

Na noite de segunda, 26 de maio, cerca de duzentos refugiados fugiram do forte passando por um portão desguarnecido. Na madrugada do dia seguinte, dia de eleição primária, convoquei 65 soldados da Guarda Nacional para o Fort Chaffee e viajei para Fayetteville com Hillary para votar, e em seguida fui para o forte, onde passei o dia discutindo com as pessoas do local e com os diretores. O oficial-comandante, general-brigadeiro James "Bulldog" Drummond, era um homem impressionante, com um histórico de serviços irrepreensível. Quando reclamei por seus soldados terem deixado os cubanos sair da base, ele me disse que não podia impedir; seu superior imediato lhe disse que um estatuto federal, a lei *posse comitatus*, proibia os militares de exercerem autoridade legal sobre civis. Aparentemente, o Exército havia concluído que aquela lei se aplicava também aos cubanos, embora sua condição legal ainda fosse incerta. Não eram cidadãos nem imigrantes legais, mas também não eram estrangeiros ilegais. Como não tinham violado a lei, Drummond foi informado de que não poderia confiná-los no forte contra a sua vontade. Disse que sua única missão era manter a ordem. Liguei para o presidente, expliquei a situação, e pedi que alguém recebesse autoridade para manter os cubanos na base. Tinha medo de que o povo da região começasse a atirar neles. Tinha havido uma corrida por rifles e pistolas em todas as lojas de armas num raio de 80 quilômetros em torno de Chaffee.

No dia seguinte voltei a falar com o presidente, que, conforme mencionou, iria mandar mais soldados para manter a ordem e os cubanos no interior da base. Gene Eidenberg me disse que o Departamento de Justiça enviaria um ofício ao Pentágono assegurando que os militares tinham autoridade legal para contê-los. No fim do dia consegui relaxar um pouco para pensar na eleição primária, em que meu único adversário, o velho criador de perus Monroe Schwarzlose, ganhou 31% dos votos, trinta vezes a votação que tivera nas primárias de 1978. O povo rural estava me mandando um recado sobre as taxas das placas de carros. Eu esperava que esse recado fosse um desabafo, e que o problema já estivesse superado. Mas não estava.

Na noite de 1º. de junho o inferno se abriu. Mil cubanos fugiram do forte, passando pelas tropas federais, e tomando a Rodovia 22 começaram a caminhar em direção a Barling. Mais uma vez, os soldados não levantaram um dedo para fazê-los parar. Então eu resolvi agir. A única barreira entre os cubanos e centenas de moradores raivosos e armados do Arkansas era formada por soldados da polícia estadual sob o comando do capitão Deloin Causey, um líder dedicado e de cabeça fria; pela Guarda Nacional; e pelos auxiliares do xerife Bill Cauthron. Dei instruções estritas a Causey e à Guarda Nacional para não deixar os cubanos passarem. Sabia o que aconteceria se passassem: um banho de sangue que faria a crise da Escola Secundária Central de Little Rock parecer um piquenique domingueiro. Os cubanos continuaram avançando na direção dos nossos homens e começaram a atirar pedras. Finalmente Causey ordenou à polícia estadual para atirar por cima da cabeça deles. Só então eles pararam e voltaram para o forte. Quando a fumaça se dissipou, 62 pessoas haviam se ferido, cinco delas por tiros, e três edifícios do Fort Chaffee haviam sido destruídos. Mas ninguém fora morto ou ficara gravemente ferido.

Fui para Chaffee logo que possível para me encontrar com o general Drummond. Cada um de nós dois queria gritar mais alto. Eu estava ultrajado por suas tropas não terem contido os cubanos depois de a Casa Branca ter me garantido que o Pentágono havia recebido autorização para isso do Departamento de Justiça. O general nem piscou. Disse-me que recebia ordens de um general de duas estrelas em San Antonio, no Texas, e que não importava o que a Casa Branca tivesse dito a mim, as ordens de seu superior não haviam mudado. Drummond era um homem sério; era evidente que ele estava dizendo a verdade. Liguei para Gene Eidenberg, passei a ele o que o general havia me dito, e exigi uma explicação. Em vez de explicação, recebi um sermão. Eidenberg disse que a minha reação fora excessiva, e que eu estava era fazendo pose depois do desempenho decepcionante na primária. Era evidente que Gene, a quem eu considerava um amigo, não me entendia, nem compreendia a situação, tão bem quanto eu esperava.

Eu estava a ponto de explodir. Disse-lhe que como obviamente não confiava no meu juízo, ele teria de tomar a seguinte decisão: "Ou você vem até aqui e resolve isso hoje, esta noite, ou eu vou cercar o forte. Vou colocar a Guarda Nacional bloqueando todas as entradas e ninguém vai poder entrar nem sair sem a minha permissão".

Ele não acreditou. "Você não pode fazer isso. É uma instalação federal." Respondi: "Pode ser, mas fica numa estrada estadual que eu controlo. A decisão é sua".

Naquela noite, Eidenberg voou até Fort Smith num avião da Força Aérea. Fui buscá-lo e, antes de ir ao forte, eu o levei para dar uma volta em Barling. Já passava da meia-noite, mas em todas as ruas por que passávamos, em todas as casas, os residentes armados estavam em alerta, sentados no jardim, no alpendre e, em uma casa, no telhado. Nunca vou me esquecer de uma senhora aparentando mais de setenta anos sentada estoicamente numa cadeira de jardim com a espingarda atravessada no colo. Eidenberg ficou chocado com o que viu. Quando terminamos a volta, ele olhou para mim e disse: "Eu não fazia a menor idéia dessa situação".

Depois do passeio, nos reunimos com o general Drummond e outros funcionários federais, estaduais e locais durante uma hora. Depois falamos à multidão de repórteres que havia aparecido. Eidenberg prometeu solucionar o problema da segurança. Mais tarde naquele dia, 2 de junho, a Casa Branca disse que o Pentágono havia recebido instruções claras para manter a ordem e confinar os cubanos à base. O presidente Carter também reconheceu que o povo do Arkansas havia sofrido desnecessariamente e prometeu que nenhum outro cubano seria mandado para Fort Chaffee.

A causa principal parecia estar nos atrasos no processo de seleção, e o pessoal que o realizava prometeu fazer um esforço para apressar as coisas. Pouco depois, quando estive no forte, a situação estava mais calma e todos pareciam de melhor humor.

Apesar de as coisas estarem se acertando, eu ainda não entendia o que acontecera entre 28 de maio, quando Eidenberg me afirmou que o Exército recebera ordens para não permitir a saída dos cubanos de Chaffee, e 1º de junho, quando mil cubanos fugiram de lá. Ou a Casa Branca não falara a verdade, ou o Departamento de Justiça não tivera pressa em transmitir seu parecer legal ao Pentágono; ou, ainda, alguém no Pentágono havia desafiado uma ordem legal do comandante-em-chefe. Se isso havia acontecido, era uma grave violação da Constituição. Não sei se toda a verdade se tornou pública. Ao chegar a Washington aprendi que, quando as coisas dão errado, a disposição de assumir a responsabilidade geralmente desaparece.

Em agosto, Hillary e eu fomos a Denver para o congresso de verão da Associação Nacional de Governadores. Todos discutiam a política presidencial. O presidente Carter havia vencido um desafio vigoroso do senador Kennedy à sua indicação à reeleição, mas Kennedy não tinha retirado a sua pretensão. Almoçamos com o famoso advogado criminalista Edward Bennet Williams, a quem Hillary conhecia fazia anos e que a havia convidado para trabalhar com ele ao se formar. Williams apoiava fortemente Kennedy e acreditava que ele teria mais chance de derrotar Ronald Reagan na campanha do outono, porque o presidente tinha em seu desfavor o problema de uma economia ruim, e o cativeiro, que já durava dez meses, dos nossos homens feitos reféns no Irã.

Discordei dele tanto na política quanto no mérito da questão. Carter havia feito muitas coisas boas como presidente, não era responsável pelos aumentos do preço do petróleo impostos pela OPEP, que haviam alimentado a inflação, e não tinha muitas opções para resolver a crise dos reféns. Além do mais, apesar dos problemas com os cubanos, a Casa Branca de Carter tinha sido boa para o Arkansas, oferecendo apoio e ajuda financeira para os nossos esforços de reforma na educação, no setor de energia, na saúde e no desenvolvimento econômico. E eu tivera amplo acesso à Casa Branca, tanto para tratar de negócios como para qualquer outra coisa. Nessa última categoria, a melhor visita havia sido quando levei minha mãe para ouvir Willie Nelson no Jardim Sul da Casa Branca durante um piquenique oferecido pelo presidente à Associação Nacional de Pilotos de Stock-Cars [NASCAR]. Após o evento, minha mãe e eu acompanhamos Nelson e o filho do presidente, Chip, até o Hotel Hay-Adams, na Lafayette Square, em frente à Casa Branca, onde Willie se sentou ao piano e cantou para nós até as duas da manhã.

Por todas essas razões, eu estava satisfeito com as minhas relações com a Casa Branca quando começou o Congresso Nacional de Governadores. Os governadores democratas e seus adversários republicanos se reuniram em separado. Eu havia sido eleito vice-presidente dos governadores democratas no congresso de inverno, graças à indicação do governador Jim Hunt, da Carolina do Norte, que viria a ser um de meus amigos mais próximos entre os governadores e um aliado na luta pela reforma da educação até os meus anos na Casa Branca. Bob Strauss, presidente do Comitê Nacional Democrata, pediu-me que fizesse a Associação dos Governadores Democratas apoiar o presidente Carter na disputa com o senador Kennedy. Depois de uma pesquisa rápida entre os governadores presentes, disse a Strauss que esperava uma votação de 20 a 4 em favor de Carter. Houve um debate civilizado, em que Strauss falou a favor do presidente, e o governador Hugh Carey, de Nova York, a favor do senador. Terminada a votação com os esperados 20 a 4, Strauss e eu falamos brevemente à imprensa, enaltecendo o endosso como demonstração de confiança no presidente Carter e um impulso político no momento em que ele mais necessitava.

Cerca de quinze minutos depois, disseram que a Casa Branca me chamava ao telefone. Aparentemente o presidente desejava me agradecer pela organização do apoio dos governadores. Mas as aparências enganam. O presidente queria me informar sobre o frio esperado na Pensilvânia e no Wisconsin, onde estava o restante dos cubanos. Como os dois fortes não tinham isolamento para o frio do inverno, ele me disse que seria necessário remover os refugiados. E então ele deu o golpe. Agora que o problema de segurança estava resolvido em Fort Chaffee, eles seriam encaminhados para lá. Respondi: "Presidente, o senhor prometeu que nenhum refugiado seria enviado para o Arkansas. Mande-os para outro forte em algum lugar mais a oeste, e o senhor vence em novembro". O presidente respondeu que havia considerado aquela possibilidade, mas que ela era inviável porque custaria 10 milhões de dólares para preparar as instalações mais a oeste. Eu disse: "Senhor presidente, a sua palavra dada ao povo do Arkansas vale mais que dez milhões de dólares". Ele não concordou e a conversa terminou ali.

Agora, depois de já ter sido presidente, tenho uma idéia das pressões sobre o presidente Carter. Ele tinha de enfrentar uma inflação galopante e uma economia em estagnação. Os reféns norte-americanos estavam presos pelo aiatolá Khomeini já havia quase um ano. Os cubanos estavam calmos, e esse era o menor dos seus problemas. A Pensilvânia e o Wisconsin haviam votado nele em 1976 e tinham mais votos eleitorais que o Arkansas, onde ele havia vencido com uma maioria de quase dois terços. Eu ainda estava mais de vinte pontos nas pesquisas à frente de meu adversário, Frank White, e então como poderia ser prejudicado?

Naquela época, as coisas me pareceram diferentes. Eu sabia que o presidente iria sofrer um grande prejuízo por quebrar o compromisso feito com o Arkansas. Seja porque os fortes de Wisconsin e da Pensilvânia tivessem de ser fechados, seja por razões políticas, seria loucura imaginar que os cubanos pudessem ser enviados para onde ele havia prometido não enviá-los, em troca de uma economia de 10 milhões de dólares. Chamei Rudy Moore e o chefe de minha campanha, Dick Herget, para ver o que eles sugeriam que se fizesse. Dick me disse para ir imediatamente a Washington para me encontrar com o presidente. Se não conseguisse fazê-lo mudar de idéia, eu deveria falar à imprensa diante da Casa Branca e retirar o apoio à sua reeleição. Mas isso era impraticável por duas razões. Primeiro, eu não queria parecer uma versão moderna de Orval Faubus e outros governadores do Sul que resistiram à autoridade federal durante os anos dos direitos civis. Segundo, eu não faria nada para ajudar Ronald Reagan a vencer Carter. Reagan tinha uma ótima campanha, alimentada pela questão dos reféns, pela condição da economia, e o intenso apoio de grupos de direita irritados por tudo, desde o aborto até a devolução do canal ao Panamá.

Gene Eidenberg me pediu para não anunciar a realocação até que ele viesse ao Arkansas para melhorar as coisas. A história havia vazado, e a visita de Gene ao Arkansas foi de pouca valia. Afirmou convincentemente que não haveria mais problemas de segurança, mas não podia negar que o presidente estava quebrando um compromisso claro com o estado, que lhe dera mais apoio que qualquer outro que não a Geórgia, sua terra natal. Passei a ter um papel mais importante no controle das medidas de segurança e consegui introduzir alguns aperfeiçoamentos, mas ainda assim eu era o homem do presidente no Arkansas que havia sido incapaz de fazê-lo manter a palavra.

Voltei de Denver e encontrei uma situação política muito instável. Meu adversário na eleição geral, Frank White, estava avançando. White era um homem de voz tonitruante e um estilo bombástico que negava suas origens de oficial graduado pela Academia Naval, executivo de banco e ex-diretor da Comissão de Desenvolvimento Econômico do Arkansas do governador Pryor. Tinha um apoio forte de todos os grupos de interesse que eu havia enfrentado, como as concessionárias de serviços públicos, as empresas de criação de frangos, de transportes e de extração de madeira, além da associação médica. Ele era um cristão batizado e tinha o decidido apoio do diretório estadual da Moral Majority, bem como de outros ativistas conservadores. E contava com a irritação da gente do campo e dos operários com a questão do emplacamento de automóveis. Tinha também a vantagem da insatisfação generalizada com a economia e a seca. Quando a recessão econômica levou o estado à redução das receitas projetadas, para equilibrar o orçamento fui forçado a reduzir os gastos, entre eles os da educação, reduzindo o aumento de salários dos professores dos 1.200 dólares prometidos para 900 dólares. Muitos professores não estavam interessados nos problemas orçamentários do estado: tinham a promessa de 1.200 dólares em dois anos e queriam a segunda parcela. Quando ela não veio, reduziram consideravelmente a intensidade de seu apoio à minha candidatura.

Em abril, Hillary e eu vimos Frank White num evento e eu disse a ela que, independentemente do que dissessem as pesquisas, ele teria de início 45% das intenções de voto. Eu havia irritado muita gente. Depois do anúncio de que todos os refugiados viriam para Fort Chaffee, ele encontrou o fio do seu discurso para a eleição: cubanos e placas de carro. Foi o único assunto dele durante o resto da campanha. Em agosto, trabalhei duro na minha campanha, mas sem muito sucesso. Nos portões de fábrica, os trabalhadores em mudança de turno diziam que não iam votar em mim porque eu os havia traído e agravado seus problemas econômicos ao aumentar a taxa de emplacamento. Certa vez, estava em campanha em Fort Smith, perto da ponte que a liga a Oklahoma, e pedi voto a um homem que me respondeu com uma versão mais clara da resposta que já tivera centenas de vezes: "Você aumentou a taxa de emplacamento do meu carro. Eu não votaria em você nem se você fosse o único candidato!". Seu rosto estava vermelho de raiva. Exasperado, apontei a ponte para Oklahoma e disse: "Se você morasse em Oklahoma, seu emplacamento iria custar mais do dobro do que você está pagando!". De repente, o vermelho sumiu de seu rosto. Sorriu, pôs a mão no meu ombro, e disse: "Você não está entendendo, garoto. Essa é uma das razões por que eu vivo deste lado da fronteira".

No fim de agosto compareci à Convenção Nacional Democrata com a delegação do Arkansas. O senador Kennedy ainda estava na disputa, embora fosse evidente que ele iria perder. Alguns amigos que trabalhavam para Kennedy me pediram para convencê-lo a retirar a sua candidatura antes da votação e fazer um caloroso discurso de apoio a Carter. Eu gostava de Kennedy e achava que seria melhor para ele ser elegante, e não ser acusado caso Carter perdesse. A relação entre os dois candidatos era ruim, mas meus amigos achavam que eu seria capaz de convencê-lo. Fui à suíte do senador e fiz o melhor que pude. Kennedy afinal retirou a sua candidatura e apoiou o presidente, embora ele não tenha sido muito convincente em fingir um entusiasmo que não sentia quando subiram juntos ao palanque.

Na convenção, eu estava presidindo a Associação dos Governadores Democratas e fui convidado a fazer um discurso de cinco minutos. Convenções nacionais são barulhentas e caóticas. Os delegados só prestam atenção aos discursos mais importantes e aos discursos de aceitação do presidente e vice-presidente. Se você não faz um desses discursos, sua única chance de ser ouvido acima do ruído constante de conversas na platéia é ser curto e grosso. Tentei explicar a situação econômica dolorosa e profundamente diferente em que estávamos, e argumentar que o Partido Democrata deveria mudar para poder enfrentar esse desafio. Desde a Segunda Guerra Mundial, os democratas consideravam garantida a prosperidade norte-americana; suas prioridades eram ampliar os benefícios dela para cada vez mais pessoas e lutar pela justiça social. Agora tínhamos de lutar contra a inflação, o desemprego, os déficits de um governo intervencionista e a nossa perda de competitividade. Nossa incapacidade de mudar havia levado mais gente a apoiar os republicanos, ou a se juntar ao grupo crescente dos não-votantes alienados. Foi um bom discurso que durou menos que os cinco minutos assegurados, mas ninguém prestou atenção.

O presidente Carter deixou a convenção com todos os problemas que tinha quando ela havia começado, e sem o apoio vigoroso que um partido entusiasmado e unido pode oferecer ao seu candidato. Voltei para o Arkansas determinado a tentar salvar a minha própria campanha, que continuava a piorar.

Em 19 de setembro estava em casa em Hot Springs, depois de um dia exaustivo de política, quando o comandante do Comando Aéreo Estratégico me ligou para informar de uma explosão num silo de foguetes Titan II perto de Damasco, no Arkansas, pouco mais de sessenta quilômetros a nordeste de Little Rock. Era uma história incrível. Um mecânico da Força Aérea estava fazendo reparos no míssil e deixou cair uma chave de mais de um quilo. Ela caiu por mais de vinte metros, ricocheteou e perfurou o tanque de combustível do foguete de propulsão. Quando se misturou com o ar, o combustível altamente tóxico se incendiou e provocou uma enorme explosão, que rompeu a tampa de concreto de 740 toneladas do silo, matou o mecânico e feriu vinte outras pessoas próximas do local. A explosão também destruiu o míssil e lançou a ogiva nuclear num pasto do local onde o silo estava localizado. O comandante me garantiu que a ogiva não detonaria, que não haveria liberação de material radioativo, e que os militares iam removê-la em segurança. Pelo menos o meu estado não corria risco de ser incinerado pelo mais recente golpe do azar no Arkansas. Comecei a sentir que aquilo já era azar demais, mas instruí meu novo diretor de segurança pública, Sam Tatom, a criar um plano de evacuação de emergência em colaboração com os funcionários federais, para o caso de alguma coisa acontecer a outro dos dezessete mísseis Titan II.

Depois de tudo o que passamos, o Arkansas tinha agora o único pasto do mundo com sua própria ogiva nuclear. Poucos dias depois do incidente, o vice-presidente Mondale veio à nossa convenção democrata estadual em Hot Springs. Quando lhe pedi para garantir que os militares iriam trabalhar conosco num novo plano de emergência para os mísseis, ele pegou o telefone e ligou para Harold Brown, o secretário de Defesa. Suas primeiras palavras foram: "Que diabo, Harold. Eu sei que pedi a vocês para fazer alguma coisa para tirar o problema dos cubanos da cabeça do Arkansas, mas isso já é demais". Diferentemente de suas atitudes públicas, Mondale tinha ótimo senso de humor. Sabia que estávamos afundando, mas ainda conseguiu fazer humor com a situação.

As últimas semanas da campanha foram dominadas por um novo fenômeno na política do Arkansas: propaganda absolutamente negativa na televisão. Havia uma sobre o emplacamento de carros que era muito forte. Mas o anúncio de campanha mais eficaz de White mostrava um bando de cubanos e uma voz forte ao fundo dizendo aos espectadores que os governadores da Pensilvânia e do Wisconsin se preocupavam mais com o povo de seus estados e com um modo de se livrar dos cubanos, mas que eu me preocupava mais com Jimmy Carter que com o povo do

Arkansas, "e agora estão todos no nosso estado". Quando Hillary e eu vimos aquilo pela primeira vez, achamos que não era tão ruim assim, e que a maioria não lhe daria crédito. Uma pesquisa feita pouco antes de sua veiculação havia mostrado que 60% das pessoas achavam que me saíra bem em Fort Chaffee, 3% achavam que eu fora muito duro, e 20%, o núcleo da direita, que eu fora muito fraco. Esses provavelmente só ficariam satisfeitos se eu tivesse matado todos os refugiados que saíram do forte.

Estávamos errados quanto aos anúncios. Eles funcionaram. Em Fort Smith, os funcionários locais, inclusive o xerife Bill Cauthron e o promotor Ron Fields, defenderam-me energicamente, dizendo que eu havia agido bem e assumido riscos para proteger o povo que vivia próximo ao forte. Como sabemos, uma entrevista coletiva não equilibra o efeito de um anúncio extremamente depreciativo. Eu estava afundando na areia movediça dos cubanos e das placas de carro.

Vários dias antes da eleição, Hillary ligou para Dick Morris, que eu havia substituído por Peter Hart, porque minha equipe detestava os modos abrasivos de Dick. Ela lhe pediu para fazer uma pesquisa verificando se havia alguma coisa que pudesse ser feita. Dick fez a pesquisa e, com a rudeza de sempre, disse que eu ia perder. Fez algumas sugestões de anúncios, que nós seguimos, mas, como ele previra, foi muito pouco e tarde demais.

No dia da eleição, 4 de novembro, Jimmy Carter e eu recebemos 48% dos votos do Arkansas, bem menos que os 65% dele em 1976 e dos meus 63% em 1978. Entretanto, perdemos de formas muito diferentes. O presidente foi apoiado em cinqüenta dos 75 condados, vencendo nos redutos democratas mais fortes, onde a questão cubana havia cortado fundo mas não eliminado sua margem de vitória; e sendo aniquilado nas áreas republicanas mais conservadoras do oeste do Arkansas, onde o comparecimento foi grande, influenciado pela raiva despertada nos eleitores pela quebra da promessa sobre os cubanos, pela aliança de Reagan com os cristãos fundamentalistas que se opunham ao aborto, e aos tratados do canal do Panamá. O Arkansas não havia se tornado republicano. Os 48% de Carter no Arkansas ficaram 7% acima da média nacional. Se não fosse pela quebra da promessa, ele teria ganho em todos condados do estado.

Por outro lado, só tive os votos de 24 condados, inclusive os de grande população negra e alguns em que havia um apoio maior, ou uma oposição mais branda, ao programa de recuperação da malha rodoviária. Perdi em todos os onze condados do nordeste democrata do Arkansas, em quase todos os condados rurais do Terceiro Distrito, e muitos no sul do Arkansas. Fora derrotado pelas placas de carro. O principal efeito do anúncio na televisão sobre o caso dos cubanos foi me tirar votos de quem me apoiava com restrições. A aprovação pública à minha atuação durante a crise cubana manteve a minha vantagem nas pesquisas, apesar do efeito do emplacamento, da oposição dos grupos de interesse e da difícil situação econômica. O que aconteceu comigo em 1980 foi notavelmente semelhante ao que aconteceu com o presidente George W. H. Bush em 1992. A Guerra do Golfo manteve altos os seus resultados em pesquisas, mas por baixo ocultava-se muita insatisfação. Quando o povo decidiu não votar nele somente por causa da guerra, eu avancei. Frank White usou o anúncio mostrando os refugiados cubanos para fazer a mesma coisa comigo.

Em 1980 eu me saí melhor que o presidente Carter nas áreas republicanas do oeste do Arkansas, onde havia um conhecimento melhor de como eu havia resolvido a questão cubana. Em Fort Smith e no condado de Sebastian, tive a maior votação da chapa democrata por causa de Fort Chaffee. Carter teve 28%. O senador Bumpers, que havia exercido a advocacia ali por mais de vinte anos, mas cometeu o erro imperdoável de votar a favor de "entregar de graça" o canal do Panamá, teve 30%. Eu tive 33%. Só para ver como foi ruim.

Na noite da eleição eu estava tão mal que achei que não seria capaz de enfrentar a imprensa. Hillary foi à sede da campanha, agradeceu à equipe e convidou todos para irem à Mansão do Governador no dia seguinte. Depois de uma noite de sono agitado, Hillary, Chelsea e eu nos encontramos com cerca de duzentos de nossos correligionários mais fiéis no jardim dos fundos da mansão. Fiz para eles o melhor discurso que consegui, agradecendo a todos pelo que haviam feito, dizendo a eles para terem orgulho do que tínhamos realizado e oferecendo a minha cooperação a Frank White. Foi um discurso bem animado, considerando as circunstâncias. Por dentro eu estava cheio de autocomiseração e raiva, principalmente de mim mesmo. E lamentava o fato de não poder mais fazer o trabalho de que gostava tanto. Expressei essa mágoa, mas contive o choro e o ranger de dentes.

Naquele momento não parecia haver um grande futuro para mim na política. Eu fora o primeiro governador do Arkansas em um quarto de século que tivera negado um segundo mandato de dois anos, e era provavelmente o ex-governador mais jovem da história norte-americana. O aviso de John McClellan sobre o governo do estado ser o cemitério político me pareceu profético. Mas como eu havia cavado a minha própria sepultura, o melhor a fazer era começar a sair dela.

Na quinta feira Hillary e eu encontramos uma nova casa. Era uma linda casinha de madeira, construída em 1911 na avenida Midland, no bairro de Hillcrest em Little Rock, não muito longe de onde tínhamos vivido antes de nos mudarmos para a Mansão do Governador. Chamei Betsy Wright e lhe pedi para me ajudar a organizar os meus arquivos antes de deixar o governo. Para a minha alegria, ela aceitou. Mudou-se para a Mansão do Governador e trabalhou todos os dias com a minha amiga deputada estadual Gloria Cabe, que não conseguira se reeleger depois de apoiar todos os meus programas.

Meus dois últimos meses no cargo foram duros para a minha equipe. Eles tinham de procurar emprego. O caminho usual para quem sai da política é um emprego numa das grandes empresas que negociam com o governo, mas nós havíamos desagradado a todas elas. Rudy Moore fez um grande trabalho para ajudar a todos e para resolver todos os casos pendentes antes de eu passar o governo a Frank White. Ele e Randy White, que controlava a minha agenda, também me lembravam, quando eu ficava muito absorvido, que devia demonstrar mais preocupação pela minha equipe e pela sua situação futura. A maioria deles não tinha economias para se manter no caso de uma longa procura por emprego. Muitos tinham filhos pequenos. E muitos haviam trabalhado somente para o estado, inclusive várias pessoas que vieram comigo da procuradoria-geral. Apesar de gostar das pessoas que trabalharam comigo e ser grato a todas elas, acho que não o demonstrei com toda a clareza necessária nos muitos dias que se seguiram à minha derrota.

Hillary foi especialmente atenciosa comigo naquele período terrível, equilibrando amor e simpatia com um jeito especial para me manter concentrado no presente e no futuro. O fato de Chelsea não ter a menor idéia de que algo ruim havia acontecido me ajudou a perceber que aquilo não era o fim do mundo. Recebi grandes mensagens de encorajamento de Ted Kennedy, que me disse que eu voltaria, e de Walter Mondale, que demonstrou extraordinário bom humor diante de sua própria derrota decepcionante. Fui à Casa Branca me despedir do presidente Carter e agradecer por tudo de bom que sua administração havia feito pelo Arkansas. Ainda estava aborrecido com a promessa quebrada, e com a contribuição dela para a minha derrota e para a derrota dele próprio no Arkansas, mas sentia que a História seria mais benévola com ele por causa das suas políticas para o setor de energia e para o meio ambiente, especialmente pelo estabelecimento do enorme Refúgio Nacional para a Vida Selvagem do Ártico, no Alaska, e suas realizações em política externa — os acordos de Camp David entre Israel e Egito, os tratados do canal do Panamá e sua preocupação com a questão dos direitos humanos.

Tal como os outros empregados do gabinete do governador, eu também tinha de encontrar emprego. Tive várias ofertas e sondagens interessantes de fora do estado. Meu amigo, o governador do Kentucky John Y. Brown, que ficou milionário com a Kentucky Fried Chicken, me perguntou se eu não estaria interessado em dirigir a Universidade de Louisville. Na fala curta, típica de John Y., ele fez a sua oferta: "Boa escola, bela casa, grande time de basquete". O governador da Califórnia, Jerry Brown, me disse que seu chefe de gabinete, Gray Davis, ele próprio futuro governador, estava se desligando, e me perguntou se eu não gostaria de substituí-lo. Disse não conseguir entender como eu fora derrotado por causa de placas de automóvel, que a Califórnia era um lugar cheio de gente vinda de fora, que ali eu me adaptaria logo, e que ele apostava na minha capacidade de influenciar políticas nas áreas do meu interesse. Fui sondado para assumir o World Wildlife Fund, um grupo conservacionista de Washington que realizava um trabalho que eu admirava. Norman Lear, produtor de alguns dos maiores sucessos da televisão, inclusive a série *All in the Family*, me convidou para assumir a presidência do Povo pelo Modo Norte-americano, um grupo liberal criado para se contrapor aos assaltos dos conservadores contra as liberdades da Primeira Emenda. E várias pessoas me convidaram a concorrer para a presidência do Comitê Nacional Democrata contra Charles Manatt, um bem-sucedido advogado de Los Angeles, com raízes em Iowa. A única oferta de emprego que tive no Arkansas veio de Wright, Lindsey & Jennings, um excelente escritório de advocacia que me convidou a participar do seu "conselho" por 60 mil dólares anuais, quase duas vezes o que eu ganhava como governador.

Examinei com particular atenção o convite para dirigir o Comitê Nacional Democrata, porque amava a política e achava que sabia o que precisava ser feito. No fim, decidi que aquilo não seria bom para mim. Ademais, Chuck Manatt queria demais o cargo, e provavelmente já teria os votos necessários para ganhar antes de eu me interessar. Discuti o assunto com Mickey Kantor, sócio de Mannat que havia trabalhado com Hillary na Legal Services Corporation. Gostava de Mickey e confiava no seu bom senso. Ele disse que se eu queria outro cargo eletivo, não deveria tentar o emprego no partido. Também me aconselhou a não aceitar o cargo de chefe de gabinete de Jerry Brown. Outros convites de fora do estado me despertaram algum interesse, especialmente o do World Wildlife Fund, mas eu sabia que aquilo não tinha sentido. Não estava pronto para desistir do Arkansas e de mim mesmo, e então aceitei a oferta de Wright, Lindsey & Jennings.

Quase imediatamente depois da derrota, comecei a perguntar a todos que conhecia por que eles achavam que eu tinha perdido. Afora a questão dos cubanos, do emplacamento e da contrariedade dos grupos de interesse acontecendo todas ao mesmo tempo, recebi algumas respostas que me surpreenderam. Jimmy "Vermelho" Jones, a quem eu havia indicado para o cargo de adjunto-geral da Guarda Nacional do Arkansas depois de uma longa carreira como auditor do estado, disse que eu havia alienado os eleitores com todas aquelas barbas jovens e forasteiros em posições importantes. Também achava que a decisão de Hillary de manter o nome de solteira havia prejudicado; podia ser correto para uma advogada, mas não para uma primeira-dama. Wally DeRoeck, que havia sido chefe da minha campanha em 1976 e 1978, disse que eu me envolvera tanto com a atividade de governador que parei de pensar no restante. Disse-me que, depois de me tornar governador, eu nunca mais perguntei pelos seus filhos. Em termos mais duros, meu amigo George Daniel, que era dono da loja de ferragens em Marshall, na região das montanhas, disse a mesma coisa: "Bill, as pessoas achavam que você era um chato!". Rudy Moore me disse que eu me queixava demais dos problemas em que estava afundado, mas nunca parecia me concentrar realmente nos problemas políticos e em como solucioná-los. Mack McLarty, meu amigo mais antigo, que me conhecia como a palma da mão, me disse que eu passei um ano preocupado pela chegada de Chelsea. Disse que eu sempre lamentei não ter conhecido meu pai, que eu queria realmente me concentrar em ser o pai de Chelsea, exceto quando algo igual à crise dos cubanos me arrancava de perto dela, de modo que meu coração não estava na campanha.

Depois de alguns meses fora do cargo ficou claro para mim que todas essas explicações tinham alguma validade. Naquela época, mais de uma centena de pessoas tinham me procurado para dizer que haviam votado contra mim em protesto, mas que não o teriam feito se soubessem que eu seria derrotado. Pensei nas muitas coisas que poderia ter feito se tivesse tido a cabeça no lugar. E estava dolorosamente claro que milhares de pessoas achavam que eu me sentia grande demais para as minhas calças, estava obcecado demais com o que queria fazer, sem me lembrar do que elas queriam que eu fizesse. Havia o voto de protesto, é claro, mas ele não fez a diferença. As pesquisas pós-eleitorais mostraram que 12% dos eleitores disseram que me apoiaram em 1978 e votaram contra mim em 1980 por causa das placas; 6% de meus antigos eleitores disseram que foi por causa da crise dos cubanos. Com todos os meus problemas e erros, eu teria vencido se estivesse livre de qualquer uma dessas questões. Mas, se não tivesse sido derrotado, provavelmente não teria chegado a presidente. Foi uma experiência quase igual à morte, mas também muito valiosa, me forçando a ser mais sensível aos problemas políticos inerentes à política progressista: o sistema pode absorver muitas mudanças de uma só vez; ninguém consegue mudar ao mesmo tempo todos os interesses enraizados; e se as pessoas pensarem que você parou de ouvir, você está arruinado.

No meu último dia no cargo, depois de tirar um retrato de Chelsea aos dez meses sentada na minha cadeira segurando o telefone, fui ao Legislativo para ler meu discurso de despedida. Relacionei os progressos que havíamos feito, agradeci aos deputados pelo apoio, mencionei que ainda tínhamos a segunda menor carga tributária dos Estados Unidos e que, mais cedo ou mais tarde, teríamos de encontrar um meio politicamente aceitável de ampliar nossa base de receita para aproveitar o máximo de nosso potencial. Então saí do Capitólio estadual para a vida privada, um peixe fora d'água.

22

O WRIGHT, LINDSEY & JENNINGS ERA, pelos padrões do Arkansas, um grande escritório de advocacia, com ótima reputação e várias especialidades. A equipe de apoio era capaz e amigável, e fez o possível para ajudar na minha adaptação e fazer com que eu me sentisse em casa. O escritório também me autorizou a trazer a minha secretária, Barbara Kerns, que já me acompanhava havia quatro anos e conhecia a minha família, amigos e correligionários. Chegou-se mesmo a reservar uma área para Betsey Wright, para ela continuar a classificar os meus arquivos e, o que acabou acontecendo, planejar a minha campanha seguinte. Trabalhei em alguns casos e trouxe para a empresa alguns clientes modestos, mas tenho certeza de que o salva-vidas que me foi oferecido não resultou em aumento do seu faturamento. Tudo o que o escritório ganhou foi a minha gratidão eterna e a contratação para minha defesa nos processos que enfrentei quando era presidente.

Embora sentisse falta do trabalho de governador e da agitação da política, eu apreciava o ritmo mais normal da minha vida, chegando em casa em horários razoáveis, ficando mais com a Hillary e observando o crescimento da Chelsea, saindo com amigos para jantar, conhecendo os vizinhos, especialmente um casal mais idoso que morava em frente à nossa casa, Sarge e Louise Lozano. Eles adoravam Chelsea e eram extremamente prestativos.

Eu havia decidido ficar longe das aparições públicas por vários meses, com uma única exceção. Em fevereiro fui a Brinkley, a uma hora de carro pela rodovia interestadual, para falar em um banquete do Lions Club. Aquela região havia votado em mim em 1980 e meus fortes aliados de lá insistiram para que eu fosse. Disseram que encontrar gente que ainda me apoiava seria bom para me animar. Depois do jantar, fui a uma recepção na casa dos líderes do condado, Don e Betty Fuller, onde encontrei pessoas que realmente me queriam novamente como governador. Em Little Rock, muita gente ainda estava tentando se adaptar ao novo governador. Um homem a quem eu havia indicado para um cargo no governo do estado e que queria continuar com o governador White chegou a virar para o outro lado da rua no centro de Little Rock, quando me viu andando na direção dele. Não queria ser visto apertando a minha mão em plena luz do dia.

Apesar de agradecido pela bondade dos meus amigos de Brinkley, não voltei a sair para discursar no Arkansas durante vários meses. Frank White estava começando a cometer erros e a perder algumas batalhas legislativas, e eu não queria interferir. Ele cumpriu a promessa de campanha de fazer aprovar uma lei voltando o nome do Departamento de Desenvolvimento Econômico para Comissão de Desenvolvimento Industrial do Arkansas e extinguindo o Departamento de Energia. Mas quando tentou fechar as clínicas rurais criadas por mim e pela Hillary, muita gente que dependia delas apareceu para protestar. Sua proposta foi derrotada e ele teve de se contentar em impedir a instalação de mais clínicas, as quais teriam atendido outras pessoas que realmente precisavam delas.

Quando o governador propôs uma lei cortando os aumentos da taxa de emplacamento de veículos, o diretor do Departamento de Rodovias, Henry Gray, os comissários de estradas e os empreiteiros opuseram forte resistência. Queriam continuar a construí-las e recuperá-las e a ganhar dinheiro com a atividade. Muitos dos deputados atenderam às ponderações deles, porque seus eleitores gostavam do programa, ainda que resistissem a pagar por ele. No fim, White conseguiu uma pequena redução das taxas, mas o programa manteve a maior parte dos recursos que lhe eram destinados.

O maior problema legislativo do governador resultou, ironicamente, de uma lei que ele havia feito aprovar. A Lei da Ciência da Criação determinava que todas as escolas do Arkansas que ensinassem a teoria da evolução teriam de dedicar tempo igual ao ensino da teoria da criação coerente com a Bíblia: que os seres humanos não evoluíram de outras espécies por volta de cem mil anos antes, mas, pelo contrário, haviam sido criados por Deus como espécie separada poucos milhares de anos atrás.

Durante grande parte do século XX, os fundamentalistas haviam se oposto à evolução como incoerente com a leitura literal do relato bíblico da criação humana, e pouco após o ano de 1900 vários estados, inclusive o Arkansas, haviam declarado ilegal o ensino do evolucionismo. Mesmo depois de a Suprema Corte ter abolido essas proibições, a maioria dos textos de ciência não discutia a evolução até 1960. No fim dos anos 1960, uma nova geração de fundamentalistas recomeçou a discussão, argumentando dessa vez que havia evidência científica apoiando a história bíblica da criação, e evidências que lançavam dúvidas sobre a teoria da evolução. Finalmente, propuseram a idéia de exigir das escolas que ensinassem a teoria da evolução mas dando também atenção equiparada à "ciência da criação".

Por causa do intenso trabalho de *lobby* dos grupos fundamentalistas como o FLAG (Family, Life, America under God) [Família, Vida e os Estados Unidos para Deus] e do apoio do governador, Arkansas foi o primeiro estado a abraçar legalmente a noção de ciência da criação. O projeto foi aprovado sem grande dificuldade: não tínhamos tantos cientistas no Legislativo, e muitos políticos tinham receio de ofender os grupos cristãos conservadores, que estavam em alta depois de terem eleito um presidente e um governador. Depois que o governador White sancionou a lei, houve uma tempestade de protestos de educadores que não queriam ser forçados a ensinar religião como ciência, de líderes religiosos que queriam preservar a separação constitucional entre Igreja e Estado, e de cidadãos comuns que não queriam ver o Arkansas se tornar uma piada para o restante do país.

Frank White se transformou em objeto de ridicularização para os opositores à Lei da Ciência da Criação. George Fisher, o caricaturista do *Arkansas Gazette* que havia me desenhado num triciclo, começou a apresentar o governador com uma banana semidescascada, sugerindo que ele ainda não havia completado a evolução e talvez fosse o proverbial "elo perdido" entre humanos e chimpanzés. Quando começou a sentir a pressão, o governador White tentou consertar afirmando que não tinha lido a lei antes de assiná-la, afundando portanto ainda mais no buraco em que se metera. Finalmente a Lei da Ciência da Criação foi declarada inconstitucional pelo juiz Bill Overton, que fez um trabalho magnífico durante o julgamento e redigiu um parecer claro e convincente assegurando que a referida lei exigia o ensino de religião, e não de ciência, e portanto rompia a barreira constitucional entre Igreja e Estado. O procurador-geral Steve Clark decidiu não apelar da decisão.

Frank White tinha problemas que iam além do Legislativo. Sua pior decisão foi enviar os candidatos à Comissão de Serviço Público para serem entrevistados pela Arkansas Power and Light Company, que nos últimos anos vinha apresentando solicitações de pesados aumentos de tarifas. Quando a história vazou, a imprensa castigou o governador. As tarifas elétricas estavam subindo mais abruptamente que as taxas de emplacamento dos carros. Agora tinham um governador que estava oferecendo à AP&L o direito de aprovar previamente as pessoas que seriam contratadas e deveriam decidir se a empresa daria ou não maiores aumentos de tarifa.

E havia as gafes verbais. Quando anunciou uma missão comercial a Taiwan e Japão, o governador disse à imprensa que estava feliz por ir ao Oriente Médio. O incidente deu a George Fisher a inspiração para uma de suas charges mais engraçadas: o governador e seus convidados descendo do avião em pleno deserto, com tudo o que ele tinha direito: palmeiras, pirâmides, árabes e um camelo. Com a banana na mão, ele olhava em volta e dizia: "Ótimo. Chamem um riquixá".

Enquanto isso, eu fazia poucas viagens políticas para fora do estado. Antes da minha derrota, o governador John Evans tinha me convidado para discursar no banquete de comemoração do Dia Jefferson-Jackson. Depois que fui derrotado, ele me convidou a comparecer assim mesmo.

Fui pela primeira vez a Des Moines, Iowa, para falar em um painel de debates do Partido Democrata para membros locais e estaduais. Minha amiga Sandy Berger me convidou para ir a Washington e almoçar com Pamela Harriman, esposa do famoso estadista democrata Averell Harriman, que havia sido o enviado de Roosevelt para a histórica conversa com Churchill e a Stalin; Harriman era governador de Nova York e nosso negociador nas discussões do acordo de paz com o Vietnã do Norte. Harriman conheceu Pamela durante a Segunda Guerra Mundial, quando ela estava casada com o filho de Churchill e morava no número 10 de Downing Street. Eles se casaram trinta anos depois da morte da segunda esposa dele. Pamela estava com pouco mais de sessenta anos e ainda era uma bela mulher. Ela queria que eu participasse do comando dos Democratas para os Anos 80, um novo grupo de ação que ela tinha criado para levantar dinheiro e promover idéias para ajudar na volta dos democratas ao poder. Depois do almoço, acompanhei Pam na sua primeira entrevista na televisão. Ela estava nervosa e queria meus conselhos. Disse a ela para relaxar e falar no mesmo tom de conversa que ela havia usado no almoço. Participei do seu grupo e durante os anos seguintes passei grandes noitadas na casa de Georgetown do casal Harriman, com a sua memorável política e seus tesouros de arte impressionista. Quando me tornei presidente, indiquei Pamela Harriman para a Embaixada na França, onde ela havia vivido depois da Segunda Guerra Mundial e após romper seu primeiro casamento. Pam era imensamente popular entre os franceses e absolutamente eficiente com eles, e até morrer, em 1997, ainda no cargo, foi muito feliz na França.

Por volta da primavera daquele ano, o governador dava a impressão de que seria vulnerável na eleição seguinte e comecei a pensar numa revanche. Um dia fui de carro de Little Rock a Hot Springs para ver minha mãe. No meio do caminho parei no estacionamento de um posto de gasolina e loja em Lonsdale. O proprietário participava da política local e eu queria saber o que ele achava das minhas chances. Ele foi amistoso, mas não quis se comprometer. Quando voltei para o meu carro, encontrei um velho de macacão. Ele me perguntou: "Você não é o Bill Clinton?". Quando eu disse que era e apertei a sua mão, ele logo me informou que tinha votado contra mim. "Sou um dos que ajudaram na sua derrota. Eu custei onze votos para você — o meu, o da minha esposa, dos meus dois filhos e suas mulheres, e de mais cinco amigos. Nós acabamos com você". Eu lhe perguntei por quê, e tive a resposta de sempre: "Eu tinha de votar contra. Você aumentou a taxa de emplacamento". Apontei para um ponto na rodovia perto de onde estávamos. "Você se lembra da tempestade de gelo no ano em que tomei posse? Aquele trecho da estrada não resistiu e os carros ficaram atolados no buraco e na lama. Tive de usar a Guarda Nacional para arrancá-los de lá. Houve fotos em todos os jornais. Era preciso consertar as estradas". Ele retrucou: "Não me interessa. Mesmo assim eu não queria pagar". Sem saber bem por quê, depois de tudo o que ele tinha dito, eu perguntei: "Deixe eu perguntar uma coisa. Se eu concorrer de novo para governador, você poderia votar em mim?". Ele sorriu e disse: "Claro que voto. Agora nós estamos quites". Fui direto para um telefone público, liguei para Hillary, contei a história e disse a ela que achava que iríamos vencer.

Passei a maior parte do restante de 1981 viajando pelo estado e encontrando pessoas. Os democratas queriam vencer Frank White e a maioria dos meus antigos correligionários disse que estava comigo se eu concorresse. Dois homens que amavam profundamente o estado e eram apaixonados por política tiveram um interesse particular em me ajudar. Maurice Smith tinha uma fazenda de 4.800 hectares e um banco na sua cidade natal de Birdeye. Tinha mais ou menos sessenta anos, era baixo e magro, com o rosto enrugado e a voz profunda que ele usava pouco, mas com muito efeito. Era esperto como um azougue e um homem de ouro. Participava havia muito tempo da política do Arkansas — e era um autêntico democrata progressista, uma virtude comum a toda a sua família. Não tinha nada de racista nem de elitista, e havia apoiado os meus programas de educação e de recuperação das rodovias. Queria que eu concorresse outra vez e se ofereceu para levantar os fundos necessários para a vitória e garantiu que buscaria apoio de pessoas respeitáveis que não tinham se comprometido antes. Seu maior trunfo era George Kell, que havia chegado ao Hall da Fama jogando beisebol pelo Detroit Tigers e ainda comentava no rádio os jogos do Tigers. Ao longo de toda a sua carreira de astro, Kell tinha mantido a sua casa em Swifton, a cidadezinha do nordeste do Arkansas onde havia crescido. Lá ele era uma lenda e tinha muitos admiradores. Depois de nos conhecermos, ele concordou em trabalhar como tesoureiro da campanha.

O apoio de Maurice deu à minha campanha credibilidade instantânea, o que era importante, porque nenhum governador do Arkansas jamais tinha sido eleito, derrotado e eleito outra vez, apesar de outros terem tentado. Mas ele me deu muito mais. Tornou-se meu amigo, confidente e conselheiro. Eu confiava totalmente nele. Para mim ele era algo entre um segundo pai e um irmão mais velho. Durante o restante do meu tempo no Arkansas ele se envolveu em todas as minhas campanhas e com o trabalho no gabinete do governador. Por amar o toma-lá-dá-cá da política, ele era especialmente eficaz na aprovação dos meus programas pelo Legislativo. Sabia quando tinha de brigar e quando tinha de negociar. Poupou-me muitos problemas que tive de enfrentar durante o meu primeiro mandato. Quando cheguei à Presidência, Maurice estava mal de saúde. Uma noite, no terceiro andar da Casa Branca, ficamos horas rememorando o tempo que passamos juntos.

Jamais conheci alguém que não gostasse de Maurice Smith e o respeitasse. Poucas semanas antes de ele morrer, Hillary estava no Arkansas e lhe fez uma visita no hospital. Quando voltou à Casa Branca, olhou para mim e disse: "Eu adoro aquele homem". Na sua última semana de vida, conversamos duas vezes por telefone. Ele me disse que achava que daquela vez não ia sair do hospital e queria me dizer: "Estou orgulhoso de tudo o que fizemos juntos e gosto muito de você". Foi a única vez que ele disse isso.

Quando Maurice morreu, no fim de 1998, voltei ao estado para falar no seu enterro, algo que, como presidente, eu tinha de fazer com freqüência. No caminho para o Arkansas, pensei em tudo o que ele havia feito por mim. Foi o diretor financeiro de todas as minhas campanhas, mestre-de-cerimônias em todas as cerimônias de posse, meu chefe de gabinete, membro do conselho de curadores da universidade, Diretor do Departamento de Rodovias, principal lobista pela lei em favor dos deficientes — a causa favorita da sua esposa, Jane. Mas, acima de tudo, eu me lembrei do dia em que perdi a eleição de 1980, quando Hillary, Chelsea e eu estávamos no jardim da Mansão do Governador. Quando desabei sob o peso da minha derrota, um homenzinho pôs a mão no meu ombro, olhou nos meus olhos e disse com a sua voz áspera: "Não tem problema. Nós voltaremos". Até hoje sinto saudade de Maurice Smith.

O outro homem nessa categoria era L. W. "Bill" Clark, um sujeito que eu mal conhecia antes de ele me encontrar em 1981 para discutir o que eu deveria fazer para recuperar o cargo de governador. Bill era um homem vigoroso, que adorava a briga política e tinha uma compreensão aguda da natureza humana. Era de Fordyce, no sudeste do Arkansas, e tinha uma indústria que produzia aduelas de carvalho branco para tonéis de conhaque e uísque. Vendia muitas delas para a Espanha. Tinha também alguns restaurantes Burger King. Um dia, no início da primavera, ele me convidou a ir com ele às corridas de cavalo em Oakland Park, em Hot Springs. Eu havia deixado o governo cerca de dois meses antes, e Bill ficou surpreso por tão poucas pessoas virem ao nosso camarote para cumprimentar. Em vez de se desencorajar pela frieza, aquele tratamento despertou seus instintos competitivos. Ele decidiu então que iria me levar de novo ao governo do estado chovesse ou fizesse sol. Várias vezes durante 1981 fui até sua casa no lago Hot Springs para discutir política e encontrar os amigos que ele queria recrutar para colaborar na campanha. Naquelas festinhas e pequenos jantares encontrei várias pessoas que concordaram em assumir papéis importantes na campanha no sul do Arkansas. Algumas delas nunca tinham me apoiado antes, mas Bill Clark conseguiu convencê-las. Devo muito a Bill Clark por tudo que ele fez por mim ao longo dos onze anos seguintes para me ajudar a vencer eleições e fazer aprovar meu programa legislativo. Mas, acima de tudo, devo a ele a crença em mim numa época em que eu nem sempre conseguia acreditar em mim mesmo.

Enquanto eu estava fora preparando a campanha, Betsey Wright trabalhava duro para organizar a "mecânica da coisa". Nos últimos meses de 1981, ela, Hillary e eu conversamos com Dick Morris sobre como deveríamos lançar minha campanha, e ele sugeriu que eu fosse a Nova York conversar com Tony Schwartz, um famoso especialista em mídia política que raramente saía do seu apartamento em Manhattan. Achei Schwartz uma pessoa fascinante, e o adjetivo se estende a suas idéias sobre como gerar influência nos pensamentos e sentimentos dos eleitores. Estava claro que, se eu quisesse ganhar em 1982, apenas dois anos depois de ter sido arrancado do cargo, eu teria de percorrer sem tropeços um caminho muito estreito. Não podia dizer aos eleitores que eles tinham errado ao me preterir. Mas, se me penitenciasse demais, seria muito difícil convencê-los a me dar mais uma segunda chance de servir. Era um problema que nos roubou muito fosfato, enquanto Betsey e eu trabalhávamos as listas e imaginávamos estratégias para as eleições primária e geral.

Enquanto isso, quando 1981 se aproximava do fim, fiz duas viagens muito diferentes mas que me prepararam para a batalha que teria pela frente. A convite do governador Bob Graham, fui à Flórida para falar na convenção democrata estadual, que se reunia em Miami a cada dois anos, em dezembro. Fiz um apelo apaixonado para que os democratas lutassem contra os anúncios republicanos que nos atacavam. Disse que estava certo eles desfecharem o primeiro golpe, mas se eles nos batessem abaixo da cintura, deveríamos "pegar um cutelo de açougue e cortar as mãos deles". Foi um pouco melodramático demais, mas a ala direita havia assumido o controle do Partido Republicano e mudado as regras da luta política, enquanto seu herói, o presidente Reagan, sorria e parecia pairar acima de tudo aquilo. Os republicanos achavam que iam vencer as eleições indefinidamente com os seus ataques verbais. Talvez pudessem, mas pelo menos eu estava determinado a nunca mais praticar o desarmamento unilateral outra vez.

A outra viagem foi uma peregrinação com Hillary à Terra Santa, comandada pelo pastor da Igreja Batista Emanuel, W. O. Vaught. Em 1980, por insistência da Hillary, eu tinha passado a freqüentar a Emanuel e começado a cantar no coro. Desde que saíra de casa para a Georgetown, em 1964, eu vinha freqüentando pouco a igreja, e mesmo antes tinha parado de cantar no coro. Hillary sabia que eu sentia falta e que admirava W. O. Vaught por ele ter abandonado a pregação sobre o fogo e o enxofre do inferno que usava no início de seu ministério em favor de um ensino cuidadoso da Bíblia. Ele acreditava que a Bíblia era a palavra de Deus sem erros, mas que poucas pessoas entendiam o seu verdadeiro significado. Ele mergulhou no estudo das mais antigas versões conhecidas das Escrituras, e fazia questão de dar uma série de sermões sobre um livro da Bíblia ou tema das Escrituras antes de passar a outro assunto. Eu esperava ansiosamente os domingos no coro da igreja, olhando para a cabeça careca do dr. Vaught e acompanhando na minha Bíblia o que ele ensinava do Velho e do Novo Testamento.

O dr. Vaught viajava para a Terra Santa desde 1938, dez anos antes do nascimento do estado de Israel. Os pais da Hillary vieram de Park Ridge e ficaram com a Chelsea para que pudéssemos nos juntar ao grupo que ele organizou em dezembro de 1981. Passamos a maior parte do tempo em Jerusalém, refazendo os passos dados por Jesus e encontrando os cristãos de lá. Vimos o local onde os cristãos acreditam que Jesus foi crucificado e a pequena gruta onde se acredita que Jesus foi enterrado e de onde se levantou. Fomos também ao Muro Ocidental, sagrado para os judeus, e aos locais sagrados para os muçulmanos, a Mesquita Al-Aqsa e a Cúpula do Rochedo, os locais de onde os muçulmanos crêem que Maomé subiu aos céus para se encontrar com Alá. Fomos à Igreja do Santo Sepulcro; ao Mar da Galiléia, onde Jesus caminhou sobre a água; a Jericó, possivelmente a cidade mais antiga do mundo; e a Massada, onde um grupo de guerreiros judeus, os zelotes, suportou um longo e furioso cerco dos romanos até ser finalmente derrotados e entrarem no panteão dos mártires. No alto de Massada, enquanto olhávamos para o vale lá embaixo, o dr. Vaught nos lembrou de que os grandes exércitos da história, inclusive os de Alexandre, o Grande, e de Napoleão, haviam marchado por ali, e que o Livro da Revelação diz que no fim dos tempos o sangue há de correr pelo vale.

A viagem deixou uma profunda marca em mim. Voltei para casa dando mais valor à minha fé, com uma profunda admiração por Israel e, pela primeira vez, com alguma compreensão das queixas e aspirações palestinas. Foi o início de uma obsessão por ver a reconciliação de todos os filhos de Abraão no terreno sagrado em que a fé — tanto de cristãos, judeus e muçulmanos — ganhou vida.

Pouco depois da minha volta, mamãe se casou com Dick Kelley, um comerciante de gêneros alimentícios que ela conhecia havia anos e que já namorava fazia algum tempo. Estava sozinha havia mais de sete anos e fiquei feliz por ela. Dick era um sujeito boa-pinta, que gostava tanto quanto ela de corridas de cavalos. Gostava também de viajar, e viajava muito. Ele iria levar a minha mãe para ver o mundo. Graças a Dick, ela ia com freqüência a Las Vegas, mas também visitou a África antes de mim. O reverendo John Miles os casou numa agradável cerimônia na casa de Marge e Bill Mitchell em Lake Hamilton, que terminou com Roger cantando o sucesso de Billy Joel "Just the Way You Are". Eu passei a gostar de Dick Kelley e fiquei muito grato pela felicidade que ele trouxe para minha mãe e para mim. Dick seria um de meus companheiros favoritos no golfe. Com bem mais de oitenta, quando ele jogava seu *handicap* e eu o meu, ele geralmente me derrotava.

Em janeiro de 1982, o golfe era o último dos meus interesses; era tempo de começar a campanha. Betsey havia se ajustado ao Arkansas como um pato à água e montado uma ótima organização de antigos correligionários e de gente nova desencantada com o governador White. Nossa primeira decisão importante foi como começar. Dick Morris sugeriu que antes de fazer um anúncio formal eu deveria ir à televisão para reconhecer os erros que levaram à minha derrota e pedir uma nova chance. Era uma idéia arriscada, mas arriscada era toda a idéia de concorrer dois anos depois de ter sido derrotado. Se perdesse de novo, não haveria mais volta, pelo menos durante um período muito longo.

Criamos o anúncio no estúdio de Tony Schwartz em Nova York. Eu achava que a única maneira de aquilo funcionar seria a mensagem conter um reconhecimento honesto dos meus erros passados, e a promessa do tipo de liderança positiva que havia atraído o apoio popular na minha primeira disputa. O anúncio foi ao ar em 8 de fevereiro sem aviso prévio. Meu rosto enchia a tela, e eu dizia aos eleitores que desde a minha derrota eu vinha viajando pelo estado, falando com milhares de pessoas; eles me diziam que eu havia feito coisas boas, mas também cometido grandes erros, inclusive o aumento da taxa de emplacamento de automóveis; e que as nossas estradas precisavam daquele dinheiro, mas que eu havia errado em aumentar a taxa de uma maneira que prejudicou tantas pessoas. Então eu disse que estava amadurecendo, que "meu pai nunca teve de me castigar duas vezes pelo mesmo erro"; que o estado precisava de liderança em educação e em desenvolvimento econômico, áreas em que eu havia realizado um bom trabalho; e que se os eleitores me dessem uma nova chance, eu seria o governador que aprendeu na derrota que "não se pode liderar sem ouvir".

O anúncio teve muita repercussão e pelo menos pareceu abrir a mente de um número suficiente de eleitores dispostos a me dar uma segunda chance. Em 27 de fevereiro, aniversário da Chelsea, fiz o anúncio oficial. Hillary me deu um retrato de nós três no evento, com a inscrição: "Segundo aniversário da Chelsea, segunda chance do Bill".

Prometi me concentrar nas três questões que me pareciam mais importantes para o futuro do estado: melhorar a educação, criar mais empregos e manter baixas as tarifas de serviços públicos. Essas eram as questões em que o governador White era mais vulnerável. Ele tinha cortado 16 milhões de dólares em taxas de emplacamento e aprovado um aumento de 227 milhões de dólares nas tarifas da Arkansas Power and Light Company, prejudicando tanto os consumidores comuns quanto os empresariais. A recessão econômica tinha custado muitos empregos, e as receitas do estado eram muito baixas para permitir que alguma coisa fosse feita pela educação.

A mensagem foi bem recebida, mas a boa notícia do dia foi a declaração da Hillary de que iria incorporar meu nome ao dela. A partir de então minha esposa seria conhecida como Hillary Rodham Clinton. Já vínhamos discutindo o assunto fazia semanas. Hillary tinha sido convencida a fazê-lo por muitos dos nossos amigos que diziam que, apesar de a questão nunca aparecer negativamente nas pesquisas, ela perturbava muita gente. Até mesmo Vernon Jordan havia abordado o assunto quando foi a Little Rock nos visitar alguns meses antes. Com o passar dos anos, Vernon tinha se tornado nosso amigo íntimo. Era um dos mais importantes líderes na questão dos direitos civis, e uma pessoa em quem os amigos podiam sempre confiar. Era sulista e suficientemente mais velho que nós para saber por que aquilo era importante. A única pessoa de fora de nosso círculo a mencionar a questão para mim foi um jovem advogado progressista de Pine Bluff, um grande aliado meu. Ele me perguntou se o fato de a Hillary ter mantido o nome de solteira me incomodava. Eu lhe disse que nunca tinha pensado nisso até alguém me chamar a atenção para o fato. Ele me olhou incrédulo e disse: "Ora, eu conheço você. Você é homem de verdade. Isso tem de incomodar". Fiquei perplexo. Não era a primeira nem a última vez que outras pessoas se incomodavam com alguma coisa que para mim não significava nada.

Deixei claro para a Hillary que a decisão era somente dela e que eu não achava que o nome dela fosse decidir a eleição. Pouco depois de começarmos a namorar, ela havia me dito que manter o nome de solteira era uma decisão tomada quando ainda era menina, muito antes de isso se tornar um símbolo da igualdade feminina. Ela tinha orgulho da história da sua família e queria manter o sobrenome.

Como eu queria ficar com ela, não questionei sua decisão. Na verdade, uma das muitas razões pelas quais eu gostava dela era a sua assertividade.

No final, Hillary decidiu, com seu típico senso prático, que manter o nome de solteira não valia o custo de ofender as pessoas que se incomodavam com isso. Quando ela me disse, meu único conselho foi que ela dissesse ao público a verdade sobre a razão por que estava mudando o nome. No meu anúncio pela TV eu tinha apresentado desculpas sinceras por erros reais. Aquilo não era a mesma coisa, e eu achava que poderia soar falso se apresentássemos seu novo nome como uma mudança de opinião. Na sua declaração, ela falou sobre a questão sem lhe dar muita importância, dizendo essencialmente aos eleitores que havia mudado de nome por eles.

Abrimos a campanha das primárias liderando as pesquisas, mas enfrentando enorme oposição. De início, o candidato mais forte era Jim Guy Tucker, que quatro anos antes havia perdido a disputa pelo Senado para David Pryor. Desde então, ele havia ganho muito dinheiro com o negócio de televisão a cabo. Apelava para a mesma base progressista que eu, e as feridas da sua derrota tiveram dois anos a mais para cicatrizar. Eu tinha uma organização melhor nos condados rurais, mas havia muitos eleitores rurais que ainda estavam com raiva de mim por causa das taxas de emplacamento. Esses tinham uma terceira alternativa em Joe Purcell, um homem honesto e discreto que havia sido procurador-geral e vice-governador e se dera bem nos dois cargos. Ao contrário de Jim Guy e eu, ele nunca tinha enfurecido ninguém. Joe queria ser governador fazia muito tempo, e embora já não tivesse a saúde perfeita, achava que poderia ganhar apresentando-se como o amigo de todo mundo e menos ambicioso que seus dois competidores. Havia ainda dois outros candidatos: o senador estadual Kim Hendren, um conservador do noroeste do Arkansas, e meu velho arquiinimigo, Monroe Schwarzlose. A luta pelo governo do estado mantinha-o vivo.

Minha campanha teria desabado no primeiro mês se eu não tivesse aprendido com os erros de 1980 sobre o impacto da propaganda negativa pela televisão. Logo de início, Jim Guy Tucker apresentou um anúncio me criticando por ter atenuado durante meu primeiro mandato as penas de assassinos em primeiro grau. Ele enfatizou o caso de um homem que foi solto e matou um amigo poucas semanas depois de sair da prisão. Como os eleitores não estavam por dentro do assunto, meu anúncio com o pedido de desculpas não foi suficiente para me imunizar contra a acusação, e eu caí atrás de Tucker nas pesquisas.

A Comissão de Indultos e Condicionais havia recomendado a comutação em questão por duas razões. Primeira, a comissão e as pessoas que administravam o sistema penitenciário achavam que seria muito mais difícil manter a ordem e minimizar a violência se os "perpétuos" soubessem que nunca seriam libertados, por melhor que fosse o seu comportamento. Segunda, muitos dos presos mais velhos tinham graves problemas de saúde, o que custava muito dinheiro ao estado. Se fossem libertados, seus custos de assistência médica seriam cobertos pelo programa Medicaid, que era custeado principalmente pelo governo federal.

O caso mostrado no anúncio era realmente estranho. O homem que recebeu a condicional tinha 72 anos e havia cumprido mais de dezesseis por assassinato. Em todo aquele tempo ele havia sido um prisioneiro-modelo, que tinha contra si uma única pena disciplinar. Sofria de arteriosclerose e os médicos da prisão diziam que ele não teria mais do que um ano de vida, que provavelmente estaria completamente incapacitado em seis meses, e que custaria uma pequena fortuna ao orçamento da penitenciária. Além disso, ele tinha uma irmã no sudeste do Arkansas que estava disposta a acolhê-lo. Cerca de seis semanas depois de receber a condicional, ele estava bebendo cerveja com um amigo na caminhonete deste, em que havia uma arma. Os dois brigaram, ele atirou no amigo e roubou seu cheque do Sistema Nacional de Aposentadoria. Entre a prisão e o julgamento por mais esse crime, o juiz resolveu entregar aquele pobre homem, quase inválido, à custódia da irmã. Alguns dias depois, ele subiu na garupa da motocicleta de um sujeito de trinta anos e foram para o norte até Pottsville, um vilarejo nas proximidades de Russellville, onde tentaram assaltar um banco atravessando a porta principal com a motocicleta. O velho estava mesmo doente, mas não tanto quanto pensavam os médicos da penitenciária.

Pouco tempo depois, na sede do condado de Pine Bluff, eu estava apertando a mão de uma mulher que me disse ser sobrinha do homem que ele tinha assassinado. Ela teve a caridade de dizer a mim: "Não responsabilizo o senhor por ele ter feito isso. O crime não ocorreu por sua culpa". A maioria dos eleitores não foi tão caridosa. Prometi que não comutaria mais sentenças de assassinos em primeiro grau e disse que iria exigir maior participação das famílias das vítimas nas decisões da Comissão de Indultos e Condicionais.

E eu revidei, seguindo meu próprio conselho de absorver o golpe e bater com toda a força. Com a ajuda de David Watkins, um executivo de publicidade que também era de Hope, lancei um anúncio criticando o desempenho de Tucker nas votações no Congresso. O fato é que ele começara a campanha para o Senado pouco depois de assumir uma cadeira na Câmara dos Deputados e geralmente nunca estava presente para votar. Um dos nossos anúncios mostrava duas pessoas sentadas a uma mesa, comentando que não receberiam o salário se aparecessem para trabalhar somente metade do tempo. Trocamos socos como esses durante todo o resto da campanha. Enquanto isso Purcell rodava o estado numa van, apertando mãos e se distanciando da guerra dos anúncios na TV.

Além da guerra no ar, conduzimos uma vigorosa campanha eleitoral que Betsey Wright administrava com perfeição. Ela era uma comandante exigente, e de vez em quando perdia a paciência, mas todos sabiam que ela era brilhante, dedicada e a pessoa mais trabalhadora de nossa campanha. Tínhamos uma sintonia tão perfeita que ela geralmente sabia o que eu estava pensando, e vice-versa, antes de trocar uma palavra. Era uma grande economia de tempo.

Comecei a campanha percorrendo o estado com Hillary e Chelsea num carro dirigido pelo meu amigo e chefe de campanha Jimmy "Vermelho" Jones, que havia sido auditor estadual por mais de vinte anos e que ainda tinha influência entre os líderes de cidades pequenas. Nossa estratégia era ganhar Pulaski e outros condados grandes, conseguir uma vitória esmagadora no sul do Arkansas, onde eu contava com um grande apoio, conquistar a grande maioria dos votos de eleitores negros, e reconverter os onze condados do nordeste do Arkansas, que em 1980 haviam transferido maciçamente seus votos de mim para Frank White. Fui atrás desses onze condados com o mesmo zelo com que havia conquistado os condados rurais do Terceiro Distrito em 1974. Fiz campanha em todas as cidadezinhas da região, geralmente passando noites adentro com os meus novos correligionários. Essa estratégia também me trouxe votos nas cidades maiores, onde as pessoas se impressionavam ao ver nos jornais fotos minhas apertando a mão de pessoas em lugares que os candidatos nunca visitavam.

Betsey e eu contratamos também três líderes negros que se mostraram inestimáveis. Rodney Slater, que deixou a equipe do procurador-geral Steve Clark para me ajudar. Já naquela época ele era um excelente orador, usando seu profundo conhecimento das Escrituras para criar argumentos em favor de nossa causa. Carol Willis era do sudoeste do Arkansas. Eu o conheci quando ele era estudante na Faculdade de Direito em Fayetteville. Era um grande político à moda antiga, que conhecia como a palma da mão todas as pessoas importantes nas áreas rurais. Bob Nash, que trabalhava em desenvolvimento econômico para a Fundação Rockefeller, nos ajudou às noites e nos fins de semana.

Rodney Slater, Carol Willis e Bob Nash continuaram comigo durante os dezenove anos seguintes. Trabalharam em minha equipe durante todo o tempo em que fui governador. Quando cheguei à Presidência, Rodney serviu como administrador federal de rodovias e como secretário de Transportes. Carol manteve abertas as pontes para os negros norte-americanos no Comitê Nacional Democrata. Bob começou como subsecretário da Agricultura, depois veio para a Casa Branca como diretor de pessoal. Não sei o que teria feito sem eles.

Talvez o momento definidor da campanha tenha ocorrido durante um encontro com cerca de oitenta líderes negros na região do delta do Mississippi, que tinham ido até lá ouvir as propostas de Jim Guy Tucker e as minhas para poderem decidir qual dos dois apoiar. Tucker já havia conquistado o apoio da Associação Educacional do Arkansas, prometendo aos professores um grande aumento de salários sem aumento de impostos. Eu revidei com o apoio de muitos professores e administradores que sabiam que a condição ruim da economia não permitiria a Tucker manter a promessa, e que se lembravam do que eu havia feito pela educação no meu primeiro mandato. Talvez eu conseguisse vencer com uma divisão entre os educadores, mas certamente não venceria com a divisão dos negros da região do delta. Precisava da grande maioria deles.

A reunião teve lugar na churrascaria de Jack Crumbly em Forrest City, a cerca de 150 quilômetros a leste de Little Rock. Jim Guy já havia ido embora quando eu cheguei, e deixou uma boa impressão. Já era tarde e eu estava cansado, mas fui o mais convincente que podia, enfatizando as nomeações de negros que havia feito e meus esforços para ajudar as comunidades negras havia tanto tempo ignoradas a conseguir dinheiro para sistemas de saneamento básico.

Quando terminei, um jovem advogado negro de Lakeview, Jimmy Wilson, se levantou para falar. Ele era o maior apoio de Tucker na região do delta. Jimmy disse que eu era um bom homem e tinha sido um bom governador, mas que nenhum governador do Arkansas que tinha perdido a reeleição havia sido eleito novamente. Disse que Frank White era terrível para os negros e precisava ser derrotado. Lembrou os companheiros de que na questão dos direitos civis Jim Guy tinha um bom histórico de votos no Congresso e que, tal como eu, tinha recrutado muitos negros, e ele era capaz de vencer. "Gosto do governador Clinton, mas ele é um candidato derrotado. Não podemos nos dar ao luxo de perder." Era um argumento persuasivo, tanto mais que ele teve a coragem de apresentá-lo diante de mim. Eu sentia que estava perdendo o apoio daquelas pessoas.

Depois de alguns segundos de silêncio, um homem se levantou no fundo e disse que queria falar. John Lee Wilson era prefeito de Haynes, uma cidadezinha de 150 habitantes. Era um homem pesado, de estatura mediana, vestia jeans e uma camiseta branca estufada com o volume dos seus braços, pescoço e peito enormes. Eu não o conhecia bem, e não tinha idéia do que ele ia falar, mas nunca vou esquecer suas palavras.

"O advogado Wilson fez um bom discurso, e pode ter razão. O governador pode ser um perdedor. Tudo o que eu sei é que, quando Bill Clinton virou governador, a merda corria nas rua da minha cidade, e as criança vivia doente porque não tinha esgoto. Ninguém ligava pra nós. Quando ele saiu, a gente tinha esgoto e as criança num tava mais doente. Isso ele fez pra muita gente aqui. Deixa eu perguntar uma coisa. Se a gente num ajuda as pessoa que ajuda a gente, quem é que vai respeitar a gente? Ele pode ser um perdedor, mas se ele perder eu quero perder com ele. E vocês também devia pensar assim." Só se ouviam os gritos. Foi um daqueles raros momentos em que as palavras de um homem realmente mudam corações e mentes.

Infelizmente, John Lee Wilson morreu antes de eu ser eleito presidente. Já quase no fim do meu segundo mandato na Casa Branca, fiz uma viagem nostálgica de volta ao leste do Arkansas, para falar na Escola Secundária Earle. O diretor era Jack Crumbly, o anfitrião daquela reunião decisiva de quase duas décadas antes. No meu discurso, contei pela primeira vez em público a história das palavras de John Lee Wilson. O evento foi televisionado para todo o leste do Arkansas. Uma das pessoas que o estavam assistindo, sentada na sua casinha em Haynes, era a viúva de John Lee Wilson. Ela me escreveu uma carta comovente, dizendo quanto John teria se orgulhado ao ver o presidente elogiá-lo. É claro que eu elogiei. Se não fosse por John Lee, eu talvez estivesse redigindo testamentos e acordos de divórcio, em vez de estar escrevendo este livro.

Com a aproximação do dia da eleição, o apoio à minha candidatura subia e descia entre os eleitores indecisos quanto a me dar ou não uma segunda chance. Estava preocupado, até que encontrei um homem num café em Newark, nordeste do Arkansas. Quando lhe pedi o voto, ele respondeu: "Votei contra você na última eleição, mas agora vou votar em você". Apesar de já saber a resposta, perguntei-lhe por que ele havia votado contra mim. "Porque você aumentou as taxas de emplacamento." Quando lhe perguntei por que estava mudando, ele respondeu: "Porque você aumentou as taxas de emplacamento". Disse-lhe que precisava de todos os votos que pudesse ganhar, e não queria irritá-lo, mas não entendia como ele ia votar em mim pela mesma razão que o levou a votar contra. Ele sorriu e disse: "Mas é muito lógico. Você pode ser muita coisa, Bill, mas não é idiota. Você é o candidato que jamais vai aumentar as taxas de emplacamento outra vez, e por isso eu estou com você". Acrescentei sua lógica impecável ao meu discurso até o fim da campanha.

Em 25 de maio, ganhei a eleição primária com 42% dos votos. Sob o contra-ataque da minha propaganda e da força da nossa organização, Jim Guy Tucker caiu para 23%. Joe Purcell havia levado sua campanha incontroversa aos 29% dos eleitores e a um lugar na disputa final, duas semanas depois. Era uma situação perigosa. Tucker e eu havíamos aumentado nosso percentual de rejeição com a propaganda de ataques, e Purcell apelava aos democratas que não haviam esquecido a questão do emplacamento. Havia uma boa chance de ele vencer apenas com os votos dos que eram contra Clinton. Tentei por dez dias desmascará-lo, mas ele foi inteligente e continuou na sua van, apertando algumas mãos. Numa quinta-feira, às vésperas da eleição, fiz uma pesquisa e descobri que estávamos empatados. Isso queria dizer que provavelmente eu perderia, pois os indecisos geralmente ficavam contra o candidato à reeleição, nesse caso eu. Nossa equipe tinha lançado uma propaganda acentuando as nossas diferenças quanto à Comissão de Serviço Público e os ajustes nos impostos de eletricidade, que deveriam ser mais bem estipulados, uma mudança que eu apoiava e Joe recusava. Esperava que ela fizesse a diferença, mas não tinha certeza.

No dia seguinte, recebi a eleição como um golpe incapacitante. Frank White queria que Purcell vencesse a disputa final entre os democratas. Os índices de rejeição ao governador eram ainda mais altos que os meus, e eu tinha a meu favor os problemas dele e uma campanha organizada. Em compensação, White tinha certeza de que a saúde fraca de Purcell seria um fator decisivo na campanha para a eleição geral, o que garantiria a White um segundo mandato. Na noite de sexta-feira, quando já era muito tarde para eu reagir pela televisão, Frank White começou a divulgar anúncios me atacando por eu ter aumentado a taxa de emplacamento, dizendo ao povo para não esquecer do fato. Teve tempo de transmiti-lo insistentemente durante todo o fim de semana, pedindo aos empresários que o apoiavam que cedessem seu espaço publicitário para os ataques. Vi o anúncio e percebi que ele poderia decidir uma disputa apertada. Não poderia responder pela televisão até a segunda-feira, quando já seria tarde demais. Era uma vantagem injusta que mais tarde seria alvo de uma regulamentação federal, determinando que as emissoras seriam obrigadas a veicular a resposta aos ataques de última hora durante os fins de semana, mas nem assim aquilo resolveria a minha situação.

Betsey e eu chamamos David Watkins e lhe pedimos para abrir o seu estúdio para gravar um anúncio de rádio. Trabalhamos no texto e nos encontramos com David mais ou menos uma hora antes da meia-noite. Naquela hora Betsey já havia conseguido reunir alguns jovens voluntários para levar o anúncio às estações de rádio em todo o estado, a tempo de serem transmitidos já no sábado de manhã. Na minha resposta pelo rádio, perguntei aos eleitores se eles haviam visto a propaganda de White me atacando, e pedi a eles para pensarem um pouco na razão pela qual ele estava interferindo numa primária dos democratas. Só havia uma resposta: ele queria concorrer com Joe Purcell, não comigo, porque eu o venceria, e Joe não. Eu sabia que a maioria dos eleitores democratas se opunha intensamente ao governador, e odiariam a idéia de se sentir manipulados por ele. David Watkins trabalhou a noite inteira fazendo um número de cópias do nosso anúncio suficiente para saturar o estado. Os rapazes começaram a levá-las às estações de rádio às quatro da manhã, acompanhados dos cheques para comprar muito tempo de transmissão. O anúncio de rádio foi tão eficaz que já na noite de sábado o anúncio de White na TV estava me ajudando. Na segunda-feira colocamos nossa resposta também na televisão, mas já tínhamos vencido a batalha. No dia seguinte, 8 de junho, ganhei o segundo turno da primária por 54% a 46%. Eu tinha vencido na maioria dos grandes condados e nos que tinham grande participação de eleitores negros, mas ainda lutava nos condados rurais democratas em que a questão do emplacamento não havia sido esquecida. Seriam necessários mais dois anos para apagar completamente o dano feito.

A campanha de outono contra Frank White foi dura, mas divertida. Dessa vez a economia prejudicava a ele, e não a mim, e ele tinha um histórico que eu podia atacar. Ataquei-o por suas ligações com as concessionárias, pelos empregos perdidos, e veiculei anúncios positivos sobre as minhas propostas. Ele apresentou um ótimo filme mostrando um homem tentando apagar as manchas de um leopardo; disse que, tal como um leopardo, eu não conseguia apagar as minhas manchas. Dick Morris produziu um anúncio devastador cobrando de White as explicações por ele ter dado às concessionárias grandes aumentos de tarifas, e cortando ao mesmo tempo de quatro para três o número de receitas mensais que os idosos podiam aviar através do Medicaid. O slogan era: "Frank White — doce para as concessionárias, amargo para os idosos". Nosso melhor anúncio de rádio veio em resposta a uma torrente de acusações falsas. O locutor perguntava se não seria bom ter um cão de guarda que latisse sempre que um político dissesse uma mentira. Então um cachorro latia: "Au, au!". O locutor repetia cada uma das acusações, e o cachorro latia antes da leitura da resposta. Acho que foram quatro latidos no total. Depois de alguns dias, os trabalhadores já latiam "au, au", rindo para mim, quando eu apertava mãos nos portões das fábricas durante as mudanças de turno. White mais tarde solidificou sua rejeição entre os eleitores negros, dizendo numa infeliz metáfora que os negros votariam em um "pato"* se ele concorresse como um democrata. Pouco depois disso, o bispo L. T. Walker, da Igreja de Deus em Cristo, disse para seus fiéis que tirassem o "Velho Cabeça de Porco"** do escritório.

Chega uma hora durante a campanha em que a gente sente nos ossos se vai ganhar ou perder. Isso aconteceu comigo em 1982 em Melbourne, a sede do condado de Izard, no norte do Arkansas. Eu havia perdido no condado em 1980 por causa do emplacamento, apesar de o deputado da região, John Miller, ter votado a favor do aumento. John era um dos mais antigos membros do Legislativo e provavelmente sabia mais sobre todos os aspectos do governo do estado que qualquer outra pessoa no Arkansas. Estava trabalhando duro a meu favor e acertou uma visita à fábrica local da McDonnel Douglas, que fazia peças para aviões.

Apesar de os trabalhadores pertencerem à United Auto Workers, o sindicato nacional dos empregados da indústria automobilística, eu estava nervoso porque a

---

Duck: Nos Estados Unidos, membro do Congresso prestes a se aposentar por não ter sido reeleito; ultrapassado, sem efeito; pessoa ou organização fraca ou incapaz. (N. dos T.)

**Hoghead*: 1. As antigas locomotivas a vapor consumiam grande quantidade de combustível. Os ferroviários as apelidaram "hogs" [porcos para engorda], e os maquinistas passaram a ser chamados "hoghead" [cabeça de porco]. 2. Generalizou-se o termo para bonés, quase uma marca registrada dos maquinistas. 3. Grande barril ou tonel, usado também como apelido para aqueles que comem em demasia. (N. dos T.)

maioria tinha votado contra mim dois anos antes. Fui recebido no portão de entrada por Una Sitton, uma boa democrata que trabalhava na diretoria. Una apertou minha mão e disse: "Bill, acho que você vai gostar". Quando abri a porta que dava para a fábrica, fui quase derrubado pelo som altíssimo de Willie Nelson cantando uma das minhas canções preferidas, "City of New Orleans", de Steve Goodman. Entrei ao som dos primeiros versos: "Good morning, America, how are you? Don't you know me, I'm your native son". Os operários gritavam. Todos eles, com exceção de um, usavam meus *buttons* de campanha. Passei por todos os corredores, apertando as mãos ao som da música e lutando contra as lágrimas. Ali eu soube que a eleição estava ganha. O meu povo trazia o seu *native son* [filho] de volta para casa.

Perto do final de quase todas as minhas campanhas, reservava uma manhã para eu visitar a fábrica de sopas Campbell em Fayetteville, onde os operários preparavam perus e frangos para as sopas. Às cinco da manhã acontecia a primeira troca de turno do Arkansas. Em 1982 o tempo estava frio e chuvoso quando comecei a apertar mãos ainda no escuro. Um homem brincou que pensava em votar em mim, mas estava reconsiderando a idéia de votar em alguém que era suficientemente louco para fazer campanha no escuro e debaixo de chuva.

Aprendi muito naquelas madrugadas escuras. Nunca vou esquecer de um homem que veio trazer a esposa. Quando a porta da picape se abriu, vi os três filhos sentados entre os dois. O homem me disse que tinha de acordar os filhos às quinze para as quatro todo dia. Depois ele levava a esposa para o trabalho e deixava os filhos com uma baby-sitter que os levava para a escola, porque ele tinha de entrar no trabalho às sete horas.

É fácil para um político nessa cultura de mídia de massa reduzir as atividades de uma eleição a levantar recursos, fazer comícios, propaganda e um ou dois debates. Tudo isso pode ser suficiente para que os eleitores façam uma escolha inteligente, mas os candidatos perdem muito, inclusive a oportunidade de ver de perto a luta das pessoas que só têm tempo para viver um dia depois do outro e fazer o melhor pelos filhos. Eu tinha decidido que se essas pessoas me dessem uma segunda chance, eu nunca iria me esquecer delas.

No dia 2 de novembro o povo me deu essa chance. Ganhei 55% dos votos, vencendo em 55 dos 75 condados, perdendo em dezoito condados republicanos do oeste e em um do sul do Arkansas. A maioria dos condados rurais de brancos voltou a me apoiar, embora as margens em vários deles fossem apertadas. Não foi uma vitória apertada em Pulaski. Ganhei nos onze condados do nordeste do Arkansas, onde fizemos um trabalho especialmente intenso. E o voto dos eleitores negros foi impressionante.

Uma líder negra de quem eu particularmente gostava era Emily Bowens, prefeita da pequena comunidade de Mitchville, no sudeste do Arkansas. Eu a havia ajudado no meu primeiro mandato e ela me pagou com juros: ganhei em Mitchville por 196 a 8 no segundo turno com Purcell. Quando a chamei para agradecer pelos 96% dos votos, ela se desculpou pela perda dos oito votos. "Governador, vou encontrar esses oito e dar um jeito neles até novembro", prometeu. No dia 2 de novembro venci em Mitchville por 256 a zero. Emily trouxera os oito, e ainda havia registrado mais 52 eleitores.

Depois da eleição recebi mensagens de gente de todo o país. Ted Kennedy e Walter Mondale me telefonaram, como haviam feito em 1980. E recebi cartas

Meu pai, William Jefferson Blythe, 1944

Meu pai e minha mãe, Virginia Cassidy Blythe, no Palmer House Hotel, Chicago, 1946

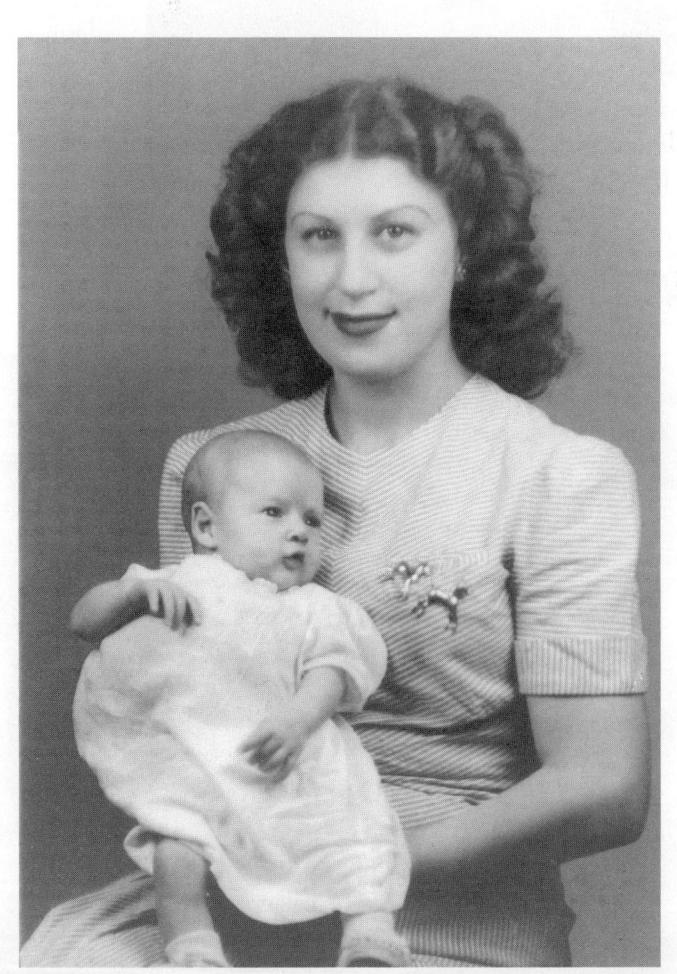

Minha mãe e eu

Aqui estou eu em 1949. *Acima, no canto esquerdo*: ao lado da sepultura de meu pai, na tarde em que a minha mãe partiu para Nova Orleans a fim de se preparar para ser enfermeira; *acima, no centro*: no nosso quintal; *acima, à direita*: posando para uma foto do Dia das Mães

Acima: Minha avó, Edith Grisham Cassidy, 1949. Ela era enfermeira particular.

Abaixo: Meu avô, James Eldridge Cassidy (*à direita*), em seu armazém em Hope, no Arkansas, 1946

A School for Little Folks da srta. Marie Purkins em Hope. Sou o primeiro da esquerda, com Vince Foster ao meu lado e Mack McLarty na fileira de trás

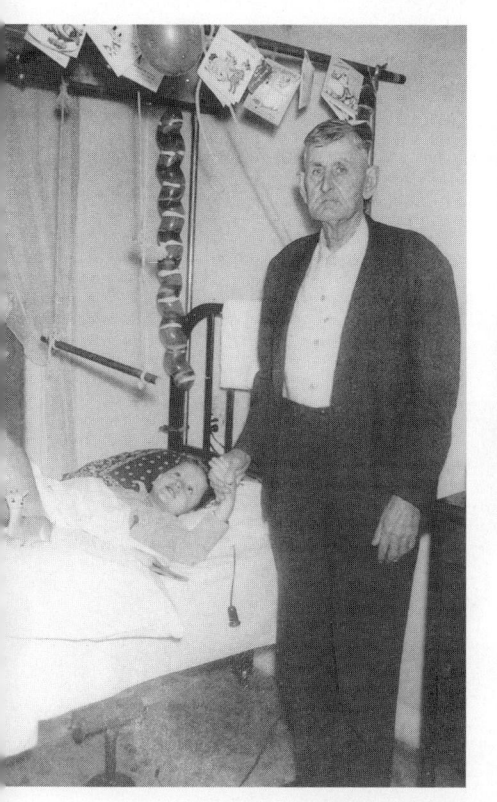

Com meu tio-avô Buddy Grisham, uma das luzes da minha vida, durante a minha primeira campanha presidencial

Meu bisavô Lem Grisham foi me visitar no hospital quando quebrei a perna, março de 1952

Papai (meu pai adotivo, Roger Clinton)

Minha mãe e papai, 1965

Abaixo: Meu irmão, Roger, e eu com Cora Walters, a mulher maravilhosa que cuidava de nós

Abaixo, à direita: Do livro do ano da minha escola secundária: os Three Blind Mice, mais conhecidos como 3 Kings — Randy Goodrum ao piano, Joe Newman na bateria

Papai e eu na nossa casa em Hope, 1951

Estou na frente, atrás do fotógrafo, enquanto o presidente John F. Kennedy se dirige aos representantes do Boys Nation no Jardim Rosa, no dia 24 de julho de 1963

David Leopoulos e eu como mestres-de-cerimônias do Band Variety Show da Escola Secundária de Hot Springs, 1964

Minha mãe, Roger, nossa cadela Susie e eu na neve em nossa casa da Park Avenue, 1961

Em um piquenique com amigos, incluindo Carolyn Yeldell, David Leopoulos, Ronnie Cecil e Mary Jo Nelson

Frank Holt em mangas de camisa durante sua campanha para governador em 1966. (Sou o de terno claro.)

Com meu irmão e os colegas que moravam comigo, na minha formatura na Georgetown, 1968: (*a partir da esquerda*) Kit Ashby, Tommy Caplan, Jim Moore e Tom Campbell

Acima: Meus companheiros de alojamento em Oxford: Strobe Talbott (*esquerda*) e Frank Aller. Estou na minha fase de barbudo.

Direita: Fiz uma surpresa para a minha mãe viajando até Hot Springs para o seu casamento com Jeff Dwire, 3 de janeiro de 1969. O reverendo John Miles foi o oficiante e eu fui padrinho. Na frente, Roger.

Com meu mentor J. William Fulbright e seu assistente administrativo, Lee Williams, setembro de 1989. Durante os meus anos na Georgetown, trabalhei para Fulbright na Comissão de Relações Exteriores.

Hillary e eu com os nossos colegas do julgamento promovido pelo Diretório dos Advogados de Tribunal na Escola de Direito de Yale

Acima: Na campanha de George McGovern em San Antonio, no Texas, 1972

Direita: Lecionando na Escola de Direito da Universidade do Arkansas, Fayetteville

Direita: Com George Shelton, coordenador da minha campanha, e F. H. Martin, tesoureiro. Embora eles tenham morrido antes de eu me tornar presidente, seus filhos trabalharam na minha administração.

Esquerda: Fazendo campanha com os meus antecessores no governo, Dale Bumpers e David Pryor

Em campanha para o Congresso, 1974

O dia do nosso casamento, 11 de outubro de 1975

Comemorando o meu trigésimo segundo aniversário durante a campanha. Hillary está de óculos escuros.

Discursando para o Legislativo do Arkansas depois de ter prestado juramento como governador, 9 de janeiro de 1979

Os jovens líderes do Arkansas, 1979: o secretário de Estado Paul Riviere, 31; o senador do estado Cliff Hoofman, 35; eu, 32; o auditor do estado Jimmie Lou Fisher, 35; e o procurador-geral Steve Clark, 31

Com Chelsea e Zeke

Hillary, Carolyn Huber, Emma Phillips, Chelsea e Liza Ashley comemoram o aniversário de Liza na Mansão do Governador em 1980

Acima: Anúncio da minha candidatura para governador em 1982. Hillary escreveu na foto: "Segundo aniversário da Chelsea, segunda chance do Bill".

Esquerda: Com três dos meus mais fortes adeptos no Arkansas: Maurice Smith, Jim Pledger e Bill Clark, 1998

Abaixo, à esquerda: Visitando os dirigentes do Projeto Delta do Arkansas, com quem eu trabalhei para levar o desenvolvimento econômico à região

Abaixo: Pais e alunos na Mansão do Governador no Dia dos Melhores da Escola Secundária, celebrando os primeiros e segundos colocados das escolas secundárias do Arkansas

Acima: Na fábrica da Sanyo Electric, no Japão

Esquerda: Meu dia de trabalho na fábrica da Tosco

Da esquerda para a direita: Henry Oliver; Gloria Cabe; Carol Rasco

No Grand Ole Opry, em Nashville, durante o encontro de governadores, 1984. Estou de pé ao lado de Minnie Pearl; Hillary é a última à esquerda.

Esquerda: Primeiro dia de Chelsea na escola. *Centro*: Betsey Wright e eu surpreendemos Hillary no seu aniversário, 1983. *Direita*: Chelsea se diverte vendo-me segurar a "Cobra Derek" no Dia da Proclamação

Dançando com Chelsea e com Hillary no Baile da Posse do Governador, janeiro de 1991

Com o dr. Billy Graham e o meu pastor, dr. W. O. Vaught, outono de 1989

(*No sentido horário, a partir da esquerda*) Com Lottie Shackleford, Bobby Rush, Ernie Green, Carol Willis, Avis Lavelle, Bob Nash e Rodney Slater na Convenção Democrata Nacional, julho de 1992

A campanha de 1992. *Esquerda*: Tipper Gore tirou essa foto da enorme multidão em Keene, New Hampshire; *abaixo, à esquerda*: na "sala de guerra", James Carville e Paul Begala; *abaixo*: em campanha em Stone Mountain, na Geórgia; *mais abaixo*: Hillary e eu sendo recebidos em Wall Street

Na Costa Oeste em 1992. *No alto, à esquerda*: Cinco de Mayo; *no alto, à direita*: comício em Seattle; *direita*: numa prece coletiva, depois dos tumultos em Los Angeles; *acima*: saudando aliados em Los Angeles

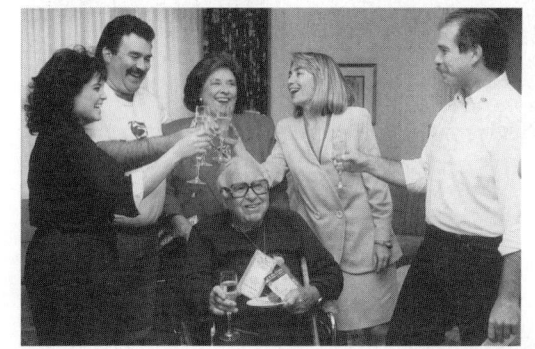

Esquerda: A família Rodham: (*a partir da esquerda*) Maria, Hugh, Dorothy, Hillary e Tony. O pai de Hillary, Hugh, está sentado.

A equipe de campanha

O circuito de ônibus

Hillary e eu, Tipper e Al Gore, o presidente Jimmy Carter e (*à esquerda*) o fundador do Habitat for Humanity, Millard Fuller, comemoram o aniversário de Tipper e o meu

O presidente George H. W. Bush, Ross Perot e eu no debate na Universidade de Richmond

The Arsenio Hall Show

Noite da eleição, 3 de novembro de 1992

Meu primeiro dia como presidente eleito. *Acima, à direita:* com a minha mãe; *abaixo:* na casa de Carolyn Yeldell Staley: (*fileira da frente*) minha mãe, Thea Leopoulos; (*segunda fileira*) Bob Aspell, eu, Hillary, Glenda Cooper, Linda Leopoulos; (*fileira de cima*) Carolyn Staley, David Leopoulos, Mauria Aspell, Mary Jo Rodgers, Jim French, Tommy Caplan, Phil Jamison, Dick Kelley, Kit Ashby, Tom Campbell, Bob Dangremond, Patrick Campbell, Susan Jamison, Gail e Randy Goodrum, Thaddeus Leopoulos, Amy Ashby, Jim e Jane Moore, Tom e Jude Campbell, Will Staley maravilhosas. Uma veio de uma fonte inesperada: o general James Drummond, que havia comandado as tropas durante a crise de Fort Chaffee dois anos antes. Disse que estava feliz com a minha vitória, porque "apesar de parecer que marchávamos ao ritmo de tambores diferentes em Fort Chaffee [...] gostei do senhor e o admirei por sua liderança, seus princípios e sua disposição para se levantar em defesa do povo do Arkansas". Eu também admirava Drummond, e sua carta significou para mim muito mais que ele poderia imaginar.

Os democratas se saíram bem em todo o país, especialmente no Sul, ganhando 36 governos estaduais e recuperando cadeiras na Câmara dos Deputados, arrebatadas em grande parte por causa das dificuldades econômicas dos Estados Unidos. Entre os novos governadores havia dois antigos, além de mim: George Wallace, do Alabama, que de sua cadeira de rodas pediu desculpas aos eleitores negros por seu passado racista; e Michael Dukakis, de Massachussets, que, tal com eu, havia sido derrotado no primeiro mandato e acabava de derrotar o homem que o venceu.

Meus correligionários estavam em êxtase. Depois de uma campanha longa e histórica, eles tinham todo direito à sua ruidosa comemoração. Eu, pelo contrário, me sentia estranhamente abatido. Estava feliz, mas não me sentia disposto a me vangloriar pela vitória. Não culpava Frank White por ter me vencido na eleição anterior, nem por querer ser governador outra vez. A derrota tinha sido culpa minha. O que eu mais sentia na noite do dia da eleição, e por muitos dias depois, era uma gratidão profunda e tranqüila por o povo do estado que eu tanto amava estar disposto a me dar uma segunda chance. Estava determinado a fazer jus àquele voto de confiança.

23

No DIA 11 DE JANEIRO DE 1983 prestei juramento como governador pela segunda vez, diante da maior multidão que já compareceu a uma posse no nosso estado. Os celebrantes haviam me retirado do túmulo político e seu apoio me manteria no cargo pelos dez anos seguintes, meu mais longo período em uma única atividade.

O desafio à minha frente era cumprir a promessa de responder melhor às expectativas do povo, mantendo meu compromisso de trazer o progresso para o nosso estado. Era uma tarefa complicada, e que se tornava mais importante pelo estado de penúria da economia. A taxa de desemprego no estado era de 10,6%. Em dezembro, como governador eleito, fui a Truman, no nordeste do Arkansas, para cumprimentar um por um os seiscentos operários da fábrica da Singer, que durante décadas haviam construído gabinetes de madeira para máquinas de costura e que agora saíam da fábrica pela última vez. O fechamento da fábrica, um dos muitos que tivemos de suportar ao longo dos dois anos anteriores, foi um golpe duro na economia do condado de Poinsett e teve um impacto desanimador em todo o estado. Ainda vejo o olhar de desespero no rosto de muitos daqueles operários da Singer. Sabiam que haviam sempre trabalhado duro, e que seu sustento lhes estava sendo tomado por forças além de seu controle.

Outra conseqüência da recessão econômica foi a queda da receita do estado, deixando poucos recursos para a educação e outros serviços essenciais. Para mim estava claro que, para sairmos daquela situação, eu teria de concentrar a atenção do estado, e a minha, na educação e no emprego. Foi o que fiz na década seguinte. Mesmo quando a minha administração tomou iniciativas importantes em assistência médica, meio ambiente, reforma penitenciária e em outras áreas, ou na indicação de mulheres e representantes das minorias para cargos importantes, tentei nunca permitir que o foco se afastasse das escolas e dos empregos. Eram esses pontos a chave das oportunidades e da autonomia para nosso povo, e para a manutenção do apoio político de que eu precisava para continuar a busca de mudanças positivas. Tinha aprendido no meu primeiro mandato que quando se dedica tempo igual a todas as coisas que se faz, corre-se o risco de que tudo se confunda na mente do público, sem deixar uma impressão clara de que algo importante foi feito. Meu velho amigo de Hope, George Frazier, disse certa vez a um jornalista: "Se ele tem algum defeito, e todos nós temos, acho que o defeito de Bill é ver tanta coisa a ser feita". Nunca me curei desse defeito, e continuei tentando fazer demais, mas na década seguinte concentrei o máximo da minha energia e de meus pronunciamentos públicos na questão da educação e do emprego.

Betsey Wright tinha feito um trabalho tão bom durante a campanha que eu estava convencido de que ela seria capaz de administrar o gabinete do governador. No início também pedi a Maurice Smith para atuar como secretário executivo, para acrescentar um pouco de maturidade à mistura e assegurar relações cordiais com os legisladores mais antigos, os lobistas e os intermediários do poder. Eu tinha um time forte para a educação com Paul Root, meu antigo professor de história das civilizações, e Don Ernst. Meu conselheiro para assuntos legislativos, Sam Bratton, que trabalhara comigo no gabinete de procurador-geral, era também um especialista em direito educacional.

Carol Rasco assumiu o cargo de assessora para saúde e serviços humanitários. Suas qualificações se baseavam na experiência. Seu filho mais velho, Hamp, tinha nascido com paralisia cerebral. Ela lutou pelos seus direitos educacionais e outros, e no processo aprofundou seus conhecimentos sobre os programas federais e estaduais para os deficientes.

Persuadi Dorothy Moore, de Arkansas City, no sudoeste do Arkansas, a trabalhar na recepção, lidando com pessoas e telefonemas. A professora Dorothy já tinha mais de setenta anos, e continuou na função até eu deixar o cargo de governador. Finalmente achei uma nova secretária. Barbara Kearns se cansou da política e ficou no escritório de advocacia. No início de 1983 contratei Lynda Dixon, que cuidou de mim durante uma década e continuou trabalhando no meu escritório do Arkansas quando fui embora como presidente.

Minha indicação mais notável foi a de Mahlon Martin para diretor de Finanças e Administração, sem dúvida o cargo mais importante no governo do estado depois do governador. Antes de eu indicá-lo, Mahlon era o administrador-geral da cidade de Little Rock, e um excelente profissional. Era negro, e um homem do Arkansas até a medula dos ossos — sempre pedia um dia livre no primeiro dia da estação de caça ao cervo. Em tempos difíceis ele era criativo na invenção de soluções para os problemas de orçamento, mas sempre teve grande noção de responsabilidade fiscal. Em um dos nossos ciclos bianuais da década de 1980, por seis vezes ele teve de cortar gastos para equilibrar a contabilidade.

Pouco depois de eu assumir a Presidência, Mahlon começou uma longa batalha perdida contra o câncer. Em junho de 1995 voltei a Little Rock para inaugurar os Apartamentos Mahlon Martin para trabalhadores de baixa renda. Mahlon morreu dois meses depois da inauguração. Nunca trabalhei com um servidor público de tantas qualidades.

Betsey tomou providências para programar os meus horários de modo diferente do adotado no meu primeiro mandato. Naquela época eu era visto como uma pessoa inacessível, em parte por aceitar tantos compromissos para discursar durante o horário de trabalho, em vários locais do estado. Agora eu teria mais tempo no gabinete e mais tempo pessoal disponível para estar com os deputados, inclusive nos jogos de cartas à noite, que eu apreciava especialmente. Quando comparecia a eventos fora de Little Rock, era para atender à solicitação de algum correligionário. Minha ida a esses eventos recompensava as pessoas que tinham me ajudado, reforçava sua posição na comunidade e ajudava a manter coesa a administração do estado.

Por mais distante que fosse o evento, ou por mais longa que fosse a sua duração, eu sempre voltava para casa à noite para estar de manhã em casa quando Chelsea acordava. Assim eu podia tomar o café-da-manhã com ela e com Hillary e, quando ela ficou maiorzinha, levá-la para a escola. Foi assim todo dia até começar a campanha para a Presidência. Também mandei instalar uma mesinha no meu gabinete, onde Chelsea podia se sentar e ler ou desenhar. Eu adorava quando ficávamos os dois às nossas mesas trabalhando. Se a advocacia da Hillary a tirava de casa à noite, eu tentava ficar em casa. Quando Chelsea estava no jardim-de-infância, perguntaram a ela e aos coleguinhas o que seus pais faziam para viver. Ela informou que sua mãe era advogada e que seu pai "falava no telefone, bebia café e fazia 'discusso'". À noite, Hilary, Chelsea e eu fazíamos uma pequena oração ou duas ao lado da cama da Chelsea, então um de nós lia um livro para ela. Quando eu estava muito cansado e dormia durante a leitura, ela me acordava com um beijo. Eu gostava tanto que às vezes até fingia estar dormindo.

Uma semana depois da posse, li para os deputados meu discurso sobre o "Estado do Estado", recomendando meios de lidar com a grave crise orçamentária e pedindo a eles para fazer quatro coisas que eu julgava poderem ajudar a economia: expandir a autoridade da Agência de Desenvolvimento de Moradias do Arkansas para emitir títulos e aumentar o número de moradias e criar empregos; estabelecer zonas empresariais em áreas em que o desemprego era alto, a fim de proporcionar maiores incentivos para investimentos feitos nelas; oferecer crédito tributário para empregadores que criassem novos empregos; e criar um Departamento de Ciência e Tecnologia do Arkansas, seguindo o modelo do Departamento do Porto de Nova York e Nova Jersey, para desenvolver o potencial científico e tecnológico do estado. Essas medidas, todas transformadas em lei, foram pioneiras de iniciativas semelhantes aprovadas quando eu era presidente numa outra época de dificuldades econômicas.

Defendi duramente as minhas reformas de concessão de serviços públicos, inclusive a proposta de eleição dos membros da Comissão de Serviço Público, mas sabia que não conseguiria aprovar a maioria delas, porque a Arkansas Power and Light Company e outras concessionárias tinham muita influência no Legislativo. Em vez disso, tive de me contentar em indicar comissários que eu esperava iriam proteger o povo e a economia do estado sem levar as empresas à falência.

Propus e consegui fazer aprovar alguns melhoramentos modestos para a educação, inclusive a exigência de que todos os distritos oferecessem o jardim-de-infância, e uma lei que permitia aos estudantes fazer alguns cursos em um distrito vizinho se o seu distrito não os oferecesse. Essa medida era importante porque muitos dos distritos menores não tinham condições de oferecer cursos de química, física, matemática ou línguas estrangeiras. Também solicitei ao Legislativo que aprovasse um aumento nos impostos sobre cigarros, cerveja e bebidas alcoólicas, e que alocasse mais da metade da renda adicional às escolas. Isso foi tudo o que conseguimos fazer, dados a nossa condição financeira e o fato de estarmos esperando uma decisão da Suprema Corte do estado num processo em que alegávamos que, por ser tão desigual, nosso sistema de financiamento de escolas era inconstitucional. Se a Corte decidisse em favor dos reclamantes, o que eu esperava que acontecesse, eu teria de convocar uma sessão especial do Legislativo para resolvê-la. O Legislativo só se reunia durante sessenta dias distribuídos no período de dois anos. Embora os deputados ficassem na cidade por mais alguns dias, geralmente surgia alguma coisa depois de eles terem ido embora que exigia que eu os convocasse novamente. A decisão da Suprema Corte exigiria tal providência. Seria uma sessão difícil, mas poderia nos dar a chance de fazer alguma coisa realmente importante para a educação, porque o Legislativo, o público e a imprensa poderiam se concentrar nela de uma maneira que seria impossível durante a sessão regular, quando tantas outras coisas sempre estavam acontecendo.

Em abril, a Comissão Nacional para a Excelência da Educação, indicada pelo secretário da Educação, Terrel Bell, publicou um assustador relatório intitulado *Uma nação em risco*. O relatório observava que em dezenove testes internacionais diferentes, os estudantes norte-americanos nunca ficavam no primeiro ou no segundo lugar, e ficaram no último nas sete últimas vezes; 23 milhões de adultos norte-americanos, 13% de todas as pessoas com dezessete anos, e até 40% dos estudantes das minorias eram analfabetos funcionais; o desempenho médio dos estudantes secundários em testes padronizados era inferior ao de 26 anos antes, quando o *Sputnik* havia sido lançado; as notas no principal exame para entrada na universidade, o Teste de Aptidão Escolar, vinham caindo desde 1962; um quarto de todos os cursos de matemática nos cursos universitários básicos era recuperativo — ou seja, ensinava o que deveria ter sido ensinado no secundário ou antes; líderes empresariais e militares relatavam ter de gastar quantias crescentes de dinheiro em educação recuperativa; e, finalmente, que essas quedas ocorriam numa época em que a demanda por trabalhadores altamente qualificados aumentava rapidamente.

Apenas cinco anos antes, o dr. Kern Alexander havia dito que as crianças eram mais bem-educadas em qualquer outro estado que não o Arkansas. Se a nação inteira estava em risco, nós deveríamos estar na UTI. Em 1983, 265 das nossas escolas não ofereciam cursos avançados de biologia, 217 não ofereciam física, 177 não tinham línguas estrangeiras, 164 não tinham matemática avançada, 126 não tinham cursos de química. Na sessão ordinária de 1983, solicitei do Legislativo autorização para que uma Comissão de Padrões de Educação, com quinze membros, fizesse recomendações específicas sobre novos padrões curriculares. Reuni uma comissão competente e representativa e pedi a Hillary para presidi-la. Ela havia feito um trabalho excelente na presidência da Comissão para a Saúde Rural e na direção da Corporação de Serviços Legais durante o meu primeiro mandato. Hillary era muito boa para dirigir comitês, preocupava-se com a infância, e ao nomeá-la eu dava um sinal da importância da educação para mim. Meu raciocínio era correto, mas era um lance arriscado, porque qualquer mudança significativa que propuséssemos deveria certamente contrariar algum grupo de interesses.

Em maio, a Suprema Corte declarou o nosso sistema de financiamento escolar inconstitucional. Tivemos de criar uma nova fórmula de distribuição, e gerar recursos para ela. Só havia duas alternativas: tirar dinheiro dos distritos mais ricos e menores e dá-lo aos mais pobres e que tinham maior taxa de crescimento demográfico, ou levantar novas receitas para equiparar a distribuição dos recursos sem prejudicar os distritos mais bem aquinhoados. Como nenhum distrito aceitava que suas escolas perdessem dinheiro, a decisão da Corte nos dava a melhor oportunidade para aumentar os impostos para a educação. A comissão de Hillary fez audiências em todos os condados em julho, recolhendo recomendações de educadores e do público. Ela me entregou seu relatório em setembro e anunciei que convocaria o Legislativo em sessão extraordinária no dia 4 de outubro, para tratar da educação.

No dia 19 de setembro apresentei pela televisão um pronunciamento para explicar o que havia no programa para a educação, defender um aumento de um centavo no imposto de vendas do estado e um aumento da taxa sobre a produção de gás natural para cobrir os novos custos, e pedir ao povo que o aceitasse. Apesar do apoio que havíamos reunido para o programa, havia no estado uma forte oposição contra o aumento de impostos, agravado pela recessão econômica. Na eleição anterior, um homem em Nashville, Arkansas, me pediu para só fazer uma coisa: gastar os dólares que ele pagava em impostos como se vivesse como ele, com 150 por semana. Outro homem que trabalhava na construção do Hotel Excelsior em Little Rock me pediu para não esquecer que ele estava no seu último dia de trabalho e que não tinha outro emprego em vista. Eu teria de conquistar aquelas pessoas para a causa.

No meu pronunciamento, argumentei que não poderíamos criar mais empregos sem melhorar a educação, citando exemplos de meus próprios esforços para recrutar companhias de alta tecnologia. Então eu disse que não poderíamos realmente avançar enquanto "estamos em último lugar em gasto escolar por criança, em salários de professores e no total de impostos estaduais e locais por pessoa". O que tínhamos de fazer era aumentar os impostos e elevar os padrões recomendados pela comissão de Hillary, "padrões que, quando implementados, ficarão entre os melhores do país".

Os padrões propostos exigiam jardim-de-infância, o máximo de vinte alunos por classe até a terceira série; orientadores em todas as escolas elementares; uniformização dos exames aplicados em todos os alunos da terceira, da sexta e da oitava série, com retenção obrigatória dos que não fossem aprovados no exame da oitava série; a exigência de que toda escola em que mais de 15% dos alunos fossem reprovados criasse um plano de melhoria do desempenho e, se seus alunos não melhorassem em dois anos, elas fossem submetidas a mudanças administrativas; mais cursos de matemática, ciências e línguas estrangeiras; a exigência de quatro anos de inglês, três anos de matemática, ciências, e história ou estudos sociais; mais tempo de estudos durante o dia de aula e um aumento do ano escolar de 175 para 180 dias; oportunidades especiais para crianças bem-dotadas; e a exigência de que os estudantes freqüentem a escola até a idade de dezesseis anos. Até então, os estudantes podiam abandonar os estudos após a oitava série, e muitos o faziam. Nossa taxa de evasão escolar era superior a 30%.

A proposta mais controversa que fiz foi exigir que todos os professores e administradores escolares se submetessem ao Exame Nacional de Professores em 1984, "pelos padrões atualmente aplicados aos novos graduados universitários que se submetem ao exame". Recomendei que os professores que fossem reprovados pudessem cursar gratuitamente os cursos regulares e se submeter aos exames quantas vezes fossem necessárias até 1987, quando os novos padrões estariam integralmente em vigor.

Também propus mudanças na educação vocacional e no ensino superior, e a triplicação do programa de educação de adultos para ajudar os que haviam abandonado a escola a conseguir um diploma do secundário.

No final do discurso, pedi ao povo para se juntar a Hillary e a mim, usando fitas azuis para demonstrar o apoio ao programa e nossa convicção de que o Arkansas poderia ser um estado "fita azul", nos primeiros lugares da excelência educacional. Veiculamos anúncios pela televisão e pelo rádio pedindo apoio, distribuímos milhares de fitas azuis. Muitas pessoas as usavam todos os dias até o término da temporada legislativa. O público estava começando a acreditar que poderíamos fazer alguma coisa especial.

Era um programa ambicioso: pouquíssimos estados haviam implantado um currículo tão exigente como o que eu propunha. Nenhum estado determinava que os estudantes fossem aprovados num teste na oitava série antes de passar para o secundário. Alguns exigiam que eles fossem aprovados em exame no final do curso para poder receber o diploma do secundário, mas para mim isso era o mesmo que colocar uma tranca em uma porta arrombada. Eu queria que os estudantes tivessem tempo para recuperar o atraso. Nenhum estado exigia orientadores nas escolas elementares, apesar de um número cada vez maior chegar à escola vindo de lares atribulados por problemas emocionais que inibiam sua capacidade de aprender. E nenhum estado autorizou seu Departamento de Educação a impor mudanças às escolas com desempenho deficitário. Nossas propostas iam muito além das do relatório *Nação em risco*.

A pior tempestade foi criada pelo programa de teste para os professores. A Associação Educacional do Arkansas (AEA) ficou uma fera, acusando-me de depreciar os professores e usá-los como bodes expiatórios. Pela primeira vez na vida eu estava sendo acusado de racismo, com base na premissa de que a maioria dos professores negros seria reprovada no exame. Os cínicos acusaram a Hillary e a mim de fazer pose para aumentar nossa popularidade entre pessoas que de outra forma teriam sido contra o aumento de impostos. Apesar de ser verdade que o exame dos professores era um forte símbolo de responsabilidade, para muita gente a defesa do exame surgiu das audiências da Comissão de Padrões em todo o estado. Muita gente se queixou de que alguns professores não conheciam o assunto que ensinavam ou que careciam das habilidades básicas para a alfabetização. Uma mulher me deu a nota que um professor havia enviado a ela pela filha. Em 22 palavras, havia três com erros de ortografia. Eu não tinha dúvida de que em sua maioria os professores eram capazes e dedicados, e sabia que a maior parte dos problemáticos teve uma educação deficiente; estes teriam a oportunidade de se capacitar melhor e de se submeter outra vez ao exame. Mas se íamos aumentar os impostos para aumentar o salário dos professores, e se quiséssemos que os padrões fossem benéficos para os alunos, os professores teriam de ser competentes para ensiná-los.

O Capitólio estadual gastou 38 dias para considerar as 52 propostas da minha agenda e itens relacionados pelos próprios deputados. Hillary fez uma brilhante apresentação da proposta, levando o deputado Lloyd George, do condado de Yell, a dizer: "Parece que elegemos o Clinton errado!". Tivemos oposição de três áreas: os que eram contra o aumento de impostos; os distritos rurais que temiam ser incorporados por não atender aos padrões; e a AEA, que ameaçava acabar com a carreira de qualquer deputado que votasse a favor do programa de teste para os professores.

Respondemos ao argumento de que o exame depreciava os professores com uma declaração de vários professores da Escola Secundária Central de Little Rock, amplamente reconhecida como a melhor do estado. Para reforçar a confiança pública, disseram que se sentiam contentes em se submeter ao exame. Para vencer o argumento de que o exame era racista, convenci um grupo proeminente de pastores negros a apoiar a minha posição. Eles disseram que eram os alunos negros que precisavam de melhores professores, e que os professores que fossem reprovados teriam uma nova chance de serem aprovados. Também recebi o apoio inestimável do dr. Lloyd Hackley, o chanceler negro da Universidade do Arkansas em Pine Bluff (UAPB), uma instituição predominantemente negra. Hackley havia feito um trabalho notável lá, e foi membro da Comissão de Padrões de Hillary. Em 1980, quando os formandos tiveram de se submeter ao exame para receber autorização para ensinar, 42% dos alunos da UAPB foram reprovados. Em 1986, a taxa de aprovação tinha subido significativamente. As enfermeiras formadas no centro universitário comandado pelo dr. Hackley atingiram o máximo de aproveitamento no mesmo período. Ele afirmava que os estudantes negros não progrediam mais por baixos padrões e baixas expectativas do que por discriminação. Os resultados demonstraram que ele estava certo. Ele acreditou nos seus alunos e foi recompensado por eles. Todos os nossos filhos precisam de educadores como ele.

Perto do fim da temporada legislativa, parecia que a AEA conseguiria derrubar a proposta do exame. Corri repetidamente entre o Capitólio e o Senado, torcendo braços e fazendo acordos para angariar votos. Por fim tive de ameaçar retirar minha própria proposta de aumento de impostos se o exame não fosse aprovado juntamente com ela.

Era uma aposta arriscada: eu poderia perder a lei do aumento de impostos e a do exame. O trabalhismo organizado se opunha ao aumento de impostos, dizendo que era injusto com as famílias operárias que não receberam a redução do imposto de renda para compensar o aumento do imposto sobre seus alimentos. A oposição dos sindicatos trouxe alguns liberais para o lado contrário ao aumento, mas mesmo assim não conseguiu a maioria. Desde o início o programa recebeu muito apoio e, quando chegou a hora de votar o aumento de impostos, já havíamos aprovado a nova fórmula, bem como os padrões. Sem o aumento no imposto de vendas, muitos distritos iriam perder a ajuda estadual de acordo com a nova fórmula, e a maioria deles teria de aprovar grandes aumentos de impostos sobre o patrimônio para atender aos padrões. No último dia dos trabalhos legislativos tínhamos conseguido tudo: os padrões, a lei do exame dos professores, e um aumento do imposto sobre vendas.

Eu estava eufórico e completamente exausto ao desabar no carro para dirigir cem quilômetros rumo ao norte e comparecer à noite anual do governador em Fairfield Bay, uma vila de aposentados de classe média vindos do norte para o Arkansas porque nosso estado não era frio, e ainda tinha as quatro estações e impostos baixos. A maioria, inclusive os professores aposentados, apoiou o programa de educação. Um marceneiro amador fez para mim uma escola vermelha em miniatura, com uma placa celebrando os meus esforços.

Quando baixou a poeira da sessão, o Arkansas começou a receber grande apoio nacional para as nossas reformas educacionais, inclusive o elogio do secretário da Educação, Bell. Entretanto, a AEA não desistiu: apresentaram uma ação contra a lei do exame. Peggy Nabors, presidente da AEA, e eu tivemos um debate acalorado no programa televisivo de Phil Donahue, um dos vários debates que tivemos na mídia nacional. A companhia responsável por aplicar o Exame Nacional de Professores se recusou a nos permitir o uso de seus testes, dizendo que eles eram uma boa medida para autorizar alguém a dar aulas, mas não para dizer se um professor incapaz poderia continuar dando aulas. Assim, tivemos de desenvolver nossos próprios testes. No fim, 1.215 professores, 3,5% do total, tiveram de deixar a sala de aula por não terem passado no exame. Outros 1.600 perderam a certificação por não terem se submetido a ele. Na eleição de 1984, a AEA recusou-se a apoiar a mim e a muitos dos melhores defensores da educação no Legislativo por terem apoiado a lei do exame. Seus esforços conseguiram derrotar somente um deles, minha velha amiga senadora Vada Sheid, de Mountain Home, que havia pregado um botão na minha camisa quando a encontrei pela primeira vez em 1974. Os professores foram de casa em casa, promovendo seu adversário, Steve Luelf, um advogado republicano que veio da Califórnia para o Arkansas. Ninguém falou do exame dos professores. Infelizmente, Vada também não falou. Ela cometeu um erro comum aos candidatos apoiados por uma grande maioria desorganizada contra uma minoria organizada e animada. A única maneira de sobreviver ao fracasso é, na cabine de votação, tornar a questão tão importante para os que a apóiam como para os que se opõem a ela. Vada só queria que a discussão em torno daquilo deixasse de existir. Sempre me senti mal pelo preço que ela teve de pagar por ajudar nossos estudantes.

Ao longo dos dois anos seguintes o salário dos professores subiu 4.400 dólares, a maior taxa de crescimento salarial do país. Embora ainda estivéssemos na posição número 46, estávamos acima da média nacional em salários pagos aos professores, e quase na média nacional de gastos por aluno em relação ao percentual da renda. Em 1987, o número dos nossos distritos educacionais havia caído para 329, e 85% dos distritos haviam aumentado os impostos sobre patrimônio, o que só pode ser aprovado por voto popular, para atender aos novos padrões conquistados.

As notas dos estudantes aumentaram continuamente em todo o estado. Em 1986, a Comissão Educacional Regional do Sul aplicou um teste nos alunos da décima primeira série de cinco estados do Sul. O Arkansas foi o único a ter uma pontuação acima da média nacional. Quando o mesmo grupo foi avaliado cinco anos antes, em 1981, os nossos alunos tiveram notas bem abaixo da média nacional. Estávamos no caminho certo.

Continuei a lutar por melhorias educacionais durante todo o restante do meu tempo como governador, mas os novos padrões, os recursos e as medidas de responsabilidade foram a base de todo o progresso posterior. Depois de algum tempo me reconciliei com a AEA e seus líderes, enquanto trabalhávamos juntos, ao longo dos anos, para melhorar as nossas escolas e o futuro das nossas crianças. Quando olho para trás, para a minha carreira de político, a temporada legislativa de 1983 sobre educação é uma das coisas de que mais me orgulho.

No verão de 1983 os governadores se reuniram em Portland, no Maine. Hillary, Chelsea e eu nos divertimos muito com meu velho amigo Bob Reich e sua família, e indo com os outros governadores a um churrasco na casa do vice-presidente Bush na linda cidade de Kennebunkport, à beira-mar. Chelsea, com três anos, marchou resolutamente até o vice-presidente e disse que precisava ir ao banheiro. Ele a tomou pela mão e lhe mostrou o caminho. Chelsea gostou disso, e Hillary e eu ficamos impressionados com a gentileza de George Bush. E não seria a última vez.

Entretanto, eu estava contrariado com a administração Reagan, e tinha vindo ao Maine determinado a fazer alguma coisa. As regras de recebimento de benefícios por invalidez haviam sido drasticamente apertadas. Tal como ocorrera com o programa das doenças pulmonares dos mineiros, dez anos antes, houve abusos no uso do programa de ajuda aos incapacitados, mas a cura imposta por Reagan foi muito pior que o problema. Os regulamentos eram tão estritos a ponto de se tornarem ridículos. No Arkansas, um motorista de caminhão que perdera um braço num acidente de trabalho teve negados seus benefícios por invalidez com base na hipótese de que ele poderia arrumar emprego em um escritório.

Vários democratas na Câmara dos Deputados, inclusive o congressista pelo Arkansas, Beryl Anthony, estavam tentando derrubar as regras. Beryl me pediu para fazer os governadores intercederem a favor da impugnação. Os governadores estavam interessados na questão, pois um grande número de eleitores inválidos estava tendo negados seus benefícios, e portanto éramos considerados em parte responsáveis. Embora o programa fosse financiado pelo governo federal, era administrado pelos estados.

Como a questão não estava na nossa pauta, tive de fazer com que a comissão envolvida impugnasse as regras por dois terços, e então conseguir que 75% dos governadores presentes apoiassem a ação da comissão. Isso foi suficiente para que a administração da Casa Branca enviasse dois secretários assistentes do Departamento de Saúde e Serviços Humanitários para trabalhar contra os meus esforços. Os governadores republicanos estavam numa sinuca. A maioria deles concordava em que as regras deveriam ser alteradas, nem queriam defendê-las em público, mas queriam continuar ao lado do presidente. A estratégia republicana era derrotar a nossa proposta na comissão. A contagem que eu havia feito indicava que ganharíamos na comissão por um único voto, desde que todos os nossos partidários votantes comparecessem. Um desses votos era o do governador George Wallace. Desde que fora confinado a uma cadeira de rodas, numa tentativa de assassinato à bala, ele precisava de umas duas horas toda manhã para se preparar para enfrentar o dia. Na esperada manhã, George Wallace teria de se levantar duas horas ainda mais cedo para completar as dolorosas preparações. Veio à reunião e lançou um clamoroso "sim" em favor da nossa resolução, depois de dizer à comissão quantos trabalhadores do Alabama, negros e brancos, haviam sido prejudicados pelas novas regras de concessão de benefícios por invalidez. A resolução foi aprovada pela comissão, e a Associação Nacional de Governadores a adotou. O Congresso derrubou os regulamentos e muita gente merecedora recebeu a ajuda necessária para sobreviver. Talvez isso não tivesse acontecido se George Wallace não tivesse voltado às suas raízes populistas da juventude numa manhã no Maine, quando ele se tornou proeminente na sua cadeira de rodas com aquele voto.

* * *

No fim do ano, nossa família aceitou um convite de Phil e Linda Lader para comparecer à reunião de Ano-Novo — também chamada de Fim de Semana Renaissance* — em Hilton Head, a ilha da Carolina do Sul. O evento tinha apenas uns dois anos de vida. Menos de cem famílias compareceram, para passar três dias falando sobre tudo o que há sob o sol, de política e economia a religião e vida pessoal. Os convidados presentes tinham idades, religiões, ascendências e histórias diferentes, todos unidos pela preferência por passar o fim de semana conversando seriamente e em diversões familiares a ir a longas festas e jogos de futebol. Foi uma extraordinária experiência de união. Revelamos muito sobre nós mesmos e aprendemos muito sobre outras pessoas, coisas que nunca seriam reveladas em circunstâncias normais. E nós três fizemos muitos amigos, e vários deles colaboraram em 1992 e serviram na minha administração. Fomos ao Fim de Semana Renaissance todos os anos até o fim de semana do milênio, 1999-2000, quando as comemorações nacionais exigiram nossa presença no Lincoln Memorial em Washington. Depois de me tornar presidente, o evento havia crescido e recebia mais de 1.500 pessoas, tendo perdido um pouco da intimidade inicial; mas mesmo assim eu ainda gostava de comparecer.

No início de 1984 já era tempo de fazer campanha pela reeleição outra vez. Apesar de o presidente Reagan ser muito mais popular no Arkansas e no restante do país do que em 1980, eu estava confiante. Todo o estado estava animado pela implementação dos padrões escolares, e a economia estava melhorando lentamente. Meu adversário nas primárias foi Lonnie Turner, o advogado das Ozark com quem eu havia trabalhado no caso das doenças pulmonares dos mineiros em 1975, depois da morte de seu sócio, Jack Yates. Lonnie achava que os padrões escolares iriam levar ao fechamento de escolas rurais e estava louco de raiva. Fiquei triste por causa de nosso longo histórico de amizade e porque eu achava que ele devia ter entendido nossos propósitos. Em maio, ganhei a primária com facilidade, e depois de alguns anos tornamos a fazer as pazes.

Em julho, o coronel Tommy Goodwin, diretor da Polícia Estadual, pediu para me ver. Aparvalhado, sentei-me com Betsey Wright para ouvi-lo dizer que tinha em mãos uma gravação em videoteipe em que meu irmão tinha sido flagrado vendendo cocaína a um agente de polícia infiltrado, que ironicamente fora contratado na expansão dos esforços antidrogas do estado para o qual eu havia pedido recursos ao Legislativo. Tommy me perguntou o que eu queria que ele fizesse. Eu lhe perguntei o que normalmente ele faria num caso como esse. O coronel disse que Roger não era um grande traficante, mas sim um viciado que estava vendendo a droga para sustentar o vício. Normalmente, com uma pessoa igual a ele, eles iriam preparar mais alguns casos em videoteipe para ter certeza de que estava bem enredado, e então apertá-lo contra a ameaça de uma longa sentença para fazê-lo denunciar seu fornecedor. Eu disse a Tommy para tratar esse caso como qualquer outro. Então pedi a Betsy para achar Hillary. Ela estava em um restaurante no centro da cidade. Passei por lá para pegá-la e lhe contei o que havia acontecido.

Durante as seis semanas seguintes, ninguém além da polícia estadual sabia do caso, com exceção de Betsey, Hillary e, creio, minha secretária de imprensa abso-

---

* Evento promovido por uma associação chamada Renaissance Institute, que reúne pessoas de áreas diferentes para discutir temas de interesse geral. (N. dos T.)

lutamente confiável, Joan Roberts. E eu. Toda vez que via ou falava com minha mãe, eu me sentia mal. Toda vez que me olhava no espelho, sentia vergonha. Estava tão envolvido na minha vida e no meu trabalho que não tinha visto nenhum dos muitos sinais. Pouco depois de entrar na universidade, em 1974, Roger formou uma banda de rock que era boa o bastante para lhe garantir a subsistência tocando em clubes de Hot Springs e Little Rock. Fui ouvi-lo diversas vezes e achava que com a voz excelente de Roger, e a capacidade musical do conjunto, eles eram uma grande promessa. Era evidente que ele adorava o que fazia. E embora tenha voltado ao Hendrix College algumas vezes, logo abandonou os estudos para se dedicar só à banda. Quando trabalhava, ele passava a noite inteira acordado e dormia até tarde. Durante a temporada das corridas, apostava pesadamente nos cavalos. Também apostava nos jogos de futebol. Nunca soube quanto ele ganhava ou perdia, mas também nunca perguntei. Quando nossa família se reunia para as festas, ele invariavelmente chegava tarde, parecia estafado, e se levantava uma ou duas vezes durante o jantar para fazer telefonemas. Todos os sinais eram evidentes. Eu apenas estava já ocupado demais para vê-los.

Quando Roger foi finalmente preso, foi manchete no Arkansas. Fiz um breve pronunciamento à imprensa, dizendo que amava meu irmão mas esperava que a lei seguisse seu curso, e pedindo orações pela minha família e privacidade. Então contei ao meu irmão e à minha mãe a verdade sobre há quanto tempo eu sabia da notícia. Minha mãe ficou chocada, e não sei se conseguiu entender a realidade. Roger ficou com raiva, mas se acalmou mais tarde quando resolveu o seu vício. Passamos todos por aconselhamento. Aprendi que o vício em cocaína de Roger, cerca de quatro gramas por dia, era tão grave que poderia tê-lo matado se ele não tivesse uma constituição de touro, e que a dependência desenvolvida pela droga se devia em parte às cicatrizes da infância e talvez a uma predisposição genética ao vício que tinha em comum com o seu pai.

Do dia em que foi preso até o dia em que compareceu ao tribunal, Roger não admitia ser viciado. Finalmente, um dia, quando estávamos sentados à mesa do café-da-manhã, eu lhe disse que, se ele não era viciado, eu queria que ele recebesse uma pena muito longa por estar vendendo veneno para outras pessoas exclusivamente para ganhar dinheiro. De algum modo aquilo fez com que ele entendesse. Depois de admitir o problema, ele começou a longa jornada de recuperação.

Quem assumiu o caso foi o procurador federal, Asa Hutchinson. Roger entregou seu fornecedor, um imigrante ainda mais jovem que ele, que recebia a cocaína de membros da família e de amigos de sua terra natal. Roger declarou-se culpado de dois delitos federais perante o juiz Oren Harris, que havia presidido a Comissão de Comércio da Câmara dos Deputados antes de assumir o cargo de juiz. O juiz Harris já tinha mais de oitenta anos, mas ainda era atilado e sábio. Condenou Roger a três anos por uma das acusações, e a dois anos pela outra, e suspendeu a sentença de três anos por causa da sua cooperação. Roger cumpriu catorze meses, a maior parte numa instalação federal para delinqüentes não violentos, o que para ele foi duro, mas provavelmente lhe salvou a vida.

Hillary e eu estávamos no tribunal com a minha mãe quando ele foi condenado. Fiquei impressionado pela maneira como tudo foi conduzido pelo juiz Harris e pelo procurador federal. Asa Hutchinson foi imparcial, justo e sensível à agonia da minha família. Não fiquei surpreso quando mais tarde ele foi eleito para o Congresso pelo Terceiro Distrito.

No verão, chefiei a delegação do Arkansas à Convenção Democrata em São Francisco, para ver Walter Mondale e Geraldine Ferraro serem indicados e apresentarem uma homenagem de cinco minutos a Harry Truman. A situação do partido era delicada, e piorou quando Mondale disse que iria propor um substancial aumento de impostos para reduzir o déficit orçamentário. Foi um ato notável de sinceridade, mas foi como se ele estivesse propondo uma taxa federal de emplacamento dos carros. Ainda assim, a cidade realizou uma grande convenção. São Francisco tinha muitos hotéis pequenos e agradáveis a pouca distância do centro de convenções, o tráfego era ordenado, e desse modo conseguimos evitar os engarrafamentos que sempre caracterizaram tantas convenções. O anfitrião do Arkansas, dr. Richard Sanchez, tinha investido muito do seu esforço no tratamento e na prevenção da AIDS, doença que recentemente estava assolando a cidade. Perguntei a Richard os detalhes sobre a gravidade do problema e o que poderia ser feito. Essa foi a minha primeira incursão numa batalha que iria receber muito da minha atenção quando estava na Casa Branca, e mesmo depois.

Tive de voltar cedo de São Francisco para o Arkansas para tentar trazer uma indústria de alta tecnologia para nosso estado. No final o acerto não se realizou, mas eu nada poderia ter feito se tivesse ficado em São Francisco. Seríamos fatalmente derrotados. A economia crescia e o presidente nos dizia "É manhã outra vez na América",* enquanto seus representantes do outro lado zombavam de nós como os "democratas de São Francisco", numa alusão velada à grande população gay da cidade. Até o vice-presidente Bush adotou essa atitude de machão, dizendo que ia dar um "chute numa bunda delicada".

Na eleição de novembro, Reagan derrotou Mondale por 59% a 41%. O presidente recebeu 62% dos votos do Arkansas, e eu recebi 63% na minha disputa contra Woody Freeman, um simpático e jovem empresário de Jonesboro.

Depois de a nossa família ter comemorado o quinto Natal da Chelsea e o nosso segundo Fim de Semana Renaissance, chegava a hora de mais uma temporada legislativa, agora dedicada à modernização da nossa economia.

Apesar de a economia em geral estar crescendo, o desemprego ainda era alto em estados como o Arkansas, que dependiam da agricultura e de indústrias tradicionais. A maior parte do crescimento do emprego nos Estados Unidos durante a década de 1980 veio dos setores de serviços e de alta tecnologia, e se concentrava em áreas urbanas ou no seu entorno, principalmente em estados próximos às costas leste e oeste. O núcleo tradicional de indústria e agricultura ainda não estava bem. Esse padrão era tão acentuado que algumas pessoas começaram a se referir aos Estados Unidos como uma economia "bicosteira".

* "It's morning again in America", slogan da campanha para a reeleição de Ronald Reagan em 1984, e se referia à melhora da situação econômica dos Estados Unidos depois da recessão do início da década de 1980. (N. dos T.)

Estava claro que, para acelerar o aumento de emprego e renda, teríamos de reestruturar nossa economia. O pacote de desenvolvimento que apresentei ao Legislativo tinha alguns componentes financeiros novos para o Arkansas, mas que já existiam em outros estados. Propus ampliar a agência de habitação do estado, que se tornaria um Departamento de Financiamento para o Desenvolvimento, com autorização para emitir títulos visando financiar projetos industriais, agrícolas e os de pequenas empresas. Recomendei que os fundos públicos de pensão do estado definissem o objetivo de investir pelo menos 5% de seu patrimônio no Arkansas. Éramos um estado carente de capital; não tínhamos de exportar recursos públicos quando em casa havia boas oportunidades de investimento. Fiz a recomendação de que os bancos autorizados a operar no estado pudessem manter durante um período maior de tempo os ativos tomados em razão da liquidação de hipotecas vencidas e não pagas, evitando a desvalorização das terras agrícolas num mercado já em recessão, pois isso tornava mais difícil a vida dos fazendeiros. Também pedi ao Legislativo para autorizar os bancos do estado não somente a emprestar dinheiro, mas também a fazer modestos investimentos próprios nas fazendas e nos negócios que não pudessem mais tomar dinheiro emprestado, com a condição de que o proprietário das terras ou do pequeno negócio tivesse o direito de recomprar do banco esse investimento no prazo de três anos. Outros governadores de estados agrícolas se interessaram especialmente por esse projeto, e um deles, Bill Janklow, de Dakota do Sul, fez aprovar uma versão dele pelo seu Legislativo.

As propostas econômicas eram inovadoras, mas demasiado complexas para serem amplamente entendidas ou apoiadas. Entretanto, depois de eu ter comparecido diante de várias comissões para responder a perguntas e ter feito um violento *lobby* pessoal, o Legislativo aprovou todo o pacote.

Mais de uma década depois da decisão da Suprema Corte dos Estados Unidos no caso *Roe versus Wade** autorizá-lo, nosso Legislativo proibiu abortos no terceiro trimestre de gestação. O projeto foi apresentado pelo senador Lu Hardin, de Russellville, um cristão de quem eu gostava muito, e pelo senador Bill Henley, católico e irmão de Susan McDougal. O projeto foi rapidamente aprovado e eu o sancionei. Uma década mais tarde, quando os republicanos no Congresso tentavam fazer aprovar um projeto que vetava os chamados abortos de nascimento parcial, sem ressalvar os casos de risco para a saúde da mãe, insisti com eles para adotarem um estatuto federal que proibia os abortos tardios, a menos que a vida ou a saúde da mãe estivessem em risco. Como muitos estados não tinham leis como a que eu havia sancionado em 1985, o projeto que propus teria tornado ilegais mais abortos do que o projeto de lei que vetava os abortos de nascimento parcial, procedimento normalmente utilizado para minimizar o dano ao corpo da mãe. A liderança republicana recusou a minha proposta.

Além do pacote econômico e do projeto do aborto, o Legislativo adotou a minha proposta de criar um fundo para compensar as vítimas ou familiares das víti-

---

* Como já mencionado anteriormente, no dia 22 de janeiro de 1973 a Suprema Corte dos Estados Unidos anunciou sua decisão em favor de Jane Roe, moça solteira que quis interromper sua gravidez de maneira segura e legal, contrariando o estatuto do Texas que considera o aborto um crime, a menos que a mulher esteja correndo risco de vida. (N. dos T.)

mas de crimes violentos; de ampliar os nossos esforços para reduzir o abuso infantil e acompanhar os casos ocorridos; de estabelecer um fundo para oferecer assistência médica para indigentes, principalmente para pobres gestantes, que não têm cobertura do programa federal Medicaid; instituir como feriado nacional o nascimento de Martin Luther King Jr.; e de criar um programa para oferecer melhor formação para os diretores de escolas. Eu estava convencido de que o desempenho da escola dependia mais da qualidade da liderança do diretor do que de qualquer outro fator isolado. A passagem dos anos só fez aumentar essa convicção.

A verdadeira batalha numa temporada legislativa dedicada ao bom governo e com bom apoio de membros do Legislativo veio do esforço herculeo da AEA para fazer rejeitar a lei do exame de professores, poucas semanas antes da primeira aplicação programada do exame. Num lance inteligente, os professores conseguiram que o deputado Ode Maddox apresentasse o projeto de impugnação. Ode era um antigo superintendente muito respeitado na sua cidadezinha de Oden. Era um bom democrata que até a década de 1980 mantinha um retrato grande de Roosevelt no auditório da escola. Também era meu amigo. Apesar dos esforços dos que me apoiavam, o projeto de impugnação da lei foi aprovado no Capitólio. Eu imediatamente mandei veicular um anúncio pelo rádio dizendo ao povo o que havia ocorrido, e pedindo a todos para mandar seu protesto ao Senado estadual. A central telefônica foi inundada de chamadas e o projeto morreu. Em vez dele, o Legislativo aprovou um projeto que apoiei, exigindo que todos os professores certificados, e não apenas os que estavam trabalhando em 1985, se submetessem e fossem aprovados no exame em 1987 para poder continuar trabalhando.

A AEA propagou que os professores iriam boicotar o exame. Na semana anterior à sua aplicação, 4 mil professores fizeram uma demonstração diante do Capitólio estadual e ouviram um representante da Associação Nacional de Educadores me acusar de estar "assassinando a dignidade das escolas públicas e de seus alunos". Uma semana depois, mais de 90% dos nossos 27.600 professores se apresentaram para o exame.

Antes do encerramento da temporada legislativa, tivemos uma última batalha, dessa vez pequena. O Departamento de Rodovias percorreu o estado promovendo um novo programa rodoviário a ser financiado por um aumento dos impostos sobre diesel e gasolina. Conseguiram vender a idéia aos líderes empresariais e agropecuaristas locais e o programa foi aprovado com facilidade, o que criou um problema para mim. Eu gostava do programa, e achava que ele seria bom para a economia, mas na campanha eleitoral eu havia prometido não propor nenhum aumento importante de impostos. Assim eu vetei a lei, e disse aos que a haviam apresentado que não me oporia aos seus esforços para derrubar o meu veto. O veto foi facilmente derrubado, a única vez em doze anos que ocorreu isso com um dos meus vetos.

Também me engajei na política nacional em 1985. Em fevereiro, preparei a resposta democrata ao discurso sobre o Estado da União do presidente Reagan.* Esse discurso era um grande tribunal para a capacidade oratória de Reagan, e quem

---

* Considerado o mais importante pronunciamento do presidente à nação, esse discurso é feito no Congresso anualmente no mês de janeiro. Nele o presidente expõe a sua visão sobre a situação econômica do país e as diretrizes gerais a serem seguidas pela Casa Branca durante o ano. (N. dos T.)

quer que se propusesse a retrucar passaria por dificuldades em convencer. Nosso partido adotou uma tática diferente naquele ano, apresentando novas idéias e as realizações econômicas de nossos governadores e prefeitos. Participei também do recém-constituído Conselho da Liderança Democrata, um grupo que se dedicou a forjar para os democratas vitoriosas mensagens baseadas na responsabilidade fiscal, idéias novas e criativas de política social, e o compromisso com uma forte defesa nacional.

O congresso de verão dos governadores, dessa vez em Idaho, foi marcado por uma luta partidária incomum sobre uma carta tratando de financiamento de campanha para os governadores republicanos, assinada pelo presidente Reagan. A carta atacava os colegas democratas pela sua liberalidade em questões de políticas de impostos e gastos, uma violação do nosso acordo tácito de manter bipartidários os encontros dos governadores. Isso irritou tanto a nós, os democratas, que ameaçamos obstruir a eleição do governador Lamar Alexander, republicano do Tennessee, para a presidência da Associação Nacional de Governadores; e elegê-lo seria algo da prática rotineira, já que ele era o vice-presidente, e a presidência passava para o outro partido a cada ano. Eu gostava de Lamar e duvidava que ele aprovasse o ataque republicano aos colegas democratas: afinal, ele também havia aumentado impostos para financiar padrões mais altos de ensino. Ajudei a negociar uma solução para o conflito, pela qual os republicanos se desculpavam pela carta e prometiam não reincidir, e nós votamos em Lamar para presidente. Eu fui eleito vice-presidente. Fizemos muita coisa boa nos congressos das décadas de 1970 e 1980. Nos anos 1990, os republicanos ganharam a maioria e se alinharam com a orientação nacional do partido, diminuindo assim o antigo espírito cooperativo. Pode ter sido uma boa política, mas dificultou a busca de boas políticas.

No caminho para Idaho, Hillary, Chelsea e eu paramos e tivemos alguns dias felizes em Montana, graças em grande parte ao governador Ted Schwinden. Depois de passar a noite na cada dele, Ted nos acordou de madrugada para subir o rio Missouri de helicóptero e ver os animais acordando para um novo dia. Depois tomamos um veículo com tração nas quatro rodas equipado para correr sobre trilhos e percorremos cerca de trezentos quilômetros da linha férrea da Burlington Northern, viagem que incluiu a passagem dramática por sobre uma garganta com a profundidade de noventa metros. E num carro alugado percorremos a "estrada do sol", onde vimos sagüis brincando acima da linha de neve, e depois passamos alguns dias no Kootenai Lodge, uma pousada, no lago dos Cisnes. Depois de todas as viagens que fiz, ainda acho que o oeste de Montana é um dos lugares mais belos que já vi.

Depois de o Legislativo ter encerrado a temporada de sessões em 1985, e durante o restante da década, as viagens políticas eram uma pequena distração da minha missão principal: construir a economia do Arkansas. Gostei do desafio e me tornei um mestre nessa atividade. Primeiro, tive de evitar que coisas ruins acontecessem. Quando a International Paper anunciou planos de fechamento de sua fábrica em Camden, que vinha operando desde a década de 1920, fui de avião até Nova York para uma entrevista com o presidente da companhia, John Georges, e lhe perguntei o que poderia fazê-lo manter a fábrica em operação. Ele me pediu umas cinco ou seis coisas. Eu o atendi em todas menos uma, e ele manteve a fábrica em operação. Quando meu amigo Turner Whitson me chamou para dizer que a fábrica de calçados em Clarksville estava sendo fechada, pedi ajuda a Don Munro, que havia conseguido manter seis fábricas de calçados em operação no Arkansas durante a recessão dos anos 1980. Ofereci a ele 1 milhão de dólares em recursos e ele assumiu a fábrica. Os operários ficaram sabendo da manutenção de seus empregos numa reunião previamente programada para apresentarem seus pedidos de seguro-desemprego e requalificação.

Quando a Sanyo me comunicou que ia fechar sua montadora de aparelhos de televisão em Forrest City, David Herrington e eu fomos a Osaka, no Japão, para uma entrevista com Satoshi Iue, presidente da Sanyo, uma empresa enorme, com mais de 100 mil empregados espalhados pelo mundo. Com o passar dos anos eu fizera amizade com Iue. Depois da minha derrota em 1980, ele me mandou uma belíssima peça de caligrafia japonesa que dizia: "Ainda que o rio o force a mudar de curso, não abandone suas crenças". Mandei emoldurá-la e, quando fui reeleito em 1992, ela estava pendurada na entrada do meu quarto para que eu a visse todos os dias. Disse ao sr. Iue que não teríamos como enfrentar a perda dos empregos da Sanyo no leste do Arkansas, onde todos os condados da região do delta tinham taxas de desemprego acima de 10%. Perguntei se ele manteria a fábrica em operação se o Wal-Mart se comprometesse a vender as televisões da Sanyo. Depois de ele concordar, voltei ao Arkansas e pedi ajuda ao pessoal do Wal-Mart. Em setembro de 2003, Satoshi Iue veio a Chappaqua para jantar. Naquela época, o Wal-Mart já tinha vendido mais de 20 milhões de aparelhos.

Mas nem tudo eram missões de salvamento. Também conseguimos fazer com que novas coisas acontecessem, financiando empresas de alta tecnologia, envolvendo as universidades no incentivo à criação de novos negócios, levando missões de comércio e investimento à Europa e à Ásia, e apoiando a expansão de fábricas que deram certo, como as Indústrias de Tubos de Aço Daiwa, em Pine Bluff, e a Dana Company, em Jonesboro, que produzia transmissões usando mão-de-obra qualificada e notáveis robôs.

Nossa grande vitória foi conseguir trazer a NUCOR Steel para o nordeste do Arkansas. A NUCOR era uma empresa altamente lucrativa que produzia aço fundindo peças já forjadas, em vez de fazê-lo a partir do minério. A NUCOR pagava a seus trabalhadores um salário semanal modesto e um bônus baseado nos lucros — um bônus que geralmente representava mais da metade da renda dos operários. Em 1992, a renda média dos empregados da NUCOR foi de cerca de 50 mil dólares. Ademais, a NUCOR dava a cada empregado 1.500 dólares anuais por filho na universidade. Um de seus empregados conseguiu formar onze filhos com a ajuda da companhia. A NUCOR não tinha jatinhos executivos, e operava com uma equipe administrativa mínima instalada num local alugado na Carolina do Norte. O fundador, Ken Iverson, inspirava a grande lealdade de uma maneira antiquada: ele a conquistava. No único ano em que os ganhos da NUCOR caíram durante a década de 1980, Iverson enviou uma carta aos empregados se desculpando pela redução nos seus salários, que foi aplicada uniformemente a todos, porque a NUCOR tinha uma política estrita de não demissão. Os benefícios e os ônus eram distribuídos igualmente entre todos, com exceção do presidente. Iverson disse que a má conjuntura do mercado não era culpa dos empregados, e que ele devia ter se preparado para ela. Disse a seus trabalhadores que estava aplicando um corte de 60% no seu próprio pagamento, três vezes o corte aplicado a todos. Foi uma atitude considerável em relação à prática comum durante as duas últimas décadas, de aumentar os salários dos executivos numa taxa muito maior que a dos outros empregados, esteja ou não a companhia indo bem. Desnecessário dizer, nenhum empregado da NUCOR pediu demissão.

Quando a Van Huesen anunciou que iria fechar sua fábrica de camisas em Brinkley, Farris e Marilyn Burroughs, que havia muitos anos tinham contatos com os trabalhadores e a comunidade, decidiram comprá-la e mantê-la em operação, mas precisavam de mais clientes para as suas camisas. Perguntei a David Glass, presidente do Wal-Mart, se ele poderia vendê-las, e mais uma vez o Wal-Mart veio em meu socorro. Pouco tempo depois, recebi para um almoço os executivos do Wal-Mart e a nossa equipe de desenvolvimento econômico tentando incentivar a companhia a comprar mais produtos feitos no país e anunciar essa prática como um meio de aumentar as vendas. A campanha "Compre o produto norte-americano" do Wal-Mart foi um enorme sucesso, e ajudou a reduzir o ressentimento contra a grande cadeia varejista por tirar do mercado os comerciantes das pequenas cidades. Hillary adorou o programa e o apoiou energicamente quando entrou para a diretoria do Wal-Mart dois anos depois. No ponto alto da campanha, o Wal-Mart vendia 55% de produtos norte-americanos, cerca de 10% acima do concorrente mais próximo. Infelizmente, depois de alguns anos o Wal-Mart abandonou essa política na ânsia de se tornar o varejista de menor preço; mas enquanto ela durou, aproveitamos o máximo para o Arkansas.

Meu trabalho em prol da educação e do desenvolvimento econômico me convenceu de que o Arkansas e os Estados Unidos tinham de fazer grandes mudanças se realmente quiséssemos preservar nossa liderança econômica e política na economia global. Nós não éramos suficientemente produtivos nem tínhamos níveis satisfatórios de instrução. Vínhamos perdendo terreno em renda média desde 1973 e, na década de 1980, quatro em cada dez trabalhadores apresentava queda em sua renda. A situação era intolerável, e eu estava determinado a fazer o que fosse possível para mudá-la.

Meus esforços ajudaram a ampliar a minha base política, atraindo apoio de republicanos e conservadores independentes que antes nunca haviam votado em mim. Apesar de o Arkansas ter ficado entre os dez estados com maior taxa de aumento de postos de trabalho — em relação ao porcentaual total de empregos de cada estado — em dois dos três anos anteriores, eu não conseguia fazer muito mais. Quando a refinaria de óleo em El Dorado estava a ponto de fechar as portas, o que nos custaria mais de trezentos bons empregos sindicalizados, ajudei a convencer alguns empresários do Mississippi a comprá-la e operá-la. Eu sabia o que isso significaria para as famílias daqueles operários e para a economia local, e esperava poder mais uma vez cumprimentar muitos trabalhadores diante dos portões nas eleições seguintes. Manter a refinaria funcionando foi uma vitória espetacular, até o dia em que encontrei um homem que me disse que não votaria em mim de jeito nenhum. Quando respondi com a pergunta "Mas você não sabe que eu salvei o seu emprego?", ele resmungou: "É, eu sei que você salvou, mas você não liga a mínima para mim. Você só salvou o meu emprego para ter mais um trouxa de quem arrancar impostos. É por isso que você quer que eu tenha um emprego, para me cobrir de impostos. Eu não votaria em você por nada nesse mundo". Não se pode agradar a todos.

No início de 1986, lancei minha campanha pela reeleição, dessa vez buscando um mandato de quatro anos. Em 1984, os eleitores haviam aprovado uma emenda para mudar os mandatos do Executivo de dois para quatro anos, pela primeira vez desde a adoção da Constituição da Reconstrução, em 1874. Se vencesse, eu me tornaria o segundo governador a ocupar o cargo por mais tempo, depois de Orval Faubus. Sua longevidade havia resultado da crise da Escola Secundária Central de Little Rock. Eu queria ganhar a minha como resultado da criação de mais escolas e empregos.

Ironicamente, meu adversário nas primárias era o próprio Faubus. Ele ainda tinha raiva de mim porque, no meu primeiro mandato, eu me recusei a comprar, em nome do estado, a sua bela casa Fay Jones, em Huntsville, para que a divisão de parques do estado a transformasse num retiro. Eu sabia que ele precisava desesperadamente de dinheiro, mas essa era também a condição do estado, e eu não tinha como justificar o dispêndio. Faubus iria fazer campanha contra os novos padrões de educação, dizendo que eu havia trazido a incorporação dos distritos educacionais e aumento de impostos às áreas rurais, que não receberam nenhum dos novos empregos de que eu tanto falava.

E depois de passar por Faubus, Frank White estava esperando. Era o terceiro querendo vencer o melhor dos dois. Considerando aqueles dois, eu sabia que muitas acusações iriam pipocar. Tinha confiança que Betsey Wright, Dick Morris, David Watkins e eu não teríamos dificuldades em enfrentar o que aparecesse, mas estava preocupado por causa da Chelsea. Não sabia como ela iria reagir quando ouvisse pessoas dizendo coisas ruins sobre o seu pai. Ela estava com seis anos e já começava a ver o noticiário da televisão e até a ler jornais. Hillary e eu tentamos prepará-la para o que White e Faubus poderiam dizer a meu respeito e como eu iria responder. Então, durante vários dias, trocávamos de lugar representando cada um dos candidatos. Um dia Hillary era Frank White, eu era Faubus, e Chelsea era eu. Acusei-a de estar arruinando as escolas menores com noções erradas sobre educação. Ela retrucava: "Bem, pelo menos eu não usei a polícia estadual para espionar meus inimigos políticos, como você fez". Na verdade, Faubus havia mesmo mandado espionar algumas pessoas na esteira da crise da Escola Secundária Central. Nada mau para uma menina de seis anos.

Ganhei a primária com mais de 60% dos votos, mas Faubus ainda conseguiu um terço disso. Mesmo com 76 anos, ele ainda tinha força nas áreas rurais. Frank White partiu de onde Faubus havia parado. Embora tivesse tachado de "gananciosos" os professores quando pediram aumento de salários durante seu governo, ele foi apoiado pela Associação Educacional do Arkansas na primária dos republicanos, quando alterou sua posição de apoio ao exame de professores para a de oposição. Então começou a atacar Hillary e a mim.

Começou dizendo que os novos padrões educacionais eram muito pesados e que deveriam ser alterados. Matei essa idéia dizendo que, se fosse eleito, ele iria "adiar até a morte essa alteração". Então ele partiu para Hillary, afirmando que havia um conflito de interesses porque a Rose estava representando o estado em seu processo contra as usinas nucleares de Grand Gulf. Tínhamos uma boa resposta para essa acusação. Primeiro, a Rose estava trabalhando para economizar o dinheiro do Arkansas, ao nos poupar dos encargos da construção das usinas de Grand Gulf, ao passo que White, como membro da diretoria da Middle South Utilities, havia votado três vezes a favor da construção das usinas. Segundo, a Comissão de Serviço Público contratou a Rose porque todos os outros escritórios de advocacia já representavam as concessionárias ou terceiros no processo. Tanto o Legislativo como o procurador-geral tinham aprovado a contratação da Rose. Terceiro, para calcular a participação de Hillary nos lucros, a empresa deduzia da sua receita os valores pagos pelo estado, e assim ela não lucrava com esse serviço; White, com seu histórico, parecia ter se preocupado mais em explorar os consumidores do Arkansas do que em protegê-los de um conflito de interesses. Perguntei a ele se seus ataques a Hillary significavam que ele estava concorrendo ao cargo de primeira-dama e não ao de governador. Fizemos adesivos de pára-choque e *buttons* com a frase "White para Primeira-Dama".

As acusações finais de White o destruíram. Ele estava trabalhando para a Stephens Inc., que era então a maior corretora fora da Wall Street. Jack Stephens tinha me apoiado na primeira eleição para governador, mas depois passou para a direita, dirigindo os Democratas Pró-Reagan em 1984, e já era republicano em 1986. Seu irmão mais velho, Witt, ainda era democrata e me apoiava, mas era Jack quem dirigia a corretora. E Frank White era seu candidato. Durante muitos anos, Stephens havia controlado o negócio de títulos do estado. Quando aumentei substancialmente as emissões de títulos do estado, insisti em abrir todas elas a licitação por empresas nacionais, e em dar às corretoras do Arkansas mais oportunidades de participar da venda. A Stephens Inc. ainda teve uma participação justa, mas já não controlava todas as emissões como tinha feito no passado, e faria novamente se White ganhasse a eleição. Uma das empresas do Arkansas que passou a participar era dirigida por Dan Lasater, que constituiu uma bem-sucedida corretora em Little Rock antes de perdê-la para o vício da cocaína. Lasater era um dos que mais me apoiavam e amigo do meu irmão, com quem ele tinha feito muitas festas quando os dois se viciaram na droga, como aconteceu com tantos jovens nos anos 1980.

Quando Betsey Wright e eu estávamos nos preparando para o debate com White na televisão, soubemos que ele pretendia me desafiar a me submeter com ele a um teste de detecção de drogas no sangue. A razão ostensiva era dar bom exemplo, mas eu sabia que ele esperava que eu recusasse. No meio da tempestade de boatos gerada pela ruína de Dan Lasater, havia um segundo o qual eu teria participado do círculo de festas que ele organizava. Não era verdade. Betsey e eu decidimos que eu me submeteria ao teste antes do debate. Quando White me atacou com o desafio, eu sorri e disse que Betsey e eu já havíamos nos submetido ao teste, e que ele e seu chefe de campanha, Darrell Glascock, deveriam fazer o mesmo. Glascock também tinha sua parcela de boatos. O truque esperto dos dois tinha falhado.

White então apareceu com o mais cruel anúncio de TV que já vi. Mostrou o escritório de Lasater seguido de uma carreira de cocaína, com um locutor dizendo que eu havia recebido contribuições de campanha de um usuário de cocaína condenado e depois tinha dado a ele participação no negócio de títulos do estado. A implicação clara era a de que eu havia dado tratamento preferencial a Lasater e de que eu sabia do vício da cocaína quando fiz isso. Convidei o *Arkansas Gazette* a rever os registros do Departamento de Desenvolvimento e Finanças, e o jornal publicou uma matéria de primeira página mostrando o número de corretoras que haviam negociado com o estado desde que recebi do governador White o governo do estado. Esse número havia passado de quatro para quinze, e a Stephens ficara com uma cota de 700 milhões de dólares, mais do dobro de qualquer outra corretora do Arkansas. Então revidei com um anúncio na televisão que começava perguntando às pessoas se elas tinham visto o anúncio de White, chegando mesmo a mostrar um trecho de alguns segundos. Então meu anúncio cortava para a fachada da Stephens Inc., e o locutor dizia que White trabalhava lá, e que a razão por que ele me atacava era que nem a Stephens nem qualquer outra corretora controlava mais os negócios do estado, mas voltariam a controlar se White voltasse ao governo. Foi um dos comerciais mais eficazes que já fiz, por ter sido uma resposta enérgica a um golpe baixo e porque os fatos falam por si mesmos.

Também fiquei satisfeito por nem minha mãe nem Roger se sentirem agredidos com a menção de White ao vício de Roger. Depois de sair da cadeia, ele cumpriu pena numa penitenciária aberta do Texas e então se mudou para o norte do Arkansas, onde trabalhava para um amigo nosso num posto de gasolina. Estava se preparando para se mudar para Nashville, no Tennessee, e já estava suficientemente saudável para não permitir que aquela história o deprimisse. Minha mãe estava feliz na companhia de Dick Kelley e já sabia que política era um jogo sujo em que, para golpes baixos, só mesmo revidando com um nocaute.

Em novembro, ganhei com 64% dos votos, incluindo aí uma impressionante votação de 75% em Little Rock. Fiquei feliz porque a vitória me deu a oportunidade de destruir a insinuação de que eu havia abusado do cargo de governador, e que as drogas supostamente haviam sido a causa disso. Apesar da dureza da campanha, eu não era capaz de guardar rancor. Ao longo dos anos, passei a gostar de Frank White e de sua esposa Gay, e de participar com ele em alguns projetos. Ele tinha ótimo senso de humor, amava o Arkansas e eu senti muito quando ele morreu em 2003. Sou feliz por também ter me reconciliado com Jack Stephens.

Na minha opinião, a campanha contra Faubus e White foi uma batalha contra o passado do Arkansas e contra uma política de destruição pessoal que então surgia. Queria que as pessoas se concentrassem nos problemas e no futuro, defendendo nossas reformas educacionais e promovendo nossas iniciativas econômicas. O *Memphis Commercial Appeal* informou que "Os discursos de campanha de Clinton funcionam tanto como seminários sobre economia quanto como pedidos de votos, e a maioria dos analistas políticos concorda que essa estratégia dá bons resultados".

Já contei muitas vezes a história da minha visita à fábrica Eastman na área rural do condado de Independence. Durante a visita, meu anfitrião falou várias vezes que o equipamento antipoluente era operado por computadores e que ele queria me apresentar ao sujeito responsável por eles. Falou tanto, que quando chegamos à sala de controle, eu esperava encontrar uma mistura de Albert Einstein e o Mágico de Oz. Mas o homem que controlava os computadores usava botas de vaqueiro, calça jeans com um cinto enfeitado com uma fivela de prata, e boné de beisebol. Estava ouvindo música country e mascava fumo. A primeira coisa que me disse foi: "Minha esposa e eu vamos votar em você, porque precisamos de mais empregos como esse". Esse sujeito era criador de gado e cavalos — era puro Arkansas —, mas sabia que sua prosperidade dependia mais do seu conhecimento do que da sua capacidade de produzir com as mãos. Tinha visto o futuro e queria chegar lá.

Em agosto, quando a Associação Nacional de Governadores se reuniu em Hilton Head, fui eleito presidente e comemorei o meu quadragésimo aniversário. Eu já havia concordado em ocupar a presidência da Comissão de Educação para os Estados, um grupo dedicado a reunir as melhores idéias e práticas sobre educação e a disseminá-las pelo país. Lamar Alexander também me indicou para ocupar a co-presidência da força de trabalho dos governadores democratas sobre reforma da seguridade social, para trabalhar com a Casa Branca e o Congresso na formulação de uma proposta bipartidária de melhorias do sistema de seguro contra a pobreza, para lhe dar condições de promover o trabalho, fortalecer a família, e atender às necessidades básicas das crianças. Apesar de já ter assegurado um pequeno aumento nos benefícios mensais do seguro contra a pobreza no Arkansas em 1985, queria que ele se transformasse numa estação intermediária na estrada para a independência.

Estava muito animado com essas novas responsabilidades. Eu era ao mesmo tempo um político e um apaixonado pelas políticas, sempre ansioso para conhecer novas pessoas e explorar novas idéias. Achava que aquele trabalho me permitiria ser um governador melhor, fortalecer minha rede de contatos nacionais, adquirir uma compreensão melhor da economia global emergente e de como os Estados Unidos deveriam enfrentar seus desafios.

Perto do fim de 1986, fiz uma viagem rápida a Taiwan para falar ao 10º Congresso Anual de Líderes Taiwaneses e Norte-americanos sobre o futuro das nossas relações. Os taiwaneses eram bons clientes da soja do Arkansas e de uma boa variedade dos nossos produtos manufaturados, de motores elétricos a parquímetros. Mas o déficit comercial dos Estados Unidos era grande e estava crescendo, e quatro em cada dez trabalhadores norte-americanos tiveram sua renda reduzida nos cinco anos anteriores. Falando em nome de todos os governadores, reconheci a responsabilidade dos Estados Unidos de reduzir seu déficit e cortar juros para aumentar a demanda interna, reestruturar e reduzir a dívida dos nossos vizinhos latino-americanos; reduzir o controle da exportação de nossos produtos de alta tecnologia; e melhorar a qualificação e a produtividade da nossa mão-de-obra. Então eu conclamei os taiwaneses a reduzir as barreiras alfandegárias e a investir uma parcela maior das suas reservas financeiras nos Estados Unidos. Foi meu primeiro discurso tratando da economia global para uma platéia estrangeira. Redigi-lo me forçou a pensar no que era necessário fazer e em quem deveria fazê-lo.

No fim de 1986 eu já tinha firmado algumas convicções básicas sobre a natureza do mundo moderno, que mais tarde iriam se desenvolver na chamada nova filosofia democrata, base da minha campanha para a Presidência em 1992. Relacionei-as num discurso para a reunião de fim de ano da rede Gannett de jornais, que havia acabado de comprar o *Arkansas Gazette*:

> São estas as novas regras que acredito devem definir as estruturas em que hoje pautamos nossas políticas:
>
> (1) Mudança talvez seja a única constante da economia norte-americana de hoje. Há três meses, compareci à comemoração dos 150 anos de uma antiga igreja do Arkansas. Ali estavam cerca de 75 pessoas, apertadas dentro de uma minúscula construçãozinha de madeira. Depois do culto, saímos para um almoço sob os pinheiros, e me vi conversando com um senhor já de idade, porém muito inteligente. Finalmente, perguntei a ele: "E quantos anos o senhor tem?". Ele respondeu: "Tenho 82 anos". "E há quanto tempo o senhor freqüenta essa igreja?" "Venho aqui desde 1916", respondeu ele. "Se o senhor tivesse de dizer em poucas palavras, qual é a diferença entre 1916 e hoje?" Ele parou por um momento, e então disse: "Governador, é muito fácil. Em 1916, quando me levantava pela manhã, eu sabia o que ia acontecer, mas hoje, quando acordo, não tenho a menor idéia". Uma resposta sobre o que aconteceu aos Estados Unidos poderia ter sido dada por Lester Thurow nessa boa síntese [...]
>
> (2) O capital humano é hoje provavelmente mais importante que o capital físico [...]
>
> (3) Uma parceria construtiva entre empresas e governo talvez seja mais importante que a prevalência de qualquer dos dois.
>
> (4) Na tentativa de resolver os problemas que hoje surgem da internacionalização do estilo de vida norte-americano e das mudanças na nossa população, a cooperação em todas as áreas é mais importante que o conflito. [...] Temos de repartir responsabilidades e oportunidades — vamos progredir ou perecer juntos.
>
> (5) O desperdício certamente será punido [...] Parece-me que gastamos bilhões de dólares de capital de investimento aumentando as dívidas das empresas sem aumentar sua produtividade. Mais dívida deveria significar mais produtividade, crescimento e lucro. Hoje geralmente significa menos emprego, menos investimento em pesquisa e desenvolvimento, e reestruturação forçada para atender à dívida improdutiva. [...]
>
> (6) Para os Estados Unidos continuar sendo um país forte, são necessários o ressurgimento do senso de comunidade, uma percepção nítida de nossas obrigações mútuas e a convicção de que não seremos capazes de conquistar nossos objetivos individuais independentemente das necessidades de nossos concidadãos. [...]
>
> Se quisermos manter vivo para nós mesmos o sonho americano, e preservar o papel dos Estados Unidos no mundo, temos de aceitar as novas regras de sucesso na vida econômica, política e social. E temos de agir de acordo com elas.

* * *

Ao longo dos cinco anos seguintes, eu iria refinar minha análise da globalização e da interdependência, e propor mais iniciativas para lidar com elas, equilibrando da melhor maneira possível meu desejo de ser um bom governador e de causar impacto positivo na política nacional.

Em 1987, minha agenda para a temporada legislativa "Bons Começos, Boas Escolas, Bons Empregos" era coerente com o trabalho que vinha desenvolvendo com a Associação Nacional de Governadores sob o tema "Para Fazer Funcionar os Estados Unidos". Além de recomendações que aprimoravam nossos esforços na educação e no desenvolvimento econômico, pedi ao Legislativo que me ajudasse a oferecer ao número crescente de crianças pobres um bom começo de vida, mediante o aumento da cobertura de assistência médica para mães pobres e seus filhos, a começar da assistência pré-natal para reduzir a taxa da mortalidade infantil e os danos evitáveis aos recém-nascidos; a aumentar a oferta de orientação para mães de crianças com deficiências ou em risco; aumentar o número de vagas em educação especial para crianças na primeira infância com problemas de aprendizagem; aumentar a disponibilidade de assistência médica a baixo custo; e reforçar a obrigatoriedade da pensão para o sustento dos filhos.

Com a Hillary eu tinha aprendido a maior parte do que sabia sobre desenvolvimento na primeira infância e sua importância para a vida futura. Ela sempre se interessou por crianças, desde a época em que a conheci, chegando mesmo a ficar mais um ano na Faculdade de Direito de Yale para fazer um curso sobre problemas da infância, no Centro de Estudos de Problemas da Infância e no Hospital de Yale-New Haven. Ela havia trabalhado arduamente para implantar no Arkansas um inovador programa de Israel para a pré-escola chamado HIPPY, que significa Home Instruction Programs for Preschool Youngsters [Programas de Instrução no Lar para Crianças na Pré-Escola]. Hillary implantou programas HIPPY em todo o estado. Nós dois gostávamos de comparecer aos eventos organizados, para ver os meninos mostrando as suas habilidades e os pais orgulhosos dos filhos e de si mesmos. Graças a Hillary, o Arkansas teve o maior número de programas do país, atendendo 2.400 mães, e seus filhos demonstraram progresso notável.

O principal foco de meus esforços de desenvolvimento econômico foi aumentar os investimentos e oportunidades para a população pobre de áreas atrasadas, a maior parte na área rural do Arkansas. Minha proposta mais importante foi oferecer mais capital para pessoas que tinham potencial para dirigir pequenos negócios lucrativos, mas que não tinham como obter empréstimos nem mesmo apenas do necessário para começar. O Banco de Desenvolvimento da Costa Sul em Chicago [South Shore Development Bank] tinha sido importante na ajuda a marceneiros e eletricistas desempregados, auxiliando-os a montar seus próprios negócios na área sul da cidade e a renovar os prédios abandonados que de outra forma teriam sido condenados. O resultado é que toda a área foi recuperada.

Eu já tinha notícias do banco porque uma de suas funcionárias, Jan Percy, tinha sido uma das melhores amigas de Hillary em Wellesley. Jan nos disse que o South Shore adotara a idéia de oferecer financiamento a artesãos qualificados mas sem crédito pelos critérios convencionais, observando o trabalho do Banco Grameen de Bangladesh, fundado por Muhammad Yunus, que havia estudado economia na Universidade Vanderbilt antes de voltar à sua terra para ajudar seu povo. Conseguimos marcar nosso encontro para um café-da-manhã em Washington, e ele me explicou como funcionava o seu programa de "microcrédito". Mulheres das aldeias com habilidades e uma reputação de honestidade, mas sem patrimônio, eram organizadas em equipes. Quando a primeira delas acabava de pagar o seu empréstimo, a segunda da fila tomava seu empréstimo e assim por diante. Quando me encontrei pela primeira vez com Yunus, o Grameen Bank já tinha feito centenas de milhares de empréstimos, com uma taxa de adimplência maior que a dos bancos comerciais de Bangladesh. Em 2002, o Grameen havia feito empréstimos para mais de 2 milhões e 400 mil pessoas, 95% das quais eram mulheres pobres.

Se a idéia funcionara em Chicago, achei que ela iria funcionar nas áreas economicamente atrasadas do Arkansas rural. Como afirmou Yunus numa entrevista, "Em qualquer lugar onde alguém seja rejeitado pelo sistema bancário, há espaço para um programa semelhante ao do Grameen". Fundamos o Banco do Desenvolvimento do Sul em Arkadelphia. O Departamento de Financiamento do Desenvolvimento entrou com o dinheiro inicial, mas a maior parte dos recursos veio de empresas, às quais Hillary e eu pedimos para investir no projeto.

Quando me tornei presidente, consegui apoio do Congresso para um programa nacional de empréstimos baseado no modelo do Grameen Bank e apresentei algumas histórias ilustrativas do seu sucesso num evento na Casa Branca. A Agência Norte-americana para o Desenvolvimento Internacional (USAID) também financiou 2 milhões de microempréstimos nas aldeias pobres da África, da América Latina e no Leste da Ásia. Em 1999, quando estive no Sul da Ásia, fiz uma visita a Muhammad Yunus e a algumas das pessoas cujos negócios ele ajudara a iniciar, inclusive mulheres que usaram os empréstimos para comprar telefones celulares, com os quais elas ofereciam ao povo da aldeia, mediante pagamento, o serviço de ligação para falarem com os parentes e amigos nos Estados Unidos e na Europa. Muhammad Yunus deveria ter recebido há muito tempo o Prêmio Nobel de Economia.

Outro grande interesse meu era a reforma do seguro contra a pobreza. Pedi ao Legislativo para exigir que os assistidos com filhos de mais de três anos assinassem um contrato comprometendo-se a fazer um curso de alfabetização, de qualificação para o trabalho, de modo a conseguir sua subsistência pelo próprio trabalho. Em fevereiro, fui a Washington com vários outros governadores para falar perante a Comissão de Recursos e Meios da Câmara dos Deputados sobre provimento e reformas do seguro contra a pobreza. Pedimos ao Congresso para nos dar os instrumentos para "promover o trabalho, não o seguro-desemprego; independência, não a dependência". Argumentamos que era preciso fazer mais para manter as pessoas longe do seguro contra a pobreza, reduzindo o analfabetismo dos adultos, a gravidez das adolescentes, a taxa de evasão escolar, e o abuso de drogas e álcool. Sobre a reforma do seguro contra a pobreza, defendemos um contrato entre o assistido e o governo, estabelecendo os direitos e as responsabilidades das duas partes. Os assistidos se comprometeriam a lutar pela própria independência em troca dos benefícios, e o governo se comprometeria a ajudá-los com educação e treinamento, assistência médica, assistência à infância e colocação no mercado de trabalho. Também solicitamos que se exigisse de todos os beneficiários do seguro contra a pobreza com filhos de três anos ou mais que participassem de um programa de trabalho a ser criado pelos estados; que cada um deles contasse com um assistente social dedicado a facilitar uma transição suave para a auto-suficiência; que se intensificassem os esforços para cobrar os pagamentos de pensão para os filhos; e que se encontrasse uma maneira de ajustar a assistência financeira ao custo de vida de cada estado. A lei federal permitia aos estados definir benefícios mensais sempre que quisessem, desde que não fossem inferiores aos valores vigentes no início da década de 1970, e que fossem gerais.

Eu já tinha passado muito tempo falando aos beneficiários do seguro contra a pobreza e assistentes sociais no Arkansas para saber que a grande maioria deles queria trabalhar e sustentar suas famílias. Mas tinham de enfrentar barreiras enormes, além das evidentes, como a falta de qualificação e de experiência, e falta de meios para pagar assistência médica para os filhos. Muitas das pessoas que conheci não tinham carros nem acesso ao transporte público. Se aceitassem um emprego de baixo salário, perderiam os cupons de alimentação e a cobertura médica do Medicaid. A maioria deles nem acreditava poder vencer no mundo do trabalho e não tinha idéia de por onde começar.

Em uma das reuniões de governadores em Washington, na companhia do meu co-presidente da comissão de reforma do seguro contra a pobreza, o governador Mike Castle, de Delaware, organizei uma reunião com outros governadores para tratar dessa reforma. Trouxe para apresentar seus depoimentos duas mulheres do Arkansas que haviam deixado o seguro contra a pobreza por terem começado a trabalhar. Uma moça de Pine Bluff nunca tinha entrado num avião ou usado uma escada rolante antes daquela viagem. Era tímida mas convincente com relação ao potencial dos pobres para sustentar a si próprios e aos filhos. A outra testemunha tinha quase quarenta anos. Seu nome era Lillie Hardin, e pouco antes tinha encontrado emprego como cozinheira. Perguntei-lhe se ela achava que pessoas sadias que recebiam seguro-desemprego deveriam ser obrigadas a aceitar um emprego, se ele existisse. "Claro que acho. Senão a gente vai passar o dia inteiro vendo novela na televisão." Então perguntei a Lillie o que ela achava melhor em não depender do seguro-desemprego. Sem hesitar, ela respondeu: "Quando meu filho vai para a escola e eles perguntam a ele 'O que a sua mãe faz para ganhar a vida?', ele tem uma resposta para dar". Foi o melhor argumento que já ouvi a favor da reforma do seguro contra a pobreza. Depois de ouvi-la, os governadores trataram aquela mulher como uma estrela do rock.

Quando tratei da reforma do seguro contra a pobreza, já presidente, sempre achava divertido ouvir algum profissional da imprensa caracterizá-la como uma proposta republicana, como se valorizar o trabalho fosse algo que só os conservadores fizessem. Em 1996, quando o Congresso aprovou um projeto que eu podia sancionar, já vinha tratando dessa questão havia mais de quinze anos. Mas eu não a considerava uma proposta democrata. Nem proposta de governador. A reforma do seguro contra a pobreza tinha a ver com Lillie Hardin e seu filho.

24

GRAÇAS AO MANDATO DE QUATRO ANOS, à dedicação e capacidade da minha equipe e do gabinete, à boa relação de trabalho com o Legislativo e à força da minha organização política, também tive espaço para entrar na arena política nacional.

Dada a visibilidade que me deu o trabalho em educação, economia e reforma do seguro contra a pobreza, além da presidência da Associação Nacional de Governadores e da Comissão de Educação dos Estados, recebi muitos convites para falar fora do estado em 1987. Aceitei mais de duas dúzias deles, vindos de quinze estados diferentes. Apesar de somente quatro serem eventos do Partido Democrata, todos eles me ajudaram a ampliar os meus contatos e a aumentar as especulações de que eu poderia entrar na disputa presidencial.

Embora eu só tivesse quarenta anos na primavera de 1987, estava interessado na disputa por três razões. Primeira, pelos padrões históricos os democratas tinham uma ótima chance de retomar a Casa Branca. Parecia claro que o vice-presidente Bush seria o indicado do Partido Republicano e, até aquela data, o único vice-presidente a ganhar a Presidência saindo diretamente desse cargo havia sido Martin Van Buren, em 1836, que sucedeu a Andrew Jackson na última eleição em que não houve efetiva oposição do Partido Democrata. Segunda, eu estava convencido de que o país tinha de mudar de rota. Nosso crescimento dependia fundamentalmente dos gastos em defesa e dos grandes cortes de impostos que beneficiaram de modo desproporcional os americanos mais ricos e elevaram o déficit. Os grandes déficits levaram ao aumento das taxas de juros, pois o governo tinha de competir com a iniciativa privada em busca do dinheiro, e isso, por sua vez, elevou o valor do dólar, barateando as importações e encarecendo as exportações norte-americanas. Numa época em que a população dos Estados Unidos estava começando a aumentar a sua produtividade e a sua posição competitiva, ainda estávamos perdendo empregos industriais e no campo. Ademais, por causa do déficit orçamentário, não estávamos investindo o suficiente em educação, qualificação e pesquisa, necessárias para manter os altos salários e as baixas taxas de desemprego na economia global. Por isso, 40% do povo norte-americano havia sofrido redução da renda real desde meados de 1970.

A terceira razão para eu considerar seriamente a participação na disputa é que eu acreditava entender o que estava acontecendo e sabia como explicar isso ao povo do meu país. Como eu tinha um histórico apreciável nas questões de educação, combate à criminalidade, reforma do seguro contra a pobreza e responsabilidade fiscal, não achava que os republicanos tentariam me pintar como um democrata ultraliberal que desprezava os valores consagrados e acreditava em um programa de governo para qualquer problema. Eu estava convencido de que se conseguíssemos nos livrar da depreciativa alcunha de "visionários" com que os republicanos haviam nos tachado desde 1968 — tática que só não deu certo na vitória do presidente Carter em 1976 — poderíamos ganhar outra vez a Casa Branca.

Mas era um projeto difícil e arriscado, porque não é fácil fazer as pessoas mudarem suas referências políticas. Eu acreditava que seria capaz de fazê-lo. Vários dos meus amigos governadores também acreditavam. Quando fui assistir às 500 Milhas de Indianápolis na primavera, encontrei o governador Bob Kerrey, do Nebraska. Eu gostava muito dele e achava que ele também seria um bom candidato à Presidência. Recebeu a Medalha de Honra no Vietnã e, tal como eu, era conservador em questões fiscais e progressista em questões sociais, além de ter conseguido se eleger em um estado muito mais republicano que o Arkansas. Para minha surpresa, Bob me incentivou a entrar na disputa e prometeu coordenar a minha campanha em Nebraska se eu assim fizesse.

Mas no Arkansas havia um obstáculo à minha entrada na disputa presidencial: Dale Bumpers estava pensando seriamente em concorrer. Eu mesmo o incentivei várias vezes desde o fim de 1974. Ele quase se decidiu em 1984, e dessa vez apresentava uma boa chance de vitória. Tinha servido no Corpo de Fuzileiros Navais durante a Segunda Guerra Mundial, sido um grande governador, e era o melhor orador do Senado. Eu sabia que Dale seria um bom presidente e que teria uma chance melhor de vencer que eu. Gostaria de apoiá-lo. Queria que o nosso lado vencesse e mudasse a direção do país.

No dia 20 de março, eu estava correndo na Main Street em Little Rock quando um repórter local me perseguiu para dizer que o senador Bumpers havia acabado de declarar que não iria disputar a Presidência. Simplesmente ele não tinha vontade de concorrer. Algumas semanas antes, o governador Mario Cuomo, de Nova York, tinha tomado a mesma decisão. Então eu disse a Hillary e a Betsey que queria examinar com atenção a possibilidade de concorrer.

Levantamos algum dinheiro para o esforço exploratório e Betsey mandou fazer avaliações em Iowa, New Hampshire e em alguns dos estados do Sul que no ano seguinte iriam votar em bloco na "Super Terça-Feira", pouco depois da primária de New Hampshire. No dia 7 de maio a vitória na primária parecia mais palpável, quando o senador Gary Hart, que quase havia derrubado o vice-presidente Mondale em 1984, se retirou da disputa depois que a sua relação com Donna Rice veio a público. Hart cometeu um erro ao desafiar a imprensa a encontrar alguma sujeira na sua vida. Mas eu senti muito por ele. Era um político brilhante e inovador, que sempre entendeu os grandes desafios dos Estados Unidos e sabia como encará-los. Depois do *affaire* Hart, aqueles entre nós cuja vida não era perfeita não tinham como saber quais eram os padrões de denúncia da imprensa. Finalmente concluí que, se alguém acreditasse ter alguma coisa a oferecer, deveria concorrer, enfrentar as denúncias que surgissem e confiar no povo norte-americano. Quem não tem um alto limiar de dor não pode ser um bom presidente.

Defini que a minha decisão não passaria do dia 14 de julho. Vários dos meus amigos de antigas batalhas políticas vieram a Little Rock, inclusive Mickey Kantor, Carl Wagner, Steve Cohen, John Holum, Kevin O'Keefe, Jim Hyons, Mike Deires e Sandy Berger. Todos achavam que eu devia concorrer; a oportunidade parecia boa demais para ser desperdiçada. Ainda assim, eu resistia. Sabia que estava pronto para ser um bom candidato, mas receava não ter vivido o bastante para adquirir a sabedoria necessária a um bom presidente. Se eleito, teria 42 anos, mais ou menos a mesma idade de Theodore Roosevelt quando prestou juramento depois do assassinato do presidente McKinley, e um ano mais novo que John Kennedy quando foi eleito. Mas os dois vinham de famílias ricas e politicamente proeminentes, além de terem crescido em um ambiente que os deixava à vontade no círculo do poder. Meus dois presidentes favoritos, Lincoln e Franklin Delano Roosevelt, tinham 51 anos quando assumiram o cargo, completamente maduros e seguros de si e de suas responsabilidades. No meu qüinquagésimo primeiro aniversário, Al Gore me contaria como é a visão dos índios da nação cherokee sobre o processo de envelhecimento. Os cherokees acreditam que um homem não atinge a maturidade completa enquanto não completa 51 anos.

A segunda coisa que me incomodava eram as dificuldades que uma campanha representaria para o meu governo. O ano de 1987 era o prazo final para implantar os padrões escolares. Eu já havia convocado uma sessão especial que levantaria dinheiro para as escolas e para as penitenciárias lotadas. Foi uma luta árdua que havia dificultado as minhas relações com vários legisladores e que quase terminou em fracasso antes de eu arrancar o número suficiente de votos na última hora para fazer o que era necessário. Eu sabia que provavelmente teria de convocar outra sessão especial no início de 1988. Estava determinado a implementar definitivamente os padrões escolares e a desenvolvê-los; aquilo era a única oportunidade de muitas crianças do meu estado terem um futuro melhor. A escola elementar que Chelsea freqüentava tinha 60% de alunos negros, e mais da metade das crianças vinham de famílias de baixa renda. Lembro-me de um menino que ela convidou para sua festa de aniversário na Mansão; ele quase não veio por não ter como comprar um presente. Eu estava decidido a dar àquele menino uma chance melhor que a que seus pais tiveram.

O *Arkansas Gazette*, que havia me apoiado em todas as campanhas, publicou um editorial dizendo que eu não deveria concorrer pelas três razões que me preocupavam. Apesar de reconhecer meu forte potencial para a liderança nacional, o *Gazette* afirmou: "Bill Clinton ainda não está preparado para ser presidente" e "Precisamos do governador Clinton no Arkansas".

A ambição é uma força poderosa, e a ambição de ser presidente já levou muitos candidatos a ignorar as próprias limitações e esquecer as responsabilidades do cargo que ocupavam. Sempre achei que seria capaz de me colocar à altura de qualquer ocasião e de suportar o fogo mais violento, e também de fazer bem duas ou três coisas ao mesmo tempo. Em 1987 eu poderia ter tomado uma decisão com base na autoconfiança, levado pela ambição, mas não tomei. O que finalmente decidiu a questão para mim foi a única parte de minha vida que não era atingida pela política: Chelsea. Carl Wagner, que também era pai de uma filha única, me disse que eu teria de aceitar o fato de estar longe da Chelsea durante os dezesseis meses seguintes. Mickey Kantor estava tentando me convencer quando a Chelsea me perguntou onde iríamos passar as férias de verão. Ao dizer que talvez não pudesse tirar férias se fosse concorrer à Presidência, ela respondeu: "Então mamãe e eu vamos sem você". Essa frase me fez decidir.

Entrei na sala de jantar da Mansão do Governador, onde meus amigos estavam almoçando, disse a eles que não iria concorrer e pedi desculpas pelo desapontamento. Depois fui ao Excelsior para comunicar oficialmente essa decisão a algumas centenas de correligionários. Fiz o máximo para explicar como havia chegado tão próximo e ainda assim recuava:

> Preciso de tempo para a minha família; preciso de tempo para mim. Os políticos também são gente. Acho que às vezes nos esquecemos disso, mas é verdade. A única coisa que eu — ou qualquer outro candidato — posso oferecer ao concorrer à Presidência é o que tenho na alma. É isso que inflama as pessoas e traz para elas a confiança e os votos, quer elas morem em Wisconsin, em Montana ou Nova York. Essa parte da minha vida precisa de renovação. A outra razão, talvez mais importante, para a minha decisão é o impacto que essa campanha teria sobre a nossa filha. A única maneira de vencer, começando tão tarde a campanha, depois de outros já estarem trabalhando por até dois anos, seria pegar a estrada em tempo integral a partir de hoje, até o final, e pedir a Hillary para fazer o mesmo. [...] Já vi muitas crianças crescendo sob pressões como essa, e há muitos e muitos anos eu me fiz a promessa de que, se tivesse a sorte de ter um filho, ele jamais iria crescer sem saber onde estava seu pai.

Apesar de ter dito que me apoiaria em qualquer decisão, Hillary ficou aliviada. Ela também achava que eu deveria terminar o trabalho começado no Arkansas e continuar a construir uma base nacional de apoio. E sabia que aquela não era uma hora boa de eu me afastar das nossas famílias. Minha mãe estava tendo problemas no seu trabalho de enfermeira, Roger havia saído da prisão fazia menos de dois anos, e os pais da Hillary estavam se mudando para Little Rock. Em janeiro de 1983, durante o meu discurso de posse perante o Legislativo, Hugh Rodham tinha desabado na cadeira sob o impacto de um grave infarto. Foi levado às pressas ao Centro Médico da universidade, onde se submeteu a uma cirurgia de ponte quádrupla. Eu estava ao seu lado quando ele acordou. Depois de ver que estava lúcido, eu disse: "Hugh, aquele meu discurso estava tão ruim que seria capaz de provocar mesmo um ataque do coração!". Em 1987, ele teve um infarto leve. Hugh e Dorothy não precisavam morar sozinhos em Park Ridge. Nós os queríamos conosco e eles estavam ansiosos para morar perto da única neta. Ainda assim, seria uma adaptação difícil para eles.

Finalmente, Hillary gostou de eu não ter concorrido porque ela não concordava com a opinião unânime de que os democratas iam vencer em 1988. Ela achava que a Revolução de Reagan ainda não havia chegado ao seu final, e que, apesar da questão Irã-Contras, George Bush iria vencer como uma versão mais moderada de Reagan. Quatro anos mais tarde, quando as perspectivas de vitória eram bem mais negras, pois os índices de aprovação do presidente Bush estavam na casa dos 70%, Hillary me incentivaria a entrar na disputa. Nas duas ocasiões, como sempre, ela estava certa.

Depois de anunciada a decisão, senti desaparecer dos meus ombros todo o peso do mundo. Estava livre para ser pai, marido e governador, e podia trabalhar e falar sobre questões nacionais sem o embaraço de ambições imediatas.

Em julho, Hillary, Chelsea e eu fomos à reunião de verão dos governadores em Traverse City, Michigan, para concluir meu mandato de um ano como presidente da associação. Meu sucessor foi o governador John Sununu, de New Hampshire, que prometeu continuar nosso trabalho de reforma do seguro contra a pobreza, e com quem eu mantinha boas relações. Finda a reunião, os governadores democratas foram para a ilha de Mackinaw, onde o governador Jim Blanchard nos reuniu para conhecer todos os nossos candidatos presidenciais, os senadores Al Gore, Paul Simon e Joe Biden, o congressista Dick Gephardt, o reverendo Jesse Jackson, o ex-governador Bruce Babbit, do Arizona, e o governador Mike Dukakis. Eu gostava de todos os nossos candidatos, mas tinha preferência por Dukakis. Em Massachusetts ele tinha governado uma economia de alta tecnologia e orçamentos equilibrados, e havia promovido reformas na educação e no seguro contra a pobreza. Governava como "Novo Democrata" e sabia o que era perder uma eleição por causa de ataques negativos e retornar vitorioso. Ainda que a maioria dos norte-americanos visse Massachusetts como um estado liberal, eu achava que seríamos capazes de conseguir a sua aceitação porque ele era um governador bem-sucedido, e iria evitar os erros que o derrotaram em eleições anteriores. Além de tudo isso, éramos amigos. Mike ficou aliviado quando decidi não concorrer, e me deu de presente de aniversário uma camiseta com as palavras "Feliz 41. Clinton em 96. Você só vai ter 49!".

No final do encontro, Jim Blanchard apresentou um estupendo show de rock em que figuraram artistas da Motown da década de 1960, entre eles os Four Tops, Martha Reeves e as Vandellas, e Jr. Walker, um virtuoso do sax tenor capaz de tocar o instrumento uma oitava acima do que nós meros mortais conseguíamos. Quase no final do espetáculo, uma jovem veio até mim, me convidou para subir ao palco e tocar saxofone com todos os grupos na clássica da Motown "Dancin' in the Street". Eu não tocava saxofone havia já três anos. Perguntei: "Vocês têm alguma partitura?". Ela respondeu: "Não". "Qual o tom?" "Não tenho a menor idéia." "Posso me aquecer durante alguns minutos?" Mais uma vez: "Não". Dei a única resposta possível: "Certo. Vamos lá". Subi ao palco. Eles me deram um saxofone, ligaram um microfone ao bocal e a música começou. Toquei baixinho até afinar o instrumento e descobrir o tom. Então comecei, e fui muito bem. Até hoje guardo uma foto de Jr. Walker e eu tocando juntos.

Setembro foi um mês de muito trabalho. Com o início do novo ano letivo, fui convidado a comparecer no programa *Meet the Press* [Encontro com a imprensa], da NBC, juntamente com Bill Bennett, que havia sucedido a Terrel Bell no Departamento de Educação do presidente Reagan. Eu me dava bem com Bennett, que valorizava o apelo que eu fazia à responsabilidade com orçamentos e a minha defesa do ensino de valores básicos na escola, e ele não discordou quando eu disse que os estados precisavam de maior ajuda federal para pagar os programas para a primeira infância. Quando Bennett criticou a Associação Nacional de Educadores, tachando-a como um obstáculo à responsabilidade orçamentária, eu disse que, sob esse aspecto, percebia uma melhora das posições da Associação Nacional de Educadores, e o lembrei de que Al Shanker, líder do outro grande sindicato de professores, a Federação Norte-americana de Professores, apoiava tanto a responsabilidade orçamentária quanto os valores educacionais.

Infelizmente a minha relação com Bennett se deteriorou depois que eu me tornei presidente e ele passou a profissional de promoção da virtude. Embora tivesse me dedicado um livro com as palavras "Para Bill Clinton, um democrata de bom senso", aparentemente ele passou a acreditar que estava errado, ou que acabei perdendo todo o bom senso que tinha naquele tempo em que ele escreveu essas palavras.

Na época da entrevista do *Meet the Press*, o senador Joe Biden, presidente da Comissão Jurídica do Senado, me pediu para testemunhar contra o juiz Robert Bork, que havia sido indicado para a Suprema Corte dos Estados Unidos pelo presidente Reagan. Eu sabia que Joe preferia a mim por eu ser governador branco e sulista; o fato de eu ter sido aluno de Bork em direito constitucional era um ponto a nosso favor. Antes de concordar, li a maior parte dos artigos de Bork, seus pareceres mais importantes, e também notícias publicadas sobre os seus discursos. Concluí que o juiz Bork não deveria ser membro da Suprema Corte. Numa declaração de oito páginas, disse que eu havia gostado de Bork como professor e o respeitava muito nessa qualidade, como também achava que o presidente Reagan deveria ter considerável liberdade de escolha nas suas indicações; mas ainda assim acreditava que seria melhor o Senado rejeitar a indicação. Argumentei que pelas suas próprias palavras Bork demonstrava ser reacionário, e não conservador. Ele tinha criticado quase todas as mais importantes decisões da Suprema Corte que ampliavam os direitos civis, com exceção de *Brown versus Diretoria de Educação*. De fato, Bork foi um dos dois advogados (o outro foi William Rehnquist) a aconselhar Barry Goldwater a votar contra a Lei de Direitos Civis de 1964. Como sulista, eu sabia como era importante não reabrir as feridas do racismo alterando aquelas decisões. Entre todos os que já tinham sido indicados para a Suprema Corte, Bork tinha a opinião mais restritiva sobre o que a Suprema Corte deveria fazer para proteger os direitos individuais. De acordo com ele, "dezenas" de decisões daquela Corte precisavam ser revertidas. Por exemplo, para ele a privacidade de um casal que usa contraceptivos merecia tanto ser protegida contra a ação do governo quanto uma empresa acusada de poluir o ar. Mas, na verdade, como demonstrou a sua sentença contra o Arkansas no caso da Grand Gulf, ele achava que as concessionárias e outros interesses empresariais tinham direito a *maior* proteção contra ações governamentais que o cidadão individual que discordasse dessas ações. Quando se tratava de proteger interesses empresariais, ele jogava fora a isenção da justiça em favor do ativismo. Chegou mesmo a afirmar que os tribunais federais não deveriam impor as leis antitruste, pois elas se baseavam numa teoria econômica equivocada. Pedi ao Senado para não assumir o risco de permitir ao juiz Bork agir de acordo com as suas convicções de sempre, e não com as afirmações moderadas que vinha fazendo durante o processo de confirmação.

Tive de protocolar meu testemunho, em vez de apresentá-lo diretamente, porque as audiências se atrasaram e eu precisava partir em viagem com uma missão comercial à Europa. No final de outubro, o Senado recusou a indicação de Bork por 58 votos contra 42. Duvido que meu testemunho tenha influenciado um único voto. Anteriormente o presidente Reagan havia indicado o juiz Antonin Scalia, que era tão conservador quanto Bork, mas não tinha dito tanta coisa nem escrito tantos documentos que demonstrassem isso. Fora aprovado pelo Senado. Em dezembro de 2000, no caso *Bush versus Gore*, ele entregou em pleno sábado um parecer da Suprema Corte aceitando uma injunção sem precedentes, determinando que se proibisse expressamente a continuação da contagem de votos válidos na Flórida.

Três dias depois, por 5 votos contra 4, a Suprema Corte deu a eleição a George W. Bush, baseando-se em parte no fato de os votos não poderem ser recontados até a meia-noite daquele dia, como determinava a lei da Flórida. É claro que não poderiam: a Suprema Corte havia interrompido o processo de contagem três dias antes. Foi um ato de ativismo jurídico que teria feito Bob Bork corar de vergonha.

De volta da missão comercial, Hillary e eu nos juntamos a John Sununu e ao governador Ed DiPrete, de Rhode Island, numa reunião com governadores italianos em Florença. Foi nossa primeira viagem à Itália, e nos apaixonamos por Florença, Siena, Pisa, San Gimignano e Veneza. Também fiquei fascinado pelo sucesso econômico do norte da Itália, que tinha renda per capita superior à da Alemanha. Uma das razões para a prosperidade da região parecia ser a extraordinária cooperação entre os pequenos empresários; eles partilhavam instalações e dividiam custos administrativos e de marketing, como os artesãos italianos tinham feito durante séculos desde o surgimento das guildas medievais. Mais uma vez eu encontrava uma idéia que achava capaz de funcionar no Arkansas. Quando voltei para casa, ajudamos um grupo de metalúrgicos desempregados a montar empresas e cooperar na divisão dos custos e de marketing, como havia visto fazerem os trabalhadores italianos fabricantes de móveis e de artefatos em couro.

Em outubro a economia norte-americana sofreu um grande golpe, quando a Bolsa caiu mais de 500 pontos num único dia, a maior queda em um dia desde 1929. Por coincidência, o homem mais rico dos Estados Unidos, Sam Walton, estava sentado no meu gabinete na hora do fechamento do mercado. Sam liderava o Conselho Empresarial do Arkansas, um grupo de empresários proeminentes conhecidos eufemisticamente como o "Clube da Boa Ação". Eles estavam empenhados na melhoria da educação e da economia do Arkansas. Sam pediu licença para ver o baque nas ações do Wal-Mart. Toda a sua riqueza estava na empresa. Quando ele voltou, perguntei quanto havia perdido. "Mais ou menos 1 bilhão de dólares." Em 1987 isso também era muito dinheiro, até mesmo para Sam Walton. Quando lhe perguntei se estava preocupado, ele disse: "Amanhã vou ao Tennessee ver como está a mais nova loja do Wal-Mart. Se tiver muitos carros no estacionamento, é porque tudo continua bem. Só estou na Bolsa para levantar dinheiro para abrir mais lojas e dar aos empregados participação na companhia". Quase todos os funcionários do Wal-Mart tinham ações da empresa. Walton era muito diferente da nova geração de executivos, que insistiam em receber polpudos aumentos mesmo quando as empresas e os trabalhadores não iam bem, e em usar um pára-quedas de ouro quando a empresa falia. Quando o colapso de muitas ações nos primeiros anos do novo século expôs uma nova onda de ganância e corrupção corporativas, pensei naquele dia em 1987 em que Sam Walton perdeu 1 bilhão de dólares da sua fortuna. Sam era republicano. Duvido que ele alguma vez tenha votado em mim. Eu não concordava com tudo o que o Wal-Mart fazia naquela época, e não concordo com algumas das políticas da companhia que se tornaram comuns desde que ele morreu. Como eu disse, o Wal-Mart já não "compra o produto norte-americano" como comprava antes. Já foi acusado de empregar muitos imigrantes ilegais. E, é claro, a companhia não reconhece os sindicatos. Mas os Estados Unidos estariam muito melhor se todas as nossas empresas fossem administradas por pessoas dedicadas, capazes de ver a sua fortuna subir e cair com a dos seus empregados e acionistas.

Terminei o ano de 1987 com meu terceiro discurso naquela década perante a Convenção Democrata da Flórida, dizendo mais uma vez que precisávamos enfrentar os fatos e fazer os norte-americanos os verem como nós os víamos. O presidente Reagan havia prometido cortar impostos, aumentar os gastos com defesa e equilibrar o orçamento. Conseguiu cumprir as duas primeiras, mas não conseguiu manter a terceira promessa porque a economia orientada pela oferta desafia a aritmética. O resultado foi que a dívida interna explodiu, paramos de investir no futuro e permitimos a redução dos salários de 40% do nosso povo. Embora sabendo que os republicanos tinham orgulho do que haviam feito, eu olhava aquilo da perspectiva dos dois cachorros velhos que observavam um grupo de jovens dançando o *break* na rua. Um dos cachorros diz para o outro: "Sabe, se a gente fizesse a mesma coisa, eles nos faziam tomar um purgante".

Eu disse aos democratas da Flórida que não teríamos de fazer nada menos que criar uma nova ordem econômica mundial e nela garantir o lugar do povo norte-americano. Meus principais argumentos foram "Temos de pagar hoje o preço de garantir o amanhã" e "Estamos juntos nisso".

Em retrospecto, meus discursos do fim dos anos 1980 me parecem interessantes por causa da semelhança com o que pronunciaria em 1992, e com tudo o que procurei realizar como presidente.

Em 1988 visitei treze estados e o distrito de Colúmbia, falando sobre tópicos igualmente distribuídos entre política e políticas. Os discursos sobre políticas tratavam principalmente de educação e da necessidade de reforma da legislação sobre o bem-estar social, que esperávamos fazer aprovar pelo Congresso até o fim do ano. Mas o discurso político mais importante para o meu futuro foi o chamado "Capitalismo Democrático", que pronunciei perante o Conselho da Liderança Democrata [Democratic Leadership Council — DLC] em Williamsburg, na Virgínia, no dia 29 de fevereiro. A partir dele, passei a participar mais ativamente do DLC, por considerá-lo o único grupo comprometido com o desenvolvimento das novas idéias de que os democratas iriam precisar para ganhar eleições e fazer o melhor pelo país. Em Williamsburg falei da necessidade de tornar democrático o acesso à economia global — ou seja, de torná-la acessível a todos os cidadãos e comunidades. Eu estava de acordo com o argumento de William Julius Wilson, apresentado no seu livro *The Truly Disadvantaged* [Os verdadeiramente carentes], segundo o qual não havia soluções especificamente raciais para o desemprego e a pobreza. As únicas respostas eram escolas, educação e aperfeiçoamento de adultos, e empregos. Enquanto isso, em casa, eu continuava a me debater com os problemas de orçamento das escolas e prisões, para promover minha agenda de "bons começos, boas escolas e bons empregos", e para fazer aprovar uma lei de reforma tributária e outra de reforma do *lobby*. No final das contas, e uma vez que o Legislativo não os aprovara, esses dois itens foram postos na pauta para a próxima eleição. Os grupos interessados protestaram muito. A reforma do *lobby* acabou passando, mas com a reforma tributária não se deu o mesmo.

* * *

O governador Dukakis se mexia para garantir a indicação democrata para a Presidência. Algumas semanas antes da abertura da nossa convenção em Atlanta, Mike me pediu para indicá-lo. Ele e seus chefes de campanha me disseram que, apesar de estar melhor nas pesquisas que o vice-presidente Bush, o povo norte-americano não o conhecia bem, e assim o discurso de indicação era uma oportunidade de apresentá-lo como um líder cujas qualidades pessoais, histórico político e novas idéias o tornavam a pessoa certa para a Presidência. Como eu era seu colega, amigo e sulista, eles queriam que eu o apresentasse, e que usasse todo o tempo previsto para a apresentação: 25 minutos. Normalmente as apresentações eram feitas por três pessoas representando grupos diferentes do partido, as quais faziam discursos de apresentação de cerca de cinco minutos cada uma. Ninguém prestava muita atenção, mas os oradores e seus representados ficavam contentes.

Fiquei lisonjeado com o convite, mas cauteloso. Como já disse, convenções são locais barulhentos de apresentações e saudações, em que as palavras pronunciadas no palanque não passam de música de fundo, com exceção dos discursos principais e dos discursos de aceitação do presidente e do vice-presidente. Eu já havia comparecido a muitas convenções e sabia que um discurso longo seria um fracasso, a menos que os delegados e a mídia estivessem dispostos a lhe dar atenção e as condições do auditório fossem propícias. Expliquei ao pessoal do Dukakis que o discurso só funcionaria se eu falasse com as luzes reduzidas e se houvesse silêncio entre os delegados. Eles também não poderiam bater palmas muitas vezes, ou o tempo do discurso aumentaria substancialmente. Disse a eles que sabia que eles teriam muita dificuldade para atender às minhas condições, e que se caso não concordassem eu poderia fazer um vibrante discurso de lançamento de cinco minutos.

No dia do discurso, 20 de julho, levei uma cópia do que iria dizer ao apartamento do Mike, e a mostrei para ele e para o seu pessoal. Disse a eles que, tal como estava formulado, ele duraria 22 minutos, e se não houvesse muitos aplausos eu poderia pronunciá-lo nos 25 minutos que me cabiam. Mostrei que poderia cortar 25% do discurso, ou 50%, ou até 75%, se eles achassem melhor. Algumas horas depois, voltei para saber o que eles tinham achado. Disseram-me para lê-lo inteiro. Mike queria que os Estados Unidos conhecessem o discurso na íntegra, tal como eu havia redigido.

Naquela noite fui anunciado e entrei ao som de muita música. Quando comecei a falar, as luzes baixaram. Depois, tudo desandou. Não havia lido três frases quando as luzes voltaram. Então, cada vez que eu dizia o nome do Mike, vinha uma ovação da platéia. Eu deveria ter cortado o discurso para a opção de cinco minutos, mas não o fiz. A verdadeira platéia estava vendo pela televisão. Se conseguisse ignorar as distrações, ainda poderia dizer ao pessoal que estava em casa o que Mike queria que eles ouvissem:

> Quero falar um pouco sobre Mike Dukakis. Ele percorreu um caminho tão longo e fez isso tão depressa que todos querem saber que tipo de pessoa ele é, que tipo de governador ele foi, e que tipo de presidente ele vai ser.
>
> Ele é meu amigo há muito tempo. Quero que todos saibam a minha resposta para essas perguntas, e por que eu acho que deveríamos fazer de Mike

Dukakis o primeiro presidente norte-americano nascido de pais imigrantes, desde Andrew Jackson.

Quando comecei a responder às perguntas, a convenção voltou às conversas, exceto para ovacionar quando o nome de Mike era mencionado. Sentia o discurso como uma pedra de cem quilos que eu tinha de empurrar morro acima. Mais tarde brinquei dizendo que tinha percebido que estava em apuros quando, com dez minutos de discurso, a delegação da Samoa começou a assar um porco.

Poucos minutos depois, as redes ABC e NBC começaram a me arrasar, mostrando a platéia desatenta e perguntando quando eu ia terminar. Somente a CBS e as redes de rádio transmitiram meu discurso sem comentários críticos. A imprensa presente à convenção não havia sido avisada da duração do meu discurso, nem do que eu queria dizer. Além disso, o discurso estava todo errado. Na tentativa de contar a história do Mike sem muitas interrupções por aplausos, eu o fiz num tom de conversa e muito "professoral". Foi um grande erro pensar que eu poderia falar apenas para as pessoas que assistiam pela televisão, sem me importar com a reação dos delegados.

Houve algumas boas frases, mas o maior aplauso veio perto do final, quando eu disse "E para concluir...". Foram 32 minutos de desastre total. Brinquei depois com a Hillary dizendo que não fazia idéia do tamanho do fracasso até perceber que, quando saíamos do local, ela se dirigia a pessoas totalmente estranhas e me apresentava como o seu primeiro marido.

Felizmente Mike Dukakis não ficou magoado com o meu fracasso. Foi elogiado por ter escolhido Lloyd Bentsen para seu companheiro de chapa; os dois fizeram bons discursos de aceitação; e a chapa saiu de Atlanta com uma boa dianteira nas pesquisas. De minha parte, eu me sentia como um condenado à morte.

No dia 21, Tom Shales escreveu um artigo devastador no *Washington Post* resumindo a reação da imprensa ao meu discurso: "Assim como Jesse Jackson havia eletrificado a platéia na terça-feira, o governador Bill Clinton calcificou-a na noite de quarta-feira". Referiu-se ao meu discurso como "a clássica desafinação flatulenta de Clinty", e descreveu em dolorosos detalhes o que as redes fizeram para preencher o tempo até que eu terminasse.

Quando acordamos no dia seguinte, Hillary e eu sabíamos que eu havia me enfiado num buraco de onde teria de sair sozinho. Não tinha idéia de como começar, a não ser rir de mim mesmo. Minha primeira reação pública foi dizer: "Não foi a minha hora mais brilhante. Nem chegou a ser minha hora e meia mais brilhante". Mantive a aparência de tranqüilidade, mas prometi a mim mesmo nunca mais abandonar os meus instintos com relação a um discurso. E, a não ser por um breve momento durante o meu discurso sobre assistência à saúde para o Congresso, em 1994, segui minha promessa.

Nunca na minha vida fiquei tão feliz em voltar para casa. O povo do Arkansas foi, em sua maioria, solidário. Meus correligionários mais paranóicos achavam que alguém havia preparado aquela armadilha para mim. Quase todos, no entanto, eram unânimes em dizer que eu havia sacrificado o meu brilho e espontaneidade normais em favor das algemas de um discurso escrito. Robert "Fala" McIntosh, um animado proprietário negro de restaurante e com quem eu mantinha uma relação mais ou menos distante, saiu em minha defesa, atacando a cobertura da mídia e oferecendo um almoço grátis no Capitólio estadual a quem apresentasse uma carta ou cartão-postal atacando alguns de meus críticos na mídia. Mais de quinhentas pessoas compareceram. Recebi cerca de setecentas cartas falando sobre o discurso, 90% delas positivas. Aparentemente as pessoas que as escreveram tinham ouvido o discurso pelo rádio ou pela CBS, e nessa emissora Dan Rather havia pelo menos esperado até o final para lhe enfiar as garras.

Um dia depois da minha volta, recebi um telefonema do meu amigo Harry Thomason, produtor do sucesso da TV "Designing Women" [Mulheres criativas], escrito por sua esposa Linda Bloodworth. Harry era irmão de Danny Thomason, que cantava comigo no coro da igreja. Hillary e eu conhecemos o casal no meu primeiro mandato, quando ele voltou ao Arkansas para fazer um filme sobre a Guerra Civil, *The Blue and the Gray* [Azul e cinza]. Harry me disse que eu poderia escapar desse enrosco, mas teria de andar depressa. Sugeriu que eu aparecesse no programa de Johnny Carson e fizesse piadas sobre mim mesmo. Eu ainda estava em estado de choque, e pedi um ou dois dias para pensar. Carson tinha se esbaldado com o meu discurso nos seus monólogos. Uma das suas frases mais memoráveis foi "O discurso funcionou tão bem como uma camisinha de velcro". Mas na verdade não havia muito a ponderar — eu não poderia ficar pior do que já estava. No dia seguinte liguei para Harry e lhe pedi para combinar a minha presença no programa. De modo geral Carson não convidava políticos, mas aparentemente ele fez essa exceção por eu ser um saco de pancadas bom demais para ser desprezado, e também porque eu concordei em tocar saxofone, o que lhe permitia alegar que ele só chamava os políticos músicos. Esse argumento do saxofone foi idéia de Harry, e não foi a última boa idéia que ele inventou para mim.

Alguns dias depois eu estava num avião viajando para a Califórnia com Bruce Lindsey e meu secretário de imprensa, Mike Gauldin. Antes do programa, Johnny Carson veio até o camarim onde eu estava esperando e me cumprimentou, algo que ele raramente fazia. Acho que ele sabia que eu estava sofrendo e queria me deixar à vontade. Eu deveria entrar logo depois do início do programa, e Carson começou dizendo à platéia para não se preocupar com a minha presença, pois "temos muito café e colchões lá fora". Então ele me apresentou. E me apresentou. E continuou, e não parava, contando tudo o que o seu pessoal da pesquisa tinha descoberto sobre o Arkansas. Comecei a pensar que ele ia demorar mais que eu em Atlanta. Quando finalmente apareci e me sentei, Carson pegou uma ampulheta enorme e colocou ao meu lado para que todo mundo visse a areia caindo. A entrevista ia ter um limite de tempo. Foi hilariante. E ficou ainda mais engraçada quando eu apresentei a minha própria ampulheta, que o pessoal do estúdio disse que eu não poderia usar de maneira alguma. Carson me perguntou o que tinha acontecido em Atlanta. Eu lhe disse que queria fazer um bom retrato de Dukakis, que não era conhecido pela sua capacidade oratória, e "tive um sucesso maior do que poderia imaginar". Disse que Dukakis gostou tanto do discurso que queria me levar à Convenção Republicana para apresentar o vice-presidente Bush. Depois eu disse que tinha aumentado o discurso de propósito, porque "sempre quis aparecer neste programa depois de um episódio daqueles, e agora estou aqui". Johnny então me perguntou se eu achava que ainda tinha algum futuro político, e eu respondi: "Vai depender de como eu me sair hoje neste programa". Depois de trocarmos algumas frases espirituosas, Johnny me convidou para tocar saxofone com o conjunto de Doc Severinsen. Fizemos uma versão mais ritmada de "Summertime", que foi tão bem aceita quanto as piadas. Então me sentei para assistir ao convidado seguinte, o famoso roqueiro inglês Joe Cocker, que cantou seu último sucesso, "Unchain My Heart".

Quando o programa terminou, eu estava aliviado e achando que tudo havia saído da melhor forma possível. Harry e Linda ofereceram uma festa com alguns dos seus amigos, inclusive gente do Arkansas como a atriz ganhadora do Oscar Mary Steenburger e Gil Gerard, cuja primeira reivindicação de fama foi seu papel em *Buck Rogers no século XXV*.

Tomei um vôo noturno de volta para casa. No dia seguinte, fiquei sabendo que os índices de audiência do programa do Carson tinham sido bons no país e astronômicos no Arkansas. Geralmente o povo do Arkansas não ficava acordado até tão tarde para justificar aqueles índices, mas era a honra do estado que estava em jogo. Quando cheguei à mansão do governador, havia ali uma pequena multidão da minha terra natal para me saudar e me abraçar pela entrevista. Pelo menos no Arkansas, o programa do Carson me ajudou a superar o desastre de Atlanta.

As coisas pareciam melhorar para mim e para o restante do país. A CNN me considerou o grande vitorioso da semana, depois de ter me considerado o grande derrotado na semana anterior. Tom Shales disse que eu tinha me "recuperado milagrosamente" e que "as pessoas que vêem televisão adoram esse tipo de história de recuperação". Mas a história ainda não tinha terminado. Em agosto, Hillary, Chelsea e eu fomos a Long Island, em Nova York, passar alguns dias na praia com a nossa amiga Liz Robbins. Convidaram-me para ser juiz do jogo anual beneficente de softball entre artistas e escritores que passam o verão ali. Ainda tenho a fotografia em que eu gritava "balls" e "strikes", enquanto a bola era lançada por Mort Zuckerman, hoje editor do *Daily News* de Nova York e do *US News & World Report*. Quando entrei no campo, o locutor disse que esperava que eu não levasse tanto tempo para gritar as jogadas quanto tinha demorado para terminar o discurso em Atlanta. Eu ri, mas por dentro estava gemendo. Não sabia o que a multidão iria pensar até o final daquela etapa. Um homem alto se levantou na arquibancada, atravessou o campo, veio até mim e disse: "Não ligue para as críticas. Eu ouvi o discurso e gostei muito". Era Chevy Chase. Sempre gostei dos filmes dele. Ele acabava de ganhar um fã por toda a vida.

Meu péssimo discurso, ou o programa do Carson, nada tinham a ver com o trabalho real de governador, mas aquela dificuldade me ensinou mais uma vez que a maneira como as pessoas vêem os políticos tem um grande impacto no que eles conseguem realizar. Ela também me ofereceu uma boa dose de humildade. Eu sabia que pelo resto da vida seria mais sensível às pessoas que se encontrassem em situações embaraçosas ou humilhantes. Tive de admitir para Pam Strickland, uma repórter do *Arkansas Democrat* a quem eu respeitava muito: "Acho que não é ruim para um político levar um chute no traseiro uma vez ou outra".

Infelizmente, apesar de as coisas parecerem melhorar para mim, elas não iam bem para Mike Dukakis. George Bush tinha feito um grande discurso de aceitação na convenção, oferecendo um reaganismo mais "suave e amigável", dizendo: "Leiam meus lábios: não haverá novos impostos". Além disso, a abordagem mais suave e amigável do vice-presidente não se estendeu a Mike Dukakis. Lee Atwater e companhia o perseguiram como um bando de cachorros loucos, dizendo que Dukakis não acreditava no juramento à bandeira e nem em perseguir criminosos. Um grupo "independente" sem vínculos evidentes com a campanha de Bush divulgou um anúncio mostrando um assassino condenado chamado Willie Horton que tinha sido solto de uma penitenciária em Massachusetts num programa de saídas autorizadas da prisão. Não por coincidência, Horton era negro. Seus oponentes estavam realizando uma operação plástica invertida em Dukakis, que se prejudicava por não responder rápida e vigorosamente aos ataques recebidos e por se deixar fotografar num tanque usando um capacete que sugeria mais o Alfred E. Newman da revista *MAD* do que o potencial comandante-em-chefe das forças armadas.

No outono, fui a Boston para ver como poderia ajudar. Por essa época, Dukakis já havia caído muito nas pesquisas. Pedi ao pessoal da campanha para revidar; pelo menos dizer aos eleitores que o governo federal, de que Bush fazia parte, também dava a mesma liberdade aos prisioneiros. Mas eles nunca chegaram a revidar com a força que eu esperava. Tive um encontro com Susan Estrich, chefe da campanha, de quem eu gostava e que me parecia ser a grande responsável pelas dificuldades de Dukakis, e Madeleine Albright, professora da Georgetown que havia trabalhado na Casa Branca de Carter. Ela era a conselheira para assuntos de política externa. Fiquei muito impressionado com a sua clareza intelectual e firmeza, e resolvi manter contato com ela.

Dukakis recobrou a voz nas últimas três semanas de campanha, mas nunca recuperou a imagem de Novo Democrata que fora destruída pela propaganda negativa e pelo seu desempenho pouco agressivo nos debates. Em novembro o vice-presidente Bush o derrotou por 54 contra 46 na porcentagem dos votos. Também perdemos no Arkansas, apesar dos meus esforços. Dukakis era um homem bom e um ótimo governador. Ele e Lloyd Bentsen teriam servido bem ao nosso país na Casa Branca. Mas os republicanos conseguiram alijá-los da disputa. Eu não poderia culpá-los por terem adotado uma estratégia vitoriosa, mas achava que ela não era boa para o país.

Em outubro, quando a campanha presidencial estava na reta final, eu me envolvi em duas propostas políticas muito instigantes. Comecei uma iniciativa para revigorar a nossa economia, em parceria com os governadores de dois estados vizinhos, Ray Mabus, do Mississippi, e Buddy Roemer, da Louisiana. Os dois eram jovens, se expressavam bem, haviam estudado em Harvard e eram progressistas. Para enfatizar o nosso compromisso, assinamos um acordo numa barcaça no meio do rio Mississippi, em Rosedale. Pouco depois, levamos uma missão comercial ao Japão. E apoiamos a proposta do senador Bumpers e do congressista Mike Espy, do Mississippi, de criar a Comissão de Desenvolvimento do Delta do Baixo Mississippi, que iria estudar e fazer recomendações para desenvolver as economias dos condados pobres dos dois lados do rio, desde o sul de Illinois até Nova Orleans, onde o Mississippi deságua no golfo do México. Os condados de população branca na parte norte da região do delta estavam numa situação tão precária quanto os condados predominantemente negros do Sul. Os três governadores atuaram na comissão do delta. Durante um ano, tivemos audiências em pequenas cidades esquecidas pelo tempo em todo aquele trecho do rio, e então apresentamos um relatório que levou à criação de um órgão dedicado ao esforço de desenvolver a economia e a qualidade de vida na região mais pobre dos Estados Unidos fora das reservas indígenas.

Em 13 de outubro, fui convidado para ir até a Casa Branca assistir à assinatura pelo presidente Reagan da ansiosamente esperada lei de reforma do seguro contra a pobreza. Era uma realização verdadeiramente bipartidária, obra de governadores democratas e republicanos; do congressista democrata Harold Ford, do Tennessee, e do congressista republicano Carroll Campbell, da Carolina do Sul; do presidente da Comissão de Recursos e Meios da Câmara dos Deputados, Dan Rostenkovski; do presidente da Comissão de Finanças do Senado, Pat Moynihan, que conhecia melhor que ninguém a história do seguro contra a pobreza; e da equipe da Casa Branca. Fiquei feliz e impressionado com a maneira como o Congresso e a Casa Branca trabalharam em parceria com os governadores. Harold Ford chegou mesmo a convidar o governador republicano Mike Castle, de Delaware, e a mim para participar de uma reunião durante a qual o seu subcomitê redigiria o projeto na forma final em que ele seria apresentado para votação. Eu esperava e acreditava que essa lei iria ajudar mais pessoas a sair da indigência para o trabalho, oferecendo ao mesmo tempo maior apoio para os seus filhos.

Também gostei de ver o presidente Reagan deixar o cargo com uma nota positiva. Ele tinha sido muito castigado pelo caso ilegal Irã-Contras, que a Casa Branca havia aprovado e que poderia ter levado ao seu *impeachment* caso os democratas fossem tão implacáveis quanto Newt Gingrich. Apesar de meus muitos desacordos com Reagan, gostava pessoalmente dele, apreciei ouvir as suas histórias à mesa do jantar oferecido aos governadores, e também quando alguns de nós governadores almoçamos com ele depois do seu último discurso em 1988. Reagan era um mistério para mim, ao mesmo tempo amistoso e distante. Nunca soube bem quanto ele tinha noção das conseqüências das suas políticas mais duras, ou se ele usava a direita mais retrógrada ou se estava sendo usado por ela; os livros a respeito dele não dão uma resposta definitiva, e como ele desenvolveu a doença de Alzheimer, é provável que nunca venhamos a saber. Ainda assim, a sua vida foi mais interessante e mais misteriosa que os filmes que ele fez.

Passei os três últimos meses de 1988 me preparando para a nova temporada legislativa. No fim de outubro mandei publicar um livreto de setenta páginas, *O progresso do Arkansas no século XXI*, esboçando o programa que iria apresentar ao Legislativo em janeiro. Ele refletia o trabalho e as recomendações de mais de 350 cidadãos e funcionários que serviram em diretorias e comissões dedicadas aos nossos desafios mais cruciais. O livreto estava cheio de idéias inovadoras específicas: clínicas de saúde nas escolas para prevenir a gravidez na adolescência; cobertura de saúde oferecida pelas escolas a crianças sem seguro; direito de pais e alunos optarem por uma escola pública de outro distrito que não o da sua área geográfica; expansão do programa HIPPY da pré-escola a todos os 75 condados; um boletim para todas as escolas, todo ano, comparando o desempenho dos alunos ao do ano anterior e ao de outras escolas do estado; uma disposição prevendo a intervenção do estado em distritos escolares em dificuldade; e uma grande expansão da alfabetização de adultos, visando transformar o Arkansas no primeiro estado a "acabar com o analfabetismo de adultos entre a população trabalhadora".

Eu estava particularmente animado com a iniciativa de alfabetização e a perspectiva de levar o analfabetismo a passar de estigma a desafio. No outono anterior, quando Hillary e eu comparecemos a uma reunião da Associação de Pais e Mestres da escola de Chelsea, um homem veio até mim e disse que tinha me visto na televisão falando sobre alfabetização. Contou-me que tinha um bom emprego mas que não sabia ler. Então ele me perguntou se eu poderia colocá-lo no programa de alfabetização sem que seu patrão ficasse sabendo. Eu conhecia o patrão e sabia que iria se orgulhar daquele homem, mas como ele estava com medo, meu gabinete providenciou sua matrícula num programa de alfabetização sem o conhecimento do patrão. Depois desse incidente, passei a dizer que ser analfabeto não era motivo de vergonha, vergonha era não tentar mudar essa condição.

Apesar de toda a sua amplitude e novas especificidades, o tema central do programa era o mesmo sobre o qual eu vinha insistindo ao longo dos seis anos anteriores: "Ou investimos mais no capital humano e desenvolvemos a capacidade de cooperação do nosso povo, ou a longo prazo estamos condenados à decadência". Nossa velha estratégia de promover o Arkansas como um belo estado de gente trabalhadora, salários e impostos baixos já tinha perdido a eficácia dez anos antes, tendo em vista as realidades da economia global. Tínhamos de continuar trabalhando para mudá-la.

Depois de percorrer o estado durante o restante do ano, expus o projeto ao Legislativo em 9 de janeiro de 1989. Durante o meu discurso apresentei cidadãos do Arkansas que o apoiavam e falei dos impostos mais altos necessários para financiá-lo: um diretor de escola que nunca havia votado em mim, mas que se converteu à causa da reforma da educação; uma mãe que antes dependia do seguro contra a pobreza e que havia se matriculado nos nossos cursos, concluído o secundário, começado a universidade e conseguido um emprego; um veterano da Segunda Guerra Mundial que tinha acabado de aprender a ler; e o gerente da nova fábrica de papel Nekoosa, em Ashdown, um investimento de 500 milhões de dólares. O gerente disse aos legisladores que precisava de uma força de trabalho mais instruída porque "nosso plano de produtividade exige que os nossos trabalhadores saibam estatística, e muitos não sabem".

Argumentei que tínhamos condições de aumentar os impostos. Nossa taxa de desemprego ainda estava acima da média nacional, mesmo tendo caído para 6,8% comparados aos 10,6% de seis anos antes. Éramos o quadragésimo sexto estado em renda per capita, mas o quadragésimo terceiro em arrecadação de impostos locais e estaduais per capita.

Ao terminar o meu discurso, disse que alguns dias antes um jornal citara o deputado John Paul Capps, um amigo e grande incentivador do meu programa, dizendo que o povo "já estava cansado de ouvir Bill Clinton repetir o mesmo discurso". Eu disse ao Legislativo que tinha certeza de que muita gente estava cansada de me ouvir dizer a mesma coisa, mas que "a essência da responsabilidade política é ser capaz de se concentrar durante muito tempo no que é realmente importante, até que o problema esteja resolvido". Disse que falaria de outras coisas "quando a taxa de desemprego do nosso estado estiver abaixo da média nacional e nossa renda acima da média nacional [...] quando nenhuma companhia desistir de nós por considerar que não somos capazes de fazer frente à nova economia global [...] quando nenhum jovem deste estado precisar sair de casa para achar um bom emprego". Até então, "temos de cumprir o nosso dever".

Tive mais uma inspiração para repetir o mesmo discurso quando Tina Turner se apresentou em Little Rock. Depois de apresentar o repertório mais recente, ela concluiu o show com seu primeiro grande sucesso nas paradas, "Proud Mary". Logo que a banda começou a tocar, a platéia foi às nuvens. Tina se aproximou do microfone, sorriu e disse: "Sabem, há 25 anos eu canto essa canção. Mas ela fica melhor a cada vez que eu canto".

Eu esperava que também a minha canção ainda continuasse eficaz, mas já se viam evidências da afirmação de John Paul Capps de que o povo do Arkansas, inclusive os legisladores, estava se cansando da minha insistência. O Legislativo aprovou a maior parte das minhas propostas específicas, mas não quis aumentar os impostos necessários para financiar as iniciativas mais dispendiosas na saúde e na educação, inclusive um grande aumento de salário para os professores e a extensão da educação infantil às crianças de três e quatro anos. Uma pesquisa feita no início de janeiro mostrou que a maioria dos eleitores apoiava o aumento de gastos com educação e que eu estava à frente de outros possíveis candidatos a governador em 1990, mas também indicou que metade dos consultados queria um novo governador.

Enquanto isso, alguns dos meus melhores colaboradores também estavam se cansando e queriam passar a novos desafios, entre eles o animado presidente estadual do Partido Democrata, Lib Carlisle, um empresário que eu havia convencido a assumir o cargo com a promessa de que ele só teria de dedicar a isso meio dia por semana. Mais tarde ele brincou que quando disse "só meio dia" eu devia estar me referindo ao tempo disponível para ele tratar dos seus próprios negócios.

Felizmente muita gente talentosa ainda queria trabalhar. Uma das melhores e mais controvertidas indicações que fiz foi a da dra. Joycelyn Elders para chefiar o Departamento de Saúde. Eu disse à dra. Elders que queria fazer alguma coisa com relação à gravidez na adolescência, um enorme problema no Arkansas. Quando ela propôs a criação de clínicas nas escolas que, caso as diretorias aprovassem, ofereceriam educação sexual e promoveriam a abstinência e o sexo seguro, eu a apoiei. Já havia algumas clínicas em operação que pareciam ser populares e bem-sucedidas na redução do número de nascimentos fora do casamento.

Nossos esforços geraram uma tempestade de oposição por parte dos fundamentalistas, que preferiam uma política de "dizer não". Na opinião deles, já era ruim demais o fato de a dra. Elders ser favorável à educação sexual e ao aborto. Agora diziam que o nosso trabalho de criação de clínicas nas escolas resultaria em atividades sexuais de hordas de jovens que nunca teriam considerado a possibilidade se Joycelyn não tivesse proposto as clínicas. Eu duvidava que os adolescentes em brasa no banco de trás do carro estivessem preocupados com a dra. Elders ou com as idéias dela. Era uma briga que valia a pena encarar.

Quando me tornei presidente nomeei a dra. Elders para o cargo de diretora nacional da saúde, e ela era muito popular entre os trabalhadores em saúde pública por sua disposição para defender boas, ainda que controversas, políticas de saúde. Em dezembro de 1994, depois de termos sofrido enormes baixas nas eleições parlamentares de meio de mandato para a direita republicana, a dra. Elders chegou mais uma vez às manchetes ao sugerir que ensinar as crianças a se masturbar poderia ser uma boa maneira de reduzir a probabilidade de gravidez na adolescência. Naquela época, eu estava pulando miúdo para manter o apoio de democratas volúveis no Congresso, e me determinara a lutar contra as propostas radicais dos republicanos de cortar gastos em educação, saúde e proteção ambiental. Agora tinha de enfrentar a perspectiva de Newt Gingrich e companhia conseguirem que a imprensa e o público desviassem a atenção dos cortes que eles propunham no orçamento levando-nos ao pelourinho. Em qualquer outra época provavelmente teríamos condições de enfrentar a pressão, mas eu já havia sobrecarregado os democratas com o meu orçamento controvertido, com o NAFTA, com o fracasso dos nossos esforços na área de assistência médica, e o projeto Brady e a proibição das armas de fogo, algo que a Associação Nacional do Rifle tinha usado para açoitar vários dos nossos deputados. Decidi pedir sua renúncia. Detestei ter de fazê-lo, pois ela era honesta, capaz e corajosa, mas já tínhamos demonstrado surdez política suficiente para vários mandatos presidenciais. Espero que algum dia ela me perdoe. Ela realizou muita coisa boa nos dois cargos para os quais a indiquei.

A maior perda da minha equipe em 1989 foi Betsey Wright. No início de agosto ela anunciou que queria uma licença de várias semanas. Pedi a Jim Pledger para, além do cargo de secretário de Finanças e Administração, assumir também, temporariamente, as tarefas da chefia de gabinete. O anúncio de Betsey provocou muitos boatos e especulações, porque todos sabiam que ela administrava tudo no gabinete do governador e vigiava de perto tudo o que acontecia no governo do estado. John Brummett, o cáustico colunista do *Arkansas Gazette*, escreveu uma coluna tentando adivinhar se a nossa separação temporária iria acabar em divórcio. Ele achava que não, porque nós éramos muito importantes um para o outro. E realmente éramos, mas Betsey tinha de sair. Desde a minha derrota em 1980 ela se exauria trabalhando para mim, e já começava a sentir as conseqüências disso. Éramos os dois viciados em trabalho e nos tornávamos irritadiços quando estávamos exaustos. Em 1989 estávamos tentando fazer muitas coisas numa situação difícil, e freqüentemente descarregávamos nossas frustrações um no outro. No final do ano Betsey solicitou formalmente afastamento do cargo de chefe de gabinete depois de uma década de trabalho dedicado. No início de 1990 nomeei Henry Oliver, um agente aposentado do FBI e ex-chefe de polícia em Fort Smith, para o cargo que havia sido de Betsey. Ele não queria, mas era meu amigo e acreditava no que estávamos tentando fazer, e assim me ajudou muito naquele ano.

Betsey voltou na campanha de 1992 para ajudar na minha defesa contra ataques à minha história e à minha vida pessoal. Mais tarde, depois de um período de trabalho na empresa lobista de Anne Wexler no início do meu mandato como presidente, ela voltou para o Arkansas para viver na região das Ozark. A maior parte do povo do Arkansas nunca saberá, mas devia saber, da importância do esforço de Betsey na nossa luta para oferecer ao povo melhores escolas, mais empregos e um governo estadual honesto e eficiente. Sem ela, eu não teria realizado grande parte do que fiz como governador. E, sem ela, nunca teria sobrevivido às guerras políticas do Arkansas nem chegado à Presidência.

No início de agosto, o presidente Bush anunciou que pretendia convidar os governadores para uma reunião de cúpula sobre a educação no mês seguinte. A reunião aconteceu em 27 e 28 de setembro na Universidade de Virgínia, em Charlottesville. Muitos democratas estavam céticos com relação ao encontro, porque o presidente e seu secretário da Educação, Lauro Cavazos, deixaram claro que não teríamos o anúncio de grandes aumentos na ajuda federal à educação. Eu também tinha a mesma preocupação, mas estava animado com a perspectiva de a cúpula talvez apresentar o mapa dos novos passos da reforma educacional, tal como havia feito o relatório Nação em Risco em 1983. Eu acreditava que o interesse do presidente na educação era autêntico, e concordava com ele em que havia coisas muito importantes a serem feitas sem necessidade de mais dinheiro federal. Por exemplo, a administração federal apoiava que se abrisse a pais e alunos o direito de escolher uma escola pública que não aquela previamente indicada. O Arkansas tinha sido o segundo estado, depois de Minnesota, a implantar essa medida, e eu queria que os outros 48 estados também a adotassem. Eu também acreditava que, se a cúpula apresentasse um bom relatório, os governadores poderiam usá-lo para obter o apoio público para o aumento dos investimentos em educação. Se o povo soubesse o que receberia em troca do seu dinheiro, talvez diminuísse a oposição a novos impostos. Como um dos presidentes da Força-Tarefa dos Governadores para a Educação, e partilhando da idéia do governador Carroll Campbell, da Carolina do Sul, eu queria criar um consenso entre os democratas, para depois trabalhar com os republicanos numa declaração que refletisse os resultados da cúpula.

O presidente Bush abriu a reunião com um discurso breve mas eloqüente. Pouco depois, demos um passeio pelo gramado central para oferecer aos fotógrafos alguma coisa para o noticiário da noite e dos matutinos, e então fomos trabalhar. O presidente e a sra. Bush ofereceram um jantar naquela noite. Hillary sentou-se à mesa do presidente e debateu com ele a situação crítica da mortalidade infantil nos Estados Unidos. O presidente não acreditou quando ela lhe disse que dezoito países faziam melhor o trabalho de manter vivas as crianças até a idade de dois anos. Quando ela se ofereceu para apresentar provas, ele agradeceu, dizendo que ia procurá-las ele próprio. Foi o que fez, e no dia seguinte me entregou um bilhete para a Hillary dizendo que ela tinha razão. Foi um gesto gentil, que me lembrou o dia em Kennebunkport, seis anos antes, em que ele acompanhou pessoalmente a Chelsea, que então tinha três anos, ao banheiro.

Quando Carroll Campbell foi chamado de volta ao estado para resolver uma emergência, continuei trabalhando nos detalhes de uma declaração com o presidente da Associação Nacional dos Governadores, o governador republicano Terry Brastad, de Iowa, o encarregado de assuntos de educação da associação, e da minha assistente, a deputada Gloria Cabe. Trabalhando até depois da meia-noite, redigimos uma declaração comprometendo os governadores e a Casa Branca com o desenvolvimento de metas específicas em educação a serem atingidas até o ano 2000.

Diferentemente do que fez o movimento em prol dos padrões da década anterior, essas metas se concentravam nos resultados, não nos recursos. Argumentei que iríamos ficar com cara de bobos a menos que saíssemos de Charlottesville com um compromisso ousado que daria novas energias à reforma educacional.

Desde o início, a maioria dos governadores apoiava a causa e a idéia de fazer a cúpula lançar algo grandioso. Alguns dos homens de confiança do presidente não estavam tão convictos disso. Tinham medo de comprometê-lo com uma idéia grandiosa que lhe criaria problemas, se alimentasse esperanças de novos recursos federais. Dados o déficit e a promessa de "nenhum novo imposto" feita pelo presidente, esses investimentos não estavam na proposta. No fim, a Presidência concordou, graças a John Sununu, que era então o chefe de gabinete da Casa Branca. Sununu convenceu os colegas de que os governadores não poderiam sair da cúpula de mãos vazias, e eu prometi minimizar a pressão pública dos governadores por mais dinheiro federal. A declaração final do encontro dizia: "Chegou a hora, pela primeira vez na história dos Estados Unidos, de definir metas claras de desempenho, metas que nos tornarão internacionalmente competitivos".

O presidente Bush me mandou uma cordial nota manuscrita no final do encontro, agradecendo pelo trabalho conjunto com sua equipe e dizendo que pretendia manter a reforma educacional do país "acima das disputas" no momento em que nos aproximávamos das eleições de meio de mandato de 1990. Era o que eu também queria. A comissão de educação dos governadores começou imediatamente o processo de lançamento das metas, trabalhando com o assessor para políticas internas da Casa Branca, Roger Porter, que também tinha estudado em Oxford com uma bolsa da Rhodes um ano depois de mim. Trabalhamos intensamente durante os quatro meses seguintes, para chegar a um acordo com a Casa Branca a tempo para o discurso do presidente sobre o Estado da Nação.

No fim de 1990 já tínhamos acertado seis metas para o ano 2000:

- No ano 2000 todas as crianças dos Estados Unidos começarão o ensino fundamental já com algum preparo pré-escolar para o aprendizado.
- No ano 2000 a taxa de aprovação no ensino médio terá subido para 90%.
- No ano 2000 os estudantes que terminarem a quarta, a oitava e a décima segunda série demonstrarão competência em matérias fundamentais, inclusive inglês, matemática, ciências, história e geografia; e todas as escolas dos Estados Unidos deverão assegurar que todos os estudantes aprendam a usar bem sua inteligência, para estarem preparados para a cidadania responsável, para aprenderem mais, e para um trabalho produtivo na nossa economia moderna.
- No ano 2000 os estudantes norte-americanos serão os primeiros do mundo em ciências e matemática.
- No ano 2000 todo adulto norte-americano será alfabetizado e terá o conhecimento e a qualificação necessários para competir na economia global e para exercer os direitos e as responsabilidades da cidadania.
- No ano 2000 toda escola dos Estados Unidos estará livre das drogas e da violência, e deverá oferecer um ambiente disciplinado que conduza à aprendizagem.

Em 31 de janeiro eu estava sentado na galeria da Câmara dos Deputados quando o presidente anunciou essas metas, dizendo que haviam sido propostas em conjunto pela Casa Branca e pela Força-Tarefa dos Governadores para a Educação, e informou que elas seriam incluídas em uma declaração de metas e objetivos mais abrangentes que iríamos apresentar a todos os governadores na reunião de inverno, no mês seguinte.

O documento aprovado pelos governadores no fim de fevereiro foi um digno sucessor do relatório Nação em Risco, de 1983. Eu estava orgulhoso de ter participado da sua redação, impressionado pelo conhecimento e compromisso dos meus colegas governadores, e grato ao presidente, a John Sununu e a Roger Porter. Durante os onze anos seguintes, como governador e presidente, trabalhei muito para atingir as metas nacionais da educação. Tínhamos definido muito alto o nível dessas metas. E quando se definem altos objetivos e se luta por eles, ainda que não se consiga realizá-los em sua totalidade, consegue-se bastante avanço em relação à situação inicial.

Passei os últimos meses de 1989 tentando decidir o que fazer com minha vida. Tinha bons argumentos contrários a concorrer a um quinto mandato. Estava desestimulado por não ter conseguido levantar os recursos necessários para manter o avanço em educação, no desenvolvimento na primeira infância, e na assistência à saúde. Já podia parar, depois de dez anos, olhar para trás e ver uma década de realizações em condições difíceis, e deixar aberta a opção de concorrer à Presidência em 1992. Finalmente, se eu concorresse, talvez não fosse eleito. Tinha ocupado o cargo por mais tempo que qualquer outro governador, com exceção de Orval Faubus. E as pesquisas indicavam que muita gente queria um novo governador.

Por outro lado, eu gostava da política e das políticas. E não queria sair do cargo com o gosto ruim na boca do fracasso de 1989. Tinha uma equipe capaz, enérgica e extremamente honesta. Durante todo o tempo em que fui governador, somente duas vezes haviam me oferecido dinheiro para eu tomar uma determinada decisão. Uma empresa me propôs, por meio de um intermediário, uma quantia substancial para ganhar uma licitação para a prestação de serviços médicos ao sistema penitenciário. A empresa foi retirada da lista de licitantes. Um juiz de condado me pediu para receber um senhor idoso que pedia a comutação da pena do sobrinho. O velho não tinha contato com o governo já havia décadas, e evidentemente achava que estava certo ao me oferecer dez mil dólares pela comutação. Eu disse ao homem que para sorte dele eu estava surdo, porque senão ele teria cometido um crime. Disse a ele para voltar para casa, dar o dinheiro para a sua igreja ou para a caridade, e que eu iria examinar o caso do seu sobrinho.

Eu gostava do meu trabalho e não saberia o que fazer todo dia se não mais tivesse aquela ocupação. No fim de outubro, saí para a feira estadual, como em todos os anos. Daquela vez fiquei sentado num camarote por várias horas e falei com qualquer um que quisesse me ver. Perto do final do dia, um homem de macacão que parecia ter perto de 65 anos foi me visitar. Foi uma experiência luminosa. "Bill, você vai concorrer de novo?" Respondi: "Não sei. Se concorrer, você vota em mim?". E ele: "Acho que voto. Sempre votei". Eu perguntei: "E você já não está cheio de mim depois de tanto tempo?". Ele riu e respondeu: "Não, eu não. Mas todo mundo que eu conheço está". Eu ri e respondi: "E eles não acham que eu fui um bom governador?". Ele respondeu rápido: "Claro que acham. Mas você recebe seu salário todo mês, não é?". Era um exemplo clássico de outra das leis do Clinton da política: Todas as eleições tratam do futuro. Eu tinha mesmo de trabalhar bem, como qualquer outro que tivesse de trabalhar para viver. Um bom histórico ajuda muito como prova de que, se reeleito, você realiza o que promete.

Em novembro, caiu o Muro de Berlim, símbolo da Guerra Fria. Tal como todos os norte-americanos, exultei ao ver os jovens alemães derrubando-o e levando pedaços como lembrança. Terminava ali a nossa longa luta contra a expansão comunista na Europa, com a vitória da liberdade graças à frente unida representada pela OTAN e à constância dos líderes norte-americanos, de Harry Truman a George Bush. Lembrei-me da minha própria visita a Moscou, quase vinte anos antes, da ânsia dos jovens por informações e música, e da fome de liberdade que ela representava. Pouco depois recebi dois pedaços do Muro de Berlim do meu velho amigo David Ifshin, que estava em Berlim naquela noite de 9 de novembro e se juntara aos alemães para ajudar a derrubá-lo. David tinha se oposto intensamente e sem hesitação à Guerra do Vietnã. Sua alegria diante da queda do muro simbolizava a promessa que todos os americanos viram na era pós-Guerra Fria.

Em dezembro, meu antigo pastor e mentor, W. O. Vaught, perdeu a luta contra o câncer. Ele havia se aposentado da Emmanuel alguns anos antes e fora substituído pelo dr. Brian Harbour, um jovem pastor que representava as poucas fileiras remanescentes de batistas progressistas do Sul, com os quais eu me identificava. O dr. Vaught continuou ativo durante sua aposentadoria, até ficar muito fraco para viajar e pregar. Alguns anos antes ele tinha vindo me visitar na Mansão do Governador. Disse que queria me dizer três coisas. Primeiro, que sabia da minha preocupação com a moralidade da pena de morte, apesar de sempre tê-la apoiado. Ele me disse que o mandamento bíblico "Não matarás" não proibia as execuções legais, porque a palavra grega original não proibia todas as mortes. O significado literal do mandamento era "Não cometerás assassinato". Segundo, ele estava preocupado com os ataques dos fundamentalistas contra mim em razão da minha posição a favor do direito de escolha na questão do aborto. Queria que eu soubesse que, embora achando o aborto um erro, de modo geral, a Bíblia não o condenava nem dizia que a vida começava na concepção, mas que a vida era soprada na criança quando ela recebia o tapa depois de ter sido retirada do corpo da mãe. Perguntei a ele sobre a afirmação bíblica de que Deus nos conhece já quando estamos no corpo da nossa mãe. Ele respondeu que esse versículo se refere apenas ao fato de Deus ser onisciente, e que ele estaria igualmente correto se dissesse que Deus já nos conhecia ainda antes de estarmos no corpo de nossa mãe, antes mesmo do nascimento de qualquer um de nossos ascendentes.

A última coisa que o dr. Vaught me disse me surpreendeu. Ele falou: "Bill, acho que um dia você vai concorrer à Presidência. Acho que você vai ser um bom presidente, mas há uma coisa, acima de todas as outras, que você não pode esquecer: Deus nunca o perdoará se você não apoiar Israel". Ele acreditava que Deus queria os judeus na sua terra, a Terra Santa. Apesar de admitir que os palestinos tinham sido maltratados, ele disse que a solução para os problemas deles tinha de incluir a paz e a segurança de Israel.

Em meados de dezembro fui visitar o dr. Vaught. Ele estava se consumindo, fraco demais para sair do quarto. Pediu-me que levasse a sua árvore de Natal até o quarto, para que ele a visse nos seus últimos dias. O dr. Vaught morreu justamente no dia de Natal. Jesus nunca teve seguidor mais fiel. E eu nunca tive um pastor e conselheiro mais cheio de fé. Agora teria de continuar o caminho que ele tinha previsto para mim, e os perigos da minha própria alma, sem a ajuda dele.

25

ENQUANTO TENTAVA DECIDIR se concorria ou não à reeleição, a disputa estava se acirrando, quer eu concorresse ou não. Anos de ambição represada estavam sendo liberados. Do lado democrata, Jim Guy Tucker, o procurador-geral Steve Clark e o presidente da Fundação Rockefeller, Tom McRae, cujo avô tinha sido governador, todos se anunciaram como candidatos. Eram todos meus amigos, e tinham boas idéias e históricos progressistas. No lado republicano, a disputa era ainda mais interessante. Envolvia dois formidáveis ex-democratas: o congressista Tommy Robinson, que não gostava de Washington; e Sheffield Nelson, ex-presidente da Companhia de Gás Arkansas-Louisiana, que dizia ter mudado de partido porque o Partido Democrata havia se desviado demais para a esquerda. Era a explicação-padrão dada pelos sulistas brancos, mas era mais interessante por vir dele, que havia apoiado o senador Ted Kennedy contra o presidente Carter em 1980.

Robinson e Nelson, e seus correligionários, que outrora eram amigos, partiram decididos para um embate, numa disputa cheia de insultos e de lama voando para todos os lados, inclusive com uma acusação, feita por Robinson, de que Nelson e Jerry Jones, amigo de longa data dos dois e proprietário de algumas jazidas de gás que abasteciam a Arkla, eram empresários gananciosos que exploraram os consumidores da Arkla para terem ganho pessoal, e uma outra, feita por Nelson, de que Robinson era instável e incapaz de ser governador. Os dois só concordavam em que eu tinha aumentado demais os impostos e feito muito pouco em termos de melhoramentos educacionais e desenvolvimento econômico para justificar esses aumentos.

No lado democrata, Steve Clark retirou a sua candidatura, permanecendo Jim Guy Tucker e Tom McRae, que adotaram uma abordagem diferente, porém mais esperta que a dos republicanos, para me levar a desistir de concorrer. Disseram que eu tinha feito muita coisa boa mas já não tinha tantas boas idéias nem tanto tempo. Dez anos como governador era muito tempo. Eu não conseguiria levar adiante outras grandes realizações e quatro anos adicionais me dariam um controle excessivo sobre todos os aspectos do governo do estado. McRae tinha se encontrado com grupos de eleitores representativos, que diziam querer continuar na mesma direção que eu havia dado ao desenvolvimento econômico, mas estavam abertos a novas idéias de um novo líder. Achei que seu argumento tinha força, mas não acreditava que eles conseguissem extrair mais dos nossos legisladores conservadores e antiimpostos do que eu havia extraído.

Assim, ainda incerto quanto ao que deveria fazer, defini 1º de março como o prazo final para anunciar a minha decisão. Hillary e eu refletimos muitas vezes sobre essa questão. Havia muita especulação na imprensa de que ela concorreria se eu não o fizesse. Quando me perguntaram isso, eu disse que ela seria uma ótima governadora, mas que eu não sabia se ela queria concorrer. Quando lhe fiz a pergunta, Hillary disse que estava disposta a cruzar aquela ponte se eu não concorresse, mas que o que ela iria fazer não era parte da minha decisão. Ela sabia, antes mesmo que eu, que eu não estava pronto para parar.

Não consegui suportar a idéia de deixar uma década de trabalho árduo com o meu último ano marcado pela repetida incapacidade de levantar recursos adicionais para mais melhorias na educação. Nunca fugi de desafios, e sempre que me vinha a tentação de desistir, alguma coisa me dava mais coragem. Em meados dos anos 1980, quando a nossa economia estava no buraco, eu tinha entrado na fase final de negociações para trazer uma nova indústria para um condado onde um trabalhador em cada quatro estava desempregado. Na última hora, o Nebraska ofereceu 1 milhão de dólares adicionais e eu perdi o negócio. Fiquei arrasado e senti que havia prejudicado todo aquele condado. Quando Lynda Dixon, a minha secretária, me viu desconsolado na cadeira, a cabeça entre as mãos, ela arrancou a folha do calendário religioso que sempre estava na sua mesa. Era o versículo 9, capítulo 6, da Epístola de Paulo aos Gálatas: "Não devemos desanimar de fazer o bem, pois se não perdermos a coragem a colheita virá no devido tempo". Voltei ao trabalho.

No dia 11 de fevereiro testemunhei definitivamente o poder da perseverança. Naquela manhã de domingo Hillary e eu acordamos a Chelsea e a levamos até a cozinha da Mansão do Governador para ver o que lhe dissemos que seria um dos eventos mais importantes da sua vida. Então ligamos a televisão e vimos Nelson Mandela dar os últimos passos da sua longa caminhada até a liberdade. Ao longo de 27 anos de prisão e violência, Mandela havia sofrido e triunfado na sua luta para acabar com o *apartheid*, libertar do ódio a sua própria mente e o seu próprio coração e inspirar o mundo inteiro.

Na entrevista coletiva de 1º. de março eu disse que concorreria a um quinto mandato, "embora o fogo da eleição já não queime em mim", porque queria mais uma chance de terminar a tarefa de melhorar a educação e modernizar a economia, e também por acreditar ser capaz de realizar melhor essa tarefa que os outros candidatos. Também prometi continuar trazendo gente nova para o governo e me controlar para evitar o abuso do poder.

Em retrospecto, vejo que a declaração foi ambígua e tinha um toque de arrogância, mas foi a expressão honesta do que eu sentia ao iniciar a primeira campanha desde 1982 que talvez perdesse. Tive um alento um pouco depois quando Jim Guy Tucker decidiu sair da disputa e concorrer ao cargo de vice-governador, dizendo que uma divisão na primária só aumentaria as chances de uma vitória republicana em novembro, independentemente de quem vencesse. Jim Guy calculou que poderia vencer facilmente a disputa para vice-governador e se tornar governador dentro de quatro anos. Ele estava certo, e eu fiquei aliviado.

Ainda assim, eu não tinha certeza da vitória na primária. McRae estava fazendo uma campanha vigorosa e tinha muitos amigos e admiradores em todo o estado, reunidos durante o tempo em que ele havia realizado um bom trabalho na Fundação Rockefeller. Ao fazer o anúncio formal ele estava com uma vassoura na mão e disse que queria limpar o governo do estado, varrendo para fora as velhas idéias e os políticos carreiristas. A tática da vassoura tinha garantido o sucesso do meu vizinho David Boren em 1974, quando ele concorreu ao cargo de governador de Oklahoma. Eu estava determinado a não permitir que dessa vez ela funcionasse.

Gloria Cabe concordou em chefiar a campanha e reunir uma organização eficaz. Maurice Smith se encarregou de levantar o dinheiro. E eu segui uma estratégia simples: trabalhar mais que os meus adversários, fazer o meu serviço e continuar a pregar idéias novas, inclusive a de bolsas para a universidade para todos os estudantes do ensino secundário que obtivessem média B ou superior; e um programa para "plantar o futuro", que propunha plantar anualmente 10 milhões de árvores durante uma década para cumprir a nossa parte no esforço de redução dos gases do efeito estufa e do aquecimento global.

McRae foi forçado a aumentar as críticas que fazia a mim, algo que acredito ele preferia não ter de fazer, mas que mesmo assim tiveram impacto. Todos os candidatos me agrediram pelo meu envolvimento na política nacional. No fim de março fui a Nova Orleans para aceitar a presidência do Conselho da Liderança Democrata (DLC). Eu estava convencido de que as propostas do grupo sobre a reforma do seguro-desemprego, justiça criminal, educação e crescimento econômico eram cruciais para o futuro do Partido Democrata e da nação. As posições do DLC eram populares no Arkansas, mas a minha proeminência era um problema para a disputa estadual, por isso voltei rapidamente para casa.

Em abril, a AFL-CIO, a associação dos sindicatos norte-americanos, se recusou pela primeira vez a me apoiar. Bill Becker, o presidente da associação, nunca havia gostado realmente de mim. Achava que o aumento do imposto sobre vendas tinha sido injusto para os trabalhadores, não concordava com os incentivos fiscais que eu apoiei para atrair mais empregos para o Arkansas e me culpou pelo fracasso do referendo quanto ao aumento do imposto sobre vendas em 1988. Além disso, ele também estava furioso por eu ter aprovado um aval no empréstimo de 300 mil dólares para uma empresa que estava em litígio trabalhista. Falei na convenção dos trabalhadores, defendendo o aumento de impostos para poder arcar com os custos da educação e expressando o meu espanto por Becker ter me culpado pelo fracasso da reforma tributária, que eu apoiei mas o projeto foi recusado. Quanto ao aval, eu o defendi porque ele evitou a perda de 410 empregos: a empresa vendia seus produtos à Ford, e o empréstimo permitiu manter um estoque de dois meses, sem o que a Ford teria cancelado o contrato de compra e a empresa teria falido. Em duas semanas, dezoito sindicatos desafiaram Becker e me apoiaram. Não caíram na armadilha liberal de considerar perfeito o inimigo do bom. Se tanta gente que votou em Ralph Nader em 2000 não tivesse cometido o mesmo erro, Al Gore teria sido eleito presidente.

O único momento dramático da primária veio quando eu estava mais uma vez fora do estado. Enquanto eu apresentava ao Congresso em Washington o relatório da Comissão do Desenvolvimento do Delta, McRae convocou uma coletiva no Capitólio estadual para criticar o meu histórico. Ele achava que teria toda a imprensa do Arkansas à sua disposição. Hillary pensou diferente. Quando lhe telefonei na noite anterior, ela me disse que estava pensando em comparecer à coletiva. McRae tinha ao seu lado um retrato meu recortado em cartolina, e me atacou por estar ausente do estado, sugeriu que eu tinha me recusado a debater com ele e começou a criticar o meu histórico, fazendo perguntas a que ele próprio respondia.

A certa altura do espetáculo, Hillary saiu do meio das pessoas que estavam ali assistindo e o interrompeu. Disse que Tom sabia que eu estava em Washington promovendo as recomendações da Comissão do Delta para ajudar o Arkansas. Em seguida apresentou um resumo de vários relatórios da Fundação Rockefeller elogiando o meu trabalho como governador. Disse que ele estava correto nos relatórios e que o Arkansas devia se orgulhar: "Nosso progresso foi maior que o de qualquer outro estado, com exceção da Carolina do Sul, e nós estamos bem perto dela".

Nunca se tinha visto a esposa de um candidato, muito menos a primeira-dama, tomar a atitude de enfrentar daquele modo um adversário. Alguns criticaram Hillary, mas a maioria sabia que ela havia conquistado o direito de defender o trabalho que nós dois tínhamos feito juntos ao longo de anos, e essa atitude quebrou o ímpeto de McRae. Quando voltei, revidei os ataques e critiquei a sua estratégia de desenvolvimento econômico, dizendo que ele pretendia construir um muro cercando o Arkansas. Ganhei a eleição primária com 55% dos votos, contra McRae e vários outros desafiantes, mas Tom tinha feito uma bela campanha com um orçamento mínimo e se saíra suficientemente bem para animar os republicanos quanto às suas perspectivas para a eleição no outono.

No entanto, Sheffield Nelson venceu Tommy Robinson na primária republicana e prometeu concorrer comigo usando o meu histórico de "impostos e gastos". A estratégia era errada. Nelson deveria ter concorrido como um republicano moderado, elogiado o trabalho que eu tinha realizado e dito que dez anos era tempo demais, que eu deveria ganhar um relógio de ouro e uma aposentadoria respeitável. Ao abandonar a sua posição inicial de apoio aos padrões educacionais e ao aumento de impostos para financiá-los, Nelson me deu espaço para sair da velha condição de único candidato à reeleição com propostas inovadoras de mudança.

O fato de Nelson estar concorrendo contra o programa de educação e de impostos me ofereceu o benefício adicional de, caso eu ganhasse, poder dizer aos legisladores que eu tinha tido a aprovação do povo para a minha proposta de maior progresso. Com a aproximação do dia da eleição, a AFL-CIO finalmente passou a me apoiar. A Associação de Educadores do Arkansas (AEA) me "recomendou" por causa do meu compromisso de aumentar os salários dos professores. Essa recomendação foi o resultado da promessa de Nelson de não aumentar impostos durante quatro anos e de o presidente da AEA, Sid Johnson, esquecer as desavenças e continuar com o trabalho.

Nesse meio tempo, Nelson tinha passado mais para a direita, defendendo a redução dos benefícios do seguro contra a pobreza para filhos ilegítimos e me atacando por ter vetado uma lei que a Associação Nacional do Rifle (National Rifle Association — NRA) conseguira fazer aprovar pelo Legislativo. De acordo com a lei, os governos locais ficariam proibidos de impor quaisquer restrições contra armas e munições. Foi um lance inteligente da NRA, porque os membros do Legislativo estadual vinham em sua maioria de áreas rurais e gostavam mais de armas que os vereadores urbanos, mas eu achava que aquela não era uma boa lei. Eu era partidário de que os vereadores de Little Rock, por exemplo, deviam ter o direito de banir as balas que matavam seus policiais diante do aumento da atividade das gangues.

O trabalho no gabinete do governador não diminuiu durante a campanha. Em junho eu aprovei as primeiras execuções no Arkansas desde 1964. John Swindler foi condenado pelo assassinado de um policial do Arkansas e de dois adolescentes da

Carolina do Sul. Ronald Gene Simmons matou a esposa, três filhos, quatro filhas, um genro, uma nora, quatro netos e mais duas pessoas de quem ele não gostava. Simmons queria morrer. Swindler não. Ambos foram executados em junho. Não tive remorsos pela morte de nenhum dos dois, mas sabia que casos mais difíceis ainda estavam por vir.

Eu também tinha começado a comutar sentenças de uns poucos assassinos em prisão perpétua, para que eles tivessem o direito de pedir liberdade condicional. Como expus aos eleitores, deixei de comutar sentenças ao longo de muitos anos, depois da experiência ruim durante o meu primeiro mandato, mas a Comissão Carcerária e a Comissão de Indultos e Condicionais pleitearam a retomada da comutação para alguns casos. A maioria dos estados oferece a condicional aos condenados à prisão perpétua que já cumpriram muitos anos. No Arkansas, era o governador que tinha de comutar suas sentenças. Embora difíceis e impopulares, essas decisões eram necessárias para manter a paz e a ordem num sistema prisional em que 10% dos encarcerados eram condenados à prisão perpétua. Ainda bem que muitos deles têm uma probabilidade pequena de repetir seus crimes e podem voltar à sociedade sem que isso resulte em risco para a população. Dessa vez, nós nos esforçamos para ouvir o que tinham a dizer as famílias das vítimas. Surpreendentemente, muitas delas não puseram objeções. A maioria dos que tiveram a sentença comutada era de prisioneiros já idosos que tinham cometido o crime quando ainda muito jovens.

Em meados de setembro, um ex-empregado do Departamento de Financiamento do Desenvolvimento que se julgava injustiçado levantou contra mim a primeira "questão sexual". Larry Nichols fez mais de 120 telefonemas do escritório para conservadores que apoiavam os Contras nicaragüenses, uma causa a que os republicanos davam forte apoio. Sua justificativa era a de que estava chamando partidários dos Contras para que dessem apoio a leis benéficas para o seu departamento. Quando os telefonemas foram descobertos, suas desculpas não convenceram e ele foi demitido. Nichols convocou uma entrevista coletiva nos degraus do Capitólio estadual e me acusou de usar recursos do departamento para manter encontros com cinco mulheres. Ao chegar à minha vaga no estacionamento do Capitólio, pouco depois de Nichols ter feito suas acusações, fui questionado de chofre sobre elas por Bill Simmons, da Associated Press, veterano da crônica política e um bom repórter. Quando ele me perguntou sobre aquela história, eu simplesmente sugeri que ele procurasse as mulheres. Ele procurou, e todas negaram, e a história basicamente morreu aí. Nenhuma das estações de televisão nem os jornais noticiaram nada. Somente um radialista conservador que apoiava Nelson a mencionou, chegando a dar o nome de uma das mulheres, Gennifer Flowers. Ela ameaçou processá-lo se ele não parasse. A campanha de Nelson tentou reavivar os boatos, mas sem nenhuma confirmação ou evidência.

No final da campanha, Nelson fez veicular um anúncio pela televisão que era enganoso, mas eficaz. O locutor mencionava uma série de questões e perguntava o que eu iria fazer com relação a elas. A cada pergunta, minha própria voz respondia: "aumentar e gastar". A equipe de campanha de Nelson tinha extraído aquelas três palavras de um trecho do meu discurso sobre o Estado do Estado, em que eu comparava o orçamento do Arkansas com o do governo federal. Enquanto o governo federal podia gastar e suportar o déficit orçamentário, se não tínhamos dinheiro, éramos obrigados a "aumentar e gastar, ou não gastar nada". Mandei para o ar a minha resposta, comparando as alegações de Nelson com o que realmente tinha ocorrido, e disse aos eleitores que se Nelson era capaz de mentir assim durante a campanha, eles não poderiam confiar nele como governador. Alguns dias depois fui reeleito com 57% dos votos.

Por várias razões foi uma doce vitória. O povo tinha decidido que eu poderia lhe servir durante catorze anos, mais que qualquer outro governador da história do Arkansas. E pela primeira vez eu havia ganho os votos do condado de Sebastian, que ainda era o mais forte reduto republicano entre os grandes condados do estado. Numa visita de campanha a Fort Smith, prometi que se ganhasse ali Hillary e eu dançaríamos pela Garrison Avenue, a principal via da cidade. Algumas noites depois da eleição, acompanhados de centenas de partidários, cumprimos a nossa promessa. Estava frio e chovia, mas nós dançamos e nos divertimos a valer. Esperamos dezesseis anos para vencer ali uma eleição geral.

O único momento realmente difícil nas eleições gerais foi um problema pessoal. Em agosto o médico da minha mãe descobriu um caroço em seu seio direito. Dick, Roger e eu a acompanhamos para a remoção 48 horas após o diagnóstico. Depois da cirurgia, com a sua vivacidade de sempre, ela retomou o trabalho na campanha imediatamente, apesar de enfrentar meses de quimioterapia. O câncer já havia se espalhado para 27 nódulos do seu braço, mas ela não contou isso a ninguém — nem para mim. Na verdade, ela não nos contou a gravidade da sua doença até 1993.

Em dezembro retomei o trabalho no DLC, inaugurando a sede do conselho em Austin, no Texas. No meu discurso afirmei que, ao contrário dos nossos críticos liberais, nós éramos bons democratas. Queríamos manter vivo para todos o sonho americano. Acreditávamos no governo, mas não no status quo. E acreditávamos que o governo estava gastando muito para o ontem e o hoje — juros sobre a dívida, defesa, mais dinheiro para a mesma assistência médica — e gastando muito pouco para o amanhã: educação, meio ambiente, pesquisa e desenvolvimento, infra-estrutura. Disse que o DLC propunha um programa moderno e de consenso: ampliação das oportunidades, não da burocracia; livre escolha da escola pública e assistência à infância; responsabilidade e autonomia para os pobres; e a reestruturação do governo, sem a burocracia de cima para baixo, característica da era industrial, e em favor de um modelo mais inovador, mais eficiente e flexível, adequado à moderna economia global.

Eu estava tentando criar uma mensagem nacional para os democratas, e o esforço alimentou especulações de que eu talvez entrasse na disputa presidencial de 1992. Durante a última campanha eu havia prometido cumprir integralmente o meu mandato caso fosse eleito. Era o que eu queria fazer. Estava animado com a nova temporada legislativa. Apesar de discordar radicalmente de muitas das suas decisões, como a morte da lei Brady e o veto à lei de Licença Médica e Familiar, eu gostava do presidente Bush e tinha boas relações com a Casa Branca. Além disso, uma campanha para derrotá-lo parecia completamente perdida. Saddam Hussein havia invadido o Kuwait e os Estados Unidos se preparavam para a Guerra do Golfo, que em dois meses levaria à estratosfera os índices de aprovação do presidente.

Na manhã de 15 de janeiro de 1991, Chelsea, já com dez anos, segurou a Bíblia para mim enquanto pela última vez eu prestava o juramento de posse em Little Rock. De acordo com o costume, pronunciei um discurso informal no salão apinhado da Câmara dos Deputados e depois, ao meio-dia, fiz um discurso mais formal na cerimônia pública que, por causa do tempo inclemente, aconteceu sob o teto do Capitólio estadual. O novo Legislativo tinha mais mulheres e negros do que qualquer outro. O presidente da Câmara dos Deputados, John Lipton, e o presidente *pro tempore* do Senado, Jerry Bookout, eram progressistas e me apoiavam sem restrições. Jim Guy Tucker era o vice-governador, provavelmente a pessoa mais capaz que já havia assumido esse cargo, e pela primeira vez em muitos anos, em vez de perseguir objetivos diferentes estávamos trabalhando juntos.

Dediquei o meu discurso de posse aos homens e mulheres do Arkansas que serviam no Golfo Pérsico, e comentei que vinha a calhar estarmos fazendo um novo começo no dia do aniversário de Martin Luther King Jr., porque "temos de avançar juntos para o futuro, ou ficaremos todos limitados na nossa capacidade de realizar". Então esbocei o programa mais ambicioso que já tinha proposto, cobrindo educação, assistência médica, rodovias e meio ambiente.

Para a educação propus um grande aumento da alfabetização de adultos e de programas de qualificação; treinamento profissionalizante para os jovens que não pudessem cursar a universidade; bolsas para as universidades, destinadas a garotos de classe média ou de baixa renda que fizessem os cursos exigidos, tivessem média B ou melhor e evitassem as drogas; programas de pré-escola para crianças pobres; um novo curso secundário residencial para estudantes de matemática e ciências; conversão de catorze escolas técnicas e vocacionais em faculdades de dois anos; e para os professores um aumento de 4 mil dólares durante os dois anos seguintes. Para cobrir todos esses custos, pedi ao Legislativo que aumentasse em 0,5% o imposto de vendas e aprovasse um aumento de 0,5% no imposto de renda das empresas.

Havia também no meu pacote várias medidas reformadoras, inclusive o seguro-saúde para mulheres grávidas e para os filhos; a retirada de mais de 250 mil contribuintes, ou seja, mais de 25% do total, da relação de contribuintes do imposto de renda estadual; e crédito para a compensação do aumento do imposto de vendas para até 75% dos que permaneceram na relação de contribuintes.

E durante os 68 dias seguintes eu trabalhei para fazer aprovar o programa, convidando legisladores ao meu gabinete; comparecendo às audiências das comissões para defender pessoalmente as propostas; cercando-os pelos corredores e em eventos noturnos, ou pela manhã no restaurante do Capitólio estadual; encontrando-me com eles à porta dos seus gabinetes ou na chapelaria; telefonando para eles tarde da noite; e me reunindo com a oposição e seus lobistas para acertar acordos. No final da temporada legislativa, praticamente todo o meu programa foi aprovado. As propostas relativas a impostos receberam entre 76% e 100% dos votos nas duas casas, inclusive os da maioria dos republicanos.

Ernest Dumas, um dos mais respeitados e astutos colunistas do estado, afirmou: "Para a educação, foi uma das melhores temporadas legislativas da história do estado, provavelmente a melhor". Dumas observou que também conseguimos aprovar o maior programa rodoviário já proposto; expandimos em muito a assistência médica para famílias pobres; melhoramos o meio ambiente com as propostas de reciclagem e redução de resíduos sólidos, e "enfraquecendo a mão das indústrias poluidoras por meio da agência estadual de controle da poluição"; e oferecemos clínicas de saúde nas escolas de comunidades pobres, "passando por cima dos fanáticos religiosos".

A discussão mais acirrada no Legislativo foi a respeito das clínicas das escolas. Eu preferia permitir às clínicas distribuir camisinhas se a diretoria da escola o permitisse. O Senado concordou. A Câmara dos Deputados, mais conservadora, era solenemente contra as camisinhas. Por fim o Legislativo adotou um meio-termo sugerido pelo deputado Mark Pryor, que em 2002 seria eleito pela primeira vez representante do Arkansas no Senado dos Estados Unidos: o dinheiro do estado não poderia ser usado para comprar as camisinhas, mas se fossem compradas com outros recursos, elas poderiam ser distribuídas. Bob Lancaster, um colunista bem-humorado do *Arkansas Gazette*, escreveu um artigo hilariante com a crônica das lutas no "Congresso da Camisinha". Deu a ele, pedindo licença a Homero, o título de "Guerra de Tróia".*

O Legislativo também aprovou um projeto da National Riffle Association (NRA) que proibia às cidades e aos condados a adoção de medidas de controle de armas, a mesma medida que eu já havia vetado em 1989. Nenhum Legislativo do Sul era capaz de dizer não à NRA. Até mesmo no Senado, mais liberal, o projeto foi aprovado por 26 votos a 7. Pelo menos consegui que o Senado o aprovasse somente no final dos trabalhos, e assim pude vetá-lo sem que o Legislativo, já disperso, pudesse derrubar o meu veto. Depois que a lei me foi enviada, tive um encontro extraordinário com um jovem lobista da NRA que havia vindo de Washington para acompanhar a tramitação. Era muito alto, bem vestido, e falava com o sotaque da Nova Inglaterra. Um dia ele me cercou quando eu atravessava a rotunda, passando da Câmara dos Deputados para o Senado. "Governador, governador, por que o senhor não deixa esse projeto se tornar lei sem a sua assinatura?" Eu lhe expliquei pela enésima vez as razões por que eu não apoiava o projeto. Então ele explodiu: "Olha, governador, o senhor vai concorrer à Presidência no ano que vem, e então nós vamos arrebentar o senhor no Texas se o senhor vetar esse projeto". Senti que estava mais maduro quando resisti à vontade de lhe dar um soco. Em vez disso, sorri e disse: "Você não está entendendo. Eu não gosto dessa lei. Você sabe que controle de armas nunca vai ser problema no Arkansas. Mas você tem um quadro no seu belo escritório em Washington, com essa lei no alto e uma lista de estados embaixo. Você não está nem um pouco interessado nos méritos dessa lei. Você só está preocupado em pôr uma marca ao lado do Arkansas no quadro. Então você escolhe a sua arma, eu escolho a minha e nós vamos nos encontrar no Texas". Tão logo terminou a temporada legislativa, eu vetei a lei. Pouco depois a NRA começou a veicular propagandas na televisão me atacando. Só quando estava começando a escrever este relato eu me dei conta de que na minha discussão com o lobista reconheci que estava considerando a possibilidade de concorrer à Presidência. Até então eu achava que não tinha a menor chance. Mas eu não gostava de ser ameaçado.

No início do recesso do Legislativo, Henry Oliver me disse que queria se desligar. Eu não queria perdê-lo, mas depois de décadas de bons serviços prestados

---

* No original *Trojans War*, referência a uma conhecida marca de camisinhas.

aos fuzileiros navais, ao FBI, a governos locais e ao estadual, ele merecia o direito de ir para casa. Durante algum tempo, Gloria Cabe e Carol Rasco assumiram as responsabilidades dele.

Passei os meses seguintes me certificando de que o nosso enorme programa legislativo seria implementado, e viajando pelo país em nome do Conselho da Liderança Democrata. Como eu estava lá tentando demonstrar como poderíamos recuperar os eleitores "da maior parte da classe média que se afastaram do partido em bandos durante os vinte últimos anos", a imprensa continuou a especular que eu poderia concorrer em 1992. Numa entrevista em abril, fiz piada com essa hipótese, dizendo: "Enquanto ninguém está concorrendo, qualquer um pode estar na lista, e é até bom. Minha mãe fica feliz ao ler meu nome no jornal".

Embora ainda não acreditasse que poderia ou deveria concorrer e o índice de aprovação do presidente Bush estivesse acima dos 70% no final da Guerra do Golfo, eu comecei a pensar que um democrata do DLC que se relacionasse com a base tradicional do partido e com os votos indecisos poderia ter uma chance, porque o país tinha problemas muito sérios que não estavam sendo atacados por Washington. O presidente e sua equipe pareciam determinados a planar até a vitória nas asas da Guerra do Golfo. Eu já havia visto o suficiente no Arkansas e nas minhas viagens para saber que os Estados Unidos não iriam planar por mais quatro anos. À medida que o ano de 1991 avançava, mais e mais pessoas também passaram a ter essa opinião.

Em abril fui a Los Angeles para falar durante um almoço do Educação em Primeiro Lugar, um grupo de cidadãos dedicado à melhoria da educação pública. Depois da apresentação feita por Sidney Poitier, eu relatei três experiências recentes com a educação na Califórnia que refletiam tanto uma promessa quanto um perigo para o futuro dos Estados Unidos. A promessa eu havia visto mais de um ano antes, quando falei na Universidade do Estado da Califórnia, em Los Angeles, a estudantes de 122 países. Aquela diversidade era um bom sinal da nossa capacidade competitiva e de nosso relacionamento com a comunidade global. Os perigos se tornaram evidentes quando visitamos alunos da sexta série da zona leste de Los Angeles. Eram meninos ótimos, cheios de sonhos e com um profundo desejo de ter uma vida normal. Disseram que seu maior medo era receber um tiro ao ir para a escola ou voltar para casa. Também disseram que se exercitavam ao se agachar debaixo das carteiras para se proteger das balas perdidas durante um tiroteio. O segundo medo daqueles meninos era que ao completarem treze anos eles teriam de se juntar a uma gangue e consumir crack ou cocaína para não ser espancados pelos maiores. A experiência com aquelas crianças teve um profundo impacto em mim. Elas mereciam algo melhor.

Em outra viagem à Califórnia nessa época, para discutir educação em uma mesa-redonda empresarial, um executivo de uma empresa telefônica me disse que 70% dos candidatos a um emprego na empresa fracassavam nos testes para a admissão, embora praticamente todos tivessem o secundário completo. Perguntei então à platéia se os Estados Unidos, recém-saídos de uma vitória na Guerra do

Golfo, poderiam esperar liderar o mundo pós-Guerra Fria se nossa infância vivia em perigo e nossas escolas eram inadequadas.

É claro, uma coisa era dizer que o país tinha problemas, e outra completamente diferente era dizer o que o governo federal deveria fazer para resolvê-los, e dizer isso de uma maneira que pudesse ser ouvida por cidadãos condicionados pelos anos Reagan-Bush a acreditar que o governo federal era a fonte dos nossos problemas, não a solução. Esclarecer essa situação era a missão do Conselho da Liderança Democrata.

No início de maio fui a Cleveland para presidir a convenção do DLC. Um ano antes, em Nova Orleans, tínhamos publicado uma declaração de princípios cuja intenção seria ir além do gasto debate partidário de Washington, criando um movimento dinâmico mas progressista, de centro, com novas idéias enraizadas nos valores tradicionais norte-americanos. Embora alguns dos principais liberais do partido, como o governador Mario Cuomo e o reverendo Jesse Jackson (segundo o qual a sigla DLC significava Clube do Lazer Democrata), estivessem criticando o DLC por este ser muito conservador, a convenção atraiu um grupo impressionante de pensadores criativos, funcionários locais e estaduais inovadores e empresários preocupados com os nossos problemas sociais e econômicos. Muitos democratas de proeminência nacional, inclusive vários possíveis candidatos à Presidência, também compareceram. Entre os oradores estavam os senadores Sam Nunn, John Glenn, Chuck Robb, Joe Lieberman, John Breaux, Jay Rockefeller e Al Gore. Além de mim, lá estavam os governadores Lawton Chiles, da Flórida, e Jerry Baliles, da Virgínia. Os deputados presentes, como Dave McCurdy, de Oklahoma, representavam sobretudo eleitorados mais conservadores ou, como Steve Solarz, de Nova York, tinham interesses na segurança nacional e na política externa. O ex-senador Paul Tsongas e o ex-governador Doug Wilder, da Virgínia, ambos futuros candidatos à Presidência, também estavam lá. Muitos talentosos líderes negros participaram, inclusive o governador Wilder; o prefeito Mike White, de Cleveland; Vince Lane, o criativo presidente do Departamento de Habitação de Chicago; os congressistas Bill Gray, da Pensilvânia, e Mike Espy, do Mississippi.

O discurso com que abri a convenção pretendia mostrar que os Estados Unidos precisavam mudar de rota e que cabia ao DLC ensinar o caminho. Comecei com a idéia básica dos problemas e desafios dos Estados Unidos e uma contestação dos anos de descaso republicano, e então disse que apesar das falhas republicanas os democratas não tinham sido capazes de ganhar eleições "porque nas eleições nacionais muitas das pessoas que antes votavam em nós, a sobrecarregada classe média de que estamos falando, não confiaram em nós para defender nossos interesses nacionais no exterior, para colocar seus valores na nossa política social interna, nem para arrecadar o dinheiro dos seus impostos e gastá-lo disciplinadamente".

Cumprimentei a liderança do Partido Democrata comandada por Ron Brown, o primeiro presidente negro do nosso partido, e a quem eu apoiava. Brown tinha feito um grande esforço para ampliar a base do partido, mas precisávamos de uma mensagem com propostas específicas para oferecer ao povo norte-americano:

O problema dos republicanos é sua história de negação, fuga e descaso. Mas o nosso é dar ao povo uma nova opção, baseada nos antigos valores, uma nova opção que seja simples, que ofereça oportunidades, que exija responsabilidade, que dê aos cidadãos maior participação, que lhes ofereça um governo empenhado — tudo isso porque reconhecemos que somos uma comunidade. Estamos todos juntos nisso, e vamos nos elevar ou cair juntos.

A agenda de oportunidades significava crescimento econômico por meio de comércio livre e justo, assim como mais investimentos em novas tecnologias e em educação e treinamento para a nova realidade mundial. A agenda de responsabilidades exigia um pouco de todos os cidadãos: prestação de serviço à nação para os jovens pagarem pelo auxílio que receberam na universidade; reformas do seguro contra a pobreza que exigissem pais dispostos a trabalhar mas oferecessem mais segurança para seus filhos; aplicação mais rigorosa de medidas de apoio à infância; mais interesse dos pais em manter seus filhos na escola; um governo "reestruturado", com menos burocracia e mais opções de assistência à infância, escolas públicas, aperfeiçoamento para o trabalho, assistência aos idosos, policiamento comunitário e administração da oferta pública de habitação. A agenda comunitária exigia de nós investir mais nos milhões de crianças pobres, transpor o divisor racial, construir políticas baseadas no desenvolvimento de todos os norte-americanos, não numa divisão que coloca uns contra outros.

Tentei romper o círculo vicioso dos debates que dominava o discurso público nacional, concentrados no "ou isso ou aquilo". De acordo com o saber convencional de Washington, ou se era a favor da excelência ou pela igualdade da educação; a favor da qualidade ou do acesso universal na assistência médica; a favor da preservação do meio ambiente ou de maior crescimento econômico; a favor do incentivo ao trabalho ou da educação dos filhos nas políticas de bem-estar; a favor dos empregados ou das empresas nas relações de trabalho; a favor da prevenção de crimes ou da punição dos criminosos; a favor do estímulo aos valores familiares ou do aumento dos gastos para as famílias pobres. Em seu livro notável *Why Americans Hate Politics* [Por que os norte-americanos odeiam a política] o jornalista E. J. Dionne dá a esses exemplos o nome de "falsas opções", dizendo que em cada um desses casos os americanos achavam que não deveríamos escolher entre esse ou aquele, e sim ambos. Eu concordava com ele, e tentei ilustrar isso com frases como "Os valores familiares não alimentam uma criança faminta, mas sem eles não se educa bem uma criança faminta. Precisamos dos dois".

Terminei o discurso citando a lição que havia aprendido nas aulas do professor Caroll Quigley sobre a civilização ocidental, mais de vinte anos antes: o futuro pode ser melhor que o passado, e cada um de nós tem a responsabilidade moral de fazer com que seja assim: "É disso que trata a nova opção, e é para isso que estamos aqui em Cleveland. Não estamos aqui para salvar o Partido Democrata. Estamos aqui para salvar os Estados Unidos da América".

Esse discurso foi um dos mais eficazes e importantes que já fiz. Captei a essência do que havia aprendido em dezessete anos de política e o que milhões de norte-americanos estavam pensando. Ele se converteu no plano da minha mensagem de campanha, ajudando a fazer com que a atenção do público deixasse a vitória do presidente Bush na Guerra do Golfo e se concentrasse sobre o que nós tínhamos para construir um futuro melhor. Ao abraçar idéias e valores que eram ao mesmo tempo liberais e conservadores, ele fez eleitores que não tinham apoiado os candidatos presidenciais democratas havia anos ouvir a nossa mensagem. E pela recepção vibrante que teve, o discurso me firmou como talvez o principal porta-voz do rumo que eu acreditava apaixonadamente que os Estados Unidos deveriam seguir. Muitas pessoas que estavam na convenção insistiram comigo para que eu me candidatasse à Presidência, e eu saí de Cleveland convencido de que tinha uma boa chance de conseguir a indicação do Partido Democrata se resolvesse concorrer, e que seria preciso considerar a entrada na disputa.

Em junho, meu amigo Verno Jordan me pediu para ir com ele a Baden-Baden, na Alemanha, para a Conferência de Bilderberg, realizada anualmente e que reúne importantes líderes empresariais e políticos norte-americanos e europeus, para discutir as questões do momento e a situação da nossa relação. Sempre gostei de estar com Vernon e fiquei estimulado pelas minhas conversas com os europeus, inclusive Gordon Brown, um brilhante membro do Partido Trabalhista escocês que seria ministro das Finanças quando Tony Blair foi eleito primeiro-ministro. Eu achava que de modo geral os europeus apoiavam a política externa do presidente Bush, mas estavam muito preocupados com a tendência persistente e a fraqueza da nossa economia, que os prejudicavam tanto quanto a nós mesmos.

Em Bilderbert conheci Esther Coopersmith, ativista democrata que tinha servido na nossa delegação nas Nações Unidas durante os anos do governo Carter. Esther estava a caminho de Moscou com sua filha Connie e me convidou para observar em primeira mão as mudanças que estavam ocorrendo nos últimos dias da União Soviética. Boris Yeltsin estava prestes a se eleger presidente da República russa com uma desaprovação da economia e da política soviéticas ainda mais explícita que a de Gorbachev. Foi uma viagem curta mas interessante.

Quando voltei para o Arkansas, estava convencido de que grande parte dos desafios dos Estados Unidos nas relações exteriores envolveria questões econômicas e políticas que eu conhecia e poderia manejar se fosse concorrer e me tornasse presidente. Mas entramos em julho e eu ainda estava dividido quanto ao que fazer. Eu tinha dito ao Arkansas na eleição de 1990 que terminaria o meu mandato. O sucesso da última temporada legislativa havia me dado um novo alento no meu trabalho. Nossa vida familiar era maravilhosa. Chelsea estava feliz numa escola nova com bons professores e bons amigos, e com a sua paixão pelo balé. Hillary estava se saindo bem na prática advocatícia e pelo seu próprio mérito desfrutava grande popularidade e respeito. Depois de anos de lutas políticas geradoras de alta tensão, nós estávamos tranqüilos e felizes. Além disso, o presidente Bush ainda parecia imbatível. Uma pesquisa feita no início de junho no Arkansas mostrava que apenas 39% das pessoas queriam que eu concorresse e que no meu próprio estado eu perderia se me candidatasse à Presidência por 57% a 32%, com o restante indeciso. Além do mais, eu não estaria entrando num campo de primária vazio. Muitos outros bons democratas pareciam querer disputar, e assim a luta pela indicação certamente seria difícil. E a História estava contra mim. Em toda a história dos Estados Unidos apenas um governador de um pequeno estado tinha sido eleito presidente: Franklin Pierce, de New Hampshire, em 1852.

Para além das considerações políticas, eu gostava sinceramente do presidente Bush e dava o devido valor ao modo como ele e a sua Casa Branca colaboraram comigo na questão da educação. Embora discordando radicalmente das suas políticas econômica e social, achava que ele era um homem bom e nem de longe tinha a impiedade ou o direitismo da maioria dos adeptos de Reagan. Eu não sabia o que fazer. Em junho, numa viagem à Califórnia, fui pego no aeroporto e levado para onde faria o meu discurso por um jovem chamado Sean Landres. Ele me incentivou a concorrer para a Presidência e disse ter achado o tema perfeito para a campanha. Então pôs para tocar uma fita do sucesso da Fleetwood Mac "Don't Stop Thinkin About Tomorrow" [Não pare de pensar sobre o futuro]. O título da música soou para ele, e também para mim, exatamente o que eu estava tentando dizer.

Quando estava em Los Angeles, discuti com Mickey Kantor, o amigo da Hillary, os prós e os contras de disputar a eleição. Mickey a essa altura já tinha se tornado também meu amigo próximo e um conselheiro confiável. Quando começamos essa colaboração, ele disse que eu deveria contratá-lo por um dólar, assim as nossas conversas seriam confidenciais. Poucos dias depois eu lhe mandei um cheque de um dólar com um bilhete dizendo que sempre quis ter um advogado caro trabalhando para mim, e estava lhe mandando o cheque "na firme convicção de que quando estamos pagando, devemos ser exigentes". Recebi conselhos muito bons por aquele dólar, mas continuava sem saber o que fazer. Até acontecer o telefonema que mudou as coisas.

Num dia de julho Lynda Dixon me disse que Roger Porter estava na linha, da Casa Branca. Como já disse, eu tinha trabalhado com o Roger no projeto das metas da educação e o tinha em alto conceito pela sua capacidade de ser leal ao presidente e ainda assim trabalhar bem com os governadores. Roger me perguntou se eu ia participar da disputa para presidente em 1992. Eu lhe disse que ainda não tinha me decidido, que agora estava melhor que nunca como governador, que a minha vida familiar estava ótima e que eu relutava em perturbá-la, mas que achava que a Casa Branca estava sendo passiva demais no tratamento dos problemas econômicos e sociais do país. Disse que achava que o presidente devia usar o enorme capital político que ele tinha graças à Guerra do Golfo para enfrentar as grandes questões dos Estados Unidos. Depois de cinco ou dez minutos do que eu achava ser uma conversa séria, Roger me interrompeu e foi direto ao ponto. Nunca me esquecerei das primeiras palavras da mensagem que ele tinha sido incumbido de me transmitir: "Chega de embromar, governador". Ele disse que "eles" tinham examinado todos os possíveis candidatos contrários ao presidente. O governador Cuomo era o orador mais eloquente, mas eles poderiam pintá-lo como liberal demais. Todos os senadores poderiam ser derrotados com ataques ao seu histórico de votos. Mas eu era diferente. Com uma folha de realizações poderosa no tocante a desenvolvimento econômico, educação e combate à criminalidade, e uma mensagem forte no Conselho da Liderança Democrata, eu tinha de fato chance de ganhar. Assim, se eu concorresse, eles teriam de me destruir pessoalmente. "É assim que Washington trabalha", disse ele. "A imprensa tem de ter alguém para malhar em cada eleição, e nós vamos dar a ela o senhor." E prosseguiu dizendo que a imprensa era formada por elitistas que acreditariam em tudo o que eles dissessem sobre o arcaico Arkansas. "Vamos gastar o que for preciso para arranjar quem for preciso para dizer o que eles tiverem para dizer que seja capaz de fazer você desistir. E vamos fazer isso logo no início."

Tentei me manter calmo, mas fiquei louco. Disse ao Roger que o que ele tinha acabado de falar deixava claro o que estava errado no governo. Eles tinham estado no poder pelo tempo que eles achavam que tinham direito. Eu disse: "Vocês acham que aqueles espaços de estacionamento do lado de fora da Ala Oeste são de vocês, mas eles pertencem ao povo norte-americano, e vocês precisam ganhar o direito de utilizá-los". Disse ao Roger que a sua ameaça tinha me deixado mais propenso a disputar. Ele disse que aquele era um sentimento louvável, mas que estava me ligando como meu amigo para me advertir. Se esperasse até 1996 eu poderia ganhar a Presidência. Mas, se eu disputasse em 1992, eles poderiam me destruir, e a minha carreira política estaria encerrada.

Quando a conversa terminou, eu liguei para a Hillary e lhe contei o que Roger tinha dito. Depois contei a Mack McLarty. Nunca mais ouvi falar de Roger Porter ou o vi até o dia em que ele foi a uma recepção aos Companheiros da Casa Branca quando eu era presidente. Fico imaginando se ele se lembra do telefonema e se pensa que pode ter influenciado na minha decisão.

Desde que era muito pequeno eu detestava ser ameaçado. Quando menino, recebi um doloroso tiro de uma pistola de brinquedo e levei um soco de um garoto bem maior que eu por não ter recuado diante de ameaças. Na campanha e durante os oito anos posteriores os republicanos cumpriram o que haviam prometido, e como Roger Porter previu, eles tiveram muita ajuda da imprensa. Assim como o disparo que recebi na perna e o soco dado no meu queixo, os ataques republicanos doeram. As mentiras doem, e a verdade dói ainda mais. Eu tentava apenas me manter concentrado no meu trabalho e no impacto dele sobre as pessoas comuns. Quando conseguia fazer isso, era mais fácil ficar de pé contra aqueles que ansiavam pelo poder e nada mais.

Minhas lembranças sobre os três meses seguintes são um tanto indistintas. Nos piqueniques de Quatro de Julho no nordeste do Arkansas eu vi as primeiras faixas com os dizeres "Clinton para Presidente", mas algumas pessoas me aconselhavam a esperar até 1996 para disputar e outras, irritadas comigo porque eu voltara a elevar os impostos, a não concorrer nunca. Quando fui a Memphis para a inauguração do Museu Nacional dos Direitos Civis no local do Lorraine Hotel, onde Martin Luther King Jr. foi assassinado, muitos cidadãos me incentivaram a entrar na disputa, mas Jesse Jackson ainda estava contrariado com o Conselho da Liderança Democrata, que ele reputava conservador e causador de divisão. Eu detestava divergir de Jesse, a quem admirava, sobretudo por seus esforços de convencer os jovens negros a ficar na escola e a abandonar as drogas. Em 1977 nós tínhamos comemorado o vigésimo aniversário da integração da Escola Secundária Central de Little Rock falando para os alunos da escola, e ele então havia dito para eles "abrirem o cérebro, e não as veias".

As drogas e a violência entre a juventude ainda eram questões graves em 1991. No dia 12 de julho fui a Chicago para conhecer os projetos públicos de moradia e ver o que estava sendo feito lá para proteger as crianças. No fm de julho fui a um hospital de Little Rock visitar o comediante negro Dick Gregory, que tinha sido preso por fazer protesto numa loja que vendia parafernália para drogas, juntamente com quatro integrantes de um grupo local de combate às drogas, o DIGNITY (Doing In God's Name Incredible Things Yourself). O grupo era dirigido por religiosos protestantes negros e pelo líder local dos Muçulmanos Negros. Representava o tipo de responsabilidade madura para resolver os nossos problemas sociais que Jesse tinha adotado, que o Conselho da Liderança Democrata defendia e que eu considerava essencial se quiséssemos mudar as coisas.

Em agosto a campanha começou a se delinear. Fiz discursos em muitos lugares e formei um comitê exploratório, com Bruce Lindsey como tesoureiro. O comitê me permitiu arrecadar dinheiro para pagar as despesas de viagens e outras sem ser ainda candidato. Duas semanas depois, Bob Farmer, de Boston, que tinha sido o principal captador de fundos do Dukakis, renunciou ao cargo de tesoureiro do Comitê Nacional Democrata para me ajudar a levantar fundos. Comecei a obter ajuda de Frank Greer, que, vindo do Alabama, em 1990 tinha criado para mim propaganda de televisão atraente tanto do ponto de vista intelectual quanto do emocional, e Stan Greenberg, coordenador de pesquisas de opinião pública que havia trabalhado com grupos de discussão para a campanha de 1990 e feito amplas pesquisas sobre os ditos democratas de Reagan e o que seria preciso fazer para ganhar o apoio deles. Eu queria que Greenberg fosse o meu coordenador de pesquisas. Senti muito ter de desistir de Dick Morris, mas àquela altura ele já estava tão envolvido com candidatos republicanos e ocupantes de cargos no governo que praticamente todos os democratas o julgavam comprometido.

Depois de criarmos o comitê exploratório, Hillary, Chelsea e eu fomos para a reunião de verão da Associação Nacional de Governadores, em Seattle. Meus colegas tinham acabado de me escolher o governador mais eficiente do país na eleição anual feita pela revista *Newsweek*, e muitos deles insistiram comigo para que eu concorresse. Quando terminou a reunião da associação, fomos, nós três, de barco de Seattle até o Canadá, para umas férias curtas em Victoria e Vancouver.

Logo que voltei para casa comecei um giro pelo estado, que incluiu uma porção de paradas não programadas para perguntar aos meus eleitores se eles achavam que eu deveria concorrer e se me liberariam da minha promessa de ir até o final do mandato. A maioria das pessoas disse que eu deveria concorrer se achasse que era isso o que tinha de fazer, embora pouca gente acreditasse que eu tinha chance de ganhar. O senador Bumpers, o senador Pryor e os nossos dois congressistas democratas, Ray Thornton e Beryl Anthony, todos se manifestaram a favor. O vice-governador Jim Guy Tucker, o presidente da Câmara dos Deputados John Lipton e o presidente do Senado Jerry Bookout me garantiram que cuidariam bem do estado na minha ausência.

Hillary achava que eu deveria concorrer, a minha mãe era decididamente a favor, e dessa vez nem mesmo Chelsea estava contra. Eu disse a ela que estaria presente para as ocasiões importantes, como a sua apresentação no balé *O quebra-nozes* na época do Natal, para os seus principais eventos escolares, para o Fim de Semana Renaissance e para sua festas de aniversário. Mas eu também sabia que perderia algumas coisas: fazer outro dueto ao saxofone no recital de piano dela;

bater na porta das casas, na festa de Haloween, com a Chelsea sempre vestida com uma roupa fantástica; ler para ela à noite; ajudá-la a fazer os deveres de casa. Ser pai era o melhor trabalho que eu já havia tido; eu só esperava poder me sair suficientemente bem nele durante a longa campanha que estava por acontecer. Quando não estava por perto, eu sentia tanta falta daquilo tudo quanto ela. Mas o telefone ajudava, assim como o aparelho de fax — estávamos sempre nos enviando problemas de matemática. Hillary se ausentava menos que eu, mas quando estávamos ambos fora Chelsea tinha um bom sistema de apoio com os avós, com Carolyn Huber, a equipe da Mansão do Governador e seus amigos e os pais deles.

No dia 21 de agosto a situação mudou bastante quando o senador Al Gore anunciou que não iria concorrer. Ele havia concorrido em 1988 e se o tivesse feito novamente em 1992 teria dividido a votação nos estados sulistas na Super terça-feira, no dia 10 de março, dificultando muito a minha vitória. O único filho de Al, Albert, tinha sido atropelado e ficou bastante ferido. Al resolveu que tinha de permanecer com a família durante a longa e difícil recuperação do seu filho, o que eu compreendi e admirei.

Em setembro visitei Illinois novamente e falei para os principais democratas de Iowa, Dakota do Sul e Nebraska em Sioux City, Iowa, e para o Comitê Nacional Democrata em Los Angeles. A parada em Illinois foi particularmente importante por causa do calendário das eleições primárias. A briga pela indicação começou com as convenções de Iowa, que eu podia saltar porque o senador Tom Harkin do Iowa estava concorrendo e certamente ganharia no seu estado natal. Depois vinha New Hampshire, em seguida Carolina do Sul, depois Maryland, Geórgia e Colorado. Após isso, os onze estados sulistas da Super terça-feira. E então Illinois e Michigan no dia 17 de março, o Dia de São Patrício.

A campanha do senador Gore tinha descarrilado quatro anos antes quando à sua impressionante votação nos estados sulistas não se seguiram outras vitórias. Eu achei que poderia vencer em Illinois, por três razões: a Hillary era de lá e tinha trabalhado no sul do estado com a Comissão do Delta, e muitos líderes negros importantes de Chicago tinham raízes no Arkansas. Em Chicago conheci dois jovens ativistas políticos, David Whilhelm e David Axelrod, que acabaram trabalhando para a minha campanha. Eram idealistas, temperados pelo fogo das lutas eleitorais de Chicago e sintonizados com a minha política. Enquanto isso, Kevin O'Keefe estava viajando por todo o estado, montando a organização necessária à vitória.

Michigan votava no mesmo dia que Illinois, e eu esperava me sair bem lá, também, graças ao ex-governador Jim Blanchard, ao executivo do condado de Wayne Ed McNamara e a uma porção de gente, negros e brancos, que tinham ido para Michigan do Arkansas a fim de trabalhar na indústria automobilística. Depois de Michigan e Illinois, o próximo grande estado a votar era Nova York, onde o meu amigo Harold Ickes estava a todo vapor preparando a estrutura de apoio, e Paul Carey, filho do ex-governador Hugh Carey, estava levantando fundos.

No dia 6 de setembro acabei de organizar o escritório do governador para a campanha quando Bill Bowen concordou em se tornar o meu secretário executivo. Bill era presidente do Commercial National Bank, um dos mais respeitados dirigentes empresariais do estado e o principal organizador por trás do chamado Good Suit Club, dos dirigentes empresariais que tinham ajudado o programa educacional a ser bem-sucedido na legislatura de 1991. A nomeação de Bowen tranqüilizou a população e as empresas do estado no que dizia respeito à condução dos negócios do governo enquanto eu estivesse afastado.

Nas semanas que antecederam o meu anúncio, comecei a sentir o gosto da diferença entre concorrer para a Presidência e uma campanha para o governo do estado. Primeiro, o aborto era uma questão extremamente importante, porque se supunha que se o presidente Bush fosse reeleito ele teria na Suprema Corte vagas para preencher em número suficiente para reverter a decisão do caso *Roe versus Wade*. Eu sempre tinha apoiado Roe, mas me oposto a que o poder público custeasse abortos das mulheres pobres, e assim a minha posição não agradava verdadeiramente a nenhum dos lados. Isso não era justo para as mulheres pobres, mas eu passei maus bocados tentando justificar o custeio dos abortos com o dinheiro dos contribuintes que consideravam o aborto equivalente a um assassinato. Além disso, a questão era realmente destituída de significado prático, uma vez que até mesmo o Congresso Democrata tinha repetidas vezes deixado de fornecer a verba para o aborto.

Além do aborto, havia questões pessoais. Quando me perguntaram se eu já havia fumado maconha, eu disse que nunca tinha infringido as leis norte-americanas sobre drogas. Isso foi uma admissão tácita mas desajeitada de que eu tinha experimentado maconha na Inglaterra. Havia também uma porção de boatos sobre a minha vida pessoal. No dia 16 de setembro, por insistência de Mickey Kantor e de Frank Greer, Hillary e eu aparecemos no Sperling Breakfast, uma reunião que costuma acontecer com jornalistas de Washington, para responder a perguntas feitas pela imprensa. Eu não sabia se seria bom fazer isso, mas Mickey foi convincente. Ele argumentou que eu tinha dito antes que não tinha sido perfeito, que as pessoas sabiam disso e acrescentou: "Você pode dizer isso também para eles e tentar limpar o que pode ou não acontecer mais tarde na campanha".

Quando um repórter fez a pergunta, eu disse que, como uma porção de casais, nós tínhamos tido problemas, mas nos amávamos e o nosso casamento era bastante sólido. Hillary me apoiou. Até onde eu sei, fui o único candidato que falou tanto sobre a sua vida particular. Alguns dos repórteres e colunistas ficaram satisfeitos com isso; para outros, a minha franqueza simplesmente confirmou que eu era um bom alvo.

Eu ainda não tenho certeza de que agi certo indo ao café-da-manhã e entrando na ladeira escorregadia de responder a perguntas pessoais. A personalidade é importante num presidente, mas, como mostram os exemplos opostos de Franklin Delano Roosevelt e Richard Nixon, a perfeição conjugal não dá necessariamente a medida do perfil presidencial. Além do mais, esse não era na verdade o critério. Em 1992, ao violar os votos do casamento, se divorciar e voltar a se casar, a infidelidade não era considerada incapacitadora, nem mesmo merecia reportagens, ao passo que os casais que permaneciam casados eram um bom assunto, como se o divórcio fosse sempre a escolha mais autêntica. Dadas a complexidade da vida das pessoas e a importância da presença de ambos os pais na educação dos filhos, provavelmente esse não é o mais certo.

Apesar das questões pessoais, tive mais do que a cota razoável de cobertura favorável por parte da imprensa nos primeiros tempos, feita por jornalistas sérios que estavam interessados nas minhas idéias e políticas e no que eu tinha feito como governador. Eu também sabia que poderia começar a campanha com um núcleo de aliados entusiasmados em todo o país, graças aos amigos que Hillary e eu fizemos ao longo dos anos, e a muita gente do Arkansas que estava disposta a viajar para outros estados fazendo campanha para mim. Eles não se intimidaram com o fato de eu ser praticamente desconhecido do povo norte-americano e de estar bem atrás nas pesquisas. Eu também não. Ao contrário de 1987, dessa vez eu estava pronto.

26

No dia 3 de outubro a manhã de outono do Arkansas estava bonita, vivificante e muito clara. Comecei do modo costumeiro, com uma corrida matinal, o dia que mudaria a minha vida. Saí pela porta dos fundos da Mansão do Governador, percorri o velho quarteirão Quapaw, depois fui para o centro da cidade até o Capitólio estadual. O prédio antigo e grandioso onde eu tinha dado a minha primeira recepção quando recebi o cargo de procurador-geral, em 1977, já estava coberto de bandeirinhas. Depois de passar por ele correndo, me virar e tomar o rumo de casa, vi uma máquina de venda de jornal. Através do vidro eu li a manchete: "Chegou a hora de Clinton". Na ida para casa, muitas pessoas pelas quais eu passei me saudaram e me desejaram sucesso. De volta à Mansão, dei uma última olhada no meu discurso de anúncio da candidatura. Eu tinha trabalhado nele até bem depois da meia-noite; ele estava cheio do que eu diria ser uma boa retórica e propostas administrativas específicas, mas ainda era longo demais, então cortei algumas frases.

Por volta do meio-dia fui apresentado no palco pelo nosso tesoureiro estadual, Jimmie Lou Fisher, que estava comigo desde 1978. Ao começar a falar, tinha consciência de estar um pouco desajeitado, provavelmente por causa dos sentimentos conflitantes que me invadiam. Eu estava relutante em abandonar a vida que já conhecia e também ansioso pelo desafio, um pouco receoso mas certo de que estava fazendo a coisa correta. Falei por mais de meia hora, agradecendo à minha família, aos amigos e aliados por me darem força "para avançar para além de uma vida e de um trabalho que amo a fim de assumir um compromisso com uma causa maior: preservar o sonho americano, restaurando as esperanças da classe média esquecida, reivindicando o futuro para as nossas crianças". Fechei com uma promessa de "dar nova vida ao sonho americano" ao formar um "novo acordo" com o povo: "mais oportunidade para todos, mais responsabilidade de cada um e um maior senso de objetivo comum".

Quando o discurso terminou, eu me senti alvoroçado e extasiado, mas sobretudo aliviado, especialmente depois que Chelsea brincou: "Belo discurso, governador". Hillary e eu passamos o dia todo recebendo os bons votos das pessoas, e minha mãe, Dick e Roger pareciam contentes, assim como a família de Hillary. Minha mãe agia como se soubesse que eu ia ganhar. Como eu a conhecia, não pude ter certeza se era exatamente o que sentia ou apenas outro exemplo do seu lado sempre pronto para qualquer parada. Aquela noite nós nos reunimos em volta do piano com velhos amigos. Carolyn Staley tocou, do mesmo modo que havia feito desde que tínhamos quinze anos de idade. Cantamos "Amazing Grace" e outros hinos, e muitas canções dos anos 1960, inclusive "Abraham, Martin, and John", um tributo aos heróis tombados da nossa geração. Fui para a cama acreditando que poderíamos vencer o cinismo e o desespero, e reavivar o fogo que aqueles homens tinham acendido no meu coração.

O governador Mario Cuomo certa vez disse que fazemos campanha em poesia mas governamos em prosa. A afirmação é basicamente correta, mas muito da campanha é também em prosa: acertar os detalhes, passar pelos rituais exigidos e lidar com a imprensa. O segundo dia da campanha foi mais de prosa do que de poesia: uma série de entrevistas para me levar à televisão em rede nacional e nos principais mercados locais, e para esclarecer por que eu tinha voltado atrás no meu compromisso de terminar o mandato de governador e se isso significava que eu não era confiável. Respondi às perguntas da melhor maneira que pude e segui em frente com a mensagem da campanha. Aquilo tudo era muito prosaico, mas nos levou ao terceiro dia.

O resto do ano foi cheio da atividade frenética típica de uma campanha que começou atrasada: organizar a campanha, levantar recursos, levar a mensagem a eleitorados específicos e trabalhar New Hampshire.

Nosso primeiro comitê foi numa velha loja de tintas da Seventh Street, perto do Capitólio estadual. Eu tinha decidido que a base da campanha seria em Little Rock, e não em Washington. Isso tornava mais complicados os preparativos para as viagens, mas eu queria me manter próximo das minhas raízes e estar na cidade o bastante para conviver com minha família e participar das atividades oficiais que exigiam a minha presença. Mas ficar no Arkansas também tinha outra grande vantagem: ajudava a nossa jovem equipe a se manter concentrada no trabalho que era importante no momento. Eles não dispersaram sua atenção com a onipresente usina de boatos de Washington, e não se deixaram empolgar por uma cobertura surpreendentemente favorável da imprensa no início da campanha, ou se deprimir demais com a torrente de matérias negativas que viria depois.

Ao cabo de poucas semanas nós já não cabíamos na loja de tintas e nos mudamos para o antigo escritório do Departamento de Educação Superior, ali perto, que usamos até pouco antes da convenção democrata, quando mais uma vez ficamos maiores do que o espaço disponível. Então nos mudamos de novo, dessa vez para o centro da cidade, e ocupamos o prédio do *Arkansas Gazette*, que tinha ficado vago alguns meses antes em razão da compra e posterior desmonte do *Gazette* pelo proprietário do jornal *Akansas Democrat*, Walter Hussman. O prédio do *Gazette* seria a nossa casa até o fim da campanha, o que, na minha opinião, foi o único resultado positivo da perda do mais antigo jornal independente do Estados Unidos a oeste do Mississippi.

O *Gazette* tinha lutado pelos direitos civis nos anos 1950 e 1960, e tinha apoiado firmemente Dale Bumpers, David Pryor e a mim mesmo nos nossos esforços para modernizar a educação, os serviços sociais e a economia. Em seus dias de glória foi um dos melhores jornais do país, levando reportagens bem elaboradas e de alcance nacional e internacional para leitores dos cantos longínquos do nosso estado. Nos anos 1980 o *Gazette* começou a enfrentar a concorrência do *Arkansas Democrat* de Hussman, que até então tinha sido um jornal vespertino muito menor. A guerra que se seguiu entre os jornais teve o resultado que já se previa, porque Hussman era proprietário de outros meios de comunicação lucrativos, o que lhe permitiu absorver grandes perdas operacionais no *Democrat* a fim de atrair a publicidade e os leitores do *Gazette*. Não muito antes de eu ser indicado para a disputa presidencial, Hussman adquiriu o *Gazette* e o fundiu com o jornal dele, rebatizando-o como *Arkansas Democrat-Gazette*. Através dos anos o *Democrat-Gazette* ajudaria a tornar o Arkansas um estado mais republicano. O tom geral da sua página de editorial era conservador e altamente crítico da minha pessoa, freqüentemente em termos muito pessoais. Nisso o jornal refletia fielmente as opiniões do seu editor. Embora eu lamentasse ver o *Gazette* cair, fiquei feliz em ocupar o prédio. Talvez eu esperasse que os fantasmas do seu passado progressista nos mantivessem lutando pelo futuro.

No início o nosso pessoal era todo do Arkansas, com Bruce Lindsey como coordenador da campanha e Craig Smith, que tinha se ocupado das minhas indicações para conselhos e comissões, como diretor financeiro. Rodley Slater e Carol Willis já estavam trabalhando duro contatando líderes negros, religiosos e políticos em todo o país. Meu velho amigo Eli Segal concordou em me ajudar a organizar a equipe nacional.

Eu já havia me encontrado antes com um sujeito que me deixou com a certeza de estar ansioso por entrar na nossa equipe, um talentoso assessor do congressista Dick Gephart, líder da maioria democrata. George Stephanopoulos, filho de um padre da igreja ortodoxa grega, era um bolsista da Rhodes que anteriormente tinha trabalhado para o meu amigo padre Tim Healy, quando ele administrava a biblioteca pública de Nova York. Gostei de George imediatamente e sabia que ele poderia servir como uma ponte para a imprensa nacional e os democratas do Congresso, bem como dar uma contribuição para pensarmos sobre os desafios intelectuais da campanha.

Eli se encontrou com ele, confirmou a minha opinião, e George veio trabalhar como vice-coordenador da campanha, responsável pelas comunicações. Eli também contatou David Wilhelm, o jovem assessor político de Chicago que eu queria na equipe. Nós lhe oferecemos o trabalho de gerente da campanha e ele rapidamente aceitou. David acabou tendo duas funções: além de trabalhar na campanha geral, ele foi de especial ajuda em Illinois. Eu estava convencido de que com David como gerente de campanha, mais Kevin O'Keefe como organizador no estado, poderíamos ter uma clara vitória em Illinois para ir em frente com a esperada grande vitória dos estados sulistas na Super terça-feira.* Logo depois nós também persuadimos outro jovem de Chicago, Rahm Emanuel, a se juntar à campanha. Rahm tinha trabalhado com Wilhelm em suas bem-sucedidas campanhas do prefeito Richard Daley e do senador Paul Simon. Era um homem esbelto, que tinha estudado balé e, embora fosse cidadão norte-americano, servira no Exército de Israel. Rahm punha tanta energia nas suas atividades que perto dele eu parecia relaxado. Nós o transformamos em diretor financeiro, cargo que numa campanha com insuficiência de fundos precisa ser ocupado por uma pessoa dinâmica. Craig Smith foi trabalhar na organização das nossas campanhas estaduais, um trabalho que explorava melhor as suas consideráveis habilidades políticas. Logo Bruce Reed deixou o

---

* Segunda terça-feira de março num ano de eleição presidencial, na qual muitos estados, sobretudo no Sul, fazem uma eleição primária para escolher quem será o candidato de cada partido. (N. dos T.)

Conselho da Liderança Democrata para se tornar nosso diretor de política. Eli também entrevistou duas mulheres que exerceriam papéis importantes na campanha: Dee Dee Myers, da Califórnia, tornou-se a nossa secretária de imprensa, um trabalho que a levou a enfrentar mais poder de fogo contra nós do que ela jamais poderia ter previsto. Embora fosse jovem, ela esteve à altura do desafio. Stephanie Solien, do estado de Washington, se tornou a nossa diretora política. Ela era casada com Frank Greer, mas não foi por isso que nós a contratamos. Stephanie era inteligente, politicamente astuta e mais hábil do que a maioria dos rapazes da campanha. Ela nos proporcionou tanto o bom trabalho quanto a boa química de que todos os esforços de alta tensão necessitam. À medida que a campanha avançava, jovens de todos os Estados Unidos simplesmente se apresentavam para pegar a carga extra.

Quanto ao levantamento de fundos da campanha, no início conseguimos nos virar com uma ajuda generosa e antecipada do pessoal do Arkansas, mais os esforços de Bob Farmer em Massachusetts com doadores democratas regulares que ajudavam simplesmente porque ele lhes pedia; e com a colaboração de amigos em todo o país. Todas essas ajudas possibilitaram que eu me habilitasse para receber os fundos de campanha do governo federal, pois para fazer jus à verba o candidato deve levantar 5 mil dólares em cada um de vinte estados, em quantias que não excedam 250 dólares por contribuição. Em alguns estados, os meus amigos governadores tomaram conta disso. No Texas, Truman Arnold, meu aliado de longa data, levantou 30 mil dólares muito úteis. Ao contrário de muitas pessoas ricas, Truman parecia se tornar um democrata ainda mais comprometido à medida que ficava mais rico.

Fiquei um tanto surpreso ao ver que muitas pessoas na área de Washington queriam ajudar, em particular Vic Raiser, advogado e captador de fundos para os democratas, e Tom Schnieder, meu amigo do Fim de Semana Renaissance. Em Nova York obtive ajudas valiosas desde o início, não apenas dos nossos amigos Harold Ickes e Susan Thomases, mas também de Ken Brody, um executivo da Goldman Sachs que decidira se envolver profundamente pela primeira vez na política democrata. Ken me disse que tinha sido republicano por pensar que os democratas tinham coração, mas a cabeça no lugar errado. Assim, ele se aproximou dos republicanos nacionais, mas percebeu que eles tinham cabeça, mas não coração, e então decidiu se juntar aos democratas por acreditar que era mais fácil mudar a cabeça do que o coração e, felizmente para mim, ele achou que eu era a melhor pessoa com quem ele pudesse começar. Ken me levou a um jantar com empresários poderosos de Nova York, inclusive Bob Rubin, cujos argumentos para uma nova política econômica me deixaram muito impressionado. Em toda campanha política bem-sucedida, gente como Ken Brody sempre aparece trazendo energia, idéias e novos aliados.

Além de levantar fundos e organizar as coisas, eu tinha de chegar aos distritos eleitorais predominantemente democratas. Em outubro falei com um grupo de judeus do Texas, dizendo que Israel deveria trocar terra por um pouco de paz; falei com negros e hispânicos de Chicago; e com grupos do Partido Democrata do Tennessee, do Maine, de Nova Jersey e da Califórnia, estados que eram considerados indefinidos, podendo ir para qualquer lado na eleição geral. Em novembro, falei em Memphis para a convenção da Igreja de Deus em Cristo, a seita negra de maior crescimento nos Estados Unidos. Trabalhei também o Sul: Flórida, Carolina do Sul, Louisiana e Geórgia. A Flórida era importante porque a sua votação não-oficial em 15 de dezembro, na convenção democrata, seria o primeiro voto contestado. O presidente Bush estava começando a cair nas pesquisas e não se ajudou ao dizer que a economia ia bem. Falei para a Associação Nacional de Educadores e no encontro anual da Comissão Norte-americana-Israelense para questões públicas em Washington. Fui para o Sul novamente, para a Carolina do Norte, o Texas e a Geórgia. No Oeste fiz paradas no Colorado e em Dakota do Sul; em Wyoming, onde o governador Mike Sullivan me deu seu apoio; e na região de Orange County, na Califórnia, uma trincheira republicana, consegui o apoio do executivo republicano de telecomunicações Roger Johnson e de outros que estavam desiludidos com a política econômica do presidente Bush.

Enquanto tudo isso estava se passando, o foco principal da campanha era New Hampshire. Se me saísse mal lá, nos estados que se seguiriam eu poderia não ir bem o suficiente para durar até a Super terça-feira. Embora estivesse atrás nas pesquisas de meados de novembro, eu gostava das minhas chances. New Hampshire é um estado pequeno — tem menos da metade do tamanho do Arkansas — e com eleitores da primária muito bem informados, que levam a sério a sua responsabilidade, avaliando cuidadosamente os candidatos e suas posições. Para competir efetivamente, são necessários uma boa organização e anúncios persuasivos de televisão, mas nem de longe isso é suficiente. É preciso também se mostrar bem numa infindável série de festas, encontros, comícios e apertos de mão que nem sempre estão no programa. Muitos dos cidadãos de New Hampshire não votam para ninguém que não tenha pedido pessoalmente o seu apoio. Depois de todos os meus anos na política do Arkansas, esse tipo de campanha já era um detalhe ao qual eu me habituara.

Ainda mais do que a política cultural, o problema econômico e o inevitável trauma emocional que ele gerava me fizeram sentir em casa em New Hampshire. O estado era como o Arkansas dez anos antes. Depois de prosperar durante os anos 1980, New Hampshire tinha as inscrições para o seguro contra a pobreza e para recebimento de cesta básica que mais cresciam no país, além da taxa mais alta de falências. Fábricas estavam fechando e os bancos enfrentavam problemas. Muitas pessoas estavam desempregadas e temerosas de perder a casa e o seguro-saúde. Não sabiam se poderiam enviar os filhos para a universidade. Receavam que o sistema de aposentadoria não estivesse solvente quando elas chegassem à idade da aposentadoria. Eu sabia como elas se sentiam. Tinha conhecido muitos cidadãos do Arkansas em situação semelhante. Imaginei que sabia o que era necessário para reverter essa situação.

A organização de campanha começou com dois jovens muito talentosos, Mitchell Schwartz e Wendy Smith, que se mudaram para Manchester e abriram a sede da campanha no estado. Logo se juntaram a eles Michael Whouley, um irlandês de Boston e organizador de alta competência, e Patty Howe Criner, meu amigo há quarenta anos, que se mudou de Little Rock para me apresentar e defender o meu histórico. Depois de algum tempo nós tínhamos um eficiente comitê, co-administrado por dois advogados que eu tinha conhecido no Conselho da Liderança Democrata, John Broderick e Terry Schumaker, cujo escritório por acaso estava no mesmo edifício que mais de um século antes tinha sido a sede do escritório de advocacia do Presidente Franklin Pierce.

A competição estava emperrada. Todos os candidatos vinham trabalhando duro em New Hampshire. O senador Bob Kerrey, ganhador de uma Medalha de Honra e ex-governador de Nebraska, atraiu muito interesse por ser um líder político diferente: social-liberal e conservador na área fiscal. A base da sua campanha era uma proposta abrangente de dar assistência médica para todos os norte-americanos. Uma questão importante no estado, onde o número de pessoas que estava perdendo o seu seguro-saúde crescia diariamente depois de uma década e os valores das mensalidades tinham aumentado nacionalmente três vezes mais que a taxa geral de inflação. Kerrey também trazia o forte argumento de que seu histórico militar e sua popularidade com os republicanos conservadores de Nebraska o tornavam o democrata mais elegível contra o presidente Bush.

O senador Tom Harkin, de Iowa, era no Senado o principal defensor dos direitos das pessoas com deficiências, uma autoridade em questões de ciência e tecnologia — temas importantes para o crescente número de eleitores de New Hampshire — e um aliado de longa data do movimento sindicalista. Ele argumentava que seria necessária uma autêntica campanha populista para vencer em novembro, não uma mensagem no estilo Conselho da Liderança Democrata, que segundo ele não tinha apelo para os "verdadeiros" democratas.

O ex-senador Paul Tsongas, de Lowell, Massachusetts, tinha se afastado ainda muito jovem de uma carreira bem-sucedida no Senado para lutar contra o câncer. Havia se tornado um fanático dos exercícios físicos: nadava vigorosamente e em público, para provar que estava curado e era capaz de ser presidente. Tsongas argumentava que a sua luta prematura contra a morte o tinha liberado de restrições políticas convencionais, tornando-o mais disposto que os outros candidatos a dizer aos eleitores duras verdades que eles nem sempre queriam ouvir. Ele tinha algumas idéias interessantes, que expôs num panfleto de campanha amplamente distribuído.

O governador Doug Wilder entrou para a história ao se tornar o primeiro governador afro-americano dos Estados Unidos, eleito para governar a Virgínia. Ele afirmava que sua capacidade de ganhar num estado conservador sulista e seu histórico em educação, combate ao crime e equilíbrio orçamentário provavam a sua elegibilidade.

Logo depois que iniciei a campanha, o ex-governador Jerry Brown, da Califórnia, também anunciou a sua entrada na disputa. Jerry disse que não iria aceitar contribuições em quantias acima de cem dólares e tentava se posicionar como o único concorrente genuinamente reformista. O foco da sua campanha era uma proposta para limpar o complexo código de impostos e substituí-lo por um imposto fixo de 13% para todos os cidadãos. Em 1976, quando era um jovem governador, Jerry entrou no final das primárias e venceu várias delas num esforço de última hora para deter Jimmy Carter. Em 1979 servi com ele na Associação Nacional de Governadores, onde passei a apreciar a sua mente rápida e a maneira freqüentemente incomum com que ele analisava os acontecimentos da época. A única qualidade que faltava na sua personalidade política singular era o senso de humor. Eu gostava do Jerry, mas ele levava todas as conversas extremamente a sério.

Por mais de dois meses depois que anunciei a minha candidatura, a campanha esteve obscurecida pelo espectro de que poderia haver ainda um outro candidato, o governador Mario Cuomo, de Nova York. Cuomo era uma grande figura na política democrata, nosso melhor orador e um apaixonado defensor dos valores democratas durante os anos Reagan-Bush. Muita gente pensava que Cuomo seria o candidato democrata escolhido, só bastava ele pedir, e por um bom tempo pensei que ele entraria na disputa. Cuomo atacou duramente o Conselho da Liderança Democrata, as minhas idéias sobre a reforma do seguro contra a pobreza e o serviço nacional, e também a minha pessoa. Eu fui magnânimo em público, mas fiquei particularmente furioso e disse algumas coisas sobre Mario das quais me arrependo. Acho que fui tão atingido pela crítica dele porque sempre o tinha admirado. Em meados de dezembro ele finalmente anunciou que não iria se candidatar. Quando alguns dos mais duros dos meus comentários sobre ele se tornaram públicos na primária de New Hampshire, tudo o que pude fazer foi pedir desculpas. Graças a Deus ele foi grande o suficiente para aceitá-las. Nos anos seguintes Mario Cuomo se tornaria um valoroso conselheiro e um dos meus mais fortes defensores. Eu queria colocá-lo na Suprema Corte, mas ele não quis o cargo. Acho que ele amava demasiadamente a vida em Nova York para abandoná-la, um fato que os eleitores não consideraram devidamente quando lhe negaram o quarto mandato em 1994.

No início da campanha, eu pensava que os meus mais fortes concorrentes em New Hampshire seriam Harkin e Kerrey. Mas logo ficou claro que eu tinha me enganado: Tsongas era o homem que eu precisaria vencer. Sua cidade natal ficava praticamente na fronteira com o estado de New Hampshire; ele tinha uma história de vida muito interessante, demonstrava a firmeza e a determinação necessárias para ganhar e, o mais importante, era o único candidato que estava competindo comigo no campo de batalha essencial de idéias, mensagens e propostas específicas e abrangentes.

As campanhas presidenciais bem-sucedidas exigem três pontos básicos. Primeiro, as pessoas têm de ser capazes de olhar para você e imaginá-lo como presidente. Depois, você precisa ter dinheiro e apoio suficientes para se tornar conhecido. Depois disso é uma batalha de idéias, mensagens e questões. Tsongas atendeu aos dois primeiros critérios e estava querendo vencer a batalha de idéias. Eu estava determinado a não deixar que isso acontecesse.

Programei três discursos na Georgetown a fim de dar consistência ao meu tema para o Novo Acordo com propostas específicas. Direcionei minha fala para estudantes, professores e aliados, com uma boa cobertura da imprensa, no maravilhoso Gaston Hall do Healy Building, um salão antigo e revestido de madeira. No dia 23 de outubro o tema foi responsabilidade e comunidade; em 20 de novembro, oportunidade econômica; em 12 de dezembro, segurança nacional.

Juntas, essas três palestras me permitiram articular as idéias e propostas que eu tinha desenvolvido na década anterior como governador e com o Conselho da Liderança Democrata. Eu havia ajudado a pô-las no papel e acreditava profundamente nas cinco crenças fundamentais do DLC: o credo de Andrew Jackson sobre oportunidade para todos e privilégios especiais para ninguém; os valores básicos norte-americanos de trabalho e família, liberdade e responsabilidade, fé, tolerância e inclusão; a ética de responsabilidade mútua de John Kennedy, pedindo aos cidadãos para dar algo em retribuição para o seu país; o avanço dos valores democráticos e humanitários em todo o mundo e prosperidade e mobilidade social ascendente no país; e o compromisso de Franklin Roosevelt com a inovação, com a modernização do governo para a era da informação, buscando encorajar as pessoas dando-lhes ferramentas para fazer o melhor para suas vidas.

Fiquei surpreso com algumas das críticas ao DLC, vindas da esquerda democrata, que nos acusou de sermos republicanos enrustidos, e de alguns membros da imprensa política, que tinham confortáveis caixinhas rotuladas com a etiqueta "Democrata" e "Republicano". Quando nós não nos encaixávamos elegantemente na sua engessada caixinha Democrata, eles diziam que nós não acreditávamos em nada. A prova foi que nós queríamos vencer as eleições nacionais, algo que aparentemente não era apropriado para os democratas.

Eu acreditava que o DLC estivesse promovendo os melhores valores e princípios do Partido Democrata com novas idéias. Por certo alguns liberais discordavam honestamente da nossa visão sobre a reforma do seguro contra a pobreza, sobre o comércio, a responsabilidade fiscal e a defesa nacional. Mas as nossas diferenças com os republicanos eram claras. Nós éramos contra os seus injustos cortes de impostos e os grandes déficits; contra a oposição deles à lei de Licença Médica e Familiar e ao projeto de lei Brady; contra sua omissão em financiar adequadamente a educação ou em fazer avançar reformas comprovadas, em vez dos vales-educação; discordávamos da tática de divisão deles em questões raciais e homossexuais; de sua relutância em proteger o meio ambiente; de sua posição contra o aborto; e de muito mais. Nós também tínhamos boas idéias, como colocar 100 mil policiais comunitários nas ruas; dobrar o Crédito Tributário sobre a Renda Auferida, para tornar o trabalho mais atraente e a vida melhor para as famílias com rendas modestas, e oferecer aos jovens uma oportunidade de trabalho voluntário em troca de ajuda no pagamento de seus cursos universitários.

Dificilmente se poderia dizer que os princípios e propostas que eu defendia eram pró-republicanos ou que lhes faltava convicção. Ao contrário, eles ajudavam a modernizar o Partido Democrata e mais tarde seriam adotados por emergentes partidos de centro-esquerda em todo o mundo, no que seria chamado "Terceira Via". E o mais importante: as novas idéias, quando implementadas, provariam ser boas para os Estados Unidos. Os discursos feitos na Georgetown em 1991 me deram uma oportunidade valiosa de demonstrar que eu tinha um abrangente programa de mudanças e pensava seriamente na sua implementação.

Enquanto isso, de volta a New Hampshire, lancei um livreto de campanha delineando todas as propostas específicas feitas nos discursos na Georgetown. E programei o máximo possível de encontros em várias cidades. Uma das primeiras foi Keene, uma bela cidade universitária no sudoeste do estado. Nossos voluntários de campanha tinham colocado cartazes em toda a cidade, mas não sabíamos quantas pessoas apareceriam. Na sala que alugamos cabiam cerca de duzentas. A caminho do encontro, perguntei a um veterano de campanha de quantas pessoas precisávamos para evitar embaraços. Ele disse: "Cinqüenta". E de quantas para considerar o encontro um sucesso? "Cento e cinqüenta." Quando chegamos, havia quatrocentas pessoas. O chefe do Corpo de Bombeiros nos fez colocar metade delas em outra sala, e eu tive de fazer dois encontros. Foi a primeira vez que percebi que poderia me sair bem em New Hampshire.

Normalmente eu falava por quinze minutos e passava uma hora ou mais respondendo a perguntas. No início tive a preocupação de não ser detalhado demais nem preocupado demais com as políticas administrativas nas respostas, mas logo percebi que as pessoas estavam querendo saber de conteúdo, e não de estilo. Elas estavam realmente atingidas, e queriam entender o que estava acontecendo e como seria possível vencer os problemas que as afetavam. Aprendi muito simplesmente ouvindo as perguntas que recebia das pessoas nesses encontros nas cidades e em outras paradas da campanha.

Um casal de idosos, Edward e Annie Davis, me disse que eles sempre tinham de escolher entre comprar comida ou sua receita de remédios. Uma estudante secundária contou que seu pai desempregado estava tão envergonhado que não conseguia encarar a família durante o jantar; ele simplesmente baixava a cabeça. Encontrei veteranos de guerra nos saguões da Legião Norte-americana* e descobri que eles estavam mais preocupados com a deterioração da assistência médica nos hospitais de veteranos do que com a minha oposição à Guerra do Vietnã. Fiquei especialmente tocado com a história de Ron Machos, cujo filho Ronnie nasceu com um problema cardíaco. Ele tinha perdido o seu emprego com a recessão e não estava encontrando outro com seguro-saúde para cobrir os altos custos médicos que estavam por vir. Quando os democratas de New Hampshire fizeram uma convenção para ouvir todos os candidatos, fui levado ao palanque por estudantes carregando uma faixa CLINTON PARA PRESIDENTE, um grupo que tinha sido recrutado pelo seu professor, meu velho amigo do Arkansas Jan Paschal. Um deles me impressionou particularmente: Michael Morrison estava em uma cadeira de rodas, mas isso não abalava a sua energia. Ele me apoiava na campanha porque para estudar contava apenas com a ajuda da mãe, sem marido e com renda modesta, e achou que eu estava empenhado em dar a todos os jovens a oportunidade de ir para a universidade e conseguir um bom emprego.

Em dezembro, a campanha estava a todo vapor. Em 2 de dezembro, James Carville e seu sócio, Paul Begala, se juntaram a nós. Eles eram personalidades interessantes e elementos políticos muito importantes, tendo ajudado pouco tempo antes a eleger o governador Bob Casey e o senador Harris Wofford na Pensilvânia, e o governador Zell Miller na Geórgia. Zell primeiro me passou o telefone de Carville, de modo que eu pudesse marcar um encontro com ele e Begala. Como Frank Greer, eles faziam parte de uma espécie política em extinção, mas vigorosa, de democratas brancos do Sul, ao meu estilo. Carville era um *cajun*** da Louisiana, ex-fuzileiro naval, que tinha um grande senso de estratégia e um profundo compromisso com a política progressista. Ele e eu tínhamos muitas afinidades, inclusive mães parecidas na vontade férrea e no senso prático — e ambos adorávamos

---

* Associação de pessoas que serviram nas forças armadas norte-americanas durante as guerras. (N. dos T.)

** Descendentes dos católicos franceses que estabeleceram comunidades na Louisiana e no Maine. Falam um dialeto próprio, a fim com o francês, e também são conhecidos pela culinária e pela música. (N. dos T.)

isso. Begala era um inteligente cidadão de Sugar Land, no Texas, que mesclou um populismo agressivo à sua consciência popular católica. Eu não era o único candidato que queria contratá-los, e quando eles assinaram contrato conosco, trouxeram energia, foco e credibilidade para os nossos esforços.

Em 10 de dezembro falei para o Encontro dos Presidentes das Grandes Organizações Judaicas Norte-americanas e dois dias depois fiz a terceira e última palestra na Georgetown, sobre segurança nacional. Nas palestras tive muita ajuda de Sandy Berger, meu amigo de longa data que tinha sido vice-diretor de planejamento no Departamento de Estado durante os anos Carter. Sandy recrutou três outros especialistas em política externa da era Carter para nos ajudar — Tony Lake, Dick Holbrooke e Madeleine Albright —, e também um grande especialista sobre o Oriente Médio nascido na Austrália, Martin Indyck. Todos teriam importantes papéis nos anos seguintes. Em meados de dezembro foi suficiente que eles me ajudassem a cruzar o limiar do conhecimento e da competência em política externa.

Em 15 de dezembro venci a votação prévia na Flórida na convenção democrata com 54% dos delegados. Conhecia muitos deles das minhas primeiras visitas à convenção nos anos 1980, e tinha de longe a mais forte organização de campanha, liderada pelo vice-governador Buddy McKay. Hillary e eu também trabalhamos bem os delegados, e o mesmo fizeram os irmãos dela, Hugh e Tony, que viviam em Miami, e a esposa de Hugh, Maria, uma advogada cubano-americana.

Dois dias depois da vitória na Flórida, um captador de fundos no Arkansas conseguiu 800 mil dólares para a campanha, muito mais do que jamais havia sido levantado lá em uma única campanha. Em 19 de dezembro o *Nashville Banner* se tornou o primeiro jornal a me apoiar. Em 20 de dezembro o governador Cuomo disse que não se candidataria. Então o senador Sam Nunn e o governador Zell Miller, da Geórgia, deram à minha campanha um enorme incremento oferecendo-me o seu apoio. A primária da Geórgia aconteceu pouco antes da Super terça-feira, paralelamente à de Maryland e à do Colorado.

Enquanto isso, os problemas do presidente Bush aumentaram: Pat Buchanan anunciou a sua intenção de entrar nas primárias do Partido Republicano, atacando-o num estilo direitista *à la* George Wallace. Os republicanos conservadores estavam incomodados com o presidente por ele ter assinado um pacote de redução do déficit de 492 bilhões de dólares aprovado pelo Congresso Democrata, porque ele continha um aumento de imposto de cinco centavos sobre a gasolina, além de cortes de gastos. Bush havia posto a convenção republicana aos seus pés em 1988 com a famosa frase "Leia meus lábios: nenhum novo imposto". Ele agiu corretamente assinando o pacote de redução do déficit, mas ao fazê-lo quebrou o seu compromisso de campanha mais valioso e violou a teologia antiimpostos da base de direita do seu partido.

Os conservadores não direcionaram todo o seu fogo contra o presidente. Eu também recebi uma boa parte, do grupo Aliança para o Renascimento de um Espírito Norte-americano Independente (Alliance for the Rebirth of an Independent American Spirit — ARIAS). O ARIAS era em parte comandado por Cliff Jackson, do Arkansas, que eu tinha conhecido em Oxford, e de quem gostava, mas que era agora um republicano conservador com uma profunda animosidade pessoal contra mim. Quando o ARIAS fez anúncios em jornais, no rádio e na televisão atacando o meu histórico, nós respondemos rápida e agressivamente. Os ataques podem ter feito mais bem do que mal à campanha, porque a resposta a eles destacou as minhas realizações como governador e porque a fonte dos ataques os tornou suspeitos entre os democratas de New Hampshire. Dois dias antes do Natal, uma nova pesquisa em New Hampshire me colocou como o segundo e me aproximando rapidamente do primeiro, Paul Tsongas. O ano terminou com uma boa nota.

No dia 8 de janeiro o governador Wilder se retirou da disputa, reduzindo a concorrência pelos eleitores afro-americanos, especialmente no Sul. Mais ou menos na mesma época Frank Greer bolou um grande anúncio de televisão, destacando os problemas econômicos de New Hampshire e o meu plano para remediá-los, e nós passamos à frente de Tsongas nas pesquisas eleitorais. Na segunda semana de janeiro a nossa campanha tinha levantado 3,3 milhões de dólares em menos de três meses, metade vinda do Arkansas. Hoje pode parecer uma soma pequena, mas no início de 1992 era suficientemente boa para liderar a disputa.

A campanha parecia estar nos trilhos até 23 de janeiro, quando a imprensa de Little Rock recebeu uma nota antecipando uma reportagem que só sairia na edição de 4 de fevereiro do jornal sensacionalista *Star*, no qual Gennifer Flowers afirmou ter mantido um romance de doze anos comigo. O nome dela tinha estado na lista das cinco mulheres que durante a campanha de 1990 para governador Larry Nichols alegara terem caso comigo. Na época ela havia negado isso peremptoriamente. No início nós não sabíamos até que ponto a imprensa levaria a sério as palavras dela, então não alteramos o nosso programa. Eu fiz uma longa viagem de carro até Claremont, no sudoeste de New Hampshire, para fazer campanha numa fábrica de vassouras. As pessoas que a administravam queriam vender os seus produtos para o Wal-Mart, e eu estava disposto a ajudá-las. A certa altura, Dee Dee Myers foi ao pequeno escritório da fábrica e ligou para a sede da campanha. Gennifer estava alegando que tinha fitas de dez conversas telefônicas comigo, as quais supostamente provavam a verdade das suas alegações.

Um ano antes, o advogado de Gennifer tinha escrito uma carta para uma estação de rádio de Little Rock ameaçando abrir um processo por calúnia porque um dos seus entrevistadores de *talk-show* havia repetido algumas das alegações de um resumo para a imprensa de Larry Nichols; o advogado dizia que a estação tinha errônea e inveridicamente acusado-a de ter tido um caso comigo. Nós não sabíamos o que estava gravado em qualquer das fitas que a Gennifer pudesse ter, mas eu me lembrei claramente das conversas que tivera com ela e não achava que pudessem conter qualquer coisa que me fosse prejudicial. Gennifer, que eu conhecia desde 1977 e tinha recentemente ajudado a conseguir um emprego no estado, havia me telefonado para se queixar de que a mídia a estava importunando até no lugar em que ela trabalhava à noite, como cantora, e que ela sentia que o seu emprego estava ameaçado. Eu me solidarizei com ela, mas não pensei que aquilo tivesse maior gravidade. Depois que Dee Dee foi tentar descobrir mais sobre o que o *Star* estava planejando publicar, eu telefonei para Hillary e lhe disse o que estava acontecendo. Felizmente, ela estava na Mansão do Governador da Geórgia, em viagem de campanha, e Zell e Shirley Miller foram maravilhosos com ela.

A reportagem da Gennifer explodiu e provou ser irresistível para a mídia, ainda que algumas das reportagens lançassem dúvidas sobre as suas acusações. A imprensa noticiou que Gennifer tinha sido paga para contar o caso e que um ano antes tinha negado vigorosamente o romance. A mídia, verdade seja dita, mostrou a falsidade das alegações de Gennifer sobre a sua vida escolar e o seu histórico de trabalho. Essas reportagens, entretanto, foram eclipsadas pelas alegações de Gennifer. Eu estava caindo nas pesquisas de New Hampshire, e Hillary e eu decidimos que deveríamos aceitar o convite de um programa da CBS, o *60 Minutes*, para responder a perguntas sobre as acusações e sobre o nosso casamento. Isso não foi fácil. Nós queríamos nos defender contra a cobertura do escândalo e voltar às questões reais, sem nos diminuir e acrescentar combustível ao fogo da tática de destruição pessoal que eu tinha deplorado mesmo antes de ela me queimar. Eu já havia dito que não tinha vivido uma vida perfeita. Se esse era o critério, alguma outra pessoa teria de ser eleita presidente.

Gravamos o programa no Ritz-Carlton em Boston numa manhã de domingo, 26 de janeiro, para ser levado ao ar mais tarde naquela noite, depois do Super Bowl. Conversamos com o entrevistador, Steve Kroft, por cerca de uma hora. Ele começou perguntando se a história da Gennifer era verdadeira. Quando eu disse que não era, ele perguntou se eu tinha tido algum romance. Talvez eu devesse ter usado a brilhante resposta de Rosalynn Carter a uma pergunta semelhante em 1976: "Se eu tivesse tido, não lhe diria". Uma vez que eu não era tão inocente quanto a sra. Carter, decidi não dar uma de esperto. Em vez disso, reconheci que já tinha causado danos ao meu casamento, que já tinha dito mais sobre o assunto do que qualquer outro político jamais disse, que não diria mais nada, e que o povo norte-americano sabia o que eu queria dizer.

Kroft, inacreditavelmente, voltou a fazer a pergunta. O único objetivo dele na entrevista era conseguir uma confissão. Finalmente, depois de uma série de perguntas sobre Gennifer Flowers, ele se referiu ao nosso casamento como um arranjo. Eu tive vontade de dar um soco nele, mas em vez disso esbravejei: "Espera aí. Você está olhando para duas pessoas que se amam. Isso não é um arranjo ou um acordo. Isso é um casamento". Então Hillary disse que estava me acompanhando na entrevista "porque eu o amo e o respeito, e eu respeito o que ele está passando e o que nós temos passado juntos. E sabe de uma coisa? Se isso não é o suficiente para as pessoas, então, paciência, que não votem nele". Depois de abrir a entrevista com essa luta na lama, Kroft se tornou mais civilizado e então houve algumas boas conversas sobre a nossa vida conjugal. Todas elas foram cortadas quando a longa entrevista foi editada, reduzindo-se a cerca de dez minutos, aparentemente porque o Super Bowl encurtava o programa.

A certa altura da entrevista, a luz muito forte e muito quente posicionada acima do sofá em que a Hillary e eu estávamos sentados se soltou do fio no teto e caiu. Ela estava exatamente sobre a cabeça de Hillary, e se a tivesse atingido poderia tê-la queimado seriamente. De alguma maneira eu vi, pelo canto do olho, o que ia acontecer, e a puxei para o meu colo numa fração de segundo antes que o spot de luz caísse onde ela estava sentada. Ela ficou amedrontada, e com razão. Eu apenas afaguei o seu cabelo e disse que estava tudo bem e que eu a amava. Depois dessa provação nós fomos correndo para casa para assistir ao show com a Chelsea.

Quando terminou, eu perguntei a Chelsea o que ela havia achado. Ela disse: "Eu acho que estou contente por vocês serem meus pais".

Na manhã seguinte voei para Jackson, no Mississippi, para um café-da-manhã organizado pelo ex-governador Bill Winter e por Mike Espy, que tinham me apoiado desde o início. Eu me sentia inseguro quanto às pessoas que estariam presentes e à recepção que eu teria. Para o meu imenso alívio, eles precisaram providenciar cadeiras extras para uma multidão maior do que se esperava e que parecia genuinamente contente em me ver. Então eu voltei ao trabalho.

No entanto, o caso não estava terminado. Gennifer Flowers deu uma entrevista coletiva para uma casa cheia no Waldorf-Astoria Hotel, em Nova York. Ela repetiu a sua história e disse que estava cansada de mentir sobre aquilo. Também reconheceu que tinha sido abordada por "um candidato republicano local" que lhe pediu para fazer as declarações, mas não disse o nome dele. Os jornalistas ouviram algumas das suas fitas na coletiva, mas exceto por provar que eu havia conversado com ela por telefone — fato que eu não havia negado —, divulgar seu conteúdo nem vinha ao caso, em face de todo o barulho feito em vão em torno delas.

Apesar de uma ou outra cobertura posterior, o circo da mídia sobre Gennifer estava terminando. A principal razão disso foi termos conseguido colocá-lo na perspectiva adequada no *60 Minutes*. O público compreendeu que eu não tinha sido perfeito nem estava fingindo ser, mas também sabia haver assuntos muito mais importantes confrontando o país. E a muitas pessoas repugnou "o lixo trocado por dinheiro" que a cobertura da mídia envolvia. Por volta dessa época, Larry Nichols resolveu desistir do seu processo contra mim e ainda fez um pedido público de desculpas, em suas palavras, por ter tentado me destruir: "A mídia fez um circo disso, e agora já foi longe demais. Quando aquele artigo do *Star* apareceu, muitas mulheres telefonaram para me perguntar se eu queria pagar a elas para dizerem que tinham tido um romance com Bill Clinton. Isso é uma loucura". Levantaram-se questões sobre as fitas ouvidas na coletiva dada pela Gennifer Flowers. O *Star* não quis apresentar as fitas originais. Uma estação de TV de Los Angeles tinha um especialista que declarou que, embora não soubesse se a fita tinha sido, conforme a sua expressão, "incrementada", ela tinha sido, isso era evidente, seletivamente editada. A CNN também fez uma cobertura importante, baseada na análise do seu próprio especialista.

Como eu disse, a primeira vez que encontrei Gennifer Flowers foi em 1977, quando eu era um procurador-geral e ela era repórter de uma TV local que freqüentemente me entrevistava. Logo depois Gennifer deixou o Arkansas para tentar carreira no mundo do entretenimento — parece-me que como *backing vocal* para Roy Clark, um astro da música country. A certa altura ela se mudou para Dallas. No fim dos anos 1980 ela voltou para Little Rock, para ficar perto de sua mãe, e me telefonou pedindo que a ajudasse a conseguir um emprego no estado, para suplementar a sua renda de cantora. Eu a recomendei a Judy Gaddy, da minha equipe, responsável pelo encaminhamento das muitas pessoas que me pediam empregos estaduais. Depois de nove meses, Gennifer finalmente conseguiu um emprego que pagava menos de 20 mil dólares por ano.

Gennifer Flowers me impressionava como uma sobrevivente cuja infância estava longe de ter sido ideal e que tinha tido desapontamentos em sua carreira mas continuava lutando. Mais tarde ela foi citada na imprensa dizendo que poderia votar em mim e, em outra ocasião, dizendo que não acreditava nas alegações de Paula Jones sobre assédio sexual. Ironicamente, quase seis anos depois da minha aparição de janeiro de 1992 no *60 Minutes*, tive de depor no caso de Paula Jones e me foram feitas perguntas sobre Gennifer Flowers. Reconheci que nos anos 1970 eu tinha tido um relacionamento com ela que não deveria ter tido. Evidentemente, toda a linha de questionamento não tinha nada a ver com a espúria acusação de assédio sexual por parte de Paula Jones. Era apenas uma parte da longa e bem financiada tentativa de me prejudicar e me constranger pessoal e politicamente. Mas eu estava sob juramento e certamente, se não tinha feito nada errado, não podia ser colocado numa situação embaraçosa. Meus críticos imediatamente aproveitaram essa questão. Ironicamente, mesmo estando certos de que o resto da acusação era falso, eles aceitaram essa resposta como verdade. O fato é que não houve romance de doze anos. Gennifer Flowers ainda tem um processo contra James Carville, Paul Begala e Hillary, alegando que eles a caluniaram. Eu não desejo mal a ela, mas agora que não sou mais presidente, gostaria que ela os deixasse em paz.

Alguns dias depois do início desse incêndio eu telefonei para Eli Segal e lhe pedi que viesse para Little Rock para ser uma presença madura, cordata, na sede da campanha. Quando Eli me perguntou por que é que eu queria a ajuda dele, que tinha trabalhado apenas em campanhas presidenciais fracassadas, desmontei: "Eu estou desesperado". Ele riu e veio, para se encarregar do escritório geral, das finanças e do planejamento de campanha. No início do mês, Ned McWherter, Brereton Jones e Booth Gardner, governadores, respectivamente, do Tennessee, do Kentucky e de Washington, me apoiaram. Aqueles que já o tinham feito, inclusive Dick Riley, da Carolina do Sul, Mike Sullivan, de Wyoming, Bruce King, do Novo México, George Sinner, de Dakota do Norte, e Zell Miller, da Geórgia, reafirmaram seu apoio. O mesmo fez o senador Sam Nunn, avisando que queria "esperar para ver" que outras histórias apareceriam na mídia.

Uma pesquisa nacional de opinião pública revelou que 70% dos norte-americanos achavam que a imprensa não deveria fazer reportagens sobre a vida privada de figuras públicas. Numa outra, 80% dos democratas disseram que seus votos não seriam afetados mesmo se a história da Gennifer Flowers fosse verdadeira. Isso soa bem, mas 20% é muito para desistir deles logo de cara. Não obstante, a campanha engrenou novamente e parecia que pelo menos poderíamos terminar num bom segundo lugar, depois de Tsongas, e parecia suficiente para me levar até as primárias do Sul.

Então, justo no momento em que a campanha parecia estar se recuperando, aconteceu um outro grande choque, quando apareceu a história da minha "convocação" para ir à guerra. Em 6 de fevereiro o *Wall Street Journal* publicou uma reportagem sobre a minha experiência de ser convocado a me apresentar para o serviço militar e sobre o meu relacionamento com o programa ROTC [Corpo de Treinamento dos Oficiais de Reserva (Reserve Officers Training Corps)] na Universidade de Arkansas em 1969. Quando a campanha começou, eu estava despreparado para as perguntas sobre a convocação e erroneamente disse que durante os meus anos de Oxford nunca tinha tido uma dispensa temporária da apresentação para servir no Exército. Na verdade eu tive uma, de 7 de agosto a 20 de outubro de 1969. Pior ainda, o coronel Eugene Holmes, que tinha concordado em deixar que eu me juntasse ao programa, dizia agora que eu o havia informado erroneamente, levando-o a me tirar da convocação. Em 1978, quando os repórteres perguntaram a ele sobre a acusação, ele disse que havia tratado de centenas de casos e que não se lembrava de nada específico sobre o meu. Aliada à minha afirmação equivocada de que eu nunca tinha tido uma dispensa temporária, a reportagem fez parecer que eu estava levando as pessoas a uma idéia errada sobre por que não fui convocado. Isso não era verdade, mas na época eu não podia prová-lo. Eu não me lembrei e não encontrei a fita de Jeff Dwire com a sua conversa amigável com Holmes em março de 1970, depois de eu estar fora do programa ROTC e de volta ao sorteio, a loteria da convocação. Jeff tinha morrido, assim como Bill Armstrong, o chefe do comitê de convocação da minha cidade. E todos os arquivos de convocação daquele período tinham sido destruídos.

O ataque de Holmes me surpreendeu, porque ele contradizia as suas afirmações anteriores. Sugeriu-se que Holmes pode ter sido ajudado nas suas lembranças pela sua filha Linda Burnett, uma ativista republicana que estava trabalhando para a reeleição do presidente Bush.

Perto da eleição, em 16 de setembro, Holmes publicaria uma denúncia mais detalhada, questionando o meu patriotismo e a minha integridade, e dizendo novamente que eu o tinha enganado. Aparentemente a afirmação foi preparada pela sua filha, com a "orientação" do escritório do meu antigo adversário, o congressista John Paul Hammerschmidt, e tinha sido revisada por vários funcionários da campanha de Bush.

Alguns dias depois que a reportagem foi publicada, e apenas uma semana antes da eleição em New Hampshire, Ted Koppel, âncora do programa de TV *Nightline*, da emissora ABC, telefonou para David Wilhelm e disse que tinha uma cópia da minha agora famosa carta sobre a convocação, endereçada ao coronel Holmes, e que a ABC ia fazer uma reportagem sobre aquilo. Eu tinha me esquecido totalmente da carta, e a ABC gentilmente concordou em nos enviar uma cópia. Quando eu a li, pude ver por que a diretoria da campanha de Bush tinha certeza de que a carta e a versão revisada do relato do coronel Holmes sobre o episódio da ROTC me derrotariam em New Hampshire.

Naquela noite Mickey Kantor, Bruce Lindsey, James Carville, Paul Begala, George Stephanopoulos, Hillary e eu nos encontramos numa das nossas salas do hotel de beira de estrada Days Inn em Manchester. Nós estávamos sendo arrasados pela imprensa. Agora ela fazia um ataque duplo ao meu caráter. Todos os comentaristas da televisão diziam que eu estava "mortinho da silva". George estava sentado no chão, praticamente em lágrimas. Ele perguntou se não era hora de pensar em nos retirarmos da campanha. Carville andava pela sala sacudindo a carta e gritando "Georgie! Georgie! Isso é loucura. Esta carta é nossa defesa. Qualquer pessoa que leia esta carta vai reconhecer que ele tem caráter!". Ainda que eu adorasse a sua atitude de "nunca desistir", estava ainda mais calmo que ele. Eu sabia que a única experiência política do George tinha sido em Washington, e que ao contrário de nós ele realmente acreditava que a imprensa era que decidiria quem tinha valor e quem não tinha. Eu perguntei: "George, você ainda acha que eu serei um bom presidente?". "Sim", ele respondeu. "Então se levante e volte ao trabalho. Se os eleitores querem me deixar de fora, eles o farão no dia da eleição. Eu deixarei que eles decidam."

As palavras foram corajosas, mas eu estava caindo vertiginosamente nas pesquisas. Já estava em terceiro lugar, e parecia que ia cair para os índices de um único algarismo. Aconselhados por Carville e Mickey Kantor, fizemos um anúncio no *Manchester Union Leader* contendo o texto completo da carta e compramos dois segmentos de trinta minutos na televisão para que os eleitores telefonassem e perguntassem diretamente para mim sobre as acusações e qualquer outra coisa que tivessem na cabeça. Cento e cinqüenta pessoas do Arkansas pararam o que estavam fazendo e vieram para New Hampshire fazer campanha de porta em porta. Uma delas, o deputado David Matthews, tinha sido meu aluno na Faculdade de Direito e era um dos mais fortes defensores dos meus programas legislativos e das minhas campanhas no nosso estado natal. Era um orador eloqüente e persuasivo, que logo se tornou meu braço-direito, depois da Hillary. David aquecia a platéia para mim em vários comícios, e acho que muita gente acreditava que quem deveria ter sido candidato era ele. Seiscentos outros cidadãos do Arkansas puseram seu nome e número de telefone num anúncio de página inteira do jornal *Union Leader*, pedindo aos democratas de New Hampshire que telefonassem para eles se quisessem saber a verdade sobre o seu governador. Centenas de chamadas foram feitas.

De todas as pessoas do Arkansas que foram me ajudar, nenhuma fez uma diferença mais substancial do que o meu maior amigo de infância, David Leopoulos. Depois que a história da Gennifer Flowers veio a público, David ouviu na TV comentaristas dizerem que eu estava acabado. Ele ficou tão contrariado que entrou no seu carro e dirigiu três dias até chegar a New Hampshire. Ele não podia pagar uma passagem de avião. Quando chegou à nossa sede, Simon Rosenberg, o meu jovem assessor de imprensa, marcou para ele uma entrevista numa estação de rádio de Boston com grande audiência em New Hampshire. Ele acertou na mosca falando sobre a nossa amizade de quarenta anos e me fazendo parecer mais humano. Depois falou em uma reunião com os nossos desencorajados voluntários de todo o estado. Quando terminou, eles estavam bastante emocionados e cheios de coragem para a arrancada final. David fez campanha no estado por uma semana inteira, dando entrevistas no rádio e distribuindo panfletos caseiros com fotos dos nossos amigos de infância. No final da sua viagem eu o vi num comício em Nashua, onde ele se juntou a outras cinqüenta pessoas do Arkansas, inclusive a Carolyn Staley, ao meu antigo parceiro de jazz Randy Goodrum e à minha amiga de escola no ensino fundamental Mauria Aspell. Os "Amigos do Bill" provavelmente salvaram a campanha em New Hampshire.

Alguns dias antes da eleição fui até Nova York para uma campanha de levantamento de fundos que já vinha sendo planejada havia muito tempo. Eu me perguntava se alguma pessoa iria, mesmo que fosse para ver um condenado à morte. Enquanto caminhava da cozinha do Sheraton Hotel para o salão de danças, eu apertei a mão dos garçons e do pessoal da cozinha, como sempre fiz. Um dos garçons, Dimitrios Theofanis, começou uma breve conversa comigo que nos transformou em amigos para toda a vida. "O meu filho de nove anos está estudando a eleição na escola e diz que eu deveria votar em você. Se eu fizer isso, quero que você liberte o meu garoto. Na Grécia nós éramos pobres, mas éramos livres. Aqui, o meu filho não pode brincar no parque do outro lado da rua sozinho ou ir sozinho para a escola, porque é muito perigoso. Ele não é livre. Então, se eu votar em você, eu quero que você liberte o meu garoto." Quase chorei. Dimitrios era um homem que realmente se importava com o que eu poderia fazer pela segurança do seu filho. Eu disse a ele que a guarda comunitária, que poderia caminhar nos quarteirões e conhecer os residentes, poderia ajudar muito e que eu estava comprometido a financiar a contratação de 100 mil desses policiais.

Eu já estava me sentindo melhor, mas quando entrei no salão fiquei ainda mais entusiasmado. Setecentas pessoas estavam lá, inclusive a minha amiga da Georgetown Denise Hyland Dangremond e o seu marido, Bob, que tinham vindo de Rhode Island para dar apoio moral. Eu voltei para New Hampshire pensando que poderia sobreviver.

Nos últimos dias da campanha, Tsongas e eu tivemos uma discordância acalorada sobre a política econômica. Eu tinha proposto um plano de quatro pontos para criar empregos, ajudar na criação de novas empresas e reduzir a pobreza e a desigualdade na distribuição de renda: cortar o déficit pela metade em quatro anos, com reduções de gastos e aumento dos impostos pagos pelos norte-americanos mais ricos; aumentar o investimento em educação, capacitação profissional e novas tecnologias; expandir o comércio; e reduzir impostos, modestamente para a classe média e muito mais para os trabalhadores pobres. Nós tínhamos feito o melhor que podíamos para estimar o custo de cada proposta, usando números da Comissão de Orçamento do Congresso. Em contraste com o meu plano, Tsongas disse que deveríamos apenas nos focalizar em reduzir o déficit e que o país não teria condições de sustentar a redução dos impostos da classe média, embora ele fosse favorável a cortar impostos sobre os ganhos de capital, o que beneficiaria sobretudo os cidadãos ricos. Ele me chamou de "urso inconseqüente", por propor a redução de impostos, e disse que ele seria o melhor amigo que Wall Street jamais tivera. Eu ataquei de volta dizendo que nós precisávamos de um novo plano econômico democrata que ajudasse tanto a Wall Street quanto a Main Street,* os negócios e as famílias trabalhadoras. Muitas pessoas concordaram com a afirmação de Tsongas de que o déficit era grande demais para as minhas reduções de impostos, mas eu achava que nós tínhamos de fazer alguma coisa quanto a essas duas décadas de crescimento de desigualdade econômica e à mudança do peso dos impostos para a classe média nos anos 1980.

Embora gostasse de debater os méritos relativos dos planos econômicos das duas campanhas, eu não tinha nenhuma ilusão de que as questões sobre o meu caráter tinham sido esquecidas. Quando a nossa campanha se aproximava do final, eu falei para uma entusiástica platéia em Dover o que eu realmente achava da "questão do caráter":

> Foi fascinante para mim passar a ver nestas últimas semanas se levantarem essas supostas questões de caráter, justamente depois de, por meio das minhas conversas sobre os problemas da sociedade e o futuro das nossas vidas, eu ter subido vertiginosamente até o topo nas pesquisas.

* A rua principal das cidadezinhas. (N. dos T.)

O caráter é importante numa eleição presidencial, e o povo norte-americano tem feito julgamentos sobre o caráter de seus políticos por mais de duzentos anos. E, na maior parte do tempo, ele tem acertado, ou nenhum de nós estaria aqui hoje. Eu vou lhes dizer o que eu penso sobre a questão do caráter: Quem realmente se importa com vocês? Quem está de fato tentando dizer o que faria especificamente se fosse eleito presidente? Quem demonstrou o histórico de ter feito exatamente o que está propondo? E quem está determinado a mudar a vida de vocês em vez de apenas alcançar e manter o poder? [...]

Vou lhes dizer o que eu penso sobre a questão do caráter nesta eleição: Como é que se pode ocupar a Presidência e nunca usar esse privilégio para ajudar as pessoas a melhorar a vida delas, a não ser quando se precisa salvar a vida numa eleição? Essa é uma questão de caráter. [...]

Eu vou lhes dizer uma coisa. Eu vou lhes retribuir esta eleição, e se vocês confiarem em mim, eu não serei como George Bush. Eu nunca me esquecerei de quem me deu uma segunda chance, e estarei lá para vocês até a morte do último cão.*

"Até a morte do último cão" se tornou uma palavra de ordem para o nosso pessoal nos últimos dias da campanha de New Hampshire. Milhares de voluntários trabalharam com extrema dedicação. Hillary e eu apertamos todas as mãos que pudemos encontrar. As pesquisas ainda eram desencorajadoras, mas o ritmo parecia melhor.

Na manhã da eleição, 18 de fevereiro, fazia muito frio e o chão estava coberto de gelo. O jovem Michael Morrison, estudante que era empurrado por Jan Paschal na cadeira de rodas, acordou cedo, ansioso para ir trabalhar em um posto de votação para mim. Infelizmente o carro da mãe dele não pegou. Michael ficou chateado, mas não desanimado. Ele foi com sua cadeira de rodas motorizada na fria manhã, fez a curva para entrar numa estradinha e depois continuou naquele vento de inverno por mais de dois quilômetros, até chegar ao seu posto de trabalho. Algumas pessoas achavam que o importante na eleição era a questão da convocação e a história de Gennifer Flowers. Eu achava que o importante era o Michael Morrison; o Ronnie Machos, o garotinho com um buraco no coração e sem nenhuma assistência médica; e a garota cujo pai desempregado ficava de cabeça baixa na mesa do jantar; e o Edward e a Annie Davis, que não tinham dinheiro suficiente para comprar alimento e os remédios que eles precisavam; e o filho de um garçom imigrante de Nova York que não podia brincar no parque do outro lado da rua onde ele morava. Nós logo iríamos descobrir quem estava certo.

Naquela noite Paul Tsongas ganhou com 35%, mas eu terminei num forte segundo lugar com 26%, bem na frente de Kerrey, com 12%, Harkin, com 10%, e Brown, com 9%. O restante dos votos foi para candidatos independentes. Por insistência do Joe Grandmaison, um aliado de New Hampshire que eu conhecia desde a campanha de Duffey, falei para a mídia logo cedo; e por sugestão de Paul Begala

---

* No original em inglês: "I'll be there for you 'til the last dog dies". Expressão do sul dos EUA equivalente a "vou estar com vocês até o fim". (N. do R.)

eu disse que New Hampshire tinha me transformado no "Comeback Kid".* Tsongas tinha me aniquilado nas zonas eleitorais mais próximas da divisa com Massachusetts. A partir de dezesseis quilômetros ao norte, dentro do estado, eu tinha vencido. Eu estava feliz, e profundamente agradecido. Os eleitores haviam decidido que a minha campanha tinha de continuar.

Eu já estava gostando de New Hampshire, apreciando as suas idiossincrasias, respeitando a seriedade dos seus eleitores, mesmo aqueles que tinham escolhido outro candidato. O estado me fez ultrapassar um limiar e me tornou um candidato melhor. Muitas pessoas tinham se tornado amigas da Hillary e minhas e levantado o nosso ânimo. Um surpreendente número delas trabalhou na minha administração, e tive contato com algumas mais ao longo dos oito anos seguintes, inclusive recebendo-as num dia de New Hampshire na Casa Branca.

New Hampshire havia demonstrado que o povo norte-americano queria profundamente que o seu país mudasse. No lado republicano, a campanha inicial de Pat Buchanan tinha conseguido 37% dos votos, e os índices de aprovação nacional do presidente tinham caído para menos de 50% pela primeira vez depois de começar a Guerra do Golfo. Embora ele ainda estivesse à frente de Paul Tsongas e de mim nas pesquisas, a minha luta pela indicação do candidato democrata era claramente uma batalha necessária e que valia a pena.

Depois de New Hampshire, o restante das primárias e das convenções do partido veio num ritmo tal que se tornou impossível reproduzir o tipo de política de corpo a corpo que New Hampshire exige. Em 23 de fevereiro, Tsongas e Brown foram vitoriosos nas convenções do Maine, com Tsongas recebendo 30% e Brown 29%. Eu estava num distante terceiro lugar, com 15%. Com exceção de Iowa, os estados com sistemas de convenção atraíram muito menos gente do que as primárias para o processo de seleção de delegados. Assim, essas convenções favoreceram candidatos com um grupo firme de aliados fervorosos. Normalmente, embora não sempre, eles eram mais de esquerda do que os democratas como um todo, e bem mais à esquerda do que os eleitores em geral. No dia 25 de fevereiro os eleitores da primária de Dakota do Sul deram mais apoio aos seus vizinhos Bob Kerrey e Tom Harkin do que a mim, embora eu tivesse feito lá uma notável aparição pública em uma viagem para apenas um comício em um haras.

Março foi um ótimo mês. Comecei-o com as primárias no Colorado, em Maryland e na Geórgia. Eu tinha muitos amigos no Colorado, e o ex-governador Dick Lamm foi o meu coordenador da região das Montanhas Rochosas, mas o máximo que eu pude fazer foi uma divisão em três com Brown e Tsongas. Brown conseguiu 29%, eu recebi 27%, com Tsongas logo atrás, com 26%. Em Maryland comecei com uma forte organização, mas alguns aliados se bandearam para o Tsongas quando eu caí nas pesquisas de New Hampshire. Ele me venceu lá.

A Geórgia foi o grande teste. Eu ainda não tinha vencido uma primária, e tinha de vencer lá, e vencer convincentemente. Era o maior estado a votar em 3 de março e o primeiro no Sul. Zell Miller tinha antecipado em uma semana a data da primária para separar a Geórgia dos estados sulistas participantes da Super terça-feira.

---

* A expressão descreve alguém que sempre dá a volta por cima. Acabou sendo um segundo nome para Clinton. (N. dos T.)

A Geórgia era um estado interessante. Atlanta é diferente, cosmopolita, com uma das mais altas concentrações de empresas do que qualquer outra cidade nos Estados Unidos. Fora de Atlanta, o estado é culturalmente conservador. Por exemplo, apesar da sua grande popularidade, Zell tinha tentado e fracassado na tentativa de que a legislatura do estado tirasse a cruz confederada da bandeira do estado, e quando o seu sucessor, o governador Roy Barnes, fez isso, ele foi derrotado na reeleição. O estado também tem um grande contingente militar, há muito tempo protegido pelos seus líderes no Congresso. Não era por acaso que Sam Nunn era o chefe da Comissão de Serviços Armados do Senado. Assim que surgiu a história da convocação, Bob Kerrey disse que quando eu chegasse à Geórgia, a terra do amendoim, os eleitores iriam me partir "como se parte uma casca de amendoim". Alguns dias antes da eleição de New Hampshire, fui de avião para Atlanta. Quando a aeronave pousou, encontrei o prefeito Maynard Jackson, um velho amigo, e Jim Butler, promotor público e veterano do Vietnã que sorria e dizia ser um soldado que não queria me abrir como se abre uma casca de amendoim.

Nós três fomos rumo ao centro da cidade, para um comício num shopping center. Eu subi no palco com uma grande platéia de proeminentes democratas que estavam me apoiando. Logo o palco construído para a ocasião não pôde suportar o peso de todos nós e simplesmente desmontou, e foi gente caindo para todos os lados. Eu não me machuquei, mas um dos meus assessores, Calvin Smyre, um deputado estadual afro-americano, não teve tanta sorte. Ele caiu e fraturou a bacia. Mais tarde, Craig Smith brincou com Calvin dizendo que ele fora o único dos meus apoiadores que literalmente "ficou moído" por minha causa. Ele certamente deu o máximo de si. Mas também Zell Miller, o congressista John Lewis, e muitos outros da Geórgia. E também um grupo de pessoas do Arkansas que tinha se organizado como os "Viajantes do Arkansas". Os Viajantes fizeram campanha em quase todos os estados que tivessem uma primária presidencial. Eles sempre fizeram diferença, mas foram particularmente eficientes na Geórgia. A imprensa especializada em política dizia que para avançar eu tinha de vencer lá decisivamente, com pelo menos 40% dos votos. Graças aos meus amigos e à minha mensagem, venci com 57%.

No sábado seguinte, na Carolina do Sul, consegui a minha segunda vitória, com 63% dos votos. Tive muita ajuda dos políticos democratas, do ex-governador Dick Riley e amigos do Fim de Semana Renaissance. Tom Harkin fez um último esforço para me tirar do rumo e Jesse Jackson, um nativo da Carolina do Sul, percorreu o estado com ele, criticando-me. Apesar dos ataques e da resposta grosseira que, de modo desatento, eu lhes dei numa estação de rádio cuja sala tinha um microfone ligado transmitindo ao vivo, outros líderes afro-americanos continuaram firmes comigo. Recebi a grande maioria dos votos de eleitores negros, como aconteceu na Geórgia. Acho que surpreendi os meus adversários, todos eles com fortes convicções e bons históricos de luta pelos direitos civis. Mas eu era o único sulista, e tanto eu quanto os negros do Arkansas que me apoiavam tínhamos anos de ligação pessoal com os líderes negros atuantes na política, na educação, nos negócios e na religião em todo o Sul e até fora dele.

Assim como na Geórgia, também consegui um bom apoio de eleitores brancos nas primárias. Em 1992, a maioria dos brancos que não apoiariam um candidato com firmes ligações com a comunidade negra já tinha se tornado republicana. Eu consegui os votos daqueles que queriam um presidente capaz de transcender as linhas raciais e atacar os problemas que afligiam todos os cidadãos. Os republicanos tentaram manter baixo o número dos integrantes deste último grupo de eleitores, transformando todas as eleições numa guerra cultural e pintando todos os democratas como alienígenas aos olhos dos eleitores brancos. Eles sabiam exatamente que botões psicológicos apertar para fazer com que os eleitores brancos parassem de pensar e, quando conseguiam isso, eles venciam. Além de tentar ganhar na primária, eu estava procurando manter suficiente meu número de votos de eleitores brancos, pensando em ser também competitivo no Sul na eleição geral.

Depois da Geórgia, Bob Kerrey se retirou da disputa. Depois da Carolina do Sul, Tom Harkin também se retirou. Apenas Tsongas, Brown e eu chegamos à Super terça-feira, com as suas oito primárias e as três convenções. Tsongas me derrotou arrasadoramente nas primárias em seu estado natal, Massachusetts, e na vizinha Rhode Island, e venceu nas convenções em Delaware. Mas os resultados dos estados sulistas e fronteiriços deram num grande impulso para a nossa campanha. Em todas as primárias do Sul — Texas, Flórida, Louisiana, Mississippi, Oklahoma e Tennessee — eu consegui a maioria dos votos. No Texas, com a ajuda de amigos que eu tinha feito em 1972 na campanha de McGovern, e uma grande maioria entre mexicano-americanos, venci com 66%. Em todos os outros estados com primárias meus resultados foram melhores do que isso, exceto na Flórida, onde, depois de uma campanha acirrada, tive 51%, contra 34% para Tsongas e 12% para Brown. Eu também fui vitorioso nas convenções do Havaí, graças ao governador John Waihee; e no Missouri, onde o vice-governador Mel Carnahan me apoiou, apesar de que estava tocando a própria campanha primária para governador. De todo modo, ele ganhou por lá.

Depois da Super terça-feira eu tinha apenas uma semana para concretizar a minha estratégia de desenvolver uma insuperável liderança em Illinois e em Michigan. Não havia um mês eu tivera uma queda livre nas pesquisas, com todos os "especialistas" da mídia prevendo a minha derrota. Agora eu estava na liderança. Entretanto, Tsongas ainda estava muito vivo. No dia seguinte à Super terça-feira ele comentou que, por causa da minha forte demonstração nas primárias do Sul, consideraria a idéia de me ter como seu vice-presidente na disputa. Um dia depois, lá estava ele no Meio-Oeste questionando o meu caráter, o meu histórico como governador e a minha elegibilidade. Para Tsongas, a redução de impostos para a classe média é que era uma questão de caráter. Uma nova pesquisa mostrou que por volta 40% do povo norte-americano ainda duvidava da minha honestidade, mas eu duvidava que eles estivessem pensando sobre a questão dos impostos.

Não havia nada a fazer, a não ser me manter na minha estratégia e seguir em frente. Em Michigan eu visitei a pequena cidade de Barton, perto de Flint, onde a grande maioria dos moradores tinha vindo do Arkansas procurando trabalho na indústria de automóveis. No dia 12 de março falei no condado de Macomb, perto de Detroit, a cidade que é o protótipo do apoio dado a Reagan por democratas que se desviaram do nosso partido pela sua mensagem antigoverno, pró-defesa forte e enfaticamente anticrime. De fato, esses eleitores da classe média tinham começado a votar nos republicanos já nos anos 1960, afastados pela idéia de que os democratas não mais compartilhavam os seus valores de trabalho e família; e estavam muito preocupados com programas sociais, o que eles tendiam a ver como tirar dinheiro de impostos e dá-lo aos negros e a burocratas perdulários que cometiam desperdícios.

Eu disse para uma casa abarrotada na Faculdade Comunitária do Condado de Macomb que lhes daria um novo Partido Democrata, com políticas econômicas e sociais baseadas em oportunidades e responsabilidades para todos os cidadãos. Isso incluía os executivos das grandes corporações que ganhavam enormes salários independentemente do seu desempenho, trabalhadores que se recusavam a melhorar as suas habilidades e pessoas pobres que dependiam do seguro contra a pobreza mas que tinham possibilidade de trabalhar. Então eu lhes disse que nós não poderíamos ter sucesso a menos que eles estivessem dispostos a cruzar as barreiras sociais para trabalhar com todas as pessoas que compartilhassem desses valores. Eles tinham de parar de votar orientados por essa linha divisória racial, porque "os problemas não são de natureza racial. Isso é uma questão de economia, de valores".

No dia seguinte passei a mesma mensagem no centro da cidade de Detroit para centenas de líderes religiosos negros e outros ativistas na Igreja Batista do Arvoredo Aprazível, do reverendo Odell Jones. Disse à platéia negra, muitos deles com raízes no Arkansas, que eu tinha desafiado os eleitores brancos do condado de Macomb a transpor a fronteira racial e agora os estava desafiando a fazer o mesmo, ao aceitar a parte de responsabilidade do meu programa, incluindo a questão da reforma do seguro contra a pobreza, um apoio à infância que seria cumprido à risca, e os esforços de combate ao crime que promoveriam o trabalho, a segurança e a valorização da família nos bairros deles. Essas palestras gêmeas chamaram bastante atenção, pois era incomum para um político desafiar os brancos do condado de Macomb quanto à questão racial ou os negros do centro deteriorado da cidade quanto à questão do seguro contra a pobreza e o problema da criminalidade. Eu não me surpreendi por ambos os grupos terem respondido com decisão à mesma mensagem. No fundo do coração, a maioria dos norte-americanos sabe que o melhor programa social é o trabalho, que a organização social mais forte é a família, e que as políticas de divisão racial são autodestruidoras.

Em Illinois visitei uma fábrica de bolos com empregados negros, hispânicos e migrantes do Leste Europeu, para destacar o meu compromisso de campanha em propiciar a todos os empregados que não tinham terminado a escola secundária acesso ao programa do GED, que confere o diploma do curso secundário. Encontrei um novo cidadão norte-americano vindo da Romênia que disse que ia dar para mim o seu primeiro voto. Trabalhei nas comunidades negra e hispânica com dois jovens ativistas, Bobby Rush e Luis Gutierrez, ambos eleitos posteriormente para o Congresso. Visitei um projeto de construção de moradias com auto-suficiência de energia; nessa visita fui acompanhado por um jovem líder da comunidade hispânica, Danny Solis, cuja irmã Patti foi trabalhar com a Hillary na campanha e está com ela desde então. E desfilei na parada do Dia de São Patrício em Chicago, saudado por meus eleitores e vaiado pelos adversários, ambos estimulados pela cerveja que estava sendo distribuída em grande quantidade nos bares ao longo da parada.

Dois dias antes da eleição participei, em Chicago, de um debate com Paul Tsongas e Jerry Brown, transmitido pela televisão. Eles sabiam que era um debate de tudo ou nada e caíram em cima de mim. Brown começou garantindo as atenções com um ataque a Hillary, dizendo que para incrementar a renda de Hillary eu tinha promovido um negócio no governo estadual para a empresa Rose, e que por causa de Hillary uma empresa de produção de frangos que a firma dela representava tivera tratamento especial do Departamento de Ecologia e Controle da Poluição. As acusações eram ridículas, e a veemência com que Jerry as fez me irritou. Eu expliquei os fatos, como já tinha feito antes, na campanha de 1986 para governador, quando do ataque desfechado por Frank White sobre a prática jurídica de Hillary. A Rose Law vinha representando o estado de Arkansas no negócio de títulos desde 1948. O escritório representava o estado contra as empresas que queriam que o Arkansas pagasse pela usina nuclear Grand Gulf. Para calcular a participação dela nos lucros da sociedade no escritório, Hillary fez com que todas as despesas legais pagas pelo estado fossem excluídas dos totais, antes de efetuar o cálculo, e assim não recebeu benefício algum, como qualquer pesquisa rudimentar teria demonstrado. Além do mais, não havia evidências de que os clientes da Rose Firm tivessem recebido tratamento especial de qualquer agência estadual. Eu não deveria ter perdido a minha compostura, mas as acusações eram claramente infundadas. Acho que subconscientemente me senti culpado pelo fato de a Hillary ter sido forçada a me defender tanto, e estava contente por ter a oportunidade de defendê-la agora.

Todo mundo que conhecia a Hillary sabia que ela era escrupulosamente honesta, mas nem todos a conheciam, e os ataques me feriram. Na manhã após o debate, nós estávamos apertando mãos num café de Chicago chamado Busy Bee, quando um repórter perguntou a Hillary o que ela achava das acusações de Brown. Ela deu uma boa resposta falando sobre a sua tentativa de conciliar a carreira com a vida familiar. O repórter então perguntou se ela poderia ter evitado o surgimento de um conflito. Na verdade foi exatamente isso que ela fez, e o que ela devia ter dito. Mas ela estava cansada e tensa. Em vez disso, ela disse: "Acho que eu poderia ter ficado em casa preparado bolinhos e chá, mas o que eu decidi fazer foi entrar na minha profissão, o que eu fazia antes mesmo de meu marido entrar na vida pública. E eu trabalhei muito, arduamente, para ser tão cuidadosa quanto possível, e isso é tudo o que eu posso lhe dizer".

A imprensa pinçou a afirmação do "bolinhos e chá" e a usou como se ela fosse um ataque às mães de família que ficavam em casa. Os guerreiros da causa republicana fizeram um estardalhaço, retratando Hillary como uma "advogada feminista militante" que seria a líder ideológica de uma "administração Clinton-Clinton", o que implementaria uma agenda "feminista radical". Isso me doeu. Pelos anos afora, não sei quantas vezes eu a ouvi defendendo a importância de garantir opções para as mulheres, inclusive a opção de ficar em casa com os filhos, uma decisão que a maioria das mães solteiras ou casadas simplesmente não podia ter mais. Além disso, eu sabia que ela gostava de preparar bolinhos e de chamar as amigas para um chá. Com um comentário irrefletido, ela deu aos nossos opositores mais uma arma para o que eles faziam melhor — dividir e distrair os eleitores.

Mas tudo ficou esquecido no dia seguinte, quando nós vencemos em Illinois, estado natal da Hillary, com 52% contra 25% para Tsongas e 15% para Brown; e em Michigan, com 49% contra 27% para Brown e 18% para Tsongas. Se os ataques de Brown a Hillary tiveram algum efeito em Illinois, provavelmente foram um efeito prejudicial a ele. Enquanto isso, o presidente Bush derrotava Pat Buchanan em ambos os estados, acabando com a sua concorrência. Embora a divisão das fileiras republicanas fosse boa para mim, fiquei feliz ao ver Buchanan derrotado. Ele tinha jogado com o lado negativo da insegurança da classe média. Como exemplo, num estado sulista ele visitou um cemitério confederado mas nem atravessou a rua para visitar o cemitério dos negros.

Depois de uma grande comemoração no Palmer House Hotel de Chicago, que em honra ao feriado teve direito até a confete verde irlandês, nós voltamos ao trabalho. Na superfície a campanha estava em grande forma. No entanto as coisas não eram tão claras. Uma nova pesquisa me mostrava empatado com o presidente Bush. Uma outra, entretanto, mostrava-me bem abaixo, muito embora a aprovação do presidente tivesse caído para 39%. Uma pesquisa de boca-de-urna com os eleitores em Illinois demonstrou que metade dos democratas estava insatisfeita com os candidatos à Presidência. Jerry Brown também estava insatisfeito. Disse que talvez não me apoiasse se eu vencesse a indicação.

No dia 19 de março Tsongas se retirou da campanha, alegando problemas financeiros. Isso deixava Jerry Brown como o meu único opositor ao nos aproximarmos da primária de Connecticut, no dia 24 de março. Supunha-se que eu venceria em Connecticut, porque a maioria dos líderes democratas havia me apoiado e lá eu tinha amigos do tempo da minha Faculdade de Direito. Embora tivesse trabalhado duro na campanha, eu estava preocupado. Eu não sentia que as coisas iam bem. Os aliados de Tsongas estavam furiosos comigo por eu o ter retirado da disputa. Eles votariam nele de qualquer modo, ou então passariam para Brown. Os meus simpatizantes, por sua vez, tiveram muita dificuldade em se entusiasmar, pois achavam que a minha indicação estava garantida. Eu estava preocupado com a possibilidade de que o baixo índice de comparecimento me custasse a eleição ali. E foi exatamente isso o que aconteceu. O comparecimento foi ao redor de 20% dos democratas registrados e Brown me venceu por 37% contra 36%. Vinte por cento dos eleitores eram os aliados incondicionais de Tsongas que se mantiveram ao lado do seu homem.

O grande teste seguinte era em Nova York, no dia 7 de abril. Agora que eu tinha perdido em Connecticut, se não ganhasse em Nova York a indicação estaria novamente em perigo. Com os seus grupos políticos duros e que trabalhavam 24 horas por dia, Nova York parecia o lugar ideal para tirar dos trilhos a minha campanha.

27

NA POLÍTICA, não há nada que se compare à eleição em Nova York. Primeiro, o estado tem três regiões geográfica e psicologicamente distintas: a cidade de Nova York, com seus cinco distritos muito diferentes; Long Island e os outros condados suburbanos; e o norte do estado. Há grandes populações hispânicas e negras, a maior população de origem judaica do país, além dos bem organizados grupos de indianos, paquistaneses, albaneses e quase todos os outros grupos culturais que se possa imaginar. Também há muita diversidade dentro das populações negras e hispânicas de Nova York — os hispânicos nova-iorquinos incluem gente de Porto Rico e de todas as nações caribenhas, inclusive mais de 500 mil pessoas apenas da República Dominicana.

A minha tentativa de me comunicar com as comunidades de imigrantes e seus descendentes foi organizada por Chris Hyland, colega de classe da Georgetown que vivia na parte baixa de Manhattan, um dos locais de maior diversidade cultural dos Estados Unidos. Quando Hillary e eu visitamos um grupo de estudantes de escolas de ensino fundamental deslocados pelo ataque ao World Trade Center em setembro de 2001, encontraríamos crianças pertencentes a oitenta grupos com *background* nacional ou étnico diferente. Chris começou comprando cerca de trinta jornais desses grupos e localizando os líderes mencionados neles. Depois das primárias, ele organizou em Nova York uma captação de fundos com 950 desses líderes, e então se mudou para Little Rock a fim de organizar esses grupos em todo o país, dando uma importante contribuição para a vitória na eleição geral e estabelecendo as bases para os nossos contínuos contatos com essas comunidades quando fomos para a Casa Branca, algo que até então nunca havia existido.

Os sindicatos, especialmente os grupos de empregados públicos, têm grande presença e são politicamente astutos e eficientes. Na cidade de Nova York a política da eleição primária foi posteriormente complicada pelo fato de que tanto os militantes comuns do partido quanto os reformadores liberais estavam ativos e freqüentemente se viam em conflito uns com os outros. Os grupos de defesa dos direitos dos homossexuais eram organizados e gritavam bastante sobre a necessidade de se fazer mais com relação à AIDS, que em 1992 ainda fazia mais vítimas nos Estados Unidos que em qualquer outro país. A imprensa produzia uma cacofonia permanente em jornais tradicionais, liderados pelo *New York Times*, na imprensa sensacionalista, em vigorosas estações de TV locais e entrevistas no rádio — todos em acirrada competição pela última notícia.

Embora a campanha de Nova York não tivesse começado realmente antes da primária de Connecticut, eu vinha fazendo campanha no estado havia meses com a valiosa ajuda e a assessoria especializada de Harold Ickes, filho do famoso secretário do Interior de Franklin Delano Roosevelt. Em 1992 nós já éramos amigos fazia mais de vinte anos. Harold era um homem magro, apaixonado pelo que fazia, brilhante e de vez em quando desbocado, uma mistura especial de idealismo liberal e idéias políticas práticas. Quando jovem, ele tinha trabalhado como vaqueiro no Oeste, tendo sido espancado quando atuava numa campanha pelos direitos civis no Sul. Nas campanhas ele era um amigo leal e um feroz adversário que acreditava no poder da política para mudar as vidas. Harold conhecia as personalidades, as questões, as lutas pelo poder em Nova York como a palma da sua mão. Se era preciso passar pelo inferno, pelo menos eu estava fazendo a viagem com um homem que tinha a chance de me tirar de lá vivo.

Em dezembro de 1991, Harold, que já tinha nos auxiliado com um importante suporte em Manhattan, no Brooklyn e no Bronx, providenciou para que eu falasse para o comitê democrata do Queens. Ele sugeriu que pegássemos o metrô a partir de Manhattan para esse encontro. O fato de eu ser um sujeito do interior no metrô me deu mais cobertura de imprensa do que o meu discurso, mas o encontro foi importante. Logo depois, o chefe dos democratas do Queens, o congressista Tom Manton, passou a me apoiar. Assim como o congressista Floyd Flake, que também era do Queens e ministro da Igreja Episcopal Metodista Africana Allen.

Em janeiro visitei uma escola secundária no Brooklyn para acompanhar, com o congressista afro-americano Ed Towns e o chefe do Partido Democrata no Brooklyn, Clarence Norman, as comemorações pelo nascimento de Martin Luther King Jr. As crianças falaram muito sobre problemas de armas de fogo e facas na escola. Elas queriam um presidente que pudesse tornar suas vidas seguras. Fui a um debate no Bronx, moderado pelo presidente da associação do bairro Fernando Ferrer, que se tornaria um dos meus aliados. Peguei a balsa para Staten Island e fiz campanha lá. Em Manhattan, Ruth Messinger, presidente da associação do bairro, trabalhou duro para mim, como também o seu jovem assistente Marty Rouse, que me ajudou a fazer incursões na comunidade homossexual. Victor e Sara Kovner conseguiram o apoio de vários reformadores liberais e se tornaram bons amigos meus. Guillermo Linares, que fora um dos primeiros dominicanos eleitos para a Câmara de Vereadores, tornou-se um dos primeiros latinos proeminentes a me apoiar. Fiz campanha em Long Island e no condado de Westchester, onde moro agora.

Os sindicatos fizeram uma diferença maior em Nova York do que em qualquer primária anterior. Entre os maiores e mais ativos estava o dos afiliados da AFSCME de Nova York, a Federação dos Empregados Estaduais, Municipais e Distritais dos Estados Unidos. Depois que me encontrei com o seu conselho executivo, a AFSCME foi o primeiro grande sindicato a me apoiar. Eu tinha trabalhado com a federação quando era governador e me tornara membro do sindicato, inclusive pagando as contribuições. Mas o real motivo para o apoio foi que o presidente do sindicato, Gerald McEntee, foi com a minha cara e acreditou que eu poderia vencer. McEntee era um bom homem para ter como aliado. Era eficiente, totalmente leal e não se importava com uma luta acirrada. Tive também o apoio do Sindicato dos Trabalhadores nos Transportes Públicos e, no fim de março, do Sindicato dos Trabalhadores em Comunicação dos Estados Unidos e do Sindicato Internacional dos Trabalhadores de Fábricas de Roupas Femininas. Os professores foram de muita ajuda, muito embora eu não tivesse recebido ainda um apoio formal. Além dos sindicatos, tive também um forte grupo de aliados no mundo dos negócios, mobilizado por Alan Patricot e Stan Schuman.

O encontro mais importante que tive com um grupo de *background* nacional foi com os irlandeses. Uma noite eu me encontrei com o Irish Issues Forum, um grupo reunido por John Dearie, do Bronx, para discutir as questões irlandesas. Harold Ickes e o comissário de impostos da cidade de Nova York, Carol O'Cleirecain, ajudaram na minha preparação. O legendário Paul O'Dwyer, já com cerca de 85 anos, e seu filho Brian estavam lá, assim como Niall O'Dowd, redator do *Irish Voice*, o jornalista Jimmy Breslin, o inspetor do Queens, Peter King, um republicano, e mais uma centena de ativistas irlandeses. Eles queriam que eu prometesse designar um representante especial para fazer avançar as negociações para acabar com a violência na Irlanda do Norte em termos que fossem razoáveis para a minoria católica. Eu também tinha sido incentivado a fazer isso pelo prefeito de Boston Ray Flynn, um ardoroso católico irlandês e forte correligionário meu. A questão irlandesa me interessava desde que "os problemas" começaram em 1968, quando eu estava em Oxford. Depois de uma longa discussão, eu disse que ia fazer isso e que buscaria pelo fim da discriminação contra os irlandeses católicos na economia e em outras áreas. Embora sabendo que ia enfurecer os britânicos e tensionar a nossa mais importante aliança transatlântica, eu tinha ficado convencido de que os Estados Unidos, com a sua grande diáspora irlandesa que incluía portanto financiadores para o Exército Republicano Irlandês, poderiam ser capazes de facilitar um avanço. Logo eu concretizaria esse compromisso, esquematizado com o auxílio da minha assessora em política exterior Nancy Soderberg.

Meu antigo colega da Faculdade de Direito Bruce Morrison, de Connecticut, organizou os norte-mericanos de origem irlandesa pró-Clinton. O grupo teria um papel importante na campanha e no trabalho que faríamos mais tarde. Como disse a minha filha Chelsea em sua tese em Stanford sobre o processo de paz na Irlanda, eu inicialmente me envolvi com a questão irlandesa por causa da política de Nova York, mas ela se tornou uma das grandes paixões do meu período como presidente.

Numa primária democrata comum, uma campanha com esse tipo de apoio garantiria uma fácil vitória. Mas essa não era uma primária comum. Primeiro havia a oposição. Jerry Brown estava trabalhando como um demônio, determinado a captar os votos liberais nessa última e melhor chance de interromper a minha campanha. Paul Tsongas, incentivado pela votação em Connecticut, fez saber que ele não ia se importar se os seus correligionários votassem em Jerry mais uma vez. A candidata presidencial do Partido da Nova Aliança, uma jovem audaciosa e boa oradora chamada Lenora Fulani, fez o que pôde para ajudá-los, trazendo os seus correligionários para um evento que organizei sobre assistência médica num hospital do Harlem e fazendo barulho para prejudicar o meu discurso.

Jesse Jackson praticamente se mudou para Nova York para ajudar Brown. A sua mais importante contribuição foi convencer Dennis Rivera, chefe de um dos maiores e mais ativos sindicatos da cidade, o Local 1199, do Sindicato Internacional dos Empregados em Serviços, a não me apoiar e em vez disso ajudar Jerry. O favor foi retribuído por Brown, dizendo que, se indicado, escolheria Jesse Jackson para ser seu vice-presidente. Imaginei que o anúncio do Brown fosse ajudá-lo entre os eleitores negros de Nova York, mas ele também atraiu para mim muitos apoios novos na comunidade judaica. Acreditava-se que Jackson era demasiado íntimo do líder negro muçulmano Louis Farrakhan, conhecido por suas afirmações anti-semitas. Ainda assim, o apoio de Jesse foi um ponto a mais para Jerry Brown em Nova York.

Além disso, havia a mídia. Os grandes jornais tinham acampado por semanas no Arkansas, buscando quaisquer evidências que pudessem encontrar sobre o meu histórico e a minha vida pessoal. O *New York Times* tinha dado início ao jogo em março com as suas primeiras reportagens sobre Whitewater. Em 1978, Hillary e eu, juntamente com Jim e Susan McDougal, pedimos empréstimos bancários de um pouco mais de 200 mil dólares para investir em terras ao longo do rio White, no noroeste do Arkansas. Jim era um incorporador que eu tinha conhecido quando ele dirigia o escritório do senador Fulbright em Little Rock. Nós esperávamos subdividir a propriedade e vendê-la com algum lucro para aposentados que tinham começado a se mudar maciçamente para as montanhas Ozark desde os anos 1960 e 1970. McDougal tinha tido sucesso em todos os seus empreendimentos anteriores com terrenos, inclusive um no qual eu tinha investido alguns milhares de dólares e obtido um modesto lucro. Infelizmente, no fim dos anos 1970, as taxas de juros subiram espantosamente e a economia desacelerou. A venda de terrenos caiu e nós perdemos dinheiro no investimento.

Quando eu me tornei governador novamente em 1983, McDougal tinha comprado uma pequena financeira e a denominou Madison Guaranty Savings and Loan. Alguns anos mais tarde, ele contratou a Rose Law Firm para representá-lo. Quando a crise financeira atingiu os Estados Unidos, a Madison estava enfrentando a insolvência e tentou injetar mais capital na operação, vendendo ações preferenciais e formando uma subsidiária para prestar serviços de corretagem. Para fazer isso, McDougal teve de pedir permissão à comissária mobiliária estadual Beverly Basset Schaffer, que eu tinha designado. Beverly era uma advogada de primeira classe, irmã do meu amigo Woody Bassett e esposa de Archie Schaffer, sobrinho do senador Dale Bumper.

A iniciativa do *Times* era uma série de artigos sobre o investimento Whitewater. O repórter questionava se havia conflito de interesses pelo fato de a Hillary representar uma entidade regulamentada pelo estado. Ela tinha assinado pessoalmente uma carta para a comissária Schaffer explicando a proposta de ações preferenciais. O repórter também dava a entender que a Madison tinha recebido tratamento especial para conseguir que as "novas" propostas de financiamento fossem aprovadas e que Schaffer não tinha exercido supervisão adequada sobre a instituição quando ela estava falindo.

Os fatos não apoiavam as acusações e as insinuações. Primeiro, as propostas de financiamento que a comissária aprovou eram normais para a época, sem nenhuma inovação. Segundo, logo que uma auditoria independente demonstrou que a Madison estava insolvente, em 1987, Schaffer pressionou os órgãos regulamentadores federais para fechá-la, muito antes que eles quisessem fazer isso. Terceiro, Hillary tinha cobrado da Madison um total de 24 horas de trabalho legal na Rose Law Firm em um período de dois anos. Quarto, nós nunca tínhamos tomado emprestado nenhum dinheiro da Madison, mas perdemos dinheiro no investimento de Whitewater. Esse é o quadro essencial do Whitewater. O repórter do *New York Times* estava claramente em contato com Sheffield Nelson e outros adversários meus no Arkansas, que ficariam felizes em criar "problemas de caráter" em outras áreas além da questão da convocação militar e de Gennifer Flowers. Nesse caso, o objetivo era ignorar fatos inconvenientes para eles e falsear o histórico de uma funcionária pública dedicada como Schaffer.

O *Washington Post* entrou na refrega com um artigo cujo objetivo era demonstrar que eu tinha estado próximo demais dos empresários do setor avícola e não evitara que eles espalhassem os resíduos dos frangos e de porcos em terras cultiváveis. Um pouco de resíduo animal pode ser um bom fertilizante, mas quando o volume de resíduos se torna excessivo para que a terra o absorva, a chuva leva esses resíduos para os cursos de água, poluindo-os até torná-los impróprios para a natação ou a pesca. Em 1990 o Departamento de Controle Ecológico e de Poluição descobriu que mais de 90% dos cursos de água no noroeste do Arkansas, justamente onde a indústria avícola se concentrava, estavam poluídos. Nós gastamos vários milhões de dólares tentando corrigir o problema, e dois anos mais tarde o pessoal do Controle de Poluição disse que mais de 50% dos cursos de água alcançavam os padrões exigidos para uso recreacional. Consegui que os empresários do setor avícola concordassem em estabelecer "práticas de melhor gerenciamento" para limpar o restante da área. Fui criticado por não impor uma limpeza ao setor — algo mais fácil de dizer do que de fazer. O Congresso Democrata não tinha conseguido fazer isso; os interesses dos agricultores tinham suficiente influência para que eles se tornassem completamente isentos das regulamentações federais quando o Congresso aprovou a lei da Água Limpa.* A avicultura era o maior negócio do Arkansas, empregador número um e muito influente na legislatura estadual. Nessas circunstâncias, acredito que fizemos um trabalho muito bom, embora esse fosse o ponto mais fraco de um histórico ambiental sólido em outros aspectos. Tanto o *Washington Post* quanto o *New York Times* acabaram publicando artigos sobre a questão, com o *Washington Post* sugerindo no fim de março que a Rose Law Firm tinha de alguma maneira conseguido que o estado fizesse vista grossa para os avicultores.

Tentei manter as coisas em perspectiva. A imprensa tinha a obrigação de examinar o histórico de alguém que poderia vir a ser presidente. Os repórteres, em sua maioria, não sabiam nada sobre o Arkansas ou sobre mim quando começaram. Alguns deles tinham preconceitos com relação a um estado rural e pobre e às pessoas que ali viviam. Eu também tinha sido identificado como o candidato com "problemas de caráter" em 1992, e isso tornou a mídia vulnerável a qualquer sujeira recebida que confirmasse esse preconceito.

Intelectualmente eu compreendia tudo isso, e lembrava nostálgico a cobertura positiva que tinha recebido no início da campanha. Mas cada vez mais me parecia que as reportagens investigativas estavam sendo preparadas na base do "primeiro atira, depois pergunta". Ao lê-las, sentia como se aquilo fosse uma experiência extracorpórea. A imprensa parecia determinada a provar que todos os que imaginavam que eu seria um bom presidente eram tolos: os eleitores do Arkansas, que tinham me elegido cinco vezes; meus colegas governadores, que tinham me escolhido como

---

* Esta lei estabeleceu como ilegal o ato de descarregar qualquer poluente em águas navegáveis nos Estados Unidos, a menos que uma licença fosse concedida pela Agência de Proteção Ambiental. (N. dos T.)

o mais eficiente governador do país; os especialistas em educação, que haviam elogiado as nossas reformas e o nosso progresso; os amigos de uma vida inteira, que fizeram campanha para mim em todo o país. No Arkansas, até mesmo os meus adversários mais honestos sabiam que eu tinha trabalhado duro e que não aceitaria um níquel sequer para passar por cima das leis. Agora parecia que desde os seis anos de idade eu tinha levado essas pessoas na conversa. A certa altura, quando as coisas pareciam muito ruins em Nova York, Craig Smith me disse que ele nem lia mais os jornais, "porque não reconheço a pessoa sobre a qual eles estão falando".

No fim de março, Betsey Wright, que estava em Harvard passando uma temporada na Kennedy School, veio em meu socorro. Ela havia trabalhado duro por vários anos para edificar o nosso histórico progressista e exercer uma administração ética e rígida. Betsey sabia apontar todos os dados — tinha uma memória prodigiosa — e estava mais do que disposta a lutar com os repórteres para contar a história corretamente. Quando ela entrou na nossa sede como diretora de controle de danos, eu me senti muito melhor. Betsey assim encerrou uma porção de histórias factualmente incorretas, mas não podia pôr fim em todas elas.

No dia 26 de março a fumaça dissipou um pouco quando o senador Tom Harkin, o Sindicato dos Trabalhadores em Comunicação dos Estados Unidos e o Sindicato Internacional dos Trabalhadores de Fábricas de Roupas Femininas me apoiaram. Também fui ajudado quando o governador Cuomo e o senador Pat Moynihan, de Nova York, criticaram a proposta de imposto achatado de 13% de Jerry Brown e disseram que isso seria danoso para Nova York. Foi um dia raro na campanha; o noticiário foi dominado por gente preocupada com essas questões e o seu impacto na vida das pessoas.

No dia 29 de março eu estava novamente em dificuldades, com um problema que eu mesmo criei. Jerry Brown e eu estávamos em um encontro de candidatos televisionado na WCBS em Nova York quando um repórter me perguntou se em Oxford eu tinha experimentado maconha. Essa foi a primeira vez que me perguntavam essa questão específica diretamente. No Arkansas, quando perguntado genericamente se eu já havia consumido maconha, eu tinha dado uma resposta evasiva, dizendo que nunca havia transgredido as leis de entorpecentes dos Estados Unidos. Dessa vez, eu dei uma resposta mais direta: "Quando estava na Inglaterra eu experimentei maconha uma vez ou duas e não gostei; eu não traguei e nunca mais tentei experimentar". Até mesmo Jerry Brown disse que a imprensa deveria deixar isso de lado porque a questão não era pertinente.

Mas a imprensa tinha encontrado outra questão de caráter. Quanto à afirmação "não traguei", eu estava afirmando um fato, e não tentando minimizar o que eu tinha feito, como tentei explicar até não agüentar mais. O que eu deveria ter dito é que não pude tragar. Eu nunca fumei cigarros, nunca traguei fumando vez ou outra no cachimbo quando estava em Oxford, e tentei mas não consegui tragar a fumaça da maconha. Eu nem sei por que mencionei isso; talvez pensasse que estava fazendo graça, ou talvez tenha sido apenas uma reação nervosa para um assunto que eu não queria discutir. Minha história foi corroborada pelo respeitado jornalista inglês Martin Walker, que mais tarde escreveu um livro interessante, e não totalmente elogioso, sobre a minha presidência, *Clinton: The President They Deserve*

[Clinton: o presidente que eles merecem]. Martin afirmou publicamente que tinha estado em Oxford comigo e que numa festa tinha me visto tentar tragar e não consegui-lo. Mas aí já era tarde demais. A infeliz descrição que fiz das minhas aventuras com a maconha foi citada pelos comentaristas de política e republicanos durante todo o ano de 1992 como uma evidência do meu problema de caráter. E dei aos apresentadores de programas de entrevistas na televisão munição para anos de piadas.

Como diz a velha canção country, eu não sabia se "me matava ou ia jogar boliche". Nova York estava sofrendo problemas sociais e econômicos muito sérios. As políticas do presidente Bush estavam piorando as coisas. No entanto, cada dia parecia ser pontuado por repórteres de televisão e jornalistas que traziam à baila questões "de caráter" sobre a minha pessoa. Um âncora de *talk-show* de rádio, Don Imus, me chamava de "palhaço caipira". Quando fui ao programa de Phil Donahue na televisão, tudo o que ele fez durante vinte minutos foi me fazer perguntas sobre infidelidade conjugal. Depois que eu dei a minha resposta-padrão, ele continuou perguntando. Eu respondia e a platéia aplaudia. E ele continuava com a mesma coisa.

Quer tivesse ou não um problema de caráter, eu certamente tinha um problema de reputação, que a Casa Branca tinha me garantido existir mais de seis meses antes. Pelo fato de o presidente ser tanto chefe de Estado como o principal executivo do governo, ele é de certo modo a corporificação das idéias que as pessoas têm sobre os Estados Unidos, portanto a reputação é importante. Os presidentes do país, remontando a George Washington e Thomas Jefferson, protegeram zelosamente a sua reputação: Washington se defendeu das críticas dos gastos feitos durante a Guerra da Independência; Jefferson, de histórias sobre o seu fraco pelas mulheres. Antes de se tornar presidente, Abraham Lincoln teve episódios debilitantes de depressão. Uma vez ficou incapaz de sair de casa por um mês inteiro. Se ele tivesse de concorrer sob as condições modernas, poderíamos ter perdido o maior presidente que já tivemos.

Jefferson chegou até mesmo a escrever sobre as obrigações dos amigos dos presidentes de proteger a sua reputação a todo custo: "Quando o acaso de uma circunstância nos dá um lugar na história para o qual a natureza não nos tinha preparado com as devidas habilidades, é dever dos que estão à nossa volta ocultar cuidadosamente do público as fraquezas e, ainda mais, os vícios do nosso caráter". Tinha sido rasgado o véu das minhas fraquezas e vícios, tanto reais quanto imaginários. O público sabia mais sobre eles do que sobre o meu histórico, a minha mensagem política e quaisquer virtudes que eu pudesse ter. Se a minha reputação estava em frangalhos, eu poderia não ser capaz de ser eleito, não importa quanto as pessoas concordassem com o que eu quisesse fazer ou quais fossem os benefícios que elas imaginassem que eu poderia trazer para o país.

Diante de todos os ataques ao meu caráter, respondi como sempre fiz quando me pressionavam: segui em frente. Na última semana da campanha as nuvens começaram a se levantar. No dia 1º. de abril, durante um encontro com o presidente Bush na Casa Branca, o presidente Carter fez o amplamente noticiado comentário em apoio a minha candidatura. Não poderia ter sido num momento melhor. Ninguém jamais tinha questionado o caráter de Carter, e a sua reputação continuava a crescer depois que ele deixou a Presidência, por causa do seu bom desempenho no país e na política mundial. Em um comentário ele mais do que compensou os problemas que havia me causado durante a crise dos refugiados cubanos em 1980.

No dia 2 de abril, Jerry Brown foi vaiado em um discurso para o Conselho de Relações da Comunidade Judaica em Nova York, quando sugeriu Jesse Jackson como o seu vice-presidente. Enquanto isso, Hillary e eu falamos a uma multidão num comício ao meio-dia em Wall Street. Eu também recebi algumas vaias por me referir aos anos 1980 como uma década de ganância e por me opor a uma redução do imposto sobre os ganhos de capital. Depois do discurso fui para o meio da multidão, apertando mãos de correligionários e tentando convencer os discordantes.

Enquanto isso, nós jogamos toda a força da campanha no estado. Além de Harold Ickes e Susan Thomases, Mickey Kantor montou acampamento numa suíte de hotel, juntamente com Carville, Stephanopoulos, Stan Greenberg e Frank Greer e o seu sócio, Mandy Grunwald. Como sempre, Bruce Lindsey estava comigo. Sua esposa, Bev, veio também, para garantir que todos os eventos públicos seriam bem planejados e executados. Carol Willis encheu um ônibus de cidadãos afro-americanos do Arkansas, que na cidade de Nova York falariam sobre o que eu tinha feito como governador para os negros e com eles. Reverendos negros do Arkansas fizeram telefonemas para seus colegas em Nova York pedindo tempo no púlpito para o nosso pessoal no domingo antes da eleição. Lottie Shackleford, diretora do comitê democrata de Little Rock e vice-presidente no Comitê Nacional Democrata, falou em cinco igrejas naquele domingo. Os que me conheciam estavam contrariando os esforços do reverendo Jackson para levar a grande maioria de eleitores negros de Nova York a votar no Brown.

Gente da imprensa estava passando para o nosso lado. Talvez a maré estivesse virando; cheguei mesmo a ter uma recepção calorosa do programa de rádio de Don Imus. O colunista do *Newsday* Jimmy Breslin, que se interessava muito pela questão irlandesa, escreveu: "Diga o que quiser, mas não diga que ele desiste". Pete Hamill, do *Daily News* de Nova York, colunista cujos livros eu tinha lido e apreciado, afirmou: "Eu passei a respeitar Bill Clinton. Já estamos nos *rounds* finais da luta e ele ainda está lá". O *New York Times* e o *Daily News* me apoiaram. Surpreendentemente, o mesmo aconteceu com o *New York Post*, que tinha sido mais incansável em seus ataques do que qualquer outro jornal. Seu editorial dizia: "Fala muito a favor da sua fortaleza de caráter o simples fato de que ele já sobreviveu a um ataque pela imprensa em questões pessoais sem precedentes na história política norte-americana. [...] Ele continuou a fazer a campanha com notável tenacidade. [...] Do nosso ponto de vista, sob pressão ele se comportou com extraordinária elegância".

No dia 5 de abril recebemos boas-novas de Puerto Rico, onde 96% dos eleitores nos apoiavam. Então, em 7 de abril, com uma pequena presença de cerca de 1 milhão de eleitores, eu ganhei em Nova York com 41%. Tsongas terminou em segundo com 29%, um pouquinho à frente de Brown, com 26%. A maioria dos afro-americanos votou em mim. Naquela noite eu estava exausto, mas entusiasmado. O meu lema da campanha era um verso de uma música *gospel* que eu tinha ouvido na igreja de Anthony Mangun: "Quanto mais sombria a noite, mais doce a vitória".

Quando estava fazendo pesquisa para este livro, li o relato da primária de Nova York no *The Comeback Kid*, de Charles Allen e Jonathan Portis. Nele os autores se referem a algo que Levon Helm, o baterista do Band e nativo do Arkansas, diz no ótimo documentário sobre rock, *The Last Waltz*, a respeito da experiência de um garoto sulista que vai para Nova York esperando fazer grande sucesso: "Você vai a primeira vez, apanha muito e vai embora. Logo que a ferida cicatriza, você volta e tenta de novo. E no final acaba se apaixonando pela cidade".

Eu não tive o luxo de poder sair para esperar a cicatrização, mas sabia exatamente qual era esse sentimento. Como New Hampshire, Nova York tinha me testado e ensinado. E como Levon Helm, eu tinha aprendido a amá-la. Depois do nosso início inseguro, Nova York se tornou um dos nossos estados que mais me apoiaram nos oito anos seguintes.

No dia 7 de abril também ganhamos em Kansas, Minnesota e Wisconsin. No dia 9, Paul Tsongas anunciou que não voltaria para a disputa. A luta pela indicação estava efetivamente terminada. Eu tinha o apoio de mais da metade dos 2.145 delegados de que precisava para ser indicado e tinha de concorrer apenas com Jerry Brown pelo resto do caminho. Mas eu não tinha ilusões sobre o estrago que sofrera ou sobre o pouco que eu poderia fazer em relação a isso antes da convenção democrata em julho. Além disso, eu estava exausto. Tinha perdido a voz e ganho muito peso, cerca de quinze quilos. Eu tinha engordado em New Hampshire, sobretudo no último mês da campanha, quando sofri uma gripe virótica que enchia o meu peito de catarro à noite, impedindo-me de dormir por mais de uma hora sem acordar para tossir. Eu me mantinha acordado com adrenalina e Dunkin' Donuts, e o tamanho da minha barriga provava isso. Harry Thomason me comprou alguns ternos novos para que eu não parecesse um balão a ponto de explodir.

Depois de Nova York fui para casa por uma semana para descansar a minha voz, começar a voltar à forma e pensar em como sair do buraco em que eu havia me metido. Enquanto estava em Little Rock, venci a convenção da Virgínia e recebi o apoio dos líderes da AFL-CIO, a associação dos sindicatos norte-americanos. No dia 24 de abril os Trabalhadores da Indústria Automobilística Unidos me apoiaram e em 28 de abril eu ganhei a grande maioria na primária da Pensilvânia, um estado cuja disputa poderia ter sido difícil, pois o governador Bob Casey, que eu admirava pela tenacidade de ter concorrido três vezes antes de vencer, tinha feito muitas críticas a mim. Ele era energicamente contra o aborto. Enquanto ele lutava com problemas de saúde que ameaçavam a sua vida, a questão do aborto foi se tornando para ele cada vez mais importante, e ele tinha dificuldade em apoiar candidatos pró-direito de aborto. O mesmo aconteceu com vários outros democratas do estado que eram contrários ao aborto. Mesmo assim, sempre me senti bem com relação à Pensilvânia. A parte oeste do estado me lembrava o norte do Arkansas. Eu me dava muito bem com as pessoas em Pittsburgh e nas pequenas cidades do centro do estado. E eu amava a Filadélfia. Ganhei no estado com 57% dos votos. E o mais importante: as pesquisas de boca-de-urna mostravam que mais de 60% dos eleitores democratas pensavam que eu tinha integridade para servir como presidente, um resultado estatístico maior que os 49% da pesquisa de boca-de-urna de Nova York. O resultado da pesquisa sobre integridade cresceu porque eu tinha tido três semanas para fazer uma campanha orientada a questões específicas num estado que precisava desesperadamente discuti-las.

Embora bem-vinda, a vitória na Pensilvânia foi sobrepujada pela perspectiva de um formidável desafiante que apareceu, H. Ross Perot. Perot era um bilionário do Texas que tinha feito fortuna com a EDS, Electronic Data Systems, uma empresa que prestou muitos serviços para o governo, inclusive alguns para o estado do Arkansas. Ele tinha se tornado nacionalmente conhecido quando financiou e comandou o resgate dos empregados da EDS no Irã depois da queda do xá. Seu estilo era muito direto e um pouco grosso, mas eficaz. Ele estava convencendo muitos norte-americanos de que com a sua acuidade de homem de negócios, independência financeira e uma queda para ações audazes poderia se sair melhor na administração do país do que Bush ou eu.

No fim de abril várias pesquisas publicadas o colocaram na frente do presidente, comigo em terceiro lugar. Achei que Perot fosse um homem interessante e fiquei fascinado pela sua fenomenal popularidade inicial. Se ele entrasse na disputa, eu imaginava que essa explosão inicial poderia se esvair, mas nada me dava a certeza disso. Então me mantive na minha costura, colhendo o apoio de atuais ou dos antigos "superdelegados" do partido, que tinham voto garantido na convenção. Um dos primeiros superdelegados a sair em meu apoio foi o senador Jay Rockefeller, da Virgínia Ocidental. Jay tinha sido meu amigo desde que nos sentávamos juntos nos encontros de governadores. E desde New Hampshire ele tinha me dado conselhos sobre assistência à saúde, assunto que ele dominava mais que eu.

Em 29 de abril, o dia seguinte à votação na Pensilvânia, Los Angeles explodiu em rebeliões depois que um júri só de brancos no condado vizinho de Ventura inocentou quatro policiais de Los Angeles acusados de espancar Rodney King, um homem negro, em março de 1991. Uma pessoa que estava nas proximidades tinha filmado o espancamento e a fita foi exibida nas televisões de todo o país. Na fita parecia que King não havia oferecido nenhuma resistência ao ser detido, mas mesmo assim fora brutalmente espancado.

O veredicto inflamou a comunidade negra, que havia muito tempo sentia que o Departamento de Polícia de Los Angeles era racista. Depois de três dias de saques e fúria desenfreada na região centro-sul de Los Angeles, mais de cinqüenta pessoas haviam sido mortas, mais de 2.300 ficaram feridas, milhares foram presos e os danos causados por saques e incêndios estavam estimados em mais de 700 milhões de dólares.

No domingo, 3 de maio, eu estava em Los Angeles para falar na Primeira Igreja AME do reverendo Cecil Murray sobre a necessidade de cicatrizar as nossas feridas econômicas e sociais. Percorri as áreas danificadas acompanhado de Maxine Waters, que representava no Congresso a região centro-sul de Los Angeles. Maxine era uma política firme e inteligente que tinha me apoiado desde o início, a despeito da sua longa amizade com Jesse Jackson. As ruas pareciam uma zona de guerra, cheias de edifícios queimados e saqueados. Enquanto caminhávamos, percebi uma mercearia que parecia estar intacta. Quando perguntei a Maxine sobre isso, ela disse que a loja tinha sido protegida pelas pessoas da vizinhança, inclusive por membros de gangues, porque o seu proprietário, um negociante branco chamado Ron Burkle, tinha sido bom para a comunidade. Ele contratava gente do local, todos os empregados eram sindicalizados, com auxílio-saúde, e a comida dali tinha a mesma qualidade da que era vendida nas mercearias de Beverly Hills, e por bons preços. Naquela época isso não era comum: pelo fato de os moradores do centro deteriorado da cidade terem menos mobilidade, as suas lojas normalmente ofereciam alimentos de qualidade inferior e a preços mais altos. Eu tinha me encontrado com Burkle pela primeira vez apenas algumas horas antes, e resolvi conhecê-lo melhor. Ele acabou se tornando um dos meus melhores amigos e um excelente apoio.

Num encontro na casa de Maxine, ouvi os moradores da região centro-sul relatarem os seus problemas com a polícia, a tensão entre os comerciantes norte-americanos de origem coreana e seus clientes negros, e a necessidade de mais empregos. Prometi apoiar as iniciativas para melhorar as condições de cidadania das comunidades dos centros deteriorados das cidades, com a criação zonas de empreendimento de modo a incentivar o investimento privado e de bancos de desenvolvimento comunitário para fazer empréstimos a pessoas de renda baixa ou moderada. Aprendi muito na viagem e tive uma boa cobertura da imprensa. Além disso, a cidade ficou com a impressão de que eu dava a ela mais importância que o presidente Bush, pois havia ido lá antes dele. A lição não se perdeu naquele que talvez seja o melhor político da talentosa família Bush: em 2002 o presidente George W. Bush foi a Los Angeles, pelo décimo aniversário dos distúrbios.

Durante o fim de maio, uma série de vitórias nas eleições primárias se acrescentou ao meu total de delegados, inclusive uma vitória de 68% no Arkansas no dia 26, que rivalizou com o meu melhor resultado numa disputada primária em casa. Enquanto isso, eu fazia campanha na Califórnia esperando completar a minha luta para a indicação no próprio estado de Jerry Brown. Salientei a necessidade de ajuda federal para tornar mais seguras as nossas escolas e pedi um esforço coletivo para reverter a onda de AIDS nos Estados Unidos. E comecei a procurar um vice-presidente. Confiei o processo de investigação a Warren Christopher, um advogado de Los Angeles que tinha sido subsecretário de Estado de Carter, conseguindo uma merecida reputação de competência e discrição. Em 1980 Chris tinha negociado a libertação dos nossos reféns no Irã. Infelizmente, a soltura foi retardada até o dia da posse do presidente Reagan, prova de que todos os dirigentes jogam com a política, mesmo numa teocracia.

Enquanto isso, a candidatura de Ross Perot, embora não tivesse ainda sido declarada, ganhava força. Ele havia renunciado à presidência da sua companhia e continuava subindo nas pesquisas. Quando eu estava prestes a conseguir a indicação do partido, os jornais apareceram com manchetes como "Clinton pronto para abocanhar a indicação, mas todos os olhos se voltam para Perot", "A estação das primárias está próxima do fim, mas Perot é o homem a observar", e "Novas pesquisas mostram Perot liderando, na frente de Bush e de Clinton". Perot não era atingido pelo histórico do presidente Bush nem pelas minhas lutas nas primárias. Para os republicanos, ele deve ter parecido um monstro Frankenstein que eles mesmos haviam gerado: um homem de negócios que tinha preenchido a vaga criada pelo ataque deles à minha pessoa. Para os democratas, ele era também um sonho ruim, prova de que o presidente poderia ser derrotado, mas talvez não pelo candidato que eles tinham escolhido, já esfolado pela tortuosa campanha.

No dia 2 de junho venci as primárias em Ohio, Nova Jersey, Novo México, Alabama, Montana; e na Califórnia derrotei Brown com 48% contra 40%. Finalmente eu tinha abocanhado a indicação. Do total de votos nas primárias de 1992 eu tinha recebido mais de 10,3 milhões, ou 52%. Brown obteve quase 4 milhões de votos, 20%; Tsongas recebeu cerca de 3,6 milhões, 18%; o restante ficou distribuído entre outros candidatos e delegados não comprometidos.

Mas a grande história daquela noite foi a disposição de tantos eleitores em ambos os partidos, de acordo com as pesquisas de boca de urna, de abandonar os indicados dos seus partidos para votar em Perot. Isso jogou água fria na nossa comemoração no Los Angeles Biltmore. Enquanto Hillary e eu assistíamos às contagens na minha suíte, até mesmo para mim, um otimista inato, estava sendo difícil manter o entusiasmo. Não muito tempo antes da hora em que deveríamos descer até o salão de baile para fazer um discurso de vitória, Hillary e eu tivemos um visitante: Chevy Chase. Exatamente como tinha feito em Long Island quatro anos antes, ele apareceu para me dar apoio moral justamente num momento delicado. Dessa vez, ele nos trouxe também Goldie Hawn, com quem estava filmando. Quando eles terminaram de fazer piadas sobre a situação absurda em que nos encontrávamos, eu já estava me sentindo melhor e pronto para tocar o barco.

Mais uma vez, os comentaristas da imprensa disseram que eu estava morto. Agora Perot era o homem a ser derrotado. Um serviço de notícias da Reuters apresentou a situação com uma única linha: "Bill Clinton, que lutou ao longo de meses para evitar a publicidade sobre a sua vida pessoal, na sexta-feira encontrou uma praga política ainda pior — ser ignorado". O presidente Nixon previu que Bush bateria Perot em uma disputa muito acirrada, comigo num distante terceiro lugar.

A nossa campanha tinha de recuperar o ímpeto. Decidimos buscar eleitorados específicos e o público em geral diretamente, e manter as questões específicas na ordem do dia. Fui ao programa noturno de TV do Arsenio Hall, que era especialmente popular entre os jovens. Usei óculos de sol e toquei "Heartbreak Hotel" e "God Bless the Child" no meu saxofone. Respondi a perguntas dos telespectadores no programa *Larry King Live*. Em 11 e 12 de junho o comitê de plataforma do Partido Democrata apresentou um resumo que refletia a minha filosofia e os meus compromissos de campanha, evitando a linguagem polarizadora que tinha nos causado danos no passado.

Em 13 de junho apareci diante da Coalisão do Arco-Íris do reverendo Jesse Jackson. No início, tanto Jackson como eu vimos isso como uma oportunidade para reduzir as nossas diferenças e construir uma frente unida para a campanha. Não foi isso que aconteceu. Na noite anterior ao meu discurso, a artista popular de rap Sister Souljah havia se dirigido à coalisão. Ela era uma mulher brilhante que conseguia causar impacto nos jovens. Um mês antes, numa entrevista ao *Washington Post* depois das rebeliões em Los Angeles, ela tinha feito alguns comentários surpreendentes: "Se negros matam negros todos os dias, por que não tirar uma semana para matar brancos? [...] Então, se você é membro de uma gangue e normalmente estaria matando alguém, por que não matar um branco?".

Eu supunha que Sister Souljah pensava estar simplesmente expressando a raiva e a alienação dos jovens negros e dizendo a eles para parar de se matarem uns aos outros. Mas não foi isso que ela falou. A minha equipe, sobretudo Paul Begala, argumentava que eu tinha de fazer algum comentário sobre as suas afirmações. Duas das minhas preocupações mais importantes eram combater a violência entre a juventude e a divisão racial. Depois de desafiar os eleitores brancos em todo o país a abandonar o racismo, se me mantivesse silencioso sobre o comentário de Sister Souljah eu poderia parecer fraco ou até mesmo hipócrita. Perto do final do meu discurso, comentei as afirmações dela: "Se vocês tomassem as palavras 'branco' e 'negro' e as invertessem, poderiam pensar que quem estava falando era David Duke. [...] Nós temos a obrigação, todos nós, de chamar a atenção para o preconceito onde quer que o vejamos".

A imprensa política comentou que aquilo tinha sido uma tentativa política calculada de atrair os eleitores indecisos moderados ou conservadores, ao mesmo tempo me posicionando para o eleitorado democrata. Jesse Jackson também viu assim. Ele achou que eu tinha abusado da sua hospitalidade com uma fala demagógica aos eleitores brancos. Disse que Sister Souljah era uma ótima pessoa que tinha feito trabalho comunitário, e que eu devia a ela um pedido de desculpas. E ameaçou não me apoiar, até mesmo sugerindo que poderia apoiar Ross Perot. Na verdade eu tinha pensado em condenar as afirmações de Sister Souljah logo que ela as fizera, quando eu estava em Los Angeles para um encontro com o Show Coalition, um grupo de entretenimento. No final eu acabei não o fazendo porque o evento do Show Coalition era para caridade, e eu não queria politizá-lo. Quando a Coalisão do Arco-Íris nos colocou finalmente juntos, decidi falar abertamente.

Na época eu realmente não compreendia a cultura *rap*. Durante muito tempo Chelsea sempre me disse que o movimento *rap* era cheio de jovens muito inteligentes mas profundamente alienados, e exigia que eu aprendesse mais sobre isso. Finalmente, em 2001, ela me deu seis CDs de *rap* e hip-hop e me fez prometer ouvi-los. Eu ouvi. Embora ainda prefira o jazz e o rock, gostei muito da música e vi que minha filha estava certa sobre a inteligência e a alienação. Mas acho que eu estava certo de me pronunciar contra a aparente defesa de uma violência baseada na raça, por parte de Sister Souljah, e acredito que a maioria dos afro-americanos concordou com o que eu disse. Ainda assim, depois que Jesse me criticou, resolvi tentar ainda com mais vontade alcançar os jovens do centro da cidade que se sentiam marginalizados.

Em 18 de junho tive o meu primeiro encontro com Boris Yeltsin, que estava em Washington para ver o presidente Bush. Quando líderes estrangeiros visitam outro país, é comum se encontrarem com o líder da oposição política. Yeltsin foi educado e amigável, mas seu ar era um pouco superior. Eu tinha sido seu grande admirador desde que ele subira num tanque para se opor a uma tentativa de golpe dez meses antes. Por seu turno, ele claramente preferia Bush e achava que o presidente ia ser reeleito. No fim da nossa conversa, Yeltsin disse que eu tinha um bom futuro, mesmo se não fosse eleito daquela vez. Eu achava que ele era o homem certo para liderar a Rússia pós-soviética, e deixei o encontro convencido de que poderia trabalhar com ele se conseguisse desapontá-lo quanto ao resultado da eleição.

Naquela semana acrescentei uma necessária pontinha de leveza à campanha. O vice-presidente Dan Quayle disse que pretendia ser o "pit bull" da campanha eleitoral. Quando perguntado sobre isso, eu disse que a alegação de Quayle levaria o terror aos hidrantes dos Estados Unidos.

No dia 23 de junho fiquei sério de novo, corrigindo o meu plano econômico com algumas revisões baseadas no último relatório governamental, segundo o qual o déficit seria maior do que o previamente calculado. Havia um risco naquilo, porque a fim de manter a minha promessa de reduzir o déficit para a metade em quatro anos, eu tinha de cortar a proposta de redução de impostos para a classe média. Os republicanos de Wall Street não gostaram do plano também, porque eu propunha elevar impostos para os cidadãos mais ricos e para as grandes empresas. Ambos estavam pagando uma porcentagem muito menor da carga total dos impostos depois de doze anos de governo Reagan e Bush. Nós não podíamos reduzir o déficit pela metade apenas com cortes de gastos, e eu sentia que aqueles que tinham se beneficiado mais nos anos 1980 deviam pagar metade do custo. Eu estava determinado a não cair na armadilha dos "cenários cor-de-rosa" que os republicanos tinham seguido durante doze anos, sempre superestimando as receitas e subestimando as despesas, com o intuito de evitar escolhas difíceis. O plano econômico revisado foi organizado sob a supervisão do meu novo assessor em política econômica, Gene Sperling, que tinha deixado a equipe do governador Mario Cuomo em maio para se juntar à nossa campanha. Ele era brilhante, raramente dormia e trabalhava como um demônio.

No fim de junho, a vigorosa campanha para alcançar o público e os esforços voltados para as políticas específicas estavam começando a evidenciar resultados. Uma pesquisa de 20 de junho mostrava que a chance dos três candidatos na disputa era igual. O mérito disso não foi só meu. Perot e o presidente Bush estavam se empenhando numa luta pessoal e rancorosa. Realmente não havia nenhum amor entre os dois texanos, e a briga deles tinha alguns elementos bizarros, inclusive a estranha alegação de Perot de que Bush tinha conspirado para destruir o casamento da sua filha.

Enquanto Perot estava brigando com Bush por causa da sua filha, eu tirei um dia de folga na campanha para ir buscar Chelsea, que chegava de sua viagem anual ao norte de Minnesota para um curso de verão de língua alemã. Ela havia começado a pedir para fazer esses acampamentos anuais desde os cinco anos de idade, dizendo que queria "conhecer o mundo e viver algumas aventuras". O acampamento de línguas Concordia ficava no campo, próximo aos lagos de Minnesota, e tinha várias vilas que eram réplicas dos países cujas línguas estavam sendo ensinadas. Chegando lá, os jovens ganhavam um novo nome, dinheiro estrangeiro, e passavam as duas semanas seguintes falando a língua da vila. Concordia tinha vilas que falavam línguas da Europa Ocidental e da Escandinávia, bem como chinês e japonês. Chelsea escolheu estudar língua alemã e durante muitos anos ia para lá todos os verões. Foi uma experiência maravilhosa e uma parte importante da sua infância.

Eu passei as primeiras semanas de julho escolhendo um candidato a vice. Depois de exaustiva pesquisa, Warren Christopher recomendou que eu considerasse o senador Bob Kerrey; o senador Harris Wofford, da Pensilvânia, que tinha trabalhado com Martin Luther King Jr. e na Casa Branca do presidente Kennedy; o congressista Lee Hamilton, de Indiana, que presidia a comissão de Relações Exteriores e era altamente respeitado; o senador Bob Graham, da Flórida, de quem eu tinha me tornado amigo quando servíamos juntos como governadores; e o senador Al Gore, do Tennessee. Eu gostava de todos eles. Kerrey e eu tínhamos trabalhado juntos quando governadores, e eu não dava importância às coisas duras que ele tinha dito contra mim na campanha. Ele era uma figura que poderia atrair os republicanos e os eleitores independentes. Wofford era um defensor da reforma da assistência à saúde e dos direitos civis, um sujeito profundamente ético. Ele também tinha um bom relacionamento com o governador Bob Casey, que podia garantir a minha vitória na Pensilvânia. Já Hamilton impressionava pelo seu conhecimento das questões de relações exteriores e pela sua força em um distrito conservador no sudeste do estado de Indiana. Graham, por sua vez, era um dos três ou quatro melhores governadores dos cerca de 150 com os quais eu servi durante doze anos, e certamente traria a Flórida para a coluna democrata pela primeira vez desde 1976.

No final, eu decidi convidar Al Gore. Em princípio não achei que faria isso. Nos nossos encontros anteriores a relação entre nós dois tinha sido boa, mas não calorosa. A sua escolha opunha-se à sabedoria tradicional de que o candidato a vice-presidente deve oferecer um equilíbrio geográfico. Nós éramos de estados vizinhos. Ele era mais jovem que eu. E também se identificava com a ala do partido denominada Novos Democratas. Eu acreditava que a sua escolha funcionaria precisamente porque isso não traria esse tipo tradicional de equilíbrio. Ela apresentaria para os Estados Unidos uma nova geração de liderança e provaria que eu estava encarando com seriedade a questão de levar o partido e o país para uma direção diferente. Eu achei também que a sua escolha seria uma boa política no Tennessee, no Sul e em outros estados indecisos.

Além do mais, Al ofereceria um equilíbrio de um modo muito mais importante: ele sabia coisas que eu não sabia. Eu sabia muito sobre economia, agricultura, criminalidade, seguro contra a pobreza, educação e assistência médica, e tinha uma boa idéia das questões principais da política externa. Ele era um especialista em segurança nacional, controle de armas, tecnologia da informação, energia e meio ambiente. Al Gore era um dos dez democratas do Senado que apoiaram o presidente Bush na primeira Guerra do Golfo. Tinha participado da conferência de biodiversidade global no Rio de Janeiro e discordava firmemente da decisão do presidente Bush de não apoiar o tratado que foi produzido lá. Recentemente ele havia escrito um best-seller, *Earth in the Balance* [A Terra na corda bamba], argumentando que problemas como aquecimento global, furo na camada de ozônio e destruição das florestas tropicais exigiam uma reorientação radical do nosso relacionamento com o meio ambiente. Em abril do ano anterior ele havia me dado uma cópia autografada do livro. Eu o li, aprendi muito e concordava com o seu argumento. Além de saber mais sobre assuntos com os quais teríamos de lidar se fôssemos eleitos, Al conhecia o Congresso e a cultura de Washington muito melhor que eu. E, mais importante ainda: eu achava que ele seria um bom presidente se alguma coisa me acontecesse, e que teria uma excelente chance de ser eleito depois que eu terminasse o mandato.

Hospedei-me num hotel de Washington para encontrar algumas pessoas que eu estava considerando para ser meu vice. Al veio tarde uma noite, às onze horas, para minimizar a chance de ser visto pela imprensa. A hora era mais confortável para mim do que para ele, mas ele estava alerta e bem-disposto. Conversamos por duas horas sobre o país, a campanha e nossas famílias. Ele era obviamente dedicado e orgulhoso de sua esposa Tipper e dos seus quatro filhos. Tipper era uma pessoa interessante, uma mulher de muitas qualidades, que se tornara famosa pela sua campanha contra as letras vulgares e violentas da música contemporânea; era muito bem informada e tinha um grande interesse em melhorar o sistema de saúde mental. Depois da nossa conversa estava convencido de que ele e Tipper seriam um grande acréscimo à nossa campanha.

Em 8 de julho telefonei para o Al e o convidei para ser o meu companheiro de chapa. No dia seguinte ele e sua família viajaram até Little Rock para o anúncio. A foto de todos nós juntos na varanda do fundo da Mansão do Governador foi uma grande notícia em todo o país. Mais ainda do que as palavras ditas, ela transmitiu a energia e o entusiasmo de jovens líderes comprometidos com uma mudança política positiva. No dia seguinte, depois que Al e eu corremos em Little Rock, nós fomos de avião para a sua cidade natal, Carthage, no Tennessee, para um comício e uma visita aos pais de Al, uma grande influência na formação dele. Al Gore pai tinha sido um senador de três mandatos nos Estados Unidos, um aliado na luta pelos direitos civis e um opositor à Guerra do Vietnã, posições que ajudaram a derrotá-lo em 1970 mas que também lhe garantiram um lugar de honra na história norte-americana. A mãe de Al, Pauline, era igualmente impressionante. Quando ainda era uma coisa rara as mulheres fazer isso, ela havia se formado em Direito e então, por um breve período, exerceu a advocacia no sudoeste do Arkansas.

Em 11 de julho Hillary, Chelsea e eu fomos a Nova York para a convenção democrata. Nós tínhamos tido um período ótimo de cinco semanas enquanto Bush e Perot lutavam um com o outro. Pela primeira vez algumas pesquisas me mostravam na frente. Com quatro noites de cobertura televisiva, a convenção fortaleceria ou enfraqueceria a nossa posição. Em 1972 e 1980 os democratas tinham se prejudicado por mostrarem ao povo um partido dividido, indisciplinado e sem espírito de luta. Eu estava determinado a não deixar que isso acontecesse de novo. O presidente do Comitê Nacional Democrata, Ron Brown, pensava o mesmo. Harold Ickes e Alexis Herman, o vice de Ron e presidente executivo da convenção, assumiram a administração para garantir que nós demonstraríamos unidade, novas idéias e novos líderes. E não fazia mal, claro, que os democratas ativos e militantes estivessem desesperados para vencer depois de doze anos de controle republicano da Casa Branca. Nós ainda tínhamos muito que fazer para unir o partido e projetar uma imagem mais positiva. A nossa pesquisa mostrava, por exemplo, que a maioria dos norte-americanos não sabia que Hillary e eu tínhamos uma filha, e pensavam que eu havia crescido num ambiente rico e privilegiado.

As convenções são tarefas duras para os indicados. Essa foi especialmente difícil. Depois de meses ouvindo que eu era mais baixo do que a barriga de uma cobra, agora eu estava sendo anunciado como um exemplo de todas as coisas boas e verdadeiras. Em New Hampshire e depois, com todos os ataques sobre o meu caráter, tive de lutar para manter a minha disposição e contrariar a minha tendência de reclamar quando exausto. Agora eu tinha de reprimir o meu ego e me lembrar de não me deixar empolgar por todos os elogios e matérias favoráveis da imprensa.

Quando a convenção começou, estávamos fazendo progressos com relação à unidade do partido. Tom Harkin tinha me apoiado já antes. Agora Bob Kerrey, Paul Tsongas e Doug Wilder faziam comentários positivos. Também Jesse Jackson. Apenas Jerry Brown se manteve fora. Harkin, que tinha se tornado um dos meus políticos favoritos, disse que Jerry estava com um problema de vaidade. Houve também uma pequena rusga quando Ron Brown se recusou a deixar o governador Bob Casey falar na convenção, não porque ele quisesse falar contra o aborto, mas porque ele não concordaria em me apoiar. Eu estava inclinado a deixar Casey falar porque gostava dele, respeitava as convicções dos democratas contrários ao aborto, e achava que poderíamos conseguir que muitos deles votassem em nós por outras questões, como por minha promessa de tornar o aborto "seguro, legal, e raramente utilizado". Mas Ron ficou impassível. Nós poderíamos discordar sobre as questões, ele disse, mas ninguém que não estivesse comprometido com a vitória em novembro deveria pegar o microfone. Eu respeitei a disciplina com a qual ele tinha reconstruído o partido e acatei o seu julgamento.

A noite de abertura da convenção apresentou sete das nossas mulheres candidatas para o Senado dos Estados Unidos. Hillary e Tipper também fizeram breves aparições. Então vieram os discursos do senador Bill Bradley, da congressista Barbara Jordan e do governador Zell Miller. Bradley e Jordan eram mais famosos e fizeram bons discursos, mas Miller levou a platéia às lágrimas com esta história:

> Meu pai, que era professor, morreu quando eu tinha duas semanas de vida, deixando uma jovem viúva com dois filhinhos. Mas com a fé que a minha mãe tinha em Deus — e com a voz do senhor Roosevelt no rádio — nós seguimos em frente. Depois da morte do meu pai, minha mãe limpou com as suas próprias mãos um pequeno pedaço de terra bem ruinzinho. Todo dia ela entrava nas águas frias de um riacho de montanha que havia por perto e trazia de lá milhares de pequenas pedras para construir uma casa. Eu cresci observando minha mãe completar aquela casa com as pedras que ela tirava do riacho e com o cimento que ela misturava num carrinho de mão — cimento que ainda hoje tem as marcas da mão dela. O filho dela também tem as marcas de suas mãos. Ela imprimiu profundamente na minha alma o seu orgulho, as suas esperanças e os seus sonhos. Assim, eu sei o que o Dan Quayle quer dizer quando fala que para as crianças é melhor ter os dois, pai e mãe. Podem apostar que é. E seria bom se todas elas pudessem ter também fundos de financiamento. Nós não podemos todos nascer ricos, bonitos e afortunados. E é por isso que nós temos um Partido Democrata.

Então ele elogiou as contribuições de cada presidente democrata, de Franklin Delano Roosevelt até Carter, e disse que nós acreditávamos que o governo poderia melhorar a educação, os direitos humanos, os direitos civis, a economia, as oportunidades sociais e o meio ambiente. Ele atacou os republicanos pelas políticas que favoreciam os ricos e os grupos de interesses, e defendeu os meus planos na economia, na educação, na saúde, na criminalidade e na reforma do seguro contra a pobreza. Foi uma forte mensagem na linha Novos Democratas, exatamente o que eu queria que o país ouvisse. Quando Zell Miller foi eleito para o Senado em 2000, a Geórgia tinha ficado mais conservadora, e ele também. Ele se tornou um dos maiores defensores do presidente Bush, votando por enormes reduções de impostos que explodiram os déficits e privilegiaram desproporcionalmente os norte-americanos mais ricos e orçamentos que expulsaram dos programas pós-escolares crianças pobres, da qualificação para o trabalho trabalhadores desempregados e das ruas policiais uniformizados. Não sei o que fez Zell mudar suas opiniões sobre o que era melhor para os Estados Unidos, mas eu vou sempre me lembrar do que ele fez por mim, pelos democratas e pelos Estados Unidos em 1992.

O segundo dia tinha no programa a apresentação da plataforma e dos discursos vigorosos do presidente Carter, de Tom Harkin e de Jesse Jackson. Depois que Jesse decidiu me apoiar, ele foi até o fim, com um fogo nos seus discursos que arrebatava a casa. Entretanto, a parte mais emocional da noite foi a voltada para a assistência médica. O senador Jay Rockefeller falou sobre a necessidade de seguro-saúde para todos os norte-americanos. A sua idéia foi ilustrada pelos meus amigos de New Hampshire Ron e Rhonda Machos, que esperavam o segundo filho e estavam sobrecarregados com os 100 mil dólares de contas médicas da cirurgia de coração do seu filho Ronnie. Eles disseram que se sentiam como cidadãos de segunda classe, mas me conheciam e me consideravam a "maior esperança para o futuro".

Dois dos programados para falar sobre assistência médica eram pessoas com AIDS: Bob Hattoy e Elizabeth Glaser. Eu queria que eles levassem para as salas de visita dos norte-americanos a realidade de um problema que os políticos já haviam ignorado por tempo excessivo. Bob era um homossexual que tinha trabalhado para mim. Ele disse: "Eu não quero morrer. Mas não quero viver num país onde o presidente me vê como um inimigo. Eu posso entender que as pessoas morram por causa de uma doença, mas não por causa da política". Elizabeth Glaser era uma mulher bonita e inteligente, a esposa de Paul Michael Glaser, que tinha estrelado um seriado que fez sucesso na televisão, *Starsky e Hutch*. Ela fora infectada quando sofreu hemorragia durante o nascimento da primeira filha e recebeu uma transfusão de sangue contaminado com o vírus. Ela o transmitiu para a filha através do aleitamento e para o filho que teve depois, dessa vez ainda no útero. Quando falou para a convenção, Elizabeth tinha criado a Fundação Pediátrica da AIDS, feito um vigoroso trabalho de *lobby* visando obter mais dinheiro para pesquisa e assistência, e perdido a sua filha Ariel para a AIDS. Ela queria um presidente que fizesse mais em favor dessa questão. Não muito tempo depois que fui eleito, Elizabeth também perdeu a sua luta contra a doença. Isso foi doloroso para Hillary e para mim, assim como para as incontáveis pessoas que seguiram a sua liderança. Felizmente o seu filho Jake sobreviveu, e sou muito grato pelo fato de o seu marido e os amigos terem continuado o trabalho que ela começou.

No terceiro dia de convenção, uma pesquisa nacional me mostrava em primeiro lugar, com uma diferença de dois algarismos sobre o presidente Bush. Eu comecei a manhã correndo no Central Park. Depois Hillary, Chelsea e eu tivemos uma bela surpresa quando Nelson Mandela veio nos visitar na nossa suíte. Ele era convidado do prefeito David Dinkins para a convenção. Corretamente, ele disse que não estava tomando partido na eleição, mas manifestou seu apreço pela longa oposição dos democratas ao *apartheid*. Mandela queria que as Nações Unidas mandassem um enviado especial para investigar uma explosão de violência na África do Sul, e eu disse que apoiaria o seu pedido. Essa visita foi o começo de uma grande amizade entre todos nós. Era óbvio que Mandela tinha gostado da Hillary, e eu fiquei realmente tocado pela atenção que ele deu a Chelsea. Nos oito anos em que estive na Casa Branca ele nunca falou comigo sem perguntar por ela. Certa vez, durante uma conversa telefônica, me pediu para falar com ela também. Eu o vi demonstrar a mesma sensibilidade para com as crianças, brancas ou negras, que passavam pelo seu caminho na África do Sul. Isso atesta a sua grandeza.

Quarta-feira foi uma noite magnífica na convenção, com discursos interessantes de Bob Kerrey e Ted Kennedy. Foi exibido um emocionante filme em homenagem a Robert Kennedy, apresentado por seu filho, o congressista Joe Kennedy, de Massachusetts. Depois Jerry Brown e Paul Tsongas falaram. Jerry atacou o presidente Bush. Paul Tsongas fez o mesmo, mas ele também falou a favor de Al Gore e de mim. Depois de tudo por que Tsongas tinha passado, foi um ato corajoso e de muita elegância de sua parte.

E então chegou o grande momento: o discurso de indicação de Mario Cuomo. Ele ainda era o melhor orador do partido, e não desapontou. Com uma retórica vigorosa, respostas agudas e argumentos bem arrazoados, Cuomo defendeu a idéia de que era hora de "alguém suficientemente inteligente para saber; suficientemente forte para fazer; suficientemente seguro para comandar: o Comeback Kid, uma nova voz para um novo Estados Unidos". Depois a congressista Maxine Waters e o congressista Dave McCurdy, de Oklahoma, meus outros lançadores, falaram, e fez-se a chamada.

O Alabama cedeu o lugar para o Arkansas, para que o meu estado pudesse votar em primeiro lugar. Nosso líder democrata George Jernigan, que tinha concorrido contra mim para procurador-geral dezesseis anos antes, cedeu a honra para outro delegado pró-Clinton. Então a minha mãe simplesmente disse: "O Arkansas orgulhosamente deposita os seus 48 votos para o nosso filho favorito e o meu filho, Bill Clinton". Eu me perguntei o que a minha mãe estaria pensando e sentindo, além daquela explosão de orgulho; se a sua mente estaria se voltando para 46 anos antes, para aquela viúva de 23 anos que me deu a vida, ou estaria relembrando os problemas que com um sorriso brilhante ela enfrentou para dar a mim e ao meu irmão uma vida tão normal quanto possível. Eu adorei vê-la naquela noite, e estava agradecido por alguém ter pensado em deixar que ela iniciasse aquela votação.

Enquanto as chamadas continuavam, Hillary, Chelsea e eu estávamos a caminho do Madison Square Garden, vindos do nosso hotel, e paramos na loja de departamentos Macy's, onde tomamos fôlego para assistir à votação pela televisão. Quando Ohio lançou 144 votos para mim, eu cruzei o limiar da maioria de 2.145 votos e finalmente era o candidato democrata. Durante a manifestação que se seguiu, nós três subimos ao palco. Desde que John Kennedy fez isso em 1960, eu era o primeiro candidato a ir para a convenção antes da noite do discurso de aceitação. Falei brevemente, dizendo: "Trinta e dois anos atrás outro jovem candidato que queria colocar o país novamente em movimento veio a esta convenção para dizer um simples obrigado. Eu gostaria de me identificar com o espírito da campanha de John Kennedy, agradecer aos meus lançadores e delegados e dizer a vocês que amanhã à noite eu serei o 'Comeback Kid'".

Terça feira, 16 de julho, era o último dia da convenção. Até aí tivéramos três grandes dias, no salão e na televisão. Tínhamos mostrado não apenas os nossos líderes nacionais como também as nossas estrelas em ascensão e os cidadãos comuns. Tínhamos conseguido passar as nossas novas idéias. Mas tudo daria em nada se Al Gore e eu não fôssemos eficientes nos discursos de aceitação. O dia começou com uma surpresa, assim como acontecera muitas vezes naquela agitada temporada de campanha. Ross Perot se retirou da disputa. Liguei para ele, dei-lhe os parabéns pela sua campanha e disse que concordava com ele sobre a necessidade de uma reforma política fundamental. Ele não aceitou apoiar nem o presidente Bush nem a mim, e eu entrei na última noite da convenção sem saber se a sua retirada iria me ajudar ou atrapalhar.

Depois de ter sido indicado por aclamação, Al Gore fez um discurso emocionante. Ele começou dizendo que quando era garoto no Tennessee sonhava que um dia seria o artista que abriria os shows do Elvis, o apelido que a minha equipe havia me dado durante a campanha. Al então se lançou numa litania sobre os fracassos da administração Bush, dizendo depois de cada um que enumerava: "É hora de acabar com isso". Após ele fazer isso algumas vezes, os delegados o substituíram no mote, lançando confetes para o alto no saguão. Então ele elogiou o meu histórico, fez uma síntese dos desafios que tínhamos pela frente, falou sobre a família dele e sobre a nossa obrigação de deixar uma nação mais forte e mais unida para a próxima geração. O discurso de Al foi realmente muito bom. Ele tinha feito a sua parte. Agora era a minha vez.

Paul Begala havia escrito o primeiro rascunho do discurso. Nós estávamos tentando fazer muito com ele — abordar biografia, retórica de campanha e política. E estávamos tentando chamar a atenção de três grupos diferentes — dos democratas radicais, dos independentes e republicanos que estavam insatisfeitos com o presidente Bush mas incertos quanto a mim, e das pessoas que não votavam de maneira alguma por não acharem que isso fizesse diferença. Paul, como sempre, sugeriu algumas grandes frases. E George Stephanopoulos havia anotado algumas delas para as quais houve boa reação durante a campanha da primária. Bruce Reed e Al From ajudaram a afiar o segmento do discurso que tratava das políticas a serem adotadas. Para trazer tudo isso à baila, meus amigos Harry e Linda Bloodworth Thomason produziram um pequeno filme intitulado "O homem de Hope".* Isso incensou a multidão e eu caminhei pela plataforma sob tremendos aplausos.

O discurso começou lento, com uma reverência a Al Gore, um agradecimento a Mario Cuomo e uma saudação aos meus adversários da primária. Então veio a mensagem: "Em nome de todos aqueles que trabalham e pagam impostos, criam seus filhos e se comportam de acordo com as regras, em nome de todos os norte-americanos que trabalham arduamente, que compõem a nossa esquecida classe média, eu orgulhosamente aceito a indicação para disputar a eleição para presidente dos Estados Unidos. Eu sou um produto dessa classe média e, quando for presidente, vocês não serão mais esquecidos".

Em seguida contei a história das pessoas que tiveram grande influência sobre mim, começando pela minha mãe, com as suas dificuldades como uma jovem viúva

---

* "The Man from Hope" joga com a coincidência entre o nome da cidadezinha onde Clinton nasceu e a palavra inglesa para "esperança", dando para a frase outra leitura: O homem que vem da esperança. (N. dos T.)

com um bebê para criar, até a sua luta atual contra o câncer de mama. Fui dizendo: "Ela sempre, sempre, sempre me ensinou a lutar". Falei do meu avô, sobre como ele me ensinou a "respeitar as pessoas que outras pessoas desprezam". E prestei uma homenagem a Hillary, por ela me ensinar que "todas as crianças podem aprender e que todos nós temos o dever de ajudá-las a aprender". Eu queria que os Estados Unidos soubessem que o meu espírito de luta havia começado com a minha mãe, que o meu compromisso com a igualdade racial havia começado com o meu avô, e que a minha preocupação com o futuro de todas as crianças havia começado com a minha esposa.

E queria que as pessoas soubessem que todo mundo poderia ser uma parte da nossa família norte-americana: "Eu quero dizer algo para cada criança dos Estados Unidos de hoje que está lá fora, tendo de crescer sem uma mãe ou um pai. Eu sei como você se sente. Mas você também é especial. Você é importante para os Estados Unidos. Não deixe jamais alguém lhe dizer que você não pode se tornar o que quer que você queira ser".

Nos minutos seguintes apresentei a minha crítica ao histórico de Bush e o meu plano para um governo melhor. "Desde os governos de Reagan e Bush nós passamos de primeiro para décimo terceiro país do mundo no que diz respeito a salários. [...] Quatro anos atrás ele prometeu quinze milhões de novos empregos, mas está devendo catorze milhões. [...] O presidente em exercício diz que o desemprego sempre sobe um pouco antes de começar a recuperação, mas o desemprego precisa atingir apenas mais uma pessoa para que uma efetiva recuperação possa começar. E, senhor presidente, essa pessoa é o senhor." Eu disse que o meu novo acordo de oportunidade, responsabilidade e comunidade nos daria um país no qual as portas das universidades voltariam "a se abrir para os filhos e filhas de trabalhadores siderúrgicos"; "um país em que as rendas da classe média, e não os seus impostos, vão subir"; "um país em que os ricos não serão exauridos mas em que a classe média também não se afogará"; "um país onde acabaremos com a pobreza pela qual uma parcela de nossos cidadãos passa hoje".

Então fiz um apelo para a unidade nacional. Para mim, essa era a parte mais importante do discurso, algo em que eu acreditava desde criança:

> Hoje à noite cada um de vocês sabe, no fundo do seu coração, que nós estamos muito divididos. É hora de curar as feridas dos Estados Unidos.
> Por isso devemos dizer para cada norte-americano: olhe além dos estereótipos que nos cegam. Nós precisamos um do outro. Todos nós precisamos um do outro. Não podemos desperdiçar nem uma única pessoa. E, no entanto, por um tempo demasiadamente longo, para a maioria de nós que está em uma situação cômoda, os políticos disseram que o que realmente está errado nos Estados Unidos não somos nós: são "eles".
> Eles, as minorias. Eles, os liberais. Eles, os pobres; eles, os sem-teto; eles, as pessoas com deficiências. Eles, os gays.
> Nós chegamos ao ponto em que quase nos arruinamos. E a eles, eles e eles.
> Mas estamos nos Estados Unidos. Não existe o eles; existe apenas o nós. Uma nação, sob Deus, indivisível, com liberdade e justiça para todos.

Essa é a nossa Promessa de Lealdade à Nação, e é disso que trata o Novo Acordo. [...]

Quando adolescente, ouvi John Kennedy nos conclamar para a cidadania. E depois, quando estudante na Georgetown, ouvi aquele apelo ser explicado com clareza por um professor chamado Carrol Quigley, que dizia que os Estados Unidos eram a maior nação da história porque o nosso povo sempre tinha acreditado em duas grandes idéias: que o amanhã pode ser melhor que o hoje e que cada um de nós tem a responsabilidade pessoal e moral de fazer com que isso aconteça.

Esse tipo de futuro entrou na minha vida na noite em que a nossa filha, Chelsea, nasceu. Enquanto estava na sala de parto, fui dominado pelo pensamento de que Deus tinha me dado uma bênção que meu pai não chegara a ter: a chance de ter nos braços o meu bebê recém-nascido.

Em algum lugar, neste exato momento, uma criança está nascendo nos Estados Unidos. Que seja a nossa causa dar a essa criança um lar feliz, uma família feliz e um futuro esperançoso. Que seja a nossa causa ver que essa criança tenha a oportunidade de realizar plenamente o potencial que Deus lhe deu. [...] Que seja a nossa causa podermos dar a essa criança um país que está se unindo, e não se desunindo — um país de ilimitadas esperanças e sonhos infinitos; um país que mais uma vez levanta o seu povo e inspira o mundo.

Que isso seja a nossa causa, o nosso compromisso e o nosso Novo Acordo.

Meus compatriotas, eu termino esta noite onde tudo começou para mim: eu ainda acredito num lugar chamado Hope. Deus abençoe a todos vocês e Deus abençoe os Estados Unidos.

Quando o meu discurso chegou ao fim e os aplausos terminaram, a convenção se encerrou com uma canção escrita especialmente para aquela data por Arthur Hamilton e pelo meu velho amigo e companheiro da escola secundária, o músico Randy Goodrum, "Circle of Friends" [Grupo de amigos]. Ela foi cantada por Jennifer Holiday, estrela da Broadway, com acompanhamento do coro do Philander Smith College de Little Rock; de Reggie Jackson, de dez anos de idade, que tinha arrebatado a convenção na noite de segunda-feira cantando "America the Beautiful"; e por meu irmão, Roger. Logo todo mundo estava cantando "Vamos juntar um grupo de amigos, um grupo que comece e nunca termine".

Foi um final perfeito para o discurso mais importante que já fiz. E funcionou. Nós estávamos aumentando o grupo. Três pesquisas diferentes demonstraram que a minha mensagem tivera uma grande repercussão entre os eleitores e que nós estávamos com uma boa vantagem, de vinte pontos ou mais. Mas eu sabia que não seria possível manter aquela margem. Em parte porque a base cultural republicana de eleitores brancos com uma grande resistência em votar em qualquer candidato presidencial democrata representava cerca de 45% do eleitorado. Além disso, os republicanos ainda não tinham realizado a sua convenção. Ela certamente daria um impulso ao presidente Bush. E, por fim, eu tinha acabado de ter seis semanas de boa cobertura da imprensa e uma semana de acesso direto e absolutamente positivo ao país. Isso era mais que suficiente para levar todas as dúvidas sobre mim até os recessos da consciência pública, mas, como eu bem sabia, não o suficiente para apagá-las.

28

NA MANHÃ SEGUINTE, 17 de julho, Al, Tipper, Hillary e eu fomos de carro para Nova Jersey para começar a primeira de uma série de viagens de ônibus pelo país. Elas tinham o objetivo de nos levar às pequenas cidades, às áreas rurais nunca visitadas nas campanhas presidenciais modernas, dominadas por comícios nos principais mercados da mídia. Esperávamos que o giro de ônibus, idealizado por Susan Thomases e David Wilhem, mantivesse o alvoroço e o ímpeto da convenção.

A viagem era de 1.600 quilômetros atravessando Nova Jersey, Pensilvânia, Virgínia Ocidental, Ohio, Kentucky, Indiana e Illinois. Era cheia de discursos-relâmpago e apertos de mãos em paradas programadas e não programadas. No primeiro dia trabalhamos as partes leste e central da Pensilvânia, chegando à nossa última parada, York, às duas da manhã. Milhares de pessoas estavam à nossa espera. Al deu a sua melhor versão de um discurso rápido para as duas da manhã. Eu fiz o mesmo, e depois apertamos as mãos das pessoas por quase uma hora antes que nós quatro caíssemos desfalecidos por algumas horas. Passamos o dia seguinte cruzando a Pensilvânia, falando em pequenos grupos ou para multidões, ficando cada vez mais tranqüilos e ao mesmo tempo empolgados, animados pelo entusiasmo de gente que vinha nos ver, nos comícios ou simplesmente ao longo da auto-estrada. Numa parada de caminhões em Carlisle, Al e eu subimos nos grandes caminhões para apertar as mãos dos caminhoneiros. Numa parada da auto-estrada da Pensilvânia, brincamos um pouco com uma bola de futebol num estacionamento. Em um lugar na viagem nós até conseguimos jogar uma partida de minigolfe. No terceiro dia, passando pelo oeste da Pensilvânia, entramos na Virgínia Ocidental, onde fizemos uma parada em Weirton Steel, uma grande produtora que os empregados tinham comprado do antigo proprietário e mantinham em funcionamento. Naquela noite fomos até a fazenda de Gene Branstool perto de Utica, em Ohio, para um piquenique com cerca de duzentos agricultores e suas famílias, e depois paramos num campo próximo onde dez mil pessoas estavam nos esperando. Fiquei impressionado com duas coisas: o volume da multidão e o volume da colheita de milho. Os pés de milho eram os mais altos e a plantação mais densa que eu já tinha visto, um bom augúrio. No dia seguinte visitamos Columbus, a capital de Ohio, e depois seguimos em frente para o Kentucky. Enquanto cruzávamos a divisa, fiquei convencido de que poderíamos vencer em Ohio, como Jimmy Carter em 1976. Isso era importante. Desde a Guerra Civil, nenhum republicano tinha ganho a Presidência sem vencer em Ohio.

No quinto e último dia, depois de um grande comício em Louisville, fomos em frente para a parte sul do estado de Indiana e para o sul de Illinois. Durante todo o percurso, as pessoas ficavam de pé nos campos e ao longo da estrada agitando as nossas bandeiras. Passamos por uma grande máquina de ceifar, toda enfeitada com a bandeira norte-americana e com um pôster da campanha Clinton-Gore. Quando chegamos a Illinois estávamos atrasados, como todos os dias, por causa das paradas em lugares não programados. Nós havíamos decidido não nos deter mais nessas paradas, mas um pequeno grupo estava em pé num cruzamento segurando uma grande faixa que dizia "Dê-nos oito minutos e nós lhe daremos oito anos!". Paramos. O último comício da noite foi um dos mais marcantes da campanha. Quando entramos em Vandalia, milhares de pessoas segurando velas tinham lotado a praça em volta do antigo prédio do Capitólio estadual, onde Abraham Lincoln tinha cumprido um mandato na legislatura antes da mudança da sede do governo para Springfield. Era muito tarde quando finalmente chegamos a St. Louis para outra noite curta.

O giro de ônibus foi um tremendo sucesso. Levou-nos, e à mídia nacional, para os lugares no coração dos Estados Unidos que eram muito freqüentemente esquecidos. O país inteiro nos via chegando às pessoas que tínhamos prometido representar em Washington, o que tornava cada vez mais difícil para os republicanos nos pintar como radicais políticos e culturais. E Al, Tipper, Hillary e eu chegamos a conhecer um ao outro de uma maneira que teria sido impossível sem aquelas longas horas no ônibus.

No mês seguinte fizemos outros quatro giros de ônibus, dessa vez mais curtos, de um ou dois dias. O segundo nos levou rio Mississippi acima, de St. Louis a Hannibal, no Missouri, a cidade natal de Mark Twain; depois Davenport, em Iowa, subindo por Wisconsin; e até Minneapolis, onde Walter Mondale segurou uma multidão de dez mil pessoas por duas horas dando-lhes de tempo em tempo uma notícia sobre o nosso progresso.

O momento mais memorável do segundo giro de ônibus aconteceu em Cedar Rapids, em Iowa, onde, depois de uma reunião sobre biotecnologia e um passeio na seção de empacotamento da fábrica da Quaker, fizemos um comício no estacionamento. A platéia era uma multidão entusiasmada, mas havia um grupo de adversários que gritavam segurando faixas contra o aborto e me fazendo sinais lá do fundo. Depois dos discursos, eu saí do palco e parti para um contato corpo a corpo com a multidão. Fiquei surpreso ao ver uma mulher branca usando um *button* a favor do aborto e segurando nos braços uma criança negra. Quando lhe perguntei de quem era a criança, seu rosto brilhou e ela disse: "É minha filha. O nome dela é Jamiya". A mulher me disse que a criança tinha nascido com HIV positivo na Flórida e ela a tinha adotado, muito embora fosse divorciada e lutasse para educar duas crianças dela própria. Eu nunca me esquecerei daquela mulher segurando Jamiya e orgulhosamente proclamando: "É minha filha". Ela também era uma defensora do direito à vida, exatamente o tipo de pessoa a quem eu estava tentando dar uma melhor oportunidade no sonho americano.

No fim daquele mês fizemos um giro de um dia no vale de San Joaquin, na Califórnia, e viagens de dois dias através do Texas e do trecho que tínhamos deixado de percorrer em Ohio e na Pensilvânia, terminando na parte oeste do estado de Nova York. Em setembro fomos de ônibus pelo sul da Geórgia. Em outubro percorremos por dois dias o estado de Michigan e num dia frenético fizemos nosso trabalho em dez cidades da Carolina do Norte.

Eu nunca tinha visto nada como o entusiasmo duradouro que os giros de ônibus promoviam. É claro que parte disso era porque as pessoas nas pequenas cidades não estavam acostumadas a ver candidatos presidenciais tão de perto — lugares como Coatesville, na Pensilvânia; Centralia, em Illinois; Prairie du Chien, em Wisconsin; Walnut Grove, na Califórnia; Tyler, no Texas; Valdosta, na Geórgia; e Eton, na Carolina do Norte. Mas o fato principal era a conexão que a nossa caravana de ônibus estabelecia entre as pessoas e a nossa campanha. Ela representava tanto o senso comum quanto o avanço. Em 1992 os norte-americanos estavam preocupados, mas ainda esperançosos. Nós ainda falávamos aos seus temores e validávamos o seu otimismo resistente. Al e eu desenvolvemos uma boa rotina. Em cada parada relacionávamos os problemas do nosso país e dizíamos: "Tudo o que deveria estar para baixo está para cima, e tudo o que deveria estar para cima está para baixo". Então nos apresentávamos e eu era quem dizia para as pessoas o que pretendia fazer para reverter o quadro. Eu adorei ter feito aqueles giros de ônibus. Nós viajamos através de dezesseis estados, e em novembro ganhamos em treze deles.

Depois do primeiro giro de ônibus, uma pesquisa nacional me deu uma vitória de 2 por 1 em relação ao presidente Bush, mas eu não a levei muito a sério porque ele ainda não tinha realmente entrado em campanha. Ele a começou na última semana de julho, com uma série de ataques. Disse que os meus planos de reduzir os aumentos de gastos com defesa iam cortar 1 milhão de empregos; que o meu projeto de auxílio à saúde seria um programa administrado pelo governo "com a compaixão ao estilo da KGB"; que eu queria "o maior aumento de impostos da história"; e que como presidente ele estabelecia um "nível moral" melhor do que eu. A sua assistente Mary Matalin superou Dan Quayle na disputa para ser o "pitt bull" da campanha, me chamando de "hipócrita choramingas". Mais tarde na campanha, com Bush já caindo, muitos de seus assistentes carreiristas começaram a deixar vazar para a imprensa que o problema era de todo mundo, menos deles. Alguns foram até críticos com o presidente. Mary, não. Ela se manteve do lado do seu candidato até o fim. Ironicamente, Mary Matalin e James Carville ficaram noivos e depois se casaram. Embora fossem de lados opostos no espectro político, eles tinham a mesma agressividade nas suas convicções. O amor acrescentou tempero às suas vidas, e a política deles deu vida tanto à campanha de Bush quanto à minha.

Na segunda semana de agosto o presidente Bush convenceu James Baker a renunciar como secretário de Estado e voltar para a Casa Branca para supervisionar a sua campanha. Eu achava que ele tinha feito um bom trabalho como secretário de Estado, a não ser pelo caso da Bósnia, que deveria ter merecido da administração uma oposição mais vigorosa à limpeza étnica. E eu sabia que ele era um bom político, que poderia tornar a campanha de Bush mais eficiente.

A nossa campanha também precisava ser mais eficiente. Tínhamos vencido a indicação por nos organizarmos com base no calendário das primárias. Agora que a convenção estava para trás, precisávamos de uma coordenação muito melhor das forças todas, com um único centro estratégico. James Carville tomou isso a seu cargo. Ele precisava de um assistente. Paul Begala não podia ficar o tempo todo em

Little Rock porque a sua esposa, Diane, estava esperando o primeiro filho, e assim, relutantemente, precisei desviar George Stephanopoulos da "plaina" da campanha. George tinha demonstrado uma aguda compreensão de como funcionava o ciclo de notícias durante as 24 horas e agora sabia que poderíamos enfrentar os ataques da imprensa tão bem quanto desfrutar boas reportagens. Ele era a melhor escolha.

James colocou todos os elementos da campanha — política, imprensa e pesquisa — num grande espaço aberto na antiga sala de imprensa do edifício do *Arkansas Gazette*. Esse espaço quebrou barreiras e erigiu um senso de camaradagem. Hillary disse que ele parecia uma "sala de guerra", e o nome pegou. Carville colocou um cartaz na parede como um lembrete permanente do que se tratava a campanha. O cartaz tinha apenas três linhas:

Mudanças *versus* Mais "do de Sempre"
A Economia, idiota
Não se esqueça do auxílio à saúde

Carville também captou a sua principal tática de batalha num slogan que ele havia estampado numa camiseta: "A velocidade mata... Bush". A Sala de Guerra mantinha reuniões diárias às sete da manhã e às sete da noite, para avaliar as pesquisas noturnas de Stan Greenberg, os últimos anúncios de Mandy Grunwald, as notícias, os ataques de Bush, e para formular respostas aos ataques e nos preparar para os acontecimentos que se desenrolavam. Enquanto isso, jovens voluntários trabalhavam 24 horas por dia trazendo quaisquer informações que pudessem conseguir com a nossa antena parabólica, captando em seus computadores as notícias e a oposição. Agora esse tipo de recurso é rotineiro, mas na época era novidade, e o nosso uso de tecnologia foi essencial para a campanha poder atingir os objetivos que Carville tinha em mente: ser centrada e ágil.

Logo que sabíamos o que queríamos dizer, mandávamos a mensagem, não só para a mídia como também para as nossas equipes de "resposta rápida" de cada estado, cujo trabalho era transmiti-la para os nossos aliados e também para os canais de notícias locais. Nós providenciamos *buttons* com as palavras "Equipe de Resposta Rápida" para aqueles que concordavam em fazer o dever diário. No final da campanha, milhares de pessoas estavam usando esses *buttons*.

Durante a reunião matinal que eu tinha com Carville, Stephanopoulos, e quem mais precisasse estar à disposição naquele dia específico, eles expunham exatamente onde estávamos e o que precisávamos fazer. Se eu discordasse, então discutíamos. Se houvesse necessidade de um contato pessoal ou de um telefonema estratégico, eu me incumbia disso. Mas na maior parte do tempo eu apenas ouvia, surpreso. Às vezes eu fazia queixas sobre o que não estava indo bem, como discursos que achava longos em retórica e curtos em argumento e substância, ou a programação muito puxada, o que era mais uma falha minha do que deles. Problemas de alergias e a exaustão me levavam a resmungar muito nessas reuniões matinais. Felizmente Carville e eu estávamos na mesma freqüência, e ele sempre sabia quando eu estava falando sério e quando estava desabafando. Acho que os outros também acabaram por compreender isso.

* * *

Os republicanos fizeram a sua convenção em Houston na terceira semana de agosto. A oposição costuma ir clandestinamente assistir à convenção do outro partido. Embora eu seguisse a prática usual e nos mantivéssemos discretos, a nossa operação de resposta rápida estava pronta para o ataque. Era preciso. Os republicanos não tinham escolha, a não ser cair matando em cima de mim. Eles estavam muito atrás, e o seu método do campo arrasado tinha funcionado em todas as eleições desde 1968, exceto no caso da vitória do presidente Carter por apenas dois pontos depois do escândalo de Watergate. Nós estávamos determinados a usar a equipe de resposta rápida para devolver os ataques dos republicanos.

Em 17 de agosto, quando a convenção deles foi aberta, eu ainda estava vinte pontos na frente. E nós atrapalhamos um pouco a festa deles quando dezoito principais executivos de grandes corporações passaram a me apoiar. Foi um belo trunfo, mas não tirou os republicanos do seu plano de jogo. Eles começaram me chamando de "mulherengo" e disseram também que eu havia "driblado a convocação militar", além de acusarem Hillary de querer destruir a família norte-americana permitindo que as crianças processassem os pais sempre que discordassem das decisões disciplinares deles. Marilyn Quayle, esposa do vice-presidente, era particularmente crítica da alegada investida de Hillary contra os "valores familiares". As críticas se baseavam numa leitura muito distorcida de um artigo que Hillary tinha escrito quando estava na Faculdade de Direito, argumentando que nas circunstâncias de abuso ou de séria negligência as crianças menores tinham o direito legal de se tornarem independentes dos seus pais. Quase todos os norte-americanos concordariam com uma leitura adequada do que ela havia escrito, mas, é claro, uma vez que poucas pessoas tinham lido o artigo, dificilmente os que ouviram as acusações sabiam se elas eram verdadeiras ou não.

A principal atração na noite de abertura dos republicanos foi Pat Buchanan, que levou os delegados a um frenesi com os ataques que fez a mim. As frases de que eu mais gostei incluíam a sua afirmação de que enquanto o presidente Bush tinha dirigido a libertação do Leste Europeu, a minha experiência de política externa "era bem mais restrita, limitando-se a ter tomado um café-da-manhã uma vez na Casa Internacional das Panquecas", e a sua caracterização da convenção democrata como "radicais e liberais [...] vestidos de moderados e centristas, na maior exibição de travestismo da história na política norte-americana". As pesquisas indicaram que Buchanan não tinha ajudado Bush, mas eu discordava. A sua tarefa era parar a hemorragia dos eleitores da direita, ao dizer para os conservadores desejosos de mudar que eles não podiam votar em mim, e ele fez isso muito bem.

O bombardeio continuou durante toda a convenção, com a nossa operação de resposta rápida devolvendo o fogo. O reverendo Pat Robertson se referia a mim como "Willie Escorregadio" e dizia que eu tinha um plano radical para destruir a família norte-americana. Uma vez que eu havia sido favorável à reforma do seguro contra a pobreza antes de Robertson ter tido a idéia de que Deus era um republicano direitista, a acusação foi risível. Nossa equipe de resposta rápida mandou bala de volta. Eles também foram especialmente eficazes ao defenderem a Hillary das acusações de que ela era contra a família, comparando o tratamento dado a ela pelos republicanos à tática de Willie Horton usada pelos republicanos contra Dukakis quatro anos antes.

Para reforçar a nossa alegação de que os republicanos estavam me atacando porque a única coisa com que eles se importavam era se manter no poder, ao passo que nós queríamos o poder para atacar os problemas do país, Al, Tipper, Hillary e eu jantamos com o presidente e a sra. Carter em 18 de agosto. Então todos passamos o dia seguinte, que era aniversário da Tipper e meu, construindo uma casa com os membros da Hábitat para a Humanidade. Jimmy e Rosalynn Carter apoiavam a Hábitat havia anos. Criação de Millard Fuller, um amigo nosso do Fim de Semana Renaissance, a organização Hábitat recruta voluntários para construir casas para os pobres e com eles, que depois pagam o material. A organização já havia se tornado uma das maiores construtoras de casas dos Estados Unidos e estava na época se expandindo para outros países. O nosso trabalho apresentava um perfeito contraste com os nervosos ataques dos republicanos.

O presidente Bush fez uma visita de surpresa à convenção na noite em que foi nomeado, como eu fizera, levando toda a sua família de aparência genuinamente norte-americana. Na noite seguinte ele fez um discurso eficaz, envolvendo-se em Deus, pátria e família, e assegurando que infelizmente eu não abraçava aqueles valores. Disse também que tinha cometido um erro ao assinar a lei de redução do déficit com o seu aumento de impostos de gasolina embutido e que, se reeleito, voltaria a reduzir os impostos. Eu achei que a melhor frase dele foi dizer que eu usava a "economia Elvis" para levar os Estados Unidos para o "Heartbreak Hotel". Ele contrapunha o seu serviço na Segunda Guerra Mundial à minha oposição ao Vietnã dizendo: "Enquanto eu dei o meu sangue, ele deu no pé".

Agora os republicanos tinham tido oportunidade de falar aos Estados Unidos, e embora a idéia geral fosse que eles tinham sido demasiado negativos e exagerados, as pesquisas mostraram que a minha liderança havia se reduzido. Uma delas demonstrou que eu tinha caído dez pontos; e outra, cinco. Achei que devia ser isso mesmo, e que se eu não fizesse besteira nos debates ou cometesse algum outro tipo de erro, a margem final estaria entre o que essas duas pesquisas mostraram.

O presidente Bush deixou Houston com um espírito combativo, comparando a sua campanha à miraculosa vitória de Harry Truman em 1948. Ele também excursionou pelo país fazendo o que apenas os que estão no poder podem fazer: gastar dinheiro federal para conseguir votos. Prometeu ajuda aos plantadores de trigo e às vítimas do furacão Andrew, que tinha devastado grande parte do sul da Flórida; e ofereceu vender 150 jatos F-16 para Taiwan e 72 F-15 para a Arábia Saudita, garantindo empregos em fábricas de armamento localizadas em estados que estavam em situação crítica.

No fim de agosto nós dois comparecemos à Convenção da Legião Norte-americana em Chicago. O presidente Bush teve uma recepção melhor que a minha, dada pelos seus antigos companheiros veteranos, mas eu me saí melhor que o esperado, tratando sem rodeios da questão da minha convocação e da minha oposição à Guerra do Vietnã. Disse que ainda acreditava que a Guerra do Vietnã fora um equívoco, mas "se vocês escolherem votar contra mim por causa do que aconteceu vinte anos atrás, é direito de vocês como cidadãos, e eu respeito isso. Mas a minha esperança é que vocês votem pensando no futuro". Consegui muitos aplausos também ao prometer uma nova direção para o Departamento de Assuntos dos Veteranos, cujo diretor era impopular entre os grupos ali presentes.

Depois do encontro na Legião Norte-americana, voltei para a minha mensagem de mudar a direção dos Estados Unidos na política econômica e social, incentivado por um novo estudo que demonstrava que no nosso país os ricos estavam ficando mais ricos enquanto os pobres estavam ficando mais pobres. No início de setembro fui apoiado por dois importantes grupos de defesa ambiental: o Sierra Club e a Liga de Eleitores Ambientalistas. Fui até a Flórida alguns dias depois do presidente Bush para observar os danos causados pelo furacão Andrew. Quando era governador, eu tinha lidado com muitos desastres naturais, inclusive enchentes, secas e tornados, mas nunca tinha visto nada como aquilo. Ao andar pelas ruas cheias de ruínas das casas, fiquei surpreso de ouvir queixas tanto dos funcionários públicos locais quanto dos moradores sobre como a Administração de Emergência do Serviço Federal estava lidando com as conseqüências do furacão. Tradicionalmente, a tarefa do diretor desse órgão era dar suporte a um correligionário político do presidente que queria alguma ótima posição no governo mas não tinha experiência com emergências. Eu fiz uma anotação mental para evitar esse tipo de equívoco se ganhasse. Os eleitores não escolhem um presidente com base na sua competência para lidar com desastres, mas, se um desastre ocorrer, essa competência logo se torna a coisa mais importante nas suas vidas.

No Dia do Trabalho,* a tradicional abertura da campanha da eleição geral, fui para Independence, no Missouri, a cidade natal de Harry Truman, no intuito de mobilizar os trabalhadores para a nossa causa. A habilidosa filha de Truman, Margaret, ajudou dizendo no comício que eu, e não George Bush, era o verdadeiro herdeiro do legado do seu pai.

Em 11 de setembro fui para South Bend, Indiana, e falei aos estudantes e aos professores da Universidade de Notre Dame, a universidade católica mais prestigiada dos Estados Unidos. No mesmo dia o presidente Bush estava na Virgínia para falar à Coalisão Cristã Conservadora. Eu sabia que os católicos de todo o país prestariam atenção a ambos os eventos. A hierarquia da Igreja concordava com a oposição de Bush ao aborto, mas eu estava muito mais próximo das posições católicas em questões econômicas e de justiça social. A minha apresentação na Notre Dame teve uma impressionante semelhança, com papéis invertidos, com o discurso de John Kennedy em 1960 para os líderes batistas do Sul. Paul Begala, um católico devoto, ajudou a preparar as minhas observações, e o prefeito de Boston, Ray Flynn, e o senador Harris Wofford foram junto para dar apoio moral. Eu estava quase na metade do discurso e ainda não tinha uma idéia de como as coisas estavam indo. Quando eu disse "Todos nós devemos respeitar o reflexo da imagem de Deus em cada homem e em cada mulher, e assim devemos valorizar a sua liberdade, não apenas a sua liberdade política, mas a sua liberdade de consciência em questões de família, filosofia e fé", todos me aplaudiram de pé.

Depois da Notre Dame eu fui para o Oeste. Em Salt Lake City defendi as minhas idéias na Convenção da Guarda Nacional, onde fui bem recebido porque a minha reputação na liderança da Guarda Nacional do Arkansas era boa e também porque fui apresentado pelo congressista Les Aspin, respeitado presidente da Comissão de Serviços Armados da Câmara dos Deputados. Em Portland, Oregon, tivemos um comício fantástico. As ruas do centro da cidade foram tomadas por mais de dez mil pessoas, com muitas mais aparecendo nas janelas dos escritórios. Durante os discursos, aliados jogaram centenas de rosas no palanque, um belo gesto da City of Roses, no Oregon. Por mais de uma hora depois do evento subi e desci as ruas apertando as mãos do que me pareceu um número de milhares de pessoas.

Em 15 de setembro houve um grande sopro de mudança no Oeste, quando fui apoiado por trinta líderes de empresas da alta tecnologia em regiões tradicionalmente republicanas do Vale do Silício. Eu tinha estado trabalhando no Vale do Silício desde dezembro anterior com a ajuda de Dave Barram, vice-presidente da Apple Computers. Dave tinha sido recrutado para a campanha por Ira Magaziner, meu amigo de Oxford, que trabalhara com executivos de alta tecnologia e sabia que Barram era democrata. Muitos dos colegas republicanos de Barram compartilhavam da sua desilusão com as políticas econômicas da administração Bush e com o fato de ele ter deixado de valorizar o magnífico potencial dos empresários do Vale do Silício. Alguns dias antes da minha primeira viagem, de acordo com o jornal *San Jose Mercury News*, Carla Hills, a representante comercial dos Estados Unidos no governo de Bush, tinha endossado a opinião de que "não faz diferença se os Estados Unidos exportarem batatas ou chips de computadores". Os executivos das empresas de alta tecnologia discordaram, e eu também.

Entre aqueles que saíram em meu apoio estavam republicanos importantes como John Young, presidente da Hewlett-Packard; John Sculley, presidente do Conselho da Apple Computer; o banqueiro de investimentos Sandy Robertson; e Regis McKenna, na época um dos poucos democratas declarados do Vale do Silício. No nosso encontro no Centro de Tecnologia do Vale do Silício, em San Jose, também lancei uma política nacional de tecnologia, em cujo preparo eu tinha sido ajudado por meses de trabalho de Dave Barram. Ao reivindicar maior investimento em pesquisa e desenvolvimento tecnológico e científico, inclusive com importantes projetos específicos para o Vale do Silício, marquei uma posição diferente da aversão do governo Bush a fazer associações entre o governo e o setor privado. Na época o Japão e a Alemanha estavam ultrapassando os Estados Unidos economicamente, em parte porque a política do governo naqueles países tinha o objetivo de apoiar as áreas potenciais de crescimento. A política dos Estados Unidos, ao contrário, era de subsidiar interesses estabelecidos e politicamente poderosos como o petróleo e a agricultura, que eram importantes mas tinham muito menos potencial do que a tecnologia para gerar novos empregos e incentivar novos empreendedores. O anúncio dos líderes das empresas de alta tecnologia ofereceu um enorme incremento para minha campanha, dando credibilidade ao meu argumento de que eu era a favor dos negócios e do capital, e não só a favor do trabalho, e me ligando às forças econômicas que mais representavam uma mudança positiva e crescimento.

Enquanto eu estava arrebanhando apoio para reconstruir a economia e reformar a assistência médica, os republicanos trabalhavam duro para me desmoralizar. O presidente Bush, em seu discurso na convenção, me acusou de aumentar os impostos 128 vezes no Arkansas e de ter me deliciado com isso. No início de setembro a campanha de Bush repetiu a acusação inúmeras vezes, embora o *New York Times* dissesse que ela era "falsa", o *Washington Post* a chamasse de extremamente "exagerada" e "tola", e o *Wall Street Journal* afirmasse que ela era "enganadora". Já a lista de Bush incluía uma exigência de que os negociantes de carros usados lançassem um título de 25 mil dólares; modestas taxas para concursos de beleza; e um custo de tribunal de um dólar imposto para os criminosos recalcitrantes. O colunista conservador George Will disse que, pelos critérios do presidente, "Bush aumentou os impostos mais freqüentemente em quatro anos do que Clinton em uma década".

A campanha de Bush dedicou a maior parte do que restava de setembro a me atacar a propósito da questão da convocação militar. O presidente Bush disse repetidas vezes que eu deveria "simplesmente dizer a verdade" sobre essa questão. Mesmo Dan Quayle se sentiu livre para me perseguir, apesar do fato de que as conexões da sua família o tinham levado para a Guarda Nacional, bem longe da Guerra do Vietnã. A questão principal para o vice-presidente parecia ser que a mídia não estava dando ao meu caso o mesmo escrutínio crítico que ele tinha recebido quatro anos antes. Aparentemente, ele não tinha acompanhado as notícias a partir de New Hampshire e Nova York.

Consegui alguma ajuda para rebater o ataque sobre a convocação militar. No início de setembro, o senador Bob Kerrey, que fora o meu oponente nas eleições primárias e havia ganho uma medalha de honra, disse que não se justificava ficar discutindo isso. Depois, no dia 18, no pátio da Mansão do Governador no Arkansas, recebi o apoio do almirante Bill Crowe, que tinha sido chefe do Estado-Maior durante a administração do presidente Reagan e por pouco tempo na de Bush. Fiquei muito impressionado pela maneira direta e simples de Crowe, e profundamente agradecido por ele ter colocado o seu pescoço em risco por alguém que mal conhecia mas em quem passou a acreditar.

O impacto político do que Bush e eu estávamos fazendo era incerto. Um pouco da vantagem que ele conseguira na convenção tinha se esvaído, mas durante setembro as pesquisas subiam e desciam entre uma vantagem de 9% e 20% a meu favor. A dinâmica básica da campanha tinha se estabelecido: Bush afirmava representar os valores da família e a confiabilidade, enquanto eu lutava por mudança social e econômica. Ele dizia que eu não era confiável e era antifamília, enquanto eu afirmava que ele estava dividindo o país e nos atravancando. Qualquer que fosse o dia, um número considerável de eleitores estava se debatendo para saber qual de nós dois era a melhor escolha.

Além das disputas sobre as questões, nós passamos setembro discutindo sobre os debates. A comissão bipartidária nacional recomendava três debates com diferentes formatos. Eu aceitei imediatamente, mas o presidente Bush não gostou dos formatos de debate sugeridos pela comissão. Eu disse que as objeções dele eram folhas de parreira para cobrir uma relutância em defender o seu histórico. O desacordo continuou durante a maior parte do mês, forçando o cancelamento dos três debates programados. De qualquer modo, fui a cada um dos lugares propostos para os debates e fiz campanha, deixando bem claro para os cidadãos desapontados que não era eu o responsável pelo fato de as suas cidades não terem tido um momento de glória nacional.

A pior coisa que nos aconteceu em dezembro foi muito mais pessoal do que política. Paul Tully, o veterano organizador irlandês que Ron Brown tinha enviado para Little Rock imbuído da tarefa de coordenar os esforços do Partido Democrata com os nossos esforços, morreu repentinamente em seu quarto de hotel. Tully tinha apenas 48 anos de idade, era um político profissional da velha escola e um excelente homem que todos tinham passado a adorar e com quem contavam. Justamente quando estávamos entrando na parte final da campanha, outro líder nosso tinha ido embora.

O mês terminou com alguns acontecimentos surpreendentes. Earvin "Magic" Johnson, o ex-astro da defesa do Los Angeles Lakers que era HIV positivo, bruscamente se demitiu do seu cargo na Comissão Nacional de HIV/AIDS e me apoiou, desgostoso com a falta de atenção e de ação do governo em face do problema da AIDS. O presidente Bush mudou de idéia e me desafiou para quatro debates. E, o que é ainda mais surpreendente: Ross Perot disse que estava pensando em entrar novamente na corrida presidencial, porque ele não acreditava que o presidente ou eu tivéssemos um plano sério para reduzir o déficit. Perot criticou Bush pela sua política tributária e disse que eu queria gastar dinheiro demais. E convidou ambas as campanhas a enviar delegados para se encontrar com ele e discutir a questão.

Uma vez que nenhum de nós sabia quem sofreria conseqüências piores se Perot voltasse para a luta, e uma vez que ambos queríamos o apoio dele se ele não voltasse, cada campanha mandou uma equipe de alto nível para encontrá-lo. O nosso lado ficou desconfortável porque imaginávamos que ele já havia decidido a voltar a se candidatar e que aquilo era apenas uma encenação para aumentar seu próprio prestígio, mas no fim concordei que deveríamos continuar tentando conseguir o seu apoio. O senador Lloyd Bentsen, Mickey Kantor e Vernon Jordan me representaram. Eles tiveram uma recepção cordial, como também o pessoal de Bush. Perot afirmou ter aprendido muito com ambos os grupos. Então, alguns dias depois, em 1º de outubro, ele anunciou que se sentia compelido a voltar à luta como um "servo" de seus voluntários. A sua retirada do páreo em julho o tinha ajudado. Nas dez semanas em que ele ficou fora a lembrança da sua contenda pessoal com Bush na primavera anterior havia se dissipado, enquanto o presidente e eu tínhamos mantido frescos na mente do público os problemas de cada um. Agora os eleitores e a imprensa o levaram ainda mais a sério porque nós dois o tínhamos cortejado tão ostensivamente.

Quando Perot estava voltando para a disputa, nós finalmente havíamos chegado a um acordo com o pessoal de Bush quanto aos debates. Haveria três, além de um debate vice-presidencial, todos apertados num período de nove dias, entre 11 e 19 de outubro. No primeiro e no terceiro seríamos questionados pelo pessoal da imprensa. O segundo seria um encontro em um centro cívico, no qual os cidadãos fariam perguntas. No início o pessoal de Bush não queria Perot nos debates, pois eles imaginavam que ele atacaria o presidente e quaisquer votos extras que ele conseguisse viriam dos potenciais apoiadores de Bush, e não daqueles que pudessem me apoiar. Eu disse que não fazia objeção à inclusão de Perot, não por concordar em que Perot iria prejudicar Bush — eu não estava convencido disso —, mas por sentir que no final teríamos mesmo de incluí-lo, e eu não queria parecer amedrontado. Em 4 de outubro ambas as campanhas concordaram em convidar Perot para participar.

Na semana do primeiro debate eu finalmente apoiei o controvertido Acordo de Livre-Comércio da América do Norte [North American Free Trade Agreement (NAFTA)], que o governo de Bush tinha negociado com o Canadá e o México, com a restrição de que eu queria negociar acordos paralelos que garantissem padrões básicos sobre empregos e meio ambiente, a que o México teria de se sujeitar. Meus aliados do setor sindical estavam preocupados com a perda dos empregos industriais não qualificados para os nossos vizinhos do Sul e discordavam convictamente da minha posição, mas eu me senti compelido a assumi-la tanto por razões econômicas quanto políticas. No fundo eu sempre fui a favor do livre-comércio, e achava que os Estados Unidos deveriam apoiar a recuperação econômica do México para garantir uma estabilidade de longo prazo no nosso hemisfério. Alguns dias depois, mais de 550 economistas, inclusive nove ganhadores do Prêmio Nobel, apoiaram o meu programa econômico dizendo que ele tinha mais probabilidade de sucesso do que as propostas do presidente Bush para restaurar a economia.

Da mesma maneira que às vésperas do debate eu estava determinado a me concentrar na economia, o lado de Bush estava determinado a continuar minando o meu caráter e a minha reputação de honestidade. Eles facilitaram a tramitação de um pedido de pesquisa no Centro Nacional de Documentação de Suitland, em Maryland, para obter informações nos meus arquivos de passaporte sobre a viagem de quarenta dias que eu havia feito ao norte da Europa, à União Soviética e à Tchecoslováquia nos anos 1969-70. Aparentemente eles estavam correndo atrás dos rumores de que eu tinha ido a Moscou em decorrência de atividades antiguerra ou de que eu tinha tentado obter cidadania em outro país para evitar a convocação militar. Em 5 de outubro apareceram reportagens dizendo que os arquivos tinham sido adulterados. A história do passaporte se arrastou pelo mês inteiro. Embora o FBI tenha dito que os arquivos não haviam sido adulterados, a campanha de Bush ficou numa situação desconfortável. Um alto funcionário designado pelo Departamento de Estado havia pressionado o Centro Nacional de Documentação, que tinha mais de 100 milhões de arquivos, para colocar a pesquisa sobre os meus documentos na frente de duas mil outras solicitações que haviam dado entrada antes e que normalmente levavam meses para ser processadas. Um designado de Bush também ordenou que as embaixadas dos Estados Unidos em Londres e em Oslo conduzissem uma pesquisa "extremamente completa" em seus arquivos para informação sobre as minúcias da minha convocação militar e sobre a minha cidadania. A certa altura se soube que os arquivos do passaporte da minha mãe também foram pesquisados. Era difícil imaginar que até mesmo os mais paranóicos direitistas desconfiassem que aquela senhora do Arkansas que amava as corridas fosse uma subversiva.

Mais tarde veio à tona que o pessoal de Bush também tinha solicitado ao governo de John Major para pesquisar as minhas atividades na Inglaterra. De acordo com novos relatórios, os conservadores da Inglaterra acederam, embora justificassem que as pesquisas abrangentes, porém infrutíferas, dos seus documentos de imigração e naturalização tenham sido realizadas em resposta a pedidos feitos pela imprensa. Eu sei que eles fizeram mais algum trabalho em torno dessa questão, porque um amigo de David Edwards contou a ele que funcionários do governo britânico o tinham questionado sobre o que David e eu havíamos feito naqueles dias do passado. Dois estrategistas de campanha do Partido Conservador inglês foram a Washington para aconselhar a campanha de Bush sobre como eles poderiam me destruir, ao modo como o Partido Conservador da Inglaterra tinha destruído o líder do Partido Trabalhista Neil Kinnock seis meses antes. Depois da eleição, a imprensa britânica se demonstrou preocupada com a possibilidade de a relação especial entre os dois países ter sido prejudicada por esse envolvimento britânico incomum na política norte-americana. Eu estava determinado a fazer com que não houvesse nenhum dano, mas queria que os conservadores se preocupassem com aquilo por algum tempo.

A imprensa fez um grande alarde com a questão do passaporte, e Al Gore se referiu ao fato como um "abuso de poder mccartista". Imperturbável, o presidente continuou a me pedir para explicar a viagem a Moscou e continuou a questionar o meu patriotismo. Em entrevista na CNN com Larry King, eu disse que amava o meu país e que nunca considerei a hipótese de desistir da minha cidadania norte-americana. Não acredito que o público tenha prestado muita atenção à questão do passaporte, seja de uma forma ou de outra, e achei a coisa toda meio divertida. É claro que era um abuso de poder, mas um abuso pateticamente pequeno se comparado com a questão Irã-Contras. Eu apenas demonstrei como o pessoal do Bush estava desesperado para permanecer no poder e quanto era pouco o que eles tinham a oferecer para o futuro dos Estados Unidos. Se eles queriam passar o último mês da campanha pondo a perder os seus esforços, eu não me opunha a isso.

Nos dias precedentes ao primeiro debate trabalhei muito para ficar bem preparado. Estudei diligentemente o livreto de resumos informativos e participei de várias sessões simuladas de debate. O presidente Bush era representado por um advogado de Washington, Bob Barnett, que tinha exercido o mesmo papel quatro anos antes para Dukakis. Quem fez as vezes de Perot foi o congressista Mike Synar, de Oklahoma, que tinha anotações de todas as declarações e até do sotaque do Perot. Bob e Mike me esgotaram em simulações difíceis antes de cada debate. Depois de cada uma das nossas sessões eu ficava contente de não serem eles os meus reais opositores políticos com quem debater: a eleição poderia ter tido um resultado diferente.

O primeiro debate aconteceu finalmente no domingo, 11 de outubro — dia do décimo sétimo aniversário do meu casamento com Hillary —, na Universidade de Washington, em St. Louis. Eu entrei encorajado pelos apoios da edição daquela manhã do *Washington Post* e do *Louisville Courier-Journal*. O editorial do *Post* dizia: "Este país está à deriva e desgastado. Precisa desesperadamente voltar a receber energia e de que lhe seja imprimida uma nova direção. Bill Clinton é o único candidato com chance de fazê-lo". Esse era exatamente o argumento que eu queria defender no debate. No entanto, apesar da minha liderança nas pesquisas e do apoio do *Post*, eu estava nervoso porque sabia que eu é que tinha mais a perder. Em uma nova pesquisa Gallup, 44% dos entrevistados disseram esperar que eu ganhasse o debate e 30% responderam que poderiam mudar de posição por causa dele. O presidente Bush e seus assessores tinham decidido que a única maneira de mudar esses 30% era bater forte quanto às questões de caráter até que a mensagem entrasse na cabeça daquelas pessoas. Agora, além da questão da convocação, da viagem a Moscou e do boato sobre a mudança de cidadania, o presidente estava me atacando também por participar de manifestações contra a guerra em Londres, "contra os Estados Unidos da América, quando os nossos rapazes estavam morrendo do outro lado do mundo".

Perot recebeu a primeira pergunta de um dos três jornalistas, que se revezaram num processo moderado por Jim Lehrer, do *The MacNeil/Lahrer NewsHour*. Ele teve dois minutos para dizer o que o distinguia dos dois outros candidatos. Ross afirmou que era apoiado pelas pessoas, e não por partidos ou interesses especiais. Bush e eu tínhamos um minuto para responder. Eu disse que representava mudança. O presidente disse que ele tinha experiência. Então nós discutimos experiência. O presidente Bush recebeu nesse ponto a sua oportunidade, com a pergunta: "Há importantes questões de caráter separando o senhor desses dois homens?". Ele me bateu firme com a história da convocação. Perot respondeu que Bush tinha cometido erros como homem maduro na Casa Branca, e não como jovem estudante. Eu disse que o pai de Bush, quando senador por Connecticut, estava certo ao criticar o senador Joe McCarthy por atacar o patriotismo de cidadãos leais, ao passo que o presidente estava errado ao atacar o meu patriotismo, e o que os Estados Unidos precisavam de um presidente que unisse o nosso país, e não que o dividisse.

Continuamos assim por uma hora e meia, discutindo impostos, defesa, o déficit, empregos e a mudança na economia, política externa, criminalidade, Bósnia, a definição de família, a legalização da maconha, divisões raciais, AIDS, Medicare e a reforma da assistência médica.

Todos nós nos saímos razoavelmente bem. Depois do debate a imprensa foi atropelada pelos "dribladores" de cada um dos assessores dos candidatos, que diziam que o vencedor tinha sido o candidato que eles representavam. Eu tinha três bons dribladores: Mario Cuomo, James Carville e o senador Bill Bradley. Um integrante da campanha do presidente Bush, Charlie Black, convidou a imprensa para assistir a uma nova propaganda de TV me atacando sobre a questão da convocação. Os dribladores poderiam conseguir algum resultado na cobertura do noticiário sobre o debate, mas os eleitores que assistiram a ele já haviam formado a sua opinião.

Fazendo um balanço, acredito que as minhas respostas foram melhores, em termos de especificidade e argumentos, mas que Perot se saiu melhor ao se apresentar como sociável e descontraído. Quando Bush disse que Perot não tinha experiência de governo, Perot replicou que o presidente "fez um comentário válido. Eu não tenho experiência alguma em administrar uma dívida de quatro trilhões de dólares". Perot tinha enormes orelhas de abano, acentuadas pelo corte de cabelo à escovinha. A respeito do déficit, ele disse: "Temos de cobrar impostos" para eliminá-lo, mas se alguém tiver uma idéia melhor, "sou todo ouvidos". Contrastando com ele, eu estava um tanto tenso e às vezes parecia quase que preparado demais.

A boa notícia era que o presidente não estava ganhando terreno. A má era que Perot voltara a parecer digno de crédito. No começo, sempre que ele subia nas pesquisas, o apoio a ele vinha de eleitores realmente indecisos ou dos que estavam em dúvida entre o presidente e eu. Mas eu sabia muito bem que, se Ross subisse acima de 10%, a maior parte desses novos eleitores seria composta por aqueles que queriam mudanças mas que ainda não estavam muito satisfeitos comigo. As pesquisas feitas após o debate mostraram que, entre aqueles que assistiram ao programa, um número significativo tinha agora mais confiança no meu preparo para ser presidente. Elas também mostraram que mais de 60% dos que assistiram passaram a ver Perot sob um ângulo mais favorável do que antes do debate. Faltando três semanas, ele estava mantendo a disputa num curso imprevisível.

Duas noites mais tarde, em Atlanta, no dia 13 de outubro, Al Gore ficou claramente à frente de Dan Quayle no debate entre os vice-presidentes. O companheiro de Perot na candidatura, o almirante aposentado James Stockdale, era amável, mas era um fator neutro, e o desempenho dele tirou um pouco do gás do impulso que Perot tinha ganho depois do debate de St. Louis. Quayle era eficiente em passar a mensagem: Clinton queria aumentar os impostos e Bush não queria; Clinton não tinha caráter e Bush tinha. Ele repetiu o que, em retrospecto, tinha sido uma das minhas piores declarações públicas. No início de 1991, depois que o Congresso autorizou o presidente Bush a atacar o Iraque, perguntaram-me qual teria sido o meu voto. Eu era a favor da resolução, mas respondi: "Acho que teria votado com a maioria, se esse fosse um voto decisivo. Mas eu concordo com os argumentos apresentados pela minoria". Na época eu não sabia que iria disputar a Presidência em 1992. Os dois senadores do Arkansas haviam votado contra a autorização da guerra. Eles eram meus amigos e eu não queria constrangê-los em público. Quando entrei para a disputa presidencial, o comentário ficou parecendo irresoluto e pouco sincero. A estratégia de Al era rebater rapidamente os ataques de Quayle e continuar falando a respeito dos nossos planos positivos para os Estados Unidos. A melhor frase dele foi em resposta ao apoio de Quayle para os limites de mandato dos congressistas, uma causa favorita dos conservadores: "Estamos fixando o limite um".

E novamente duas noites mais tarde, no dia 15 de outubro, tivemos o segundo debate em Richmond, na Virgínia. Era esse o que eu mais queria, uma reunião no centro cívico em que seríamos questionados por um grupo representante dos eleitores indecisos locais.

A minha grande preocupação daquela vez foi com a minha voz. Ficou tão ruim, depois do primeiro debate, que eu mal conseguia falar acima de um sussurro. Quando eu perdi a voz, durante as primárias, consultei um especialista em Nova York e contratei um instrutor de técnica vocal, que me ensinou uma série de exercícios para abrir a garganta e empurrar o som pelas cavidades oral e nasal. Eles incluíam cantarolar de boca fechada; cantar pronunciando pares de vogais unidas, sempre começando com *i*, como *i-a, i-e, i-o*; e a repetição de determinadas frases, para ter a sensação de empurrar o som através das cordas danificadas. A minha frase preferida era "Abraham Lincoln era um grande orador". Sempre que eu a dizia, eu pensava na voz do Lincoln, aguda, quase um guinchado, e no fato de que ele pelo menos foi competente o bastante para não a perder. Quando eu ficava sem voz, muitos dos jovens da equipe faziam uma gozação bem-humorada, imitando os zumbidos dos meus exercícios. Tinha graça, mas perder a voz não era nem um pouco engraçado. Um político sem voz não vale grande coisa. Perder a voz repetidamente é uma experiência assustadora, porque o medo de ela não voltar fica sempre à espreita. Na primeira vez em que isso aconteceu, achei que a causa tivesse sido alergia. Depois fiquei sabendo que o meu problema era refluxo ácido, um mal relativamente comum, no qual o ácido do estômago volta pelo esôfago e queima as cordas vocais, geralmente durante o sono. Mais tarde, quando comecei a tomar remédios e a dormir em cima de um apoio para elevar a cabeça e os ombros, isso melhorou. Na véspera do segundo debate eu ainda estava lutando contra o problema.

Carole Simpson, da ABC News, foi a moderadora do debate, que previa perguntas feitas pela platéia. A primeira pergunta, a respeito de como garantir justiça no comércio, foi para Ross Perot. Ele deu uma resposta anticomércio. O presidente deu uma resposta pró-comércio. Eu disse que era a favor do comércio livre e justo, e que precisávamos de três coisas: assegurar-nos de que os mercados dos nossos parceiros comerciais fossem tão abertos quanto os nossos; modificar o código de impostos para favorecer a modernização das fábricas no país, em vez de transferi-las para o estrangeiro; e parar de conceder empréstimos a juros baixos e fundos de treinamento para o trabalho a companhias que se mudassem para o exterior, uma vez que dentro do país não concedíamos a mesma ajuda às companhias necessitadas.

Depois do comércio, passamos para a dívida, depois para as campanhas negativas. Bush atacou-me outra vez por ter participado de manifestações contra a Guerra do Vietnã na Inglaterra. Eu repliquei: "Não estou interessado no caráter dele. Quero mudar é o caráter da Presidência. E estou interessado naquilo que podemos acreditar que ele vá fazer, no que vocês podem acreditar que eu vá fazer e no que vocês podem acreditar que o senhor Perot vá fazer durante os próximos quatro anos".

Depois disso, discutimos uma série de questões — cidades, malha rodoviária, controle de armas de fogo, limites de mandatos e custos de programas de saúde. Aí veio a pergunta que virou o debate. Uma mulher perguntou: "Como é que a dívida nacional afetou pessoalmente a vida de cada um de vocês? E, se não afetou, como é que vocês, honestamente, vão conseguir resolver os problemas econômicos das pessoas comuns, se não têm experiência naquilo que as está afligindo?". Perot foi o primeiro a responder, dizendo: "A dívida nacional fez com que eu rompesse com a minha vida privada e com os meus negócios para me envolver nessa atividade". Ele assegurou que queria tirar o peso da dívida de cima dos seus filhos e netos. Bush teve dificuldades em dizer de que modo ele tinha sido pessoalmente afetado. A questionadora continuou insistindo com ele, dizendo que amigos dela tinham sido demitidos, que eles não conseguiam pagar a hipoteca da casa nem as prestações do carro. Aí, estranhamente, Bush disse que estivera numa igreja de fiéis negros e lera no boletim a respeito da gravidez de adolescentes. Com isso ele concluía que não era justo dizer que só se conhece um problema ao passar por ele. Quando chegou a minha vez, eu disse que havia governado um estado pequeno durante doze anos. Conhecia de nome pessoas que tinham perdido empregos e negócios. E tinha conhecido muitos outros durante o último ano, em todo o país. Eu tinha governado um estado e visto as conseqüências humanas dos cortes nos serviços federais. Então eu disse àquela mulher da platéia que a dívida era um grande problema, mas não era a única razão pela qual não houvera crescimento: "Estamos nas garras de uma teoria econômica fracassada". Num determinado ponto, durante essas trocas de fala, o presidente Bush transformou um mau momento num pior, para ele mesmo, olhando nervosamente para o relógio. Isso o fez parecer ainda menos a par do assunto. Embora tivéssemos avançado em outras questões, como o sistema nacional de aposentadoria, o Medicare, as responsabilidades dos Estados Unidos como superpotência, a educação e a possibilidade de uma mulher ou de um homem afro-americano vir a ser eleito presidente, o debate tinha essencialmente acabado depois das nossas respostas à pergunta daquela mulher, a respeito do impacto pessoal da dívida sobre nossa própria vida.

O presidente Bush foi vigoroso na sua declaração final, pedindo à platéia que pensasse a respeito de quem eles iam querer como presidente se o nosso país tivesse de enfrentar uma grande crise. Perot falou bem a respeito de educação, do déficit e do fato de que ele tinha pago mais de 1 bilhão de dólares em impostos, "e isso não era nada mau para um cara que quando começou podia pôr tudo o que ele possuía no reboque do carro". Eu comecei dizendo que tentara responder às questões de modo "específico e direto". Enfatizei os programas de educação e de empregos do Arkansas e o apoio que tivera de 24 generais e almirantes reformados e de diversos empresários republicanos. E então eu disse: "Vocês têm de resolver se querem uma mudança ou não". Eu os conclamei para me ajudarem a substituir a economia "de conta-gotas" por uma economia do tipo "invista e cresça".

Fiquei muito contente com o segundo debate. Seja lá que dúvidas tivessem a meu respeito, os eleitores queriam saber principalmente a respeito de coisas que afetavam a vida deles. Uma pesquisa pós-debate feita pela CBS News com 1.145 eleitores revelou que 53% deles acharam que eu tinha sido o melhor, comparados com 25% para Bush e 21% para Perot. Cinco especialistas em debates entrevistados pela Associated Press afirmaram que eu tinha vencido, no que dizia respeito ao estilo, em questões específicas e no meu evidente nível de conforto em relação a um formato com o qual eu vinha trabalhando durante a campanha, e muito antes dela, no Arkansas. Eu gostava do contato direto com os cidadãos e confiava no julgamento não filtrado deles.

Ao nos encaminharmos para o terceiro debate, a pesquisa da CNN/USA *Today* deu que a minha liderança voltara a quinze pontos, 47%, contra 32% para Bush e 15% para Perot.

Hillary e eu fomos para Ypsilanti com a nossa equipe um dia antes, para nos preparar para o último debate no campus da Universidade Estadual de Michigan, em East Lansing. Como tinham feito nos debates anteriores, Bob Barnett e Mike Synar me puseram à prova. Eu sabia que, para mim, essa seria a parte mais difícil. O presidente Bush era um homem duro, vaidoso, que estava numa árdua luta final para se manter no cargo. E eu tinha certeza de que, mais cedo ou mais tarde, Perot também assestaria suas baterias na minha direção.

Mais de 90 milhões de pessoas assistiram ao debate de 19 de outubro, a maior audiência até então. Fomos questionados durante metade do tempo por Jim Lehrer, metade do tempo por um painel de jornalistas. Foi o melhor desempenho do presidente Bush. Ele me acusou de ser um liberal do tipo que institui impostos e gasta, um clone do Jimmy Carter e um ambivalente que não conseguia se resolver. Sobre a questão da ambivalência, eu dei uma resposta bastante satisfatória: "Não posso acreditar que ele tenha me acusado de defender os dois lados de uma mesma questão. Bush propagava que a economia de conta-gotas é economia de bruxos, no entanto agora ele é o seu maior praticante". Quando Bush atacou a economia do Arkansas, repliquei que o Arkansas sempre fora um estado pobre, mas que no último ano tínhamos sido os primeiros em criação de empregos, ficando em quarto lugar em aumento percentual de empregos em fábricas, quarto lugar no aumento percentual de renda pessoal, e quarto lugar no declínio da pobreza, com a segunda mais baixa carga de impostos estaduais e locais do país: "A diferença entre o Arkansas e os Estados Unidos é que nós estamos na direção certa e este país, na direção errada". Eu acrescentei que, em vez de se desculpar por ter assinado o plano de redução da dívida com os seus conseqüentes aumentos de impostos, o presidente deveria ter reconhecido que o erro dele tinha sido dizer de saída "Leia os meus lábios". Perot nos enfrentou, a nós dois, dizendo que ele crescera a cinco quarteirões do Arkansas e que as minhas experiências como governador de um estado tão pequeno era "irrelevante" para as tomadas de decisão presidenciais, e acusando Bush de ter dito a Saddam Hussein que os Estados Unidos não reagiriam se ele invadisse o Kuwait. Nós dois o rechaçamos.

A segunda metade do debate apresentou perguntas feitas pelo painel de jornalistas. No todo, elas eram mais estruturadas e menos belicosas, um pouco como o primeiro debate. Entretanto, algumas delas foram momentos direcionados para a TV. Helen Thomas, da United Press International, a correspondente mais graduada da Casa Branca, me perguntou: "Se você tivesse de viver de novo sua vida, você vestiria o uniforme da nação?". Eu disse que poderia responder melhor às perguntas sobre o recrutamento, mas continuava achando que o Vietnã tinha sido um erro. Depois chamei a atenção para o fato de que tínhamos tido alguns ótimos presidentes que não eram veteranos, inclusive Franklin Delano Roosevelt, Wilson e Lincoln, que tinha se oposto à Guerra do México. Quando disse que Bush tinha gerado manchetes no primeiro debate dizendo que encarregaria James Baker das políticas econômicas, mas que eu ganharia manchetes encarregando-me eu mesmo das políticas econômicas, Bush saiu-se com uma boa frase: "É isso que me preocupa". Nós três levamos o debate ao término com boas declarações finais. Eu agradeci às pessoas por nos terem assistido e por se preocuparem com o país, e disse outra vez que não estava interessado em atacar ninguém pessoalmente. Cumprimentei Ross Perot pela sua campanha e lhe agradeci por ele ter levantado a questão do perfil do déficit. E disse do presidente Bush: "Eu respeito os serviços que ele prestou ao país, agradeço pelos seus esforços e desejo bem a ele. Eu apenas acredito que é hora de mudar [...] Eu sei que podemos melhorar".

É difícil dizer quem venceu o terceiro debate. Eu fiz um bom trabalho defendendo o Arkansas e o meu histórico, e também na discussão das questões, mas pode ser que tenha abrandado muito as minhas respostas. Eu havia observado que muitos presidentes precisaram alterar seus rumos, e não queria mais tarde ter as mãos atadas por declarações muito determinantes nos debates. O presidente Bush, numa situação difícil, foi bem em tudo, com exceção do ataque ao meu histórico no Arkansas; ele só teria funcionado numa matéria paga na mídia, sem resposta, em que os eleitores não pudessem ouvir a realidade. Ele se saiu melhor ao questionar que tipo de presidente eu seria, jogando com a insinuação de que os democratas eram fracos em política externa e ficavam felizes em criar impostos, e lembrando as pessoas de que o último governador sulista democrata a ser eleito presidente governara num período de altas taxas de juros e inflação. Perot foi espirituoso e espontâneo, o que achei que iria tranqüilizar os apoiadores dele e talvez balançar alguns dos eleitores indecisos. Três das pesquisas após o debate me apontaram como vencedor, mas a pesquisa da CNN/USA *Today*, a única a mostrar Perot como vitorioso, indicou que 12% dos eleitores tinham mudado sua preferência depois do debate, mais da metade deles indo para Perot.

No entanto, feito o balanço, os debates foram bons para mim. Um número maior de norte-americanos achou que eu estava preparado para ser um bom presidente, e o toma-lá-dá-cá das questões me deu oportunidade de promover as minhas propostas positivas. Seria bom se pudéssemos ter feito esses debates durante mais duas semanas. Em vez disso, encaminhamo-nos para a reta final, uma corrida frenética para visitar tantos estados quanto fosse possível, com a programação de rádio e da TV cheias de anúncios negativos por parte dos meus oponentes e com um ataque meu ao Bush, pondo em xeque a sua declaração mais famosa: "Leia os meus lábios". Frank Greer e Mandy Grunwald fizeram um bom trabalho com a nossa publicidade e a equipe de resposta rápida reagiu eficientemente aos ataques deles, mas não era a mesma coisa que ter todos os candidatos numa mesma sala. Agora eles estavam vindo atrás de mim e eu tinha de me manter na posição.

No dia 21 de outubro a campanha adquiriu um relevo levemente cômico, quando a Burke's Peerage, a principal autoridade genealógica da Inglaterra, disse que tanto o presidente Bush quanto eu éramos descendentes da realeza inglesa do século XIII e primos distantes, afastados em pelo menos vinte graus de parentesco. Nosso ancestral comum foi o rei João. Bush era descendente do lado do filho de João, o rei Henrique III, o que fazia com que ele fosse primo da rainha Elizabeth em décimo terceiro grau. Como era de esperar, as minhas conexões reais eram tanto menos expressivas como contrabalançadas por ligações democráticas igualmente fortes. Meus parentes Blythe eram descendentes tanto da irmã de Henrique III, Eleanor, como do marido dela, Simão de Monfort, conde de Leicester, que derrotou o rei em batalha e o forçou a aceitar o Parlamento de maior representação até aquela época. Infelizmente, em 1265 o rei quebrou o seu juramento de honrar o Parlamento, uma quebra que levou à batalha de Evesham, na qual o pobre Simão foi morto. O representante do Burke's Peerage afirmou que o corpo de Simão "foi picado em uma infinidade de pedaços, que foram mandados pelo país todo — um dedo, talvez, para uma aldeia, um pé para uma cidade — a fim de mostrar o que acontecia com os democratas". Agora que eu sabia que as raízes das minhas diferenças com o presidente tinham setecentos anos, acho que não poderia culpar a campanha dele por ser fiel às táticas dos seus ancestrais. Além disso, a Burke's Peerage rastreou os Blythes até a aldeia de Gotham, que de acordo com a lenda inglesa era um refúgio de malucos. Eu sabia que tinha de ser um pouco doido para me candidatar a presidente, mas detestei a idéia de que isso pudesse ser genético.

No dia 23 de outubro a nossa campanha recebeu um novo empurrão por parte do setor de alta tecnologia, quando os dirigentes de mais de trinta companhias de software, inclusive o vice-presidente executivo da Microsoft, Steve Ballmer, me apoiaram. Mas ainda não tinha acabado. Uma semana depois do último debate, uma pesquisa da CNN/USA *Today* mostrou que a minha liderança sobre o presidente Bush diminuíra sete pontos, 39% a 32%, com Perot em 20%. Exatamente como eu temia, os anúncios de Perot, somados aos ataques do presidente Bush contra mim, estavam levando os votos para Perot, à minha custa. No dia 26 de outubro, enquanto fazíamos campanha na Carolina do Norte, Al Gore e eu tentamos manter a liderança, atacando a administração Bush por causa do "Iraquegate", a canalização de créditos garantidos pelo governo dos Estados Unidos para o Iraque através de uma agência, em Atlanta, de um banco de propriedade do governo italiano. Ostensivamente destinados a metas na agricultura, os créditos tinham sido chupados por Saddam Hussein para refazer o seu programa militar e de armamentos, depois da Guerra Irã-Iraque. Dois bilhões de dólares dos créditos nunca foram pagos, deixando a conta na mão dos norte-americanos que pagam impostos. O banqueiro de Atlanta, acusado por causa do seu papel na fraude, negociou uma barganha de argumentação de defesa favorável a ele com o Departamento de Justiça dos Estados Unidos, o qual inacreditavelmente era chefiado por um nomeado de Bush que representara os interesses do Iraque no escândalo do crédito logo antes da sua nomeação, embora ele tenha dito que se opôs a fazer essa investigação. Na época em que Al e eu mencionamos o caso, o FBI, a CIA e o Departamento de Justiça estavam todos se investigando mutuamente, em busca do que tinham feito ou deixado de fazer no caso. Era uma confusão total, mas provavelmente complicada demais para afetar quaisquer eleitores nesse final de campanha.

Perot ainda era a carta decisiva. No dia 29 de outubro, um artigo do noticiário Reuters começava assim: "Se o presidente Bush conseguir a reeleição, terá uma grande dívida de gratidão para com o bilionário texano de fala dura que não gosta dele". O artigo continuava dizendo que os debates tinham alterado a imagem de Perot, permitindo que ele obtivesse o dobro do apoio, a maior parte à minha custa, e retirando o meu monopólio sobre a questão da "mudança". Nesse dia, a pesquisa da CNN/USA *Today* apresentou minha liderança diminuída em dois pontos, embora outras cinco pesquisas e a pesquisa de Stan Greenberg para a nossa campanha mantivessem a margem de sete a dez pontos. Quaisquer que fossem os números, a disputa ainda permanecia instável.

Durante a última semana fiz o máximo de campanha que pude. O presidente Bush também. Na quinta-feira, num comício de campanha num subúrbio de Michigan, ele se referiu a Al Gore e a mim como "bozos", uma comparação com o palhaço Bozo, que provavelmente achou a referência mais pejorativa do que nós. Na sexta-feira antes das eleições, o promotor especial do caso Irã-Contras, Lawrence Walsh, um republicano de Oklahoma, indiciou o secretário de Defesa do presidente Reagan, Caspar Weinberger, e mais cinco outros, com uma nota na acusação sugerindo que o presidente Bush desempenhara um papel maior no caso e que ele sabia mais a respeito das vendas ilegais de armas para o Irã, autorizadas pela Casa Branca de Reagan, do que tinha admitido antes. Se isso iria prejudicá-lo ou não, eu não sabia; eu estava ocupado demais para pensar nesse assunto. No entanto, o momento em que isso ocorria foi irônico, considerando-se os enormes esforços que a administração tinha feito investigando os arquivos sobre os meus passaportes e a pressão que eles vinham aplicando, e sobre as quais não sabíamos na época, para conseguir que o procurador federal do Arkansas, nomeado por Bush, me implicasse na investigação do fracasso da Madison Guaranty Savings and Loan.

No último fim de semana, Bush dirigiu contra mim todo o fogo das suas matérias pagas. E Perot, acreditando que 30% dos que me apoiavam estavam "indecisos" e que poderiam se bandear para ele no último minuto, finalmente uniu-se a

Bush, em boa hora. Ele gastou certamente 3 milhões de dólares em "infocomerciais" de 30 minutos na televisão, arrasando com o Arkansas. Disse que, se eu fosse eleito, "nós todos estaríamos depenando galinhas como meio de ganhar a vida". O programa listou 33 áreas nas quais o Arkansas se classificava perto do pior de todos os estados. Aparentemente, ele não achava mais que o Arkansas era irrelevante. A nossa equipe discutiu exaustivamente se deveríamos reagir. Hillary queria perseguir Perot. Eu achei que tínhamos pelo menos a obrigação de defender o Arkansas. Tínhamos feito bem em não deixar nenhum ataque sem resposta. Todos os demais achavam que os ataques eram bagatelas, que já era tarde demais e que deveríamos nos ater aos planos do jogo. Relutante, eu concordei. A minha equipe até agora tinha tido razão nas grandes questões, e eu estava cansado e acelerado demais para confiar que meu julgamento fosse melhor que o deles.

Comecei o fim de semana com um enorme comício matinal que encheu o estádio de futebol de uma escola secundária em Decatur, na Geórgia, perto de Atlanta. O governador Zell Miller, o senador Sam Nunn, o congressista John Lewis e outros democratas que ficaram comigo o tempo todo estavam lá. Mas a grande atração foi Hank Aaron, a estrela do beisebol que quebrara o recorde de *home runs* de Babe Ruth em 1974. Aaron era um genuíno herói local, não só pelas suas proezas no beisebol como também pelo seu trabalho com crianças pobres, depois que ele pendurou o bastão. Havia 25 mil pessoas no comício da Geórgia. Três dias mais tarde eu ganhava na Geórgia com uma diferença de apenas 13 mil votos. Daí para a frente Hank Aaron adorava brincar comigo dizendo que tinha me entregado pessoalmente os votos da Geórgia naquela manhã de sábado, graças ao pistolão dele. É possível que ele tivesse razão.

Depois da Geórgia fiz campanha em Davenport, Iowa, e depois fui de avião para Milwaukee, onde seria no centro cívico a minha última reunião televisionada e a minha última aparição na TV antes das eleições, insistindo para que as pessoas votassem, e para que votassem pela mudança. Na noite do domingo, depois de paradas para campanha em Cincinnati e Scranton, a cidade dos Rodham, voamos para Nova Jersey, para um grande comício em Meadowlands, uma peça musical apresentando astros do rock, do jazz e da música country, assim como estrelas de cinema que estavam me apoiando. Depois eu toquei sax e dancei com a Hillary na frente de 15 mil pessoas no hipódromo do Garden State Park em Cherry Hill, Nova Jersey, onde um cavalo chamado Bubba Clinton, o nome pelo qual o meu irmão me chamava desde que ainda engatinhava, tinha recentemente ganho uma corrida com apostas que pagavam 17 para 1 em sua vitória. As minhas chances estavam melhores, agora, mas já tinham estado muito maiores. Um homem que apostara cem libras em mim em abril com um *bookmaker* de Londres, quando as apostas estavam em 33 para 1, ganhou cerca de 5 mil dólares. Não há como dizer quanto ele teria ganho se tivesse feito a aposta no início de fevereiro, quando eu estava sendo massacrado em New Hampshire.

Hillary e eu acordamos na segunda-feira de manhã na Filadélfia, o local de nascimento da nossa democracia e onde iniciamos um período de campanha com 6.400 quilômetros, oito estados, durante as 24 horas do dia. Enquanto Al e Tipper Gore estavam no campo de batalha da campanha em outros estados, três Boeings

727, pintados de vermelho, branco e azul, levaram Hillary e eu, a nossa equipe e um bando da mídia numa excursão de 29 horas. No café-restaurante Mayfair de Filadélfia, a primeira parada, deparei com um homem que me perguntou qual seria a primeira coisa que eu faria se fosse eleito. Eu respondi: "Vou agradecer a Deus". Fomos para Cleveland. Eu falei, com a minha voz falhando outra vez: "Teddy Roosevelt uma vez disse que deveríamos falar manso mas levando conosco um porrete. Amanhã eu vou querer falar manso e levar o Ohio". Num comício no aeroporto fora de Detroit, ladeado por vários dos altos funcionários eleitos de Michigan e líderes de sindicatos que tinham trabalhado duro para mim, eu falei já quase sussurrando: "Se vocês forem a minha voz amanhã, eu serei a voz de vocês pelos próximos quatro anos". Depois de paradas em St. Louis e Paducah, Kentucky, rumamos para o Texas para duas visitas. A primeira foi a McAllen, uma cidade bem no sul do Texas, perto da fronteira com o México, onde eu passara dificuldades com Sargent Shriver vinte anos antes. Já era mais de meia-noite quando chegamos a Fort Worth, onde a multidão se mantivera acordada pelo famoso roqueiro country Jerry Jeff Walker. Ao voltar para o avião, fiquei sabendo que a minha equipe tinha comprado quatrocentos dólares de sorvete de manga no Menger Hotel em San Antonio, bem em frente ao Alamo. Eles tinham me ouvido dizer quanto gostava de sorvete de manga, coisa que eu descobrira ao trabalhar na campanha de McGovern, em 1972. Havia sorvete suficiente para alimentar durante a noite toda os três aviões cheios de gente cansada de trabalhar.

Nesse meio tempo, na sede da campanha em Little Rock, James Carville tinha reunido o nosso pessoal, mais de cem pessoas, para um último encontro. Depois de George Stephanopoulos o ter apresentado, James fez um discurso emocionado, dizendo que o amor e o trabalho são o que há de mais precioso que uma pessoa poderia oferecer, e agradecendo a todo o nosso pessoal, a maioria muito jovem, por esses verdadeiros presentes.

Voamos do Texas para Albuquerque, no Novo México, para um comício de madrugada, com a presença do meu velho amigo, o governador Bruce King. Depois disso, mais ou menos às quatro da manhã, devorei um café-da-manhã de comida mexicana e me dirigi para Denver, a última parada. Tivemos uma grande e entusiástica multidão no início da manhã. Depois que o prefeito Wellington Webb, o senador Tim Wirth e o meu parceiro em reforma da educação, o governador Roy Roemer, animaram a multidão, Hillary fez o discurso e eu forcei as cordas vocais inchadas para emitir as minhas últimas palavras da campanha, de gratidão e de esperança. Depois disso, pegamos o avião de volta para casa, em Little Rock.

Hillary e eu fomos saudados no aeroporto por Chelsea, por outros membros da família, os amigos e o nosso pessoal da sede da campanha. Eu agradeci a todos por tudo o que tinham feito e saí com a minha família para o nosso local de votação, o Centro Comunitário de Dunbar, que é um bairro sobretudo de afro-americanos, a mais ou menos um quilômetro da Mansão do Governador. Falamos com as pessoas reunidas em torno do centro e nos identificamos para os funcionários eleitorais. Em seguida, como fazia desde que tinha seis anos, Chelsea foi até a cabine de votação comigo. Depois de eu ter fechado a cortina, ela confirmou na máquina o voto para o meu nome e me deu um abraço apertado. Após treze meses de esforços estafantes, era tudo o que nos restava fazer. Quando Hillary acabou de votar, nós três nos abraçamos e saímos, respondemos a algumas perguntas da imprensa, cumprimentamos algumas pessoas e fomos para casa.

Para mim, os dias de eleição sempre incorporaram o grande mistério da democracia. Não importa quanto os pesquisadores de opinião pública e os especialistas tentem desmistificá-lo, o mistério permanece. É o único dia em que o cidadão comum tem tanto poder quanto o milionário e o presidente da República. Algumas pessoas usam esse poder, outras não. Aqueles que o fazem, escolhem os candidatos por todos os tipos de motivos, alguns racionais, outros intuitivos, alguns com convicção, outros, céticos. De algum modo, eles em geral escolhem o governante adequado ao tempo em que vivem; é por isso que os Estados Unidos ainda estão por aí e indo bem, depois de mais de 228 anos.

 Eu havia entrado na disputa presidencial principalmente por achar que era a pessoa certa para esse tempo de grande mudança no modo como os norte-americanos vivem, trabalham, criam os filhos e se relacionam com o restante do mundo. Eu trabalhara durante anos para compreender de que modo as decisões dos líderes políticos afetam a vida das pessoas. Acreditava saber o que precisava ser feito e como fazê-lo. Mas também sabia que estava pedindo ao povo norte-americano que apostasse alto. Em primeiro lugar, eles não estavam acostumados com presidentes democratas. Depois, havia as dúvidas a meu respeito: eu era muito jovem; era governador de um estado a respeito do qual a maior parte dos eleitores sabia muito pouco; tinha me oposto à Guerra de Vietnã e evitara o serviço militar; tinha opiniões liberais a respeito de raça e dos direitos das mulheres e dos gays; muitas vezes parecia evasivo quando falava em alcançar metas ambiciosas que, pelo menos na superfície, pareciam mutuamente excludentes; e havia levado uma vida longe de perfeita. Tinha feito o máximo para convencer o povo norte-americano de que eu era um risco que valia a pena correr, mas as constantes mudanças nas pesquisas e a subida de Perot mostraram que muitos queriam acreditar em mim, mas ainda nutriam dúvidas. No palanque, Al Gore pedira aos eleitores que pensassem sobre que manchetes eles iam querer ler no dia seguinte às eleições: "Mais quatro anos", ou "A mudança está a caminho". Eu achava que sabia que resposta eles dariam, mas naquele longo dia de novembro, como todas as outras pessoas, eu ia ter de esperar para descobrir.

 Ao chegarmos em casa, nós três assistimos a um velho filme de John Wayne até que caímos no sono durante umas duas horas. À tarde, fui com a Chelsea correndo até o centro da cidade e paramos no McDonald's para tomar um copo de água, como costumeiramente fazia. Depois que voltei para a Mansão do Governador, não tive de esperar muito mais. Os resultados começaram a chegar cedo, lá pelas seis e meia da tarde. Eu ainda estava em meus trajes de corrida quando fui anunciado como vencedor em diversos estados do Leste. Pouco mais de três horas mais tarde as redes de notícias anunciaram que eu seria o vencedor geral, quando Ohio veio ao nosso encontro com uma vantagem de 90 mil dos quase 5 milhões de votos computados, uma margem de vitória de menos de 2%. Parecia fazer sentido, porque Ohio tinha sido um dos estados que garantiram a minha indicação nas primárias de 2 de junho, e era o estado cujos eleitores tinham oficialmente me levado ao primeiro lugar durante a nossa convenção em Nova York. A afluência à votação foi enorme, a maior desde o início dos anos 1960, com a presença de mais de 100 milhões de eleitores.

Depois de todos os 104.600.366 votos terem sido contados, a margem de vitória final estava em 5,55%. Eu terminei com 43% dos votos, contra 37,4% para o presidente Bush e 19% para Ross Perot, o melhor desempenho de um terceiro partido desde que Teddy Roosevelt acumulara 27% com seu Partido Bull Moose em 1912. A nossa chapa de nascidos na década de 1940 se deu melhor entre os eleitores acima de 65 anos e os abaixo de trinta. A nossa própria geração aparentemente tinha mais dúvidas a respeito de nosso preparo para liderar o país. No final da campanha, o ataque unificado Bush-Perot depreciando o Arkansas tinha baixado dois ou três pontos da nossa marca mais alta, alguns dias antes da eleição. Tinha prejudicado, mas não tão seriamente.

A margem de vitória no colégio eleitoral tinha sido maior. O presidente Bush venceu em dezoito estados, com 168 votos do colégio eleitoral. Eu recebi 370 votos do colégio eleitoral de 32 estados e do distrito de Columbia, inclusive dos estados que margeiam o rio Mississippi de norte a sul, com exceção do estado do Mississippi, de toda a Nova Inglaterra e dos estados do Meio Atlântico. Também venci em alguns lugares inesperados, como Geórgia, Montana, Nevada e Colorado. A decisão em onze estados foi dada por 3% dos votos, ou menos: Arizona, Flórida, Virgínia e Carolina do Norte foram para o presidente; em Ohio, Geórgia, Montana, Nevada, New Hampshire, Rhode Island e Nova Jersey eu venci com uma margem estreita dos votos. Recebi 53% dos votos do Arkansas, o meu total mais alto, e venci em mais doze outros estados por 10% do votos ou mais, inclusive alguns dos grandes: Califórnia, Illinois, Massachusetts e Nova York. Embora Perot impedisse que eu tivesse a maioria no voto popular, é quase certo que a presença dele na eleição tenha aumentado a minha margem no colégio eleitoral.

Como é que os norte-americanos vieram a escolher o seu primeiro presidente nascido na década de 1940, o terceiro mais jovem da história do país, o segundo governador de um estado pequeno, e um sujeito com uma série de particularidades que eram um prato cheio para os adversários? Pesquisas de boca-de-urna indicaram que para os eleitores consultados a economia foi de longe a principal questão, seguida do déficit e da saúde, com o caráter do candidato ficando atrás de tudo. No final, eu acabara vencendo o debate a respeito do significado da eleição. Numa campanha presidencial, isso é mais importante do que a concordância dos eleitores com um candidato a respeito de questões específicas. Mas não foi só a economia. Eu fui ajudado também por James Carville e por uma brilhante equipe de campanha, que me manteve, e a todos os demais, focalizado e em comunicação durante os altos e baixos; pelas pesquisas muito aguçadas feitas por Stan Greenberg e pela eficiência da mídia paga; pelas pessoas competentes que dirigiram a campanha entre o povo; por um Partido Democrata unido pela habilidade de Ron Brown e pelo desejo de vencer, depois de doze anos fora do governo; por níveis extraordinários de apoio das minorias e das mulheres, que também elegeram um Congresso com seis senadoras e 47 mulheres na Câmara dos Deputados, quando anteriormente havia 28; pela falta de unidade inicial e a confiança excessiva dos republicanos; pela cobertura surpreendentemente positiva da imprensa nas eleições gerais, em franco contraste com as surras que recebi durante as primárias; pelo desempenho extraordinário de Al Gore e Tipper durante a campanha, e pela mudança de geração que nós todos representávamos; e pela filosofia de Novos Democratas e pelas idéias que eu havia desenvolvido no Arkansas e no Conselho da Liderança Democrata. Por fim, consegui vencer porque a Hillary e os meus amigos atravessaram o fogo junto comigo e porque eu não desisti quando sofri alguns percalços.

No início da noite das eleições, o presidente Bush me ligou para me cumprimentar. Ele foi amável e prometeu uma transição tranqüila, do mesmo modo que Dan Quayle. Depois de uma última lida no discurso da vitória, Hillary e eu fizemos uma prece agradecendo a Deus por nossas bênçãos e pedindo a orientação divina para o trabalho que viria pela frente. Depois pegamos Chelsea e fomos para a Old State House, a velha sede do governo estadual, para o grande evento.

A Old State House era o meu prédio favorito no Arkansas, cheio de história do estado e da minha própria história. Foi o lugar onde havia recebido os simpatizantes quando fiz o juramento como procurador-geral, havia dezesseis anos, e onde eu tinha anunciado a minha candidatura a presidente, treze meses antes. Caminhamos para o palco para saudar Al e Tipper e outros milhares de pessoas que tinham enchido as ruas do centro da cidade. Fiquei emocionado ao olhar para os rostos de todas aquelas pessoas, tão felizes e esperançosas. E fiquei cheio de gratidão. Adorei ver as lágrimas de alegria da minha mãe e esperei que, lá de cima, o meu pai estivesse olhando para mim com orgulho.

Na época em que comecei essa notável odisséia eu nunca poderia ter previsto quanto ela seria dura, ou quanto seria maravilhosa. As pessoas na multidão, e milhões como elas, tinham feito a parte delas. Agora eu precisava provar que elas estavam certas. Comecei dizendo: "Neste dia, com grandes esperanças e corações cheios de coragem, o povo norte-americano maciçamente votou num novo começo". Pedi àqueles que votaram no presidente Bush e em Ross Perot que se juntassem a mim, criando os "Estados Novamente Unidos", e terminei com estas palavras:

> Esta vitória foi mais do que uma vitória de partido; foi uma vitória para aqueles que trabalham duro e obedecem às leis, uma vitória para o povo que se sentiu abandonado e deixado para trás, e que quer uma vida melhor [...] Esta noite eu aceito a responsabilidade, outorgada por vocês, de ser o governante deste que é o maior país na história da humanidade. Eu a aceito emocionado e com um espírito cheio de alegria. Mas também lhes peço para ser outra vez norte-americanos; para se interessarem não apenas em receber, mas em dar; não apenas em atribuir culpas, mas em assumir responsabilidades; não apenas em cuidar de si, mas em cuidar dos outros também [...] Juntos, podemos fazer com que o país que amamos seja tudo aquilo a que foi predestinado.

29
———

NO DIA SEGUINTE À ELEIÇÃO, sob a avalanche de telefonemas e mensagens de congratulações, comecei a trabalhar no que é chamado de transição, se é que isso de fato existe. Não tivemos tempo para comemorar e muito menos para descansar, o que, provavelmente, foi um erro não ter feito. Em apenas onze semanas, eu e minha família tivemos de transferir a vida que levávamos no Arkansas para dentro da Casa Branca. Havia tanta coisa a ser feita: escolher o ministério, os funcionários do segundo escalão e o pessoal da Casa Branca; trabalhar com a equipe de Bush as mecânicas da mudança; iniciar as instruções sobre segurança nacional e conversar com os líderes estrangeiros; receber os líderes do Congresso; rever e finalizar as propostas econômicas que eu apresentaria ao Congresso; desenvolver planos para implementar outros compromissos de campanha; responder a uma grande quantidade de convites para reuniões e atender ao desejo de muitos companheiros de campanha e dos principais colaboradores de saber o mais rápido possível se eles fariam parte da nova administração; e reagir ao desenrolar dos acontecimentos. Eles seriam muitos nos próximos setenta dias, especialmente do outro lado do mundo. No Iraque, onde Saddam Hussein vinha tentando se livrar das sanções da ONU; na Somália, para onde o presidente Bush enviara tropas norte-americanas em missão humanitária para acabar com a fome; e na Rússia, onde a economia estava em frangalhos, o presidente Yeltsin enfrentava forte oposição dos ultranacionalistas e comunistas radicais, e a retirada de tropas russas dos países bálticos tinha sido adiada. A lista de coisas a fazer só aumentava.

Algumas semanas antes, havíamos estabelecido sem nenhum alarde uma operação de planejamento de transição em Little Rock, com uma equipe que incluía Vernon Jordan, Warren Christopher, Mickey Kantor, o ex-prefeito de San Antonio Henry Cisneros, Doris Matsui, e a ex-governadora de Vermont Madeleine Kunin. O grupo era chefiado por Gerald Stern, que estava deixando o cargo de vice-presidente executivo da Occidental Petroleum. Obviamente, não deveria parecer que tomávamos como certo o resultado da eleição, por isso a operação foi mantida em sigilo, com um número de telefone que não constava no catálogo e nenhuma placa na porta dos escritórios no décimo terceiro andar do prédio do Worthen Bank.

Quando George Stephanopoulos chegou à Mansão na quarta-feira, Hillary e eu o convidamos para continuar a ser o nosso diretor de comunicações na Casa Branca. Eu ficaria feliz em ter também James Carville desenvolvendo estratégias e nos mantendo informados, mas ele achava que não era apropriado para o governo, e dois dias antes ele havia declarado aos repórteres que "não moraria em um país cujo governo me contratasse". Na tarde de quarta-feira me reuni com a equipe de transição e recebi os meus primeiros relatórios. Às duas e meia tive uma rápida coletiva de imprensa nos gramados da Mansão do Governador. Como o presidente Bush estava passando por outra situação tensa no Iraque, enfatizei que os Estados Unidos "têm apenas um presidente por vez" e que a "política externa dos Estados Unidos permanece unicamente em suas mãos".

No meu segundo dia de presidente eleito, conversei com alguns líderes estrangeiros, fui para o escritório cuidar de alguns assuntos do estado e agradecer à equipe da administração do governador pelo ótimo trabalho que havia sido feito enquanto estive afastado. Nessa noite demos uma festa para os colaboradores de campanha. Eu estava tão rouco que mal conseguia balbuciar "muito obrigado". Passei grande parte do tempo apertando mãos e circulando com plaquinhas em minha camisa em que se liam as mensagens "Desculpe, não posso falar" e "Você fez um ótimo trabalho".

Na quinta-feira nomeei Vernon Jordan presidente e Warren Christopher diretor da minha equipe de transição. O anúncio da nomeação de ambos foi bem recebido em Washington e em Little Rock, onde eles eram respeitados pelos colaboradores de campanha, muitos dos quais já começavam a dar sinais previsíveis e compreensíveis de exaustão, irritabilidade e ansiedade em relação ao futuro, paralelamente à euforia pela vitória que havíamos alcançado.

Na segunda semana de transição o ritmo aumentou. Conversei sobre a paz no Oriente Médio com o primeiro-ministro de Israel Yitzhak Rabin, o presidente egípcio Hosni Mubarak e o rei Fahd da Arábia Saudita. Vernon e Chris completaram quase todo o primeiro time da equipe de transição com Alexis Herman, vice-presidente do Partido Democrata, e Mark Gearan, que chefiara a campanha de Al Gore, como vice-diretores; o presidente da Conselho da Liderança Democrata Al From para política interna; Sandy Berger, juntamente com minha auxiliar de campanha Nancy Soderberg, para política externa; e Gene Sperling e meu velho amigo de Rhodes Bob Reich, depois professor em Harvard e autor de vários livros instigantes sobre economia global, para política econômica. A checagem de todos os candidatos para postos de tamanha importância ficou a cargo de Tom Donilon, astuto advogado de Washington e ativista democrata de longa data. Donilon tinha uma função importante, pois derrubar nomeações do presidente em razão de problemas financeiros e pessoais no passado ou por causa de uma opinião não examinada previamente tornara-se rotina na vida política de Washington. Nossos avaliadores deveriam garantir que as pessoas disponíveis sobreviveriam a todo e qualquer exame minucioso.

Alguns dias depois, Dick Riley, ex-governador da Carolina do Sul, passou a integrar a equipe de transição para cuidar das nomeações do segundo escalão. Riley teve muito trabalho. Num determinado momento, ele recebia mais de 3 mil currículos e algumas centenas de telefonemas diariamente. Muitos deles de membros do Congresso e governadores que esperavam ser atendidos pessoalmente. Os que haviam contribuído para a nossa vitória e estavam dispostos a cooperar eram tantos que comecei a ficar seriamente preocupado com a possibilidade de que gente capaz e merecedora nos escapasse pelos dedos, e alguns deles de fato escaparam.

A terceira semana de transição foi dedicada a Washington. Convidei Tom Foley, o porta-voz do Congresso, Dick Gephart, o líder da maioria no Congresso, e George Mitchell, o líder da maioria no Senado, para jantar em Little Rock e nos reunirmos na manhã seguinte. Era importante para mim começar com o pé direito com os líderes democratas. Eu sabia que precisava do apoio deles para ter sucesso e eles sabiam que o povo norte-americano contava conosco para vencer a forte oposição partidária em Washington. Isso exigiria algum compromisso tanto da minha parte quanto da parte deles, e depois desse encontro passei a confiar que trabalharíamos juntos.

Na quarta-feira fui a Washington por dois dias para um encontro com o presidente Bush, outros congressistas democratas e os líderes republicanos. Minha conversa com o presidente, prevista para durar uma hora, acabou demorando o dobro disso e foi agradável e útil. Falamos sobre uma grande variedade de assuntos, e achei suas opiniões sobre os desafios da nossa política externa especialmente criteriosas.

Da Casa Branca dirigi três quilômetros para o norte de Washington, até uma periferia onde a pobreza, o desemprego, as drogas e o crime eram um terrível flagelo. Na Georgia Avenue saí do carro e andei pela calçada, cumprimentando comerciantes e moradores e conversando com eles sobre os problemas locais e o que eu poderia fazer para ajudar. No ano anterior, oito pessoas haviam sido mortas nas proximidades. Comprei algo para comer em uma lanchonete de comida chinesa, onde os funcionários trabalhavam atrás de vidro à prova de balas, por segurança. Os pais de alunos temiam pela vida de seus filhos porque os colegas iam armados para a escola. As pessoas que vivem na periferia de Washington estavam esquecidas pelo Congresso e pela Casa Branca, apesar de o governo federal ainda ter um controle substancial sobre assuntos da cidade. Eu queria que aquelas pessoas soubessem que eu me importava com seus problemas e queria ser um bom vizinho.

Na terça-feira saí para a minha corrida matinal, e do Hay-Adams Hotel atravessei a Lafayette Square, passei em frente à Casa Branca, desci uma rua repleta de mendigos que ali haviam pernoitado, passei pelo Monumento a Washington e pelo Lincoln Memorial e voltei, parando no McDonald's que fica próximo ao hotel. Tomei uma xícara de café e conheci um senhor de 59 anos que me contou que havia perdido o emprego e tudo o que possuía na recessão. Voltei para o hotel pensando naquele homem e no que eu deveria fazer para não perder o contato com os problemas de pessoas como ele, quando estivesse atrás daquelas paredes que protegem os presidentes.

Mais tarde, depois do café-da-manhã com catorze líderes democratas no Congresso, fiz uma visita particular a Bob Dole, líder da minoria no Senado. Respeitava muito Dole por sua corajosa recuperação dos ferimentos na Segunda Guerra Mundial e porque ele trabalhou ao lado de democratas em questões como os cupons para alimentação e os direitos dos deficientes. Por outro lado, ele era um adversário, e na noite da eleição não titubeou em dizer que por eu "não ter vencido por maioria [...] não se vê aí um mandato muito representativo". Por isso, Dole prosseguiu, era sua responsabilidade "manter nosso partido unido e tentar atrair os eleitores independentes e os de Perot para organizar nossa agenda". Nós tivemos uma longa conversa, mas saí do encontro sem saber como seria nosso relacionamento a partir dali e quais eram os seus planos. Afinal, Dole também queria ser presidente.

Também tive um encontro cordial com o líder da minoria no Congresso, Bob Michel, um conservador da velha-guarda de Illinois, e lamentei que o chicote republicano, Newt Gingrich, da Geórgia, estivesse em férias. Ele era o líder político e intelectual dos republicanos conservadores no Congresso e acreditava que uma maioria republicana poderia surgir da união de conservadores religiosos e culturais com eleitores que fossem contra os impostos e um governo centralizador. Gingrich atormentou o presidente Bush por ter assinado o pacote de redução do déficit dos democratas, em 1990, que previa um aumento de imposto para a gasolina. Dava para imaginar o que ele pretendia fazer comigo.

De volta ao hotel, encontrei-me com o general Colin Powell, então chefe do Estado-Maior Conjunto. Após ter alcançado resultados bastante satisfatórios com o apoio dos presidentes Reagan e Bush, os últimos nove meses de Powell como chefe deveriam ser cumpridos sob as ordens de um comandante-em-chefe bem diferente. Ele se opusera à minha proposta de admitir homossexuais no serviço militar, embora na Guerra do Golfo, que fez dele um herói popular, o Pentágono espertamente admitiu mais de cem homossexuais, demitindo-os tão logo terminou o conflito e quando eles não eram mais necessários. Apesar das nossas diferenças, o general Powell deixou claro que daria o melhor de si enquanto estivesse na função, inclusive me dando conselhos honestos, exatamente o que eu queria.

Hillary e eu encerramos nossa visita a Washington com um jantar oferecido por Pamela Harriman. Na noite anterior, Vernon e Ann Jordan também haviam convidado algumas pessoas para jantar conosco. Essas festas, e um passeio conduzido por Katharine Graham, serviram para nos apresentar às pessoas importantes dos círculos político, jornalístico e empresarial de Washington. Para a maioria delas nós ainda éramos estranhos.

Depois de passar o último Dia de Ação de Graças na Mansão do Governador com a minha família e fazer nossa visita anual a um abrigo mantido por um amigo nosso para mulheres e crianças vítimas de violência doméstica, Hillary e eu levamos Chelsea e sua amiga Elizabeth Flammang de avião para o sul da Califórnia, onde passamos uns dias na casa dos Thomason, e para uma visita de cortesia ao presidente Reagan. Reagan estava instalado num bonito prédio construído em uma propriedade que já fora usada pela Twentieth Century Fox para filmagens. A visita foi ótima. Ele era um excelente contador de histórias, e após passar oito anos na Casa Branca tinha algumas muito boas que eu gostaria de ouvir. No final da visita fui presenteado com um pote de suas balas de goma coloridas, vermelhas, brancas e azuis. O pote ficou em meu escritório durante oito anos.

Em dezembro dediquei-me ao trabalho para o qual as pessoas elegem seus presidentes: tomar decisões. Como eu havia prometido me concentrar na economia "como um feixe de laser", foi por aí que comecei. No dia 3 de dezembro tive um encontro particular com Alan Greenspan, presidente do Conselho do Banco Central, na Mansão do Governador. O presidente do Banco Central tem enorme influência sobre a economia, em grande parte por regular as taxas de juros a curto prazo, que por sua vez influenciam as taxas de juros a longo prazo para transações comerciais e empréstimos pessoais, inclusive financiamentos para a compra da casa própria. Como Greenspan era um estudioso brilhante de todos os aspectos da economia e, por sua experiência, peça importante no jogo político de Washington, seus pronunciamentos em discursos e os testemunhos prestados no Congresso tinham grande peso. Eu sabia que Greenspan era um republicano conservador que provavelmente ficou desapontado com a minha eleição, mas achei que poderíamos trabalhar juntos por três razões: eu defendia a independência do Banco Central; como ele, eu também achava essencial diminuir o déficit; e Greenspan, assim como eu, já havia sido um sax-tenorista que achou melhor fazer outra coisa qualquer para ganhar a vida. Uma semana depois, comecei a compor o novo secretariado pela minha equipe econômica, nomeando Lloyd Bentsen, presidente da Comissão de Finanças do Senado, como secretário do Tesouro. Bentsen era um democrata que defendia o empresariado e, apesar disso, ainda se preocupava com as pessoas comuns. Alto, magro, com uma barba patriarcal, ele vinha de uma rica família do sul do Texas. Além de ter servido na Itália na Segunda Guerra Mundial como piloto em aviões de bombardeio, foi eleito para a Câmara dos Deputados dos Estados Unidos. Após três mandatos, ele se afastou da Câmara para se tornar um homem de negócios, e depois, em 1970, foi eleito senador derrotando o então congressista George H. W. Bush. Eu gostava de Bentsen e achei que ele seria perfeito para trabalhar no Tesouro: era respeitado em Wall Street, eficiente no Congresso e comprometido com as minhas metas de retomada do crescimento e redução da pobreza. O subsecretário de Bentley seria Roger Altman, vice-presidente da companhia de investimentos Blackstone Group, um democrata de longa data e especialista em finanças que viria a fortalecer nossa equipe e nossos laços com Wall Street. O outro indicado para o Tesouro, Larry Summers, que veio a ser o subsecretário para assuntos internacionais, foi o professor catedrático mais jovem de Harvard, aos 28 anos de idade. Ele era ainda melhor do que sua reputação me levava a acreditar.

Escolhi Leon Panetta, o congressista da Califórnia que presidiu a Comissão de Orçamento da Câmara, para ser diretor da Divisão de Administração e Orçamento [Office of Management and Budget (OMB)], cargo crucial e especialmente importante para mim, por minha promessa de definir um orçamento que reduzisse o déficit e ao mesmo tempo aumentasse os investimentos em áreas vitais para a nossa prosperidade a longo prazo, como educação e tecnologia. Eu não conhecia Leon antes de entrevistá-lo e fiquei muito bem impressionado com seu conhecimento, sua energia e seu modo equilibrado. A outra indicada para a OMB, Alice Rivlin, foi nomeada secretária de Leon. Como ele, era um "falcão" do déficit,* e sensível para quem necessitasse da ajuda do governo.

Bob Rubin foi convidado para assumir uma nova função: coordenar a política econômica da Casa Branca como presidente de um Conselho Econômico Nacional que operasse de maneira muito semelhante ao Conselho de Segurança Nacional, reunindo todos os órgãos pertinentes para formular e implementar políticas. Eu estava convencido de que a elaboração das políticas econômicas do governo federal não era nem tão organizada nem tão eficiente quanto deveria ser. Minha intenção era reunir não apenas as funções de definição de impostos e orçamento

---

* No original, *deficit "hawk"*: aquele que sempre vê os déficits do orçamento e a dívida nacional como negativos, em qualquer lugar. Seus argumentos incluem os seguintes pontos: os déficits provocam inflação; os déficits provocam juros altos; os déficits "pressionam" os gastos privados; a dívida nacional é uma carga para as futuras gerações; os déficits e a dívida do governo geralmente são imorais (*Econclasses*, Winter, 2004). (N. dos T.)

do Tesouro e da OMB mas também o trabalho do Departamento de Comércio, do Escritório do Representante Comercial dos Estados Unidos, do Conselho de Consultores de Economia, do Banco de Financiamento a Exportação e Importação, do Departamento do Trabalho e do Departamento de Pequenas Empresas. Precisávamos utilizar todos os recursos disponíveis para implantar um plano econômico abrangente e inovador que beneficiasse todos os grupos de contribuintes e todas as regiões. Rubin era a pessoa certa para fazer isso por ser, ao mesmo tempo, discreto e veemente. Ele havia sido co-presidente da Goldman Sachs, a importante empresa de investimentos de Nova York. Por ter conseguido equilibrar tantos egos e interesses tão diversos, teria boa chance de desempenhar com sucesso a função para a qual o incumbi. O Conselho Nacional de Economia foi a maior mudança no funcionamento da Casa Branca em muitos anos e, graças a Rubin, prestou bons serviços aos Estados Unidos.

Convidei Laura Tyson, respeitada professora de economia da Universidade da Califórnia, em Berkeley, para presidir o Conselho de Consultores de Economia. Laura me impressionou com seus conhecimentos de tecnologia, indústria e comércio, questões de microeconomia que, a meu ver, havia muito tempo eram ignoradas na elaboração da política econômica nacional.

Nomeei também Bob Reich secretário do Trabalho. Esse departamento foi enfraquecido nos governos de Reagan e Bush, mas eu o via como parte significativa da nossa equipe econômica. Bob havia escrito livros muito bons sobre a necessidade de haver maior cooperação entre trabalhadores e governo, e a importância da flexibilidade e da segurança nos locais de trabalho modernos. Eu confiei em que ele iria tanto defender os interesses do trabalhador nas questões referentes à saúde, segurança e bem-estar quanto garantir o apoio fundamental dessa classe para a nossa nova política econômica.

Chamei Ron Brown para ser secretário de Comércio, cumprindo assim um compromisso de campanha de dar maior importância a um departamento que havia muito tempo vinha sendo tratado como órgão "de segunda linha". Com sua mistura única de cérebro e impetuosidade, Ron havia erguido do túmulo o Conselho da Liderança Democrata, aproximando suas bases liberais e trabalhistas dos que defendiam a sua nova abordagem. Se havia alguém capaz de reanimar a burocrática pasta do Comércio para melhorar os interesses comerciais dos Estados Unidos, esse alguém era Ron. Ele foi o primeiro secretário de Comércio afro-americano e um dos líderes mais eficientes que esse departamento já teve.

No dia em que nomeei Ron Brown para o cargo, também renunciei ao cargo de governador do Arkansas. Não tinha mais tempo de me dedicar ao trabalho. O novo governador, o tenente Jim Guy Tucker, estava pronto para assumir. Um desapontamento por ter de deixar a casa em dezembro é que faltavam apenas 24 dias para eu quebrar o recorde de Orval Faubus como o governador que mais tempo serviu ao meu estado.

Nos dias 14 e 15 de dezembro, com os cargos econômicos praticamente preenchidos, realizamos em Little Rock um encontro sobre economia. Trabalhamos nele durante seis semanas, sob a coordenação de Mickey Kantor, John Emerson, um amigo de Hillary que me apoiou na Califórnia, e Erskine Bowles, um bem-sucedido empresário da Carolina do Norte que ajudou a me eleger por minha filosofia neodemocrata e por meu apoio declarado à pesquisa das células-tronco do tecido fetal. A diabetes atormentava a família de Erskine e, como eu, ele também acreditava que só a pesquisa poderia revelar os mistérios dessa e de outras doenças incuráveis até o momento.

Quando o encontro foi anunciado, todos os norte-americanos pareciam querer participar. Foi difícil limitar o número de pessoas que caberia no Centro de Convenções de Little Rock e, ao mesmo tempo, garantir um espaço adequado para o grande volume de jornalistas e repórteres do mundo todo interessados na cobertura do evento. Por fim, eles fixaram em 329 o número de delegados, que incluía desde presidentes de companhias listadas na Fortune 500 e executivos do Vale do Silício a proprietários de lojas, líderes trabalhistas e acadêmicos, um fazendeiro do Alasca e até a chefe da Nação Indígena Cherokee, que tem o sugestivo nome de Wilma Mankiller.*

Quando abrimos a conferência, havia eletricidade no ar, como se fosse um concerto de rock para gente da política. A mídia a chamou de "festa dos sérios". Os painéis geraram *insights* perspicazes, novas idéias e tornaram mais claras as escolhas que eu tinha feito. Havia um consenso esmagador de que a minha mais importante prioridade seria diminuir o déficit, mesmo que para isso tivesse de cortar menos impostos da classe média ou até não cortar nada. "O refúgio do Mickey", como intimamente chamamos o encontro, foi um sucesso, e não somente aos olhos dos "sérios" da formulação da política. Uma pesquisa divulgada após a conferência mostrou que 77% dos norte-americanos aprovavam os meus preparativos para assumir a Presidência.

O encontro sobre economia deixou uma mensagem clara de que, como eu havia prometido, o país estava caminhando para a frente, distanciando-se da crença de que todos seriam beneficiados com a riqueza de poucos e retornando para uma economia de investimento-e-crescimento, parando de desprezar os que perderam terreno numa economia global para voltar a ser aquele país que tantas oportunidades oferecia aos cidadãos de bem. Por fim, nomeei Mickey Kantor secretário de Comércio dos Estados Unidos, Erskine Bowles chefe do Departamento de Pequenas Empresas, e John Emerson para a equipe da Casa Branca. Essas pessoas certamente fizeram por merecer o seu lugar na equipe.

Pouco antes da conferência, anunciei que Mack McLarty seria o chefe de gabinete da Casa Branca. Foi uma escolha inesperada, porque Mack, apesar de ter servido em duas comissões federais na época do presidente Bush, não tinha nenhuma intimidade com Washington, fato que o preocupava. Ele me disse que preferia outra pasta, mais adequada à sua experiência empresarial. Mesmo assim, insisti para que Mack aceitasse o convite porque tinha certeza de que ele saberia organizar os auxiliares da Casa Branca para que eles atuassem com tranqüilidade, e saberia criar aquele ambiente de trabalho em equipe que eu queria. Mack era

*Literalmente, Wilma "matadora de homem". (N. dos T.)

um homem disciplinado, inteligente, hábil negociador e conseguia coordenar e realizar muitas coisas ao mesmo tempo. Era também um amigo leal havia mais de quarenta anos, e eu sabia que podia contar com ele para ter sempre à disposição os mais variados pontos de vista e fontes de informação. Nos primeiros meses de governo, tanto ele quanto eu desafinamos um pouco com a política e a pressão cultural de Washington, mas graças a Mack conseguimos fazer muita coisa e criar aquele espírito de cooperação que falta a muita gente na Casa Branca.

Entre 11 e 18 de dezembro cheguei mais próximo do meu objetivo de nomear o gabinete mais diversificado da História. No dia 11 nomeei Donna Shalala, reitora da Universidade de Wisconsin, como secretária de Saúde e Recursos Humanos; e Carol Browner, secretária do Meio Ambiente no estado da Flórida, para chefiar a Agência de Proteção Ambiental. Hillary e eu conhecíamos Shalala, um dínamo de ascendência libanesa, havia muitos anos. Eu não conhecia Browner até entrevistá-la, mas fiquei bem impressionado com ela; o governador Lawton Chiles, meu amigo, a admirava muito, e Al Gore aprovou-a para o cargo. Essas duas mulheres trabalharam comigo durante os oito anos, e tanto uma como a outra têm uma longa lista de importantes realizações. No dia 15 convidei a dra. Joycelyn Elders, secretária de Saúde do Arkansas, a segunda mulher negra a se formar na Escola de Medicina da Universidade do Arkansas e autoridade nacional em endocrinologia pediátrica, para ser a médica-chefe, o mais alto cargo da saúde pública nos Estados Unidos.

No dia 17 anunciei Henry Cisneros como secretário do Desenvolvimento Urbano e de Habitação. Possuidor de uma rara combinação de humildade e autoconfiança, de dons políticos incomensuráveis e grande coração, Henry era o político de origem latina mais popular do país. Ele estava altamente qualificado para a função pelo excelente trabalho que fez como prefeito na revitalização de San Antonio. Também nomeei Jesse Brown, ex-fuzileiro naval afro-americano, veterano do Vietnã e diretor executivo dos Veteranos Deficientes Norte-americanos, para ocupar o Departamento de Assuntos dos Veteranos.

Em 21 de dezembro nomeei a afro-americana Hazel O'Leary, executiva da companhia elétrica Northen States Power Company, de Minnesota, para ser secretária de Energia, e Dick Riley, ex-governador da Carolina do Sul, para ser secretário de Educação. Hazel era especialista em gás natural, cujo uso eu pretendia incentivar por ser mais limpo que o petróleo e o carvão, e nossas reservas eram bastante suficientes. Quanto a Dick, éramos amigos havia muitos anos. Seus modos discretos eram só aparência. Ele resistia a um problema na coluna que lhe causava dores constantes e terríveis, e mesmo assim construiu uma carreira política e jurídica muito bem-sucedida, além de uma família encantadora. Dick foi também o grande governador da educação. Durante a campanha, citei várias vezes um artigo que dizia que o Arkansas tinha feito mais progressos na educação nos últimos dez anos do que qualquer outro estado da União, com exceção da Carolina do Sul.

Em 22 de dezembro, uma terça-feira, nomeei toda a equipe de segurança nacional: Warren Christopher como secretário de Estado; Les Aspin como secretário de Defesa; Madeleine Albright como embaixadora na ONU; Tony Lake como conselheiro de Segurança Nacional; Jim Woolsey como diretor da Agência Central de Inteligência (CIA); e o almirante Bill Crowe como chefe do Conselho Consultivo de Inteligência Externa da Presidência.

Christopher havia sido vice-secretário de Estado do presidente Carter e tivera um importante papel na negociação da libertação dos reféns norte-americanos no Irã. Ele navia mostrado eficiência para a Vice-Presidência e no gabinete de seleção de processos, além de que compartilhava dos meus objetivos básicos para a política externa. Alguns o achavam discreto demais para o cargo, mas eu sabia que ele cumpriria bem seu papel.

Nomeei Les Aspin secretário de Defesa só quando tive certeza de que Sam Nunn não aceitaria o cargo. Como presidente da Comissão de Serviços Armados da Câmara dos Deputados, Aspin era a pessoa que mais conhecimentos tinha sobre defesa na Câmara, sabia melhor que ninguém quais eram os desafios da segurança no mundo após a Guerra Fria, e estava comprometido com a modernização militar para enfrentá-los.

Fiquei muito bem impressionado com Madeleine Albright, uma professora muito querida na Universidade de Georgetown quando a conheci durante a campanha de Dukakis. Natural da Tchecoslováquia e amiga de Václav Havel, era uma defensora apaixonada da democracia e da liberdade. Achei que ela seria a porta-voz ideal dos Estados Unidos na Organização das Nações Unidas na era pós-Guerra Fria. E como eu também precisava de seus conselhos sobre questões de segurança nacional, elevei ao nível ministerial a função de embaixadora na ONU.

A decisão quanto ao conselheiro de segurança nacional foi difícil para mim porque Tony Lake e Sandy Berger tinham feito um excelente trabalho instruindo-me e me aconselhando sobre política externa durante toda a campanha. Tony era um pouco mais velho e Sandy havia trabalho com ele no Departamento de Estado de Carter, mas eu o conhecia melhor e havia muito mais tempo. Por fim, a questão se resolveu quando Sandy sugeriu que eu indicasse Tony para conselheiro e ele para subconselheiro.

Os cargos da CIA foram preenchidos por último. Eu queria o congressista Dave McCurdy, de Oklahoma, como presidente da Comissão de Inteligência da Câmara dos Deputados, mas, infelizmente, ele recusou o convite. Conheci Jim Woolsey, nome antigo na política exterior em Washington, no fim de 1991, num grupo variado que Sandy Berger organizara sobre segurança nacional, de democratas e independentes cuja visão sobre segurança e defesa nacional era mais forte do que a que nosso partido costumava defender. Woolsey era muito inteligente e tinha interesse na vaga. Após entrevistá-lo, eu o convidei para ocupar o cargo.

Depois de fazer as nomeações para a segurança nacional, eu estava próximo do objetivo que havia estabelecido para mim mesmo, de completar o primeiro escalão até o Natal. E isso efetivamente aconteceu na véspera do Natal, quando, além do anúncio oficial da nomeação de Mickey Kantor, nomeei também o congressista Mike Espy, do Mississippi, para dirigir a pasta da Agricultura; Federico Peña, ex-prefeito de Denver, secretário dos Transportes; o ex-governador do Arizona Bruce Babbitt, secretário do Interior; e Zoë Baird, a advogada responsável pelo departamento jurídico da Aetna Life and Casualty, foi a primeira mulher convidada para ocupar o cargo de procurador-geral dos Estados Unidos.

Espy era bastante ativo no Conselho da Liderança Democrata, conhecia bem os problemas da agricultura e, ao lado dos congressistas Bill Jefferson de Nova Orleans e John Lewis de Atlanta, foi um dos primeiros líderes negros proeminentes do Arkansas a me apoiar. Eu não conhecia Peña muito bem, mas sabia que ele tinha sido ótimo prefeito e construído o portentoso aeroporto de Denver. A indústria da aviação passava por dificuldades e precisava de um secretário dos Transportes que conhecesse bem os seus problemas. Bruce Babbitt era um dos meus colegas governadores preferidos. Inteligente, iconoclasta e espirituoso, ele vencera as eleições num Arizona tradicionalmente republicano e foi bem-sucedido como governador ativista. Eu esperava que Babbitt cumprisse a nossa agenda ambientalista naqueles estados com menos problemas do que os enfrentados pelo presidente Carter.

Em princípio, pensei em Vernon Jordan para ser o procurador-geral. Ele era um respeitado defensor dos direitos humanos e igualmente bem-visto no ambiente corporativo do país. Mas Vernon, tal como James Carville, não queria participar do governo. Quando ele se despediu de mim no início de dezembro, numa conversa que tivemos no terraço da Mansão do Governador, considerei várias pessoas até me decidir por Zoë Baird.

Eu não conhecia Zoë até entrevistá-la. Além de seu trabalho como advogada na Aetna, ela havia servido na Casa Branca de Carter, advogado em favor dos menos favorecidos e, embora tivesse apenas quarenta anos de idade, mostrou ter uma compreensão incrivelmente madura do papel do procurador-geral e dos desafios que ela enfrentaria.

Apesar de posteriormente ter elevado outras posições ao nível ministerial, inclusive as do czar das drogas,* do diretor do Departamento de Pequenas Empresas e do diretor da Agência Federal de Controle de Emergências, consegui cumprir o meu objetivo no Natal com um secretariado de competência inquestionável e diversidade sem precedentes.

Foi uma boa história, mas não a melhor do dia. O presidente Bush deu um excelente presente de Natal a alguns de seus ex-auxiliares, e principalmente a si mesmo, ao perdoar Caspar Weinberger e mais cinco pessoas que tinham sido processadas pelo jurisconsulto independente Lawrence Walsh pelo escândalo Irã-Contras. Weinberger estava em julgamento, para o qual o presidente estava listado para ser ouvido como testemunha. Irado, Walsh disse que os indultos encerravam seis anos de ocultamento da verdade e que eles "abalam o princípio de que ninguém está acima da lei. O que só vem demonstrar que os poderosos e seus aliados poderosos podem cometer crimes gravíssimos nos altos escalões — e abusar descaradamente da confiança da população — sem sofrer as conseqüências". Como os acusados não poderiam mais ser chamados ao tribunal para testemunhar sob juramento, se surgisse algum fato novo nada poderia ser feito. Havia apenas duas semanas que Walsh tomara conhecimento de que o presidente e seu advogado Boyden Gray não tinham liberado os documentos atualizados do governo referentes ao Irã-Contras, apesar dos insistentes pedidos.

Eu não concordava com esses indultos e poderia ter feito mais em relação a isso, mas não fiz por três motivos. Primeiro, porque o poder do indulto presidencial é abso-

---

* Alto funcionário nomeado pelo governo para combater o tráfico de drogas. (N. dos T.)

luto pela nossa Constituição. Segundo, porque eu queria um país mais unido, e não mais dividido, mesmo que a divisão me trouxesse vantagens políticas. Por último, o presidente Bush já havia feito muito por nosso país, e eu queria que ele tivesse uma aposentadoria tranqüila e que esse assunto ficasse entre ele e sua consciência.

No dia seguinte ao Natal, foi uma grata surpresa ver que a revista *Time* tinha me escolhido como o "Homem do Ano", e disse que eu estava tendo a oportunidade de "presidir uma das periódicas reinvenções do país — um desses momentos em que os norte-americanos se 'limpam' de seus problemas para reformular a própria imagem". Quando me perguntaram sobre a honraria, disse que me sentia orgulhoso por tê-la merecido, mas que os problemas do mundo me preocupavam muito, que eu temia me perder diante de tanto a ser feito, e ainda não sabia se morar em Washington seria bom para Chelsea. Minha filha saiu-se muito bem, mas os demais temores se mostraram justificados.

Hillary, Chelsea e eu passamos o Ano-Novo no Fim de Semana Renaissance, na ilha de Hilton Head, como fazíamos havia alguns anos. Foi ótimo rever velhos amigos, jogar *touch football* na praia com a rapaziada e algumas rodadas de golfe com o novo conjunto de tacos que a Hillary me dera de presente. Também foi muito bom participar de discussões, nas quais sempre se aprende coisas novas com pessoas que falam sobre tudo — ciência, política, vida sentimental. Nesse ano, gostei especialmente de um painel que se chamava "O que eu diria ao presidente se eu comesse de marmita".

Enquanto isso, o presidente Bush se despedia. Ele fez uma visita às nossas tropas na Somália e depois me ligou para dizer que estava indo à Rússia para assinar com Boris Yeltsin o tratado estratégico de limitação de armas START II. Eu concordava com esse tratado e me ofereci para apoiar a sua ratificação no Senado. Bush também me ajudaria dizendo a outros líderes mundiais que eu seria um "bom presidente" e que eles iam "gostar de trabalhar comigo" em questões importantes.

No dia 5 de janeiro, Hillary e eu anunciamos que matricularíamos Chelsea na escola particular Sidwell Friends. Até então ela havia estudado em escolas públicas, pois no distrito de Columbia havia algumas muito boas. Depois de conversar com Chelsea, escolhemos a Sidwell sobretudo porque a privacidade dela estaria garantida. Ela ia fazer treze anos e nós queríamos que ela vivesse sua adolescência da maneira mais normal possível. Era o que ela queria também.

No dia 6 de janeiro, a apenas duas semanas da posse, e no dia anterior à minha primeira reunião com a equipe econômica, o secretário da OMB no governo Bush, Richard Darman, anunciou o déficit orçamentário para aquele ano, que seria ainda maior do que havíamos previsto. (Minha equipe estava convencida de que Darman já sabia desse aumento do déficit e simplesmente tinha adiado a má notícia para depois das eleições.) De qualquer maneira, agora o malabarismo a ser feito com as nossas prioridades seria muito mais difícil: cortar o déficit pela metade sem debilitar ainda mais a frágil recuperação econômica a curto prazo; encontrar a combinação de corte de gastos e aumento de tarifas tão necessária para reduzir o déficit e aumentar o investimento em áreas vitais à nossa prosperidade econômica a longo prazo; e garantir impostos mais justos para trabalhadores de média e baixa renda.

No dia seguinte, minha equipe econômica se reuniu ao redor da mesa da sala de jantar da Mansão do Governador para discutir o nosso dilema e explorar as escolhas políticas que produziriam maior crescimento. De acordo com a tradicional teoria econômica keynesiana, os governos devem administrar déficits em tempo de má economia e orçamentos equilibrados e saldos em tempo de boa economia. Entretanto, a combinação de um corte profundo nos investimentos e o aumento dos impostos parecia naquele momento ser o remédio errado para reduzir o déficit à metade. Por isso o Banco Central, após eu me eleger com a promessa de equilibrar o orçamento, desistiu de reduzir o déficit e resolveu gastar muito mais para devolver o emprego ao povo e estimular a economia privada.

O problema de aplicar a análise tradicional às condições atuais era que, com Reagan e Bush, havíamos acumulado um grande déficit estrutural que persistia tanto nas fases boas como nas fases ruins. Quando o presidente Reagan assumiu, a dívida nacional era de 1 trilhão de dólares. Ela triplicou durante os seus oito anos de governo em razão dos profundos cortes nos impostos em 1981 e dos aumentos de gastos. Com o presidente Bush, a dívida continuou a crescer, aumentando em um terço em apenas quatro anos, e agora já totalizava 4 trilhões de dólares. O pagamento anual do débito era o terceiro maior item do orçamento nacional, atrás apenas da defesa e do sistema nacional de aposentadoria.

O déficit era o resultado inevitável da chamada economia orientada para a oferta, a teoria segundo a qual quanto mais se cortam os impostos, mais a economia cresce, e esse crescimento produz maior arrecadação de impostos a juros baixos do que anteriormente, quando os juros eram mais altos. É claro que isso não deu certo, e os déficits explodiram ao longo da recuperação dos anos 1980. Embora a teoria orientada para a oferta seja aritmética ruim e economia ruim, os republicanos preferiram mantê-la por sua aversão ideológica a impostos, e porque, a curto prazo, a economia orientada para a oferta era uma boa política. "Mais gastos, menos impostos" soava como música aos ouvidos, mas jogou o país num buraco fundo e deixou uma nuvem pairando sobre o futuro dos nossos filhos.

Acoplado ao nosso grande déficit comercial, o déficit orçamentário exigiria a importação de imensas quantidades de capital anualmente para financiar os nossos gastos. Para atrair esse tipo de dinheiro e evitar uma queda vertiginosa no valor do dólar, teríamos de manter as taxas de juros muito mais altas do que estavam no declínio econômico que precedeu a minha eleição. As altas taxas inibem o crescimento e se convertem em impostos altíssimos para os americanos de classe média, que pagavam mais pela hipoteca para a compra da casa própria, na compra de carros e de todos os outros bens financiados por meio de empréstimos.

Quando nos sentamos para trabalhar, Bob Rubin, que coordenava a reunião, passou a palavra a Leon Panetta. Leon disse que o déficit estava tão alto porque naquele contexto de economia lenta a receita gerada pelos impostos estava em queda enquanto os gastos aumentavam, pois era maior o número de pessoas que buscava a assistência do governo, provocando alta nos custos da saúde. Laura Tyson disse que, se as atuais condições permanecessem, a economia provavelmente cresceria a uma taxa de 2,5% a 3% nos próximos anos, o que era insuficiente para baixar o nível de desemprego ou garantir uma recuperação sustentada. Então entramos no cerne da questão quando Alan Blinder, outro dos assessores econômicos, começou a analisar se um pesado pacote de redução de déficit iria alavancar a criação de novos empregos através da diminuição na taxa de juros, uma vez que o governo não estaria competindo tanto no setor privado no empréstimo de recursos. Blinder concordava com isso e achava que os efeitos positivos seriam sentidos dentro de poucos anos se o Banco Central e o mercado de títulos reagissem ao nosso plano baixando as taxas de juros substancialmente. Depois de tantas promessas de reduzir o déficit ao longo dos últimos anos, Blinder considerava improvável que o mercado de títulos tivesse uma forte reação positiva. Larry Summers discordou, dizendo que um bom plano convenceria o mercado a baixar as taxas porque não haveria ameaça de inflação enquanto a economia se recuperasse. Ele citou a experiência de alguns países asiáticos para ilustrar a sua tese.

Essa foi a primeira das muitas discussões que tivemos sobre como o mercado de títulos de trinta anos se refletia na vida do norte-americano comum. As minhas freqüentes reclamações a esse respeito e as respostas incisivas de Bob Rubin eram divertidas, embora o assunto fosse seriíssimo. Com o desemprego nacional estacionado acima de 7% alguma coisa tinha de ser feita. Tyson e Blinder argumentaram que para ter uma economia saudável a longo prazo era preciso diminuir o déficit, mas então o crescimento a curto prazo seria menor. Bentsen, Altman, Summers e Panetta defendiam o argumento do mercado de títulos e acreditavam que a redução do déficit aceleraria o crescimento econômico. Rubin apenas coordenava as discussões, mas eu sabia que ele concordava com isso. Al Gore também.

Bob Reich não participou da reunião, mas no dia seguinte enviou um bilhete lembrando que se a dívida era uma porcentagem muito mais alta do produto interno bruto do que deveria ser, a soma dos investimentos em educação, capacitação, pesquisa não ligada à defesa e desenvolvimento representava uma porcentagem muito inferior do PIB do que nos anos anteriores a Reagan, e que esse subinvestimento estava prejudicando a economia e contribuindo para os grandes déficits. Ele achava que não deveríamos cortar o déficit pela metade, mas fazê-lo recuar, assim como os investimentos, à porcentagem do PIB anterior aos anos Bush-Reagan. Para ele, os investimentos aumentariam a produtividade, o crescimento e o nível de emprego, permitindo reduzir o déficit; mas se nossa preocupação fosse apenas reduzi-lo, uma economia estagnada com arrecadações anêmicas também não iria cortá-lo pela metade. Penso que Gene Sperling concordava plenamente com Reich.

Enquanto eu tentava digerir tudo isso, passamos a discutir o que fazer para chegar à redução de déficit necessária. Em meu plano de campanha, "As pessoas em primeiro lugar", eu propunha um corte de mais de 140 bilhões de dólares no orçamento. Se o déficit fosse mais alto, teríamos de cortar mais, para atingir o meu objetivo de reduzir o déficit à metade em quatro anos. Isso nos levou à primeira de uma série de discussões sobre o que cortar. Por exemplo, economizaríamos bastante reduzindo os subsídios do custo de vida, os chamados COLAs [cost-of-living allowances], na aposentadoria, mas como Hillary lembrou, quase metade dos norte-americanos com mais de 65 anos precisava do dinheiro da aposentadoria para conseguir viver acima da linha de pobreza; o corte do COLA poderia prejudicá-los. Nós não tínhamos de tomar nenhuma decisão definitiva nem deveríamos fazê-lo sem antes discutir com os líderes do Congresso, mas era óbvio que, qualquer que fosse a nossa decisão, não seria nada fácil.

Durante a campanha, além dos cortes no orçamento, também propus arrecadar um valor proporcional com novas receitas geradas pelos mais ricos e pelas corporações. Agora, para cortar o déficit pela metade seria necessário também arrecadar mais. Isso queria dizer que teríamos de cancelar o corte dos impostos na ampla base da classe média, mas eu ainda estava determinado a reduzir os impostos das famílias trabalhadoras que ganhavam 30 mil dólares anuais ou menos dobrando o Crédito Tributário sobre a Renda Auferida. A renda dessas pessoas vinha sendo corroída havia vinte anos e elas precisavam dessa ajuda; além disso, seria preciso tornar os serviços com baixa remuneração mais atraentes do que a assistência oferecida pelo governo e devolvê-las ao mercado de trabalho. Lloyd Bentsen prosseguiu desfiando a lista de possíveis aumentos de impostos e disse que qualquer um deles dificilmente seria aprovado, mas que precisávamos tentar. Se o plano fosse recusado pelo Congresso, meu governo sairia prejudicado. Bentsen sugeriu que apresentássemos várias opções para que, se uma ou duas não conseguissem passar, eu ainda pudesse sair vitorioso e não ficar politicamente desgastado.

Depois da discussão sobre impostos, Roger Altman e Larry Summers defenderam um pacote de estímulos a curto prazo, que seria implementado juntamente com o plano de redução do déficit. Eles recomendaram cerca de 20 bilhões de dólares em gastos e em corte de impostos sobre investimentos, o que na melhor das hipóteses impulsionaria a economia, e, na pior, a impediria de cair de novo na recessão, possibilidade que foi calculada em 20%. Em seguida, Gene Sperling fez uma apresentação das opções de novos investimentos, defendendo a adoção do maior, de cerca de 90 bilhões de dólares, que cobriria todos os meus compromissos de campanha.

No final das apresentações concluí que os "falcões" do déficit tinham razão: se o déficit não diminuísse substancialmente, a taxa de juros continuaria alta e impediria uma recuperação econômica forte e sustentável. Al Gore concordava com isso. Mas enquanto discutíamos de quanto deveria ser a redução do déficit, eu me preocupava com a recessão a curto prazo prevista por Laura Tyson e Alan Blinder — e que Roger Altman e Gene Sperling tanto temiam que pudesse ocorrer. Quase seis horas depois, tínhamos avançado no sentido da redução do déficit. Certamente, a elaboração de uma política econômica, ao menos naquele contexto, não era uma ciência, e se fosse arte, teria de ser muito bela aos olhos dos observadores do mercado de títulos.

Uma semana depois fizemos uma segunda reunião, na qual desisti de diminuir os impostos da classe média, concordei em economizar no sistema nacional de aposentadoria, na assistência médica, inclusive a dos idosos, e apoiei a sugestão de Al Gore de criar um novo imposto para o setor energético de base ampla, calculado sobre o conteúdo de calor da energia no atacado, o chamado "imposto BTU".* Al disse que embora o novo imposto fosse provocar polêmica nos estados

---

* A unidade térmica britânica (British Thermal Unit — BTU) é uma unidade de energia utilizada nos Estados Unidos e, em alguma extensão, no Reino Unido. Uma BTU em geral é definida pela quantidade de calor requerida para aquecer uma libra de água por um grau Fahrenheit. É usada freqüentemente para computar o valor do calor dos combustíveis e a capacidade de aquecimento e refrigeração dos sistemas. (N. dos T.)

produtores de carvão, petróleo e gás natural, ele atingiria todos os demais setores da economia, diminuindo a carga sobre o consumidor comum, e promoveria a conservação de energia, algo de que precisávamos muito.

Por várias horas, voltamos a debater sobre qual redução do déficit deveríamos buscar, partindo do valor projetado para cinco anos e recuando até o presente. Gore insistia na sua posição, dizendo que, se partíssemos logo para a maior redução possível, ganharíamos crédito pela coragem de criar uma nova realidade e tornaríamos possíveis coisas antes inimagináveis, como exigir que os aposentados com renda acima de um determinado nível pagassem imposto de renda sobre a sua aposentadoria. Rivlin concordava com ele. Blinder disse que isso poderia dar certo se o Banco Central e o mercado de títulos nos apoiassem. Tyson e Altman duvidavam de que conseguiríamos evitar uma retração da economia a curto prazo. Sperling e Reich, que estavam presentes nessa reunião, defenderam mais investimentos.

O mesmo fizeram Stan Greenberg, Mandy Grunwald e Paul Begala, que não participaram das reuniões mas temiam que eu estivesse sacrificando tudo aquilo em que acreditava por influência de pessoas que não participaram da nossa campanha e que pouco se importavam com os cidadãos comuns que me elegeram. No fim de novembro, Stan mandou o recado que a minha lua-de-mel com os eleitores acabaria logo se eu não começasse depressa a cuidar dos empregos e a diminuir os juros. Sessenta por cento daqueles que viram sua situação financeira piorar em 1992, cerca de um terço do eleitorado, tinham voltado em mim. Ele achava que eu os perderia com esse plano. George Stephanopoulos, que assistira às reuniões, explicou a Stan e seus aliados que o déficit estava arruinando a economia, e que se não o contivéssemos logo não haveria nenhuma recuperação econômica e muito menos dinheiro para aplicar em educação, em redução dos impostos para a classe média ou em qualquer outra coisa. Bentsen e Panetta queriam reduzir o déficit o máximo que conseguíssemos aprovar no Congresso, menos do que era defendido por Gore e Rivlin, mas ainda assim muito. Rubin, o mediador, mais uma vez se manteve calado, mas eu senti que ele estava com Bentsen e Panetta. Depois de ouvir todo mundo, eu também os apoiei.

Num determinado momento, perguntei a Bentsen quanto ele achava que deveríamos reduzir o déficit para contentar o mercado de títulos. Ele sugeriu cerca de 140 bilhões de dólares no quinto ano, com um total de 500 bilhões de dólares ao longo de cinco anos. Eu decidi acatar a opção dos 500 bilhões de dólares, mas mesmo com os novos cortes de gastos e o aumento de arrecadação talvez ainda não cumpríssemos a meta de cortar o déficit pela metade até o final do meu primeiro mandato. Tudo dependeria das taxas de crescimento.

Diante da possibilidade de a nossa estratégia produzir recessão a curto prazo, saímos em busca de outras maneiras de promover o crescimento. Eu me reuni com os executivos das três grandes fabricantes de carro e com Owen Bieber, presidente do Trabalhadores da Indústria Automobilística Unidos, que me disse que embora os carros japoneses ocupassem quase 30% do mercado norte-americano, o Japão continuava muito fechado para os nossos veículos e autopeças. Pedi a Mickey Kantor que desse um jeito de abrir mais o mercado japonês. Representantes da florescente indústria de biotecnologia queriam que eu ampliasse a linha de crédito fiscal para pesquisa e desenvolvimento e a tornasse reembolsável para novas empresas, que em geral não faturavam o suficiente para ter acesso ao crédito na atual legislação. Eles queriam também mais proteção para suas patentes contra a concorrência desleal e que acelerássemos e mudássemos o processo de aprovação dos produtos na Food and Drug Administration (FDA). Eu pedi à equipe que analisasse essas propostas e fizesse uma recomendação. No fim, autorizei destinar 20 bilhões de dólares para uma proposta de estímulo dado de uma só vez para incentivar a atividade econômica a curto prazo.

Era terrível ser obrigado a abrir mão do tratamento fiscal que eu imaginara para a classe média, mas com um déficit tão alto não havia alternativa. Se a nossa estratégia desse certo, em vez de uma redução de impostos a classe média teria benefícios diretos muito mais valiosos — redução na hipoteca para a casa própria, queda nos juros no financiamento de carros, nas compras a crédito e nos empréstimos para financiamento estudantil. E não conseguiríamos aumentar os investimentos tanto quanto eu havia proposto em campanha, ao menos por enquanto. Mas se a redução do déficit fizesse os juros caírem e promovesse o crescimento, a arrecadação aumentaria e eu poderia atingir meus objetivos de investimentos para os próximos quatro anos. Tudo isso "se".

Havia também outro "se". A estratégia só funcionaria se o Congresso a aprovasse. Com a derrota de Bush, os republicanos estavam mais do que nunca contra os impostos, portanto só alguns, ou talvez nenhum, votariam em um plano proposto por mim que envolvesse novos impostos. Muitos democratas que vinham de estados mais conservadores também relutariam em aprovar o aumento, e os democratas liberais aliados não apoiariam o orçamento se os cortes fossem muito profundos em programas que eles haviam proposto.

Após uma campanha durante a qual os problemas econômicos do país estiveram no centro das discussões, numa época em que o crescimento se arrastava em todo o mundo, eu ia começar a exercer a Presidência com uma estratégia econômica sem precedentes. E poderia trazer imensos benefícios ao país se conseguisse convencer o Congresso a aprovar o orçamento e se tivesse o apoio do Banco Central e do mercado de títulos. Os meus argumentos eram bons, mas a decisão mais importante da minha administração doméstica ainda era uma grande incógnita.

Enquanto a transição era dedicada em grande parte à formação do secretariado e demais nomeações e ao desenvolvimento do nosso programa econômico, muitas outras coisas aconteciam. No dia 5 de janeiro anunciei que continuaria a praticar temporariamente a política do presidente Bush — que eu havia criticado tão duramente durante a campanha — de interceptar e devolver os haitianos que tentavam chegar aos Estados Unidos em barcos. Em 1991, os simpatizantes do presidente eleito do Haiti, Jean-Bertrand Aristide, começaram a deixar a ilha quando ele foi deposto pelo tenente-general Raoul Cedras e seus aliados. Quando o governo Bush, que parecia ser mais simpático a Cedras do que eu, começou a devolver os refugiados, houve muito protesto por parte da comunidade de defensores dos direitos humanos. Eu gostaria que fosse mais fácil para os haitianos buscar e obter asilo político nos Estados Unidos, mas fiquei preocupado quando soube que muitos deles corriam perigo tentando chegar em barcos que não ofereciam a menor segurança em alto-mar, como haviam feito cerca de quatrocentas pessoas na semana anterior. Então, aconselhado por nossa equipe de segurança, decidi que, em vez de receber os haitianos que sobrevivessem a essa viagem, reforçaríamos nossa presença oficial no Haiti e aceleraríamos os pedidos de asilo lá. Enquanto isso, também por segurança, continuaríamos interceptando os barcos e mandando os passageiros de volta. Por incrível que pareça, o presidente Aristide apoiou a minha decisão, apesar das críticas dos grupos de direitos humanos e da imprensa, que a caracterizava como um retrocesso em minhas promessas de campanha. Aristide sabia que nós atrairíamos mais haitianos aos Estados Unidos do que o governo Bush e não queria que boa parte do seu povo morresse afogada.

No dia 8 de janeiro fui a Austin, no Texas, onde eu havia morado e trabalhado para McGovern vinte anos antes. Almocei com velhos amigos no Scholtz's Beer Garden, depois tive o meu primeiro encontro desde a eleição com um líder estrangeiro, o presidente do México, Carlos Salinas de Gortari. Salinas estava profundamente comprometido com o Acordo de Livre Comércio entre os Países da América do Norte (NAFTA), negociado com o presidente Bush. Fomos hospedados por uma antiga amiga minha, a governadora Ann Richards, que também apoiava o NAFTA. Eu quis me encontrar logo com Salinas para que ele soubesse que eu estava interessado na prosperidade e na estabilidade do México, em reforçar a importância dos acordos trabalhistas e ambientais que fortaleciam o tratado e em oferecer cooperação contra o narcotráfico.

No dia 13, minha procuradora-geral Zoë Baird entrou na berlinda quando veio a público que ela empregava em sua casa duas imigrantes ilegais para serviços domésticos e somente quando seu nome foi indicado para preencher o cargo na Justiça é que ela havia pago a parcela devida pelo empregador ao sistema nacional de aposentadoria. Empregar imigrantes ilegais era comum na época, mas isso acabou se tornando um problema para Zoë, que iria cuidar justamente do Serviço de Imigração e Naturalização como procuradora-geral. Como era improvável que a confirmação de Zoë ocorresse a tempo, o então procurador-geral assistente do departamento civil, Stuart Gerson, atuaria como procurador-geral interino. Também mandamos Webb Hubbell, o procurador-geral associado designado, cuidar das coisas no Departamento de Justiça.

Nos dois dias que se seguiram nomeamos mais alguns assessores da Casa Branca. Além de nomear George Stephanopoulos como secretário das Comunicações, escolhi Dee Dee Myers para ser a primeira mulher secretária de imprensa da Casa Branca; Eli Segal ficou encarregado de criar um novo programa nacional de assistência; Rahm Emanuel tornou-se diretor de assuntos políticos e Alexis Herman, diretor de relações públicas. Eu estava trazendo muita gente do Arkansas: Bruce Lindsey ficaria encarregado do setor de pessoal, inclusive das escolhas para conselhos e comissões; Carol Rasco seria a minha assistente para política interna; Nancy Hernreich, minha programadora na secretaria do governo no Arkansas, trabalharia comigo no Salão Oval; David Watkins supervisionaria as funções administrativas na Casa Branca; Ann McCoy, a administradora da Mansão do Governador, trabalharia na Casa Branca; e meu amigo de longa data Vince Foster aceitou trabalhar no departamento jurídico.

Entre os que não vieram da campanha eu escolhi Bernie Nussbaum para participar do departamento jurídico da Casa Branca, ele que havia trabalhado com Hillary nas investigações do *impeachment* de Nixon em 1974; e Ira Magaziner, meu colega de Oxford, para nos ajudar na reforma da assistência à saúde. Howard Paster, um lobista experiente de Washington, cuidaria das nossas relações no Congresso; John Podesta, um velho amigo da campanha de Duffey, como secretário da equipe; Katie McGinty foi escolhida por Al Gore para cuidar da nossa política ambiental; e Betty Currie, que havia sido secretária de Warren Christopher durante a transição, passou a fazer o mesmo trabalho para mim. Andrew Friendly, um jovem de Washington, D.C., passou a ser o auxiliar direto do presidente, indo comigo aos encontros e nas viagens, fazendo-me ler as anotações preparadas e mantendo contato com a Casa Branca quando estávamos fora. Al tinha seus próprios auxiliares, sendo Roy Neel, do Tennessee, o responsável por eles. Hillary também contava com sua antiga amiga Maggie Williams como chefe de gabinete.

Declarei meu apoio a David Wilhelm, organizador da campanha, para suceder a Ron Brown na presidência do Comitê Democrata. David ainda era jovem e não tinha a presença pública de Ron Brown, mas isso quase ninguém tinha. O forte de David era a organização das bases, e o nosso partido precisava ser revitalizado nos níveis estadual e local. Agora que a Casa Branca era nossa eu sabia que, de uma maneira ou de outra, Al Gore e eu teríamos de assumir a maior parte do levantamento de fundos e dos pronunciamentos públicos.

Paralelamente às nomeações, também declarei meu apoio à ação militar do presidente Bush no Iraque e pela primeira vez disse que faria pressão para que o presidente sérvio Slobodan Milosevic fosse julgado por crimes de guerra. Levaria muito tempo para que isso acontecesse.

Foi nessa época que recebi um grupo de ministros evangélicos para almoçar na Mansão do Governador. Meu pastor, Rex Horne, foi quem sugeriu, e eu fiz a lista de convidados. Rex achou que eu deveria recebê-los para uma conversa formal, pelo menos para abrir um canal de comunicação com a comunidade evangélica. Compareceram cerca de dez deles, dentre os quais alguns líderes conhecidos nacionalmente como Charles Swindoll, Adrian Rogers e Max Lucado. Também convidamos o ministro de Hillary da Primeira Igreja Metodista Unida de Little Rock, Ed Matthews, um homem maravilhoso que seria de grande utilidade para nós se o almoço se transformasse numa guerra de palavras. Fiquei muito bem impressionado com Bill Hybels, o jovem e comunicativo pastor da Igreja da Comunidade de Willow Creek, próxima a Chicago. Ele erguera a sua igreja do nada e a havia transformado numa das maiores congregações independentes dos Estados Unidos. Tal como os outros, Hybels discordava de mim em relação ao aborto e ao direito dos gays, mas tinha interesse em outras questões, também, como o tipo de liderança que eu deveria exercer para acabar com a estagnação e reduzir o mau humor partidário em Washington. Por oito anos Bill Hybels visitou-me regularmente, fez orações junto comigo, aconselhou-me e cuidou do que ele chamava de "minha saúde espiritual". Nós discutíamos muito. Às vezes até que concordássemos em algum ponto. Mas ele foi sempre uma bênção para mim.

* * *

No começo da minha última semana no Arkansas, com os caminhões de mudança já estacionados na porta da Mansão, dei a minha última entrevista aos repórteres e confessei estar sentindo um misto de emoções na hora da partida: "Várias vezes cheguei à beira das lágrimas de tanta alegria, orgulho e tristeza. [...] Eu gosto muito daqui". A minha última tarefa ali foi bastante pessoal. Chelsea tinha um sapo de estimação que a princípio foi comprado para um projeto de ciências da escola. Íamos levar o nosso gato Socks conosco, mas Chelsea resolveu soltar o sapo para que ele levasse uma "vida normal". Ela me pediu que o soltasse, e eu, no meu último dia no Arkansas, levei a caixa de sapatos com o sapo dentro até o rio Arkansas, subi num banco de areia e soltei o animal. Pelo menos um de nós teria vida normal.

Os outros estavam animados com a nova aventura, embora estivéssemos todos um pouco apreensivos. Chelsea não queria abandonar o mundo que ela conhecia e os amigos, então prometemos convidá-los para nos visitar. Hillary não sabia como seria sua vida sem a independência proporcionada pelo seu trabalho, mas estava disposta a ser primeira-dama em tempo integral, fazendo o trabalho político que ela tanto apreciava, ou cumprindo os deveres tradicionais do cargo. Fiquei surpreso ao vê-la dedicar tanto tempo aos estudos da história da Casa Branca, das várias funções pelas quais ela se responsabilizaria e das importantes contribuições de suas antecessoras. Quando Hillary se via diante de um novo desafio, em princípio ficava apreensiva mas, a partir do momento em que decidia aceitá-lo, relaxava e se divertia. Era natural que estivesse um pouco nervosa. Eu também estava.

O período de transição foi agitado e difícil. Hoje reconheço que fizemos um bom trabalho escolhendo pessoas capacitadas, que refletiam a diversidade do país, mas errei em não convidar um republicano de destaque para ocupar algum departamento, demonstrando dessa maneira a minha disposição de criar uma cooperação bipartidária. Cumpri o compromisso assumido de pôr a economia em primeiro lugar, formando uma equipe de primeira linha, realizando o encontro sobre economia e com um processo de tomada de decisões que foi bem divulgado e aberto ao debate. E também, como eu havia prometido, Al Gore participou ativamente da formação do novo governo, comparecendo a todas as reuniões estratégicas, ajudando a escolher os auxiliares do primeiro escalão e da Casa Branca, enquanto mantinha um perfil público elevado.

Durante e após a transição fui criticado por não cumprir as promessas de campanha de diminuir os impostos da classe média, cortar o déficit pela metade em quatro anos e aceitar os haitianos que chegavam em barcos. Com respeito às duas primeiras questões, quando eu disse que simplesmente estava reagindo às projeções do déficit piores do que o esperado, alguns críticos disseram que eu devia ter previsto que antes das eleições Bush maquiaria para baixo os números do déficit, e por isso os números oficiais do governo não deveriam ter entrado na elaboração do meu plano econômico até depois das eleições. Não levei muito a sério essas críticas. Por outro lado, achei que as outras críticas à questão do Haiti se justificavam, tendo em vista minhas declarações mal fundamentadas feitas durante a campanha. No entanto, eu estava decidido a receber mais refugiados que buscassem asilo nos Estados Unidos e, finalmente, a reempossar o presidente Aristide. Se conseguisse fazer isso, a promessa estaria cumprida.

Também fui alvo de críticas pela indicação de Zoë Baird, pela tendência de querer saber tudo o que estava acontecendo e por levar muito tempo para tomar decisões. Essas características tinham algum mérito. Em relação a Zoë, simplesmente subestimamos o grau de significância da questão. Quanto ao meu estilo de administrar, eu tinha tanta coisa para aprender que quis absorver o máximo possível dos detalhes que envolviam a função presidencial durante o período de transição. Como exemplo, não me arrependo nem por um segundo do tempo que passei atracado à economia nessa fase. Foi o que me deixou numa boa situação pelos oito anos seguintes. Por outro lado, sempre tive a tendência de fazer muitas coisas ao mesmo tempo, o que contribuiu em muito para o cansaço, a irritação e a merecida reputação de morosidade.

Eu sabia que a transição era somente uma pequena mostra do que seria a Presidência: tudo acontecendo de uma só vez. Eu precisava delegar mais poder e me organizar melhor para tomar decisões do que quando era governador. Entretanto, a razão de os cargos do segundo escalão não estarem ainda preenchidos tinha muito a ver com o fato de os democratas estarem longe do poder havia doze anos. Foi preciso deslocar muita gente, estávamos comprometidos com a diversidade e havia muitas pessoas altamente capacitadas que deveriam ser levadas em conta. Além disso, o processo de avaliação requerido para os cargos se tornou tão complicado que acabou tomando muito mais tempo, exigindo que os investigadores federais se debruçassem atentamente sobre cada folha de papel e perseguissem a pista mais insignificante para encontrar pessoas que estivessem à prova dos incessantes ataques de políticos e da imprensa.

Hoje, reconheço que houve duas grande falhas na transição: a primeira foi ter passado tanto tempo envolvido com o primeiro escalão, que mal pude me dedicar aos auxiliares da Casa Branca; e a segunda é que quase não me preocupei em ter a atenção do público nas minhas prioridades mais importantes e não em histórias paralelas que, no mínimo, o desviaram das grandes questões e, o que é pior, deu a impressão de que eu havia me esquecido das minhas prioridades.

O problema na época é que nossos auxiliares vinham em sua maior parte ou da campanha ou do Arkansas, e ninguém tinha experiência na Casa Branca ou com a cultura política de Washington. Meus jovens companheiros eram talentosos, honestos e dedicados, e eu devia a eles essa oportunidade de servir ao país trabalhando na Casa Branca. Com o tempo eles se acostumariam com o balanço do navio e se sairiam muito bem. Mas os primeiros meses foram cruciais, e tanto eles quanto eu aprendemos muito, às vezes a duras penas.

Também não demos à mídia a mesma atenção que dávamos na época da eleição, embora seja mais difícil para o governo, mesmo para o presidente, dizer o que se tem vontade todos os dias. Como eu disse, tudo acontece ao mesmo tempo, e qualquer polêmica tem mais espaço nos noticiários do que uma boa decisão política, não importa quanto a decisão seja fundamental. Foi isso que aconteceu com Zoë Baird e também a controvérsia sobre gays no Exército. Embora esses assuntos tomassem uma pequena parcela do meu tempo, quem assistia aos noticiários poderia pensar, e com razão, que eu não tinha mais nada para fazer. Se tivéssemos previsto esses desafios durante a transição, certamente teríamos encontrado melhores soluções.

Apesar de tudo eu diria que a nossa transição foi razoavelmente tranqüila. E parece que o povo norte-americano achou o mesmo. Antes de eu me mudar para Washington, uma pesquisa feita pela NBC News e pelo *Wall Street Journal* registrou um índice de aceitação de 60%, bem acima dos 32% registrados em maio. Hillary estava ainda melhor: 66% a viam como "um modelo positivo para as mulheres norte-americanas", muito mais do que os 39% anteriores. Outra pesquisa feita por uma organização bipartidária mostrou que 84% das pessoas aprovavam o que eu vinha fazendo desde a eleição. A aprovação do presidente Bush também subiu quase 20 pontos e chegou a 59%. Nossos compatriotas tinham recuperado o otimismo em relação ao país e estavam me dando uma oportunidade de fazer um bom governo.

No dia 16 de janeiro, quando eu e minha família nos despedimos dos amigos que nos acompanharam ao aeroporto de Little Rock, lembrei-me das palavras de despedida de Abraham Lincoln ao povo de Springfield, em Illinois, quando já estava na estação de trem em viagem para a Casa Branca. "Meus amigos. Ninguém, na situação em que me encontro, é capaz de avaliar a tristeza que sinto por partir. A este lugar e à gentileza de seu povo eu devo tudo. [...] Confio [em Deus], que levo comigo, que está com vocês e em toda parte, e que nos permita esperar e confiar que tudo dará certo". Eu não fui capaz de dizer nada tão bom, mas procurei transmitir aos meus amigos do Arkansas a mesma mensagem. Não fossem eles, eu não estaria embarcando naquele avião.

Fomos de avião para a Virgínia, onde daríamos início aos eventos da posse em Monticello, o lar de Thomas Jefferson. Durante a viagem pensei na importância histórica da minha eleição e nos imensos desafios que teria pela frente. A eleição representava a mudança de gerações no país, dos veteranos da Segunda Guerra Mundial para os *baby boomers*, ora ridicularizados como mimados e egoístas, ora louvados como idealistas comprometidos com o bem comum. Liberais ou conservadores, nossos políticos foram forjados no Vietnã, na luta pelos direitos civis e nos tumultos de 1968, com seus protestos, distúrbios e mortes. Somos a primeira geração a conhecer a força do movimento feminista, que logo se faria sentir na Casa Branca. Hillary era a primeira-dama profissionalmente mais bem preparada da história do país. Ela havia se afastado da prática do Direito e do escritório em que era sócia, e pela primeira vez desde que nos casamos meu salário seria a única fonte de renda da família. Ela escolheu contribuir com o seu enorme talento para a nossa parceria profissional. Para mim, era a primeira-dama que causaria o maior impacto positivo desde Eleanor Roosevelt. É claro que ela teria uma participação polêmica para os nossos adversários políticos ou aos olhos daqueles que achavam que a primeira-dama devia ser poupada dos problemas; mas também isso era uma das novidades introduzidas pela nossa geração.

Certamente representávamos uma troca de guarda, mas passaríamos no teste em tempos tão tumultuados? Conseguiríamos colocar a economia nos trilhos? Retomaríamos o progresso social e a legitimidade do governo? Neutralizaríamos as lutas religiosas, raciais e éticas em todo o mundo? Como escreveu a revista *Time* na sua edição "Homem do Ano", conseguiríamos levar os norte-americanos a "mergulhar em seus problemas mais profundos para reinventar a si mesmos?". Apesar de termos vencido a Guerra Fria e de a democracia ter se instalado ao redor do mundo, forças poderosas dividiam os povos e rasgavam os tecidos frágeis das comunidades, tanto no nosso país quanto fora dele. Diante desses desafios, o povo norte-americano viu em mim uma oportunidade.

Cerca de três semanas após a eleição, recebi uma carta de Robert McNamara, o secretário de Defesa dos presidentes Kennedy e Johnson que conduziu a Guerra do Vietnã. Ele me escreveu depois de ler nos jornais uma matéria sobre o meu amigo de Oxford Frank Aller, que se negara a servir no Exército e acabou se matando em 1971. Eis o que McNamara escreveu:

> Para mim — e sei que para todos os norte-americanos — a Guerra do Vietnã só terminou no dia em que o elegeram presidente. Através do voto, o povo reconheceu que os Aller e os Clinton, ao questionarem a sabedoria e a moralidade das decisões do seu governo para o Vietnã, não foram menos patriotas do que aqueles que vestiram o uniforme. A angústia com que você e os seus companheiros discutiram nossas ações em 1969 foi dolorosa, e, tenho certeza, o fato de essas questões terem voltado à tona durante a campanha reabriu feridas. Mas a dignidade com que você enfrentou os ataques e a sua recusa em deixar de acreditar que os cidadãos têm a responsabilidade de questionar qualquer decisão de mandar nossa juventude à guerra só vieram a fortalecer a nossa nação.

Fiquei comovido com a carta de McNamara e com outras que recebi de veteranos do Vietnã. Pouco antes da eleição, Bob Higgins, ex-fuzileiro naval de Hillsboro, Ohio, enviou-me a sua medalha de serviço no Vietnã, porque era contra a guerra e pela maneira "como você se comportou numa campanha tão difícil". Poucos meses antes, Ronald Murphy, de Las Vegas, presenteou-me com sua Purple Heart;* e Charles Hampton, de Marmaduke, Arkansas, me mandara sua Estrela de Bronze que recebeu por mérito. Em 1992, os veteranos do Vietnã me mandaram cinco medalhas Purple Heart, três por serviços prestados no Vietnã, um distintivo da infantaria e a Estrela de Bronze do meu amigo do Arkansas. Eu mandei emoldurá-las e as pendurei na ante-sala privativa do Salão Oval.

Quando o avião se preparava para pousar no solo da bela Virgínia, o berço dos nossos quatro primeiros presidentes, eu pensei nos veteranos e nas suas medalhas. Na esperança de finalmente poder curar as feridas dos anos 1960, rezei para merecer o sacrifício, o apoio desses homens e conseguir trabalhar pelos seus sonhos.

---

* Como já registrado em nota anterior, a Purple Heart (Coração Púrpura) é a medalha militar mais antiga do mundo ainda em uso e a primeira condecoração que existiu para o soldado comum. (N. dos T.)

30

No domingo, 17 de janeiro, Al e Tipper Gore, Hillary e eu iniciamos a semana da posse com um passeio por Monticello, onde em seguida participamos de um debate com um grupo de jovens sobre a importância de Thomas Jefferson para o país.

Depois, embarcamos no ônibus para uma viagem de 192 quilômetros até Washington. O ônibus simbolizava para nós o compromisso que havíamos assumido de devolver o governo federal ao povo, e por nos trazer lembranças tão agradáveis queríamos viajar nele uma última vez. Paramos para uma breve cerimônia religiosa na cidade de Culpeper, situada no lindo vale de Shenandoah, e seguimos viagem. Tal como durante toda a campanha, ao longo do caminho cruzamos com pessoas que nos desejavam boa sorte, mas também com alguns descontentes pela nossa vitória.

Quando chegamos à capital, os eventos públicos da posse, intitulados "Uma reunião norte-americana: um novo começo, esperanças renovadas", já haviam começado. Harry Thomason, Rahm Emanuel e Mel French, um amigo do Arkansas que viria a ser o chefe de cerimonial no meu segundo mandato, haviam organizado uma extraordinária seqüência de eventos, a maioria deles gratuitos ou num preço que os trabalhadores que me elegeram poderiam pagar pelo ingresso. No domingo e na segunda-feira, o National Mall, entre o prédio do Capitólio e o Monumento a Washington, foi tomado por um festival ao ar livre com comida, música e artesanato. Nessa noite tivemos o show "Convite à reunião" nos degraus do Lincoln Memorial, onde uma série de astros e estrelas, como Diana Ross e Bob Dylan, animou uma multidão de 200 mil pessoas que lotava todo o espaço, desde o palco até o Monumento a Washington. Fiz um breve discurso diante da estátua de Lincoln convocando à unificação nacional, e disse que Lincoln "deu vida nova ao sonho de Jefferson de liberdade e igualdade".

Depois do show, os Gore e a minha família lideraram o cortejo de milhares de pessoas empunhando lanternas pela Memorial Bridge sobre o rio Potomac, seguindo até o Lady Bird Johnson Circle, na frente do Cemitério Nacional de Arlington. Às seis da tarde fizemos soar uma réplica do Sino da Liberdade, e os "Sinos da Esperança" repicaram por todo o país, inclusive a bordo da nave espacial *Endeavour*. Então houve um espetáculo de fogos de artifício, seguido por algumas recepções. Quando retornamos à Blair House, a residência oficial para hóspedes que fica em frente à Casa Branca, estávamos cansados mas exultantes. Antes de dormir, reli a última versão do meu discurso de posse.

Eu ainda não estava satisfeito. Comparado com os meus discursos de campanha, ele me soava afetado. Eu queria que fosse um discurso grave, mas não pesado. Gostava especialmente de uma passagem construída em torno da idéia de que o nosso recomeço "trouxe de volta a primavera" ao país, em pleno inverno. Isso era fruto da imaginação do meu amigo padre Tim Healy, ex-reitor da Universidade de

Georgetown. Tim havia morrido recentemente do coração andando pelo aeroporto de Newark, poucas semanas depois da eleição. Quando os amigos entraram em seu apartamento encontraram em sua máquina de escrever uma carta que ele tinha começado a datilografar para mim, sugerindo algumas frases para o discurso de posse. Esta, "trouxe de volta a primavera", eu achava comovente e quis usá-la em sua memória.

Segunda-feira, 18 de janeiro, era feriado pelo nascimento de Martin Luther King Jr. Pela manhã, ofereci uma recepção aos representantes diplomáticos estrangeiros no quadrângulo interno da Universidade de Georgetown, dirigindo-me a eles dos degraus do Old North Building. Era exatamente o mesmo lugar em que George Washington esteve em 1797 e Lafayette, o grande general francês herói da Revolução Norte-americana, discursou em 1824. Eu disse aos embaixadores que a minha política externa se apoiaria em três pilares: segurança econômica interna, reestruturação das forças armadas para enfrentar novos desafios de um mundo pós-Guerra Fria, e o apoio aos valores democráticos ao redor do planeta. No dia anterior, o presidente Bush tinha ordenado um ataque aéreo a uma suposta instalação de produção de armamentos no Iraque, e na própria segunda-feira os aviões norte-americanos atingiram posições da defesa aérea de Saddam Hussein. Eu apoiava esse esforço para obter o acordo incondicional de Saddam às resoluções da ONU, e pedi que os diplomatas transmitissem isso a seus governos. Após o evento diplomático, dirigi-me aos alunos e ex-alunos da Georgetown, entre os quais vários colegas meus, e pedi o apoio deles para o meu programa nacional de assistência.

Da Georgetown fomos para a Universidade de Howard, para participar de uma cerimônia em homenagem ao dr. King, depois seguimos para um almoço na explêndida Biblioteca Folger, para mais de cinqüenta pessoas que Al, Tipper, Hillary e eu havíamos conhecido durante a campanha e com as quais havíamos ficado muito bem impressionados. Nós as chamávamos de "Faces da Esperança", pela sua coragem diante da adversidade e pela maneira inovadora de lidar com os desafios. Nós agradecemos a todas elas por nos terem inspirado e lembramos que em meio ao *glamour* da semana da posse havia um grande número de norte-americanos vivendo momentos muito difíceis.

O Faces da Esperança incluía dois antigos membros de gangues rivais de Los Angeles que se aliaram para dar às crianças um futuro melhor; dois veteranos do Vietnã que haviam me presenteado com suas medalhas; um diretor de escola que criara uma ilha de paz num dos bairros mais violentos de Chicago e cujos alunos depois disso ocupavam regularmente os primeiros lugares nos concursos de aprendizado em níveis estadual e nacional; um juiz do Texas que havia criado um programa inovador para crianças problemáticas; um garoto do Arizona que me mostrou com clareza as pressões familiares provocadas pelas horas extras que seu pai era obrigado a trabalhar; um médico indígena de Montana que lutava por melhores serviços de saúde mental para o seu povo; homens que haviam perdido seus empregos para os estrangeiros que aceitavam salários menores; pessoas obrigadas a pagar caro por problemas de saúde cujo tratamento o governo não cobria; um jovem empresário que lutava para obter empréstimo; pessoas que dirigiam centros comunitários para famílias desequilibradas; a viúva de um policial assassinado por um doente mental que conseguiu comprar uma arma sem mostrar atestado de antecedentes; um gênio financeiro de dezoito anos de idade que já trabalhava em Wall Street; uma mulher que havia implantado um amplo programa de reciclagem em sua fábrica; e muitos outros. Michael Morrison, o jovem de New Hampshire que percorreu as estradas geladas numa cadeira de rodas para trabalhar pela minha eleição, também estava lá. Como também estava Dimitrios Theofanis, o imigrante grego de Nova York que pediu que eu tornasse seu filho um cidadão livre.

Todas essas pessoas do Faces da Esperança tinham algo a me ensinar sobre o sofrimento e a promessa nos Estados Unidos de 1992, mas ninguém mais que Louise e Clifford Ray, pais três filhos hemofílicos que foram contaminados pelo vírus HIV através de transfusões de sangue. A filha deles era saudável. Assustados, os moradores de uma pequena comunidade da Flórida onde eles moravam exigiram que os meninos deixassem de freqüentar a escola, temendo que seus filhos pudessem ser infectados, se por alguma razão tivessem contato com o sangue das crianças. Os Ray conseguiram manter os filhos na escola sob mandado judicial, mas acabaram se mudando para Sarasota, uma cidade maior onde a escola os recebeu muito bem. O mais velho deles, Ricky, estava bastante doente e lutava contra a morte. Após a eleição, liguei para o hospital para tentar animá-lo e convidá-lo para a posse. Ele pretendia ir, mas não pôde; aos quinze anos de idade, Ricky perdeu na luta contra a doença apenas cinco semanas antes de eu me tornar presidente. Mas fiquei feliz de encontrar a família Ray naquele almoço. Quando assumi, eles abraçaram a causa dos hemofílicos com AIDS e conseguiram a aprovação no Congresso do Fundo Ricky Ray de Amparo à Hemofilia. Mas isso demorou oito anos para acontecer, e o sofrimento deles não parou por aí. Em outubro de 2000, três meses antes de eu terminar o meu governo, Robert, o segundo filho dos Ray, morreu de AIDS aos 22 anos. Faltavam apenas alguns anos para a terapia anti-retroviral ser disponibilizada. Agora ela existe, e eu passo muito tempo tentando conseguir medicamentos para os muitos Ricky Ray que existem por este mundo afora. Quero que eles também sejam Faces da Esperança.

Na terça-feira pela manhã, Hillary e eu começamos o dia visitando os túmulos de John e Robert Kennedy no Cemitério Nacional de Harlington. Ao lado de John Kennedy Jr., de Ethel Kennedy, de vários de seus filhos, e do senador Ted Kennedy, eu me ajoelhei diante da chama eterna e fiz uma breve oração, agradecendo a Deus pelo trabalho que eles realizaram nesta vida e pedindo sabedoria e força para as grandes provações que eu teria pela frente. Mais tarde, recebi os governadores do meu partido para um almoço na Biblioteca do Congresso, quando tive a oportunidade de agradecer pelo que haviam me ensinado nos últimos doze anos. À tarde, após um evento no Kennedy Center em homenagem às crianças, fomos para o Capitol Centre de Landover, em Maryland, assistir ao Concerto de Gala, no qual Barbra Streisand, Wynton Marslalis, k. d. lang, lendas do rock como Chuck Berry e Little Richard, Michael Jackson, Aretha Franklin, Jack Nicholson, Bill Crosby, o Alvin Ailey Dance Theater e muitos outros nos entretiveram por horas e horas. Fleetwood Mac emocionou todos nós interpretando a canção-tema da nossa campanha, "Não pare de pensar sobre o futuro".

Depois do concerto, houve uma cerimônia religiosa noturna na Primeira Igreja Batista. Só conseguimos retornar à Blair House quando já passava da meia-noite. O discurso de posse tinha melhorado, mas eu ainda não estava satisfeito. Michael Waldman e David Kusnet, que escreveram o discurso, deviam estar arrancando os cabelos, porque ensaiamos da uma às quatro horas da madrugada do dia da posse e eu ainda fiz algumas modificações. Bruce Lindsey, Paul Begala, Bruce Reed, George Stephanopoulos, Michael Sheenan e meus amigos Tomy Caplan e Taylor Branch, os meus experts da palavra, me fizeram companhia. Al Gore também estava presente. Essa equipe extraordinária recebeu os chefes de Estado estrangeiros que não paravam de chegar, consumiu litros de café para se manter desperta e um monte de sanduíches para conservar o bom humor. Quando me deitei para tentar dormir um pouco, já me sentia mais seguro em relação ao discurso.

A quarta-feira amanheceu gelada e com céu claro. Comecei o dia com uma reunião sobre segurança, e então recebi as instruções de como eu e meus assessores militares deveríamos lidar com uma emergência se tivéssemos de acionar o lançamento das nossas armas nucleares. O presidente tem cinco assessores militares, um destacado jovem oficial de cada segmento; um deles está próximo do presidente todo o tempo.

Embora um ataque nuclear fosse impensável após a Guerra Fria, assumir o controle desse arsenal era uma maneira muito séria de me lembrar das minhas responsabilidades. Há diferença entre ter informações sobre a Presidência e ser presidente de fato. Não é fácil descrever em palavras, mas quando deixei a Blair House, a minha ansiedade estava bem temperada com uma boa dose de humildade.

A última atividade antes da posse aconteceu na Igreja Metodista Episcopal Metropolitana Africana. Era uma cerimônia importante para mim. Com a ajuda de Hillary e Gore, eu tinha escolhido os religiosos que participaram, o coro e a música. A família da Hillary e a minha estavam presentes. Minha mãe estava radiante. Roger sorria, apreciando a música. Participaram da cerimônia o meu pastor e o da Hillary, os ministros de Al e Tipper, e o pai de George Stephanopoulos, o deão ortodoxo grego da Catedral da Santíssima Trindade, em Nova York. O padre Otto Henz, que havia quase trinta anos me aconselhara a ser jesuíta, fez uma oração. O rabino Gene Levy de Little Rock e o imame Wallace D. Mohammad fizeram pronunciamentos. Estavam presentes também vários clérigos negros, amigos meus, e o dr. Gardner Taylor, um dos maiores pregadores do país entre todas as raças e religiões, fez o discurso principal. Meus amigos pentecostais do Arkansas e da Louisiana cantaram com Phil Discoll, uma cantora e trompetista fabulosa que Al conhecia do Tennessee, e Carolyn Staley cantou "Não tenha medo", um de meus hinos preferidos e um bom conselho para aquele dia. Meus olhos se encheram de lágrimas por várias vezes durante a cerimônia. Eu saí de lá enaltecido e pronto para seguir com o dia.

Retornamos à Blair House, onde repassei o discurso pela última vez. Ele estava muito melhor do que parecia estar às quatro horas da manhã. Às dez, Hillary, Chelsea e eu atravessamos a rua em direção à Casa Branca, onde fomos recebidos nos degraus da entrada pelo presidente e a sra. Bush, com quem tomamos um café, juntamente com os Gore e os Quayle. Ron e Alma Brown também estavam presentes. Fiz questão que Ron participasse desse momento pelo qual ele tanto tinha batalhado. Foi comovente ver o presidente e a sra. Bush lidarem com aquela situação difícil e a triste despedida — era evidente que eles eram muito apegados a alguns auxiliares e sentiriam a falta deles. Faltando quinze minutos para as onze horas entramos nas limusines. De acordo com a tradição, o presidente Bush e eu fomos no mesmo carro que o presidente da Câmara dos Deputados, Tom Foley, e Wendell Ford, o senador de voz grave do Kentucky que era segundo presidente da Comissão Conjunta do Congresso para as Cerimônias da Posse, e que muito havia feito pela vitória apertada que Al e eu tivemos naquele estado.

Felizmente, a reforma do Capitólio tinha feito com que as três últimas cerimônias de posse ocorressem nos prédios da ala oeste. Antes disso, elas aconteciam do outro lado, em frente à Suprema Corte e à Biblioteca do Congresso. A maioria das pessoas não teria conseguido assistir à posse desse ponto. A multidão, que lotava todos os espaços do Capitólio, espalhando-se pelo Mall e tomando as avenidas Pennsylvania e Constitution, foi estimada entre 280 mil e 300 mil pessoas pelo Serviço Nacional de Parques. Qualquer que fosse o número, era muita gente, gente de todo tipo, velhos e jovens, de todas as raças e de todas as crenças, de todos os caminhos desta vida. Saber que aqueles que haviam tornado esse dia possível estavam ali conosco me deixava feliz.

Alguns dos meus convidados vieram ilustrar a extensão da minha dívida com os amigos pessoais: Marsha Scott e Martha Whetstone, que organizaram as minhas campanhas no norte da Califórnia, eram minhas amigas de longa data do Arkansas; Sheila Bronfman, líder do Arkansas Travelers, tinha sido nossa vizinha quando eu era procurador-geral; Dave Matter, meu líder no oeste da Pensilvânia, sucedeu-me como presidente da classe na Georgetown; Bob Raymar e Tom Schneider, dois dos meus captadores de fundos mais importantes, eram amigos da Faculdade de Direito e do Fim de Semana Renaissance. Muitos como eles haviam tornado esse dia possível.

A cerimônia teve início às onze e meia. Todas as personalidades se dirigiram ao palco, de acordo com o protocolo, escoltadas por seus acompanhantes congressistas. O presidente Bush seguia logo na minha frente ao som da Banda dos Fuzileiros Navais, regida pelo coronel John Bourgeois, tocando "Hail to the Chief" [Salve o Comandante] para nós dois. Corri os olhos pela multidão. Em seguida, Al Gore prestou o juramento do cargo, que foi conduzido pelo juiz da Suprema Corte Byron White. Havíamos programado para que o juramento fosse conduzido pelo juiz aposentado da Suprema Corte Thurgood Marshall, um grande defensor dos direitos civis e primeiro negro nomeado pelo presidente Johnson para uma corte superior, mas ele estava muito doente. Não era comum que as honras fossem feitas por um juiz aposentado, mas o filho de Marshall, Thurgood Jr., pertencia ao quadro de auxiliares de Gore. Seu outro filho, John, era oficial da cavalaria do estado da Virgínia e fizera a escolta da nossa carreata de Monticello a Washington. Marshall morreu quatro dias após a posse. Ele foi chorado, lamentado e profundamente apreciado por legiões de norte-americanos que se lembravam de como era o país antes do que ele havia feito para mudá-lo.

Após o juramento de Al, a meio-soprano Marilyn Horne, que eu já conhecia de Little Rock quando lá se apresentara havia alguns anos, cantou uma seleção de canções clássicas norte-americanas. E então chegou a minha vez. Hillary colocou-se à minha esquerda com a Bíblia da nossa família nas mãos. Com Chelsea do meu lado direito, pus a mão esquerda sobre a Bíblia, ergui a mão direita e fiz o juramento do cargo repetindo as palavras ditas pelo presidente da Suprema Corte William Rehnquist. Jurei solenemente "exercer fielmente" o cargo de presidente, e "com todo o meu empenho preservar, proteger e defender a Constituição dos Estados Unidos, com a ajuda de Deus".

Apertei as mãos do presidente da Suprema Corte e do presidente Bush, abracei Hillary e Chelsea e disse que as amava. Então o senador Wendell Ford convidou-me para subir à tribuna já como "o presidente dos Estados Unidos". Comecei inserindo aquele momento na história do país:

> Hoje celebramos a renovação do nosso país. Esta cerimônia está acontecendo no auge do inverno. Mas, pelas palavras que saem da nossa boca e os rostos que mostramos ao mundo, a primavera está de volta. A primavera renasceu na mais velha democracia do mundo, trazendo à luz a visão e a coragem de reinventar os Estados Unidos. Quando os fundadores desta nação audaciosamente declararam ao mundo a nossa independência e ao Todo-Poderoso os nossos propósitos, eles sabiam que, para sobreviver, seria preciso mudar. [...] Cada nova geração deve definir o que é ser norte-americano.

Após saudar o presidente Bush, descrevi a situação da época:

> Hoje, a geração que se ergue das sombras da Guerra Fria assume novas responsabilidades em um mundo aquecido pelo sol da liberdade mas ainda ameaçado por antigos ódios e novos flagelos. Criados num período de incomparável prosperidade, herdamos uma economia que ainda é a mais forte do mundo, mas está debilitada [...] Forças profundas e poderosas estão sacudindo e reformando o nosso mundo, mas a questão mais urgente da nossa era é saber se podemos mudar o nosso amigo, e não o nosso inimigo. [...] Não há nada de errado no país que não possa ser corrigido pelo que o país tem de certo.

E avisei: "Não será fácil; exigirá sacrifícios [...] Temos de cuidar do nosso país como uma família cuida de seus filhos". Pedi aos meus concidadãos que pensassem na posteridade, "no mundo que está por vir — o mundo que idealizamos, pelo qual vivemos neste planeta e assumimos uma responsabilidade sagrada. Temos de fazer o que o nosso país faz de melhor: dar oportunidade a todos e exigir responsabilidade de todos".

E disse, sobre o nosso tempo,

> não existe mais uma divisão clara entre exterior e interior. A economia mundial, o meio ambiente mundial, a crise da AIDS mundial, a corrida armamentista mundial — eles nos afetam a todos [...] os Estados Unidos devem continuar na liderança de um mundo que tanto fez para construir.

Encerrei meu discurso lançando um desafio ao povo e dizendo que, graças ao voto deles, "a primavera estava de volta", mas que o governo sozinho não poderia criar o país que todos esperavam. "Vocês também precisam fazer a sua parte na renovação. Eu conclamo para o trabalho as novas gerações de jovens norte-americanos [...] Há muita coisa a ser feita. [...] Do alto desta gloriosa montanha de celebração, ouvimos o chamado ao trabalho no vale. Ouvimos as cornetas. Trocamos a guarda. E agora todos, com a ajuda de Deus, atenderemos ao chamado."

Embora vários comentaristas tenham feito críticas severas ao discurso, dizendo que faltavam tanto frases de efeito quanto particularidades arrebatadoras, eu gostei dele. Tinha momentos eloqüentes; era claro; dizia que reduziríamos o déficit e ao mesmo tempo aumentaríamos os investimentos cruciais para o nosso futuro; e exortava o povo a ajudar os necessitados e a acabar com as nossas divisões. Além disso, era curto, o terceiro discurso mais curto da história das nossas posses presidenciais, ficando atrás apenas do discurso de posse de Lincoln, o melhor deles, e do segundo discurso de Washington, que durou menos de dois minutos. Essencialmente, Washington dissera apenas "Obrigado, vou voltar ao trabalho, e se eu não o fizer bem-feito, repreendam-me". Em comparação, William Henry Harrison fez o discurso mais longo, em 1841; falou desagasalhado por mais de uma hora num dia gelado e acabou contraindo uma pneumonia aguda que lhe custou a vida 33 dias depois. Ao menos fui compreensivo e bastante breve, e as pessoas ficaram sabendo como eu via o mundo e o que pretendia fazer.

As palavras mais bonitas foram indiscutivelmente as ditas por Maya Angelou, com sua voz grave e forte, a quem pedi que fizesse um poema para a ocasião, como Robert Frost havia feito para a posse de Kennedy, em 1961. Eu acompanhava a carreira de Maya desde que li suas memórias, *I Know Why the Caged Bird Sings* [Sei por que um pássaro engaiolado canta], nas quais relata seus anos de menina muda e traumatizada vivendo numa comunidade negra muito pobre em Stamps, no Arkansas. O poema de Maya, "On the Pulse of Morning" [No pulsar da manhã], prendeu a atenção de todos os presentes. Criado sobre imagens poderosas de um rochedo para escalarmos, um rio para repousarmos, e uma árvore com raízes em todas as culturas e espécies que compõem o mosaico norte-americano, o poema é um pedido apaixonado e um amável convite:

> *Erga o rosto, mostre a sua necessidade pungente*
> *de que um dia esplendoroso nasça para você.*
> *A história, apesar de dolorosa,*
> *tem de ser vivida, e se enfrentada*
> *com coragem, não terá de ser vivida outra vez.*
> *Erga os olhos para o alto,*
> *o dia está nascendo para você.*
> *Deixe o sonho*
> *renascer.*
> *[...]*
> *No pulsar do novo dia*
> *talvez você receba a graça de olhar para o alto e para fora*
> *e ver nos olhos de sua irmã, e no*
> *rosto de seu irmão, o seu país.*

E dizer simplesmente,
bem simplesmente,
Com esperança:
Bom dia.*

Billy Graham encerrou a nossa ótima manhã com uma breve bênção, e Hillary e eu deixamos o palco para acompanhar os Bush à parte de trás do Capitólio, onde o helicóptero presidencial, Marine One, esperava para levá-los na primeira etapa da viagem para casa. Na volta, fomos almoçar com uma Comissão do Congresso, depois descemos pela Pennsylvania Avenue até o palanque armado em frente à Casa Branca, para assistir ao desfile de posse. Nós dois e Chelsea saímos do carro e andamos a pé alguns quarteirões acenando para a multidão que se aglomerava ao longo do trajeto.

Depois do desfile, entramos pela primeira vez na nossa nova residência, onde teríamos apenas duas horas para cumprimentar os auxiliares, descansar e nos aprontar para a noite. Milagrosamente, o pessoal da mudança já havia trazido todos os nossos pertences durante as cerimônias de posse e o desfile.

Às sete horas, começamos a maratona noturna com um jantar, seguido de passagens por todas as onze festas da posse. Meu irmão cantou para mim na Festa da Juventude da MTV, e em outra eu fiz um dueto de saxofone com Clarence Clemons, em "Night Train". Na maioria das festas, Hillary e eu primeiro dizíamos algumas palavras de agradecimento, depois dançávamos alguns compassos de nossa música favorita, "It Had to Be You" [Tinha de ser você], para exibir o belo vestido de gala vermelho que ela estava usando. Enquanto isso, Chelsea ficou com seus amigos do Arkansas na festa da MTV, e Al e Tipper fizeram sua própria programação. Na festa do Tennessee, Paul Simon brindou a todos com seu sucesso "You Can Call me Al" [Me chame de Al]; na festa do Arkansas, apresentei minha mãe a Barbra Streisand e achei que elas se dariam bem. Elas se deram muito melhor do que pensei. Ficaram amigas rapidamente. Barbra ligou para a minha mãe todas as semanas até ela morrer. Ainda tenho a foto das duas de mãos dadas na noite da posse.

Quando retornamos à Casa Branca, passava das duas horas da madrugada. Tínhamos de estar inteiros na manhã seguinte para uma recepção pública, mas a minha empolgação era tanta que eu não consegui me deitar. A casa estava cheia: os pais da Hillary, a minha mãe e Dick, nossos sobrinhos, os amigos de Chelsea, e nossos amigos Jim, Diane, Blair, Harry e Linda Thomason. Somente nossos pais foram dormir.

Eu queria dar uma volta por ali. Já havia estado antes na ala residencial do segundo andar, mas agora era diferente. Só então me dei conta de que estávamos morando lá e que aquela seria realmente a nossa casa. Os cômodos eram todos

---

*Lift up your faces, you have a piercing need/ For this bright morning dawning for you./ History, despite its wrenching pain,/ Cannot be unlived, and if faced/ With courage, need not be lived again./ Lift up your eyes upon/ The day breaking for you./ Give birth again/ To the dream./ [...]/ Here on the pulse of this new day/ You may have the grace to look up and out/ And into your sister's eyes, and into/ Your brother's face, your country/ And say simply/ Very simply/ With hope/ Good morning.

muito amplos e mobiliados com muito conforto e bom gosto. O quarto presidencial e a sala de estar eram voltados para o sul; esses dois aposentos eram precedidos por uma ante-sala, que seria o local de leitura de Hillary. Chelsea tinha seu quarto de dormir e a sala de estudos logo que cruzávamos o hall, adiante da grande sala de jantar e uma pequena cozinha. Do outro lado do saguão ficavam os principais quartos de hóspedes, um dos quais já fora o escritório de Lincoln e guardava uma das cópias manuscritas do discurso de Gettysburg.*

Ao lado do Quarto de Lincoln está o Quarto do Tratado, que leva o nome do tratado que pôs fim à Guerra Hispano-Americana de 1898. Por muitos anos ele foi o escritório privativo do presidente, normalmente dotado de vários televisores para que o chefe do Executivo possa assistir aos noticiários todos de uma vez. Acho que o presidente Bush tinha quatro aparelhos de televisão nessa sala. Resolvi que preferia ter ali um lugar silencioso, onde eu pudesse ler, refletir, ouvir música e receber pessoas mais íntimas. Os marceneiros da Casa Branca construíram estantes para os meus livros e os meus auxiliares trouxeram a mesa sobre a qual o tratado de paz da Guerra Hispano-Americana foi assinado. Essa mesa pertencia ao gabinete de Ulysses Grant, com espaço para o presidente e seus sete chefes de departamento se sentarem ao redor dela. Em 1898 passou a ser usada para assinar tratados, inclusive o de suspensão temporária de testes nucleares assinado pelo presidente Kennedy e os Acordos de Camp David, pelo presidente Carter. Antes que o ano terminasse, eu também a usaria.

Completei a decoração com um sofá Chippendale do fim do século XVIII, a peça mais antiga do mobiliário da Casa Branca, e uma mesa comprada por Mary Todd Lincoln sobre a qual pusemos a taça comemorativa do tratado de 1898. Quando levei para lá meus livros e meus discos, e pendurei alguns dos meus velhos quadros, inclusive uma foto de Abraham Lincoln de 1860 e outra de Churchill feita por Yousuf Karsh, a sala ganhou uma atmosfera confortável e pacífica, na qual eu passaria inúmeras horas nos anos que se seguiriam.

No meu primeiro dia como presidente comecei levando a minha mãe para um passeio no Jardim Rosa, para mostrar a ela onde eu estava quando apertei a mão do presidente Kennedy quase trinta anos antes. Depois, abandonando a prática tradicional, abrimos a Casa Branca ao público, oferecendo ingressos a 2 mil pessoas que haviam sido selecionadas num sorteio de cartões-postais. Al, Tipper, Hillary e eu nos perfilamos para cumprimentar os ganhadores dos ingressos, e em seguida muitos outros que esperavam sob a chuva fria a sua vez de cruzar a entrada inferior sul do Salão de Recepções Diplomáticas para nos cumprimentar. Um jovem que não possuía ingresso tinha viajado de carona até a Casa Branca e passara a noite num saco de dormir. Seis horas depois tivemos de interromper os cumprimentos, e saímos para falar com o restante das pessoas que ainda se amontoavam no Gramado Sul da Casa Branca. Nessa noite, Hillary e eu novamente ficamos

---

*Em julho de 1863, a batalha de Gettysburg foi decisiva na Guerra de Secessão e fez cerca de 50 mil mortos na Pensilvânia. Alguns meses depois, em 19 de novembro, o governo homenageou-os com a inauguração do Cemitério Nacional de Gettysburg. O presidente Abraham Lincoln, no fim da cerimônia, discursou por cerca de dois minutos. De acordo com os estudiosos, é um dos discursos mais bonitos dos Estados Unidos.

ali por mais algumas horas para receber nossos amigos do Arkansas e os colegas das faculdades de Georgetown, Wellesley e Yale.

Alguns meses depois da posse, foi publicado um belo livro de fotos que registravam o entusiasmo e a importância da semana da posse, com texto escrito por Rebecca Buffum Taylor. No epílogo, ela escreve:

> Uma mudança nos valores políticos leva tempo. Mesmo que tenha sucesso, sua nitidez terá de esperar que se passem meses ou mesmo anos, até que a visão seja ampliada e novamente reduzida, até que o próximo e o distante se fundam com o que se pode ver hoje.

Eram palavras penetrantes e provavelmente corretas. Mas eu não poderia esperar anos, meses ou mesmo dias para ver se a campanha e a posse haviam realizado uma mudança nos valores, aprofundado as raízes e ampliado o alcance da comunidade norte-americana. Eu tinha muito a fazer, e mais uma vez o trabalho mudava rapidamente da poesia para a prosa, nem sempre muito agradável.

31

O ANO SEGUINTE FOI MARCADO por uma incrível combinação de importantes conquistas legislativas, frustrações e sucessos na política externa, imprevistos, tragédia pessoal, erros não intencionais e violações da cultura de Washington que, somados aos constantes vazamentos de informação, garantiram uma cobertura da imprensa que muitas vezes me lembrou o que já tinha acontecido nas primárias de Nova York.

Em 22 de janeiro anunciamos que Zoë Baird havia retirado o seu nome da indicação para o cargo de procuradora-geral. Quando soubemos que ela empregava imigrantes ilegais, e não pagava a contribuição para o sistema nacional de aposentadoria, tive de admitir que não avaliei a questão adequadamente e era o único responsável pela falha. Zoë jamais nos enganou. Quando contratou as empregadas domésticas, ela havia acabado de assumir um novo emprego e seu marido estava em férias da instituição em que lecionava. Ao que parece, um achou que o outro tinha cuidado dessa questão da contribuição para aposentadoria. Eu acreditei nela e continuei trabalhando por sua nomeação por mais três semanas, até ela mesma se decidir pela desistência. Mais tarde, indiquei Zoë para a Comissão Consultiva de Inteligência Externa, e ela contribuiu muito para o trabalho feito pelo grupo do almirante Crowe.

Nesse mesmo dia, a imprensa ficou enfurecida com a nova Casa Branca por perder o antigo privilégio de que seus repórteres circulassem livremente da sala de imprensa, localizada entre a Ala Oeste e a residência, à sala do secretário de Imprensa no primeiro andar, próximo ao Gabinete Presidencial. Nesse vaivém os repórteres ficavam pelos corredores interpelando quem quer que encontrassem. Algumas pessoas da época de Bush chegaram a comentar com os novos colegas que a velha prática atrapalhava o trabalho e aumentava as probabilidades de vazamentos de notícias, e que essa decisão mudaria tudo. A imprensa ficou furiosa, mas nós não recuamos da nossa decisão, na esperança de que eles superassem essa insatisfação. É evidente que a nova política permitiu que os assessores se movimentassem e conversassem mais livremente, mas eu não saberia dizer se compensou tanta animosidade. E como nos primeiros meses a Casa Branca vazou mais que uma cabana com buracos no telhado e vãos nas paredes, é impossível saber se foi uma boa medida confinar a imprensa dentro de uma sala.

Nessa tarde, aniversário da decisão do caso *Roe versus Wade*, determinei o fim do veto Reagan-Bush à pesquisa com tecido fetal, aboli a chamada lei da Cidade do México, que suspendia a ajuda federal a agências internacionais de planejamento familiar envolvidas com abortos, e reverti a "regra do silêncio" de Bush, a qual proibia que o aborto fosse aconselhado às pacientes em clínicas de planejamento familiar mantidas por verbas federais. Além de ter prometido em campanha que tomaria essas atitudes, fiz aquilo em que acreditava. A pesquisa com células-tronco de tecido fetal era essencial para buscar tratamentos melhores para o mal de Parkinson, a diabetes e outras doenças. E a lei da Cidade do México, sem dúvida, só provocaria mais abortos se omitisse informações sobre medidas alternativas de planejamento familiar. A "regra do silêncio" valia-se das verbas federais para impedir que as clínicas de planejamento familiar oferecessem às mulheres grávidas — geralmente jovens, assustadas e sozinhas — uma opção que a Suprema Corte já considerava um direito constitucional. Eu concordava que a verba federal não fosse usada para "pagar" abortos, dentro ou fora do país.

No dia 25 de janeiro, o primeiro dia de Chelsea na nova escola, coloquei Hillary na coordenação de uma força-tarefa para criar um plano mais abrangente de assistência à saúde, trabalhando ao lado do coordenador da equipe, Ira Magaziner, da conselheira de política interna Carol Rasco e de Judy Feder, que havia coordenado a nossa equipe de saúde na transição. Fiquei feliz quando Ira aceitou o convite para o cargo. Éramos amigos desde 1969, quando ele chegou a Oxford como bolsista da Rhodes, um ano depois de mim. Agora um bem-sucedido homem de negócios, tinha trabalhado na equipe econômica da campanha. Ira acreditava que oferecer cobertura universal à saúde era um dever moral e econômico, e eu sabia que ele daria a Hillary o apoio necessário para a gigantesca tarefa que teríamos pela frente.

Era a primeira vez que a primeira-dama encabeçava uma reforma da saúde pública e também foi inédita a minha decisão de dar a ela e seus auxiliares as salas da Ala Oeste, onde se dão as atividades ligadas às políticas, e não as tradicionais salas da Ala Leste, onde se organizam os enventos sociais da Casa Branca. Foram duas decisões polêmicas. Quanto ao papel da primeira-dama, Washington mostrou-se mais conservador do que o Arkansas. Eu decidi que Hillary lideraria o trabalho na saúde por ser uma questão com a qual ela se preocupava e conhecia muito bem; porque ela tinha tempo para fazer um bom trabalho; e porque eu achava que ela seria uma intermediária honesta de todos os interesses mutuamente excludentes dos setores da saúde, dos órgãos governamentais e dos grupos de consumidores. Eu sabia que a questão da ampliação da assistência à saúde era muito delicada: Harry Truman quis oferecer cobertura universal e por pouco não destruiu o seu governo; e Nixon e Carter nem sequer conseguiram fazer aprovar as suas propostas de lei nas comissões. Com um Congresso que fazia décadas não tinha uma bancada democrata tão majoritária, Lyndon Johnson conseguiu criar o Medicare para os idosos e o Medicaid para os pobres, mas nem ousou proteger o restante dos que não tinham cobertura. Mesmo assim, achei que deveríamos tentar a cobertura universal, algo que os países ricos possuíam havia muito tempo, fosse por razões de saúde ou econômicas. Quase 40 milhões de pessoas não tinham seguro-saúde e ao mesmo tempo gastávamos 14% do nosso produto interno bruto com a saúde, 4% a mais que o Canadá, o país com a maior taxa depois dos Estados Unidos.

Na noite do dia 25 fui chamado para uma reunião de urgência com o Estado-Maior Conjunto para discutir a questão dos gays no serviço militar. Naquele dia o *New York Times* tinha publicado que, diante da forte oposição militar à mudança, eu adiaria por seis meses, enquanto fossem considerados os problemas práticos e as opiniões oficiais, a publicação das regulamentações formais e a suspensão do veto. Era o melhor a fazer. Quando Harry Truman ordenou a integração racial nas forças armadas, ele deu um prazo maior para que o Pentágono decidisse como fazer isso de um modo que fosse compatível com a missão básica de manter uma bem preparada e coesa força, sem prejuízo moral. Ao mesmo tempo, o secretário Aspin pediu aos militares que parassem de fazer perguntas aos recrutas sobre sua orientação sexual e de dispensar homens e mulheres homossexuais que nunca tinham sido flagrados cometendo um ato homossexual, o que era uma violação do Código Uniforme de Justiça Militar.

A reunião precocemente convocada pelo Estado-Maior Conjunto criou um problema, mas eu não queria que o assunto tivesse ainda mais publicidade do que já vinha recebendo, não porque não quisesse expor a minha posição, mas para que o público não pensasse que eu estava dando mais atenção a essa questão do que à economia. Era exatamente o que os congressistas republicanos queriam que acontecesse. O senador Dole já falava em aprovar uma resolução tirando a minha autoridade de suspender o veto; ele queria que essa fosse a questão definidora das primeiras semanas de governo.

Na reunião, os comandantes reconheceram que havia milhares de homens e mulheres gays servindo com distinção num contingente de 1,8 milhão de membros, mas permitir que servissem abertamente seria, nas palavras do chefe do Estado-Maior Conjunto, o general Colin Powell, "prejudicial à boa ordem e disciplina". Os comandantes concordavam com o seu chefe. Quando eu lembrei que nos anos 1980 as forças armadas tinham gasto 500 milhões de dólares para dispensar 17 mil homossexuais, apesar de um relatório do governo afirmar que não havia motivo para acreditar que eles não fossem eficientes no serviço, os comandantes responderam que a despesa se justificava por preservar a coesão e o moral das unidades.

O comandante das operações navais, almirante Frank Kelso, disse que na Marinha o problema prático era maior, dadas as condições de isolamento e confinamento da vida nos navios. Os comandantes do Exército, general Gordon Sullivan, e da Força Aérea, general Merrill McPeak, também eram contra. Mas a oposição mais radical era a do comandante do Corpo de Fuzileiros Navais, o general Carl Mundy, cuja preocupação ia muito além das aparências e dos aspectos práticos. Ele considerava o homossexualismo imoral, e achava que, se os gays tivessem permissão de servir abertamente, as forças armadas seriam condenadas por comportamento imoral e deixariam de atrair a nata da juventude norte-americana. Eu discordava de Mundy, mas gostava dele. Na verdade, eu gostava e respeitava todos eles. Aqueles homens deram suas opiniões sinceras e, ao mesmo tempo, deixaram claro que, se eu desse uma ordem contrária, eles a acatariam, mas se tivessem de testemunhar diante do Congresso, falariam francamente.

Dias depois tive outra reunião noturna sobre esse mesmo assunto com os membros da Comissão de Serviços Armados do Senado, à qual pertenciam os senadores Sam Nunn, James Exon, Carl Levin, Robert Byrd, Edward Kennedy, Bob Graham, Jeff Bingaman, John Glenn, Richard Shelby, Joe Lieberman e Chuck Robb. Embora discordando da minha posição, Nunn concordou com o adiamento da suspensão do veto por seis meses. Alguns auxiliares meus se aborreceram com Nunn por ele fazer uma oposição tão prematura e tão intensa, mas eu não. Afinal, ele era pessoalmente conservador e, como presidente da comissão, devia respeito à cultura militar e tinha o dever de protegê-la. Nunn não estava sozinho. Charlie Moskos, o sociólogo da Universidade de Northwestern com quem Nunn e eu havíamos trabalhado na proposta do Conselho da Liderança Democrata para prestação de serviço nacional, disse que conhecera um oficial gay na Guerra da Coréia e também se opunha à suspensão do veto, alegando que ele garantia a "expectativa de privacidade" com a qual contavam os soldados que viviam em contato imediato uns com os outros nos quartéis. Moskos achava que deveríamos respeitar a vontade da maioria, porque das forças armadas só tínhamos de esperar capacidade e disposição para combater. O problema desse argumento, e também do de Sam Nunn, é que eles poderiam ter sido igualmente usados contra a ordem de Truman de integração e contra o esforço que vinha sendo feito para dar mais espaço às mulheres no serviço militar.

O senador Byrd foi ainda mais radical do que Nunn e repetiu o que eu já tinha ouvido do general Mundy: o homossexualismo era pecado, e ele jamais permitiria que seu adorado neto ingressasse em forças armadas que admitissem gays. E ainda afirmou que uma das razões da queda do Império Romano fora a aceitação de uma conduta homossexual difundida entre as legiões, a começar por Júlio César. Em contraste com Byrd e Nunn, Chuck Robb, um conservador em muitas questões e sobrevivente de combates violentos no Vietnã, apoiou a minha posição, pois conhecera soldados de muita coragem na guerra que eram gays. Robb não era o único veterano do Vietnã no Congresso que pensava assim.

A divisão de opiniões era principalmente, mas não completamente, partidária e geracional. Havia democratas mais novos que se opunham à suspensão do veto, enquanto republicanos mais velhos eram a favor, entre eles Lawrence Korb e Barry Goldwater. Korb trabalhara na implementação do veto quando foi assessor do Departamento de Defesa no governo Reagan, e agora o considerava desnecessário para garantir a qualidade e o vigor das nossas tropas. Já Goldwater, ex-presidente da Comissão de Serviços Armados do Senado, veterano e fundador da Guarda Nacional do Arizona, mostrou ser um conservador com instintos libertários. Em declaração feita ao *Washington Post* ele disse que aceitar os gays no serviço militar não era incentivar uma cultura licenciosa, mas reafirmar os valores norte-americanos de ampliar as oportunidades dos cidadãos responsáveis e limitar a interferência do governo na vida particular das pessoas. Com seu jeito tipicamente rude, disse ainda que para ele tanto fazia se os soldados fossem ou não heterossexuais, o importante é que soubessem atirar bem.

O fato é que o apoio de Goldwater e todos os meus argumentos eram puramente acadêmicos. Na prática, a Câmara dos Deputados aprovou uma resolução contrária à minha posição por mais de 3 a 1. A oposição do Senado não era tão grande, mas ainda assim era substancial. Isso significava que, se eu persistisse, o Congresso derrubaria a minha proposta com uma emenda à lei de alocações da Defesa que eu não poderia facilmente vetar, e mesmo que o fizesse, o veto seria ignorado pelas duas casas.

Enquanto tudo isso estava acontecendo, vi uma pesquisa que mostrava que 48% do público, contra 45%, era contra a minha posição. Embora os números não parecessem tão maus para uma questão tão controvertida, também não eram bons, e mostravam por que, para o Congresso, essa questão era um tiro no próprio pé.

Se 16% do eleitorado era fortemente a favor de que o veto fosse suspenso, 33% eram frontalmente contra. Essas eram as pessoas cujo voto poderia estar influenciando a posição dos congressistas. É muito difícil que políticos de distritos com votação disputada apóiem qualquer coisa que implique uma perda de 17% dos votos numa próxima eleição. Mas é interessante observar onde foram as maiores divisões: 70% contra 22% dos que se identificavam como evangélicos se opuseram à minha posição, enquanto 66% contra 33% dos que diziam conhecer pessoalmente homossexuais foram a favor.

Diante da minha inevitável derrota no Congresso, Les Aspin passou a trabalhar com Colin Powell e o Estado-Maior Conjunto por uma conciliação. Quase seis meses depois, no dia 19 de julho, estive na Universidade de Defesa Nacional em Fort McNair para anunciá-la aos oficiais em serviço. "Eu não pergunto, você não diz" significava basicamente que, se uma pessoa dissesse que era gay, presumia-se que ela pretendia violar o Código Uniforme de Justiça Militar e deveria ser dispensada, a menos que convencesse o seu comandante de que era celibatária e, portanto, não violaria o código. Mas se ela não dissesse que era gay, esses fatos não eram motivo para dispensa: participar de manifestações pelos direitos dos gays trajando roupas civis; freqüentar bares gays ou ser visto com homossexuais assumidos; constar em listas de correspondência de homossexuais; e morar com pessoa do mesmo sexo que fosse beneficiária de seu seguro de vida. No papel, os militares haviam avançado bastante até o "viva e deixe viver", embora estivessem muito presos à idéia de que não podiam reconhecer os gays sem aprovar o homossexualismo e comprometer a moralidade e a coesão. Em geral, na prática não funcionou assim. Muitos oficiais que eram contra os gays simplesmente ignoraram a nova política e fizeram de tudo para dispensá-los, o que custou às forças armadas milhões de dólares que poderiam ter sido muito mais bem empregados na segurança do país.

A curto prazo, eu fiquei na pior situação — perdi a batalha no Congresso e a comunidade gay me criticou duramente pela solução conciliatória, recusando-se a reconhecer as conseqüências de eu ter tão pouco apoio no Congresso, e quase nem admitiu o meu mérito por ter derrubado outra proibição que pesava sobre os gays — a de que eles servissem em posições cruciais para a segurança nacional — ou por ter empregado um número significativo de gays e lésbicas na minha administração. Por outro lado, o senador Dole foi o grande vencedor. Por ter levantado essa questão antes, e repetidamente, ele conseguiu tanta publicidade que parecia que eu não estava fazendo mais nada, tanto que muitos dos que me elegeram para endireitar a economia ficaram se perguntando que diabos eu estava fazendo e onde eles haviam errado.

Outra promessa de campanha também foi um desafio: cortar 25% do número de funcionários da Casa Branca. Esse era o pesadelo de Mack McLarty, especialmente porque tínhamos um programa mais ambicioso do que o da administração anterior e recebíamos o dobro de correspondência. No dia 9 de fevereiro, exatamente uma semana antes do dia marcado para o anúncio do meu plano econômico, propus uma redução de 25% no pessoal, cerca de 350 pessoas, de modo a mantermos 1.044 funcionários. Todo mundo seria afetado; até o escritório de Hillary ficaria menor que o de Barbara Bush, embora as responsabilidades dela fossem muito maiores. O que mais lamentei foi eliminar vinte funcionários de carreira do setor de correspondência. Eu gostaria que a redução fosse feita gradualmente, por seleção natural, mas Mack não viu outra maneira de alcançarmos a nossa meta. Além disso, precisávamos de dinheiro para modernizar a Casa Branca. Os funcionários não podiam enviar e receber e-mails e o sistema de telefonia não era trocado desde a época de Carter. Não era possível fazer reuniões por telefone, mas qualquer um podia apertar um daqueles botões de extensão coloridos e ouvir a conversa de outra pessoa, incluindo eu. Logo seria instalado outro equipamento de telefonia muito melhor.

Mas uma parte dos funcionários da Casa Branca ganhou reforço: foi a operação trabalho de caso, cuja finalidade era ajudar individualmente os cidadãos que tinham problemas pessoais a serem resolvidos com o governo federal, em geral envolvendo esforços para conseguir benefícios para deficientes, veteranos e outros. Os cidadãos costumavam procurar seus senadores ou deputados para serem ajudados nesses casos, mas por eu ter conduzido uma campanha altamente personalizada, muitos norte-americanos se viram no direito de pedir ajuda a mim. Lembro-me especialmente de um pedido que recebi em 20 de fevereiro, quando Peter Jennings, âncora do noticiário da ABC, apresentou um "Encontro com as Crianças da Cidade" televisionado da Casa Branca. Nesse encontro, crianças de oito a quinze anos de idade me fizeram perguntas. Elas quiseram saber se eu ajudava Chelsea nos trabalhos de escola, por que as mulheres não eram presidentes, por que eu ia ajudar Los Angeles depois dos tumultos, como a assistência à saúde ia ser paga, o que eu ia fazer para impedir a violência nas escolas. E várias questões sobre meu trabalho em relação ao meio ambiente.

Uma das crianças pediu ajuda. Anastasia Somoza era uma bela menina de Nova York que vivia em cadeira de rodas por causa da paralisia cerebral. Ela me disse que sua irmã gêmea, Alba, também teve paralisia cerebral, mas que, diferentemente dela, não falava. "Então, como ela não fala, foi para uma classe de alunos especiais. Mas ela usa o computador para falar. E eu quero que ela venha para uma classe regular, como a classe em que eu estou." Os também pais achavam que Alba poderia freqüentar uma classe normal se tivesse chance. Uma lei federal determina que as crianças deficientes estudem em ambientes "menos restritivos", mas a decisão final do que é menos restritivo é da própria escola. Levou cerca de um ano, mas Alba acabou indo para uma classe regular.

Hillary e eu mantivemos contato com a família Somoza, e em 2002 estive na formatura do colegial dessas meninas. As duas conseguiram fazer faculdade porque seus pais quiseram dar a Alba as mesmas oportunidades que deram a Anastasia, e não se envergonharam de pedir a outros, e a mim também, para ajudá-los. Todos os meses, a divisão de comunicação que coordenava a operação trabalho de caso me mandava um relatório sobre as pessoas que atendíamos e junto vinham algumas cartas comoventes de agradecimento. Paralelamente aos cortes de pessoal, anunciei uma ordem executiva para cortar 3% nas despesas administrativas do governo e uma redução nos salários dos nomeados para os altos cargos e em seus privilégios, como serviço de limusines e salas de jantar privativas. Num ato que serviu para reforçar a moralidade, mudei as regras do Refeitório da Casa

Branca de modo que os auxiliares das esferas mais baixas também pudessem usar o que era considerada área privativa dos funcionários de alto nível.

Esses auxiliares trabalhavam por horas a fio, inclusive nos fins de semana, e eu achava uma tolice que eles tivessem de sair para comer ou que trouxessem lanche de casa. Além do mais, o fato de ter acesso ao Refeitório da Casa Branca deixava implícito que eles também tinham a sua importância. O refeitório era uma sala com lambris de madeira, e boa comida era preparada pelo pessoal da Marinha. Requisitei que fosse servido almoço todos os dias, e eu gostava de descer até lá especialmente no dia da semana em que eles serviam pratos da cozinha mexicana. Quando deixei o governo, o refeitório voltou a ser exclusivo dos altos escalões. Eu acho que a nossa política foi boa em termos de moralidade e produtividade.

Com tanto trabalho a mais e menos gente para fazê-lo, mais do que nunca contávamos com esses jovens auxiliares e também com os mais de mil voluntários que nos dedicaram longas horas de serviço, muitos em período integral. Os voluntários liam as cartas, enviavam a resposta-padrão mais adequada, quando era o caso, preenchiam pedidos de informação e executavam inúmeras outras tarefas sem as quais a Casa Branca teria sido muito menos ágil no atendimento ao povo norte-americano. O esforço dos voluntários era recompensado com uma recepção de agradecimento que Hillary e eu oferecíamos anualmente no Gramado Sul. A Casa Branca não teria funcionado tão bem sem eles.

Além desses cortes específicos que já estavam decididos, eu estava convencido de que com um método sistemático de longo prazo poderíamos economizar muito mais dinheiro e melhorar os serviços do governo. No Arkansas, eu implantara o programa Gestão de Qualidade Total, que havia alcançado resultados positivos. No dia 3 de março anunciei que Al Gore faria uma revisão semestral em todas as operações federais. Nunca alguém se deu tão bem numa função; Gore trouxe especialistas de fora e consultou longamente os funcionários do governo. Ele trabalhou nisso por oito anos e nos ajudou a eliminar centenas de programas e 16 mil páginas de regulamentações, para reduzir o quadro federal a 300 mil funcionários, fazendo dele o menor desde 1960, e para preservar 136 milhões do dinheiro arrecadado com os impostos.

Enquanto íamos nos organizando e lidando com as polêmicas criadas pela imprensa, os meses de janeiro e fevereiro foram praticamente dedicados à finalização dos detalhes do plano econômico. No domingo, 24 de janeiro, Lloyd Bentsen compareceu ao "Encontro com a imprensa". Ele deveria dar respostas genéricas a todas as perguntas sobre o plano, mas foi um pouco além e anunciou que proporíamos algum tipo de imposto sobre o consumo e estava sendo estudado um imposto de base ampla para a energia. No dia seguinte as taxas de juros dos títulos de trinta anos do governo caíram de 7,29% para 7,19%, na maior baixa em seis anos.

Nesse ínterim, discutíamos os detalhes do orçamento. Todos os cortes de despesas e os novos impostos que aumentariam a arrecadação eram polêmicos. Quando me reuni com os líderes do Senado e da Câmara para discutir o orçamento, Leon Panetta sugeriu que fizéssemos uma correção trimestral acumulada, em vez de três correções mensais, do subsídio do custo de vida [Cost-of-Living Allowance — COLA] das aposentadorias. Muitos especialistas concordavam que o COLA estava muito alto para os baixos índices de inflação e que esse atraso nos permitiria fazer uma economia de 15 bilhões de dólares em cinco anos. O senador Mitchell disse que o atraso era uma medida regressiva e injusta, e que não nos apoiaria. Outros senadores fariam o mesmo. Teríamos de buscar esses 15 bilhões de dólares em outro lugar.

Nos dias 30 e 31 de janeiro, um fim de semana, levei todo o meu gabinete e os funcionários mais antigos da Casa Branca para Camp David, a casa de campo presidencial nas montanhas Catoctin, em Maryland. Camp David é um bonito lugar arborizado, com confortáveis cabanas e boa recreação, cuidado pelo pessoal da Marinha. Era o lugar perfeito para nos conhecermos melhor e conversarmos sobre o ano que teríamos pela frente. Convidei também Stan Greenberg, Paul Begala e Mandy Grunwald. Eles se sentiram afastados da transição e achavam que a obsessão com o déficit estava bloqueando os demais objetivos que eu havia antecipado durante a campanha. Achavam também que Al e eu estaríamos cortejando o fracasso se não déssemos mais atenção às preocupações e aos interesses profundos daqueles que nos elegeram. Em parte eu concordava com isso, embora eles não tivessem participado das discussões intermináveis que nos levaram à conclusão de que se não cuidássemos do déficit não teríamos um crescimento forte e sustentável, e que sem isso os outros compromissos de campanha, pelo menos os que dependessem de dinheiro, acabariam morrendo nas águas estagnadas de uma economia lenta.

Deixei que Mandy e Stan abrissem a discussão. Mandy destacou a ansiedade da classe média em relação a emprego, aposentadoria, saúde e educação. Stan disse que as maiores preocupações dos eleitores eram, pela ordem, o emprego, a reforma do sistema de saúde pública e do seguro contra a pobreza, e por último a redução do déficit; se para reduzir o déficit fosse preciso exigir que a classe média pagasse mais impostos, eu teria de encontrar um jeito de fazer alguma coisa por ela, e logo. Hillary então descreveu as falhas que cometi no meu primeiro mandato como governador por querer fazer muita coisa ao mesmo tempo, sem ter uma linha de atuação clara e sem preparar as pessoas para uma batalha longa e sustentada. Em seguida ela contou que minha segunda gestão foi um sucesso porque concentramos a nossa atenção em uma ou duas questões a cada dois anos e estabelecemos objetivos de longo prazo, obtendo evidentes progressos a curto prazo pelos quais pudemos ser avaliados. Esse tipo de atitude, disse ela, me permitiu desenvolver uma linha de atuação que as pessoas puderam entender e apoiar. Então alguém lembrou que não podíamos desenvolver uma linha de atuação porque estávamos nadando em vazamentos de informação, todos relacionados às propostas mais polêmicas. Depois desse fim de semana, os consultores passaram a criar estratégias de comunicação que nos livrassem dos vazamentos e das controvérsias diárias.

Além dessas reuniões, o fim de semana também nos propiciou encontros mais informais e pessoais. Na noite de sábado tivemos uma sessão, conduzida por um facilitador que era amigo de Al Gore, na qual nos sentamos em círculo e, um por vez, falamos alguma coisa sobre nós mesmos que os outros não soubessem. Gostei do exercício e contei que eu tinha sido uma criança gorda, eterno alvo de piadas. Lloyd Bentsen achou o exercício uma bobagem e foi para o quarto: "se havia alguma coisa sobre ele que não soubéssemos, era intencional". Bob Rubin ficou, mas não tinha nada a dizer — esse tipo de confissão em grupo não deve ter sido o segredo do seu sucesso na Goldman Sachs. Warren Christopher participou, talvez por ser o homem mais disciplinado do mundo e por achar que aquela nova versão de tortura chinesa fortaleceria de alguma maneira o seu já respeitável caráter. Foi um fim de semana produtivo, mas o nosso verdadeiro vínculo seria forjado no calor das lutas, das vitórias e das derrotas que nos esperavam à frente.

No domingo à noite estávamos de volta à Casa Branca para o jantar anual da Associação Nacional dos Governadores. Foi o primeiro evento formal de Hillary como primeira-dama; ela estava nervosa, mas saiu-se muito bem. Os governadores estavam preocupados com a economia, que tinha diminuído a receita dos estados, obrigando-os a cortar serviços e cobrar mais impostos, ou ambos. Eles entendiam que era necessário reduzir o déficit, mas queriam que isso não se desse à custa deles, com a transferência das responsabilidades do governo federal para os governos estaduais sem que se fornecessem os recursos necessários para custeá-la.

No dia 5 de fevereiro assinei a minha primeira lei, que cumpria outra promessa de campanha. Com a lei da Licença Médica e Familiar, os Estados Unidos finalmente se juntaram aos outros 150 países que já tinham garantido um período de licença ao trabalhador por ocasião do nascimento de um filho ou em caso de doença na família. O principal responsável pelo projeto de lei, o meu velho amigo senador Chris Dodd, de Connecticut, havia muitos anos trabalhava por sua aprovação. O presidente Bush chegou a vetá-lo por duas vezes, alegando que seria um gasto exorbitante para as empresas. Embora a matéria contasse com o forte apoio de alguns republicanos, a maioria votou contra o projeto de lei pela mesma razão alegada por Bush. Eu tinha certeza de que a licença familiar só faria bem à economia. Com a maioria dos pais trabalhando, por escolha ou por necessidade, era preciso que os norte-americanos estivessem bem, dentro ou fora de casa. Quem está preocupado com um filho ou com os pais doentes é menos produtivo do que aquele que vai trabalhar sabendo que está tudo bem com a sua família. No período em que fui presidente, mais de 35 milhões de pessoas se beneficiaram com a lei de Licença Médica e Familiar.

Nos oito anos que se seguiram, e mesmo depois que saí do governo, muita gente se lembrava muito mais dessa lei do que de qualquer outra que eu tenha assinado. As histórias eram muito comoventes. Numa manhã de domingo, quando eu voltava da minha corrida diária, cruzei com uma família que visitava a Casa Branca. Um dos filhos do casal, uma garota adolescente, vivia em cadeira de rodas e estava visivelmente mal. Eu os cumprimentei e disse que se esperassem eu tomar banho e me vestir para ir à igreja tiraríamos uma foto no Salão Oval. Eles esperaram e a visita foi muito boa. Gostei muito da conversa que tive com aquela valente menina. Quando nos despedimos, o pai segurou o meu braço, me levou à parte e disse: "Minha filhinha provavelmente não vai viver muito. Estas três semanas que estou passando com ela estão sendo as mais importantes de minha vida. Eu não poderia fazer isso se não fosse a lei da Licença Médica".

No início de 2001, quando tomei o meu primeiro avião de Nova York a Washington como cidadão comum, uma das comissárias me contou que seus pais ficaram muito doentes ao mesmo tempo, ele com câncer e ela com mal de Alzheimer. Não havia ninguém para cuidar deles na fase final além dela própria e de sua irmã, e se não fosse a lei de Licença Médica e Familiar ela não teria conseguido fazer isso. "Sabe, os republicanos vivem falando em valores familiares, mas eu acho que a maneira como podemos amparar nossos pais em seus últimos dias é uma parte importante desses valores."

No dia 11 de fevereiro, quando finalizávamos o plano econômico, finalmente encontrei um procurador-geral, decidindo-me, depois de uma ou duas tentativas, por Janet Reno, promotora do condado de Dade, na Flórida. Eu já a conhecia e admirava seu trabalho havia muitos anos, especialmente os seus inovadores "tribunais da droga", que davam aos réus primários a chance de não serem presos se concordassem em se submeter a um tratamento de desintoxicação e comparecer diante do juiz regularmente. Meu cunhado Hugh Rodham havia trabalhado no tribunal da droga de Miami como advogado na defensoria pública. A convite dele, assisti a duas sessões da corte nos anos 1980 e fiquei admirado com a maneira incomum, mas bastante eficiente, de a promotora, o advogado de defesa e o juiz se unirem para convencer os réus de que essa era a última oportunidade que eles tinham de não ir para a prisão. O programa foi um sucesso, com índice de reincidência muito mais baixo que no sistema penitenciário e a um custo muito menor para o contribuinte. Em campanha, eu havia prometido estipular um fundo federal para criar por todo o país tribunais da droga baseados no modelo de Miami.

O senador Bob Graham aplaudiu a escolha de Reno quando lhe telefonei. O mesmo fez a minha amiga Diane Blair, que estudara com ela em Cornell trinta anos antes. E também Vince Foster, que tinha um excelente faro para as pessoas. Depois que entrevistei Janet, Foster me ligou para dizer com aquele seu jeito brincalhão: "Acho que conseguimos a melhor". Janet Reno também tinha grande aceitação entre os seus colegas graças a uma reputação de promotora direta, rígida, mas muito justa. Ela nasceu na Flórida e nunca se casou. O serviço público era a sua vida, e ela o fazia muito bem. Eu achei que Janet fortaleceria a relação geralmente tumultuada entre o cumprimento da lei federal e suas correspondentes estaduais e locais. Só me preocupava o fato de que, assim como eu, ela não conhecesse nada de Washington; mas em Miami tivera uma longa experiência com autoridades federais em casos de imigração e narcóticos. Achei que ela aprenderia logo e se daria bem.

No fim de semana trabalhamos muito para concluir o plano econômico. Paul Begala estava trabalhando na Casa Branca havia algumas semanas, basicamente para que a minha explicação do que seria feito fosse mais congruente com a minha mensagem de campanha de restituir as oportunidades da classe média, algo para o que, segundo ele, a equipe econômica não estava dando muita importância. Begala achava que a equipe deveria insistir em três pontos: que a redução do déficit não era um fim em si mesmo, mas um meio para chegar aos reais objetivos — crescimento econômico, mais empregos e receitas maiores; que o nosso plano representava uma mudança fundamental no modo como o governo tinha trabalhado até então, pondo um fim às irresponsabilidades e às injustiças do passado, portanto deveríamos incentivar as grandes e ricas corporações e a outros interesses especiais — beneficiados desproporcionalmente nos anos 1980 com os cortes de juros e os déficits — a fazerem a sua parte para arrumar a bagunça; e que não deveríamos pedir "o sacrifício", mas "a contribuição" do povo para a renovação do país, uma formulação mais patriótica e positiva. Begala redigiu um memorando com os seus argumentos e sugeriu um novo tema: "NÃO é o déficit!". Gene Sperling, Bob Reich e George Stephanopoulus concordavam com Paul e ficaram felizes por alguém questionar a mensagem.

Enquanto tudo isso se tornava público, nós nos debatíamos com questões muito mais sérias. Sem dúvida a mais séria delas era se deveríamos incluir a reforma da saúde pública no planejamento econômico da Lei de Conciliação Orçamentária. Havia um forte argumento para que o fizéssemos: diferentemente do que acontece com as demais legislações, não se pode aplicar ao orçamento a regra da obstrução, a prática do Senado que permite que 41 senadores aniquilem um projeto de lei debatendo-o à exaustão e impedindo a sua votação até que o Senado tenha de passar para outro assunto. Uma vez que o Senado tinha 44 republicanos, era muito grande a probabilidade de que eles pelo menos tentassem fazer isso com a discussão sobre a saúde pública.

Hillary e Ira Magaziner queriam muito incluir a saúde pública no orçamento e os líderes do Congresso estavam abertos a isso. Dick Gephardt insistira nesse ponto com Hillary porque tinha certeza de que os republicanos tentariam obstruir a assistência à saúde se ela fosse proposta de outra maneira. George Mitchell também era dessa opinião, mas por outro motivo: se a reforma da saúde pública fosse introduzida como um projeto de lei separado, ele seria encaminhado para a Comissão de Finanças do Senado, cujo presidente, o senador Pat Moynihan, do estado de Nova York, não acreditava, para dizer o mínimo, que fôssemos capazes de apresentar tão rapidamente um plano viável para a saúde. Ele recomendava que antes fizéssemos uma reforma no seguro contra a pobreza e dedicássemos os dois anos seguintes ao desenvolvimento de uma proposta para a saúde pública.

A equipe econômica era radicalmente contra a inclusão da saúde no orçamento, e tinha bons motivos para isso. Ira Magaziner e outros economistas que eram especialistas em saúde pública acreditavam — corretamente, como se viu depois — que uma concorrência maior no mercado da saúde, que o nosso plano poderia promover, resultaria numa economia importante sem precisarmos controlar os preços, embora fosse difícil convencer a divisão de orçamento do Congresso da existência dessa economia em qualquer orçamento que apresentássemos. Assim, para promover uma cobertura universal, também teríamos de incluir uma provisão para o controle dos preços no plano, taxas de juros, e cortar ainda mais outras despesas ou então reduzir a meta de déficit, o que afetaria negativamente nossa estratégia de baixar os juros.

Decidi adiar a decisão até que os detalhes do plano econômico fossem expostos ao público e no Congresso. Pouco depois, ela se apresentou para mim. No dia 11 de março o senador Robert Byrd, o mais antigo senador democrata e autoridade máxima nas regras do Senado, avisou que não abriria exceção para a saúde na "Lei Byrd", que proibia a inclusão de itens específicos no projeto de conciliação orçamentária. Arregimentamos todo mundo de que pudemos nos lembrar para fazer Byrd mudar de idéia, mas não conseguimos convencê-lo a aceitar que a reforma da saúde podia ser parte do processo de orçamento básico. Se os republicanos conseguissem obstruir a discussão do nosso plano para a saúde pública, ele estaria morto antes de nascer.

Na segunda semana de fevereiro decidimos chutar a lata da saúde pública para a frente e completar o plano econômico. Eu me concentrei nos detalhes do orçamento e resolvi entender o efeito que nossas decisões teriam sobre as pessoas. Uma parte da equipe queria cortar os incentivos aos agricultores e outros programas rurais, considerados injustificáveis. Alice Rivlin insistiu muito nesses cortes e sugeriu que eu podia dizer que tinha cortado os benefícios aos agricultores "tal como são concedidos hoje". Era uma alusão a uma das minhas melhores frases de campanha, que prometia "acabar com os benefícios previdenciários da maneira como eles são concedidos hoje". Eu lembrei aos meus especialistas em orçamento, todos eles homens urbanos, que os fazendeiros eram gente boa que escolhera o trabalho em ambientes inseguros, e mesmo que fôssemos obrigados a fazer alguns cortes nos programas deles, "não precisamos ter prazer em fazer isso". Como não podíamos reestruturar todo o programa rural, reduzir os subsídios aos orçamentos de outros países nem eliminar todas as barreiras externas às nossas exportações de alimentos, a redução dos benefícios aos agricultores acabou sendo modesta. Mas não me agradou ter de fazê-la.

É claro que outra coisa que devia ser levada em consideração na proposta de cortes é se eles teriam a chance de ser aprovados. Alguém disse que poderíamos economizar muito dinheiro se eliminássemos as obras rodoviárias de grande visibilidade, que eram despesas específicas requisitadas por membros do Congresso para os seus distritos ou estados. Quando foi feita a sugestão, Howard Paster, o meu mais novo elo com o Congresso, balançou a cabeça, descrente. Paster havia trabalhado na Câmara dos Deputados e no Senado, e também em escritórios de *lobby* democratas e republicanos. Sendo um nova-iorquino de modos bruscos e muito franco, Howard perguntou asperamente: "Quantos votos o mercado de títulos tem?". Certamente ele sabia que teríamos de mostrar ao mercado de títulos que o nosso plano de redução de déficit era digno de crédito, mas quis nos lembrar que antes o plano teria de ser aprovado, e atingir pessoalmente os congressistas não seria uma boa estratégia.

Alguns cortes que pensamos fazer eram tão absurdos que chegavam a ser cômicos. Quando alguém sugeriu que cobrássemos tarifas pelos serviços da Guarda Costeira, perguntei como isso funcionaria. A explicação foi que a Guarda Costeira era chamada com freqüência para resgatar barcos em dificuldade, quase sempre por negligência dos operadores. Eu ri e disse: "Então, quando eles forem rebocados ou jogarmos uma corda de um helicóptero, antes de resgatá-los vamos perguntar 'Visa ou Mastercard'?". Deixamos essa de lado, mas acabaram surgindo mais outras 150 propostas.

Decidir onde aumentar os impostos era tão difícil quanto escolher o que cortar no orçamento. Para mim, a pior de todas as questões era o imposto BTU, sobre consumo de energia. Como se já não bastasse eu ter que descumprir minha promessa de diminuir os impostos da classe média, agora diziam que eu tinha de aumentá-los, para atingir a meta de reduzir o déficit em 140 bilhões de dólares até o quinto ano ou para mudar a psicologia do mercado de títulos. A classe média já tinha sido enganada nos anos 1980 e Bush foi prejudicado por autorizar um aumento no imposto da gasolina. Se eu propusesse o imposto BTU, os republicanos imediatamente voltariam a ser o partido contra os impostos, em grande parte para saciar a fome que tinham os prósperos definidores das taxas de juros de dar uma mordidinha na classe média, no caso cerca de nove dólares ao mês em custos diretos, chegando a dezessete dólares em custos indiretos, embutidos no custo final dos produtos ao consumidor. Lloyd Bentsen disse que não sofrera conseqüências inesperadas por ter votado a favor dos impostos sobre a energia e que Bush foi prejudicado ao assinar o aumento do imposto da gasolina em 1990, apesar do "Leiam meus lábios" e porque os militantes mais ativos contra os impostos eram, em sua maioria, republicanos radicais. Gore voltou a insistir no imposto BTU, alegando que aquilo promoveria a conservação de energia e a independência.

Por fim acabei aceitando, mas para reduzir a carga tributária dos cidadãos de classe média introduzi algumas mudanças nas propostas de alteração dos impostos feitas pelo pessoal do Tesouro. Fiz questão que incluíssemos no orçamento o custo de 26,8 bilhões de dólares relativos à minha proposta de campanha de duplicar o corte dos impostos para milhões de famílias trabalhadoras com renda abaixo de 30 mil dólares anuais, o chamado Crédito Tributário sobre a Renda Auferida [Earned Income Tax Credit — EITC], e pela primeira vez oferecer um EITC mais modesto para mais de 4 milhões de trabalhadores pobres mas sem dependentes. Essa proposta poderia assegurar que as famílias trabalhadoras com renda até 30 mil dólares anuais pagassem significativamente menos, apesar do imposto sobre a energia. Nas viagens de campanha, eu dizia a cada parada: "Ninguém que tenha filhos e trabalhe em período integral deveria viver na pobreza". Em 1993, havia muita gente nessa situação. Após a duplicação do EITC, mais de 4 milhões de pessoas saíram da pobreza para a classe média, no período em que fui presidente.

Quando estávamos para fechar o acordo, Laura Tyson disse sentir ser necessário ressaltar que, se em cinco anos tivéssemos uma redução de 140 bilhões de dólares em vez de uma redução de 120 ou de 125 bilhões de dólares, isso não faria uma diferença econômica significativa. De qualquer maneira, o Congresso provavelmente jogaria para baixo qualquer uma de nossas propostas. Seu argumento era que, fosse para resolver os nossos problemas políticos ou simplesmente para fazer uma política melhor, pouparíamos algumas dores de cabeça a nós mesmos se o número caísse para 135 bilhões ou até um pouquinho menos. Reich, Sperling, Blinder, Begala e Stephanopoulos concordaram com ela. Os demais se mantiveram firmes no número mais alto. Bentsen propôs economizar 3 bilhões de dólares suprimindo do orçamento o custo estimado para a reforma do seguro contra a pobreza. Eu concordei. Afinal, ainda não tínhamos desenvolvido a nossa proposta e esse número era mera suposição. Sabíamos que seria preciso gastar mais em capacitação profissional, creches e transporte se quiséssemos ajudar os pobres a sair do seguro contra a pobreza e voltar ao trabalho, mas se tirássemos muita gente das filas, o custo estimado cairia. Além disso, eu achava que a reforma do seguro contra a pobreza seria aprovada separadamente com o apoio bipartidário.

Mais tarde, Lloyd Bentsen fez uma alteração de última hora no plano, retirando o teto de 135 mil dólares no desconto de 1,45% na fonte, destinado a financiar o Medicare. Isso era necessário para termos certeza dos números na solvência do Medicare, mas causou um salto brusco no imposto pago pelos norte-americanos mais ricos, cuja alíquota máxima já havíamos proposto elevar a 39,6%, e que certamente jamais custariam ao programa Medicare quanto passariam a pagar por ele. Quando falei com Bentsen sobre isso, ele se limitou a sorrir e disse que sabia o que estava fazendo. Bentsen confiava que não só ele mas também outros norte-americanos bem remunerados, que estariam pagando esse imposto a mais, logo o recuperariam no mercado de ações que nosso programa econômico levaria às alturas.

Na segunda-feira, 15 de fevereiro, fiz o meu primeiro pronunciamento televisionado do Salão Oval, resumindo em dez minutos o programa econômico que depois seria explicado em uma sessão conjunta do Congresso. Embora a economia mostrasse uma recuperação estatística, não havia oferta de empregos, pois ela estava onerada pelo débito quadruplicado nos últimos doze anos. Como todos os déficits eram conseqüência da redução dos impostos dos mais ricos, dos aumentos nos custos da saúde e nos gastos com a defesa, estávamos investindo menos nas "mesmas coisas que nos tornaram mais fortes, mais instruídos, mais ricos e mais seguros", como educação, filhos, transporte e o respeito às leis. No ritmo em que estávamos indo, nosso padrão de vida, que em geral melhorava o dobro a cada 25 anos, não sairia do lugar nos próximos cem anos. Para reverter esse quadro, seria preciso fazer uma mudança radical em nossas prioridades nacionais, aumentando impostos e cortando despesas para reduzir o déficit e investir mais no futuro. Eu ressaltei que gostaria de tomar esse caminho sem exigir muito mais da classe média norte-americana, que já havia passado por muitas dificuldades e fora muito maltratada nos últimos doze anos, mas que o déficit era muito maior do que as estimativas sobre as quais tinham sido baseadas as minhas propostas de campanha para o orçamento: "Mais norte-americanos terão de contribuir hoje para que todo o nosso país viva melhor amanhã". Entretanto, diferentemente do que acontecera nos anos 1980, grande parte dos novos impostos seria paga pelos mais ricos; "pela primeira vez em mais de dez anos estamos juntos nisso". Além de reduzir o déficit, meu plano econômico oferecia incentivos a empresas para a criação de novos empregos; um estímulo a curto prazo para a criação imediata de 500 mil empregos; previa investimentos em educação e capacitação profissional, oferecendo programas especiais para os empregados do setor de defesa que haviam sido demitidos; propunha uma reforma no seguro contra a pobreza e aumentava significativamente o EITC; criava oportunidades com o Head Start* e oferecia imunização a todas as crianças necessitadas; e criava um modo de prestação de serviço nacional para os jovens pagarem a faculdade com o salário ganho trabalhando em suas comunidades. Eu reconhecia que essas propostas não seriam implementadas com facilidade nem imediatamente, mas iriam "devolver a vitalidade ao sonho americano".

Na quarta-feira à noite, ao dirigir-me ao Congresso, expliquei a estratégia que norteou o plano e resumi os pontos específicos. Os princípios básicos eram quatro: transferir os gastos públicos e privados do consumo para o investimento visando criar mais empregos; honrar o trabalho e a família; criar um orçamento com estimativas conservadoras, e não com os números "cor-de-rosa" e irrealistas que

---

*Head Start, programa voltado para as necessidades de desenvolvimento das crianças da pré-escola (de recém-nascidos a até 5 anos de idade) e suas famílias carentes. (N. dos T.)

foram usados no passado; e pagar todas essas mudanças com corte de despesas e cobrança mais justa de impostos.

Para gerar mais empregos, propus um crédito permanente para investimentos às pequenas empresas, que empregavam 40% da força de trabalho mas estavam criando a maior parte das novas vagas; e a criação de bancos de desenvolvimento da comunidade e de áreas empresariais — eram dois compromissos de campanha que tinham como objetivo atrair novos empréstimos e investimentos para as regiões mais pobres. Também pedi mais dinheiro para a construção de rodovias e pontes, para o transporte público, os sistemas de informação de alta tecnologia e a limpeza ambiental, para aumentar a produtividade e o emprego.

Na educação, recomendei maiores investimentos e padrões mais altos nas escolas públicas, e incentivos para estimular um número maior de alunos a prosseguir os estudos em níveis superiores, incluindo-se aí a minha proposta de prestação de serviço nacional. Cumprimentei o Congresso pela aprovação da lei de Licença Médica e Familiar, e recomendei uma aplicação mais rigorosa do apoio à criança. Sobre a criminalidade, pedi a aprovação do projeto de lei Brady, que instituía campos de treinamento para receber infratores primários não violentos, e da minha proposta de colocar 100 mil novos policiais nas ruas.

Em seguida solicitei ao Congresso que me ajudasse a mudar a maneira de governar, transformando em lei a reforma financeira das campanhas, aprovando a exigência de registro para os lobistas, e suspendendo a dedução de impostos para os seus gastos. Comprometi-me a reduzir o quadro de funcionários federais em 100 mil contratados a menos, cortar despesas administrativas e fazer uma economia de 9 bilhões de dólares. Pedi ajuda ao Congresso para conter a espiral de custos da saúde. Disse que poderíamos planejar uma redução nos custos com defesa, mas por sermos uma superpotência mundial tínhamos o dever de gastar o que fosse necessário para que nossas forças armadas continuassem as mais bem treinadas e equipadas do mundo.

Deixei os impostos por último, recomendando que aumentássemos de 31% para 36% o imposto sobre as rendas anuais acima de 180 mil dólares, com sobretaxa de 10% para rendas superiores a 250 mil dólares; propus elevar de 34% para 36% o imposto de renda das empresas com faturamentos superiores a 10 milhões de dólares; cortar o subsídio fiscal que tornava mais lucrativo fechar as portas nos Estados Unidos e mudar de país do que reinvestir em casa; tributar uma parcela maior da renda dos beneficiários mais bem aquinhoados no sistema nacional de aposentadoria; e transformar em lei o imposto BTU. O imposto de renda só aumentaria para o 1,2% da população que ganhava mais; o aumento nas aposentadorias se aplicaria a 13% dos contribuintes; e o imposto sobre a energia custaria por volta de dezessete dólares por mês para quem ganhava 40 mil dólares ou mais ao ano. Para famílias com renda de 30 mil dólares ou menos, o EITC compensaria, e muito, o imposto BTU. Os impostos e o orçamento nos permitiriam reduzir o déficit em cerca de 500 bilhões de dólares em cinco anos, pelas estimativas econômicas do momento.

No final do discurso fiz o possível para mostrar a magnitude do problema do déficit, salientando que, se essa tendência continuasse, em dez anos o déficit anual saltaria dos 290 bilhões de dólares daquele ano para pelo menos 635 bilhões de dólares por ano, e que o pagamento dos juros sobre a nossa dívida acumulada se transformaria no maior item do orçamento dos Estados Unidos, tirando mais de vinte *cents* de cada dólar arrecadado. Para mostrar que eu falava sério sobre a redução do déficit, convidei Alan Greenspan para ficar ao lado de Hillary no camarote da primeira-dama, na galeria da Câmara dos Deputados. E para mostrar que me levou a sério, Greenspan aceitou o convite, vencendo sua compreensível relutância de fazer o que poderia ser considerada uma presença política.

Após o discurso, que de modo geral foi bem recebido, todos os comentaristas notaram que deixei de lado o corte dos impostos para a classe média. Deixei mesmo, mas muitas promessas que foram feitas estavam cumpridas no plano econômico. Nos dias que se seguiram, Al Gore, os membros do secretariado e eu circulamos por todo o país para vender o nosso plano. Alan Greenspan elogiou-o. Paul Tsongas também, dizendo que o Clinton que falou no Congresso não era o mesmo com o qual ele havia concorrido. E certamente era isso que vinha preocupando os meus conselheiros políticos e alguns congressistas democratas.

Havia um bom número de propostas importantes e controvertidas no discurso para manter o Congresso ocupado pelo resto do ano, isso sem mencionar as outras pautas que já estavam, ou logo estariam, em seus calendários. Eu sabia que haveria uma série de altos e baixos até que o programa econômico fosse aprovado, e que eu não poderia ficar o tempo todo pressionando por ele. Os problemas externos e os acontecimentos internos não permitiriam.

No plano interno, o mês de fevereiro terminou de maneira violenta. No dia 26 uma bomba explodiu no World Trade Center, em Manhattan, matando seis pessoas e ferindo mais de mil. As investigações logo revelaram a ação de terroristas do Oriente Médio, que haviam deixado pistas. As primeiras prisões foram feitas em 4 de março; no final, seis conspiradores foram considerados culpados por um tribunal federal em Nova York, e cada um deles foi condenado a 240 anos de prisão. Apreciei a eficiência do nosso trabalho de cumprimento da lei, mas fiquei evidentemente preocupado com a vulnerabilidade da nossa sociedade diante do terror. Minha equipe de segurança nacional passou a dar mais atenção às redes terroristas e ao que poderíamos fazer para proteger nossa nação e as sociedades livres ao redor do mundo.

No dia 28 de fevereiro, quatro agentes do Departamento de Álcool, Tabaco e Armas de Fogo morreram e dezesseis ficaram feridos no final de um confronto com fanáticos religiosos, os Branch Davidians, que viviam num conjunto cercado nos arredores de Waco, no Texas. Os davidianos eram suspeitos de violações com armas de fogo ilegais. O líder da seita messiânica, David Koresh, se dizia a reencarnação de Cristo, o único que conhecia o segredo dos sete selos citados no livro do Apocalipse. Koresh exercia um controle mental quase hipnótico sobre os homens, as mulheres e as crianças que o seguiam, mantinha um grande arsenal pronto para ser usado e comida suficiente para uma longa resistência. O confronto entre os davidianos e o FBI arrastou-se por quase dois meses. Nesse meio tempo, várias pessoas saíram, mas a maioria permaneceu com ele. Koresh prometia se entregar, mas sempre voltava atrás.

Na noite de domingo, 18 de abril, Janet Reno esteve na Casa Branca para dizer que o FBI pretendia invadir o complexo, prender Koresh e os seguidores que tinham participado da morte dos agentes ou de algum outro crime, e libertar as pessoas que ainda restavam. A preocupação de Janet era a notícia do FBI de que Koresh abusava sexualmente das crianças, a maioria pré-adolescente, e que ele planejava um suicídio em massa. O FBI também disse a ela que não podia manter seus homens num mesmo lugar por muito tempo. Eles pretendiam invadir o complexo no dia seguinte, usando veículos blindados para quebrar as paredes e então jogar bombas de gás lacrimogêneo, forçando a rendição de todos em no máximo duas horas. Janet tinha de aprovar a invasão e queria a minha permissão.

Anos antes eu havia enfrentado uma situação similar como governador. Um grupo de extrema-direita vivia em comunidade nas montanhas ao norte do Arkansas. Entre os homens, mulheres e crianças havia dois suspeitos de assassinato. As pessoas moravam em cabanas que tinham ligação com um abrigo subterrâneo de onde elas atiravam em quem se aproximasse. E estavam muito bem armadas. O FBI também quis invadir. Numa reunião com eles, a nossa polícia estadual e voluntários do Missouri e de Okahoma, eu ouvi o que tinham a dizer, mas antes de aprovar a ação pedi a alguém que tivesse lutado nas florestas do Vietnã para sobrevoar de helicóptero e fazer uma avaliação do local. Um experiente veterano fez a inspeção, voltou e disse: "Se eles começarem a atirar, vamos perder uns cinquenta homens". Suspendi o ataque-surpresa, ordenei um cerco ao campo, cortei o fornecimento de comida e impedi o retorno dos que saíam das cabanas para buscar suprimentos. Por fim, os rebeldes cederam e os suspeitos foram presos sem que ninguém morresse.

Quando Janet me contou o que estava acontecendo, achei que poderíamos tentar a mesma medida antes de aprovar o ataque do FBI. Ela disse que os homens estavam cansados de esperar; que a vigilância custava ao governo milhões de dólares por semana e estava consumindo recursos que eram necessários em outros lugares; que os davidianos poderiam resistir por mais tempo que as pessoas do Arkansas; e que a possibilidade de violência sexual contra as crianças e suicídio coletivo era real, porque Koresh e seus seguidores eram completamente malucos. No fim, eu disse a ela que fizesse o que achasse melhor.

No dia seguinte passei diante da televisão e vi pela CNN que os prédios de Koresh estavam em chamas. O ataque-surpresa não tinha dado certo. Quando o FBI jogou o gás lacrimogêneo no prédio em que as pessoas estavam, os davidianos começaram a atirar. A situação piorou quando as janelas foram abertas para deixar sair o gás e uma forte lufada de vento das planícies texanas atiçou as chamas. Quando tudo terminou, oitenta pessoas estavam mortas, inclusive 25 crianças; somente nove sobreviveram. Eu sabia que teria de dar explicações à imprensa e assumir a responsabilidade pelo fracasso. O mesmo fariam Dee Dee Myers e Bruce Lindsey. Mas, por várias vezes naquele dia, quando eu quis ir em frente, George Stephanopoulos pediu que eu esperasse, porque não se sabia se alguém ainda estava vivo ou se Koresh, ao ouvir a minha voz, não enlouqueceria de vez e mataria todo mundo. Janet Reno apareceu diante das câmeras para explicar o que tinha acontecido e assumiu a responsabilidade pelo ataque. Por ser a primeira procuradora-geral, achou importante não transferir a responsabilidade para ninguém. Quando falei com a imprensa sobre o que acontecera em Waco, Janet foi elogiada e eu fui criticado por deixar que ela assumisse a culpa.

Pela segunda vez em menos de 24 horas aceitei conselhos que iam contra a minha intuição. George não teve culpa. Ele era jovem, cuidadoso e me deu a sua opinião sincera, embora tenha se enganado. Fiquei furioso comigo mesmo, primeiro por concordar com a invasão mesmo sem querer e, depois, por adiar o reconhecimento público da responsabilidade pelo que acontecera. Uma das decisões mais importantes que um presidente deve tomar é quando deve aceitar conselhos das pessoas que o cercam e quando deve rejeitá-los. Ninguém pode acertar o tempo todo, mas é muito melhor conviver com decisões erradas nas quais acreditamos do que com outras que os conselheiros dizem ser as melhores, mas que a nossa intuição rejeita. Depois de Waco, passei a acreditar mais na minha intuição.

Talvez um dos motivos de eu não ter dado ouvidos a mim mesmo é que meu governo vinha sendo duramente criticado em Washington e o tempo todo me diziam o que fazer. Depois da grande apresentação inicial em Capitol Hill, Hillary passou a ser criticada pelas reuniões fechadas da sua força-tarefa para a saúde pública. Hillary e os demais estavam consultando centenas de pessoas e nada do que faziam era segredo; queriam apenas trabalhar da maneira melhor e mais rápida com muitas questões imensamente complicadas para cumprir o meu objetivo, bastante ambicioso, de em cem dias apresentar ao Congresso um plano para a saúde. A força-tarefa ouviu a opinião de mais de 1.100 grupos, teve mais de duzentas reuniões com congressistas e encontros públicos por todo o país, e ainda assim foi considerada exageradamente reservada. No final, as operações da força-tarefa acabaram pesando demais e ela foi encerrada; de qualquer maneira, não íamos mesmo conseguir cumprir o prazo de cem dias.

Como se tudo isso não bastasse, o meu pacote de estímulo a curto prazo também sofreu uma derrota. Ele fora planejado para criar 500 mil empregos através de uma rápida captação de recursos para projetos de infra-estrutura em cidades e estados. A economia crescia lentamente, precisava de incentivos, e essa modesta despesa não recorrente não ia aumentar o nosso déficit. O projeto passou facilmente pela Câmara dos Deputados e o Senado também o aprovaria, mas Bob Dole tinha mais de quarenta senadores republicanos dispostos a obstruí-lo. Depois da primeira obstrução, deveríamos ter tentado negociar um pacote menor com Dole ou então aceitado a proposta de acordo dos senadores John Breaux e David Boren, ambos democratas conservadores. O senador Robert Byrd, que negociava a proposta, insistiu em que não cedêssemos porque íamos conseguir romper a obstrução. Não conseguimos, e no dia 21 de abril fomos obrigados a admitir a derrota, dois dias depois de Waco. No meu primeiro mandato, os republicanos recorreram a uma quantidade de obstruções sem precedentes, boicotando a vontade da maioria ou por convicção ou para provar que eu não tinha condições de governar. O senador George Mitchell precisou de doze votos para romper uma obstrução já nos meus primeiros cem dias.

No dia 19 de março sofremos um golpe pessoal que deixou a política um pouco de lado, quando o pai de Hillary teve um grave derrame cerebral. Hillary correu para ficar ao lado dele no St. Vincent's Hospital de Little Rock, com Chelsea e meu cunhado Tony. O dr. Drew Kumpuris, médico de Hugh e também nosso amigo, disse a Hillary que o cérebro de seu pai tinha sido seriamente danificado e que ele entrara num coma profundo do qual não voltaria. Cheguei lá dois dias depois. Hillary, Chelsea, Dorothy e seus filhos, Hugh e Tony, se revezavam à sua cabeceira, conversando e até mesmo cantando, e Hugh parecia dormir tranqüilamente. Não sabíamos quanto tempo ele ainda teria, e eu só podia ficar mais um dia. Deixei Hillary na companhia da família, dos Thomason, de Carolyn Huber, que conhecia Hugh desde os tempos em que fora administradora da Mansão do Governador, e de Lisa Caputo, a secretária de imprensa de Hillary e de quem Hugh gostava porque, como ele, também era do leste da Pensilvânia, de uma cidade próxima de Scranton, onde ele nascera.

No domingo seguinte tomei um avião e fui para casa por mais alguns dias. Queria estar com a minha família, mesmo que nada pudesse ser feito senão esperar. O médico disse que Hugh já tinha morte cerebral. Nesse fim de semana a família decidiu desligar a máquina que o mantinha respirando, fizemos as orações e nos despedimos, mas Hugh não se entregou. Seu velho coração continuou batendo. Embora eu conseguisse cumprir do Arkansas a maioria das minhas obrigações, tive de voltar a Washington na terça-feira. Não queria voltar, pois sabia que seria a última vez que veria o meu sogro. Eu gostava muito de Hugh Rodham, com seu mau humor absurdo e uma tremenda lealdade à família. E me sentia grato por ele ter me recebido vinte anos antes, quando eu andava de calça rasgada, não tinha um tostão no bolso e, pior de tudo para ele, era democrata. Eu aceitaria perder em nossos jogos de cartas e nas discussões políticas com ele, só para tê-lo de novo por perto.

No dia 4 de abril, com Hugh ainda presente, Hillary precisou voltar a Washington para levar Chelsea à escola e ela própria retornar ao trabalho. Hillary havia prometido a Liz Carpenter, que fora secretária de imprensa de Lady Bird Johnson, que daria uma palestra na Universidade do Texas, em Austin, no dia 6 de abril. Liz insistiu em que ela não cancelasse, e Hillary decidiu ir. Num momento em que sofria uma perda irreparável, ela mergulhou profundamente em si mesma para dizer que, agora que entraríamos no novo milênio, "precisamos de uma nova política de significado. Precisamos de um novo ethos de responsabilidade e cuidado individuais. Precisamos de uma nova definição de sociedade civil que volte a nos satisfazer e nos permita sentir que fazemos parte de algo maior do que nós mesmos". Hillary ficou motivada a fazer esse pronunciamento ao ler um artigo escrito por Lee Atwater pouco antes de morrer de câncer aos quarenta anos de idade. Atwater tornou-se famoso e temido por seus impiedosos ataques aos democratas quando trabalhava com os presidentes Reagan e Bush. À beira da morte, descobriu que uma vida toda dedicada só à conquista do poder, da riqueza e do prestígio deixava muito a desejar, e ele esperava, ao se despedir, nos alçar a um propósito superior. Em Austin, no dia 6 de abril, suportando o próprio sofrimento, Hillary tentou definir esse propósito. Eu adorei o que ela disse e fiquei orgulhoso dela por isso.

No dia seguinte Hugh Rodham morreu. Fizemos uma cerimônia fúnebre para ele em Little Rock, depois o levamos a Scranton para os funerais na Igreja Metodista de Court Street. Fiz o discurso em louvor do homem que deixara de lado as suas convicções republicanas para trabalhar por mim em 1974 e que, graças a uma vida inteira de aprendizado com as próprias experiências, havia crescido com elas. Ele abandonou o racismo quando trabalhou com um negro em Chicago. Abandonou a homofobia quando recebeu a amizade e os cuidados de um médico e um enfermeiro gays que eram seus vizinhos em Little Rock. Ele havia vivido a sua infância e a sua adolescência em meio aos fanáticos torcedores de futebol do leste da Pensilvânia, onde os astros católicos iam para Notre Dame e os protestantes como ele jogavam pelo Penn State. A divisão revelava preconceito contra os católicos que foram parte da formação de Hugh. Também isso ele deixou de lado. Todos achamos que fazia sentido ele ter passado os seus últimos dias no St. Vincent's Hospital, sendo cuidado por freiras católicas.

32

Nos primeiros meses de governo, nossos esforços se concentraram mais na tentativa de definir, defender e aprovar o meu plano econômico, como também na questão dos gays nas forças armadas e no trabalho de Hillary com a saúde pública. Apesar disso, a política externa jamais deixou de estar presente na minha rotina e nas preocupações diárias. Talvez os observadores de Washington tivessem a impressão de que eu não estava muito interessado nos assuntos externos nem quisesse perder meu tempo com eles. É verdade que durante a campanha as questões internas receberam muito mais atenção; os nossos problemas domésticos exigiam isso. Mas como eu disse e repeti várias vezes, quanto maior é a interdependência global, menor é a divisão entre política externa e interna. E a "nova ordem mundial" proclamada pelo presidente Bush após a derrubada do Muro de Berlim estava um verdadeiro caos e repleta de questões a serem resolvidas.

Não fazia muito tempo que o meu conselheiro para segurança nacional Tony Lake tinha declarado que o sucesso das questões externas depende da prevenção e de que se atenuem os problemas potencialmente perigosos antes que eles se transformem em dor de cabeça e manchetes escandalosas. "Quando fazemos um bom trabalho, o público nem fica sabendo, porque os cães não latem", ele dizia. Quando assumi o governo, tínhamos um canil repleto de feras furiosas, com a Bósnia e a Rússia latindo na frente e outras como a Somália, o Haiti, a Coréia do Norte e a política comercial do Japão rosnando atrás.

O fim da União Soviética e o colapso do comunismo entre as nações do Pacto de Varsóvia aumentaram a perspectiva de que a Europa se tornasse democrática, pacífica e unida pela primeira vez na história, mas levantaram outras questões muito importantes: se a Alemanha Oriental e a Ocidental se reuniriam; se a Rússia se transformaria em uma nação não imperialista, democrática e estável; o que aconteceria com a Iugoslávia, um caldeirão de províncias étnicas que só tinham se mantido unidas pela vontade de ferro do marechal Tito; e se a Rússia e os ex-países comunistas seriam integrados à União Européia e à aliança transatlântica da OTAN, juntamente com os Estados Unidos e o Canadá.

Quando me tornei presidente, as Alemanhas tinham acabado de se unir sob a visionária liderança do chanceler Helmut Kohl e o forte apoio do presidente Bush, e apesar das reservas da Europa em relação ao poder político e econômico de uma Alemanha ressurgente. As outras três questões permaneciam em aberto, e eu sabia que uma das responsabilidades mais importantes do presidente era cuidar para que fossem bem resolvidas.

Durante a campanha para a eleição, o presidente Bush e eu demos todo o nosso apoio à Rússia. No início eu estava mais confiante do que ele, mas, estimulado pelo ex-presidente Nixon, Bush anunciou que o G-7, as sete maiores nações industriais — os Estados Unidos, a Alemanha, a França, a Itália, o Reino Unido, o Canadá e o Japão —, entrariam com 24 bilhões de dólares para ajudar a democracia e a reforma econômica russas. Yeltsin esteve em Washington em 1992 como presidente da Rússia e, para demonstrar sua gratidão, apoiou abertamente a reeleição de Bush. Como eu já disse, Yeltsin aceitou se encontrar comigo na Blair House no dia 18 de junho, graças à amizade entre Andrei Kozyrev, ministro russo das Relações Exteriores, e Toby Gati, um dos meus conselheiros para política externa. Não me importava que Yeltsin apoiasse Bush; eu só queria dizer a ele que, se eu vencesse as eleições, poderia contar com o meu apoio.

Logo depois que fui eleito, Yeltsin ligou para me cumprimentar e convidou-me a ir a Moscou o mais rápido possível para reforçar o apoio dos Estados Unidos às suas reformas diante da crescente oposição em seu país. Yeltsin tinha um difícil abacaxi para descascar. Ele foi eleito presidente da Rússia em junho de 1991, e na época a Rússia ainda fazia parte de uma desmantelada União Soviética. Em agosto, o presidente soviético Mikhail Gorbachev foi posto sob prisão domiciliar em sua casa de veraneio no mar Negro por conspiradores que planejavam dar um golpe de Estado. O povo russo tomou as ruas de Moscou em protesto. O momento decisivo desse drama aconteceu quando Yeltsin, no cargo havia apenas dois meses, subiu num tanque na frente do prédio da Duma, o Parlamento russo, que havia sido tomado pelos golpistas. Ele conclamou o povo russo a defender a democracia conquistada a duras penas e desafiou os reacionários: "Vocês só roubarão a nossa liberdade se passarem por cima do meu cadáver". O heróico clamor de Yeltsin galvanizou o apoio interno e internacional, e o golpe fracassou. Em dezembro, a União Soviética se diluiu em vários estados independentes e a Rússia ocupou o assento soviético no Conselho de Segurança das Nações Unidas.

Mas os problemas de Yeltsin não pararam aí. Os reacionários, inconformados com a perda de poder, opuseram-se à sua determinação de retirar as tropas soviéticas das nações bálticas da Estônia, Lituânia e Letônia. O desastre econômico assomou quando as ruínas da economia soviética se expuseram às reformas de livre mercado, provocando inflação e a venda dos bens pertencentes ao Estado a preços baixíssimos para uma nova classe de comerciantes milionários, os chamados "oligarcas", diante dos quais os nossos barões da roubalheira do fim do século XIX pareceriam pregadores puritanos. As redes do crime organizado também se aproveitaram do vácuo criado pelo colapso do Estado soviético e espalharam seus tentáculos por todo o planeta. Yeltsin tinha destruído o velho sistema, mas não conseguira ainda erguer outro novo. Além disso, ele não tinha um bom relacionamento com a Duma, em parte por ser naturalmente avesso à conciliação e em parte porque a Duma estava repleta de gente apegada à velha ordem ou à nova ordem igualmente opressiva com raízes no ultranacionalismo.

Yeltsin estava com água pelo pescoço num pântano repleto de crocodilos, e eu queria ajudá-lo. Fui incentivado a fazê-lo por Bob Strauss, a quem o presidente Bush havia enviado a Moscou como nosso embaixador, embora fosse um democrata ardoroso e ex-presidente do Comitê Democrático Nacional.

Eu queria aceitar o convite de Yeltsin para ir à Rússia, mas Tony Lake preferia que Moscou não fosse a minha primeira visita ao exterior, e a equipe achava que a viagem desviaria a atenção da nossa agenda interna. Expuseram argumentos, mas os Estados Unidos tinham apostado alto no sucesso da Rússia e certamente não íamos querer que os políticos de linha dura, comunistas ou ultranacionalistas, recuperassem o controle. Boris facilitou as coisas quando sugeriu um encontro num terceiro país que fosse mutuamente aceitável.

Foi nessa época que convenci meu velho amigo e colega de Oxford, Strobe Talbott, a sair da revista *Time* e vir trabalhar no Departamento de Estado para nos ajudar a elaborar uma política para a ex-União Soviética. Strobe e eu discutíamos a história e a política da Rússia dos últimos 25 anos. E por ter traduzido e editado as memórias de Khrushchev, era a pessoa que eu conhecia mais entendida e interessada em assuntos da Rússia e seu povo. Strobe tinha uma incrível mente analítica, uma fértil imaginação por trás de sua aparência professoral, e eu confiava tanto no seu julgamento quanto na sua coragem de me dizer verdades sem nenhum retoque. Como não havia na hierarquia do Departamento de Estado nenhum cargo que correspondesse ao que eu queria que ele desempenhasse, o próprio Strobe tratou de criá-lo com a aprovação de Warren Christopher e a ajuda de Dick Holbrooke, um banqueiro de investimentos e grande conhecedor de política externa que me deu conselhos preciosos durante a campanha e se tornaria uma das pessoas mais importantes da minha administração.

Por fim, o novo cargo de Strobe ganhou um título: embaixador em missão especial e conselheiro especial da Secretaria de Estado para os novos estados independentes da ex-União Soviética. Mais adiante ele se tornou subsecretário de Estado. Dificilmente se encontrariam cinco pessoas capazes de repetir o título do cargo de Strobe, mas todos sabiam quem era ele: o nosso homem "a ser procurado" quando o assunto era a Rússia. Por oito anos, ele esteve ao meu lado em todos os meus encontros com os presidentes Yeltsin e Vladimir Putin — só com Yeltsin foram dezoito. Como Strobe fala russo fluentemente e anota tudo o que ouve, sua participação ao meu lado e a sua interação com os próprios russos imprimiram precisão e objetividade ao nosso trabalho. Strobe registrou nossa odisséia de oito anos em seu livro *The Russia Hand* [O braço russo], que é admirável não só pela sagacidade mas pelos relatos fiéis das conversas que tive com Yeltsin. Diferentemente de outros livros do gênero, as citações não são reconstruções; são, bem ou mal, o que realmente foi dito. Strobe quis mostrar que eu fui o meu próprio "braço russo", porque, apesar de não ser um especialista em Rússia, eu sabia "algo importante: nas questões equivalentes que tinham constituído a razão da Guerra Fria — em casa, democracia *versus* ditadura; lá fora, cooperação *versus* competição" —, Yeltsin e eu estávamos "em princípio, do mesmo lado".

Durante o período de transição, conversei muito com Strobe sobre a deterioração da situação russa e a necessidade de evitar o desastre. No Fim de Semana Renaissance, Strobe e sua esposa, Brooke, que durante toda a campanha esteve ao lado de Hillary e logo passaria a chefiar o programa Amigos da Casa Branca, corriam ao meu lado na praia de Hilton Head. Queríamos conversar sobre a Rússia, mas o líder do nosso grupo, o campeão olímpico de corrida com obstáculo Edwin Moses, apertava tanto o passo que não conseguíamos acompanhá-lo e conversar ao mesmo tempo. Por sorte, cruzamos com Hillary, que fazia a sua caminhada matinal, e nós três aproveitamos para diminuir o ritmo e poder conversar. O presidente Bush estava em Moscou assinando o tratado START II com Yeltsin. Era uma boa notícia, mas, como todos os progressos feitos por Yeltsin, o tratado enfrentava forte oposição na Duma. Eu disse a Strobe que as coisas estavam mudando tanto na Rússia que não podíamos adotar uma estratégia completamente defensiva; tínhamos de ajudar a solidificar e a acelerar desenvolvimentos positivos, especialmente os que melhorariam a economia russa.

Numa noite de fevereiro, passei pela casa de Strobe para ver a família e conversar sobre a Rússia. Ele me contou que estivera com Richard Nixon e o ex-presidente nos aconselhara a dar nosso total apoio a Yeltsin. O pacote de ajuda de 24 bilhões de dólares anunciado na primavera pelo presidente Bush não resolvera, porque as instituições financeiras internacionais só liberariam o dinheiro quando a Rússia reestruturasse a sua economia. Precisávamos fazer algo imediatamente.

No início de março, Yeltsin e eu marcamos o nosso encontro nos dias 3 e 4 de abril em Vancouver, no Canadá. Ainda no começo de março, dia 8, Richard Nixon telefonara para a Casa Branca e me aconselhara pessoalmente a apoiar Yeltsin. Quando o visitei com Hillary e Chelsea, primeiro ele nos contou que vinha de uma família quacre e que, como Chelsea, suas filhas também tinham estudado na Sidwell Friends School; e depois, quando entramos no assunto, ele comentou que o meu governo seria lembrado mais pelo que eu fizesse pela Rússia do que por minha política econômica. Mais tarde liguei para Strobe para contar a conversa com Nixon e reiterar a importância de fazermos alguma coisa pela Rússia em Vancouver, com um reforço de alto impacto na conferência anual do G-7 em Tóquio, no mês de julho. Durante todo o mês de março, quando a equipe de política externa, mais Larry Summers e seu assistente David Lipton, do Tesouro, me traziam as últimas notícias, eu os forçava a pensar grande e fazer mais.

Enquanto isso, em Moscou, a Duma reduzia o poder de Yeltsin e apoiava as infrutíferas políticas inflacionárias do Banco Central russo. No dia 20 de março Yeltsin reagiu com um discurso, anunciando que no dia 25 de abril haveria um referendo público para que o povo determinasse se era ele ou a Duma que dirigiria o país; até lá, ele disse, seus decretos presidenciais teriam efeito, independentemente do que a Duma fizesse. Eu assisti ao discurso num dos dois televisores da minha sala de jantar privativa ao lado do Salão Oval. No outro aparelho passava um jogo das eliminatórias da NCAA entre o Arkansas Razorbacks e o St. John's University. Eu tinha um olho em cada tela.

Toda a minha equipe de política externa e eu tivemos um debate vigoroso sobre como eu deveria responder ao discurso de Yeltsin. Todos me aconselharam a ser reservado, porque Yeltsin estava forçando os limites de sua autoridade constitucional e portanto ele poderia perder. Eu discordei. Yeltsin estava abraçando a luta de sua vida contra velhos comunistas e outros reacionários. Ia convocar o povo para um referendo público. E não se importava com o risco de perder — eu lembrei à minha equipe que eu mesmo havia perdido muitas vezes. Como não tinha nenhum interesse em apostar dos dois lados, pedi a Tony Lake que redigisse uma declaração de apoio resoluto. Eu a li e a reforcei ainda mais, depois entreguei-a à imprensa. Nesse caso, segui a minha intuição e apostei que a Rússia ficaria com Yeltsin e permaneci do lado certo da história. Meu otimismo aumentou com a vitória do Arkansas nas quadras.

Em março eu tinha finalmente um programa de ajuda que podia aprovar: 1,6 bilhão de dólares em ajuda direta para a Rússia estabilizar a sua economia, incluindo dinheiro para oferecer moradia aos oficiais militares na reserva, programas de trabalho para cientistas nucleares que agora estavam subempregados e freqüentemente ficavam sem receber salário, e mais assistência para a desmontagem das armas nucleares sob o programa Nunn-Lugar, recentemente aprovado; comida e medicamentos, com cuja escassez o povo vinha sofrendo; apoio às pequenas empresas, à mídia independente, às organizações não governamentais, aos partidos políticos e aos sindicatos de trabalhadores; e um programa de intercâmbio para trazer dezenas de milhares de estudantes e jovens profissionais aos Estados Unidos. Era um pacote quatro vezes maior do que o destinado pela administração anterior e o triplo do que eu havia recomendado originalmente.

Embora uma pesquisa tivesse mostrado que 75% do povo norte-americano não queria dar mais dinheiro à Rússia, e já estivéssemos travando uma dura batalha pelo plano econômico, senti que não nos restava outra escolha senão pressionar. Nosso país tinha gasto trilhões de dólares em defesa para vencer a Guerra Fria; não podíamos nos arriscar a um retrocesso por causa de menos de 2 bilhões de dólares e uma pesquisa contrária. Para surpresa da minha equipe, os líderes do Congresso, inclusive os republicanos, concordaram comigo. Na reunião que convoquei para explicar o plano, o senador Joe Biden, presidente da Comissão de Relações Exteriores, aprovou todo o pacote. Bob Dole argumentou que ninguém queria arruinar a era pós-Guerra Fria fazendo o que os vencedores da Primeira Guerra Mundial haviam feito. A falta de visão deles contribuiu em muito para a Segunda Guerra Mundial, na qual o próprio Dole servira com tanto heroísmo. Newt Gingrich também foi a favor de ajudarmos a Rússia; disse que era um "importante momento de definição" para os Estados Unidos e nós tínhamos de fazer o que era certo. Depois, comentei com Strobe que Newt estava tentando ser mais pró-Rússia do que eu, o que me deixou muito feliz.

Quando Yeltsin e eu nos reunimos no dia 3 de abril, o encontro começou de uma maneira meio estranha. Ele explicou que havia uma linha muito sutil entre aceitar a ajuda dos Estados Unidos para a transição democrática na Rússia e parecer que eles estavam sob o jugo norte-americano. Quando entramos nos detalhes do nosso pacote de ajuda, ele gostou, mas disse que ia precisar de mais dinheiro para alojar os militares que estavam voltando dos países bálticos, muitos dos quais estavam morando em barracas. Depois que resolvemos essa questão, Yeltsin partiu bruscamente para o ataque, exigindo que eu rejeitasse a emenda Jackson-Vanik, uma lei de 1974 que vinculava o comércio com os Estados Unidos à livre imigração dos russos, e o fim da observância da Semana das Nações Cativas, que enfatizava o domínio soviético sobre países como a Polônia e a Hungria, agora já livres. Tanto uma quanto a outra lei eram amplamente simbólicas, não influenciavam em nada as nossas relações; eu não queria desperdiçar capital político mudando-as e, ao mesmo tempo, ajudando de fato a Rússia.

Depois do primeiro encontro, meu pessoal se preocupou com a possibilidade de que eu tivesse deixado Yeltsin me criticar, do mesmo modo como Khrushchev havia sido prepotente com Kennedy no famoso encontro que tiveram em Viena, em 1961. Eles não queriam que eu me mostrasse fraco. Não me preocupei com isso porque a analogia histórica era falsa. Yeltsin não estava querendo me depreciar, como Khrushchev havia feito com Kennedy; o que ele queria era impressionar os inimigos em casa, que tentavam acabar com ele. Na semana anterior ao nosso encontro, essas pessoas quiseram decretar o seu *impeachment* na Duma. Não conseguiram, mas a moção obteve muitos votos. Eu percebi então que precisaria assumir uma postura um pouco mais bombástica para ajudar a Rússia a se manter no caminho certo.

À tarde, chegamos a um acordo quanto à forma de institucionalizar a nossa cooperação, com uma comissão chefiada pelo vice-presidente Gore e pelo primeiro-ministro russo Viktor Chernomyrdin. A idéia foi elaborada por Strobe e Georgi Mamedov, o ministro adjunto das Relações Exteriores da Rússia, e funcionou muito melhor do que todos imaginávamos, em grande parte pelo esforço concentrado e constante feito ao longo de anos por Al Gore e pelos representantes russos para lidar com muitos problemas difíceis e contenciosos.

No domingo, 4 de abril, nós nos reunimos num ambiente mais formal para discutir questões de segurança. Yeltsin e seus assessores sentaram-se à mesa de frente para mim e meus assessores. Novamente Yeltsin começou de maneira impositiva, exigindo que mudássemos nossas posições sobre o controle de armas e abríssemos os mercados norte-americanos aos produtos russos, como foguetes lançadores de satélites, sem exigir os controles de exportação que impediriam a Rússia de vender tecnologia militar aos nossos inimigos como Irã e Iraque. Com a ajuda e a frieza de nosso especialista Lynn Davis, insisti nos controles de exportação e rechacei as exigências de controle de armas, transferindo-as aos nossos auxiliares para que fossem estudadas.

O clima melhorou muito quando mudamos para a economia. Descrevi o pacote econômico como "cooperação" e não "assistência", depois pedi a Lloyd Bentsen que fizesse um resumo das propostas que apresentaríamos ao G-7 em Tóquio. Yeltsin ficou alarmado quando se deu conta de que não conseguiria nenhuma verba antes do referendo de 25 de abril. Embora eu não pudesse conceder os 500 milhões que ele queria, na coletiva de imprensa que se seguiu à nossa última reunião deixei bem claro que muito dinheiro estava a caminho, porque os Estados Unidos apoiavam a democracia da Rússia, suas reformas e seu líder.

Saí de Vancouver confiando ainda mais em Yeltsin, com uma compreensão muito mais ampla da magnitude dos desafios que ele enfrentava e da sua profunda determinação de vencê-los. Eu gostava dele. Ele parecia um enorme urso, e cheio de contradições óbvias. Ele crescera em condições tão precárias que faziam a minha infância parecer a de um Rockefeller. Apesar de rude, tinha uma inteligência aguçada que lhe permitia captar as sutilezas das situações. Primeiro ele atacava, depois dava um abraço. Alternava-se entre uma frieza calculista e reações genuinamente emocionais, entre o mesquinho e o generoso, entre a fúria e a maior das gargalhadas. Certa vez, estávamos em meu hotel quando um jornalista russo perguntou se ele estava feliz com o nosso encontro. Yeltsin respondeu rapidamente: "Feliz? Ninguém pode ser feliz sem a presença de uma bela mulher. Mas estou satisfeito". Como se sabe, Yeltsin tinha uma forte queda pela vodca, mas de modo geral esteve atento a todas as nossas negociações e bem preparado, e representou muito bem o seu país. Comparado às alternativas realistas, a Rússia tinha sorte de tê-lo no comando. Ele amava o seu país, detestava o comunismo e queria uma Rússia grande e forte. Quando alguém criticava o seu fraco pelo álcool, eu me lembrava da resposta de Lincoln quando algum esnobe de Washington dizia o mesmo do general Grant, de longe o seu comandante mais corajoso e vitorioso da Guerra Civil: "Descubra o que ele anda bebendo e dê também aos outros generais".

Quando voltei a Washington, aumentei o pacote de ajuda propondo 2,5 bilhões de dólares a todos os ex-estados soviéticos, sendo dois terços para a Rússia. Em 25 de abril, a grande maioria de eleitores russos apoiou Yeltsin, sua política e seu desejo de formar uma nova Duma. Com pouco mais de cem dias no poder, demos passos importantes para fortalecer a democracia russa e o seu presidente. Infelizmente, não posso dizer o mesmo do esforço para acabar com a matança e a limpeza étnica na Bósnia.

Em 1989, quando a União Soviética se esfacelou e a extinção do comunismo na Europa se acelerou, a pergunta sobre qual filosofia política o substituiria ia sendo respondida de uma maneira diferente pelos vários países. A parte mais ocidental do antigo império soviético tinha clara preferência pela democracia, defendida havia muitas décadas pelos imigrantes que chegaram aos Estados Unidos vindos da Polônia, da Hungria, da Tchecoslováquia e dos Bálcãs. Na Rússia, Yeltsin e os democratas defendiam-se dos ataques de comunistas e ultranacionalistas. Na Iugoslávia, enquanto o país lutava para conciliar as reivindicações antagônicas de seus grupos étnicos e religiosos, o nacionalismo sérvio impunha-se sobre a democracia sob a liderança política dominante de Slobodan Milosevic.

Em 1991, a Eslovênia e a Croácia, as províncias mais ocidentais da Iugoslávia e ambas predominantemente católicas, declararam independência. Os conflitos entre a Sérvia e a Croácia aumentaram e se espalharam para dentro da Bósnia, a província com maior diversidade étnica da Iugoslávia, constituída por aproximadamente 45% de muçulmanos, 30% de sérvios e uns 17% de croatas. Essas diferenças étnicas na Bósnia eram, de fato, políticas e religiosas. A Bósnia tinha sido o ponto de encontro de três expansões imperiais: a Oeste, o Santo Império Católico Romano; a Leste, o movimento Cristão Ortodoxo; e ao Sul, o Império Otomano Muçulmano. Em 1991, os bósnios eram governados por uma coalizão de unidade nacional chefiada pelo líder político muçulmano Alija Izetbegovic, e que incluía a militância nacionalista do líder sérvio Radovan Karadzic, um psiquiatra de Sarajevo.

No começo Izetbegovic queria ter a Bósnia como uma província multiétnica e multirreligiosa da Iugoslávia. Quando a Eslovênia e a Croácia foram reconhecidas pela comunidade internacional como nações independentes, Izetbegovic decidiu que a única maneira de a Bósnia se livrar do domínio sérvio seria decretar a sua independência também. Mas Karadzic e seus aliados, todos eles ligados a Milosevic, tinham outros planos. Eles apoiavam o desejo de Milosevic de transformar o máximo possível de território iuguslavo, incluindo a Bósnia, em uma Grande Sérvia. No dia 1º de março de 1992 foi realizado um referendo para saber se a Bósnia deveria se tornar uma nação independente, onde todos os cidadãos e todos os grupos fossem tratados da mesma maneira. Houve uma votação quase inânime pela independência, mas apenas dois terços dos eleitores compareceram às urnas. Karadzic ordenou que os sérvios ficassem longe delas, e eles obedeceram. A essa altura as forças paramilitares sérvias tinham começado a matar muçulmanos desarmados e a arrancá-los de suas casas em áreas dominadas pelos sérvios, para à força dividir a Bósnia em enclaves étnicos, ou cantões. Essa política cruel passou a ser conhecida pelo nome curiosamente anti-séptico de "limpeza étnica".

A Comunidade Européia enviou Lorde Carrington para tentar um acordo entre as partes e dividir pacificamente o país em regiões étnicas, mas ele fracassou, porque era impossível fazer isso sem que muita gente de um grupo ficasse em terras controladas pelo outro grupo, e porque os bósnios queriam que o país permanecesse unido com os diferentes grupos convivendo pacificamente, como havia sido por quinhentos anos.

Em abril de 1992 a Comunidade Européia reconheceu a Bósnia como um Estado independente pela primeira vez desde o século XV. Mas as forças paramilitares sérvias continuaram aterrorizando as comunidades muçulmanas, assassinando civis e usando a mídia para convencer os sérvios de que eram eles que estavam sendo atacados pelos muçulmanos e deviam se defender. No dia 27 de abril, Milosevic anunciou uma nova Iugoslávia constituída pela Sérvia e por Montenegro. Depois, fez uma demonstração de retirada do seu Exército da Bósnia, mas deixou armamentos, munição e soldados bósnios sérvios sob a liderança de seu comandante predileto, Ratko Mladic. As batalhas e as mortes se intensificaram ao longo de 1992, com os governantes da Comunidade Européia se esforçando para contê-las, e o governo Bush, que não sabia o que fazer e não tinha a intenção de assumir outro problema em ano eleitoral, preferiu deixar essa questão nas mãos da Europa.

Cabe ao governo Bush o crédito de ter exigido que a ONU impusesse sanções econômicas à Sérvia, medida que inicialmente não obteve o apoio do secretário-geral Boutros Boutros-Ghali, opinião compartilhada pela França e pela Inglaterra, que prefeririam dar uma chance a Milosevic de parar com a violência que ele próprio tinha incitado. As sanções acabaram sendo impostas no fim de maio, mas tiveram pouco efeito porque os sérvios continuaram recebendo ajuda de vizinhos. A ONU também continuou mantendo o embargo de armas ao governo bósnio, embargo que originalmente tinha sido imposto no fim de 1991 contra toda a Iugoslávia. O problema é que os sérvios estavam muito bem armados e poderiam prolongar a luta por muitos anos; assim, a única conseqüência de manter o embargo foi tornar praticamente impossível aos bósnios se defenderem. De alguma maneira eles conseguiram resistir ao longo de 1992 com as armas que capturavam das forças sérvias ou vindas da Croácia em pequenas embarcações que conseguiam furar o bloqueio da OTAN em sua costa.

No verão de 1992, quando a televisão e os jornais finalmente revelaram a norte-americanos e europeus os horrores de um campo de prisioneiros dirigido por sérvios no norte da Bósnia, defendi publicamente os ataques aéreos da OTAN com o envolvimento dos Estados Unidos. Mais adiante, quando ficou evidente que os sérvios estavam praticando o assassinato sistemático de bósnios muçulmanos, com atenção especial para o extermínio dos líderes locais, sugeri que o embargo de armas fosse suspenso. Em vez disso os europeus se concentravam em acabar com a violência. O primeiro-ministro britânico John Major queria convencer os sérvios a retirar o cerco às cidades bósnias e pôr o seu armamento pesado sob a supervisão da ONU. Ao mesmo tempo, muitas missões humanitárias privadas e governamentais foram enviadas à Iugoslávia para distribuir comida e medicamentos, e a ONU mandou 8 mil soldados para proteger os comboios de ajuda.

No fim de outubro, pouco antes da nossa eleição, Lorde David Owen, o novo negociador europeu, e o negociador da ONU, o ex-secretário de Estado norte-americano Cyrus Vance, apresentaram uma proposta de transformar a Bósnia em várias províncias autônomas, estas controlando todas as funções governamentais com exceção da defesa e dos assuntos externos, que seriam de responsabilidade de um governo central mais fraco. Os cantões eram bastante numerosos e os grupos étnicos dominantes estavam de tal maneira divididos geograficamente que Vance e Owen achavam impossível que áreas controladas por sérvios se fundissem à Iugoslávia de Milosevic numa Grande Sérvia. Entretanto, esse plano tinha vários problemas, mas dois eram os maiores: primeiro, o poder tão amplo dos governos dos cantões impediria os muçulmanos de retornar com segurança a suas casas em áreas controladas por sérvios; segundo, a imprecisão das linhas fronteiriças nesses cantões seria um convite à contínua agressão sérvia para expandir suas áreas. E havia também o conflito em andamento entre croatas e muçulmanos, embora este problema fosse menos grave.

Quando me tornei presidente, o embargo de armas e o apoio europeu ao plano Vance-Owen tinham enfraquecido a resistência muçulmana aos sérvios, embora continuassem transparecendo a matança de civis muçulmanos e a violação dos direitos humanos nos campos de prisioneiros. No início de fevereiro decidi não aceitar o plano Vance-Owen. No dia 5 me encontrei com o primeiro-ministro Brian Mulroney do Canadá, e ouvi com prazer que ele também não o aceitava. Alguns dias depois nós concluímos uma análise da política da Bósnia, e Warren Christopher anunciou que os Estados Unidos gostariam de negociar um novo acordo e iriam ajudar a cumpri-lo.

No dia 23 de fevereiro, o secretário-geral da ONU Boutros-Ghali concordou com o meu plano emergencial de fornecer suprimentos, que seriam lançados de aviões para os bósnios. No dia seguinte, quando me encontrei pela primeira vez com John Major, ele também apoiou esse plano. Esses suprimentos ajudaram muita gente a se manter viva, mas de nada serviram para resolver as causas da crise.

No mês de março as coisas caminharam um pouco mais. As sanções econômicas ganharam força e já afetavam os sérvios, que também se preocupavam com uma possível ação militar da OTAN. Mas ainda estávamos muito distantes de uma política unificada. No dia 9, quando tive o primeiro encontro com o presidente francês François Mitterrand, ele deixou muito claro que, embora tendo enviado um Exército de 5 mil homens à Bósnia como parte de uma força humanitária da ONU para fornecer ajuda e conter a violência, ele tinha mais simpatia pelos sérvios do que eu e estava menos disposto a ver a Bósnia unificada e controlada pelos muçulmanos.

No dia 26 eu me encontrei com Helmut Kohl, que deplorou o que estava acontecendo e, como eu, era a favor da suspensão do embargo de armas. Entretanto, nada podíamos fazer em relação à França e à Inglaterra, para as quais suspender o embargo apenas prolongaria a guerra e poria em risco as forças da ONU em terra, nas quais se incluíam as suas tropas, mas não as nossas. Izetbegovic também esteve na Casa Branca no dia 26 para conversar com Al Gore, cujo adido para a segurança nacional, Leon Fuerth, era responsável por termos conseguido tornar o embargo mais efetivo. Tanto Kohl como eu dissemos a Izetbegovic que estávamos fazendo o possível para obter um apoio mais firme dos europeus. Cinco dias depois, a ONU atendeu ao nosso pedido e estendeu a área de proibição de vôo para toda a Bósnia, ao menos para impedir os sérvios de se beneficiarem por monopolizar o espaço aéreo. Foi uma boa medida, mas nem assim a matança diminuiu.

Em abril, um grupo formado por militares, diplomatas e pessoal de ajuda humanitária retornou da Bósnia exigindo uma intervenção militar para dar fim àquele sofrimento. No dia 16, a ONU aceitou a nossa recomendação de declarar "área de segurança" ao redor de Srebrenica, uma cidade no leste da Bósnia onde a matança e a limpeza étnica realizadas pelos sérvios tinham sido especialmente intensas. No dia 22, numa cerimônia realizada no Museu Memorial do Holocausto, nos Estados Unidos, o sobrevivente do holocausto Elie Wiesel implorou publicamente que eu fizesse alguma coisa para acabar com a violência. No fim do mês a minha equipe de política externa recomendou que, se não pudéssemos garantir um cessar-fogo dos sérvios, deveríamos suspender o embargo de armas contra os muçulmanos e autorizar ataques aéreos contra alvos militares sérvios. Enquanto Warren Christopher estava na Europa em busca de apoio para a nossa política, o líder bósnio-sérvio Radovan Karadzic, na esperança de evitar os ataques aéreos, finalmente assinou a proposta de paz da ONU, embora a sua assembléia a tivesse rejeitado apenas seis dias antes. Nem por um momento acreditei que essa assinatura fosse mudar alguma coisa em seus objetivos a longo prazo.

Ao final dos nossos primeiros cem dias de governo nem sequer tínhamos nos aproximado de uma solução satisfatória para a crise bósnia. Os franceses e os ingleses repeliram as propostas de Warren Christopher e reafirmaram o direito de assumir a liderança da situação. O problema dessa posição européia é que se os sérvios fossem capazes de absorver o impacto econômico causado pelo endurecimento das sanções, eles poderiam continuar com a limpeza étnica agressiva sem temer punições. A tragédia bósnia se prolongaria por mais de dois anos, deixando um saldo de mais de 250 mil mortos e 2,5 milhões de pessoas expulsas de suas casas, até que os ataques aéreos da OTAN e as baixas militares sérvias em terra levassem a uma iniciativa diplomática norte-americana para terminar com a guerra.

Eu havia participado do que Dick Holbrooke chamou de "o maior fracasso da segurança coletiva no Ocidente desde os anos 1930". Em seu livro *To End a War* [Para pôr fim a uma guerra], ele atribui o fracasso a cinco fatores: (1) um erro de leitura da história dos Bálcãs, sustentando que os conflitos étnicos são por demais antigos e arraigados para serem evitados por gente de fora; (2) a aparente perda de importância estratégica da Iugoslávia com o final da Guerra Fria; (3) o triunfo do nacionalismo sobre a democracia como ideologia dominante na Iugoslávia pós-comunismo; (4) a relutância do governo Bush em assumir outro compromisso militar logo depois da guerra contra o Iraque em 1991; e (5) a decisão tomada pelo governo dos Estados Unidos de passar a questão para a Europa, e não para a OTAN, e a resposta européia confusa e passiva. Eu acrescentaria um sexto fator: alguns dirigentes europeus não viam com bons olhos ter um país muçulmano no meio dos

Bálcãs por temer que ele se tornasse uma base para a exportação de extremistas, um resultado que a sua negligência tornou mais, e não menos, provável.

As minhas próprias opções foram forçadas pelas posições estabelecidas que encontrei quando tomei posse na Presidência. Por exemplo, relutei em concordar com o senador Dole quanto à suspensão unilateral do embargo de armas para não enfraquecer a ONU (embora tenhamos feito exatamente isso quando nos recusamos a apoiá-la). Também não quis provocar uma divisão na aliança da OTAN bombardeando unilateralmente as posições militares sérvias, sobretudo porque em terra havia soldados europeus, e não norte-americanos, na missão da ONU. E não quis enviar tropas norte-americanas e colocá-las em perigo sob o comando da ONU numa missão que, a meu ver, ia fracassar. Em maio de 1993 ainda estávamos muito distantes da solução.

Ao final dos primeiros cem dias de um novo governo a imprensa costuma avaliar a nova administração, verificando se ela está cumprindo suas promessas de campanha e como está lidando com os desafios que vão surgindo. O consenso foi que meu desempenho inicial variava. Quanto aos aspectos positivos, criei um Conselho Nacional de Economia na Casa Branca e montei um programa econômico ambicioso para reverter uma economia que vinha se arrastando havia doze anos, e estava conseguindo convencer o Congresso. Assinei a lei da Licença Médica e Familiar, a lei do "eleitor motorizado",* que facilitou o registro eleitoral, e reverti as políticas antiabortivas de Reagan-Bush, as quais incluíam o veto à pesquisa com células-tronco do tecido fetal e a regra do silêncio. Consegui reduzir o quadro de funcionários da Casa Branca, apesar de o volume de trabalho ter aumentado — a Casa Branca recebeu mais cartas em três meses e meio do que durante todo o ano de 1992. Decretei a redução de 100 mil empregos federais e encarreguei o vice-presidente Gore de encontrar novas formas de fazer economia e servir melhor ao público com a iniciativa de "reinventar o governo",** cujos bons resultados acabaram se confirmando. Enviei ao Congresso a proposta de criar o meu programa nacional de prestação de serviços, de dobrar o Crédito Tributário sobre a Renda Auferida [EITC], de criar áreas de capacitação profissional em comunidades carentes, e de fazer um corte radical nos custos do crédito estudantil que pouparia bilhões de dólares para os estudantes e para os contribuintes. Tinha posto a saúde pública na trilha certa e tomado decisões importantes para fortalecer as reformas e a democracia na Rússia. Além disso, podia contar com um secretariado e um grupo de assessores eficientes e capacitados que, apesar dos vazamentos de informações, formavam uma boa equipe sem as disputas internas e as represálias comuns aos governos anteriores. Depois de um início lento, preenchi mais cargos de confiança nos primeiros cem dias do que os presidentes Reagan e Bush no mesmo período, o que não é mau, considerando-se quanto todo esse processo se tornou pesado e excessivamente invasivo. A certa altura Alan Simpson, o espirituo-

---

* Lei que possibilita aos possíveis eleitores se qualificarem para votar ao obter ou renovar a sua licença de motorista. (N. dos T.)

** Reinventing Government, a Reinvenção do Governo, conhecida como "Rego". (N. dos T.)

so senador do Wyoming que era líder da bancada republicana, brincava comigo dizendo que o processo tinha cozinhado por tanto tempo que ele "não queria jantar com ninguém que pudesse ser confirmado pelo Senado dos Estados Unidos".

Quanto aos aspectos negativos, diante do aumento do déficit eu desisti de diminuir os impostos da classe média; perdi o programa de estímulo numa obstrução republicana; mantive a política de Bush de devolver à força os refugiados haitianos, embora tivéssemos aceito mais haitianos por outros meios; perdi a batalha dos gays nas forças armadas; não consegui apresentar o plano de reforma de assistência à saúde no prazo de cem dias; lidei de modo ineficiente pelo menos com o aspecto público do ataque em Waco; e não consegui convencer a Europa a se unir aos Estados Unidos para adotar uma posição mais firme na Bósnia, embora tenhamos conseguido aumentar a ajuda humanitária, fortalecer as sanções contra a Sérvia e impor uma área de vôo proibido.

Uma razão para a minha avaliação variar tanto é que eu estava querendo fazer muita coisa com uma oposição republicana muito determinada e um povo muito confuso em relação a quanto o governo podia ou devia fazer. Afinal, esse povo norte-americano ouvia havia doze anos que o governo era a causa de todos os nossos problemas e tão incompetente que não era capaz de organizar sequer um desfile com dois carros alegóricos. Certamente eu superestimei quanto poderia fazer de imediato. O país vinha seguindo numa mesma direção havia mais de dez anos, vivendo com políticas que aumentavam as distâncias sociais, propagavam clichês animadores sobre como éramos ótimos e os confortos ilusórios oferecidos à população, embora efêmeros, de gastar mais e pagar menos impostos hoje e ignorar as conseqüências futuras. Levaria muito mais de cem dias para mudar tudo isso.

Além do ritmo da mudança, possivelmente superestimei a quantidade de transformações que poderia realizar, assim como a quantidade que poderia ser absorvida pelo povo norte-americano. Numa análise após cem dias, um cientista político da Universidade de Vanderbilt, Erwin Hargrove, observou: "Eu me pergunto se o presidente não está querendo abarcar o mundo com os pernas". Provavelmente ele estava certo, mas havia muita coisa a ser feita, e eu só parei de querer fazer tudo de uma vez quando os eleitores me acertaram um direto no queixo como nas eleições da metade do mandato, em 1994. Deixei que a minha pressa me fizesse esquecer outra das minhas leis da política: "Todos são a favor da mudança em geral, mas são contra ela sobretudo quando são eles que terão de mudar".

As batalhas públicas dos primeiros cem dias não ocorreram no vazio; paralelamente, a minha família se adaptava à mudança radical em nossa vida e à ausência do pai de Hillary. Eu gostava de ser presidente e Hillary estava profundamente envolvida com o seu trabalho na assistência à saúde. Chelsea ia bem na escola e estava fazendo novos amigos. Era bom morar na Casa Branca, participar dos eventos sociais e receber e hospedar ali nossos amigos.

Os funcionários da Casa Branca começaram a se acostumar com a primeira família presidencial que gostava de dormir tarde. Embora eu tenha vindo a confiar neles e apreciar muito o seu serviço, precisei de um tempo para me acostumar com tanta mordomia e cuidados. Como governador, morei em uma mansão que tinha uma ótima equipe de funcionários e ia a todos os lugares acompanhado do destacamento da polícia estadual encarregado da minha segurança. Mas, nos fins de semana, Hillary e eu fazíamos a nossa comida e íamos à igreja aos domingos no nosso próprio carro. Agora eu tinha camareiros que arrumavam meu quarto todas as manhãs, faziam as minhas malas e corriam para desfazê-las ou passar as roupas a ferro; mordomos que dormiam tarde, acordavam cedo e trabalhavam no fim de semana servindo-me comida, oferecendo refrescos e café; cadetes da Marinha que desempenhavam as mesmas funções quando eu estava no Salão Oval ou viajando; uma equipe de cozinha que estava a postos até nos fins de semana; auxiliares para me levar para cima e para baixo nos elevadores, trazer papéis para eu assinar e memorandos para eu ler a qualquer hora; cuidados médicos dia e noite; e um Serviço Secreto que não me deixava sentar no banco da frente, muito menos dirigir.

Uma das coisas de que eu mais gostava na Casa Branca eram as flores sempre frescas que enfeitavam a residência e os espaços de escritórios. Essa sempre foi uma característica da Casa Branca: os belos arranjos florais. É algo de que até hoje sinto falta.

Quando nos mudamos, Hillary reformou a pequena cozinha para que pudéssemos usá-la à noite quando estivéssemos só os três. A sala de jantar no andar superior era bastante agradável, mas muito grande e formal para nós, a não ser que tivéssemos hóspedes. Hillary também providenciou um solário no terceiro andar, uma sala bem iluminada que se abria para uma varanda sobre os telhados da Casa Branca. Nós a transformamos na sala da família. Quando recebíamos parentes ou amigos, ficávamos no solário conversando, assistindo à televisão, jogando baralho ou jogos de tabuleiro. Fiquei viciado no Master Boggle e num jogo chamado UpWords, que é basicamente um Scrabble tridimensional em que se marcam pontos, não com letras estranhas ou parando em certos espaços, mas formando palavras sobre palavras. Tentei ensinar como se joga o UpWords para a minha família e os meus amigos; com alguns eu consegui, com outros não. Meu cunhado Hugh jogou incontáveis partidas de UpWords comigo, e o Roger gostava do jogo. Mas Hillary, Tony e Chelsea preferiam nosso velho besigue. Eu continuei a jogar *hearts** com a minha equipe, um jogo de cartas ensinado por Steven Spielberg e Kate Capshaw em uma de suas visitas. Esse jogo tinha uma expressão perfeita para a vida política em Washington: "Oh, inferno!".

O Serviço Secreto estava comigo desde as primárias em New Hampshire, mas quando cheguei à Casa Branca eu os desafiei com as minhas corridas matinais. Eram vários roteiros de corrida. Às vezes eu ia para Haines Point, que tinha uma pista de uns cinco quilômetros ao redor de um campo público de golfe. Era plana, mas muito penosa no inverno, quando os ventos vindos do rio Potomac eram mais fortes. De vez em quando eu também corria em Fort McNair, que tem uma pista oval dentro dos limites da Universidade de Defesa Nacional. De longe, o meu roteiro favorito era sair pelo portão sudoeste da Casa Branca em direção ao Mall, subir pelo Lincoln Memorial, descer de volta ao Capitólio e chegar em casa. Encontrava muita gente interessante nessas corridas, e nunca me cansava de correr pela história dos Estados Unidos. Parei quando o Serviço de Segurança me pediu que o fizesse por questões de segurança, mas as corridas me fizeram muita falta. Para mim, correr entre as pessoas era um meio de manter o contato com o mundo além

*Jogo parecido com o uíste. (N. dos T.)

da Casa Branca. Para eles, que ainda tinham presente na memória o atentado contra o presidente Reagan cometido por John Hinckley, e conhecendo mais do que eu as cartas repletas de ódio que chegavam, meu contato com o público era um risco preocupante.

Al Gore me ajudou muito nos primeiros dias, encorajando-me a continuar tomando decisões difíceis e deixá-las para trás, e me dando cursos intensivos e constantes sobre o funcionamento de Washington. Fazia parte da nossa rotina almoçarmos na minha sala de jantar privativa uma vez por semana. Nós nos revezávamos na oração de agradecimento e depois falávamos sobre tudo, família, esportes, livros e filmes, e os últimos assuntos das nossas agendas. Esses almoços aconteceram durante os oito anos, exceto quando um de nós ficava fora por vários dias. Embora tivéssemos muita coisa em comum, éramos muito diferentes, e esses almoços nos mantinham unidos na panela de pressão que é Washington. E me ajudaram na adaptação à minha nova vida.

De modo geral, eu me senti muito bem nesses cem primeiros dias, tanto no aspecto pessoal quanto no político. Mesmo assim, vivia sob muita pressão. E Hillary também. Apesar do nosso entusiasmo e comprometimento, chegamos lá cansados, sem ter tido nenhum tempo livre para nós depois da eleição. Em seguida não tivemos a lua-de-mel que tradicionalmente marca o início de mandato de um novo presidente, em parte pela maneira como a questão dos gays no serviço militar veio à tona logo no início, e também pelo trabalho que tivemos por irritar a imprensa ao restringir o acesso na Ala Oeste. Perder o pai foi doloroso para Hillary. Eu também sentia saudade de Hugh e, durante algum tempo, foi mais difícil para nós dois atuarmos com o máximo da nossa capacidade. Embora gostássemos muito do trabalho, o tributo emocional e físico que foi preciso pagar nos primeiros cem dias foi considerável.

33

A REDUÇÃO DO DÉFICIT FOI ESSENCIAL à minha estratégia econômica, mas não o suficiente para construir uma recuperação sustentada e amplamente compartilhada. Nos primeiros meses cumprimos o programa oferecendo iniciativas para a expansão do comércio, aumentando os investimentos em educação e capacitação profissional, e promovendo uma série de questões microeconômicas voltadas para pontos problemáticos específicos ou novas oportunidades. Apresentei propostas para ajudar militares e civis que ficaram desempregados com a diminuição dos gastos na defesa no pós-Guerra Fria; exigi que os nossos grandes laboratórios federais de pesquisa — Los Alamos e Sandia no Novo México, e Livermore na Califórnia — fizessem uso maciço dos recursos científicos e tecnológicos que nos permitiram vencer a Guerra Fria para desenvolver novas tecnologias com aplicações comerciais; anunciei um programa de microcrédito para possíveis novos empresários, inclusive pessoas que viviam do auxílio social e queriam voltar à ativa, pois estes geralmente têm idéias excelentes mas não preenchem os requisitos exigidos pelos tradicionais operadores de concessão de crédito; aumentei o volume dos empréstimos do Departamento de Pequenas Empresas, especialmente para mulheres e minorias; e nomeei uma Comissão Nacional por uma Indústria Aeronáutica Forte e Competitiva, presidida por Jerry Baliles, ex-governador da Virgínia. Os fabricantes de aviões e as companhias aéreas passavam por dificuldades em razão da economia em baixa, com menos pedidos para aviões militares e uma forte concorrência do fabricante europeu do Airbus.

Também apresentei planos para ajudar as comunidades a desenvolverem utilizações comerciais para as instalações militares que seriam fechadas por causa dos cortes na defesa. Quando governador fui obrigado a lidar com o fechamento de uma base da Força Aérea, e estava disposto a ajudar os que estavam passando pela mesma situação. Como a Califórnia era, sozinha, a sexta maior economia do mundo, e fora duramente atingida pelos cortes na defesa e outros problemas, criamos um plano especial para promover a recuperação do estado. John Emerson recebeu a responsabilidade de supervisionar esse projeto e outras questões do interesse de seu estado natal. Entusiasmou-se tanto com a tarefa que ficou conhecido em toda a Casa Branca como o "Secretário da Califórnia".

Uma das nossas iniciativas mais bem-sucedidas foi reformular as regras que disciplinam as instituições financeiras na Lei de Reinvestimento Comunitário de 1977. A lei exigia que os emprestadores com aval federal se esforçassem mais para emprestar dinheiro a pessoas com renda baixa e modesta, mas antes de 1993 isso nunca teve muita importância. Com as mudanças feitas entre 1993 e 2000, os bancos passaram a oferecer mais de 800 bilhões de dólares em hipotecas para a casa própria, pequenos negócios e empreendimentos comunitários a tomadores de dinheiro, tudo em função do cumprimento da lei, um número surpreendente que superou em mais de 90% todos os empréstimos feitos em 23 anos de vigência da Lei de Reinvestimento Comunitário.

Maio foi um mês interessante e precioso para a minha contínua educação política. No dia 5 entreguei a minha primeira Medalha da Liberdade Presidencial ao meu querido mentor, o senador Fulbright, que completara 88 anos de idade. O pai de Al Gore, também presente à cerimônia, disse a Fulbright que tinha apenas 85 anos, e o senador respondeu: "Albert, se você se comportar, também chegará lá". Eu admirava esses dois homens pelo que fizeram para o país. Perguntei a mim mesmo se viveria tanto tempo e, caso isso acontecesse, desejei ter meus dias igualmente bem aproveitados.

Na terceira semana do mês fui à Califórnia enfatizar os investimentos do plano econômico voltados para a educação e a melhoria dos centros urbanos deteriorados, num encontro na prefeitura de San Diego, numa faculdade comunitária em Van Nuys com amplo público freqüentador de origem hispânica, e numa loja de artigos esportivos no centro-sul de Los Angeles, onde no ano anterior os tumultos haviam acontecido. Gostei especialmente desse último evento. A loja, chamada Playground, tinha nos fundos uma quadra de basquete que passara a ser um local de reunião dos jovens. Ron Brown estava comigo. Escolhemos algumas crianças para disputar uma partida improvisada, depois falei sobre o potencial que as zonas de capacitação encerravam para a criação de outros negócios bem-sucedidos, como a Playground, em comunidades carentes de todo o país. Tenho certeza de que essa foi a primeira vez que um presidente jogou basquete com as crianças do centro deteriorado, no fundo da casa delas; eu esperava que as fotos do jogo transmitissem ao país a mensagem das novas prioridades do governo e particularmente que elas dissessem aos jovens que nós nos preocupávamos com eles e com o seu futuro.

Infelizmente o povo norte-americano pouco ouviu falar desse jogo de basquete porque eu resolvi cortar o cabelo. Ainda não tinha encontrado um barbeiro em Washington, não podia voltar ao Arkansas a cada três semanas para recorrer a Jim Miles, e o meu cabelo estava muito comprido. Hillary tinha ido a um cabeleireiro de Los Angeles chamado Cristophe Schatteman, que era amigo dos Thomason e de quem eu havia gostado. Pedi a Cristophe se ele podia dar uma aparada no meu cabelo. Ele aceitou e veio me atender no Air Force One, o avião presidencial. Antes de começar, pedi ao Serviço Secreto não uma vez, mas duas, para confirmar se não íamos atrapalhar as decolagens e aterrissagens se eu adiasse a nossa partida em alguns minutos. Eles checaram com o pessoal do aeroporto e garantiram que não haveria problema. Então pedi a Cristophe que me deixasse apresentável o mais depressa possível. Ele fez isso em cerca de dez minutos e se foi.

Logo depois saiu uma matéria dizendo que eu havia causado um transtorno na pista por uma hora, atrapalhando milhares de pessoas, enquanto pagava duzentos dólares para cortar o cabelo com um profissional que só era conhecido pelo primeiro nome. Esqueçam o jogo de basquete com as crianças de um bairro popular; a grande notícia era que eu tinha esquecido as minhas raízes no Arkansas e a política voltada para o povo por uma cara vaidade. Foi uma matéria e tanto, mas mentirosa. Em primeiro lugar, não paguei duzentos dólares por um corte de cabelo de dez minutos. E segundo, não deixei ninguém esperando para decolar ou aterrissar, como posteriormente, quando divulgados, mostraram os registros do Departamento Federal de Aviação. O que me espanta é como alguém pôde pensar que eu faria uma coisa dessas. Mesmo sendo presidente, minha mãe ainda me daria uma boa surra se eu deixasse um monte de gente esperando por uma hora para cortar o meu cabelo e ainda por cima pagar duzentos dólares por isso.

Essa história foi uma loucura. Não lidei bem com ela porque fiquei muito bravo, o que sempre é um erro. O que mais causou barulho foi o fato de Cristophe ser um cabeleireiro de Hollywood. Muita gente do *establishment* político e da imprensa de Washington tem um relacionamento de amor e ódio com Hollywood. Adoram se misturar com os astros e estrelas da televisão e do cinema, mas tendem a ver os interesses e os compromissos políticos da comunidade do entretenimento como menos autênticos que os seus. Na verdade, a maior parte das pessoas dos dois grupos são ótimos cidadãos, com muito em comum. Alguém já disse que a política é o *show business* dos feios.

Semanas depois, o jornal *Newday*, de Long Island, obteve com o Departamento Federal de Aviação os relatórios das atividades de vôo do aeroporto de Los Angeles naquele dia e ficou provado que os tais atrasos nunca ocorreram. O USA *Today* e outros jornais publicaram a correção.

O que deve ter alimentado a matéria mentirosa sobre o corte de cabelo nada teve a ver com isso. No dia 19 de maio, aconselhado por David Watkins, encarregado das operações administrativas da Casa Branca, e com anuência da Secretaria do Conselho, Mack McLarty despedira sete funcionários da Divisão de Viagens da Casa Branca. Esse departamento tomava todas as providências necessárias para a imprensa em viagens com o presidente e apresentava a conta dos custos. Hillary e eu pedimos a Mack que ficasse atento às operações da Divisão de Viagens porque soubemos que ela não permitia licitação em seus vôos *charter*, e eu recebi uma reclamação de um repórter da Casa Branca sobre a péssima qualidade das refeições por preços altíssimos. Uma auditoria feita pela empresa KPMG Peat Marwick encontrou um "caixa dois" com 18 mil dólares não contabilizados adequadamente e outras irregularidades, e os funcionários foram demitidos.

Depois que contei a Mack a queixa feita pelo repórter, esqueci da Divisão de Viagens até as demissões serem anunciadas. A reação de parte da imprensa foi extremamente negativa. Eles gostavam do tratamento que recebiam, especialmente em viagens ao exterior. Conheciam o pessoal da Divisão de Viagens fazia muitos anos e não imaginavam que eles pudessem fazer alguma coisa errada. Muitos até achavam que essa divisão trabalhava basicamente para eles, e não para a Casa Branca, e queriam ao menos ser notificados, para não dizer consultados, do andamento das investigações. Apesar das críticas, a nova divisão com menos funcionários federais passou a oferecer os mesmos serviços a preços muito mais baixos para a imprensa.

Essa questão da Divisão de Viagens foi um exemplo muito forte do choque cultural entre a nova Casa Branca e a imprensa política estabelecida. Mais adiante, o diretor dessa divisão foi indiciado por desfalque, porque se constatou que havia na sua conta particular dinheiro que pertencia ao órgão que ele dirigia. De acordo com a imprensa, ele aceitou confessar a sua culpa em troca de uma pena menor, de apenas alguns meses na cadeia. Mas o promotor insistiu em levá-lo a julgamento sob acusação de crime grave. Vários jornalistas famosos testemunharam a seu favor, e ele foi absolvido. Apesar das investigações feitas pela Casa Branca, pela Divisão de Contabilidade Geral, pelo FBI e pelo promotor independente, não foi encontrada na Divisão de Viagens nenhuma evidência de má-fé, de conflitos de interesse ou criminalidade, e não se falou mais nos problemas financeiros e na má administração detectados pela auditoria da Peat Marwick.

Era difícil acreditar que o povo norte-americano me visse basicamente sob o prisma do corte de cabelo, da Divisão de Viagens e dos gays nas forças armadas. Em vez de um presidente que queria mudar o país para melhor, eu era visto como um homem do interior que tinha ido para a capital, um liberal previsível cuja máscara de moderação tinha sido retirada. Pouco tempo antes eu havia dado uma entrevista à televisão em Cleveland e alguém disse que não me apoiava mais porque eu estava perdendo muito tempo com os gays nas forças armadas e com a Bósnia. Respondi que tinha acabado de fazer uma análise de como o meu tempo foi usado nos cem primeiros dias de governo: 55% foram dedicados à economia e à assistência à saúde, 25% à política externa e 20% a outras questões internas. Quando ele perguntou quanto tempo eu havia perdido com os gays nas forças armadas e eu respondi que apenas algumas horas, ele disse simplesmente: "Não acredito no senhor". Ele só acreditava no que lia e via pela televisão.

Os fiascos desse encontro em Cleveland, do corte de cabelo e da Divisão de Viagens foram lições claras de como as pessoas de fora pouco sabem do que se passa em Washington e de como a falta de compreensão pode atrapalhar o nosso esforço para comunicar o que é feito e melhorar o que realmente interessa para o país. Alguns anos depois, Doug Sosnik, um dos meus assessores mais brilhantes, cunhou uma frase que captou bem as nossas dificuldades. Quando estávamos embarcando para Oslo, onde íamos promover o processo de paz no Oriente Médio, Sharon Farmer, minha fotógrafa afro-americana, disse que não a animava nem um pouco viajar para a gelada Noruega. "Tudo bem, Sharon", Doug respondeu: "Não é um 'jogo em casa' para você. Ninguém gosta de 'jogar fora'". Na metade de 1993 eu só queria que o meu mandato não fosse um longo jogo fora de casa.

Refleti seriamente sobre as minhas dificuldades. Parecia-me que as raízes do problema eram estas: os funcionários da Casa Branca tinham pouca experiência com os centros de poder estabelecidos em Washington e pouquíssimas conexões com eles; queríamos fazer tudo de uma vez, dando uma impressão de desordem e impedindo que as pessoas soubessem o que era realmente feito; a falta de uma mensagem clara fez com que questões que poderiam ter tido pouca importância dessem a impressão de que eu estava governando com a esquerda política e cultural, e não a partir de um centro dinâmico, como eu prometera — impressão que foi reforçada pelo ataque republicano ao nosso plano de orçamento, que, segundo eles, não passava de um polpudo aumento de impostos; e eu não fui capaz de perceber os consideráveis obstáculos políticos que enfrentei. Fui eleito com 43% dos votos, e não avaliei corretamente quanto seria difícil mudar Washington — que seguia havia doze anos por um caminho completamente diferente —, nem quanto as mudanças abalariam politicamente — e até psicologicamente — os seus principais atores. Para começar, muitos republicanos jamais aceitaram como legítimo o meu governo como presidente e agiam de acordo com essa opinião; e o Congresso, com uma maioria democrata que tinha seu próprio jeito de fazer as coisas, e uma minoria republicana disposta a provar que eu era muito liberal em todas as questões e não poderia governar, certamente não aceitaria uma legislação que eu queria aprovar o mais rápido possível.

Eu sabia que precisava mudar, mas, como qualquer um, achava mais difícil fazê-lo do que recomendar a outros que o fizessem. Assim mesmo consegui duas mudanças que foram especialmente úteis. Convenci David Gergen, um amigo que conheci no Fim de Semana Renaissance e que era veterano de três administrações republicanas, a vir para a Casa Branca trabalhar como conselheiro do presidente e nos ajudar na organização e na comunicação. Na sua coluna "U.S. News & World Report" David me dera sábios conselhos, alguns um tanto críticos, com os quais concordei; ele gostava de Mack McLarty e o respeitava; era um membro confiável do *establishment* de Washington que, como todos eles, pensava e marcava a contagem; e, pelo bem da nação, queria que fizéssemos um bom governo. Nos meses seguintes David foi se impondo calmamente na Casa Branca e logo conseguiu melhorar as relações com a imprensa, ao lhes devolver o rápido acesso às comunicações oficiais, algo que já devíamos ter feito havia muito tempo.

Em paralelo à nomeação de Gergen, outras mudanças foram feitas no quadro de auxiliares: Mark Gearan, o eficiente e popular subchefe de gabinete de Mack McLarty, substituiu George Stephanopoulos como diretor de comunicação, com Dee Dee Myers permanecendo como secretária de imprensa e cuidando dos comunicados diários; e George foi deslocado para um novo cargo de conselheiro sênior, para me ajudar a coordenar a política, as estratégias e as decisões do dia-a-dia. Em princípio ele ficou decepcionado porque não ia mais fazer os comunicados diários para a imprensa, mas logo dominou a nova função como sempre fizera na campanha, e fez tudo tão bem-feito que a sua influência na Casa Branca até aumentou.

Outra mudança positiva foi desafogar o meu dia, reservando duas horas diárias para ler, pensar, repousar e dar telefonemas. Isso fez uma grande diferença.

As coisas começaram a melhorar lá pelo final do mês, quando a Câmara dos Deputados aprovou o meu orçamento por 219 votos contra 213. O Senado então se posicionou, rejeitando imediatamente o imposto BTU em favor de um aumento no imposto da gasolina de 4,3 *cents* por galão, e mais cortes de despesas. A má notícia é que o imposto da gasolina promoveria menos conservação de energia do que o imposto BTU; a boa notícia é que a classe média norte-americana pagaria menos imposto, apenas uns 33 dólares ao ano.

O dia 31 de maio foi o meu primeiro Memorial Day como presidente. Depois da cerimônia tradicional no Cemitério Nacional de Arlington, fui a outra cerimônia na seção recém-inaugurada do Memorial dos Veteranos do Vietnã, o imenso muro com os nomes, gravados no mármore preto, de todos os integrantes das forças armadas dos Estados Unidos que morreram ou desapareceram na guerra. Naquela manhã eu fiz a minha corrida da Casa Branca até o muro para ver os nomes de meus amigos de Hot Springs. Ajoelhei-me diante do nome do meu amigo Bert Jeffries, toquei-o com a mão e fiz uma oração.

Eu sabia que esse evento não seria fácil, pois estaria repleto de pessoas para as quais a Guerra do Vietnã ainda era o momento de definição de suas vidas e que não aceitavam alguém como eu ser seu comandante-em-chefe. Mas decidi enfrentar quem usava contra mim as minhas opiniões sobre o Vietnã e dizer aos veteranos que eu tinha todo o respeito pela lealdade deles e de seus companheiros mortos, e me esforçaria para que os casos ainda em aberto de prisioneiros de guerra e soldados que constavam como desaparecidos em ação fossem logo solucionados.

Colin Powell apresentou-me com classe e convicção, enfatizando o respeito que eu merecia como comandante-em-chefe. Mesmo assim, quando me levantei para falar, houve protestos para tentar me intimidar. Eu falei diretamente:

> A todos vocês que gritaram, eu os ouvi. Agora peço que me ouçam [...] Houve quem sugerisse que eu não devia estar aqui hoje porque não concordei um quarto de século atrás com a decisão de enviar nossos rapazes e nossas moças para lutar no Vietnã. Bem, todos temos nossas opiniões [...] Assim como a guerra é o preço da liberdade, discordar é um privilégio da liberdade, e é o que hoje celebramos aqui [...] A mensagem deste memorial é bastante simples: estes homens e estas mulheres lutaram por liberdade, honraram suas comunidades, amaram seu país e morreram por ele [...] Não há uma só pessoa nesta multidão que não conheça alguém cujo nome consta aqui neste muro. Quatro colegas meus do curso colegial estão aqui [...] continuemos a discordar da guerra, se quisermos. Mas não vamos permitir mais que ela nos divida como povo.

O evento começou tenso mas terminou bem. A previsão de Robert McNamara de que minha eleição acabaria com o louvor à Guerra do Vietnã não foi muito correta, mas estávamos no caminho.

Junho começou com uma decepção pessoal e política, quando fui obrigado a retirar a indicação de Lani Guinier, professora da Universidade da Pensilvânia, que havia muito tempo era advogada do Fundo para a Defesa Legal, da Associação Nacional para o Progresso das Pessoas de Cor [National Association for the Advancement of Colored People — NAACP], e minha colega de classe na Faculdade de Direito, para ser a primeira advogada especializada em direitos civis a chefiar a Divisão de Direitos Civis. Depois da nomeação em abril, os conservadores voltaram-se furiosos contra Guinier, atacando-a como "a rainha das cotas" e acusando-a de defender o abandono do princípio constitucional do "um homem, um voto" por apoiar um sistema de votação cumulativa, que permitiria que cada eleitor votasse tantas vezes em um único candidato quantas fossem as vagas disputadas em um corpo legislativo. Em teoria, a votação cumulativa aumentaria drasticamente as chances de os candidatos minoritários se elegerem.

No começo não dei muita atenção aos protestos. Eu achava que o que não agradava em Guinier eram as suas muitas vitórias em lutas pelos direitos civis, e que quando fosse argüida pelo Senado ela obteria votos suficientes para ser facilmente confirmada.

Eu me enganei. Meu amigo senador David Pryor me aconselhou a retirar imediatamente a nomeação de Lani porque as entrevistas com os senadores não estavam indo bem, e lembrou que ainda tínhamos um programa econômico para ser aprovado e não podíamos desperdiçar nenhum voto. O líder da maioria George Mitchell, que havia sido juiz federal antes de ser senador, concordava plenamente com David; ele disse que Lani não seria confirmada e tínhamos de terminar com aquilo o mais rápido possível. Também fui informado de que os senadores Ted Kennedy e Carol Moseley Braun, a única senadora afro-americana, achavam a mesma coisa.

Decidi ler os artigos de Lani. Eles defendiam de maneira persuasiva as suas posições, mas entravam em conflito com o meu apoio à ação afirmativa e a minha oposição às cotas, e pareciam abandonar o "um homem, um voto" em favor de "um homem, muitos votos": distribua-os como quiser.

Pedi a ela que me procurasse para conversarmos. Quando discutimos a questão no Salão Oval, Lani se mostrou compreensivelmente ofendida pelos ataques que vinha sofrendo, surpreendeu-se com o fato de que alguém pudesse ver as reflexões acadêmicas que ela expunha naqueles artigos como um sério obstáculo à sua confirmação e se recusou a considerar as dificuldades que sua nomeação apresentava para os senadores de cujos votos ela precisava, pois talvez a recusassem por meio de várias obstruções. Meus assessores a avisaram de que não haveria votos suficientes para confirmá-la, mas ela não quis se afastar porque achou que tinha o direito de ser votada. Por fim, eu fui obrigado a dizer-lhe que retiraria sua nomeação, que detestava fazer isso, mas íamos perder e, se isso lhe servisse de consolo, seu afastamento a tornaria uma heroína entre os defensores dos direitos civis.

No cômputo final, o fato de ter abandonado uma amiga diante da pressão política me rendeu pesadas críticas, em geral feitas por quem não conhecia tudo o que havia se passado. Acabei nomeando Deval Patrick, outro brilhante advogado afro-americano com fortes raízes nos direitos civis, para liderar a Divisão de Direitos Civis. Ele fez um excelente trabalho. Mas continuo admirando Lani Guinier e lamento ter perdido sua amizade.

Passei as duas primeiras semanas de junho praticamente inteiras envolvido com a escolha do juiz da Suprema Corte. Pouco antes, Byron "Perito" White tinha anunciado sua aposentadoria depois de 31 anos na Corte Superior. Como já disse, primeiro eu quis indicar o governador Mario Cuomo, mas ele não se interessou pela proposta. Depois de examinar mais de quarenta candidatos, separei três: meu secretário do Interior Bruce Babbitt, que tinha sido procurador-geral do Arizona antes de ser governador; Stephen Breyer, principal juiz da Primeira Circunscrição Judiciária de Recursos, em Boston, que tinha um histórico impressionante nos tribunais; e a juíza Ruth Bade Ginsburg, do Tribunal de Recursos dos Estados Unidos para a circunscrição do distrito de Colúmbia, uma mulher brilhante com uma história de vida impressionante, e uma folha de serviços interessante, independente e progressista. Eu me reuni com Babbitt e Breyer e me convenci de que ambos seriam bons juízes, mas lamentaria muito perder Babbitt no Interior, como também lamentariam os inúmeros ambientalistas que telefonaram para a Casa Branca pedindo que ele permanecesse no cargo. Breyer tinha uma pequena tendência a ser invasivo, embora o senador Kennedy, que trabalhava empenhadamente por ele, me garantisse que ele seria confirmado pelo Congresso.

Como tudo o que aconteceu na Casa Branca nos primeiros meses, as entrevistas que fiz com os dois vazaram, e então decidi receber Ruth Ginsburg no meu escritório particular na residência da Casa Branca, no domingo à noite. Fiquei muito bem impressionado com ela. Achei que tinha potencial para se tornar uma excelente juíza e, no mínimo, faria as três coisas que a meu ver o novo juiz deveria fazer na Corte Rehquist, dividida entre moderados e conservadores: decidir casos pelos méritos, e não pela ideologia ou pela identidade dos partidos; trabalhar pelo consenso dos juízes republicanos conservadores quando fosse possível; e enfrentá-los quando se fizesse necessário. Ruth Ginsburg havia escrito em um de seus artigos: "As maiores figuras do Judiciário norte-americano são indivíduos de pensamento independente e mente aberta, mas não vazia; indivíduos dispostos a ouvir e a aprender. Não hesitaram em examinar as suas próprias premissas, liberais ou conservadoras, com a mesma meticulosidade com que examinavam as de outros".

Quando anunciamos a sua nomeação, a notícia não tinha vazado. A imprensa havia publicado que eu pretendia nomear Breyer, baseada na dica de um informante que não sabia do que estava falando. Depois que a juíza Ruth Ginsburg fez a sua declaração breve, porém comovente, um repórter disse que tinha a impressão de que o fato de ela ter sido escolhida em vez de Breyer refletia um certo "ziguezague" no processo de tomada de decisão na Casa Branca. Ele me perguntou se eu podia refutar essa impressão. Eu não sabia se ria ou chorava, mas respondi: "Há muito tempo desisti de pensar que posso demover alguns de vocês da idéia de transformar qualquer decisão importante em qualquer outra coisa que não seja processo político". Devo confessar que surpreender a imprensa me deixou quase tão feliz quanto a minha escolha.

Na última semana de junho finalmente o Senado aprovou meu orçamento, por 50 a 49 votos; um democrata e um republicano se abstiveram e Al Gore desempatou. Nenhum republicano votou a favor e perdemos seis democratas conservadores. O senador David Boren, de Oklahoma, que eu conhecia desde 1974, quando ele concorreu pela primeira vez para governador e eu para o Congresso, votou conosco para impedir a nossa derrota, mas deu a entender que se oporia à versão final do orçamento se ela não apresentasse mais cortes nos gastos e menos impostos.

Agora que o Senado e a Câmara dos Deputados tinham aprovado o projeto do orçamento, eles teriam de conciliar as suas diferenças, e nós voltaríamos a batalhar pela aprovação em ambas as casas. Como tínhamos vencido por uma margem tão estreita nos dois lugares, qualquer concessão feita por uma casa à outra poderia perder um ou dois votos, o suficiente para derrotar todo o pacote. Roger Altman veio do Tesouro com seu chefe de gabinete Josh Steiner para preparar a "sala de guerra", que concentraria a campanha final da aprovação. Precisávamos saber onde estava cada voto e o que poderíamos argumentar ou oferecer aos mais indecisos para obter a maioria. Apesar de todo o sangue que derramamos sobre questões de menor importância, foi uma luta que valeu a pena. Nas seis semanas e meia que se seguiram, o futuro econômico do país, para não dizer o futuro do meu governo, foi posto na balança.

* * *

No dia seguinte à aprovação do orçamento no Senado autorizei pela primeira vez uma ação militar para disparar 23 mísseis Tomahawk nos quartéis da inteligência iraquiana, em retaliação a um complô para assassinar o presidente George H. W. Bush durante uma viagem que ele fez ao Kuwait. Mais de doze pessoas envolvidas foram presas no Kuwait no dia 13 de abril, um dia antes da chegada do ex-presidente ao país. Ficou provado que todo o material encontrado com elas havia sido fornecido pela inteligência iraquiana, e no dia 19 de maio um dos iraquianos presos confessou ao FBI que o serviço de inteligência de seu país estava por trás do atentado. Pedi ao Pentágono que recomendasse um conjunto de medidas, e o general Colin Powell sugeriu o ataque com mísseis aos quartéis da inteligência, tanto como uma resposta proporcional quanto como um meio eficaz de dissuasão. Achei que deveríamos justificar um ataque tão duro ao Iraque, mas Powell foi persuasivo ao explicar que era a única maneira de deter outros ataques terroristas iraquianos, e que se bombardeássemos outros alvos, como os palácios presidenciais, a probabilidade de liquidarmos Saddam Hussein seria muito menor do que a de matar muita gente inocente. Quase todos os Tomahawks atingiram o alvo, mas quatro deles o ultrapassaram e três caíram num subúrbio rico de Bagdá, matando oito civis. Essa foi a pior maneira de lembrar que, por mais que se planeje, e por mais precisas que sejam as armas, quando esse tipo de ataque é disparado há sempre consequências indesejáveis.

No dia 6 de julho eu estava em Tóquio para a minha primeira reunião de cúpula internacional, a 16ª reunião anual do G-7. Historicamente, nessas cúpulas só se conversavam amenidades, havendo poucos compromissos políticos significativos, e escassos resultados. Nós não queríamos que isso se repetisse. A economia mundial estava se arrastando, com a Europa apresentando o menor crescimento dos últimos dez anos, e o Japão, o mais lento dos últimos vinte anos. Havíamos feito alguns avanços na frente econômica; em cinco meses, mais 950 mil norte-americanos tinham conseguido emprego, quase o mesmo número de vagas que a economia tinha produzido nos três anos anteriores.

Eu levei para o Japão alguns itens a serem discutidos: obter a concordância dos líderes para coordenar a política econômica da Europa e do Japão com a nossa e assim elevar o nível do crescimento global; convencer a Europa e o Japão a baixar as tarifas dos produtos manufaturados, para oferecer mais empregos em nossos países e aumentar as chances de completar os sete anos da Rodada do Uruguai, de negociações sobre o comércio internacional dentro do prazo previsto, 15 de dezembro; e enviar um sinal claro e unificado de apoio financeiro e político para Yeltsin e a democracia russa.

As chances de sucesso de qualquer um desses itens eram pequenas, e ainda menores para os três juntos, em parte porque nenhum dos líderes havia ido particularmente fortalecido para esse encontro. Entre o remédio amargo infligido pelo meu plano econômico e as matérias da imprensa sobre problemas reais e imaginários, minha aprovação pública caíra drasticamente desde a posse. John Mayor estava se segurando na Inglaterra, mas vivia chamuscado pelas constantes comparações desfavoráveis com Margaret Thatcher, sua antecessora, que ela nada fazia para desestimular. François Mitterrand era um homem fascinante, brilhante, um socialista no segundo mandato de sete anos, mas limitado em sua ação pelo fato de o primeiro-ministro e a coalizão de governo que controlava a política econômica serem de partidos de oposição. Carlo Ciampi, o primeiro-ministro italiano, era ex-diretor do Banco Central italiano e um homem modesto, famoso por ir trabalhar de bicicleta. Apesar da sua inteligência e da sua simpatia, era tolhido pelo ambiente político italiano fragmentado e intrinsecamente instável. Kim Campbell, a primeira-ministra do Canadá, era uma pessoa magnífica e dedicada que tinha acabado de assumir com a renúncia de Brian Mulroney. Essencialmente, ela concluiria o longo período de Mulroney à frente do governo, com as pesquisas mostrando uma crescente onda de apoio ao líder da oposição Jean Chrétien. Nosso anfitrião era Kiichi Miyazawa, considerado por muitos um governante em final de carreira em um sistema político no qual o longo monopólio do Partido Democrata Liberal estava chegando ao fim. Miyazawa podia estar em final de carreira, mas era um homem extraordinário que tinha uma sábia compreensão do mundo. Falava o inglês coloquial tão bem quanto eu. Era também um patriota e queria que a reunião de cúpula do G-7 tivesse bons reflexos em seu país.

Pelos critérios convencionais se poderia dizer que o chanceler alemão Helmut Kohl, na ativa havia muito tempo, também tinha problemas, porque seu índice de aprovação estava caindo nas pesquisas e o seu Partido Democrata Cristão sofrera derrotas recentes nas eleições locais, mas, para mim, Kohl continuava cheio de vida em sua liderança. Kohl era um homem forte, mais ou menos da minha altura, pesando bem mais de cem quilos. Falava com muita convicção e de maneira direta, muitas vezes brusca, além de ser um excelente contador de histórias, com muito senso de humor. Havia décadas era a principal figura do continente europeu. Ele reunificou a Alemanha e canalizou altas somas de dinheiro da Alemanha Ocidental para a Oriental, a fim de aumentar a renda daqueles que ganhavam muito menos sob o regime comunista. A Alemanha de Kohl tornou-se a maior financiadora da democracia russa. Ele também foi a força que impulsionou a emergente União Européia e defendeu a admissão da Polônia, da Hungria e da República Tcheca tanto na União Européia quanto na aliança da OTAN. Kohl estava profundamente aborrecido com a passividade da Europa diante da situação da Bósnia e, como eu, achava que a ONU deveria suspender o embargo de armas por estar cometendo uma injustiça com os bósnios muçulmanos. Em todas as grandes questões que a Europa enfrentou, ele ficou do lado certo e tentou impor o seu ponto de vista. Achava que, se conseguisse acertar nas grandes questões, as eleições o confirmariam. Eu gostava muito de Kohl. Nos sete anos seguintes, criamos um vínculo político e pessoal, forjado em jantares, visitas e telefonemas, que rendeu muitos frutos para os norte-americanos e os europeus.

Eu estava otimista com as chances de sucesso do G-7 porque levei uma agenda densa para esse encontro e acreditava que os demais líderes eram bastante inteligentes para saber que a melhor maneira de nos livrarmos dos problemas em casa era fazer alguma coisa que valesse a pena em Tóquio. Tão logo a conferência foi aberta, vencemos o primeiro obstáculo quando os nossos ministros do Comércio concordaram em que todos deveríamos baixar as nossas tarifas para zero em dez diferentes setores fabris e abrir os nossos mercados para centenas de bilhões de dólares em compra e venda. Foi do nosso embaixador comercial, Mickey Kantor, a primeira vitória. Ele provou ser um negociador firme e eficiente, cuja habilidade acabou gerando mais de duzentos acordos e produzindo uma expansão comercial que seria responsável por quase 30% do nosso crescimento econômico nos oito anos seguintes.

Quando todos concordaram com um generoso pacote de ajuda, não restou nenhuma dúvida de que as sete nações mais ricas tinham se comprometido a ajudar a Rússia. Quanto à questão de coordenar nossas políticas econômicas, os resultados foram mais ambíguos. Eu estava trabalhando para baixar o déficit, o Banco Central da Alemanha tinha acabado de baixar as suas taxas de juros, mas a disposição do Japão de estimular a sua economia e abrir as fronteiras para o comércio exterior e a concorrência ainda não estava clara. É o que eu teria de conseguir em nossas conversas bilaterais com os japoneses, que começariam logo depois da cúpula do G-7.

Em 1993, com o Japão lidando com a estagnação econômica e a incerteza política, eu sabia que seria difícil mudar alguma coisa na sua política comercial, mas precisava tentar. Nosso déficit comercial com o Japão era grande, em parte devido ao protecionismo — por exemplo, os japoneses não compravam os nossos equipamentos de esqui alegando que eles não tinham a largura certa. Eu precisava encontrar uma maneira de abrir os mercados japoneses sem prejudicar a nossa importante parceria na segurança, que era essencial para garantir um futuro estável na Ásia. Enquanto explicava isso numa palestra que dei para estudantes japoneses da Universidade de Waseda, Hillary prosseguia com a sua ofensiva de encantar o Japão, sendo calorosamente recebida por um grande número de trabalhadoras jovens e cultas.

O primeiro-ministro Miyazawa concordou, em princípio, com a minha sugestão de chegarmos a um acordo estrutural, comprometendo-nos a dar passos específicos e importantes para melhorar as nossas relações comerciais. O mesmo fez o ministro das Relações Exteriores do Japão, pai da nova princesa imperial do Japão, e que também estava disposto a fazer um acordo. O grande obstáculo era o Ministério do Comércio Internacional e da Indústria, cujos líderes acreditavam que as suas políticas tinham feito do Japão uma grande potência e não viam razão para mudar. Certa noite, quando terminamos as nossas conversas, os representantes dos dois ministérios ficaram aos gritos na recepção do Hotel Okura, atirando seus argumentos um contra o outro. Nossos assessores chegaram o mais próximo possível de um acordo, cabendo a Charlene Barshefsky, assessora de Mickey Kantor, conduzir uma negociação tão difícil que os japoneses a chamaram de "A Muralha". Em seguida, Miyazawa e eu fizemos uma tradicional refeição japonesa no Hotel Okura para tentar resolver as diferenças que restaram. Conseguimos fazer alguns ajustes no que mais tarde ficou conhecida como a "Conferência Sushi", embora Miyazawa sempre brincasse que o saquê que bebemos contribuiu mais que o sushi para o resultado final.

O acordo estrutural obrigava os Estados Unidos a reduzirem seu déficit orçamentário e o Japão a dar passos, a partir do ano seguinte, para abrir seus mercados para automóveis e autopeças, computadores, telecomunicações, satélites, equipamento médico, serviços financeiros e seguros, com padrões objetivos que pudessem medir o sucesso em cronogramas específicos. Eu estava convencido de que o acordo seria economicamente benéfico para os dois países e ajudaria os reformadores japoneses a conduzir a sua notável nação a uma nova era de grandeza. Como a maior parte dos acordos, esse também não produziu tudo o que se esperava de ambos os lados, mas ainda assim foi muito proveitoso.

Quando saí do Japão para a Coréia, as notícias publicadas no meu país afirmavam que a minha primeira cúpula do G-7 havia sido um triunfo da minha diplomacia pessoal com os demais líderes e das minhas relações com o povo japonês. Foi bom obter uma cobertura positiva da imprensa, e ainda melhor alcançar os objetivos que estabelecemos para o G-7 e as negociações com os japoneses. Gostei muito de conhecer e trabalhar com os demais líderes. Depois da cúpula, passei a confiar mais na minha habilidade de expor os interesses dos Estados Unidos para o mundo e de entender por que tantos presidentes preferiam a política externa às frustrações que sofriam na frente doméstica.

Na Coréia do Sul, visitei nossas tropas ao longo da Zona Desmilitarizada, que dividia a Coréia do Norte e a do Sul desde a assinatura do armistício que pôs fim à Guerra da Coréia. Caminhei sobre a Ponte Sem Retorno, parei a uns três metros da faixa branca que divide os dois países e fiquei olhando para o jovem soldado norte-coreano guardando a sua fronteira no último e solitário posto avançado da Guerra Fria. Em Seul, Hillary e eu fomos recebidos pelo presidente Kim Young-Sam na residência oficial de hóspedes, que tinha uma piscina interna. Quando fui dar um mergulho, de repente o ambiente se encheu de música. Eu me vi nadando ao som das minhas melodias favoritas, do Elvis ao jazz, num belo exemplo da famosa hospitalidade coreana. Depois de me encontrar com o presidente coreano e fazer um discurso no Parlamento, saí da Coréia do Sul agradecido pela nossa longa aliança e determinado a mantê-la.

34

RETORNEI AOS RIGORES DE WASHINGTON. Na terceira semana de julho, por recomendação de Janet Reno, dispensei o diretor do FBI, William Sessions, quando ele se recusou a pedir demissão apesar dos inúmeros problemas internos que surgiram na agência. Teríamos de encontrar um substituto. Bernie Nussbaum recomendou Louis Freeh, ex-agente do FBI a quem o presidente Bush tinha nomeado juiz federal em Nova York depois de uma carreira estelar como promotor público federal. Quando me encontrei com Freeh, perguntei o que ele achava da justificativa do FBI de prosseguir com o ataque-surpresa em Waco, alegando que não estava certo manter tantos recursos em um único lugar por tanto tempo. Sem saber qual era a minha opinião, ele imediatamente discordou: "Eles são pagos para esperar". Aquilo me impressionou. Eu sabia que Freeh era republicano, mas Nussbaum me garantiu que ele era um profissional correto e não usaria o FBI com propósitos políticos. Marcamos a nomeação para o dia 20. No dia seguinte, quando a notícia circulou, um amigo aposentado do FBI telefonou para Nancy Hernreich, diretora de operações do Salão Oval, para me dizer que não fizesse isso. Ele disse que Freeh era muito político e egocêntrico demais para a atual situação. Isso me fez parar para pensar, mas eu disse que era tarde demais; a oferta tinha sido feita e fora aceita. Eu teria de confiar no julgamento de Bernie Nussbaum.

Quando anunciei a nomeação de Freeh numa cerimônia matinal no Jardim das Rosas, notei Vince Foster parado mais atrás, próximo aos velhos pés de magnólia plantados por Andrew Jackson. Vince tinha um sorriso no rosto, e me lembro de ter pensado que ele devia estar aliviado por trabalhar na Secretaria do Conselho com as nomeações para a Suprema Corte e o FBI, em vez de responder às intermináveis perguntas sobre a Divisão de Viagens. A cerimônia parecia perfeita, boa demais para ser verdade.

Nessa noite apareci no programa de entrevistas do Larry King, gravado na biblioteca da Casa Branca, falando sobre a minha batalha pelo orçamento e o que mais passasse pela cabeça dele e das pessoas que telefonavam para perguntar. Como todo mundo, eu gostava do Larry King. Ele tem um ótimo senso de humor e muito calor humano, mesmo quando faz perguntas difíceis. Depois de uns 45 minutos de programa, ia tudo tão bem que ele pediu para eu ficar mais trinta minutos respondendo a perguntas dos telespectadores. Imediatamente concordei e aguardei com expectativa, mas logo em seguida Mack McLarry veio dizer que teríamos de encerrar a entrevista. Inicialmente fiquei irritado, achando que meus assessores tivessem medo de que eu cometesse algum erro se continuasse, mas o olhar de Mack me dizia que alguma coisa estava acontecendo.

Larry e eu encerramos a entrevista, eu cumprimentei toda a sua equipe, e Mack me fez subir para a residência. Contendo as lágrimas, disse que Vince Foster estava morto. Vince saiu do Jardim das Rosas após a cerimônia para nomeação de Louis Freeh, foi dirigindo seu carro até Fort Marcy Park e atirou em si mesmo com um velho revólver que era herança de família. Nós fomos amigos quase a vida toda. Nossos quintais se comunicavam quando eu morava com meus avós em Hope. Já brincávamos juntos antes que Mack e eu fôssemos para o jardim-de-infância. Eu sabia que Vince estava aborrecido com as controvérsias na Divisão de Viagens e assumira para si a responsabilidade das críticas feitas à Secretaria do Conselho. Também estava magoado com as insinuações de incompetência e falta de integridade feitas contra ele em vários editoriais do *Wall Street Journal*.

Na noite anterior, eu telefonei para ele convidando-o para assistir a um filme comigo. Minha intenção era animá-lo, mas ele disse que já estava em casa e queria passar mais tempo com sua esposa, Lisa. Eu fiz o que pude em nossa conversa ao telefone para convencê-lo a não dar importância aos editoriais. O *Journal* era ótimo, mas pouca gente lia seus editoriais: os que o faziam eram, como os próprios autores dos editoriais, conservadores que nada tinham a ver conosco. Vince ouviu, mas não posso dizer que eu o tenha convencido. Ele nunca havia sido criticado publicamente, e como muitos que são malhados pela imprensa pela primeira vez, achava que todo mundo lera as coisas negativas que foram ditas a seu respeito e acreditara.

Depois que Mack me contou o que tinha acontecido, Hillary me ligou de Little Rock. Ela já sabia e estava chorando. Vince fora seu melhor amigo na Rose Law. Ela buscava desesperadamente uma resposta que nenhum de nós jamais encontraria — por que ele teria tomado aquela atitude. Ao mesmo tempo que eu queria convencê-la de que ela não poderia ter feito nada, perguntava a mim mesmo o que *eu* poderia ter feito. Então Mack e eu fomos para a casa da família de Vince. Webb e Suzy Hubbell já estavam lá, como também outros amigos do Arkansas e da Casa Branca. Procurei consolar todos eles, mas eu mesmo estava muito triste, e sentindo, como senti quando Frank Aller se matou, descontentamento por Vince fazer o que fez, e raiva de mim mesmo por ter visto tudo acontecer e não ter feito alguma coisa, qualquer coisa, que pudesse evitar aquilo. Também estava triste por todos os meus amigos do Arkansas que tinham vindo para Washington querendo apenas servir e fazer o bem, e só encontraram críticas. E agora Vince, aquele homem alto, forte e seguro de si, que parecia ser o mais equilibrado de todos, tinha ido embora.

Por alguma razão, Vince chegou ao fim das suas forças. Em sua pasta Bernie Nussbaum encontrou um pedaço de papel picado em mil pedaços. Quando conseguiu juntá-los, leu: "Não fui feito para trabalhar sob os holofotes da vida pública de Washington. Aqui, destruir as pessoas é um esporte... O público jamais acreditará na inocência dos Clinton e de seus leais auxiliares". Vince estava exausto e vulnerável aos ataques de pessoas que não jogavam com as mesmas regras que as suas. Ele tinha suas raízes em valores como honra e respeito, e delas foi arrancado por gente que valorizava muito mais o poder e o ataque pessoal. E a depressão acabou por tirar-lhe as defesas que nos permitem sobreviver.

Na manhã seguinte eu me dirigi aos meus auxiliares e disse que havia coisas na vida que não se podem controlar e mistérios que não se podem entender; pedi que cuidassem melhor de si mesmos, de seus amigos e de suas famílias; e disse que não podíamos "embotar a nossa sensibilidade trabalhando em excesso". Esse último conselho sempre achei mais fácil dar do que seguir.

Fomos até Little Rock para o funeral de Vince na catedral católica de St. Andrew, depois seguimos com o cortejo fúnebre para Hope, onde sepultamos nosso amigo no cemitério em que os meus avós e os meus pais também estavam enterrados. Lá estavam também muitos dos que fizeram o jardim-de-infância e a escola fundamental conosco. Naquela hora, desisti de entender a depressão e o suicídio de Vince para aceitá-los e agradecer por ele ter existido. No discurso em louvor que fiz no funeral, procurei elogiar todas as suas maravilhosas qualidades, o que ele significou para todos nós, todo o bem que fez à Casa Branca e a pessoa profundamente honrada que foi. E citei um comovente verso de "A song for you" de Leon Russell: "Num lugar onde não há tempo nem espaço eu tenho você comigo. Você é parte da minha vida e será sempre meu amigo".

Era verão, e as primeiras melancias começavam a aparecer nas plantações. Antes de deixar a cidade, parei na loja de Carter Russell e escolhi uma com polpa vermelha e outra com polpa amarela. Depois falei sobre a alta qualidade do principal produto de Hope para os repórteres que nos acompanhavam, que em respeito à minha dor estavam com gentileza incomum nesse dia. Tomei o avião de volta para Washington pensando que Vince estava em casa, na terra a que pertencia, e agradeci a Deus por tanta gente gostar dele.

No dia seguinte, 24 de julho, recebi na Casa Branca os senadores da turma daquele ano da Boys Nation, mesma data em que trinta anos antes eu também estive no Jardim Rosa para conhecer o presidente Kennedy. Alguns representantes da minha antiga turma estavam presentes nessa reunião. Al Gore estava trabalhando muito pelo nosso plano econômico, mas encontrou alguns minutos para dizer aos meninos: "Só tenho um conselho para dar a vocês. Se conseguirem tirar uma foto apertando a mão do presidente Clinton, talvez um dia ela possa lhes ser útil". Eu apertei muitas mãos e posei para fotos com todos eles, e voltaria a fazer o mesmo por mais seis vezes nos oito anos em que fiquei na Casa Branca, tanto para o grupo de meninos quanto para o de meninas da entidade. Espero que algumas dessas fotos algum dia possam ajudar em alguma campanha.

Passei o restante do mês e os primeiros dias de agosto "vendendo" o plano econômico para deputados e senadores isoladamente. O quartel-general de Roger Altman trabalhava o aspecto público, providenciando para mim entrevistas coletivas por telefone em estados cujos congressistas poderiam pender para um lado ou para o outro. Al Gore e todo o gabinete fizeram, literalmente, centenas de telefonemas e visitas. O resultado era incerto e tendia a não nos ser favorável por duas razões: a primeira era a determinação do senador David Boren de eliminar o imposto sobre a energia; manter apenas parte dos impostos sobre altos rendimentos, e compensar a diferença eliminando um percentual do Crédito Tributário sobre a Renda Auferida; reduzir os ajustes do custo de vida nas aposentadorias e nas pensões de militares e civis; e manter os gastos máximos com Medicare e Medicaid abaixo das necessidades projetadas para os novos usuários e para os aumentos de custos. Boren não podia aprovar suas propostas fora da comissão, mas ofereceu uma nova possibilidade para democratas de estados conservadores. Ela foi endossada pelo senador democrata Bennett Johnston da Louisiana e pelos senadores republicanos John Danforth, do Missouri, e Bill Cohen, do Maine.

Quando o orçamento foi aprovado pela primeira vez por 50 a 49, com desempate de Al Gore, Bennett Johnston votou contra ao lado de Sam Nunn, Dennis DeConcini, do Arizona, Richard Shelby, do Alabama, Richard Bryan, de Nevada, e Frank Lautenberg, de Nova Jersey. Shelby já estava migrando para o Partido Republicano num estado que a cada dia se tornava mais republicano; Sam Nunn era taxativamente contra; DeConcini, Bryan e Lautenberg se preocupavam com a disposição contrária aos impostos em seus estados. Como já disse, na primeira vez não precisamos tanto deles porque dois senadores, um republicano e um democrata, se abstiveram. Desta vez, todos iriam votar. Com os republicanos em peso contra nós, se Boren votasse "contra" e ninguém mais mudasse seu voto, eu perderia por 51 a 49. Além desses seis, o senador Bob Kerrey também andava dizendo que talvez votasse contra o programa. O nosso relacionamento estava abalado desde a campanha presidencial, e Nebraska era um estado predominantemente republicano. Mesmo assim, eu tinha esperanças em Kerrey, porque ele tinha se comprometido com a redução do déficit e era muito amigo de Pat Moynihan, o presidente da Comissão de Finanças do Senado, uma grande força em favor do meu plano.

Na Câmara dos Deputados o problema era outro. Todo democrata sabia que tinha um grande poder de barganha, e muitos queriam usá-lo comigo em detalhes do plano ou então me pedindo uma força em questões específicas. Os democratas que vinham de distritos contrários aos impostos temiam votar em outro aumento para o imposto sobre a gasolina apenas três anos depois de o Congresso ter aprovado o anterior. Além do presidente da Câmara e das suas lideranças, o meu aliado mais forte ali era o poderoso presidente da Comissão de Recursos e Meios da Câmara dos Deputados, Dan Rostenkowski, congressista de Illinois. Rostenkowski era um legislador esplêndido, uma combinação de mente agudíssima com a malandragem das ruas de Chicago, mas estava sendo investigado por usar verbas públicas para fins políticos e supunha-se que as investigações reduziriam sua influência sobre os demais membros. Toda vez que eu me reunia com os congressistas, a imprensa vinha com perguntas sobre Rostenkowski. Mas a favor de Rusty há que se dizer que ele não se abateu, arrebanhando votos e dizendo a seus correligionários que era preciso fazer a coisa certa. Foi eficiente, e tinha de sê-lo. Um passo em falso e poderíamos perder um ou dois votos, o que nos faria despencar da corda bamba para a derrota.

No início de agosto, quando o drama do orçamento atingiu seu clímax, Warren Cristopher finalmente obteve a concordância de ingleses e franceses para ordenar ataques aéreos da OTAN na Bósnia, mas que só poderiam acontecer se a ONU também desse a sua aprovação, o chamado acordo de dupla chave. Eu temia jamais podermos girar as duas chaves, porque a Rússia tinha direito a veto no Conselho de Segurança e era forte aliada dos sérvios. Depois se verificaria que a dupla chave constituiu um frustrante impedimento para a proteção dos bósnios, mas ela foi mais um passo no longo e tortuoso processo de convencer a Europa e a ONU a adotarem uma postura mais agressiva.

No dia 3 de agosto conseguimos concluir o plano orçamentário, cortando 225 bilhões de dólares no orçamento e 241 bilhões de dólares em aumento de impostos. Alguns democratas ainda temiam que um aumento no imposto da gasolina, qualquer que fosse, acabaria conosco perante os eleitores da classe média que já estavam bem aborrecidos por não terem recebido nenhum corte em seus impostos. Os democratas mais conservadores diziam que para reduzir o déficit não bastaria cortar despesas nos gastos com o Medicare, o Medicaid e o sistema nacional de aposentadoria. Mais de 20% das economias que fizemos já vinham da redução de futuros pagamentos a médicos e hospitais conveniados do Medicare, e outra grande fatia vinha da taxação maior dos benefícios mais altos do sistema nacional de aposentadoria. Era o que eu podia fazer na Câmara sem perder mais votos do que poderíamos ganhar ali.

Nessa noite, num pronunciamento no Salão Oval transmitido pela televisão, eu joguei a última cartada para conseguir o apoio público ao plano, dizendo que ele criaria 8 milhões de empregos nos quatro anos seguintes e anunciando que pela manhã assinaria uma ordem executiva criando um fundo fiduciário para a redução do déficit, garantindo que os novos impostos e cortes de despesas seriam usados somente para esse fim. O fundo fiduciário tinha especial importância para o senador Dennis DeConcini, do Arizona, a quem atribuí a idéia no pronunciamento pela televisão. Dos seis senadores que votaram contra o plano na primeira vez, DeConcini era a minha única esperança. Eu já tinha convidado os outros para jantar, me encontrei com eles para conversar, telefonei, recebi seus amigos mais prómos na administração para tentar convencê-los, e nada disso adiantou. Se DeConcini não mudasse, estaríamos derrotados.

No dia seguinte ele mudou. Disse que votaria "a favor" por causa do fundo fiduciário. Se Bob Kerrey ficasse do nosso lado, teríamos 50 votos no Senado e Al Gore poderia desempatar outra vez. Mas antes o orçamento teria de ser aprovado na Câmara dos Deputados. Tínhamos um dia para alcançar a maioria de 218 votos, que ainda não conseguíramos. Havia mais de trinta democratas indecisos. Eles temiam os impostos, embora tenhamos distribuído material impresso para todos os membros mostrando, em percentuais, quantas pessoas do seu distrito teriam cortes de impostos pela EITC, em comparação às que teriam seus impostos aumentados. Em muitos casos, a proporção era de 10 para 1 ou mais, e em pouco mais de uma dúzia de casos o eleitorado seria tão beneficiado que o distrito teria aumento, e não queda, na arrecadação. Ainda assim eles se preocupavam com o imposto da gasolina. O plano seria facilmente aprovado se eu diminuísse o imposto da gasolina e compensasse a perda mantendo inalterado o EITC. E muito menos desgastante politicamente. Os trabalhadores de baixa renda não tinham lobistas em Washington; eles jamais ficariam sabendo. Mas eu saberia. Além disso, se íamos depenar os ricos, o mercado de títulos exigiria que causássemos um pouco mais de dor na classe média.

Nessa mesma tarde, Leon Panetta e o líder da maioria na Câmara Dick Gephardt, que estava trabalhando incansavelmente pelo orçamento, fecharam um acordo com o congressista Tim Penny, de Minnesota, líder de um grupo de democratas conservadores que exigia cortes maiores nas despesas. Eles prometeram a ele o seu voto no processo de dotações do outono para cortar ainda mais despesas. Penny ficou satisfeito e a sua aprovação nos rendeu mais uns sete ou oito votos.

Perdemos dois votos já garantidos quando Billy Tauzin, da Louisiana, que depois se tornou republicano, e Charlie Stenholm, do Texas, que representava um distrito de maioria republicana, disseram que votariam "contra". Eles detestavam o imposto da gasolina e revelaram que a oposição republicana unificada convencera seus eleitores de que o plano nada mais era que um aumento de impostos.

Pouco menos de uma hora antes da votação eu conversei com o congressista Bill Sarpalius, de Amarillo, no Texas, que tinha votado contra o plano em maio. Em nossa quarta conversa telefônica naquele dia, Bill disse que tinha decidido votar a favor do plano porque um grande número de eleitores seus teria cortes de impostos, e não aumentos, e porque a secretária de Energia, Hazel O'Leary, prometera transferir obras do governo para a usina Pantex em seu distrito. Nós fizemos muitos outros acordos como esse. Alguém já disse certa vez que duas coisas que as pessoas jamais podiam ser vistas fazendo eram lingüiças e leis. Por parecer feio e ambíguo.

Quando a votação começou, eu ainda não sabia se venceríamos ou se seríamos derrotados. Depois que David Minge, que representava um distrito rural de Minnesota, votou "contra", tudo passou a depender de três pessoas: Pat Williams, de Montana, Ray Thornton, do Arkansas, e Marjorie Margolies-Mezvinsky, da Pensilvânia. Sinceramente, eu tinha certeza de que Marjorie votaria contra nós. Ela era uma das únicas democratas que representavam um distrito cuja maioria dos eleitores teria um salto nos impostos em vez de cortes, e em sua campanha tinha prometido não votar em aumento de impostos de nenhum tipo. Também era um voto difícil para Pat Williams. Um grande número de eleitores dele teria cortes nos impostos, e não aumento, mas Montana era um estado grande e pouco populoso, onde as pessoas tinham de se deslocar por longas distâncias — o imposto da gasolina os atingiria muito mais do que a outros norte-americanos. Mas Pat Williams era um bom político e um populista determinado que deplorava o que uma economia voltada para os ricos fizera com o seu povo. Havia pelo menos uma chance de ele sobreviver à votação.

Comparado a Pat Williams e Marjorie Margolies-Mezvinsky, Thornton era voto garantido. Ele representava a região central do Arkansas, onde muito mais gente teria mais cortes do que aumento de impostos. Era popular e não voaria da sua cadeira nem com a explosão de uma banana de dinamite. Era meu congressista, e o meu governo corria perigo. E ele estava bem acompanhado: os dois senadores do Arkansas, David Pryor e Dale Bumpers, davam todo o seu apoio ao plano. Mas Thornton acabou votando contra. Disse que até então nunca tinha votado a favor do imposto da gasolina e não começaria agora, nem para diminuir o déficit nem para salvar o meu governo ou a carreira política de Marjorie Margolies-Mezvinsky.

No fim, Pat Williams e Marjorie Margolies-Mezvinsky votaram a favor, dando-nos a vitória por um voto. Os democratas os aplaudiram pela coragem e os republicanos vaiaram. Foram especialmente cruéis com Marjorie, acenando e cantando "Adeus, Margie". Ela ganhou um honrado lugar na História com um voto precioso. Dan Rostenkowski ficou tão feliz que tinha lágrimas nos olhos. Quando voltei para a Casa Branca, dei um grito de alegria e alívio.

No dia seguinte, o drama passou para o Senado. Graças a George Mitchell e à sua equipe de liderança, e também ao nosso *lobby*, tínhamos garantido todos os senadores da primeira votação, menos David Boren. Dennis DeConcini já tinha corajosamente acertado o passo com nossas fileiras, mas o resultado ainda era duvidoso, porque Bob Kerrey não queria se comprometer. Na sexta-feira tivemos uma conversa de uma hora e meia antes da votação, e no piso do Senado ele disse diretamente para mim: "Eu não posso e não devo dar um voto que derrube a sua Presidência". Ele votaria a favor, mas eu teria de me esforçar para controlar os gastos. Eu concordei em que trabalharíamos juntos nisso. Ele ficou satisfeito também por eu ter aceitado a proposta de Tim Penny de uma nova votação em outubro para fazer novos cortes.

O voto de Kerrey empatou em 50 a 50. E então, assim como fizera na primeira votação em 25 de junho, Al Gore, na qualidade de presidente do Senado, deu o voto de desempate. Num discurso posterior, agradeci a George Mitchell e a todos os senadores que "votaram pela mudança", e a Al Gore por sua "firme contribuição em terreno tão escorregadio". Al gostava de dizer que, quando ele votava, nós sempre ganhávamos.

Eu promulguei a lei no dia 10 de agosto. Ela reverteu os doze anos em que a dívida nacional quadruplicou com os déficits criados com base em previsões de receitas exageradamente otimistas e numa crença quase teológica de que impostos baixos e gastos altíssimos conseguem, de alguma maneira, promover crescimento suficiente para equilibrar o orçamento. Na cerimônia, agradeci especificamente aos senadores e deputados cujo apoio não vacilou do início ao fim e que por isso mesmo nunca foram citados nas matérias de jornais. Cada um que votou a favor, nas duas casas do Congresso, podia dizer legitimamente que se não fosse por seu voto nós não estaríamos lá naquele dia.

Tínhamos feito uma longa caminhada desde aqueles debates acalorados ao redor da mesa de jantar em Little Rock, em dezembro. Sozinhos, os democratas tinham substituído uma teoria econômica enganosa, mas na qual se acreditava profundamente, por outra mais sensata. Nossa nova idéia econômica tornou-se realidade.

Infelizmente, os republicanos, cujas políticas haviam sido as principais responsáveis pelo problema, conseguiram pintar o plano como sendo nada mais que aumento de impostos. É verdade que a maior parte dos cortes de gastos foi introduzida depois dos aumentos dos impostos, mas isso também é verdade com relação ao orçamento alternativo proposto pelo senador Dole. Na verdade, nos últimos dois anos do orçamento de cinco anos o plano Dole tinha um percentual de cortes até maior do que o meu. Mas é que leva tempo para reduzir os gastos com defesa e saúde, pois isso não pode ser feito logo de uma vez. Além do mais, os nossos "futuros" investimentos em educação, capacitação profissional, pesquisa, tecnologia e preservação do meio ambiente já estavam em níveis inaceitáveis de tão baixos, tendo sido reprimidos nos anos 1980 enquanto os cortes de impostos, as dotações para a defesa e os custos da saúde dispararam. O meu orçamento ia começar a reverter essa tendência.

Como era de esperar, os republicanos disseram que o meu plano econômico seria um verdadeiro desastre, chamando-o de "assassino do emprego" e de "caminho sem volta para a recessão". Mas eles estavam errados. Os primeiros movimentos do nosso mercado de títulos foram muito além do que poderíamos imaginar, trazendo juros mais baixos, elevando o mercado de ações e estimulando a economia. Como Lloyd Bentsen havia previsto, os norte-americanos mais ricos teriam de volta o dinheiro gasto nos impostos e, além disso, lucrariam com os investimentos. Quanto à classe média, o imposto pago na gasolina seria restituído muitas vezes com a diminuição dos juros da hipoteca da casa própria e os juros menores para a compra de carro, o crédito estudantil e os cartões de crédito. As famílias de trabalhadores com renda modesta seriam imediatamente beneficiadas com o Crédito Tributário sobre a Renda Auferida.

Alguns anos antes, sempre me perguntavam qual seria a grande contribuição que minha equipe daria à nossa política econômica. Em vez de dar uma explicação complicada da estratégia mercado de títulos/redução de déficit, eu respondia sempre a mesma coisa: aritmética. O povo norte-americano ouvia havia mais de dez anos que o governo era um leviatã glutão que engolia seus impostos pagos com muito suor e não fazia nada de bom com o dinheiro. Depois, os mesmos políticos que lhe disseram isso e lhe ofereceram reduções dos impostos para matar de fome o monstro maligno deram uma guinada de 180 graus e fizeram o possível para se reeleger, dando a falsa impressão de que os eleitores teriam programas pelos quais não pagaram e que a única razão do nosso grande déficit era o desperdício de dinheiro com ajuda externa, seguro contra a pobreza e outros programas para os pobres, uma fração mínima do orçamento. Gastar com "eles" não era bom; gastar e cortar impostos para "nós" era. Como costumava dizer o meu amigo senador Dale Bumper, um conservador em matéria de impostos: "Você me deixa preencher 200 bilhões de dólares por ano em cheques quentes e nós também fazemos uma festa".

Nós reintroduzimos a aritmética no orçamento e acabamos com um mau hábito do país. Infelizmente, apesar de os benefícios logo começarem a se fazer sentir, as pessoas não os perceberiam ainda por algum tempo. Nesse período, meus companheiros democratas e eu fomos alvo das piores críticas por parte do público. Eu não esperava gratidão. Mesmo com um abscesso no dente, ninguém gosta de ir ao dentista.

35

APROVADO O ORÇAMENTO, o Congresso entrou em recesso no mês de agosto, e eu não via a hora de tirarmos as tão necessitadas férias de duas semanas em Martha's Vineyard. Vernon e Ann Jordan providenciaram para que ficássemos na ponta de Oyster Pond, em um chalé que pertencia a Robert McNamara.

Mas antes da viagem havia ainda muita coisa a ser feita. No dia 11 nomeei o general do Exército John Shalikashvili para a chefia do Estado-Maior Conjunto, sucedendo a Colin Powell, cujo mandato terminaria no fim de setembro. Shali, como ele era chamado por todos, entrou no Exército como recruta e foi galgando postos até a sua atual posição de comandante da OTAN e das forças norte-americanas na Europa. Ele nasceu na Polônia, numa família oriunda da Geórgia, na ex-União Soviética. Antes da Revolução Russa, seu avô era general do Exército do czar e seu pai também foi oficial. Quando Shali tinha dezesseis anos, sua família mudou-se para Peoria, em Illinois, onde ele aprendeu inglês sozinho assistindo a filmes de John Wayne. Eu achei que ele seria o homem certo para liderar as nossas forças no mundo pós-Guerra Fria, especialmente pelos problemas na Bósnia.

Na metade do mês, Hillary e eu fomos para St. Louis, onde assinei a lei de socorro às vítimas das enchentes, após uma grande cheia que fez com que o rio Mississippi transbordasse desde Minnesota, passando por ambas as Dakotas, até o Missouri. A cerimônia de assinatura do projeto de lei marcou a minha terceira visita às áreas inundadas. Fazendas e propriedades foram destruídas e algumas cidadezinhas da planície que sofreu a maior inundação em cem anos foram varridas do mapa. Em todas as minhas viagens, a quantidade de pessoas de todo o país que apareceram para ajudar me deixou admirado.

Depois fomos para Denver receber o papa João Paulo II, que visitava os Estados Unidos. Tive um encontro bastante produtivo com Sua Santidade, que apoiou a nossa missão na Somália e o meu desejo de fazer mais pela Bósnia. Quando a nossa conversa terminou, ele recebeu amavelmente os assessores católicos da Casa Branca e os encarregados do Serviço Secreto que foram a Denver comigo. No dia seguinte assinei a Lei de Preservação da Vida Selvagem do Colorado, minha primeira legislação ambiental importante, protegendo mais de 250 mil hectares de florestas nacionais e terras públicas no Sistema de Preservação da Vida Selvagem Nacional.

Depois fui a Tulsa, no estado de Oklahoma, falar aos meus ex-colegas da Associação Nacional de Governadores sobre a saúde pública. Embora a tinta ainda estivesse fresca no plano de orçamento, eu não via a hora de começar a cuidar da saúde, e achei que os governadores me ajudariam, porque os custos crescentes do Medicaid, do seguro de saúde pago pelo estado aos seus funcionários e da assistência à saúde dos não-segurados pesavam muitíssimo nos orçamentos estaduais.

No dia 19, no meu aniversário de 47 anos, anunciei que Bill Daley, de Chicago, seria o encarregado da nossa força-tarefa no Acordo de Livre-Comércio da América do Norte (NAFTA). Seis dias depois, juntamente com o Canadá e o México, completamos os acordos paralelos do NAFTA relacionados aos direitos de trabalho e ao meio ambiente, ambos promessas de campanha, e mais outro que protegia os nossos mercados dos "surtos" de importação. Naquele momento, com tudo em seu devido lugar, eu estava pronto para fazer com que os acordos do NAFTA fossem aprovados pelo Congresso. Achei que Bill Daley era a pessoa ideal para chefiar essa campanha. Ele era um advogado democrata pertencente à família de políticos mais famosa de Chicago; seu irmão era o prefeito da cidade, como seu pai havia sido antes dele, e mantinha um excelente relacionamento com vários líderes trabalhistas. O NAFTA seria uma luta muito diferente da do orçamento. Muitos republicanos a apoiariam, e nós teríamos de encontrar um número suficiente de democratas para vencer as objeções da AFL-CIO, a associação dos sindicatos norte-americanos.

Depois da nomeação de Daley, finalmente fomos para Martha's Vineyard. Nessa noite os Jordan me ofereceram uma festa de aniversário que reuniu amigos antigos e também alguns novos. Jackie Kennedy Onassis e seu companheiro Maurice Tempelsman foram com Bill e Rose Styron e Katharine Graham, editora do *Washington Post*, uma das pessoas que eu mais admirava em Washington. No dia seguinte saímos de barco para nadar com Jackie e Maurice, Ann e Vernon, Ted e Vicki Kennedy, e Ed e Caroline Kennedy Schlossberg. Caroline e Chelsea subiram na plataforma superior do iate de Maurice e pularam na água. Elas desafiaram Hillary para um salto, e Ted e eu a animamos a saltar. Apenas Jackie a aconselhou a entrar na água por uma via mais segura. Graças ao seu bom senso habitual, Hillary deu ouvidos a Jackie.

Passei dez dias fazendo caminhadas em Oyster Pond, ao lado de Hillary e Chelsea, catando caranguejos, andando pela praia que em um ponto margeava uma lagoa e depois dava de frente para o oceano Atlântico, conhecendo as pessoas que moravam por ali, e também lendo.

As férias terminaram muito depressa e retornamos a Washington para o primeiro ano de Chelsea no curso colegial, a campanha de Hillary para as reformas da saúde, as primeiras recomendações de Al Gore para a redução de despesas como parte do seu National Performance Review* e a nova decoração do Salão Oval. Eu adorava trabalhar lá. Era muito claro e arejado, mesmo em dias nublados, por causa das janelas altas e das portas envidraçadas que se abriam para o sul e para o leste. À noite, a iluminação indireta refletida do teto curvo deixava o ambiente claro e muito agradável para trabalhar. Era uma sala elegante e confortável; sempre me senti muito bem lá dentro, sozinho ou em grupo. Kakhi Hockersmith, um decorador do Arkansas que era nosso amigo, nos ajudou com o novo visual, mais lumi-

---

* O National Performance Review (Análise do Desempenho Nacional, hoje chamado National Partnership for Reinventing Government), que durante o governo Clinton foi dirigido por Al Gore, estuda modos de aumentar a eficiência do governo federal e reduzir seus custos. (N. dos T.)

noso; cortinas douradas com debruns azuis, cadeiras de espaldar alto de cor dourada, sofás em tecido listrado dourado e vermelho e um belíssimo tapete azul-escuro com o selo presidencial no centro. Passei a gostar ainda mais daquela sala.

Setembro foi também o mês mais importante de toda a minha administração no que diz respeito à política externa. No dia 8, o presidente da Bósnia, Alia Izetbegovic, esteve na Casa Branca. A ameaça de ataques aéreos feita pela OTAN tinha conseguido reprimir os sérvios e levar à retomada das negociações de paz. Izetbegovic me garantiu que aceitaria um acordo pacífico desde que os bósnios muçulmanos não fossem prejudicados. Se houvesse acordo, ele queria que eu prometesse enviar forças da OTAN à Bósnia, inclusive tropas norte-americanas, para garantir o seu cumprimento. Eu reafirmei a minha intenção de auxiliar nesse processo.

No dia 9 de setembro, Yitzhak Rabin me telefonou para dizer que Israel e a Organização para a Libertação da Palestina (OLP) tinham chegado a um acordo de paz. O acordo era resultado de conversas secretas entre as partes, ocorridas em Oslo, das quais tínhamos sido informados pouco antes da minha posse. Em várias ocasiões, quando os dois lados correram risco de se desentender, Warren Christopher trabalhou bem, mantendo as conversações no rumo certo. E, por serem confidenciais, os negociadores puderam tratar das questões mais sensíveis tranqüilamente e concordar quanto a um conjunto de princípios que ambos aceitassem. A maior parte do nosso trabalho ainda estava por vir, pois ajudaríamos a resolver questões imensamente difíceis como, por exemplo, elaborar os termos da implementação e levantar os recursos que financiariam os custos do acordo — estes iam desde aumentar a segurança de Israel até implementar o desenvolvimento econômico, a relocação de refugiados e uma compensação para a Palestina. Eu já começava a receber sinais de ajuda financeira de países como a Arábia Saudita, onde o rei Fahd, embora ainda zangado com o apoio de Yasser Arafat ao Iraque na Guerra do Golfo, apoiava o processo de paz.

Ainda estávamos muito distantes de uma solução abrangente, mas a Declaração de Princípios foi um grande passo nessa direção. No dia 10 de setembro anunciei que no dia 13 os líderes palestinos e judeus assinariam o acordo no Gramado Sul da Casa Branca, e como a OLP renunciara à violência e reconhecera o direito de Israel de existir, os Estados Unidos retomariam o diálogo com eles. Pouco antes da assinatura, a imprensa me perguntou se Arafat seria bem-vindo à Casa Branca. Eu disse que caberia às partes diretamente envolvidas decidir quem as representaria na cerimônia. Na verdade, eu queria tanto que Rabin e Arafat estivessem presentes que reforcei pessoalmente o convite. Se eles não comparecessem, ninguém acreditaria na sua disposição de implementar aqueles princípios. Se comparecessem, quase um bilhão de pessoas em todo o mundo os veriam pela televisão e eles sairiam da Casa Branca muito mais comprometidos com a paz do que quando chegaram. Quando Arafat confirmou a sua presença, novamente pedi a Rabin que viesse. Ele aceitou, embora não com tanta segurança.

Considerada em retrospecto, pode-se ter a impressão de que a decisão dos líderes de comparecer foi fácil. Na época, foi um lance arriscado para Rabin e

Arafat, que não sabiam como seu povo reagiria. Mesmo que a maioria dos políticos os apoiasse, os extremistas de ambos os lados não aceitariam concessões em questões fundamentais inerentes à Declaração de Princípios. Ambos demonstraram visão e coragem consentindo em comparecer e falar. O acordo seria assinado pelo ministro de Relações Exteriores Shimon Peres e por Mahmoud Abbas, conhecido como Abu Mazen, que já haviam participado das negociações em Oslo. O secretário Christopher e o ministro das Relações Exteriores russo Andrei Kozyrev foram testemunhas do acordo.

Na manhã do dia 13 a Casa Branca estava envolvida numa atmosfera de alvoroço, mas também de tensão. Tínhamos convidado mais de 2.500 pessoas para o evento organizado por George Stephanopoulos e Rahm Emanuel. Fiquei especialmente feliz com o fato de Rahm ter participado, porque ele havia servido no Exército israelense. O presidente Carter, que tinha negociado os Acordos de Camp David entre Egito e Israel, estaria presente. E também Bush, que, ao lado de Gorbachev, tinha patrocinado as conversas em Madri em 1991 entre Israel, os palestinos e os países árabes. O presidente Ford foi convidado, mas só chegaria a Washington para o jantar de celebração, à noite. Todos os ex-secretários de Estado e conselheiros de segurança nacional que haviam trabalhado pela paz nos últimos vinte anos também estariam presentes. Chelsea e os filhos de Gore faltariam às aulas naquela manhã. Eles não perderiam aquele evento por nada neste mundo.

Na noite anterior, fui me deitar às dez horas, muito cedo para mim, mas acordei às três da madrugada. Sem conseguir conciliar o sono, abri a minha Bíblia e li todo o livro de Josué. Isso me inspirou a reescrever um trecho do meu discurso e a usar uma gravata azul com chifres dourados, que lembravam os usados por Josué para derrubar as muralhas de Jericó. Agora eles iam representar a paz que devolveria Jericó aos palestinos.

Tivemos dois pequenos inconvenientes logo cedo. Quando me disseram que Arafat pretendia comparecer com o traje que é a sua marca registrada, ou seja, o *keffiah* e o uniforme verde-oliva, e que ele poderia estar pensando em usar o revólver que freqüentemente trazia à cintura, eu reagi e mandei dizer a ele que não viesse armado. Ele estava lá para fazer a paz; a pistola passaria uma mensagem equivocada, e ele certamente estaria seguro sem ela. Arafat concordou em vir desarmado. Os palestinos também reagiram quando viram que estavam identificados no acordo como "delegação palestina", e não como OLP. Israel concordou com a designação preferida.

Surgiu então a questão de se Rabin e Arafat se apertariam as mãos. Eu sabia que Arafat queria isso. Antes de chegar a Washington, Rabin disse que aceitaria o aperto de mão "se fosse necessário", e eu sabia que ele não queria isso. Conversamos sobre a questão quando ele chegou à Casa Branca. Ele não prometeu nada e lembrou a quantidade de jovens israelenses que havia enterrado por causa de Arafat. Eu disse a Yitzhak que se ele estivesse realmente disposto a selar a paz, teria de apertar a mão de Arafat para provar isso. "O mundo inteiro estará assistindo, e é o que todos estão esperando." Rabin suspirou, e com sua voz profunda e arrastada disse: "Ninguém faz a paz com os amigos". "Então você aceita?", perguntei. Ele respondeu num tom áspero: "Tudo bem. Tudo bem. Mas nada de beijo". Ele não queria saber do tradicional cumprimento árabe do beijo no rosto.

Eu sabia que Arafat era um grande *showman* e tentaria beijar Rabin depois do aperto de mãos. Nós havíamos decidido que primeiro eu apertaria a mão de cada um e depois daria um jeito de aproximá-los. Eu sabia que se Arafat não me beijasse, também não beijaria Rabin. Fiquei no Salão Oval discutindo isso com Hillary, George Stephanopoulos, Tony Lake e Martin Indyk. Tony disse que havia um jeito de eu apertar a mão de Arafat e evitar o beijo. Ele descreveu o procedimento, que nós ensaiamos. Eu era Arafat, ele era eu, e me mostrou como fazer. Quando estendi a mão para cumprimentá-lo e avancei para o beijo, ele pôs a sua mão esquerda sobre o meu braço direito, perto da articulação do cotovelo, apertou e me fez parar imediatamente. Então invertemos os papéis e eu fiz o mesmo nele. Ensaiamos mais algumas vezes, para eu ter certeza de que o rosto de Rabin permaneceria intacto. Rimos muito com isso, mas eu sabia que, para Rabin, evitar esse beijo era algo muito sério.

Pouco antes da cerimônia, as três delegações se reuniram no Salão Oval Azul, no piso principal da Casa Branca. Israelenses e palestinos ainda não se falavam em público, e os norte-americanos andavam de um lado para o outro entre os dois grupos que se movimentavam ao redor dos limites do salão. Parecíamos um bando de crianças desajeitadas girando num carrossel em câmera lenta.

Finalmente descemos as escadas para dar início à cerimônia. Todos os demais se retiraram, deixando Arafat, Rabin e eu sozinhos por um momento. Arafat estendeu a mão para cumprimentar Rabin. Yitazhak tinha as mãos firmemente cruzadas nas costas e disse secamente: "Lá fora". Arafat sorriu e assentiu com um movimento de cabeça. Então Rabin disse: "Sabe, vamos ter de nos esforçar muito para que tudo isso dê certo". Arafat respondeu: "Eu sei, e estou pronto para fazer a minha parte".

Saímos para um dia ensolarado de final de verão. Abri a cerimônia com um breve discurso de boas-vindas, agradecimentos, apoio e encorajamento aos líderes e sua determinação de fazer "a paz dos valentes". Peres e Abbas disseram algumas palavras depois de mim e em seguida se sentaram para assinar o acordo. Warren Christopher e Andrei Kosyrev ficaram observando quando Rabin, Arafat e eu nos colocamos um pouco atrás, à direita. Quando todos assinaram, os olhares se dirigiram para os líderes; Arafat colocou-se à minha esquerda e Rabin, à direita. Apertei a mão de Arafat e apliquei a manobra do bloqueio que eu havia ensaiado. Depois me voltei para Rabin e apertei a mão dele. Em seguida dei um passo atrás para sair do meio dos dois e abri os braços para aproximá-los. Arafat estendeu a mão para Rabin, que ainda estava relutante. Quando Rabin estendeu a dele, as pessoas que assistiam deixaram escapar uma exclamação, seguida de uma salva de palmas quando as mãos se apertaram, sem beijos. O mundo inteiro celebrou, com exceção dos radicais que protestaram no Oriente Médio, incitando à violência, e dos manifestantes em frente à Casa Branca, segundo os quais estávamos pondo em risco a segurança de Israel.

Após o aperto de mãos, Christopher e Kozyrev fizeram algumas breves observações, e em seguida Rabin pegou o microfone. Como um profeta do Velho Testamento ele falou em inglês, dirigindo-se aos palestinos. "Estamos destinados a viver juntos, no mesmo solo e na mesma terra. Nós, os soldados que retornamos de batalhas manchadas de sangue [...], dizemos hoje a vocês, em voz alta e clara: basta de sangue e de lágrimas. Basta! [...] Como vocês, também somos gente — gente que quer construir um lar, plantar uma árvore, amar, conviver lado a lado com dignidade, em afinidade com os seres humanos, como homens livres". Em seguida, citando o livro de Koheleth, que os cristãos chamam de Eclesiastes, Rabin concluiu: "Tudo tem o seu tempo determinado, e há tempo para todo propósito debaixo do céu. Há tempo de nascer e tempo de morrer; tempo de matar e tempo de curar [...] tempo de guerra e tempo de paz. O tempo da paz chegou". Foi um discurso magnífico, que ele fez para conquistar os seus adversários.

Quando chegou a vez de Arafat, seu discurso foi diferente. Ele já havia conquistado os israelenses com sorrisos, gestos amigáveis e seu vigoroso aperto de mão. Agora, numa voz ritmada, melodiosa, ele se dirigiu em árabe ao seu povo, relembrando as esperanças no processo de paz e reafirmando a legitimidade das suas aspirações. Como Rabin, ele também promoveu a paz, mas com um limite: "Nosso povo não considera que o exercício do direito da autodeterminação poderia violar os direitos dos nossos vizinhos ou infringir a sua segurança. Pelo contrário, acabar com esse sentimento de ser castigado e de sofrer uma injustiça histórica é a maior garantia de alcançarmos a coexistência e a abertura entre nossos povos e suas futuras gerações".

Arafat escolheu gestos generosos para se dirigir aos israelenses e palavras duras para inspirar confiança aos céticos em casa. Rabin fizera o inverso. Em seu discurso ele tinha sido sincero e verdadeiro com os palestinos, e depois usou a linguagem corporal para tranqüilizar os céticos em Israel. Durante todo o tempo em que Arafat falava, ele pareceu incomodado e descrente, tão pouco à vontade que parecia ansioso para ser dispensado. As diferentes táticas, postas uma ao lado da outra, criaram uma justaposição fascinante e reveladora. Eu queria gravar aquele momento para usá-lo em futuras negociações com eles. Mas não precisei me preocupar. Não muito tempo depois Rabin e Arafat teriam um notável relacionamento de trabalho, um tributo à consideração que Arafat nutria por Rabin e à fantástica capacidade do líder israelense de entender como funcionava a cabeça do líder árabe.

Encerrei a cerimônia evocando os descendentes de Isaac e Ismael, filhos de Abraão: "*Shalom, salaam,* paz", e instando com eles para que se voltassem à sua terra "como promotores da paz". Após o evento, tive um breve encontro com Arafat e um almoço privado com Rabin. Yitzhak estava exausto da longa viagem e pelas emoções da ocasião. Havia sido uma incrível reviravolta em sua movimentada vida, grande parte dela passada no Exército, combatendo os inimigos de Israel, entre eles Arafat. Perguntei a ele o que o levara a apoiar as conversações de Oslo e o acordo que delas resultou. Ele explicou que havia entendido que o território ocupado por Israel desde a guerra de 1967 não era mais necessário à segurança do país e que, na verdade, se tornara uma fonte de insegurança. Disse que a intifada irrompida alguns anos antes mostrara que ocupar territórios repletos de gente revoltada não tornava Israel mais seguro, e sim muito mais vulnerável aos ataques internos. Então, na Guerra do Golfo, quando o Iraque disparou os mísseis Scud na direção de Israel, ele se deu conta de que a terra não era um pára-choque de segurança contra os ataques externos com armas modernas. Finalmente, disse ele, se fosse para Israel se fixar para sempre na Margem Esquerda, o país teria de decidir se deixaria os árabes que estavam ali votarem nas eleições israelenses, como faziam os que já viviam lá antes do estabelecimento da fronteira em 1967. Se os palestinos tivessem direito a voto, o seu alto índice de natalidade faria com que em poucas décadas Israel não fosse mais um Estado judeu. Se o direito ao voto lhes fosse negado, Israel não seria mais uma democracia, mas um estado que adotava o *apartheid*. Assim, concluiu ele, Israel devia abrir mão do território, mas só se isso trouxesse uma paz real e relações normais com seus vizinhos, inclusive a Síria. Rabin achava que poderia fazer um acordo com o presidente sírio, Hafez al-Assad, antes ou logo depois que o processo palestino se completasse. Baseado em minhas conversas com Assad, eu concordei.

Com o tempo, a análise de Rabin sobre a importância da Margem Esquerda para Israel se tornaria amplamente aceita entre os pacifistas israelenses, mas em 1993 ainda era uma novidade perspicaz e corajosa. Eu admirava Rabin antes mesmo de conhecê-lo em 1992, mas naquele dia, ao ouvi-lo expor seus argumentos em favor da paz, vi a grandeza de sua liderança e de seu espírito. Jamais havia conhecido ninguém como ele, e me decidi a ajudá-lo a realizar o seu sonho de paz.

Após o almoço, Rabin e os demais israelenses tomaram o avião de volta para celebrar os dias santos do Rosh Hashanah e Yom Kippur e se desincumbir da missão de vender o acordo ao Knesset, o Parlamento isralense. Antes, porém, eles pararam no Marrocos para informar o rei Hassan, que havia muito tempo tinha uma posição moderada com relação a Israel, sobre o acordo.

Nessa noite Hillary e eu oferecemos um jantar de celebração para 25 casais, que incluíam o presidente Carter e senhora, o presidente Ford e senhora, o presidente Bush, seis dos nove secretários de Estado e líderes congressistas democratas e republicanos. Os presidentes aceitaram o convite, não apenas para celebrar a chance de paz, mas também para o lançamento público da campanha do NAFTA no dia seguinte. Num dado momento do encontro levei todos eles ao meu escritório no andar residencial, onde tiramos uma foto comemorativa da rara ocasião da história norte-americana em que quatro presidentes jantaram juntos na Casa Branca. Após o jantar, os Carter e Bush aceitaram o nosso convite para dormirem na Casa Branca. Os Ford não aceitaram por uma razão muito boa: tinham reservado uma suíte num hotel de Washington, a mesma em que passaram a noite de núpcias.

No dia seguinte, o movimento pela paz ganhou força quando os diplomatas israelenses e jordanianos assinaram um acordo que os aproximou ainda mais da paz definitiva, e centenas de empresários norte-americanos árabes e judeus se reuniram no Departamento de Estado e decidiram se empenhar num esforço conjunto de investimentos em regiões palestinas, quando a situação estivesse suficientemente pacificada para que uma economia estável se desenvolvesse.

Enquanto isso, os outros presidentes e eu participamos da cerimônia de assinatura dos acordos laterais do NAFTA, no Salão Leste da Casa Branca. Eu disse que o NAFTA seria bom para as economias dos Estados Unidos, do Canadá e do México, por criar um mercado gigantesco de quase 400 milhões de pessoas, e fortaleceria a liderança dos Estados Unidos em nosso hemisfério e no mundo. Disse também que se não conseguíssemos aprová-lo, isso aumentaria, ao invés de diminuir, a probabilidade de perda de empregos para a mão-de-obra mexicana de baixos salários, que se colocava como concorrente. As tarifas mexicanas eram duas vezes e meia mais altas que as nossas, e mesmo assim o México era, depois do Canadá, o maior comprador dos produtos dos Estados Unidos. O desaparecimento gradual das tarifas de ambos os lados tinha de ser uma vantagem líquida para nós.

Em seguida os presidentes Carter, Ford e Bush discursaram em favor do NAFTA. Todos eles falaram muito bem, mas Bush foi especialmente convincente e, de uma maneira bastante espirituosa, generoso comigo. Ele elogiou o meu discurso dizendo: "Agora eu entendo por que ele está dentro olhando para fora e eu estou fora olhando para dentro". Os presidentes imprimiram respeitabilidade bipartidária à campanha, que precisava de toda a ajuda que pudéssemos conseguir. O NAFTA enfrentava intensa oposição de uma coalizão incomum de democratas liberais e republicanos conservadores, que partilhavam o temor de que um relacionamento mais aberto com o México custasse aos Estados Unidos bons postos de trabalho e não ajudaria ao mexicano comum, que, segundo eles, continuaria recebendo baixos salários por muito trabalho, por mais que os seus patrões tivessem lucros nas transações comerciais com os Estados Unidos. Eu sabia que eles podiam estar certos em relação à segunda parte, mas também sabia que o NAFTA era essencial, não só para o nosso relacionamento com o México e a América Latina, mas também pelo nosso compromisso de construir um mundo mais integrado e cooperativo.

Embora estivesse cada vez mais claro que a votação da reforma da saúde não ocorreria antes do ano seguinte, ainda assim tínhamos de fazer com que o nosso projeto fosse encaminhado ao Capitólio para iniciar o processo legislativo. No começo pensamos em apenas mandar um esboço da proposta às comissões afetas e deixar que elas elaborassem o projeto de lei, mas Dick Gephardt e outros insistiram em que as nossas chances de sucesso seriam maiores se começássemos já com uma legislação específica. Após uma reunião com líderes do Congresso na Sala do Gabinete, sugeri a Bob Dole que trabalhássemos juntos na elaboração. Fiz isso porque Dole e sua chefe de gabinete, uma ex-enfermeira admirável chamada Sheila Burke, tinham uma preocupação genuína com a saúde, e se o meu projeto de lei não agradasse a eles, Dole faria obstrução até destruí-lo. Ele não quis trabalhar na elaboração de uma proposta conjunta porque achava que eu deveria apresentar o meu próprio projeto, e mais adiante nós chegaríamos a uma solução conciliatória. Ele devia estar sendo sincero quando disse isso, mas não foi assim que aconteceu.

A data marcada para a apresentação do plano da reforma da saúde era 22 de setembro, numa sessão conjunta do Congresso. Eu estava animado. Nessa mesma manhã eu tinha assinado um projeto de lei para a criação do AmeriCorps, o programa nacional de prestação de serviço — uma de minhas prioridades pessoais mais importantes. Também nomeei Eli Segal, que tinha guiado o projeto de lei pelo Congresso, para ser o primeiro presidente executivo da Corporação para a Prestação de Serviço Nacional. Entre os que assistiram à cerimônia de assinatura nos gramados da Casa Branca estavam os jovens que atenderam à minha convocação para prestar serviço comunitário naquele verão; dois veteranos da Civilian

Conservation Corps* de Franklin D. Roosevelt, cujos projetos ainda marcavam a paisagem norte-americana; e Sargent Shriver, primeiro diretor do Peace Corps.** Gentilmente, para eu assinar o documento que criava o AmeriCorps, Sarge emprestou-me uma das canetas que o presidente Kennedy usara 32 anos antes para assinar a legislação do Peace Corps. Nos cinco anos que se seguiram, cerca de 200 mil jovens norte-americanos integrariam as fileiras do AmeriCorps, um número muito maior que o dos que serviram nos quarenta anos de história do Peace Corps.

Na noite do dia 22 eu me sentia confiante quando entrei pelo corredor da Câmara dos Deputados e vi Hillary sentada no balcão com dois dos mais respeitados médicos dos Estados Unidos, o pediatra Dr. T. Berry Brazelton, grande amigo dela, e o Dr. C. Everett Koop, que fora o médico-chefe no governo do presidente Reagan, posição que ele usou para esclarecer a nação sobre a AIDS e a importância da prevenção da doença. Tanto Brazelton como Koop eram defensores das reformas na saúde e dariam credibilidade aos nossos esforços.

Minha confiança balançou quando olhei para o teleprompter para começar a falar e o meu discurso não estava lá. Em vez dele, me vi diante do discurso que fiz em fevereiro no Congresso sobre o plano econômico. O orçamento havia sido aprovado havia mais de um mês; o Congresso não precisava ouvir aquele discurso outra vez. Virei-me para Al Gore, que como sempre estava sentado atrás de mim, e pedi que ele mandasse George Stephanopoulos resolver o problema. Mesmo assim comecei a fazer o meu discurso. Eu tinha levado uma cópia comigo e sabia o que queria dizer, por isso não me preocupei muito, embora fosse um tanto dispersivo ver passando pelo teleprompter todas aquelas palavras que não tinham nada a ver com o contexto. Na marca dos sete minutos o discurso certo finalmente apareceu. Acho que na hora ninguém percebeu a diferença, mas foi um alívio ter as minhas muletas de volta.

Da maneira mais simples e direta possível, expliquei o problema — que nosso sistema custava muito caro e cobria muito pouco — e esbocei os princípios básicos do nosso plano: simplicidade, segurança, economia, possibilidade de escolha, qualidade e responsabilidade. Todo mundo teria cobertura, através dos seguradores privados, que não seria perdida em caso de doença ou mudança de emprego; haveria muito menos burocracia graças a um pacote uniforme de benefício míni-

---

*O New Deal de Franklin Roosevelt simbolizou, na perspectiva da história da política e da cultura, uma mudança de paradigmas nos Estados Unidos. A Depressão e os problemas sociais dela decorrentes tornaram-se o principal desafio para as lideranças políticas norte-americanas nos anos 1930. Os trabalhadores foram ajudados pelo CCC – Civilian Conservation Corps –, que criou o salário-desemprego para amenizar a situação do número crescente de demitidos no período. Essa organização governamental também promoveu trabalhos temporários em obras públicas. Em quatro meses foram colocados em funcionamento 1.300 campos de trabalho, com um total estimado em 300 mil jovens, entre 18 e 25 anos, dedicados às mais variadas tarefas: do reflorestamento à limpeza de lugares públicos e à construção de pontes, estradas, reservatórios etc. (N. dos T.)

**Fundado em 1961 durante a administração de John F. Kennedy, o Peace Corps envia jovens a países em desenvolvimento para ajudar nas áreas de educação, saúde e agricultura. Os voluntários são, em geral, estudantes que terminaram a faculdade. (N. dos T.)

mo; faríamos uma grande economia baixando os custos administrativos, que na época eram visivelmente superiores aos de outras nações ricas, e promovendo uma ação severa contra a fraude e os abusos. Segundo o Dr. Koop, só isso já nos pouparia dezenas de bilhões de dólares.

Pelo nosso projeto, os norte-americanos poderiam escolher seu próprio plano de saúde e manter os médicos da sua preferência, escolhas que estavam sendo vetadas para um número crescente de pessoas cujo seguro era mantido por organizações de assistência à saúde (HMOs*), que para segurar os custos restringiam as escolhas do paciente e realizavam análises extensas antes de aprovar tratamentos caros. A qualidade seria assegurada pela publicação de boletins sobre os planos de saúde para os consumidores e pela oferta de mais informações para os médicos. A responsabilidade seria exigida em todo o país contra companhias de seguro-saúde que negassem assistência, provedores que maquiassem suas contas, empresas farmacêuticas que cobrassem acima do permitido, advogados que entrassem com processos falsos e cidadãos cujas escolhas irresponsáveis prejudicassem a própria saúde e fizessem os custos explodirem para todos os demais.

Eu propus que todos os empregadores deveriam oferecer seguro-saúde, como 75% deles já vinham fazendo, com um desconto para as pequenas empresas que não tivessem condições de pagar o seguro. O subsídio seria coberto por um aumento nos impostos cobrados sobre os cigarros. Os profissionais autônomos poderiam deduzir do imposto de renda o valor do seguro.

Se o sistema que propus tivesse sido adotado, ele teria reduzido a inflação nos custos da saúde pública, distribuído de maneira mais justa a carga do pagamento da assistência médica e oferecido proteção à saúde de milhões de cidadãos que não a tinham. E teria posto um fim a injustiças terríveis que eu mesmo presenciei, como o caso de uma mulher que abandonou o emprego de 50 mil dólares anuais com o qual sustentava seus seis filhos porque a mais nova era tão doente que não podia ter seguro-saúde, e a única maneira de a mãe conseguir assistência médica para a garotinha foi se incluir no seguro contra a pobreza e inscrever-se no Medicaid; ou o caso de um jovem casal com o filho doente, cujo único seguro-saúde vinha do empregador do pai, uma pequena empresa sem fins lucrativos com vinte funcionários. O tratamento da criança era tão caro que a seguradora propôs ao empregador despedir o funcionário com o filho doente ou então aumentar em duzentos dólares a mensalidade de todos os demais funcionários. Eu achava que o meu país podia fazer mais do que isso.

Hillary, Ira Magaziner, Judy Feder e todos os que os ajudaram tinham criado um plano que poderia ser implantado enquanto reduzíamos o déficit. E, ao contrário do que foi dito mais tarde, os especialistas em saúde, de modo geral, o elogiaram na época por ser um plano moderado e exeqüível. Claro que com ele o governo não estava assumindo o controle do sistema de saúde, como acusaram os que o criticavam, mas essa história foi levantada depois. Na noite do dia 22, para me deixar feliz bastou que o teleprompter voltasse a funcionar.

---

*O HMO, Health Maintenance Organization, é um plano de saúde privado. Há também as Medicare HMO, que oferecem aos beneficiários do Medicare a opção de receber assistência médica através de uma HMO, e não por órgãos do governo. (N. dos T.)

* * *

Lá pelo fim de setembro a Rússia voltou às manchetes dos jornais, quando os parlamentares de linha dura tentaram depor Yeltsin. Ele dissolveu a Duma e convocou novas eleições para o dia 12 de dezembro. Aproveitamos a crise para reforçar o apoio ao nosso pacote de ajuda à Rússia, que foi aprovado pela Câmara dos Deputados por 321 a 108, em 29 de setembro, e pelo Senado por 87 a 11 em 30 de setembro.

No dia 3 de outubro, um domingo, o conflito entre Yeltsin e seus opositores reacionários na Duma irrompeu numa batalha nas ruas de Moscou. Grupos armados agitando bandeiras com a foice e o martelo e retratos de Stalin atiraram com lançadores de granadas, disparadas contra o prédio que abrigava algumas estações de televisão da Rússia. Outros líderes reformistas de antigos países comunistas, entre eles Václav Havel, deram declarações de apoio a Yeltsin, o que eu também fiz, dizendo aos repórteres que obviamente os opositores tinham começado toda a violência, que Yeltsin tinha "recuado" para evitar o uso excessivo da força e que os Estados Unidos apoiariam o seu empenho em garantir eleições parlamentares livres e justas. No dia seguinte as forças militares russas cercaram a Duma e ameaçaram invadi-la, para forçar a rendição dos líderes rebeldes. A bordo do Air Force One, a caminho da Califórnia, eu telefonei para Yeltsin e lhe ofereci o meu apoio.

Os confrontos nas ruas de Moscou foram a principal notícia da noite em todo o mundo, mas nos Estados Unidos os noticiários abriram com uma reportagem muito diferente, sobre o fato que marcou um dos dias mais negros da minha administração e se tornou famoso como "Black Hawk Down" [Queda do Black Hawk].

Em dezembro de 1992 o presidente Bush, com o meu apoio, enviara tropas para a Somália para ajudar as Nações Unidas depois que 350 mil somalis perderam a vida numa sangrenta guerra civil que deixou um rastro de fome e doenças. O conselheiro de segurança nacional de Bush na época era o general Brent Scowcroft, o mesmo que disse a Sandy Berger que os soldados voltariam para casa antes da minha posse. Isso não aconteceu porque ainda não havia governo na Somália; na ausência das nossas tropas, bandidos armados teriam roubado os suprimentos que eram distribuídos pela ONU e a fome se instalaria outra vez. Nos meses que se seguiram, as Nações Unidas enviaram cerca de 20 mil homens e nós reduzimos o contingente norte-americano, que dos 25 mil homens iniciais passaram para pouco mais de 4 mil. Sete meses depois, as safras estavam crescendo, a fome tinha terminado, os refugiados começavam a voltar, escolas e hospitais tinham sido reabertos, criara-se uma força policial e os somalis se empenhavam num processo de conciliação rumo à democracia.

Mas em junho a tribo do déspota somali Mohammed Aidid matou 24 integrantes das forças de paz paquistanesas. Aidid, cujos bandidos armados controlavam boa parte da capital, Mogadíscio, e que não aprovava o processo de conciliação, queria controlar a Somália. E achava que para isso teria de expulsar a ONU. Quando os paquistaneses foram mortos, o secretário-geral Boutros-Ghali e seu representante na Somália, o almirante norte-americano aposentado Jonathan Howe, decidiram pegar Aidid, pois achavam que a missão da ONU fracassaria se ele não fosse levado à justiça. Como Aidid estava sob a proteção de um Exército muito bem armado, a ONU não conseguiu prendê-lo e pediu ajuda aos Estados Unidos. O almirante Howe, que havia sido assistente de Brent Scowcroft na Casa Branca de Bush, estava convencido de que prender Aidid e levá-lo a julgamento, especialmente depois da morte dos pacifistas paquistaneses, era a única maneira de encerrar os conflitos entre tribos, que mantinham a Somália mergulhada na violência, na ruína e no caos.

A poucos dias de entregar a chefia do Estado-Maior Conjunto, Colin Powell me procurou com uma recomendação de que eu aprovasse um esforço paralelo dos norte-americanos para capturar Aidid, embora achasse que tínhamos apenas 50% de chances de pegá-lo e 25% de conseguir pegá-lo vivo. Mesmo assim, argumentou ele, não poderíamos nos comportar como se não nos importássemos com o fato de Aidid ter assassinado os soldados das forças da ONU que estavam lá conosco. Os repetidos fracassos da ONU nas tentativas de capturar Aidid só tinham servido para elevar ainda mais o seu *status* e empanar a natureza humanitária da missão das Nações Unidas, e eu concordei.

O comandante dos Rangers* era o general William Garrison. A Décima Divisão de Montanha do Exército, aquartelada no Forte Drum, em Nova York, também mantinha tropas na Somália sob as ordens do comandante-geral das forças armadas, general Thomas Montgomery. Ambos se subordinavam ao general do Corpo de Fuzileiros Navais Joseph Hoar, chefe do Comando Central dos Estados Unidos, na Base Aérea de MacDill em Tampa, Flórida. Eu conhecia Hoar e confiava muito no seu julgamento e habilidade.

No dia 3 de outubro, tendo recebido a informação de que dois dos principais ajudantes de Aidid estavam na região de Mogadíscio chamada "Mar Negro", controlada por ele, o general Garrison ordenou aos Rangers que preparassem uma invasão ao prédio onde se esperava que os homens estivessem. Eles chegaram a Mogadíscio em helicópteros Black Hawk em plena luz do dia, numa operação muito mais arriscada do que se fosse à noite, quando os helicópteros e as tropas são menos visíveis e os equipamentos de visão noturna permitem operar como se fosse dia claro. Garrison decidiu correr esse risco porque suas tropas já contabilizavam três operações à luz do dia muito bem-sucedidas.

Os Rangers invadiram o prédio e capturaram dois tenentes e algumas figuras menos importantes. Mas a partir daí tudo saiu errado. As forças de Aidid contra-atacaram e abateram dois Black Hawks. O piloto do primeiro helicóptero ficou preso nos destroços. Os Rangers não o abandonaram; eles nunca deixam seus homens no campo de batalha, vivos ou mortos. Quando voltaram para pegá-lo, foram atacados. Por muito tempo noventa soldados nossos ficaram em volta do helicóptero, num tiroteio fechado com centenas de somalis. Por fim, a Força de Deslocamento Rápido do general Montgomery entrou em ação, mas a resistência somali era bastante forte para impedir que a operação resgate fosse bem-sucedida. Quando a batalha terminou, havia dezoito norte-americanos mortos, dezenas de feridos e o piloto Mike Durant, de um dos Black Hawks, tinha sido capturado. Mais de quinhentos somalis morreram e mais de mil ficaram feridos. Os somalis enrai-

---

*Patrulheiros do Exército norte-americano que fazem ações de reconhecimento em locais distantes. (N. dos T.)

vecidos arrastaram o cadáver do chefe das tripulações do Black Hawk pelas ruas de Mogadíscio.

Os cidadãos norte-americanos ficaram indignados. Por que a nossa missão humanitária se transformara numa obsessão por pegar Aidid? Por que as forças norte-americanas cumpriam ordens de Boutros-Ghali e do almirante Howe? O senador Robert Byrd exigiu o fim "dessas operações pega-ladrão". O senador John McCain disse: "Clinton tem de trazê-los de volta para casa". O almirante Howe e o general Garrison queriam perseguir Aidid; de acordo com as suas fontes em Mogadíscio, muitos aliados da sua tribo tinham abandonado a cidade, e o serviço logo estaria terminado.

No dia 6 nossa equipe de segurança nacional reuniu-se na Casa Branca. Tony Lake levou também Robert Oakley, que entre dezembro e março ocupara o mais alto cargo civil dos Estados Unidos em Mogadíscio. Oakley acreditava que a ONU e também o seu amigo almirante Howe tinham cometido um erro isolando Aidid do processo político e se obcecando em seguir no encalço dele. Por isso discordava da nossa decisão de tentar capturar Aidid para a ONU.

Eu compreendia o general Garrison e os homens que queriam voltar para terminar o trabalho. Ter perdido os nossos soldados era algo que me abatia muito, e eu queria que Aidid pagasse por isso. Se pegá-lo compensasse a perda dos dezoito jovens e os 84 feridos do lado norte-americano, por que não fazer isso? O problema dessa linha de raciocínio era que se nós voltássemos e agarrássemos Aidid vivo ou morto, então nós, e não a ONU, tomaríamos a Somália, e não havia nenhuma garantia de que o nosso trabalho de restauração política do país seria melhor que o da ONU. Eventos subseqüentes provaram a correção desse raciocínio: Aidid morreu de causas naturais em 1996 e a Somália continuou dividida. Além disso, não havia apoio no Congresso para uma ação militar mais ampla na Somália, como fiquei sabendo em uma reunião na Casa Branca com vários congressistas — a maioria deles exigia a retirada imediata das nossas tropas. Eu me opus fortemente, e no final chegamos a uma solução conciliatória de um período de transição de seis meses. Eu não me importava de enfrentar o Congresso, mas era obrigado a considerar as conseqüências de qualquer ato que dificultasse obter o seu apoio para enviar nossas tropas à Bósnia e ao Haiti, onde havia muito mais interesses em jogo.

No final, concordei em enviar Oakley com a missão de convencer Aidid a libertar Mike Durant, o piloto capturado. Suas instruções eram claras: os Estados Unidos não retaliariam se Durant fosse libertado imediata e incondicionalmente. Nós não o trocaríamos por pessoas que tinham sido capturadas. Oakley transmitiu a mensagem e Durant foi libertado. Eu reforcei as nossas tropas e marquei uma data para a sua retirada, dando seis meses à ONU para estabelecer o controle ou instalar uma organização política somali eficiente. Após a libertação de Durant, Oakley iniciou negociações com Aidid e acabou garantindo um armistício medíocre.

A batalha de Mogadíscio foi um tormento para mim. Posso imaginar como o presidente Kennedy se sentiu depois da Baía dos Porcos. Fui responsável por uma operação que eu aprovara em geral, mas não nos detalhes. Diferentemente da Baía dos Porcos, não foi um fracasso em termos estritamente militares — a força-tarefa dos Rangers tinha prendido os tenentes de Aidid, invadindo inesperadamente o centro de Mogadíscio em plena luz do dia, executando uma missão complexa e difícil e sofrendo baixas inesperadas com coragem e habilidade. Mas as baixas chocaram o nosso país e a batalha que as produziu foi incoerente com nossa missão humanitária ou com a missão da ONU.

O que mais me atormentava é que quando eu aprovei a ação das forças armadas para prender Aidid, jamais imaginei um ataque à luz do dia num lugar cheio de gente. Achei que tentaríamos pegá-lo quando ele estivesse se deslocando, longe de uma multidão hostil de civis e da cobertura que estes dão aos seus defensores armados. Achei que estivesse aprovando uma ação policial das nossas tropas, que tinham muito mais capacidade, mais equipamento e treinamento que seus colegas da ONU. Parece que foi isso também que Colin Powell achou que estava me pedindo para aprovar. Depois que saí da Casa Branca, quando Powell já era secretário de Estado, nós conversamos sobre o episódio e ele me disse que não aprovaria uma operação desse tipo a menos que ela fosse realizada à noite. Mas na ocasião nós não falamos sobre isso, e tampouco parece que alguém tenha estabelecido parâmetros para as opções do general Garrison. Colin Powell se afastara do cargo três dias antes do ataque e John Shalikashvili ainda não tinha sido confirmado como seu substituto. A operação não foi aprovada pelo general Hoar no CentCom ou pelo Pentágono. Conseqüentemente, em vez de autorizar uma operação policial agressiva, eu acabei autorizando um ataque militar em território hostil.

Na carta escrita de próprio punho que recebi no dia seguinte ao da batalha, o general Garrison assumia total responsabilidade pela decisão do ataque e enumerava as suas razões: a inteligência do grupo era excelente; a força era experiente; a capacidade do inimigo era conhecida; as táticas eram apropriadas; houve planejamento para as eventualidades; uma força de reação blindada teria ajudado, mas talvez não reduzisse as baixas do nosso lado, porque os homens da força-tarefa não deixariam para trás os seus companheiros mortos, um deles preso nas ferragens do seu helicóptero destroçado. Garrison encerrou a carta dizendo: "A missão foi um sucesso. Os indivíduos que eram visados foram capturados e já não causam mais perigo [...] O presidente Clinton e o secretário Aspin precisam ser afastados da linha de culpa".

Eu respeitava Garrison e concordava com a sua carta, menos com a última parte. Não havia possibilidade de eu ser afastado da "linha de culpa". Acho que o ataque foi um erro porque realizá-lo à luz do dia significou subestimar a força e a determinação dos homens de Aidid, assim como a conseqüente possibilidade de perder um ou mais helicópteros. Em tempos de guerra os riscos poderiam ter sido aceitáveis. Mas numa missão de paz não eram, porque o valor do prêmio não justificava o risco de baixas significativas e as conseqüências inevitáveis da mudança da natureza da nossa missão aos olhos dos somalis e dos próprios norte-americanos. Prender Aidid e seus principais colaboradores porque as forças da ONU não conseguiam fazer isso deveria ser uma ação meramente secundária, e não o nosso principal objetivo. Valeria a pena tê-la empreendido nas circunstâncias certas, mas quando consenti na recomendação do general Colin Powell eu deveria ter pedido a aprovação prévia do Pentágono e da Casa Branca para uma operação de tal magnitude. Certamente não culpo o general Garrison, um valente militar cuja carreira foi injustamente prejudicada. A decisão que ele tomou, dadas as suas instruções, era justificável. Aplicações mais amplas deveriam ter sido determinadas por instâncias superiores.

Nas semanas seguintes visitei os soldados feridos no Hospital do Exército Walter Reed e tive encontros comoventes com as famílias dos mortos. Num deles, ouvi perguntas difíceis de dois pais, Larry Joyce e Jim Smith, um ex-Ranger que havia perdido a perna no Vietnã. Eles queriam saber por que seus filhos tinham morrido e por que mudamos de tática. Quando posteriormente entreguei a Medalha de Honra póstuma aos atiradores de elite Gary Gordon e Randy Shugart por heroísmo ao tentar salvar Mike Durant e a tripulação do helicóptero, as famílias ainda estavam muito abaladas. O pai de Shugart estava furioso comigo e me disse enraivecido que eu não tinha condições de ser o comandante-em-chefe. Depois do preço que pagou, ele podia dizer o que quisesse a meu respeito. Não sei se o que ele sentia se devia ao fato de eu não ter servido no Vietnã, de eu ter aprovado a política que resultou no ataque ou de eu ter me negado a voltar para pegar Aidid depois do 3 de outubro. Seja como for, nunca acreditei que os benefícios emocionais, políticos ou estratégicos de prender ou matar Aidid justificariam a perda de mais vidas de ambos os lados ou a transferência de responsabilidade pelo o futuro da Somália da ONU para os Estados Unidos.

Depois da "Queda do Black Hawk", sempre que aprovava o deslocamento das forças eu tinha muito mais consciência dos riscos envolvidos e de quais operações precisariam ser ratificadas por Washington. As lições aprendidas na Somália foram muito úteis aos planejadores militares que determinaram o nosso curso na Bósnia, em Kosovo, no Afeganistão e em outros pontos problemáticos do mundo pós-Guerra Fria, como também onde quer que os Estados Unidos foram chamados a comparecer para acabar com a violência abominável, de preferência sem perder vidas nossas, dos nossos adversários, ou de inocentes espectadores. O desafio de lidar com problemas complicados como os da Somália, do Haiti e da Bósnia inspiraram uma das melhores frases de Tony Lake: "Às vezes sinto saudade da Guerra Fria".

36

Passei quase todo o mês de outubro envolvido com as conseqüências do insucesso na Somália e resistindo aos esforços do Congresso para limitar o meu poder de enviar as tropas norte-americanas para o Haiti e a Bósnia.

No dia 26 pudemos celebrar um momento mais descontraído, o primeiro aniversário de Hillary na Casa Branca. Foi uma festa-surpresa a fantasia. As auxiliares dela nos vestiram de James e Dolley Madison. No final de um longo dia trabalhando com a assistência à saúde, Hillary foi levada para o andar superior da Casa Branca, envolvido em total escuridão, para encontrar a sua fantasia. Desceu maravilhosa, de peruca e saia rodada, para me encontrar de peruca branca e calças em estilo colonial, e às suas auxiliares encarnando várias versões dela própria, com diferentes penteados e papéis, uma exigindo eficiência no trabalho, outra fazendo chá e biscoitos, e assim por diante. Como meu cabelo já estava mesmo ficando branco, minha peruca caiu bem, mas me senti ridículo naquela calça.

No dia seguinte, vestindo roupas normais, Hillary e eu fomos pessoalmente ao Congresso apresentar a proposta da nova legislação sobre saúde. Há algumas semanas Hillary vinha antecipando informações aos congressistas de ambos os partidos e recebendo elogios. Muitos deputados republicanos gostaram do nosso trabalho. O senador John Chafee, de Rhode Island, que representava o Senado republicano, discordou de algumas partes do plano, mas achava que deveríamos trabalhar juntos para produzir um resultado melhor. Eu começava a acreditar que por meio de um debate honesto poderíamos chegar a algo próximo da cobertura universal.

Nossos críticos fizeram um espalhafato com o tamanho do projeto, 1.342 páginas. Todo ano o Congresso aprova projetos de lei muito mais extensos sobre assuntos menos profundos e complexos. Além disso, o nosso projeto eliminava um número bem maior de páginas de leis e regulamentações do que se propunha a acrescentar. Todos em Washington sabiam disso, menos o povo norte-americano. O tamanho do projeto deu credibilidade às convincentes propagandas que as companhias de seguro-saúde já vinham fazendo contra o plano. Numa delas, dois atores representavam um casal, Harry e Louise, que tinha medo de que o governo fosse "nos obrigar a escolher entre os poucos planos de saúde indicados por seus burocratas". Os anúncios, embora totalmente enganosos, eram inteligentes e foram amplamente veiculados. Na verdade, os custos da burocracia imposta pelas companhias de seguro eram a razão de os norte-americanos pagarem mais pela assistência médica, sem a cobertura universal com a qual podiam contar os cidadãos de outras nações prósperas. As companhias seguradoras não queriam abrir mão dos lucros gerados por um sistema injusto e ineficiente; e a melhor maneira de fazer isso era explorar o já conhecido ceticismo das pessoas com relação a qualquer ação mais ampla do governo.

No início de novembro o *Congressional Quarterly* publicou um índice de sucesso do meu governo no Congresso muito superior ao de qualquer outro presidente em seu primeiro ano de mandato, desde Eisenhower em 1953. Conseguimos aprovar o plano econômico, reduzimos o déficit e implementamos muitas das minhas promessas de campanha, entre elas a extensão do Crédito Tributário sobre a Renda Auferida (EITC), as zonas de capacitação profissional, a redução dos impostos sobre ganhos de capital para pequenas empresas, a iniciativa de imigração na infância e a reforma do sistema de empréstimos estudantis. O Congresso também tinha aprovado a prestação de serviços nacional, o pacote de ajuda à Rússia, o projeto de lei do eleitor motorizado e a Lei da Licença Médica e Familiar. As duas casas do Congresso aprovaram as versões do meu projeto de lei contra o crime, que começava financiando a contratação dos 100 mil policiais comunitários prometidos em campanha. A economia já tinha produzido mais empregos no setor privado do que nos quatro anos anteriores. Os juros continuavam baixos e os investimentos cresciam.

O mantra de campanha de Al Gore estava se realizando. Agora, o que devia subir estava subindo e o que devia cair estava caindo, com uma importante exceção: meus índices de aprovação permaneciam baixos, apesar de tantos sucessos. No dia 7 de novembro, numa entrevista especial no "Encontro com a imprensa" que dei a Tim Russert e Tom Brokaw no 46º aniversário do programa, Russert perguntou por que os meus números eram tão baixos. Respondi que não sabia, mas tinha alguns palpites.

Poucos dias antes eu havia lido uma lista de realizações nossas para um grupo do Arkansas que visitava a Casa Branca. Ao terminar, um dos meus conterrâneos disse: "Então deve haver uma conspiração para manter tudo isso em segredo; não ouvimos falar nada a respeito". Parte da culpa era minha. Tão logo terminava uma tarefa, eu passava para a seguinte, sem fazer uma seqüência de comunicados. Em política, se você não toca a sua buzina, em geral ela fica em silêncio. Em parte isso se dava por causa das constantes crises como as do Haiti e da Somália. O corte de cabelo, a questão da Divisão de Viagens, as histórias sobre os funcionários da Casa Branca e o nosso processo de tomada de decisões foram, a meu ver, divulgados de maneira errada ou exagerada.

Poucos meses antes uma pesquisa em âmbito nacional mostrou que eu tinha recebido uma cobertura excessivamente negativa da imprensa. Eu mesmo acabara provocando isso por não saber lidar muito bem com a imprensa. E esta, por sua vez, freqüentemente chamada de liberal, era na verdade mais conservadora do que eu, ao menos quando se tratava de mudar o funcionamento das coisas em Washington. Certamente a imprensa considerava importantes outras coisas. Além disso, as coberturas eram feitas em sua maioria por repórteres jovens, que estavam construindo a carreira num sistema de plantão de 24 horas, em que cada reportagem devia ter importância política. E matérias positivas não rendiam o reconhecimento dos colegas. Era quase inevitável que isso acontecesse em um ambiente em que as notícias impressas e veiculadas pelas redes de televisão enfrentavam maior competição dos canais a cabo e em que a linhas divisórias entre a imprensa tradicional, os jornais sensacionalistas, as publicações partidárias e os programas políticos de entrevistas pela TV e pelo rádio se confundiam.

Os republicanos também mereceram bastante crédito pelo fato de os meus índices de aceitação serem piores do que o meu desempenho: eles foram muito eficientes em seus ataques constantes e nas caracterizações negativas dos planos da saúde e econômico, e exploraram ao máximo os meus erros. Desde que fui eleito, os republicanos ganharam as eleições especiais para o Senado dos Estados Unidos no Texas e na Geórgia, as disputas para governador na Virgínia e em Nova Jersey, e para prefeito em Nova York e Los Angeles. Em cada caso, o resultado foi determinado por fatores locais decisivos, mas eu, certamente, não tive muita influência positiva. As pessoas ainda não sentiam nenhuma melhora na economia e a velha retórica contra os impostos e contra o governo continuava rendendo frutos. Por fim, algumas coisas que vínhamos fazendo para melhorar a vida de milhões de norte-americanos ou eram complexas demais para serem facilmente percebidas, como o Crédito Tributário sobre a Renda Auferida, ou polêmicas demais para não serem politicamente desgastantes, mesmo sendo boa política.

O mês de novembro forneceu exemplos de boa política e de política questionável. Quando Al Gore derrotou Ross Perot em um debate pela TV de grande audiência sobre o NAFTA, o tratado foi aprovado na Câmara dos Deputados por 234 a 200. Três dias depois, passou também no Senado por 61 a 38. Mark Gearan contou à imprensa que Al e eu telefonamos e conversamos com duzentos membros do Congresso, e o gabinete fez novecentas ligações. O presidente Carter nos ajudou, telefonando para congressistas durante toda a semana. Tivemos de fazer inúmeros acordos sobre uma grande quantidade de questões; o lobby exigido pelo NAFTA se pareceu muito mais com fazer lingüiça do que a briga pelo orçamento. Bill Daley e toda a nossa equipe conseguiram uma grande vitória política e econômica para o país, mas, tal como o orçamento, ela nos custou um preço muito alto, porque o nosso partido ficou dividido no Congresso e enfureceu nossos fortes aliados do movimento trabalhista.

Em novembro também foi aprovado o projeto de lei Brady, depois que os senadores republicanos suspenderam uma obstrução inspirada pela Associação Nacional do Rifle [National Rifle Association — NRA]. Eu assinei o projeto de lei na presença de Jim e Sarah Brady. Quando John Hincley Jr. acertou um tiro em Jim ao tentar assassinar o presidente Reagan, Jim e Sarah iniciaram uma cruzada por uma legislação mais sensata para o porte de armas. Durante sete anos eles trabalharam pela aprovação de um projeto de lei que exigia um período de espera para todos os compradores de armas, que só poderiam ser adquiridas depois que o histórico criminal do comprador fosse levantado, assim como atestada sua sanidade mental. O presidente Bush havia vetado uma versão anterior do projeto de lei Brady em razão da intensa oposição da NRA, segundo a qual o direito constitucional de manter e portar armas estava sendo infringido. A NRA considerava esse breve período de espera uma carga inaceitável para os compradores, que segundo eles já estavam legalmente sobrecarregados, e defendia que chegaríamos ao mesmo resultado aumentando as penalidades para armas ilegalmente adquiridas. A maioria dos norte-americanos aprovava o projeto de lei Brady, mas quando o Congresso o aprovou, ele deixou de ser uma questão de voto. Pelo contrário, a NRA estava decidida a derrotar o maior número possível de congressistas que votasse contra o projeto de lei. Quando deixei o governo, a checagem da vida pregressa exigida pela lei Brady tinha evitado que 600 mil delinqüentes, fugitivos e assassinos comprassem armas. Ela salvou inúmeras vidas. Mas, tal como o orçamento, expôs os corajosos que nela votaram a duros ataques, fortes o bastante para afastar do poder vários deles.

Nem tudo o que fiz de positivo foi polêmico. No dia 16 assinei a Lei de Restauração da Liberdade Religiosa, que protegia um leque bastante amplo de expressões religiosas em locais públicos, tais como escolas e ambientes de trabalho. O projeto de lei foi elaborado para reverter uma decisão de 1990 da Suprema Corte, que dava aos estados mais autoridade para regular a expressão religiosa em seu território. Os Estados Unidos estão repletos de pessoas profundamente envolvidas com os mais variados tipos de fé. Achei que o projeto de lei conseguiu um equilíbrio perfeito entre a proteção dos direitos dessas pessoas e a ordem pública. Ele foi apresentado no Senado por Ted Kennedy e pelo republicano Orrin Hatch, de Utah, e aprovado por 97 a 3. A Câmara dos Deputados o adotara por votação oral. Embora tenha sido derrubado pela Suprema Corte, continuo convencido de que era uma legislação boa e necessária.

Para mim, proteger a liberdade religiosa e abrir as portas da Casa Branca a todos os credos foi sempre uma tarefa importante no meu trabalho. Designei um membro da equipe de relações públicas da Casa Branca para ser a nossa ponte com as comunidades religiosas. Compareci a todos os Cafés-da-Manhã da Oração Nacional que acontecem anualmente quando o Congresso reabre os seus trabalhos, e permanecia até o final desses eventos conversando com pessoas das mais diferentes fés e partidos políticos que vinham pedir a orientação divina para o nosso trabalho. E, todo ano, quando o recesso de agosto terminava e o Congresso reabria, eu oferecia um café-da-manhã ecumênico no Salão de Jantar do Estado, para conversar com líderes religiosos e partilhar as nossas preocupações. Eu queria manter abertos os nossos canais de comunicação, mesmo com aqueles que discordavam de mim, para trabalharmos juntos sempre que fosse preciso nos problemas sociais do nosso país e nas questões humanitárias ao redor do mundo.

Acredito que Igreja e Estado precisam estar separados, mas também acredito que ambos deram contribuições inquestionáveis para o fortalecimento do nosso país e de vez em quando podem se juntar pelo bem comum sem violar a Constituição. O governo é, por definição, imperfeito e experimental, um trabalho em constante andamento. A fé fala ao interior da vida, à busca da verdade e à capacidade do espírito de mudar e crescer profundamente. Os programas de governo não são tão eficazes numa cultura que desvaloriza a família, o trabalho e o respeito mútuo. E é difícil viver a fé se não seguimos o mandamento bíblico de cuidar do pobres e dos oprimidos e "amar teu próximo como a ti mesmo".

Eu andava pensando no papel da fé na vida da nossa nação quando, em meados de novembro, fui a Memphis a convite do Mason Temple Church, da Igreja de Deus em Cristo. Nos últimos dias tinha havido várias notícias sobre a crescente onda de violência contra crianças em bairros de afro-americanos, e eu queria conversar com ministros e leigos sobre o que poderíamos fazer. Eram claras as forças econômicas e sociais que estavam por trás do desaparecimento dos postos de trabalho em nossas cidades, a desestruturação da família, os problemas nas escolas, o aumento do número de dependentes do seguro contra a pobreza, os nascimentos fora do casamento e a violência. Essa esmagadora combinação de dificuldades havia criado uma cultura que aceitava como normal a presença da violência e a falta de trabalho e de famílias com pai e mãe, e eu estava convencido de que o governo sozinho não poderia mudá-la. Muitas igrejas de comunidades negras começavam a discutir essas questões, e eu queria incentivá-las a fazer mais.

Em Memphis eu estava entre amigos. A Igreja de Deus em Cristo era a denominação afro-americana que mais crescia. Seu fundador, Charles Harrison Mason, recebera a inspiração para fundar sua igreja em Little Rock, no lugar em que eu ajudara a pôr uma placa havia dois anos. Sua viúva estava presente nesse dia. O bispo que presidiu a cerimônia, Louis Ford, de Chicago, teve um papel fundamental na minha campanha presidencial.

O Templo Mason é um solo sagrado na história dos direitos civis. Martin Luther King Jr. fez ali o seu último sermão, na noite anterior ao seu assassinato. Eu evoquei o espírito de King, e a sua incrível profecia de que não viveria muito mais tempo, para pedir aos meus amigos que examinassem com muita honestidade "a grande crise espiritual que está se apoderando do nosso país".

Em seguida deixei de lado as minhas anotações e fiz o que mais tarde os comentaristas consideraram o meu melhor discurso em oito anos como presidente, falando aos amigos com o coração na língua da nossa herança comum:

> Se Martin Luther King estivesse aqui do meu lado hoje e fizesse um relato sobre os últimos vinte anos, o que ele diria? Vocês fizeram bem, ele diria, em votar e eleger pessoas que antes não seriam eleitas pela cor da sua pele [...] Vocês fizeram bem, ele diria, em permitir que pessoas capazes morem onde queiram morar, vão onde queiram ir por este imenso país [...] Ele diria: vocês fizeram bem em criar um classe média negra [...] em ampliar as oportunidades.
>
> Mas, ele diria, eu não vivi e morri para ver a destruição da família norte-americana. Eu não vivi e morri para ver meninos de treze anos de idade apontando armas automáticas e revólveres para crianças de nove anos com a maior naturalidade. Eu não vivi e morri para ver os jovens destruírem a própria vida com drogas e depois enriquecerem destruindo a vida de outros. Não foi isso que eu vim fazer aqui. Eu lutei pela liberdade, ele diria, mas não pela liberdade de quem mata seu semelhante sem pensar no que faz, nem para dar liberdade às nossas crianças de terem filhos quase ainda na infância e aos pais desses filhos de se afastarem deles e abandoná-los como se nada valessem. Eu lutei para que as pessoas tivessem o direito de trabalhar, mas não para ver pessoas e comunidades inteiras serem abandonadas. Não foi para isso que eu vivi e morri.
>
> Eu não lutei pelo direito do povo negro de matar seus semelhantes com a maior naturalidade [...]
>
> Existem mudanças que podem ser feitas de fora para dentro; esse é o trabalho do presidente e do Congresso, dos governadores, dos prefeitos e dos

órgãos de serviço social. E há também algumas mudanças que nós temos de fazer de dentro para fora, ou as outras não terão importância [...] Às vezes não existem respostas de fora para dentro; outras vezes todas as respostas precisam vir dos valores e das emoções e das vozes que falam dentro de nós [...]

Onde não há família, onde não há ordem, onde não há esperança [...] quem dará estrutura, disciplina e amor às crianças? É você que tem de fazer isso. E nós vamos ajudá-lo.

Portanto, daqui deste púlpito, neste dia, quero pedir a todos que digam de coração: Nós honraremos a vida e o trabalho de Martin Luther King [...] De alguma maneira, com a graça de Deus, nós transformaremos tudo. Daremos um futuro às nossas crianças. Tiraremos delas as armas e lhes daremos livros. Afastaremos delas o desespero e lhes devolveremos a esperança. Reconstruiremos famílias, bairros e comunidades. Não permitiremos que o trabalho feito aqui beneficie apenas alguns. Nós o faremos juntos e para todos, com a graça de Deus.

O discurso de Memphis foi um hino em louvor à filosofia pública enraizada em meus valores religiosos pessoais. Muita coisa estava desmoronando; e eu queria consertar aquilo.

Nos dias 19 e 20 de novembro voltei a consertar as coisas embarcando para Seattle, para o primeiro e único encontro de líderes da Associação de Cooperação da Ásia e do Pacífico [Asia-Pacific Economic Cooperation — APEC]. Antes de 1993 a APEC tinha sido um fórum de ministros da área financeira para discutir questões econômicas. Eu havia sugerido que os líderes se reunissem anualmente para conversar sobre os nossos interesses comuns, e quis usar o nosso primeiro encontro, nas ilha Blake, na costa de Seattle, para alcançar três objetivos: criar uma área de livre-comércio entre os países das Américas e as nações do Sudeste Asiático; discutir informalmente assuntos de política e segurança; e criar hábitos de cooperação, que certamente seriam mais importantes do que nunca no século XXI. Os países do Sudeste Asiático, apesar de responderem por metade da produção mundial, tinham políticas muito polêmicas e graves problemas de segurança. Os Estados Unidos jamais haviam aplicado à região a mesma abordagem abrangente que usávamos em relação à Europa. Achei que havia chegado a hora de fazer isso.

Gostei muito do tempo que passei com o primeiro-ministro japonês Morihiro Hosokawa, um reformista que conseguiu romper o monopólio do Partido Liberal Democrático no poder e conduzir a abertura econômica do Japão. Também fiquei satisfeito pela chance de conversar bastante com o presidente da China, Jiang Zemin, num ambiente mais informal. Ainda tínhamos grandes diferenças de opiniões sobre os direitos humanos, o Tibete e as questões econômicas, mas apresentávamos um interesse comum na construção de um relacionamento que não isolaria, e sim integraria, a China na comunidade global. Tanto Jiang quanto Hosokawa partilhavam a minha preocupação com a iminente crise na Coréia do Norte, que parecia determinada a se tornar uma potência nuclear, algo que eu estava decidido a impedir e precisava de ajuda para consegui-lo.

De volta a Washington, Hillary e eu oferecemos o nosso primeiro jantar oficial para o presidente sul-coreano Kim Young-Sam. Sempre gostei das visitas oficiais. Eram os eventos mais ritualizados que ocorriam na Casa Branca, a começar pela cerimônia de recepção. Hillary e eu nos colocávamos no Pórtico Sul da Casa Branca para receber os nossos convidados que para lá eram conduzidos. Depois de cumprimentá-los, nos dirigíamos para o Gramado Sul para umas poucas palavras de recepção. O dignitário visitante e eu ficávamos no palco, voltados para uma impressionante formação de homens e mulheres uniformizados das nossas forças armadas. A banda militar tocava o hino nacional dos dois países, e em seguida eu acompanhava o meu visitante numa revista aos soldados. Então retornávamos ao palco para fazer discursos curtos, em geral parando no caminho para acenar à multidão de estudantes, aos cidadãos do país visitante residentes nos Estados Unidos e aos norte-americanos que tinham raízes no outro país.

Antes do jantar oficial, Hillary e eu oferecíamos uma pequena recepção à delegação visitante no Salão Oval Amarelo, no piso residencial. Al e Tipper, o secretário de Estado, o secretário da Defesa e outros juntavam-se a nós, recepcionando nossos convidados estrangeiros. Após recebê-los, uma guarda de honra militar formada por um homem ou mulher de cada arma nos escoltava pelas escadas, onde passávamos pelos retratos dos meus antecessores em direção a uma fila de recepção dos convidados. O jantar, que geralmente acontecia no Salão de Jantar do Estado (para grupos maiores o jantar era servido no Salão Leste ou nos jardins, sob tendas), era acompanhado pelo som das Strolling Strings do Corpo de Fuzileiros Navais dos Estados Unidos ou por seus colegas da Força Aérea. Eu sempre me emocionava quando eles entravam o salão. Após o jantar havia música, em geral escolhida de acordo com o gosto dos nossos convidados. Por exemplo, Václav Havel queria ouvir Lou Reed, cujas canções fortes e diretas inspiraram os seus partidários na Revolução de Veludo da Tchecoslováquia. Eu aproveitava todas as oportunidades de trazer músicos de todas as vertentes para a Casa Branca. Ao longo dos anos recebemos Earth, Wind and Fire, Yo-Yo Ma, Placido Domingo, Jessye Norman, e muitos outros músicos e cantores de clássicos, jazz, blues, *spirituals* e da Broadway, e dançarinos de várias escolas. Geralmente tínhamos espaço para convidar mais pessoas para o show do que para o jantar. Depois disso, quem quisesse retornava ao salão da Casa Branca para dançar. Em geral os convidados de honra estavam cansados e retornavam à Blair House, a residência oficial de hóspedes. Hillary e eu ainda ficávamos por uma ou duas danças e subíamos, enquanto os convidados ficavam ali por outras duas horas ou mais.

No fim de novembro participei da tradição anual de conceder o perdão ao peru de Ação de Graças, introduzida pelo presidente Calvin Coolidge, e logo em seguida parti com a minha família para um fim de semana prolongado em Camp David. Eu tinha muito a agradecer. Meus índices de aprovação haviam subido novamente e a American Airlines tinha decretado o fim da greve de cinco dias. A greve, que poderia ter sido altamente prejudicial para a economia, terminou graças aos esforços hábeis e intensos de Bruce Lindsey. E eu fiquei feliz por meus concidadãos poderem viajar para casa nos feriados.

O Dia de Ação de Graças em Camp David tornou-se uma tradição para a nossa família e os nossos amigos. Sempre fazíamos o almoço de Ação de Graças no maior chalé de Laurel, com uma grande sala de jantar e conferência, um espaço amplo e arejado com lareira e televisão, e um escritório privativo para mim. Também íamos ao refeitório para cumprimentar o pessoal da Marinha e do Corpo de Fuzileiros Navais que, com suas famílias, cuidavam do lugar. À noite assistíamos à televisão e jogávamos boliche. E, pelo menos uma vez no fim de semana, chovesse ou fizesse frio, os irmãos de Hillary, Roger e eu jogávamos golfe com quem fosse valente o bastante para nos desafiar. Dick Kelley sempre jogava, apesar de já ter quase oitenta anos em 1993.

Eu adorava os nossos feriados de Ação de Graças em Camp David, mas o primeiro foi especial, porque foi o último da minha mãe. No fim de novembro o câncer se espalhou pelo corpo e contaminou o sangue. Ela tinha de fazer transfusões diárias para se manter viva. Eu não sabia por quanto tempo mais ela viveria, mas as transfusões lhe davam uma aparência enganosamente saudável, e ela queria viver cada dia intensamente. Adorava assistir aos jogos de futebol pela televisão, comer, visitar os rapazes e as moças que trabalhavam no bar em Camp David. O último assunto sobre o qual a minha mãe queria falar era morte. Ela se sentia viva demais para tocar nesse assunto.

No dia 4 de dezembro fui à Califórnia para dirigir um encontro sobre a economia do estado, que passava por dificuldades, e falei para um grande grupo da comunidade do entretenimento, na sede da Organização dos Artistas Criativos, convidando-os a se unirem a mim numa parceria para reduzir a maciça programação de violência que a mídia dirige aos jovens, bem como a investida cultural contra a família e o trabalho. Nas duas semanas seguintes cumpri dois compromissos assumidos em favor do orçamento: fui ao distrito de Marjorie Margolies-Mezvinsky para fazer a palestra sobre direitos e benefícios, e indiquei Bob Kerrey para presidir, com o senador John Danforth, do Missouri, uma comissão para estudar a aposentadoria e outros direitos.

No dia 15 de dezembro apoiei a declaração conjunta do primeiro-ministro britânico John Major e do primeiro-ministro irlandês Albert Reynolds propondo uma base para a solução pacífica dos conflitos na Irlanda do Norte. Foi um excelente presente de Natal: eu esperava ter a chance de participar da solução de um problema que me interessava desde quando eu estudava em Oxford. No mesmo dia nomeei um velho amigo da época da campanha de McGovern, John Holum, para chefiar o Departamento de Desarmamento e Controle de Armas, e aproveitei a oportunidade para reforçar a minha agenda de não-proliferação: a ratificação do controle de armas químicas, conseguir um tratado abrangente de proibição dos testes nucleares, a renovação permanente do Tratado de Não-Proliferação Nuclear [Nuclear Non-Proliferation Treaty — NPT], que expirou em 1995, e o financiamento total do programa Nunn-Lugar para assegurar e destruir armas e material nucleares russos.

No dia 20 de dezembro assinei um projeto de lei que era especialmente importante para Hillary e para mim. A Lei Nacional de Proteção à Infância criava um banco de dados nacional para ser usado por todas as pessoas que trabalhavam em assistência à infância, a fim de checar os antecedentes dos candidatos a emprego. A idéia foi do escritor Andrew Vachss, em reação às inúmeras notícias de terríveis maus-tratos infligidos às crianças nos centros educacionais. Os pais precisavam trabalhar e tinham de deixar em creches os seus filhos em idade pré-escolar. Eles tinham o direito de saber que as crianças estariam seguras e bem cuidadas.

Os feriados de Natal deram a Hillary e a mim a oportunidade de assistir a duas apresentações de Chelsea: na *Suíte Quebra-Nozes*, com a Companhia de Balé de Washington, onde ela tinha aulas diárias após a escola, e na encenação de Natal da igreja que escolhemos, a Metodista da Fundição, na Sixteenth Street, próxima à Casa Branca. Nós gostávamos do pastor da Fundição, Phil Wogaman, e do fato de a igreja incluir pessoas de várias etnias, culturas, níveis de renda e tendências políticas, além de receber de braços abertos os gays.

A Casa Branca fica especial na época de Natal. Todo ano se arma uma grande árvore no piso do Salão Azul, no andar térreo. Ele é decorado, como acontece com todos os salões públicos, de acordo com um tema escolhido anualmente. Hillary escolheu o artesanato norte-americano como tema do nosso primeiro Natal. Os artesãos de todo o país nos enviaram ornamentos e trabalhos em vidro, madeira e metal. Em todos os Natais, na Sala de Jantar do Estado exibia-se um grande pão de gengibre no formato da Casa Branca, e as crianças adoravam ver aquilo. Em 1993, cerca de 150 mil pessoas visitaram a Casa Branca durante os feriados de Natal para ver a decoração.

Armamos outra árvore muito grande no Salão Oval Amarelo, no piso residencial, e a enfeitamos com ornamentos que Hillary e eu colecionávamos desde o primeiro Natal que passamos juntos. Tradicionalmente, Chelsea e eu pendurávamos a maior parte dos enfeites, repetindo uma prática que iniciamos quando a sua idade permitiu. Entre o Dia de Ação de Graças e o Natal oferecemos muitas recepções e festas para o Congresso, a imprensa, o Serviço Secreto, os funcionários da residência, o pessoal da Casa Branca e os assessores do gabinete, outros funcionários da administração e gente de todo o país que nos apoiava, além da família e os amigos. Hillary e eu ficávamos em pé durante horas, cumprimentando pessoas e tirando fotos, enquanto corais e grupos musicais vindos de todas as partes do país faziam suas apresentações pela casa. Era cansativo, mas nos deixava muito felizes poder agradecer a todos que haviam tornado possível o nosso trabalho e enriquecido a nossa vida.

Assim como o primeiro Dia de Ação de Graças que passamos em Camp David, o primeiro Natal foi especialmente importante para mim por ser o último que eu passaria com a minha mãe. Ela e Dick passaram a semana conosco, mas mamãe só concordou com isso depois que prometi levá-la de volta a tempo de se preparar para ir a Las Vegas assistir ao famoso show de Barbra Streisand na Noite de Ano-Novo. Barbra queria muito que a minha mãe fosse, e ela mesma queria muito ir. Mamãe adorava Barbra, e na sua cabeça Las Vegas era o que havia de mais próximo do paraíso na terra. Eu não sabia o que ela faria se descobrisse que na outra vida não havia jogos nem grandes espetáculos musicais.

Enquanto passávamos um Natal inesquecível, Whitewater voltou a ser notícia mais uma vez. Fazia algumas semanas que o *Washington Post* e o *New York Times* vinham publicando boatos de que Jim McDougal podia ser indiciado novamente. Em 1990 ele havia sido julgado e absolvido das acusações de fraude no banco Madison Guaranty. Parece que a Resolution Trust Corporation investigava se McDougal tinha feito contribuições ilegais às campanhas de vários políticos, inclusive a minha. Durante a campanha nós divulgamos um relatório provando que tínhamos perdido dinheiro com o investimento Whitewater. Minhas contribuições de campanha eram objeto de registro público, e nem eu nem a Hillary tínhamos tomado qualquer dinheiro emprestado de Madison. Eu sabia que toda essa história do Whitewater não passava de uma tentativa dos meus adversários de me desacreditar e prejudicar a minha capacidade de servir.

Contudo, decidimos que era melhor contratar um advogado. David Kendall freqüentara conosco a Yale Law School. Ele havia representado clientes nos casos de poupança e empréstimo e sabia como organizar e sintetizar materiais aparentemente desconexos e complexos. Por trás da modesta conduta quacre, David tinha uma mente brilhante e determinação para lutar contra a injustiça. Ele já havia sido preso por suas atividades em favor dos direitos civis no Mississippi, no Verão da Liberdade de 1964, e debatera casos de pena de morte para o Fundo de Defesa Legal da Associação Nacional para o Progresso das Pessoas de Cor (NAACP). Além disso, David Kendall era um ser humano excepcional que nos assistiria com vigor, julgamento e um grande senso de humor nos momentos mais obscuros dos anos que ainda teríamos pela frente.

No dia 18 de dezembro Kendall nos informou que a *American Spectator*, uma revista mensal da direita, ia publicar um artigo de David Brock no qual quatro membros da polícia estadual diziam ter levado mulheres para minha diversão quando eu ainda era governador. Apenas dois deles concordaram em ser entrevistados pela CNN. Havia algumas alegações nessa história que podiam ser desmentidas facilmente, e os outros dois policiais tinham problemas de credibilidade não relacionados às alegações que fizeram contra mim: haviam sido investigados por fraude contra a companhia de seguro, envolvendo um veículo estadual que eles tinham destruído em 1990. David Brock depois se desculpou comigo e com Hillary pela matéria. Quem estiver interessado poderá ler mais sobre isso em suas corajosas memórias *Blinded by the Right* [Cegado pela direita], em que ele revela os esforços extraordinários de poderosas alas da direita ligadas a Newt Gingrich e outros adversários meus no Arkansas para me desacreditar. Brock reconhece que se permitiu ser manipulado nessa tentativa de difamação por pessoas que não se importavam se a informação danosa pela qual pagavam era verdadeira ou não.

A história dos policiais era ridícula, mas me atingiu. Atingiu Hillary mais duramente, porque ela achava que tudo aquilo ficaria para trás depois da campanha. Agora ela via que talvez nunca terminasse. Naquele momento não havia nada a fazer além de seguir em frente e esperar que a matéria fosse esquecida. Enquanto tudo acontecia, fomos uma noite ao Kennedy Center assistir a uma apresentação do *Messias*, de Handel. Quando Hillary e eu surgimos no camarote presidencial, a platéia inteira se levantou e aplaudiu. Ficamos comovidos com essa manifestação espontânea. Eu não havia me dado conta do quanto tudo aquilo me aborrecera até sentir meus olhos se encherem de lágrimas de gratidão.

Depois dessa memorável semana de Natal, Hillary, Chelsea e eu fomos para a casa da minha mãe e de Dick no Arkansas. Hillary e Chelsea ficaram com Dorothy em Little Rock e eu fui de carro com a minha mãe e Dick para Hot Springs. Nós jantamos com alguns amigos meus do ensino médio no Rocky's Pizza, o lugar preferido da minha mãe, em frente à pista de corridas do hipódromo. Depois da pizza, Dick e mamãe quiseram ir dormir, eu os levei para casa e fui jogar boliche com meus amigos. Em seguida voltamos para a casinha no lago Hamilton, jogamos baralho e conversamos até altas horas da madrugada.

No dia seguinte a minha mãe e eu nos sentamos para tomar uma xícara de café e tivemos o que seria a nossa última conversa. Animada como sempre, ela me disse que a história dos policiais só aconteceu porque no último mês os meus números nas pesquisas tinham sido os mais altos desde a posse. Então ela deu uma risadinha e comentou que sabia que os dois policiais não eram "flor que se cheirasse", mas gostaria que "eles encontrassem uma outra maneira de ganhar a vida".

Por um breve momento eu a imaginei pensando na areia escorrendo pelo vidro da ampulheta. Ela trabalhava em suas memórias com um excelente colaborador do Arkansas, James Morgan; já conseguira gravar toda a sua história em fita, mas vários capítulos ainda estavam em fase de rascunho. Eu perguntei a ela o que queria que acontecesse se não conseguisse terminá-los. Ela sorriu e respondeu: "É claro que vamos terminar". Então eu perguntei: "Quais são as minhas instruções?". Ela disse que eu podia checar os fatos, mudar o que estivesse errado e esclarecer o que fosse confuso. "Mas quero que a minha história seja contada com as minhas palavras. Não mude nada, a menos que eu tenha sido dura demais com alguém que ainda esteja vivo." Em seguida ela voltou a falar de política e da sua viagem a Las Vegas.

Mais tarde, me despedi da minha mãe com um beijo e voltei para Little Rock para pegar Hillary e Chelsea; depois tomamos o avião para Fayetteville para assistir ao jogo de basquete do Razorback, os primeiros colocados na classificação; em seguida fomos para o Fim de Semana Renaissance encontrar nossos amigos Jim e Diane Blair. Depois de um ano tão agitado, cheio de altos e baixos, era bom passar alguns dias com meus velhos amigos. Eu andei pela praia, joguei *touch football* com as crianças e golfe com os meus amigos, participei de painéis e apreciei a companhia de todos.

Mas meus pensamentos jamais se afastaram da minha mãe. Ela era uma mulher maravilhosa, ainda muito bonita aos setenta anos, mesmo depois de uma mastectomia, da quimioterapia que lhe tirou todo o cabelo e a obrigou a usar peruca, e das transfusões de sangue diárias que teriam deixado muita gente de cama. Sua vida terminou do modo como ela sempre viveu: com muita animação, grata pelas bênçãos recebidas, sem nenhum vestígio de autopiedade pelo sofrimento que a doença lhe causou, e sempre disposta às aventuras de cada novo dia. Ela se sentia aliviada pelo fato de a vida de Roger ter entrado nos trilhos e estava convencida de que eu tinha nas mãos as rédeas do meu trabalho. Adoraria viver até os cem anos de idade, mas se seu tempo havia se esgotado, tudo bem. Ela encontrou a sua paz com Deus. Se Ele a quisesse de volta, teria de conseguir pegá-la no meio da sua agitação.

37

O ANO DE 1994 FOI UM DOS MAIS DIFÍCEIS da minha vida, quando vitórias importantes nas políticas externa e interna foram obscurecidas pela morte da reforma da saúde e pela obsessão de um escândalo forjado. O ano começou com uma fatalidade pessoal e terminou com uma tragédia política.

Na noite de 5 de janeiro, minha mãe me ligou na Casa Branca. Ela acabava de chegar em casa de sua viagem a Las Vegas. Eu disse que havia telefonado para o hotel várias vezes e não a encontrara. Ela riu e respondeu que tinha ficado fora o dia todo, aproveitando o que sua cidade preferida lhe oferecia de melhor, e não ia perder tempo esperando o telefone tocar. Ela adorou o show da Barbra Streisand e estava toda orgulhosa porque Barbra a apresentou ao público e lhe dedicou uma música. Minha mãe me pareceu animada e bem de saúde; ligara apenas para dizer que me amava. Não foi um telefonema muito diferente de tantos outros que recebi dela, em geral nas noites de domingo.

Lá pelas duas da manhã o telefone tocou outra vez e nos acordou. Dick Kelley estava do outro lado da linha, chorando. Ele disse: "Ela se foi, Bill". Após uma semana perfeita, mas cansativa, minha mãe simplesmente foi dormir e morreu. Eu sabia que isso estava para acontecer, mas ainda não me sentia preparado. A nossa última conversa ao telefone me pareceu então rotineira demais, uma troca de palavras fúteis, como se fôssemos nos falar eternamente. Eu desejei do fundo do coração que tivesse sido diferente, mas só pude dizer a Dick que gostava muito dele, que me sentia muito grato por ele tê-la feito tão feliz e que iria para lá o mais rápido possível. Pelo que disse no final da conversa, não precisei contar para a Hillary o que tinha acontecido. Eu a abracei e chorei. Ela me disse algumas coisas sobre minha mãe e seu amor pela vida, e eu me dei conta de que se ela de fato pudesse ter escolhido uma despedida, seria exatamente como aquela nossa última conversa ao telefone. Minha mãe era uma pessoa voltada para a vida, não para a morte.

Liguei para o meu irmão, que devia estar desesperado. Ele adorava a nossa mãe, que nunca deixou de confiar nele. E eu lhe disse que, por ela, ele devia agüentar firme e continuar cuidando bem da sua vida. Depois liguei para minha amiga Patty Howe Criner, que convivia conosco fazia mais de quarenta anos, e lhe pedi que nos ajudasse, ao Dick e a mim, com as providências necessárias para o funeral. Hillary foi acordar Chelsea e nós contamos a ela. Minha filha já perdera o avô e tinha uma relação muito próxima e carinhosa com minha mãe, a quem ela chamava de Ginger. Na parede do seu quarto de estudos havia um lindo retrato da minha mãe em bico-de-pena feito por Gary Simmons, um artista de Hot Springs. O título era *A Ginger da Chelsea*. Fiquei comovido vendo a minha filha assimilando a perda de alguém que ela tanto amava, tentando expressar a sua dor e não perder a compostura, sofrendo sem se desesperar. Hoje *A Ginger da Chelsea* está pendurada no quarto dela em Chappaqua.

Mais tarde, nessa mesma manhã, divulgamos uma nota, lida imediatamente em todos os noticiários. Por coincidência, Bob Dole e Newt Gingrich estavam nos programas de notícias matinais. Aproveitando o momento, os entrevistadores perguntaram sobre Whitewater; Dole respondeu que Whitewater "exigia" a nomeação de um promotor independente. Fiquei perplexo. Esperava que a imprensa e os meus adversários me dessem uma trégua ao menos no dia da morte de minha mãe. Vale lembrar que alguns anos depois Dole se desculpou comigo. A essa altura, eu já entendia melhor o acontecido. A droga preferida de Washington é o poder. Ele entorpece os sentidos e anuvia o julgamento. Dole não era nem de longe o pior agressor. Fiquei tocado com o seu pedido de desculpas.

Nesse mesmo dia Al Gore foi a Milwaukee para fazer no meu lugar um discurso sobre política externa e eu tomei um avião para casa. A casa da minha mãe e do Dick estava repleta de amigos, de gente da família e de muita comida levada por conhecidos do Arkansas para a despedida. Nós contamos histórias sobre ela e rimos. No dia seguinte chegaram Hillary, Chelsea e amigos da minha mãe que moravam em outros estados, entre eles Barbra Streisand e Ralph Wilson, o dono do time dos Buffalo Bills, que convidara minha mãe para o Super Bowl do ano anterior quando soube que ela torcia pelo time.

Não havia igreja grande o bastante para abrigar todos os amigos da minha mãe, e estava muito frio para que a cerimônia fúnebre acontecesse no lugar mais amado por ela, o hipódromo, então escolhemos o Centro de Convenções. Compareceram cerca de 3 mil pessoas, entre elas o senador Pryor, o governador Tucker e todos os meus colegas do tempo de escola. Mas a maior parte dos presentes eram pessoas comuns que minha mãe conheceu e das quais se tornou amiga ao longo da vida. As mulheres do "clube do aniversário" estavam todas lá. Eram doze, cada uma aniversariando num mês diferente. Elas comemoravam juntas em almoços mensais. A pedido da minha mãe, seu lugar foi logo ocupado por outra; e o grupo passou a se chamar Clube do Aniversário Virginia Clinton Kelley.

O reverendo John Miles conduziu a cerimônia e se referiu à minha mãe como uma "norte-americana autêntica". Ele disse: "Virginia era como uma bola de borracha; quanto mais a vida a jogava para baixo, mais alto ela saltava". O irmão John nos lembrou da resposta infalível da minha mãe para qualquer problema: "Isso não é nenhuma montanha para um cavalo marchador".

A cerimônia foi acompanhada pelos hinos de que ela gostava, como "Amazing Grace" [Graça assombrosa] e "Precious Lord, take my hand" [Senhor precioso, tome-me pela mão]. Sua amiga Malvie Lee Giles, que uma vez perdera a voz e depois a recuperou "com a graça de Deus", passando a alcançar uma oitava a mais, cantou "His eye is on the sparrow" [O olho dele está no pardal], e a preferida da minha mãe, "A closer walk with Thee" [Uma caminhada mais próxima convosco]. Nossa amiga pentecostal Janice Sjostrand cantou um hino emocionante que minha mãe tinha ouvido na cerimônia religiosa da minha posse, "Holy ground" [Solo sagrado]. Quando Barbra Streisand, que estava sentada atrás de mim, ouviu Janice cantar, tocou em meu ombro e balançou a cabeça, admirada. No final da cerimônia, ela me perguntou: "Quem era aquela mulher, e que música era aquela? É magnífica!".

A música do funeral da minha mãe impressionou tanto Barbra que ela gravou um disco de hinos e canções inspiradoras, entre elas uma que foi escrita em memória de mamãe, "Leading with your heart" [Guiando com o seu coração].

Depois da cerimônia fúnebre, levamos o corpo de carro para Hope, onde se daria o sepultamento. Por todo o caminho, pessoas se postavam nos dois lados da estrada demonstrando respeito. Ela foi sepultada no cemitério que fica em frente da antiga loja do seu pai, num lugar que esperava por ela havia muito tempo, ao lado dos seus pais e do meu pai. Isso foi no dia 8 de janeiro, o dia do aniversário de Elvis Presley, a quem ela tanto adorava.

Depois de uma reunião no Sizzlin' Steakhouse, fomos para o aeroporto e voltamos para Washington. Não havia tempo para tristeza; eu tinha de voltar e ajeitar algumas coisas. Assim que deixei Hillary e Chelsea, embarquei para a Europa, numa viagem havia muito planejada na qual eu deveria iniciar um processo de abertura das portas da OTAN aos países da Europa Central, mas sem causar muitos problemas para Yeltsin na Rússia. Eu estava determinado a fazer o que fosse possível para ter uma Europa mais unida, mais livre, mais democrática e mais segura pela primeira vez na história. E queria ter certeza de que a expansão da OTAN não provocaria simplesmente uma nova divisão da Europa para o Leste.

Em Bruxelas, depois de fazer um discurso na prefeitura para um grupo de jovens, recebi um presente especial. A Bélgica celebrava o centésimo aniversário da morte do seu filho favorito, Adolphe Sax, o inventor do saxofone, e o prefeito Dinant, conterrâneo de Sax, presenteou-me com um belo sax-tenor Selmer novo em folha, fabricado em Paris.

No dia seguinte os líderes da OTAN aprovaram a minha proposta de Parceria para a Paz, que visava aumentar a nossa cooperação na segurança das novas democracias da Europa até podermos realizar a expansão da OTAN.

No dia 11 de janeiro eu estava em Praga com Václav Havel, uma semana antes de se completarem 24 anos da minha primeira viagem para lá, quando ainda era estudante. Havel, um homem de estatura baixa, fala mansa, olhos inquietos e argúcia ímpar, era por toda parte um herói das forças da liberdade. Durante os anos que passou na prisão ele escreveu um livro eloqüente e provocador. Quando foi solto, conduziu a Tchecoslováquia à Revolução de Veludo e logo em seguida supervisionou a tranqüila divisão do país em dois estados. Agora, como presidente da República Tcheca, não via a hora de construir uma economia de mercado bem-sucedida e reivindicar o status de integrante da OTAN. Havel era amigo da nossa embaixadora Madeleine Albright, que também nascera na Tchecoslováquia e jamais perdia a chance de conversar com ele em sua própria língua.

Havel levou-me a um dos clubes de jazz que foram redutos dos que apoiaram a Revolução de Veludo. Depois que o grupo tocou algumas músicas, ele me fez subir ao palco para conhecer a banda e me presenteou com outro saxofone, este feito em Praga por uma fábrica que na época do comunismo produzia instrumentos musicais para as bandas militares das nações do Pacto de Varsóvia. E me convidou para tocar com a banda. Tocamos "Summertime" e "My funny Valentine", acompanhados por um ritmado pandeiro tocado pelo próprio Havel.

A caminho de Moscou, parei brevemente em Kiev para conhecer o presidente da Ucrânia, Leonid Kravchuk, e agradecer pelo acordo que ele, Yeltsin e eu assinaríamos na quinta-feira seguinte, comprometendo seu país a eliminar 176 mísseis balísticos intercontinentais e 1.500 ogivas nucleares apontadas para os Estados Unidos. A Ucrânia era um país grande, de 60 milhões de habitantes, e com imenso potencial. Como a Rússia, debatia-se com a questão de que tipo de futuro queria para si. Kravchuk enfrentava forte oposição no Parlamento para se livrar das suas armas nucleares, e eu queria lhe demonstrar o meu apoio.

Hillary me encontrou em Moscou. Ela levou também Chelsea, porque não quisemos deixá-la sozinha logo após a morte da minha mãe. Ficarmos juntos nas alas para hóspedes do Kremlin e ver Moscou no final do inverno foi uma boa distração para todos nós. Yeltsin sabia como eu estava me sentindo: também ele havia perdido recentemente a mãe, de quem gostava muito.

Sempre que podíamos, íamos para a rua comprar artefatos russos e pão numa pequena padaria. Eu acendi uma vela para a minha mãe na Catedral de Kazan, já totalmente restaurada dos saques cometidos durante o stalinismo, e visitei o patriarca da Igreja Ortodoxa Russa no hospital. No dia 14 de janeiro, após uma comovente cerimônia de boas-vindas na Sala de São Jorge, no Kremlin, um salão imenso com grandes arcos e colunas com mais de duzentos anos com nomes de heróis russos gravados em ouro, Yeltsin e eu assinamos o acordo nuclear com o presidente Kravchuk da Ucrânia e tivemos conversas sobre iniciativas econômicas e de segurança.

Na coletiva que em seguida demos para a imprensa, Yeltsin expressou a sua gratidão pelo pacote de ajuda norte-americano e pelo que fora aprovado no encontro do G-7 em Tóquio, pela promessa de mais 1 bilhão de dólares anuais nos próximos dois anos e pela decisão que tomamos de reduzir as tarifas sobre importação para 5 mil produtos russos. Deu seu apoio formal à Parceria para a Paz, fortalecendo o compromisso que eu assumira de trabalhar pelo acordo de cooperação especial entre a OTAN e a Rússia. Fiquei satisfeito por termos concordado, como fizemos em 30 de maio, em não apontar nossos mísseis um para o outro ou para qualquer outro país, e porque os Estados Unidos comprariam da Rússia 12 bilhões de dólares de urânio altamente enriquecido nos próximos vinte anos, afastando gradualmente a possibilidade de esse urânio vir a ser usado na fabricação de armas.

Para mim, foram ações positivas tanto para os Estados Unidos quanto para a Rússia, mas nem todos pensavam assim. Yeltsin vinha tendo problemas com seu novo Parlamento, especialmente com Vladimir Zhirinovsky, líder de um bloco expressivo de nacionalistas militantes que queriam devolver à Rússia a glória imperial e estavam convencidos de que a minha intenção era reduzir o poder e a riqueza do país. Para acalmar um pouco os ânimos, repeti o meu mantra de que o povo russo devia definir a sua grandeza em termos que fossem pertinentes ao futuro, e não ao passado.

Após a entrevista coletiva, tive um encontro com os jovens na prefeitura, para a estação de televisão Ostankino. Eles fizeram perguntas sobre temas atuais e também quiseram saber se os estudantes norte-americanos aprendiam alguma coisa sobre a Rússia, quantos anos eu tinha quando pensei pela primeira vez em ser presidente, que conselho eu daria a uma jovem russa que queria entrar para a política e como eu gostaria de ser lembrado. Os estudantes me deixaram esperançosos sobre o futuro da Rússia. Eram inteligentes, idealistas e seriamente comprometidos com a democracia.

* * *

A viagem ia muito bem, promovendo interesses norte-americanos importantes para a construção de um mundo mais seguro e mais livre, mas ninguém sabia disso nos Estados Unidos, onde os políticos e a imprensa só estavam preocupados com Whitewater. A imprensa norte-americana que me acompanhava na viagem chegou a me perguntar a esse respeito. Antes de eu viajar, o *Washington Post* e o *New York Times* já tinham se unido aos republicanos para pedir a Janet Reno a nomeação de um promotor independente. A última novidade era que David Hale, um republicano condenado em 1993 por fraude no Departamento de Pequenas Empresas, dissera que eu havia pedido um empréstimo para Susan McDougal, para o qual ela era desqualificada. Eu não havia feito isso.

O critério para a nomeação de um promotor independente — tanto pela antiga lei, já expirada, quanto pela nova, vigente no Congresso — era a "evidência plausível" de iniqüidade. No editorial de 5 de janeiro exigindo um promotor independente para Whitewater, o *Washington Post* reconheceu explicitamente que "não há neste caso nenhuma acusação plausível de que o presidente ou a sra. Clinton tenha cometido iniqüidades". Mesmo assim, o *Post* sustentou que era do interesse público a nomeação de um promotor independente, porque Hillary e eu tínhamos sido sócios na empresa de construção civil Whitewater (na qual perdemos dinheiro) antes de Susan McDougal ter comprado o Madyson Guaranty (do qual nunca tomamos dinheiro emprestado). E o que é pior: parece que não retiramos toda a dedução de impostos pelo nosso prejuízo. Pela primeira vez na história as chamas do ódio contra um político eram atiçadas por um dinheiro que ele não ganhou, por empréstimos que ele não recebeu e por uma dedução de impostos que não lhe foi restituída. O *Post* afirmou que o Departamento de Justiça era chefiado por pessoas nomeadas pelo presidente e, portanto, sem condições de me investigar ou de decidir se outros deviam fazê-lo.

A lei do promotor independente foi adotada como uma reação ao fato de o presidente Nixon ter demitido o promotor especial de Watergate, Archibald Cox, que fora indicado pelo procurador-geral de Nixon e portanto era um funcionário do braço executivo passível de demissão. O Congresso reconheceu não só a necessidade de que os alegados delitos do presidente e de seus nomeados mais importantes fossem submetidos a investigações independentes como também o perigo de dar poderes ilimitados a promotores com recursos ilimitados que não prestavam contas a ninguém. É por isso que a lei exigia evidências plausíveis das iniqüidades cometidas. Mas a imprensa queria que o presidente aceitasse um promotor independente *sem a evidência*, quando alguém com quem ele alguma vez se associara fosse investigado.

Nos anos Reagan-Bush, mais de vinte pessoas foram condenadas por investigações independentes. Depois de seis anos de investigações e a constatação pela comissão do senador John Tower de que o presidente Reagan tinha autorizado a venda ilegal de armas aos rebeldes da Nicarágua, o promotor público do Irã-Contras, Lawrence Walsh, condenou Caspar Weinberger e mais cinco pessoas, mas o presidente Bush os perdoou. A única investigação que um promotor independente fez sobre atividades do presidente anteriores à sua posse foi sobre um pedido de empréstimo feito pelo presidente Carter para um depósito de amendoins que ele tinha em conjunto com seu irmão Billy. O promotor especial requisitado pelo presidente concluiu as investigações em seis meses, absolvendo os Carter.

Quando viajei para Moscou, vários senadores democratas e o presidente Carter se uniram aos republicanos e à imprensa para pedir o promotor independente, embora não houvesse absolutamente nada contra mim que ao menos se aproximasse de uma evidência plausível de iniqüidade. A maioria dos democratas não sabia nada sobre Whitewater; eles só estavam ansiosos para mostrar que não faziam objeção a que presidentes democratas fossem investigados nem queriam fazer frente ao *Washington Post* e ao *New York Times*. E talvez até achassem que Janet Reno indicaria um promotor público competente para resolver logo o problema. Independentemente disso, nós tínhamos de fazer alguma coisa, "uma incisão cirúrgica", como disse Lloyd Bentsen.

Já em Moscou, tive uma reunião por telefone com a minha equipe e mais David Kendall e Hillary, que ainda estava em Washington, para decidirmos o que fazer. David Gergen, Bernie Nussbaum e Kendall não concordavam com o promotor independente, porque, primeiro, não havia razão para tal e, segundo, se tivéssemos azar, um promotor inescrupuloso poderia conduzir uma investigação interminável e devastadora. Na verdade, ele não precisaria de muito tempo para nos levar à falência, pois o meu patrimônio líquido era menor que o de qualquer outro presidente da História moderna. Nussbaum, o advogado trabalhista que trabalhara com Hillary no inquérito de Watergate no Congresso, era radicalmente contra o promotor especial. Ele chamava àquilo de "instituição maldita", por abrigar promotores despreparados que faziam o que queriam; Bernie disse que era uma dívida que eu tinha com a Presidência, e também comigo mesmo, resistir até onde fosse possível. Nussbaum lembrou que o desdém do *Washington Post* pela investigação do Departamento de Justiça não tinha cabimento, uma vez que os meus documentos estavam sendo examinados ali por um promotor de carreira nomeado pelo presidente Bush.

Gergen concordava, mas insistia em que entregássemos os nossos documentos ao *Washington Post*. Mark Gearan e George Stephanopoulos também tinham essa posição. David disse que Len Downie, diretor executivo do *Post*, tinha criado esporas com o caso Watergate e estava convencido de que escondíamos alguma coisa. O *New York Times* parecia pensar o mesmo. George achava que a única maneira de diminuir a pressão em favor do promotor independente era apresentar os documentos.

Os advogados — Nussbaum, Kendall e Bruce Lindsay — eram contra liberar os documentos, porque, apesar de termos concordado em entregar ao Departamento de Justiça tudo o que encontrássemos, os documentos estavam incompletos e espalhados, e nós ainda os estávamos reunindo. Eles achavam que, se não pudéssemos responder a alguma pergunta ou apresentar um documento, a imprensa voltaria a pedir o promotor independente. Nesse meio tempo seríamos alvo de muitas matérias negativas, repletas de insinuações e especulações.

O restante dos meus assessores, inclusive George Stephanopoulos e Harold Ickes, que desde janeiro era subchefe de gabinete, achava que um promotor especial seria inevitável porque os democratas prefeririam não opor resistência, e assim nós devíamos sair na frente e requisitá-lo, para podermos voltar a nos concentrar nas questões relevantes. Perguntei a Hillary o que ela achava. Ela disse que pedir o promotor seria abrir um terrível precedente, porque eu estaria abandonando o critério da exigência de evidência plausível de iniqüidade e adotando o da sujeição à pressão da mídia, que já se tornava insuportável; mas que essa decisão devia ser tomada por mim. Eu achei que ela já estava cansada da briga com os meus assessores.

Nessa reunião por telefone eu disse a todos que não estava preocupado com uma investigação porque não tinha feito nada errado, nem tampouco Hillary, e não via nenhum problema em liberar os documentos. Afinal, nós já tínhamos agüentado muita matéria irresponsável sobre Whitewater desde a campanha. Minha intuição me dizia para liberar os relatórios e enfrentar o promotor, mas se o consenso fosse outro, eu aceitaria. Nussbaum ficou perturbado; ele previa que quem quer que fosse indicado ficaria frustrado por não encontrar nada e ampliaria as investigações até achar alguma coisa errada que algum conhecido meu tivesse feito. Disse que, se eu quisesse, poderíamos entregar os documentos para a imprensa e nos oferecer para testemunhar diante da Comissão Judicial do Senado. Stephanopoulos não gostou da idéia pela publicidade que ela suscitaria. Segundo ele, se Janet Reno indicasse um promotor independente que fosse do agrado da imprensa, em poucos meses tudo estaria terminado. Bernie discordava; argumentava que se o Congresso aprovasse uma nova lei para o promotor independente e eu a assinasse, como havia prometido, os juízes do Tribunal de Recursos de Washington nomeariam um novo promotor e tudo começaria outra vez. Irritado, George chamou Bernie de paranóico porque isso nunca iria acontecer. Bernie sabia que Rehnquist, o presidente da Suprema Corte, nomearia um painel composto predominantemente por republicanos conservadores. Eu achei graça na explosão de George e disse que as chances de nomearem um segundo promotor talvez fossem de apenas 50%.

Depois de muita discussão pedi para falar apenas com Hillary e David Kendall. Disse a eles que devíamos concordar com o consenso a favor de um promotor especial, ainda que aquilo fosse algo não-legal. Afinal, eu nada tinha a esconder, e todo esse barulho estava afastando a atenção do Congresso e do país do nosso programa mais amplo. No dia seguinte a Casa Branca pediu a Janet Reno que indicasse um promotor especial. Embora eu tivesse dito que daria conta do recado, não foi fácil agüentar.

Essa foi a pior decisão presidencial que tomei; a pior em relação aos fatos, em relação à lei, em relação à política, em relação à Presidência e à Constituição. Talvez eu a tenha tomado por estar exausto e sofrendo com a morte da minha mãe — precisei reunir toda a minha concentração para fazer o que havia deixado me esperando quando fui ao funeral dela. O que eu deveria ter feito era liberar os documentos, resistir ao promotor, dar uma extensa explicação aos democratas e pedir o apoio deles. Certamente nada disso teria feito a menor diferença. Na época eu não estava muito preocupado porque sabia que não tinha transgredido as leis e ainda acreditava que a imprensa buscava a verdade.

Uma semana depois Janet Reno nomeou Robert Fiske, um ex-promotor republicano de Nova York, que teria completado oportunamente as suas investigações se o tivessem deixado trabalhar. É claro que Fiske não conseguiu terminá-lo. Mas eu estou me adiantando. Por enquanto digo apenas que aceitar o promotor especial foi como tomar aspirina para um resfriado: o alívio durou pouco tempo. Muito pouco tempo.

Na viagem de volta da Rússia, depois de uma breve parada na República de Belarus, tomei um avião rumo a Genebra para me encontrar pela primeira vez com o presidente Assad, da Síria. Ele era um homem rude porém brilhante, que uma vez destruíra uma aldeia para dar uma lição aos seus opositores e cujo apoio a grupos terroristas do Oriente Médio afastava a Síria dos Estados Unidos. Assad raramente saía do seu país, e quando o fazia era para ir a Genebra e se encontrar com líderes estrangeiros. Nesse encontro, fiquei impressionado com a sua inteligência e a profusão de detalhes retida pela sua memória sobre fatos acontecidos mais de vinte anos antes. Assad era famoso pelas suas longas reuniões — ele podia mantê-las por seis ou sete horas, sem pausas. Eu, por minha vez, ficava cansado e precisava de um café, um chá ou mesmo água para me manter acordado. Felizmente esse encontro durou apenas poucas horas. As nossas discussões resultaram em duas coisas que eu queria: a afirmação explícita por parte de Assad de que ele estava disposto a fazer a paz e estabelecer relações normais com Israel; e a promessa de retirar as forças sírias do Líbano e respeitar a independência desse país quando houvesse uma paz mais abrangente no Oriente Médio. Eu sabia que o sucesso do nosso encontro não era resultado apenas de um entendimento pessoal. Assad já recebera muito apoio econômico da ex-União Soviética; agora que a URSS não existia mais, ele teve de recorrer ao Ocidente. Para isso, ele não poderia mais apoiar o terrorismo na região, e tudo ficaria mais fácil se ele fizesse um acordo com Israel devolvendo à Síria as Colinas de Golan, perdidas na guerra de 1967.

Retornei a Washington para uma longa série daqueles típicos dias em que tudo acontece de uma vez. No dia 17, Los Angeles foi atingida pelo terremoto mais violento da história do país, que causou um prejuízo de bilhões de dólares com os danos em residências, hospitais, escolas e estabelecimentos comerciais. Fui para lá no dia 19 com James Lee Witt, diretor da Agência Federal de Controle de Emergências [Federal Emergency Management Agency — FEMA], para ver os estragos, inclusive um longo trecho de rodovia interestadual que estava completamente destruído. No dia 20 me reuni basicamente com todo o gabinete, com o prefeito Dick Riordan e outros líderes estaduais e locais num hangar do aeroporto de Burbank, para tomar as medidas emergenciais necessárias. Graças a uma notável parceria, a recuperação foi rápida; a rodovia foi reconstruída em três meses; a FEMA deu ajuda financeira a mais de 600 mil famílias e empresas; e milhares de moradias e estabelecimentos comerciais foram reformados com os empréstimos do Departamento de Pequenas Empresas. Tudo isso envolveu mais de 16 bilhões de dólares em ajuda direta. Lamentei muito pelos californianos. Eles sofreram o impacto mais forte da recessão e das demissões na indústria de armamentos, foram vítimas de graves incêndios e, agora, de um terremoto. Um policial brincou, dizendo que só faltava uma praga de gafanhotos. Seu senso de humor me fez lembrar a famosa observação da madre Teresa, segundo a qual Deus jamais lhe daria um peso maior do que ela podia carregar, mas às vezes ela gostaria que Ele não confiasse tanto na capacidade-limite dela. Retornei a Washington, e na entrevista que dei a Larry King, no primeiro aniversário do meu mandato presidencial, disse que gostava do meu trabalho, mesmo nos piores momentos. Afinal, eu não fora eleito para me divertir, mas para mudar o meu país.

Poucos dias depois, o filho mais velho do presidente Assad, que havia se casado para sucedê-lo no trono, morreu num acidente de carro. Quando liguei para expressar a ele as minhas condolências, Assad estava obviamente inconsolável — a pior coisa que pode acontecer na vida é perder um filho.

Nessa mesma semana nomeei o subsecretário de Defesa Bill Perry para o lugar de Les Aspin, que pedira demissão do cargo logo após a "Queda do Black Hawk". Fizemos uma pesquisa exaustiva e o melhor candidato estava bem debaixo do meu nariz. Perry tinha dirigido várias organizações ligadas à defesa, era professor de matemática e engenharia e fizera um trabalho excelente no Pentágono, promovendo a tecnologia Stealth, uma reforma no sistema de contratos de fornecimento e adoção de orçamentos realistas. Era um homem tranqüilo e modesto cujo comportamento encobria uma autoridade surpreendente. Ele acabou se tornando uma das minhas melhores escolhas, provavelmente o secretário de Defesa mais competente desde o general George Marshall.

No dia 25 fiz o meu discurso "Estado da União". É a única vez no ano em que o presidente tem a chance de falar ao povo norte-americano durante uma hora, sem censura, e eu queria aproveitá-la ao máximo. Depois de prestar um tributo ao último presidente da Câmara dos Deputados Tip O'Neill, que morrera um dia antes da minha mãe, fiz um rápido resumo da longa lista de realizações do Congresso em 1993, dizendo que a economia estava gerando empregos; que milhões de cidadãos economizaram dinheiro com o refinanciamento das suas casas a juros mais baixos; que apenas 1,2% do povo norte-americano teve seus impostos aumentados; que o déficit seria 40% mais baixo que o previsto; e que reduziríamos a folha de pagamento federal em mais de 250 mil, em vez dos 100 mil funcionários a menos prometidos anteriormente.

O restante do discurso foi um esboço do meu programa para 1994, a começar pela educação. Pedi ao Congresso que aprovasse a minha iniciativa Metas 2000 de ajudar as escolas públicas a alcançar as metas nacionais para a educação, estabelecidas pelos governadores e pelo governo Bush, por meio de reformas como a escolha da escola, o licenciamento de escolas e conexão à internet para todas as nossas escolas até o ano 2000; e uma avaliação do progresso das escolas quanto à consecução das metas estabelecidas pelos moldes antigos, o que se faria verificando se os alunos estavam aprendendo o que precisavam saber.

Também pedi mais investimentos em novas tecnologias que criavam empregos e para o projeto de conversão da indústria de armamentos; pedi pressa na aprovação da nova lei criminal e no veto às armas de fogo; e promovi três leis ambientais: a Lei da Água Potável Segura, a revitalização da Lei da Água Limpa e a reforma do programa Superfundo. O Superfundo era uma parceria público-privada para a limpeza de locais poluídos que haviam sido abandonados e se tornado fcios e insalubres. Isso era muito importante para mim e para o Al Gore; quando deixamos o governo, havíamos limpado com o Superfundo uma quantidade de locais três vezes maior que o resultado atingido pelas administrações Reagan e Bush juntas.

Em seguida pedi ao Congresso que em 1994 aprovasse a reforma do seguro contra a pobreza e a da saúde pública. Um milhão de pessoas estavam nas listas do seguro contra a pobreza porque essa era a única maneira de elas conseguirem tratamento médico para os filhos. Quando trocavam o seguro contra a pobreza por empregos mal remunerados e sem benefícios, elas ficavam na incrível situação de ter de pagar impostos para sustentar o programa Medicaid, que oferecia assistência médica às famílias que continuavam dependentes do seguro contra a pobreza. Quase 60 milhões de norte-americanos perdiam anualmente o seguro-saúde. Mais de 80 milhões de pessoas tinham "doenças preexistentes", problemas de saúde que encareciam muito o seguro, quando o tinham, e geralmente o perdiam quando mudavam de emprego. Três em cada quatro norte-americanos tinham contratos com "limites", determinando quanto seria coberto dos custos do tratamento, o que significava perder o seguro quando mais necessitassem dele. O sistema também prejudicava as pequenas empresas; suas mensalidades eram 35% mais caras que as pagas pelas grandes empresas e pelo governo. Para controlar os custos, cada vez mais pessoas estavam sendo obrigadas a procurar as organizações de manutenção da saúde, que restringiam o paciente na escolha do médico e os médicos na escolha do tratamento, forçando ainda os profissionais da saúde a perder muito tempo preenchendo a papelada e a ter menos tempo para os pacientes. Todos esses problemas tinham raízes num fato fundamental: nossa cobertura era uma colcha de retalhos na qual as companhias de seguro é que davam as cartas.

Eu disse ao Congresso que seria difícil mudar o sistema. Roosevelt, Truman, Nixon e Carter tentaram e não conseguiram. O esforço praticamente acabou com a administração Truman, levando os seus índices de aprovação a menos de 30% e ajudando os republicanos a ganhar o controle do Congresso. Isso aconteceu porque, apesar dos problemas, a maioria dos norte-americanos contava com algum tipo de cobertura, gostava dos médicos e dos hospitais e sabia que a oferta do sistema de saúde era boa. Tudo isso era verdade. Quem lucrava com a maneira pela qual a assistência médica era financiada estava gastando muito dinheiro para convencer o Congresso e a população de que consertar o que havia de errado no sistema de saúde pública acabaria com o que estava certo.

Achei que o meu argumento era convincente, exceto por uma coisa: no final do trecho do discurso sobre a saúde pública ergui uma caneta no ar e disse que a usaria para vetar qualquer projeto de lei que não garantisse o seguro-saúde para todos os norte-americanos. Fiz isso porque alguns dos meus assessores haviam dito que as pessoas só acreditariam na força das minhas convicções se eu demonstrasse que não faria concessões. Foi uma bandeira vermelha desnecessária para os meus oponentes no Congresso. Fazer política é buscar soluções conciliatórias, e as pessoas esperam que o presidente vença, e não que assuma posições por elas. A reforma da saúde era a montanha mais difícil de ser escalada. Eu não podia fazê-la sozinho, sem concessões. Como se veria depois, meu erro não fez muita diferença, porque Bob Dole acabou aniquilando a reforma da saúde.

No curto prazo, o discurso do Estado da União aumentou bastante o apoio público ao meu programa de governo. Newt Gingrich me contou mais tarde que, depois de ouvi-lo, disse aos deputados republicanos que, se eu conseguisse convencer os congressistas democratas a aprovar as minhas propostas, o nosso partido seria majoritário por um longo tempo. Certamente não era o que Newt queria, e, como Bob Dole, ele tentaria a todo custo evitar que isso acontecesse antes das eleições de meio de mandato.

Na última semana de janeiro tivemos uma discussão acalorada com a nossa equipe de política externa para decidir se concederíamos ou não um visto de entrada no país a Gerry Adams, líder do Sinn Fein, o braço político do Exército Republicano Irlandês, o IRA [Irish Republican Army]. Os Estados Unidos tinham uma importância muito grande para os dois lados do conflito irlandês. Durante muitos anos os norte-americanos que apoiavam o IRA deram muito dinheiro para financiar as suas atividades violentas. O Sinn Fein contava com um número muito grande de partidários entre os irlandeses católicos que repudiavam o terrorismo, queriam acabar com a discriminação contra os seus irmãos de fé e reivindicavam mais autonomia política, com participação católica, na Irlanda do Norte. Os protestantes ingleses e irlandeses também tinham seus seguidores, pessoas que condenavam quaisquer ligações com o Sinn Fein por causa do vínculo deste com o IRA, e achavam que não tínhamos de nos meter em assuntos do Reino Unido, o nosso mais forte aliado. Esse argumento havia convencido todos os meus antecessores, inclusive os que simpatizavam com as queixas legítimas dos católicos da Irlanda do Norte. Agora, com a Declaração de Princípios, teríamos de reavaliá-las.

Na declaração, o Reino Unido prometia pela primeira vez na história que o *status* da Irlanda do Norte seria determinado pela vontade dos seus cidadãos, e que a Irlanda renunciaria à reivindicação histórica de seis condados no Norte até que a maioria do povo votasse para mudar esse *status*. Os partidos moderados Unionista e Nacionalista Irlandês apoiavam a proposta com muita cautela. O reverendo Ian Paisley, líder do partido extremista Unionista Democrata, ficou enfurecido. Gerry Adams e o Sinn Fein se declararam insatisfeitos porque os princípios não esclareciam como seria o processo de paz ou a participação do Sinn Fein nesse processo. A despeito das reações ambíguas, os governos da Inglaterra e da Irlanda pressionaram os partidos para que eles trabalhassem em favor da paz.

No momento em que a declaração foi divulgada, os aliados de Adams nos Estados Unidos nos pediram um visto para que ele nos visitasse. Disseram que só assim se poderia reforçar a sua posição e a sua capacidade de se envolver no processo e de pressionar o IRA para terminar com a violência. John Hume, líder do moderado Partido Social Democrata e Trabalhista, cuja carreira política se apoiava na não-violência, assegurou que tinha mudado de opinião sobre o visto para Adams e agora achava que ele promoveria o processo de paz. Eram muitos os ativistas de origem irlandesa que concordavam, entre eles o meu amigo Bruce Morrison, organizador do nosso contato com a comunidade de origem irlandesa em 1992, e também a nossa embaixadora na Irlanda, Jean Kennedy Smith. No Congresso tínhamos o apoio do irmão dela, o senador Ted Kennedy; dos senadores Chris Dodd, Pat Moynihan e John Kerry; e dos congressistas de Nova York Peter King e Tom Manton. O presidente da Câmara dos Deputados, Tom Foley, que havia muito tempo era atuante nas questões irlandesas, era radicalmente contra a concessão do visto.

No início de janeiro, o primeiro-ministro irlandês Albert Reynolds nos informou que, tal como John Hume, ele também passara a concordar com o visto porque Adams vinha trabalhando pela paz; assim ele talvez conseguisse que o IRA se afastasse da violência e entrasse no processo de paz. O governo britânico se opunha veementemente à concessão do visto pela longa história de terror do IRA e porque Adams não havia renunciado à violência nem usava a Declaração de Princípios como base para solucionar os problemas.

Eu disse a Albert Reynolds que só avaliaríamos a possibilidade de fornecer o visto a Adams se ele recebesse um convite formal para falar nos Estados Unidos. Logo em seguida Adams foi convidado, além de líderes de outros partidos da Irlanda do Norte, a participar de uma conferência de paz em Nova York, patrocinada por um grupo norte-americano de política exterior. Isso colocou em evidência a questão do visto, que se tornou o primeiro assunto sobre o qual os meus conselheiros de política externa não conseguiram chegar a um consenso.

Warren Christopher e o Departamento de Estado, inclusive Ray Seitz, nosso embaixador na Grã-Bretanha, opunham-se firmemente à concessão do visto argumentando que, como Adams não renunciara à violência, isso nos faria parecer tolerantes com o terrorismo e poderia causar um dano irreparável à nossa tão alardeada "relação especial" com a Grã-Bretanha, afetando inclusive a nossa capacidade de garantir a sua cooperação na Bósnia e em outras questões importantes. O Departamento de Justiça, o FBI e a CIA concordavam com o Departamento de Estado. Sua opinião unânime tinha um peso muito grande.

Três pessoas trabalhavam na questão irlandesa no Conselho de Segurança Nacional: Tony Lake, Nancy Soderberg — que coordenava a cúpula do Conselho de Segurança Nacional — e a nossa encarregada para assuntos europeus, a major do Exército Jane Holl. Com o meu apoio, eles examinavam de modo independente a questão do visto e ao mesmo tempo tentavam alcançar uma posição de consenso com o Departamento de Estado, tendo a mediação do subsecretário Peter Tarnoff. A equipe do Conselho de Segurança Nacional estava convencida de que Adams era favorável ao término da violência do IRA, à plena participação do Sinn Fein no processo de paz e a um futuro democrático para a Irlanda do Norte. Suas análises faziam sentido. A Irlanda começava a prosperar economicamente, a Europa como um todo caminhava para uma integração econômica e política, e a tolerância dos irlandeses ao terrorismo era cada vez menor. Por outro lado, o IRA era um osso duro de roer, cheio de homens irredutíveis cuja vida se baseava no ódio aos ingleses e ao Partido Unionista Ulster, e para os quais as idéias de uma coexistência pacífica e de integração ao Reino Unido eram anátemas. Como a população dos condados do Norte tinha 10% a mais de protestantes que de católicos e a Declaração de Princípios engajava as duas Irlandas e o Reino Unido num futuro democrático baseado na regra da maioria, a Irlanda do Norte provavelmente permaneceria ainda por algum tempo como parte do Reino Unido. Adams sabia disso, mas também sabia que o terror não lhe traria a vitória e parecia sincero quando dizia que o IRA deveria desistir da violência em troca do fim da discriminação e do isolamento dos católicos.

Com base nessa análise, o Conselho de Segurança Nacional determinou que devíamos conceder o visto, porque ele promoveria Adams dentro do Sinn Fein e do

IRA, e ao mesmo tempo os Estados Unidos aumentariam a sua influência sobre ele. Isso era importante porque, se o IRA não renunciasse à violência e o Sinn Fein não se integrasse no processo de paz, o problema da Irlanda também não se resolveria.

Poucos dias antes do início da conferência o debate esquentou, tanto no Congresso, entre os aliados do governo britânico e os de Adams, como na comunidade americana de origem irlandesa. Ouvi com muita atenção os dois lados, inclusive um apaixonado apelo de última hora de Warren Christopher para que o visto não fosse concedido e uma mensagem de Adams dizendo que se o povo irlandês estava se arriscando pela paz, nós também devíamos nos arriscar. Nancy Soderberg disse que era a favor da concessão do visto porque agora estava convencida de que Adams era sincero quando falava em decretar a paz; e que no momento ele não podia dizer mais nada sobre a sua vontade de abandonar a violência para não prejudicar a sua posição dentro do Sinn Fein e do IRA. Nancy era minha conselheira de política externa desde a campanha, e eu aprendera a ter grande respeito pelo seu julgamento. Também fiquei impressionado quando Tony Lake concordou com ela. Como meu conselheiro para segurança nacional, ele conversava com os ingleses sobre muitas outras questões que poderiam ser afetadas de maneira adversa pela concessão do visto. Ele também entendia as implicações dessa decisão em função do nosso esforço de combate ao terrorismo em geral. O vice-presidente Gore também considerou o contexto mais amplo para que a decisão fosse tomada e foi a favor da concessão do visto. Decidi concedê-lo, mas sob a condição de que Adams não arrecadasse nenhum dinheiro nem saísse de Nova York nos três dias em que ficaria no país.

Os ingleses ficaram furiosos. Para eles, Adams não passava de um mentiroso falastrão e não tinha intenção de acabar com a violência, que incluía uma tentativa de assassinar Margaret Thatcher e já custara a vida de milhares de cidadãos ingleses, crianças inocentes, funcionários do governo e um membro da família real, o lorde Mountbatten, que supervisionou o fim do governo britânico na Índia. Os partidos Unionistas boicotaram a conferência porque Adams estaria presente. Durante muitos dias John Major se recusou a atender aos meus telefonemas. A imprensa britânica não poupou artigos e colunas para dizer que eu estava pondo em risco um relacionamento especial entre os nossos países. Uma manchete memorável dizia: "Adams, a víbora viscosa, espirrou seu veneno nos ianques".

Parte da imprensa insinuava que eu havia concedido o visto para ganhar os votos dos irlandeses que viviam nos Estados Unidos e porque continuava zangado com Major por ele ter ajudado o presidente Bush durante e campanha. Não era verdade. Nunca fiquei aborrecido com Major, como imaginaram os ingleses, e o admirei por falar bem da Declaração de Princípios, apesar dos riscos que corria; ele tinha uma pequena maioria no Parlamento e precisava dos votos dos Unionistas irlandeses. Além disso, assim como o povo norte-americano, eu abominava o terrorismo; politicamente, com a decisão eu tinha muito mais a perder do que a ganhar. Se concedia o visto, era por achar que isso era o melhor que poderíamos fazer para acabar com a violência. Lembrei-me da frase de Yitzhak Rabin: "Ninguém faz a paz com os amigos".

Gerry Adams chegou aos Estados Unidos no dia 31 de janeiro e foi calorosamente recebido pelos americanos de origem irlandesa simpáticos à causa. Nessa visita ele prometeu se esforçar para que o Sinn Fein tomasse decisões concretas e positivas. Em seguida a Inglaterra acelerou as negociações políticas com os partidos da Irlanda do Norte, e o governo irlandês aumentou a pressão para que o Sinn Fein cooperasse. Sete meses depois o IRA declarou o cessar-fogo. A decisão do visto foi positiva. Foi o início do meu profundo envolvimento com a emocional e complicada busca da paz na Irlanda do Norte.

O dia 3 de fevereiro começou com o segundo Café-da-Manhã da Oração Nacional. A madre Teresa foi a oradora convidada, e eu disse que nós deveríamos imitá-la, trazendo para a política mais humildade e espírito de conciliação. À tarde fiz o meu pequeno trabalho de conciliação suspendendo o nosso longo embargo comercial ao Vietnã, para o qual contei com a notável cooperação do governo vietnamita na solução dos casos de prisioneiros de guerra e desaparecidos em ação, e na devolução aos Estados Unidos dos restos mortais dos servidores mortos. Minha decisão recebeu o forte apoio dos veteranos do Vietnã no Congresso, especialmente dos senadores John Kerry, Bob Kerrey e John McCain, e do congressista Pete Peterson da Flórida, que foi prisioneiro de guerra no Vietnã por mais de seis anos.

Na segunda semana de fevereiro, quando um ataque brutal dos sérvios-bósnios ao mercado de Sarajevo matou dezenas de inocentes, a OTAN finalmente votou, com a aprovação do secretário-geral das Nações Unidas, pelo bombardeio dos sérvios, se eles não retirassem da cidade o seu armamento pesado, deixando-o a uma distância de vinte quilômetros. Esse voto havia muito tempo se fazia necessário, mas ainda implicava risco para os canadenses, cujas forças em Srebrenica estavam cercadas pelos sérvios, e para os franceses, ingleses, espanhóis e alemães, que também tinham no local um número relativamente pequeno e portanto vulnerável de soldados.

Logo depois o armamento pesado foi retirado ou ficou sob o controle da ONU. O senador Dole continuava forçando a suspensão unilateral do embargo de armas, mas naquele momento achei melhor mantê-lo, porque finalmente tínhamos recebido o sinal verde para os ataques aéreos da OTAN e eu não queria que outros usassem a suspensão unilateral do embargo à Bósnia como desculpa para desrespeitar outros embargos que ainda mantínhamos no Haiti, na Líbia e no Iraque.

Em meados de fevereiro Hillary e Chelsea foram para Lillehammer, na Noruega, representar os Estados Unidos nas Olimpíadas de Inverno, e eu fui passar alguns dias em Hot Springs com Dick Kelley. Minha mãe tinha sido sepultada fazia cinco semanas e eu queria ver como ele estava. Dick ficou sozinho na pequena casa em que eles moravam, onde a presença da minha mãe continuava muito forte em todos os cantos, mas o velho veterano da Marinha havia retomando a sua paixão pelo mar e já começava a pensar no que ia fazer da sua vida.

Passei as duas semanas seguintes promovendo a reforma da saúde e o projeto de lei contra o crime em vários locais ao redor do país e cuidando da política externa. Recebemos a excelente notícia de que a Arábia Saudita havia fechado um contrato para a compra de aviões norte-americanos num total de 6 bilhões de dólares, depois de muito empenho de Ron Brown, Mickey Kantor e do secretário dos Transportes Federico Peña.

Todos nós ficamos chocados quando o FBI prendeu o agente veterano da CIA Aldrich Ames e sua esposa, depois de 31 anos de serviços prestados, solucionando um dos maiores casos de espionagem da história norte-americana. Durante nove anos Ames fez fortuna passando informações que levaram à morte mais de dez fontes nossas na Rússia, e causou grave dano ao nosso serviço de inteligência. Depois de anos tentando pegar um espião que eles sabiam que estava lá, o FBI, com a cooperação da CIA, finalmente pôs as mãos nele. O caso Ames levantou a questão da vulnerabilidade do nosso aparato de inteligência e da nossa política com relação à Rússia: se eles estavam nos espionando, não seria mais certo retirar ou suspender o pacote de ajuda oferecido? Numa reunião bipartidária no Congresso e respondendo às perguntas levantadas pela imprensa, eu fui contra suspender a ajuda. A Rússia estava envolvida numa luta interna entre o ontem e o amanhã; a Rússia de ontem nos espionava, mas a nossa ajuda serviria para apoiar a Rússia de amanhã, fortalecer a democracia e a reforma econômica, e garantir a destruição das suas armas nucleares. Além disso, os russos não eram os únicos que nos espionavam.

Mais para o fim do mês, um colono militante israelita, indignado diante da perspectiva de devolver a Faixa de Gaza aos palestinos, atirou em vários devotos que rezavam na Mesquita de Abraão em Hebron. O atentado aconteceu durante o mês muçulmano do Ramadã, num local sagrado tanto para os muçulmanos quanto para os judeus, pois se considera que Abraão e sua esposa Sara estão enterrados lá. Estava claro que a intenção desse homem era provocar uma reação violenta para atrapalhar o processo de paz. Pedi a Warren Christopher que entrasse em contato com Rabin e Arafat e os convidasse a enviar, com a maior rapidez possível, negociadores a Washington, onde eles ficariam até conseguir definir ações concretas para implementar o seu acordo.

No dia 28 de fevereiro os soldados da OTAN derrubaram quatro aviões sérvios por violarem a área de vôo proibido, a primeira ação militar em 44 anos de história da aliança. Eu esperava que os ataques aéreos, somada à nossa bem-sucedida operação para suspender o cerco a Sarajevo, convenceriam os nossos aliados a assumir uma postura mais forte contra a agressão sérvia nas cidades de Tuzla, Srebrenica e imediações.

Um desses aliados era John Major, que veio aos Estados Unidos para conversarmos sobre a Bósnia e a Irlanda do Norte. Primeiro eu o levei a Pittsburgh, onde seu avô trabalhara nas usinas de aço no século XIX. Major gostou muito de rastrear suas raízes até o coração industrial dos Estados Unidos. Nessa noite ele dormiu na Casa Branca, tendo sido o primeiro líder estrangeiro a fazer isso no meu mandato. No dia seguinte, recebeu a imprensa numa entrevista coletiva que deixou uma mensagem importante: o fato de discordarmos sobre a concessão do visto a Adams não prejudicaria o relacionamento anglo-americano nem nos impediria de nos mantermos unidos em questões como a da Bósnia e outras. Achei Major um homem sensato, inteligente e, como já disse, genuinamente empenhado em resolver o problema da Irlanda, apesar de esse esforço ameaçar bastante a sua já precária situação no Parlamento. Eu o achei um líder muito melhor do que a imprensa em geral sugeria, e depois de passarmos dois dias juntos desenvolvemos um relacionamento profissional amigável e produtivo.

38

ENQUANTO EU ME OCUPAVA dos assuntos internacionais, internamente o novo Mundo de Whitewater começava a tomar forma. Em março, Robert Fiske iniciou a pleno vapor o seu trabalho arrolando como depoentes alguns membros do quadro de funcionários da Casa Branca, entre eles Maggie Williams e Lisa Caputo, que trabalhavam com a Hillary e eram amigas de Vince Foster. Mack McLarty formou uma Equipe de Respostas para Whitewater, liderada por Harold Ickes, para estudar as respostas às possíveis perguntas de Fiske e da imprensa; para liberar o restante do pessoal, e também a mim, a fim de que o trabalho público pelo qual estávamos em Washington pudesse continuar; e para reduzir as conversas sobre Whitewater que os nossos assessores pudessem ter entre si, com Hillary ou comigo. Essas conversas, quaisquer que fossem, só exporiam os nossos jovens assessores a intimações para depor, ataques políticos e grandes dívidas de honorários advocatícios. Muita gente estava disposta a encontrar coisas erradas; mesmo não havendo nada ilegal naquela transação imobiliária tão antiga, talvez ao lidar com a questão eles conseguissem pegar alguém fazendo algo condenável.

A montagem da equipe funcionou muito bem para mim. Afinal, eu aprendera na infância a ter vidas paralelas: na maior parte do tempo conseguia reverter as acusações e os comentários maldosos e continuar trabalhando. Eu sabia que para aqueles que nunca tinham vivido sob a ameaça constante de arbitrariedade e ataques destrutivos, especialmente num clima em que cada acusação vinha ligada a uma presunção de culpa, seria muito mais difícil lidar com aquela situação. É verdade que especialistas em leis, como Sam Dash, nos diziam que estávamos cooperando muito mais do que as administrações de Reagan e de Bush, porque não nos negávamos a depor e entregávamos todos os documentos ao Departamento de Justiça e em seguida a Fiske. Mas as traves do gol tinham sido deslocadas: a menos que Hillary e eu conseguíssemos provar a nossa inocência nas acusações dos nossos adversários, quaisquer que fossem elas, as perguntas seriam feitas e as matérias seriam escritas em tom de forte suspeita, dando a entender que nós tínhamos feito alguma coisa errada.

Quando as nossas declarações de imposto de renda foram parar nas mãos da imprensa, o *New York Times* disse que, partindo de um investimento de mil dólares, Hillary ganhara 100 mil dólares no mercado de *commodities* em 1979, com a ajuda de Jim Blair. Blair era um dos meus amigos mais próximos; ele ajudou Hillary e muitos outros amigos na compra e venda de *commodities*, mas ela correu os seus próprios riscos, pagou mais de 18 mil dólares de taxas de corretagem e, seguindo o seu instinto, saiu do mercado antes que ele entrasse em queda. Leo Melamed, o republicano que já havia sido presidente da Bolsa Mercantil de Chicago, na qual são comercializadas as *commodities* da agricultura, examinou as transações comerciais de Hillary e não encontrou nada errado. Mas isso não mudou nada. Por muitos anos os críticos considerariam os lucros gerados pelas *commodities* de Hillary a principal prova de corrupção.

A presunção de delito estava presente numa reportagem da *Newsweek* que dizia que Hillary não havia posto dinheiro dela mesma no "grande negócio", com uma análise que, segundo a revista, se baseava na opinião especializada do professor Marvin Chirelstein, da Columbia School of Law, uma das maiores autoridades do país em leis e contratos empresariais, que foi meu professor em Yale e a quem os nossos advogados pediram um exame das nossas restituições de impostos de 1978-79, o período do investimento em Whitewater. Chirelstein contestou a matéria da *Newsweek*, dizendo: "Eu não declarei nada disso" e se mostrou "indignado" e "humilhado".

Mais ou menos na mesma época, a revista *Time* publicou uma fotografia de capa que me mostrava sentado diante da minha mesa, preocupado com Whitewater, e George Stephanopoulos espiando por cima do meu ombro. Na verdade, a foto era de tempos antes, numa situação de rotina em que estavam presentes várias pessoas. Na foto original havia pelo menos mais duas pessoas. A *Time* simplesmente as cortou.

Em abril Hillary recebeu a imprensa para responder a perguntas sobre compra e venda de *commodities* e sobre Whitewater. Ela se saiu muito bem e me deixou orgulhoso. Até conseguiu fazer os repórteres rirem ao reconhecer que o fato de pensar que houvesse uma "zona de privacidade" pode tê-la levado a se esquivar mais do que o devido às perguntas da imprensa sobre os seus negócios pessoais no passado, mas que "depois de muito resistir, fui rezoneada".

A presunção de culpa contra nós estendeu-se também a outros. Roger Altman e Bernie Nussbaum foram alvo de críticas pesadas por questionarem as imputações de responsabilidade criminal contra o Madison Guaranty feitas pela Resolution Trust Corporation (RTC),* porque a RTC pertencia ao Departamento do Tesouro e Altman havia sido o responsável por ele durante algum tempo. Os críticos devem ter achado que Nussbaum tentou interferir nos procedimentos da RTC. Na verdade, as discussões foram conseqüência da necessidade de responder às perguntas da imprensa, levantadas por vazamentos sobre a investigação do Madison, que havia sido aprovada pelo conselho de ética do Departamento do Tesouro.

Edwin Yoder, um colunista veterano progressista, disse que Washington estava dominada pelos "faxineiros da ética". No artigo que escreveu sobre o encontro com Nussbaum e Altman, ele afirmou:

> Queria que alguém me explicasse por que é tão condenável a equipe da Casa Branca querer informações de qualquer outro órgão do Poder Executivo sobre acusações e boatos com relação ao presidente [...]

---

* Órgão do governo dos Estados Unidos criado pela Lei de Reestruturação de Instituições de Empréstimo e Poupança de 1989, para a incorporação ou extinção das instituições que se tornaram insolventes entre 1989 e agosto de 1992. (N. dos T.)

Robert Fiske considerou legítimos os contatos entre a Casa Branca e o Departamento do Tesouro, mas nem isso conseguiu conter os difamadores de Nussbaum e Altman. Na época, todos os nossos nomeados com cargos políticos eram obrigados a ouvir três vezes por dia que tinham direito de ficar calados e de serem defendidos por um advogado. Bernie Nussbaum renunciou no início de março; ele nunca aceitou a minha tola decisão de pedir um promotor independente e preferiu não me causar problemas futuros. Altman deixaria o governo poucos meses depois. Os dois eram servidores públicos honestos e capazes.

Em março, Roger Ailes, um republicano de longa data que se tornou presidente da rede de televisão CNBC, acusou o governo de "encobrir fatos sobre Whitewater que incluem [...] fraudes com terras, contribuições ilegais, abuso de poder [...] suicídio abafado — um possível assassinato". Tudo isso para o critério de "evidência plausível de iniqüidade".

William Safire, colunista do *New York Times* que escrevia os discursos de Nixon e Agnew e parecia disposto a provar que os sucessores deles eram ruins, mostrou-se especialmente agressivo em sua tese não fundamentada de que a morte de Vince se relacionava à minha conduta ilegal, assim como de Hillary. É claro que o bilhete deixado por Vince dizia exatamente o contrário, que não tínhamos feito nada errado, mas isso não impediu Safire de especular que ele havia guardado impropriamente em seu escritório documentos que nos prejudicavam.

Hoje sabemos que muitas das falsas informações que alimentaram as matérias destrutivas e inverídicas foram fornecidas à imprensa por David Hale e por direitistas que o apoiaram por razões particulares. Em 1993, o republicano Hale era juiz municipal em Little Rock e foi acusado de fraudar em 900 mil dólares o Departamento de Pequenas Empresas, em fundos federais que deveriam ter sido usados para conceder empréstimos a empresas minoritárias por intermédio da empresa dele, a Capital Management Services (uma auditoria posterior da GAO* mostrou que a fraude contra o Departamento de Pequenas Empresas — SBA — foi de 3,4 milhões de dólares). Mas ele embolsou o dinheiro por meio de uma série de empresas fictícias. Hale conversou sobre sua grave situação com o juiz Jim Johnson, conhecido racista do Arkansas que concorrera com Win Rockefeller para governador em 1966 e com Fulbright em 1968 para senador. Johnson acolheu Hale sob as suas asas e em agosto colocou-o em contato com um grupo conservador chamado Cidadãos Unidos, cujos diretores eram Floyd Brown e David Bossie. Brown foi o responsável pelos infames anúncios de Willie Horton contra Mike Dukakis em 1988. Bossie o ajudou a escrever um livro para a campanha de 1992, cujo título era *Slick Willie: Why America Cannot Trust Bill Clinton* [Willie Escorregadio: Por que os Estados Unidos não podem confiar em Bill Clinton], no qual os autores "agradeciam especialmente" ao juiz Jim Johnson.

Hale declarou que eu o obriguei a emprestar 300 mil dólares da Capital Management para uma empresa de Susan McDougal, que seriam doados às lide-

---

* O Government Accountability Office (GAO) é uma agência que trabalha para o Congresso e o povo norte-americano, estudando os programas e as despesas do governo federal. O GAO, em geral chamado o braço investigativo do Congresso, ou o cão de guarda congressional, é independente e não-partidário. (N. dos T.)

ranças democratas do Arkansas. Em troca, McDougal emprestaria a Hale mais de 800 mil dólares do Madison Guaranty, habilitando-o a receber mais 1 milhão de dólares do Departamento de Pequenas Empresas. Era uma história absurda e mentirosa, mas Brown e Bossie conseguiram convencer muita gente de que ela era verdadeira. Parece que Sheffield Nelson também ajudou, empurrando-a para Jeff Gerth, o seu contato no *New York Times*.

Lá por março de 1994 a mídia voltou a esfregar as mãos por causa de uns documentos que foram destruídos na Rose Law Firm; uma das caixas que continham os papéis trazia as iniciais de Vince Foster. O escritório explicou que o material destruído não tinha nenhuma relação com Whitewater e que era um procedimento normal em se tratando de papéis que não serviam mais para nada. Na nossa Casa Branca ninguém tinha notícia da destruição rotineira de papéis desnecessários não relacionados a Whitewater na Rose Law. Além disso, nós não tínhamos nada a esconder, e continuava não havendo nenhuma evidência de que estivéssemos escondendo alguma coisa.

A coisa ficou tão ruim que até o respeitado jornalista David Broder chamou Bernie Nussbaum de "infeliz" por ter, segundo ele, tolerado a arrogância e o abuso de poder que fizeram "palavras tão familiares como investigação, convocação para depor, grande júri e renúncia voltarem a reverberar por toda a Washington na semana passada". Broder chegou a comparar as nossas "salas de guerra" — que orientaram as nossas campanhas para o plano econômico e o NAFTA — à lista dos inimigos de Nixon.

Que Nussbaum não teve sorte, eu concordo; se eu tivesse seguido o conselho dele e não tivesse cedido aos pedidos de indicação de um promotor independente a fim de "desanuviar o ambiente", não teria havido investigações, convocações para depor, nem grande júri. O que realmente desagradou a Bernie foi achar que eu deveria ter agido de acordo com a letra da lei e com os padrões de decoro, e não com os padrões mutáveis da mídia em torno de Whitewater, e cujo objetivo era obter exatamente os resultados que eles diziam lamentar. O sucessor de Nussbaum foi Lloyd Cutler, conhecido advogado cuja reputação no *establishment* de Washington era impecável. Nos meses seguintes sua presença e seus conselhos foram muito úteis, mas nem mesmo ele conseguiu reverter a onda de Whitewater.

Rush Limbaugh estava fazendo um carnaval no seu programa, chafurdando na lama de Whitewater. Ele declarou que Vince tinha sido assassinado num apartamento que pertencia a Hillary e que seu corpo fora levado para o Fort Marcy Park. Nem imagino como se sentiram a esposa e os filhos de Vince ouvindo isso. Mais tarde Limbaugh fez a falsa acusação de que "jornalistas e pessoas que trabalhavam ou tinham algum envolvimento no caso Whitewater foram espancados e perseguidos em Little Rock. Alguns morreram".

O ex-congressista republicano Bill Dannemeyer não quis ficar atrás e convocou audiências no Congresso para falar do número "assustador" de pessoas ligadas a mim que haviam morrido "em circunstâncias nada naturais". A soturna lista de Dannemeyer incluía o meu segundo presidente financeiro de campanha, Vic Raiser, e seu filho, que morreram tragicamente na queda do avião que os levava ao Alasca, em 1992, e Paul Tully, diretor de política do Partido Democrata, morto de ataque cardíaco quando trabalhava na campanha em Little Rock. Eu fiz o discurso laudatório nos dois funerais e mais tarde nomeei a viúva de Vic, Molly, chefe de protocolo.

Jerry Falwell superou Dannemeyer lançando o vídeo *Circle of Power* [Círculo do poder], sobre "as inúmeras pessoas que morreram misteriosamente" no Arkansas; o filme sugeria que de uma maneira ou outra eu havia sido o responsável. Depois veio a seqüência *The Clinton Chronicles* [As crônicas de Clinton], que Falwell promoveu em seu programa de televisão, *The Old Time Gospel Hour* [A hora do Evangelho dos velhos tempos]. No vídeo, Dannemeyer e o juiz Jim Johnson me acusavam de envolvimento com tráfico de cocaína, do assassinato de testemunhas e de mandar matar um investigador particular e a esposa de um soldado da força pública estadual. Uma profusão de "testemunhas" foi paga para dar o seu depoimento, e Falwell vendeu uma quantidade imensa de vídeos.

À medida que Whitewater se desenrolava, eu tentava não superestimar a sua importância, lembrando a mim mesmo que nem todos tinham se deixado envolver pela histeria. O *USA Today* publicou uma matéria imparcial que incluiu uma entrevista com Jim McDougal, dizendo que Hillary e eu não havíamos feito nada errado, e outra com Chris Wade, o agente imobiliário do norte do Arkansas, supervisor dos terrenos de Whitewater, que também afirmava que disséramos a verdade sobre o nosso envolvimento limitado com a propriedade.

Eu podia entender que direitistas como Rush Limbaugh, Bill Dannemeyer, Jerry Falwell e um jornal como o *Washington Times* dissessem coisas como aquelas. O *Washington Times* era assumidamente de direita, financiado pelo reverendo Sun Myung Moon e editado por Wes Pruden Jr., cujo pai, o reverendo Wesley Pruden, fora capelão do Conselho dos Cidadãos Brancos no Arkansas e aliado do juiz Jim Johnson em sua fracassada cruzada contra os direitos civis para os negros. O que não dava para entender é que o *New York Times*, o *Washington Post* e outros jornais importantes que eu sempre respeitei e confiei se deixassem levar por gente como Floyd Brown, David Bossie, David Hale e Jim Johnson.

Foi nessa época que ofereci um jantar na Casa Branca para celebrar o Mês da História Negra. Entre os presentes estavam o meu antigo professor da Faculdade de Direito Burke Marshall e seu amigo Nicholas Katzenbach, que muito fizera pelo avanço dos direitos civis no Departamento de Justiça de Kennedy. Nick se aproximou de mim para dizer que fazia parte da diretoria do *Washington Post*, que estava envergonhado com a cobertura que o jornal vinha fazendo de Whitewater e pelo "terrível dano" causado a mim e à Presidência por acusações que não se sustentavam. "Para que tudo isso?", ele perguntou. "Tenho certeza de que não é pelo interesse público."

Fosse o que fosse, o fato é que estava dando certo. Uma pesquisa realizada em março mostrou que metade dos entrevistados achava que Hillary e eu estávamos mentindo sobre Whitewater, e para um terço deles nós havíamos feito alguma coisa ilegal. Tenho de confessar que Whitewater, especialmente os ataques a Hillary, me fizeram mais mal do que eu poderia imaginar. As acusações não tinham fundamento e não eram sustentadas por nenhuma evidência confiável. Eu tinha outros problemas, mas fora ser às vezes teimosa, Hillary era uma pessoa irrepreensível. Eu ficava mortificado vendo-a magoada por uma acusação atrás da outra, todas falsas, e sobretudo por eu ter piorado ainda mais as coisas cedendo à ingenuidade de pensar que um promotor independente esclareceria tudo. Esforcei-me muito para manter a raiva sob controle, mas nem sempre foi possível. O gabinete e os meus assessores entendiam e toleravam as minhas ocasionais explosões, e Al Gore ajudou-me a controlá-las. Embora eu continuasse trabalhando muito e adorando o que fazia, a minha disposição natural e o meu otimismo inato foram seriamente postos à prova.

Rir ajudou bastante. Na primavera há três jantares para a imprensa que são oferecidos pelo Gridiron Club, pelos correspondentes da Casa Branca e pelos correspondentes do rádio e da televisão. Neles, a imprensa tem oportunidade de provocar o presidente e outros políticos, e o presidente tem a chance de reagir. Eu esperava que eles nos permitissem baixar um pouco a guarda e me ajudassem a lembrar que a imprensa não era um monólito, que era composta predominantemente de gente boa que procurava ser justa. Além disso, como diz o provérbio, "A felicidade é um bom remédio, mas a tristeza resseca a pele".

Eu estava muito bem-disposto no dia 12 de abril, no jantar dos Correspondentes do Rádio e da Televisão, e disse algumas frases boas: "Estar aqui me deixa muito feliz. Se é que vocês acreditam nisso, tenho algumas terras ao norte do Arkansas para lhes mostrar"; "Andam dizendo que a minha relação com a imprensa tem sido marcada pela autocomiseração. Gosto de achar que ela me leva ao ponto máximo onde pode chegar a minha empatia. Isso me dói"; "Faltando três dias para o prazo máximo da entrega do imposto de renda, vocês já perderam mais tempo com os meus impostos do que com os de vocês"; e "Eu ainda acredito num lugar chamado Help!*".

O que mais tarde Hillary chamaria de "ampla conspiração da direita" foi registrado com riqueza de detalhes por Sidney Blumenthal em *The Clinton Wars* [As guerras de Clinton] e por Joe Conason e Gene Lyons em *The Hunting of the President* [A caçada ao presidente]. Até onde sei, nenhuma das assertivas factuais neles apresentadas foi refutada. Quando os livros foram publicados, a mídia adepta da Whitewatermania ignorou as acusações, desqualificou os autores por considerá-los simpáticos a mim e a Hillary e nos responsabilizou pela maneira como enfrentamos Whitewater ou por termos nos queixado. Estou certo de que poderíamos ter lidado melhor com o problema, mas isso vale também para eles.

Nos primeiros dias de Whitewater, um amigo meu foi obrigado a se demitir de um cargo no governo por um erro que havia cometido antes de ir para Washington. A Rose Law Firm apresentou uma queixa à Ordem dos Advogados do Arkansas contra Webb Hubbell, sob a alegação de que ele cobrava a mais dos seus clientes e aumentava as despesas. Webb pediu demissão do Departamento de Justiça mas jurou a Hillary que as acusações eram falsas, que todo o problema havia surgido porque Seth Ward, seu sogro rico e intratável, não quis pagar à Rose as custas de um caso perdido de violação de patente. Podia ser, mas não era verdade.

*Trocadilho com a frase dita em discurso por ele mesmo, por ocasião da sua indicação como candidato à Presidência: "Eu ainda acredito num lugar chamado Hope", quando fez um jogo com o nome da sua cidade natal e a palavra *hope*, "esperança". (N. dos T.)

O fato é que Webb *havia* cobrado a mais dos seus clientes e com isso tinha prejudicado o escritório e reduzido os lucros de todos os sócios, entre eles Hillary. Se esse caso tivesse seguido seu curso normalmente, é provável que Webb fizesse um acordo com o escritório de advocacia para pagar a ele o dinheiro despendido para reembolsar os clientes e apenas teria a sua licença suspensa por um ou dois anos. A Ordem dos Advogados poderia ou não encaminhá-lo à promotoria do estado; se o encaminhasse, Hubbell talvez se livrasse da prisão reembolsando o dinheiro ao escritório. Mas ele caiu na rede do promotor independente.

Quando os fatos vieram à tona pela primeira vez, eu levei um susto. Webb e eu éramos amigos e parceiros de golfe havia muitos anos, e pensei que o conhecesse bem. Ainda o considero um homem bom que cometeu um erro grave e pelo qual teve de pagar um preço alto, porque se recusou a ser um peão no jogo de Starr.

Enquanto tudo isso acontecia, permaneci no outro trilho das minhas vidas paralelas, aquele que eu tinha ido a Washington para seguir. Em março, dediquei-me à aprovação de dois projetos de lei que ajudariam os trabalhadores sem diploma universitário. Essas pessoas não conseguiam mais se manter no emprego nem permanecer com o mesmo patrão por toda a sua vida produtiva, por isso eram tratadas de maneira diferente pelo agitado mercado de trabalho. Nosso índice oficial de desemprego de 6,5% era enganoso; eram 3,5% entre os que tinham curso universitário, mais de 5% entre os que tinham dois anos de curso superior, mais de 7% entre os que haviam concluído o secundário e mais de 11% entre os que abandonaram o curso secundário. Em eventos em Nashua e Keene, no estado de New Hampshire, eu disse que pretendia converter o programa de benefícios para desempregados em um sistema de recolocação profissional que ofereceria um leque maior de programas de capacitação mais bem projetados. E queria que o Congresso aprovasse um programa de ensino técnico, que oferecia um ou dois anos de capacitação de boa qualidade a jovens que não queriam fazer quatro anos de faculdade. No fim do mês consegui assinar o projeto de lei Metas 2000. Por fim conseguimos o compromisso do Congresso de cumprir as metas nacionais para a educação nas quais eu havia trabalhado em 1989, para medir o progresso dos alunos em relação a essas metas e estimular os distritos escolares a adotar reformas mais promissoras. Esse foi um bom dia para o secretário Dick Riley.

No dia 18 de março, os presidentes Alija Izetbegovic da Bósnia e Franjo Tudjman da Croácia estiveram na Casa Branca para assinar um acordo negociado com a ajuda do meu enviado especial Charles Redman, criando uma federação em regiões da Bósnia onde os bósnios eram maioria e dando início a um processo para que a Croácia passasse a ser uma confederação. A luta entre muçulmanos e croatas não era tão grave quanto as que ambos haviam travado contra os sérvios-bósnios, mas o acordo foi um importante passo para a paz.

Os últimos dias de março marcaram o início de uma grave crise com a Coréia do Norte. Tendo concordado em fevereiro com a vistoria pelos inspetores da Agência Internacional de Energia Atômica (IAEA) das suas áreas nucleares declaradas, no dia 15 de março a Coréia do Norte os impediu de concluir o trabalho. O reator que os inspetores estavam examinando operava com bastões de combustível. Quando os bastões esgotavam a sua capacidade original, o combustível usado podia ser reprocessado e transformado em plutônio em quantidades suficientes para produzir armas nucleares. A Coréia do Norte também estava pretendendo construir dois reatores maiores que consumissem bastões de combustível em quantidades muito maiores. Esses bastões eram um trunfo perigoso nas mãos do país mais isolado do mundo, tão pobre que nem sequer conseguia alimentar o seu povo e podia cair na tentação de vender o plutônio para pessoas erradas. Em uma semana decidi vender mísseis Patriot à Coréia do Sul e pedir à ONU que impusesse sanções econômicas à Coréia do Norte. Como Bill Perry falou para um grupo de redatores e repórteres no dia 30 de março, eu já estava decidido a impedir que a Coréia do Norte desenvolvesse um arsenal nuclear, mesmo sob o risco de guerra. Para que a Coréia do Norte nos levasse a sério, Perry prosseguiu com firmes conversações por mais três dias, chegando a declarar que não descartávamos uma intervenção militar preventiva.

Enquanto isso, Warren Christopher cuidou para que a nossa mensagem fosse bem equilibrada. O Departamento de Estado disse que preferíamos uma solução pacífica, e nosso embaixador na Coréia do Sul, Jim Laney, referiu-se à nossa postura como sendo de "cautela, firmeza e paciência". Eu acreditava que, se a Coréia do Norte entendesse realmente a nossa postura, bem como os benefícios políticos e econômicos que obteria abandonando o programa nuclear em troca da cooperação dos seus vizinhos e dos Estados Unidos, tudo daria certo. Se não desse certo, Whitewater logo passaria para o segundo plano.

No dia 26 de março fui para Dallas, onde passei um excelente fim de semana como padrinho de casamento do meu irmão com Molly Martin, uma moça bonita que ele tinha conhecido em Los Angeles depois de morar alguns anos em Nashville, para onde havia ido na esperança de retomar a sua carreira de cantor. Eu fiquei muito feliz por Roger.

No dia seguinte ao casamento fomos todos ver o Arkansas Razorback enfrentar o University of Michigan nas quartas de final do Torneio de Basquete da NCAA. Nessa semana fui capa da *Sports Illustrated* vestindo o uniforme do Razorback; na matéria havia uma foto minha com a bola na mão. Diante das coberturas que eu vinha tendo, isso foi um maná caído do céu. Uma semana depois eu estava no estádio de Charlotte, na Carolina do Norte, assistindo ao Arkansas vencer o campeonato nacional contra Duke por 76 a 72.

No dia 6 de abril, o juiz Harry Blackmun anunciou a sua aposentadoria da Suprema Corte. Hillary e eu havíamos nos tornado amigos do juiz Blackmun e da sua esposa, Dotty, no Fim de Semana Renaissance. Ele era um homem brilhante, um excelente juiz e a voz moderada tão necessária na Suprema Corte presidida por Rehnquist. Eu sabia que devia ao país uma substituição à altura. A minha primeira escolha foi o senador George Mitchell, que um mês antes havia dito que se afastaria do Senado. Ele era um bom líder da maioria, tinha sido leal e extremamente útil a mim e dificilmente conseguiríamos mantê-lo no Legislativo nas eleições de novembro. Eu não queria que ele deixasse o Senado, mas fiquei entusiasmado com a perspectiva de indicá-lo para a Suprema Corte. George havia sido juiz federal antes de ser senador; seria uma personalidade importante na Suprema Corte, alguém capaz de mobilizar votos e cuja voz seria ouvida, mesmo quando ele discordasse dos outros juízes. Pela segunda vez em cinco semanas Mitchell recusou um convite meu. Ele achava que, se saísse do Senado, as nossas chances de aprovar a reforma da saúde cairiam por terra, prejudicando o povo norte-americano, os democratas que concorressem à reeleição e o meu governo.

Rapidamente eu voltei os olhos para outras duas possibilidades: o juiz Stephen Breyer, que já havíamos estudado; e o juiz Richard Arnold, responsável pelo Oitavo Tribunal de Recursos, com sede em St. Louis e que incluía o Arkansas em sua jurisdição. Arnold fora assessor do senador Dale Bumpers e vinha de uma longa linhagem de respeitados advogados do Arkansas. Talvez fosse o homem mais inteligente da magistratura federal. Ele havia sido o primeiro da turma em Yale e na Harvard Law School, e era versado, entre outras coisas, em latim e grego para poder ler os textos bíblicos antigos. Eu o indicaria tranqüilamente se ele não tivesse tido um câncer e seu prognóstico fosse duvidoso. Os republicanos que me antecederam preencheram as cortes federais com conservadores jovens que permaneceriam na ativa ainda por longo tempo, e eu não queria me arriscar a lhes ceder mais uma cadeira. Em maio tomei a decisão de indicar o juiz Breyer. Era uma pessoa igualmente qualificada e havia me impressionado na última entrevista que tivemos após o afastamento do juiz White. Breyer seria confirmado com facilidade. Fico feliz em dizer que Richard Arnold continua servindo no Oitavo Tribunal e de vez em quando ainda joga uma partida de golfe comigo.

No início de abril a OTAN voltou a bombardear a Bósnia, dessa vez para romper o cerco sérvio a Gorazde. No mesmo dia uma violenta manifestação de massa explodiu em Ruanda. A queda de um avião matou o presidente de Ruanda e o presidente do Burundi, dando início a uma terrível chacina cometida pelos líderes da maioria hutu sobre os tútsis e também sobre os hutus simpatizantes dos tútsis.

Os tútsis constituíam apenas 15% da população, mas eram vistos como detentores de um poder econômico e político desproporcional. Ordenei que os norte-americanos no país se retirassem de lá e enviei tropas para garantir a segurança deles. Em cem dias, mais de 800 mil pessoas foram assassinadas, a maioria a golpes de facão, em um país de apenas 8 milhões de habitantes. Estávamos tão preocupados com a Bósnia, com as lembranças da Somália, apenas seis meses antes, e com a oposição do Congresso aos deslocamentos militares para países distantes não vitais para os nossos interesses nacionais, que nem eu nem a equipe de política externa demos a atenção devida ao envio de tropas para impedir a chacina. Com apenas algumas centenas de soldados e a ajuda dos nossos aliados, mesmo considerando o tempo implicado no deslocamento, teríamos conseguido salvar muitas vidas. Uma das coisas de que mais me arrependo como presidente é a minha omissão quanto à tragédia em Ruanda.

No meu segundo mandato, e mesmo depois de deixar o cargo, fiz o que pude para ajudar o povo ruandense a reconstruir o seu país e as suas vidas. Hoje, a convite do presidente Paul Kagame, Ruanda é um dos países em que a minha fundação atua para impedir a disseminação da AIDS.

No dia 22 de abril morreu Richard Nixon, um mês e um dia depois de ter me escrito uma extraordinária carta de sete páginas sobre a sua recente viagem a Rússia, Ucrânia, Alemanha e Inglaterra. Nixon disse que eu merecia o respeito dos líderes que ele visitou e não podia permitir que Whitewater ou qualquer outro assunto interno "nos desvie da nossa prioridade máxima na política externa, que é a sobrevivência da liberdade política e econômica na Rússia". Ele se preocupava com a situação política de Yeltsin e com o crescimento de um antinorte-americanismo na Duma, e me aconselhava a manter-me próximo de Yeltsin e de outros democratas russos; a melhorar a estrutura e a administração do nosso programa de ajuda externa; e a encarregar as lideranças empresariais de buscar mais investimentos privados na Rússia. Nixon dizia ainda que o ultranacionalista Shirinovsky devia ter exposta, e não abafada, "a fraude que ele é", e que devíamos tentar "manter os maus — Zhirinovsky, Rutskoi e os comunistas — divididos e os bons — Chernomyrdin, Yavlinski, Shahrai e Travkin — juntos, se possível em uma frente unida por uma reforma responsável". Por fim, Nixon recomendou que eu não devia espalhar os dólares da ajuda direta por toda a ex-União Soviética, e sim concentrar os nossos recursos na Rússia e também na Ucrânia: "É indispensável". A carta era um tour de force, era Nixon na sua melhor forma aos oitenta anos idade.

Todos os ex-presidentes vivos compareceram ao funeral do presidente Nixon na casa em que ele nasceu e onde hoje se encontra a sua biblioteca presidencial. Fiquei surpreso quando a família me pediu para falar, depois de Bob Dole, Henry Kissinger e o governador da Califórnia, Pete Wilson, que no início da carreira trabalhara com Nixon. Em meu breve discurso expressei a gratidão por seus "sábios conselhos, sobretudo em relação à Rússia", enfatizei o seu sempre vigoroso e lúcido interesse pelos Estados Unidos e pelo mundo, e mencionei o seu telefonema e a carta que ele me escrevera um mês antes de morrer. Referi-me a Watergate apenas indiretamente, fazendo um apelo pela reconciliação. "Hoje é um dia para que a família, os amigos e o seu país se lembrem da vida do presidente Nixon na sua totalidade [...] que seja o dia em que se passe a julgar o presidente Nixon pela sua vida e a sua carreira como um todo." Algumas pessoas do meu partido que detestavam o ex-presidente não gostaram do que eu disse. Eu desaprovara em Nixon muito mais coisas do que Watergate — a lista dos inimigos, o prolongamento da Guerra do Vietnã e a expansão do bombardeio, a acusação de comunistas que ele fez aos seus opositores da Califórnia na Câmara dos Deputados e no Senado. Mas ele abriu as portas para a China, foi o responsável pela criação da Agência de Proteção Ambiental, da Corporação de Serviços Advocatícios e do Departamento de Saúde e Segurança Ocupacional, e apoiou a ação afirmativa. Comparado com os republicanos que assumiram o partido nos anos 1980 e 1990, o presidente Nixon foi um liberal de grande visão.

No dia seguinte ao funeral, estive no programa de Larry King, que ia entrevistar Dick Kelley e James Morgan sobre o livro da minha mãe, *Leading with My Heart* [Conduzindo com o meu coração], que acabara de ser lançado. Eu contei a Larry que, ao voltar da viagem que fiz logo depois de ela ser sepultada, peguei o telefone no domingo à noite para ligar e só então me dei conta de que não podia mais falar com ela. Passaram-se meses até eu deixar de sentir esse impulso de ligar.

No dia 29 de abril, com praticamente todo o gabinete presente, recebi no Gramado Sul os líderes tribais dos indígenas norte-americanos e dos indígenas Alasquianos, talvez pela primeira vez desde os anos 1820. Alguns deles estavam tão bem de vida que vieram a Washington em aviões próprios. Outros, que viviam em reservas isoladas, eram tão pobres que tiveram de "passar o chapéu" pela tribo a fim de juntar o dinheiro da passagem. Eu prometi respeitar seus direitos de autodeterminação, de soberania tribal e liberdade religiosa, e fazer o possível para melhorar as relações do governo federal com eles. E assinei ordens executivas para que os nossos compromissos fossem cumpridos. Por fim, prometi me empenhar para ajudar na educação, na assistência à saúde e no crescimento econômico das tribos mais pobres.

Lá pelo fim de abril ficou claro que havíamos perdido a batalha em torno da saúde pública travada nos meios de comunicação. O artigo publicado no *Wall Street Journal* em 29 de abril é um exemplo da campanha difamatória de 300 milhões de dólares que foi feita contra nós:

> A criança chora angustiada, a mãe está desesperada. "Por favor", ela implora ao telefone, buscando ajuda para o filho doente.
> "Sinto muito; o centro de saúde do governo está fechado", diz a gravação do outro lado da linha. "Se for uma emergência, ligue para 1-800-GOVERNO". A mãe liga mas é atendida por outra gravação: "Sinto muito, todos os nossos atendentes estão ocupados. Por favor, espere na linha para ser atendido...".
> "Por que deixaram o governo tomar conta?", ela pergunta desesperada. "Eu quero o meu médico da família."

A matéria prossegue afirmando que o único problema do anúncio de rádio, produzido por um grupo de Washington chamado Norte-americanos pela Reforma dos Impostos, é que ele não dizia a verdade.

Outra campanha maciça por *mailing* direto, feita por um grupo chamado Conselho Norte-americano pela Reforma da Saúde, garantia que o plano Clinton previa cinco anos de prisão para quem pagasse pela assistência médica paralela. Na verdade, o nosso plano dizia explicitamente que todos eram livres para adquirir os serviços de saúde que quisessem.

A campanha publicitária era falsa, mas funcionou. Uma pesquisa encomendada pelo *Wall Street Journal*/NBC News e publicada no dia 10 de março sob o título "Muita gente não sabe, mas gosta do Plano Clinton" mostrou que a maioria das pessoas criticava os planos de saúde que tinha. E quando se perguntava o que elas esperavam de um plano de saúde, as principais provisões presentes em nosso plano eram apoiadas por mais de 60%. O artigo dizia: "Quando se lê para o grupo a descrição do projeto de Clinton, sem identificá-lo como o plano do presidente, e das outras quatro principais propostas do Congresso, os entrevistados apontam o plano Clinton como a primeira escolha".

Os condutores da pesquisa, um republicano e um democrata, declararam: "A Casa Branca deveria considerar esse resultado ao mesmo tempo satisfatório e preocupante. Satisfatório porque muita gente aprovou as idéias básicas. E preocupante porque eles evidentemente as explicaram muito pouco para o público e, por causa disso, cederam demais aos grupos de interesse".

Apesar disso, o Congresso avançava. O projeto de lei foi encaminhado a cinco comissões, três na Câmara dos Deputados e duas no Senado. Em abril, a Comissão do Trabalho havia votado na Câmara um projeto de saúde pública que na verdade era mais abrangente que o nosso. Outras quatro comissões estavam tendo dificuldade para chegar a um consenso.

A primeira semana de maio foi outra em que tudo aconteceu de uma vez. Respondi a perguntas feitas por jornalistas internacionais em um fórum internacional patrocinado pelo centro do presidente Carter na sede da CNN em Atlanta; assinei o projeto de lei da Escola para o Trabalho; cumprimentei Yitzhak Rabin e Yasser Arafat por aceitarem negociar a devolução de Gaza e Jericó; fiz *lobby* na Câmara dos Deputados para que o veto às armas de fogo fosse aprovado; celebrei a aprovação por dois votos contra a forte oposição do Associação Nacional do Rifle; anunciei que os Estados Unidos dariam assistência à África do Sul na apuração das suas primeiras eleições gerais plenas e legítimas, e que Al e Tipper Gore, Hillary, Ron Brown e Mike Espy encabeçariam a nossa delegação na posse do presidente Mandela; realizei um evento na Casa Branca para enfatizar os problemas especiais de mulheres que não tinham seguro-saúde; endureci as sanções ao Haiti porque os assassinatos e as mutilações dos partidários de Aristide prosseguiam sob as ordens do tenente-general Raoul Cedras; nomeei Bill Gray, responsável pelo Fundo para o United Negro College e ex-presidente da Comissão de Orçamento da Câmara dos Deputados, nosso conselheiro especial, meu e de Warren Christopher, sobre o Haiti; e fui processado por Paula Jones. Assim se passou mais uma semana de trabalho.

Paula Jones surgiu em público pela primeira vez em fevereiro, na convenção do Comitê de Ação Política Conservadora realizada em Washington, e foi apresentada por Cliff Jackson com o propósito de "limpar o seu nome". No artigo de David Brock publicado no *American Spectator*, baseado em alegações dos soldados da força pública do Arkansas, uma das acusações era que eu havia tido um encontro com uma mulher na suíte de um hotel de Little Rock e que depois a mulher teria dito ao soldado que a levara para lá que ela queria ser a minha namorada. Embora fosse identificada no artigo apenas pelo prenome, Paula Jones declarou que a sua família e os amigos a reconhecerem quando leram o jornal. Ela queria limpar o seu nome mas, em vez de processar o *Spectator* por calúnia, acusou a mim de assédio sexual e disse que, por repelir os meus avanços indesejados, teve suspensos os reajustes anuais de salário aos quais os funcionários estaduais têm direito. Na época ela era escriturária da Comissão de Desenvolvimento Industrial do Arkansas. Em princípio a estréia de Paula Jones pela mão de Cliff Jackson não ganhou muita publicidade, mas no dia 6 de maio, dois dias antes de expirar o estatuto das limitações, ela entrou com um processo contra mim e pediu uma indenização de 700 mil dólares por assédio sexual.

Antes de Paula Jones me processar, o seu primeiro advogado entrou em contato com uma pessoa de Little Rock que esteve no meu escritório para dizer que o advogado reconhecia que o caso era inconsistente e que, se eu pagasse 50 mil dólares e ajudasse o marido dela, Steve, que por acaso era um conservador anti-Clinton, a conseguir um emprego em Hollywood, ela retiraria o processo. Eu não paguei porque não houve assédio sexual e, ao contrário do que alegou, ela havia recebido o reajuste anual de salário. E tive de contratar um advogado para me defender, dessa vez Bob Bennett, de Washington.

Passei o que restava do mês de maio em campanha pela saúde pública e pelas leis contra o crime por todo o país, mas sempre havia uma coisa ou outra acontecendo paralelamente. A melhor de todas elas foi o nascimento do meu primeiro sobrinho, Tyler Cassidy Clinton, no dia 12 de maio.

No dia 18 assinei um importante projeto de reforma do programa Head Start, no qual os secretários Donna Shalala e Richard Riley haviam trabalhado muito; ele ampliava o número de crianças carentes atendidas pelo programa da pré-escola, melhorava a qualidade do atendimento e pela primeira vez oferecia assistência a crianças com menos de 3 anos de idade por meio da nova iniciativa Early Head Start.

No dia seguinte recebi o primeiro-ministro P. V. Narasimha Rao, da Índia, na Casa Branca. A Guerra Fria e a inabilidade diplomática distanciaram a Índia dos Estados Unidos por muito tempo. Com uma população de quase 1 bilhão de habitantes, a Índia era a maior democracia do mundo. Nos últimos trinta anos as tensões com a China haviam aproximado o país da União Soviética, e a Guerra Fria empurrara os Estados Unidos para o seu vizinho Paquistão. Desde que se tornaram independentes, Índia e Paquistão se envolveram em uma disputa sangrenta e aparentemente interminável na Caxemira, uma região predominantemente muçulmana ao norte da Índia. Com o fim da Guerra Fria, achei que seria uma oportunidade, e também uma obrigação, de melhorarmos as relações entre Estados Unidos e Índia.

O principal ponto de discórdia era o nosso esforço para limitar a proliferação de armas nucleares e a intenção da Índia de desenvolvê-las, por considerá-las um meio de dissuasão necessário para o arsenal nuclear da China e um pré-requisito para se tornar uma potência mundial. O Paquistão também havia desenvolvido um programa nuclear e criado uma situação perigosa no subcontinente indiano. Eu acreditava que o arsenal nuclear da Índia e do Paquistão tornava os dois países igualmente inseguros, mas os indianos não eram da mesma opinião e estavam determinados a impedir que os Estados Unidos interferissem no que eles viam com a sua prerrogativa legítima de prosseguir com um programa nuclear. Ainda assim, estavam tão dispostos quanto eu a melhorar as nossas relações. Enquanto as diferenças não se resolviam, o primeiro-ministro Rao e eu decidimos quebrar o gelo e iniciar um novo capítulo nas relações indo-americanas, que ao longo dos meus dois mandatos tornaram-se mais amigáveis.

No dia em que conheci o primeiro-ministro Rao, Jackie Kennedy Onassis morreu após uma longa batalha contra o câncer. Estava com apenas 64 anos. Jackie era a mais discreta dos nossos grandes ícones públicos, a personificação indelével da elegância, do charme e do luto. Para os que tiveram a sorte de conhecê-la, ela era isso e muito mais — uma mulher inteligente, cheia de vida, excelente mãe e grande amiga. Certamente seus filhos, John e Caroline, e seu companheiro, Maurice Tempelsman, sentiriam muito a falta dela. Hillary também sentiria saudade; Jackie havia sido uma fonte de constante incentivo, de bons conselhos e amizade sincera.

No fim de maio tive de decidir se renovava o status de nação mais favorecida da China. "Nação Mais Favorecida" [Most-Favored-Nation — MFN] era na verdade uma expressão ligeiramente enganosa para as relações comerciais normais sem tarifas extras ou outras barreiras. Os Estados Unidos já tinham um déficit comercial considerável com a China, que poderia aumentar com tempo se comprássemos algo em torno de 35% a 40% do que os chineses exportavam anualmente. Após a violência cometida na Praça da Paz Celestial, em Pequim, e a subseqüente perseguição aos dissidentes, os norte-americanos de todo o espectro político acharam que o governo Bush restabeleceu muito depressa as relações com Pequim. Durante a campanha para a eleição critiquei a política de Bush, e em 1993 assinei uma ordem executiva exigindo progresso em uma grande variedade de questões — desde imigração a direitos humanos e trabalhos forçados para prisioneiros —, antes de renovar o status de MFN para a China. Em maio, Warren Christopher me enviou um relatório mostrando que os casos de emigração estavam todos solucionados; que havíamos assinado uma carta de intenções referente ao modo de lidar com a questão dos trabalhos forçados nas prisões; e pela primeira vez a China tinha dito que ia aderir à Declaração Universal dos Direitos Humanos. Por outro lado, de acordo com Christopher, os direitos humanos continuavam sendo violados, com perseguição e detenção de dissidentes políticos pacíficos e, no Tibete, repressão à religião e às tradições culturais.

A China era extremamente sensível à "interferência" de outras nações em seus assuntos políticos. Os dirigentes chineses também achavam que estavam levando adiante todas as mudanças que podiam realizar com o seu programa de modernização econômica e os concomitantes deslocamentos maciços da população das províncias do interior para as populosas cidades costeiras. Como o nosso envolvimento havia produzido alguns resultados positivos, decidi, com o apoio unânime dos meus conselheiros econômicos e da equipe de política externa, renovar o MFN e, no futuro, acabar com o condicionamento do comércio aos direitos humanos. Havia interesse dos Estados Unidos de incluir a China na comunidade global. Um comércio mais amplo e um envolvimento maior trariam mais prosperidade aos cidadãos chineses; um contato maior com o mundo externo; mais cooperação em problemas como o da Coréia do Norte, onde precisávamos deles; maior aderência às leis internacionais; e, esperávamos, um avanço na liberdade pessoal e nos direitos humanos.

Na primeira semana de junho Hillary e eu fomos para a Europa celebrar o cinqüentenário do Dia D, 6 de junho de 1944, o dia em que os Estados Unidos e os Aliados atravessaram o canal da Mancha e tomaram as praias da Normandia. A maior invasão naval da história marcou o início do término da Segunda Guerra Mundial na Europa.

A viagem começou por Roma. Fomos ao Vaticano para visitar o papa e o novo primeiro-ministro da Itália, Silvio Berlusconi. O maior proprietário de mídia do país e um novato na política, Berlusconi conseguira formar uma coalizão interessante que incluía até um partido de extrema direita que suscitava comparações com o fascismo. Apesar de não estar totalmente recuperado de uma fratura na perna, Sua Santidade, o papa João Paulo II, falou com entusiasmo sobre questões mundiais, como garantir a liberdade religiosa na China e a cooperação com os países muçulmanos moderados, e discutimos as nossas opiniões sobre a melhor maneira de limitar a explosão populacional e promover o desenvolvimento sustentável nos países pobres.

Berlusconi era, de certo modo, o primeiro político italiano da era da televisão: carismático, com muita força de vontade e determinado a deixar a sua marca de disciplina e comando na vida política italiana notoriamente instável. Seus críticos o acusavam de querer impor uma ordem neofascista na Itália, mas ele negava isso veementemente. Agradou-me o fato de Berlusconi reforçar o seu compromisso de preservar a democracia e os direitos humanos, manter a parceria histórica entre Itália e Estados Unidos e cumprir as responsabilidades do seu país com a OTAN, na Bósnia.

No dia 3 de junho falei no cemitério norte-americano em Nettuno, que um dia foi desfigurado pela guerra e agora repousava à sombra dos pinheiros e ciprestes. Fileiras e mais fileiras de lápides de mármore mostravam os nomes dos 7.862 soldados ali enterrados. Os nomes de outros 3 mil norte-americanos cujos corpos nunca foram encontrados estão inscritos numa capela próxima. Todos aqueles jovens morreram pela libertação da Itália. Aquele era o palco da batalha em que o meu pai havia lutado.

No dia seguinte estávamos na Inglaterra, na Base da Força Aérea de Mildenhall, perto de Cambridge, para visitar outro cemitério norte-americano, este com os nomes de 3.812 aviadores, soldados e marinheiros que estavam servindo em bases lá, e outro Muro dos Desaparecidos, com mais de 5 mil nomes inscritos, entre eles dois que nunca retornaram de seu vôo sobre o canal da Mancha: Joe Kennedy Jr., o primogênito dos Kennedy, que, segundo se esperava, se tornaria o político da família; e Glenn Miller, o regente de orquestra norte-americano cuja música estava por toda parte na década de 1940. No evento, a Banda da Força Aérea tocou a música-tema de Miller, "Moonlight Serenade" [Serenata ao luar].

Depois de um encontro com John Major em Chequers, uma casa de campo do século XV utilizada como residência pelo primeiro-ministro britânico, Hillary e eu comparecemos a um banquete para um número enorme de pessoas em Portsmouth, onde eu me sentei ao lado da rainha. Fiquei encantado com sua simpatia e inteligência, e com a habilidade com que ela conduziu a discussão de assuntos públicos, questionando-me sobre informações e opiniões mas sem avançar muito na expressão das suas visões políticas, algo considerado tabu para a chefe de Estado britânica. Sua Majestade me impressionou como alguém que, não fosse pelas circunstâncias de sua origem, certamente seria um político ou diplomata de muito sucesso. Como rainha, ela tinha de ser as duas coisas, mas sem ser nem uma nem a outra.

Após o jantar fomos convidados a embarcar no iate da família real, o HMS Britannia, onde desfrutamos com prazer a companhia da rainha-mãe, que aos 93 anos era uma mulher adorável e cheia de vida, de olhos brilhantes e penetrantes. Na manhã seguinte, o dia anterior ao Dia D, todos nós participamos do Drumhead Service, a cerimônia religiosa para "as Forças Envolvidas" na batalha. A princesa Diana, na época separada mas não divorciada do príncipe Charles, também estava lá. Ela cumprimentou a mim e a Hillary, em seguida misturou-se à multidão para apertar as mãos dos seus conterrâneos, que se mostraram felizes por vê-la. No pouco tempo que passei com Charles e Diana gostei de ambos, e desejei que a vida os tivesse conduzido por outro caminho.

Quando a cerimônia terminou, voltamos ao *Britannia* para um almoço e a travessia do canal da Mancha em meio a uma imensa frota de navios. Depois nos despedimos da família real e tomamos uma embarcação menor, tripulada por integrantes da equipe SEAL* da Marinha dos Estados Unidos, que nos levou ao porta-aviões *George Washington*, para seguirmos viagem. Hillary e eu jantamos com alguns dos 6 mil marinheiros e fuzileiros que tripulavam o navio e ainda pude reler os meus discursos.

No Dia D fiz um discurso na Pointe du Hoc, que fica na praia de Utah, e no cemitério norte-americano de Colleville-sur-Mer. Os dois locais estavam repletos de veteranos da Segunda Guerra Mundial.

Depois fui dar um passeio pela praia de Utah com três veteranos — um deles recebera a Medalha de Honra por seu heroísmo naquele dia fatídico, cinqüenta anos antes. Era a primeira vez que esse homem voltava lá, e me disse que estávamos exatamente onde eles haviam desembarcado em 1944. Então apontou mais adiante e disse que seu irmão desembarcara a algumas centenas de metros naquela direção. E disse: "A vida é mesmo engraçada. Eu ganhei a Medalha de Honra e o meu irmão morreu". "Você ainda sente falta dele?", perguntei. Jamais me esquecerei da sua resposta: "Todos os dias. Há cinqüenta anos".

Na cerimônia, fui apresentado por Joe Dawson, de Corpus Christi, no Texas. Esse homem, então um jovem capitão, foi o primeiro oficial a alcançar com sucesso o topo dos perigosos rochedos da Normandia sob o fogo cerrado dos alemães. Cerca de 9.400 norte-americanos morreram na Normandia, entre eles 33 duplas de irmãos, um pai e seu filho, e onze homens da pequena Bedford, na Virgínia. Reconheci que os sobreviventes que retornaram ao cenário do seu triunfo "podem estar caminhando com menos agilidade e suas fileiras estão ficando menores. Mas jamais nos esqueçamos de que, na juventude, esses homens salvaram o mundo".

No dia seguinte eu estava em Paris para me encontrar com o prefeito Jacques Chirac, discursar para a Assembléia Nacional Francesa no Palais Bourbon e comparecer a um jantar oferecido pelo presidente François Mitterrand no Palácio do Eliseu. O jantar de Mitterrand só terminou tarde da noite, e fiquei surpreso quando ele me perguntou se nós gostaríamos de conhecer o "Novo Louvre", uma criação magnífica do arquiteto sino-americano I. M. Pei. Mitterrand estava com 77 anos e bastante doente, mas não via a hora de nos mostrar a mais recente obra-prima da França. Quando François, a embaixadora dos Estados Unidos Pamela Harriman, Hillary e eu lá chegamos, descobrimos que o nosso guia seria ninguém menos que o próprio Pei. Durante uma hora e meia visitamos a magnífica pirâmide de vidro, os prédios antigos restaurados e adaptados e as ruínas romanas escavadas. A energia de Mitterrand não esmorecia quando ele complementava a narrativa de Pei para que nada perdêssemos.

---

*As forças especiais SEAL (SEa Air and Land – Mar, Ar e Terra) da US Navy foram criadas em janeiro de 1962 pelo presidente Kennedy. Os SEAL realizavam emboscadas diurnas e noturnas, incursões de reconhecimento, mergulhos de salvamento e operações especiais de inteligência. Operavam geralmente em grupos de seis integrantes, eram móveis, versáteis e efetivos. (N. dos T.)

O último dia de viagem teve uma importância pessoal, pois retornei a Oxford para receber um título honorário. Era um daqueles maravilhosos dias de primavera na Inglaterra. O sol brilhava forte e havia uma brisa leve, as árvores e as glicínias estavam floridas. Em breves palavras, mencionei as comemorações do Dia D e em seguida disse: "A história nem sempre nos reserva grandes cruzadas, mas sempre nos dá oportunidades". Nós tivemos inúmeras, no nosso país e no exterior: de retomar o crescimento econômico, ampliar o alcance da democracia, barrar a destruição ambiental, construir uma nova segurança na Europa e impedir "a proliferação de armas nucleares e do terrorismo". Hillary e eu passamos uma semana inesquecível, mas chegara a hora de retornar àquelas "oportunidades".

No dia seguinte à minha chegada, a Comissão de Trabalho e Recursos Humanos do senador Kennedy apresentou um projeto de reforma para a saúde pública. Era a primeira vez que uma legislação de cobertura universal era proposta por uma comissão do Congresso. O republicano Jim Jeffords, de Vermont, votou a favor. Jeffords me animou a tentar chegar até os republicanos. Ele achava que algumas alterações não prejudicariam o projeto e nos dariam mais votos.

Nossa euforia durou pouco. Dali a dois dias, Bob Dole, depois de ter me dito que consideraria uma posição conciliatória, anunciou que ia bloquear qualquer legislação para a saúde pública e que o meu programa seria o foco central das críticas nas eleições de novembro para o Congresso. Dias antes, Newt Gingrich havia dito que a estratégia republicana era tornar inviável a reforma da saúde, votando contra as emendas que poderiam melhorá-la. E ele não deixou por menos. No dia 30 de junho a Comissão de Recursos e Meios da Câmara dos Deputados* aprovou o projeto de cobertura universal sem um único voto republicano.

Os líderes republicanos receberam um memorando de William Kristol, ex-chefe de gabinete do vice-presidente Dan Quayle, exigindo que aniquilassem a reforma do sistema de saúde. Kristol dizia que nada podia ser aprovado; o sucesso na saúde pública representaria uma "séria ameaça política ao Partido Republicano", ao passo que o enterro do projeto causaria "um revés monumental ao presidente". No fim de maio, no recesso do Memorial Day, os líderes republicanos do Congresso decidiram adotar a posição de Kristol. Não me surpreendeu o fato de Gingrich ter apoiado a linha dura de Kristol; seu objetivo era vencer na Câmara e empurrar o país para a direita. Dole, por sua vez, tinha um interesse genuíno na saúde pública e sabia que o sistema precisava de uma reforma. Mas ele concorreria à Presidência. Bastaria arrebanhar 41 republicanos para uma obstrução e iríamos a pique.

No dia 21 apresentei no Congresso um projeto de reforma do seguro contra a pobreza elaborado por Donna Shalala, Bruce Reed e seus excelentes formuladores

---

* A mais antiga e reputada comissão do Congresso americano. Criada em 1789, tem jurisdição sobre a legislação, os métodos e os meios para o aumento da receita do governo. Além de legislar, a comissão exerce ampla autoridade na política econômica, no comércio internacional, no bem-estar social, no sistema de aposentadorias e na política de assistência médica e de idosos. (N. dos T.)

de políticas, que proporcionava ao segurado "uma segunda chance e não um modo de viver". O projeto era resultado de meses de consultas a todos os grupos de interesse envolvidos, desde os governadores até quem dependia do seguro contra a pobreza para viver. A legislação exigia que pessoas fisicamente saudáveis voltassem ao trabalho depois de dois anos dependendo do seguro, período durante o qual o governo lhes garantia educação e capacitação profissional. Se não houvesse emprego disponível no setor privado, o beneficiado seria orientado a se candidatar a um emprego subsidiado pelo governo.

Outros dispositivos visavam garantir que os beneficiados ficariam em melhor situação financeira no mercado de trabalho do que quando estavam no seguro. Um deles era a garantia de mais dinheiro para a implementação da assistência à infância e a manutenção da cobertura de saúde e de alimentação, durante um período de transição, por meio do Medicaid e do programa dos cupons de alimentação. Essas mudanças e mais o significativo corte de impostos proporcionado pelo Crédito Tributário sobre a Renda Auferida (EITC) para os trabalhadores de baixa renda, que entrou em vigor em 1993, seriam mais do que suficientes para tornar os baixos salários mais atraentes que o seguro-desemprego. Se conseguíssemos aprovar a reforma da saúde, os trabalhadores de baixa renda teriam assistência médica permanente, e não apenas temporária, de modo que assim a reforma do seguro contra a pobreza seria muito mais bem-sucedida.

Propus também suspender um despropositado incentivo do sistema vigente, por meio do qual mães adolescentes recebiam mais ajuda se saíssem de casa do que se permanecessem morando com os pais e continuassem na escola. E exigi que o Congresso endurecesse a lei da pensão alimentícia, a fim de forçar os pais ausentes a pagar os 34 bilhões de dólares de pensão que os tribunais haviam ordenado e que ainda não estavam pagos. A secretária Shalala já concedera várias "desistências" das regras federais vigentes nos estados para levar adiante muitas dessas reformas, e os resultados começavam a aparecer: as filas no seguro contra a pobreza estavam diminuindo drasticamente.

Junho foi um mês importante para os assuntos internacionais: endureci as sanções ao Haiti; Hillary e eu oferecemos um jantar oficial ao imperador e à imperatriz do Japão, pessoas inteligentes e gentis que ganhavam a simpatia de todos por onde quer que passassem; e estive com o rei Hussein da Jordânia e os presidentes da Hungria, da Eslováquia e do Chile. Mas a minha maior preocupação na política externa foi, certamente, a Coréia do Norte.

Como já disse, a Coréia do Norte impedira as inspeções da Agência Internacional de Energia Atômica (International Atomic Energy Agency — IAEA), cujo objetivo era garantir que os bastões de combustível gastos não fossem reprocessados para se converter em plutônio a ser usado em armas nucleares. Em março, quando as inspeções foram interrompidas, prometi pedir à ONU sanções contra a Coréia do Norte e não quis ordenar uma ação militar. As coisas pioraram depois disso. Em maio a Coréia do Norte começou a descarregar combustível de um reator de tal maneira que os inspetores foram impedidos de monitorar adequadamente a operação para saber o que seria feito do combustível usado.

O presidente Carter me ligou no dia 1º de junho dizendo que gostaria de ir à Coréia do Norte tentar resolver o problema. Enviei para Plains, na Geórgia, o embaixador Bob Galucci, que estava cuidando do assunto para nós, para que ele contasse a Carter como eram sérias as violações da Coréia do Norte. Carter não mudou de idéia. Consultei Al Gore e a minha equipe de segurança nacional, e concluí que valia a pena tentar. Umas três semanas antes eu havia recebido uma estimativa preocupante das terríveis baixas que ambos os lados sofreriam se houvesse uma guerra. Enquanto eu estava na Europa para a celebração do Dia D, Al Gore ligou para Carter para dizer que eu não me opunha à sua ida à Coréia do Norte, desde que o presidente Kim Il Sung entendesse que eu só concordaria com a suspensão das sanções se ele permitisse que os inspetores fizessem o seu trabalho, concordasse em congelar o seu programa nuclear e aceitasse uma nova rodada de negociações com os Estados Unidos por um futuro não nuclear.

No dia 16 de junho o presidente Carter ligou de Pyongyang, e em seguida deu uma entrevista ao vivo para a CNN, dizendo que Kim não expulsaria os inspetores do seu complexo nuclear desde que houvesse boa vontade para resolver as diferenças sobre as inspeções internacionais. Carter disse ainda que, diante desse "passo muito positivo", o nosso governo devia desistir das sanções e iniciar negociações de alto nível com a Coréia do Norte. Respondi que se eles estivessem dispostos a congelar o seu programa nuclear nós conversaríamos, mas eu não tinha certeza de que a Coréia do Norte havia concordado com isso.

Baseado em experiências anteriores, eu estava relutante em acreditar na Coréia do Norte e preferia deixar as sanções pendentes até recebermos a confirmação oficial de que a sua política havia mudado. Dentro de uma semana o presidente Kim me enviou uma carta confirmando o que dissera a Carter e aceitando as nossas condições para uma conversa. Agradeci ao presidente Carter por seu empenho, anunciei que a Coréia do Norte tinha aceitado todas as nossas condições, e que ambas as Coréias, do Norte e do Sul, tentariam marcar um encontro entre seus presidentes. Em troca, os Estados Unidos estariam prontos para começar a conversar com a Coréia do Norte em Genebra no mês seguinte e, enquanto essas conversações estivessem acontecendo, suspenderíamos as sanções.

No fim de junho anunciei várias mudanças na minha assessoria que, a meu ver, nos deixariam mais bem equipados para cuidar da nossa ampla agenda legislativa e das eleições que ocorreriam dentro de quatro meses. Algumas semanas antes Mack McLarty viera me dizer que chegara a hora de ele mudar de função. Ele já fora duramente atingido na Divisão de Viagens e sofrera várias críticas na imprensa sobre a maneira como tomávamos as nossas decisões. Mack sugeriu que eu nomeasse Leon Panetta para chefe de gabinete, porque ele tinha boas relações com o Congresso e a imprensa, e seguraria o leme com firmeza. Quando a notícia se espalhou, outros também apoiaram Leon para o cargo. Mack preferia fazer a ponte entre os republicanos moderados e os democratas conservadores no Congresso, e supervisionar os preparativos para a Conferência das Américas, que seria sediada em Miami no mês de dezembro.

O trabalho de Mack foi bastante louvado, mas acho que os seus méritos faziam jus a muito mais. Ele administrou uma Casa Branca muito mais enxuta, com um volume de trabalho muito maior e tendo um papel fundamental nas nossas vitórias no plano econômico e no NAFTA. Como dizia Bob Rubin, Mack criou um ambiente universitário na Casa Branca, um gabinete diferente de todos os governos anteriores. Esse ambiente nos ajudou a conseguir muita coisa, tanto no Congresso como nas agências do governo. Além disso, ele nos proporcionou liberdade e debate aberto que provocaram críticas ao nosso processo de tomada de decisões, mas, por outro lado, diante da complexidade e do ineditismo de muitos desafios por nós enfrentados, nos ajudou a tomar as melhores decisões.

Ademais, duvido que pudéssemos ter feito muito mais que diminuir os vazamentos de informações e evitar a cobertura negativa da imprensa. O professor Thomas Patterson, uma autoridade na questão do papel da mídia nas eleições, publicara havia pouco um livro importante, *Out of Order* [Enguiçado], que me ajudou a entender melhor o que acontecia e não levar tanto as coisas para o lado pessoal. A tese de Patterson é que a cobertura da imprensa nas campanhas presidenciais se tornou sistematicamente mais negativa nos últimos vinte anos, à medida que a imprensa passou a se ver como "mediadora" entre o candidato e o público, e responsável por mostrar aos eleitores quem são os candidatos e o que eles têm de errado. Em 1992, Bush, Perot e eu recebemos mais coberturas negativas do que positivas.

No posfácio à edição de 1994 de *Out of Order*, Patterson disse que, após as eleições de 1992, pela primeira vez a mídia transferiu diretamente da campanha para a administração o enfoque negativo das coberturas. Agora, diz ele, a cobertura que a imprensa faz do presidente "depende menos do seu desempenho real no governo do que da tendência cínica da mídia. A imprensa geralmente amplia o que é mau e subestima o que é bom". Como exemplo, o apartidário Centro de Mídia e Assuntos Públicos mostrou que sobre a minha maneira de lidar com as questões políticas internas a cobertura foi 60% negativa, concentrando-se na maioria das vezes nos compromissos de campanha não cumpridos, embora, de acordo com Patterson, eu tivesse cumprido "dezenas" deles e devesse ser o presidente que "merecia ganhar a reputação de cumpridor de promessas", em parte por ter prevalecido no Congresso em 88% dos votos contestados, marca superada apenas por Eisenhower em 1953 e por Johnson em 1965. Patterson concluiu que a cobertura negativa derrubou não só o meu índice de aprovação como o apoio do público aos meus programas, inclusive o da saúde pública, e conseqüentemente "causou um prejuízo extraordinário ao governo Clinton e aos interesses nacionais".

No verão de 1994, o livro de Thomas Patterson ajudou-me a reconhecer que eu não podia fazer nada para mudar a cobertura da imprensa. Então teria de aprender a lidar melhor com ela. Mack McLarty não queria mais ser chefe de gabinete e Leon Panetta estava disposto a assumir o desafio. Ele havia alcançado um recorde na Superintendência de Administração e Orçamento (Office of Management and Budget — OMB) que dificilmente seria superado — nossos dois orçamentos foram os primeiros em sete anos a ser aprovados pelo Congresso a tempo; pela primeira vez desde o presidente Truman os orçamentos garantiram três anos seguidos de redução do déficit; e o mais impressionante é que eles trouxeram a primeira redução de gastos internos supérfluos em 25 anos, ao mesmo tempo que houve um aumento de gastos em educação, no Head Start, com capacitação profissional e com novas tecnologias. Talvez como chefe de gabinete Leon pudesse explicar com mais clareza o que havíamos feito e o que tentávamos fazer para o país. Eu o nomeei, e indiquei Mack como conselheiro do presidente, o cargo que ele próprio havia proposto.

39

EM JUNHO OCORREU A PRIMEIRA ação efetiva de Robert Fiske. Ele estava conduzindo uma investigação independente sobre a morte de Vince Foster, pois muitas dúvidas haviam sido levantadas pela mídia e pelos congressistas republicanos. Achei bom que Fiske estivesse cuidando disso. A máquina do escândalo estava disposta a arrancar sangue de pedra, e assim as pessoas talvez parassem de falar e dessem uma trégua à família de Vince.

Algumas acusações e extravagâncias seriam até engraçadas, não fosse a tragédia envolvida. Um dos integrantes mais barulhentos e hipócritas do coro "Foster foi assassinado" era o congressista republicano Dan Burton, de Indiana. Para provar que Vince não poderia ter se matado, Burton saiu no quintal da sua casa e deu um tiro de revólver numa melancia. Coisa de louco. Jamais entendi o que ele quis provar.

Fiske nos entrevistou, a Hillary e a mim. Foi uma sessão profissional e objetiva; ele era meticuloso e achei que terminaria seu inquérito em tempo hábil. No dia 30 de junho foram apresentadas as primeiras conclusões sobre a morte de Vince, e também sobre as tão propaladas conversas entre Bernie Nussbaum e Roger Altman. Fiske concluiu que a morte de Vince havia sido mesmo suicídio e não encontrou nenhum indício de que ela tivesse algo a ver com Whitewater. E também que Nussbaum e Altman não teriam agido impropriamente.

Desse momento em diante ele ganhou o desprezo dos republicanos conservadores e dos aliados destes na mídia. O *Wall Street Journal* forçou a imprensa a adotar uma postura ainda mais agressiva em matérias críticas sobre Hillary e sobre mim, mesmo que muitos deles fossem ser mais tarde "surpreendidos por outros fatos". Alguns comentaristas conservadores e membros do Congresso começaram a pedir a renúncia de Fiske. O senador Lauch Faircloth, da Carolina do Norte, foi especialmente ruidoso, incentivado por um novo elemento, David Bossie, que já fora parceiro de Floyd Brown nos Cidadãos Unidos, um grupo de direita que havia espalhado muitas calúnias a meu respeito.

No mesmo dia em que Fiske divulgou o seu relatório preguei outro prego no meu caixão, assinando a nova lei do promotor independente. A lei permitia que Fiske fosse renomeado, mas a "Divisão Especial" da Circunscrição Judiciária de Recursos do Distrito de Colúmbia também poderia afastá-lo e nomear outro promotor, e então o processo recomeçaria do zero. Pelo estatuto, os juízes da Divisão Especial deviam ser escolhidos pelo juiz Rehnquist, que havia sido um ativista republicano extremamente conservador antes de presidir a Suprema Corte.

Eu gostaria que Fiske ficasse lá por muito tempo, mas de acordo com o meu novo chefe de assuntos legislativos, Pat Griffin, alguns democratas achavam que isso não ficaria bem. Lloyd Cutler era da opinião de que nós não precisávamos nos preocupar, porque Fiske era notadamente independente e de maneira alguma seria substituído. E disse a Hillary que se isso acontecesse ele, Cutler, daria a "cara a tapas".

No início de julho voltei à Europa para o encontro de cúpula do G-7 em Nápoles. No caminho parei em Riga, na Letônia, para celebrar, com os líderes dos países bálticos, a retirada das tropas russas da Lituânia e da Letônia, ação que ajudamos a agilizar providenciando um grande número de vales-moradia aos soldados russos dispostos a voltar para casa. Ainda ficaram tropas russas na Estônia, mas o presidente Lennart Meri, um cineasta que não aceitava a dominação russa em seu país, queria que elas saíssem de lá rapidamente. Depois dessa reunião houve uma comovente celebração na Praça da Liberdade, em Riga, onde fui homenageado por umas 40 mil pessoas que acenavam bandeiras em agradecimento ao firme apoio dos Estados Unidos à liberdade que elas haviam acabado de recuperar.

Em seguida fomos a Varsóvia nos encontrar com o presidente Lech Walesa e reforçar o meu compromisso de levar a Polônia para a OTAN. Walesa era considerado um herói e a escolha natural para presidente em toda a Polônia livre, por ter liderado a revolta dos trabalhadores dos estaleiros de Gdansk contra o comunismo havia mais de dez anos. Walesa desconfiava seriamente da Rússia e queria ver a Polônia na OTAN o mais rápido possível. Também queria mais investimentos norte-americanos em seu país, e dizia que no futuro ia precisar de generais, "a começar pela General Motors e a General Electric".

Nessa noite Walesa ofereceu um jantar do qual participaram líderes de outras posições políticas. Assisti fascinado a uma discussão acalorada entre a sra. Walesa, uma mulher forte e determinada, mãe de oito filhos, e um líder do Legislativo que paralelamente era agricultor, tendo plantação de batatas. Ela condenava o comunismo e ele argumentava que os fazendeiros viviam melhor antes, sob o regime comunista. Cheguei a achar que eles chegariam às vias de fato. Procurei ajudar, lembrando ao deputado que mesmo então as fazendas polonesas estavam em mãos privadas; o que os comunistas poloneses faziam era comprar as safras e revendê-las à Ucrânia e à Rússia. Ele concordou, mas disse que sempre houve mercado e preço bom. Eu lembrei que ele não vivia em um sistema completamente comunista como era o da Rússia, onde as fazendas eram coletivizadas. Expliquei como funcionava o sistema norte-americano e disse que os sistemas de livre-mercado bem-sucedidos também tinham alguma forma de comércio cooperativo e de controle de preços. O fazendeiro não se convenceu, e a sra. Walesa se manteve inflexível. Se democracia é o debate livre e irrestrito, certamente isso existia na Polônia.

O meu primeiro dia de conferência de cúpula em Nápoles foi dedicado à Ásia. Kim Il Sung havia morrido no dia anterior, quando as conversações com a Coréia do Norte foram retomadas em Genebra, pondo em dúvida o futuro do nosso acordo com aquele país. Outro membro do G-7 que tinha muito interesse na questão era o Japão. A forte tensão sob a qual japoneses e coreanos viviam havia muitas décadas remontava ao período anterior à Segunda Guerra Mundial. Como a Coréia do Norte tinha armas nucleares, a pressão para que o Japão desenvolvesse um aparato de defesa nuclear era muito forte, algo que os japoneses não queriam fazer, dada a dolorosa experiência que tinham vivido no passado. O novo primeiro-ministro japonês, Tomiichi Murayama, que havia se tornado o primeiro líder socialista a formar uma coalizão com o Partido Liberal Democrático, garantiu-me que a nossa solidariedade em relação à Coréia do Norte permaneceria intacta. Em respeito pela morte de Kim Il Sung, as negociações em Genebra foram suspensas por um mês.

Entre as decisões mais importantes que tomei em Nápoles estava o pacote de ajuda que ofereci à Ucrânia e a inclusão da Rússia na parte política das futuras conferências. Incluir a Rússia naquele prestigiado círculo foi um modo de fazer com que Yeltsin e outros reformadores estreitassem os laços com o Ocidente, e de garantir que os nossos encontros no futuro se tornassem mais interessantes. Yeltsin era diversão garantida.

Minha família e eu adoramos Nápoles, e depois da conferência fomos visitar Pompéia, onde os italianos fizeram um excelente trabalho de recuperação da cidade que foi soterrada pelas lavas do vulcão Vesúvio no ano 79 d.C. Algumas pinturas tinham as cores quase intactas, como nas versões dos cartazes políticos do século I; vimos bancas de comida ao ar livre, as precursoras dos nossos restaurantes de *fast-food*; e corpos incrivelmente preservados pelas cinzas, entre eles um homem deitado com a mão no rosto da sua esposa grávida, com duas crianças ao lado deles. Essa foi uma lembrança muito forte da frágil e efêmera natureza da vida.

A viagem à Europa terminou na Alemanha. Depois que Helmut Kohl nos levou para conhecer a sua cidade natal, Ludwigshafen, fui visitar as nossas tropas na Base Aérea de Ramstein, onde muitos estariam deixando os quartéis por causa do corte pós-Guerra Fria das despesas com defesa. Surpreendeu-me que os militares de Ramstein, homens e mulheres, tal como seus colegas da Marinha dos Estados Unidos que eu conhecera em Nápoles, tivessem uma única preocupação com a nossa política interna: o sistema de saúde pública. A maioria tinha filhos e assistência médica oferecida pelo Exército. Agora eles temiam que o corte nos gastos na defesa os mandasse de volta para um país que não ofereceria mais assistência médica a seus filhos.

Berlim estava a pleno vapor, com obras por todos os lados, uma cidade que se preparava para ser a capital de uma Alemanha unida. Hillary e eu, acompanhados pelos Kohl, saímos do Reichstag caminhando, percorremos a linha onde antes existira o Muro de Berlim, e atravessamos o magnífico Portão de Brandemburgo. Os presidentes Kennedy e Reagan haviam feito memoráveis discursos diante desse portão, do lado ocidental do muro. Subi num palanque do lado oriental de uma Berlim unificada, diante de uma multidão de 50 mil alemães, muitos deles jovens que esperavam um futuro num mundo bem diferente daquele em que seus pais viveram.

Eu os estimulei a conduzir a união da Europa. Se o fizessem, prometi: *"Amerika steht an Ihrer Seite jetzt und für immer"* (Os Estados Unidos estarão com vocês, agora e sempre). O Portão de Brandemburgo fora um símbolo do seu tempo, algumas vezes monumento de tirania e torre de conquista, mas agora era o que os seus construtores queriam que fosse: uma passagem para o futuro.

O trabalho com a política externa continuou quando voltei para casa. O recrudescimento da repressão no Haiti provocara uma nova onda de barcos repletos de gente e a suspensão do tráfego aéreo. No fim do mês o Conselho de Segurança

Nacional dos Estados Unidos aprovou uma invasão para depor o ditador, ação que cada vez mais parecia inevitável.

No dia 22 de julho anunciei um reforço emergencial aos refugiados de Ruanda: as forças militares norte-americanas fixaram base em Uganda para proteger os carregamentos ininterruptos de suprimentos para o grande número de refugiados que viviam nos acampamentos na fronteira de Ruanda. Também ordenei que o Exército providenciasse um suprimento de água potável e distribuísse o que fosse possível aos que estavam expostos à cólera e a outras doenças, além de 20 milhões de *kits* de reidratação oral que estariam disponíveis nos próximos dois dias para conter o avanço da cólera. Em uma semana enviamos mais de 1.300 toneladas de alimentos, remédios e outros suprimentos, e distribuímos mais de 100 mil galões de água potável por dia. Todo esse esforço mobilizou mais de 4 mil soldados e nos custou quase 500 milhões de dólares que, se não conseguiram evitar a chacina, salvaram muitas vidas.

No dia 25 de julho o rei Hussein e o primeiro-ministro Yitzhak Rabin vieram até a nossa capital para assinar a Declaração de Washington, que encerrava formalmente o estado de beligerância entre a Jordânia e Israel, e se comprometeram a negociar um acordo de paz. Eles conversaram privadamente por algum tempo, e Warren Christopher fez o que pôde para facilitar o acordo entre eles. No dia seguinte os dois líderes falaram numa sessão conjunta do Congresso, e ao lado deles recebi a imprensa para reafirmar o nosso compromisso com uma paz mais abrangente entre as partes envolvidas no conflito do Oriente Médio.

O acordo de paz entre Jordânia e Israel se contrapôs aos ataques terroristas a centros judeus em Buenos Aires, no Panamá e em Londres, todos eles possivelmente atribuídos ao Hezbollah, que recebia armas do Irã e ajuda da Síria para atacar Israel a partir do sul do Líbano. Como o processo de paz não poderia se completar sem um acordo entre Israel e a Síria, as atividades do Hezbollah se transformaram num sério obstáculo. Liguei para o presidente Assad para falar do acordo entre Israel e Jordânia, pedir o seu apoio e garantir que Israel e Estados Unidos estavam empenhados em que as negociações com o seu país fossem bem-sucedidas. Rabin deixara uma porta aberta para futuras conversações com a Síria quando disse que os sírios poderiam limitar as atividades do Hezbollah, mas não pôr fim aos ataques. Hussein respondeu que a Síria e todo o mundo árabe deveriam seguir a Jordânia e reconciliar-se com Israel.

Encerrei a coletiva de imprensa dizendo que graças a Hussein e a Rabin "a paz estava no ar em todo o mundo". Boris Yeltsin acabara de me informar que ele e o presidente Meri haviam concordado em retirar as tropas russas da Estônia até 31 de agosto.

Em agosto a temperatura em Washington esquenta muito e os congressistas geralmente deixam a cidade. Em 1994, o Congresso passou praticamente o mês inteiro em sessão às voltas com a criminalidade e a saúde pública. Senado e Câmara tinham aprovado versões do projeto de lei contra a criminalidade que previa mais 100 mil policiais comunitários, penalidades mais duras para reincidentes e um fundo para programas de obras e prevenção que mantivessem nossos jovens longe dos problemas.

Quando a comissão de conferência se reuniu para estudar as diferenças entre os projetos de lei do Senado e da Câmara contra o crime, os democratas incluíram a proibição às armas de fogo automáticas no projeto de conciliação. Como eu disse, a proibição tinha sido aprovada em separado na Câmara dos Deputados por apenas dois votos, em face da furiosa oposição da Associação Nacional do Rifle (NRA). A NRA já tinha perdido a batalha para o projeto de lei Brady e estava decidida a prevalecer nesse, que preservava o direito dos americanos de "ter e portar" armas com pente de munição grande e disparo rápido cujo propósito era um só: matar mais rapidamente um número maior de pessoas. Essas armas davam conta do recado: as armas automáticas eram as mais utilizadas em assaltos e a probabilidade de morte das suas vítimas era três vezes maior que a das vítimas das armas portáteis comuns.

A comissão de conferência decidiu unir a proibição ao projeto de lei contra a criminalidade porque, embora tivéssemos maioria no Senado a favor da proibição, não tínhamos os sessenta votos necessários para derrubar a obstrução que com toda a certeza fariam os defensores da NRA. Na opinião dos democratas da comissão de conferência, seria muito mais difícil fazer obstrução ao projeto de lei em bloco do que ao de proibição das armas automáticas. O problema dessa estratégia é que ela ameaçava o projeto em bloco, ao obrigar os deputados democratas de distritos rurais favoráveis às armas de fogo — que assim estariam votando pela proibição das armas automáticas — a votar também contra as medidas de combate ao crime, para não correr o risco de perder as suas cadeiras votando a favor.

No dia 11 de agosto a Câmara dos Deputados derrotou o novo projeto de lei contra a criminalidade por 225 a 210, em votação procedimental, com 58 democratas votando "contra" e apenas onze republicanos votando "a favor". Entre os democratas que votaram "contra", alguns poucos eram liberais que se opunham à expansão da pena de morte contida no projeto, mas a maioria dos dissidentes votou com a NRA. Um grupo considerável de republicanos queria dar o seu apoio ao projeto de lei, inclusive à proibição de armas automáticas, mas achava que íamos precisar de muito dinheiro para implantar os programas de prevenção. Estávamos com problemas num dos nossos compromissos de campanha mais importantes, e alguma coisa precisava ser feita para reverter esse processo.

No dia seguinte, na Associação Nacional dos Oficiais de Polícia, em Minneapolis, diante dos prefeitos Rudy Giuliani, de Nova York, e Ed Rendell, da Filadélfia, tentei enquadrar a escolha como sendo entre a polícia e o povo de um lado, e a NRA do outro. Certamente não havíamos chegado ao ponto em que a única maneira de garantir as cadeiras no Congresso era deixar o povo norte-americano e os policiais correrem um perigo maior.

Três dias depois, numa cerimônia no Jardim das Rosas, o assunto voltou a ser focalizado por Steve Sposato, um empresário republicano cuja esposa tinha sido assassinada por um homem que entrou atirando no edifício de escritórios em que ela trabalhava, em São Francisco. Sposato, que havia trazido sua filha Megan com ele, fez um apelo comovente pela proibição das armas automáticas.

No fim do mês a lei contra a criminalidade entrou novamente em votação. Ao contrário do que aconteceu com a saúde pública, no caso do crime o nosso trabalho foi realizado com negociação bipartidária de boa-fé. Dessa vez nós vencemos por 235 a 195; conseguimos quase vinte votos republicanos por termos negociado um corte substancial nos custos do projeto de lei. Alguns democratas liberais foram persuadidos a mudar seu voto por causa dos programas de prevenção contidos no projeto; e outros democratas de distritos pró-armas resolveram correr o risco. Quatro dias depois, o senador Joe Biden conduziu a vitória do projeto de lei no Senado, por 61 a 38, quando seis republicanos providenciaram os votos necessários para barrar a obstrução. A legislação contra a criminalidade teve um profundo impacto positivo, conseguindo a maior queda duradoura nos índices de criminalidade até então.

Pouco antes da votação na Câmara dos Deputados, o presidente Tom Foley e o líder da maioria Dick Gephardt me fizeram um apelo de última hora para retirar do projeto de lei a proibição das armas automáticas. Eles argumentavam que os democratas que representavam distritos muito divididos já tinham dado um voto bastante difícil para o programa econômico e desafiado uma vez a NRA ao votar pela aprovação do projeto de lei Brady. Eles disseram que, se os fizéssemos tentar suicídio novamente por causa da proibição das armas automáticas, o projeto em bloco poderia não passar e, se isso acontecesse, muitos democratas que votaram a favor não sobreviveriam às eleições de novembro. Jack Brooks, do Texas, presidente da Comissão Judiciária da Câmara dos Deputados, me disse a mesma coisa. Brooks estava na Câmara havia mais de quarenta anos e era um dos meus congressistas preferidos. Ele representava um distrito repleto de membros da NRA e tinha liderado os esforços para derrubar a proibição das armas automáticas quando ela entrou em votação pela primeira vez. Jack estava convencido de que, se não deixássemos de lado a proibição, a NRA faria uma campanha para aterrorizar os proprietários de armas e isso derrubaria muitos democratas.

O que ouvi de Foley, Gephardt e Brooks me deixou perturbado, mas eu estava convencido de que os nossos aliados poderiam debater a questão com a NRA nos seus locais de origem e sair ganhando. Dale Bumpers e David Pryor saberiam como explicar seus votos no Arkansas. O senador Howell Heflin, do Alabama, que eu conhecia fazia mais de vinte anos, tinha uma explicação excelente para apoiar o projeto de lei contra o crime. Ele disse que nunca havia votado pelo controle de armas de fogo, mas o projeto de lei contra a criminalidade proibia somente dezenove tipos de armas, e ele não conhecia ninguém que tivesse os tipos mencionados. Por outro lado, o projeto proibia expressamente restrições à propriedade de centenas de outros tipos de armas, inclusive "todas as armas com as quais eu estou acostumado".

Era um argumento persuasivo, mas nem todos o entenderam como Howell Heflin. Foley, Gephardt e Brooks estavam certos, e eu, errado. Aqueles que defendiam um país mais seguro pagariam um preço muito alto por isso.

Talvez eu estivesse esperando demais do Congresso, do país e da administração. Em uma entrevista coletiva concedida no dia 19 de agosto um repórter me fez uma pergunta muito clara: "Por acaso o senhor já pensou que um presidente eleito com 43% dos votos talvez esteja querendo fazer muita coisa em muito pouco tempo [...] excedendo o seu mandato", apresentando tantas leis com tão pouco apoio republicano? Apesar de ter feito muita coisa, eu também já andava pensando nisso. Mas não teria de pensar por muito tempo mais.

Embora estivéssemos ganhando no projeto de lei contra a criminalidade, continuamos perdendo na saúde pública. No início de agosto George Mitchell apresentou um projeto de conciliação que aumentava para 95% a porcentagem da população segurada sem contrato de trabalho, deixando aberta a possibilidade de nos anos seguintes submeter um outro para chegar a 100%, caso os procedimentos voluntários do projeto de lei não chegassem a isso antes. No dia seguinte anunciei o meu apoio à proposta de Mitchell e nós logo começamos a vendê-la aos republicanos moderados, mas não o conseguimos. Dole estava determinado a derrotar qualquer reforma importante. No mesmo dia em que o projeto de lei contra a criminalidade foi aprovado, o Senado entrou em recesso por duas semanas e nada fez em relação à saúde pública. Dole não conseguiu aniquilar o projeto de lei contra a criminalidade, mas provocou o descarrilamento da saúde pública.

Ainda em agosto recebi outra notícia e tanto, dessa vez vinda do paralelo Mundo de Whitewater. Depois que assinei o estatuto do promotor independente, o presidente da Suprema Corte, o juiz Rehnquist, indicou o juiz David Sentelle para ser o chefe da Divisão Especial, responsável pela nomeação dos promotores independentes sob a nova legislação. Sentelle era ultraconservador e protegido do senador Jesse Helms, o mesmo que havia execrado a influência dos "hereges esquerdistas" que queriam que os Estados Unidos se tornassem "um Estado socialmente permissivo, coletivista, igualitário, materialista, hiperprofano e privilegiador dos negros". Como o painel composto por três membros incluía mais um juiz conservador, Sentelle poderia fazer o que bem entendesse.

No dia 5 de agosto, o painel de Sentelle demitiu Robert Fiske e o substituiu por Kenneth Starr, que havia sido juiz em uma corte de apelações e subsecretário de Justiça na administração Bush. Diferentemente de Fiske, Starr não tinha experiência em promotoria, mas tinha algo muito mais importante: era bem mais conservador e partidário do que Fiske. Numa declaração lapidar, o juiz Sentelle disse que estava substituindo Fiske por Starr para garantir a "manifestação de independência", teste no qual Fiske não passaria por estar "ligado à atual administração". Um argumento absurdo. Fiske era um republicano cuja única ligação com o governo era ter sido indicado por Janet Reno para um cargo que ele não buscou. Se a Divisão Especial voltasse a nomeá-lo, a ligação inclusive deixaria de existir.

No lugar dele, o painel do juiz Sentelle indicou alguém cujo conflito de interesses não era apenas aparente, mas sim real e evidente. Starr tinha sido um proponente sem papas na língua no processo de Paula Jones, aparecendo na televisão e até se oferecendo para fazer uma súmula favorável a ela. Cinco ex-presidentes da Associação Norte-americana dos Advogados criticaram a indicação dele por sua evidente preferência política. O mesmo fez o *New York Times*, quando se soube que algumas semanas antes da troca de Fiske por Starr o juiz Sentelle tinha almoçado com o maior crítico de Fiske, o senador Lauch Faircloth, e com Jesse Helms. Os três disseram que conversaram no almoço sobre problemas de próstata.

É claro que Starr não tinha intenção nenhuma de sair do caminho. O fato de estar contra mim era a única razão de ele ter sido indicado e de ter aceitado o cargo. Ficamos então com uma estranha definição de promotor "independente": a pessoa tinha de ser independente de mim, mas tudo bem se estivesse profundamente ligada aos meus inimigos políticos e adversários em alguma causa jurídica.

A indicação de Starr não teve precedentes. Antes, havia um esforço para que além de independentes os promotores especiais fossem justos e respeitassem a instituição da Presidência. Leon Jaworski, promotor especial no caso Watergate, era um democrata conservador que apoiou o presidente Nixon à reeleição em 1972. Lawrence Walsh, o promotor do Irã-Contras, era um republicano de Oklahoma que apoiou o presidente Reagan. Eu nunca pretendi que o inquérito sobre Whitewater fosse um "jogo dentro de casa", como disse Doug Sosnik, mas achei que ao menos eu teria direito a um campo neutro. Não foi o que aconteceu. Como não se encontrou nada em Whitewater, a única maneira de usar a investigação contra mim era transformá-la num "jogo em campo adversário". Robert Fiske trabalhou muito rápido e muito bem nesse caso. Precisou fazer isso.

Lloyd Cutler não precisou dar a "cara a tapas", mas menos de uma semana depois de Starr ser indicado ele se afastou após cumprir o compromisso de servir por um curto período à divisão do conselho. Eu o substituí por Abner Mikva, ex-congressista de Illinois e juiz de corte de apelações, com reputação impecável e uma visão clara das forças que enfrentávamos. Senti muito que Lloyd, após uma longa e destacada carreira, viesse a descobrir que pessoas nas quais ele confiava e pensava conhecer jogassem com regras diferentes das suas.

O Congresso entrou em recesso e nós voltamos a Martha's Vineyard. Hillary e eu precisávamos de um tempo para nós. Al Gore também. Dias antes ele rompera o tendão-de- aquiles num jogo de basquete. Foi uma lesão que exigiu uma recuperação prolongada. Al voltaria mais forte que nunca, pois aproveitou a imobilidade forçada para se exercitar com pesos. De muletas, ele percorreu quarenta estados e quatro países, entre eles o Egito, onde negociou um acordo sobre a delicada questão do controle populacional na Conferência sobre Desenvolvimento Sustentável, no Cairo. E continuou supervisionando a iniciativa de Governo Reinventado. Em meados de setembro já havíamos conseguido economizar 47 bilhões de dólares, o suficiente para pagar todo o projeto de lei contra a criminalidade; tínhamos começado um empreendimento competitivo entre os fabricantes de automóveis para desenvolver o "carro limpo"; resumido o formulário de requisição de empréstimo da Secretaria de Pequenas Empresas (SBA), de cem para apenas uma única página; reformulado a Agência Federal de Controle de Emergências (FEMA), que deixou de ser a menos popular das agências federais para ser a mais admirada, graças a James Lee Witt; e poupado mais de 1 bilhão de dólares com o cancelamento de projetos de construção desnecessários, quando Roger Johnson ainda era o responsável pelo Departamento de Serviços Gerais. Al Gore fez muita coisa boa com uma perna só.

A semana em Vineyard foi muito interessante por várias razões. Vernon Jordan organizou um jogo de golfe com Warren Buffett e Bill Gates, as maiores fortunas do país. Eu gostei dos dois, mas fiquei muito impressionado com Buffett, um democrata duro na queda que defendia os direitos civis, impostos mais justos e o direito de escolha da mulher no tocante ao aborto.

Para mim, a melhor noite foi o jantar na casa de Bill e Rose Styron, onde os convidados de honra eram o excelente escritor mexicano Carlos Fuentes e o meu herói literário Gabriel García Márquez. García Márquez era amigo de Fidel Castro, que, ao tentar exportar para nós alguns dos seus problemas, tinha acabado de desencadear um novo êxodo de cubanos para os Estados Unidos, todos eles remanescentes da interdição do barco *Mariel*, que já causara tantos problemas em 1980. Milhares de cubanos correram grande risco viajando em pequenos barcos e jangadas por noventa milhas até a Flórida.

García Márquez era contra o embargo dos Estados Unidos a Cuba e tentou me convencer disso. Eu disse a ele que nós não suspenderíamos o embargo, mas que eu apoiava a Lei pela Democracia Cubana, que conferia autoridade ao presidente para melhorar as relações com Cuba em troca de um movimento interno maior pela liberdade e pela democracia. Pedi-lhe que dissesse a Fidel Castro que, se a afluência de cubanos continuasse, a resposta que ele receberia dos Estados Unidos seria diferente daquela que ele havia recebido em 1980 do presidente Carter. "Castro já me custou uma eleição e não me custará outra", eu avisei. Mandei o mesmo recado pelo presidente Salinas do México, que mantinha um bom relacionamento profissional com Castro. Logo depois os Estados Unidos e Cuba firmaram um acordo através do qual Castro prometeu deter o êxodo e nós prometemos admitir mais 20 mil cubanos por ano pelos processos normais. Castro aceitou os meus termos. Mais tarde, García Márquez diria ser o único homem que conseguia ser amigo de Fidel Castro e de Bill Clinton.

Depois da conversa sobre Cuba, García Márquez deu muita atenção a Chelsea, que havia lido dois livros dele. Mais tarde ele me confidenciou que se surpreendera pelo fato de uma menina de catorze anos poder entender o seu trabalho e manter com ele uma conversa sobre o *Cem anos de solidão*. Ficou tão bem impressionado que mandou para ela todos os seus romances.

O único trabalho que fiz nas minhas férias foi com relação à Irlanda. Eu tinha prometido um visto a Joe Cahill, o herói de 76 anos dos republicanos irlandeses. Em 1973 Cahill havia sido condenado à prisão por porte de arma na Irlanda, e desde então vinha cultivando a violência. Eu lhe concedi o visto porque ele se disse disposto a promover a paz entre os norte-americanos que apoiavam o IRA, como parte de um acordo sob o qual o IRA finalmente declararia o cessar-fogo. Cahill chegou aos Estados Unidos no dia 30 de agosto, e no dia seguinte o IRA anunciou a total cessação da violência, abrindo caminho para a participação do Sinn Fein nas conversações de paz. Foi uma vitória de Gerry Adams e do governo irlandês.

Quando retornamos das nossas férias, fomos morar na Blair House por três semanas, enquanto o sistema de ar condicionado da Casa Branca passava por uma reforma. Além disso, uma grande restauração da fachada de quase duzentos anos havia começado durante o governo Reagan e ainda não fora terminada. Uma parte da Casa Branca seria coberta por andaimes durante o meu primeiro mandato.

Minha família gostava muito de ficar na Blair House, e essa última estada não foi exceção, embora tenhamos perdido um momento bastante dramático do outro lado da rua. No dia 12 de setembro um homem embriagado, decepcionado com sua esposa, entrou num pequeno avião e decolou em direção a Washington e à Casa Branca. Ele queria se matar jogando o avião contra o prédio ou aterrissando no Gramado Sul, como alguns anos antes o jovem piloto alemão havia feito na Praça Vermelha em Moscou. Infelizmente o pequeno Cessna ultrapassou o ponto de aterrissagem, passou sobre a cerca viva e sob a copa da gigantesca árvore que existe na entrada da Ala Oeste e depois se espatifou na grande base de pedra da Casa Branca, matando o piloto instantaneamente. Alguns anos depois, outro maluco, munido de uma pistola, tentou saltar o muro da Casa Branca antes de ser ferido e detido pela Divisão Uniformizada do Serviço Secreto. A Casa Branca exerce uma atração magnética não apenas sobre políticos ambiciosos.

A crise no Haiti chegou ao auge em setembro. O general Cedras e seu bando intensificaram o reinado do terror, executando crianças órfãs, cometendo violência sexual contra jovens, matando padres, mutilando pessoas e deixando partes dos corpos a céu aberto como intimidação, e retalhando o rosto das mães a facão na frente dos seus filhos. Eu vinha tentando uma solução pacífica havia dois anos e já estava cansado. Havia mais de um ano que Cedras assinara um acordo abrindo mão do poder, mas, na hora de sair, ele simplesmente se recusou.

Já passava da hora de mandá-lo embora, mas a opinião pública e o Congresso eram contra isso. Eu tinha o apoio da Liderança Negra no Congresso, do senador Tom Harkin e do senador Chris Dodd, mas os republicanos eram totalmente contra, e a maioria dos democratas, inclusive George Mitchell, achava que eu somente os estava levando para outro precipício sem o apoio da opinião pública e a autorização do Congresso. Havia divisão até mesmo dentro do governo. Al Gore, Warren Christopher, Bill Gray, Tony Lake e Sandy Berger eram a favor. Bill Perry e o Pentágono eram contra, mas prepararam um plano de invasão para o caso de eu mandá-los prosseguir.

Achei que devíamos ir em frente. Pessoas inocentes estavam sendo assassinadas no nosso próprio quintal e os refugiados haitianos já tinham nos custado uma fortuna. A ONU apoiava por unanimidade a deposição de Cedras.

No dia 16 de setembro, numa tentativa de última hora de evitar a invasão, enviei o presidente Carter, Colin Powell e Sam Nunn ao Haiti para tentar convencer o general Cedras e seus aliados nas forças armadas e no Parlamento a aceitarem pacificamente o retorno de Aristide. Por várias razões os três discordavam da minha determinação de reempossar Aristide com o uso da força. O Carter Center havia supervisionado a eleição que dera esmagadora vitória a Aristide, mas o presidente Carter mantinha boas relações com Cedras e duvidava que Aristide estivesse tão comprometido com a democracia. Nunn era contra o retorno de Aristide antes das eleições parlamentares, porque não acreditava que ele fosse proteger os direitos da minoria se não tivesse um contrapeso no Parlamento. Powell achava que somente o Exército e a polícia poderiam governar o Haiti, e eles nunca atuariam juntos com Aristide.

Como provaram os eventos subseqüentes, eles tinham uma certa razão. O Haiti estava profundamente dividido econômica e politicamente e não tinha nenhuma experiência com a democracia, era desprovido de uma classe média significativa e demonstrava escassa capacidade institucional para operar como um Estado moderno. Mesmo que Aristide retornasse sem dificuldade, não seria bem-sucedido. No entanto, ele fora eleito por uma maioria esmagadora e Cedras e seu bando estavam matando inocentes. Podíamos ao menos fazê-lo parar com isso.

Apesar das reservas, o trio de notáveis prometeu transmitir fielmente a minha política. Eles queriam evitar uma entrada violenta dos Estados Unidos, o que poderia piorar ainda mais as coisas. Nunn falou no Parlamento do Haiti; Powell mostrou aos chefes militares em termos gráficos o que aconteceria se houvesse uma invasão dos Estados Unidos; e Carter cuidou de Cedras.

No dia seguinte fui ao Pentágono revisar o plano de invasão com o general Shalikashvili e os chefes do Estado-Maior, e conversar por teleconferência com o almirante Paul David Miller, comandante-geral de operações, e o tenente-general Hugh Shelton, comandante do Décimo Oitavo Corpo de Pára-quedistas, sobre o desembarque das nossas tropas na ilha. O plano de invasão previa uma operação unificada de todas as alas do Exército. Dois porta-aviões estavam estacionados em águas haitianas, um deles transportando as forças de Operações Especiais e o outro levando soldados da Décima Divisão de Montanha. Os aviões da Força Aérea estavam preparados para dar o apoio necessário. Os fuzileiros navais tinham a missão de ocupar Cap Haitien, a segunda maior cidade do Haiti. Aviões levando a Octogésima Segunda Divisão de Pára-quedistas decolariam da Carolina do Norte e despejariam os homens sobre a ilha tão logo começasse a invasão. As equipes de Mar, Ar e Terra (SEAL) da Marinha chegariam antes para explorar áreas específicas. Pela manhã eles já haviam feito uma incursão de teste, chegando pelo mar e desembarcando sem nenhum incidente. A maior parte das tropas e do equipamento entraria no Haiti numa operação chamada "RoRo", de "rolar para dentro, rolar para fora"; homens e veículos entrariam no Haiti em vasos de desembarque que aportariam nas praias haitianas. Cumprida a missão, o processo se inverteria. Além das forças norte-americanas, tínhamos o apoio de uma coalizão da ONU formada por 25 países.

Quando o prazo final para o ataque foi se esgotando, o presidente Carter me telefonou pedindo mais tempo para convencer Cedras a renunciar. Carter queria a todo custo evitar a invasão. Eu também. O Haiti não tinha poderio militar; seria como acertar um peixe num barril. Concordei em dar mais três horas, mas deixei bem claro que qualquer acordo com o general não poderia incluir outro adiamento na transferência de poder para Aristide. Cedras precisava parar de matar crianças, violentar moças e retalhar o rosto de mulheres. Já tínhamos gasto 200 milhões de dólares com os haitianos que haviam abandonado o seu país. Eu queria que eles pudessem voltar para casa.

Em Port-au-Prince, enquanto se passavam as três horas, uma multidão ruidosa se juntou na frente do prédio onde os representantes norte-americanos ainda estavam conversando. Cada vez que eu falava com Carter, Cedras tinha feito uma proposta diferente, tentando ganhar tempo para adiar o retorno de Aristide. Eu rejeitei todas. Com o perigo lá fora e o prazo da invasão se aproximando, Carter, Powell e Nunn tentavam convencer Cedras, sem resultado. Carter me pediu mais tempo. Eu concordei em adiar mais uma vez, até as cinco horas da tarde. Os pára-quedistas deveriam chegar logo após o anoitecer, lá pelas seis horas. Se eles ainda estivessem dentro do prédio, estariam correndo um grande perigo com aquela multidão ensandecida.

Às cinco e meia da tarde eles ainda estavam lá, e já corriam um perigo maior, porque Cedras sabia que a operação havia começado. Ele tinha um informante na pista de pouso da Carolina do Norte quando nossos 61 aviões com os pára-quedistas decolaram. Eu liguei para o presidente Carter e disse que ele, Colin e Sam deveriam sair do prédio imediatamente. Os três fizeram um último apelo ao chefe titular do Haiti, o presidente de 81 anos de idade Emile Jonassaint, que finalmente resolveu que preferia a paz à guerra. Todos os membros do gabinete, menos um, concordaram, e Cedras acabou cedendo, menos de uma hora antes de o céu de Port-au-Prince ficar coalhado de pára-quedistas. Dei ordem para que os aviões retornassem para casa.

No dia seguinte o general Shelton comandou a entrada no Haiti da primeira força internacional de 15 mil soldados, sem que um único tiro fosse dado. Shelton tinha uma aparência notável, com seus dois metros de altura, feições angulosas e um arrastado sotaque sulista. Com alguns anos a mais que eu, ainda saltava regularmente de pára-quedas ao lado dos seus comandados. Parecia ser capaz de depor Cedras sozinho. Havia pouco tempo eu fizera uma visita ao general Shelton em Fort Bragg, quando caiu um avião perto da Base Aérea de Pope, matando vários soldados. A parede do seu escritório exibia a foto de dois grandes generais, Robert E. Lee e Stonewall Jackson. Quando vi pela televisão Shelton desembarcando na praia, comentei com um assessor que os Estados Unidos teriam feito grande progresso se um homem que reverenciava Stonewall Jackson viesse a se tornar o libertador do Haiti.

Cedras prometeu cooperar com o general Shelton e entregar o poder em 15 de outubro, tão logo a lei de anistia geral exigida no acordo feito com a ONU fosse aprovada. Embora eu tivesse de retirá-los quase à força do Haiti, Carter, Powell e Nunn fizeram um trabalho arriscado em circunstâncias difíceis e potencialmente perigosas. Uma combinação de diplomacia persistente com a força iminente evitou o derramamento de sangue. Agora só cabia a Aristide honrar o seu compromisso de dizer "não à violência, não à vingança, e sim à reconciliação". Como acontece com a maioria dos pronunciamentos, veríamos que esse também seria mais fácil de dizer do que de fazer.

Como a restauração da democracia no Haiti ocorreu sem maiores incidentes, ela acabou não causando o impacto negativo que os democratas tanto temiam. Nós iríamos para as eleições em boas condições: a economia estava criando 250 mil empregos por mês, com o desemprego caindo de 7% para menos de 6%; o déficit estava diminuindo; nós havíamos conseguido aprovar legislações difíceis contra a criminalidade, para a educação, para a prestação de serviços ao país, para o comércio, e para a licença familiar; nossa política externa estava obtendo bons resultados na Rússia, na Europa, na China, no Japão, no Oriente Médio, na Irlanda do Norte, na Bósnia e no Haiti. Mas, apesar dos recordes e dos resultados, não nos sentíamos tranqüilos a seis semanas das eleições por vários motivos: muita gente ainda não conseguia sentir os progressos econômicos; ninguém acreditava que o déficit estava caindo; a maioria não acompanhava as vitórias no Legislativo e não sabia dos nossos progressos na política externa, ou então não se preocupava com isso; os republicanos e sua mídia e grupos de interesse aliados me atacavam constante e eficazmente como um liberal ambicioso que queria levá-los à miséria com a cobrança de impostos e acabar com os seus médicos e as suas armas; e a cobertura da imprensa em geral era esmagadoramente negativa.

O Centro para a Mídia e os Assuntos Públicos divulgou um relatório mostrando que nos meus primeiros dezesseis meses de governo tive em média cinco comentários negativos nos noticiários noturnos da televisão, muito mais do que o presidente Bush tivera nos dois primeiros anos de governo. O diretor do centro, Robert Lichter, me disse que eu tive a "infelicidade de ser presidente no início de uma era caracterizada pela combinação de jornalismo agressivo com imprensa sensacionalista". Naturalmente havia exceções. Jacob Weisberg escreveu que "Bill Clinton tem sido mais cumpridor da sua palavra do que qualquer outro chefe do Executivo nos últimos tempos", mas que "os eleitores desconfiam de Clinton porque a mídia não pára de dizer ao povo para não confiar nele". Jonathan Alter escreveu na *Newsweek*: "Em menos de dois anos, Bill Clinton fez mais pela política interna do que John F. Kennedy, Gerald Ford, Jimmy Carter e George Bush juntos. Embora Richard Nixon e Ronald Reagan fossem muito hábeis no Congresso, o *Congressional Quarterly* mostra que foi Clinton quem obteve as maiores vitórias no Legislativo desde o presidente Lyndon Johnson. O critério de avaliação dos resultados da política interna não deveria ser a coerência do processo, e sim como a vida do cidadão comum é influenciada e transformada. Por esse critério, ele está indo bem".

Alter provavelmente tinha razão, mas, se tinha, o que ele disse permaneceu como um segredo muito bem guardado.

40

As COISAS FORAM PIORANDO à medida que setembro ia chegando ao fim. Bud Selig, comissário interino do beisebol, anunciou que não ia atender às reivindicações da greve dos jogadores e que o que faltava da temporada e a World Series seriam cancelados pela primeira vez desde 1904. Bruce Lindsey, que havia ajudado a encerrar a greve das companhias aéreas, tentou resolver o impasse. Eu mesmo cheguei a chamar à Casa Branca os representantes dos jogadores e os proprietários dos times, mas nada consegui. Se a nossa paixão nacional ia ser cancelada, o país não poderia estar bem.

No dia 26 de setembro George Mtchell jogou a toalha formalmente na luta para a reforma do sistema de saúde pública. O senador Chafee tinha continuado trabalhando com ele, mas não conseguiu arrebanhar republicanos em número suficiente para romper a obstrução do senador Dole. Os 300 milhões de dólares das companhias seguradoras e de outros *lobbies* para frear a reforma do sistema de saúde alcançaram o resultado esperado. Fiz um curto pronunciamento prometendo tentar outra vez no ano seguinte.

Embora eu já soubesse havia alguns meses que seríamos derrotados, fiquei decepcionado e aborrecido porque Hillary e Ira Magaziner foram responsabilizados pelo fracasso. Isso era uma injustiça, por três motivos. Primeiro, as nossas propostas não eram o pesadelo do controle por um governo centralizador que as campanhas de anúncios das companhias seguradoras pintavam; segundo, o plano era o melhor que Hillary e Ira poderiam ter feito com o que eu pretendia, ou seja, possibilitar a cobertura universal sem aumentar os impostos; e, por último, não foram eles que tiraram a reforma da saúde dos trilhos, e sim a decisão do senador Dole de liquidar com qualquer acordo significativo. Para animar Hillary, eu disse que havia coisas piores na vida do que "ser pego em flagrante" oferecendo seguro-saúde para 40 milhões de norte-americanos que não tinham cobertura.

Apesar da nossa derrota, o trabalho que Hillary, Ira Magaziner e o restante do nosso pessoal fizeram não foi em vão. Nos anos seguintes muitas das nossas propostas encontraram seu caminho através da lei e da prática. O senador Kennedy e a senadora republicana Nancy Kassebaum, do Kansas, aprovariam o projeto de lei garantindo que os trabalhadores não perderiam o seguro-saúde se mudassem de emprego; e em 1997 o Programa Seguro-Saúde para a Criança [Children's Health Insurance Program — CHIP] passou a oferecer assistência médica a milhões de crianças, na maior expansão do seguro-saúde desde a implantação do Medicaid em 1965. O CHIP nos permitiu diminuir pela primeira vez em doze anos o número de norte-americanos que não tinha seguro-saúde.

Teríamos muitas outras vitórias na área da saúde pública: um projeto de lei permitindo que as mulheres permanecessem hospitalizadas por mais de 24 horas após dar à luz; maior cobertura para mamografias e exames de próstata; um programa de autocontrole da diabetes que foi considerado pela Associação Norte-americana da Diabetes o maior avanço desde a insulina; grande ampliação da pesquisa biomédica, da prevenção e do tratamento do HIV/AIDS dentro e fora do país; pela primeira vez, imunização de mais de 90% das nossas crianças; e a aplicação por ordem executiva da Declaração dos Direitos dos Pacientes, que garantia a escolha do médico e o direito de receber tratamento adequado e imediato aos 85 milhões de norte-americanos cobertos por planos financiados pelo governo federal.

Mas tudo isso aconteceria no futuro. Por hora, tínhamos levado uma boa surra. E foi com essa imagem que os eleitores foram para as urnas.

Quando o mês já ia terminar, Newt Gingrich reuniu um grupo de trezentos deputados e candidatos republicanos nos degraus do Capitólio para eles assinarem o "Contrato com os Estados Unidos". Os detalhes desse contrato estavam circulando já havia algum tempo. Newt queria mostrar que os republicanos eram mais do que meros votos contra; eles também tinham um programa positivo. O contrato era uma novidade na política do nosso país. Tradicionalmente as eleições de meio de mandato eram disputadas palmo a palmo. A situação do país e o grau de popularidade do presidente podiam ser uma alavanca ou um obstáculo, mas a opinião geral era de que os fatores locais eram mais importantes. Gingrich tinha certeza de que a opinião geral estava errada. Corajoso, ele pediu ao povo que desse a maioria aos republicanos, usando as seguintes palavras: "Se não cumprirmos esse contrato, vocês poderão pedir a nossa cabeça. E não estamos brincando".

O contrato pedia uma emenda constitucional sobre o equilíbrio orçamentário e o veto parcial, que permite ao presidente abolir itens específicos de projetos de dotação sem vetar toda a legislação; penas mais duras para criminosos e revogação dos programas de prevenção constantes no meu projeto de lei contra a criminalidade; reforma do seguro contra a pobreza, com limite de dois anos para os segurados saudáveis; um crédito tributário de quinhentos dólares por filho e um crédito de quinhentos dólares para quem cuidasse de um dos pais ou um dos avós; maior rigor no cumprimento da lei de pensão paterna; revogação dos impostos sobre as aposentadorias mais altas, já incluídos no orçamento de 1993; corte de 50% nos impostos sobre os ganhos de capital e outros cortes nos impostos; fim das ordens federais não financiadas impostas aos governos estaduais e municipais; grande aumento dos gastos com defesa; reforma da lei do delito de natureza civil, para limitar as indenizações por danos; limitação do número de mandatos para senadores e deputados; exigência de que o Congresso, como empregador, seguisse todas as leis que ele impôs aos demais empregadores; redução de um terço no pessoal contratado pelas comissões do Congresso; e a necessidade de mais de 60% dos votos em cada uma das casas do Congresso para as futuras aprovações de aumento de impostos.

Vários itens desse contrato me agradavam. Eu já vinha pressionando pela reforma do seguro contra a pobreza e por maior rigidez na lei de pensão paterna, e havia muito tempo apoiava o veto parcial e o fim das ordens federais não financiadas. Gostava dos créditos tributários familiares. Apesar dos vários itens positivos, o contrato era, em sua essência, um documento simplista e hipócrita. Com o apoio de alguns congressistas democratas, nos doze anos anteriores à minha eleição os republicanos quadruplicaram o débito nacional cortando impostos e aumentando gastos. Agora que nós, os democratas, estávamos conseguindo reduzir o déficit, os republicanos queriam que a Constituição exigisse um equilíbrio orçamentário, embora recomendassem grandes cortes nos impostos e um grande aumento nos gastos com a defesa, sem dizer que outros gastos eles cortariam para pagá-los. Exatamente como eles haviam feito nos anos 1980, nos anos 2000 os republicanos quiseram novamente abolir a aritmética. Como disse o iogue Berra, era mais uma vez o *déjà vu*, mas numa embalagem nova e bonita.

Além de dar aos republicanos uma plataforma de campanha para 1994, Gingrich forneceu uma lista de palavras para definir os adversários democratas. Seu comitê de ação política, o GOPAC, publicou um panfleto com o título "Linguagem: um mecanismo fundamental de controle". Entre as "palavras contrastantes" sugeridas por Newt para classificar os democratas estavam: traição, enganação, desmoronamento, corrupção, crise, decadência, destruição, fracasso, hipocrisia, incompetente, inseguro, liberal, mentira, patético, permissivo, superficial, doentes e traidores. Gingrich estava convencido de que, se conseguisse institucionalizar esses palavrões, poderia definir os democratas como um partido minoritário por muito tempo.

Os democratas achavam que os republicanos haviam cometido um erro crucial ao publicar o contrato e o atacaram, apontando os grandes cortes — na educação, na saúde pública e na proteção ambiental — que seriam necessários para que houvesse dinheiro para a diminuição de impostos, o aumento das verbas da defesa e o equilíbrio do orçamento. Chegaram a rebatizar o plano de Newt de "Contrato *contra* os Estados Unidos". Eles estavam cobertos de razão, mas a iniciativa não funcionou. As pesquisas realizadas após as eleições mostraram que o público só sabia de duas coisas em relação ao contrato: que os republicanos tinham um plano e que o equilíbrio orçamentário fazia parte dele.

Além de atacar os republicanos, os democratas estavam determinados a disputar as eleições nos moldes antigos: estado a estado, distrito a distrito. Eu já fizera inúmeras arrecadações de fundos para eles, mas nem uma única se destinava a uma campanha nacional para divulgar o que já havíamos feito ou qual seria o nosso programa futuro, confrontando-o com o contrato republicano.

Completamos um produtivo ano legislativo em 30 de setembro, último dia do ano fiscal, aprovando treze projetos de dotação dentro do prazo, o que não acontecia desde 1948. As dotações representavam o primeiro dos vários anos consecutivos de redução de déficit em vinte anos, reduzindo a folha de pagamento do governo federal para 272 mil e aumentando os investimentos em educação e em outras áreas importantes. Era uma conquista impressionante, mas quase nada diante da atração que a emenda do equilíbrio orçamentário conseguia exercer.

Entrei no mês de outubro me arrastando, com índices de aprovação em torno de 40%, mas coisas boas iriam acontecer para melhorar a minha avaliação e talvez até as perspectivas dos democratas nas eleições. A notícia triste foi a demissão do secretário da Agricultura, Mike Espy. Janet Reno havia pedido a indicação de um promotor independente para examinar as alegações de delitos de Espy. Algumas envolviam a aceitação de presentes, como viagens e ingressos para jogos. O painel do juiz Sentelle nomeou para investigá-lo Donald Smaltz, outro ativista republicano. Fiquei arrasado. Mike Espy me apoiara contra tudo e contra todos em 1992. Deixara uma cadeira segura no Congresso, onde era apoiado até pelos eleitores brancos do Mississippi, para se tornar o primeiro secretário da Agricultura negro e fazer um excelente trabalho para aumentar os padrões de segurança alimentar.

Em outubro as notícias foram melhores. No dia 4, Nelson Mandela esteve na Casa Branca para uma visita oficial. Seu sorriso era capaz de iluminar os dias mais cinzentos, e fiquei feliz por recebê-lo. Nomeamos uma comissão conjunta para promover a cooperação mútua, chefiada pelo vice-presidente Gore e pelo presidente adjunto Thabo Mbeki, provável sucessor de Mandela. A idéia da comissão conjunta estava dando tão certo na Rússia que quisemos experimentá-la em outro país importante para nós, e a África do Sul obviamente estava nessa categoria. Se fosse bem-sucedido, o governo de conciliação de Mandela poderia promover toda a África e inspirar esforços similares em pontos problemáticos ao redor do mundo. Ainda ofereci assistência para moradia, eletricidade e saúde às comunidades pobres e densamente habitadas da África do Sul, iniciativas econômicas rurais e um fundo de investimento que seria administrado por Ron Brown.

Enquanto eu estava com Mandela, a Câmara dos Deputados e o Senado aprovaram, com amplo apoio bipartidário, a última peça importante da minha plataforma de campanha para a educação: a Lei da Educação Elementar e Secundária [Elementary and Secondary Education Act — ESEA]. O projeto de lei acabava com a oferta acrítica de um currículo fraco para as crianças pobres; com muita freqüência os alunos vindos de famílias carentes eram colocados em classes especiais, não por lhes faltar capacidade normal de aprendizagem, mas porque eles haviam ficado em desvantagem nas escolas mais pobres e obtido muita pouca ajuda em casa. Dick Riley e eu estávamos convencidos de que em classes melhores e com mais atenção dos professores eles se recuperariam. O projeto previa incentivos para aumentar o envolvimento dos pais; oferecia apoio federal para que pais e alunos pudessem escolher uma escola pública diferente daquela para a qual haviam sido designados; e financiava escolas públicas especiais que tivessem como objetivo promover a inovação, permitindo-lhes operar sem as exigências das escolas distritais que podem reprimir a criatividade. Em apenas dois anos, além da ESEA, os congressistas aliados aprovaram a reforma do Head Start, o programa dirigido à pré-escola; transformaram em lei as metas da Associação Nacional de Educadores; reformaram o programa de financiamento estudantil; criaram o programa nacional de serviço; aprovaram o programa "da escola para o trabalho", que oferecia capacitação profissional para os jovens que concluíram o secundário completo e não cursariam a faculdade; e ampliaram substancialmente o nosso compromisso com a educação de adultos e o aprendizado ao longo da vida.

O pacote da educação foi uma das realizações mais importantes dos meus primeiros dois anos no governo. Apesar de melhorar a qualidade do aprendizado e aumentar as oportunidades econômicas para milhões de norte-americanos, quase ninguém o conhecia. Como as reformas educacionais encontraram amplo apoio nos dois partidos, os esforços para aprová-las provocaram relativamente pouca controvérsia e por isso não despertaram tanto interesse na imprensa.

Terminamos a primeira semana do mês em alto estilo, com o desemprego caindo para 5,9%, o mais baixo desde 1990 (menos ainda que os 7% de quando assumi), e com a criação de mais 4,6 milhões de postos de trabalho. Na metade do mês o crescimento econômico do terceiro trimestre do ano se fixou em 3,4%, com inflação de 1,6%. O NAFTA estava dando a sua contribuição para o crescimento. As exportações para o México tinham aumentado 19% em apenas um ano, com as exportações de carros e caminhões chegando a 600% de aumento.

No dia 7 de outubro o Iraque deslocou as suas tropas para apenas quatro quilômetros da fronteira do Kuwait, ressuscitando o fantasma de uma nova Guerra do Golfo. Com forte apoio internacional, enviei rapidamente 36 mil homens para o Kuwait, com a retaguarda de um porta-aviões com combatentes e aviões de guerra. E autorizei uma lista atualizada de alvos para os nossos mísseis Tomahawk. Os ingleses também enviaram forças. No dia 9, o Kuwait deslocou para a fronteira grande parte do seu Exército de 18 mil homens. No dia seguinte os iraquianos, surpresos com a velocidade da nossa reação, anunciaram que fariam recuar os seus exércitos, e em um mês o Parlamento iraquiano reconheceu a soberania, as fronteiras e a integridade territorial do Kuwait. Dias depois de passada a crise imediata do Iraque, grupos paramilitares protestantes da Irlanda do Norte se uniram ao IRA na observância ao cessar-fogo total.

As boas notícias continuaram chegando na terceira semana de outubro. No dia 15 o presidente Aristide retornou ao Haiti. Três dias depois anunciei que após dezesseis meses de intensas negociações havíamos fechado um acordo com a Coréia do Norte para acabar com a ameaça de proliferação nuclear na península coreana. Os termos do acordo, assinado em Genebra no dia 21 de outubro entre o nosso negociador Bob Gallucci e os norte-coreanos, previam a cessação das atividades nos reatores nucleares que eles já possuíam e a permissão para que eles fossem monitorados; a retirada do país de 8 mil bastões de combustível descarregados; o desmonte das instalações nucleares existentes; e, por último, que os norte-coreanos se responsabilizassem pelo combustível usado produzido no passado. Em troca, os Estados Unidos organizariam um consórcio internacional para a construção de reatores de água leve que não produzissem quantidades utilizáveis de material que se transformasse em armas; nós garantiríamos 500 mil toneladas de óleo bruto por ano; barreiras diplomáticas reduzidas para o comércio e os investimentos; e dávamos garantias formais contra o uso, ou a ameaça de uso, de armas nucleares contra a Coréia do Norte.

Três administrações sucessivas tentaram manter sob controle o programa nuclear da Coréia do Norte. O pacto foi um tributo ao difícil trabalho de Warren Christopher e do embaixador Bob Galluci, e à nossa clara determinação de impedir que a Coréia do Norte se transformasse numa potência nuclear ou numa vendedora de armas e materiais nucleares.

Depois que deixei o governo, os Estados Unidos souberam que em 1998 a Coréia do Norte havia começado a violar o espírito, se não o acordo, produzindo urânio altamente enriquecido em laboratório — bastante, talvez, para construir uma ou duas bombas. Algumas pessoas disseram que essa atividade punha em questão o nosso acordo de 1994. Mas o programa do plutônio que havíamos finalizado era muito mais abrangente que a posterior produção em laboratório. O programa nuclear da Coréia do Norte, como estava definido, possibilitaria a produção de plutônio suficiente para construir vários armamentos nucleares por ano.

No dia 17 de outubro Israel e Jordânia anunciaram o seu acordo de paz. Yitzhak Rabin e o rei Hussein me convidaram para a cerimônia de assinatura no dia 26, na região fronteiriça de Wadi Araba, que atravessava o Vale da Fenda. Eu aceitei, na esperança de levar o progresso a outras paragens do Oriente Médio. Antes, parei no Cairo, onde o presidente Murabak e eu nos encontramos com Yasser Arafat, pedindo-lhe mais empenho no combate ao terrorismo, especialmente ao Hamas, e prometendo ajudá-lo a resolver as suas diferenças com os israelenses com relação à adiada devolução das áreas designadas para controle palestino.

No dia seguinte assisti à cerimônia e agradeci aos isralenses e aos jordanianos pela coragem de liderar a jornada para a paz. Era um dia claro, estava muito quente e a impressionante paisagem do Vale da Fenda não podia ser mais perfeita para a grandiosa ocasião, mas o sol brilhando nas areias do deserto quase me cegou. Por pouco não desmaiei, e se o meu atento assistente presidencial, Andrew Friendly, não corresse para me trazer uns óculos escuros, eu teria caído no chão e prejudicado toda a cerimônia.

Em seguida Hillary e eu percorremos de carro a curta distância até a residência de férias do rei Hussein e da rainha Noor, em Ácaba. Era aniversário de Hillary, e ela ganhou um bolo com velas que não se apagavam; eu não resisti e disse, só para provocá-la, que os anos tinham diminuído a sua capacidade pulmonar. Hussein e Noor eram inteligentes, encantadores e visionários. Noor estudara em Princeton, era filha de pai norte-americano de origem árabe e de mãe sueca. Hussein era um homem de baixa estatura mas com excelente constituição física, sorriso atraente, modos refinados e olhos sábios. Ele sobrevivera a várias tentativas de assassinato ao longo do seu reinado e sabia muito bem que "correr riscos pela paz" era muito mais do que uma frase sonora. Hussein e Noor se tornaram bons amigos nossos. Nós nos divertíamos muito, esquecendo sempre que possível as nossas posições para falarmos da vida, dos filhos e da nossa paixão comum por cavalos e motocicletas. Nos anos seguintes, Noor passou agradáveis férias conosco no Wyoming; eu estive na casa deles em Maryland num dos aniversários de Hussein; e Hillary e Noor conversavam com freqüência. Eles foram uma bênção na nossa vida.

Nesse mesmo dia eu me tornei o primeiro presidente norte-americano a falar no Parlamento jordaniano em Amã. As frases mais bem recebidas do discurso foram dirigidas ao mundo árabe em geral: "Os Estados Unidos se recusam a aceitar que as nossas civilizações tenham de colidir. Nós respeitamos o islã [...] os valores tradicionais do islã — a dedicação à fé e ao trabalho bem-feito, à família e à sociedade — estão em harmonia com os melhores ideais norte-americanos. Por isso sabemos que nossos povos, nossas fés e nossas culturas podem conviver em harmonia".

Na manhã seguinte embarquei para Damasco, a mais antiga cidade permanentemente habitada do mundo, para visitar o presidente Assad. Nenhum presidente norte-americano estivera na Síria nos últimos vinte anos, por causa do apoio que o país dera ao terrorismo e ao domínio exercido sobre o Líbano. Quis mostrar a Assad o meu compromisso com a paz entre Síria e Israel baseado nas Resoluções da ONU 242 e 338, e disse a ele que, se o acordo fosse firmado, eu me empenharia muito para melhorar as nossas relações com o seu país. Fui criticado por ter ido à Síria, em razão do apoio ao Hezbollah e a outros grupos violentos contrários a Israel, mas eu sabia que jamais haveria segurança e estabilidade na região se Síria e Israel não se reconciliassem. Meu encontro com Assad não produziu nenhum grande desdobramento, mas Assad deu alguns indícios animadores de que devíamos seguir adiante. Estava claro que ele queria a paz, mas quando lhe sugeri uma viagem a Israel, para estender a mão aos cidadãos israelenses e apresentar as suas razões no Knesset, como fizera Anwar Sadat, foi como se eu estivesse falando com as paredes. Assad era um homem brilhante mas extremamente cuidadoso e prosaico. Ele não abriria mão da segurança do seu belo palácio de mármore e da sua rotina em Damasco, por isso nem imaginava correr o risco político de ir a Tel Aviv. Assim que o nosso encontro e a entrevista coletiva terminaram, embarquei para Israel a fim de dizer a Rabin o que tinha observado.

Num discurso que fiz no Knesset, agradeci e elogiei Rabin e garanti aos membros presentes que, se Israel desse passos em direção à paz, os Estados Unidos fariam o que fosse preciso para aumentar a sua segurança e o progresso econômico. Foi uma mensagem oportuna porque Israel tinha sofrido havia pouco tempo outro violento ataque terrorista. Diferentemente do acordo com os palestinos a que muitos israelenses eram contra, o pacto de paz com a Jordânia tinha o apoio de quase todos os parlamentares, inclusive do líder do Likud, o partido da oposição, Benjamin "Bibi" Netanyahu. Os israelenses admiravam o rei Hussein e confiavam nele; mas continuavam em dúvida quanto a Arafat.

No dia 28, depois de uma emocionante visita ao Yad Vashem, o magnífico memorial do Holocausto em Israel, Hillary e eu nos despedimos de Yitzhak e Lea Rabin e fomos para o Kuwait visitar o emir e agradecer às nossas tropas por forçarem a retirada das forças iraquianas da fronteira com o Kuwait, após um rápido deslocamento na região. Depois do Kuwait, passamos algumas horas na Arábia Saudita com o rei Fahd. Eu havia me impressionado com o telefonema de Fahd no início de 1993, pedindo a minha interferência na limpeza étnica dos muçulmanos bósnios. Fahd nos recebeu calorosamente e me agradeceu pela rápida atitude norte-americana para desarmar a crise do Iraque. Foi uma visita animadora, mas era hora de voltar para enfrentar a dança das eleições em casa.

41

Em outubro os resultados que vínhamos obtendo nas pesquisas não eram ruins, mas o clima da campanha ainda não inspirava ânimo. Antes de deixarmos o Oriente Médio, Hillary havia ligado para Dick Morris, nosso pesquisador de opinião pública, pedindo-lhe a sua avaliação. Dick fizera um levantamento para nós e os resultados haviam sido desanimadores. Ele disse que a maioria das pessoas não acreditava que a economia estivesse melhor ou que o déficit estivesse sendo reduzido; que ninguém sabia das coisas boas que eu e os democratas estávamos fazendo; e que os ataques ao contrato de Gingrich não tinham dado resultado.

Meu índice de aprovação estava acima de 50% pela primeira vez já fazia algum tempo, e os eleitores haviam respondido positivamente à lei da Licença Médica e Familiar, aos 100 mil novos policiais da Lei contra a criminalidade, aos padrões educacionais e à reforma escolar e outras realizações nossas. Dick achava que poderíamos recuperar o que havíamos perdido se os democratas parassem de falar em economia, déficit e contrato, e se concentrassem nas suas conquistas legislativas mais populares. E recomendou que, voltando a Washington, eu me mantivesse fora da rota de campanha e permanecesse "presidente", dizendo e fazendo coisas que melhorassem os meus índices. Morris acreditava que assim eu ajudaria mais aos democratas do que se retornasse à disputa política. Não segui nenhuma das suas recomendações.

Os democratas não tinham mecanismos para vender rapidamente uma nova mensagem em todos os estados e distritos eleitorais disputados onde ela pudesse fazer diferença; embora eu tivesse conseguido arrecadar fundos significativos para os candidatos e para as comissões de campanha da Câmara dos Deputados e do Senado, eles preferiram gastar o dinheiro à maneira tradicional.

Ainda no Oriente Médio, liguei para a Casa Branca e avisei que voltaria para trabalhar e produzir notícias em vez de entrar na campanha. Mas quando cheguei me surpreendi, ao encontrar a minha agenda tomada por viagens a Pensilvânia, Michigan, Ohio, Rhode Island, Nova York, Iowa, Minnesota, Califórnia, Washington e Delaware. Quando os meus números começaram a subir nas pesquisas, parece que os democratas de todo o país me queriam fazendo campanha para eles. Eles tinham se apresentado quando eu precisei deles; agora era a minha vez de me apresentar.

Durante a campanha, procurei manter a ênfase nas nossas realizações conjuntas: sancionar a Lei de Proteção do Deserto da Califórnia, que protegia mais de 3 milhões de hectares de magníficas terras virgens e os sistemas nacionais de parques; destacar os grandes benefícios financeiros do novo programa de financiamento direto ao estudante, na Universidade de Michigan; e dar quantas entrevistas radiofônicas me fosse possível sobre o nosso histórico de governo. Mas também fiz grandes comícios para multidões turbulentas, onde fui obrigado a falar muito alto para ser ouvido. Meus bordões de campanha funcionavam para a lealdade partidária, mas não para o grande público que nos via pela televisão; nela a inflamada retórica de campanha transformava o estadista num político sobre quem os eleitores não estavam muito certos. Mergulhar na campanha foi um erro, embora compreensível e talvez inevitável.

No dia 8 de novembro levamos uma surra para valer, perdendo oito cadeiras no Senado e 54 na Câmara. Foi a maior derrota do nosso partido desde 1946, quando os democratas perderam terreno depois que o presidente Truman tentou ampliar o seguro-saúde para todos os norte-americanos. Os republicanos foram recompensados por dois anos de ataques constantes a mim e pela sua união em torno do contrato. Os democratas foram punidos por um governo bom demais neutralizado por políticas hábeis de menos. A minha contribuição para a derrota foi ter permitido que as primeiras semanas de governo fossem definidas pela questão dos gays nas forças armadas; por eu só ter me concentrado na campanha quando já era muito tarde; e por eu querer fazer muita coisa em tão pouco tempo, num clima de mídia em que as minhas vitórias eram minimizadas e os meus fracassos maximizados, dando a impressão de que eu era apenas mais um liberal centralizador a favor dos impostos, e não o Novo Democrata que ganhara a Presidência. Além disso, o estado de espírito do público era ainda ansioso; ninguém achava que a sua vida estivesse melhorando e ninguém mais agüentava tanta briga em Washington. Talvez eles acreditassem que um governo dividido nos forçaria a trabalhar juntos.

Por ironia, prejudiquei os democratas tanto com as minhas vitórias quanto com as minhas derrotas. A derrota na saúde pública e a aprovação do NAFTA desmoralizaram muito a nossa base eleitoral e aumentaram a abstenção. As vitórias do plano econômico com o seu aumento de impostos para os cidados de alta renda, o projeto de lei Brady e a proibição das armas automáticas inflamaram os eleitores da base republicana e levaram para cima os resultados deles. Provavelmente a diferença na abstenção foi por si só responsável pela metade das nossas derrotas e contribuiu para que os republicanos ganhassem onze governos de estado. Mario Cuomo perdeu em Nova York com um lamentável resultado democrata. No Sul, graças em grande parte a um extraordinário esforço da Coalizão Cristã, os republicanos aumentaram em cinco ou seis pontos os resultados das pesquisas pré-eleitoriais. No Texas, George W. Bush derrotou a governadora Ann Richards, apesar de ela ter um índice de aprovação de 60%.

A Associação Nacional do Rifle (NRA) teve uma noite e tanto. Eles derrotaram o presidente da Câmara dos Deputados Tom Foley e Jack Brooks, dois congressistas extremamente capazes que já tinham me prevenido de que isso poderia acontecer. Foley foi o primeiro presidente da Câmara a sofrer uma derrota eleitoral em mais de um século. Jack Brooks apoiara a NRA durante muitos anos e liderara a luta contra o veto às armas automáticas na Câmara, mas como presidente da Comissão Jurídica havia votado a favor do projeto de lei contra a criminalidade como um todo, até mesmo depois de a proibição das armas ser incluída. A NRA era uma senhora implacável. O *lobby* das armas de fogo gabava-se de ter derrotado dezenove dos 24 integrantes da sua lista negra. Eles fizeram todo esse estrago e ainda se arrogaram o direito de eleger Gingrich presidente da Câmara dos Deputados. Em Oklahoma, o congressista Dave McCurdy, líder do Conselho da Liderança Democrata, perdeu a eleição para o Senado, segundo ele mesmo disse, por causa "de Deus, dos gays e das armas".*

No dia 29 de outubro um homem chamado Francisco Duran, que dirigira o seu carro desde o Colorado, protestou contra o projeto de lei contra a criminalidade abrindo fogo sobre a Casa Branca com uma arma automática. Ele disparou vinte das trinta balas que tinha no pente até ser dominado. Felizmente ninguém se feriu. Duran era uma aberração, mas refletia bem o ódio quase patológico que eu despertara nos paranóicos proprietários de armas de fogo com o projeto de lei Brady e a proibição das armas automáticas. Depois das eleições tive de encarar o fato de que os grupos encarregados de fiscalizar a aplicação da lei e outros defensores da legislação sobre o uso responsável das armas de fogo, embora representando a maioria dos norte-americanos, simplesmente não conseguiram proteger da NRA os seus amigos do Congresso. O *lobby* das armas de fogo superou-os em gastos, organização, brigas e demagogia.

As eleições nos deram algumas vitórias interessantes. Ted Kennedy e a senadora Dianne Feinstein prevaleceram em campanhas árduas. O mesmo se deu com o meu amigo senador Chuck Robb, da Virgínia, que derrotou o conservador Oliver North, apresentador de um programa de entrevistas e famoso pelo escândalo Irã-Contras, com o endosso do seu colega republicano senador John Warner, que gostava de Robb e não queria nem imaginar North no Senado.

Na Península Superior de Michigan o congressista Bart Stupak, um policial aposentado, sobreviveu ao difícil pleito em seu distrito conservador, partindo para a ofensiva a fim de se defender da acusação de que o seu voto a favor do plano econômico havia prejudicado os seus eleitores. Stupak publicou anúncios comparando o número exato dos que tiveram diminuição de impostos com os que tiveram aumento. A relação era de dez para um.

O senador Kent Conrad e o congressista Earl Pomeroy foram reeleitos na Dakota do Norte, um estado republicano conservador, porque, como Stupak, defenderam com unhas e dentes seus votos e fizeram questão de que os eleitores soubessem das boas coisas que haviam sido realizadas. Talvez fosse mais fácil num estado pequeno ou num distrito rural se defender da tempestade de propagandas negativas pela TV. Independentemente disso, se outros democratas tivessem feito o que Stupak, Conrad e Pomeroy fizeram, nós teríamos conquistado mais cadeiras.

Os dois heróis da batalha pelo orçamento na Câmara dos Deputados tiveram destinos diferentes: Marjorie Margolies-Mezvinsky perdeu em seu rico subúrbio no distrito da Pensilvânia, mas Pat Williams sobreviveu em Montana.

As eleições me deixaram profundamente angustiado, muito mais do que deixei transparecer em público. Provavelmente não teríamos sofrido essa derrota para a Câmara ou para o Senado se não tivéssemos incluído no plano econômico o imposto sobre a gasolina e o imposto sobre as altas aposentadorias, e se eu tivesse dado ouvidos a Tom Foley, Jack Brookls e Dick Gephardt sobre a proibição das armas automáticas. É claro que, se eu tivesse me decidido por isso, teria sido obrigado a abandonar o corte nos impostos das famílias trabalhadoras de baixa renda

---

* Um trocadilho sonoro em inglês, já que as três palavras têm início com a letra "g": "God, gays, and guns". (N. dos T.)

por meio do Crédito Tributário sobre a Renda Auferida ou a aceitar uma redução menor do déficit, sob o risco concomitante de uma reação desfavorável do mercado de títulos; e deixaria mais policiais e crianças à mercê das armas. Continuei convencido de que essas decisões difíceis foram boas para o país. Contudo, um número muito grande de democratas pagou um alto preço nas mãos de eleitores que mais tarde acabariam colhendo os benefícios da coragem que eles tiveram: maior prosperidade e ruas mais seguras.

Nós não teríamos perdido nas duas casas se, no momento em que ficou evidente que o senador Dole faria obstrução a qualquer reforma significativa na saúde, eu tivesse anunciado um adiamento da discussão sobre essa reforma até alcançarmos o consenso bipartidário, e no lugar dela tivesse feito aprovar a reforma do seguro contra a pobreza. Isso teria sido popular entre os norte-americanos alienados da classe média, os quais votaram em peso nos republicanos. E, ao contrário de outras decisões que tomei em relação ao plano econômico e à proibição das armas, esse caminho teria ajudado os democratas sem prejudicar nosso povo.

Gingrich provou ser melhor político do que eu. Ele entendeu que poderia nacionalizar uma eleição de meio de mandato com o contrato, com ataques incessantes aos democratas e com o argumento de que estes eram os culpados por todos os conflitos e o partidarismo rancoroso que os próprios republicanos haviam gerado, porque éramos nós que controlávamos o Congresso e a Casa Branca. Por ter me preocupado apenas com o trabalho na Presidência, eu não tinha organizado, financiado e obrigado os democratas a adotarem uma contra mensagem eficaz. A nacionalização das eleições de meio de mandato foi a principal contribuição de Newt Gingrich para o moderno processo eleitoral. De 1994 em diante, se um partido a fizesse e o outro não, o lado que não tivesse a mensagem nacional amargaria derrotas desnecessárias. Foi o que aconteceu em 1998 e em 2002.

Embora o número de pessoas que receberam cortes nos impostos tenha sido bem maior do que as que tiveram aumento do imposto sobre a renda, e embora tenhamos reduzido o quadro de funcionários do governo para um tamanho bem menor que o da época Reagan-Bush, os republicanos venceram também por repetir as suas velhas promessas de impostos mais baixos e governo mais enxuto. E foram até recompensados por problemas que eles próprios criaram: com suas obstruções no Senado eles aniquilaram a saúde pública, a reforma do financiamento de campanha e a reforma do *lobby*. Nesse sentido, Dole merece reconhecimento pela esmagadora vitória republicana; quase ninguém imaginaria que uma minoria de 41 senadores pudesse derrotar qualquer outra medida além do orçamento. O que todos os eleitores sabiam é que eles ainda não se sentiam nem mais prósperos nem mais seguros; que havia muita briga em Washington e nós estávamos no comando; e que os democratas eram a favor de um governo centralizador.

Senti-me exatamente do mesmo modo quando fui derrotado na reeleição para governador em 1980. Eu tinha feito muita coisa boa, mas ninguém sabia. O eleitorado pode ser operacionalmente progressista, mas quanto à filosofia ele é moderadamente conservador e profundamente cético em relação ao governo. Mesmo que eu tivesse recebido uma cobertura mais equilibrada da imprensa, é provável que os eleitores tivessem encontrado dificuldade em perceber o que eu havia realizado, no meio de toda a agitação. De alguma maneira eu acabara me esquecendo da dura lição aprendida com minha derrota em 1980: pode-se fazer boa política sem bons políticos, mas não se pode dar ao povo um bom governo sem os dois. Eu não me esqueceria disso outra vez, mas jamais poderia recompensar toda aquela gente boa que perdera seu lugar no Congresso por me ajudar a tirar o país do imenso buraco do déficit cavado pela economia de Reagan, por tornar as nossas ruas mais seguras e querer oferecer seguro-saúde a todos os norte-americanos.

No dia seguinte à eleição, procurei fazer o melhor possível com aquela má situação: prometi trabalhar com os republicanos e pedi a eles que "se juntassem a mim no centro do debate público, de onde devem surgir as melhores idéias para a próxima geração do progresso norte-americano". Sugeri que trabalhássemos juntos na reforma do seguro contra a pobreza e no veto parcial, a abolição de itens específicos de projetos de dotação, que contava com o meu apoio. Por enquanto não havia mais nada que eu pudesse fazer.

Muitos comentaristas políticos já previam a minha derrota em 1996, mas eu estava mais esperançoso. Os republicanos haviam convencido os norte-americanos de que nós, os democratas, éramos muito liberais e presos a um governo centralizador, mas o tempo estava a meu favor por três razões: com o nosso plano econômico, o déficit continuaria caindo e a economia continuaria melhorando; o novo Congresso, especialmente a Câmara dos Deputados, estava mais à direita do que a população; e, apesar das suas promessas de campanha, os republicanos não demorariam a propor cortes na educação, na saúde pública e nas verbas para o meio ambiente, a fim de compensar os seus cortes nos impostos e os aumentos na defesa. Isso aconteceria porque era o que os ultraconservadores queriam fazer e porque eu estava determinado a controlá-los com as leis da aritmética.

42

UMA SEMANA DEPOIS DA ELEIÇÃO voltei ao trabalho, assim como os republicanos. No dia 10 de novembro nomeei Patsy Fleming diretora nacional de políticas para a AIDS, com um aumento geral de 30% nos recursos destinados nesse sentido, e esbocei uma série de novas iniciativas de combate à doença. O anúncio foi dedicado ao "farol" da luta contra a AIDS, Elizabeth Glaser, que estava muito doente e viria a morrer dentro de três semanas.

No mesmo dia anunciei que os Estados Unidos deixariam de impor o embargo de armas à Bósnia. Essa postura tinha grande apoio no Congresso e era necessária porque os sérvios haviam retomado a agressão, com ataques à cidade de Bihac; no fim de novembro a OTAN começou a bombardear os mísseis sérvios naquela área. No dia 12 eu estava em viagem à Indonésia para a reunião anual dos líderes da APEC [Asia-Pacific Economic Cooperation], onde as dezoito nações asiáticas do Pacífico se comprometeram com a criação até 2020 de um mercado livre asiático, do qual participariam a partir de 2010 as nações mais ricas.

Na frente interna, Newt Gingrich, aquecendo-se ao calor da sua grande vitória, manteve os ataques pessoais tão bem-sucedidos na campanha. Pouco antes da eleição, no seu panfleto cheio de palavras insultuosas, ele havia me chamado de "o inimigo do cidadão comum". No dia seguinte à eleição, ele chamou a mim e a Hillary de "McGovernicks da contracultura", sua condenação mais forte.

Sob certos aspectos, o epíteto que Gingrich nos atirou era correto. Tínhamos apoiado McGovern e não éramos parte da cultura que Gingrich queria ver dominando os Estados Unidos: o lado escuro, hipócrita, acusador e dono da verdade absoluta do conservadorismo branco sulista. Eu era batista do Sul e branco, tinha orgulho das minhas raízes e afirmava a minha fé. Mas conhecia muito bem aquele lado escuro. Desde a minha infância eu via pessoas afirmarem a sua piedade e superioridade moral como justificativa para reivindicar o direito ao poder político e para demonizar os que discordavam delas, geralmente com relação aos direitos civis. Eu achava que os Estados Unidos deveriam construir uma união mais perfeita, ampliando o círculo de liberdade e de oportunidades, e fortalecendo os laços comunitários que cruzam todas as nossas linhas divisórias.

Ainda que estivesse curioso com relação a Gingrich, e impressionado com a sua habilidade política, não dava muito valor às suas afirmações de que a sua política representava os melhores valores do país. Em minha formação fui ensinado a não desprezar ninguém e a não culpar os outros pelos meus próprios problemas ou deficiências. E era exatamente essa a mensagem da "Nova Direita". Mas o seu apelo político era enorme porque ela oferecia a certeza psicológica e a fuga à responsabilidade: "eles" estavam sempre com a razão e "nós", sempre errados; "nós" éramos os "responsáveis por todos os problemas", apesar de "eles" terem controlado o governo durante vinte dos 26 anos anteriores. Todos nós somos vulneráveis aos argumentos que nos livram a cara, e na eleição de 1994 nos Estados Unidos, com as famílias trabalhadoras da classe média alarmadas e irritadas pela criminalidade, pelas drogas e as disfunções familiares, havia uma platéia atenta às mensagens de Gingrich, especialmente porque não tínhamos uma alternativa a oferecer.

Gingrich e a direita republicana nos levaram de volta aos anos 1960; Newt dizia que os Estados Unidos tinham sido um ótimo país até aquela década, quando os democratas assumiram o poder e substituíram as noções absolutas de certo e errado por valores mais relativistas. Ele prometia nos levar de volta àqueles anos, para "renovar a civilização norte-americana".

Evidentemente houve excessos pessoais e políticos nos anos 1960, mas a década e os movimentos que ela gerou também produziram avanços dos direitos civis, das mulheres, da preservação do meio ambiente e da segurança no local de trabalho, além de mais oportunidades para os pobres. Os democratas acreditaram e trabalharam por tudo isso. Bem como muitos republicanos tradicionais, inclusive muitos dos governadores com quem trabalhei no fim da década de 1970 e durante a de 1980. Ao se concentrar somente nos excessos dos anos 1960, a Nova Direita me fez lembrar das queixas dos sulistas brancos contra a Restauração até um século depois do final da Guerra Civil. Na época em que eu era criança, eles ainda nos ensinavam sobre a maldade das forças do Norte contra nós durante a Restauração, e sobre a nobreza dos sulistas até mesmo na derrota. Havia alguma verdade nisso, mas as queixas mais estridentes se esqueciam do bem que Lincoln e os republicanos tradicionais haviam feito com o fim da escravidão e a preservação da União. Nas questões importantes, a União e a escravidão, o Sul estava errado.

Agora tudo aquilo estava acontecendo de novo, com a direita usando os excessos dos anos 1960 para ocultar as conquistas em direitos civis e outras áreas. Sua condenação total me lembrava uma história que o senador David Pryor gostava de contar sobre uma conversa com um senhor de 85 anos que lhe disse ter vivido duas guerras mundiais, a Depressão, o Vietnã, o movimento pelos direitos civis e todas as outras agitações do século XX. Pryor assinalou que ele havia testemunhado muitas mudanças e o senhor comentou: "É verdade, e fui contra todas elas!".

Ainda assim, eu não queria demonizar Gingrich e a sua turma como eles fizeram conosco. Ele tinha algumas idéias interessantes, especialmente nas áreas de ciência, tecnologia e empreendimentos, e era um internacionalista assumido em política externa. Além disso, eu achava que o Partido Democrata tinha de modernizar a sua abordagem, concentrar-se menos na preservação das suas vitórias na era industrial e mais em enfrentar os desafios da era da informação, assim como esclarecer o nosso compromisso com os valores e as preocupações da classe média. Gostei da oportunidade de comparar as nossas idéias de Novos Democratas sobre problemas econômicos e sociais com as que estavam incluídas no "Contrato com os Estados Unidos". A melhor política está sempre ligada a idéias e políticas.

Mas Gingrich não parou por aí. O núcleo da sua argumentação não era apenas que as suas idéias eram melhores que as nossas; ele dizia que os seus *valores* eram melhores que os nossos, porque os democratas eram fracos nas questões de família, trabalho, seguro contra a pobreza, criminalidade e defesa; e porque, limitados pelos excessos de auto-indulgência dos anos 1960, nós não conseguíamos ver a diferença entre certo e errado.

A força política da sua teoria era que ela confirmava enérgica e claramente os estereótipos negativos dos democratas que os republicanos vinham tentando inculcar na consciência dos norte-americanos desde 1968. Nixon tinha feito isso; Reagan também; e George Bush, quando transformou a eleição de 1988 num plebiscito sobre Willie Horton e a promessa de lealdade. Agora Newt havia levado a arte da "cirurgia plástica invertida" a um nível inédito de sofisticação e dureza.

O problema da sua teoria era que ela não se ajustava aos fatos. A maioria dos democratas tinha posições duras contra a criminalidade, apoiava a reforma do seguro contra a pobreza e o fortalecimento da defesa nacional, e sempre foi mais fiscalmente responsável que os republicanos da Nova Direita. A maioria dos democratas era formada por cidadãos trabalhadores e respeitadores da lei, que amavam o seu país, trabalhavam pela comunidade e tentavam educar bem os filhos. Mas os fatos não importavam; Gingrich tinha a sua história e a aplicava toda vez que tinha oportunidade.

Pouco depois ele iria lançar a acusação, sem nenhuma prova, de que 25% do pessoal da Casa Branca no meu governo era recente usuário de drogas. Depois afirmou que os valores democratas eram os responsáveis pelo grande número de filhos de mães adolescentes nascidos fora do casamento, filhos estes que deveriam ser tomados das mães e colocados em orfanatos. Quando Hillary perguntou se os filhos separados de suas mães poderiam realmente viver melhor, ele disse que ela devia assistir ao filme *Boys Town* [De braços abertos], de 1938, que mostrava a educação de meninos pobres num orfanato católico, muito tempo antes de a maldita década de 1960 nos ter arruinado.

Gingrich chegou mesmo a culpar os democratas e o os seus valores "permissivos" pela criação do clima moral propício que levou uma mulher perturbada da Carolina do Norte, Susan Smith, a afogar os dois filhos em outubro de 1994. Quando se soube que Susan poderia ser desequilibrada por causa do abuso sexual na infância cometido pelo padrasto ultraconservador, que ainda freqüentava a sede local da Coalizão Cristã, Gingrich não se perturbou. Todos os pecados, mesmo os cometidos pelos conservadores, segundo ele, eram causados pelo relativismo moral que os democratas haviam imposto ao país a partir da década de 1960.

Fiquei esperando Gingrich explicar como a falência moral dos democratas havia corrompido as administrações de Nixon e de Reagan e levado aos crimes de Watergate e do Irã-Contras. Tenho certeza de que ele teria encontrado uma maneira de se sair dessa. Depois que Newt embalava, era difícil fazê-lo parar.

No início de dezembro a vida política voltou a ter um pouco de sanidade, quando a Câmara dos Deputados e o Senado aprovaram o GATT, Acordo Geral de Tarifas e Comércio [Global Agreement on Tariffs and Trade], com grande maioria nos dois partidos. O acordo reduziu mundialmente as tarifas alfandegárias em 740 bilhões de dólares, abrindo mercados antes fechados a produtos e serviços norte-americanos, dando aos países mais pobres a oportunidade de vender produtos a consumidores fora das suas fronteiras e permitindo a instalação da OIC, Organização

Internacional do Comércio, para criar regras uniformes de comércio e resolver litígios. Ralph Nader e Ross Perot fizeram campanhas ferozes contra o acordo, alegando que ele teria graves conseqüências, da perda da soberania norte-americana até o aumento do trabalho infantil. Sua oposição estridente teve pouco efeito; o movimento trabalhista opôs uma condenação menor ao pacto do que ao NAFTA, e Mickey Kantor fez um trabalho competente de defesa do GATT perante o Congresso.

Quase despercebida no meio de um grande pacote de projetos de lei que incluía o GATT estava a Lei de Proteção à Aposentadoria, de 1994. O problema da deficiência de ativos nos grandes fundos de pensão me foi apresentado por um cidadão no debate em Richmond durante a campanha. A lei determinava que as empresas que controlavam grandes fundos com déficit atuarial aumentassem as suas contribuições, e isso estabilizou o sistema nacional de pensões e ofereceu melhor proteção a 40 milhões de cidadãos. A Lei de Proteção à Aposentadoria e o GATT foram as últimas de uma longa lista de realizações legislativas dos meus dois primeiros anos e, dados os resultados das eleições, tiveram um gosto doce com um travo de amargura.

No início de dezembro Lloyd Bentsen se demitiu do cargo de secretário do Tesouro, e indiquei Rob Rubin para sucedê-lo. Bentsey tinha feito um trabalho notável e eu não queria que ele saísse, mas ele e sua esposa, B. A., queriam voltar à vida privada. A escolha do sucessor foi fácil: Bob Rubin tinha transformado o Conselho Econômico Nacional na mais importante inovação em tomada de decisões da Casa Branca ocorrida em décadas, era respeitado em Wall Street e queria que a economia funcionasse para todos. Logo depois nomeei Laura Tyson para suceder a Bob no Conselho Econômico Nacional.

Depois de receber o novo presidente da Ucrânia, Leonid Kuchma, para um banquete de Estado, eu fui de avião para Budapeste, na Hungria, para uma reunião de oito horas da Conferência sobre Segurança e Cooperação Européia e também para assinar uma série de acordos de desarmamento nuclear com o presidente Yeltsin, o primeiro-ministro Major e os presidentes da Ucrânia, Cazaquistão e Belarus. Tudo isso deveria ter gerado boa cobertura da imprensa sobre a nossa determinação comum de reduzir em milhares de ogivas os nossos arsenais e de evitar a proliferação das armas nucleares em outras nações. Em vez disso, a reportagem que saiu de Budapeste foi o discurso de Yeltsin em que ele me criticava por trocar a Guerra Fria por uma "paz fria", ao propor a ampliação da OTAN pela inclusão das nações da Europa Central. Na verdade, eu havia feito exatamente o contrário, propondo uma Parceria para a Paz como um passo de transição para incluir um número muito maior de países; iniciando um processo deliberado de inclusão de novos membros na OTAN; e fazendo o possível para criar uma parceria entre a OTAN e a Rússia.

Como eu não tinha sido informado com antecedência sobre o teor do discurso e ele falou depois de mim, fiquei estupefato e irritado por não entender os motivos dele e por não ter oportunidade de responder. Aparentemente, os assessores de Yeltsin o haviam convencido de que a OTAN iria admitir a Polônia, a Hungria e a República Tcheca em 1996, no mesmo momento em que ele iria concorrer à reeleição contra os ultranacionalistas, que odiavam a OTAN, e eu concorreria contra os republicanos, que a apoiavam.

Budapeste foi embaraçoso, um raro momento em que gente dos dois lados deixa cair a bola, mas eu sabia que aquilo ia passar. Alguns dias depois, Al Gore foi visitar Yeltsin quando estava em Moscou para a quarta reunião da Comissão Gore-Chernomyrdin para a Cooperação Técnica, Econômica e Científica. Boris lhe disse que eu e ele ainda éramos parceiros, e Al Gore assegurou a Yeltsin que a nossa política para a OTAN não havia mudado. Eu não queria prejudicá-lo por razões políticas internas, mas também não iria permitir que ele mantivesse fechadas indefinidamente as portas da OTAN.

No dia 9 de dezembro fui a Miami para inaugurar a Cúpula das Américas, a primeira reunião de todos os líderes do hemisfério desde 1967. Os 33 líderes democraticamente eleitos do Canadá, das Américas Central e do Sul e do Caribe lá estavam, inclusive o presidente Aristide, do Haiti, e Joaquín Balaguer, da República Dominicana, que estava com 88 anos, cego e fraco, mas ainda mentalmente muito atilado.

Eu havia proposto a Cúpula para promover uma área de livre-comércio em todas as Américas, desde o Círculo Ártico até a Terra do Fogo; fortalecer a democracia e a eficiência governamental por toda a região; e mostrar que os Estados Unidos estavam determinados a ser um bom vizinho. A reunião foi um grande sucesso. Comprometemo-nos a estabelecer uma área de livre-comércio das Américas até 2005, e saímos de lá com o sentimento de que caminhávamos juntos para o futuro, um futuro em que, nas palavras do grande poeta chileno Pablo Neruda, "Não existe a luta solitária, não existe a esperança solitária".

No dia 15 de dezembro apresentei pela televisão uma mensagem para delinear as minhas propostas de cortes de impostos da classe média nos orçamentos seguintes. Essa medida era contestada por algumas pessoas da administração e criticada pela mídia como uma tentativa de copiar os republicanos, ou como uma tentativa tardia de voltar a uma promessa de campanha de 1992, por cujo não-cumprimento os eleitores haviam me castigado. Eu tinha razões políticas e ligadas às minhas políticas para voltar à discussão sobre cortes de impostos com os republicanos antes da instalação do novo Congresso. O contrato do Partido Republicano continha propostas tributárias que eu considerava inviáveis e muito fortemente tendenciosas em favor dos cidadãos de alta renda. Por outro lado, os Estados Unidos ainda sofriam com duas décadas de estagnação da renda da classe média, a principal razão para o povo não ter sentido a melhora da economia. Já tínhamos um começo de solução para esse problema quando dobramos o Crédito Tributário sobre a Renda Auferida. O tipo certo de corte de impostos poderia agora aumentar a renda da classe média sem tirar dos trilhos o programa de redução do déficit nem a capacidade de investimento, e manter o meu compromisso de campanha de 1992.

No discurso propus uma Carta de Direitos da Classe Média, que incluía um crédito tributário para famílias com filhos e renda inferior a 75 mil dólares anuais; dedução das despesas com educação universitária; ampliação das contas individuais de aposentadoria; e a conversão dos fundos do governo aplicados em dezenas de programas de capacitação em valores que o interessado poderia utilizar no programa de capacitação de sua preferência. Eu disse aos norte-americanos que poderíamos financiar essa proposta tributária e ainda manter a redução do déficit.

Pouco antes do Natal, Al Gore e eu anunciamos a escolha das primeiras cidades e comunidades rurais que seriam "zonas de capacitação para a cidadania", dando-lhes o direito, durante a vigência do plano econômico de 1993, de receber incentivos tributários e recursos federais para criar mais empregos em lugares que tinham ficado para trás em processos anteriores de recuperação da economia.

O dia 22 de dezembro foi o último dia de Dee Dee Myers no cargo de secretária de Imprensa. Ela havia feito um trabalho excelente em condições muito difíceis. Esteve comigo nas neves de New Hampshire. Desde então tínhamos enfrentado muitas tempestades e jogado incontáveis jogos de cartas. Eu sabia que ela se sairia bem quando deixasse a Casa Branca, e foi o que realmente aconteceu.

Depois da nossa viagem anual para o Fim de Semana Renaissance, Hillary e eu tiramos alguns dias de férias para ir ao Arkansas, onde visitaríamos a sua mãe e Dick Kelley, e eu iria com meus amigos caçar patos no leste do estado. Todo ano, quando os patos voam para o Sul vindos do Canadá durante o inverno, um ou dois dos seus caminhos preferidos passam pelo rio Mississippi. Muitos pousam nos arrozais e lagoas do delta do Mississippi, e ao longo dos últimos anos diversos agricultores tinham instalado campos de caça para uso próprio e para completar a sua renda.

É lindo ver os patos voando à luz da manhã. Vimos também grandes gansos voando numa perfeita formação em V. Só dois patos chegaram à distância de tiro naquela manhã enevoada, e o pessoal que estava comigo me deixou atirar nos dois. Eles tinham mais dias para caçar do que eu. Eu disse aos repórteres que vieram conosco que todas as nossas armas estavam em acordo com a lei contra a criminalidade e que não precisávamos de armas proibidas para matar os patos, inclusive o que eu acertei por sorte, de uma distância de setenta metros.

No dia seguinte Hillary e eu compareceremos à inauguração da Escola Magnética Elementar William Jefferson Clinton em Sherwood, ao norte de Little Rock. Era uma instalação muito bonita, com uma sala de uso múltiplo com o nome da minha mãe e uma biblioteca com o nome de Hillary. Confesso que fiquei comovido em dar nome a uma nova escola; ninguém devia mais aos professores que eu.

Aquela viagem ao lar era para mim uma necessidade. Eu tinha trabalhado como um mouro durante dois anos. Tinha feito muita coisa, mas geralmente a gente deixa de "ver as árvores por causa da floresta". O ano seguinte haveria de apresentar novos desafios. Para enfrentá-los, eu precisava recarregar as baterias e regar as minhas raízes.

Quando voltei a Washington estava ansioso para ver os republicanos tentarem manter suas promessas de campanha, e igualmente ansioso para a batalha de preservar e implementar na totalidade a legislação aprovada nos dois anos anteriores. Quando o Congresso aprova uma nova lei, começa a tarefa do Executivo. Na lei contra a criminalidade havia a provisão de recursos para 100 mil novos policiais nas comunidades. Em junho, criamos um escritório para que o Departamento de Justiça tivesse condições de distribuir esses recursos e definir critérios de seleção para eles, criar e administrar um processo de aplicação e controlar o modo como o dinheiro estava sendo gasto, de forma que pudéssemos publicar relatórios de acompanhamento para o Congresso e o povo norte-americano.

No dia 5 de janeiro tive a primeira reunião com os líderes do Congresso. Além de Bob Dole e Newt Gingrich, o grupo republicano contava com o senador Trent Lott, do Mississippi, e dois texanos, o congressista Dick Armey, líder da maioria na Câmara, e o congressista Tom DeLay, coordenador dessa maioria. Os novos líderes democratas eram o senador Tom Daschle, da Dakota do Sul, e o congressista Dick Gephardt, bem como o coordenador democrata no Senado, Wendell Ford, do Kentucky, e o seu equivalente na Câmara dos Deputados, David Bonior, do Michigan.

Embora a reunião com os líderes do Congresso tenha sido cordial e houvesse algumas áreas do contrato republicano em que poderíamos trabalhar juntos, eu sabia que não haveria meio de evitar muitas lutas acaloradas em torno de questões importantes sobre as quais tínhamos honestamente visões diferentes. A minha equipe e eu teríamos de manter a concentração e a disciplina tanto nas nossas ações como na nossa estratégia de comunicação. Quando um repórter me perguntou se as nossas relações seriam marcadas pela "conciliação ou pelo combate", respondi: "Minha resposta à sua pergunta é: O Gingrich vai cochichar na sua orelha direita e eu na esquerda".

Quando os congressistas se foram, fui à sala de imprensa anunciar que Mike McCurry seria o novo secretário de Imprensa. Até então, Mike havia sido o porta-voz de Warren Christopher no Departamento de Estado. Durante a campanha presidencial, como secretário de imprensa de Bob Kerrey, ele tinha me dado boas alfinetadas. Não me importei; era a sua obrigação durante as primárias, e ele tinha se saído bem no Departamento de Estado explicando e defendendo a nossa política externa.

Havia mais sangue novo na equipe. Erskine Bowles veio para a Casa Branca do Departamento de Pequenas Empresas para ser o vice-chefe de gabinete, trocando de cargo com Phill Lader. Erskine era o homem certo para a mistura de compromisso e guerra de guerrilhas que viria a caracterizar as nossas relações com o novo Congresso, por ser um empreendedor bem-sucedido e um negociador de primeira classe, que sabia quando insistir e quando desistir. Ia ser um bom suporte para Leon Panetta, e oferecer as habilidades que completavam as do outro assistente de Leon, o agressivo e determinado Harol Ickes.

Tal como tantos outros meses, janeiro foi cheio de boas e de más notícias: o desemprego tinha caído a 5,4%, com 5,6 milhões de novos empregos; Kenneth Starr demonstrou a sua "independência" ao dizer que, inacreditavelmente, iria voltar a investigar a morte de Vince Foster; o governo de Yitzhak Rabin ficou ameaçado quando dezenove israelenses foram mortos por duas bombas terroristas, uma ação que enfraqueceu o apoio aos seus esforços pela paz; e sancionei a primeira lei do novo Congresso, que eu apoiava energicamente, determinando que os legisladores do país se adequassem a todas as exigências que eles impunham aos outros empregadores.

No dia 24 de janeiro apresentei o meu Discurso sobre o Estado da Nação ao primeiro Congresso republicano em quarenta anos. Era um momento delicado; eu tinha de ser conciliador sem parecer fraco, forte sem parecer hostil. Comecei pedindo ao Congresso para deixar de lado o "partidarismo, a mesquinhez e o orgulho" e sugerindo que trabalhássemos juntos na reforma do seguro contra a pobreza, não para punir os pobres, mas para lhes dar força. E apresentei o melhor exemplo do potencial dos beneficiários do seguro contra a pobreza, Lynn Woolsey, uma mulher que deixara de depender do seguro e acabara por chegar à Câmara dos Deputados pela Califórnia.

Em seguida desafiei os republicanos em várias frentes. Se fossem votar a emenda do equilíbrio orçamentário, eles deviam dizer *como* propunham equilibrar o orçamento e se iriam cortar as aposentadorias. Pedi a eles para não extinguir o AmeriCorps, como vinham ameaçando fazer. Se quisessem fortalecer a lei contra a criminalidade, eu me propunha a trabalhar com eles, mas me oporia à rejeição de programas já testados de prevenção, do plano de colocar mais 100 mil novos policiais nas ruas ou da proibição das armas automáticas. Disse que não faria nada para restringir a propriedade e o uso legítimos de armas, "mas muitas pessoas lhes ofereceram as cadeiras no Congresso para que policiais e jovens não tivessem de dar a vida sob uma rajada de ataques com armas automáticas, e não permitirei que isso seja rejeitado".

Terminei o discurso com uma abertura para os republicanos, propondo meus cortes de impostos para a classe média mas dizendo que trabalharia com eles nessa questão, e admitindo que no campo da assistência média "tínhamos dado um passo maior que as pernas", mas pedindo a eles para trabalharem comigo passo a passo, e já começar assegurando que as pessoas não iriam perder o seu seguro-saúde quando mudassem de emprego ou um membro da família adoecesse; e pedindo o seu apoio para um programa bipartidário de política externa.

O discurso do Estado da União não é somente a oportunidade de o presidente falar sem restrições durante uma hora ao povo norte-americano a cada ano; é também um dos mais importantes rituais da nossa política. Quantas vezes o presidente é interrompido por aplausos, especialmente ovações feitas de pé; o que leva os democratas ou os republicanos a aplaudir, e com o que eles parecem concordar; as reações dos senadores e dos deputados mais importantes; e o significado simbólico das pessoas convidadas a se sentar no camarote da primeira-dama; tudo isso é observado pela imprensa e acompanhado pelo povo pela televisão. Para esse Estado da União fiz um discurso de cinquenta minutos, prevendo dez minutos de aplausos. Como o ambiente era muito conciliador, sem deixar de estar cheio de confrontos, as interrupções, mais de noventa, aumentaram a duração do discurso para 81 minutos.

À época do discurso Estado da União, já vínhamos enfrentando havia duas semanas uma das mais graves crises do meu primeiro mandato. Na noite de 10 de janeiro, depois de Bob Rubin prestar juramento e tomar posse como secretário do Tesouro no Salão Oval, ele e Larry Summers ficaram para se reunir comigo e alguns dos meus assessores, no intuito de discutir a crise financeira do México. O valor do peso vinha despencando, minando a capacidade do México de tomar dinheiro emprestado no exterior e de pagar suas dívidas. O problema era agravado porque, com a deterioração das condições do México, o país tinha emitido títulos de curto prazo, chamados *tesobonos*, que teriam de ser pagos em dólares. Como o valor do peso não parava de cair, seriam necessários cada vez mais pesos para financiar o valor em dólares da dívida de curto prazo do país. Agora, com apenas 6 bilhões em reservas, o México tinha dívidas a pagar em 1995 no montante de 30 bilhões de dólares, 10 bilhões concentrados no primeiro trimestre do ano.

Para o México, a inadimplência significaria a aceleração do "meltdown"* econômico, para usar a expressão que Bob Rubin não pôde deixar de usar, com enorme desemprego, inflação e, provavelmente, uma profunda e duradoura recessão, já que as instituições financeiras internacionais, outros governos e investidores privados não iriam querer arriscar mais dinheiro no país.

Como explicaram Rubin e Summers, o colapso econômico do México poderia gerar graves conseqüências para os Estados Unidos. Primeiro, o México era o nosso terceiro parceiro econômico. Se não pudesse comprar nossos produtos, as empresas e os empregados norte-americanos seriam prejudicados. Segundo, o deslocamento econômico no México poderia levar a um aumento de 30% da imigração ilegal, ou meio milhão de pessoas a cada ano. Terceiro, um México empobrecido certamente se tornaria mais vulnerável à atividade dos cartéis de drogas ilícitas, que enviavam grandes quantidades de narcóticos através da fronteira dos Estados Unidos. Finalmente, a inadimplência do México poderia ter impacto negativo sobre outros países, ao abalar a confiança dos investidores em mercados emergentes no restante da América Latina, da Europa Central, da Rússia, da África do Sul e de outros países cuja modernização e também prosperidade tentávamos ajudar. Como 40% das exportações norte-americanas se destinavam a países em desenvolvimento, nossa economia poderia sofrer prejuízo grave.

Rubin e Summers recomendaram que eu solicitasse ao Congresso a aprovação de 25 bilhões de dólares de empréstimos para permitir ao México pagar no prazo as suas dívidas e manter a confiança de credores e investidores, em troca do compromisso do país em reestruturar as suas finanças e informar mais tempestivamente as suas reais condições econômicas, para evitar que o problema voltasse a ocorrer. Mas eles me precaveram dos riscos associados a essa recomendação. O México podia cair apesar da ajuda e poderíamos perder o dinheiro que oferecêssemos. Se essa política tivesse sucesso, poderíamos criar o problema que os economistas chamam de "risco moral". O México estava à beira do colapso não somente por causa de políticas erradas de governo e de instituições fracas, mas também porque os investidores continuaram a financiar as suas operações muito além do que ditava a prudência. Ao dar dinheiro para o México cumprir as suas obrigações com investidores endinheirados, poderíamos criar a expectativa de que tais decisões pudessem não envolver riscos.

Esses riscos eram aumentados pelo fato de a maioria dos norte-americanos não entender as conseqüências da inadimplência do México para nossa economia. Boa parte dos democratas no Congresso concluiria que o NAFTA era desaconselhável. E muitos dos republicanos recém-eleitos, especialmente na Câmara dos Deputados, não partilhavam do entusiasmo do seu presidente pelas questões internacionais. Um número surpreendente deles nem tinha passaporte. Queriam restringir a imigração vinda do México, e não enviar bilhões de dólares para lá.

Depois de ouvir esses argumentos, fiz algumas perguntas, e então disse que deveríamos pedir a autorização para o empréstimo. Achei que a decisão era nítida, mas nem todos os meus assessores concordaram. Os que queriam apressar a minha

---

* Colapso, por analogia com o processo de fusão do núcleo em um reator nuclear, cujo maior exemplo foi a tragédia da Usina de Chernobyl, na Ucrânia. (N. dos T.)

recuperação política depois da arrasadora derrota de meio de mandato achavam que eu estava louco. Quando George Stephanopoulos ficou sabendo da estimativa de 25 bilhões de dólares do Tesouro, ele achou que seriam 25 *milhões*; para ele, eu estava dando um tiro no pé. Panetta concordou com o empréstimo, mas avisou que ele poderia me custar a eleição de 1996 se o México não nos pagasse.

Os riscos eram consideráveis, mas eu tinha confiança no novo presidente do México, Ernesto Zedillo, um economista com doutorado em Yale que havia sido escolhido quando o candidato original do seu partido, Luis Colosio, foi assassinado. Se alguém seria capaz de recuperar o México, esse alguém era Zedillo.

Além do mais, não poderíamos simplesmente ficar olhando sem tentar ajudar enquanto o México afundava. Paralelamente aos problemas econômicos para nós e para os mexicanos, estaríamos enviando um terrível sinal de egoísmo e de falta de visão para toda a América Latina. Havia uma longa história de ressentimento dos latino-americanos contra os Estados Unidos, considerados arrogantes e insensíveis aos interesses e problemas deles. Sempre que os Estados Unidos ofereceram autêntica amizade — com a Política da Boa Vizinhança de Franklin D. Roosevelt, a Aliança para o Progresso de John F. Kennedy, e a devolução do canal do Panamá pelo presidente Carter — os resultados foram bons. Durante a Guerra Fria, quando apoiamos a derrubada de governos democraticamente eleitos, apoiamos ditadores e toleramos os abusos contra os direitos humanos, tivemos a reação que merecíamos.

Convoquei os líderes do Congresso à Casa Branca, expliquei a situação e pedi o seu apoio. Todos atenderam, inclusive Bob Dole e Newt Gingrich, que se referiu aos problemas do México como a "primeira crise do século XXI". Quando Rubin e Summers percorreram os corredores do Capitólio, conseguimos o apoio dos senadores Paul Sarbanes, de Maryland, do senador Chris Dodd e do senador republicano Bob Bennet, de Utah, um conservador à moda antiga e muito inteligente que de imediato percebeu as conseqüências da nossa inação e nos apoiaria durante toda a crise. Também tivemos o apoio de vários governadores com interesses no México, entre eles Bill Weld, de Massachusetts, e George W. Bush, do Texas, estado que, juntamente com a Califórnia, seria muito prejudicado pelo colapso.

Apesar dos méritos do caso e do apoio de Alan Greenspan, no fim do mês tornou-se claro que não íamos bem no Congresso. Os democratas contrários ao NAFTA estavam certos de que o empréstimo significava ir longe demais, e os novos republicanos estavam em revolta declarada.

No fim do mês, Rubin e Summers tinham começado a considerar a possibilidade de uma ação unilateral, oferecendo dinheiro do Fundo de Estabilização Cambial. O fundo, criado em 1934, quando os Estados Unidos saíram do padrão-ouro,* era usado para minimizar flutuações do câmbio; tinha cerca de 35 bilhões de dólares e poderia ser usado pelo secretário do Tesouro com a aprovação do pre-

---

* O valor do dólar foi fixado com base no ouro, em 1934, na proporção de 35 dólares a onça. Para algumas correntes, o ouro não deixou de desempenhar funções monetárias nesta data, mas se manteve oficial e explicitamente como base do sistema monetário do capitalismo até 1971, sendo utilizado nas funções de medida de valor e meio de pagamento, quando então se decretou a total abolição da paridade ouro-dólar. (N. dos T.)

sidente. No dia 28, a necessidade de ação norte-americana se tornou ainda mais urgente quando o ministro de Finanças do México chamou Rubin e lhe disse que a inadimplência era iminente, com o vencimento de mais de 1 bilhão de dólares em *tesobonos* na semana seguinte.

A questão veio a furo na noite de segunda-feira, 30 de janeiro. As reservas do México caíram abaixo de 2 bilhões de dólares e o valor do peso havia caído mais 10% durante o dia. Naquela noite Rubin e Summers foram à Casa Branca para conversar com Leon Panetta e com Sandy Berger, que acompanhava a questão para o Conselho de Segurança Nacional. Nos termos mais claros, Rubin lhes disse: "O México tem mais 48 horas de vida". Gingrich telefonou para avisar que não conseguiria aprovar o pacote de ajuda antes de duas semanas, se conseguisse. Dole já havia dito a mesma coisa. Eles tinham tentado, assim como Tom Daschle e Dick Gephardt, mas a oposição era muito forte.

Depois de um evento beneficente, voltei para a Casa Branca às onze da noite e fui ao escritório de Leon Panetta para ouvir a terrível mensagem. Rubin e Summers confirmaram em poucas palavras as conseqüências de uma inadimplência do México e disseram que precisaríamos de um empréstimo de "apenas" 20 bilhões, e não 25, porque o Fundo Monetário Internacional tinha conseguido reunir 18 bilhões de dólares em ajuda que o FMI ofereceria ao México se os Estados Unidos agissem; juntando as contribuições menores de outros países e do Banco Mundial, chegaríamos a um pacote total de pouco menos de 40 bilhões de dólares.

Embora fossem a favor de avançar, Sandy Berger e Bob Rubin mostraram os riscos. Uma nova pesquisa publicada pelo *Los Angeles Times* dizia que o povo norte-americano se opunha à ajuda ao México na proporção de 79% a 18%. Respondi: "Mas dentro de um ano, quando houver mais 1 milhão de imigrantes ilegais, estivermos inundados de drogas vindas do México, e com muita gente dos dois lados da fronteira sem emprego, quando me perguntarem 'Por que você não fez alguma coisa?', o que é que eu vou dizer? Que uma pesquisa mostrava que 80% dos norte-americanos eram contra? Nós não podemos deixar de fazer isso". A reunião durou menos de dez minutos.

No dia seguinte, 31 de janeiro, anunciamos o pacote de ajuda com o dinheiro do Fundo de Estabilização Cambial. O acordo de empréstimo foi assinado algumas semanas depois, com gritos de protesto no Congresso e resmungos entre os nossos aliados do G-7, que não gostaram do fato de o diretor do FMI ter fechado conosco o compromisso de emprestar 18 bilhões para o México sem antes pedir a aprovação deles. O dinheiro foi liberado em março e continuamos fazendo desembolsos regulares, apesar de por vários meses as coisas não melhorarem no México. Mas no fim do ano os investidores voltaram ao mercado mexicano e as reservas externas começaram a aumentar. Ernesto Zedillo também implantou as reformas que havia prometido.

Embora tenha sido difícil no começo, o pacote de ajuda funcionou. Em 1982, quando a economia do México entrou em colapso, foi preciso mais de uma década para que o crescimento fosse retomado. Dessa vez, após um ano de severa recessão, a economia mexicana começou novamente a crescer. Depois de 1982 foram necessários sete anos para o México recuperar o acesso aos mercados internacionais. Em 1995 bastaram apenas sete meses. Em janeiro de 1997, mais de três anos antes do prazo, o México pagou integralmente e com juros o empréstimo. O México tomou 10,5 bilhões dos vinte que oferecemos e pagou um total de 1,4 bilhão em juros, quase 600 milhões a mais que o dinheiro teria rendido se tivesse sido investido em títulos do Tesouro norte-americano. O empréstimo mostrou ser não apenas boa política mas também bom investimento.

O colunista Tom Friedman, do *New York Times*, considerou o empréstimo ao México "a menos popular e mais incompreendida, mas a mais importante decisão da administração Clinton". Talvez ele estivesse certo. Quanto à oposição popular, 75% da população também tinha se oposto ao pacote de ajuda à Rússia; a minha decisão de restaurar Aristide no Haiti foi impopular; e as minhas ações subseqüentes na Bósnia e em Kosovo tiveram inicialmente de enfrentar oposição. As pesquisas podem ser úteis para mostrar ao presidente como o povo pensa e quais argumentos serão mais persuasivos em certo momento, mas não podem orientar uma decisão que exige exame do que esperar mais adiante no caminho e atrás da esquina. O povo norte-americano escolhe um presidente para fazer o que for certo pelo país a longo prazo. Ajudar o México foi o certo para os Estados Unidos. Foi a única decisão sensata, e ao tomá-la nós mostramos ser, mais uma vez, um bom vizinho.

No dia 9 de fevereiro Helmut Kohl veio me visitar. Ele tinha acabado de se reeleger e previu confiantemente que eu também o seria. Disse-me que vivíamos uma época turbulenta mas o tempo iria me fazer justiça. Na entrevista coletiva depois da nossa reunião, Kohl fez uma homenagem comovente ao senador Fulbright, que havia morrido pouco depois da meia-noite com a idade de 84 anos. Kohl disse pertencer a uma geração que, quando estudante, "não queria nada além de obter uma bolsa Fulbright", e que em todo o mundo o nome de Fulbright era associado "a abertura, amizade, gente lutando junto". Quando morreu, mais de 90 mil norte-americanos e 120 mil estrangeiros eram ex-bolsistas Fulbright.

Eu havia feito uma visita ao senador Fulbright pouco antes da sua morte. Ele tinha sofrido um derrame e estava com a fala um pouco prejudicada, mas os seus olhos ainda eram brilhantes e a mente trabalhava como sempre; a visita foi ótima. Fulbright foi uma figura grandiosa da história do nosso país — como eu disse no culto em sua memória: "Sempre o professor, e sempre o estudante".

No dia 13 de fevereiro, Laura Tyson e os outros membros do Conselho de Assessores Econômicos, Joe Stiglitz e Martin Bailey, me deram uma cópia do último *Relatório Econômico do Presidente*. O relatório enfatizava o progresso desde 1993, bem como os problemas persistentes da estagnação da nossa renda e da desigualdade. Aproveitei a ocasião para propor a Carta de Direitos da Classe Média e o aumento de noventa centavos do salário mínimo ao longo de dois anos, de 4,25 dólares por hora para 5,15. O aumento iria beneficiar 10 milhões de trabalhadores, acrescentando 1.800 dólares anuais à sua renda. Metade do aumento era necessária apenas para recuperar as perdas inflacionárias até o nível de 1991, último ano em que ele tinha sido aumentado.

O salário mínimo era a causa preferida de muitos democratas, mas a maioria dos republicanos se opunha a que ele fosse aumentado, alegando que isso custaria empregos por aumentar o custo dos negócios. Eram poucas as evidências que apoiavam essa alegação. Na verdade, alguns jovens economistas especializados em relações de emprego haviam demonstrado recentemente que um aumento moderado do salário mínimo poderia levar a um crescimento modesto — e não à queda — do emprego. Também recentemente eu tinha assistido a uma entrevista pela televisão com uma operária que ganhava salário mínimo numa fábrica do sudoeste da Virgínia. Quando lhe perguntaram sobre os boatos de que o aumento poderia levá-la a perder o emprego se o seu empregador preferisse despedir empregados e usar mais máquinas, ela sorriu e disse: "Meu bem, eu acho que vou arriscar".

Na quarta semana de fevereiro Hillary e eu fizemos uma visita oficial de dois dias ao Canadá, onde ficamos hospedados na residência do embaixador, convidados por Jim e Janet Blanchard. Jim e eu éramos amigos desde os anos 1980, quando ele era governador do Michigan. O Canadá é nosso maior parceiro comercial e o melhor aliado. Temos a mais longa fronteira não vigiada do mundo. Em 1995 estávamos trabalhando juntos na questão haitiana, na ajuda ao México, na OTAN, no NAFTA, na Cúpula das Américas e na APEC. Ainda que tivéssemos alguns desacordos em questões comerciais relativas ao trigo e à madeira, e sobre os direitos de pesca do salmão, nossa amizade era ampla e profunda.

Passamos muito tempo com o primeiro-ministro Jean Chrétien e sua esposa Aline. Chrétien viria a se tornar um dos meus melhores amigos entre os líderes mundiais, um aliado forte, confiante, e um parceiro freqüente no golfe.

Falei também ao Parlamento canadense, agradecendo pela nossa parceria na economia e na segurança, e pelas ricas contribuições culturais dos canadenses à vida norte-americana, inclusive Oscar Peterson, meu pianista de jazz preferido; o cantor e compositor Joni Mitchell, que escreveu "Chelsea Morning"; e o grande fotógrafo Yousif Karsh, famoso pelo retrato de Churchill, que no entanto se irritou pelo artista lhe ter tirado das mãos o charuto; Karsh também fotografou Hillary e eu em poses que não o ameaçavam.

Março começou bem, pelo menos do meu ponto de vista: por apenas um voto o Senado não conseguiu a maioria de dois terços necessária para aprovar a emenda do equilíbrio orçamentário. Embora essa emenda fosse popular, praticamente todos os economistas achavam que ela não era uma boa idéia por restringir a capacidade de o governo operar com déficit em condições especiais, durante uma recessão ou numa emergência nacional. Antes de 1981 os Estados Unidos não tiveram grandes problemas de déficit; só depois de doze anos de recessão na economia terem quadruplicado o déficit nacional os políticos começaram a dizer que nunca poderiam tomar decisões econômicas responsáveis a menos que fossem forçados a isso por uma emenda constitucional.

Enquanto continuava o debate, insisti com a maioria republicana, que havia proposto a emenda, a me dizer exatamente como eles esperavam equilibrar o orçamento. Eu tinha apresentado um orçamento menos de um mês depois do início do meu mandato; eles já detinham o controle do Congresso por quase dois meses e ainda não tinham apresentado o deles. Pelo visto, era muito difícil transformar a retórica de campanha em recomendações específicas.

Logo os republicanos deram uma amostra do que seria o seu orçamento, ao proporem um pacote de cortes no orçamento do ano corrente. Os cortes que eles escolheram mostraram que os democratas estavam corretos nas críticas ao contrato durante a campanha. O facão dos republicanos incluía a eliminação de 15 mil postos do AmeriCorps, de 1,2 milhão de empregos de verão para os jovens, e de 1,7 bilhão de dólares em recursos para a educação, inclusive quase metade dos recursos para a prevenção do uso de drogas numa época em que o consumo de drogas ainda aumentava entre a juventude. Pior ainda: eles pretendiam cortar o programa de refeições na escola e o WIC, o programa de nutrição para mulheres, recém-nascidos e crianças abaixo dos cinco anos, medida que até então sempre contara com grande apoio de republicanos e democratas. A Casa Branca e os democratas botaram a boca no trombone contra esses cortes.

Outra proposta republicana que encontrou forte resistência foi a eliminação do Departamento de Educação, que, tal como o programa de refeições na escola, sempre contou com grande apoio bipartidário. Quando o senador Dole disse que o departamento havia feito mais mal do que bem, brinquei que talvez ele tivesse razão, porque durante a maior parte do tempo, desde a sua fundação, o departamento tinha tido à sua frente secretários republicanos. Naquele momento, pelo contrário, Dick Riley estava fazendo muito mais bem do que mal.

Enquanto rejeitava as propostas republicanas, eu também promovia os nossos programas de modo que não necessitassem de aprovação do Congresso e demonstrassem que eu tinha entendido a lição da última eleição. Em meados de março anunciei um esforço de reforma de regulamentação desenvolvido pelo projeto Reinvenção do Governo, de Al Gore, que focalizou a melhoria dos nossos esforços de proteção ambiental pela oferta de incentivos de mercado ao setor privado, em vez de impor regulamentos detalhados; a redução em 25% das exigências da burocracia representaria uma economia de 20 milhões de horas de trabalho por ano.

O esforço "Rego"* estava funcionando. Já tínhamos reduzido a força de trabalho federal em mais de 100 mil funcionários e eliminado 10 mil páginas de manuais de pessoal federal; logo estaríamos ganhando 8 bilhões de dólares leiloando pela primeira vez as concessões de rádio; e íamos abandonar 16 mil páginas de regulamentos federais sem prejuízo ao interesse público. Todas as mudanças do "Rego" foram desenvolvidas de acordo com um credo simples: proteger o povo, não a burocracia; promover resultados, não regras; ação, não retórica. A iniciativa bem-sucedida de Al Gore confundiu os nossos adversários, animou os nossos aliados e não foi percebida pela maior parte do público porque não era sensacional nem controvertida.

No meu terceiro Dia de São Patrício como presidente, a data deixou de ser uma celebração para passar a ser uma oportunidade anual para os Estados Unidos promoverem o processo de paz na Irlanda do Norte. Naquele ano eu estava dizendo a

---

* Como já mencionado anteriormente, Reinventing Government, a Reinvenção do Governo. (N. dos T.)

tradicional saudação irlandesa, *céad míle fáilte*, "cem mil vezes bem-vindos" ao novo primeiro-ministro irlandês John Bruton, que continuava a política de paz do seu antecessor. Ao meio-dia me encontrei pela primeira vez com Gerry Adams no Capitólio, quando Newt Gingrich oferecia o primeiro almoço de São Patrício como presidente da Câmara dos Deputados. Eu havia dado a Adams o segundo visto depois de o Sinn Fein ter concordado em discutir com o governo britânico a deposição das armas do IRA, e o convidara, bem como a John Hume e aos representantes dos outros principais partidos da Irlanda do Norte, o Unionista e o Republicano, para a recepção do Dia de São Patrício na Casa Branca, à noite.

Quando Adams compareceu para o almoço, John Hume me incentivou a avançar e lhe apertar a mão, o que fiz. Na recepção da Casa Branca naquela noite os convidados reunidos ouviram um soberbo tenor irlandês, Frank Patterson. Adams estava tão alegre que acabou cantando em dueto com Hume.

Tudo isso pode parecer normal hoje, mas na época representou uma enorme mudança na política norte-americana, a que se opunham os britânicos e muitas pessoas no nosso próprio Departamento de Estado. Agora eu estava acompanhado não somente de John Hume, o defensor da transição pacífica, mas também de Gerry Adams, a quem os britânicos ainda consideravam terrorista. Fisicamente, Adams, barbudo, mais alto e magro, endurecido pelos anos à beira da destruição, era completamente diferente de Hume, com seu ar gentil, meio desarrumado e professoral. Mas Adams e Hume tinham alguns traços em comum. Por trás dos óculos, os dois tinham olhos que revelavam inteligência, convicção e aquela mistura irlandesa única de tristeza e humor nascida de esperanças sempre feridas, mas nunca abandonadas. Contra todas as expectativas, os dois tentavam libertar o seu povo das correntes do passado. Pouco depois, David Trimble, o líder do maior Partido Unionista, viria se juntar a eles na Casa Branca no Dia de São Patrício e na busca pela paz.

No dia 25 de março Hillary começou a sua primeira longa viagem ao exterior sem a minha companhia, uma visita de doze dias ao Paquistão, à Índia, ao Nepal, a Bangladesh e ao Sri Lanka. Chelsea a acompanhou no que viria a ser um importante esforço dos Estados Unidos e uma grande odisséia pessoal para as duas. Enquanto elas estavam longe, fiz uma viagem mais curta, ao Haiti, para visitar os nossos soldados, encontrar-me com o presidente Aristide, exortar o povo do Haiti a abraçar um futuro democrático de paz e participar da transmissão do poder da nossa força multinacional para as Nações Unidas. Em seis meses, as forças de trinta nações haviam trabalhado juntas sob a liderança norte-americana, para tirar das ruas mais de 30 mil armas e objetos explosivos e treinar uma força policial permanente. Elas tinham dado fim à violência repressiva; revertido a emigração dos haitianos, que agora voltavam para casa; e protegido a democracia no nosso hemisfério. A missão das Nações Unidas, com mais de 6 mil militares, novecentos oficiais de polícia e dezenas de assessores políticos, econômicos e legais, assumiria o controle por onze meses, até a eleição e a posse do novo presidente. Os Estados Unidos teriam o seu papel a desempenhar, mas as nossas forças e os gastos se reduziriam, com a participação de 32 outras nações.

Em 2004, depois de o presidente Aristide ter renunciado e ido para o exílio em meio à violência renovada, eu me lembrei do que Hugh Shelton, o comandante das forças norte-americanas, tinha me dito: "Os haitianos são gente boa e merecem uma chance". Aristide cometeu os seus erros, e de modo geral ele próprio foi o seu pior inimigo, mas a oposição política nunca colaborou realmente com ele. Além disso, os republicanos assumiram o Congresso em 1995 e não estavam dispostos a oferecer a assistência financeira que poderia ter feito diferença.

O Haiti nunca vai se tornar uma democracia estável se não receber ajuda maior dos Estados Unidos. Ainda assim, a nossa intervenção salvou vidas e deu aos haitianos o primeiro gosto da democracia sob a qual eles votaram. Mesmo com os graves problemas de Aristide, os haitianos estariam numa situação muito pior sob Cedras e sua gangue assassina. Continuo feliz por termos dado uma oportunidade aos haitianos.

A intervenção no Haiti também ofereceu forte evidência da sabedoria das respostas multilaterais nas regiões problemáticas do globo. Nações que trabalham juntas, e por intermédio das Nações Unidas, dividem as responsabilidades e os custos dessas operações, reduzem o ressentimento contra os Estados Unidos e constroem valiosos hábitos de cooperação. Num mundo cada vez mais interdependente, deveríamos agir dessa maneira sempre que possível.

43

PASSEI AS PRIMEIRAS duas semanas e meia de abril em contatos com líderes mundiais. O primeiro-ministro John Major, o presidente Hosni Mubarak, a primeira-ministra Benazir Bhutto, do Paquistão, e a primeira-ministra Tansu Ciller, da Turquia, duas mulheres inteligentes e muito atualizadas, líderes de países muçulmanos, vieram me ver.

Enquanto isso, Newt Gingrich pronunciou um discurso comemorativo dos primeiros cem dias como presidente da Câmara dos Deputados. Quem o ouvisse pensaria que da noite para o dia os republicanos tinham revolucionado os Estados Unidos, mudando, no processo, a nossa forma de governo para o sistema parlamentarista; nesse novo sistema, ele, como primeiro-ministro, definia a política interna, e eu, como presidente, ficava restrito às relações exteriores.

Naquele momento os republicanos dominavam o noticiário, graças à novidade de estarem no comando do Congresso e às suas afirmações de que estavam fazendo grandes mudanças. Na verdade, eles só tinham conseguido aprovar três partes relativamente menores da sua proposta, ou seja, as três que haviam contado com o meu apoio. As decisões mais difíceis ainda não tinham sido tomadas.

Num discurso para a Sociedade Norte-americana de Editores de Jornais, relacionei as partes da proposta que eu apoiava e tentaria negociar, e aquelas a que eu me opunha e iria vetar. No dia 14 de abril, quatro dias depois do anúncio do senador Dole de que seria candidato à Presidência, solicitei sem alarde a autorização do partido para me candidatar à reeleição. No dia 18 dei uma entrevista coletiva e respondi a mais de vinte perguntas sobre uma grande variedade de tópicos, tanto externos quanto internos. No dia seguinte tudo isso seria esquecido e haveria apenas duas palavras na boca de todo norte-americano: Oklahoma City.

No final da manhã fui informado de que um caminhão-bomba havia explodido diante do Alfred P. Murrah Federal Building, em Oklahoma City, destruindo o edifício e deixando um número ainda incerto de vítimas fatais. Imediatamente declarei estado de emergência e enviei uma equipe de investigadores ao local. Quando se tornou evidente a magnitude do esforço de recuperação, vieram bombeiros e soldados de todo o país para ajudar Oklahoma City a cavar o entulho na tentativa desesperada de ainda encontrar sobreviventes.

Os Estados Unidos ficaram chocados e abatidos pela tragédia, que tinha custado a vida de 168 pessoas, entre elas dezenove crianças que estavam na creche no momento em que a bomba explodiu. A maioria dos mortos era de funcionários federais das diversas agências que estavam instaladas no Murrah Building. Muitas pessoas acreditavam que os culpados eram militantes islâmicos, mas alertei contra conclusões precipitadas quanto à identidade dos autores.

Poucos dias depois, policiais do Oklahoma prenderam Timothy McVeigh, um militar veterano alienado que passara a odiar o governo federal. No dia 21 McVeigh já estava sob a custódia do FBI e foi formalmente acusado. Ele havia escolhido o dia 19 de abril para detonar a bomba contra o edifício por ser o aniversário da invasão pelo FBI do ramo davidiano (os Branch Davidians) em Waco, no Texas, um acontecimento que para os extremistas da direita representava o limite máximo do exercício inaceitável da força arbitrária e abusiva do governo. A paranóia antigoverno vinha crescendo nos Estados Unidos ao longo dos anos, à medida que mais e mais pessoas levavam o tradicional ceticismo dos norte-americanos com relação ao governo a um nível de ódio declarado. Essa disposição levou ao surgimento de milícias armadas que rejeitavam a legitimidade da autoridade federal e afirmavam o seu direito de aplicar a lei por si mesmas.

A atmosfera de hostilidade se intensificava por uma rede de apresentadores de programas de entrevistas, todos de direita, cuja retórica venenosa permeava diariamente as transmissões de rádio, e por sites na internet que incentivavam as pessoas a se levantar contra o governo e ofereciam ajuda prática, inclusive instruções fáceis sobre como construir bombas.

Logo depois do atentado de Oklahoma City tentei confortar e dar forças aos que tinham perdido entes queridos, e ao país, e intensificar nossos esforços para proteger os norte-americanos do terrorismo. Nos mais de dois anos desde o ataque ao World Trade Center, eu havia aumentado os recursos à disposição do FBI e da CIA, instruindo-os a ampliarem a colaboração mútua. Nossos esforços de imposição da lei conseguiram trazer de volta aos Estados Unidos, a fim de serem julgados, vários terroristas que haviam fugido para outros países; e evitar outros ataques às Nações Unidas, nos túneis Holland e Lincoln, em Nova York, e em aviões que decolassem das Filipinas com destino à costa ocidental dos Estados Unidos.

Dois meses antes de Oklahoma City eu tinha enviado ao Congresso projetos de lei antiterrorismo, pedindo, entre outras coisas: mais mil policiais para lutar contra o terrorismo; um novo centro antiterrorismo sob a direção do FBI, para coordenar os nossos esforços; e a aprovação do uso de especialistas militares, que normalmente são proibidos de se envolver em questões internas, para ajudar nos casos de ameaças e incidentes terroristas no país que envolvessem armas químicas, biológicas e nucleares.

Depois de Oklahoma City pedi aos líderes do Congresso urgência no exame das propostas, e no dia 3 de maio apresentei emendas para fortalecê-las: maior acesso dos órgãos policiais a registros financeiros; autoridade para usar vigilância eletrônica com suspeitos de terrorismo que mudassem de um lugar para outro, sem ter de voltar aos tribunais a fim de pedir nova autorização para instalar escuta no novo local; aumentar as penas para quem deliberadamente oferecesse armas ou explosivos para atos de terrorismo contra empregados e ex-empregados federais e suas famílias; e a exigência de colocação de marcadores, conhecidos como *taggants*, em todo material explosivo, para permitir que este pudesse ser identificado. Algumas dessas medidas eram controvertidas, mas, como eu disse a um repórter no dia 4 de maio, o terrorismo "é a maior ameaça à segurança dos norte-americanos". Quisera ter errado.

No domingo Hillary e eu voamos até Oklahoma City para um culto na Feira Estadual de Oklahoma, em memória dos mortos. O culto tinha sido organizado por Cathy Keating, esposa do governador Frank Keating, que eu já conhecia havia mais de trinta anos, desde o nosso tempo de estudantes na Georgetown. Frank e Cathy ainda estavam sofrendo muito, mas os dois e o prefeito de Oklahoma City, Ron Norick, tinham estado à altura do desafio da operação de resgate e de dar assistência à sua população no luto. Durante o culto, o reverendo Billy Graham foi aplaudido de pé quando disse: "O espírito desta cidade e desta nação não será derrotado". Em comentários comoventes, o governador afirmou que, se alguém imaginava que os norte-americanos tinham perdido a capacidade de amar, de ajudar e de ter coragem, devia vir ao Oklahoma.

Tentei mandar uma mensagem ao país dizendo: "Vocês perderam muito, mas não perderam tudo. E certamente não perderam os Estados Unidos, pois estaremos com vocês em todos os amanhãs que ainda virão". Partilhei uma carta que tinha recebido de uma jovem viúva e mãe de três filhos cujo marido tinha sido morto no atentado terrorista que derrubou o vôo Pan Am 103 sobre Lockerbie, na Escócia, em 1988. Ela conclamava a todos que tinham perdido pessoas queridas que não permitissem que a dor da perda se transformasse em ódio, mas, pelo contrário, fizessem o que aquelas pessoas amadas tinham "deixado por fazer, para que a sua morte não fosse em vão". Depois que Hillary e eu nos encontrarmos com as famílias das vítimas, também eu precisava me lembrar daquelas palavras sábias. Um dos agentes secretos mortos era Al Whicher, que fazia parte da minha equipe de segurança até ir para Oklahoma; sua esposa e os três filhos estavam entre as famílias enlutadas.

Geralmente mencionados com a expressão depreciativa "burocratas federais", os funcionários mortos foram assassinados por nos servirem, ajudando os idosos e os deficientes, apoiando agricultores e veteranos, impondo nossas leis. Eram parentes, amigos, vizinhos, participavam das Associações de Pais e Mestres e trabalhavam na comunidade. De alguma maneira, passaram a ser vistos como parasitas insensíveis dos dólares dos nossos impostos, não somente nas mentes distorcidas de Timothy McVeigh e de seus simpatizantes, mas também por muitos outros que os acusavam de buscar o poder e o lucro. Prometi a mim mesmo que nunca mais voltaria a usar a expressão "burocrata federal" e que faria tudo o que pudesse para mudar a atmosfera de raiva e hipocrisia em que se desenvolveu aquela loucura.

O Mundo de Whitewater não parou por causa dessa tragédia. Na véspera da nossa viagem a Oklahoma City para o culto em memória dos mortos, Ken Starr e três subordinados foram à Casa Branca para nos interrogar. Os advogados Abe Mikva e Jane Sherburne, da Casa Branca, e meu advogado particular, David Kendall, e sua sócia, Nicole Sigman, me acompanharam à sessão no Salão de Tratados. A entrevista correu sem incidentes e, quando terminou, pedi a Jane Sherburne para mostrar a Ken Starr e seus subordinados o Quarto de Lincoln, cuja mobília foi levada para a Casa Branca por Mary Todd Lincoln, e uma cópia do discurso de Gettysburg, que Lincoln escreveu a mão depois de tê-lo pronunciado, para que, leiloado, rendesse dinheiro para os veteranos de guerra. Hillary achou que fui simpático demais com eles, mas eu apenas me comportava com me ensinaram quando criança, e ainda não tinha perdido a esperança de que afinal aquele inquérito fosse seguir seu curso normal e legítimo.

Durante essa mesma semana o meu velho amigo senador David Pryor anunciou que não tentaria a reeleição em 1996. Já nos conhecíamos havia mais de trinta anos. David Pryor e Dale Bumpers eram muito mais que os senadores do meu estado natal; ocupamos consecutivamente o cargo de governador do estado, e juntos tínhamos ajudado a manter o Arkansas como um estado democrata progressista, enquanto o restante do Sul se mudava para o aprisco republicano. David Pryor e Dale Bumpers foram inestimáveis para o meu trabalho e a minha paz de espírito, não somente por me apoiarem nas questões difíceis como também por serem meus amigos, homens que me conheciam havia muito tempo. Eles me faziam ouvir e rir com eles, e diziam aos seus colegas que eu não era a pessoa sobre a qual tanto se escrevia. Depois da partida de David, eu só poderia me encontrar com ele no campo de golfe para buscar o conselho e a perspectiva que sempre estiveram à minha disposição enquanto ele esteve no Senado.

No jantar oferecido no dia 29 de abril aos correspondentes na Casa Branca fiz um discurso breve e, a não ser por uma ou duas frases, não tentei ser engraçado. Em vez disso, agradeci à imprensa reunida pela cobertura forte e comovente da tragédia de Oklahoma City e do esforço hercúleo de salvação, assegurei-lhes que "vamos vencer essa, e, quando terminarmos, seremos ainda mais fortes", e fechei com palavras de W. H. Auden:

> Nos desertos do coração
> Que brote a fonte curativa.

No dia 5 de maio, na Aula Inaugural da Universidade Estadual de Michigan, falei não apenas aos estudantes, mas também para as milícias armadas, muitas das quais eram ativas nas áreas rurais remotas do estado. Disse saber que a maioria dos membros dessas milícias, apesar de saírem fardados e fazerem exercícios militares nos fins de semana, não tinha violado nenhuma lei, e agradeci àqueles que condenaram o atentado. Então ataquei os que foram além das palavras violentas e passaram a defender a violência contra os oficiais da lei e outros funcionários do governo, comparando-se com as milícias coloniais "que lutaram pela democracia que agora os senhores condenam".

Nas semanas seguintes, além de atacar os que aceitavam a violência, pedi a todos os norte-americanos, inclusive aos apresentadores de programas de rádio, que pesassem com mais cuidado as suas palavras e se certificassem de que, na sua condenação ao governo em geral ou a políticas e indivíduos em particular, não estavam incentivando a violência nas mentes de pessoas menos estáveis que eles próprios.

Oklahoma City levou milhões de cidadãos a reavaliar as suas próprias palavras e atitudes com relação ao governo e com relação às pessoas cujas opiniões divergiam das suas. Ao fazê-lo, eles deram início a um movimento lento mas inexorável de afastamento da condenação impensada que se tornara prevalente na nossa vida política. Os extremistas odiosos não desapareceram, mas passaram para a defensiva, e durante o restante do meu mandato eles nunca mais recuperaram a posição que tiveram antes que Timothy McVeigh levasse a demonização do governo além dos limites da humanidade.

Na segunda semana de maio embarquei no Air Force One para voar para Moscou e celebrar o qüinquagésimo aniversário do final da Segunda Guerra Mundial na Europa. Embora Helmut Kohl, François Mitterrand, John Major, Jiang Zemin e outros líderes estivessem sendo esperados, minha decisão gerou controvérsias porque a Rússia estava envolvida numa luta sangrenta na República predominantemente muçulmana da Tchetchênia, as mortes de civis estavam aumentando e a maioria dos observadores externos achava que a Rússia tinha usado força excessiva e pouca diplomacia.

Fiz a viagem porque nossos dois países tinham sido aliados na Segunda Guerra Mundial, em que morreu um em cada oito cidadãos soviéticos: 27 milhões morreram no campo de batalha ou de doenças, fome e frio. Além disso, mais uma vez éramos aliados, e nossa parceria era essencial para o progresso econômico e político da Rússia, para a nossa cooperação no controle e na destruição das armas nucleares, para a expansão ordenada da OTAN e da Parceria para a Paz, e para a nossa luta contra o terrorismo e o crime organizado. Finalmente, Yeltsin tinha dois problemas espinhosos para resolver: o problema da cooperação russa com o programa nuclear do Irã e a questão de como deveríamos tratar a expansão da OTAN de uma maneira que trouxesse a Rússia para o âmbito da Parceria para a Paz e não custasse a Yeltsin a eleição em 1996.

No dia 9 de maio, juntamente com Jiang Zemin e outros líderes, acompanhamos na Praça Vermelha uma parada militar de velhos veteranos marchando ombro a ombro, às vezes se dando as mãos e se apoiando uns nos outros para se firmar enquanto desfilavam pela última vez em homenagem à Mãe Rússia. No dia seguinte, após as cerimônias comemorativas, Yeltsin e eu nos encontramos no Salão de Santa Catarina, no Kremlin. Comecei a reunião sobre a questão do Irã dizendo a Yeltsin que tínhamos trabalhado juntos para retirar todas as armas nucleares da Ucrânia, de Belarus e do Cazaquistão; agora era necessário garantir que outros estados que poderiam nos prejudicar a ambos, como o Irã, não se tornassem potências nucleares. Yeltsin estava preparado: respondeu imediatamente que nenhuma centrífuga seria vendida ao Irã e sugeriu que levássemos a questão dos reatores — que o Irã alegava querer exclusivamente para fins pacíficos — à Comissão Gore-Chernomyrdin. Concordei, desde que Yeltsin se comprometesse publicamente a não oferecer ao Irã tecnologia nuclear passível de ser usada para fins militares. Ele concordou e apertamos as mãos para selar o acordo. Também concordamos em começar em agosto as visitas às fábricas russas de armas biológicas, como parte de um esforço maior de redução da ameaça de proliferação das armas químicas e biológicas.

Quanto à ampliação da OTAN, depois de eu ter dito indiretamente a Yeltsin que não levantaríamos a questão antes da sua eleição em 1996, ele finalmente concordou em se juntar à Parceria para a Paz. Apesar de não concordar em fazer um anúncio público da sua decisão, por recear ser visto como tendo concedido demais, ele prometeu que a Rússia assinaria os documentos até 25 de maio, e isso para mim era satisfatório. A viagem tinha sido um sucesso.

Na volta para os Estados Unidos, parei na Ucrânia para mais uma cerimônia comemorativa da Segunda Guerra Mundial, um discurso para estudantes universitários e uma visita comovente a Babi Yar, a linda ravina coberta de florestas onde, quase 54 anos antes, os nazistas haviam dizimado mais de 100 mil judeus e muitos milhares de nacionalistas ucranianos, prisioneiros de guerra soviéticos e ciganos. No dia anterior as Nações Unidas haviam votado para tornar permanente o Tratado de Não-Proliferação Nuclear (NPT), que durante 25 anos tinha sido a base dos nossos esforços para conter a proliferação de armas nucleares. Como vários países ainda tentavam consegui-las, a extensão do NPT era um dos meus mais importantes objetivos de não-proliferação. Babi Yar e Oklahoma City eram lembranças acauteladoras da capacidade do homem em fazer o mal e a destruição, e reforçavam a importância do NPT e do acordo que eu tinha feito, restringindo as vendas nucleares russas ao Irã.

Quando voltei a Washington, os republicanos tinham começado a trabalhar as suas propostas, e passei boa parte do restante do mês tentando vencê-los, ameaçando vetar a sua proposta de cortes orçamentários, as suas tentativas de enfraquecer o nosso programa de despoluição de água, e os profundos cortes que eles haviam proposto na educação, na saúde e na ajuda externa.

Na terceira semana de maio anunciei que, pela primeira vez desde o início da República, os dois quarteirões da Pennsylvania Avenue fronteiriços à Casa Branca seriam fechados ao trânsito de veículos. Concordei relutantemente com essa decisão depois que um grupo de especialistas do Serviço Secreto, do Tesouro e de administrações republicanas e democratas passadas me disse que era necessário proteger a Casa Branca de um atentado à bomba. Após os ataques em Oklahoma City e no metrô japonês, senti que deveria aceitar a recomendação, mas não gostei de fazê-lo.

No fim do mês a Bósnia voltou ao noticiário. Os sérvios tinham apertado o cerco a Sarajevo e seus franco-atiradores começaram a alvejar mais uma vez crianças inocentes. Em 25 de maio a OTAN lançou ataques aéreos contra o reduto sérvio de Pale e os sérvios revidaram, prendendo os soldados da força de paz da ONU e acorrentando-os a depósitos de munições em Pale como escudo contra outros ataques aéreos; também mataram dois soldados franceses quando tomaram um posto da ONU.

Nossa Força Aérea tinha sido usada intensamente na Bósnia na execução da mais duradoura missão humanitária da História, para impor uma zona de proibição de vôos que evitava o bombardeio dos muçulmanos bósnios pelos sérvios e para manter uma zona livre em torno de Sarajevo e outras áreas populosas. Com os soldados da ONU e o embargo, nossos pilotos tiveram ótimos resultados: as baixas diminuíram de 130 mil em 1992 para menos de 3 mil em 1994. Ainda assim, a guerra continuava violenta e seria preciso fazer mais para levá-la ao seu término.

Os outros grandes acontecimentos políticos de junho se deram em torno da cúpula do G-7 em Halifax, na Nova Escócia, tendo Jean Chrétien como anfitrião. Jacques Chirac, que tinha acabado de ser eleito presidente da França, fez uma escala para me visitar a caminho do Canadá. Chirac gostava dos Estados Unidos. Ainda rapaz, ele passou algum tempo no nosso país, tendo inclusive trabalhado durante um período num restaurante Howard Johnson em Boston. Tinha uma curiosidade insaciável por uma grande variedade de questões. Eu gostava dele, e do fato de sua esposa também exercer a política, com carreira própria.

Apesar da boa relação entre nós, nossa relação tinha estremecido em razão da sua decisão de retomar os testes nucleares franceses enquanto eu buscava apoio no mundo para a proibição generalizada dos testes, objetivo de todos os presidentes dos Estados Unidos a partir de Eisenhower. Depois que Chirac me garantiu que uma vez completados os testes ele daria apoio ao tratado, passamos a discutir a questão bósnia, na qual ele queria ser mais duro com os sérvios do que Mitterrand. Ele e John Major apoiavam a criação de uma força rápida de reação para revidar os ataques contra os soldados da ONU, e eu prometi apoio militar dos Estados Unidos para ajudar o Reino Unido, a França e outras forças da ONU a entrar na Bósnia se eles e as forças regulares de manutenção da paz tivessem de se retirar. Mas eu também disse a Chirac que se essa força não funcionasse e as tropas da ONU fossem forçadas a se retirar, teríamos de levantar o embargo de armas.

No G-7 eu tinha três objetivos: garantir maior cooperação entre os aliados na questão do terrorismo, do crime organizado e do narcotráfico; identificar rapidamente as grandes crises financeiras e lhes dar melhor solução, com informações mais prontas e precisas e com investimentos nas nações em desenvolvimento, para diminuir a pobreza e promover o crescimento ambientalmente responsável; e resolver uma grave questão comercial com o Japão.

Os dois primeiros objetivos foram facilmente atingidos; o terceiro era um problema real. Ao longo de dois anos e meio tínhamos feito progressos com o Japão, assinando quinze acordos comerciais. Mas nos dois anos decorridos desde que o Japão tinha prometido abrir o seu mercado a veículos e peças de reposição norte-americanos, o setor responsável por mais da metade do nosso déficit comercial não tinha conseguido nenhum avanço. Oitenta por cento das agências de automóveis dos Estados Unidos vendiam carros japoneses; apenas 7% das japonesas vendiam carros importados de qualquer país, e uma rígida regulamentação do governo mantinha as nossas peças de reposição fora do mercado japonês. Mickey Kantor chegou ao limite da sua paciência e recomendou a imposição de uma tarifa de importação de 100% nos carros de luxo japoneses. Numa reunião com o primeiro-ministro Murayama, eu lhe disse que, dadas as nossas relações de segurança e a recessão da economia japonesa, nós continuaríamos a negociar, mas era necessário que alguma coisa acontecesse rapidamente. No fim do mês tudo já estava acertado. O Japão concordou em liberar imediatamente duzentas agências para vender carros norte-americanos, e esse número chegaria a mil em cinco anos; em alterar os regulamentos que excluíam as peças de reposição norte-americanas do mercado; e prometeu que os fabricantes japoneses nos Estados Unidos aumentariam a produção no país e passariam a usar mais peças norte-americanas.

* * *

Durante todo o mês de junho me envolvi também na batalha com os republicanos em torno do orçamento. No primeiro dia do mês fui a uma fazenda em Billings, Montana, para tornar claras as diferenças entre a minha abordagem da agricultura e a dos republicanos no Congresso. O programa de ajuda à agricultura teria de ser reautorizado em 1995, e portanto fazia parte dos debates do orçamento. Eu disse às famílias de agricultores que, apesar de eu apoiar uma redução modesta dos gastos gerais com agricultura, o plano dos republicanos incluía um corte muito abrupto e pouco iria fazer pelo povo do campo. Durante vários anos os republicanos tinham se saído melhor que os democratas na área rural do país, por serem culturalmente mais conservadores, mas na hora da verdade eles se preocupavam mais com as grandes empresas agrícolas do que com a pequena agricultura familiar.

Também fiz um passeio a cavalo, sobretudo por gostar de cavalgar e porque adorava a amplidão da paisagem de Montana, mas também para mostrar que não era um alienado cultural que não poderia ser apoiado pelos cidadãos do campo. Depois do evento com os agricultores, meu homem de frente, Mort Engleberg, perguntou a um dos nossos anfitriões o que ele achava de mim. O fazendeiro respondeu: "Ele é legal. E não é nada disso que andam falando dele". Ouvi muito isso durante 1995, e só esperava não ser preciso ir de eleitor a eleitor para fazer a sua percepção se adequar à realidade.

O passeio ficou interessante quando um dos agentes do Serviço Secreto caiu do cavalo; ele não se feriu, mas o cavalo partiu como um foguete pelo campo. Para espanto da imprensa, meu subchefe de gabinete saiu a galope atrás do animal e o trouxe de volta para o dono. O feito de Harold não condizia com a sua imagem de ativista liberal urbano. Quando jovem, ele havia trabalhado em fazendas no Oeste e não tinha esquecido como se monta um animal.

No dia 5 de junho, Henry Cisneros e eu publicamos uma "Estratégia Nacional da Propriedade da Moradia", composta de cem medidas que pretendíamos tomar para que a proporção dos proprietários de casa própria se elevasse para dois terços da população. A grande queda do déficit vinha mantendo reduzidas as taxas hipotecárias no momento em que a economia começava a retomada, e dentro de alguns anos estaríamos realizando, pela primeira vez na história norte-americana, o objetivo de Henry.

No fim da primeira semana de junho aconteceu o meu primeiro veto a uma lei, o pacote republicano de corte de 16 bilhões de dólares. Eu o vetei porque ele propunha cortes excessivos em educação, em serviço nacional e em meio ambiente, deixando intocados gastos desnecessários em projetos ostentatórios de rodovias, prédios de tribunais e outros edifícios federais que eram bem-vistos pelos membros republicanos do Congresso. Talvez eles até odiassem qualquer governo mas, como a maioria dos que estão no cargo, gostariam de gastar o que pudessem até a reeleição. Eu me ofereci para trabalhar com os republicanos propondo cortes ainda maiores, mas disse que esses cortes teriam de vir de projetos não essenciais, e não dos investimentos nas nossas crianças e no nosso futuro. Poucos dias depois descobri mais uma razão para lutar por esses investimentos, quando o irmão de Hillary, Tony, e sua esposa, Nicole, nos deram um novo sobrinho, Zachary Boxer Rodham.

Eu estava tentando encontrar o equilíbrio entre confrontação e acomodação quando fui a Claremont, em New Hampshire, para um encontro com o presidente da Câmara dos Deputados, Newt Gingrich. Eu achava que seria bom que ele conversasse com as pessoas de New Hampshire, como eu tinha conversado em 1992, e ele aceitou. Nós dois fizemos discursos iniciais positivos e honestos sobre a necessidade do debate e da cooperação, em vez dos insultos que chegam à imprensa. Gingrich fez piada dizendo que já estava adotando as minhas táticas de campanha e tinha parado numa loja da Dunkin' Donuts a caminho do debate.

Enquanto respondíamos às perguntas dos cidadãos, concordamos em trabalhar juntos na reforma do financiamento de campanha, chegando mesmo a apertar as mãos para selar a nossa concordância; discutimos outras áreas em que tínhamos posições semelhantes; discordamos civilizadamente sobre a questão da assistência à saúde; e discordamos quanto à utilidade das Nações Unidas e se o Congresso deveria financiar o AmeriCorps.

O diálogo com Gingrich foi bem recebido num país cansado da guerra partidária. Dois dos meus agentes do Serviço Secreto, que quase nunca falavam comigo sobre política, me disseram que estavam felizes por nos ver discutindo positivamente. No dia seguinte, na Conferência da Casa Branca sobre Pequenas Empresas, vários republicanos disseram a mesma coisa. Se tivéssemos continuado no mesmo passo, creio que o presidente da Câmara e eu teríamos resolvido a maior parte das nossas diferenças de uma maneira benéfica para os norte-americanos. Newt era criativo, flexível e cheio de idéias novas. Mas não foram essas características que o levaram à presidência da Câmara, e sim os seus ataques violentos aos democratas. É difícil controlar a fonte do próprio poder, como Newt foi lembrado no dia seguinte pelas críticas de Russ Limbaugh. O jornal conservador *Manchester Union Leader* também o acusou de ter sido muito simpático comigo. Foi um erro que ele não iria repetir no futuro, pelo menos não em público.

Depois desse encontro, fui a Boston ajudar a levantar fundos para a campanha do senador John Kerry, que tentava a reeleição e provavelmente teria de enfrentar a oposição feroz do governador Bill Weld. Eu tinha boas relações com Weld, talvez o mais progressista entre todos os governadores republicanos, mas não queria perder Kerry no Senado. Ele era uma das principais autoridades do Senado em meio ambiente e alta tecnologia. Além disso, havia dedicado um tempo enorme ao problema da violência entre jovens, um problema que sempre o interessou desde os seus dias de promotor. Preocupar-se com uma questão que não atrai votos, mas que deverá ter grande impacto sobre o futuro, é uma boa qualidade num político.

No dia 13 de junho, num discurso transmitido a toda a nação a partir do Salão Oval, apresentei um plano para equilibrar o orçamento em dez anos. Os republicanos haviam proposto fazer a mesma coisa em sete, com grandes cortes em educação, em saúde, e em meio ambiente, e grandes cortes de impostos. Por sua vez, o meu plano não pedia cortes em educação, assistência à saúde para os idosos, nem nos auxílios às famílias que tornariam possível a reforma do sistema de seguro contra a pobreza, nem na proteção essencial ao meio ambiente. Restringia os cortes de impostos às pessoas de renda média, com ênfase na ajuda para permitir aos norte-americanos pagar os custos crescentes da educação universitária. Ademais, ao propor dez anos, em vez de sete, para chegar ao equilíbrio, o impacto recessivo do meu plano era menor, diminuindo o risco de redução do crescimento econômico.

O momento e o conteúdo do discurso receberam a oposição de muitos democratas no Congresso e de alguns membros do meu gabinete, que achavam que era muito cedo para lançar o debate orçamentário com os republicanos; o apoio público a eles vinha caindo, agora que seus políticos tomavam decisões em vez de simplesmente dizer não às minhas propostas, e muitos democratas pensavam que seria tolice atrapalhá-los com o meu plano antes de ser absolutamente necessário lançar um. Depois da derrota que sofremos nos meus dois primeiros anos, eles achavam que os republicanos tinham de sofrer pelo menos durante um ano o seu próprio remédio.

Era um argumento convincente. Por outro lado, eu era o presidente; cabia a mim liderar, e já tínhamos reduzido o déficit em um terço sem nenhum apoio dos republicanos. Se tivesse de mais tarde vetar as propostas republicanas, eu queria já ter demonstrado boa-fé no esforço de encontrar boas soluções de compromisso. Ademais, em New Hampshire o presidente da Câmara dos Deputados e eu tínhamos prometido tentar trabalhar juntos. Eu queria manter pelo menos o meu lado da promessa.

Minha decisão orçamentária foi apoiada por Leon Panetta, Erskine Bowles, pela maior parte de minha equipe econômica, pelos "falcões" democratas do déficit no Congresso, e por Dick Morris, que vinha me assessorando desde as eleições de 1994. A maioria do pessoal não gostava dele porque era um homem de trato difícil, gostava de contornar procedimentos já consagrados na Casa Branca e tinha trabalhado para os republicanos. Também às vezes vinha com umas idéias estranhas, e queria politizar excessivamente a nossa política externa, mas eu já tinha trabalhado com Dick durante um tempo suficiente para saber quando aceitar e quando rejeitar suas recomendações.

O principal conselho de Dick Morris era o de praticar uma política de triangulação, cobrindo o abismo entre republicanos e democratas e aceitando as melhores idéias dos dois. Para muitos liberais, e para alguns na imprensa, a triangulação parecia um compromisso sem convicção, um truque cínico para ganhar a reeleição. Na verdade, era um novo modo de articular o que eu já defendia como governador, com o Conselho da Liderança Democrata, e durante a campanha de 1992. Sempre tentei sintetizar idéias novas e valores tradicionais, e mudar as políticas governamentais quando mudavam as condições. Não estava tentando dividir a diferença entre liberais e conservadores; pelo contrário, eu estava tentando construir um novo consenso. E, como seria demonstrado pela minha batalha contra os republicanos em torno do orçamento, a minha abordagem não carecia de convicção. No devido tempo, o papel de Dick seria conhecido do grande público e ele passaria a comparecer regularmente às reuniões de definição de estratégias das quartas-feiras à noite. Ele também trouxe Mark Penn e o sócio dele, Doug Schoen, para fazer pesquisas de opinião para nós. Penn e Schoen formavam um bom time que apoiava a minha nova filosofia democrata e continuou comigo até o fim do meu mandato. Pouco depois, Bob Squier, outro especialista em mídia, e seu sócio, Bill Knapp, viriam a se juntar a nós. Os dois conheciam e se interessavam pelas minhas políticas, e não apenas pela promoção.

Finalmente, no dia 29 de junho, cheguei a um acordo com os republicanos sobre a lei de cortes, depois que eles restauraram mais de 750 milhões de dólares para a educação, o AmeriCorps e o nosso programa de qualidade da água potável. O senador Mark Hatfield, presidente da Comissão de Dotações do Senado e um republicano progressista da velha escola, trabalhou em conjunto com a Casa Branca para tornar possível a conciliação.

No dia seguinte, em Chicago, com oficiais da polícia e cidadãos que tinham sido feridos por armas automáticas, defendi a proibição dessas armas e pedi ao Congresso para apoiar a legislação proposta pelo senador Paul Simon, que pretendia fechar uma grande brecha existente na lei de proibição às balas que matavam policiais. O policial que me apresentou disse que tinha sobrevivido ao combate no Vietnã e saiu da guerra sem nenhuma marca, mas quase tinha sido morto por um criminoso que usava uma arma automática e encheu seu corpo de balas. A lei existente já proibia munição capaz de perfurar os coletes à prova de balas usados pela polícia, mas a munição proibida era definida não pela capacidade de penetração, mas pelo material de que era feita; empreendedores criativos tinham descoberto novos materiais não mencionados na lei que podiam igualmente ser usados na fabricação de munição capaz de perfurar os coletes à prova de bala e de matar policiais.

A Associação Nacional do Rifle (NRA) certamente iria combater o projeto de lei, mas eles tinham perdido poder desde o seu ponto alto em 1994. Depois que o diretor executivo da organização se referiu aos homens da lei federais como "assassinos de coturno", o ex-presidente Bush se desligou da organização em protesto. Alguns meses antes, num evento na Califórnia, o ator Robin Williams fizera piada com a oposição da NRA à proibição da munição de alto impacto: "É claro que não podemos proibir esse tipo de munição. Os caçadores necessitam dela. Em algum lugar lá na floresta existe um veado usando colete de Kevlar!".* Ao nos aproximarmos do segundo semestre de 1995, eu esperava que a piada de Robin e o protesto do presidente Bush prenunciassem uma tendência maior ao bom senso na questão das armas.

Em julho as lutas partidárias se reduziram. No dia 12, na Escola Secundária James Madison, em Viena, na Virgínia, continuei os meus esforços para unir o povo norte-americano, dessa vez na questão da liberdade religiosa.

Havia muita controvérsia com relação ao limite que se deveria estabelecer para a expressão religiosa nas escolas públicas. Alguns administradores e professores acreditavam que a Constituição proibia qualquer expressão religiosa. Mas não era bem assim. Os estudantes tinham liberdade de fazer suas orações sozinhos ou em grupo; os clubes religiosos tinham direito a tratamento igual ao de qualquer outra organização; no seu tempo livre, os estudantes podiam ler textos religiosos; podiam expressar suas opiniões religiosas nos trabalhos escolares, desde que elas

---

* As fibras aramidas são mais conhecidas pelo nome de Kevlar®, marca registrada da empresa DuPont, e representam um tipo de fibra derivada do náilon. Duas formas principais de fibras aramidas são produzidas: o Kevlar® 29, usado em cabos e coletes à prova de balas, e o Kevlar® 49, utilizado como reforço em plástico. (N. dos T.)

fossem pertinentes; e podiam usar camisetas promovendo sua religião se a escola permitisse camisetas promovendo outras causas.

Pedi ao secretário Riley e à procuradora-geral Reno para prepararem uma explicação detalhada do alcance da expressão religiosa permitida nas escolas e fornecerem exemplares a todos os distritos escolares dos Estados Unidos antes do início do novo ano letivo. Quando foi publicado, o livreto propiciou uma redução substancial dos conflitos e processos na Justiça, e ganhou apoio em todo o espectro político e religioso.

Havia muito eu vinha trabalhando nessa questão, tendo estabelecido um órgão de ligação entre a Casa Branca e as comunidades religiosas, e assinado a Lei de Restauração da Liberdade Religiosa. Perto do final de meu segundo mandato, o professor Rodney Smith, especialista na Primeira Emenda, disse que a minha administração fez mais para proteger e promover a liberdade religiosa do que qualquer outra desde James Madison. Não sei se a afirmação é exata, mas pelo menos eu tentei.

Uma semana depois do evento pela liberdade religiosa, eu me vi diante do maior desafio atual à construção de uma comunidade norte-americana unida: a ação afirmativa. O termo se refere à preferência oferecida às minorias raciais ou às mulheres por entidades governamentais no que diz respeito a emprego, contratos para venda de produtos e serviços, acesso a financiamento para pequenas empresas e admissão nas universidades. O objetivo dos programas de ação afirmativa é reduzir o impacto que tem sobre as minorias raciais e sobre as mulheres a exclusão sistêmica nas oportunidades abertas a outros grupos da nossa sociedade. Essa política teve início com Kennedy e Johnson e foi expandida no governo Nixon, com amplo apoio dos dois partidos, pelo reconhecimento de que o impacto da discriminação do passado não poderia ser superado pela simples proibição da discriminação no presente, associado ao desejo de evitar a imposição estrita de cotas, que poderia levar ao favorecimento de pessoas não qualificadas e à discriminação reversa contra homens brancos.

No início dos anos 1990 havia crescido a oposição à ação afirmativa: da parte dos conservadores que diziam que qualquer preferência baseada em raça significava uma discriminação invertida, e portanto era inconstitucional; dos brancos, que perderam contratos ou vagas na universidade para negros ou outras minorias; e daqueles que acreditavam que os programas de ação afirmativa, ainda que bem-intencionados, foram mal utilizados e já tinham dado seus frutos, deixando agora de ser úteis. Havia também alguns progressistas que não se sentiam bem com a preferência racial e insistiam em que os critérios de tratamento preferencial fossem redefinidos em termos de desvantagem econômica e social.

O debate se intensificou quando os republicanos ganharam o controle do Congresso em 1994; muitos deles tinham prometido acabar com a ação afirmativa e, depois de vinte anos de rendas estagnadas da classe média, essa posição atraía os brancos da classe operária e os pequenos empresários, bem como os estudantes brancos e seus pais, que ficavam desapontados ao serem recusados pela faculdade ou universidade que haviam escolhido.

O problema veio à tona em junho de 1995, quando a Suprema Corte decidiu o caso *Adarand Constructors, Inc. versus Peña*, em que um empreiteiro branco processou um secretário de Transportes para anular um contrato assinado com um licitante pertencente a uma minoria graças a um programa de ação afirmativa. O Tribunal determinou que o governo podia continuar a agir contra "os efeitos remanescentes da discriminação racial", mas que, a partir de então, os programas de base racial teriam de se sujeitar a altos padrões de avaliação chamados "escrutínio rigoroso", que obrigavam o governo a demonstrar a grande importância deles para a solução de um problema e a impossibilidade de resolver efetivamente esse problema com um remédio mais específico, sem base racial. A decisão da Suprema Corte exigiu que fizéssemos a revisão dos programas de ação afirmativa. Os líderes dos direitos civis queriam mantê-los fortes e abrangentes, ao passo que muitos republicanos insistiam no seu total abandono.

No dia 19 de julho, depois de intensas consultas com propositores e críticos daquela política, apresentei, num discurso pronunciado nos Arquivos Nacionais, a minha resposta à decisão *Adarand* e àqueles que queriam o fim da ação afirmativa. Para prepará-la, pedi uma revisão abrangente dos programas de ação afirmativa, que levou à conclusão de que tais programas para mulheres e para as minorias tinham nos oferecido as melhores e mais integradas forças armadas do mundo, com 260 mil novos postos oferecidos a mulheres durante apenas os últimos dois anos e meio; o Departamento de Pequenos Negócios tinha aumentado dramaticamente os empréstimos a mulheres e minorias sem reduzi-los para os homens brancos nem oferecer empréstimos a solicitantes não qualificados; grandes empresas privadas que adotaram programas de ação afirmativa relataram aumento de produtividade e competitividade no mercado global, em razão do aumento da diversidade da sua força de trabalho; as políticas de compras do governo tinham ajudado na criação de empresas de propriedade de mulheres e membros de minorias, mesmo tendo havido abusos; e ainda havia necessidade de ação afirmativa porque as disparidades de sexo e de raça no emprego, na renda e na propriedade das empresas continuavam existindo.

Com base nesses resultados, propus acabar com as fraudes e os abusos nos programas de compras e melhorar o trabalho de retirar dos programas as empresas que já fossem capazes de competir; acatar a decisão *Adarand*, concentrando as ações de preferência às áreas onde se poderia provar a existência do problema e a necessidade da ação afirmativa; e fazer mais para ajudar as comunidades mais atrasadas e as pessoas mais pobres, independentemente de raça ou sexo. Manteríamos os princípios da ação afirmativa mas reformaríamos a sua prática para assegurar que não haveria cotas, nem preferências para pessoas ou empresas não qualificadas, nem a continuação do programa uma vez que se atingissem os objetivos de igualdade esperados. Resumi numa frase a minha política: "Consertar o programa sem acabar com ele".

O discurso foi bem recebido pelas comunidades de direitos civis, empresarial e militar, mas não convenceu a todos. Oito dias depois o senador Dole e o deputado Charles Canady, da Flórida, apresentaram propostas de anulação de todas as leis federais de ação afirmativa. Newt Gingrich deu uma resposta mais positiva, dizendo que não queria acabar com a ação afirmativa enquanto não pudesse apresentar alguma coisa para substituí-la e que representasse uma "colaboração".

* * *

Enquanto eu procurava um terreno comum, os republicanos passaram a maior parte do mês de julho tentando aprovar no Congresso as suas propostas orçamentárias. Elas propunham grandes cortes em educação e capacitação. Os programas Medicare e Medicaid sofriam cortes tão grandes que aumentavam substancialmente os custos dos cuidados médicos para os cidadãos idosos, os quais, dada a inflação no preço dos medicamentos, já gastavam com eles um percentual mais alto de sua renda do que antes da criação dos programas, na década de 1960. Os cortes da Agência de Proteção Ambiental [Environmental Protection Agency — EPA] eram tão severos que significariam o fim da imposição das leis de Ar Limpo e de Água Limpa. Também sugeriam o fim do AmeriCorps e cortavam pela metade a assistência para a população sem teto. Terminavam efetivamente com o programa de planejamento familiar que antes tinha sido apoiado por democratas e republicanos como meio de evitar abortos e gravidez na adolescência. Queriam cortar o programa de ajuda externa, que representava apenas 1,3% dos gastos federais totais, diminuindo a nossa capacidade de lutar contra o terrorismo e a disseminação de armas nucleares, de abrir novos mercados para nossas exportações e de apoiar as forças da paz, da democracia e dos direitos humanos em todo o mundo.

Inacreditavelmente, apenas cinco anos depois de o presidente Bush ter assinado a Lei em Prol dos Norte-americanos com Deficiências, que foi aprovada por grandes maiorias dos dois partidos, os republicanos propunham o corte dos serviços e auxílios necessários para que as pessoas com deficiência pudessem exercer seus direitos legais. Quando os cortes para os deficientes chegaram ao conhecimento público, recebi uma noite um telefonema de Tom Campbell, meu companheiro de quarto durante quatro anos na Georgetown. Ele era um piloto da aviação comercial e vivia bem, embora sem ser de maneira alguma um homem rico. Com a voz agitada, ele me disse que estava preocupado com os cortes propostos nos programas para os portadores de deficiência. Sua filha Ciara tinha paralisia cerebral. Também a melhor amiga dela era deficiente, uma menina criada pela mãe sozinha que, para receber salário mínimo, percorria diariamente uma hora de ônibus para ir até o local de trabalho. Tom me fez algumas perguntas sobre os cortes no orçamento e eu as respondi. Então ele disse: "Deixa eu ver se entendi. Eles vão me oferecer uma redução de impostos e cortar a ajuda que a amiga da Ciara e a mãe dela recebem para cobrir os custos da cadeira de rodas e os quatro ou cinco pares de sapatos especiais de que ela precisa todo ano, além do auxílio transporte para a mãe chegar ao emprego de salário mínimo?". Respondi: "É isso mesmo". E ele respondeu: "Bill, isso é imoral. Você não pode deixar que aprovem isso".

Tom Campbell era um católico devoto, ex-fuzileiro naval e tinha sido criado num lar republicano conservador. Se os republicanos da Nova Direita tinham ido longe demais para pessoas como ele, eu sabia que conseguiria vencê-los. No último dia do ano, Alice Rivlin anunciou que o crescimento da economia tinha resultado num déficit inferior ao esperado e que agora poderíamos equilibrar o orçamento em nove anos sem os duros cortes dos republicanos. Eu os estava cercando.

44

Em julho houve três avanços na política externa: normalizei as relações com o Vietnã, com forte apoio da maioria dos veteranos daquela guerra no Congresso, inclusive John McCain, Bob Kerrey, John Kerry, Chuck Robb e Pete Peterson; Saddam Hussein libertou dois norte-americanos presos desde março, após um pedido dramático do deputado Bill Richardson; e o presidente da Coréia do Sul, Kim Young-Sam, então em Washington para a inauguração do Memorial da Guerra da Coréia, apoiou o acordo que tínhamos assinado com a Coréia do Norte para que ela interrompesse o seu programa nuclear. Como Jesse Helms e outros criticaram o acordo, o apoio de Kim foi muito útil, especialmente por ele ter sido prisioneiro político e por ter defendido a democracia quando a Coréia do Sul ainda era um Estado autoritário.

Infelizmente as boas notícias foram ofuscadas pelo que acontecia na Bósnia. Depois de um período mais ou menos tranqüilo durante a maior parte de 1994, as coisas começaram a piorar no fim de novembro, quando aviões sérvios atacaram os croatas muçulmanos no oeste da Bósnia. O ataque foi uma violação da zona de exclusão aérea e a OTAN retaliou bombardeando a base sérvia, mas não conseguiu destruí-la, nem os aviões que dela tinham decolado.

Em março, quando o cessar-fogo anunciado pelo presidente Carter começou a fracassar, Dick Holbrooke, que havia deixado o posto de embaixador na Alemanha para assumir o cargo de secretário de Estado assistente para questões canadenses e européias, mandou à antiga Iugoslávia nosso enviado especial Bob Frasure para se reunir com Milosevic na vã esperança de terminar a agressão sérvia à Bósnia e assegurar pelo menos o reconhecimento limitado da Bósnia em troca do levantamento das sanções da ONU contra a Sérvia.

Em julho a luta voltou a recrudescer e as forças do governo bósnio tinham conseguido alguns ganhos territoriais no centro do país. Em vez de tentar recuperar o território perdido, o general Mladic decidiu atacar três cidades muçulmanas isoladas no leste da Bósnia, Srebrenica, Zepa e Gorazde. Elas estavam cheias de refugiados muçulmanos das áreas próximas e, apesar de terem sido declaradas área sob proteção da ONU, eram protegidas por poucos soldados. Mladic queria tomar as três cidades para que toda a área oriental da Bósnia ficasse sob controle sérvio, e estava convencido de que, enquanto ele tivesse os soldados da força de paz como reféns, a ONU não permitiria que a OTAN o retaliasse. Ele estava certo, e as conseqüências foram devastadoras.

Em 10 de julho os sérvios tomaram Srebrenica. No fim do mês já tinham também ocupado Zepa, e os refugiados que conseguiram fugir de Srebrenica começaram a contar a história aterradora da matança de muçulmanos pelas tropas de Mladic. Milhares de homens e meninos foram reunidos num campo de futebol e assassinados em massa. Outros milhares tentavam fugir através das colinas cobertas de florestas.

Depois da queda de Srebrenica, pressionei a ONU a autorizar a força de reação rápida que tínhamos discutido na reunião do G-7 no Canadá algumas semanas antes. Enquanto isso, Bob Dole pressionava para levantar o embargo de armas. Pedi a ele para adiar a votação e ele concordou. Eu ainda queria encontrar um meio de salvar a Bósnia que restaurasse a eficácia da ONU e da OTAN, mas na terceira semana de julho os sérvios da Bósnia zombaram da ONU e, por extensão, dos compromissos da OTAN e dos Estados Unidos. As zonas de proteção podiam ser tudo, menos protegidas, e a ação da OTAN era severamente limitada pela vulnerabilidade dos soldados europeus, incapazes de se defender e muito menos de defender os muçulmanos. A prática de tomada de soldados da força de paz como reféns adotada pelos sérvios da Bósnia tinha exposto o defeito fundamental da estratégia da ONU. O embargo de armas não permitia que a Bósnia atingisse a paridade militar com os sérvios. A força de paz só poderia proteger os muçulmanos da Bósnia e da Croácia se os sérvios acreditassem que a OTAN puniria sua agressão. Agora a tomada de reféns tinha afastado o medo de retaliação e dado aos sérvios o controle da situação no leste da Bósnia. A situação estava ligeiramente melhor no centro e no oeste da Bósnia, porque os croatas e os muçulmanos tinham obtido armas, apesar do embargo da ONU.

Numa tentativa quase desesperada de recuperar a iniciativa, os ministros das Relações Exteriores e da Defesa da OTAN se reuniram em Londres. Warren Christopher, Bill Perry e o general Shalikashvili foram à conferência determinados a reverter o aumento da iniciativa em favor da retirada da Bósnia e, pelo contrário, aumentar a autoridade da OTAN e seu compromisso de agir contra os sérvios. A perda de Srebrenica e de Zepa, bem como o movimento no Congresso a favor do levantamento do embargo de armas, havia fortalecido a nossa capacidade de pedir ações mais agressivas. Na reunião, os ministros finalmente aceitaram uma proposta apresentada por Warren Christopher e sua equipe de "traçar uma linha na areia" em torno de Gorazde e remover o "duplo comando" na tomada de decisões que dava à ONU o direito de veto sobre as ações da OTAN. A conferência de Londres foi um momento decisivo; a partir de então, a OTAN passava a ser mais assertiva. Pouco depois, o comandante da OTAN, general Georges Joulwan, e nosso embaixador na OTAN, Robert Hunter, estenderam as regras de Gorazde à área de segurança de Sarajevo.

Em agosto a situação se tornou dramática. Os croatas lançaram uma ofensiva para retomar Krajina, uma parte da Croácia que os sérvios locais haviam proclamado território seu. Oficiais militares e da inteligência dos Estados Unidos e da Europa tinham sido contra a ação, acreditando que Milosevic interviria para salvar os sérvios de Krajina, mas eu estava torcendo pelos croatas. Outro que partilhava da minha opinião era Helmut Kohl, que sabia, tal como eu, que a diplomacia não daria resultados enquanto os sérvios não sofressem grandes perdas no campo de batalha.

Como sabíamos que a sobrevivência da Bósnia estava em jogo, não tínhamos imposto com a força necessária o embargo à venda de armas. O resultado foi que os croatas e os bósnios conseguiram algumas armas, que os ajudaram a sobreviver. Tínhamos também dado autorização a uma empresa privada para que ela utilizasse militares norte-americanos da reserva para treinar e melhorar o Exército croata.

No fim, Milosevic não socorreu os sérvios de Krajina, e os croatas tomaram a cidade com pouca resistência. Foi a primeira derrota dos sérvios em quatro anos, e mudou o equilíbrio de forças no campo e a psicologia de todos os envolvidos. Um diplomata ocidental na Croácia teria dito: "Houve quase um sinal de apoio de Washington. Os norte-americanos desejavam uma chance de atingir os sérvios, e estavam usando os croatas para conseguir o que queriam". Em 4 de agosto, em visita a Sam Donaldson, veterano correspondente da ABC News, no Instituto Nacional de Saúde, onde ele se recuperava de uma cirurgia de câncer, reconheci que a ofensiva croata poderia ser útil na solução do conflito. Bom jornalista como sempre, Donaldson enviou do leito do hospital uma matéria sobre os meus comentários.

Num esforço para capitalizar a mudança de situação, enviei Tony Lake e o subsecretário de Estado, Peter Tarnoff, à Europa (inclusive à Rússia) para apresentarem um esboço de proposta de paz que Lake havia redigido, na tentativa de que Dick Holbrooke liderasse uma equipe que daria início a um último esforço de negociação com os bósnios e com Milosevic para terminar o conflito. Milosevic alegava não controlar os sérvios da Bósnia, mas todo mundo sabia que eles não poderiam vencer sem o seu apoio. Pouco antes de lançarmos a missão diplomática, o Senado acompanhou a Câmara dos Deputados e votou o levantamento do embargo à venda de armas, e eu vetei a lei para dar mais uma chance aos nossos esforços. Lake e Tarnoff partiram imediatamente para defender o nosso plano, e se encontraram com Holbrooke em 14 de agosto para relatar que os aliados e os russos concordavam, e que Holbrooke podia iniciar imediatamente a sua missão.

Depois de uma exposição de Tony Lake a respeito da Bósnia, no dia 15 de agosto, Hillary, Chelsea e eu partimos em férias para Jackson Hole, no Wyoming, onde iríamos passar alguns dias, convidados pelo senador Jay e Sharon Rockefeller. Todos nós precisávamos de uns dias de descanso, e eu estava ansioso para aproveitar a oportunidade de caminhar e cavalgar nos Grand Tetons; de fazer *rafting* no rio Snake; de visitar o Parque Nacional de Yellowstone e ver o gêiser Old Faithful, os búfalos, os alces e os lobos que tínhamos reintroduzido naquela área; e de jogar golfe em grande altitude, onde a bola vai muito mais longe. Hillary estava trabalhando num livro sobre famílias e crianças, e esperava fazer um bom avanço na sede clara e espaçosa da fazenda do casal Rockefeller. Fizemos tudo isso e muito mais, mas a lembrança que ficou de nossas férias foi de tristeza pela Bósnia.

No dia em que partimos para o Wyoming, Dick Holbrooke foi para a Bósnia com uma equipe notável, que incluía Bob Frasure, Joe Kruzel, o coronel da Força Aérea Nelson Drew e o tenente-general Wesley Clark, diretor de política estratégica do Estado-Maior Conjunto, conterrâneo do Arkansas, que conheci na Georgetown em 1965.

Holbrooke e sua equipe aterrissaram na cidade costeira de Split, na Croácia. Lá eles puseram o ministro de Negócios Estrangeiros bósnio, Muhamed Sarcibey, a par de nossos planos. Sarcibey era a eloquente face pública da Bósnia na televisão norte-americana, um homem de boa aparência e forte que, quando estudante nos Estados Unidos, havia jogado futebol na Universidade de Tulane. Vinha buscando havia muito aumentar o envolvimento norte-americano na sua nação ameaçada, e estava feliz por essa hora ter finalmente chegado.

Depois de Split, nosso grupo foi para Zagreb, capital da Croácia, para um encontro com o presidente Tudjman, e depois foi a Belgrado se encontrar com Slobodan Milosevic. Essa reunião inconclusiva só foi notável pela recusa de Milosevic em garantir a segurança do avião de nossa equipe contra o fogo da artilharia dos sérvios da Bósnia caso decidissem descer no aeroporto de Sarajevo. Por isso eles tiveram de voltar a Split, para ir de helicóptero até um lugar de onde seguiriam de carro numa viagem de duas horas até Sarajevo, passando pelo monte Igman, uma via estreita e sem pavimentação, sem proteção contra a queda nos abismos e altamente vulnerável às metralhadoras sérvias que atiravam regularmente contra os veículos da ONU. O negociador da União Européia tinha sido alvejado naquela estrada poucas semanas antes, e nas montanhas entre Split e Sarajevo havia muitos veículos destruídos, alguns dos quais tinham simplesmente rolado pela ribanceira.

Em 19 de agosto, meu aniversário de 49 anos, comecei o dia jogando golfe com Vernon Jordan, Erskine Bowles e Jim Wolfensohn, presidente do Banco Mundial. Era uma manhã perfeita, até eu saber o que havia acontecido na estrada do monte Igman. Primeiro pelo noticiário, e mais tarde num telefonema emocionado de Dick Holbrooke e Wes Clark, fiquei sabendo que o nosso grupo tinha partido para Sarajevo com Holbrooke e Clark num jipe do Exército, e Frazer, Kruzel e Drew seguindo num veículo blindado francês pintado de branco. Cerca de uma hora depois da partida, a estrada cedeu e o carro francês caiu no abismo e explodiu em chamas. Além dos três membros do nosso grupo de negociação, o carro levava alguns soldados: dois norte-americanos e quatro franceses. O carro se incendiou quando a munição que levava explodiu. Wes Clark desceu por uma corda amarrada a um tronco e tentou chegar ao veículo em chamas para salvar os homens que ainda estavam presos no seu interior, mas o carro blindado estava totalmente destruído e muito quente para que alguém se aproximasse.

Também já era tarde demais. Bob Frasure e Nelson Drew morreram na queda montanha abaixo. Todos os outros conseguiram sair, mas Joe Kruzel morreu dos ferimentos e um soldado francês também morreu. Frasure tinha 53 anos, Kruzel, 52, e Drew, 47; eram todos servidores públicos patriotas e bons pais de família, e morreram muito longe de casa tentando salvar a vida de pessoas inocentes.

Na semana seguinte, depois de os sérvios da Bósnia terem acertado um morteiro no centro de Sarajevo, matando 38 pessoas, a OTAN iniciou três dias de ataques às posições sérvias. Em 1º de setembro Holbrooke anunciou que todas as partes se reuniriam em Genebra para iniciar conversações. Uma vez que os sérvios da Bósnia não acederam aos termos ditados pela OTAN, os ataques aéreos foram retomados e continuaram até o dia 14, quando Holbrooke conseguiu que Mladic e Karadzic assinassem um acordo para levantar o cerco a Sarajevo. Pouco depois iniciaram-se em Dayton, Ohio, as conversações de paz que finalmente dariam fim à guerra sangrenta na Bósnia. Quando isso aconteceu, o sucesso foi em grande parte um tributo aos três heróis norte-americanos que não viveram para ver os frutos do seu trabalho.

Enquanto o noticiário de agosto era dominado pela Bósnia, continuei a discutir o orçamento com os republicanos; observei que 1 milhão de norte-americanos tinham perdido o seguro-saúde durante o ano decorrido desde o fracasso da reforma do sistema de saúde; e adotei uma ação executiva para limitar a propaganda, a promoção, a distribuição e o marketing de cigarros para adolescentes. A Food and Drug Administration (FDA) tinha acabado de concluir um estudo de catorze meses confirmando que o cigarro provocava dependência, fazia mal e era agressivamente oferecido aos adolescentes, os quais adquiriam o vício em números crescentes.

O problema do fumo na adolescência era muito difícil. O fumo é uma droga legal geradora de dependência; mata milhões e aumenta em bilhões de dólares os custos do sistema de saúde. Mas as fábricas de cigarros são politicamente influentes e os fazendeiros que plantam fumo formam uma parte importante da vida econômica, política e cultural do Kentucky e da Carolina do Norte. Os fazendeiros eram a cara simpática do esforço das fábricas de cigarros para aumentar seus lucros viciando pessoas cada vez mais jovens. Eu achava que era preciso fazer alguma coisa para restringir a sua ação. Essa era também a opinião de Al Gore, cuja irmã, Nancy, havia morrido de câncer de pulmão.

No dia 8 de agosto conseguimos uma vitória no nosso esforço para eliminar os últimos vestígios do programa de armas de destruição em massa do Iraque, quando dois genros de Saddam Hussein fugiram com as mulheres para a Jordânia e receberam asilo político do rei Hussein. Um dos homens, Hussein Kamel Hassan al-Majid, tinha chefiado o esforço secreto de Saddam para desenvolver armas de destruição em massa e poderia oferecer informações valiosas sobre os estoques iraquianos, cujo tamanho e importância desmentiam as informações dadas pelos funcionários iraquianos aos inspetores de armas da ONU. Quando foram confrontados com as novas evidências, os iraquianos simplesmente reconheceram que o genro de Saddam estava dizendo a verdade e conduziram os inspetores aos locais que ele havia identificado. Depois de seis meses no exílio, os familiares de Saddam foram convencidos a retornar ao Iraque. Em dois dias os dois genros foram mortos. Sua curta viagem à liberdade ofereceu aos inspetores da ONU tantas informações que, nesse período, foram destruídos mais produtos químicos e biológicos, bem como laboratórios e equipamentos, do que em toda a Guerra do Golfo.

Agosto foi também um mês importante no Mundo de Whitewater. Kenneth Starr indiciou Jim e Susan McDougal, e o governador Jim Guy Tucker, por acusações que não se relacionavam com Whitewater, e os republicanos da Câmara e do Senado realizaram audiências durante todo o mês. No Senado, Al D'Amato ainda tentava provar que na morte de Vince Foster havia mais do que um suicídio induzido pela depressão. Ele intimou a equipe e os amigos de Hillary a comparecer perante a comissão para submetê-los a um interrogatório agressivo e a ataques pessoais. D'Amato foi especialmente ofensivo com Maggie Williams e com sua conterrânea de Nova York, Susan Thomases. O senador Lauch Faircloth agiu de modo ainda pior, zombando da idéia de que Williams e Thomases conversaram tantas vezes ao telefone sobre Vince Foster apenas para compartilhar o seu pesar. Pareceu-me que, se Faircloth não era capaz de entender os sentimentos das duas, sua própria vida deve ter sido um deserto emocional. O fato de Maggie ter se submetido a dois exames pelo detector de mentiras respondendo sobre suas ações logo depois da morte de Vince não reduziu a violência dos interrogatórios de D'Amato e de Faircloth.

Na Comissão de Assuntos Bancários da Câmara dos Deputados, o presidente Jim Leach se comportava da mesma maneira que D'Amato. Desde o início, ele trombeteava todas as acusações falsas contra Hillary e contra mim, alegando que tínhamos lucrado e não perdido dinheiro com Whitewater; que tínhamos usado fundos do Madison Guaranty para gastos pessoais e de campanha; e que ajudamos a montar a fraude de David Hale no Departamento de Pequenas Empresas. Leach sempre prometeu revelações "bomba" que nunca apareceram.

Em agosto, Leach presidiu uma audiência estrelada por L. Jean Lewis, investigadora da Resolution Trust Corporation (RTC), que pouco antes da eleição de 1992 havia indicado Hillary e também a mim como testemunhas num processo criminal. Na época, o Departamento de Justiça de Bush inquiriu sobre a indicação de Lewis, e o procurador-geral do Arkansas, o republicano Charles Banks, informou que nada havia contra nós, que aquilo era uma tentativa de influenciar a eleição, e que lançar uma investigação àquela altura equivaleria a "má conduta no exercício da acusação".

Apesar disso, Leach se referiu a Lewis como essa "heróica" funcionária pública, cujas investigações haviam sido amordaçadas depois de minha eleição. Antes do início das audiências, foram publicados documentos que comprovavam a nossa inocência, inclusive a carta de Banks em que ele se recusava a endossar as alegações de Lewis por falta de provas, e documentos internos do FBI e do Departamento de Justiça dizendo que "não se identificaram fatos que justifiquem o indiciamento" de Hillary e meu como testemunhas materiais. Uma vez que a imprensa quase não deu cobertura aos documentos que refutavam as acusações de Lewis, as audiências caíram no vazio.

Na época das audiências de agosto, e da última rodada de indiciamentos de Starr, eu já havia me imposto uma rotina de tratar com o mínimo de comentários públicos possível as perguntas da imprensa sobre Whitewater. A cobertura da imprensa sobre a questão dos gays nas forças armadas tinha me ensinado que uma resposta substanciosa a qualquer pergunta que representasse as obsessões correntes da imprensa estaria nas manchetes dos noticiários da televisão, ocultando tudo o mais que eu fizesse de interesse público naquele dia, e o povo norte-americano iria pensar que eu estava gastando o meu tempo para me defender, em vez de trabalhar pelo país, quando, na verdade, Whitewater tomava uma parcela muito pequena do meu tempo. Numa escala de 1 a 10, uma resposta de nível 7 sobre a economia era melhor que uma resposta de nível 10 sobre Whitewater. Assim, com a ajuda constante da minha equipe, eu me continha quase todos os dias, mas era difícil. Sempre detestei o abuso do poder, e eu fervia por dentro enquanto se dava destaque a notícias falsas, ocultavam-se todas as provas da nossa inocência e outras pessoas inocentes eram atingidas por Starr. Como logo eu iria descobrir, não se pode ter tanta raiva sem causar mal a si mesmo. Passou-se muito tempo antes que eu entendesse isso.

Setembro começou com uma viagem memorável ao Havaí para a comemoração do qüinquagésimo aniversário do fim da Segunda Guerra Mundial, vindo em seguida a viagem de Hillary para falar ao Quarto Congresso Mundial das Nações Unidas sobre a Mulher. Hillary leu um dos mais importantes discursos apresentados por alguém ao longo dos oito anos da nossa administração, em que ela declarou que "direitos humanos são direitos das mulheres" e condenou a freqüente violação desses direitos por aqueles que as vendiam à prostituição, queimavam-nas quando consideravam o dote insuficiente, violavam-nas durante as guerras, espancavam-nas em casa ou as submetiam a mutilações genitais, forçavam-nas ao aborto ou à esterilização. Seu discurso foi aplaudido de pé e teve a concordância de mulheres de todo o mundo que agora sabiam, para além de qualquer dúvida, que os Estados Unidos estavam do lado delas. Mais uma vez, apesar da agressão que lhe era imposta por Whitewater, Hillary saíra em defesa de uma causa em que acreditava firmemente. E, em nome do país, fiquei profundamente orgulhoso dela; os golpes injustos que havia sofrido não lhe diminuíram o idealismo pelo qual eu tinha me apaixonado tanto tempo antes.

Em meados do mês, Dick Holbrooke havia persuadido os ministros das Relações Exteriores da Bósnia, da Croácia e da Iugoslávia a concordarem quanto a um conjunto de princípios básicos como estrutura de um acordo para dar fim ao conflito. Enquanto isso, os ataques aéreos e por mísseis Cruise aplicados pela OTAN continuavam a castigar as posições dos sérvios da Bósnia, e assim os ganhos militares dos bósnios e dos croatas reduziram de 70% para 50% o tamanho da área da Bósnia controlada pelos sérvios, valor bem próximo do que se conseguiria num acordo negociado.

O dia 28 de setembro marcou o final auspicioso de um bom mês em política externa, quando Yitzhak Rabin e Yasser Arafat vieram à Casa Branca para dar mais um grande passo ao processo de paz: a assinatura do acordo sobre a Cisjordânia, que devolvia ao controle dos palestinos uma parte substancial daquele território.

O evento mais importante teve lugar longe das câmeras. A cerimônia de assinatura estava programada para o meio-dia, mas antes Rabin e Arafat se reuniram no Salão do Gabinete para apor as suas assinaturas no anexo do acordo, em três cópias que incluíam 26 mapas diferentes, cada um deles refletindo literalmente milhares de decisões a que as partes tinham chegado com relação a estradas, cruzamentos, assentamentos e locais sagrados. Pediram-me também para apor minha assinatura no documento como testemunha oficial. No meio desse processo, tive de sair para receber um telefonema, e então Rabin veio até mim e me disse: "Estamos com um problema". Num dos mapas, Arafat tinha descoberto um trecho de estrada sob controle israelense, mas que ele tinha certeza de que o acordo colocava sob controle palestino. Rabin e Arafat queriam que eu solucionasse a questão. Levei-os à minha sala de jantar privada e eles começaram a conversar, Rabin dizendo que queria ser um bom vizinho e Arafat dizendo que, como descendentes de Abraão, eles na verdade eram primos. A interação entre os velhos adversários era fascinante. Sem uma palavra, eu saí da sala, deixando os dois sozinhos pela primeira vez. Mais cedo ou mais tarde eles teriam de desenvolver uma relação direta, e não podia haver data melhor que aquele dia para começá-la.

Em vinte minutos eles chegaram a um acordo pelo qual a passagem em disputa ficaria com os palestinos. Como o mundo estava esperando pela cerimônia, e já estávamos atrasados, não houve tempo para alterar o mapa. Então Rabin e Arafat concordaram com a modificação e a selaram com um aperto de mãos, assinando os mapas, comprometendo-se legalmente sobre aquela indicação incorreta da estrada disputada.

Foi um ato de confiança pessoal que pouco tempo antes teria sido impensável. E foi um ato arriscado para Rabin. Vários dias mais tarde, com os israelenses divididos quanto ao acordo da Cisjordânia, Rabin sobreviveu por um único voto a uma moção de desconfiança no Knesset. Ainda estávamos caminhando na corda bamba, mas eu estava otimista. Sabia que a transferência seria feita de acordo com o aperto de mãos, e foi o que ocorreu. Foi o aperto de mãos, mais que a assinatura oficial, que me convenceu de que Rabin e Arafat encontrariam meios de terminar a tarefa de trazer a paz.

O ano fiscal terminou em 30 de setembro, e ainda não tínhamos um orçamento. Fora o tempo de trabalho com as questões da Bósnia e do Oriente Médio, eu tinha passado todo o mês viajando pelo país em campanha contra os cortes propostos pelos republicanos nos programas Medicare e Medicaid, nos cupons de alimentação, nos empréstimos diretos para financiamento estudantil, no AmeriCorps e na proteção ao meio ambiente, além da sua oposição à iniciativa de colocar mais 100 mil policiais nas ruas. Os republicanos propunham cortar até mesmo o Crédito Tributário sobre a Renda Auferida (EITC), aumentando com isso os impostos das famílias trabalhadoras de baixa renda enquanto reduziam os dos norte-americanos mais ricos. Em todos os lugares eu mostrava que a nossa luta não visava saber se era melhor equilibrar o orçamento e reduzir o peso de um governo perdulário, mas decidir como fazê-lo. A grande questão era definir as responsabilidades que deveriam ser assumidas pelo governo federal em nome do bem comum.

Respondendo aos meus ataques, Newt Gingrich ameaçou, caso eu vetasse a sua proposta, recusar-se a aumentar o limite da dívida e forçar dessa maneira os Estados Unidos a faltarem à obrigação de pagar sua dívida. Aumentar o limite da dívida era meramente um ato técnico de reconhecimento do inevitável: enquanto o país continuasse operando com déficit, a dívida anual iria crescer, e o governo seria forçado a vender mais títulos para financiá-la. Aumentar o limite da dívida era simplesmente um meio de autorizar o Tesouro a emitir esses títulos. Enquanto os democratas estiveram com a maioria, os republicanos puderam continuar a dar votos simbólicos contra o aumento do limite da dívida e fingir que não tinham contribuído para aquela necessidade. Muitos republicanos na Câmara dos Deputados nunca tinham votado a favor do aumento do limite da dívida, e não seria agora que iriam fazê-lo, e portanto a ameaça de Gingrich tinha de ser levada a sério.

Se os Estados Unidos ficassem inadimplentes, as conseqüências poderiam ser graves. Em mais de duzentos anos, os Estados Unidos nunca tinham deixado de pagar as suas dívidas. O não-pagamento abalaria a confiança dos investidores. Com a aproximação da batalha final, embora não podendo negar que Newt tinha um grande poder de barganha, eu estava determinado a não me deixar ser chantageado. Se cumprisse a sua ameaça, ele também seria prejudicado. O calote implicava o risco de aumento dos juros, e mesmo um aumento pequeno acrescentaria bilhões de dólares às hipotecas residenciais. Dez milhões de cidadãos tinham hipotecas a juros variáveis, vinculadas à taxa federal de juros. Se o Congresso não aumentasse o limite da dívida, as pessoas seriam forçadas a pagar o que Al Gore chamava de "sobretaxa de Gingrich" nas prestações de suas hipotecas. Os republicanos teriam de pensar duas vezes antes de permitir que o país deixasse de cumprir as suas obrigações.

Na primeira semana de outubro o papa visitou mais uma vez os Estados Unidos, e fomos, Hillary e eu, à imponente catedral gótica de Newark. Como aconteceu em Denver e no Vaticano, Sua Santidade e eu nos encontramos a sós e discutimos sobretudo a questão da Bósnia. O papa incentivou os nossos esforços pela paz com uma observação que me impressionou: ele disse que o século XX havia se iniciado com uma guerra em Sarajevo, e eu não podia permitir que ele terminasse com outra guerra em Sarajevo.

Quando a nossa reunião chegou ao fim, o papa me deu uma aula de política. Primeiro ele saiu da catedral e foi até um ponto a alguns quilômetros de distância, para poder voltar no seu papamóvel de teto de vidro à prova de balas, acenando para a multidão que enchia as ruas. Quando chegou à igreja, a congregação estava assentada. Hillary e eu estávamos na primeira fila, junto de representantes estaduais e locais e importantes católicos de Nova Jersey. As imponentes portas de carvalho se abriram, revelando o Sumo Pontífice na sua resplandecente batina e capa brancas, e a multidão se levantou e começou a bater palmas. Quando ele começou a percorrer a nave com os braços abertos para tocar as mãos das pessoas dos dois lados do corredor, os aplausos se transformaram em vivas e gritos. Vi um grupo de freiras de pé gritando como adolescentes num show de rock. Quando perguntei a um homem ao meu lado, ele me respondeu que eram freiras carmelitas, que pertenciam a uma ordem enclausurada completamente isolada da sociedade. O papa havia lhes dado permissão de comparecer à catedral. Ele sabia como reunir uma multidão. Balancei a cabeça e disse com os meus botões: "Seria duro ter de enfrentar esse homem numa eleição".

No dia seguinte ao encontro com o papa fizemos progressos na Bósnia, quando anunciei que todas as partes tinham concordado num cessar-fogo. Uma semana depois Bill Perry declarou que um acordo de paz iria exigir que a OTAN enviasse tropas à Bósnia para garanti-lo. Ademais, como a nossa missão de participar com a OTAN era clara, ele não acreditava ser necessário pedir a aprovação prévia do Congresso. Imaginei que Dole e Gingrich ficariam aliviados por não ter de votar sobre a missão na Bósnia; os dois eram internacionalistas que sabiam o que devia ser feito, mas havia muitos republicanos nas duas casas do Congresso que discordavam energicamente.

No dia 15 de outubro reforcei a minha decisão de dar um fim à guerra na Bósnia e de responsabilizar os que haviam cometido crimes de guerra quando fui à Universidade de Connecticut, com o meu amigo senador Chris Dodd, para inaugurar um centro de pesquisas dedicado ao pai dele. Antes de se eleger para o Senado, Tom Dodd havia atuado como advogado no Tribunal de Crimes de Guerra em Nuremberg. No meu discurso apoiei energicamente o tribunal de crimes de guerra para a Iugoslávia e para Ruanda, já instalados e para os quais contribuíamos com dinheiro e pessoal, e propus a criação de um tribunal permanente para julgar crimes de guerra e outras atrocidades que violavam os direitos humanos. Mais tarde a idéia se transformou no Tribunal Criminal Internacional.

Enquanto eu tratava da Bósnia, Hillary partia em mais uma viagem, dessa vez à América Latina. No mundo pós-Guerra Fria, em que os Estados Unidos eram a única superpotência militar, econômica e política, todas as nações exigiam a nossa atenção, e tínhamos o maior interesse em dá-la. Mas eu não poderia estar em todos os lugares, especialmente com a luta pelo orçamento no Congresso. Assim, Al Gore e Hillary fizeram um número anormalmente grande de importantes viagens ao exterior. Em todos os lugares por que passaram, as pessoas sabiam que eles falavam em nome dos Estados Unidos e em meu nome, e em todas as viagens, sem exceção, eles fortaleceram a posição dos Estados Unidos no mundo.

No dia 22 de outubro fui a Nova York para comemorar o qüinquagésimo aniversário das Nações Unidas, e aproveitei a ocasião para pedir maior cooperação internacional na luta contra o terrorismo, a disseminação de armas de destruição em massa, o crime organizado e o narcotráfico. No início do mês o xeque Omar Abdel Rahman e nove outras pessoas tinham sido condenadas pelo primeiro atentado contra o World Trade Center, e um pouco antes a Colômbia tinha prendido vários líderes do infame Cartel de Cali. No meu discurso, esbocei um programa para ampliar aqueles sucessos, que incluía a adesão universal ao combate às práticas de lavagem de dinheiro; o congelamento dos ativos dos terroristas e traficantes, como eu já tinha feito no caso dos cartéis colombianos; o compromisso de não oferecer abrigo a membros de grupos terroristas ou do crime organizado; a perseguição ao mercado negro que proporcionava armas e documentos falsos a terroristas e traficantes; a intensificação dos esforços de destruição de plantações de drogas e de redução da demanda de drogas; uma rede internacional para treinar membros das forças policiais e lhes oferecer as tecnologias mais avançadas; a ratificação da Convenção sobre Armas Químicas; e o fortalecimento da Convenção sobre Armas Biológicas.

No dia seguinte voltei a Hyde Park para a minha nona reunião com Boris Yeltsin. Ele estava com a saúde abalada e sob enorme pressão interna dos ultranacionalistas por causa da expansão da OTAN e do papel agressivo dos Estados Unidos em prejuízo dos sérvios na Bósnia. Na véspera ele havia pronunciado um discurso duro na ONU, que visava sobretudo criar uma imagem interna em seu país, e estava visivelmente em absoluto estresse.

Para deixá-lo mais à vontade, levei-o a Hyde Park no meu helicóptero para que ele pudesse apreciar a linda vegetação de outono ao longo do rio Hudson num dia atipicamente quente. Quando chegamos, eu o conduzi ao jardim defronte à velha casa, de onde se tinha uma visão abrangente do rio, e conversamos um pouco, sentados nas mesmas cadeiras em que tinham se sentado Roosevelt e Churchill durante a visita do primeiro-ministro na época da Segunda Guerra Mundial. Depois fomos para o interior da casa a fim de lhe mostrar um busto de Roosevelt esculpido por um artista russo, um retrato da indômita mãe do presidente pintado pelo irmão do escultor, e a nota manuscrita de Roosevelt para Stalin comunicando a fixação do Dia D.

Boris e eu passamos a manhã discutindo sua precária situação política. Lembrei a ele que tinha feito todo o possível para lhe dar apoio e que, apesar de não estarmos de acordo com relação à expansão da OTAN, eu iria ajudá-lo a superar suas dificuldades.

Depois do almoço, voltamos para casa para discutir a questão da Bósnia. As partes deveriam chegar em breve aos Estados Unidos para negociar o que esperávamos ser um pacto final, cujo sucesso dependia de uma força internacional liderada pela OTAN e da participação de tropas russas para garantir aos sérvios da Bósnia que eles seriam tratados com justiça. Boris concordou em enviar tropas, mas disse que elas não se colocariam sob o comando da OTAN, embora ele aceitasse que elas operassem "sob o comando de um general norte-americano". Concordei, desde que as suas tropas não prejudicassem de maneira alguma o controle e o comando da OTAN.

Lamentei que Yeltsin estivesse sob tamanha pressão em seu país. É verdade que ele cometera a sua cota de erros, mas mesmo contra pressões enormes ele vinha mantendo a Rússia na direção certa. Eu ainda esperava que ele saísse vitorioso da eleição.

Na entrevista coletiva que se seguiu à nossa reunião, eu disse que tínhamos feito progressos com relação à Bósnia, iríamos ambos procurar a ratificação do START II, e trabalhar juntos em 1996 para concluir um tratado abrangente de proibição de testes nucleares. Foi um bom pronunciamento, mas Yeltsin roubou o espetáculo ao dizer à imprensa que saía do nosso encontro mais otimista do que quando chegou, por causa de todas as matérias da imprensa dizendo que a nossa reunião seria "um desastre". E disse que, naquele momento, pela primeira vez, podia lhes dizer: "o desastre são vocês". Eu quase morri de rir, assim como todos os repórteres presentes. Tudo o que consegui dizer foi: "Muito cuidado na hora de atribuir a autoria a essa frase". Yeltsin conseguia dizer as coisas mais incríveis. Não consigo imaginar como ele teria respondido a todas as perguntas sobre Whitewater.

Na frente interna, outubro foi um mês relativamente tranqüilo, com a panela do orçamento esquentando lentamente até a fervura. No início do mês, Newt Gingrich decidiu não votar a legislação de reforma do lobby e eu vetei a proposta legislativa de dotações orçamentárias. O projeto de reforma do lobby exigia dos lobistas que tornassem transparentes as suas atividades e lhes proibia oferecer aos legisladores presentes viagens e banquetes acima de um limite modesto. Os republicanos levantavam muito dinheiro dos lobistas por apresentar projetos de lei oferecendo isenções fiscais, subsídios e alívio de regulamentos ambientais a uma ampla gama de grupos de interesse. Gingrich não via sentido em perturbar uma situação tão benéfica. Vetei a lei de dotações do Legislativo porque, além das dotações para construções militares, aquela tinha sido a única lei que o Congresso havia aprovado no início do novo ano fiscal, e não me parecia que ele devesse primeiro cuidar de si mesmo. Não queria vetar a lei, e pedi aos líderes republicanos para retê-la até que tivéssemos terminado outras leis orçamentárias, mas eles resolveram enviá-la para mim de qualquer maneira.

Enquanto rugia a batalha pelo orçamento, a secretária de Energia, Hazel O'Leary, e eu recebemos um relatório de minha Comissão Consultora sobre Experiências em Radiação Humana, detalhando milhares de experiências com seres humanos em universidades, hospitais e bases militares durante a Guerra Fria. A maioria delas era ética, mas algumas não eram: num caso, os cientistas haviam injetado plutônio em dezoito pacientes sem o seu conhecimento; em outro, os médicos expuseram indigentes cancerosos a doses excessivas de radiação, mesmo sabendo que os doentes não seriam beneficiados por elas. Ordenei um reexame de todos os procedimentos experimentais em uso e prometi oferecer indenizações aos prejudicados nos casos cabíveis. A liberação dessa informação até então secreta era parte de uma política maior de abertura de informações que adotei durante todo o meu mandato. Já tínhamos retirado o caráter sigiloso de milhares de documentos referentes à Segunda Guerra Mundial, à Guerra Fria e ao assassinato do presidente Kennedy.

No fim da primeira semana de outubro, Hillary e eu fomos em férias a Martha's Vineyard para assistir ao casamento de nossa grande amiga Mary Steenburgen com Ted Danson. Éramos amigos desde a década de 1980; nossos filhos brincaram juntos desde pequenos, e Mary havia trabalhado muito por mim, percorrendo todo o país em 1992. Vibrei quando soube que ela e Ted tinham se apaixonado logo ao se conhecerem, e o casamento dos dois foi para mim um alívio reparador das tensões da Bósnia, Whitewater e das guerras do orçamento.

No fim do mês Hillary e eu comemoramos o vigésimo aniversário de casamento. Dei a ela um lindo anel de diamantes para saudar aquele marco da nossa vida e para compensar o fato de não ter tido dinheiro para comprar um anel de noivado quando ela disse que aceitava se casar comigo. Hillary adorou os pequenos diamantes incrustados na fita estreita de metal e passou a usar o anel como lembrança de que, durante os nossos altos e baixos, acima de tudo ainda estávamos muito enamorados.

45

O SÁBADO, 4 DE NOVEMBRO, começou como um dia auspicioso. As conversações de paz na Bósnia haviam se iniciado na Base Aérea de Wright-Peterson, em Dayton, Ohio, e tínhamos acabado de vencer uma votação rejeitando dezessete emendas antiambientais ao orçamento da Agência de Proteção Ambiental (EPA). Eu já tinha gravado o meu pronunciamento habitual dos sábados pelo rádio, atacando os cortes que ainda permaneciam no orçamento da EPA, e tinha aproveitado um raro dia de tranqüilidade até as 3h25 da tarde, quando Tony Lake me telefonou na residência para me informar que Yitzhak Rabin havia sido baleado durante um comício pela paz em Tel Aviv. O autor do atentado não era um terrorista palestino, mas um jovem estudante israelense de Direito, Yigal Amir, que se opunha ferrenhamente à devolução da Cisjordânia aos palestinos, como também era contra os assentamentos judeus.

Yitzhak tinha sido levado às pressas para o hospital, e durante algum tempo não sabíamos a gravidade dos seus ferimentos. Chamei Hillary, que estava no segundo andar trabalhando no seu livro, e lhe contei o que havia acontecido. Ela desceu e me abraçou enquanto comentávamos que Yitzhak e eu havíamos nos encontrado dez dias antes, quando ele viera aos Estados Unidos para me oferecer a comenda Isaías, do Apelo Judeu Unido. Havia sido uma noite feliz. Yitzhak, que detestava se vestir a rigor, apareceu para o evento num terno escuro e gravata comum. Pediu uma gravata-borboleta ao meu assistente presidencial, Steve Goodin, e eu a ajeitei nele. Quando me ofereceu o prêmio, Yitzhak insistiu em que eu, como homenageado, ficasse à sua direita, apesar de o protocolo determinar que visitantes estrangeiros devem ficar à direita do presidente. "Esta noite vamos inverter a ordem", disse ele. Respondi que com certeza ele tinha razão, pois, no Apelo Judeu Unido, aquela era "a sua turma, não a minha". Agora eu esperava, contra todas as esperanças, que voltássemos a rir juntos como daquela vez.

Cerca de 25 minutos depois do primeiro telefonema, Tony tornou a ligar para dizer que o estado de Rabin era grave, mas ele não sabia mais nada. Desliguei o telefone e disse a Hillary que queria ir para o Salão Oval. Depois de conferenciar com a minha equipe e andar de lá para cá por alguns minutos, decidi que queria ficar só. Então peguei um taco e algumas bolas de golfe e fui para o Gramado Sul, onde pedi a Deus que poupasse a vida de Yitzhak, joguei algumas bolas sem direção e esperei.

Depois de quinze minutos vi a porta do Salão Oval se abrir e Tony Lake descer o caminho de pedra na minha direção. Pela expressão do seu rosto vi que Yitzhak havia morrido. Quando Tony me deu a notícia, eu lhe pedi que preparasse uma declaração oficial para eu ler.

Nos dois anos e meio em que trabalhamos juntos, Rabin e eu tínhamos criado uma relação muito íntima, marcada pela franqueza, pela confiança e por uma

A posse e um baile de posse,
20 de janeiro de 1993

Al Gore e eu com o gabinete: (*de pé, a partir da esquerda*) Madeleine Albright, Mack McLarty, Mickey Kantor, Laura Tyson, Leon Panetta, Carol Browner, Lee Brown; (*sentados, a partir da esquerda*) Lloyd Bentsen, Janet Reno, Mike Espy, Robert Reich, Henry Cisneros, Hazel O'Leary, Richard Riley, Jesse Brown, Federico Peña, Donna Shalala, Ron Brown, Bruce Babbitt, Les Aspin e Warren Christopher

Al e eu rezando no nosso almoço semanal

Com minha mãe, Dick Kelley e Champ, em Hot Springs

Mack McLarty e eu assistindo à Cúpula das Américas, em Santiago do Chile

No escritório da residência particular, com os presidentes George Bush, Jimmy Carter e Gerald Ford, na véspera do anúncio da campanha do NAFTA

Com os mordomos e a equipe da Casa Branca

Com Hillary, em Wyoming

Minha mãe, Roger e eu comemorando nosso último Natal juntos

Chelsea em *O Quebra-Nozes*

Ron Brown e eu improvisando um jogo de basquete em Los Angeles

Al e eu, no Gramado Sul, anunciando a eliminação de toneladas de regulamentações governamentais, como parte da nossa iniciativa do Governo Reinventado

Ajeitando a gravata do primeiro-ministro Yitzhak Rabin. Foi a última vez em que estivemos juntos

Direita: Tony Lake me traz a notícia da morte de Rabin

Chegando ao Marine One, com Bruce Lindsey e Erskine Bowles

Abaixo: Reunião sobre a Bósnia na Sala de Prontidão, na Casa Branca

Acima, à esquerda: Com voluntários do AmeriCorps no local de um tornado no Arkansas

Acima, à direita: Formatura de Chelsea em Sidwell Friends

Rahm Emanuel e Leon Panetta me passam informações na sala de jantar do Salão Oval

Abaixo, à esquerda: Cavalgando com Harold Ickes em Montana

Com Hillary

Al e eu na borda do Grand Canyon, criando o Monumento Nacional de Grand Staircase – Escalante

No campo de golfe com Frank Raines, Erskine Bowles, Vernon Jordan e Max Chapman

Uma reunião sobre estratégia no Salão Oval Amarelo

Com os líderes republicanos, deputado Newt Gingrich e senador Bob Dole, na Sala do Gabinete

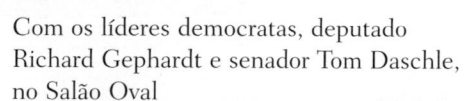

Com os líderes democratas, deputado Richard Gephardt e senador Tom Daschle, no Salão Oval

O presidente russo Boris Yeltsin e eu em Hyde Park, Nova York

Com o chanceler alemão Helmut Kohl no Castelo de Wartburg

Lendo "Twas the Night Before Christmas" para crianças na Sala Ocidental, com Hillary e Chelsea

Chelsea e eu no enterro de Ron Brown

Nossos amigos, a rainha Noor e o rei Hussein, encontram-se comigo e com Hillary na Sacada Truman

Acima: Falando sobre a ponte dos Estados Unidos para o século XXI na Universidade Estadual do Arizona

Direita: Promovendo a educação num evento na Califórnia

Comemorando a nossa vitória de 1996 a bordo do Air Force One

Assinando uma ordem executiva com representantes dos Governos Tribais de Índios Americanos

Visitando soldados no Kuwait

Reunião em Shepherdstown, na Virgínia Ocidental, com a minha equipe para o Oriente Médio: Madeleine Albright, Dennis Ross, Martin Indyk, Rob Malley, Bruce Reidel e Sandy Berger. Maria Echaveste, subchefe de gabinete, é a última à direita.

Abaixo: Com a equipe econômica no Salão Oval

Jogando cartas com Bruce Lindsey, Doug Sosnik e Joe Lockhart no Marine One

Com Fred Sanchez e Lito Bautista, camareiros da Casa Branca, minha médica Connie Mariano, o camareiro Joe Fama e o administrador do Salão Oval Bayani Nelvis

Minha equipe legal: Cheryl Mills, Bruce Lindsey, David Kendall, Chuck Ruff e Nicole Seligman

Glen Maes, administrador do Salão Oval, mostra a mim e a Al o bolo que fez para o meu aniversário

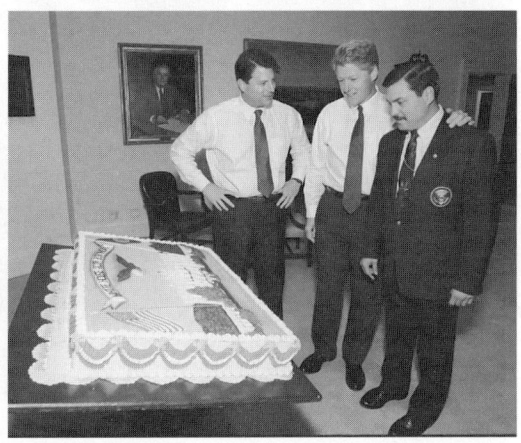

Esquerda: Jogando com Buddy e meus sobrinhos Zachary e Tyler no Gramado Sul

Abaixo: Socks faz uma declaração para a imprensa

Nelson Mandela, presidente da África do Sul, e eu na cela da ilha Robben, onde ele esteve preso os primeiros dezoito dos 27 anos do seu período de cárcere

Com o primeiro-ministro japonês Keizo Obuchi em Tóquio

Com o presidente da China Jiang Zemin no Salão Oval

As Crianças Vallenato se apresentando em Cartagena, com Chelsea e o presidente da Colômbia, Andrés Pastrana

A reunião do G-8 em Denver: (*da esquerda para a direita*) Jacques Santer, Tony Blair, Ryutaro Hashimoto, Helmut Kohl, Boris Yeltsin, eu, Jacques Chirac, Jean Chrétien, Romano Prodi e Wim Kok

Com o gabinete: (*primeira fileira*) Bruce Babbitt, William Cohen, Madeleine Albright, eu, Larry Summers, Janet Reno; (*segunda fileira*) George Tenet, Togo West, Bill Richardson, Andrew Cuomo, Alexis Herman, Dan Glickman, John Podesta, William Daley, Donna Shalala, Rodney Slater, Richard Riley, Carol Browner; (*fileira do fundo*) Thurgood Marshall Jr., Bruce Reed, James Lee Witt, Charlene Barshefsky, Martin Baily, Jack Lew, Barry McCaffrey, Aida Alvarez, Gene Sperling e Sandy Berger

Acima, à esquerda: Com Tony Blair, em Chequers

Acima, à direita: Hillary e eu percorrendo um campo de refugiados kosovares na Macedônia

Esquerda: Hillary e eu com uma criança recém-nascida chamada Bill Clinton, de Wanyange, Uganda

Abaixo: Falando para uma multidão de mais de 500 mil pessoas na Praça da Independência, em Ghana

Atravessando a ponte Edmund Pettus, com Jesse Jackson, Coretta Scott King, John Lewis e outros veteranos do movimento dos direitos civis que lutaram junto com Martin Luther King Jr., em comemoração ao trigésimo quinto aniversário da marcha pelo direito ao voto em Selma, Alabama.

Hillary, Chelsea e eu num local de escavações em busca de desaparecidos no Vietnã, com a família Evert

Cúpula pela paz no Oriente Médio, realizada em Camp David, com o primeiro-ministro Ehud Barak, o presidente Yasser Arafat e o meu tradutor de árabe e assessor para assuntos de Oriente Médio, Gemal Helal

Recebendo a chuva de pétalas de rosas numa cerimônia tradicional em Naila, Índia

Com Gerry Adams, John Hume e David Trimble no dia de são Patrício, 2000

Falando para uma multidão na Market Square, em Dundalk, Irlanda

Levando a internet para as salas de aula dos Estados Unidos, com Dick Riley

Os agentes especiais no comando da divisão de proteção presidencial, do Serviço Secreto dos Estados Unidos, com Nancy Hernreich, diretora de Operações do Salão Oval, e a minha secretária, Betty Currie

Acima: Com meus auxiliares presidenciais Doug Band, Kris Engskov, Stephen Goodin e Andrew Friendly

Abaixo: Comemorando com a minha equipe depois do último discurso à nação

7 de fevereiro de 2000: Hillary anuncia a sua campanha para o Senado

Chelsea e eu esperamos Hillary depositar seu primeiro voto como candidata, em Chappaqua, Nova York

Meus últimos momentos no Salão Oval, depois de deixar na escrivaninha a tradicional carta para o seu próximo ocupante

extraordinária compreensão das posições políticas e dos processos mentais um do outro. Nossa amizade tinha o caráter singular das amizades forjadas entre pessoas que estão envolvidas numa luta que acreditam ser grande e boa. A cada encontro eu o respeitava mais, e a minha afeição por ele aumentava. Quando morreu, eu o admirava e gostava muito dele. No fundo, acho que sempre soube que Rabin estava arriscando a vida, mas eu não conseguia acreditar que ele se fora, e não sabia o que queria ou poderia fazer agora no Oriente Médio. Vencido pela tristeza, entrei em casa para permanecer com a Hillary por algumas horas.

No dia seguinte, Hillary, Chelsea e eu fomos à Igreja Metodista da Fundição com nossos convidados de Little Rock, Vic e Susan Fleming e sua filha Elizabeth, uma das melhores amigas da Chelsea. Era o Dia de Todos os Santos, e o culto foi cheio de evocações de Rabin. Chelsea e outra menina leram um trecho do Êxodo sobre Moisés diante de Deus na sarça ardente. Nosso pastor, Phil Wogaman, disse que "o local em Tel Aviv onde Rabin sacrificou a sua vida era agora um local santo".

Depois de recebermos a comunhão, Hillary e eu saímos da igreja e fomos à embaixada de Israel visitar o embaixador e a sra. Rabinovitch e assinar o livro de condolências, colocado sobre uma mesa no Salão Jerusalém da embaixada, ao lado de um enorme retrato de Rabin. Quando chegamos, Tony Lake e Dennis Ross, nosso enviado especial ao Oriente Médio, já estavam lá, sentados em respeitoso silêncio. Hillary e eu assinamos o livro e voltamos para casa, para nos preparar para a viagem a Jerusalém e acompanhar o funeral.

Viajaram conosco os ex-presidentes Carter e Bush, os líderes do Congresso e mais de trinta senadores e deputados, o general Shalikashvili, o ex-secretário de Estado George Schultz e vários importantes líderes empresariais. Assim que aterrissamos, Hillary e eu fomos à casa de Rabin visitar Lea. Ela estava sofrendo, mas tentando parecer forte para a família e para o seu país.

Compareceram ao funeral o rei Hussein e a rainha Noor, o presidente Mubarak e outros líderes mundiais. Arafat queria comparecer, mas foi convencido a não ir por causa do risco e do impacto potencialmente divisivo da sua presença em Israel. Foi arriscado também para Mubarak, que havia recentemente sobrevivido a um atentado contra a sua vida, mas ele assumiu o risco. Hussein e Noor estavam arrasados pela morte de Rabin; os dois gostavam realmente dele e acreditavam que ele era essencial para o processo de paz. Para todos os seus parceiros árabes, o assassinato de Rabin era um aviso penoso dos riscos que eles também corriam em nome da paz.

Hussein fez um grande elogio, e a neta de Rabin, Noa Ben Artzi Pelossof, que então servia no Exército israelense, comoveu o público ao falar ao avô: "Vovô, o senhor era o pilar de fogo diante do acampamento, e agora somos apenas um campo abandonado no escuro, e está tão frio". Nas minhas palavras, tentei convocar o povo de Israel para continuar a seguir o seu líder morto. Naquela mesma semana, judeus de todo o mundo estudavam o trecho da Torá em que Deus ordenou a Abraão sacrificar seu filho amado, Isaac, ou Ytzhak. Quando Abraão mostrou que estava disposto a obedecer, Deus poupou o menino. "Agora Deus testa nossa fé de uma forma ainda mais terrível, pois nos tomou o nosso Ytzhak. Mas a aliança de Israel com Deus, pela liberdade, pela tolerância, pela segurança, pela paz — essa aliança tem de continuar. Ela foi a obra de toda a vida do primeiro-ministro

Rabin. Agora temos de fazer dela o seu legado duradouro". Terminei com as palavras *"Shalom, chaver".*

De alguma maneira, aquelas duas palavras, *Shalom, chaver* — Adeus, amigo — tinham captado os sentimentos dos israelenses por Rabin. Vários membros judeus da minha equipe falavam hebraico e sabiam o que eu sentia por Rabin; eu ainda estou grato por eles terem me dado essa frase. Shimon Peres depois me disse que *chaver* significa mais que apenas amigo; a palavra evoca a camaradagem das almas gêmeas numa causa comum. Pouco depois, *Shalom, chaver* começou a aparecer em cartazes e adesivos de pára-choques por todo o Estado de Israel.

Depois do funeral, tive algumas reuniões com outros líderes no King David Hotel, com sua maravilhosa vista da Cidade Velha, e então parti de volta para Washington. Aterrissamos às quatro e meia da manhã na Base Aérea de Andrews, e todos os viajantes cansados desceram cambaleantes do avião para buscar o repouso possível antes de retomar a batalha do orçamento, que se aproximava da sua fase final.

Desde o início do ano fiscal, no dia 1º de outubro, o governo vinha operando com fundos providos por uma resolução de continuidade [*continuing resolution* — CR], que autorizava recursos para os departamentos até que o orçamento fosse aprovado. Não era incomum que um novo ano fiscal começasse sem que o Congresso tivesse aprovado algumas dotações específicas, mas agora todo o governo operava com os fundos de uma CR, sem que se visse um fim para aquela situação. Nos dois primeiros anos do meu mandato, o Congresso sob comando democrata havia aprovado o orçamento dentro do prazo.

Eu tinha proposto equilibrar o orçamento em dez anos e, depois, na proposta de 2004, em nove, mas os republicanos e eu ainda tínhamos grandes diferenças com relação ao orçamento. De acordo com todos os meus especialistas, os cortes que os republicanos propunham para o Medicare e o Medicaid, a educação, o meio ambiente e o Crédito Tributário sobre a Renda Auferida (EITC) eram maiores que o necessário para financiar os cortes de impostos e chegar ao equilíbrio, talvez até mesmo em sete anos. Tínhamos também diferenças quanto às estimativas de crescimento econômico, de inflação dos custos médicos e de receitas esperadas. Quando controlavam a Casa Branca, os republicanos haviam sistematicamente superestimado as receitas e subestimado os gastos. Eu estava determinado a não cometer o mesmo erro, e sempre adotei estimativas conservadoras que nos permitiram superar as nossas metas de redução do déficit.

Agora que controlavam o Congresso, os republicanos tinham ido longe demais na direção contrária, subestimando o crescimento econômico e as rendas, e superestimando as taxas de inflação dos custos médicos, no momento mesmo em que promoviam as HMOs* como um meio garantido de reduzir tais índices. A estratégia deles parecia ser a extensão lógica do conselho de William Kristol no memo-

---

* Como já mencionado, HMO — Health Maintenance Organization — é um plano de saúde privado. Há também as Medicare HMO, assistência médica do Medicare por intermédio de uma HMO, e não por órgãos do governo. (N. dos T.)

rando a Bob Dole, insistindo para que ele bloqueasse qualquer ação relativa à assistência médica. Se eles conseguissem reduzir as dotações para o Medicare e o Medicaid, a educação e o meio ambiente, as famílias de classe média veriam menos benefícios de seus impostos, teriam mais raiva ao pagar impostos e ficariam mais receptivas às propostas de corte de impostos e à estratégia republicana de campanhas em torno de questões como o aborto, os direitos dos gays e as armas.

O diretor de orçamento do presidente Reagan, David Stockman, já tinha reconhecido que aquela administração havia deliberadamente operado com enormes déficits para desencadear uma crise visando reduzir o orçamento doméstico. Tiveram sucesso parcial, reduzindo, mas não eliminando, os recursos para investimentos destinados ao nosso futuro comum. Naquele momento, os republicanos de Gingrich tentavam usar o orçamento equilibrado com previsões irreais de receita e despesas para completar o trabalho. Eu estava determinado a impedir que isso ocorresse; a direção futura da nação estava em jogo.

No dia 10 de novembro, três dias antes de expirar a resolução de continuidade (CR), o Congresso me enviou uma nova, com o desafio final: o preço de manter aberto o governo seria a assinatura de uma nova CR que aumentasse em 25% as contribuições dos beneficiários para o Medicare, cortasse recursos para a educação e o meio ambiente e reduzisse a força das leis ambientais.

No dia seguinte, uma semana após o assassinato de Rabin, fiz meu pronunciamento pelo rádio tratando das tentativas dos republicanos de fazer aprovar suas propostas orçamentárias passando pela porta dos fundos da CR. Era o Dia dos Veteranos, e assim eu mostrei que 8 milhões de idosos, cujas contribuições para o Medicare seriam aumentadas, eram veteranos de guerra. Não havia necessidade dos cortes draconianos impostos pelos republicanos: as taxas de desemprego e de inflação estavam no seu nível mínimo em 25 anos; o número de empregados federais expresso como porcentagem da força de trabalho estava no nível mais baixo desde 1933; e o déficit estava caindo. Eu ainda queria equilibrar o orçamento, mas de uma maneira que fosse "coerente com os nossos valores fundamentais" e "sem ameaças e sem rancor partidarista".

Na noite de segunda-feira, o Congresso finalmente me enviou a proposta de aumento do limite da dívida. Era ainda pior que a CR, mais um subterfúgio para fazer passar os cortes do orçamento e o enfraquecimento das leis ambientais. A proposta também tirava do secretário do Tesouro a flexibilidade na gerência de recursos que ele detinha desde o governo Reagan para evitar a inadimplência em condições extremas. Pior ainda, ela novamente reduzia o limite da dívida após trinta dias, o que seria a certeza da inadimplência.

Desde abril, Gingrich vinha ameaçando fechar o governo e fazer os Estados Unidos faltarem à obrigação do pagamento da sua dívida, caso eu não aceitasse a sua proposta de orçamento. Não sei se isso era realmente o que ele queria, ou se simplesmente ele acreditou na cobertura da imprensa durante os dois primeiros anos do meu mandato apresentando-me, apesar das grandes evidências em contrário, como fraco, sempre pronto a fugir à palavra empenhada, ansioso por soluções de compromisso. Se esse foi o caso, ele devia ter dado mais atenção às evidências.

Em 13 de novembro, estando a expiração da CR em vigor programada para a meia-noite, os negociadores se reuniram mais uma vez para tentar resolver as nossas diferenças antes do fechamento do governo. Compareceram Dole, Gingrich, Armey, Daschle e Gephardt e, representando o nosso lado, Al Gore, Leon Panetta, Bob Rubin, Laura Tyson e outros membros da equipe. A atmosfera estava tensa quando Gingrich deu início à reunião, queixando-se da nossa propaganda na TV. Em junho tínhamos veiculado em alguns estados selecionados uma propaganda mostrando as realizações da administração, a começar pela lei anticriminalidade. Quando o debate em torno do orçamento esquentou, após o Dia do Trabalho, na primeira segunda-feira de setembro, a publicidade passou a tratar dos cortes propostos pelos republicanos, especialmente no Medicare e no Medicaid. A arenga de Newt ia se estendendo, quando Leon Panetta secamente o fez lembrar das coisas que ele havia dito sobre mim antes das eleições de 1994: "Senhor presidente, o senhor tem telhado de vidro".

Dole tentou acalmar as coisas, dizendo que ele não queria fechar o governo. Nesse ponto, Dick Armey interrompeu para dizer que Dole não representava os republicanos da Câmara dos Deputados. Armey era um sujeito corpulento que sempre usava botas de vaqueiro e parecia estar em estado constante de agitação. Ele começou a falar da determinação dos republicanos da Câmara de se manterem fiéis aos seus princípios e da raiva que ele tinha dos anúncios sobre os cortes no Medicare, que haviam assustado a sua sogra já idosa. Respondi que não conhecia o estado da sogra dele, mas que, se os cortes dos republicanos fossem aprovados, um grande número de idosos seria forçado a sair das instituições onde eram abrigados ou perderia a assistência médica em domicílio.

Armey respondeu asperamente que, se eu não cedesse, eles iriam fechar o governo e isso seria o fim da minha administração. Respondi que eu nunca iria permitir a aprovação dos cortes que eles propunham, "nem que eu caia para 5% nas pesquisas. Se quiserem mesmo os seus cortes, vocês terão de colocar outro nesta cadeira!". É claro que não houve acordo.

Após a reunião, Daschle, Gephardt e a minha equipe estavam entusiasmados com a maneira como eu havia enfrentado Armey. Al Gore disse que gostaria que todo mundo nos Estados Unidos tivesse ouvido a minha declaração, mas que eu deveria ter dito que não me importaria se caísse a zero nas pesquisas. Olhei para ele e falei: "Não, Al. Se cairmos a 4%, eu desisto". Rimos, mas ainda estávamos com o coração na mão.

Vetei a CR e a proposta de aumento do limite da dívida, e no dia seguinte uma grande parcela do governo federal fechou as portas. Quase 800 mil funcionários foram para casa, dificultando a vida de milhões de norte-americanos que tinham de apresentar requerimentos ao Seguro Social, receber os benefícios de veteranos de guerra e fazer pedidos de empréstimos; que precisavam da inspeção de segurança em seus locais de trabalho, da abertura dos parques nacionais à visitação pública, e de muitos outros serviços. Depois dos vetos, Rob Rubin tomou a providência inédita de tomar emprestados 61 bilhões de dólares dos fundos de aposentadoria para honrar as nossas obrigações e adiar a inadimplência por mais algum tempo.

Como seria de esperar, os republicanos tentaram lançar sobre mim a culpa pelo fechamento do governo. Eu receava que eles talvez conseguissem isso, dado o sucesso que tiveram em me atribuir a culpa pela radicalização da divisão partidária na eleição de 1994. Então veio um certo alívio quando Gingrich, num café-da-manhã com repórteres no dia 15, sugeriu que havia feito uma CR mais dura por eu tê-lo tratado com desprezo no vôo de volta do funeral de Rabin, recusando-me a conversar com ele sobre o orçamento e mandando-o descer pela porta de trás do avião, em vez de pela porta dianteira junto comigo. "Parece pouco, mas é terrível [...] ninguém vem conversar com você e ainda mandam você descer pela porta de trás. A gente fica pensando, será que eles não aprenderam boas maneiras?" Talvez eu devesse ter discutido o orçamento na viagem de volta, mas não conseguia tirar da cabeça a razão daquela triste viagem e o futuro do processo de paz. Mas eu havia conversado com Gingrich e com a delegação de congressistas, como demonstrava uma fotografia de Newt, Bob Dole e eu conversando no avião. Quanto à saída pela porta de trás, minha equipe achou que seria uma cortesia, pois aquela era a saída mais próxima do local onde esperavam os carros que iriam levar Gingrich e os outros. E já passava das quatro e meia da manhã. Não havia nenhuma câmera. A Casa Branca mandou veicular a foto da nossa conversa e a imprensa ridicularizou as queixas de Gingrich.

No dia 16, numa entrevista coletiva, voltei a convidar os republicanos a me enviar uma nova CR e a iniciar de boa-fé negociações em torno do orçamento, exatamente quando eles ameaçavam me enviar outra com os mesmos problemas. Na noite anterior eu havia assinado a proposta de orçamento para o Departamento de Transportes, a quarta das treze necessárias, e cancelado a viagem programada para Osaka, no Japão, onde eu participaria da reunião de líderes da Associação de Cooperação da Ásia e do Pacífico [Asia-Pacific Economic Cooperation — APEC].

No dia 19 de novembro, dei abertura aos republicanos, dizendo que em princípio eu iria trabalhar para equilibrar o orçamento em sete anos, mas não me comprometeria com os cortes de impostos e despesas propostos por eles. A economia continuava a crescer, o déficit caía mais que o esperado; Leon Panetta, Alice Rivlin e a nossa equipe econômica acreditavam que poderíamos equilibrar o orçamento em sete anos sem os cortes profundos pedidos pelos republicanos. Assinei mais duas propostas de dotação, para o Legislativo e para o Departamento do Tesouro, os Correios e operações gerais do governo. Com seis das treze propostas já assinadas, cerca de 200 mil dos 800 mil funcionários federais voltaram ao trabalho.

Na manhã de 21 de novembro Warren Christopher me ligou de Dayton para informar que os presidentes da Bósnia, da Croácia e da Sérvia tinham chegado a um acordo para terminar a guerra na Bósnia. Pelo acordo, a Bósnia continuaria sendo um Estado único formado por duas partes, a Federação Bósnio-Croata e a República Sérvia da Bósnia, o que resolvia as questões que tinham levado ao início da guerra. Sarajevo seria a capital e não seria dividida. Política externa, comércio, imigração, cidadania e política monetária se tornariam responsabilidades do governo nacional. Cada uma das federações teria sua própria força policial. Os refugiados poderiam voltar para a sua terra e haveria garantias de liberdade para ir e vir em todo o país. Haveria também supervisão internacional para os direitos humanos e o treinamento policial, e os acusados de crimes de guerra seriam excluídos da vida política. Uma grande força internacional comandada pela OTAN iria supervisionar a separação das forças e manter a paz durante o período de implementação do acordo.

O acordo de paz da Bósnia foi uma conquista difícil, e seus detalhes continham pílulas amargas para todos os envolvidos, mas daria fim a quatro anos sangrentos que custaram mais de 250 mil vidas e forçaram mais de 2 milhões de pessoas a fugir da sua terra. A liderança americana foi decisiva para forçar a OTAN a ser mais agressiva e na tomada das iniciativas diplomáticas finais. Nossos esforços foram especialmente auxiliados pelos ganhos dos bósnios e dos croatas no campo de batalha, e pela obstinada recusa de Izetbegovic e seus companheiros a se render em face da agressão dos sérvios da Bósnia.

O acordo final foi um tributo à habilidade de Dick Holbrooke e de sua equipe de negociadores; a Warren Christopher, que nos momentos críticos teve ação decisiva para manter os bósnios no barco e no fechamento do acordo; a Tony Lake, que concebeu e conseguiu vender a nossa iniciativa de paz aos nossos aliados e que, com Holbrooke, trabalhou para que as conversações finais ocorressem nos Estados Unidos; a Sandy Berger, que presidia as reuniões da comissão de representantes, e manteve o nosso pessoal de segurança informado do que estava ocorrendo sem permitir muita interferência; e a Madeleine Albright, que apoiou energicamente a nossa postura nas Nações Unidas. A escolha de Dayton e da Base Aérea de Wright-Patterson, cuidadosamente avaliada pela equipe de negociadores, foi divinal; estava nos Estados Unidos, mas era suficientemente distante de Washington para dificultar vazamentos de informações, e as instalações permitiam o tipo de "proximidade de conversação" que tornou possível a Holbrooke e sua equipe acertarem os difíceis detalhes finais.

Em 22 de novembro, depois de 21 dias de isolamento em Dayton, Holbrooke e sua equipe foram a Washington para receber as minhas congratulações e discutir os passos seguintes. Ainda tínhamos a difícil tarefa de convencer o Congresso e o povo norte-americano que, de acordo com as últimas pesquisas, continuava se opondo tenazmente ao envio de nossas tropas para a Bósnia. Depois que Al Gore iniciou a reunião dizendo que até então o testemunho militar não tinha sido útil, eu disse ao general Shalikashvili que sabia que ele apoiava o nosso envolvimento na Bósnia, mas que muitos dos seus subordinados ainda estavam ambivalentes. Al e eu tínhamos orquestrado nossos comentários para enfatizar que já era hora de todo mundo no governo assumir o programa, e não apenas os militares. Eles provocaram o efeito desejado.

Já tínhamos um forte apoio de alguns membros importantes do Congresso, especialmente dos senadores Lugar, Binden e Lieberman. Outros ofereceram um endosso mais limitado, dizendo que queriam uma "estratégia clara de retirada". Para aumentar esse número, passei a convidar membros do Congresso à Casa Branca, enviando, ao mesmo tempo, Christopher, Perry, Shalikashvili e Holbrooke ao Capitólio. Nossa tarefa era complicada por causa do debate sobre o orçamento; o governo por enquanto estava aberto, mas os republicanos ameaçavam fechá-lo de novo no dia 15 de dezembro.

No dia 27 de novembro defendi perante o povo norte-americano o nosso envolvimento na Bósnia. Falando do Salão Oval, afirmei que nossa diplomacia havia produzido os acordos de Dayton e que nossas tropas tinham sido solicitadas, não para combater, mas para ajudar as partes na implementação do plano de paz, que atendia aos interesses estratégicos dos Estados Unidos e promovia nossos valores fundamentais.

Como 25 outras nações tinham concordado em participar de uma força de 60 mil homens, somente um terço dos soldados seria de norte-americanos. Prometi que eles seriam bem treinados e bem armados para minimizar o risco de baixas. Depois do discurso, senti que havia feito a melhor defesa possível da nossa responsabilidade de liderar as forças da paz e da liberdade, e esperei ter convencido a opinião pública, de modo que o Congresso não fosse tentado a me impedir de enviar os soldados.

Além dos argumentos apresentados no meu discurso, a defesa dos bósnios trouxe outro importante benefício para os Estados Unidos: era uma demonstração aos muçulmanos de todo o mundo de que os Estados Unidos se interessavam por eles, respeitavam o islã e os apoiariam se eles rejeitassem o terror e aceitassem as possibilidades da paz e da conciliação.

Em 28 de novembro, depois de assinar uma lei fornecendo mais 5 bilhões de dólares para os nossos projetos de transporte, entre eles o meu projeto de "tolerância zero" para o uso de bebidas por motoristas abaixo dos 21 anos, saí para uma visita ao Reino Unido e à Irlanda para mais uma importante iniciativa de paz. Durante toda a atividade no Oriente Médio e na Bósnia, e em torno do orçamento, tínhamos continuado a trabalhar a situação na Irlanda do Norte. Às vésperas da minha viagem, e por insistência nossa, os primeiros-ministros Major e Bruton anunciaram uma vitória do processo de paz: uma iniciativa de "vias paralelas" prevendo conversações separadas sobre o desarmamento e a solução das questões políticas; todas as partes, inclusive o Sinn Fein, seriam convidadas a participar das conversações supervisionadas por um painel internacional que George Mitchell concordou em presidir. Era bom entrar num território de boas notícias.

No dia 29 me encontrei com John Major e falei ao Parlamento, onde agradeci aos britânicos o apoio dado para o processo de paz na Bósnia e a sua disposição de ter uma participação importante na força da OTAN. Elogiei Major pela busca da paz na Irlanda do Norte, citando o lindo verso de John Milton: "A paz tem as suas vitórias, não menos famosas que as da guerra". Também me encontrei pela primeira vez com um jovem líder da oposição, Tony Blair, que tentava revigorar o Partido Trabalhista com uma abordagem muito parecida com a que havíamos tentado adotar no Conselho da Liderança Democrata. Enquanto isso, os republicanos tinham mudado de posição sobre a reforma do *lobby*, e a Câmara dos Deputados a aprovou por unanimidade: 421 a zero.

No dia seguinte voei para Belfast como o primeiro presidente norte-americano a visitar a Irlanda do Norte. Era o início de dois dos melhores dias da minha administração. Na estrada do aeroporto para a cidade, havia pessoas acenando bandeiras dos Estados Unidos e me agradecendo por trabalhar em prol da paz. Chegando a Belfast, fiz uma parada na Shankhill Road, o centro do unionismo protestante, onde dez pessoas haviam sido mortas por uma bomba do IRA em 1993. A única coisa que a maioria dos protestantes sabia sobre mim era o visto que eu havia concedido a Adams.* Eu queria que eles soubessem que eu estava traba-

---

* Episódio relatado anteriormente; visto de entrada concedido a Gerry Adams, do Sinn Fein, depois de o governo dos Estados Unidos terem mantido por 25 anos uma política de negar vistos a personalidades daquele movimento considerado terrorista. (N. dos T.)

lhando por uma paz justa também para eles. Comprei flores, maçãs e laranjas numa loja local, conversei com as pessoas e apertei algumas mãos.

Pela manhã falei aos empregados e a outras pessoas que estavam presentes na Mackie International, fabricante de maquinário para a indústria têxtil que empregava católicos e protestantes. Depois de ser apresentado por duas crianças que clamavam pela paz, uma protestante e outra católica, pedi à platéia para ouvir o que elas diziam: "Somente vocês podem decidir entre divisão e unidade, entre a vida infeliz e as grandes esperanças". O slogan do IRA era "Nosso dia vai chegar". Pedi aos irlandeses para dizer àqueles que ainda se agarravam à violência: "Vocês são o passado, seu dia já passou".

Mais tarde fiz uma parada em Falls Road, o coração da comunidade católica de Belfast. Visitei uma padaria e apertei as mãos de uma multidão crescente de cidadãos. Um deles era Gerry Adams. Disse a ele que estava lendo *A rua*, seu livro de contos sobre a comunidade de Falls, e que a leitura me dera uma compreensão melhor do que os católicos haviam sofrido. Foi a nossa primeira aparição pública juntos, e assinalou a importância do seu compromisso com o processo de paz. A multidão entusiasmada que se reuniu estava claramente feliz com a maneira como evoluíam os acontecimentos.

À tarde, Hillary e eu fomos de helicóptero até Derry, a cidade mais católica da Irlanda do Norte, terra de John Hume. Vinte e cinco mil pessoas enchiam a Guildhall Square e as ruas que levavam a ela. Fiz à multidão uma pergunta simples: "Vocês vão se definir em termos do que são contra ou daquilo que desejam? Vão se definir em termos do que não são ou do que são? Chegou o tempo da vitória para os que trazem a paz à Irlanda do Norte, e os Estados Unidos apoiarão tudo o que eles fizerem".

Hillary e eu terminamos o dia voltando a Belfast para a cerimônia de iluminação da árvore de Natal da cidade, ao lado da prefeitura, diante de uma multidão de cerca de 50 mil pessoas eletrizadas pela música do cantor da Irlanda do Norte, Van Morrison: "Oh, minha mãe me disse que haveria dias assim". Nós dois falamos; Hillary, sobre as cartas que tinha recebido de crianças expressando a esperança na paz, e eu citando uma que tinha sido escrita por uma menina de catorze anos de County Amagh: "Os dois lados sofreram. Os dois lados têm de perdoar". Terminei minha fala dizendo que para Jesus, cujo nascimento estávamos comemorando, "não havia palavras mais importantes que estas: Bem-aventurados os que trazem a paz, pois eles herdarão a terra".

Depois de acesa a iluminação da árvore, comparecemos a uma recepção para a qual todos os líderes partidários tinham sido convidados. Até mesmo o reverendo Ian Paisley, o feroz líder do Partido Unionista Democrata. Apesar de não apertar as mãos dos líderes católicos, ele ficou feliz pela oportunidade de me dar uma lição sobre os erros da minha vida. Depois de alguns minutos de aula, decidi que os católicos haviam ficado com a melhor parte do trato.

Hillary e eu deixamos a recepção para passar a noite no Europa Hotel. Naquela primeira viagem à Irlanda do Norte, até mesmo a escolha das nossas acomodações foi carregada de simbolismo. O Europa tinha sido bombardeado mais de uma vez na época dos atentados; agora era seguro para hospedar o presidente dos Estados Unidos.

Foi o final de um dia perfeito, que incluiu até mesmo algum progresso na frente interna, pois assinei a Lei de Dotações do Departamento de Defesa, na qual os líderes do Congresso ofereceram os recursos para o envio de nossas tropas à Bósnia. Dole e Gingrich se converteram em troca de alguns bilhões de dólares extras para gastos com defesa, que até o Pentágono achou excessivos.

Na manhã seguinte voamos para Dublin, onde as ruas estavam apinhadas com uma multidão ainda maior e mais entusiasmada que as que tínhamos visto no norte. Hillary e eu fomos recebidos pela presidente Mary Robinson e pelo primeiro-ministro Bruton, e fomos para um local diante do Banco da Irlanda, na praça do Trinity College Green, onde falei a 100 mil pessoas que gritavam e acenavam bandeiras irlandesas e norte-americanas. Naquele momento eu já tinha a companhia de vários congressistas norte-americanos de origem irlandesa; do secretário Dick Riley e do diretor do Peace Corps, Mark Gearan; dos prefeitos de Chicago, Pittsburgh e Los Angeles; do meu padrasto irlandês, Dick Kelley; e do secretário do Comércio, Ron Brown, que havia contribuído para as nossas iniciativas econômicas para a Irlanda do Norte e se declarou "irlandês negro"; e do meu conselheiro para assuntos irlandeses Jim Lyons. Mais uma vez, pedi ao mar de pessoas para dar um exemplo que inspiraria o mundo.

Quando o evento terminou, Hillary e eu entramos no majestoso Banco da Irlanda para cumprimentar Bono e sua esposa, Ali, e outros membros da banda irlandesa U2. Bono apoiava fortemente o processo de paz, e me deu um presente que sabia que eu iria apreciar: um livro de peças de William Butler Yeats, com o autógrafo do autor e o de Bono, que irreverentemente escreveu: "Bill, Hillary e Chelsea: Esse cara também escreveu umas boas letras. Bono e Ali". Os irlandeses não são conhecidos pela modéstia, mas Bono superou todos eles.

Do College Green fui discursar no Parlamento irlandês, lembrando a quem estava lá que tínhamos de fazer todo o possível para trazer os benefícios tangíveis da paz para o cidadão irlandês comum; como Yeats assinalara: "Tão longo sacrifício torna em pedra o coração".

Fui então ao Cassidy's Pub para receber parentes distantes pelo lado do meu avô materno, cuja família viera de Fermanagh.

Sentindo-me cheio de espírito irlandês, fui do *pub* para a residência do embaixador norte-americano, onde Jean Kennedy Smith havia marcado uma reunião com o líder da oposição, Bertie Ahern, que pouco depois se tornaria primeiro-ministro, meu mais novo parceiro pela paz. Também me encontrei com Seamus Heaney, ganhador do Prêmio Nobel, que eu tinha citado em Derry no dia anterior.

Na manhã seguinte, quando fui à Alemanha visitar as nossas tropas, eu tinha o sentimento de que nossa visita tinha alterado o equilíbrio psicológico na Irlanda. Até então os defensores da paz eram forçados a argumentar com céticos, enquanto seus adversários podiam se limitar a dizer não. Depois daqueles dois dias, o ônus de se explicar tinha passado para os opositores da paz.

Em Baumholder, o general George Joulwan, comandante da OTAN, fez um apanhado do plano militar e me assegurou que o moral das tropas que iriam para a Bósnia era alto. Encontrei-me rapidamente com Helmut Kohl para lhe agradecer pela promessa de enviar 4 mil soldados alemães, e então fui até a Espanha para uma visita ao primeiro-ministro Felipe González, então presidente da União Européia, em busca do apoio do bloco europeu. Também reconheci a liderança do novo secretário-geral da OTAN, o ex-ministro do exterior Javier Solana, um homem excepcionalmente capaz e simpático que inspirava confiança em todos os líderes da OTAN, por maiores que fossem seus egos.

Três dias depois de voltar, vetei mais uma proposta orçamentária republicana. Eles tinham feito algumas modificações e tentaram dificultar o veto incluindo nela a sua proposição de reforma do sistema de seguro contra a pobreza, mas a proposta ainda apresentava grandes cortes nos programas Medicare e Medicaid, praticamente eliminava o Programa de Financiamento Direto ao Estudante, abria o Refúgio Nacional de Vida Animal do Ártico à exploração de petróleo, aumentava os impostos dos trabalhadores pobres e estava cheia de favores para interesses especiais, inclusive o relaxamento das regras que evitavam o desvio de recursos dos fundos de pensão para outros objetivos, menos de um ano depois de o Congresso sob o comando democrata ter estabilizado o sistema de pensões do país.

No dia seguinte apresentei meu plano de equilíbrio orçamentário em sete anos. Os republicanos o atacaram duramente por ele não adotar suas estimativas de receitas e despesas. Havia entre nós uma diferença de 300 bilhões de dólares em sete anos, uma disparidade superável num orçamento anual de 1,6 trilhão de dólares. Eu tinha confiança de que no fim chegaríamos a um acordo, embora talvez tivéssemos de enfrentar mais um fechamento do governo até ele acontecer.

Em meados do mês, Shimon Peres veio me visitar pela primeira vez como primeiro-ministro, para reafirmar a intenção de Israel de no Natal entregar ao controle palestino Gaza, Jericó e outras cidades importantes, assim como 450 aldeias na Cisjordânia, e de libertar mais mil presos palestinos antes das próximas eleições israelenses. Também discutimos a questão síria, e fiquei tão animado com o que Shimon disse que liguei para o presidente Assad e o convidei para se reunir com Warren Christopher a fim de tratar do assunto.

No dia 14 voei para Paris, onde permaneceria por um dia, para a cerimônia oficial de assinatura do acordo que pôs fim à guerra bósnia. Encontrei-me com os presidentes da Bósnia, da Croácia e da Sérvia, e compareci com eles a um almoço oferecido por Jacques Chirac no Palácio Elysée. Slobodan Milosevic se sentou à minha frente e nós conversamos bastante. Ele era inteligente, falante e cordial, mas tinha o olhar mais frio que jamais vi. Também era paranóico, pois me disse ter certeza de que o assassinato de Rabin tinha sido resultado da traição de alguém no seu corpo de segurança. Depois assegurou que todo mundo sabia que a mesma coisa também tinha acontecido com o presidente Kennedy, mas que os norte-americanos "souberam encobrir". Depois de passar algum tempo com ele, não me surpreendi por Milosevic ter apoiado as agressões assassinas na Bósnia, e senti que logo seríamos adversários.

Quando voltei para continuar a guerra do orçamento, os republicanos tornaram a fechar o governo, e não senti a aproximação do Natal, apesar de ter ficado feliz vendo Chelsea dançar o *Quebra-Nozes*. Dessa vez o fechamento não foi tão grave, porque cerca de 500 mil funcionários federais considerados essenciais tiveram autorização para trabalhar sem receber até a reabertura do governo. Mas os benefícios dos veteranos e das crianças pobres não estavam sendo pagos. Não foi um bom presente de Natal para o povo do nosso país.

No dia 18 vetei mais dois projetos de dotação, um para o Departamento do Interior e outro para os departamentos de Assistência aos Veteranos e de Habitação e Desenvolvimento Urbano. No dia seguinte assinei a Lei de Transparência do *Lobby*, depois de os republicanos reverterem a sua oposição, e vetei uma terceira proposta de dotação, para os departamentos do Comércio, de Estado e da Justiça. Esta última era uma maravilha: eliminava o programa COPS [Community Oriented Policing Services — Serviço de Policiamento Orientado à Comunidade], apesar da clara evidência de que o aumento do policiamento ostensivo nas ruas reduzia a criminalidade; eliminava todos os tribunais para crimes relacionados a drogas, como os que haviam sido criados por Janet Reno quando ela era promotora, que reduziram os crimes e o abuso de drogas; eliminava o Programa de Tecnologia Avançada do Departamento do Comércio, apoiado por muitos empresários republicanos por ajudá-los a ser mais competitivos; e fazia cortes profundos nos recursos destinados à assistência legal para os pobres e às operações no estrangeiro.

Quando chegou o Natal, eu tinha certeza de que, se tudo fosse deixado por nossa conta, o senador Dole e eu teríamos facilmente acertado todas as questões do orçamento. Mas Dole tinha de ser cuidadoso. Ele era candidato à Presidência nas primárias republicanas contra o senador Phil Gramm, que concorria com ele adotando a retórica de Gingrich, e nesse foro o eleitorado estava bem mais à direita do restante do país.

Depois do recesso do Natal, vetei mais uma proposta orçamentária, a Lei de Autorização da Defesa Nacional. Esse veto foi difícil porque a lei incluía o aumento dos salários dos militares e uma grande dotação para habitação militar, duas propostas que eu apoiava energicamente. Ainda assim, senti que tinha de vetar a proposta porque ela obrigava à instalação de um sistema nacional de defesa antimísseis em 2003, muito antes de ser possível desenvolver esse sistema e de ele ser necessário; ademais, essa ação seria uma violação dos nossos compromissos estabelecidos no Tratado sobre Mísseis Antibalísticos [ABM Treaty] e colocaria em risco a implementação do START I por parte da Rússia e a ratificação do START II. A lei também restringia a capacidade de o presidente usar tropas em situações de emergência e interferia muito em importantes prerrogativas administrativas do Departamento de Defesa, inclusive nas suas ações visando enfrentar a ameaça das armas de destruição em massa previstas no programa Nunn-Lugar. Nenhum presidente responsável, fosse ele republicano ou democrata, poderia permitir que aquele projeto se tornasse lei.

Durante os três últimos dias do ano nossas forças foram enviadas para a Bósnia e trabalhei no orçamento em conjunto com os líderes do Congresso, inclusive numa sessão contínua de sete horas. Fizemos algum progresso, mas tivemos de interromper para as festas do Ano-Novo sem termos chegado a um acordo quanto ao orçamento nem quanto ao fechamento do governo. Na primeira temporada do 104º Congresso, a nova maioria republicana tinha conseguido aprovar apenas 67 leis, em comparação com as 210 do primeiro ano do Congresso anterior. E somente seis dos treze projetos de dotação tinham se transformado em lei três meses depois do início do ano fiscal. Quando a nossa família foi para Hilton Head para o Fim de Semana Renaissance, eu me perguntava se os votos dos norte-americanos em 1994 tinham produzido os resultados que eles esperavam.

E pensei nos dois últimos meses exaustivos e emocionalmente esgotantes, e no fato de que a enormidade dos acontecimentos — a morte de Rabin, a paz na Bósnia e o envio das nossas tropas, o progresso feito na Irlanda do Norte, a luta hercúlea para aprovar o orçamento — não tinha de modo algum abatido o afã das abelhas operárias do Mundo de Whitewater.

Em 29 de novembro, durante a minha viagem à Irlanda, a comissão do senador D'Amato convocou L. Jean Lewis para depor mais uma vez sobre como a investigação do Madison Guaranty havia sido interrompida depois de eu assumir a Presidência. No seu depoimento à comissão do deputado Leach no mês de agosto anterior, ela havia se desacreditado de tal maneira por documentos do governo e pela sua própria conversa gravada com a advogada da Resolution Trust Corporation (RTC), April Breslaw, que fiquei abismado por D'Amato tê-la convocado outra vez. Por outro lado, pouca gente sabia dos problemas do depoimento de Lewis, e D'Amato, assim como Leach, recebeu muita publicidade simplesmente por lançar acusações infundadas e já desmentidas por outros depoimentos.

Lewis repetiu a acusação de que a sua investigação havia sido interrompida depois de eu ter sido eleito. Richard Ben-Veniste, o representante da minoria na comissão, apresentou a ela evidências de que, ao contrário do que tinha declarado sob juramento, Lewis havia tentado repetidamente forçar as autoridades federais a agir com base na sua indicação da Hillary e minha como testemunhas materiais antes, e não depois de eu me tornar presidente; e de que ela dissera a um agente do FBI que, por meio de suas ações, estava "alterando a história". Quando o senador Paul Sarbanes leu para Lewis a carta do procurador federal Chuck Banks, afirmando que agir com base na sua indicação constituiria "má conduta na acusação", e depois fez referência a uma avaliação do Departamento de Justiça do conhecimento deficiente de Lewis sobre a legislação bancária federal, ela chorou, desabou na cadeira e foi levada embora para nunca mais voltar.

Menos de um mês depois, em meados de dezembro, a história completa de Whitewater finalmente veio a público, quando foi publicado o inquérito sobre a RTC conduzido por Pillsbury, Madison & Sutro. O relatório foi redigido por Jay Stephens, que, tal como Chuck Banks, fora o procurador federal que eu havia substituído. Stephens afirmava que, de acordo com os relatórios de junho, não havia base para uma ação cível contra nós em Whitewater, muito menos uma ação criminal, e recomendava que a investigação fosse encerrada.

Era o que o *New York Times* e o *Washington Post* gostariam de saber quando pediram uma investigação independente. Esperei ansioso a cobertura dos dois. Imediatamente depois da publicação do relatório sobre a RTC, o *Post* fez uma menção *en passant*, no décimo primeiro parágrafo de uma reportagem de primeira página, a uma batalha em torno de uma intimação de Starr que nada tinha a ver com a história; e o *New York Times* não publicou uma só palavra. O *Los Angeles Times*, o *Chicago Tribune* e o *Washington Times* publicaram nas páginas centrais uma notícia curta da Associated Press, de cerca de quatrocentas palavras. As redes de TV não deram cobertura ao relatório sobre a RTC, embora Ted Koppel, da ABC, tenha mencionado o relatório no programa *Nightline*, para depois não lhe atribuir importância por ainda haver tantas outras "novas" perguntas. Whitewater já não se relacionava mais com Whitewater. Relacionava-se com qualquer coisa que Ken Starr pudesse desencavar sobre qualquer pessoa no Arkansas ou na minha administração. Nesse meio tempo, alguns repórteres realmente ocultaram as evidências da nossa inocência. Para falar a verdade, alguns poucos jornalistas deram a notícia. O colunista Howard Kurtz, do *Washington Post*, contou como o relatório sobre a RTC tinha sido enterrado, e Lars-Erik Nelson, colunista do *Daily News* de Nova York que tinha sido correspondente na União Soviética, escreveu: "Saiu o veredicto secreto: o casal Clinton nada tem a esconder [...] numa bizarra inversão dos julgamentos da época de Stalin em que pessoas inocentes eram condenadas, o presidente e a primeira-dama foram publicamente acusados e secretamente inocentados".

A cobertura de Whitewater pela grande imprensa me deixou realmente confuso; não parecia coerente com a abordagem mais cuidadosa e equilibrada de outras questões, pelo menos desde que os republicanos ganharam o Congresso em 1994. Um dia, depois de uma longa reunião para discutir o orçamento em outubro, pedi ao senador Alan Simpson, do Wyoming, que ficasse mais um momento para conversarmos. Simpson era um republicano conservador, mas tínhamos uma boa relação por causa da amizade comum com seu governador, Mike Sullivan. Perguntei a Alan se ele acreditava que tínhamos feito qualquer coisa errada no caso Whitewater. "Claro que não. Mas não se trata disso. Trata-se de fazer o público acreditar que vocês fizeram algo errado. Qualquer um que examinasse as evidências veria imediatamente que vocês não fizeram nada." Simpson riu da disposição da imprensa "de elite" de engolir qualquer coisa negativa sobre áreas pequenas e rurais como o Wyoming e o Arkansas, e fez uma observação interessante: "Sabe, antes de você ser eleito, nós republicanos acreditávamos que a imprensa era liberal. Agora temos uma visão mais sofisticada. Em certo sentido, eles são liberais. A maioria votou em você, mas eles pensam mais como os críticos da extrema direita, e isso é muito mais importante". Quando lhe pedi para explicar, ele disse: "Democratas como você e Sullivan entram para o governo para ajudar as pessoas. Os extremistas da direita não acreditam que o governo possa fazer muito para melhorar a natureza humana, mas gostam muito do poder. O mesmo vale para a imprensa. E como você é o presidente, os dois buscam o poder da mesma maneira, atacando você". Gostei da franqueza de Simpson, e por meses pensei sobre o que ele tinha me dito. Durante muito tempo, sempre que me irritava com a cobertura de Whitewater pela imprensa, eu comentava com outros a análise de Simpson. Quando finalmente aceitei que a sua análise era precisa, me senti libertado, e ela clareou a minha cabeça para a luta.

Apesar de minha raiva por causa de Whitewater e do meu espanto diante do que se escondia atrás da cobertura da grande imprensa, entrei bastante otimista em 1996. Em 1995 tínhamos ajudado a salvar o México, superamos a tragédia de Oklahoma City e aumentamos a atenção ao terrorismo, preservamos e reformamos a ação afirmativa, terminamos a guerra na Bósnia, demos andamento ao processo de paz no Oriente Médio e colaboramos no progresso feito na Irlanda do Norte. A economia melhorava, e até então eu estava ganhando a guerra do orçamento contra os republicanos, uma batalha que de início parecia condenar a minha administração. Talvez ainda resultasse nisso, mas, quando entramos em 1996, eu estava pronto a levá-la até o fim. Como tinha dito a Dick Armey, não queria ser presidente se o preço fossem ruas mais violentas, assistência médica de pior qualidade, menos oportunidades de educação, ar mais poluído e mais pobreza. Eu estava apostando que o povo norte-americano também não queria nada disso.

46

No dia 2 de janeiro voltamos às negociações do orçamento. Bob Dole apresentou uma proposta para reabrir o governo e Newt Gingrich, depois de alguns dias, fez o mesmo. Em uma das nossas reuniões de orçamento, o presidente da Câmara admitiu que no início havia pensado que com a ameaça de fechar o governo ele evitaria o meu veto ao orçamento republicano. Diante de Dole, Armey, Daschle, Gephardt, Panetta e Al Gore ele disse com toda a franqueza: "Cometemos um erro. Pensamos que você iria ceder". Finalmente, no dia 6, com Washington coberta por uma tempestade de neve, quebrou-se o impasse quando o Congresso me enviou mais duas resoluções de continuidade (RC) que possibilitavam a volta de todos os empregados federais ao trabalho, apesar de nem todos os serviços do governo estarem restaurados. Assinei as resoluções de continuidade e enviei ao Congresso o meu plano de equilíbrio do orçamento em sete anos.

Na semana seguinte vetei a proposta republicana de reforma do seguro contra a pobreza, por ela fazer pouco para levar os segurados de volta ao trabalho e muito para prejudicar os pobres e as crianças. Quando dei o meu primeiro veto à proposta de reforma do sistema de seguro contra a pobreza, ela fazia parte do orçamento. Agora, vários dos seus cortes foram simplesmente incluídos num projeto de lei chamado "reforma do sistema de seguro contra a pobreza". Nesse meio tempo, Donna Shalala e eu já havíamos avançado bastante na nossa própria reforma do sistema. Tínhamos enviado cinquenta autorizações a 37 estados para que eles tomassem iniciativas que favorecessem a família e a volta ao trabalho; 73% dos segurados no sistema estavam cobertos por essas reformas, e a relação de segurados estava diminuindo.

Enquanto nos preparávamos para o discurso sobre o Estado da União, no dia 23, vínhamos fazendo progressos no acordo para a aprovação do orçamento, e por isso usei o discurso para estender a mão aos republicanos, convocar os democratas, e explicar ao povo norte-americano a minha posição no debate orçamentário e na questão mais ampla que a batalha do orçamento propunha: qual o papel do governo na era da informação global? O tema básico do discurso foi "Acabou a era do governo centralizador. Mas não podemos voltar ao tempo em que os nossos cidadãos lutavam sozinhos". Essa formulação refletia a minha filosofia de abandonar o governo burocrático do passado, defendendo ao mesmo tempo um "governo que transferia poder aos cidadãos", um governo criativo e orientado para o futuro; ela também exprimia as nossas políticas econômicas e sociais e a iniciativa "Rego" de Al Gore. Naquele momento, a minha argumentação era favorecida pelo sucesso da nossa política econômica: quase 8 milhões de novos empregos tinham sido criados desde que eu tomara posse, e um número recorde de novos negócios havia sido criado durante aqueles três anos. Pela primeira vez desde a década de 1970 nossos fabricantes estavam vendendo mais que seus competidores japoneses no mercado de automóveis dos Estados Unidos.

Depois de me oferecer mais uma vez para trabalhar com o Congresso, a fim de equilibrar o orçamento em sete anos e aprovar a reforma do sistema de seguro contra a pobreza, esbocei uma proposta legislativa voltada para as famílias e as crianças, a educação, a assistência médica e o combate às drogas e à criminalidade. A proposta enfatizava programas de baixo custo que refletiam os valores norte-americanos básicos e a idéia de dar capacitação para a cidadania: o V-chip,* — a escola pública autorizada,** — opção de escolha da escola pública e financiamento de uniformes escolares. Também nomeei o general Barry McCaffrey para ser o novo czar das drogas nos Estados Unidos. Naquela época, McCaffrey era o comandante-em-chefe das tropas no Sul, onde já havia trabalhado para interromper o tráfico de cocaína que entrava nos Estados Unidos vinda da Colômbia e de outros lugares.

O momento mais memorável da noite veio perto do final do discurso, quando, como era costume, apresentei as pessoas que estavam sentadas com Hillary no camarote da primeira-dama. Comecei por Richard Dean, um veterano da Guerra do Vietnã que trabalhava havia 22 anos na Administração do Seguro Social. Quando disse ao Congresso que na hora do atentado ele estava no Murrah Building, em Oklahoma City, e que ele tinha arriscado a vida voltando quatro vezes às ruínas para salvar três mulheres, Dean foi aplaudido de pé, com os republicanos liderando os aplausos. Depois veio a alfinetada. Quando cessaram os aplausos, eu disse: "Mas a história de Richard Dean não pára por aí. Em novembro passado ele foi obrigado a deixar as suas funções durante o período de fechamento do governo. E na segunda vez que o governo foi fechado, ele continuou pagando os aposentados e trabalhando sem receber. Em nome de Richard Dean, conclamo todos os senhores que estão neste salão a nunca, nunca mais, fechar o governo outra vez".

Dessa vez foram os democratas que lideraram exultantes os aplausos. Os republicanos, percebendo que tinham caído numa armadilha, pareciam amuados. Achei que não precisava me preocupar com um terceiro fechamento do governo: as conseqüências dele tinham agora uma face humana e heróica.

Momentos de definição como esse não acontecem por acaso. Todos os anos nós usávamos o discurso sobre o Estado da União como instrumento de organização para que o gabinete e a equipe pudessem apresentar propostas de novas políticas, e trabalhávamos duro para encontrar a melhor maneira de apresentá-las. No dia do discurso fazíamos vários ensaios no cinema localizado entre a residência e a Ala Leste. A Agência de Comunicações da Casa Branca, que também gravava todas as minhas declarações públicas, instalou um Teleprompter e uma tribuna, e vários membros da equipe iam e vinham ao longo do dia, orientados pelo meu diretor de comunicações, Don Baer. Trabalhávamos juntos num processo informal, ouvindo cada frase, imaginando como o Congresso e o país a receberiam, aprimorando a linguagem.

* O V-chip (Violence Chip) possibilita o controle doméstico sobre a programação da televisão, podendo bloquear canais ou partes da programação de alguma emissora. (N. dos T.)

** Escola pública autorizada pelo poder público a funcionar com certo grau de liberdade em relação aos regulamentos impostos às escolas públicas tradicionais. A autorização deve estabelecer a missão da escola, o público atendido, os métodos de avaliação de desempenho etc. (N. dos T.)

Tínhamos derrotado a filosofia que se ocultava por trás do "Contrato com os Estados Unidos" ao vencer o debate em torno do fechamento do governo. Agora o discurso oferecia uma filosofia de governo alternativa, e por intermédio de Richard Dean nós mostramos que os funcionários federais eram gente boa, que prestava serviços valiosos. Isso não diferia muito do que eu sempre dizia, mas na esteira do fechamento do governo milhões de norte-americanos ouviram, e pela primeira vez entenderam, a mensagem.

Começamos a política externa naquele ano com Warren Christopher, que recepcionou israelenses e sírios para conversações em Wye River Plantation, em Maryland. Então, em 12 de janeiro, fizemos um vôo noturno até a nossa base aérea em Aviano, na Itália, que tinha sido o centro das nossas operações com a OTAN na Bósnia. Lá eu embarquei num avião de transporte C-17 para ir até a base aérea de Taszar, na Hungria, de onde as nossas tropas estavam sendo transportadas para a Bósnia. Em 1993 eu tinha lutado para evitar a eliminação dos C-17 no processo de redução da estrutura de defesa. Era um avião impressionante, com notável capacidade de carga e de operação em condições difíceis. A missão na Bósnia usava doze C-17, e eu teria de voar num deles para chegar a Tuzla: o habitual Air Force One, um Boeing 747, era grande demais.

Depois de me reunir com Arpad Goncz, presidente da Hungria, e de visitar as nossas tropas em Taszar, voei para Tuzla, no nordeste da Bósnia, área pela qual os Estados Unidos eram responsáveis. Em menos de um ano, e apesar do tempo terrível, 7 mil soldados e mais de 2 mil veículos blindados tinham cruzado o rio Sava em plena cheia para chegar aos seus postos. O aeroporto sem iluminação nem equipamento de navegação foi reformado por eles e agora ficava aberto 24 horas por dia. Agradeci aos soldados e entreguei pessoalmente um bolo de aniversário a um coronel cuja esposa me dera esse encargo quando fiz escala em Aviano. Encontrei-me com o presidente Izetbegovic e voei para Zagreb, na Croácia, para me reunir com o presidente Tudjman. Os dois estavam satisfeitos com a implementação do processo de paz e muito felizes por as tropas norte-americanas serem parte dela.

Foi um dia longo mas importante. Nossas tropas participavam da primeira missão da OTAN fora das fronteiras dos Estados-membros. Trabalhavam com soldados dos seus adversários na Guerra Fria: Rússia, Polônia, República Tcheca, Hungria e os Estados Bálticos (Letônia, Estônia e Lituânia). Sua missão era fundamental para a criação de uma Europa unida, e mesmo assim ela era criticada no Congresso e nas lanchonetes de todo o país. Os soldados tinham pelo menos o direito de saber por que estavam na Bósnia e que eu os apoiava vigorosamente.

Duas semanas depois a Guerra Fria continuou desaparecendo da história, quando o Senado ratificou o tratado START II, que três anos antes, pouco antes de deixar o cargo, o presidente Bush havia negociado e submetido à apreciação do Senado. Tal como o START I, que havia entrado em vigor em dezembro de 1994, o START II iria eliminar dois terços dos arsenais nucleares mantidos pelos Estados Unidos e a ex-União Soviética no ponto alto da Guerra Fria, inclusive as armas nucleares mais desestabilizadoras: os mísseis balísticos intercontinentais de ogivas múltiplas.

Além do START I e do START II, tínhamos assinado um acordo para congelar o programa nuclear da Coréia do Norte, liderado o esforço para tornar permanente o Tratado de Não-Proliferação Nuclear (NPT) e estávamos trabalhando para salvaguardar e finalmente desmontar as armas e materiais nucleares de acordo com o programa Nunn-Lugar. Ao congratular o Senado pela ratificação do START II, pedi aos senadores para continuar o trabalho de tornar mais seguros os Estados Unidos, aprovando a Convenção sobre Armas Químicas e a minha legislação antiterrorista.

No dia 30 de janeiro o primeiro-ministro da Rússia, Victor Chernomyrdin, foi à Casa Branca para a sexta reunião com Al Gore. Ao término da discussão dos assuntos da sua comissão, Chernomyrdin me fez uma visita para me informar sobre os acontecimentos na Rússia e as perspectivas de reeleição de Yeltsin. Logo antes do nosso encontro eu havia falado com Suleyman Demirel, presidente da Turquia, e com a primeira-ministra turca, Tansu Ciller. Eles me comunicaram que a Turquia e a Grécia estavam à beira de um confronto militar e me imploraram para que eu interviesse, tentando evitá-lo. O pomo da discórdia entre os dois países eram duas ilhotas no Egeu, chamadas Imia pelos gregos e Kardak pelos turcos. Os dois reivindicavam as ilhas, mas aparentemente a Grécia as tinha adquirido da Itália por um tratado de 1947. A Turquia negava a validade da reivindicação grega. Ninguém morava lá, embora os turcos gostassem de ir à ilhota maior para fazer piqueniques. A crise foi deflagrada quando alguns jornalistas turcos rasgaram a bandeira grega e a substituíram por uma turca.

Era impensável que duas grandes nações que já disputavam a ilha de Chipre pudessem ir à guerra por causa de quatro hectares de ilhas rochosas habitadas apenas por umas duas dúzias de carneiros, mas eu sabia que Tansu Ciller realmente temia essa possibilidade. Interrompi a reunião com Chernomyrdin para me informar, e então liguei primeiramente para o primeiro-ministro grego, Konstandinos Simitis, em seguida para Demirel e novamente para Ciller. Depois de todas essas conversas, os dois lados concordaram em cessar o clima de hostilidade e Dick Holbrooke, que já estava trabalhando na questão cipriota, passou a noite em claro para levar as partes a concordar com uma solução diplomática do problema. Não consegui deixar de rir ao pensar que, mesmo que não chegasse a celebrar a paz no Oriente Médio, na Bósnia ou na Irlanda do Norte, pelo menos eu conseguiria salvar alguns carneiros egeus.

Exatamente quando eu imaginava que no Mundo de Whitewater as coisas não poderiam se tornar mais estranhas do que eram, elas se tornaram. No dia 4 de janeiro, Carolyn Huber encontrou cópias dos registros da Hillary relativos a um trabalho feito pela Rose Law Firm para o Madison Guaranty em 1985 e 1986. Carolyn tinha sido assistente na Mansão do Governador e se mudara conosco para Washington a fim de nos ajudar com os nossos documentos pessoais e a correspondência. Ela já tinha ajudado David Kendall a entregar 50 mil páginas de documentos ao gabinete do promotor independente, mas por qualquer razão essa cópia do registro da fatura não estava entre elas. Carolyn a encontrou numa caixa que retirara do depósito no terceiro andar da residência e levara para o seu escritório. Aparentemente a cópia fora feita para a campanha de 1992; tinha anotações de Steve Foster, que então respondia às perguntas da imprensa para a Rose Law Firm.

Superficialmente, poderia parecer suspeito. Por que esses registros apareciam depois de tanto tempo? Quem tivesse visto a desorganização dos papéis que trouxemos do Arkansas não teria se surpreendido. Fiquei pasmo com a quantidade de material que encontramos a tempo. De qualquer modo, Hillary ficou feliz com o fato de os registros terem sido encontrados; eles comprovavam a sua alegação de que ela tinha feito um trabalho muito pequeno para o Madison Guaranty. Poucas semanas depois a Resolution Trust Corporation (RTC) publicaria um relatório afirmando exatamente isso.

Mas não foi isso que o promotor independente, os republicanos no Congresso e os repórteres que cobriam Whitewater entenderam. Em sua coluna no *New York Times*, William Saffire chamou Hillary de "mentirosa patológica". Carolyn Huber foi convocada ao Congresso para depor perante a comissão de D'Amato em 18 de janeiro. E no dia 26 Kenneth Starr arrastou Hillary até um grande júri* para um interrogatório de quatro horas.

A intimação de Starr foi um truque sujo e baixo de publicidade. Tínhamos oferecido voluntariamente os nossos registros tão logo os encontramos, e eles provavam a veracidade do que Hillary alegava. Se Starr tivesse mais perguntas, poderia ter vindo à Casa Branca para fazê-las, como já havia feito três vezes antes, em vez de arrastar a primeira-dama para depor diante de um grande júri. Em 1992, o advogado da Casa Branca do presidente Bush, Boyden Gray, reteve o diário do seu chefe por mais de um ano, até depois das eleições, desacatando inequivocamente uma intimação do promotor do caso Irã-Contras. Ninguém levou Gray ou Bush perante um grande júri, e os protestos da imprensa foram muito menores.

Os ataques a Hillary perturbavam mais do que os dirigidos a mim. Como eu não tinha como evitá-los, tudo o que podia fazer era ficar ao seu lado e dizer à imprensa que os Estados Unidos seriam um lugar muito melhor "se todo mundo neste país tivesse o caráter da minha esposa". Hillary e eu explicamos a Chelsea o que estava acontecendo; ela não gostou, mas pareceu assimilar bem. Ela conhecia a mãe muito melhor que os homens que a atacavam.

Ainda assim, tudo aquilo nos esgotava. Eu vinha lutando havia meses para não deixar que a raiva interferisse no meu trabalho, enquanto enfrentava a batalha do orçamento, a Bósnia, a Irlanda do Norte e a morte de Rabin. Mas tinha sido uma luta muito difícil. Agora eu estava ansioso por causa de Hillary e Chelsea. Também me preocupavam todas as outras pessoas arrastadas às audiências no Congresso e para a rede de Starr, que estavam sendo emocional e financeiramente prejudicadas.

Cinco dias depois da entrega dos registros de fatura, Hillary devia dar uma entrevista a Barbara Walters para discutir o seu novo livro, *It Takes a Village*** [É tarefa de uma aldeia]. Mas a entrevista tratou apenas dos registros de fatura. Ainda assim, *It Takes a Village* se tornou um sucesso de vendas, pois Hillary saiu de Washington percorrendo todo o país numa viagem de promoção do livro e

---

* Um júri de no mínimo doze e no máximo 24 jurados que deve examinar em sessão privada as acusações de crime feitas a alguém e, caso encontre uma causa justa, emitir indiciamentos a serem apresentados perante o tribunal. (N. dos T.)

** Em português, *É tarefa de uma aldeia — e outras lições que as crianças nos ensinam*. Rio de Janeiro: Revan, 1997. (N. dos T.)

encontrou legiões de norte-americanos que a apoiavam e estavam muito mais interessados no que ela tinha a dizer do que nas coisas que Ken Starr, Al D'Amato, William Saffire e seus amigos falavam dela.

Aquele pessoal parecia se divertir muito castigando-a. Meu único consolo era a certeza, baseada em 25 anos de observação cuidadosa, de que ela era muito mais forte do que eles jamais seriam. Alguns homens não gostam disso numa mulher, mas essa era uma das razões pelas quais eu a amava.

No início de fevereiro, quando a campanha presidencial começou a deslanchar, voltei a New Hampshire para destacar o impacto positivo das minhas políticas naquele estado e o compromisso de não esquecê-lo depois de eleito. Apesar de não ter adversário na primária, eu queria todos os votos de New Hampshire em novembro, e tinha de enfrentar a única questão que talvez me tirasse a unanimidade: armas.

Numa manhã de sábado fui a um restaurante em Manchester lotado de homens que eram caçadores de cervos e faziam parte da Associação Nacional do Rifle (NRA). Falando de improviso, eu lhes disse que sabia que eles tinham derrotado seu congressista democrata Dick Swert em 1994 por ele ter votado a favor do projeto Brady e pela proibição das armas automáticas. Vários deles acenaram a cabeça, concordando. Aqueles caçadores eram homens bons que foram assustados pela NRA; achei que eles poderiam entrar em pânico outra vez em 1996, se ninguém lhes apresentasse os argumentos do outro lado numa linguagem que eles entendessem. Então lhes dei o meu melhor argumento: "Eu sei que a NRA lhes disse para derrotar o deputado Swert. Agora, se um único dia, ou mesmo uma hora, vocês deixaram de ir caçar por causa da Lei Brady, ou por causa da proibição de armas automáticas, quero que vocês também votem contra mim, pois eu pedi a ele para apoiar as duas leis. Por outro lado, se vocês não deixaram de ir caçar, então a NRA não lhes disse a verdade, e vocês terão de rever o seu voto".

Alguns dias depois sancionei a Lei de Telecomunicações, uma ampla revisão dos regulamentos que afetavam um setor que já representava um sexto de nossa economia. A lei aumentou a competição, a inovação e o acesso ao que Al Gore tinha dado o nome de "rodovia da informação". Foram meses de disputa em torno de complexas questões econômicas, em que os republicanos favoreciam a maior concentração de propriedade nos mercados de mídia e de telecomunicações, e a Casa Branca e os democratas apoiavam a maior competição, especialmente nos serviços de telecomunicação locais e de longa distância. Sob a liderança de Al Gore, pela Casa Branca, e Newt Gingrich, na sua pose empreendedora, encontramos o que consideramos um meio-termo justo, e no fim a lei foi aprovada quase por unanimidade. Ela também continha a exigência de que os novos aparelhos de TV viessem com um V-chip, que eu tinha apoiado na primeira conferência anual da família, coordenada por Al Gore, para permitir que os pais controlassem o acesso dos seus filhos aos programas; no fim do mês, executivos da maioria das redes de televisão concordaram em criar um sistema de classificação de programas a partir de 1997. E mais importante ainda: a lei impunha tarifas reduzidas para acesso de escolas, bibliotecas e hospitais à internet; a e-Tarifa representaria uma economia de 2 bilhões de dólares por ano para as entidades públicas.

No dia seguinte a rosa da Irlanda empalideceu, quando Gerry Adams me chamou para informar que o IRA tinha rompido o cessar-fogo, com o argumento de que John Major e os unionistas estavam atrasando o processo, inclusive pela insistência no desarmamento do IRA como condição para a participação do Sinn Fein na vida política da Irlanda do Norte. Mais tarde, naquele mesmo dia, explodiu uma bomba no Canary Wharf, em Londres.

O IRA manteria essa posição por mais de um ano, com um custo alto para si mesmo. Apesar de ter matado dois soldados e dois civis e ferido muitos outros, o movimento sofreu a morte de dois dos seus ativistas, a prisão da sua equipe de bombas na Inglaterra e a prisão de muitos ativistas na Irlanda do Norte. No fim do mês houve vigílias pela paz em toda a Irlanda do Norte, para demonstrar o apoio contínuo do cidadão comum à paz. John Major e John Bruton disseram que retomariam as conversações com o Sinn Fein se o IRA voltasse ao cessar-fogo. Com o apoio de John Hume, a Casa Branca decidiu manter contato com Adams, esperando o momento em que se pudesse retomar a marcha para a paz.

O processo de paz no Oriente Médio também foi ameaçado no fim de fevereiro, quando duas bombas do Hamas mataram 26 pessoas. Com a aproximação das eleições em Israel, imaginei que o Hamas estava tentando derrotar o primeiro-ministro Peres e incitar os israelenses a eleger um governo de linha dura que não concluísse a paz com a OLP. Forçamos Arafat a fazer mais para evitar os ataques terroristas. Como eu havia dito a ele quando da assinatura do primeiro acordo de paz em 1993, Arafat não poderia continuar sendo o mais militante dos palestinos. E, se tentasse manter um pé no processo de paz e outro no lado dos terroristas, acabaria por se perder.

Também tivemos problemas mais perto de casa, quando Cuba derrubou dois aviões civis pilotados pelo grupo anticastrista Irmãos para a Liberdade, matando quatro homens. Castro odiava esse pessoal e os folhetos de crítica a ele que o grupo jogou sobre Havana no passado. Cuba alegou que os aviões foram derrubados por terem invadido o seu espaço aéreo. Não tinham, e mesmo que tivessem, ainda assim a derrubada teria violado normas internacionais.

Suspendi vôos fretados para Cuba, restringi as viagens de funcionários cubanos aos Estados Unidos, ampliei o alcance da Rádio Martí, que transmitia para Cuba mensagens pela democracia, e pedi ao Congresso autorização para retirar dos ativos cubanos bloqueados nos Estados Unidos as indenizações para as famílias dos pilotos mortos. Madeleine Albright solicitou às Nações Unidas para impor sanções, assegurando que a derrubada refletia covardia, "e não *cojones*". Ela foi a Miami pronunciar um violento discurso para a comunidade cubana nos Estados Unidos. Suas expressões machistas a transformaram numa heroína entre os cubanos do sul da Flórida.

Também me comprometi ao assinar uma versão da lei Helms-Bruton, que endurecia o embargo contra Cuba e restringia a autoridade do presidente para levantá-lo sem aprovação do Congresso. Apoiar essa lei era uma boa política para ano eleitoral na Flórida, mas solapou qualquer chance de, se eu ganhasse um segundo mandato, levantar o embargo em troca de mudanças positivas em Cuba. Era quase como se Castro estivesse nos forçando a manter o embargo para justificar os fracassos econômicos do regime. Se não fosse esse o objetivo, então Cuba tinha cometido um erro colossal. Mais tarde recebi, indiretamente, é claro, mensagem de Castro admitindo que derrubar os aviões tinha sido um erro. Aparentemente ele havia dado ordens para atirar em qualquer avião que violasse o espaço aéreo cubano e não retirou a ordem quando os cubanos já sabiam da ida dos aviões dos Irmãos para a Liberdade.

Na última semana do mês, depois de visitar as áreas devastadas pela recente inundação em Washington, Oregon, Idaho e Pensilvânia, eu me reuni com o novo primeiro-ministro japonês em Santa Mônica, na Califórnia. Ryutaro Hashimoto tinha ocupado o posto equivalente ao de Mickey Kantor antes de assumir a chefia do governo japonês. Um apaixonado praticante do *kendo*, uma arte marcial japonesa, Hashimoto era um homem duro e inteligente que gostava de qualquer tipo de combate. Mas também era um líder com quem se podia trabalhar; ele e Kantor concluíram vinte acordos comerciais, as nossas exportações para o Japão aumentaram em 80%, e nosso déficit comercial vinha caindo ao longo dos três anos anteriores.

O mês terminou em alto-astral, quando Hillary e eu comemoramos os dezesseis anos de Chelsea levando-a para assistir a *Les Misérables* no National Theater e depois recepcionando para um fim de semana em Camp David um ônibus cheio de amigos dela. Nós gostávamos de todos os amigos de Chelsea, e adoramos vê-los atirando uns nos outros com armas de tinta no meio do bosque, jogando boliche e outros jogos, e no geral se comportando como jovens que estavam chegando ao final do secundário. A melhor hora do fim de semana foi quando dei aulas de direção a Chelsea na área de Camp David. Eu gostava de dirigir e queria que Chelsea também gostasse, e que ela aprendesse a dirigir com segurança.

O processo de paz no Oriente Médio foi sacudido mais uma vez nas primeiras semanas de março, quando, em dias sucessivos, uma nova série de bombas do Hamas em Jerusalém e Tel Aviv matou mais de trinta pessoas e feriu muitas outras. Entre os mortos havia inúmeras crianças, uma enfermeira palestina que vivia entre amigos judeus, e duas jovens norte-americanas. Fui visitar as famílias, ambas de Nova Jersey, e fiquei profundamente comovido pelo seu compromisso inabalável com a paz como a única maneira de no futuro evitar a morte de mais crianças. Num discurso pela televisão dirigido ao povo de Israel, eu declarei o óbvio, que os atos terroristas eram "destinados a matar não apenas pessoas inocentes mas também a esperança de paz no Oriente Médio".

No dia 12 de março o rei Hussein da Jordânia voou comigo no Air Force One para comparecer à Cúpula dos Pacificadores, organizada pelo presidente Mubarak em Sharm el-Sheikh, um belo balneário no mar Vermelho, muito apreciado pelos praticantes europeus de mergulho autônomo. Alguns dias antes, Hussein me visitara na Casa Branca para condenar as bombas do Hamas, e estava determinado a reunir o mundo árabe em torno da causa da paz. Gostei muito do longo vôo em sua companhia. Sempre nos demos bem, mas nos tornamos amigos e aliados mais próximos depois da morte de Rabin.

Líderes de 29 nações do mundo árabe, da Europa, da Ásia e da América do Norte, inclusive Boris Yeltsin e o secretário-geral das Nações Unidas, Boutros Boutros-Ghali, se reuniram com Peres e Arafat em Sharm el-Sheikh. O presidente Mubarak e eu co-presidimos a conferência. Nós e as nossas equipes trabalhamos dia e noite para assegurar que sairíamos da conferência com um compromisso claro e concreto de luta contra o terrorismo e de preservação do processo de paz.

Pela primeira vez, o mundo árabe se colocou ao lado de Israel na condenação do terror e na promessa de lutar contra ele. A frente unida era essencial para dar a Peres o apoio necessário para manter o andamento do processo de paz e reabrir Gaza, permitindo a volta ao trabalho de milhares de palestinos que lá viviam mas trabalhavam em Israel; era também necessária para dar a Arafat o apoio para fazer o esforço total contra os terroristas, sem o que desabaria o apoio israelense à paz.

No dia 13 eu fui até Tel Aviv a fim de discutir passos específicos que poderiam ser dados pelos Estados Unidos para ajudar os militares e a polícia israelenses. Numa reunião com o primeiro-ministro Peres e seu gabinete, ofereci uma ajuda de 100 milhões de dólares e pedi a Warren Christopher e ao diretor da CIA, John Deutch, que ficassem em Israel para acelerar a implementação dos nossos esforços conjuntos. Na entrevista coletiva com Peres, depois da reunião, reconheci as dificuldades de oferecer proteção completa contra "jovens que têm uma versão apocalíptica do islã e da política que os leva a amarrar bombas ao corpo" para cometer suicídio e matar crianças inocentes. Mas disse que poderíamos aumentar a nossa capacidade de evitar esses acontecimentos e quebrar as redes de recursos econômicos e de apoio nacional que os tornavam possíveis. Aproveitei a ocasião para insistir na ação do Congresso em busca de uma legislação antiterrorismo que estava engavetada havia mais de um ano.

Depois da coletiva com a imprensa e de uma sessão de perguntas e respostas com jovens estudantes israelenses em Tel Aviv, encontrei-me com o líder do Partido Likud, Benjamin Netanyahu. Os atentados tornaram mais provável uma vitória eleitoral do Likud. Eu queria que Netanyahu soubesse que, se ganhasse, teria em mim um aliado na luta contra o terror, mas também queria que ele mantivesse o processo de paz.

Não pude voltar sem antes fazer uma visita ao túmulo de Rabin no cemitério do monte Herzl. Ajoelhei-me, fiz uma oração e, seguindo o costume judeu, coloquei uma pedrinha na placa de mármore do túmulo de Yitzhak. Também peguei outra pedrinha no chão perto do túmulo para levar comigo como lembrança do meu amigo e da obra que ele deixara para eu terminar.

Enquanto eu estava preocupado com os problemas do Oriente Médio, a China agitava as águas do estreito de Taiwan com "testes" de mísseis dirigidos às proximidades da ilha, numa aparente tentativa de desencorajar os políticos taiwaneses de propor a independência na campanha eleitoral em andamento. Desde que o presidente Carter havia normalizado as relações com a China continental, os Estados Unidos tinham adotado uma política de reconhecimento de "uma China", ao mesmo tempo mantendo boas relações com Taiwan e reafirmando que os dois lados deveriam resolver pacificamente as suas diferenças. Nunca dissemos se iríamos ou não sair em defesa de Taiwan caso ela fosse atacada.

Parecia que o Oriente Médio e Taiwan eram problemas opostos de política externa. Se nada fosse feito pelos líderes políticos no Oriente Médio, as coisas ficariam piores. Por outro lado, eu achava que, se os políticos de Taiwan e da China não fizessem nada errado, o problema se resolveria com o tempo. Taiwan era uma potência econômica que havia saído de uma ditadura para a democracia. Não queria nada com a burocracia comunista do continente. Por outro lado, os empresários taiwaneses investiam pesadamente na China e havia muitas viagens nos dois sentidos. A China apreciava o investimento taiwanês mas não concordava em desistir da sua reivindicação à soberania sobre a ilha; encontrar o ponto de equilíbrio entre o pragmatismo econômico e o nacionalismo agressivo era um desafio constante para os líderes da China, especialmente durante o período eleitoral em Taiwan. Eu acreditava que a China tinha ido longe demais com os testes de mísseis, e rapidamente, mas sem fanfarras, ordenei que um grupo de porta-aviões da frota do Pacífico se dirigisse para o estreito de Taiwan. A crise foi superada.

Depois de um início turbulento, em março Bob Dole ganhou todas as primárias republicanas, assegurando a indicação do seu partido com uma vitória na Califórnia no fim do mês. Apesar de Phil Gramm, que concorria à direita de Dole, ser mais fácil de derrotar, eu preferia Dole. Nenhuma eleição é garantida, e na eventualidade de uma derrota eu acreditava que com ele o país estaria em mãos mais fortes e moderadas.

Enquanto Dole caminhava para receber a indicação, eu fazia campanha em vários estados, inclusive comparecendo a um evento em Maryland com o general McCaffrey e Jesse Jackson, para enfatizar os nossos esforços na tentativa de impedir o uso de drogas pelos adolescentes, e fazendo uma visita à Harman International, fabricante de alto-falantes de alta qualidade em Northridge, na Califórnia, para anunciar que a economia tinha gerado 8,4 milhões de empregos em apenas três anos desde a minha posse; eu tinha prometido 8 milhões de empregos em quatro anos. As rendas da classe média também começavam a aumentar. Nos últimos dois anos, dois terços dos novos empregos estavam em indústrias que pagavam acima do salário mínimo.

Durante aquele mês não chegamos a um acordo com relação às leis de dotações que ainda não tinham sido aprovadas, então assinei mais resoluções de continuidade e enviei ao Capitólio o meu orçamento para o ano fiscal seguinte. Enquanto isso, a Câmara dos Deputados continuava a acompanhar a NRA, votando pela rejeição da proibição de armas automáticas e tirando da legislação antiterrorismo alguns parágrafos que não eram do agrado do *lobby* das armas.

No fim do mês me empenhei para que a Food and Drug Administration (FDA) acelerasse a aprovação de medicamentos contra o câncer. Al Gore, Donna Shalala e o administrador da FDA, David Kessler, tinham conseguido reduzir o tempo médio de aprovação de novos medicamentos de 33 meses, em 1987, para pouco menos de um ano em 1994. O mais recente medicamento para AIDS havia sido aprovado em apenas 42 dias. Era importante que antes de aprovar os medicamentos a FDA determinasse como eles afetariam o corpo humano, mas o processo tinha de ser tão rápido quanto o permitisse a segurança; disso dependiam vidas.

Finalmente, em 29 de março, oito meses depois de Bob Rubin e eu termos solicitado pela primeira vez, sancionei a lei que aumentava o limite da dívida. Já não tínhamos a espada de Dâmocles da inadimplência ameaçando as negociações do orçamento.

Em 3 de abril, em plena primavera de Washington, eu estava trabalhando no Salão Oval quando recebi a notícia de que o jato da Força Aérea que levava Ron Brown e a delegação comercial e de investimentos dos Estados Unidos, que ele tinha organizado para aumentar os benefícios econômicos da paz nos Bálcãs, se desviou da rota e bateu na montanha St. John, perto de Dubrovnik, na Croácia. Morreram todos que estavam a bordo. Cerca de uma semana antes, Hillary e Chelsea tinham viajado para a Europa no mesmo avião, com alguns dos mesmos membros da tripulação.

Fiquei arrasado. Ron era meu amigo e o meu melhor conselheiro político no gabinete. Como presidente do Comitê Nacional Democrata, ele havia recuperado o Partido Democrata depois da derrota de 1988 e teve papel fundamental na união dos democratas para a eleição de 1992. No rescaldo da derrota na eleição de 1994, Ron continuou animado, elevando o espírito de todos com a previsão confiante de que estávamos fazendo as coisas certas na economia e iríamos vencer em 1996. Ele tinha revitalizado o Departamento de Comércio, modernizando a burocracia e usando-o para promover não somente nossos objetivos econômicos como também os nossos interesses maiores nos Bálcãs e na Irlanda do Norte. Além disso, tinha trabalhado muito para aumentar as exportações para "mercados emergentes" que seriam grandes no século XXI, inclusive Polônia, Turquia, Brasil, Argentina, África do Sul e Indonésia. Depois da sua morte, recebi uma carta de um empresário que havia trabalhado com ele, dizendo que Ron Brown "foi o melhor secretário do Comércio que os Estados Unidos já tiveram".

Hillary e eu fomos à casa de Ron para visitar sua esposa, Alma, e seus filhos, Tracy e Michael, e a esposa de Michael, Tammy. Eles eram como parte da nossa família, e fiquei aliviado ao vê-los já cercados de amigos queridos, e lidando com a sua dor contando histórias de Ron Brown; eram muitas as que valia a pena ouvir, vividas ao longo do caminho que ele percorreu desde a infância no velho Hotel Teresa, no Harlem, até o píncaro da política norte-americana e do serviço público.

Quando deixamos Alma, fomos ao Departamento de Comércio para falar aos funcionários, que tinham perdido o seu chefe e amigo. Um deles era um jovem que Hillary e eu conhecíamos bem. Adam Darling era um sujeito idealista e corajoso, filho de um pastor metodista; ele tinha entrado em nossa vida em 1992, quando chegou às manchetes por percorrer o país de bicicleta apoiando a chapa Clinton-Gore.

Alguns dias depois, poucas semanas antes do primeiro aniversário do atentado de Oklahoma City, Hillary e eu plantamos um corniso no jardim do fundo da Casa Branca em memória de Ron e dos outros norte-americanos que morreram na Croácia. Depois voamos para Oklahoma City, onde inauguramos uma nova creche que substituiria a que fora destruída no atentado, e visitamos as famílias das vítimas que estavam presentes. Na University of Central Oklahoma, na cidade vizinha de Edmond, eu disse aos estudantes que, ainda que tivéssemos prendido mais terroristas nos três anos anteriores do que em qualquer outro período na nossa história, o terror exigia mais de nós: era uma ameaça à geração deles, assim como a guerra nuclear havia sido uma ameaça para nós que crescemos durante a Guerra Fria.

Na tarde seguinte fizemos a triste viagem até a Base Aérea de Dover, em Delaware, onde os Estados Unidos recebem os corpos dos que morreram em combate pela nação. Depois de os féretros terem sido solenemente retirados do avião, li os nomes de todos os que haviam perecido no avião de Ron Brown e relembrei aos presentes que no dia seguinte seria a Páscoa, uma data que para os cristãos marca a passagem da dor e do desespero para a esperança e a redenção. A Bíblia diz: "Embora choremos à noite, a alegria chega com a alvorada". Usei esse verso como o tema do elogio a Ron no dia 10 de abril na Catedral Nacional, porque, para todos nós que o conhecíamos, Ron foi sempre a nossa alegria da manhã. Olhei para o caixão e disse: "Quero dizer ao meu amigo pela última vez: Obrigado; se não fosse por você, eu não estaria aqui". Ron foi sepultado no Cemitério Nacional de Arlington. A essa altura, eu estava tão exausto e abatido depois daquela prova terrível que mal podia me manter em pé. Chelsea, escondendo as lágrimas atrás dos óculos escuros, me envolveu com o braço e apoiou a minha cabeça no seu ombro.

Na terrível semana decorrida entre o acidente e o funeral, continuei a executar minhas obrigações da melhor maneira possível. Primeiro, sancionei uma nova lei agrícola. Duas semanas antes eu tinha assinado uma lei aprimorando o sistema de crédito agrícola, para oferecer mais empréstimos aos agricultores a taxas de juros mais baixas. Embora achasse que a nova lei agrícola não oferecia uma rede de proteção adequada para as propriedades rurais familiares, sancionei-a mesmo assim porque, se a lei então em vigor expirasse sem ser substituída, os agricultores teriam de plantar a safra seguinte sob o inadequado programa de apoio criado em 1948. A lei também tinha muitos dispositivos que eu apoiava: maior flexibilidade para os agricultores escolherem o que plantar sem perder o auxílio; recursos para desenvolvimento econômico das comunidades rurais; verbas para ajudar os agricultores a combater a erosão do solo, a poluição do ar e da água, e a perda de pântanos; e 200 milhões de dólares para dar início a uma das minhas principais prioridades ambientais: a restauração dos Everglades, na Flórida, que tinham sido prejudicados pelos empreendimentos imobiliários e pelas plantações de cana.

No dia 9 sancionei a lei que dava ao presidente o direito de veto parcial. A maioria dos governadores tinha essa autoridade, e todos os presidentes, desde Ulysses Grant em 1869, a desejaram. Esse dispositivo estava incluído no "Contrato com os Estados Unidos" dos republicanos, e eu o havia apoiado na campanha de 1992. Para mim, foi uma satisfação ele ter sido aprovado, e eu achava que a sua principal utilidade estava na capacidade que daria ao presidente de retirar itens desnecessários do orçamento. Sancionar a lei teve um lado ruim: o senador Robert Byrd, a mais respeitada autoridade em Constituição no Congresso, achava que ela era uma interferência inconstitucional do Executivo no Legislativo. Byrd odiava o veto parcial com a paixão que a maioria das pessoas reserva para ofensas mais pessoais, e acho que ele nunca vai me perdoar por ter sancionado essa lei.

No dia do culto em memória de Ron Brown, vetei uma lei que proibia um procedimento chamado pelos seus proponentes de aborto por "antecipação do parto". Essa lei, tal como a descreviam os seus defensores, contrários ao aborto, era muito popular: ela proibia um tipo de aborto tardio que parecia tão desalmado e cruel que até mesmo muitos dos cidadãos favoráveis ao aborto achavam que ele devia ser abolido. Mas a questão era um pouco mais complicada. Pelo que pude entender, o procedimento era raro, e praticado sobretudo em mulheres que, de acordo com o parecer do médico, sem ele teriam a vida ou a saúde ameaçada, geralmente porque gestavam bebês com hidrocefalia que certamente morreriam antes, durante, ou logo depois do nascimento. A questão era saber qual seria o dano ao corpo da mãe se ela levasse a gravidez a termo, e se levar a gravidez a termo poderia impedi-la de ter outros filhos. Nesses casos, não estava claro se proibir a operação abortiva seria uma opção "a favor da vida".

Eu achava que essa era uma decisão que cabia à mãe e ao seu médico. Quando vetei a lei, estava na companhia de cinco mulheres que haviam se submetido ao aborto por antecipação do parto. Três delas, uma católica, uma cristã evangélica e uma judia ortodoxa, eram zelosamente contrárias ao aborto. Uma delas me disse que pediu a Deus para lhe tomar a vida mas salvar a do filho, e todas disseram que concordaram com o procedimento porque seus médicos lhes garantiram que seus filhos não teriam como sobreviver, e elas queriam ter outros filhos.

Quando se considera como foi difícil para mim explicar por que vetei a lei, pode-se entender por que era politicamente péssimo fazê-lo. Eu a vetei porque ninguém me apresentou evidências de que os advogados das mulheres tinham mentido ao dizer que o procedimento era necessário ou de que havia um procedimento alternativo que protegeria as mães e a sua capacidade reprodutiva. Eu havia proposto sancionar uma lei que proibisse todos os abortos tardios exceto nos casos em que a vida ou a saúde da mãe estivesse em risco. Vários estados os autorizavam, e isso teria evitado muito mais abortos do que a lei do aborto por antecipação de parto, mas as forças contrárias ao aborto no Congresso não aceitaram. Elas queriam uma maneira de solapar *Roe versus Wade*; além disso, não havia vantagens políticas numa lei que até mesmo os senadores e os deputados mais ferrenhamente favoráveis ao aborto apoiavam.

No dia 12 de abril nomeei Mickey Kantor como secretário do Comércio, e sua capacitada assistente, Charlene Barshefsky, para ser a nova representante do comércio dos Estados Unidos. Também nomeei Frank Raines como vice-presidente da Fannie Mae, a Associação Federal Nacional Hipotecária, diretor da Superintendência de Administração e Orçamento [Office of Management and Budget — OMB]. Raines tinha a combinação certa de intelecto, conhecimento do orçamento e habilidade política para ter sucesso na OMB, e era o primeiro afro-americano a assumir o cargo.

Em 14 de abril, Hillary e eu embarcamos no Air Force One para uma viagem de uma semana à Coréia, ao Japão e à Rússia. Na bela ilha de Cheju, na Coréia do Sul, o presidente Kim Young-Sam e eu propusemos uma reunião, com a Coréia do Norte e a China, dos quatro signatários do armistício que pôs término à Guerra da Coréia, havia 46 anos, para prover uma estrutura básica na qual a Coréia do Norte e a do Sul poderiam conversar. Esperávamos concluir assim um acordo de paz definitivo. A Coréia do Norte vinha dizendo que queria a paz, e eu acreditava que era nossa obrigação descobrir se eles estavam falando sério.

Da Coréia eu fui para Tóquio, onde o primeiro-ministro Hashimoto e eu fizemos uma declaração pública no sentido de reafirmar e modernizar as nossas relações de segurança, inclusive uma cooperação crescente nas ações antiterrorismo, pela qual os japoneses estavam ansiosos depois do atentado com gás sarin no metrô de Tóquio. Os Estados Unidos também prometeram manter as suas tropas, no total de 100 mil homens, no Japão, na Coréia e no restante da Ásia Oriental, enquanto reduziríamos a nossa presença na ilha japonesa de Okinawa, onde incidentes criminais envolvendo pessoal militar norte-americano haviam aumentado a oposição à nossa presença. Os Estados Unidos tinham grande interesse econômico na manutenção da paz e da estabilidade na Ásia. Os asiáticos compravam metade das nossas exportações, e essas compras mantinham 3 milhões de empregos.

Antes de partir do Japão, visitei nossas forças da Sétima Frota a bordo do USS *Independence*, compareci a um elegante banquete de Estado oferecido pelo imperador e pela imperatriz no Palácio Imperial, fiz um discurso perante a Dieta japonesa — as duas casas legislativas eleitas pelo voto popular —, e me diverti com lutadores de sumô nascidos nos Estados Unidos, além de um notável saxofonista japonês de jazz, durante um almoço oferecido pelo primeiro-ministro.

Para reforçar a importância dos laços entre norte-americanos e japoneses eu havia nomeado o ex-vice-presidente Walter Mondale para a embaixada no Japão. Seu prestígio e habilidade no trato de problemas delicados representou para os japoneses um recado de que eles eram muito importantes para os Estados Unidos.

Continuamos a viagem até São Petersburgo, na Rússia. No dia 19 de abril, primeiro aniversário do atentado de Oklahoma City, Al Gore foi a Oklahoma para falar em nome da administração, enquanto eu lembrava a ocasião durante uma visita ao cemitério militar russo e me preparava para uma reunião de cúpula tratando de segurança nuclear com Yeltsin e os líderes do G-7. Yeltsin havia sugerido a reunião para enfatizar o nosso compromisso com o Tratado de Proibição Geral de Testes, START I e START II, e os nossos esforços conjuntos para estocar com segurança e destruir armas e materiais nucleares. Também concordamos em aperfeiçoar a segurança nas usinas nucleares, proibir o uso dos oceanos como depósitos de lixo radioativo e ajudar o presidente Leonid Kuchma, da Ucrânia, a fechar a usina de Chernobyl no prazo de quatro anos. Dez anos depois do trágico acidente, ela ainda estava em funcionamento.

No dia 24 voltei para casa, mas não abandonei as questões internacionais. O presidente Elias Hrawi, do Líbano, estava na Casa Branca numa hora tensa no Oriente Médio. Em resposta a uma chuva de mísseis Katyusha lançados sobre Israel a partir do sul do Líbano pelo Hezbollah, Shimon Peres havia ordenado ataques retaliatórios que mataram muitos civis. Eu tinha grande simpatia pelo Líbano; o país se via preso no meio do conflito entre Israel e a Síria, e estava cheio de terroristas. Reafirmei o firme apoio dos Estados Unidos à Resolução 425 do Conselho de Segurança das Nações Unidas, que propunha um Líbano realmente independente.

As notícias do Oriente Médio não eram totalmente más. Enquanto eu me reunia com o presidente libanês, Yasser Arafat havia persuadido o conselho executivo da OLP a emendar a sua constituição para reconhecer o direito à existência de Israel, uma virada política muito importante para os israelenses. Dois dias depois, Warren Christopher e o nosso enviado ao Oriente Médio, Dennis Ross, conseguiram um acordo entre Israel, Líbano e Síria para dar fim à crise libanesa e permitir que voltássemos a tratar da paz.

Shimon Peres veio me ver no fim do mês para assinar um acordo cooperativo antiterrorismo que incluía 50 milhões de dólares para os nossos esforços conjuntos de redução da vulnerabilidade de Israel ao tipo de atentados suicidas que tinham provocado um grande caos e muita dor num passado recente.

Uma semana antes eu havia sancionado a legislação antiterrorismo que o Congresso tinha finalmente aprovado, um ano inteiro depois de Oklahoma City. No fim, a lei conquistara forte apoio dos dois partidos após a retirada de cláusulas exigindo a existência de marcadores na pólvora negra e na sem fumaça, para que elas fossem rastreáveis, e dando às autoridades federais a capacidade de realizar com suspeitos de terrorismo as escutas que já eram utilizadas com elementos do crime organizado. A lei nos daria mais instrumentos e recursos para evitar ataques terroristas, desbaratar organizações terroristas e aumentar os controles sobre armas químicas e biológicas. O Congresso também nos permitiu colocar indicadores químicos em explosivos plásticos, e deixou aberta a opção de exigi-los em outros tipos de explosivos que não eram claramente proibidos pela lei.

Abril foi mais um mês interessante no Mundo de Whitewater. No dia 2, Kenneth Starr se apresentou perante o Tribunal de Recursos da Quinta Circunscrição, em Nova Orleans, representando quatro grandes fabricantes de cigarros que, na mesma época, estavam engajados numa disputa acalorada com a minha administração — em relação às suas táticas de marketing de cigarros para adolescentes e à autoridade da Food and Drug Administration para interromper essas práticas. Starr não viu nenhum conflito de interesses em manter um lucrativo escritório de advocacia em que ele recebia dos meus adversários grandes quantias em dinheiro. O *USA Today* já havia revelado que, ao comparecer a um tribunal para defender o programa de vales escolares, a que eu me opunha, Starr tinha sido remunerado não pelo Estado, mas pela ultraconservadora Bradley Foundation. Starr investigava a Resolution Trust Corporation (RTC) por causa da análise que esta estava realizando sobre a conduta da nossa acusadora, L. Jean Lewis, enquanto a RTC negociava com o escritório dele para fechar um acordo num processo movido pela agência contra uma empresa pela negligência desta na representação de uma instituição falida de poupança e empréstimos de Denver. E, evidentemente, Starr se ofereceu para ir à televisão defender o processo movido por Paula Jones. Robert Fiske fora retirado do cargo de promotor independente sob a frágil alegação de que a sua indicação por Janet Reno criava a aparência de um conflito de interesses. Agora tínhamos um promotor com conflitos reais.

Como eu já disse, Starr e seus aliados no Congresso e nos tribunais federais haviam criado uma nova definição de "conflito de interesses": qualquer um que pudesse ser remotamente favorável ou, como no caso de Fiske, apenas justo com Hillary e comigo estava por definição em situação de conflito; os gritantes conflitos de interesses econômicos e políticos de Ken Starr e a extrema tendenciosidade contra mim que eles refletiam não apresentavam nenhum problema para a sua presunção de autoridade ilimitada e irresponsável para nos perseguir, a nós e a muitas outras pessoas inocentes.

A curiosa visão de Starr e dos seus aliados do que constituía um conflito de interesses nunca foi tão evidente quanto no tratamento que eles deram ao juiz Henry Woods, um jurista veterano, altamente respeitado e ex-agente do FBI que foi indicado para presidir o julgamento do governador Jim Guy Tucker e outros a quem Starr tinha indiciado em acusações federais sem nenhuma relação com Whitewater. Essas acusações envolviam a compra de estações de televisão a cabo. De início, nem Starr nem Tucker objetaram contra a escolha de Woods para presidir o julgamento; ele era democrata, mas nunca tivera ligações com o governador. O juiz Woods não aceitou as acusações depois de determinar que Starr havia excedido a sua autoridade de acordo com a lei do promotor independente porque as acusações não tinham nenhuma relação com Whitewater.

Starr apelou da decisão ao Tribunal da Oitava Circunscrição, além disso requerendo que o juiz fosse afastado do caso por parcialidade. Os membros do painel de apelação que julgaram o caso eram republicanos conservadores indicados por Reagan e Bush. O juiz principal, Pasco Bowman, rivalizava com David Sentelle na política de extrema direita. Sem nem mesmo dar ao juiz Woods a oportunidade de se defender, a corte não somente reverteu a decisão dele e acatou a acusação como também o afastou do caso, sem citar nenhum documento do Tribunal, mas apenas artigos de jornais e revistas que o criticavam. Um dos artigos cheios de acusações falsas havia sido escrito pelo juiz Jim Johnson no jornal de direita *Washington Times*. Depois dessa decisão, o juiz Woods observou que ele foi o único juiz na história norte-americana a ser afastado de um processo com base apenas em artigos da imprensa. Quando outro advogado apelou ao Tribunal da Oitava Circunscrição para afastar o juiz de um processo, e citou o caso de Woods como precedente, um painel diferente e menos ideológico recusou o pedido e criticou a decisão do caso Woods, dizendo que ela não tinha precedentes e não se justificava. Claro que não, mas regras diferentes se aplicavam a Whitewater.

No dia 17 de abril, nem mesmo o *New York Times* conseguiu levar isso adiante. Considerando Starr "desafiadoramente cego para os seus problemas de aparências e indiferente com relação às obrigações especiais devidas ao povo norte-americano" pela recusa "a se desvencilhar de sua bagagem política e financeira", o *Times* disse que Starr devia renunciar. Não pude negar que o velho jornal ainda tinha consciência: não queria que Hillary e eu fôssemos entregues à turba de linchadores. O restante da mídia que tratava de Whitewater não se manifestou sobre o assunto.

No dia 28 de abril dei um depoimento gravado de quatro horas e meia em outro julgamento de Whitewater. Neste, Starr havia indiciado Jim e Susan McDougal e Jim Guy Tucker por apropriação indébita de recursos do Madison Guaranty e da Secretaria de Pequenas Empresas (SBA). Os empréstimos não foram pagos, mas os promotores não discutiram o fato de os acusados se declararem dispostos a pagá-los; em vez disso, eles foram acusados de crimes resultantes do fato de o dinheiro emprestado ter sido aplicado em outros fins que não os descritos nos pedidos de empréstimo.

Esse julgamento nada tinha a ver com Whitewater, nem com Hillary, nem comigo. Menciono aqui esse fato porque fui arrastado para ele por David Hale, que havia dado um desfalque de milhões de dólares no Departamento de Pequenas Empresas e estava cooperando com Starr na esperança de receber uma sentença reduzida. No seu depoimento ao tribunal, Hale repetiu a acusação de que eu o havia pressionado a dar um empréstimo de 300 mil dólares ao casal McDougal.

Declarei que o relato de Hale da sua conversa comigo era falso e que eu nada sabia das negociações entre as partes que justificaram as acusações. Os advogados de defesa acreditavam que quando o júri soubesse que Hale havia mentido sobre o meu papel nas suas negociações com os McDougal e com Tucker, todo o seu depoimento ficaria comprometido e o caso iria desmoronar, e assim os réus não precisariam depor. Essa estratégia apresentava duas dificuldades. Contra a opinião de todos, Jim McDougal insistiu em testemunhar em sua própria defesa. Em um processo anterior provocado pela falência do Madison Guaranty, em 1990, ele havia testemunhado e fora absolvido. Mas a enfermidade maníaco-depressiva de que estava sofrendo vinha piorando desde então, e de acordo com muitos observadores o seu testemunho incoerente prejudicou não somente a ele, mas também a Susan MacDougal e a Jim Guy Tucker, que não testemunharam em sua própria defesa nem mesmo depois de Jim MacDougal ter piorado a situação dos dois.

O outro problema era o júri não ter conhecimento de todos os fatos relacionados às ligações de David Hale com os meus adversários; alguns desses fatos ainda não eram conhecidos, e outros foram declarados inadmissíveis pelo juiz. O júri não estava ciente do dinheiro e do apoio que Hale vinha recebendo de uma iniciativa clandestina chamada Projeto Arkansas.

O Projeto Arkansas era financiado pelo bilionário ultraconservador Richard Mellon Scaife, de Pittsburgh, que também havia injetado dinheiro no *American Spectator* para divulgar suas histórias mentirosas sobre Hillary e sobre mim. Por exemplo, o projeto havia pago 10 mil dólares a um antigo membro da Polícia Estadual em troca da ridícula acusação de contrabando de drogas que ele fez contra mim. O pessoal do Scaife também trabalhava com os aliados de Newt Gingrich. Quando David Brock estava preparando o artigo para o *Spectator*, em que dois soldados da Polícia Estadual afirmavam ter arranjado mulheres para mim, ele não recebia apenas o seu salário da revista, mas também pagamentos secretos feitos pelo empresário Peter Smith, de Chicago, diretor de finanças do comitê político de Newt Gingrich.

A maior parte dos esforços do Projeto Arkansas se concentrava em David Hale. Operando por intemédio de Parker Dozhier, ex-assistente do juiz Jim Johnson, o projeto estabeleceu na loja de material de pesca de Dozhier, nos arredores de Hot Springs, um abrigo seguro para Hale, onde ele recebia dinheiro e tinha autorização para usar o carro e uma cabana de pesca de Dozhier no período em que colaborava com Starr. Durante todo esse tempo Hale também recebeu assistência legal gratuita de Ted Olson, amigo de Starr e advogado do Projeto Arkansas e do *American Spectator*. Olson mais tarde assumiu o cargo de advogado-geral do Departamento de Justiça de George W. Bush, após uma audiência no Senado em que ele não chegou a ser propriamente sincero sobre o seu trabalho para o Projeto Arkansas.

Por todas essas razões o júri condenou os três réus em várias acusações. Na sua argumentação final, o advogado indicado pelo promotor independente se preocupou em declarar que eu não estava "sendo julgado" e que "nenhuma acusação de ato ilegal" havia sido feita contra mim. Mas agora Starr tinha o que realmente queria: três pessoas que ele poderia pressionar para que lhe dessem qualquer coisa prejudicial a nós em troca de uma redução da pena. Como não havia nada a relatar, fiquei tranqüilo, apesar de lamentar o custo para os contribuintes dos esforços excessivos de Starr e os prejuízos crescentes de pessoas do Arkansas cujo principal pecado havia sido conhecer a mim e a Hillary antes de eu assumir a Presidência.

Também tive sérias dúvidas quanto ao veredicto do júri. A doença mental de Jim McDougal tinha avançado até o ponto de provavelmente torná-lo inapto para ser submetido a julgamento, muito menos para testemunhar. E me pareceu que a condenação de Susan McDougal e Jim Guy Tucker ocorreu apenas por eles terem se enredado na espiral depressiva de Jim McDougal e pelos esforços desesperados de Hale para se salvar.

Maio foi um mês relativamente tranqüilo na frente legislativa, o que me permitiu fazer campanha em vários estados e desfrutar alguns dos deveres cerimoniais da Presidência, inclusive a condecoração de Billy Graham com a Medalha de Ouro do Congresso, a apresentação anual "In Performance" da WETA-TV no Jardim Sul, com Aaron Neville e Linda Ronstadt, além de uma visita de Estado do presidente grego, Constantinos Stephanopoulos. Quando estávamos tão profundamente envolvidos nos problemas externos e internos, era difícil eu conseguir relaxar para desfrutar completamente esses eventos.

No dia 15 de maio anunciei a última rodada de autorizações de policiamento comunitário, que colocou em ação 43 mil dos 100 mil novos policiais que eu havia prometido. No mesmo dia Bob Dole anunciou que estava se desligando do Senado para se dedicar integralmente à sua campanha presidencial. Ele me chamou para me comunicar a sua decisão e eu lhe desejei boa sorte. Para ele era a única decisão sensata: ele não teria tempo para acumular a liderança da maioria com a disputa comigo, e as posições assumidas pelos republicanos no Senado e na Câmara dos Deputados com relação ao orçamento e outras questões iriam prejudicá-lo na corrida eleitoral para a Presidência.

No dia seguinte pedi a proibição global de minas terrestres antipessoais. Sob a superfície do solo, na Europa, na Ásia, na África e na América Latina, havia 100 milhões de minas terrestres, sendo a maioria delas sobras de guerras passadas. Muitas delas estavam esquecidas havia décadas, mas ainda eram letais; a cada ano 25 mil pessoas eram mortas ou aleijadas por elas. O dano que provocavam especialmente a crianças em lugares como Angola e Camboja era terrível. Havia muitas na Bósnia; a única baixa sofrida pelas nossas tropas ocorreu quando um sargento morreu ao tentar desarmar uma delas. Declarei que os Estados Unidos se comprometiam a destruir 4 milhões dessas minas até 1999 e a ajudar outros países nos seus esforços de retirada delas. Logo estaríamos financiando mais da metade do custo de retirada de minas em todo o mundo.

Infelizmente, o que deveria ter sido um evento de afirmação da vida foi marcado por mais uma tragédia, quando anunciei que o chefe de operações navais, almirante Mike Boorda, havia morrido naquela tarde ao disparar um tiro contra si mesmo. Boorda foi o primeiro marinheiro a galgar todos os níveis até chegar ao mais alto posto da Marinha. Foi levado ao suicídio pela divulgação de que vinha usando no uniforme duas condecorações de batalha no Vietnã que não merecera. Os fatos ainda estavam em discussão e, de qualquer modo, aquilo não deveria desmerecê-lo depois de uma carreira tão longa, marcada pela dedicação, pela brilhante folha de serviços e pela coragem evidente. Tal como Vince Foster, sua honra e integridade nunca haviam sido colocadas em dúvida até então. Há uma grande diferença entre dizer a alguém que ele não é bom no trabalho que faz e dizer que ele não presta.

Em meados de maio sancionei a renovação da Lei Ryan White CARE, que oferecia recursos médicos e de auxílio a portadores do vírus HIV e de AIDS, a principal causa de morte de norte-americanos entre 25 e 44 anos. Agora estávamos dobrando os recursos destinados ao tratamento da AIDS desde 1993, e um terço das 900 mil pessoas que tinham o HIV já estava recebendo a assistência definida na lei.

Na mesma semana sancionei um projeto que recebeu o nome de Lei de Megan, em homenagem a uma garotinha morta por um estuprador. Essa lei dava aos estados o poder de notificar as comunidades da presença de criminosos sexuais; vários estudos demonstravam que estes raramente se reabilitavam.

Depois da cerimônia, voei para o Missouri a fim de fazer campanha com Dick Gephardt. Eu realmente admirava Gephardt, um homem bom, trabalhador e inteligente que parecia ter vinte anos menos do que a sua idade real. Apesar de ser o líder dos democratas na Câmara, ele voltava regularmente ao seu estado nos fins de semana para visitar os eleitores em casa e conversar com eles. Muitas vezes Dick me dava listas de coisas para eu fazer pelo seu distrito. Embora muitos congressistas me pedissem coisas de tempo em tempo, além de Dick o único que volta e meia me passava uma lista datilografada de "coisas a fazer" era o senador Ted Kennedy.

No fim do mês anunciei que o Departamento de Veteranos iria oferecer indenizações aos veteranos do Vietnã por uma série de doenças graves, como câncer, problemas de fígado e doença de Hodgkins, associadas à exposição ao agente laranja, uma antiga reivindicação dos veteranos, dos senadores John Kerry e John McCain, além do almirante Bud Zumwalt.

No dia 29 de maio fiquei acordado até depois da meia-noite assistindo às apurações das eleições em Israel. Foi uma vitória apertada de "Bibi" Netanyahu sobre Shimon Peres, por apenas 1% dos votos. Peres recebeu a maioria dos votos dos árabes, mas Netanyahu teve votos suficientes entre os judeus, que compreendiam mais de 90% do eleitorado. Ganhou por ter prometido ser mais duro contra o terrorismo e ir devagar com o processo de paz, e por ter usado o tipo de propaganda política norte-americana de televisão, inclusive alguns ataques a Peres criados com a ajuda de um assessor de mídia republicano recrutado em Nova York. Até o final da campanha Peres resistiu aos apelos dos seus correligionários para responder aos ataques, e então já era muito tarde. Achei que Peres foi um bom primeiro-ministro; ele dedicou toda a sua vida ao Estado de Israel. Mas em 1996, por pequena margem, Netanyahu mostrou ser um político mais competente. Eu estava ansioso para determinar se e quando ele e eu poderíamos trabalhar juntos para manter o andamento do processo de paz.

Em junho, contra o pano de fundo da campanha eleitoral, eu me concentrei em duas questões: a educação e a perturbadora série de incêndios em igrejas de comunidades negras que então varria todo o país. Na aula inaugural da Universidade de

Princeton, esbocei um plano para abrir as portas das universidades a todos os norte-americanos e tornar os dois primeiros anos de universidade tão universais quanto o secundário. Compunham o plano: um crédito tributário inspirado no modelo das bolsas HOPE da Geórgia, de 1.500 dólares (um montante equivalente ao custo médio das universidades comunitárias) para dois anos de educação superior; uma dedução tributária de 10 mil dólares ao ano para toda a educação superior além dos dois primeiros anos; uma bolsa de mil dólares para os alunos que tivessem as notas mais altas, abrangendo 5% do total de todas as turmas que se formassem no secundário; recursos para aumentar de 700 mil para 1 milhão o número de vagas de bolsa-trabalho para universitários; e acréscimos anuais nas bolsas Pell Grants destinadas a estudantes de baixa renda.

Em meados do mês fui à Escola Secundária Grover Cleveland, em Albuquerque, no Novo México, para dar o meu apoio ao programa comunitário de toque de recolher, um de uma série de esforços em todo o país exigindo que os jovens estudantes estivessem em casa depois de certa hora quando houvesse aulas noturnas; eles levaram a uma queda na taxa de criminalidade e à melhoria da aprendizagem dos estudantes. Também apoiei a política de exigência de uniformes nas escolas de ensino fundamental e nas secundárias. Quase sem exceção, os distritos escolares que exigiam uniformes tinham maior presença dos alunos e menos violência, e os estudantes aprendiam mais. Além disso, os uniformes diminuíam a distinção entre estudantes pobres e ricos.

Alguns dos meus críticos ridicularizaram a minha ênfase no que chamavam de "questões menores", como toque de recolher, uniformes, programas de formação do caráter e o V-chip, dizendo que tudo isso não passava de aparição política e era um reflexo da minha incapacidade de fazer aprovar os grandes programas no Congresso republicano. Não se tratava disso. Nós estávamos paralelamente implementando grandes programas de educação e de combate à criminalidade aprovados nos dois primeiros anos do meu mandato, e eu tinha mais uma importante iniciativa educacional no Congresso. Mas eu sabia que dinheiro e leis federais só poderiam dar às pessoas os instrumentos com que eles melhorariam a sua vida; as verdadeiras mudanças teriam de ser realizadas pelos cidadãos nas suas comunidades. Em parte como resultado da promoção dos uniformes escolares, eles foram sendo adotados com resultados positivos por um número cada vez maior de distritos.

No dia 12 de junho eu estava em Greeleyville, na Carolina do Sul, para inaugurar a nova Igreja Metodista Episcopal Africana de Monte Sião, pois a velha igreja havia sido incendiada. Menos de uma semana antes uma igreja em Charlotte, na Carolina do Norte, completara a terceira dezena de igrejas incendiadas nos dezoito meses anteriores. Toda a comunidade negra dos Estados Unidos estava revoltada e esperava que eu fizesse alguma coisa para resolver o problema. Apoiei uma legislação bipartidária que facilitava aos promotores federais a punição de quem incendiasse templos de oração e prometi o aval federal a empréstimos a juros baixos para reconstruí-las. Os incêndios pareciam estar num processo de auto-alimentação, tal como a série de pichações de sinagogas em 1992. Não se ligavam a uma conspiração, mas pelo contágio do ódio aos que são diferentes.

Durante esse período precisei admitir a existência de um problema operacional na Casa Branca, algo tão grave que senti ser o primeiro problema da minha administração que exigia uma investigação independente.

No início de junho surgiram notícias de que três anos antes, em 1993, o meu Departamento de Segurança Pessoal da Casa Branca tinha obtido do FBI centenas de fichas de pessoas que haviam sido admitidas na Casa Branca durante as administrações Reagan e Bush. Essas fichas tinham sido obtidas quando o departamento tentava substituir as fichas com informações de segurança sobre os atuais funcionários da Casa Branca, que a administração Bush levara para a Biblioteca Bush. Essas notícias me deixaram indignado, pois a Casa Branca não tinha de manter relatórios confidenciais do FBI sobre republicanos.

No dia 9 de junho Leon Panetta e eu nos desculpamos pelo incidente. Depois de uma semana, Louis Freeh informou que o FBI havia entregado por engano 408 relatórios à Casa Branca. Alguns dias depois, Janet Reno solicitou a Ken Starr que investigasse o caso desses relatórios. Em 2000 o promotor independente declarou que o incidente não tinha passado de um erro. A Casa Branca não tinha feito nenhuma espécie de espionagem política — o Serviço Secreto tinha dado ao Departamento de Segurança Pessoal uma lista desatualizada de pessoal da Casa Branca que incluía os nomes de republicanos, e essa foi a lista enviada à Casa Branca.

No fim de junho, na conferência da família Gore em Nashville, pedi a ampliação da Lei da Licença Médica e Familiar para permitir que as pessoas usassem até 24 horas por ano, ou mais três dias de trabalho, para comparecer a reuniões de pais e mestres nas escolas de seus filhos ou para acompanhar os filhos, o cônjuge ou seus pais a consultas médicas de rotina.

O problema do equilíbrio entre trabalho e família me preocupava muito por causa do seu custo para a Casa Branca. Bill Galston, um brilhante membro do Conselho de Políticas Internas a quem conheci por meio do Conselho da Liderança Democrata e uma fonte permanente de boas idéias, havia renunciado recentemente para poder passar mais tempo com o filho de dez anos: "Meu filho vive me perguntando onde eu estou. Você pode conseguir outra pessoa para fazer esse trabalho; ninguém mais pode fazer o meu como pai. Tenho de ir para casa".

Meu vice-chefe de gabinete, Erskine Bowles, que se tornara um bom amigo e parceiro de golfe, um excelente administrador e a nossa melhor ligação com a comunidade empresarial, também queria voltar para casa. Sua esposa, Crandall, colega de Hillary em Wellesley, dirigia uma grande empresa têxtil e tinha de viajar muito. Dois dos seus filhos estavam na universidade; o mais novo ia começar o último ano do secundário. Erskine me disse que gostava muito do trabalho, "mas meu filho não vai ficar sozinho em casa no último ano do secundário. Não quero que ele comece a se perguntar se realmente é a coisa mais importante no mundo para seus pais. Vou voltar para casa".

Respeitei e concordei com a decisão tomada por Bill e por Erskine, e me considerei feliz pelo fato de Hillary e eu morarmos e trabalharmos na Casa Branca e não termos de fazer longas viagens entre a casa e o trabalho, e por pelo menos um de nós estar sempre com Chelsea à noite no jantar e quando ela acordava pela manhã. Mas a experiência dos membros da minha equipe deixou claro o fato de muitos norte-americanos, em todos os tipos de emprego, com rendas muito diferentes, irem trabalhar todo dia preocupados por estarem negligenciando seus filhos por causa do trabalho. Os Estados Unidos ofereciam menos equilíbrio entre trabalho e família que qualquer outra nação rica, e eu queria mudar isso.

Infelizmente, a maioria republicana no Congresso se opunha à imposição de novas exigências aos empregadores. Pouco tempo antes um garoto havia me abordado para me contar uma piada, dizendo o seguinte: "Quando alguém se torna presidente, é difícil achar uma piada que se possa contar em público". Eis a piada dele: "Ser presidente com esse Congresso é como estar no meio de um cemitério. Debaixo de você tem muita gente, mas nenhum deles lhe dá ouvidos". Menino inteligente.

No fim do mês, quando me preparava para ir a Lyon participar da conferência anual do G-7, que se dedicaria especialmente ao terrorismo, dezenove membros da Força Aérea norte-americana morreram e quase trezentos outros se feriram quando terroristas levaram um caminhão carregado com uma bomba poderosa até uma barreira de segurança de Khobar Towers, um complexo habitacional em Dhahran, na Arábia Saudita. Quando uma das nossas patrulhas se aproximou do caminhão, dois dos seus ocupantes fugiram e a bomba explodiu. Enviei uma equipe do FBI com mais de quarenta investigadores e peritos criminais para trabalhar em conjunto com as autoridades sauditas. O rei Fahd me telefonou para expressar suas condolências e solidariedade, e para confirmar o compromisso do seu governo de prender e punir os homens que haviam matado nossos soldados. Mais tarde a Arábia Saudita executou os responsáveis pelo ataque.

Os sauditas nos permitiram instalar a base após a Guerra do Golfo na esperança de que ter as forças norte-americanas "pré-posicionadas" no Golfo pudesse desencorajar qualquer agressão por parte de Saddam Hussein e nos permitir dar uma resposta rápida se isso não fosse suficiente. Esse objetivo foi atingido, mas a base tornava o nosso pessoal mais vulnerável a terroristas da região. As medidas de segurança eram simplesmente inadequadas. O caminhão pôde chegar muito perto do edifício porque o nosso pessoal e os sauditas haviam subestimado a capacidade de os terroristas construírem uma bomba tão poderosa. Nomeei o general Wayne Downing, ex-comandante-em-chefe do Comando de Operações Especiais dos Estados Unidos, para dirigir uma comissão encarregada de recomendar os passos a serem adotados para garantir mais segurança para as nossas tropas no exterior.

Enquanto nos preparávamos para a reunião do G-7, pedi à minha equipe para relacionar as recomendações passíveis de serem adotadas pela comunidade internacional para que se pudesse fazer um trabalho conjunto mais eficiente contra o terrorismo global. Em Lyon, os líderes participantes concordaram com mais de quarenta delas, inclusive apressar os processos de acusação e extradição de terroristas, tentar bloquear mais recursos que financiavam a violência, aperfeiçoar nossas defesas internas e limitar tanto quanto possível o acesso de terroristas a equipamentos de comunicação de alta tecnologia.

Em 1996, a minha administração havia definido uma estratégia de luta contra o terror, concentrando-se em prevenção de ocorrências graves, captura e punição de terroristas por meio da cooperação internacional, interrupção do fluxo de dinheiro e de comunicação para as organizações terroristas, corte do acesso que elas tinham a armas de destruição em massa e isolamento e imposição de sanções às nações que apoiassem o terrorismo. Como demonstraram a missão de bombardeio na Líbia ordenada pelo presidente Reagan em 1986 e o ataque que eu ordenei contra a sede da inteligência iraquiana em 1993, o poder norte-americano poderia desencorajar os Estados diretamente envolvidos em atos terroristas contra nós: nenhuma das duas nações tentou outro ataque. Entretanto, era mais difícil chegar às organizações terroristas não estatais; as pressões militares e econômicas que se mostravam eficazes contra nações não se aplicavam tão facilmente a elas.

A estratégia trouxe muitos resultados — havíamos evitado vários atentados terroristas planejados, inclusive as tentativas de explodir os túneis Holland e Lincoln em Nova York e várias tentativas de explodir aviões que partiam das Filipinas com destino aos Estados Unidos, e tínhamos conseguido trazer aos Estados Unidos, para serem julgados, terroristas de todas as partes do mundo. Por outro lado, o terror é mais que uma forma de crime organizado internacional; dados os seus objetivos políticos declarados, os grupos terroristas geralmente contam com o patrocínio de alguns Estados e com o apoio popular. Ademais, chegar ao fundo das redes poderia levantar perguntas difíceis e perigosas, como aconteceu quando a investigação do atentado contra o Khobar Towers levantou a possibilidade de o Irã ter dado apoio aos terroristas. Mesmo que contássemos com uma boa defesa contra ataques, a imposição da lei poderia ser uma estratégia ofensiva suficiente contra os terroristas? Se não, o maior uso das opções militares poderia ser uma solução viável? Em meados de 1996 era evidente que não tínhamos todas as respostas sobre como enfrentar os ataques contra norte-americanos no país e no exterior, e o problema continuaria sem solução nos anos seguintes.

O verão começou com boas notícias no país e no exterior. Boris Yeltsin teve de enfrentar um segundo turno em 3 de julho contra o general ultranacionalista Zyuganov. O primeiro turno foi apertado, mas Boris venceu com folga o segundo, depois de uma vigorosa campanha por todos os onze fusos horários do seu país, que incluiu comícios à moda norte-americana e propaganda pela TV. A eleição ratificou a liderança de Yeltsin para garantir a democracia, modernizar a economia e se aproximar do Ocidente. A Rússia ainda tinha muitos problemas, mas eu achava que o país se movia na direção certa.

As coisas também se moviam na direção certa nos Estados Unidos, pois a taxa de desemprego havia caído para 5,3% com a criação de 10 milhões de novos postos de trabalho, um crescimento econômico de 4,2% no trimestre e um déficit que havia caído para menos da metade do que era quando assumi o cargo. Os salários também estavam subindo. No dia seguinte o mercado de ações caiu 115 pontos, o que me fez comentar mais uma vez com Bob Rubin como Wall Street detestava quando o cidadão médio ia bem. Na verdade, era mais complicado. O mercado tem a ver com o futuro; quando as coisas vão muito bem, os investidores tendem a pensar que elas vão piorar. Pouco depois eles mudaram de idéia e o mercado retomou a tendência de alta.

* * *

Em 17 de julho o vôo 800 da TWA explodiu nas proximidades de Long Island, matando cerca de 230 pessoas. Na época todos acreditaram — erroneamente, como se viu — que seria um atentado terrorista; houve até mesmo especulações de que o avião tinha sido derrubado por um míssil disparado de um barco no canal de Long Island. Apesar de eu ter pedido cautela contra conclusões precipitadas, estava claro que precisávamos cuidar mais da segurança da aviação.

Hillary e eu fomos a Jamaica, no estado de Nova York, para nos encontrar com as famílias das vítimas, e eu anunciei novas medidas para aumentar a segurança das viagens aéreas. Já vínhamos discutindo o problema desde 1993, com uma proposta de modernizar o sistema de controle de tráfego aéreo; acrescentar mais 450 inspetores de segurança e promover a publicação de padrões uniformes de segurança; e testar novas máquinas de alta tecnologia capazes de detectar a presença de explosivos. Agora eu dizia que iríamos abrir mais bagagens e passar mais sacolas pelos raios X nos vôos domésticos e internacionais, e antes de todas as decolagens iríamos exigir inspeções do compartimento de carga e da cabine de comando de todos os aviões. Também pedi a Al Gore para chefiar uma comissão encarregada de rever os sistemas de segurança e os de controle de tráfego aéreo, e de apresentar um relatório em 45 dias.

Dez dias depois dessa queda tivemos um incidente claramente terrorista, quando uma bomba preparada dentro de um cano explodiu durante as Olimpíadas de Atlanta, matando duas pessoas. Hillary e eu tínhamos ido às cerimônias de abertura, em que Muhammad Ali acendeu a chama olímpica. Hillary e Chelsea adoraram as Olimpíadas e passaram mais tempo que eu assistindo aos eventos, mas eu pude fazer uma visita à equipe norte-americana e a atletas de outras nações. Irlandeses, croatas e palestinos me agradeceram pelos nossos esforços para trazer a paz às suas pátrias. Os atletas das Coréias do Norte e do Sul se sentavam em mesas próximas no refeitório e conversavam entre si. As Olimpíadas simbolizavam o melhor do mundo, aproximando pessoas apesar de antigas divisões. A bomba plantada por um terrorista norte-americano que ainda não tinha sido preso foi um lembrete da vulnerabilidade das forças da abertura e da cooperação em relação àqueles que rejeitavam os valores e as regras necessários para construir uma comunidade global integrada.

No dia 5 de agosto apresentei na Universidade George Washington uma extensa análise de como o terrorismo poderia afetar o nosso futuro, dizendo que ele tinha se transformado num "destruidor de oportunidades iguais, sem respeito por fronteiras". Relacionei as providências que estávamos tomando para combater o "inimigo da nossa geração" e disse que venceríamos se mantivéssemos a confiança e a nossa liderança como "indispensável força pela paz e liberdade" no mundo.

O restante do mês de agosto foi tomado por sanções de leis, convenções partidárias e um acontecimento positivo no Mundo de Whitewater. Com a aproximação das eleições e a guerra do orçamento pelo menos parcialmente resolvida, os membros dos dois partidos no Congresso estavam ansiosos por dar à população uma prova de progresso bipartidário. O resultado foi eles terem aprovado uma série de leis progressistas pelas quais a Casa Branca vinha lutando. Sancionei a Lei de

Proteção da Qualidade dos Alimentos, para aumentar a salvaguarda de legumes, frutas e grãos contra pesticidas nocivos; a Lei de Segurança da Água Potável, para reduzir a poluição e oferecer 10 bilhões de dólares em empréstimos para melhorar os sistemas municipais de água, tendo em vista mortes e doenças provocadas pela contaminação da água por *Cryptosporidium*; a lei que aumentava o salário mínimo em noventa centavos a hora, que dava incentivos fiscais a pequenas empresas para novos investimentos em equipamentos e para contratar novos empregados, que tornava mais fácil aos pequenos empresários oferecer a seus empregados planos de aposentadoria com um novo plano 401(k)* e oferecer um novo incentivo que era muito caro a Hillary: um crédito tributário de 5 mil dólares para quem adotasse uma criança e de 6 mil dólares no caso de a criança ter necessidades especiais.

Na última semana daquele mês assinei a Lei Kennedy-Kassebaum, que ajudaria milhões de pessoas ao permitir que elas levassem seu seguro-saúde de um emprego para o próximo, proibindo que as companhias de seguros negassem cobertura a qualquer segurado alegando doença preexistente. Também anunciei a regra final da Food and Drug Administration para proteger os jovens contra os perigos do fumo. Ela exigia que os jovens provassem com a carteira de identidade que eram maiores antes de poderem comprar cigarros e restringia severamente a propaganda e a colocação de máquinas de venda pelos fabricantes. Fizemos mais alguns inimigos na indústria do fumo, mas eu achava que aquele esforço poderia salvar algumas vidas.

No dia 22 de agosto sancionei uma lei de reforma do seguro contra a pobreza que foi um divisor de águas e que havia sido aprovada por grandes maiorias bipartidárias, superiores a 70% nas duas casas legislativas. Ao contrário das duas leis que eu havia vetado, a nova lei mantinha a garantia federal da assistência médica e do auxílio-alimentação, aumentava em 40%, para 14 bilhões de dólares, a verba federal para a assistência à infância, continha as cláusulas que eu havia proposto para impor medidas mais fortes de proteção à infância e dava aos estados autoridade para converter os pagamentos do seguro em subsídios salariais, de modo a incentivar os empregadores a contratar pessoal que sobrevivia do seguro contra a pobreza.

A maior parte dos defensores dos pobres e dos imigrantes legais, e várias pessoas no meu gabinete, ainda se opunha à lei e queria que eu a vetasse por ela não prever a continuação da garantia federal de um benefício mínimo para os segurados, impor um limite de cinco anos para os benefícios, cortar o gasto global no programa de cupons de alimentação e negar esses cupons e a assistência médica aos imigrantes legais de baixa renda. Eu concordava com essas duas últimas objeções; o golpe para os imigrantes legais seria particularmente duro e, achava eu, era injustificável. Pouco depois de eu ter sancionado a lei, dois altos funcionários do Departamento de Saúde e Serviços Humanitários, Mary Jo Bane e Peter Edelman, se demitiram em protesto. Quando saíram, eu os elogiei pelos serviços que prestaram e por seguirem as suas próprias convicções.

Decidi sancionar a lei por achar que ela era a melhor chance de os Estados Unidos alterarem os incentivos no sistema de seguro contra a pobreza, da dependência para a autonomia pelo trabalho. A fim de maximizar as chances de sucesso

---

* Plano de Previdência Privada Aberta, gerido por uma instituição financeira. (N. dos T.)

pedi a Eli Segal, que tinha feito um trabalho excelente na organização do AmeriCorps, para organizar uma Parceria da Passagem do Seguro contra a Pobreza para o Trabalho, recrutando empregadores que se comprometeriam a contratar segurados. Mais tarde, 20 mil empresas que adotaram a parceria iriam contratar mais de 1 milhão de segurados que deixaram de precisar do sistema.

Na cerimônia de assinatura da lei, vários ex-segurados falaram a favor dela. Uma dessas pessoas era Lillie Hardin, a mulher do Arkansas que tanto impressionou os meus colegas governadores dez anos antes ao dizer que o melhor de sair do seguro contra a pobreza era que, "quando meu filho vai para a escola e os colegas perguntam 'o que a sua mãe faz?', ele pode dar uma resposta". Ao longo dos quatro anos seguintes os resultados da reforma demonstraram que Lillie Hardin estava certa. Quando deixei o cargo, a relação de segurados do seguro contra a pobreza tinha sido reduzida de 14,1 para 5,8 milhões, uma queda de 60%; e o número de crianças em situação de pobreza caiu 25%, chegando ao seu menor índice desde 1979.

Sancionar a lei de reforma do seguro contra pobreza foi uma das decisões mais importantes da minha administração. Passei a maior parte da minha carreira tentando retirar pessoas do seguro contra a pobreza e levá-las para o trabalho, e acabar com esse seguro "tal como o conhecemos" havia sido uma das minhas principais promessas de campanha em 1992. Embora tivéssemos tentado aperfeiçoar o sistema por meio de autorizações para que os estados introduzissem alterações locais, os Estados Unidos precisavam de uma legislação que tratasse o bem-estar social, enfatizando a independência por meio do trabalho, e não a dependência dos cheques do seguro contra a pobreza.

Os republicanos realizaram a sua convenção em San Diego em meados do mês, indicando Bob Dole e seu escolhido para a Vice-presidência, Jack Kemp, ex-deputado por Nova York, secretário de Habitação e Desenvolvimento Urbano, e zagueiro do Bufalo Bills. Kemp era um homem interessante, um conservador apologista do livre mercado com um compromisso autêntico de oferecer oportunidades econômicas aos pobres e uma abertura para idéias novas de todas as origens, e eu achava que ele seria uma contribuição positiva para a campanha de Dole.

Os republicanos não cometeram o erro de abrir a convenção com uma dura retórica de direita, como tinham feito em 1992. Com Colin Powell, a senadora Kay Bailey Hutchinson, a deputada Susan Molinary e o senador John McCain, eles apresentaram aos eleitores uma imagem mais moderada, positiva e voltada para o futuro. Elizabeth Dole fez um comovente discurso de aceitação em nome do marido, descendo da tribuna e circulando entre os delegados enquanto falava em tom de conversa. Dole também fez um belo discurso, focalizando a sua vida dedicada ao dever, suas propostas de corte de impostos e a defesa dos valores tradicionais. Zombou de mim por ser parte de uma elite de nascidos na década de 1940, gente "que não cresceu, nunca fez nada real, nunca se sacrificou, nunca sofreu e nunca aprendeu". Prometeu construir uma ponte que levasse a um passado melhor de "tranqüilidade, fé e confiança na ação". Também deu uma alfinetada em Hillary por causa do tema do seu livro que afirma que "é tarefa de uma aldeia" criar uma criança, dizendo que os republicanos acreditavam que os pais tinham a tarefa de criar os filhos, ao passo que os democratas achavam que essa era uma tarefa do governo. Não foi um ataque duro, e algumas semanas depois Hillary e eu teríamos a oportunidade de responder a ele.

Enquanto os republicanos estavam em San Diego, nossa família foi pela segunda vez a Jackson Hole, no Wyoming. Dessa vez eu estava terminando um livreto, *Between Hope and History* [Entre a esperança e a história], que focalizava as políticas adotadas no meu primeiro mandato por meio das histórias individuais de pessoas que foram positivamente afetados por elas; e procurava mostrar para onde eu queria levar o país nos quatro anos seguintes.

No dia 12 de agosto voltamos ao Parque Nacional de Yellowstone para o único compromisso público das nossas férias, quando assinei um acordo para impedir a instalação de uma mina de ouro nas adjacências do parque. O acordo foi resultado de esforços da empresa mineradora em conjunto com grupos de cidadãos, membros do Congresso e a equipe de ambientalistas da Casa Branca, chefiada por Katie McGinty.

No dia 18, Hillary, Chelsea e eu fomos a Nova York para comemorar os meus cinqüenta anos no Radio City Music Hall. Mais tarde me entristeci ao saber que o avião que trazia de volta a Washington o equipamento que usamos durante a nossa estada no Wyoming havia caído, matando todas as nove pessoas a bordo.

No dia seguinte nos juntamos a Al e Tipper Gore no Tennessee, onde comemoramos os aniversários meu e de Tipper ajudando na reconstrução de duas igrejas rurais, uma de brancos e uma de negros, incendiadas durante a recente série de incêndios de igrejas.

Na última semana do mês a atenção da nação se voltou para a convenção nacional dos democratas, em Chicago. A nossa campanha, coordenada por Peter Knight, estava bem organizada e caminhava em compasso com a Casa Branca, devido ao trabalho de Doug Sosnik e Harold Ickes, que haviam supervisionado a organização da convenção. Eu estava animado com a viagem para lá, porque Chicago era a cidade natal de Hillary, tinha representado um papel fundamental na minha vitória de 1992, e tinha feito bom uso de muitas das minhas iniciativas mais importantes em educação, desenvolvimento econômico e controle do crime.

No dia 25 de agosto, em Huntington, na Virgínia, Chelsea e eu começamos uma viagem de trem para Chicago. Hillary tinha seguido na frente para já estar lá na abertura da convenção. Para a viagem nós havíamos fretado um trem antigo e magnífico, a que demos o nome de "Expresso do Século XXI". Passamos por Kentucky, Ohio, Michigan e Indiana até chegar a Chicago. Fizemos quinze paradas pelo caminho e reduzíamos a velocidade ao passar por pequenas cidades, para que eu pudesse acenar para as pessoas reunidas ao lado dos trilhos. Pela alegria das multidões, eu sentia que o trem se ligava ao povo norte-americano, tal como as viagens de ônibus de 1992, e via pela expressão das pessoas que elas estavam muito mais felizes com a condição do país e da sua própria vida. Quando paramos em Wyandotte, em Michigan, para um evento educacional, duas crianças me apresentaram lendo *The Little Engine That Could* [A pequena locomotiva que conseguiu]. O livro e o entusiasmo da leitura captaram a volta do otimismo e da autoconfiança inatos dos Estados Unidos.

Em muitas paradas convidávamos amigos, correligionários e autoridades locais que queriam fazer conosco um trecho da viagem. Gostei sobretudo de desfrutar relaxadamente a viagem com Chelsea; ficamos no último vagão, acenando para as multidões, e conversamos sobre tudo. Nossa relação continuava tão próxima como sempre, mas ela estava mudando, tornando-se uma jovem madura com opiniões e interesses próprios. Eu me entusiasmava cada vez mais com a sua maneira de ver o mundo.

A nossa convenção foi aberta no dia 26, com a presença de Jim e Sarah Brady, que estavam gratos pelo apoio dado pelos democratas à Lei Brady, e de Christopher Reeve, o ator que depois de ficar tetraplégico em virtude de uma queda de cavalo havia inspirado a nação pela sua luta corajosa para se recuperar e pela defesa de mais pesquisas sobre lesões da medula.

No dia do meu discurso, a campanha foi sacudida por reportagens dizendo que Dick Morris tinha passado muitas noites com prostitutas no seu quarto de hotel quando estava em Washington trabalhando para mim. Dick se demitiu da campanha e eu fiz publicar uma declaração dizendo que ele era meu amigo e um soberbo estrategista político que havia feito um "trabalho inestimável" ao longo dos dois anos anteriores. Lamentei a sua partida, mas ele estava obviamente sob tremenda pressão e precisava de um tempo para resolver os seus problemas. Eu sabia que ele era um homem determinado e que logo estaria de volta à arena política.

Meu discurso de aceitação foi fácil por causa do histórico: as menores taxas de desemprego e inflação em 28 anos; 10 milhões de novos empregos; 10 milhões de pessoas recebendo com aumento o salário mínimo; 25 milhões de cidadãos se beneficiando da Lei Kennedy-Kassebaum; 15 milhões de trabalhadores norte-americanos pagando menos impostos; 12 milhões se beneficiando da Lei da Licença Médica e Familiar; 10 milhões de estudantes economizando dinheiro por meio do Programa de Financiamento Direto ao Estudante; 40 milhões de trabalhadores com maior garantia de aposentadoria.

Declarei que íamos na direção certa e disse, referindo-me ao discurso de Bob Dole em San Diego: "Com todo o respeito, não precisamos construir uma grande ponte que leve ao passado; precisamos construir uma ponte para o futuro [...] devemos decidir construir essa ponte para o século XXI". A "Ponte para o Século XXI" passou a ser o tema da campanha e dos quatro anos seguintes.

Por melhor que fosse o meu histórico, eu sabia que todas as eleições tratam do futuro, e assim esbocei o meu programa: aumento dos padrões escolares e acesso para todos à universidade; um orçamento equilibrado que protegesse a assistência médica, a educação e o meio ambiente; cortes seletivos de impostos que favorecessem a compra da casa própria, a assistência médica a longo prazo, a educação universitária e a criação dos filhos; mais empregos para pessoas ainda dependentes do seguro contra a pobreza e mais investimentos nas áreas urbanas e rurais pobres; e algumas iniciativas novas para combater o crime e as drogas e limpar o meio ambiente.

Eu sabia que se o povo norte-americano visse a eleição como uma opção entre construir uma ponte para o passado e construir uma ponte para o futuro, nós ganharíamos. Sem querer, Bob Dole tinha me oferecido a mensagem central da minha campanha de 1996. No dia seguinte à convenção, Al, Tipper, Hillary e eu saímos no último giro de ônibus, começando em Cape Girardeau, no Missouri, com o governador Mel Carnahan, que estava comigo desde 1992, passando pelo sul de Illinois e o oeste de Kentucky, e terminando em Memphis, depois de muitas paradas no Tennessee com o ex-governador Ned Ray McWherter, um homem enorme como um urso, que era a única pessoa a chamar o vice-presidente de "Albert". Ned Ray valia tantos votos que não me interessava por qual nome ele chamava ao Al, ou mesmo a mim.

Em agosto, Kenneth Starr perdeu o seu primeiro grande processo, que refletia o desespero dele e da sua equipe para me acusar de qualquer coisa. Starr havia indiciado dois proprietários do Perry County Bank, o advogado Herby Branscum Jr. e o contador Rob Hill, por acusações ligadas à minha campanha de 1990 para o governo do estado.

O indiciamento declarava que Branscum e Hill haviam retirado cerca de 13 mil dólares do seu próprio banco para pagar serviços legais e de contabilidade que não foram realizados, para se reembolsarem das quantias pagas a título de contribuição de campanha, e que eles tinham dado instruções ao homem que administrava o banco em nome deles para não informar duas retiradas de mais de 10 mil dólares da conta da minha campanha ao Serviço da Receita Interna, como determinado por lei.

O indiciamento também relacionou Bruce Lindsey, que tinha sido tesoureiro da minha campanha, como "co-conspirador não indiciado", alegando que, quando retirou o dinheiro para pagar as atividades de "busca de votos" no dia da eleição, Bruce teria insistido com os banqueiros para não encaminhar o relatório exigido. O pessoal do Starr havia feito a Bruce uma ameaça de indiciamento, mas ele pagou para ver; não havia nada errado com as nossas contribuições nem com o modo como as usamos, e Bruce não teria motivos para pedir ao banco que não emitisse o relatório da operação: tínhamos de obedecer à legislação eleitoral do Arkansas e publicar toda essa informação no prazo de três semanas. Como as contribuições e todos os gastos tinham sido legais, e o nosso relatório público era preciso, o pessoal do Starr sabia que Bruce não havia cometido nenhum crime, e se limitou a sujar o nome dele como co-conspirador não indiciado.

As acusações contra Branscum e Hill eram absurdas. Primeiro, os dois eram os únicos proprietários do banco; se não ameaçassem a liquidez do banco, poderiam tirar o dinheiro desde que pagassem o imposto de renda sobre ele, e não havia nenhuma indicação de que eles não tivessem feito isso nesse caso. Quanto à segunda acusação, a lei que exige que se informem os depósitos e retiradas em dinheiro acima de 10 mil dólares é boa, pois permite seguir grandes volumes de "dinheiro sujo" de atividades criminosas como a lavagem de dinheiro e o tráfico de drogas. Os relatórios apresentados ao governo são verificados a cada três ou seis meses, mas não são abertos ao público. Desde 1996 tinha havido duzentas acusações formais por não apresentação do relatório exigido por lei, mas somente vinte delas se referiam à não apresentação do relatório de retiradas. Todas envolviam dinheiro associado a atividades ilegais. Até o aparecimento de Starr, ninguém jamais tinha sido indiciado por negligência quanto à apresentação do relatório de depósitos ou retiradas de recursos legítimos.

Nosso dinheiro de campanha era indiscutivelmente dinheiro legal, que havia sido retirado no final da campanha para pagar os nossos esforços de convocar os eleitores e oferecer transporte até as seções eleitorais no dia da eleição. Tínhamos apresentado o relatório público dentro do intervalo de três semanas depois da eleição, detalhando quanto dinheiro havia sido gasto e como. Branscum, Hill e Lindsey simplesmente não tinham motivo para esconder do governo um saque legal de dinheiro que seria apresentado em relatório público em menos de um mês.

Tudo isso não foi suficiente para conter Hickman Ewing, o representante de Starr no Arkansas, que estava tão obcecado quanto ele em nos perseguir, mas não sabia disfarçar. Ele ameaçou prender Neal Ainley, que administrava o banco para Branscum e Hill e havia sido o responsável pela apresentação do relatório, se ele não testemunhasse que Branscum, Hill e Lindsey haviam lhe dado ordens de não apresentá-lo. Ainley já havia anteriormente negado qualquer ato errado por parte deles. O pobre homem foi um peixe pequeno preso numa rede muito grande, e mudou o seu testemunho. Inicialmente acusado de cinco crimes, Ainley podia agora responder por duas contravenções.

Tal como no julgamento anterior do casal McDougal e de Tucker, testemunhei em vídeo a pedido dos réus. Apesar de não estar envolvido diretamente nos saques, declarei que não havia indicado Branscum e Hill para duas diretorias do estado em troca das suas contribuições para a minha campanha.

Depois de uma defesa vigorosa, Branscum e Hill foram absolvidos das acusações e o júri não chegou a nenhuma decisão sobre se eles haviam falseado informações acerca das aplicações dos recursos sacados do seu próprio banco. Fiquei aliviado por Herby, Rob e Bruce Lindsey terem sido inocentados, mas enojado pelo abuso de autoridade da promotoria, os enormes custos legais que os meus amigos foram forçados a suportar e o custo assustador para os contribuintes de um processo envolvendo 13 mil dólares que os réus receberam como reembolso do seu próprio banco, e a não apresentação de relatórios federais relativos a duas operações de saque de recursos de campanha publicamente informadas.

Houve também custos não econômicos: agentes do FBI que trabalhavam para Starr foram à escola onde estudava o filho adolescente de Rob Hill e o arrastaram para fora da sala para interrogá-lo. Poderiam ter conversado com ele depois da aula ou no intervalo do almoço, ou no fim de semana. Em vez disso, humilharam o rapaz na esperança de pressionar o pai a lhes dizer qualquer coisa, verdadeira ou falsa, que me incriminasse.

Depois do julgamento, vários jurados lançaram sobre o escritório do promotor independente comentários como: "É um desperdício de dinheiro. [...] Detesto ver o governo desperdiçando dinheiro com Whitewater"; "Se querem gastar o dinheiro do meu imposto, eles deviam apresentar provas mais fortes"; "Se aqui alguém é intocável, é o Escritório do Promotor Independente [Office of Independent Counsel — OIC]". Um dos jurados, que se identificou como "anti-Clinton", disse: "Eu gostaria muito que eles tivessem uma evidência mais forte, mas não tinham". Até mesmo republicanos conservadores que viviam no mundo real, por oposição ao Mundo de Whitewater, sabiam que o promotor independente tinha ido longe demais.

Por pior que fosse o tratamento dado a Branscum e a Hill, aquilo foi uma brincadeira diante do que Starr iria fazer a Susan McDougal. No dia 20 de agosto ela foi condenada a dois anos de prisão. O pessoal do Starr ofereceu-se para livrá-la da cadeia se ela lhes desse informações que nos implicassem, a Hillary e a mim, em atividades ilegais. No dia em que foi condenada, quando repetiu o que vinha afirmando desde o início — que não sabia que nós tivéssemos feito nada errado —, ela foi intimada a comparecer perante um grande júri. Ela foi, mas se recusou a responder às perguntas dos promotores, temendo que eles a acusassem de perjúrio por não querer mentir e dar a eles o que queriam ouvir. A juíza Susan Webber Wright declarou que ela desacatara a corte e a mandou para a cadeia por um período indefinido até que ela concordasse em cooperar com o promotor especial. Ela ficou presa durante dezoito meses, freqüentemente sob péssimas condições.

Setembro se iniciou com a campanha a pleno vapor. A nossa convenção havia sido um sucesso e Dole estava maculado pela sua associação com Gingrich e com o fechamento do governo. E o mais importante: o país estava bem e os eleitores já não viam questões como criminalidade, seguro contra a pobreza, responsabilidade fiscal, política externa e defesa como províncias exclusivas do Partido Republicano. As pesquisas mostravam que as taxas de aprovação do meu trabalho e da minha pessoa estavam em torno de 60%, com a mesma porcentagem de pessoas declarando que se sentiam bem com a minha presença na Casa Branca.

Por outro lado eu presumia estar mais fraco em algumas partes dos Estados Unidos em decorrência das minhas posições em questões culturais — armas, homossexualidade e aborto — e, pelo menos na Carolina do Norte e no Kentucky, por causa das medidas contra o fumo. Parecia também evidente que Ross Perot receberia muito menos votos que na eleição de 1992, tornando mais difícil para mim ganhar alguns estados onde ele tinha tirado mais votos do presidente Bush do que de mim. Ainda assim, o resultado final era que eu estava em melhor forma agora. Ao longo de setembro a campanha atraiu multidões grandes e entusiásticas, ou "Multidões de outubro", como eu as chamava, a começar pelas quase 30 mil pessoas presentes no piquenique do Dia do Trabalho em De Pere, Wisconsin, perto de Green Bay.

Como as eleições presidenciais são decididas pelos votos do colégio eleitoral, eu queria usar o nosso impulso para trazer alguns estados para as nossas colunas e forçar o senador Dole a gastar tempo e dinheiro em estados que os republicanos normalmente considerariam garantidos. Dole tentava fazer a mesma coisa comigo ao disputar a Califórnia, onde eu me opunha a um referendo popular para dar fim à ação positiva nas admissões à universidade e onde ele tinha ganho pontos ao realizar em San Diego a convenção republicana.

Meu principal alvo era a Flórida. Se ganhasse lá e na maioria dos estados onde tinha vencido em 1992, a eleição seria minha. Eu tinha trabalhado duro na Flórida ao longo de quatro anos: ajudei o estado a se recuperar dos danos provocados pelo furacão Andrew; realizei lá a Cúpula das Américas; anunciei a transferência do Comando Militar do Sul do Panamá para Miami; trabalhei para recuperar os Everglades; e recrutei votos na comunidade cubana dali, que normalmente dava aos republicanos mais de 80% de seus votos em eleições presidenciais desde a Baía dos Porcos. Também tive a bênção de uma boa organização na Flórida e do grande apoio do governador Lawton Chiles, que tinha ótima relação com os eleitores nas áreas mais conservadoras do centro e do norte do estado. Essas pessoas gostavam de Lawton em parte porque ele revidava quando era atacado. Como dizia ele: "Nenhum caipira gosta de cachorro que não morde". No início de setembro, Lawton foi comigo ao norte da Flórida para fazer campanha e homenagear o deputado Pete Peterson, que se aposentava e que havia passado seis anos e meio como prisioneiro de Guerra no Vietnã, e a quem eu havia indicado para ser nosso primeiro embaixador naquele país desde o final da guerra.

Passei a maior parte do restante do mês em estados onde havia vencido em 1992. Numa rodada pelo Oeste, também fiz campanha no Arizona, estado que desde 1948 não votava num democrata para presidente, mas onde eu achava que poderia ganhar por causa da crescente população hispânica e do desconforto de muitos dos conservadores tradicionais e moderados com a política mais extremada dos republicanos do Congresso.

No dia 16 recebi o apoio da Fraternal Ordem da Polícia (FOP). A FOP geralmente apoiava os republicanos para a Presidência, mas a nossa Casa Branca havia trabalhado com eles durante os quatro anos para colocar mais polícia nas ruas, retirar as armas das mãos dos bandidos e proibir as balas que matavam policiais; eles queriam mais quatro anos desse tipo de cooperação.

Dois dias depois anunciei uma das mais importantes realizações ambientais de todos os meus oito anos no cargo: a criação do Monumento Nacional de Grand Staircase-Escalante, uma área de 680 mil hectares no sul de Utah, que contém fósseis de dinossauros e os vestígios da civilização indígena Anasazi. Eu tinha autoridade para tanto de acordo com a Lei de Antiguidades de 1906, que faculta ao presidente proteger áreas federais de extraordinário valor histórico, cultural e científico. Fiz o anúncio com Al Gore na borda do Grand Canyon, que Theodore Roosevelt tinha protegido na primeira aplicação da Lei de Antiguidades. Minha atuação foi necessária para impedir a instalação de uma grande mina de carvão que teria alterado fundamentalmente o caráter da área. A maioria das autoridades de Utah e muitos dos que queriam o impulso econômico dado pela extração de carvão eram contra, mas aquela região era de valor inestimável e eu achava que a criação do monumento atrairia uma renda de turismo que ao longo do tempo compensaria a perda da mina.

Além do tamanho e do entusiasmo das multidões, os acontecimentos de setembro ofereceram indícios de que as coisas iam bem para nós. Depois de um comício em Longview, no Texas, quando eu apertava mãos no meio da multidão, encontrei uma mãe solteira que criava seus dois filhos sozinha; ela havia saído do seguro contra a pobreza para servir no AmeriCorps e usava o dinheiro da bolsa para freqüentar a Universidade Kilgore Junior. E outra mulher que tinha se beneficiado com a Lei da Licença Médica e Familiar quando seu marido contraiu câncer; e um veterano do Vietnã que me agradeceu pelos benefícios por incapacitação para filhos nascidos com *spina bifida** em razão da exposição dos pais ao agente laranja durante a guerra. Sua filha, de doze anos, estava com ele. Tinha *spina bifida* e já havia se submetido a uma dúzia de operações em sua curta vida.

* * *

---

* Em português, "espinha bífida", designação genérica de certas más-formações congênitas caracterizadas por brechas na coluna vertebral (N. dos T.)

O mundo não parou por causa da campanha. Na primeira semana de setembro, Saddam Hussein voltou a criar problemas, atacando e ocupando a cidade curda de Irbil, no norte do Iraque, violando as restrições impostas a ele no fim da Guerra do Golfo. Duas facções curdas lutavam pelo controle da área; depois que uma delas se aliou a Saddam, ele atacou a outra. Ordenei o ataque com bombas e mísseis contra as posições iraquianas e elas recuaram.

No dia 24 estive em Nova York para a sessão de abertura das Nações Unidas, onde fui o primeiro entre muitos líderes a assinar o Tratado de Proibição Geral de Testes, usando a mesma caneta com que 33 anos antes o presidente Kennedy havia assinado o Tratado de Proibição Limitada de Testes. No meu discurso esbocei um programa mais amplo para reduzir a ameaça das armas de destruição em massa, insistindo em que os membros das Nações Unidas aprovassem a Convenção sobre Armas Químicas, impusessem as cláusulas da Convenção sobre Armas Biológicas, congelassem a produção de materiais físseis para uso em armas nucleares e proibissem o uso, a produção, a estocagem e a transferência de minas terrestres antipessoais.

Enquanto a ONU discutia a não-proliferação, o Oriente Médio explodiu mais uma vez. Os israelenses haviam aberto um túnel que passava sob o monte do Templo na cidade velha de Jerusalém. As ruínas dos templos de Salomão e Herodes estavam sob o monte, no alto do qual ficavam o Domo do Rochedo e a mesquita de Al-Aqsa, dois dos locais mais sagrados para os maometanos. Desde que os israelenses tomaram a parte leste de Jerusalém, na guerra de 1967, o monte do Templo, chamado Haram al-Sharif pelos árabes, estava sob controle das autoridades muçulmanas; quando o túnel foi aberto, os palestinos o viram como uma ameaça aos seus interesses religiosos e políticos, o que fez estourarem agitações e tiroteios. Depois de três dias, mais de sessenta pessoas já haviam morrido e muitas mais ficaram feridas. Convoquei os dois lados para interromper a violência e voltar a implementar as medidas do acordo de paz, enquanto Warren Christopher congestionava as linhas telefônicas em contatos com o primeiro-ministro Netanyahu e o presidente Arafat para impedir a matança. Por sugestão de Christopher, convidei Netanyahu e Arafat à Casa Branca para discutir a questão.

O mês terminou com a sanção da lei de dotações para a assistência médica, que garantia uma cobertura mínima de 48 horas para mães e recém-nascidos; oferecia assistência médica aos filhos de veteranos da Guerra do Vietnã que nasceram com *spina bifida*, como mencionei antes; e determinava os mesmos limites da cobertura anual e vitalícia nas apólices de seguro-saúde para doenças físicas e mentais. Essa inovação na assistência à saúde mental foi um tributo não somente ao trabalho dos grupos de apoio à assistência à saúde mental como também aos esforços pessoais do senador Pete Domenici, do Novo México, do senador Paul Wellstone, de Minnesota, e de Tipper Gore, que eu havia nomeado minha assessora especial para políticas de saúde mental.

Passei os dois primeiros dias de outubro com Netanyahu, Arafat e o rei Hussein, que havia concordado em participar da tentativa de recolocar nos trilhos o processo de paz. No final das conversações, Arafat e Netanyahu me pediram para responder a todas as perguntas da imprensa. Eu disse que, embora não tivéssemos ainda resolvido a questão do túnel, os dois lados haviam concordado em iniciar conversações imediatas na região com vistas a dar fim à violência e retomar o processo de paz. Durante a nossa reunião, Netanyahu havia reafirmado o seu compromisso com a implementação dos acordos acertados antes de ele assumir o cargo, inclusive a retirada das tropas israelenses de Hebron. Pouco depois o túnel foi fechado, conforme compromisso das duas partes de não fazer nada que pudesse alterar o *status quo* em Jerusalém até que as negociações fossem fechadas.

No dia 3 voltei à campanha, comparecendo a um comício em Buffalo, no estado de Nova York, uma cidade que sempre me deu sorte, a caminho de Chautauqua, para me preparar para o primeiro debate com Bob Dole em Hartford, Connecticut, no dia 6 de outubro. Toda a nossa equipe estava lá, inclusive o meu assessor de mídia, Michael Sheehan. George Mitchell representou Bob Dole no debate simulado. De início estourei o tempo, mas melhorei com a prática. Entre as sessões, Erskine Bowles e eu jogávamos golfe. Meu jogo estava melhorando. Em junho, pela primeira vez, fiquei abaixo de oitenta, mas ainda não era páreo para Erskine.

O debate em si foi civilizado e educativo para as pessoas interessadas nas nossas diferentes filosofias de governo e posições em relação aos problemas. Houve alguns incidentes quando Dole me atacou por ter assustado as pessoas idosas com os anúncios de crítica aos cortes dos republicanos no Medicare que eu tinha vetado, e repetiu a afirmação feita na convenção de que eu tinha enchido a minha administração de jovens elitistas que "não cresceram, nunca fizeram nada de concreto, nunca se sacrificaram, nunca sofreram e nunca aprenderam", que queriam usar os recursos "do salário do povo para financiar seus esquemas dúbios e interesseiros". Eu respondi que os jovens "elitistas" que trabalhavam para mim na Casa Branca haviam crescido em *trailers*, e quanto à acusação de que eu era liberal demais, "é essa a carta que seu partido sempre tira da manga quando as coisas apertam. É como o coelho na cartola. [...] Eu só acho que esse coelho já não faz mais mágica".

O segundo debate estava programado para dez dias depois em San Diego. Nesse meio empo, Hillary, Al, Tipper e eu fomos ver a enorme colcha de retalhos da AIDS que cobria o Mall em Washington, com quadrados dedicados às pessoas que haviam morrido; duas delas eram amigas de Hillary e também minhas amigas. Fiquei satisfeito com o fato de a taxa de mortalidade por AIDS estar caindo, e estava determinado a incentivar mais pesquisas para desenvolver novos medicamentos que salvassem vidas.

Mickey Kantor havia negociado para o debate em San Diego um formato com muita interação do auditório. No dia 16, na Universidade de San Diego, os cidadãos fizeram perguntas interessantes e Dole e eu respondemos até o final sem nos atacar um ao outro. No encerramento, Dole apelou para as suas bases, lembrando ao povo que eu me opunha a limites de mandato; e a emendas constitucionais para equilibrar o orçamento, proteger a bandeira norte-americana e proibir restrições à oração voluntária nas escolas. Eu apresentei um resumo final das minhas propostas para os quatro anos seguintes. Pelo menos o povo sabia qual era a escolha.

A duas semanas da eleição, as pesquisas indicavam que eu tinha uma dianteira de vinte pontos e 55% dos votos. Eu preferia que a pesquisa não tivesse sido publicada; ela tirava um pouco do ímpeto da nossa campanha por levar os nossos correligionários a pensar que a eleição já estava ganha. Continuei trabalhando muito, concentrando-me nos nossos alvos escolhidos, Arizona e Flórida, e nos estados em que havíamos vencido antes, inclusive três que me preocupavam muito: Nevada, Colorado e Geórgia. No dia 25 de outubro fizemos um grande comício em Atlanta, onde o meu amigo Max Cleland estava numa disputa apertada pelo Senado federal. Sam Nunn apresentou um argumento especialmente eficaz a favor da minha reeleição e eu voltei do estado achando que tínhamos uma chance.

No dia 1º de novembro entrei na reta de chegada da campanha com um comício matinal no Santa Barbara City College. Num dia quente e ensolarado, uma grande multidão se reuniu no campus próximo a uma colina de onde se descortinava o Pacífico. Santa Barbara era um bom lugar para terminar a campanha na Califórnia, uma área maciçamente republicana que vinha se desviando para o nosso lado.

De Santa Barbara voei para Las Cruces, no Novo México, e depois para El Paso e a maior multidão da campanha, pois mais de 40 mil pessoas vieram ao aeroporto para demonstrar o seu apoio, e finalmente para San Antonio e o tradicional comício do Alamo. Eu sabia que não ganharia no Texas, mas queria homenagear a lealdade dos democratas do estado, especialmente os hispânicos que ficaram comigo.

Nos três dias finais da campanha tive de fazer uma escolha. Candidatos ao Senado de vários estados relativamente pequenos pediam para eu fazer campanha por eles. Mark Penn disse que se eu passasse os últimos dias da campanha fazendo isso, em vez de ir aos grandes estados, talvez não conseguisse a maioria por várias razões. A primeira delas era que nas duas semanas anteriores caíra o ímpeto da campanha pelas acusações de que o Comitê Nacional Democrata teria recebido de asiáticos, inclusive pessoas que eu havia conhecido quando governador, centenas de milhares de dólares em contribuições ilegais de campanha. Quando eu soube disso fiquei furioso; meu diretor de finanças, Terry McAuliffe, tinha se certificado de que todas as contribuições eram examinadas escrupulosamente e, além disso, o comitê devia ter uma comissão de veto encarregada de rejeitar todas as contribuições questionáveis.

Havia problemas claros com relação aos procedimentos de liberação adotados pelo comitê. Tudo o que eu podia dizer é que todas as contribuições ilegais deviam ser imediatamente devolvidas. Ainda assim, a controvérsia nos prejudicaria no dia da eleição. A segunda razão era que Ralph Nader concorria pelo Partido Verde e me tomaria parte dos votos mais à esquerda. A terceira: Ross Perot, que havia começado sua campanha em outubro, tarde demais para entrar nos debates, tinha um desempenho muito pior que o de 1992, mas terminava a sua campanha como terminara a anterior, com violentos ataques a mim. Disse que durante os dois anos seguintes eu estaria completamente ocupado tentando "não ir para a cadeia", me acusou de ter fugido à convocação para o Vietnã e de ser manchado por "lapsos éticos, financiamento corrupto de campanha e por uma atitude frouxa quanto ao uso de drogas". A última razão era que o comparecimento às urnas provavelmente seria bem inferior ao de 1992, porque os eleitores vinham sendo informados havia várias semanas de que a eleição estava decidida.

Mark Penn me avisou que, se eu quisesse ganhar a maioria dos votos, teria de ir aos maiores mercados de mídia nos grandes estados e pedir às pessoas para comparecerem à sua seção eleitoral. Caso contrário, disse ele, como o resultado era considerado tranqüilo, os democratas de baixa renda provavelmente compareceriam para votar em menor número que os republicanos mais ricos e ideologicamente mais motivados. Nós já tínhamos programado viagens à Flórida e a Nova Jersey, e a conselho de Mark acrescentamos uma parada em Cleveland. Além dessas, eu tinha apresentações programadas nos estados em que a disputa pelo Senado era mais dura: Louisiana, Massachusets, Maine, New Hampshire, Kentucky, Iowa e Dakota do Sul. Na disputa presidencial somente havia dúvida quanto ao Kentucky; eu estava bem à frente em todos os outros, com exceção de Dakota do Sul, onde esperava que os republicanos vencessem com Dole. Decidi ir a esses estados porque achava que valia a pena perder um ou dois pontos no resultado final para eleger mais democratas para o Senado, e os candidatos em seis desses sete estados haviam me apoiado em 1992 e no Congresso.

No domingo, 3 de novembro, depois de comparecer ao culto na Igreja AME St. Paul, em Tampa, na Flórida, fui para New Hampshire e apoiei o nosso candidato ao Senado, Dick Swett; para Cleveland, onde o prefeito Mike White e o senador John Glenn me deram um empurrão final; e para Lexington, no Kentucky, para um comício na universidade do estado com o senador Wendell Ford, o governador Paul Patton e o nosso candidato ao Senado, Steve Beshear. Eu sabia que seria difícil ganhar no Kentucky por causa da questão do fumo, e fiquei animado pela presença no palco da Universidade do Kentucky do técnico de basquete Rick Pitino. Num estado onde todos amavam o time de basquete, e quase a metade não gostava de mim, a presença de Pitino ajudou, e foi um ato corajoso.

Cheguei a Cedar Rapids, em Iowa, às oito da noite. Queria muito comparecer para ajudar Tom Harkin, que tinha uma dura disputa pela reeleição. Tom havia me dado grande apoio no Senado, e depois da primária de 1992 ele e a sua esposa, Ruth, uma advogada que trabalhava para a minha administração, tinham se tornado meus amigos.

A última parada da noite foi em Sioux Falls, em Dakota do Sul, onde o deputado democrata Tim Johnson tinha muita chance de desalojar o candidato republicano à reeleição, Larry Pressler. Tanto Johnson como o seu principal apoio, o senador Tom Daschle, foram muito bons para mim. Como líder da minoria no Senado, Daschle tinha sido inestimável para a Casa Branca durante a guerra do orçamento e o fechamento do governo; quando me pediu para ir a Dakota do Sul, eu não tinha como dizer não.

Já era quase meia-noite quando cheguei a Arena e Centro de Convenções de Sioux Falls para falar "no último comício da minha última campanha". Por ser aquele o meu último discurso, dei ao público todo o meu histórico da luta do orçamento e do que eu queria fazer nos quatro anos seguintes. Como estava num estado rural como o Arkansas, eu contei uma piada. Disse que o orçamento dos republicanos me fez lembrar a história do político que queria pedir o voto de um fazendeiro mas tinha medo de entrar no seu jardim por causa do cachorro. O político perguntou ao fazendeiro: "Seu cachorro morde?". O fazendeiro respondeu que não. Quando o político entrou no jardim para falar ao fazendeiro, o cachorro o mordeu. "Você me disse que o seu cachorro não morde!", gritou ele. O fazendeiro respondeu calmamente: "Filho, esse cachorro não é meu". O orçamento tinha sido o cachorro dos republicanos.

A eleição teve os resultados que Mark Penn esperava: houve um recorde de abstenções e eu ganhei por 49% a 41%. A votação no colégio eleitoral foi de 379 a 159, pois perdi nos três estados em que tinha ganho em 1992, Montana, Colorado e Geórgia, e ganhei em dois novos, Arizona e Flórida, com um ganho líquido de nove votos eleitorais.

Sob os números agregados, algumas sutis diferenças entre os resultados por estado em 1992 e em 1996 revelavam até que ponto os fatores culturais influíram nas eleições em alguns estados, ao passo que questões econômicas e sociais mais tradicionais dominavam em outros. Todas as eleições competitivas são determinadas por essas mudanças, e em 1996 elas me disseram muito sobre o que era importante para diferentes grupos de norte-americanos. Na Pensilvânia, um estado com muitos sócios da Associação Nacional do Rifle e eleitores contrários ao aborto, a minha vitória percentual foi a mesma de 1992, graças a uma margem maior na Filadélfia e a uma forte votação em Pittsburgh, enquanto a minha votação caiu no restante do estado por causa das armas e do meu veto à lei do aborto por antecipação do parto. No Missouri os mesmos fatores cortaram pela metade a minha margem de vitória, de 10% para 6%. Ainda tive a maioria no Arkansas, mas por uma margem ligeiramente inferior que a de 1992; no Tennessee a diferença caiu de 4,5% para 2,5%.

No Kentucky, fumo e armas reduziram a diferença de 3% para 1%. Pelas mesmas razões, apesar de liderar até o final, acabei perdendo na Carolina do Norte por 3%. No Colorado passei de uma vitória por 4% para uma perda por 1,5%, porque os eleitores de Perot em 1992 provavelmente votaram nos republicanos em 1996, e porque os republicanos conseguiram registrar 100 mil eleitores a mais que os democratas depois de 1992, em parte pelo fato de várias organizações da Direita Cristã terem instalado sua sede no estado. Em Montana perdi outra vez, em grande parte porque, tal como no Colorado, os votos perdidos de Perot foram mais para o senador Dole do que para mim.

Na Geórgia, as últimas pesquisas me davam uma dianteira de 4%, mas perdi por 1%. A Coalizão Cristã foi a grande responsável por isso; em 1992 eles reduziram a diferença a meu favor de 6% para menos de 1% pela distribuição de "orientações aos eleitores" nas igrejas mais conservadoras no domingo anterior à eleição. Durante anos os democratas tinham feito o mesmo trabalho nas igrejas de comunidade negra, mas a Coalizão Cristã na Geórgia foi particularmente eficiente, alterando em 5% o resultado tanto em 1992 quanto em 1996. Fiquei desapontado por ter perdido na Geórgia, mas feliz por Max Cleland ter sobrevivido por ter ganho alguns votos de brancos a mais que eu. O Sul foi difícil por causa das questões culturais; a Louisiana foi o único estado sulista onde eu ganhei por grande diferença, passando de 4,5% para 12%.

Em compensação, meu percentual de ganho aumentou muito em estados culturalmente menos conservadores e economicamente mais sensíveis. A minha margem sobre os republicanos subiu 10% ou mais entre 1992 e 1996 em Connecticut, Havaí, Maine, Massachusets, Nova Jersey, Nova York e Rhode Island. Mantivemos as grandes margens de 1992 em Illinois, Minnesota, Maryland e Califórnia, e aumentamos significativamente a votação em Michigan e em Ohio. Apesar da questão das armas, também ganhei 10% a mais sobre o meu resultado de 1992 em New Hampshire. E consegui uma vitória por 1% em Nevada, em grande parte por ter me oposto à estocagem de lixo atômico nesse estado sem que houvesse suficientes evidências científicas de que ela seria segura, e por causa da constante publicidade dada à minha posição graças ao meu amigo e colega na Georgetown, Brian Greenspun, presidente e editor do *Las Vegas Sun*, que era apaixonadamente sensível à questão.

Em resumo, os resultados me deixaram feliz. Ganhei mais votos no colégio eleitoral que em 1992, e quatro dos sete candidatos ao Senado pelos quais fiz campanha venceram: Tom Harkin, Tim Johnson, John Kerry e, na Louisiana, Mary Landrieu. Mas o fato de a minha votação ter sido consideravelmente inferior ao percentual de aprovação do meu trabalho, da minha pessoa e do percentual de pessoas que declararam gostar da minha administração foi um lembrete acautelador do poder das questões culturais, como armas, homossexualismo e aborto, especialmente entre famílias de casais do Sul, do Oeste entre as montanhas, e do Meio-Oeste rural, e entre os homens brancos de todo o país. Tudo o que eu podia fazer era tentar encontrar um terreno comum, tentar acalmar o cruel bipartidarismo em Washington e dar o melhor de mim como presidente.

A atmosfera no comício da vitória na Old State House em Little Rock foi muito diferente dessa vez. A multidão ainda era grande, mas a comemoração foi marcada não tanto pelos gritos exuberantes, mas por uma felicidade genuína porque a nossa nação estava melhor e porque o povo norte-americano tinha aprovado o meu trabalho.

Como a eleição já vinha considerada garantida várias semanas antes, era fácil deixar de perceber o seu significado. Depois das eleições de 1994, eu havia sido ridicularizado como uma figura irrelevante, condenada à derrota em 1996. Nos primeiros estágios da guerra do orçamento, sob a ameaça de fechamento do governo, era absolutamente incerto que eu fosse vencer ou que a população fosse apoiar a minha posição contra os republicanos. Agora eu era o primeiro presidente democrata, desde Franklin Delano Roosevelt em 1936, a ser eleito para um segundo mandato.

47

UM DIA DEPOIS DA ELEIÇÃO, eu estava de volta à Casa Branca para uma comemoração no Jardim Sul com a minha equipe, o secretariado, outros indicados, o pessoal que trabalhou na campanha e dirigentes do Partido Democrata. No meu discurso mencionei que na noite anterior, enquanto esperava o resultado das apurações, fiz uma reunião com as pessoas que trabalharam para mim no Arkansas quando eu era procurador-geral e governador, e que eu "disse a eles algo que gostaria de dizer a todos aqui: sempre fui muito trabalhador, muito exigente. Sempre me concentrei no assunto de que estou tratando. Às vezes não agradeço devidamente. E sempre fui um tanto duro comigo mesmo e às vezes acho que, simplesmente por omissão, sou muito duro com as pessoas que trabalham aqui".

Nossa equipe havia realizado muito nos quatro anos anteriores, sob extrema pressão. Isso aconteceu por causa dos meus próprios erros iniciais, dos primeiros dois anos de intensa cobertura negativa da imprensa, da perda do Congresso em 1994, do desgaste financeiro e emocional de Whitewater, de muitas tragédias pessoais e das exigências constantes inerentes à tarefa de mudar o país. Eu tinha feito o possível para manter animados o meu espírito e o de todos os demais, e para evitar as distrações geradas pelas tragédias, o lixo e os contratempos. Agora que o povo nos dava um segundo mandato, eu esperava que nos quatro anos seguintes estivéssemos mais livres para realizar os afazeres públicos sem a agitação e as lutas do primeiro.

Eu tinha me inspirado num discurso feito em outubro pelo cardeal de Chicago Joseph Bernardin, um defensor incansável da justiça social que Hillary e eu conhecíamos e admirávamos muito. Bernardin estava bastante doente e não tinha muito tempo de vida quando disse: "Um moribundo não tem tempo para o periférico ou o acidental [...] É errado desperdiçar o precioso dom do tempo em acrimônias e discórdias".

Na semana posterior à eleição, várias pessoas importantes da administração anunciaram a intenção de sair no final do ano, inclusive Leon Panetta e Warren Christopher. Chris havia passado quatro anos dentro de aviões e Leon venceu para nós a batalha do orçamento, para não mencionar o fato de ter passado a noite da eleição jogando copas comigo. Os dois queriam voltar para a Califórnia e para uma vida mais normal. Haviam servido bem a mim e ao país e eu ia sentir falta dos dois. No dia 8 de novembro anunciei que Erskine Bowles seria o novo chefe de gabinete. Seu filho caçula já estava na universidade e ele estava livre para servir mais uma vez, embora isso lhe custasse um braço e uma perna, pois mais uma vez ele iria abandonar seus lucrativos negócios.

Graças a Deus, Nancy Hernreich e Betty Currie iam continuar. Nessa época, Betty já conhecia a maioria dos meus amigos por todo o país, atendia a muitos dos telefonemas, e era uma ajuda maravilhosa para mim no gabinete. Nancy entendia a dinâmica do nosso gabinete e a minha necessidade de envolvimento nos detalhes do dia-a-dia e de distanciamento deles. Ela fazia todo o possível para tornar mais fácil o meu trabalho e mantinha nos trilhos as operações do Salão Oval. Meu assistente presidencial de então, Stephen Goodin, estava nos deixando, mas havia indicado um bom substituto, Kris Engskov, que já estava desde o início na Casa Branca e a quem eu conhecia desde o nosso primeiro encontro no norte do Arkansas nos idos de 1974, durante a minha primeira campanha. Como o assistente do presidente ficava logo ao lado da porta do Salão Oval, ele estava sempre comigo, sempre ao meu lado; era bom ter por perto alguém que eu conhecia havia tanto tempo e que gostava tanto do seu trabalho. Fiquei feliz também por ter conosco Janis Kearny, a memorialista da Casa Branca. Janis havia sido editora do *Arkansas State Press*, o jornal da comunidade negra de Little Rock, e fazia meticulosos registros de todas as minhas reuniões. Não sei o que eu teria feito sem a minha equipe do Salão Oval.

Uma semana depois, após anunciar a extensão de dezoito meses da nossa missão na Bósnia, Hillary e eu partimos para Austrália, Filipinas e Tailândia numa combinação de trabalho e férias de que estávamos precisando. Começamos com três dias de pura diversão no Havaí, e então voamos para Sydney, na Austrália. Depois de me reunir com o primeiro-ministro John Howard, de falar perante o Parlamento em Canberra e de passar um dia em Sydney, que incluiu um jogo inesquecível com um dos maiores golfistas do nosso tempo, Greg Norman, voamos para Port Douglas, ao norte, uma estância marítima no mar de Coral, próxima à Grande Barreira de Recifes. Enquanto estávamos lá, passeamos pela floresta equatorial Daintree com um guia aborígine, visitamos uma reserva de vida natural onde acariciei um coala de nome Chelsea, e mergulhei nas proximidades do magnífico recife. Assim como os recifes de coral de todo o mundo, esse estava ameaçado pela poluição dos oceanos, pelo aquecimento global e pelo abuso físico. Pouco antes de irmos visitá-lo anunciei o apoio dos Estados Unidos para a Iniciativa Internacional dos Recifes de Coral, que se destinava a evitar mais destruição dos recifes em todos os mares.

Da Austrália voamos para as Filipinas para a quarta reunião dos líderes do Pacífico Asiático, organizada pelo presidente Fidel Ramos. O principal resultado da conferência foi um acordo que eu tinha elaborado para eliminar, a partir do ano 2000, todas as tarifas sobre computadores, semicondutores e tecnologia de telecomunicações, uma providência que iria resultar em mais exportações e mais empregos de altos salários para os norte-americanos.

Visitamos a Tailândia para comemorar o qüinquagésimo aniversário de reinado de um dos mais fiéis aliados dos Estados Unidos no Sudeste da Ásia: os Estados Unidos haviam assinado um tratado de amizade e comércio com o rei do Sião em 1833. O rei Bhumibol Adulyadej era um excelente pianista e um grande fã de jazz. Para comemorar o jubileu, eu lhe dei um presente que seria apreciado por qualquer aficionado do jazz: um grande álbum de fotografias de músicos de jazz autografado pelo grande fotógrafo de jazz Herman Leonard.

Chegamos a tempo do nosso tradicional Dia de Ação de Graças em Camp David. Nesse ano o nosso grupo incluía dois lindos sobrinhos, o filho de Roger, Tyler, e o de Tony, Zach. Vê-los brincando juntos fez reviver o espírito do dia.

Em dezembro tive de reconstituir uma grande parte da minha administração. Bill Perry, John Deutch, Mickey Kantor, Bob Reich, Hazel O'Leary, Laura Tyson e Henry Cisneros estavam todos se demitindo. Também na Casa Branca estávamos perdendo pessoas de valor. Harold Ickes estava voltando para o seu escritório de advocacia e consultoria, e a vice-chefe de gabinete, Evelyn Lieberman, ia dirigir a Voz da América no Departamento de Estado.

No início do mês eu havia anunciado a nova equipe de segurança nacional: Madeleine Albright como secretária de Estado; Bill Cohen, ex-senador republicano pelo Maine, como secretário de Defesa; Tony Lake como diretor da CIA; Bill Richardson como embaixador na ONU; e Sandy Berger como assessor de segurança nacional. Madeleine Albright tinha feito um grande trabalho nas Nações Unidas e sabia bem os desafios à nossa frente, especialmente nos Bálcãs e no Oriente Médio. Eu achava que ela havia feito por merecer a oportunidade de ser a primeira secretária de Estado. Bill Richardson havia demonstrado ser um hábil diplomata por seus esforços na Coréia do Norte e no Iraque, e fiquei feliz por ele ter aceitado ser o primeiro embaixador hispânico dos Estados Unidos na ONU.

Bill Cohen era um político jovem, bom orador, e durante muitos anos foi um pensamento inovador sobre questões de defesa. Havia ajudado a elaborar o tratado START I e teve papel destacado na legislação que reorganizou e fortaleceu a nossa estrutura de comando militar durante os anos 1980. Eu queria um republicano no gabinete, gostava de Cohen e o respeitava, e achava que ele era o homem para continuar o inestimável trabalho de Bill Perry. Quando lhe prometi que nunca iria politizar as decisões de defesa, ele aceitou o cargo. Detestei perder John Deutch na CIA. Ele fez um trabalho excelente como secretário adjunto de Defesa, e depois passou para a difícil tarefa de dirigir a CIA após a curta diretoria de Jim Woolsey. O trabalho de Tony Lake no Conselho de Segurança Nacional havia lhe dado uma compreensão única dos pontos fortes e fracos das nossas operações de inteligência, que seria especialmente crítica naquele período com o aumento da ameaça terrorista.

Eu não queria considerar ninguém além de Sandy Berger para o cargo de assessor de segurança nacional. Nós éramos amigos havia mais de vinte anos. Ele não tinha receio de me trazer notícias ruins nem de discordar de mim nas reuniões, e no meu primeiro mandato tinha feito um trabalho magnífico no tratamento de questões muito diversificadas. A capacidade de análise de Sandy era muito grande. Ele avaliava os problemas até o fim, vendo os riscos potenciais que outros não viam, sem se deixar paralisar por eles. Conhecia os meus pontos fortes e fracos, sabendo tirar o máximo dos primeiros e minimizar os últimos. Também nunca permitiu que o seu ego atrapalhasse uma boa decisão.

George Stephanopoulos também estava se demitindo. Ele já tinha me dito antes da eleição que estava esgotado e precisava sair. Até ler as suas memórias eu não tinha idéia de como foram difíceis aqueles anos carregados de pressão, ou de como ele havia sido duro consigo mesmo e comigo. George ia assumir uma carreira de professor e trabalhar na televisão, tarefas nas quais eu desejava que ele fosse mais feliz.

Durante as duas semanas seguintes preenchi os cargos restantes do meu gabinete. Nomeei Bill Daley, de Chicago, para o cargo de secretário do Comércio depois que Mickey Kantor, para meu pesar, me disse que queria voltar à vida privada. Daley era um homem talentoso que havia dirigido nossa campanha em favor do NAFTA. Charlene Barshefsky vinha atuando como nossa representante comercial nos oito meses em que Kantor assumiu o Departamento de Comércio. Estava realizando um ótimo trabalho, e já era tempo de tirar do seu título a expressão "interina".

Também nomeei Alexis Herman para suceder Bob Reich no Departamento do Trabalho; Andrew Cuomo, secretário adjunto do Departamento de Habitação e Desenvolvimento Urbano (HUD), substituindo Cisneros; Frederico Peña para suceder Hazel O'Leary no Departamento de Energia; Rodney Slater, administrador rodoviário federal, para o Departamento de Transportes; Aida Alvarez para assumir a direção do Departamento de Pequenas Empresas (SBA); Gene Sperling para dirigir o Conselho Econômico Nacional, substituindo Laura Tyson; a dra. Janet Yellen, que havia sido professora de Larry Summers em Harvard, para presidir o Conselho de Assessores Econômicos; Bruce Reed para ser meu assessor para política interna, substituindo Carol Rasco, transferida para o Departamento de Educação, onde ia dirigir o programa América Lê; e Sylvia Matthews, uma brilhante jovem que havia trabalhado com Bob Rubin, para substituir Harold Ickes como vice-chefe de gabinete.

Bob Reich teve um excelente desempenho no Departamento do Trabalho e como membro da equipe econômica, mas sentia dificuldades crescentes; ele discordava das minhas políticas econômica e orçamentária, acreditando que eu dava excessiva ênfase à redução do déficit e investia muito pouco em educação, treinamento e novas tecnologias. Além disso, queria voltar para Massachusetts, para ficar junto da sua esposa, Clare, e dos dois filhos do casal.

A perda de Henry Cisneros me deixou desconsolado. Éramos amigos desde antes de eu concorrer à Presidência e ele havia executado um trabalho brilhante no HUD. Fazia mais de um ano que ele vinha sendo submetido a uma investigação pelo promotor independente por ter feito declarações incorretas ao FBI, na entrevista de avaliação de segurança para assumir o cargo no HUD, com relação aos seus gastos pessoais. De acordo com a lei, era crime o candidato fazer uma declaração "substancialmente" errônea, capaz de afetar o processo de confirmação. O senador D'Amato, cuja comissão havia recomendado a confirmação de Cisneros, escreveu uma carta afirmando que a declaração incorreta de Cisneros sobre os detalhes dos seus gastos não teria afetado o voto dele ou o de qualquer outro membro da comissão. Promotores da divisão de integridade pública do Departamento de Justiça argumentaram contra um promotor especial.

Infelizmente, Janet Reno decidiu assim mesmo encaminhar o caso de Cisneros para o painel do juiz Sentelle. Como de hábito, eles lhe impuseram um promotor especial republicano: David Barrett, um típico homem de partido que, embora não acusado de delitos, se dizia ter ligações com oficiais condenados nos escândalos do HUD da administração de Reagan. Ninguém havia acusado Cisneros de qualquer impropriedade no cargo, mas ele tinha caído no Mundo de Whitewater. As despesas legais de Cisneros o deixaram muito endividado e ele tinha dois filhos na universidade. Precisaria ganhar mais dinheiro a fim de sustentar a família e pagar os advogados. Fiquei muito grato por ele ter permanecido os quatro anos.

Embora tivesse feito muitas mudanças, achava que poderíamos manter o espírito de camaradagem e de equipe que havia caracterizado o primeiro mandato.

A maioria dos novos indicados vinha transferida de outros cargos na administração, e muitos dos membros do meu gabinete iriam continuar.

Em dezembro houve vários acontecimentos interessantes na política externa. No dia 13, o Conselho de Segurança da ONU, com forte apoio dos Estados Unidos, elegeu um novo secretário-geral, Kofi Annan, de Gana. Annan era a primeira pessoa vinda da África Subsaariana a assumir o cargo. Como subsecretário da ONU para a Paz durante os quatro anos anteriores, ele havia apoiado os nossos esforços na Bósnia e no Haiti. Madeleine Albright achava que ele era um líder excepcional e, assim como Warren Christopher, Tony Lake e Dick Holbrooke, insistiu para que eu o apoiasse. Kofi era um homem inteligente e admirável, dono de uma presença tranqüila mas cheia de autoridade. Havia dedicado a maior parte da sua vida profissional à ONU, mas não era cego para as limitações da organização nem comungava dos seus maus hábitos. Pelo contrário, estava decidido a tornar mais eficientes e responsáveis as operações das Nações Unidas. Esse fato era intrinsecamente importante e vital para a minha capacidade de persuadir os congressistas republicanos a pagar à ONU as nossas contribuições atrasadas. Essas contribuições vencidas chegavam a 1,5 bilhão de dólares e, desde 1995, quando os republicanos assumiram, o Congresso se recusava a pagar enquanto a ONU não passasse por uma reforma. Eu achava que a recusa de pagar o que devíamos era uma irresponsabilidade, e prejudicava tanto as Nações Unidas como os Estados Unidos, mas concordava em que a reforma era imperativa.

No Oriente Médio, o primeiro-ministro Netanyahu e o líder Arafat tentavam resolver as suas diferenças encontrando-se para conversações em Gaza no dia de Natal. Com a aproximação do fim do ano, o meu enviado, Dennis Ross, fazia uma ponte entre os dois, tentando acertar um acordo relativo à entrega de Hebron aos palestinos. O acordo ainda não estava completo, mas eu entrei em 1997 com mais esperanças no processo de paz do que tinha tido em muitos meses.

Depois de passar os primeiros dias do novo ano em St. Thomas, nas Ilhas Virgens, uma parte do nosso país que os presidentes raramente visitam, a minha família voltou para casa a fim de se preparar para a posse e para o meu quinto ano como presidente. Em vários sentidos, esse seria o ano mais normal da minha administração. Durante a maior parte do ano o Mundo de Whitewater não passou de uma febrezinha que ressurgia de tempo em tempo com investigações sobre o financiamento de campanha, e assim eu estava livre para me ocupar com minhas reais obrigações.

Nos dias anteriores à posse organizamos uma série de eventos para enfatizar que as coisas estavam indo na direção certa, destacando os 11,2 milhões de novos empregos nos quatro anos anteriores, a maior queda na taxa de criminalidade em 25 anos e uma queda de 40% na taxa de inadimplência dos financiamentos estudantis.

Corrigi uma velha injustiça ao outorgar a Medalha de Honra do Congresso a sete veteranos afro-americanos da Segunda Guerra Mundial. Estranhamente, nunca se outorgara uma Medalha de Honra a negros que serviram nessa guerra. Os homenageados foram selecionados depois de exaustivos estudos dos registros de batalha. Seis das medalhas foram outorgadas postumamente, mas um dos homenageados, um veterano de 77 anos chamado Vernon Blake, esteve na Casa Branca para a cerimônia. Era um homem admirável, com uma presença calma e digna e dono de uma inteligência clara: como jovem tenente na Itália, mais de cinqüenta anos antes, ele havia destruído sozinho três unidades de metralhadoras do inimigo, um posto de observação e uma trincheira. Quando lhe perguntaram como ele lidava com a discriminação e o preconceito depois de ter dado tanto ao país, Baker disse que vivia por um credo simples: "Dar respeito antes de esperar recebê-lo, tratar as pessoas como você quer ser tratado, lembrar a missão, dar o exemplo e continuar em frente". A mim me pareceu um bom princípio a seguir.

Um dia depois da cerimônia de entrega da Medalha de Honra, o primeiro-ministro Netanyahu e o presidente Arafat me telefonaram para dizer que tinham finalmente chegado a um acordo sobre a entrega de Hebron pelos israelenses, o resultado final das conversações que havíamos iniciado em setembro. O acordo de Hebron foi uma parte relativamente pequena do processo de paz, mas foi a primeira vez que Netanyahu e Arafat realizaram alguma coisa juntos. Se não tivesse sido concluído, todo o processo de paz estaria em perigo. Ao longo das duas semanas anteriores, Dennis Ross vinha trabalhando praticamente 24 horas por dia com os dois, e tanto o rei Hussein quanto Warren Christopher haviam pressionado as duas partes para que elas fechassem um acordo nos últimos dias de negociação. O presidente Mubarak também fez pressão, quando lhe pedi ajuda à uma da madrugada no Cairo no fim do Ramadã. O Oriente Médio era assim: geralmente era preciso reunir todo mundo para conseguir realizar alguma coisa.

Três dias antes da posse dei a Bob Dole a Medalha Presidencial da Liberdade, observando que desde o serviço prestado durante a Segunda Guerra Mundial, em que ele foi gravemente ferido ao vir em socorro a um companheiro caído, e durante todos os altos e baixos da sua carreira política, Dole havia "transformado a adversidade em vantagem e a dor em serviço público, corporificando o lema do estado que amava e a que continuou a servir tão bem: *Ad astra per aspera*, ou seja, Até as estrelas, através das dificuldades". Apesar de termos sido adversários e de discordarmos em muitas questões, eu gostava de Dole. Ele era capaz de ser cruel e duro numa luta, mas não tinha o fanatismo e a fome de destruição pessoal característicos de tantos republicanos da extrema direita que agora dominavam o partido em Washington.

Eu tinha tido um encontro fascinante com Dole no mês anterior. Ele foi me visitar levando para o nosso gato Socks um brinquedinho que, segundo ele, era um presente do seu cachorro. Discutimos a eleição, política externa e as negociações do orçamento. A imprensa ainda trombeteava sobre abusos no financiamento das campanhas. Tal como o Comitê Nacional Democrata, o Comitê Nacional Republicano havia cometido algumas violações. Eu tinha sido criticado por convidar correligionários para passar a noite na Casa Branca e por ter oferecido cafés-da-manhã a membros da administração, correligionários, financiadores e outros sem nenhuma ligação política conosco.

Perguntei a Dole, com base em todos os seus anos de experiência, se a política e os políticos de Washington eram mais ou menos honestos do que trinta anos antes. "Ah, não há comparação. São muito mais honestos hoje." Então eu perguntei: "Você concorda comigo que as pessoas acham que as coisas hoje são menos honestas?". Ele respondeu. "Claro, mas elas estão erradas."

Eu estava apoiando energicamente a nova lei de reforma do financiamento de campanha proposta pelo senador John McCain e pelo senador Russ Feingold, mas duvidava que a sua aprovação fosse aumentar a confiança pública na integridade dos políticos. Fundamentalmente, a imprensa desaprovava o fato de o dinheiro ter tanta influência nas campanhas, apesar de a maior parte do dinheiro ser gasta em propaganda na mídia. A menos que a lei estabelecesse a gratuidade ou preços especiais para o tempo de televisão, o que a mídia não aceitava, ou adotasse o financiamento público de campanha, uma opção com pouco apoio no Congresso e entre a população, a mídia continuaria a ser a maior consumidora dos dólares de campanha, mesmo acusando os políticos por levantarem recursos para lhes pagar.

No meu discurso de posse pintei o retrato mais vívido do que os Estados Unidos poderiam ser no século XXI e disse que o povo norte-americano "não havia levado de volta ao cargo um presidente de um partido e um Congresso de outro [...] para promover a política de brigas mesquinhas e partidarismo extremado que ele obviamente deplorava", mas para trabalharmos juntos na realização da "missão dos Estados Unidos".

Dessa vez as cerimônias de posse, tal como a comemoração da vitória, foram serenas, descontraídas, embora o culto da manhã fosse agitado pelos sermões ardentes dos reverendos Jesse Jackson e Tony Campolo, um evangélico de Filadélfia que talvez fosse o único pregador do país capaz de se ombrear com Jesse. A atmosfera do almoço com o Congresso foi tranquila, e a certa altura comentei com o novo líder da maioria no Senado, Trent Lott, do Mississippi, que ele e eu tínhamos em comum uma dívida profunda com Thomas Jefferson: se ele não tivesse decidido comprar da França o vasto território da Louisiana, nem ele nem eu estaríamos ali. O senador Strom Thurmond, de 94 anos, estava sentado ao lado de Chelsea e lhe disse: "Se tivesse setenta anos a menos, eu lhe faria a corte". Não é de admirar que ele tenha vivido tanto. Hillary e eu comparecemos a todos os catorze bailes da posse; num deles dancei com minha linda filha, na época já no secundário. Ela não ficaria em casa por muito mais tempo, e eu aproveitei aquele momento.

No dia seguinte à posse, como resultado de uma investigação que já vinha correndo havia vários anos, a Câmara dos Deputados votou uma moção de censura ao presidente Newt Gingrich e o multou em 300 mil dólares por várias violações das regras internas de ética, associadas ao uso para fins políticos de recursos isentos de tributação, que foram doados por seus correligionários supostamente para organizações caritativas, e a muitas respostas falsas aos investigadores do Congresso sobre as suas atividades. A Comissão de Ética da Câmara disse que Gingrich e os seus correligionários políticos tinham violado as leis tributárias, e havia evidências de que o deputado mentira à comissão sobre isso.

Nos últimos anos da década de 1980, Gingrich tinha liderado o movimento para afastar Jim Wright do cargo de presidente da Câmara porque seus correligionários haviam comprado um grande número de exemplares de um livro publicado particularmente contendo os discursos de Wright, numa tentativa, ao que se alegava, de contornar as regras da Câmara que proibiam os membros de aceitar remuneração por discursos. Embora as acusações contra Gingrich fossem muito mais graves, o líder da bancada republicana, Tom DeLay, se queixou de que a multa e a censura eram desproporcionais ao delito e um abuso do processo de ética. Quando me perguntaram sobre a questão, eu poderia ter proposto que o Departamento de Justiça ou o procurador-geral investigasse as acusações de evasão tributária e de declarações falsas ao Congresso; mas preferi dizer que a Câmara deveria resolver a questão e "então nós poderíamos voltar a tratar dos problemas do povo". Dois anos depois, quando a pedra estava no outro sapato, Gingrich e DeLay não foram tão generosos.

Pouco antes da posse, ao me preparar para o meu segundo mandato e para o discurso sobre o Estado da União, reuni cerca de oitenta membros da equipe da Casa Branca e dos departamentos para um encontro de um dia na Blair House, a fim de discutir duas coisas: o significado do que tínhamos conseguido realizar nos primeiros quatro anos e o que iríamos fazer nos quatro seguintes.

Eu achava que o primeiro mandato havia produzido seis grandes realizações: (1) restauração do crescimento econômico, conseguida por fazermos com que a nossa política mais disciplinada de "investir e crescer" substituísse a economia orientada para a oferta; (2) resolução do debate sobre o papel do governo na nossa vida pela demonstração de que ele não é nem o inimigo nem a solução, mas o instrumento que dá às pessoas as condições de tirar o máximo da sua própria vida; (3) reafirmação do primado da comunidade como o modelo político operacional para os Estados Unidos e rejeição das divisões por raça, religião, sexo, orientação sexual ou filosofia política; (4) substituição da retórica pela realidade na nossa política social, provando que a ação do governo poderia fazer diferença em áreas como seguro contra a pobreza e criminalidade, se refletisse o senso comum e o pensamento criativo em vez de apenas falar duro e usar retórica candente; (5) restabelecimento da família como a principal unidade da sociedade, que deve ser apoiada pelo governo com políticas tais como as contidas na Lei da Licença Médica e Familiar, no Crédito Tributário sobre a Renda Auferida, no aumento do salário mínimo, no V-chip, na iniciativa de combate ao fumo entre os adolescentes, nos esforços para aumentar o número de adoções e nas novas reformas da assistência médica e da educação; (6) e reafirmação da liderança norte-americana no mundo pós-Guerra Fria como uma força em prol da democracia, da prosperidade comum e da paz, e contra o terrorismo, as armas de destruição em massa, o crime organizado, o tráfico de drogas e os conflitos raciais e religiosos, que constituem as novas ameaças à segurança.

Essas realizações nos davam a base a partir da qual poderíamos lançar os Estados Unidos no novo século. Como os republicanos agora controlavam o Congresso, e como é mais difícil implantar grandes reformas quando os tempos são bons, eu não tinha certeza do que poderíamos realizar no meu segundo mandato, mas estava decidido a tentar.

No discurso sobre o Estado da União, no dia 4 de fevereiro, primeiro pedi ao Congresso para concluir as tarefas inacabadas do país: equilibrar o orçamento, aprovar a lei de reforma do financiamento de campanha e completar o processo de reforma do seguro contra a pobreza, oferecendo mais incentivos aos empregadores e aos estados para contratar os beneficiários do seguro, e mais treinamento, transporte e creches para ajudar as pessoas a ir para o trabalho. Também pedi a restauração dos benefícios de saúde e por incapacitação para os imigrantes legais, que os republicanos haviam cortado em 1996 para permitir os cortes de impostos que propunham.

Olhando para o futuro, pedi ao Congresso para se unir a mim e fazer da educação a nossa maior prioridade, porque "toda criança de oito anos deve ser capaz de ler; todo menino de doze anos deve ser capaz de ter acesso à internet; todo jovem de dezoito anos deve ser capaz de entrar na universidade; e todo adulto norte-americano deve ser capaz de continuar aprendendo durante toda a vida". Apresentei um plano de dez pontos para atingir esses objetivos, que incluía o desenvolvimento de padrões e testes nacionais para medir o progresso feito em direção a eles; certificação de 100 mil "professores mestres" pela Câmara Nacional de Padrões de Ensino Profissional, partindo dos 500 certificados em 1995; a iniciativa chamada América Lê para crianças de oito anos, a qual sessenta diretores de universidades já haviam concordado em apoiar; mais crianças na pré-escola; possibilidade de escolha da escola pública em todos os estados; educação voltada para o caráter em todas as escolas; um programa multibilionário de construção e reforma de prédios escolares, o primeiro desde o fim da Segunda Guerra Mundial, para recuperar instalações decadentes e ajudar a construir novas nos distritos escolares tão sobrecarregados a ponto de algumas aulas serem dadas em *trailers*; a bolsa HOPE, um crédito tributário de 1.500 dólares para os dois primeiros anos de universidade e deduções tributárias de 10 mil dólares para despesas de matrícula para toda a educação posterior à secundária; uma "Lei GI" para os trabalhadores norte-americanos, a fim de garantir capacitação a adultos necessitados de novas habilidades; e um plano de conectar todas as escolas e bibliotecas à internet até o ano 2000.

Eu declarei ao Congresso e ao povo norte-americano que uma das grandes forças do país durante a Guerra Fria havia sido a política externa bipartidária. Agora, quando a educação era crucial para a nossa segurança no século XXI, pedi que ela fosse abordada da mesma forma: "A política tem de parar na porta da escola".

Também pedi ao Congresso para apoiar os outros compromissos que assumi com os eleitores na minha campanha: a expansão da Lei da Licença Médica e Familiar; um grande aumento de pesquisas sobre a AIDS para desenvolver uma vacina; a extensão do seguro-saúde aos filhos de trabalhadores de baixa renda que não tinham condições de pagar um seguro particular; um combate amplo à criminalidade juvenil, à violência, às drogas e às gangues; a duplicação do número de zonas de autonomia e do número de depósitos de lixo tóxico erradicados; e a expansão contínua dos programas de serviços comunitários.

Em política externa, pedi o apoio para a expansão da OTAN; para o acordo nuclear com a Coréia do Norte; a extensão da missão na Bósnia; a intensificação das nossas relações com a China; a autorização da "via rápida" nas negociações comerciais, que determinam que o Congresso aprove ou rejeite integralmente, sem emendas, os acordos comerciais; um programa de modernização de armas no Pentágono para atender aos novos desafios de segurança; e a ratificação da Convenção sobre Armas Químicas, que na minha opinião iria ajudar muito a proteger os Estados Unidos de ataques terroristas com gases venenosos.

No discurso tentei estender a mão aos republicanos e aos democratas, dizendo a eles que iria defender o voto de qualquer membro a favor do tipo certo de equilíbrio orçamentário e citando o versículo de Isaías 58:12: "Serás chamado reparador de brechas, e restaurador de veredas para que o país se torne habitável". De uma forma ou de outra, era o que eu vinha tentando fazer ao longo de toda a minha vida.

O pouco apetite da mídia por novas políticas, em comparação com o seu apetite por escândalos, ficou comicamente evidente perto do final do discurso. Eu tinha preparado uma ótima conclusão: mostrei que "uma criança que nasça nesta noite não terá praticamente nenhuma lembrança do século XX. Tudo o que ela saberá sobre os Estados Unidos vai depender do que fizermos agora para construir um novo século". Lembrei a todos os que me ouviam que pouco mais de mil dias nos separavam do novo século, "mil dias para construir uma ponte para a nova terra prometida". Enquanto eu dizia isso, as redes dividiram a tela para que os espectadores pudessem também acompanhar a entrega do veredicto pelo júri numa ação cível proposta contra O. J. Simpson depois de ele não ter sido condenado no processo criminal pelo assassinato da sua esposa. Os telespectadores ouviram simultaneamente o júri decidir contra Simpson e as minhas exortações sobre o futuro. Fiquei feliz por não ter sido completamente cortado e por ter uma resposta pública positiva ao meu discurso.

Dois dias depois apresentei o meu plano de orçamento ao Congresso. O orçamento traria o equilíbrio em cinco anos; aumentava em 20% o investimento em educação e incluía o maior aumento do auxílio à educação universitária em cinquenta anos, desde a Lei GI; cortava gastos em centenas de outros programas; oferecia reduções de impostos para a classe média, inclusive uma dedução de 500 dólares por filho; garantia por dez anos de recursos para o Fundo Medicare, que estava à beira da falência; oferecia seguro-saúde para 5 milhões de crianças, ajuda a portadores do mal de Alzheimer e, pela primeira vez, mamografias pelo Medicare para mulheres idosas; e revertia a tendência de queda dos gastos internacionais, o que nos permitiria fazer mais para promover a paz e a liberdade e lutar contra o terrorismo, a proliferação das armas nucleares e o tráfico de drogas.

Ao contrário de dois anos antes, quando forcei os republicanos a tornar públicos os seus duros cortes no orçamento antes de apresentar os meus, dessa vez eu me adiantei. Achava que essa era a atitude certa e também uma boa política. Agora, quando os republicanos apresentassem o seu orçamento, com cortes maiores de impostos beneficiando as pessoas de alta renda, eles teriam de cortar gastos das minhas propostas para educação e assistência médica. Não estávamos mais em 1994; o público havia compreendido as coisas e os republicanos queriam se reeleger. Eu tinha certeza de que dentro de alguns meses o Congresso iria aprovar um orçamento equilibrado muito próximo do meu plano.

Algumas semanas depois, outra tentativa de aprovar a emenda de equilíbrio orçamentário foi derrotada por um voto no Senado, quando o senador Bob Torricelli, de Nova Jersey, votou contra. Foi um voto corajoso, pois Bob havia votado a favor da emenda quando era deputado. Eu esperava que essa bravura pudesse nos levar além das tomadas de posição, para conseguirmos realmente tratar de equilibrar o orçamento.

Em meados do mês recebemos mais uma ajuda, quando as negociações propostas pelos nossos representantes em Genebra produziram um acordo de liberação do comércio internacional dos serviços de telecomunicações, abrindo 90% dos mercados às empresas norte-americanas. As negociações foram iniciadas por Al Gore e conduzidas por Charlene Barshefsky. O trabalho dos dois resultaria em mais empregos e na redução dos preços dos serviços para os norte-americanos, e na disseminação dos benefícios das novas tecnologias por todo o mundo.

Por essa época eu estava em Boston com o prefeito Tom Menino. A criminalidade, a violência e o uso de drogas estavam em queda no país, mas ainda aumentavam entre os jovens abaixo dos dezoito anos, embora não em Boston, onde em dezoito meses nenhuma criança havia tido morte violenta por arma de fogo, um feito notável para uma cidade tão grande. Propus que as armas tivessem travas para evitar tiros acidentais, uma maciça campanha publicitária contra as drogas, a exigência de testes de uso de drogas para jovens que tirassem carteira de motorista e reformas no sistema judiciário de menores, inclusive uma espécie de *sursis* e de prestação de serviços à comunidade depois das aulas, um sistema que tivera excelentes resultados em Boston.

Em fevereiro houve alguns acontecimentos interessantes no Mundo de Whitewater. No dia 17, Kenneth Starr anunciou que deixaria o cargo no dia 1º de agosto para assumir o cargo de diretor da Faculdade de Direito da Universidade de Pepperdine, no sul da Califórnia. Certamente ele tinha decidido que Whitewater era um poço seco e essa seria uma saída elegante, mas foi pesadamente criticado por tal decisão. A imprensa disse que isso não ficava bem, pois o cargo em Pepperdine havia sido indicado por Richard Mellon Scaife. Naquela época ainda não se sabia que ele tinha sido o financiador do Projeto Arkansas, mas já era notório o fato de ele ser um homem de extrema direita que tinha raiva de mim. As objeções me pareceram mínimas; Starr já estava recebendo muito dinheiro representando pessoas contrárias à minha administração enquanto servia como promotor independente, e na verdade ele estaria reduzindo os conflitos de interesses ao aceitar o cargo em Pepperdine.

O que realmente balançou Starr foi a pressão que ele recebeu da direita republicana e de três ou quatro repórteres profundamente interessados em achar alguma coisa errada contra nós, ou pelo menos em continuar o tormento. Starr já havia feito muito por eles: tinha sobrecarregado muita gente com pesadas custas processuais, destruído reputações e, com enorme custo para os contribuintes, conseguido arrastar a investigação por três anos, mesmo depois de o relatório da Resolution Trust Corporation ter afirmado não haver base para nenhuma ação cível ou criminal contra Hillary e contra mim. Mas a direita e a imprensa de Whitewater sabiam que a demissão de Starr seria uma admissão tácita de que "nada havia ali". Depois de ser castigado durante quatro dias, ele anunciou que continuaria no cargo. Eu não sabia se ria ou se chorava.

A imprensa tampouco escrevia sobre a captação de recursos de campanha em 1996. Entre outras coisas, eles estavam agitados por eu ter convidado pessoas que contribuíram para a minha campanha em 1992 a passar a noite na Casa Branca, embora, como se dava com todos os meus convidados, eu pagasse o custo das refeições e de outros comes e bebes. A suspeita era de que eu tivesse vendido hospedagem na Casa Branca para levantar dinheiro para o Comitê Nacional Democrata. Isso era ridículo. Eu era candidato à reeleição e vinha liderando as pesquisas desde o início até o final; não tinha problemas para levantar dinheiro, e mesmo se tivesse eu jamais teria usado dessa maneira a Casa Branca. No fim do mês mandei publicar a lista dos convidados a passar a noite na Casa Branca durante o meu primeiro mandato. Havia centenas de pessoas, e cerca de 85% delas eram parentes, amigos da Chelsea, visitantes estrangeiros e outros dignitários, ou pessoas de quem Hillary e eu éramos amigos desde muito antes de ter concorrido à Presidência. Quanto aos meus aliados de 1992, que também eram meus amigos, eu queria dar ao maior número deles a honra de passar uma noite na Casa Branca. Geralmente, dada a minha longa jornada de trabalho, a única hora que eu tinha para passar informalmente com os amigos era tarde da noite. Nunca houve um único caso de eu ter levantado dinheiro com essa prática. Meus críticos pareciam dizer que as únicas pessoas que eu não deveria receber à noite eram os meus amigos e os correligionários. Quando publiquei a lista, muitas das pessoas relacionadas foram questionadas pela imprensa. Um repórter chamou Tony Campolo e perguntou se ele tinha contribuído para a minha campanha. Ele disse que tinha, e lhe perguntaram quanto. "Acho que foram 25 dólares, mas talvez tenham sido cinqüenta." O repórter retrucou: "Essa resposta não nos interessa", e desligou.

O mês terminou com uma nota feliz, quando Hillary e eu levamos Chelsea e onze amigos para jantar no restaurante Bombay Club em Washington, para comemorar os seus dezessete anos, e depois a Nova York para assistir a algumas peças e à premiação de Hillary com o Grammy pela versão gravada de *É tarefa de uma aldeia*. Sua voz é bonita e o livro tem uma porção de histórias de que ela gosta de contar. O Grammy foi um lembrete de que, pelo menos fora de Washington, muita gente se interessava pelas mesmas coisas que considerávamos importantes.

Em meados de fevereiro o primeiro-ministro Netanyahu veio discutir comigo o estado corrente do processo de paz e Yasser Arafat fez o mesmo no início de março. Netanyahu estava limitado politicamente no que poderia fazer além do acordo de Hebron. Os israelenses agora elegiam diretamente o primeiro-ministro, e ele tinha um mandato de quatro anos, mas ainda assim era obrigado a reunir uma coalizão majoritária no Knesset. Se perdesse a sua coalizão de direita ele poderia formar um governo de união nacional com Peres e o Partido Trabalhista, mas ele não queria isso. A linha-dura da sua coalizão sabia disso e estava criando dificuldades para ele continuar com o processo de paz, abrindo o aeroporto de Gaza ou permitindo que os palestinos de Gaza fossem trabalhar em Israel. Psicologicamente, Netanyahu estava enfrentando o mesmo dilema de Rabin: Israel teria de fazer concessões concretas — terras, acesso, empregos, um aeroporto — em troca de algo muito menos tangível: os melhores esforços da OLP para evitar ataques terroristas.

Eu estava convencido de que Netanyahu queria fazer mais, mas receava que, se ele não pudesse, Arafat iria ter mais dificuldade em conter a violência. Para complicar ainda mais as coisas, sempre que se reduzia o ritmo do processo de paz, ou Israel retaliava com um ataque terrorista, ou começava mais um programa de construções na Cisjordânia, o Conselho de Segurança então emitia uma resolução condenando Israel pela violação contínua das resoluções da ONU, e fazendo isso de um modo que sugeria como devia ser o acordo entre as partes. Os israelenses dependiam dos Estados Unidos para vetar essas medidas, o que nós geralmente fazíamos. Isso nos permitia manter a nossa influência sobre eles, mas enfraquecia a nossa posição de negociador honesto perante os palestinos. Eu tinha de sempre repetir para Arafat que estava comprometido com o processo de paz e que somente os Estados Unidos tinham condições de concretizá-lo, porque os israelenses confiavam nos Estados Unidos, não na União Européia ou na Rússia, para proteger a sua segurança.

Quando Arafat veio me ver, eu tentei dar com ele os passos seguintes. Mas ele via as coisas de um ângulo diferente do de Netanyahu; achava que era obrigado a evitar toda a violência e esperar até que a política de Netanyahu lhe permitisse honrar os compromissos assumidos no acordo de paz. Eu já havia construído uma boa relação com os dois líderes e tinha decidido que a única opção realista seria evitar a debacle do processo de paz mantendo contatos constantes, recolocando o vagão nos trilhos quando havia descarrilamento e não deixando que ele parasse, mesmo se o seu avanço era a passo de tartaruga.

Na noite de 13 de março, depois de visitar a Carolina do Norte e a Flórida, fui à casa de Greg e Laura Norman em Hobe Sound. Foi uma noite muito agradável, e perdemos a noção do tempo. Quando vi, já passava da uma da madrugada, e como tínhamos um torneio de golfe pela manhã, eu me levantei para sair. Quando descíamos os degraus de pedra eu não notei o último. Meu pé direito pisou em falso no degrau e eu comecei a cair. Se tivesse caído para a frente, o pior que poderia ter acontecido seriam alguns arranhões na palma das mãos. Mas eu me curvei para trás, ouvi um estalido e caí. O som foi tão alto que Norman, que estava à minha frente, se voltou e me segurou um pouco, caso contrário eu teria me ferido com muito mais gravidade.

Uma ambulância me levou por um trajeto de quarenta minutos até o St. Mary's Hospital, uma instituição católica que a equipe médica da Casa Branca havia escolhido por ter uma excelente ala de emergência. Passei lá o fim da noite com uma dor torturante. Quando a ressonância magnética mostrou que eu tinha sofrido uma ruptura de 90% do meu quadríceps direito, fui levado de volta a Washington. Hillary foi encontrar o Air Force One na Base Aérea de Andrews e ficou assistindo à minha descida da barriga do avião numa cadeira de rodas. Ela tinha uma viagem programada para a África, mas a atrasou para me acompanhar durante a cirurgia inevitável no Bethesda Naval Hospital.

Cerca de treze horas após a minha lesão, uma grande equipe médica chefiada pelo dr. David Adkison me aplicou uma peridural, colocou de fundo músicas de Jimmy Buffet e Lyle Lovett, e conversou comigo durante toda a cirurgia. Eu via o que eles faziam através de um espelho acima da mesa de operação: o médico fez furos na minha patela, passou o músculo lesado através dela, suturou as extremidades na porção íntegra do músculo e fechou tudo. Após o término da cirurgia, Hillary e Chelsea me ajudaram a passar um horrível dia de dor; depois tudo começou a melhorar.

O que eu mais temia eram os seis meses de reabilitação e não ser capaz de jogar golfe nem correr. Eu usaria muletas durante umas duas semanas e depois um aparelho maleável na perna. E durante algum tempo correria o risco de outra queda e de agravar a lesão. A equipe da Casa Branca equipou o meu banheiro com barras para que eu me equilibrasse. Logo eu já era capaz de me vestir sozinho com a ajuda de uma vareta. Só não conseguia calçar as meias. A equipe médica da Casa Branca, chefiada pela dra. Connie Mariano, estava à minha disposição durante as 24 horas do dia. A Marinha me ofereceu dois excelentes fisioterapeutas, o dr. Bob Kellog e Nannette Paco, que trabalhavam todos os dias comigo. Apesar de me dizerem que eu engordaria durante o período de imobilidade, quando os fisioterapeutas terminaram eu havia perdido sete quilos.

Quando voltei do hospital, tinha menos de uma semana para me preparar para encontrar Boris Yeltsin em Helsinque, e um grande problema para resolver antes disso. Tony Lake veio falar comigo e pedir para retirar a sua nomeação para diretor da CIA. O senador Richard Shelby, presidente da Comissão de Inteligência, havia atrasado as audiências de confirmação de Lake, aparentemente com base no fato de a Casa Branca não ter informado a decisão de deixar de impor o embargo de armas contra a Bósnia em 1994. Não havia a exigência legal de que eu informasse à comissão, e eu tinha decidido que seria melhor não fazer isso para evitar o vazamento da notícia. Eu sabia que uma grande maioria bipartidária no Senado apoiava o levantamento do embargo; na verdade, pouco depois eles votaram uma resolução pedindo que eu o levantasse.

Embora mantivesse boas relações com Shelby, eu achava que ele estava indo longe demais ao adiar a confirmação de Lake e prejudicar desnecessariamente as operações da CIA. Tony tinha forte apoio entre os republicanos, inclusive o do senador Lugar, e teria sido aprovado pela comissão e pelo plenário se não fosse por Shelby, mas ele estava esgotado depois de trabalhar entre setenta e oitenta horas por semana durante quatro anos. E eu não queria prejudicar a CIA com mais atrasos. Por mim, teria mantido a luta por mais um ano, se isso fosse necessário para conseguir a aprovação, mas vi que Tony tinha se cansado. Dois dias depois nomeei George Tenet, o diretor interino da CIA que já fora o vice de John Deutch, e antes tinha atuado como meu assessor para assuntos de inteligência na Comissão de Segurança Nacional e como chefe de gabinete da Comissão de Inteligência do Senado. Sua confirmação foi rápida, mas eu ainda lamentei a fria em que coloquei Lake, que havia dado trinta anos à promoção dos interesses da segurança dos Estados Unidos e tinha desempenhado um papel importantíssimo em muitos dos nossos sucessos na política externa no meu primeiro mandato.

Meus médicos não queriam que eu fosse a Helsinque, mas eu não tinha a opção de deixar de ir. Yeltsin fora reeleito e a OTAN estava pronta para votar a admissão da Polônia, da Hungria e da República Tcheca; tínhamos de estabelecer um acordo para definir os nossos próximos passos.

Foi um vôo longo e desconfortável, mas o tempo passou depressa enquanto eu discutia com Strobe Talbott e o restante da equipe o que poderíamos fazer para ajudar Yeltsin a aceitar a expansão da OTAN, inclusive conseguir colocar a Rússia no G-7 e na OIC. Naquela noite, durante o jantar oferecido pelo presidente da Finlândia, Martti Ahtisaari, fiquei feliz em ver Yeltsin de bom humor e aparentemente recuperado de uma cirurgia cardíaca. Ele havia perdido muito peso e ainda estava pálido, e nunca mais voltou à velha alegria e agressividade.

Começamos a trabalhar na manhã seguinte. Quando eu disse a Boris que queria expandir a OTAN e assinar um tratado com a Rússia, ele me pediu o compromisso secreto — nas suas palavras, compromisso "de gaveta" — de limitar a expansão da OTAN às nações do Pacto de Varsóvia, excluindo os Estados da ex-União Soviética, como os Estados Bálticos e a Ucrânia. Eu disse que não poderia me comprometer porque, em primeiro lugar, aquilo não seria secreto por muito tempo, e solaparia a credibilidade da Parceria para a Paz. Além disso, não atenderia nem aos interesses dos Estados Unidos nem aos da Rússia. A principal missão da OTAN já deixara de ser a Rússia para passar a ser o combate às novas ameaças à paz e à estabilidade da Europa. Mostrei-lhe que uma declaração da OTAN de que limitaria a sua expansão às nações do Pacto de Varsóvia seria o mesmo que estabelecer uma nova linha divisória na Europa, com um império russo reduzido. Isso faria a Rússia parecer mais fraca, e não mais forte, ao passo que um acordo OTAN-Rússia aumentaria o *status* da Rússia. Também insisti que Yeltsin não fechasse as portas a uma futura admissão da Rússia.

Yeltsin ainda tinha medo da reação interna à expansão. Em dado momento, quando estávamos a sós, eu lhe perguntei: "Boris, você realmente acha que eu iria permitir que a OTAN atacasse a Rússia a partir de bases na Polônia?". Ele respondeu: "Não, eu não, mas muita gente mais velha que vive na parte mais ocidental da Rússia e ouve Zyuganov acha". Ele me lembrou que, ao contrário dos Estados Unidos, a Rússia tinha sido invadida duas vezes — por Napoleão e por Hitler — e que o trauma desses acontecimentos ainda coloria a psicologia coletiva do país e dava forma à sua política. Eu disse a Yeltsin que se ele concordasse com a expansão da OTAN, e com uma parceria entre a OTAN e a Rússia, eu me comprometeria a não estacionar prematuramente tropas ou mísseis nos novos Estados-membros e a apoiar a admissão da Rússia no G-8, na Organização Internacional do Comércio (OIC) e outras organizações internacionais. Fechamos o acordo.

Yeltsin e eu ainda tínhamos dois problemas de controle de armas em Helsinque: a relutância da Duma russa em ratificar o START II, que reduziria em dois terços os dois arsenais nucleares em relação ao nível do apogeu da Guerra Fria; e a crescente oposição russa ao desenvolvimento de sistemas de defesa antimíssil pelos Estados Unidos. Quando a economia russa entrou em colapso e o orçamento militar foi reduzido, o START II se tornou um mau negócio para eles. Ele determinava que os dois lados desmontassem os seus mísseis de ogivas múltiplas, chamados MIRVs, e estipulava a paridade nos arsenais de ogivas simples pertencentes aos dois lados. Como a Rússia dependia de um número muito maior de MIRVs que os Estados Unidos, os russos teriam de construir muitos mísseis de ogiva simples para voltar à paridade, e eles não tinham recursos para tanto. Eu afirmei a Yeltsin que não queria o START II para ter superioridade estratégica, e sugeri que as duas equipes criassem uma solução que incluísse metas para um tratado START III, que reduziria os arsenais dos dois lados a algo entre 2 mil e 2.500 ogivas, uma redução de 80% em relação aos níveis máximos da Guerra Fria e um número suficientemente pequeno para evitar que a Rússia tivesse de construir novos mísseis para voltar à paridade conosco. Houve alguma relutância no Pentágono diante de uma redução tão drástica, mas o general Shalikashvili acreditava que não haveria problemas de segurança e Bill Cohen o apoiou. Dentro de pouco tempo nós concordamos em estender o prazo final do START II, de 2002 para 2007, e colocar em vigor no mesmo ano o START III, de modo que a Rússia nunca ficasse em desvantagem estratégica.

Quanto à segunda questão, desde a década de 1980 os Estados Unidos vinham explorando o conceito de defesa antimíssil, começando pela idéia do presidente Reagan de um sistema baseado na atmosfera, destinado a derrubar todos os mísseis hostis e assim livrar o mundo do espectro da guerra nuclear. Esse conceito implicava dois problemas: além de não ser tecnicamente viável, um sistema nacional de defesa antimíssil (NMD) seria uma violação do Tratado sobre Mísseis Antibalísticos (ABM Treaty), que proibia tais sistemas porque, se um país o tivesse e o outro não, o arsenal nuclear do outro deixaria de ser um meio de dissuasão de um ataque pela nação que tivesse o sistema.

Les Aspin, meu primeiro secretário de Defesa, havia deslocado a ênfase dos nossos esforços: da derrubada dos mísseis de longo alcance russos ela passou para a criação de um teatro de operações para a defesa contra mísseis [*theater missile defense* — TMD], que poderia proteger os nossos soldados e outras pessoas contra os mísseis de curto alcance como os que estavam sendo desenvolvidos pelo Irã, pelo Iraque, pela Líbia e pela Coréia do Norte. Estes representavam um perigo real: durante a Guerra do Golfo, 28 soldados nossos haviam sido mortos por um míssil Skud do Iraque.

Eu apoiava enfaticamente o programa TMD, que era permitido pelo Tratado sobre Mísseis Antibalísticos (ABM), e que, como disse a Yeltsin, poderia vir a ser usado para defender nossas duas nações num campo comum de batalha, nos Bálcãs ou em qualquer outro lugar. O problema da Rússia com relação à nossa posição era a falta de clareza da linha divisória entre o TMD e os maiores que nós proibimos pelo tratado. As novas tecnologias desenvolvidas para o TMD poderiam posteriormente ser adaptáveis para uso contra o ABM, violando o tratado. Finalmente os dois lados concordaram quanto a uma definição técnica da linha divisória entre os programas possíveis e os proibidos, o que nos permitiu continuar com o TMD.

A cúpula de Helsinque foi um sucesso inesperado, graças em grande parte à capacidade de Yeltsin de imaginar um futuro diferente para a Rússia em que ela iria afirmar a sua grandeza em outros termos que não a dominação territorial, e à disposição dele de se colocar contra a opinião da Duma e às vezes até mesmo de pessoas do seu governo. Embora o nosso trabalho não tenha atingido todo o seu potencial porque a Duma não ratificou o START II, o palco estava pronto para o sucesso da cúpula da OTAN em julho em Madri, para nos fazer avançar na estrada para uma Europa unida.

Quando voltei, a reação foi favorável, embora Henry Kissinger e outros republicanos tenham me criticado por concordar em não instalar armas nucleares e tropas nos novos Estados-membros. Yeltsin foi muito atacado pelos velhos comunistas, para os quais ele havia cedido nas questões mais importantes. Zyuganov disse que Yeltsin tinha permitido que "seu amigo Bill lhe desse um chute no traseiro".

Yeltsin tinha acabado de dar um chute no traseiro de Zyuganov na eleição, por lutar pela Rússia do amanhã em vez da de ontem. Achei que ele seria capaz de atravessar mais essa tempestade.

Quando voltaram da África, Hillary e Chelsea me regalaram com as histórias das suas aventuras. A África era muito importante para os Estados Unidos, e a viagem de Hillary, tal como a anterior ao Sudeste Asiático, enfatizou os nossos compromissos de apoiar os líderes e os cidadãos comuns em seus esforços pela paz, prosperidade e liberdade, e de fazer retroceder a maré crescente da AIDS.

No último dia do mês anunciei a indicação de Wes Clark para suceder o general George Joulwan como comandante-em-chefe das tropas norte-americanas na Europa e como comandante aliado supremo das forças da OTAN na Europa. Eu admirava aqueles dois homens. Joulwan tinha apoiado vigorosamente a postura agressiva da OTAN na Bósnia e Clark tinha sido parte integrante da equipe de negociadores de Dick Holbrooke. Senti que ele seria a pessoa mais indicada para levar adiante o nosso compromisso com o processo de paz nos Bálcãs.

Em abril eu me reuni com o rei Hussein e o primeiro-ministro Netanyahu numa tentativa de evitar o desmoronamento do processo de paz. A violência irrompera mais uma vez, em conseqüência da construção de um conjunto habitacional israelense em Har Homa, nas proximidades de Jerusalém Oriental. Cada vez que Netanyahu dava um passo à frente, como por exemplo com o acordo de Hebron, a coalizão que o apoiava o obrigava a fazer alguma coisa para inserir uma cunha entre israelenses e palestinos. Durante esse mesmo período um soldado jordaniano enlouqueceu e matou várias crianças israelenses. O rei Hussein imediatamente apresentou um pedido de desculpas. Isso reduziu as tensões entre Israel e a Jordânia, mas sobrou para Arafat a exigência dos Estados Unidos e de Israel de que ele suprimisse o terror, convivendo ao mesmo tempo com o projeto Har Homa, que segundo ele contradizia o compromisso de Israel de não alterar as áreas do território que deveriam ser resolvidas por negociação.

Quando o rei Hussein foi me visitar, ele estava preocupado com a possibilidade de que o processo que tinha sido conduzido passo a passo por Rabin não tivesse sucesso agora, por causa das restrições políticas impostas a Netanyahu. Netanyahu também se preocupava com isso; ele tinha expressado interesse em acelerar o processo passando diretamente para as difíceis questões associadas à situação final. Hussein achava que, se isso fosse possível, nós deveríamos tentar. Quando Netanyahu foi à Casa Branca alguns dias depois, eu lhe disse que apoiaria essa tentativa mas, para fazer Arafat concordar, ele teria de achar um meio de manter as etapas já prometidas aos palestinos, inclusive a abertura do aeroporto de Gaza, a passagem segura entre Gaza e as áreas palestinas na Cisjordânia e a ajuda econômica.

Passei a maior parte do mês num esforço intenso para convencer o Senado a ratificar a Convenção sobre Armas Químicas [Chemical Weapons Convention — CWC]: convocando e me reunindo com membros do Congresso; concordando com Jesse Helms em transferir a Agência de Controle de Armas e Desarmamento e a Agência de Informações dos Estados Unidos para o Departamento de Estado, em troca de ele votar a favor da CWC, a que ele se opunha; e realizando um evento no Jardim Sul com republicanos e militares importantes que a apoiavam, entre eles Colin Powell e James Baker, para se contraporem à oposição republicana conservadora de pessoas como Helms, Caspar Weinberger e Donald Rumsfeld.

A oposição conservadora me surpreendeu, pois todos os nossos líderes militares apoiavam energicamente a CWC, mas isso refletia o profundo ceticismo da direita com relação à cooperação internacional em geral e seu desejo de manter a maior liberdade de ação possível agora que os Estados Unidos eram a única superpotência do mundo. Perto do fim do mês cheguei a um acordo com o senador Lott para acrescentar algumas expressões que, segundo ele, poderiam fortalecer o tratado. Finalmente, com o apoio de Lott, a Convenção sobre Armas Químicas foi ratificada, por 74 votos contra 26. Uma nota interessante: assisti à votação no Senado pela televisão na companhia do primeiro-ministro japonês Ryutaro Hashimoto, que estava na cidade para se reunir comigo no dia seguinte, e achei que ele gostaria de assistir à ratificação depois de o Japão ter sido vítima de um ataque com gás sarin.

Na frente interna, nomeei Sandy Thurman, de Atlanta, uma das principais ativistas norte-americanas no combate à AIDS, para dirigir a Divisão de Política Nacional para a AIDS. Desde 1993 o investimento global no combate ao HIV e à AIDS havia aumentado em 60%, já tínhamos aprovado oito novas drogas contra a AIDS e outras dezenove para doenças associadas, e a taxa de mortalidade vinha caindo nos Estados Unidos. Ainda assim estávamos longe de encontrar uma vacina ou cura, e o problema havia explodido na África, onde não estávamos fazendo o suficiente. Thurman era brilhante, enérgica e cheia de iniciativa; eu sabia que ela seria capaz de manter os nossos compromissos.

No último dia de abril, Hillary e eu anunciamos a decisão da Chelsea de freqüentar a Universidade de Stanford no outono. Do seu jeito metódico, Chelsea também tinha visitado Harvard, Yale, Princeton, Brown e Wellesley, e algumas ela chegara a visitar duas vezes para ter uma idéia da vida acadêmica e social dessas instituições. Com excelentes notas e resultados de testes, ela havia sido aceita por todas, e Hillary esperava que ela preferisse continuar mais perto de casa. Eu sempre suspeitei que Chelsea iria para tão longe de Washington quanto lhe fosse possível. Eu queria apenas que ela fosse para uma boa universidade, aprendesse muito, fizesse muitos amigos e fosse feliz. Mas sua mãe e eu sentiríamos muito a sua falta. Ter Chelsea em casa nos primeiros quatro anos na Casa Branca, visitar a sua escola e assistir às suas apresentações de balé, e conhecer seus amigos e os pais deles fora uma alegria, que sempre nos fez lembrar, apesar do que estivesse ocorrendo, da bênção que era a nossa filha.

O crescimento econômico no primeiro trimestre de 1997 foi de 5,6%, o que reduziu a previsão de déficit para 75 bilhões de dólares, um quarto do que era quando assumi o governo. No dia 2 de maio anunciei que finalmente havia chegado a um acordo para equilibrar o orçamento com o presidente Gingrich e o senador Lott, além dos negociadores dos dois partidos no Congresso. O senador Tom Daschle também anunciou que apoiava o acordo; Dick Gephardt não, mas eu esperava que ele voltasse atrás quando tivesse uma chance de revê-lo. Dessa vez o acordo foi muito mais fácil porque o crescimento econômico havia reduzido o desemprego a menos de 5% pela primeira vez desde 1973, aumentando as folhas de pagamento, os lucros e as restituições tributárias.

Em termos gerais, o acordo estendia a vida do Medicare por mais uma década, além de oferecer também as mamografias e testes anuais para a diabetes que eu queria; aumentava para 5 milhões de crianças a cobertura do seguro-saúde, a maior expansão desde a criação do Medicaid na década de 1960; previa o maior aumento de gastos com educação em trinta anos; dava mais incentivos às empresas para contratar os beneficiados pelo seguro contra a pobreza; restaurava os benefícios de assistência médica para os imigrantes legais portadores de deficiências; provia recursos para a limpeza de mais quinhentos depósitos de lixo tóxico; e oferecia uma redução de impostos próxima da que eu tinha recomendado.

Fiz concessões aos republicanos na questão das reduções de gastos no Medicare, que agora eu poderia atender com boas mudanças de política que não iriam prejudicar os cidadãos mais idosos, e os republicanos aceitaram um corte menor de impostos, o programa de seguro-saúde para a infância e os grandes aumentos nos gastos com educação. Conseguimos manter 95% dos investimentos que eu havia recomendado no discurso sobre o Estado da União, e os republicanos aceitaram dois terços dos cortes de impostos que tinham proposto inicialmente. Os cortes de impostos seriam agora muito menores que os de 1981, durante o governo Reagan. Eu estava entusiasmado porque as incontáveis horas de reuniões que se iniciaram em 1995 sob ameaça de fechamento do governo tinham produzido o primeiro orçamento sem déficit desde 1969, e sobretudo porque era um bom orçamento. O senador Lott e o presidente da Câmara Gingrich tinham trabalhado de boa-fé conosco; e Erskine Bowles, com sua habilidade de negociador e seu bom senso, tinha mantido o bom andamento das coisas com eles e com os principais negociadores do Congresso nos momentos críticos.

Mais para o fim daquele mês, quando o acordo sobre o orçamento foi colocado em votação, 64% dos democratas da Câmara se juntaram aos 88% dos republicanos e votaram a favor. No Senado, onde Tom Daschle apoiava o acordo, os democratas chegaram a superar os votos dos republicanos: 82% a 74%.

Recebi algumas críticas de democratas, que não concordaram com os cortes de impostos ou mesmo com o fato de estarmos fazendo o acordo. Eles argumentavam que se não fizéssemos nada o orçamento estaria equilibrado em um ou em dois anos por causa do plano de 1993, que foi apoiado somente pelos democratas; agora os republicanos também iam receber crédito por isso. Era verdade, mas também estávamos conseguindo o maior aumento dos gastos com educação superior em cinqüenta anos, seguro-saúde para 5 milhões de crianças e os cortes de impostos para a classe média que eu havia proposto.

No dia 5, data de celebração da independência mexicana, fiz uma viagem ao México, América Central e Caribe. Pouco mais de uma década antes os nossos vizinhos sofriam com guerras civis, golpes, ditadores, economias fechadas e miséria. Agora, todas as nações do hemisfério, com uma única exceção, eram democracias, e a região como um todo era nossa maior parceira comercial; exportávamos duas vezes mais para as Américas do que para a Europa, e quase 50% a mais do que para a Ásia. Ainda assim, havia muita pobreza na região, e tínhamos graves problemas com as drogas e a imigração ilegal.

Levei comigo ao México vários membros do gabinete e uma comitiva bipartidária do Congresso, quando anunciamos novos acordos destinados a reduzir a imigração ilegal e o fluxo de drogas através do rio Grande. O presidente Zedillo era um homem capaz e honesto, contava com uma excelente equipe de apoio e iria lidar da melhor maneira possível contra esses problemas. Apesar de saber que poderíamos fazer mais, eu duvidava de que houvesse uma solução absolutamente satisfatória para os dois problemas. Havia um grande número de fatores a serem considerados. O México era mais pobre que os Estados Unidos; a fronteira era longa; milhões de mexicanos tinham parentes no nosso país; e muitos imigrantes ilegais vinham à procura de trabalho, geralmente trabalhos pesados e de baixos salários que a maioria dos norte-americanos não queria. Quanto às drogas, nossa demanda era um ímã para elas, pois o cartel de drogas tinha muito dinheiro com que subornar funcionários mexicanos e muitos pistoleiros para intimidar ou matar quem não quisesse cooperar. Alguns policiais de fronteira mexicanos tiveram ofertas equivalentes a cinco vezes a sua renda anual para olhar para o outro lado durante a passagem de uma única remessa de drogas. Um promotor honesto do norte do México recebeu mais de cem tiros em frente da sua casa. Eram problemas difíceis, mas eu achava que a implementação dos nossos acordos melhoraria a situação.

Na Costa Rica, um lindo país sem organização militar permanente e talvez com a mais avançada política ambiental do mundo, o presidente José María Figueres recebeu os líderes da América Central para um congresso dedicado ao comércio e ao meio ambiente. Embora não fosse essa a intenção, o NAFTA havia prejudicado as nações da América Central e do Caribe ao colocá-las em desvantagem competitiva com o México no comércio com os Estados Unidos. Eu queria fazer o possível para retificar a desigualdade. No dia seguinte disse a mesma coisa em Bridgetown, em Barbados, onde o primeiro-ministro Owen Arthur nos recebeu para a primeira reunião entre um presidente norte-americano e todos os líderes das nações caribenhas em seu próprio território.

Nas duas reuniões a imigração também foi uma questão importante. Muitos centro-americanos e pessoas de nações caribenhas estavam trabalhando nos Estados Unidos e enviando dinheiro para as suas famílias, representando uma importante fonte de renda para as nações menores. Os governantes estavam preocupados com a atitude antiimigração assumida pelos republicanos e queriam garantias de que não haveria deportações em massa. Eu as dei, mas disse que tínhamos de fazer valer as nossas leis de imigração.

No fim do mês fui a Paris para a assinatura do Pacto Inaugural OTAN-Rússia. Yeltsin havia mantido a promessa de Helsinque: o adversário da OTAN na Guerra Fria agora era seu aliado.

Depois de uma escala na Holanda para comemorar o qüinquagésimo aniversário do Plano Marshall, fui a Londres para a minha primeira visita oficial ao novo primeiro-ministro Tony Blair. Seu Partido Trabalhista havia obtido uma grande vitória sobre os conservadores na última eleição, em virtude da liderança de Blair, da mensagem mais moderna e moderada dos trabalhistas e da redução natural do apoio aos conservadores depois de tantos anos no poder. Blair era jovem, expressivo e enérgico, e nós tínhamos em comum muitas opiniões políticas. Eu achava que ele tinha potencial para ser um importante líder do Reino Unido e de toda a Europa, e estava animado com a perspectiva de trabalhar com ele.

Hillary e eu fomos recebidos por Tony e Cherie Blair para um jantar num restaurante num galpão recuperado às margens do Tâmisa. Já nos sentimos como velhos amigos desde o início. A imprensa inglesa ficou fascinada pelas semelhanças entre as nossas filosofias e políticas, e as perguntas que eles faziam pareciam ter impacto sobre a imprensa norte-americana que me acompanhava. Pela primeira vez tive a sensação de que eles começavam a acreditar que havia algo além da retórica na minha abordagem de Novo Democrata.

No dia 6 de junho, dia do aniversário da minha mãe, fiz o discurso de paraninfo na formatura de Chelsea na Sidwell Friends School. Teddy Roosevelt havia falado aos estudantes de Sidwell quase um século antes, mas eu estava lá numa condição diferente, não como presidente, mas como pai. Quando perguntei a Chelsea o que ela gostaria que eu dissesse, minha filha respondeu: "Pai, quero que você seja sábio e breve". Depois acrescentou: "As meninas querem que você seja sábio; os rapazes, que você seja engraçado". Eu queria que o discurso fosse o meu presente de formatura para ela, e fiquei acordado até as três da madrugada da noite anterior à cerimônia escrevendo e reescrevendo.

Disse a Chelsea e aos seus colegas que naquele dia os seus pais sentiam "alegria e orgulho com a separação próxima de vocês [...] Estamos lembrando o seu primeiro dia na escola e todos os triunfos e dificuldades entre aquele dia e hoje. Embora tenhamos criado vocês para este momento de partida e de estarmos muito orgulhosos de vocês, uma parte de nós quer abraçá-los mais uma vez, como fizemos quando vocês ainda mal sabiam andar, ler uma última vez para vocês *Goodnight Moon* ou *Curious George*, ou *The Little Engine That Could*". Disse que um mundo emocionante os esperava e que eles tinham opções quase ilimitadas, e lembrei a eles o adágio de Eleanor Roosevelt de que ninguém pode fazer você se sentir inferior sem a sua permissão: "Não dêem a ninguém essa permissão".

Quando Chelsea se levantou para pegar o diploma, eu a abracei e lhe disse que a amava. Depois da cerimônia, vários pais me agradeceram por ter dito o que eles pensavam e sentiam, e então voltamos para a Casa Branca para a festa de formatura. Chelsea ficou muito comovida ao ver todo o pessoal da residência reunido para cumprimentá-la. Ela havia percorrido um longo caminho desde quando era a menininha de aparelho ortodôntico que tínhamos trazido para a Casa Branca quatro e meio anos antes, e ainda estava no começo da vida.

Pouco depois da formatura de Chelsea eu aceitei a recomendação da Comissão Consultiva Nacional de Bioética de que a clonagem humana era "moralmente inaceitável" e propus que o Congresso a proibisse. O assunto passou a ser um problema a partir da clonagem da ovelha Dolly na Escócia. A tecnologia de clonagem já vinha sendo usada havia algum tempo, para aumentar a produção da agricultura e realizar avanços da biomedicina no tratamento do câncer, da diabetes e de outras doenças. Era uma grande promessa para a produção de pele, de cartilagens e de tecidos ósseos para transplante para as vítimas de queimaduras e acidentes, e de tecido nervoso para tratar lesões da medula espinhal. Eu não queria interferir em tudo aquilo, mas achava que tínhamos de fixar a linha demarcatória na clonagem humana. Um mês antes eu havia pedido desculpas pelas experiências injustificáveis e racistas sobre sífilis feitas em centenas de negros pouco mais de cem anos antes pelo governo federal em Tuskegee, no Alabama.

Em meados de junho fui à Universidade da Califórnia em San Diego para falar sobre a luta contínua dos Estados Unidos para se livrarem da discriminação racial e tirar o máximo partido de nossa diversidade crescente. Os Estados Unidos ainda sofriam com discriminação, intolerância, crimes hediondos, e grandes disparidades de renda, educação e assistência médica. Indiquei uma comissão de sete membros presidida pelo respeitado intelectual John Hope Franklin para instruir o país sobre o estado das relações entre raças e fazer recomendações que ajudassem a construir "Uma América"* no século XXI. Eu iria coordenar esses esforços por meio de um novo órgão da Casa Branca dirigido por Ben Johnson.

No fim de junho, Denver foi a cidade escolhida para hospedar a reunião anual do G-7. Eu havia prometido a Yeltsin que a Rússia seria incluída como membro pleno, mas os ministros de Finanças não concordaram por causa da fraqueza econômica da Rússia. Como o país dependia da assistência financeira da comunidade internacional, eles achavam que ele não deveria participar das decisões do G-7. Eu entendia as razões pelas quais os ministros de Finanças deveriam se reunir e tomar decisões sem a participação da Rússia, mas o G-7 também era uma organização política; participar dela seria um símbolo da importância da Rússia para o futuro e fortaleceria a posição interna de Yeltsin. Já havíamos dado a essa reunião o nome de Cúpula dos Oito. No final decidimos admitir a Rússia como membro pleno do novo G-8, mas permitir que os ministros de Finanças das outras sete nações membros continuassem a se reunir para tratar de assuntos específicos. Agora Yeltsin e eu tínhamos cumprido os nossos compromissos de Helsinque.

Por essa época, Mir Aimal Kansi, acusado de ter assassinado dois funcionários e ferido três outros na sede da CIA em 1993, havia sido enviado para os Estados Unidos pelo Paquistão para ser julgado depois de intensos esforços do FBI, da CIA e dos departamentos de Estado, da Justiça e da Defesa para garantir sua extradição. Foi uma forte evidência da nossa determinação de encontrar terroristas e trazê-los para serem julgados.

Uma semana depois, após um debate acalorado, a Câmara dos Deputados votou a continuação das relações comerciais normais com a China. Embora recebesse 86 votos, a moção detonou violenta oposição de conservadores e liberais que não aprovavam as políticas comerciais e de direitos humanos da China. Eu também apoiava maior liberdade política na China, e havia recentemente convidado o Dalai Lama e Martin Lee, o ativista de direitos humanos de Hong Kong, a visitar a Casa Branca, para enfatizar o meu apoio à integridade religiosa e cultural do Tibete e à manutenção da democracia em Hong Kong, agora que a Grã-Bretanha

---

* No original, "One America". Trata-se de um programa de integração racial e eliminação do racismo. (N. dos T.)

havia devolvido a ilha à China. Eu achava que a relação comercial só poderia ser aumentada por meio de negociações que levassem à entrada da China na Organização Internacional do Comércio (OIC). Enquanto isso, precisávamos manter relações com a China, e não isolá-la. Martin Lee concordava e apoiava a continuação das nossas relações comerciais.

Pouco depois fui a Hope para assistir ao funeral de Oren Grisham, meu tio Buddy, de 92 anos, que tinha tido um papel tão importante na minha vida. Quando cheguei ao velório, a família e eu começamos a contar histórias engraçadas sobre ele. Como mencionou um dos meus parentes, ele era o sal da terra e o tempero da vida. De acordo com Wordsworth, a melhor parte da vida de um homem bom são os seus pequenos e pouco lembrados atos de bondade e amor. Buddy tinha me coberto deles quando eu era jovem e sem pai. Em dezembro, Hillary me deu um lindo labrador cor de chocolate para me fazer companhia, agora que Chelsea se fora. Era um cachorro inteligente e alegre. Dei-lhe o nome de Buddy.

No início de julho, Hillary, Chelsea e eu, depois de alguns dias relaxantes com o rei Juan Carlos e a rainha Sofia na ilha de Maiorca, chegamos a Madri para a conferência da OTAN. Tive discussões proveitosas com o presidente da Espanha, José María Aznar, que havia acabado de decidir integrar completamente a Espanha à estrutura de comando da OTAN. Então a OTAN votou a admissão da Polônia, da Hungria e da República Tcheca, e deixou claro para as duas dúzias de nações que haviam se unido à Parceria para a Paz que as portas da OTAN continuavam abertas para novos membros. Desde o início da minha administração eu tinha trabalhado pela expansão da OTAN e acreditava que esse passo histórico ajudaria a unificar a Europa e a manter a aliança transatlântica.

No dia seguinte assinamos um acordo de parceria com a Ucrânia e parti para breves estadas na Polônia, na Romênia e na Dinamarca, para reforçar o significado da expansão da OTAN. Havia multidões enormes e entusiasmadas em Varsóvia, em Bucareste e em Copenhague. Na Polônia se comemorava a participação na OTAN. Em Bucareste, cerca de 100 mil pessoas cantavam "U.S.A! U.S.A!" para demonstrar o apoio à democracia e o desejo de o país ser admitido na OTAN tão cedo quanto possível. Em Copenhague, num dia claro de verão, o tamanho e o entusiasmo da multidão refletiam a afirmação da nossa aliança e o agrado pelo fato de ser eu o primeiro presidente a visitar a Dinamarca durante o mandato.

Em meados do mês eu já estava de volta à Casa Branca, propondo novas leis que proibiam a discriminação baseada na seleção genética. Os cientistas estavam rapidamente descobrindo os mistérios do genoma humano, e suas descobertas provavelmente salvariam milhões de vidas e revolucionariam a assistência médica. Mas os exames genéticos também iriam revelar a propensão do indivíduo a desenvolver várias doenças, como o câncer de mama ou o mal de Parkinson. Não poderíamos permitir que tais resultados fossem a base para recusar seguro-médico ou acesso ao emprego, e não queríamos desencorajar as pessoas a se submeter a esses exames por medo de que os resultados pudessem ser usados contra elas, em vez de servir para prolongar sua vida.

Por essa mesma época, o IRA voltou ao cessar-fogo que havia rompido em fevereiro de 1996. Eu tinha trabalhado muito pelo cessar-fogo, e dessa vez ele se manteria, tornando finalmente possível aos irlandeses encontrar o caminho através do espinheiro de dor e suspeita acumuladas e chegar ao futuro comum.

Com a aproximação do fim de julho, ainda não tínhamos chegado a um acordo sobre o orçamento detalhado coerente com o acordo anterior, mais genérico, com os republicanos. Havia diferenças quanto ao tamanho e à forma dos cortes de impostos e com relação à alocação dos novos recursos. Enquanto a nossa equipe continuava a negociar com o Congresso, continuei a realizar minhas outras tarefas, afirmando que, ao contrário da opinião dominante no Congresso, o aquecimento global era uma realidade e que teríamos de reduzir nossas emissões de gases responsáveis pelo efeito estufa, e realizamos um fórum com Al Gore e outras autoridades federais e estaduais em Incline Village, em Nevada, sobre as condições do lago Tahoe.

O Tahoe era um dos lagos mais profundos, puros e limpos do mundo, mas a sua qualidade estava em processo de degradação por causa de empreendimentos imobiliários, poluição do ar causada pelo trânsito e poluição direta causada pelo derramamento na água de combustível de motores de barcos e *jet-skis* com péssima manutenção. Foi grande o apoio bipartidário na Califórnia e em Nevada para recuperar o lago. Eu estava determinado a fazer todo o possível para ajudar.

No final do mês, depois que falei à Associação Nacional de Governadores em Las Vegas, o governador Bob Miller me levou acompanhado de vários dos meus ex-colegas para jogar golfe com Michael Jordan. Eu havia começado a jogar novamente duas semanas antes e ainda usava um aparelho na perna para protegê-la. Eu não o achava realmente necessário, e resolvi tirá-lo.

Jordan era um grande golfista, ainda que algo extravagante nos lances longos, mas também tinha um ótimo jogo curto. Quando o nosso grupo disputou um buraco curto de *par* cinco, eu percebi a razão de ele ter ganho tantos campeonatos na NBA. Qualquer um dos cinco tinha chance de fazer um *birdie four*. Jordan olhou o declive de quinze metros até o buraco e disse: "Bem, acho que vou ter de acertar esse para ganhar o buraco". Dava para ver pela sua expressão que ele realmente esperava acertar a difícil tacada. E ele de fato acertou e ganhou o buraco.

Jordan me disse que eu poderia jogar melhor se recolocasse o aparelho na perna: "O seu corpo não precisa mais dele, mas a sua cabeça ainda não sabe". Uma das razões da mediocridade do meu jogo era eu estar constantemente ao telefone falando com a Casa Branca para me informar sobre o andamento das negociações do orçamento, quando fazíamos as últimas ofertas e exigências para concluí-las.

Pouco depois de passarmos da metade do jogo, Rahm Emanuel telefonou para dizer que tínhamos um acordo. Em seguida Erskine ligou para confirmar a notícia e me dizer como o acordo era bom. Conseguimos todo o dinheiro para educação e saúde, a redução nos impostos foi modesta, cerca de 10% do corte de Reagan em 1981, os cortes no Medicare eram administráveis, os cortes para a classe média estavam incluídos, a alíquota do imposto sobre ganhos de capital foi reduzida de 28% para 20%, e todos concordaram em que o orçamento estaria equilibrado em

2002, ou mesmo antes disso, se a economia continuasse a crescer. Erskine e toda a nossa equipe, especialmente o meu assessor legislativo, John Hilley, fizeram um grande trabalho. Fiquei tão feliz que acertei os três buracos seguintes, já com o aparelho na perna.

No dia seguinte fizemos uma grande comemoração no Jardim Sul, com a presença de todos os membros do Congresso e da administração que haviam trabalhado no orçamento. A atmosfera era de euforia e os discursos foram calorosos, generosos e bipartidários, apesar de eu insistir em agradecer aos democratas, especialmente a Ted Kennedy, Jay Rockefeller, e a Hillary, pelo seguro-saúde das crianças. Como o déficit já havia se reduzido em mais de 80% desde o valor mais alto de 290 bilhões de dólares em 1993, o acordo foi basicamente um orçamento progressista que incluía tanto os cortes de impostos da classe média que eu apoiava como o corte dado aos ganhos de capital dos republicanos. Além da saúde, da educação e das provisões tributárias, ele aumentou em quinze centavos por maço o imposto sobre cigarros para ajudar a pagar o seguro-saúde das crianças, restaurou 12 bilhões em benefícios por incapacitação e saúde para os imigrantes legais, dobrou o número de zonas de capacitação para a cidadania e nos deu o dinheiro para continuar a recuperar o meio ambiente.

Com toda a gentileza e leveza que havia na Casa Branca naquele dia, era difícil lembrar que estivemos nos esganando durante mais de dois anos. Eu não sabia quanto tempo ainda iriam durar os bons sentimentos, mas ia trabalhar duro para manter as coisas mais civilizadas durante as negociações mais difíceis. Algumas semanas antes, Trent Lott, que estava desapontado por ter perdido para a Casa Branca uma batalha legislativa menor, havia me chamado de "moleque mimado" em um dos programas matinais de entrevistas do domingo. Poucos dias depois de ele ter dito isso, eu telefonei para ele e lhe disse que sabia do fato e que ele não devia se preocupar com aquilo. Que depois de uma semana de muito trabalho, ele provavelmente havia acordado no domingo de manhã mal-humorado e arrependido de ter concordado com a entrevista. Estava cansado e irritadiço, e quando o entrevistador o espicaçou por minha causa, ele engoliu a isca. Ele riu e disse que tinha sido exatamente assim, e pusemos uma pedra sobre o assunto.

Muitas pessoas que trabalham sob pressão às vezes dizem coisas que gostariam de não ter dito; eu certamente era uma delas. Geralmente eu nem lia o que os republicanos diziam a meu respeito, e se um comentário mais duro chegava ao meu conhecimento, eu tentava ignorá-lo. As pessoas elegem um presidente para agir em nome delas; irritar-se por questões pessoais atrapalha. Fiquei feliz por ter ligado para Trent Lott e gostaria de fazer mais telefonemas como aquele em situações semelhantes.

Mas não tinha a mesma sensação de neutralidade com relação a Ken Starr e seus esforços incansáveis para coagir as pessoas a fazer acusações falsas contra Hillary e contra mim, e de processar os que se recusavam a mentir. Em abril, Jim Mc Dougal, depois de mudar o seu depoimento para atender Starr e seu assistente no Arkansas, Hick Ewing, finalmente foi para a cadeia com a recomendação de Starr de que a sua sentença fosse reduzida. Starr fez o mesmo acordo com David Hale.

O tratamento indulgente a McDougal e Hale era completamente diferente do que ele deu a Susan McDougal, que ainda estava presa por desacato ao tribunal por se recusar a responder às perguntas de Starr perante o grande júri. Depois de um curto período numa cadeia do Arkansas, para onde ela foi levada algemada e com os pés e a cintura acorrentados, Susan foi transferida para uma penitenciária federal, onde durante alguns meses ficou num ambulatório separada dos outros prisioneiros. Mais tarde foi levada para outra instituição penal em Los Angeles, para responder pela acusação de ter fraudado um antigo empregador. Quando novas evidências documentais destruíram o caso da promotoria, ela foi absolvida. Enquanto isso, era forçada a passar 23 horas por dia num bloco de celas sem janela, geralmente ocupado por assassinos condenados. Também foi forçada a trajar uniforme vermelho, usado por assassinos e molestadores de crianças. Depois de alguns meses desse tratamento, foi colocada numa cela de plexiglas no meio do pátio da cadeia; não podia conversar com outros internos, ver televisão, nem mesmo ouvir sons externos. No ônibus da prisão, quando tinha de comparecer ao tribunal, ela era colocada numa cela reservada para criminosos perigosos. Seu confinamento *à la* Hannibal Lecter foi finalmente interrompido quando a União Norte-americana pelas Liberdades Civis (ACLU) iniciou uma ação alegando que Susan McDougal estava presa em condições "bárbaras" a pedido de Starr, numa tentativa de coagi-la a testemunhar.

Anos depois, ao ler o livro de McDougal, *The Woman Who Woudn't Talk* [A mulher que não quis falar], senti arrepios na espinha. Ela poderia ter dado fim ao seu sofrimento simplesmente dizendo as mentiras que Starr e Hick Ewing queriam que ela contasse. Como conseguiu enfrentá-los eu não sei, mas a visão dela acorrentada finalmente conseguiu penetrar o escudo que os repórteres de Whitewater ergueram em torno de Starr e sua equipe.

Perto do fim da primavera a Suprema Corte decidiu por unanimidade que a ação de Paula Jones poderia continuar enquanto eu estivesse na Casa Branca, rejeitando os argumentos dos meus advogados de que o trabalho da Presidência não deveria ser interrompido, pois a ação poderia ser discutida no final do meu mandato. As decisões anteriores da Suprema Corte haviam indicado que um presidente em exercício não poderia ser objeto de ação civil decorrente de atos não ligados às suas ações oficiais como presidente, porque a defesa seria muito esgotante e consumiria um tempo precioso. A Suprema Corte alegou que a adoção do princípio da espera nos casos de atos não oficiais de um presidente cumprindo o mandato poderia resultar em prejuízo indevido da outra parte, e por isso a ação de Paula Jones não poderia esperar. Ademais, de acordo com a Suprema Corte, a defesa no processo não deveria exigir muito do meu tempo. Foi uma das decisões mais ingênuas, do ponto de vista político, tomadas pela Suprema Corte em muitos anos.

Em 25 de junho o *Washington Post* informou que Kenneth Starr estava investigando boatos de que entre doze e quinze mulheres, Paula Jones entre elas, estiveram envolvidas comigo. Ele disse não ter interesse na minha vida sexual; queria apenas interrogar pessoas com quem eu poderia ter comentado sobre Whitewater. No fim, Starr iria usar muitos agentes do FBI, bem como investigadores particulares pagos com recursos do contribuinte, para investigar o assunto pelo qual ele dizia não ter interesse.

Perto do fim de julho eu estava começando a me preocupar com o FBI, por razões muito mais graves que as investigações sexuais que a agência vinha executando a mando de Starr. Houve uma série de erros durante o período de Louis Freeh: relatórios malfeitos dos laboratórios de criminalística do FBI que ameaçavam casos penais em andamento; o custo excessivo de dois sistemas de computadores projetados para aperfeiçoar o Centro Nacional de Informações Criminais e para oferecer identificação rápida de impressões digitais aos policiais de todo o país; a liberação para a Casa Branca de arquivos sobre republicanos; e a acusação e tentativa de prisão de Richard Jewell como autor do atentado nas Olimpíadas. Havia também um inquérito criminal sobre a conduta do vice de Freeh, Larry Potts, durante um cerco com morte em Ruby Ridge em 1992, pelo qual o FBI havia sofrido pesadas críticas e Potts tinha merecido uma censura antes de ser nomeado por Freeh.

Freeh vinha recebendo críticas da imprensa e dos republicanos do Congresso, que citavam os erros do FBI como razões para a sua recusa em aprovar medidas constantes na legislação antiterrorismo, o que teria dado à agência a autoridade para realizar escutas telefônicas de suspeitos de terrorismo quando estes mudassem de um lugar para outro.

Havia uma maneira certa de Freeh agradar os republicanos no Congresso e se livrar da pressão da imprensa: bastava ele assumir uma atitude de contestação à Casa Branca. Seja por convicção, seja por necessidade, foi o que ele começou a fazer. Quando a questão dos arquivos se tornou pública, sua reação inicial foi culpar a Casa Branca e não aceitar a responsabilidade do FBI. Quando estourou a história do financiamento de campanha, ele escreveu um memorando a Janet Reno, vazado para a imprensa, insistindo na indicação de um promotor independente. Quando surgiram relatos de possíveis tentativas do governo da China de fazer chegar contribuições ilegais a membros do Congresso em 1996, agentes de baixo nível instruíram pessoas bem abaixo na cadeia de comando do Conselho de Segurança a não informarem nada aos superiores. Quando Madeleine Albright se preparava para ir à China, o conselheiro da Casa Branca, Chuck Ruff, respeitado ex-procurador federal e ex-funcionário do Departamento de Justiça, pediu ao FBI informações sobre planos de Pequim para influenciar o governo. Tratava-se claramente de assunto do maior interesse da secretária de Estado antes de se encontrar com os chineses, mas Freeh ordenou pessoalmente que o FBI não enviasse a resposta preparada, apesar de ela já ter sido aprovada por dois dos seus mais altos assessores e pelo Departamento de Justiça.

Eu não acreditava que Freeh fosse idiota a ponto de pensar que o Partido Democrata iria deliberadamente aceitar contribuições ilegais do governo chinês; ele queria apenas fugir das críticas da imprensa e dos republicanos, mesmo que isso prejudicasse as operações da nossa política externa. Lembrei-me de que na véspera da nomeação de Freeh eu recebi um telefonema de um ex-agente do FBI no Arkansas dizendo que eu não devia nomeá-lo e que ele iria me trair mais à frente no primeiro momento em que isso fosse vantajoso para ele.

Fossem quais fossem os motivos de Freeh, o comportamento do FBI com relação à Casa Branca era apenas mais um exemplo do grau de loucura que havia se instalado em Washington. O país ia bem e melhorava, nós promovíamos a paz e a prosperidade por todo o mundo, e ainda assim continuava a busca insensata de escândalos. Poucos meses antes, Tom Oliphant, o colunista ponderado e independente do *Boston Globe*, resumiu bem a situação:

As forças grandiosas e de vanglória que operam a Grande Máquina Norte-americana de Escândalos são muito bem-sucedidas com a aparência da situação. O sangue dessa máquina são as aparências, que geram perguntas, que criam mais aparências, tudo isso gerando um frenesi hipócrita a exigir intensa investigação por inquisidores superescrupulosos que precisam, a qualquer custo, ser independentes. Evidentemente, apenas os cúmplices e os culpados resistiriam a esse frenesi.

Agosto começou com boas e más notícias. O desemprego caiu a 4,8%, a marca mais baixa desde 1973, e a confiança no futuro continuava alta depois do acordo bipartidário sobre o orçamento. Por outro lado, essa cooperação não se estendia ao processamento das nomeações: Jesse Helms estava retardando a minha nomeação do governador republicano de Massachusetts, Bill Weld, para a embaixada no México por achar que Weld o havia insultado; e Janet Reno informou ao país que havia 101 cargos vagos de juiz federal porque o Senado tinha confirmado apenas nove dos meus indicados em 1997, nenhum deles para o tribunal de recursos.

Depois de um hiato de dois anos, em agosto a nossa família voltou a Martha's Vineyard para passar férias. Ficamos hospedados na casa do nosso amigo Dick Friedman, perto de Oyster Pond. Comemorei o meu aniversário correndo com Chelsea e convenci Hillary a jogar comigo a sua partida anual de golfe no campo público Mink Meadows. Hillary nunca havia gostado de golfe, mas uma vez por ano ela fazia a minha vontade e me acompanhava por uns poucos buracos. Também joguei muito com Vernon Jordan no maravilhoso campo de Farm Neck. Ele gostava de golfe muito mais que Hillary.

O mês terminou como havia começado, com boas e más notícias. No dia 29 Tony Blair convidou o Sinn Fein a participar das conversações de paz na Irlanda, dando pela primeira vez reconhecimento formal ao partido. No dia 31 a princesa Diana morreu num acidente de carro em Paris. Menos de uma semana depois morreu a madre Teresa. Hillary ficou muito pesarosa com essas duas mortes. Ela conhecia e gostava das duas, e representou os Estados Unidos nos dois funerais, indo primeiro para Londres e alguns dias depois para Calcutá.

Durante agosto também tive de anunciar um grande desapontamento: os Estados Unidos não poderiam assinar o tratado internacional de proibição das minas terrestres. As circunstâncias que levaram à nossa exclusão foram quase bizarras. Os Estados Unidos tinham gasto 153 milhões de dólares desarmando minas por todo o mundo desde 1993; recentemente tínhamos perdido um avião com nove pessoas a bordo depois de deixar uma equipe de desarmamento de minas no Sudoeste da África; tínhamos treinado mais de 25% da capacidade mundial de desarmamento de minas; e havíamos destruído 1,5 milhão das nossas próprias minas e programado a destruição de mais 1,5 milhão até 1999. Nenhum outro país fez tanto quanto nós para livrar o mundo das perigosas minas terrestres.

Perto do final das negociações do tratado, pedi duas emendas: uma exceção para o campo minado claramente sinalizado pelos americanos ao longo da fronteira entre as duas Coréias, que protegia a população da Coréia do Sul e as nossas tropas estacionadas ali; e uma mudança da redação da cláusula que aprovava os mísseis antitanque, que dava cobertura aos fabricados na Europa, mas não aos nossos. Os nossos eram igualmente seguros e protegiam melhor as tropas. As duas emendas foram rejeitadas, em parte porque a Conferência sobre Minas Terrestres estava determinada a aprovar o tratado mais forte possível depois da morte da sua mais famosa representante, a princesa Diana, e em parte porque algumas pessoas na conferência queriam apenas embaraçar os Estados Unidos ou nos forçar a assinar o tratado tal como estava. Detestei não participar desse acordo internacional, porque isso debilitava a nossa capacidade de agir para tentar deter a fabricação e o uso de minas terrestres, algumas das quais podiam ser compradas por apenas três dólares cada uma, mas eu não poderia colocar em risco a segurança dos nossos soldados ou a do povo da Coréia do Sul.

No dia 18 de setembro Hillary e eu levamos Chelsea a Stanford. Queríamos que a sua nova vida fosse tão normal quanto possível e pedimos ao Serviço Secreto para indicar agentes jovens vestidos informalmente e que deviam ser tão discretos quanto lhes fosse possível. Stanford havia concordado em proibir o acesso da mídia a ela no câmpus. Apreciamos as cerimônias de boas-vindas e os encontros com outros pais, e depois acompanhamos Chelsea ao seu alojamento e a ajudamos a se instalar. Ela estava muito feliz e animada; Hillary e eu, um pouco tristes e preocupados. Hillary tentou disfarçar correndo de um lado para o outro e ajudando Chelsea a organizar as coisas, chegando mesmo a forrar as gavetas com papel aderente. Eu tinha levado a bagagem para cima e montei a cama. Depois disso, fiquei olhando pela janela enquanto Hillary deixava Chelsea mais nervosa com toda aquela arrumação. Quando o porta-voz dos estudantes, Blake Harris, avisou a todos os pais que seus filhos "sentiriam saudade dentro de um mês e durante quinze minutos", nós todos rimos. Eu esperava que fosse verdade, mas nós iríamos sentir muita saudade. Quando chegou a hora da partida, Hillary já tinha se aprumado e estava pronta. Eu não; eu queria ficar para o jantar.

No último dia de setembro compareci à cerimônia de passagem à reserva do general John Shalikashvili e lhe entreguei a Medalha da Liberdade. Ele havia sido um extraordinário chefe do Estado-Maior Conjunto e apoiou a expansão da OTAN, a criação da Parceria para a Paz e o uso das nossas tropas em mais de quarenta operações, entre elas a Bósnia, o Haiti, Iraque, Ruanda e o estreito de Taiwan. Gostei de trabalhar com ele. Era inteligente, direto e completamente comprometido com o bem-estar dos nossos homens e mulheres em uniforme. Para substituí-lo, indiquei o general Hugh Shelton, que havia me impressionado muito com a operação no Haiti.

O início do outono, quando fiz a primeira viagem à América do Sul, foi em grande parte dedicado aos negócios externos. Viajei à Venezuela, ao Brasil e à Argentina para expressar a importância da América Latina para o futuro dos Estados Unidos, e para continuar insistindo na idéia de uma área de livre-comércio que abrangesse todas as Américas. A Venezuela era o nosso maior fornecedor de petróleo e havia sempre oferecido mais petróleo quando necessitávamos, desde a Segunda Guerra Mundial até a Guerra do Golfo. Foi uma visita breve e sem complicações, e seu ponto alto foi o meu discurso ao povo de Caracas diante do túmulo de Simón Bolívar.

O Brasil foi outra história. Houve tensões entre os dois países; muitos brasileiros guardavam ressentimentos contra os Estados Unidos. O Brasil era o líder do Mercosul, um bloco comercial formado também pela Argentina, pelo Uruguai e pelo Paraguai, e que tinha um volume de negócios maior com a Europa do que com os Estados Unidos. Em compensação, o presidente brasileiro, Fernando Henrique Cardoso, era um líder moderno e eficiente, que desejava um bom relacionamento com os Estados Unidos e compreendia que uma parceria mais forte conosco o ajudaria a modernizar a economia do seu país, reduzir a pobreza crônica e aumentar a influência do Brasil no mundo.

Eu era fascinado pelo Brasil desde que o grande saxofonista de jazz Stan Getz popularizou a sua música nos Estados Unidos na década de 1960, e a partir de então eu queria ver as suas cidades e lindas paisagens. Eu também respeitava e gostava de Fernando Henrique Cardoso. Ele havia estado em Washington em visita oficial e eu o considerava um dos líderes mais notáveis que já conhecera. Queria afirmar a nossa dedicação mútua a uma parceria econômica mais próxima e às suas políticas, especialmente as dedicadas à preservação da enorme floresta equatorial, severamente reduzida pelo excesso de preparação de campos de plantio e pastagem, e à melhoria da educação. Cardoso tinha dado início a um programa interessante chamado bolsa-escola, que fazia pagamentos mensais a brasileiros pobres, desde que seus filhos tivessem freqüência à escola em pelo menos 85% das aulas.

Houve um momento interessante durante a nossa entrevista coletiva, em que, em meio a perguntas sobre as relações entre Brasil e Estados Unidos e a mudança climática, quatro delas feitas pela imprensa norte-americana se referiam à controvérsia relativa ao financiamento da campanha de 1996. Um repórter me perguntou se me embaraçava, ou embaraçava ao país, ter de responder a essas perguntas durante uma viagem ao exterior. "Isso é você que sabe. Você tem de decidir quais perguntas vai fazer. Eu não posso me embaraçar com o modo como você resolve fazer o seu trabalho."

Depois de visitarmos uma escola numa região pobre do Rio de Janeiro em companhia da lenda do futebol, Pelé, Hillary e eu fomos a Brasília para o banquete oficial na residência do presidente, onde Fernando Henrique e Ruth Cardoso nos proporcionaram um gostinho da música brasileira que eu amava havia mais de trinta anos: um conjunto feminino de percussão que tocava ritmos pulsantes em placas de metal de tamanhos diferentes atadas ao corpo, e uma fabulosa cantora da Bahia, Virgínia Rodrigues.

O presidente da Argentina, Carlos Menem, sempre foi um forte aliado dos Estados Unidos, apoiando o país na Guerra do Golfo e no Haiti, e adotando uma forte política econômica de liberdade de mercado. Ele nos ofereceu um churrasco no Centro Rural, em Buenos Aires, que incluiu aulas de tango para Hillary e para mim e uma demonstração da equitação argentina: um homem cavalgando de pé sobre dois garanhões.

O presidente Menem também nos levou a Bariloche, uma bela estância de inverno na Patagônia, para discutir o aquecimento global e o que eu esperava ser nossa resposta comum para o problema. A conferência internacional sobre a mudança climática ia começar em dezembro em Kyoto, no Japão. Eu dava grande apoio a que se definissem objetivos agressivos de redução dos gases do efeito estufa tanto para os países desenvolvidos como para os em desenvolvimento, porém queria chegar a esses objetivos não por regulamentos e impostos, mas por incentivos para promover a conservação da energia e o uso de uma tecnologia de energia limpa. Bariloche era o lugar perfeito para enfatizar a importância do meio ambiente. Do outro lado do lago frio e claro, diante do Llao Llao Hotel onde estávamos hospedados, Hillary e eu caminhamos pela mágica floresta de Arrayanes, com suas murtas sem casca. As árvores tinham manchas alaranjadas feitas pelo ácido tânico e eram frias ao toque. Sua sobrevivência era o resultado do solo perfeito, da água e do ar limpos e do clima moderado. Uma ação correta contra a mudança de clima iria preservar aquelas árvores frágeis e únicas e a estabilidade de grande parte do nosso planeta.

No dia 26 de outubro, já de volta a Washington, Capricia Marshall, Kelly Craighead e o restante da equipe da Hillary fizeram uma grande comemoração do qüinquagésimo aniversário dela sob uma barraca montada no Jardim Sul. Chelsea veio para lhe fazer uma surpresa. Havia mesas com comida e música de todas as décadas da vida dela, e pessoas que a haviam conhecido em cada um desses períodos: gente de Illinois nos anos 1950, de Wellesley nos 1960, de Yale nos 1970 e do Arkansas nos 1980.

No dia seguinte Jiang Zemin veio a Washington. Eu o convidei à residência para uma reunião informal naquela noite. Depois de quase cinco anos trabalhando com ele, estava impressionado com a habilidade política de Zemin, seu desejo de integrar a China à comunidade mundial e o crescimento econômico que havia se acelerado durante o governo dele e do seu primeiro-ministro, Zhu Rongji, mas ainda estava preocupado com a supressão das liberdades básicas na China e a prisão de dissidentes políticos. Pedi a Jiang para libertar alguns dissidentes e lhe disse que, se os Estados Unidos e a China fossem manter uma longa parceria, nossa relação tinha de deixar espaço para o desacordo justo e honesto.

Quando Jiang concordou, passamos a debater quanta mudança e liberdade a China poderia aceitar sem risco de caos interno. Não resolvemos as nossas diferenças, mas a nossa compreensão mútua aumentou, e depois que Jiang voltou para a Blair House eu fui para a cama pensando que a China seria forçada pelos imperativos da sociedade moderna a se abrir mais, e que no novo século as nossas nações provavelmente seriam parceiras, e não adversárias.

No dia seguinte, durante a entrevista coletiva, Jiang e eu anunciamos que aumentaríamos a nossa colaboração para reduzir a disseminação das armas de destruição em massa; trabalhar juntos no uso pacífico da energia nuclear e na luta contra o crime organizado, o tráfico de drogas e o contrabando; expandir os esforços dos Estados Unidos para promover o uso da lei na China, ajudando a treinar juízes e advogados; e cooperar para proteger o meio ambiente. Também prometi fazer todo o possível para trazer a China para a Organização Internacional do Comércio (OIC). Jiang concordou com as minhas observações e disse à imprensa que também tínhamos acertado manter reuniões regulares de cúpula e instalar uma linha direta para assegurar que teríamos comunicação fácil.

Quando abrimos espaço para as perguntas, surgiram as inevitáveis sobre direitos humanos, a Praça Tiananmen e o Tibete. Jiang pareceu um pouco assustado, mas manteve o bom humor, repetindo resumidamente o que havia me dito na noite anterior, e acrescentando saber que estava em visita a uma democracia em que as pessoas tinham liberdade de expressar opiniões diferentes. Eu respondi que, apesar de a China ter estado do lado certo da história em muitas questões, na questão dos direitos humanos "acreditamos que a política do seu governo esteja do lado errado da história". Alguns dias depois, em Harvard, o presidente Jiang reconheceu que houve erros na maneira de tratar os agitadores da Praça Tiananmen. A China sempre se moveu a passos demasiadamente lentos para os ocidentais, mas não era impermeável à mudança.

Outubro trouxe dois novos acontecimentos na frente legal. Quando a juíza Susan Webber Wright rejeitou duas das quatro alegações no processo movido por Paula Jones, eu ofereci um acordo. Na verdade eu não queria, porque ele tomaria mais ou menos metade do que Hillary e eu tínhamos guardado ao longo de vinte anos, e porque eu sabia, com base no trabalho investigativo da minha equipe de advogados, que podíamos ganhar o caso se ele chegasse a ir a juízo. Mas eu não queria perder com ele nenhum dia dos três anos seguintes que ainda tinha como presidente.

Paula Jones recusou o acordo, a menos que eu também me desculpasse por tê-la assediado sexualmente. Isso eu não poderia fazer porque não era verdade. Poucos dias depois os seus advogados solicitaram ao tribunal que os liberasse dos seus deveres. Foram substituídos por uma empresa advocatícia de Dallas intimamente associada ao Rutherford Institute, que a mantinha; o Rutherford era outra fundação de direita financiada pelos meus adversários. Agora não havia mais nem mesmo como fingir que a queixosa no processo que levava o seu nome era realmente Paula Jones.

No início do mês, a Casa Branca entregou videoteipes de 44 dos controvertidos cafés-da-manhã ao Departamento de Justiça e ao Congresso. Eles provavam o que eu dizia desde o começo, que as reuniões não se destinavam ao levantamento de fundos, mas a discussões amplas e geralmente interessantes com algumas pessoas que me apoiavam e outras que não. A única coisa de que os meus críticos poderiam lamentar era o fato de as fitas não terem sido liberadas antes.

Poucos dias depois, Newt Gingrich anunciou que não tinha os votos necessários para aprovar a via rápida para acordos comerciais que estava em discussão na Câmara. Eu tinha trabalhado duro por muitos meses para que ela fosse aprovada. Numa tentativa de conseguir mais votos no meu partido, prometi aos democratas que os acordos comerciais negociados teriam dispositivos sobre condições trabalhistas e ambientais, e lhes disse que tinha a concordância do Chile com a inclusão desses dispositivos no acordo bilateral que estávamos negociando. Infelizmente, não consegui persuadir muitos deles, porque a AFL-CIO, a associação dos sindicatos norte-americanos, que ainda estava brava por ter perdido a votação do NAFTA, transformou a votação da via rápida num teste para saber se os democratas estavam contra ou a favor dela. Até mesmo democratas que concordavam comigo pelos méritos da questão estavam relutantes em concorrer à reeleição sem o apoio financeiro e organizacional da AFL-CIO. Vários republicanos conservadores condicionaram seu voto à imposição de mais restrições à política norte-americana de planejamento familiar internacional. Não aceitei isso, e então perdi esses votos. O presidente da Câmara, Gingrich, também vinha trabalhando para aprovar a lei, mas no final ainda faltavam no mínimo seis votos. Agora eu teria de continuar a negociar acordos individuais e esperar que o Congresso não os matasse com emendas.

Em meados do mês tivemos uma nova crise no Iraque, quando Saddam Hussein expulsou seis norte-americanos membros da equipe de inspetores de armas da ONU. Ordenei ao grupo do porta-aviões *USS George Washington* que se aproximasse da região e poucos dias depois os inspetores voltaram.

As conversações de Kyoto sobre o aquecimento global foram abertas no dia 1º de dezembro. Antes de terminarem, Al Gore foi até o Japão para ajudar o nosso principal negociador, o subsecretário de Estado Stu Einzenstat, a chegar a um acordo que pudéssemos assinar, com objetivos firmes mas sem restrições sobre como poderiam ser atingidos, e com uma convocação para que países em desenvolvimento, como a China e a Índia, participassem; dentro de trinta anos eles ultrapassariam os Estados Unidos como emissores de gases do efeito estufa (os Estados Unidos são hoje os principais emissores). A menos que houvesse mudanças, eu não poderia submeter o tratado ao Congresso; seria no mínimo difícil aprovar nas melhores condições. Com o apoio do primeiro-ministro Hashimoto, que queria que Kyoto fosse um sucesso para o Japão, e de outras nações amigas, como a Argentina, as negociações produziram um acordo que fiquei feliz em apoiar, com as metas que eu considerava possíveis, se o Congresso aprovasse os incentivos tributários necessários para promover a produção e a compra de mais tecnologia de conservação e produtos de energia limpa.

Poucos dias antes do Natal, Hillary, Chelsea e eu fomos à Bósnia para convocar o povo de Sarajevo a continuar no caminho da paz e para me encontrar com nossos soldados em Tuzla. Bob e Elizabeth Dole se juntaram à nossa delegação, assim como diversos líderes militares e vários membros do Congresso dos dois partidos. Elizabeth era a presidente da Cruz Vermelha norte-americana, e Bob tinha acabado de aceitar o meu pedido para dirigir a Comissão para os Casos de Pessoas Desaparecidas na antiga Iugoslávia.

Na véspera do Natal os Estados Unidos concordaram em disponibilizar 1,7 bilhão de dólares para apoio financeiro à economia da Coréia do Sul, que passava por dificuldades. Esse ato marcou o início do nosso compromisso de solução da crise financeira da Ásia, que iria se agravar no ano seguinte. A Coréia tinha acabado de eleger um novo presidente, Kim Dae Jung, um antigo ativista democrata que havia sido condenado à morte na década de 1970, mas que foi salvo pela intervenção do presidente Carter em seu favor. Eu o encontrei pela primeira vez nos degraus do prédio da prefeitura de Los Angeles, em maio de 1992, quando ele me disse cheio de orgulho que representava a mesma abordagem nova da política que eu adotava. Ele era visionário e ousado, e eu queria apoiá-lo.

Com a aproximação do Fim de Semana Renaissance e de um novo ano, revi 1997 com satisfação, esperando que o pior das guerras partidárias já tivesse passado na esteira de tudo o que foi realizado: o orçamento equilibrado; o maior aumento do auxílio universitário em cinqüenta anos; o maior acréscimo de cobertura de saúde para a infância desde 1965; a expansão da OTAN; a Convenção sobre Armas Químicas; o Acordo de Kyoto; amplas reformas das nossas leis sobre adoção e da FDA para apressar a introdução de medicamentos e aparelhos médicos para salvar vidas; e a iniciativa "Uma América", que já envolvia milhões de pessoas em conversas sobre a situação corrente das relações raciais. Era uma lista impressionante, mas não seria suficiente para romper a barreira ideológica.

48

No início de 1998 eu não tinha a mínima idéia de que esse seria o ano mais estranho do meu mandato presidencial, repleto de humilhação e vergonha, conflitos sobre políticas internas, triunfo no exterior e, contra todas as probabilidades, uma impressionante demonstração do bom senso e da decência do povo norte-americano. Como tudo aconteceu simultaneamente, mais do que nunca fui obrigado a levar vidas paralelas, só que dessa vez o lado mais obscuro da minha vida privada estava totalmente visível.

O mês de janeiro começou de maneira positiva com três iniciativas importantes: (1) um aumento de 50% no número de voluntários do Peace Corps, basicamente para dar assistência às novas democracias que emergiram com a queda do comunismo; (2) um programa de assistência infantil de 22 bilhões de dólares para duplicar o número de crianças com direito a bolsas-família nas famílias de trabalhadores, fornecer incentivos fiscais para estimular os empregadores a tornar esses programas infantis disponíveis aos empregados e expandir os programas escolares para antes ou depois da escola para que eles pudessem beneficiar 500 mil crianças; e (3) uma proposta para permitir a adesão ao Medicare, que cobria idosos de 65 anos ou mais, aos 62 anos, ou a partir dos 55 para as pessoas que tivessem perdido o emprego. O programa foi elaborado para se auto-sustentar por meio de prêmios modestos e outros pagamentos. Era uma medida necessária porque muitos norte-americanos estavam deixando a força de trabalho cedo, por causa da terceirização ou de dispensa, ou mesmo por opção, e se encontravam impossibilitados de financiar um seguro pela perda da cobertura financeira do emprego.

Na segunda semana do mês fui ao sul do Texas, um dos meus lugares preferidos nos Estados Unidos, para incentivar o corpo estudantil de maioria hispânica da escola secundária Mission a aumentar a porcentagem de universitários de origem hispânica em relação ao restante da população estudantil, beneficiando-se do enorme aumento da verba para os programas de bolsas de estudos autorizado pelo Congresso em 1997. Quando estava lá, fui informado do colapso econômico na Indonésia e a minha equipe econômica passou a se ocupar de mais uma vítima da crise financeira asiática. O vice-secretário do Tesouro, Larry Summers, foi à Indonésia para garantir com o governo o acordo de implementar as reformas necessárias para receber a ajuda do Fundo Monetário Internacional.

No dia 13 surgiram problemas no Iraque, quando o governo de Saddam Hussein impediu que a equipe de inspeção da ONU, liderada por um norte-americano, fizesse o seu trabalho; o fato marcou o início de uma campanha prolongada de Saddam Hussein para forçar os Estados Unidos a suspender as sanções em troca da inspeção das armas. No mesmo dia estourou uma crise no Oriente Médio, quando o governo do primeiro-ministro Netanyahu, que ainda não tinha concluído o já atrasado aeroporto de Gaza, e tampouco havia oferecido uma passagem segura entre Gaza e a Cisjordânia, pôs todo o processo de paz em risco ao propor manter indefinidamente o controle da Cisjordânia. Em janeiro, o único ponto positivo no cenário internacional foi a assinatura de uma parceria da OTAN com os países bálticos, visando formalizar a nossa relação de segurança e lhes garantir que o objetivo final dos países da OTAN, inclusive dos Estados Unidos, era a integração plena da Estônia, da Lituânia e da Letônia na OTAN e em outras instituições multilaterais.

No dia 14 eu estava no Salão Leste da Casa Branca com Al Gore para anunciar o nosso esforço em prol da Declaração dos Direitos dos Pacientes, visando garantir tratamento básico aos norte-americanos em planos de saúde, o que lhes era negado com muita freqüência, e Hillary estava sendo interrogada por Ken Starr pela quinta vez. O propósito dessa vez era investigar como os arquivos do FBI sobre os republicanos tinham entrado na Casa Branca, algo que ela ignorava totalmente.

O meu depoimento no caso Paula Jones se deu três dias depois. Eu tinha repassado com os meus advogados uma série de perguntas prováveis e me considerava relativamente bem preparado, embora não me sentisse bem naquele dia e certamente não estivesse morrendo de vontade de me encontrar com os advogados do Rutherford Institute. A juíza do caso, Susan Webber Wright, havia autorizado os advogados da Paula Jones a esmiuçar a minha vida privada, sob a alegação de investigar a existência de um padrão de assédio sexual que envolvesse mulheres que trabalhavam no serviço estadual, que tivessem ocupado cargos quando eu era governador, ou que trabalhavam para o governo federal quando eu era presidente, desde os cinco anos anteriores ao alegado assédio a Jones até o presente. A juíza também tinha instruído os advogados da Paula a não permitir, sob nenhuma hipótese, o vazamento do conteúdo dos depoimentos ou quaisquer outros aspectos da investigação.

O objetivo explícito podia ser alcançado de um modo menos intrusivo se eu fosse interrogado com perguntas diretas — para que eu respondesse sim ou não — sobre eu ter ficado a sós com alguma funcionária do governo; e então os advogados poderiam perguntar às mulheres se eu as havia assediado. No entanto, isso dispensaria o depoimento. Naquela ocasião, os envolvidos no caso sabiam que não havia nenhuma prova de assédio sexual. Eu tinha certeza de que os advogados queriam que eu reconhecesse algum tipo de envolvimento com uma ou mais mulheres para que eles pudessem vazar para a imprensa, violando, assim, a ordem de confidência da juíza. O desenrolar do caso comprovou que eu não sabia nem metade dos fatos.

Após ser ajuramentado, o depoimento começou com um pedido dos advogados do Rutherford Institute para que a juíza aceitasse uma definição de "relações sexuais" que eles tinham encontrado de maneira expressa em um documento jurídico. Essencialmente, a definição abrangia a maioria dos contatos mais íntimos do que o simples beijo pela pessoa interrogada, se praticados para satisfação ou excitação. O conceito pressupunha tanto um ato específico quanto uma predisposição mental da minha parte, mas não incluía nenhum ato da outra pessoa. Os advogados disseram que eles estavam tentando me resguardar de perguntas embaraçosas.

Fiquei lá por várias horas, das quais apenas dez ou quinze minutos foram dedicados a Paula Jones. O restante do tempo versou sobre uma variedade de assuntos independentes do caso Jones, inclusive muitas perguntas sobre Monica Lewinsky, que tinha trabalhado na Casa Branca no verão de 1995 como estagiária e, depois, como funcionária do gabinete de dezembro ao início de abril, quando foi transferida para o Pentágono. Entre outras coisas, os advogados perguntaram se eu a conhecia bem, se tínhamos trocado alguns presentes, se alguma vez falamos ao telefone e se eu tinha tido "relações sexuais" com ela. Falei das nossas conversas, reconheci que a tinha presenteado e respondi negativamente sobre as "relações sexuais".

Os advogados do Rutherford Institute insistiam nas mesmas perguntas com pequenas variações. No intervalo, a minha equipe jurídica estava perplexa com a menção a Monica Lewinsky, cujo nome só tinha aparecido na lista de prováveis testemunhas do querelante no início de dezembro, porém duas semanas depois disso ela fora intimada a testemunhar. Eu não lhes falei da minha relação com ela, mas de fato disse que não sabia muito bem qual era o significado exato dessa curiosa definição de relação sexual. Eles também não. No início do meu depoimento, o meu advogado, Bob Bennett, tinha sugerido aos advogados do Rutherford Institute que me interrogassem com perguntas específicas e objetivas sobre os meus contatos com as mulheres. No final da conversa sobre Monica Lewinsky, perguntei ao advogado que estava me inquirindo se ele queria me perguntar algo mais específico. Mais uma vez ele se recusou a fazê-lo. Em vez disso ele disse: "Senhor, acho que tudo isso virá à luz em breve e o senhor então compreenderá".

Por um lado me senti aliviado, mas por outro fiquei preocupado com o fato de o advogado não querer fazer perguntas específicas nem querer saber das minhas respostas. Se ele tivesse feito as tais perguntas, eu as teria respondido com sinceridade, embora detestando fazê-lo. Em fins de 1995, durante a crise de fechamento do governo, quando muito poucas pessoas eram realocadas para trabalhar na Casa Branca, e as que já estavam lá trabalhavam até tarde, mantive um encontro impróprio com Monica Lewinsky, e isso ocorreu outras vezes entre novembro e abril, quando ela deixou a Casa Branca para trabalhar no Pentágono. Nos dez meses seguintes eu não a vi, embora falássemos ao telefone de vez em quando.

Em fevereiro de 1997 Monica estava entre os meus convidados na gravação do meu programa de rádio semanal, quando depois disso nós dois estivemos a sós mais uma vez, por quinze minutos. Eu estava enojado comigo mesmo por ter feito aquilo, e quando a vi de novo na primavera lhe disse que tudo aquilo estava errado para mim, para a minha família e para ela, e que não podíamos continuar. Também lhe disse que ela era inteligente e interessante; ela poderia ser feliz e, se quisesse, eu tentaria ser seu amigo e ajudá-la.

Monica continuou a freqüentar a Casa Branca e a vi algumas vezes, mas nada impróprio aconteceu. Em outubro ela me pediu para ajudá-la a obter um emprego em Nova York, e eu a ajudei. Ela recebeu duas ofertas e aceitou uma, e no fim de dezembro foi se despedir de mim na Casa Branca. Nessa ocasião, ela já havia recebido a intimação do caso Jones. Monica me disse que não queria depor, e eu lhe contei que algumas mulheres evitaram testemunhar registrando uma declaração escrita sob juramento, afirmando que eu não as tinha assediado.

O que eu e Monica Lewinsky tínhamos feito era imoral e infantil. Eu estava imensamente envergonhado e não queria que o fato fosse divulgado. No depoimento eu estava tentando proteger a minha família e a mim mesmo da minha idiotice egocêntrica. Acreditei que a definição contorcida de "relação sexual" me permitiria isso, embora estivesse preocupado a ponto de sugerir ao advogado que me interrogava que ele fizesse perguntas específicas. Não tive de esperar muito para descobrir o porquê da sua recusa em fazê-lo.

No dia 21 de janeiro o *Washington Post* publicou que eu tinha tido um caso com Monica Lewinsky e que Kenneth Starr estava investigando a acusação de que eu a tinha incentivado a mentir sob juramento. A matéria foi primeiramente publicada no dia 18 num site da internet. O depoimento foi uma armação; quase quatro anos depois de ter se oferecido para ajudar Paula Jones, Starr finalmente pegou o caso dela.

No verão de 1996, Monica Lewinsky começou a comentar sobre o seu relacionamento comigo com uma colega de trabalho, Linda Tripp. Depois de um ano, Linda Tripp passou a gravar as conversas telefônicas delas. Em outubro de 1997 ela então ofereceu mostrar o conteúdo das fitas a um jornalista da *Newsweek*, e acabou levando-as a Lucianne Goldberg, uma publicitária conservadora e republicana. Linda Tripp foi intimada no caso Jones, embora não estivesse incluída na lista de testemunhas fornecida aos meus advogados.

Na segunda-feira, dia 12 de janeiro de 1998, Linda Tripp telefonou para o escritório de Starr, falou da sua gravação secreta com Monica Lewinsky e combinou entregar as fitas. Ela estava preocupada quanto à sua responsabilidade legal, pois esse tipo de gravação era um delito grave no estado de Maryland, mas o pessoal de Starr prometeu protegê-la. No dia seguinte, agentes do FBI a mando de Starr equiparam Linda Tripp com transmissores imperceptíveis para que ela pudesse secretamente gravar uma conversa com Monica Lewinsky durante um almoço no City Ritz-Carlton do Pentágono. Uns dois dias depois Starr pediu permissão ao Departamento de Justiça para ampliar a sua autoridade, a fim de cercar a investigação sobre Monica Lewinsky, aparentemente não chegando a ser verdadeiro quanto à base do seu pedido.

No dia 16, um dia antes do meu depoimento, Linda Tripp combinou se encontrar com Monica Lewinsky mais uma vez no hotel. Dessa vez Monica foi recebida por agentes e advogados do FBI, que a levaram para um aposento do hotel, a interrogaram por várias horas e dissuadiram-na de chamar um advogado. Um dos advogados de Starr lhe disse que ela deveria cooperar sob pena de ser presa se não o fizesse, e lhe ofereceu um acordo de imunidade que expiraria à meia-noite. Também a pressionaram dizendo que ela deveria usar transmissores para secretamente gravar conversas com pessoas envolvidas no encobrimento do caso. Finalmente Monica conseguiu telefonar para a sua mãe, que por sua vez telefonou para o ex-marido, de quem estava divorciada havia muito tempo. O pai de Monica entrou em contato com um advogado, William Ginsburg, que a aconselhou a não aceitar o acordo de imunidade até que ele se informasse mais sobre o caso, e desancou Starr por manter a sua cliente presa "por oito ou nove horas sem um advogado" e por pressioná-la a usar transmissores em armação contra outros.

Depois que a história foi divulgada, telefonei para David Kendall e garanti que não tinha induzido ninguém a dar falso testemunho, ou obstruído a justiça. Nós dois percebemos que Starr estava criando um fogaréu para me forçar a perder o cargo. Ele foi apressado ao dar a partida, mas achei que poderia sobreviver aos ataques do público por duas semanas, quando a fumaça, então, começaria a se dissipar, a imprensa e o público se concentrariam na tática de Starr, e uma opinião mais equilibrada sobre a questão finalmente emergiria. Eu tinha consciência de ter cometido um erro terrível e estava decidido a não agravá-lo, permitindo que Starr me tirasse do cargo. Por enquanto a histeria era opressiva.

Continuei fazendo o meu trabalho e construí um muro de pedra ao meu redor, negando tudo a todos: Hillary, Chelsea, minha equipe e gabinete, meus amigos no Congresso, jornalistas e o povo norte-americano. Mais do que da minha conduta, me arrependo de ter mentido para todos. Desde 1991 sou chamado de mentiroso em relação a praticamente tudo, quando na verdade fui honesto na minha vida pública assim como nas questões financeiras, como as investigações demonstraram. Dessa vez eu estava enganando todos sobre as minhas falhas pessoais. Eu me sentia envergonhado e queria esconder o caso da minha mulher e da minha filha. Não queria contribuir para que Ken Starr criminalizasse a minha vida pessoal, e não queria que o povo norte-americano soubesse que eu o havia decepcionado. Era como viver num pesadelo. Voltei bruscamente às minhas vidas paralelas.

No dia em que a matéria foi publicada dei uma entrevista, anteriormente agendada, a Jim Lehrer, para o programa *NewsHour* [Hora da Notícia] da PBS. Respondi às suas perguntas dizendo que não tinha pedido a ninguém para mentir, o que era verdade, e que "não há nenhuma relação imprópria". Embora a impropriedade tivesse acontecido bem antes da pergunta de Lehrer, a minha resposta foi enganosa, e tive vergonha de ter dito aquilo; daí em diante, sempre que podia, eu simplesmente dizia que nunca pedi a ninguém para não dizer a verdade.

Enquanto tudo isso acontecia, eu tinha de continuar a governar. No dia 20 me encontrei com o primeiro-ministro Netanyahu na Casa Branca, para conversarmos sobre os seus planos de retirada paulatina da Cisjordânia. Netanyahu tinha tomado a decisão de levar adiante o processo de paz, desde que fosse "paz com segurança". Foi uma decisão arrojada, pois o seu governo de coalizão estava instável e, se ele não tomasse uma atitude, a situação rapidamente ficaria fora de controle.

No dia seguinte foi a vez de Arafat ir à Casa Branca. Fiz a ele um relatório do meu encontro com Netanyahu, garanti-lhe que eu estava pressionando o primeiro-ministro a cumprir as obrigações de Israel sob o processo de paz, lembrei-o dos problemas políticos do líder israelense e declarei, como sempre, que ele tinha de continuar combatendo o terrorismo se quisesse que Israel avançasse. No dia seguinte, Mir Aimal Kansi foi condenado à morte pelo assassinato de dois agentes da CIA em janeiro de 1993, o primeiro ato terrorista a ocorrer no meu mandato de presidente.

No dia 27 de janeiro, o dia do discurso do Estado da União, o povo norte-americano vinha sendo bombardeado havia uma semana com a cobertura sobre a investigação de Starr, e eu vinha lidando com isso fazia uma semana. Starr já havia intimado vários funcionários da Casa Branca e solicitado documentos. Eu tinha pedido a Harold Ickes e a Mickey Kantor para me ajudarem a lidar com a controvérsia. No dia anterior ao discurso, por insistência de Harold e de Harry Thomason, que acharam que fui por demais vago nas minhas declarações, mais uma vez — embora relutante — declarei à imprensa: "Eu não tive relações sexuais" com Monica Lewinsky.

Na manhã do discurso, no programa *Today*, da NBC, Hillary disse que não acreditava nas acusações contra mim e que uma "enorme conspiração da direita" tentava nos destruir desde a campanha de 1992. Starr deu uma declaração se queixando da contestação de Hillary em relação às suas motivações. Embora ela estivesse correta quanto à natureza da oposição, o fato de ver Hillary me defendendo me deixou ainda mais envergonhado dos meus atos.

A difícil entrevista de Hillary e a minha reação confusa a ela tornaram visível o laço em que eu me prendera: como marido, eu tinha errado gravemente e precisava me desculpar, além de reparar o erro; como presidente, eu me encontrava numa batalha política e judicial contra forças que abusaram dos direitos penais e civis, além de prejudicar pessoas inocentes na tentativa de destruir o meu mandato de presidente e me privar da minha capacidade de governar.

Finalmente, depois de anos de tentativas frustradas, eu lhes dava algo real para se ocuparem. Eu tinha manchado a Presidência e o povo com a minha má conduta. A culpa era unicamente minha. E não queria agravar o meu erro permitindo que os reacionários triunfassem.

Às nove da noite, quando eu entrava na Câmara dos Deputados, havia tensão tanto lá quanto nos lares do país inteiro, pois naquele ano havia mais pessoas assistindo ao meu discurso do Estado da União do que a qualquer um dos meus outros discursos nos anos anteriores. A pergunta no ar era se eu mencionaria a controvérsia. Comecei pelo que não era polêmico. O país ia bem, com 14 milhões de novos empregos, renda em ascensão, o maior índice de proprietários da casa própria, o menor número de pessoas dependentes do seguro contra a pobreza em 27 anos, e o governo federal mais enxuto em 35 anos. O plano econômico de 1993 tinha reduzido em 90% o déficit, cuja projeção era de 357 bilhões de dólares em 1998, e com o plano de orçamento equilibrado do ano anterior nós nos livraríamos dele completamente.

Então eu apresentei o meu plano para o futuro. Em primeiro lugar, propus que antes de gastarmos o superávit em programas novos, ou em corte de impostos, deveríamos proteger o sistema nacional de aposentadoria para a geração nascida na década de 1940. Na educação, recomendei verbas para a contratação de 100 mil novos professores e redução das turmas para dezoito alunos nos três primeiros anos do ensino fundamental; um plano para ajudar as comunidades a modernizarem ou construírem 5 mil escolas e uma ajuda às escolas para concluírem a "promoção social", por meio de verbas para o ensino extra em horários escolares aumentados ou nos cursos de verão. Reiterei o meu apoio à Declaração dos Direitos dos Pacientes, abrindo o Medicare para os norte-americanos entre 55 e 65 anos, ampliando a Lei da Licença Médica e Familiar. E solicitei uma grande expansão da assistência infantil federal, para que ela atendesse mais 1 milhão de crianças.

Quanto à segurança, pedi o apoio do Congresso para combater "o eixo perverso de novas ameaças dos terroristas, do crime internacional e dos traficantes de drogas"; a aprovação pelo Senado da expansão do OTAN; de mais verbas para a nossa missão na Bósnia; e pela continuação dos nossos esforços para enfrentar os riscos de armas químicas e biológicas e a tentativa de Estados antidemocráticos, terroristas e organizações criminosas de adquiri-las.

O discurso foi fechado com apelos para unir os Estados Unidos e para pensar no futuro: triplicando o número de zonas de capacitação para a cidadania nas comunidades pobres; lançando uma nova iniciativa para água limpa nos rios, lagos e litoral; destinando 6 bilhões de dólares em cortes de impostos e verbas para a pesquisa de produção de carros econômicos, residências com energia não-poluente e energia renovável; financiando a internet da "nova geração" com uma velocidade mil vezes maior, e destinando verbas para a Comissão de Oportunidades Iguais de Emprego, que, em razão da hostilidade do Congresso, não conseguiu recursos para lidar com 60 mil casos acumulados de discriminação no trabalho. Também propus o maior aumento da história para o Instituto Nacional de Saúde, o Instituto Nacional do Câncer e a Fundação Nacional da Ciência, de maneira que "seja a nossa geração a que finalmente vencerá a guerra contra o câncer e começará uma revolução no combate às doenças fatais".

Concluí o discurso agradecendo a Hillary por liderar a nossa campanha do milênio para preservar as riquezas dos Estados Unidos, inclusive a velha e maltrapilha *Star Spangled Banner*, que inspirou Francis Scott Key a escrever o nosso hino nacional durante a guerra de 1812.

Nenhuma palavra sobre o escândalo, e a grande idéia inédita foi "salvar primeiro o sistema nacional de aposentadoria". Eu receava que o Congresso iniciasse uma guerra de poder em torno dos próximos superávits e os esbanjasse em cortes de impostos e gastos, antes de resolvermos a questão da aposentadoria da geração da década de 1940. A maioria dos democratas estava comigo, mas a maioria dos republicanos estava contra, embora nos anos seguintes tenhamos organizado uma série de fóruns bipartidários em todo o país, nos quais, apesar de tudo o que estava acontecendo, procuramos estabelecer posições comuns no debate sobre como prover a aposentadoria, e não simplesmente se deveríamos fazer isso ou não.

Dois dias depois do discurso a juíza Wright ordenou que todas as provas relacionadas a Monica Lewinsky fossem excluídas do processo de Paula Jones por não serem "essenciais à questão central", tornando o interrogatório de Starr no meu depoimento ainda mais questionável, uma vez que o perjúrio exige um falso testemunho sobre uma questão "material". No último dia do mês, dez dias depois de o fogaréu ter começado, o *Chicago Tribune* publicou uma pesquisa de opinião mostrando que a aprovação do meu mandato tinha subido para 72%. Eu estava decidido a mostrar para o povo norte-americano que estava no cargo e governando em benefício deles.

Nos dias 5 e 6 de fevereiro, Tony e Cherie Blair vieram aos Estados Unidos para uma visita de Estado de dois dias. Eles nos alegraram, a Hillary e a mim, divertindo-nos bastante. E Tony me deu um forte apoio em público, chamando a atenção para as nossas posições iguais para os problemas econômicos e sociais e para a política externa. Nós os levamos para jantar com Al e Tipper Gore em Camp David, e oferecemos um jantar formal na Casa Branca com um show de Elton John e Stevie Wonder. Depois do jantar, Hillary me contou que Newt Gingrich, que tinha se sentado na mesa dela junto com Tony Blair, havia dito que as acusações contra mim eram "ridículas" e "insignificantes", mesmo se verdadeiras, e que não iriam "dar em nada".

Na nossa coletiva para a imprensa, depois de Tony Blair dizer que não éramos apenas colegas, mas amigos, Mike Frisby, um jornalista do *Wall Street Journal*, finalmente perguntou o que eu já esperava. Ele queria saber se, dados o sofrimento e todas as questões sobre a minha vida pessoal, "em que ponto o senhor consideraria que não vale mais a pena e então renunciaria à Presidência"? "Nunca", eu respondi. Disse que tinha tentado retirar da política o veneno pessoal, mas que quanto mais eu tentava, "mais os outros tentavam levar para a direção oposta". Mesmo assim, "eu nunca abandonaria o povo deste país e a confiança que ele depositou em mim", e, sendo assim, "vou continuar no cargo".

Em meados do mês, enquanto Tony Blair e eu continuávamos a arregimentar o apoio internacional para lançar ataques aéreos no Iraque em reação à expulsão dos inspetores da ONU, Kofi Annan conseguiu um acordo de último minuto com Saddam Hussein para concluir as inspeções. Parecia que Saddam só reagia sob pressão.

Além de anunciar as minhas iniciativas, eu me dediquei ao projeto de lei McCain-Feingold de reforma do financiamento de campanha que os senadores republicanos haviam feito abortar no fim do mês; à posse do novo médico-chefe, dr. David Satcher, diretor do Centro de Controle de Epidemias; a uma visita à Flórida, para ver os danos causados pelo tornado no centro do estado; ao anúncio dos primeiros subsídios para ajudar as comunidades a prevenir a violência contra as mulheres; e à captação de fundos para ajudar os democratas na eleição seguinte.

No fim de janeiro e em fevereiro vários funcionários da Casa Branca foram chamados diante do grande júri. Eu me senti péssimo de vê-los envolvidos nisso tudo, especialmente Betty Currie, que fizera amizade com Monica Lewinsky e estava sendo punida por isso. Também não me senti bem em ver Vernon Jordan nesse redemoinho. Fomos bons amigos por muito tempo, e várias vezes eu o vi ajudar as pessoas. Dessa vez, ele estava sendo alvo de embaraços por minha causa. Eu sabia que Vernon não tinha feito nada errado e esperava que um dia ele pudesse me perdoar pela embrulhada em que eu o havia metido.

Starr também intimou Sidney Blumenthal, jornalista e antigo amigo de Hillary e meu que tinha ido trabalhar na Casa Branca em julho de 1997. Segundo o *Washington Post*, Starr estava examinando se a crítica de Sid a ele se configuraria como obstrução da justiça. Isso indicava claramente como Starr era sensível à crítica e quanto ele estava disposto a usar o seu poder contra quem o criticasse. Starr também intimou dois investigadores particulares que tinham sido contratados pelo *National Enquirer* para averiguar o boato de que ele mantinha um caso com uma mulher em Little Rock. O boato era falso, aparentemente envolvendo um homônimo dele, mas mais uma vez mostrou que Starr tinha dois critérios. Ele usou agentes do FBI e também investigadores particulares para examinar a minha vida. Quando um tablóide investigou a dele, ele retaliou.

A tática de Starr começou a chamar a atenção da imprensa. A *Newsweek* publicou um gráfico de duas páginas, "Conspiração ou Coincidência", que traçava as conexões de mais de vinte organizações e militantes conservadores que promoveram e financiaram os "escândalos" que Starr estava investigando. O *Washington Post* lançou uma matéria em que vários ex-promotores federais exprimiram malestar não só pelo novo foco de Starr sobre a minha conduta particular, "como pelo arsenal de armas que ele usou para tentar incriminar o presidente".

Starr foi criticado sobretudo por forçar a mãe de Monica Lewinsky a depor contra a vontade dela. O regulamento federal, que Starr deveria seguir, diz que familiares não devem ser forçados a depor, a não ser que façam parte da atividade criminosa investigada ou se houve "interesses processuais precedentes". No início de fevereiro, de acordo com uma pesquisa de opinião na NBC News, somente 26% dos norte-americanos achavam que Starr estava conduzindo uma investigação imparcial.

A saga continuou em março. O meu depoimento no caso Paula Jones foi vazado, obviamente por alguém do lado dela. Embora a juíza tenha prevenido os advogados do Rutherford Institute várias vezes para que nada vazasse, ninguém foi punido. No dia 8, Jim McDougal morreu num presídio federal no Texas, um fim triste e irônico do seu longo declínio. De acordo com Susan McDougal, Jim tinha mudado o seu depoimento para se ajustar à história de Starr e de Hick Ewing, por querer evitar a todo custo morrer na prisão.

Em meados do mês, o programa *60 Minutes* levou ao ar uma entrevista com uma mulher chamada Kathleen Willey, que me responsabilizava por tê-la assediado enquanto ela trabalhava na Casa Branca. Não era verdade. Tínhamos evidências que desacreditavam a sua história, inclusive a declaração escrita por sua amiga Julie Hiatt Steele dizendo que Kathleen Willey tinha lhe pedido para afirmar que ela havia lhe contado o episódio logo depois de ele ter ocorrido, quando na verdade não tinha sido assim.

O marido de Kathleen tinha se suicidado, deixando-lhe uma dívida de 200 mil dólares. Depois de uma semana, noticiaram que após o meu telefonema de pêsames ela espalhou que eu iria ao enterro; isso depois do alegado incidente. No final nós divulgamos umas doze cartas em que Kathleen Willey, novamente depois do alegado encontro, dizia ser a minha "maior fã" e que ela queria me ajudar "no que fosse possível". Depois da notícia de que ela havia pedido 300 mil dólares para contar a sua história a um jornal sensacionalista, ou num livro, o caso foi esquecido.

Menciono o triste caso de Kathleen Willey para ilustrar a atuação de Starr. Em primeiro lugar, numa atitude altamente incomum, ele lhe deu uma "imunidade transacional" — proteção completa contra qualquer tipo de processo criminal —, contanto que ela lhe contasse a "verdade". Quando ela foi pega mentindo sobre detalhes embaraçosos envolvendo outro homem, Starr mais uma vez lhe deu imunidade. Mas quando Julie Hiatt Steele, republicana com filiação registrada no partido, se recusou a mudar a sua versão e mentir para agradar a Starr, ele a indiciou. Apesar de não ter sido condenada, ela ficou financeiramente arruinada. O escritório de Starr chegou a duvidar da legalidade da adoção do seu bebê na Romênia.

No Dia de São Patrício eu me encontrei com os líderes de todos os partidos da Irlanda do Norte que participavam do processo político e tive outros encontros com Gerry Adams e David Trimble. Tony Blair e Bertie Ahern queriam chegar a um acordo. O meu papel se resumia a manter todos os partidos dentro do modelo desenhado por George Mitchell. Os acordos mais difíceis ainda estavam por vir, mas eu acreditava que chegaríamos lá.

Poucos dias depois, Hillary e eu fomos à África, para bem longe do clamor interno. A África era um continente que os Estados Unidos ignoraram com bastante freqüência, mas eu acreditava que no século XXI ela representaria um papel importante, para o bem ou para o mal. Eu estava realmente contente de ter Hillary junto comigo; ela havia adorado a viagem ao continente que um ano antes tinha feito com Chelsea e, além disso, precisávamos de um tempo para nós dois.

A visita teve o seu ponto de partida em Gana, onde o presidente Jerry Rawlings e a sua esposa, Nana Konadu Agyemang, nos levaram para uma cerimônia animada na praça da Independência, com mais de meio milhão de pessoas. Nós fomos ladeados no palco por reis tribais vestidos com túnicas de cores fortes em tecido nativo, e entretidos por ritmos africanos tocados por ganenses no maior tambor que já vi.

Eu gostava de Rawlings e o respeitava por ele ter sido eleito e reeleito presidente após ter tomado o poder com um golpe militar e se comprometido a deixar o cargo em 2000. Além disso, tínhamos uma conexão familiar indireta: quando Chelsea nasceu, o médico foi ajudado por uma enfermeira obstetra maravilhosa de Gana que estava concluindo os seus estudos no Arkansas. Hillary e eu gostávamos muito de Hagar Sam e ficamos contentes em saber que ela auxiliara no parto dos quatro filhos dos Rawlings.

No dia 24 estávamos em Uganda para encontrar o presidente Yoweri Museveni e a sua esposa, Janet. Uganda tinha progredido muito desde a ditadura opressora de Idi Amin. Poucos anos antes o país tinha as taxas mais elevadas de AIDS da África. A campanha chamada de "O grande barulho" conseguiu cortar pela metade a taxa de mortalidade ao concentrar a propaganda na abstinência, na educação, no casamento e no uso de preservativos.

Nós quatro visitamos dois vilarejos, Mukono e Wanyange, para destacar a importância da educação e dos empréstimos de microcrédito financiados pelos Estados Unidos. Uganda tinha triplicado as verbas para a educação nos últimos cinco anos e feito um grande esforço para educar tanto meninas quanto meninos. Os estudantes que visitamos em Mukono usavam belos uniformes cor-de-rosa. Eram inteligentes e interessados, mas o material de apoio utilizado era inadequado; o mapa na parede era tão velho que ainda incluía a União Soviética. Em Wanyange, uma cozinheira do vilarejo tinha expandido as suas atividades e outra mulher tinha diversificado a sua criação de galinhas, acrescentando a criação de coelhos, com os empréstimos de microcrédito financiados pelos Estados Unidos. Conhecemos uma mulher com um bebê de dois dias. Ela me deixou segurar o seu filho enquanto o fotógrafo da Casa Branca tirava fotos de dois indivíduos com o nome Bill Clinton.

O Serviço de Segurança não queria que eu fosse a Ruanda, mas eu achava que devia ir. Como concessão à questão da segurança, encontrei-me com os líderes do país e com sobreviventes do genocídio no aeroporto Kigali. O presidente Pasteur Bizimungu, um hutu, e o vice-presidente Paul Kagame, um tútsi, estavam tentando organizar o país. Kagame era o líder político mais poderoso. Ele tinha decidido que o processo de reconciliação avançaria se começasse por iniciativa de um presidente da tribo majoritária hutu. Eu admiti que tanto os Estados Unidos quanto a comunidade internacional não tinham agido a tempo de evitar o genocídio ou de impedir que os campos de refugiados servissem de abrigo para assassinos, mas ofereci ajuda para a reconstrução e apoio ao tribunal de crimes de guerra, visando responsabilizar os executores do genocídio.

Ouvi as histórias dos sobreviventes. A última a falar foi uma mulher; ela disse que a sua família tinha sido identificada como tútsi para os assassinos da chacina, por vizinhos hutus cujos filhos brincavam com os filhos delas havia anos. Ela foi gravemente ferida com um machete e considerada morta. Quando acordou, na poça do próprio sangue, viu-se ao lado do marido e dos seis filhos mortos. Ela contou que gritou aos céus, desesperada por ter sobrevivido, e depois entendeu: "Penso que a minha vida deve ter sido salva por alguma razão, e essa razão não pode ser uma coisa tão mesquinha quanto a vingança. Então passei a fazer todo o possível para ajudar na nossa reconstrução". Fiquei arrasado; aquela mulher magnífica fez os meus problemas parecerem pateticamente sem importância. Aquilo reforçou a minha decisão de fazer tudo o que eu pudesse para salvar Ruanda.

Comecei pela Cidade do Cabo a primeira viagem de um presidente dos Estados Unidos à África do Sul. Fiz um discurso no Parlamento, em que declarei que a minha visita era "em parte para ajudar os norte-americanos a ver a nova África com um novo olhar". Fiquei encantado ao testemunhar o trabalho conjunto de segregacionistas e vítimas do *apartheid*. Eles não negavam o passado nem escondiam as desavenças do presente, mas pareciam confiar na construção de um futuro comum. Era uma homenagem ao espírito de reconciliação que emanava de Mandela.

No dia seguinte Mandela nos levou para conhecer Robben Island, onde ele ficou os primeiros dezoito anos de cárcere. Vi a pedreira onde ele tinha trabalhado e a cela apertada onde ficava quando não estava quebrando pedras. Em Johannesburgo visitei o vice-presidente Thabo Mbeki, que costumava se reunir com Al Gore duas vezes ao ano em nosso programa comum, e que muito provavelmente seria o sucessor de Mandela; inaugurei um centro comercial chamado Ron Brown — Ron adorava a África do Sul — e visitei uma escola de ensino fundamental. Hillary e eu fomos com Jesse Jackson à igreja em Soweto, o município populoso que gerou tantos militantes contra o *apartheid*.

A essa altura eu já tinha me tornado um grande amigo de Mandela. Ele era uma pessoa notável, não só pela sua mudança impressionante do ódio à reconciliação nos 27 anos de prisão, mas também por ser ao mesmo tempo um político perseverante e uma pessoa atenciosa que, apesar do confinamento longo, nunca perdeu o interesse pela vida pessoal ou a capacidade de demonstrar amor, amizade e generosidade.

Tivemos uma conversa particularmente significativa. Eu disse: "Madiba" — era esse o nome tribal de Mandela, que ele me pediu para usar — "eu sei que foi uma bonita atitude sua convidar os seus carcereiros para a posse, mas você de fato não odiava os que o mantiveram preso?". Ele respondeu: "Claro que por muito tempo eu os odiei. Eles levaram os melhores anos da minha vida. Eles me maltrataram física e mentalmente. Não pude ver os meus filhos crescerem. Eu os odiava. Mas um belo dia, quando estava trabalhando na pedreira, martelando as pedras, me dei conta de que eles tinham tirado tudo de mim, menos a minha cabeça e o meu coração. Isso eles não podiam levar sem a minha permissão. Assim, eu decidi não lhes entregar as únicas coisas que me restavam". Então ele olhou para mim e disse: "E você também deveria pensar assim".

Depois de respirar fundo, eu lhe fiz outra pergunta: "Quando você estava deixando a prisão, não sentiu o ódio aflorar mais uma vez?". "Senti", ele disse, "por um momento. Então pensei melhor: 'Eles me tiveram por 27 anos e, se eu continuar a odiá-los, eles vão continuar a me ter'. Eu queria a liberdade, e deixei passar". Ele sorriu novamente. Dessa vez, ele não precisou fazer a mesma recomendação anterior.

O único tempo livre da viagem foi em Botswana, o país da África Subsaariana com a maior renda per capita e o maior índice de AIDS do mundo. Fomos a um safári no Chobe National Park e vimos leões, elefantes, impalas, hipopótamos, crocodilos e mais de vinte espécies diferentes de pássaros. Ficamos bem próximos de uma mãe elefanta com o seu filhote — parecia uma distância suficiente. Ela ergueu a tromba e jorrou água sobre nós. Eu ri só de pensar na felicidade dos republicanos se vissem a mascote do partido nos encharcar de água. No fim da tarde demos uma volta de barco no rio Chobe; Hillary e eu ficamos de mãos dadas ao pôr-do-sol, enquanto agradecíamos pelas nossas bênçãos.

Nossa última parada foi no Senegal, onde visitamos a Porta de Saída Sem Volta, na ilha de Gorée, de onde muitos africanos partiam para ser escravos nos Estados Unidos. Como fiz em Uganda, exprimi o meu pesar pelo papel dos Estados Unidos com relação à escravidão e à batalha longa e difícil dos afro-americanos pela liberdade. Apresentei a grande delegação que me acompanhava, "representando mais de 30 milhões de norte-americanos que são o grande presente da África para os Estados Unidos", e me comprometi a trabalhar com os senegaleses e todos os africanos para um futuro melhor. Também visitei uma mesquita com o presidente Abdou Diouf, em respeito à população esmagadoramente muçulmana do Senegal; um vilarejo que recuperou um trecho do deserto com a ajuda norte-americana; e as tropas senegalesas treinadas por militares norte-americanos como parte da Iniciativa de Reação à Crise Africana, lançada pelo meu governo para preparar melhor os africanos para que eles possam acabar com as guerras e impedir o surgimento de outras Ruandas.

A viagem foi a mais longa e abrangente empreendida por um presidente dos Estados Unidos. A delegação parlamentar bipartidária e os cidadãos proeminentes que me acompanharam, assim como os programas que eu apoiava, inclusive a Lei de Desenvolvimento e Oportunidade da África, demonstraram aos africanos que estávamos virando uma página da nossa história conjunta. Apesar de todos os problemas, a África era um lugar de esperança. Testemunhei isso nos rostos das grandes multidões nas cidades, dos estudantes e dos aldeões no mato e na beira do deserto. E a África me deu presentes valiosos: na sabedoria de uma viúva de Ruanda e na experiência de Nelson Mandela eu encontrei a tranqüilidade para enfrentar o meu futuro.

No dia 1º de abril, enquanto ainda estávamos no Senegal, a juíza Wright atendeu ao pedido dos meus advogados para um julgamento sumário no caso Paula Jones, encerrando o caso sem julgamento, a partir da sua conclusão de que Paula Jones não tinha apresentado provas críveis para sustentar a sua reivindicação. O encerramento do caso demonstrou a natureza unicamente política da investigação de Starr. Então ele passaria a me perseguir sob a alegação de que eu tinha dado um falso testemunho em um depoimento que a juíza tinha declarado irrelevante, e que eu tinha obstruído a justiça em um caso desprovido de mérito. Ninguém mais falava de Whitewater. No dia 2 de abril, como já era esperado, Starr afirmou que continuaria a insistir.

Alguns dias depois, Bob Rubin e eu anunciamos que os Estados Unidos impediriam a importação de 1,6 milhão de armas automáticas. Embora já tivéssemos banido a produção de dezenove armas desse tipo no projeto de lei contra o crime de 1994, engenhosos fabricantes estrangeiros de armas estavam tentando burlar a lei por meio de alterações em armas cuja finalidade era unicamente matar pessoas.

A Sexta-Feira Santa do dia 10 de abril foi um dos dias mais felizes do meu mandato de presidente. Dezessete horas depois do fim do prazo de decisão, todos os partidos da Irlanda do Norte concordaram com um plano para pôr fim a trinta anos de violência sectária. Eu tinha ficado acordado quase toda a noite anterior tentando ajudar George Mitchell a fechar o acordo. Além de George, conversei com Bertie Ahern, Tony Blair, David Trimble e Gerry Adams, com este duas vezes, antes de ir me deitar, às duas e meia da manhã. Às cinco George me acordou pedindo para que eu telefonasse a Adams mais uma vez, para selar o acordo.

O contrato resultou numa excelente obra, exigindo um governo da maioria e a defesa dos direitos das minorias; decisões políticas e benefícios econômicos compartilhados; vínculos contínuos com o Reino Unido e novos vínculos com a Irlanda. O processo que levou ao pacto tinha começado pela iniciativa de John Major e Albert Reynolds para promover a paz, continuado com John Bruton quando este sucedeu a Reynolds, e havia sido concluído por Bertie Ahern, Tony Blair, David Trimble, John Hume e Gerry Adams. O meu primeiro visto concedido a Adams e o posterior envolvimento intenso da Casa Branca fizeram diferença, e George Mitchell soube negociar brilhantemente.

É claro que o crédito principal foi para os que tiveram de tomar as decisões difíceis, os líderes da Irlanda do Norte, Tony Blair, Bertie Ahern e o povo da Irlanda do Norte, que escolheu apostar na paz em vez de num passado corrompido. No dia 22 de maio o acordo teria de ser ratificado por meio de um plebiscito pelos eleitores da Irlanda do Norte e pelos da República Irlandesa. Refletindo a eloqüência irlandesa, o pacto passou a ser conhecido como o acordo da Sexta-Feira Santa.

Quase na mesma hora peguei o avião para o Johnson Space Center, em Houston, para discutir os planos da nossa mais recente missão num ônibus espacial com 26 experiências sobre o impacto do espaço no corpo humano, inclusive sobre a adaptação do cérebro e as suas conseqüências para o ouvido e o sistema de equilíbrio humano. Um dos tripulantes estava na platéia, o senador John Glenn, de 77 anos. Depois de cumprir 149 vôos em missões de combate na Segunda Guerra Mundial e na Coréia, John foi um dos nossos primeiros astronautas, havia mais de 35 anos. Ele ia se aposentar do Senado e estava doido para ir ao espaço mais uma vez. O diretor da NASA, Dan Goldin, e eu éramos entusiastas da participação de John Glenn, pois a agência espacial queria estudar os efeitos do espaço no envelhecimento. Sempre fui muito a favor do programa espacial, inclusive da Estação Espacial Internacional e da nova missão a Marte; o último vôo de John Glenn nos deu a oportunidade de demonstrar os benefícios práticos da exploração espacial.

Depois fui ao Chile para uma visita de Estado e para a segunda reunião da Cúpula das Américas. Após a longa e cruel ditadura do general Augusto Pinochet, o Chile parecia firmemente comprometido com a democracia sob a liderança do presidente Eduardo Frei, cujo pai tinha sido presidente do país na década de 1960. Logo após a reunião de cúpula, Mack McLarty se demitiu do cargo de enviado especial para as Américas. Até então o meu velho amigo tinha feito mais de quarenta viagens à região nos quatro anos de cargo, e tinha passado a mensagem inconfundível de que os Estados Unidos estavam empenhados em ser um bom vizinho.

Duas notas positivas fecharam o mês. Dei uma recepção para os congressistas que tinham votado no meu orçamento de 1993, inclusive os que perderam as cadeiras por aprová-lo, para anunciar que o déficit tinha sido totalmente eliminado pela primeira vez desde 1969. Esse resultado era impensado quando assumi a Presidência e teria sido impossível sem a votação do plano econômico de 1993. No último dia do mês o Senado votou, por 80 a 19, para aprovar a minha outra prioridade — permitir a entrada da Polônia, da Hungria e da República Tcheca na OTAN.

Em meados de maio, cinco testes subterrâneos realizados pela Índia atropelaram os nossos esforços para proibir os testes nucleares. Duas semanas mais tarde, o Paquistão reagiu com seis testes. A Índia justificou a sua necessidade das armas nucleares como um meio para intimidar a China; o Paquistão, por sua vez, reagia à Índia. A opinião pública nos dois países defendia ferrenhamente a posse de armas nucleares, mas era uma proposta perigosa. O pessoal da nossa segurança nacional estava convencido de que, diferentemente da Guerra Fria entre os Estados Unidos e a União Soviética, a Índia e o Paquistão sabiam muito pouco sobre a capacidade e a política nucleares um do outro. Depois dos testes da Índia, instei com o primeiro-ministro do Paquistão, Nawaz Sharif, para que o país não seguisse o exemplo, mas ele não pôde resistir à pressão política.

A decisão da Índia me deixou muito preocupado, não apenas porque eu a considerava perigosa, mas também porque aquilo atrasava a minha política de melhorar as relações entre Índia e Estados Unidos e dificultava a ratificação pelo Senado do Tratado de Proibição Geral de Testes. A França e o Reino Unido já o tinham ratificado, mas um sentimento crescente de isolacionismo e unilateralismo ganhava corpo no Congresso, como foi demonstrado pelo insucesso da legislação e pela recusa de pagar a nossa contribuição à ONU e ao FMI. A saúde econômica do FMI era muito importante. Com a crise financeira asiática ameaçando se espalhar por economias frágeis em outros pontos do mundo, era necessário que o FMI estivesse apto a responder financeiramente e com vigor. O Congresso estava comprometendo a estabilidade da economia global.

Durante o desenrolar da controvérsia dos testes nucleares tive de fazer uma outra viagem, dessa vez para a cúpula anual do G-8 em Birmingham, na Inglaterra. Na ida parei na Alemanha para me reunir com Helmut Kohl em Sans Souci, o palácio de Frederico, o Grande, para a comemoração do qüinquagésimo aniversário da ponte aérea de Berlim* e para a aparição pública com Kohl na fábrica da General Motors Opel em Eisenach, na antiga Alemanha Oriental.

---

* Operação de que participaram os Estados Unidos, a França e a Inglaterra para abastecer Berlim quando do bloqueio da cidade pelos russos. (N. dos T.)

Kohl estava numa batalha acirrada para a reeleição, e as minhas aparições com ele, além das aparições das cerimônias da ponte aérea, levantaram algumas objeções, sobretudo porque o seu adversário do Partido Social Democrata, Gerhard Schroeder, tinha uma plataforma semelhante à que Tony Blair e eu estávamos defendendo. Helmut estava no poder como chanceler da Alemanha havia mais tempo do que qualquer outro primeiro-ministro alemão, com exceção de Bismarck, e estava atrás nas pesquisas de opinião. Mas era aliado dos Estados Unidos, meu amigo e, independentemente do resultado nas eleições, o seu legado era irrefutável: a Alemanha reunida, uma União Européia forte, uma parceria com a Rússia democrática e o apoio alemão para pôr fim à guerra na Bósnia. Antes de deixar a Alemanha também conversei com Schroeder, que emergia de um começo modesto para o topo da política alemã. Ele me impressionou pela firmeza, inteligência e clareza dos seus planos. Eu lhe desejei felicidades e afirmei que, se ele ganhasse, podia contar com a minha ajuda.

Ao chegar a Birmingham pude perceber que a cidade tinha passado por uma restauração extraordinária e estava muito mais bonita do que quando a tinha visitado, quase trinta anos antes. A conferência tinha uma pauta pragmática, exigindo reformas econômicas internacionais, maior cooperação na luta contra o tráfico de drogas, lavagem de dinheiro e tráfico de mulheres e crianças, e uma aliança específica entre os Estados Unidos e a União Européia contra o terrorismo. Apesar de importante, essa pauta foi ofuscada pelos acontecimentos mundiais: os testes nucleares da Índia; o colapso econômico e político da Indonésia; a suspensão do processo de paz no Oriente Médio; o fantasma de uma possível guerra em Kosovo, e o plebiscito do acordo da Sexta-Feira Santa. Condenamos os testes nucleares da Índia, confirmamos o nosso apoio ao Tratado de Não-Proliferação Nuclear e ao Tratado de Proibição Geral de Testes e dissemos que queríamos um tratado global para impedir a produção de materiais físseis para as armas nucleares. Quanto à Indonésia, insistimos nas reformas econômicas e políticas que pareciam improváveis, uma vez que as reformas necessárias seriam muito duras a curto prazo para o povo indonésio, por causa do péssimo estado das finanças do país. Dentro de dois dias o presidente Suharto renunciou, mas não levou consigo os problemas do país. Num futuro próximo eu teria de me dedicar a eles. Nada podia ser feito no Oriente Médio antes que a situação política israelense fosse resolvida.

Em Kosovo, a província mais ao sul da Sérvia, a maior parte do povo era de albaneses muçulmanos que sofriam sob o regime de Milosevic. Depois dos ataques sérvios contra os kosovares no início do ano, a ONU estabeleceu um embargo de armas à antiga Iugoslávia (Sérvia e Montenegro) e vários países impuseram sanções econômicas à Sérvia. Um Grupo de Contato, formado pelos Estados Unidos, pela Rússia e por vários países europeus, estava empenhado em desmantelar a crise. O G-8 apoiou os esforços do Grupo de Contato, mas logo teríamos de fazer mais que isso.

Novamente a única boa notícia vinha da Irlanda do Norte. Mais de 90% dos partidários do Sinn Fein endossaram o acordo da Sexta-Feira Santa. Com o apoio de John Hume e de Gerry Adams, esperava-se uma votação católica maciça em favor do acordo. A opinião dos protestantes estava mais dividida. Depois de consultar os partidos, decidi não ir a Belfast para defender pessoalmente o acordo. Eu não queria dar munição a Ian Paisley para me atacar, dizendo que eu era um estrangeiro me intrometendo num assunto interno da Irlanda do Norte. Em vez disso, Tony Blair e eu fizemos declarações à imprensa e demos longas entrevistas à BBC e à CNN apoiando o plebiscito.

No dia 20 de maio, dois dias antes da votação, fiz também uma breve declaração pelo rádio ao povo da Irlanda do Norte, confirmando o apoio dos Estados Unidos caso eles votassem por "uma paz duradoura para vocês e para os seus filhos". E foi o que eles fizeram. O acordo da Sexta-Feira Santa foi aprovado por 71% do povo da Irlanda do Norte, inclusive pela maioria dos protestantes. Na República Irlandesa, mais de 90% do povo votou a favor dele. Nunca senti tanto orgulho da minha herança irlandesa.

Depois de uma escala em Genebra para solicitar à Organização Mundial do Comércio que adotasse processos de decisões mais transparentes, levasse mais em consideração as condições trabalhistas e ambientais nas negociações comerciais, e ouvisse os cidadãos comuns que se sentiam excluídos da economia global, peguei o avião de volta para os Estados Unidos, mas não me distanciei dos problemas mundiais.

Nessa semana, na cerimônia de entrega dos diplomas da Academia Naval, adotei uma postura agressiva para lidar com as redes terroristas globais sofisticadas, inclusive um plano para detectar, impedir e defender contra-ataques ao sistema de energia, abastecimento de água, polícia, serviços de bombeiros e médicos, controle do tráfego aéreo, serviços financeiros, sistemas de telecomunicações e redes de informática, além de um esforço conjunto para impedir a disseminação e o uso de armas biológicas e também proteger o nosso povo contra elas. Propus o fortalecimento do sistema de inspeção da Convenção sobre Armas Biológicas; a vacinação das nossas forças armadas contra ameaças biológicas, especialmente o antraz; o treinamento das polícias estadual e municipal e da Guarda Nacional para eventuais ataques biológicos; a modernização dos nossos sistemas de detecção e alerta; a estocagem de medicamentos e vacinas contra os ataques biológicos mais prováveis, e o aumento da pesquisa e da produção de vacinas, remédios e instrumentos de diagnósticos de última geração.

Havia vários meses eu andava preocupado com a perspectiva de um ataque biológico, talvez com alguma substância que tivesse sido geneticamente modificada para resistir às vacinas e aos medicamentos existentes. No Fim de Semana Renaissance do último fim de ano, Hillary e eu tínhamos combinado um jantar com Craig Venter, um biólogo molecular envolvido na conclusão do seqüenciamento do genoma humano. Perguntei a Craig sobre a possibilidade de o mapeamento genético permitir que os terroristas produzam genes sintéticos, modifiquem os vírus existentes ou combinem a varíola com um outro vírus mortal para causar danos ainda maiores.

Craig disse que isso era possível, e insistiu para que eu lesse o novo romance de Richard Preston, *O Evento Cobra*,* um suspense sobre os esforços de um cientista louco para reduzir a população mundial, infectando a cidade de Nova York com a "varíola do cérebro", a combinação da varíola com um vírus de inseto que

---

* Já publicado no Brasil. Rio de Janeiro: Rocco, 2002.

destrói o sistema nervoso. Quando li o livro fiquei surpreso com o fato de os agradecimentos de Preston incluírem mais de cem cientistas, militares e especialistas em inteligência, além de funcionários do meu governo. Insisti para que vários funcionários do gabinete e Newt Gingrich o lessem.

Começamos a trabalhar na questão da guerra biológica em 1993, depois que o ataque à bomba no World Trade Center deixou claro que o terrorismo podia nos tornar vítimas em casa. Além disso, um desertor da Rússia nos contou que o seu país tinha imensos estoques de vírus antraz, de varíola, Ebola e de outras doenças, e ainda os produzia depois do desmantelamento da União Soviética. Em resposta, os termos do programa Nunn-Lugar foram ampliados para incluir a cooperação com a Rússia em armas biológicas e nucleares.

Depois do lançamento do gás sarin no metrô de Tóquio, em 1995, o Grupo de Segurança Contraterrorista (CSG), sob o comando de Richard Clarke, do Conselho Nacional de Segurança, começou a se concentrar mais no planejamento de defesas contra ataques químicos e biológicos. Em junho de 1995 assinei a Diretiva de Decisão Presidencial (PDD) número 39, para estabelecer os encargos entre os vários órgãos governamentais a fim de prevenir e lidar com tais ataques, e reduzir a atuação dos terroristas por meio de ações secretas e esforços vigorosos para capturar os terroristas no exterior. No Pentágono alguns líderes militares e civis estavam interessados na questão, inclusive o comandante dos fuzileiros navais, Charles Krulak, e o subsecretário da Marinha, Richard Danzig. No fim de 1996, os chefes das três forças acataram a recomendação de Danzig para vacinar toda a corporação militar contra o antraz, e o Congresso apertou o controle sobre os reagentes biológicos em laboratórios norte-americanos, depois que um fanático com identidade falsa foi pego comprando num laboratório três frascos do vírus por trezentos dólares.

No fim de 1997, quando se tornou óbvio que a Rússia tinha estoques de reagentes de guerra biológica ainda maiores do que acreditávamos, autorizei a cooperação norte-americana com cientistas que tinham trabalhado nos institutos em que muitas das armas biológicas foram fabricadas na era soviética, na esperança de descobrir o que estava de fato acontecendo, mas impedindo que eles fornecessem o seu conhecimento ou reagentes biológicos ao Irã ou a outros altamente interessados.

Em março de 1998 Dick Clarke reuniu cerca de quarenta funcionários do governo na Blair House para ataques simulados com o vírus da varíola, com um reagente químico e uma arma nuclear. Os resultados foram preocupantes. Com a varíola, eles levaram muito tempo e perderiam muitas vidas antes de controlar a epidemia. Os estoques de antibióticos e vacinas no país não eram adequados, a legislação sobre a quarentena era antiquada, os sistemas de saúde pública se encontravam em mau estado e os planos de emergência de que dispúnhamos não eram bem desenvolvidos.

Atendendo ao meu pedido, poucas semanas depois Clarke reuniu sete cientistas e especialistas em reação de emergência, inclusive Craig Venter, Joshua Lederberg, biólogo vencedor do Prêmio Nobel que tinha passado décadas lutando contra as armas biológicas, e Jerry Hauer, diretor do Departamento de Emergências da cidade de Nova York. Bill Cohen, Janet Reno, Donna Shalala, George Tenet, Sandy Berger e eu nos encontramos com o grupo por várias horas para considerarmos a ameaça e como responder a um ataque. Apesar de ter ficado acordado até tarde na noite anterior ajudando a fechar o acordo de paz irlandês, ouvi as suas apresentações com muita atenção e fiz várias perguntas. Tudo o que eu ouvia confirmava que não estávamos preparados para os ataques biológicos e, num futuro próximo, a possibilidade de fazer o seqüenciamento e a reconfiguração dos genes tinha implicações profundas para a nossa segurança nacional. No final da reunião, o dr. Lederberg me deu um exemplar de um número recente do *Journal of the American Medical Association* dedicado à ameaça de bioterrorismo. Depois de lê-lo, fiquei ainda mais preocupado.

Menos de um mês mais tarde, o grupo me enviou um relatório contendo as suas recomendações para gastar quase 2 bilhões de dólares pelo período de quatro anos com o aperfeiçoamento da qualidade da saúde pública, a formação de um estoque nacional de antibióticos e vacinas, particularmente contra a varíola, e o aumento da pesquisa visando à produção de melhores medicamentos e vacinas por meio da engenharia genética.

No dia do discurso de Annapolis assinei mais duas diretivas presidenciais sobre o terrorismo. A PDD-62 criava uma iniciativa de dez pontos sobre o contraterrorismo, designando responsabilidades aos vários órgãos governamentais para funções específicas, inclusive a apreensão, a devolução e a perseguição de terroristas e o desmantelamento das suas redes; impedindo que os terroristas adquiram armas de destruição em massa; administrando o período pós-ataque; protegendo a infra-estrutura e os sistemas cibernéticos críticos, e também protegendo os norte-americanos no país e no estrangeiro.

A PDD-62 também criou o cargo de coordenador nacional para o contraterrorismo e a proteção da infra-estrutura, e para ele nomeei Dick Clarke, que era a pessoa-chave no antiterrorismo desde o começo. Clarke era um profissional de carreira que tinha trabalhado para os presidentes Reagan e Bush, além de ser muito eficiente nos seus esforços para organizar a luta do governo contra o terror. A PDD-63 estabeleceu o Centro de Proteção da Infra-Estrutura Nacional para, pela primeira vez, preparar um plano abrangente de proteção à infra-estrutura essencial, como o transporte, as telecomunicações e os sistemas hídricos.

No fim do mês Starr tentou, e mais uma vez malogrou, forçar Susan McDougal a testemunhar diante do grande júri; ele interrogou Hillary por quase cinco horas pela sexta vez, e indiciou novamente Webb Hubbell com acusações sobre valores cobrados de clientes. Vários ex-promotores duvidavam da propriedade da atuação extremamente não-convencional de Starr; basicamente, Hubbell estava de novo sendo acusado de cobrar taxas abusivas dos seus clientes e de não ter pago os impostos sobre essa renda. Para piorar a situação, Starr indiciou a esposa de Hubbell, Suzy, por ela ter assinado a restituição do imposto de renda declarado conjuntamente, e os amigos de Webb, o contador Mike Schaufele e o advogado Charles Owen, por eles o terem orientado sobre questões financeiras, sem nada cobrar, quando ele teve problemas. Hubbell foi seco na sua resposta: "Eles acham que ao indiciarem a minha esposa e os meus amigos vão me fazer mentir sobre o presidente e a primeira-dama. Mas eu não vou fazer isso [...] Não vou mentir sobre o presidente. Não vou mentir sobre a primeira-dama, ou a respeito de quem quer que seja".

No início de maio Starr continuou a fazer uso da sua estratégia de intimidação ao indiciar Susan McDougal sob a acusação de desacato à autoridade e obstrução da justiça, por causa da insistência dela em se recusar a falar diante do grande júri, o mesmo delito pelo qual ela já tinha cumprido dezoito meses por desobediência à ordem judicial. Era inacreditável. Nem Starr nem Hick Ewing conseguiam fazer Susan McDougal mentir, e isso os deixava furiosos. Ela era mais firme que eles, e embora levasse ainda quase mais um ano para conseguir se defender, ela acabou por se vingar.

Em junho Starr finalmente começou a ter problemas. Em sua coluna "Brill's Content" [Notas do Brill], Steven Brill publicou um artigo sobre a atuação de Starr chamando a atenção para a estratégia do OIC (Escritório do Promotor Independente) sobre vazamentos ilegais de informação para a mídia, além de relatar que Starr havia admitido os vazamentos em uma entrevista de noventa minutos. Depois disso, a juíza Norma Holloway Johnson declarou que havia "evidências" para acreditar que o escritório de Starr tinha praticado vazamentos "graves e repetidos" para a mídia, e que David Kendall poderia intimá-lo e aos seus representantes a fim de descobrir a fonte dos vazamentos. Pelo fato de a decisão da juíza implicar procedimentos do grande júri, ela foi realizada em sigilo. Por incrível que pareça, essa faceta da atuação de Starr não foi vazada para a imprensa.

No dia 29 de maio Barry Goldwater morreu aos 89 anos. Fiquei sentido com o falecimento dele. Embora pertencêssemos a partidos e filosofias diferentes, Goldwater havia sido extremamente gentil com Hillary e comigo. Eu o respeitava por ter sido um patriota genuíno, além de libertário antiquado, que acreditava na não-interferência do governo na vida privada das pessoas e era defensor do combate político travado no campo das idéias, e não por ataques pessoais.

Nos dois meses seguintes fiz *lobby* para o meu programa legislativo e o que mais se apresentava para fazer: editei uma ordem executiva proibindo a discriminação contra homossexuais no serviço público federal; apoiei o novo programa de reforma econômica de Yeltsin; recebi na Casa Branca o emir do Bahrain; discursei na sessão da Assembléia Geral da ONU, falando sobre o perigo global do tráfico de drogas; recebi a visita de Estado do presidente da Coréia do Sul, Kim Dae Jung; organizei uma Conferência Nacional sobre Oceanos em Monterey, na Califórnia, onde ampliei para catorze anos o prazo da proibição da perfuração de poços de petróleo na costa da Califórnia; assinei um projeto de lei para disponibilizar verbas para a compra de coletes à prova de balas para 25% dos nossos policiais que não os tinham; discursei em três formaturas universitárias; e fiz campanha para os democratas em seis estados.

Apesar de movimentado, foi um mês bastante normal, exceto por uma viagem triste a Springfield, no Oregon, onde um menino de quinze anos, armado com uma arma semi-automática, tinha matado e ferido vários dos seus colegas de turma. Foi o último de uma série de incidentes envolvendo armas de fogo e vítimas fatais em Jonesboro, no Arkansas; Pearl, no Mississippi; Paducah, no Kentucky; e Edinboro, na Pensilvânia.

As mortes foram chocantes e nos deixaram perplexos, pois o índice total de criminalidade juvenil estava finalmente declinando. Para mim, essas explosões de violência decorriam, em parte, da glorificação da violência na nossa cultura e da facilidade de as crianças terem acesso a armas letais. Em todos esses incidentes nas escolas, inclusive em outros sem vítimas fatais, os jovens executores pareciam enraivecidos, alienados ou dominados por alguma filosofia macabra. Pedi a Janet Reno e a Dick Riley para elaborarem um guia para professores, pais e alunos sobre os primeiros sinais freqüentemente demonstrados por uma criança perturbada, com sugestões de estratégias para lidar com ela.

Fui à escola secundária de Springfield para conhecer os familiares das vítimas, ouvir os seus relatos e conversar com os alunos, os professores e os cidadãos. Eles estavam muito traumatizados e se esforçavam para entender um acontecimento desses na sua comunidade. Em momentos assim, em geral eu sentia que a única coisa a fazer era compartilhar da dor das pessoas, confirmar a sua bondade e incentivá-las a continuar a vida.

No início do verão fiz minha tão planejada viagem à China. Embora os Estados Unidos e a China divergissem sobre questões como os direitos humanos, as liberdades religiosa e política, além de outros assuntos, eu estava bastante animado com a viagem. Achei bem-sucedida a visita de Jiang Zemin aos Estados Unidos em 1997, e ele estava ansioso pela minha retribuição.

Nos dois países havia controvérsias sobre a viagem. Eu seria o primeiro presidente a visitar a China desde a repressão das forças pró-democráticas na praça Tiananmen, em 1989. As acusações sobre tentativas chinesas de influenciar as eleições de 1996 ainda não tinham sido solucionadas. Além do mais, alguns republicanos estavam me atacando por permitir que companhias norte-americanas lançassem satélites comerciais no espaço em mísseis chineses, embora a tecnologia de satélites não fosse acessível aos chineses; aquele era um procedimento que tinha sido iniciado no governo Reagan e continuado durante os anos Bush, no intuito de economizar dinheiro das companhias norte-americanas. Finalmente, muitas pessoas temiam que a política comercial chinesa e a sua tolerância com a pirataria de livros, filmes e músicas norte-americanas estivessem causando desemprego nos Estados Unidos.

No lado chinês muitas autoridades consideraram as nossas críticas às políticas chinesas de direitos humanos uma interferência em assuntos internos, enquanto outras acreditavam que, por causa das minhas declarações positivas, a política norte-americana iria reprimir, e não cooperar, com a China no século XXI.

Com um quarto da população mundial e uma economia em rápido crescimento, a China está fadada a causar impacto econômico e político profundo nos Estados Unidos e no mundo. Se possível, deveríamos estabelecer um relacionamento positivo. Seria tolice não tentar.

Uma semana antes de partir, indiquei o embaixador norte-americano na ONU, Bill Richardson, para o Departamento de Energia, no lugar de Federico Peña, e Dick Holbrooke para ser o novo embaixador na ONU. Richardson, um ex-deputado do Novo México, onde se localizam os dois mais importantes laboratórios de pesquisa do Departamento de Energia, era a pessoa certa para o cargo. Holbrooke tinha competência para resolver com a ONU o nosso problema da dívida e inteligência para dar uma contribuição importante à nossa equipe de política externa. Com os Bálcãs em ebulição novamente, precisávamos dele.

Hillary, Chelsea e eu chegamos à China na noite de 25 de junho, acompanhados da mãe de Hillary, Dorothy, e de uma delegação que incluía a secretária Albright, o secretário Rubin, o secretário Daley e seis congressistas, inclusive John Dingell, do Michigan, o deputado mais antigo da Câmara. A presença de John era importante pela dependência de Michigan em relação à indústria automobilística, o que fazia do estado um centro do protecionismo. Fiquei contente em ver que ele queria conhecer a China para fazer a sua própria apreciação sobre a entrada daquele país na Organização Internacional do Comércio (OIC).

Começamos a viagem pela antiga capital Xi'an, onde uma sofisticada e agradável cerimônia de boas-vindas foi organizada. No dia seguinte tivemos a oportunidade de andar no meio dos famosos guerreiros de terracota e de realizar uma mesa-redonda com os cidadãos chineses no vilarejo de Xiahe.

Os negócios começaram a ser tratados dois dias depois, quando o presidente Jiang Zemin e eu demos uma coletiva à imprensa, que foi transmitida ao vivo pela televisão para toda a China. Discutimos com franqueza as nossas diferenças, assim como os nossos compromissos em criar uma parceria estratégica. Foi a primeira vez que o povo chinês viu o seu líder debater assuntos como direitos humanos e liberdade religiosa com um chefe de Estado estrangeiro. Jiang se sentia mais seguro em lidar com tais questões em público e confiava em mim para discordar dele de um modo respeitoso, enfatizar os nossos interesses comuns em pôr fim à crise financeira asiática, progredir na não-proliferação nuclear e promover a reconciliação na península coreana.

Quando defendi mais liberdade e direitos humanos para a China, Jiang respondeu que os Estados Unidos eram altamente desenvolvidos, enquanto a China ainda tinha uma renda *per capita* anual de setecentos dólares. Ele enfatizou as diferenças nas nossas histórias, culturas e ideologias, e nos sistemas sociais. Quando insisti num encontro dele com o Dalai Lama, Jiang disse que a porta estava aberta se o Dalai Lama primeiro reconhecesse que o Tibete e Taiwan são parte da China, e acrescentou que já existem "vários canais de comunicação" com o líder do budismo tibetano. A platéia chinesa riu quando eu disse acreditar que, se Jiang e o Dalai Lama de fato se encontrassem, eles iam ter uma grande simpatia um pelo outro. Fiz algumas sugestões práticas para o avanço dos direitos humanos. Por exemplo, havia cidadãos chineses ainda presos por crimes já prescritos. Sugeri que eles fossem postos em liberdade.

O ponto principal da coletiva da imprensa foi o debate em si. Eu queria que os cidadãos chineses vissem os Estados Unidos apoiando os direitos humanos, que acreditamos ser universais, e queria também que as autoridades chinesas vissem que uma abertura maior não levaria à desintegração social, que, dada a história chinesa, eles provavelmente temiam.

Após o jantar oficial oferecido por Jiang Zemin e a sua esposa, Wang Yeping, ele e eu nos alternamos na regência da Banda do Exército de Libertação do Povo. No dia seguinte a minha família foi ao culto religioso dominical na Igreja de Chongwenmen, a primeira igreja protestante de Pequim, um dos poucos templos de adoração aprovados pelo governo. Muitos cristãos se reuniam secretamente em casa. A liberdade religiosa era uma questão importante para mim, e fiquei contente com o fato de Jiang concordar em que eu enviasse uma delegação de líderes religiosos norte-americanos que incluía um rabino, um arcebispo católico e um ministro evangélico para levar adiante a idéia.

Depois de excursionarmos pela Cidade Proibida e pela Grande Muralha, respondi às perguntas dos estudantes da Universidade de Pequim. Nós debatemos os direitos humanos na China, mas eles também me perguntaram sobre os problemas de direitos humanos nos Estados Unidos e sobre como aprofundar a compreensão do povo norte-americano sobre a China. Foram perguntas justas vindas de jovens que queriam mudanças no país, mas que ainda se orgulhavam de sua terra.

O premiê Zhu Rongji ofereceu um almoço para a delegação, no qual conversamos sobre os desafios econômicos e sociais com que a China se defronta, além das questões pendentes a serem esclarecidas para a entrada da China na OIC. Eu era extremamente favorável a isso, a fim de dar continuidade à integração da China na economia global e aumentar tanto a sua aceitação da legislação internacional quanto o seu desejo de cooperação com os Estados Unidos e outros países numa série de outros assuntos. Naquela noite, o presidente Jiang e a sra. Wang nos convidaram para jantar a sós com eles em sua residência oficial, num condomínio à beira de um lago tranqüilo que abrigava os dirigentes políticos mais importantes. Quanto mais tempo passava com Jiang, mais eu gostava dele. Ele era simpático, engraçado e extremamente orgulhoso, mas sempre disposto a ouvir opiniões diferentes. Muito embora nem sempre concordasse comigo, fiquei convencido de que ele acreditava estar mudando a China o mais rápido que lhe era possível, e na direção certa.

De Pequim fomos a Xangai, que pareceu ter mais guindastes de construção do que qualquer outra cidade do mundo. Hillary e eu tivemos uma discussão fascinante sobre os problemas da China e o seu potencial com um grupo de jovens chineses, incluindo professores, empresários, um defensor dos consumidores e um romancista. Uma das experiências mais esclarecedoras de toda a viagem foi um programa de rádio ao vivo que fiz com o prefeito. Houve boas perguntas dirigidas a mim sobre problemas econômicos e de segurança, mas o prefeito recebeu mais perguntas que eu; seus interlocutores estavam interessados em melhor educação, mais computadores, e preocupados com o congestionamento do tráfego em conseqüência da prosperidade crescente da cidade e sua expansão. Tive a impressão de que, se os cidadãos se queixavam ao prefeito sobre problemas de trânsito, a política chinesa estava evoluindo na direção correta.

Antes de voltar aos Estados Unidos, fomos até Guilin para uma reunião com ambientalistas preocupados com a destruição das florestas e a perda de animais selvagens raros, além de aproveitarmos a oportunidade para um passeio de barco no rio Li, que corre através de uma paisagem marcada por grandes formações de rocha calcária que parecem ter emergido bruscamente do solo no meio de uma paisagem delicada. Depois de Guilin fizemos uma escala em Hong Kong para ver Tung Cheehwa, o administrador escolhido pelos chineses após a partida dos britânicos. Cheehwa era um homem inteligente e sofisticado que tinha morado nos Estados Unidos por vários anos e parecia equilibrar uma batata quente na mão ao ter de administrar a impetuosa cultura política de Hong Kong e um governo central chinês muito mais conformista. Tive também mais um encontro com o defensor da democracia Martin Lee. Os chineses haviam prometido permitir que Hong Kong mantivesse o seu sistema político muito mais democrático, mas a impressão que tive é que os detalhes da reunificação ainda estavam sendo elaborados e nenhum dos lados podia se considerar plenamente satisfeito com a atual situação.

Em meados de julho Al Gore e eu presidimos um evento na Academia Nacional de Ciências para enfatizar os esforços do governo em evitar o colapso dos computadores no despertar do novo milênio. Havia uma preocupação generalizada de que muitos dos sistemas de informática não fariam a mudança para o ano 2000, causando estragos na economia e levando à falência os negócios de milhões de norte-americanos. John Koskinen liderou um esforço exaustivo para garantir que todos os sistemas de informática do governo estivessem preparados para o novo milênio, e também ajudando o setor privado a se adaptar. Nós só soubemos que fomos bem-sucedidos no próprio dia da virada.

No dia 16 assinei outra lei que era uma das minhas prioridades — a Lei de Incentivo a Bolsas por Desempenho Escolar. Já havíamos aumentado a arrecadação em 68% desde 1992; mais 1,4 milhão de famílias estavam agora recebendo essa bolsa. A lei punia os estados que não informatizassem os arquivos da bolsa infantil e promovia incentivos financeiros aos que eram bem-sucedidos no cumprimento das metas de desempenho.

Nessa época anunciei a compra de aproximadamente 3 milhões de toneladas de trigo para serem distribuídas a países pobres com escassez de alimentos. Os preços de grãos estavam baixos, de modo que a compra satisfaria a uma necessidade humanitária e elevaria o preço do trigo para os produtores financeiramente sobrecarregados. Por outro lado, uma terrível onda de calor estava destruindo as plantações em algumas partes do país, então também pedi ao Congresso para aprovar um pacote de ajuda financeira emergencial aos agricultores.

Próximo ao fim do mês, Mike McCurry anunciou que no outono renunciaria ao cargo de secretário de imprensa da Casa Branca, e eu nomeei para sucedê-lo o seu vice, Joe Lockart, que tinha sido o meu secretário de imprensa na campanha para a reeleição. McCurry se saíra muito bem na função, que exigia demais dele, nas respostas a perguntas difíceis, nas explicações claras e espirituosas sobre as políticas do governo, e nas longas jornadas de trabalho de disponibilidade quase total. Ele queria acompanhar mais o crescimento dos filhos. Eu gostava muito de Joe Lockhart e a imprensa parecia gostar dele também. Além disso, Joe gostava de jogar cartas comigo; nós teríamos uma transição muito tranqüila.

Em julho, enquanto eu cumpria a minha agenda de assuntos internos, Dick Holbrooke seguiu para Belgrado a fim de discutir com Milosevic a crise em Kosovo; o primeiro-ministro Hashimoto renunciou depois de ter perdido as eleições no Japão; Nelson Mandela se casou com Graça Machel, a bela viúva de um ex-presidente de Moçambique e uma figura importante no combate ao emprego de crianças nas guerras entre os povos africanos; e Ken Starr continuava o seu caso contra mim.

Ele insistia em tomar o depoimento de vários agentes do meu Serviço Secreto, inclusive do chefe do pessoal que cuidava da minha segurança diretamente. O Serviço Secreto resistia, e até mesmo o ex-presidente Bush escreveu duas cartas se opondo a isso. A não ser quando o presidente se encontra no andar da sua residência na Casa Branca, os agentes do Serviço Secreto estão sempre com ele ou do lado de fora da sala que ele esteja ocupando. Os presidentes dependem da sua proteção, assim como do seu total sigilo. Os agentes ouvem todo tipo de conversa sobre segurança nacional, políticas internas, conflitos políticos e brigas pessoais. A dedicação, o profissionalismo e a discrição deles prestaram bons serviços aos presidentes dos dois partidos e à nação. Agora Starr estava tentando colocar tudo isso em risco — para investigar não espionagem ou abusos de poder do FBI do tipo Watergate, ou desrespeito intencional da lei, como no caso Irã-Contras, mas para investigar se eu havia dado falso testemunho e se tinha incentivado Monica Lewinsky a fazer o mesmo ao responder às perguntas elaboradas de má-fé num caso engavetado do tribunal por falta de mérito.

No fim do mês Starr deu a Monica Lewinsky a imunidade contra a instauração de um processo, caso ela testemunhasse diante do grande júri, além de me intimar a testemunhar também. No dia 29 concordei em testemunhar voluntariamente e a intimação foi retirada. Admito que não estava aguardando esse momento com muita empolgação.

No início de agosto eu me reuni com dez líderes indígenas em Washington para anunciar uma campanha ampla visando aumentar as oportunidades econômicas, educacionais e de assistência médica para os índios norte-americanos. O meu assistente para assuntos intergovernamentais, Mickey Ibarra, e Lynn Cutler, minha representante para as tribos, tinham trabalhado muito na iniciativa, que andava seriamente privada de recursos. Embora os Estados Unidos estivessem desfrutando o mais baixo índice de desemprego em 28 anos, o mais baixo índice de criminalidade em 25 anos e a menor porcentagem de cidadãos no seguro contra a pobreza em 29 anos, as comunidades dos nossos povos indígenas que não enriqueceram com o jogo estavam em má situação. Menos de 10% deles chegavam à universidade, eles tinham uma propensão três vezes maior que a dos norte-americanos brancos de adquirir diabetes, e ainda apresentavam a mais baixa renda *per capita* de todos os grupos étnicos. Algumas comunidades tribais tinham índices de desemprego altos demais: 50%. Os líderes estavam animados com as iniciativas que estávamos tomando, e após a reunião tive esperança de poder ajudá-los.

No dia seguinte as embaixadas norte-americanas na Tanzânia e no Quênia sofreram atentados a bomba, com diferença de cinco minutos entre os dois ataques, matando 257 pessoas, inclusive doze norte-americanos, e deixando 5 mil feridos. A suspeita inicial recaiu sobre a rede de Osama bin Laden, que ficou conhecida como Al-Qaeda. No fim de fevereiro Bin Laden tinha lançado um apelo religioso conclamando seus seguidores a atacarem alvos militares e civis norte-americanos no mundo todo. Em maio ele declarou que os homens de seu grupo atacariam alvos norte-americanos no Golfo, além de "levar a guerra para dentro dos Estados Unidos". Em junho, numa entrevista a um jornalista norte-americano, ele ameaçou derrubar aeronaves militares do nosso país com mísseis antiaéreos.

Nessa ocasião Bin Laden já nos preocupava havia alguns anos. No início do meu primeiro mandato, Tony Lake e Dick Clarke pressionaram a CIA para obter mais informações sobre esse saudita abastado, que tinha sido expulso do seu próprio país em 1991, perdido a cidadania em 1994 e se transferido para o Sudão.

De início Bin Laden parecia financiar ações terroristas, mas com o tempo descobrimos que ele era o chefe de uma organização terrorista altamente sofisticada, com acesso a enormes somas de dinheiro, além da sua própria fortuna, e com operações em vários países, inclusive na Tchetchênia, na Bósnia e nas Filipinas. Em 1995, depois da guerra na Bósnia, frustramos as tentativas dos *mujahedin** de dominarem a região e, em cooperação com as autoridades locais, impedimos um plano de explodir doze aviões que decolariam das Filipinas rumo à Costa Oeste norte-americana. Mas a rede transnacional de Bin Laden continuou a crescer.

Em janeiro de 1996 a CIA criou um setor dentro do Centro de Contraterrorismo que se dedicaria exclusivamente a Bin Laden e sua rede, e logo depois começamos a insistir para que o Sudão o expulsasse. Na época o Sudão era um refúgio seguro para os terroristas, inclusive para os egípcios que no mês de junho tinham tentado matar o presidente Mubarak e conseguiram assassinar o antecessor dele, Anwar Sadat. O líder nacional, Hasan al-Turabi, compartilhava das opiniões radicais de Bin Laden, estando os dois engajados numa série de parcerias que abrangia desde atividades legais até fabricação de armas, assim como apoio a terroristas.

Ao pressionarmos Turabi para expulsar Bin Laden, pedimos à Arábia Saudita para aceitá-lo. Os sauditas não o queriam de volta, mas em meados de 1996 Bin Laden finalmente deixou o Sudão, aparentemente continuando amigo de Turabi. Mudou-se para o Afeganistão, onde foi muito bem recebido pelo mulá Omar, líder dos talibãs, um militante da seita sunita que estava decidido a criar uma teocracia muçulmana radical no Afeganistão.

Em setembro de 1996 os talibãs tomaram Cabul e começaram a dominar outras áreas do país. No fim do ano a unidade Bin Laden da CIA conseguiu informações significativas sobre ele e sua infra-estrutura. Quase um ano mais tarde, as autoridades quenianas prenderam um homem suspeito de envolvimento no plano terrorista contra a embaixada norte-americana de lá.

Na semana após os atentados a bomba, mantive a minha agenda normal, viajando para o Kentucky, para Illinois e para a Califórnia, a fim de promover a Declaração dos Direitos dos Pacientes e a nossa iniciativa de água limpa, como também para ajudar os democratas nas eleições daqueles estados. Além dos eventos públicos, dediquei a maior parte do tempo a reuniões com a equipe de segurança nacional, nas quais conversamos sobre a resposta aos ataques africanos.

No dia 13 de agosto houve uma cerimônia dedicada à memória de dez das doze vítimas norte-americanas na Base Aérea de Andrews. As pessoas que Bin Laden achou que mereciam morrer, só por serem norte-americanas, incluíam um diplomata de carreira, com quem eu tinha estado duas vezes, e o seu filho; uma mulher que havia acabado de chegar das férias dedicadas à assistência aos seus pais idosos; uma diplomata indiana de nascimento que viajava pelo mundo a serviço do país que ela adotara; um epidemiologista que trabalhava para salvar crian-

---

* Guerrilheiros muçulmanos engajados numa guerra santa, *jihad*. (N. dos T.)

ças africanas de doenças e da morte; uma mãe de três crianças pequenas; uma senhora que acabara de se tornar avó e estava muito orgulhosa disso; um músico de jazz consagrado que fora tocar no serviço diplomático; um administrador da embaixada casado com uma queniana; e três sargentos, do Exército, da Aeronáutica e do Corpo de Fuzileiros Navais.

Todos achavam que Bin Laden estava convencido de que era o dono da verdade absoluta e, conseqüentemente, de que podia brincar de ser Deus ao matar pessoas inocentes. Por estarmos seguindo a sua organização havia bastante tempo, eu já sabia que ele era um adversário difícil de vencer. Depois da chacina na África, decidi concentrar todos os esforços na sua captura ou morte e na destruição da Al-Qaeda.

Uma semana após os bombardeios nas embaixadas, e depois da gravação de uma mensagem aos povos da Tanzânia e do Quênia, cujas perdas foram muito maiores que as nossas, eu me reuni com os chefes da segurança nacional. Tanto a CIA como o FBI confirmaram a responsabilidade da Al-Qaeda nos atos e a prisão de alguns dos perpetradores.

Também recebi um relatório do serviço de informação sobre os planos da Al-Qaeda de atacar mais uma embaixada, em Tirana, na Albânia, e de que os nossos inimigos achavam que os Estados Unidos se encontravam vulneráveis por estarem concentrados na controvérsia dos meus problemas pessoais. Fechamos a embaixada da Albânia, enviamos fuzileiros navais com armamento pesado para proteger as instalações, e começamos a trabalhar com as autoridades locais para desmantelar a célula da Al-Qaeda lá. Mas ainda tínhamos outras embaixadas em outros países com presença das atividades da organização.

A CIA também teve acesso à informação de que Bin Laden e os seus comandantes estavam planejando uma reunião em um dos seus acampamentos no Afeganistão, no dia 20 de agosto, para avaliar o impacto dos ataques feitos e planejar as próximas operações. A reunião era uma oportunidade de retaliação e de destruição de grande parte da liderança da Al-Qaeda. Pedi a Sandy Berger para administrar o processo até a resposta militar. Tínhamos de escolher alvos, deslocar os recursos militares necessários e elaborar um plano para lidar com o Paquistão. Se optássemos por ataques aéreos, os nossos aviões teriam de sobrevoar o espaço aéreo paquistanês.

Embora estivéssemos tentando trabalhar com o Paquistão para pôr fim às tensões no subcontinente indiano, e os dois países tinham sido aliados durante a Guerra Fria, o Paquistão apoiava os talibãs e, por extensão, a Al-Qaeda. O serviço de informação paquistanês usava alguns acampamentos em comum com Bin Laden e a Al-Qaeda para treinar os talibãs e os insurgentes que lutavam na Caxemira. Se o Paquistão soubesse previamente sobre os nossos planos de ataque, o serviço de informação provavelmente advertiria os talibãs ou até mesmo a Al-Qaeda. Por outro lado, Strobe Talbott, o vice-secretário de Estado que trabalhava para minimizar os riscos de um conflito militar no subcontinente indiano, temia que, se não contássemos aos paquistaneses, eles deduziriam que os mísseis teriam sido lançados pela Índia e retaliariam, presumivelmente, até com armas nucleares.

Decidimos enviar o vice-chefe do Estado-Maior Conjunto, general Joe Ralston, para jantar com o comandante-em-chefe paquistanês na hora programada de ocorrerem os ataques. Ralston lhe contaria o que estava acontecendo poucos minutos antes que os nossos mísseis invadissem o espaço aéreo paquistanês, tarde demais para alertar os talibãs ou a Al-Qaeda, mas a tempo de evitar que os mísseis fossem interceptados ou que houvesse um contra-ataque à Índia.

A minha equipe estava preocupada também com outro detalhe: o meu depoimento diante do grande júri dentro de três dias, 17 de agosto. Eles receavam que por causa dele eu relutaria em atacar, ou que, se de fato ordenasse o ataque, que eu fosse acusado de fazê-lo para desviar dos meus problemas a atenção pública, especialmente se o ataque não atingisse Bin Laden. Sem titubear eu lhes assegurei que o trabalho deles era me aconselhar sobre segurança nacional. Se a recomendação fosse atacar no dia 20, então era o que faríamos. Disse que eu mesmo lidaria com os meus problemas pessoais. O tempo estava ficando curto também para isso.

49

NA MANHÃ DO SÁBADO, dia 15 de agosto, sob o fantasma do depoimento ao grande júri e após uma noite insone, acordei Hillary e lhe contei a verdade sobre o que tinha acontecido entre mim e Monica Lewinsky. Ela me olhou como se tivesse levado um soco no estômago, odiando-me tanto por ter mentido para ela em janeiro quanto pelo que eu tinha feito. Só consegui pedir desculpas e dizer que não tinha sido capaz de contar a ninguém, nem a ela, o que tinha acontecido. Disse que a amava e que não queria magoá-la, ou a Chelsea; que estava envergonhado do que havia feito e que tinha mantido segredo de tudo para evitar o sofrimento da minha família e o enfraquecimento da Presidência. Depois de todas as mentiras e injúrias por que tínhamos passado desde o início do mandato, eu não queria ser deposto do cargo com o turbilhão que se seguiu ao meu depoimento em janeiro. Eu ainda não entendia totalmente por que tinha praticado aquele meu ato condenável e idiota; a compreensão viria com o tempo, nos meses seguintes de investimento no nosso relacionamento.

Era preciso falar também com a Chelsea. De certo modo, isso era ainda mais difícil. Mais cedo ou mais tarde todo filho aprende que seus pais não são perfeitos, mas esse caso foi muito além do normal. Sempre acreditei ser um bom pai. Os anos do secundário e o primeiro ano da faculdade de Chelsea foram marcados pelos ataques pessoais aos seus pais. Dessa vez Chelsea saberia não só que o pai dela tinha errado gravemente mas, além disso, que ele não tinha contado a verdade nem a ela nem à sua mãe. Eu tinha medo de perder não só o meu casamento, como também o amor e o respeito da minha filha.

Aquele dia horrível foi dominado por outro ato terrorista. Em Omagh, na Irlanda do Norte, uma dissidência do IRA que não apoiava o acordo da Sexta-Feira Santa assassinou 26 pessoas com um carro-bomba numa zona comercial da cidade. Todos os partidos envolvidos no processo de paz, inclusive o Sinn Fein, denunciaram o ataque. Emiti uma declaração condenando a chacina, oferecendo a minha solidariedade às famílias das vítimas e pedindo aos partidos da paz que redobrassem os seus esforços. O grupo ilegal, que se chamava Real IRA, tinha uns duzentos membros e militantes, o suficiente para causar muito problema, mas não o bastante para destruir o processo de paz: a bomba de Omagh mostrou a insanidade absoluta que seria voltar ao velho estilo.

Na segunda-feira, depois de dedicar todo o tempo possível à minha preparação, desci à Sala dos Mapas para o depoimento de quatro horas. Starr concordara em não me fazer ir ao tribunal, talvez pela reação adversa que ele tinha provocado contra si ao forçar Hillary a isso. No entanto, ele insistiu em gravar o depoimento em videoteipe, alegando que um dos 24 jurados não poderia comparecer à sessão.

David Kendall disse que o grande júri seria bem-vindo à Casa Branca se Starr não gravasse o depoimento "sigiloso". Ele recusou a proposta; comecei a desconfiar de que ele queria enviar a fita para o Congresso, de onde ela poderia ser liberada sem problemas para ele.

O grande júri assistia ao procedimento através de um circuito fechado de televisão, no tribunal, enquanto Starr e seus assistentes fizeram o possível para produzir um verdadeiro filme pornô, com perguntas que visavam me humilhar e provocar repugnância no Congresso e no povo norte-americano, a ponto de chegarem a pedir minha renúncia, de modo que assim ele poderia me indiciar. Certa vez Samuel Johnson disse que nada contribui mais para a concentração mental do que a perspectiva da própria destruição. Além disso, eu acreditava haver muito mais em jogo do que simplesmente o meu destino no caso.

Após as medidas preliminares, pedi para fazer um rápido pronunciamento. Admiti que "em algumas ocasiões em 1996 e uma vez em 1997" tive erros de conduta, que incluiu contato íntimo inapropriado com Monica Lewinsky; que a conduta, embora moralmente errada, não se constituiu em "relações sexuais" segundo a definição do termo que a juíza Wright aceitou a pedido dos advogados de Paula Jones; que eu me responsabilizava totalmente pelos meus atos e responderia da melhor maneira possível às perguntas do promotor independente relacionadas à legalidade do meu comportamento, mas não diria nada sobre os detalhes do que tinha acontecido.

O inquiridor titular do OIC, o escritório de Starr, me fez uma longa série de perguntas relacionadas à definição de "relações sexuais" impingida pela juíza Susan Wright. Reconheci que eu não tinha cooperado muito com os advogados de Paula Jones porque, como o OIC, eles várias vezes praticaram vazamentos ilegais de informações e, como eles sabiam que o caso era desprovido de mérito, considerei que a insistência deles no depoimento visava me incentivar a dar mais informações prejudiciais com o intuito de vazá-las para a imprensa. Afirmei que quando depus não sabia que Starr já estava bastante envolvido no caso.

Dessa vez, os advogados de Starr estavam tentando tirar vantagem da situação através da minha gravação em videoteipe dos mínimos detalhes de coisas que não deveriam ser ditas em público.

Quando o advogado do OIC continuou a se queixar das minhas respostas às perguntas sexuais no depoimento, eu o fiz lembrar de que tanto o meu advogado quanto eu mesmo tínhamos sugerido aos advogados de Paula Jones que fizessem perguntas específicas, mas eles tinham se recusado a proceder assim. Eu disse que só agora entendia o porquê daquela recusa: eles estavam interessados em obter uma confissão que me prejudicasse ainda mais e que pudesse ser vazada para a imprensa. Pois na verdade estavam trabalhando para Starr. Eles queriam que o depoimento fornecesse a base para me forçar à renúncia ou ao *impeachment*, ou talvez mesmo a um indiciamento. Sendo assim, eles não me fizeram outras perguntas "porque temiam que eu respondesse com a verdade [...] Eles estavam tentando fazer uma armação contra mim e me surpreender. E agora vocês se queixam de que eles não fizeram um bom trabalho". Afirmei que achava "deplorável" o que os advogados do Rutherford Institute fizeram em nome de Paula Jones — atormentando pessoas inocentes, vazando notícias ilegalmente, buscando fatos espúrios que motivassem um processo político —, mas que "eu estava disposto a passar pelo campo minado do meu depoimento sem violar a lei, e acho que fiz isso".

Reconheci não ter sido sincero com todos os que me interrogaram sobre o caso depois de a história ter sido divulgada. Repeti várias vezes que nunca pedi a ninguém para mentir. Quando as quatro horas previamente combinadas expiraram, muitas perguntas haviam sido feitas seis ou sete vezes, na expectativa que tinham os advogados de provocar confissões humilhantes e incriminadoras. E essa investigação de quatro anos, até aquela data, no valor de 40 milhões de dólares, se resumiu a analisar a definição de "relação sexual".

Terminei o meu depoimento mais ou menos às seis e meia, três horas e meia antes do meu pronunciamento à nação. Eu estava visivelmente abalado quando subi ao solário para me reunir com os amigos e a equipe, que se encontravam lá para analisar os fatos, inclusive os advogados da Casa Branca: Chuck Ruff, David Kendall, Mickey Kantor, Rahm Emanuel, James Carville, Paul Begala e Harry e Linda Thomason. Chelsea também estava lá e, para o meu alívio, às oito horas Hillary chegou.

Nós conversamos sobre o que eu deveria dizer. Todos achavam que eu devia confessar que tinha cometido um erro muito grave e tentado escondê-lo. A dúvida era se eu deveria também tentar defender o fim da investigação de Starr. A opinião praticamente unânime era de que eu não deveria fazer isso. A maioria das pessoas já tinha consciência de que Starr havia perdido o controle; o seu escritório estava obcecado em obter a confissão dos meus erros e testemunhar o meu remorso. Alguns amigos me deram conselhos estratégicos, outros estavam verdadeiramente abalados com o que eu tinha feito. Só Hillary se recusou a exprimir uma opinião; em vez disso, sugeriu às pessoas que me deixassem sozinho para redigir o pronunciamento.

Às dez horas da noite falei ao povo norte-americano sobre o meu depoimento, responsabilizando-me totalmente pelos meus próprios erros e reconhecendo ter mentido para todos, "inclusive à minha esposa". Disse que tentara proteger a minha família e a mim mesmo de perguntas inoportunas num processo judicial de motivação política que tinha sido arquivado. Também declarei que a investigação de Starr havia ido longe demais, custara dinheiro demais e magoara gente demais, e que dois anos antes uma outra investigação, realmente independente, não havia descoberto nenhum erro na conduta de Hillary ou na minha em Whitewater. No final eu me comprometi a fazer o melhor para salvar a minha vida familiar e esperava poder salvar o caráter essencial da vida do país, barrando as perseguições pessoais, a intromissão na vida privada das pessoas e seguindo em frente. Eu acreditava em cada palavra proferida, mas o meu ódio não tinha esfriado o suficiente a ponto de eu me sentir tão arrependido quanto deveria.

No dia seguinte partimos para Martha's Vineyard, nas nossas férias anuais. Geralmente eu contava os dias para me afastar do trabalho e ficar com a minha família; dessa vez, embora precisássemos disso, eu preferia trabalhar dia e noite. Ao caminharmos no Gramado Sul para pegar o helicóptero — Chelsea entre mim e Hillary, e o nosso cão Buddy do meu lado —, os fotógrafos captaram cenas reveladoras do sofrimento que eu tinha provocado. Quando não havia máquinas fotográficas, minha esposa e minha filha quase não falavam comigo.

Passei os dois primeiros dias alternando entre pedir perdão e planejar o ataque à Al-Qaeda. À noite Hillary subia para a cama e eu dormia no sofá.

No dia do meu aniversário o general Don Kerrick, da equipe de Sandy Berger, pegou um avião para Martha's Vineyard a fim de confirmar os alvos recomendados pela CIA e pelo chefe das Forças Armadas — os acampamentos da Al-Qaeda no Afeganistão e dois alvos no Sudão, um curtume de que Bin Laden era um dos sócios e um laboratório farmacêutico que a CIA acreditava estar sendo usado para produzir e armazenar substâncias químicas para a produção do gás VX, que ataca os nervos. Retirei o curtume da lista por ser desprovido de valor militar para a Al-Qaeda, além de ser a minha intenção minimizar o número de vítimas civis. A hora do ataque ao acampamento coincidiria com o horário que o serviço de informação indicou que Bin Laden estaria se reunindo com os seus comandantes.

Às três da manhã dei a Sandy Berger a ordem final para prosseguir, e então os destróieres da Marinha norte-americana no norte do mar Arábico lançaram mísseis de cruzeiro visando os alvos do Afeganistão, enquanto de navios no mar Vermelho lançavam mísseis em direção ao laboratório farmacêutico do Sudão. A maioria dos mísseis atingiu os alvos, mas Bin Laden não estava no acampamento durante o bombardeio na hora prevista pela CIA. Alguns relatórios disseram que ele tinha saído duas horas antes, mas esse fato não foi confirmado. Várias pessoas ligadas à Al-Qaeda morreram, assim como alguns militares paquistaneses que estavam treinando terroristas na Caxemira. O laboratório farmacêutico do Sudão foi destruído.

Depois de anunciar de Martha's Vineyard os ataques, peguei o avião para Washington a fim de fazer um pronunciamento ao povo norte-americano pela segunda vez em quatro dias, explicando que tinha ordenado os ataques porque a Al-Qaeda era responsável pelos bombardeios nas embaixadas e Bin Laden talvez fosse "o principal organizador e financista do terrorismo internacional em todo o mundo", um homem que prometeu guerrear contra os norte-americanos, sem distinção entre militares e civis. Disse que os nossos ataques não visavam o islã, e sim "os fanáticos e assassinos", e que por muitos anos vínhamos lutando contra eles em várias frentes e continuaríamos a fazer isso, pois "essa guerra será longa e contínua".

Nesse momento assinei a primeira de uma série de ordens que me prepariam para a longa batalha, aproveitando todas as armas disponíveis. A Ordem Executiva 13.099 impôs sanções econômicas a Bin Laden e à Al-Qaeda. Mais tarde essas sanções foram estendidas para abranger também os talibãs. Até aquela data nós ainda não tínhamos conseguido desmantelar as redes financeiras dos terroristas. A ordem executiva invocava a Lei de Poderes Econômicos em Emergências Internacionais,* que anteriormente usamos com sucesso contra o cartel de Cali, na Colômbia.

Pedi ao general Shelton e a Dick Clarke que criassem condições para levarmos algumas unidades de choque para dentro do Afeganistão. Se eliminássemos umas duas operações de treinamento da Al-Qaeda, nós lhes mostraríamos nossa determinação, mesmo se não pegássemos Bin Laden ou os seus principais auxi-

---

* No original, International Emergency Economic Powers Act, lei da Constituição americana que visa a um esforço global para eliminar o financiamento ao terrorismo. (N. dos T.)

liares. Estava claro para mim que os militares mais graduados não queriam fazer isso, talvez pelo que ocorrera na Somália, ou por ser preciso enviar forças especiais sem saber onde Bin Laden se encontrava, ou por não ter certeza se as tropas voltariam em segurança. De qualquer modo, mantive em aberto a opção.

Também assinei vários memorandos de notificação (MONs) autorizando a CIA a usar força letal para capturar Bin Laden. A CIA já estava autorizada a empreender a sua própria "operação de captura" contra Bin Laden desde a primavera, meses antes dos ataques à bomba nas embaixadas, mas faltava o potencial paramilitar para realizar a tarefa. Em vez de dar início à operação, a CIA contratou pessoal nas tribos afegãs locais para pegar Bin Laden. Quando os agentes de forças terrestres ou o pessoal das tribos afegãs pareciam estar em dúvida se deveriam tentar capturar Bin Laden antes de usar armas letais, deixei claro que não. Poucos meses depois ampliei a autorização do uso da força letal expandindo a lista dos aliados de Bin Laden e as circunstâncias em que eles poderiam ser atacados.

De modo geral, a resposta aos ataques dos mísseis dada pelos líderes congressistas de ambos os partidos foi positiva, em grande parte porque eles tinham sido bem informados e o secretário Cohen garantiu aos republicanos que tanto o ataque como o momento eram justificados. O presidente da Câmara dos Deputados, Newt Gingrich, falou: "Os Estados Unidos tomaram a decisão correta hoje". O senador Lott disse que os ataques eram "acertados e justos". Tom Daschle, Dick Gephardt e todos os democratas também apoiaram. Logo fui avisado da prisão de Mohamed Rashed, membro da Al-Qaeda, que era suspeito do ataque à bomba na embaixada do Quênia.

Houve quem me criticasse por atacar o laboratório farmacêutico que o governo sudanês garantia não ter nenhum envolvimento com a produção e o armazenamento de substâncias químicas perigosas. Ainda acredito que fizemos a coisa certa lá. A CIA tinha amostras do solo do local do laboratório que continham a substância química usada na fabricação do VX. Mais tarde, em um julgamento de terroristas em Nova York, uma das testemunhas declarou que Bin Laden tinha uma fábrica de armas químicas em Cartum. Apesar dos indícios evidentes, algumas pessoas na mídia tentaram aludir à possibilidade de que a ação tivesse sido uma versão real do filme *Wag the Dog*, no qual um presidente fictício empreende uma guerra feita para a televisão com o intuito de desviar a atenção do público dos seus problemas pessoais.

O povo norte-americano teve de absorver ao mesmo tempo a notícia dos ataques e o meu depoimento ao grande júri. A *Newsweek* publicou um artigo dizendo que a reação do público ao meu depoimento e ao meu pronunciamento na televisão foi "tranqüila e comedida". A aprovação do meu desempenho no cargo foi de 62% e a dos ataques com mísseis, 73%. Muitas pessoas achavam que eu tinha sido desonesto na minha vida pessoal, mas que permanecia com credibilidade para assuntos públicos. Por outro lado, a *Newsweek* registrou: "A primeira reação dos comentaristas beirou a histeria". Eles me atacaram bastante. Eu merecia uma punição, tudo bem, mas isso eu estava recebendo em casa, onde ela deveria ser administrada.

Por ora eu só esperava que os democratas não fossem influenciados pelos ataques constantes da mídia exigindo a minha renúncia, e que eu fosse capaz de consertar o estremecimento provocado nas relações com a minha família, a minha equipe, o gabinete e as pessoas que acreditaram em mim durante anos de ataques constantes.

Depois do discurso voltei para Vineyard por dez dias. O gelo ainda não tinha derretido na frente familiar. A minha primeira aparição pública desde o depoimento ao grande júri foi em Worcester, no estado de Massachusetts, a convite do congressista Jim McGovern, onde promovi um programa inédito para o corpo policial em que se concediam bolsas de estudo universitário para alunos que se comprometessem a se tornar policiais e trabalhar na aplicação das leis. Worcester é uma cidade operária e presa a antigos valores; eu estava bastante apreensivo quanto à recepção que teria lá, mas fiquei animado com uma multidão entusiasmada com um evento que contava com a presença do prefeito, dos dois senadores e de quatro congressistas de Massachusetts. Muitas pessoas na multidão insistiram para que eu me mantivesse no cargo; muitos disseram que também tinham errado e sentiam muito que os meus erros tivessem se tornado públicos.

No dia 28 de agosto, no trigésimo quinto aniversário do discurso "Eu tenho um sonho", de Martin Luther King Jr., fui a um culto comemorativo na Capela da União em Oak Bluffs, que havia mais de um século era a meca de férias dos afro-americanos. Dividi o palco com o congressista John Lewis, que tinha trabalhado com Luther King e representava uma das maiores forças morais da política norte-americana. Éramos amigos havia muito tempo, bem antes de 1992. Ele foi um dos primeiros a me apoiar e tinha todo o direito de me condenar. Em vez disso, quando se levantou para falar, John disse que era meu amigo e irmão, que tinha me apoiado quando eu estava por cima e não me deixaria quando eu estava por baixo; que eu era um bom presidente e que, se dependesse dele, eu continuaria no cargo. John Lewis nunca vai saber quanto ele elevou o meu ânimo naquele dia.

Voltamos a Washington no fim do mês para enfrentar outro enorme problema. A crise financeira asiática tinha se espalhado e agora estava ameaçando desestabilizar toda a economia global. Em 1997 a crise começou na Tailândia, depois infectou a Indonésia e a Coréia do Sul, e então chegou à Rússia. Em meados de agosto a Rússia deixou de pagar a sua dívida externa, e no fim do mês o colapso russo tinha provocado grandes quedas nas bolsas de valores do mundo todo. Em 31 de agosto a média industrial do Dow Jones caiu 512 pontos, seguindo-se a uma queda de 357 pontos quatro dias antes; todos os ganhos de 1998 sumiram.

Bob Rubin e a sua equipe de economia internacional já vinham trabalhando nessa crise financeira desde que ela estourou na Tailândia. Embora os detalhes dos problemas de cada país sejam bastante diferentes, há elementos comuns: falhas no sistema financeiro, maus empréstimos, o "capitalismo de amigos"* e uma perda generalizada de confiança. A situação estava agravada pela falta de crescimento eco-

---

* No original, *"crony capitalism"*, expressão que designa um tipo de capitalismo em que o sucesso econômico depende em grande parte das relações pessoais, sendo as decisões nas atividades econômicas influenciadas pelos vínculos de amizade e parentesco, e não pelas forças do mercado e pela competição aberta. (N. dos T.)

nômico do Japão nos cinco anos anteriores. Sem inflação, e com 20% de poupança, os japoneses podiam agüentar, mas a ausência de crescimento na maior economia da Ásia aumentou as conseqüências adversas de políticas erradas em outros países. Até mesmo os japoneses estavam ficando intranqüilos; a economia estagnada contribuiu para as perdas eleitorais que haviam levado à recente renúncia do meu amigo Ryutaro Hashimoto como primeiro-ministro. A China, com a economia que mais cresce na região, impediu que a crise se desenvolvesse ainda mais ao se recusar a desvalorizar a sua moeda.

Em geral, na década de 1990 a fórmula para a recuperação era a oferta de empréstimos vultosos pelo FMI ou por países ricos, em contrapartida a reformas necessárias nos países afetados. Invariavelmente, as reformas eram difíceis do ponto de vista político. Elas sempre forçavam mudanças que esbarravam em interesses consolidados, assim como requeriam austeridade fiscal que, a curto prazo, tornava a vida mais difícil para os cidadãos comuns, embora provocasse uma recuperação mais rápida e estável a longo prazo.

Os Estados Unidos tinham apoiado os esforços do FMI na Tailândia, na Indonésia e na Coréia do Sul, e deram contribuições nos dois últimos casos. O Departamento do Tesouro não aprovou crédito para a Tailândia por achar que os 17 bilhões de dólares já disponibilizados eram suficientes, e porque o fundo de estabilização cambial, que tínhamos usado no México, era alvo de novas — embora temporárias — restrições impostas pelo Congresso. As restrições já tinham expirado quando outros países precisaram de ajuda, mas eu me arrependo de não ter feito ao menos uma contribuição modesta ao pacote tailandês. Os departamentos de Estado e de Defesa e o Conselho de Segurança Nacional queriam essa contribuição, porque a Tailândia era o nosso aliado mais antigo no Sudeste Asiático. Eu também queria, mas deixamos o Tesouro decidir. Em termos econômicos e de política interna a decisão foi correta, mas passou uma mensagem errada para os tailandeses e para a Ásia. Bob Rubin e eu não cometemos muitos erros políticos; acredito que esse foi um desses poucos.

O problema da Tailândia não se repetiu na Rússia. Os Estados Unidos estavam ajudando a economia russa desde o meu primeiro ano no cargo, e tínhamos contribuído com quase um terço do pacote do FMI de 23 bilhões de dólares em julho. Infelizmente, o primeiro desembolso de cerca de 5 bilhões de dólares do pacote desapareceu quase todo da noite para o dia, quando o rublo foi desvalorizado e os russos começaram a mandar para fora do país imensas quantidades do seu próprio dinheiro. Os problemas da Rússia foram agravados pelas políticas inflacionárias e irresponsáveis do seu banco central, e pela recusa da Duma em criar um sistema eficaz de coleta de impostos. Os índices de impostos eram bem elevados, talvez altos demais, mas a maioria dos contribuintes não os pagava.

Logo depois de voltarmos de Martha's Vineyard, Hillary e eu fizemos uma rápida viagem à Rússia e à Irlanda do Norte com Madeleine Albright, Bill Daley, Bill Richardson e uma delegação bipartidária de parlamentares. O embaixador Jim Collins convidou um grupo de líderes da Duma à sua residência, a Spaso House. Tentei convencê-los de que nenhum país podia escapar da disciplina da economia global e mostrar que, se eles queriam empréstimos e investimentos externos, a Rússia teria de coletar impostos, deixar de emitir moeda para pagar as contas e de afiançar bancos com problemas, evitar o capitalismo de amigos e pagar as dívidas. Acho que não convenci muito.

O meu décimo quinto encontro com Boris Yeltsin foi tão bom quanto possível, dados os problemas existentes. Os comunistas e os ultranacionalistas estavam impedindo a aprovação na Duma das propostas de reformas apresentadas por Yeltsin. Ele tinha tentado criar um sistema de coleta de impostos mais eficiente por meio de um decreto presidencial, mas não conseguia impedir que o banco central emitisse moeda com freqüência, o que incentivava a fuga de capital do rublo para moedas mais estáveis e desencorajava o crédito e o investimento estrangeiros. Naquele momento eu só pude incentivá-lo e dizer que o restante do dinheiro do FMI estaria disponível logo que pudesse ser aproveitado. Se fosse liberado naquela ocasião, os fundos desapareceriam tão rapidamente como na primeira prestação.

No entanto, fizemos um pronunciamento positivo quando anunciamos que retiraríamos umas cinqüenta toneladas de plutônio de cada um dos nossos programas nucleares — o bastante para a fabricação de milhares de bombas — e tornaríamos o material inutilizável para a futura fabricação de armas nucleares. Com grupos terroristas e nações inimigas tentando pôr as mãos em material físsil, esse passo importante poderia salvar inúmeras vidas.

Após discursar na nova Assembléia da Irlanda do Norte, em Belfast, quando incentivei os parlamentares a continuar a implantação do acordo da Sexta-Feira Santa, Hillary e eu fomos com Tony e Cherie Blair, George Mitchell e Mo Mowland, ministra britânica das Relações Exteriores, para a Irlanda do Norte, até Omagh, para nos reunir com as vítimas do ataque à bomba. Tony e eu falamos o melhor que pudemos e depois ficamos no meio das famílias ouvindo as suas histórias, vendo as crianças machucadas e nos surpreendendo com a firme determinação das vítimas de trilhar o caminho da paz. Durante toda a confusão, alguém tinha escrito uma pergunta provocante num muro de Belfast: "Há vida antes da morte?". Em plena carnificina cruel de Omagh, os irlandeses ainda diziam sim à paz.

Antes de deixar Dublin, nós e os Blair comparecemos a uma Reunião pela Paz em Armagh, a base de onde são Patrício levou o cristianismo para a Irlanda e que passara a ser um centro espiritual para católicos e protestantes na Irlanda do Norte. Fui apresentado por uma jovem graciosa de dezessete anos, Sharon Haughey, que havia me escrito uma carta aos catorze anos, pedindo-me para ajudar a pôr fim ao conflito com uma solução simples: "Os dois lados foram vítimas. Os dois lados têm de perdoar".

Em Dublin, depois do nosso encontro, Bertie Ahern e eu demos uma entrevista coletiva. Um jornalista irlandês disse: "Parece que uma visita do senhor é necessária para dar um empurrão no processo de paz. Vamos precisar vê-lo novamente?". Eu respondi que para o bem deles eu esperava que não, mas para o meu próprio bem eu esperava que sim. Depois, Bertie disse que a minha resposta imediata à tragédia de Omagh tinha mobilizado os dois partidos a tomar decisões rápidas que "poderiam levar semanas ou meses". Dois dias antes, Martin McGuinness, o principal negociador do Sinn Fein, tinha anunciado que iria fiscalizar o processo de desativação de armas do Sinn Fein. Martin era o principal assistente de Gerry Adams e uma força poderosa por direito próprio. O pronunciamento enviou a David Trimble e aos unionistas uma mensagem de que para o Sinn Fein e o IRA a violência, de acordo com o próprio Adams, "é uma coisa do passado, terminada e acabada". Em nossa reunião a portas fechadas, Bertie Ahern me informou que depois de Omagh o IRA advertiu o Real IRA de que, se eles cometessem outro ato como aquele, a polícia britânica seria a menor preocupação deles.

A primeira pergunta de um repórter norte-americano foi um pedido de resposta à reprovação sarcástica que eu tinha recebido no dia anterior no plenário do Senado, proferida por um amigo de longa data, Joe Lieberman. Respondi: "Eu concordo com o que ele disse [...] cometi um erro grave, indefensável, e sinto muito por isso". Algumas pessoas da nossa equipe ficaram contrariadas pelo fato de Joe ter me atacado enquanto eu estava no exterior, mas eu não fiquei. Eu sabia da sua devoção religiosa e que ele estava zangado comigo pelo que eu tinha feito, mas ele teve o cuidado de evitar dizer que eu devia sofrer o *impeachment*.

A nossa escala seguinte na Irlanda foi em Limerick, onde 50 mil partidários da paz encheram as ruas, inclusive os parentes de um dos representantes da nossa delegação, o parlamentar Peter King, de Nova York, que levou a sua mãe irlandesa para o evento. Falei à multidão que o meu amigo Frank McCourt tinha eternizado a velha Limerick no livro *Angela's Ashes* [As cinzas de Ângela], mas que eu preferia a cidade nova.

No dia 9 de setembro Ken Starr enviou o seu relatório de 445 páginas para o Congresso, alegando onze delitos passíveis de *impeachment*. Mesmo com todos os crimes de Watergate, Leon Jaworski não tinha conseguido tanto. O promotor independente deveria relatar as suas descobertas ao Congresso caso encontrasse provas "substanciais e críveis" para sustentar um impeachment; o Congresso deveria decidir se havia base para isso. O relatório foi divulgado publicamente no dia 11; o de Jaworski nunca o fora. No relatório de Starr a palavra "sexo" aparece mais de quinhentas vezes; Whitewater foi mencionado duas vezes. Starr e os seus aliados acreditavam que podiam lavar os seus pecados dos últimos quatro anos no rol da minha roupa suja.

No dia 10 de setembro reuni meu gabinete na Casa Branca e pedi desculpas. Muitos deles não souberam o que dizer. Eles acreditavam no que estavam fazendo e prezavam a oportunidade de desempenhar os seus cargos, mas a maioria achava que eu tinha sido egoísta e tolo, e os tinha deixado no ar por oito meses. Madeleine Albright começou dizendo que eu tinha errado e que ela estava decepcionada, mas a nossa única opção era voltar ao trabalho. Donna Shalala foi mais dura, falando da importância de os líderes, além de terem boas políticas, serem pessoas de boa conduta. Os meus velhos amigos James Lee Witt e Rodney Slater falaram do poder da redenção e citaram a Bíblia. Bruce Babbit, católico, falou do poder da confissão. Carol Browner disse que foi forçada a conversar com o filho sobre assuntos que ela nunca pensou ter de tratar com ele.

Ao ouvir o meu gabinete, eu, pela primeira vez, de fato entendi a extensão da divulgação do meu erro de conduta e da minha desonestidade, ao ser aberta uma caixa de Pandora dos sentimentos do povo norte-americano. Era fácil demais justificar tudo pelas adversidades dos últimos seis anos e alegar que a investigação de Starr tinha sido horrível e o processo de Paula Jones constituíra um engodo com motivação política; fácil dizer que até a vida pessoal, mesmo a de um presidente, devia ser preservada. Mas uma vez que os meus atos estavam expostos com toda a sua sordidez, as avaliações das pessoas foram inevitavelmente um reflexo das suas experiências particulares, marcadas não só pelas suas convicções mas também pelos seus medos, decepções e desilusões.

As reações honestas e diversificadas do meu gabinete me deram um reflexo das conversas que aconteciam em todo o país. À medida que se aproximavam as audiências do *impeachment*, passei a receber muitas cartas de amigos e de estranhos. Algumas cartas me ofereceram palavras tocantes de apoio e de incentivo; outras relatavam histórias de fracasso e de recuperação; umas expressavam revolta pelas atitudes de Starr; outras exprimiam condenação e decepção pelos meus atos; e outras por sua vez refletiam uma combinação de todas essas opiniões. A leitura das cartas me ajudou a lidar com as minhas próprias emoções, e a lembrar que, se quisesse ser perdoado, eu teria de perdoar.

O clima no Salão Oval Amarelo permaneceu constrangedor e tenso enquanto Bob Rubin falava. Rubin era a única pessoa no salão que sabia bem o que havia sido a minha vida nos últimos quatro anos. Ele tinha passado por uma investigação exaustiva da Goldman Sachs, durante a qual um dos seus sócios foi levado algemado antes de ser inocentado. Depois que vários outros falaram, Rubin disse, com a sua franqueza típica: "É claro que você fez uma besteira. Mas todos nós cometemos erros, até grandes erros. Na minha opinião, a questão mais importante é a desproporção da cobertura da mídia e a hipocrisia de alguns dos seus críticos". O clima melhorou depois disso. Sou grato pelo fato de ninguém ter ido embora. Todos nós voltamos ao trabalho.

No dia 15 de setembro contratei Greg Craig, um bom advogado e amigo de Hillary e meu na Faculdade de Direito, para trabalhar com Chuck Ruff, David Kendall, Bruce Lindsay, Cheryl Mills, Lanny Breuer e Nicole Seligman na minha equipe de defesa. No dia 18, como eu já esperava, a Comissão de Justiça da Câmara votou com a liderança do partido pela liberação ao público da fita com o meu depoimento ao grande júri.

Poucos dias depois Hillary e eu oferecemos na Casa Branca o nosso café-da-manhã anual dedicado aos líderes religiosos. Geralmente nós conversávamos com eles sobre assuntos públicos de interesse comum. Dessa vez, pedi a eles orações para a minha agonia pessoal:

> Cumpri uma longa jornada nas últimas semanas para chegar ao fim disso, à mais pura verdade sobre onde estou e onde nós todos estamos. Concordo com os que disseram que eu não parecia bastante arrependido no meu primeiro pronunciamento, logo após o meu depoimento. Acho que não existe um estilo para se declarar culpado.

Eu disse que sentia por todos que foram magoados — a minha família, os amigos, a equipe, o gabinete, e Monica Lewinsky e a família dela —; que tinha pedido perdão a todos e que me comprometia a me aconselhar com pastores e outros para encontrar, com a ajuda de Deus, "uma disposição para dar o perdão que eu próprio procuro, uma renúncia ao orgulho e à ira que impedem a capacidade de julgar, que levam as pessoas a perdoar e comparar e a culpar e se queixar". Disse também que montaria uma defesa vigorosa em resposta às acusações contra mim e intensificaria os esforços para cumprir o meu cargo, "na esperança de que com a alma partida e um coração forte eu possa ser o instrumento para um bem maior".

Pedi aconselhamento a três pastores, pelo menos uma vez por mês, por tempo indefinido: Phil Wogaman, nosso ministro na Igreja Metodista da Fundição, o meu amigo Tony Campolo e Gordon McDonald, ministro e autor de vários livros que eu tinha lido sobre a vivência da fé. Eles mais que cumpriram o compromisso, geralmente vindo à Casa Branca juntos, mas às vezes separados. Nós fazíamos orações, líamos a Bíblia e debatíamos temas sobre os quais eu nunca tinha falado antes. O reverendo Bill Hybels, de Chicago, também continuou a ir à Casa Branca com freqüência para me fazer perguntas, com o intuito de averiguar a minha "saúde espiritual". Apesar de serem duros comigo, os pastores me levaram para além da política, em direção a uma profunda sondagem interior e ao poder do amor de Deus.

Hillary e eu começamos uma terapia de casal séria, um dia por semana durante cerca de um ano. Pela primeira vez na vida falei abertamente dos meus sentimentos, das minhas experiências e das minhas opiniões sobre a vida, o amor e a natureza dos relacionamentos. Não gostei de tudo o que descobri sobre mim mesmo e o meu passado, e sofri ao ter de enfrentar o fato de que a minha infância e a vida que levei desde que comecei a crescer dificultaram para mim muitas coisas que para os outros eram mais naturais.

Também vim a entender que, quando estava exausto, zangado ou me sentindo isolado e sozinho, eu tendia mais a cometer atos egoístas e autodestrutivos dos quais me envergonhava depois. A controvérsia em curso era o mais recente acidente grave causado pelo meu eterno esforço de levar vidas paralelas, de emparedar o ódio e a dor e de me dar bem na vida externa, que eu adorava e sabia aproveitar. Na reta final do mandato eu enfrentava duas lutas titânicas: uma pública com o Congresso, sobre o futuro do país, e outra pessoal, para impedir a invasão dos velhos demônios. Ganhei a pública e perdi a pessoal.

Ao cometer aqueles erros, não só magoei a minha família e o governo. Também provoquei danos à Presidência e ao povo norte-americano. A pressão sob a qual eu vivia não justificou o erro; eu deveria ter sido mais forte e me comportado melhor.

Nada justificava o que eu fiz, mas ao tentar entender a causa de tudo pude finalmente unificar as minhas vidas paralelas.

Nas longas sessões de terapia e nas conversas posteriores sobre elas, Hillary e eu passamos a nos conhecer de novo, para além do que já compartilhávamos no trabalho e no mundo das idéias, e da filha que adorávamos. Eu sempre a amei muito, mas nem sempre soube amá-la. Fiquei satisfeito com a sua coragem de participar da terapia. Ainda éramos o melhor amigo um do outro, e eu queria salvar o nosso casamento.

Enquanto isso, eu ainda dormia no sofá, na salinha de estar ao lado do nosso quarto. Dormi naquele sofá por dois meses ou mais. Li muito, refleti e trabalhei — o sofá era bem confortável —, mas não queria dormir ali para sempre.

* * *

Enquanto os republicanos intensificavam as suas críticas contra mim, os meus partidários começaram a aparecer. No dia 11 de setembro, oitocentos norte-americanos de origem irlandesa se reuniram no Gramado Sul, enquanto Brian O'Dwyer me entregou um prêmio que levava o nome do seu pai, Paul, pelo meu papel no processo de paz na Irlanda. As observações de Brian e a reação da multidão não deixaram dúvida sobre a verdadeira razão para eles estarem lá.

Poucos dias depois, Václav Havel foi a Washington para uma visita de Estado, dizendo à imprensa que eu era um "grande amigo". Mas como a imprensa continuava a perguntar sobre o *impeachment*, a renúncia, ou se eu perdera a autoridade moral para governar, Havel respondeu que os Estados Unidos tinham muitas faces: "Gosto de muitas delas. Algumas eu não entendo. Eu não gosto de falar do que não entendo".

Depois de cinco dias fui a Nova York para a sessão de abertura da Assembléia Geral da ONU, onde fui fazer um discurso sobre a obrigação de todos os países no combate aos terroristas: negando-lhes apoio, asilo e ajuda financeira; pressionando os países que o fazem; efetuando a extradição e instaurando processos; assinando as convenções globais antiterrorismo e fazendo cumprir as existentes para nos proteger contra as armas químicas e biológicas; controlando a fabricação e a exportação de explosivos; elevando os padrões internacionais de segurança nos aeroportos; e combatendo as condições que criam o terrorismo. Foi um discurso importante, especialmente na ocasião, mas os representantes na sala cavernosa da Assembléia Geral estavam também pensando nos eventos de Washington. Quando me levantei para falar, eles responderam com uma ovação de pé, entusiástica e prolongada. Isso foi inédito para a normalmente reservada ONU, e fiquei profundamente emocionado. Não tinha certeza quanto à intenção daquele ato sem precedentes: se era de apoio a mim ou de oposição ao que estava acontecendo no Congresso. Enquanto eu falava na ONU sobre o terrorismo, todas as redes de televisão estavam mostrando o videoteipe do meu depoimento ao grande júri.

No dia seguinte, na Casa Branca, recebi Mandela com líderes religiosos afro-americanos. Foi idéia dele. O Congresso tinha votado nele para receber a Medalha de Ouro do Congresso e no dia seguinte ele a receberia. Mandela me telefonou para dizer que desconfiava que a data do prêmio não era nenhuma coincidência: "Como presidente da África do Sul eu não posso recusar esse prêmio. Mas eu preferia chegar um dia antes e mostrar ao povo norte-americano a minha opinião sobre o que o Congresso está fazendo com você". E foi exatamente o que ele fez, dizendo que nunca tinha visto uma recepção na ONU como a que eu recebi, que o mundo precisava de mim e que os meus adversários deviam me deixar em paz. Os pastores aplaudiram a sua aprovação.

Por melhor que Mandela tenha sido, a reverenda Bernice King, filha de Martin Luther King Jr., roubou a cena. Ela disse que mesmo os maiores líderes cometem erros graves; que o rei Davi fez algo muito pior do que eu ao planejar a morte em batalha do marido de Betsabá, soldado leal dele, para poder se casar com ela; e que Davi teve de expiar o seu pecado e ser punido por ele. Ninguém sabia aonde Bernice queria chegar, até que ela concluiu: "Sim, Davi cometeu um terrível pecado e Deus o puniu. Mas ele continuou sendo rei".

Nesse meio tempo, eu continuava trabalhando, tentando aprovar a minha proposta de verbas para a modernização e a construção de escolas em Maryland, na Flórida e em Illinois; conversando sobre agricultura com o sindicato nacional dos proprietários rurais; fazendo um importante pronunciamento sobre a modernização do sistema financeiro global no Conselho das Relações Exteriores; reunindo-me com o Estado-Maior Conjunto para discutir o preparo das corporações; pedindo apoio para outro aumento do salário mínimo no sindicato internacional de trabalhadores elétricos; recebendo de John Hope Franklin o relatório final da Comissão Consultiva do Presidente sobre Raça; mantendo um diálogo com Tony Blair, o primeiro-ministro italiano Romano Prodi e o presidente Peter Stoyanov, da Bulgária, sobre a aplicabilidade em outros países da Terceira Via, filosofia que Tony Blair e eu adotamos; encontrando-me pela primeira vez com o primeiro-ministro japonês, Keizo Obuchi; convidando Netanyahu e Arafat para a Casa Branca, numa tentativa de dar prosseguimento ao processo de paz; e aparecendo em mais de uma dúzia de eventos de campanha para os democratas em seis estados e em Washington.

No dia 30 de setembro, último dia do ano fiscal, anunciei que tínhamos alcançado um superávit no orçamento de cerca de 70 bilhões de dólares, o primeiro em 29 anos. Embora a imprensa se ativesse sobretudo ao relatório de Starr, havia muitas coisas acontecendo e que tinham de ser atendidas. Eu estava disposto a não deixar que o lado público chegasse à estagnação, e fiquei contente pelo fato de a equipe e o gabinete da Casa Branca pensarem do mesmo modo. Independentemente do que o noticiário dizia, eles continuaram a trabalhar.

Em outubro os republicanos da Câmara dos Deputados, liderados por Henry Hyde e os seus colegas da Comissão de Justiça, continuaram a pressionar pelo *impeachment*. Os democratas da comissão, liderados por John Conyers, de Michigan, se opuseram exaustivamente, argumentando que mesmo se as piores acusações contra mim fossem verdadeiras, elas não se equipariam aos "graves crimes e delitos" previstos na Constituição para exigir o *impeachment*. Os democratas estavam certos com relação à lei, mas os republicanos tinham os votos; no dia 8 de outubro a Câmara votou pela abertura de um inquérito para investigar se eu deveria sofrer o *impeachment*. Não fiquei surpreso, pois estávamos a um mês das eleições de meio de mandato e os republicanos só tinham uma bandeira de campanha: pegar o Clinton. Depois da eleição eu acreditava que os republicanos moderados analisariam os fatos e a legislação e se oporiam ao *impeachment* em favor de uma resolução de censura e repreensão — a mesma que Newt Gingrich tinha recebido por falso testemunho e violação das leis tributárias.

Muitos dos comentaristas políticos previam desastre para os democratas. O pensamento dominante era de que, graças à controvérsia, nós perderíamos entre 25 e 35 cadeiras na Câmara e quatro no Senado. Em Washington a maioria das pessoas apostava nisso. Os republicanos tinham 100 milhões de dólares a mais que os democratas para gastar na campanha e, além disso, mais democratas do que republicanos estavam se candidatando à reeleição no Senado. Nessa casa, entre as cadeiras disputadas, uma em Indiana deveria ser dos democratas, onde o candidato era o governador Evan Bayh, enquanto o governador George Voinovich, de Ohio, deveria ganhar a cadeira antes ocupada por John Glenn, republicano. Havia sete cadeiras em suspenso; destas, cinco estavam sendo ocupadas por democratas e apenas uma por republicano.

Eu discordava da opinião geral por várias razões. Em primeiro lugar, a maioria dos norte-americanos desaprovava o estilo de conduta de Starr e se ressentia do fato de os republicanos do Congresso estarem mais interessados em me prejudicar do que em ajudá-los. Quase 80% desaprovavam a liberação da fita do grande júri e a aprovação do Congresso tinha caído para 43%. Em segundo, do mesmo modo como Gingrich tinha mostrado em seu "Contrato com os Estados Unidos" em 1994, se a opinião pública acreditasse que um partido tinha um programa positivo e o outro não, o partido com um plano de governo ganharia. Pela primeira vez os democratas estavam unidos em torno de um programa em pleno mandato: salvar o sistema nacional de aposentadoria antes de gastar o superávit com programas novos ou com cortes tributários; colocar 100 mil professores nas nossas escolas; modernizar as escolas velhas e construir novas; aumentar o salário mínimo; e aprovar o projeto de lei da Declaração dos Direitos dos Pacientes. E, finalmente, uma maioria considerável dos norte-americanos se opunha ao *impeachment*; se os democratas lutassem pelo seu programa e contra o *impeachment*, muito provavelmente ganharíamos na Câmara.

Realizei alguns eventos políticos no início e no fim de outubro, a maioria nas cercanias de Washington, em locais próprios para destacar as bandeiras dos nossos candidatos. Fora isso, passei a maior parte do tempo na Casa Branca. Havia muito a ser feito, sendo o Oriente Médio a questão mais importante de todas. Madeleine Albright e Dennis Ross vinham trabalhando havia meses para novamente colocar nos trilhos o processo de paz, até que Madeleine conseguiu reunir Arafat e Netanyahu, quando estes compareceram à sessão da Assembléia Geral da ONU em Nova York. Nenhum deles estava disposto a dar o primeiro passo ou a ser visto por seus eleitorados concedendo demais, apesar de os dois se preocuparem com o descontrole a que a deterioração da situação poderia levar, especialmente se o Hamas iniciasse uma nova série de ataques.

No dia seguinte os dirigentes foram a Washington me ver e anunciei o plano de uma nova reunião dentro de um mês nos Estados Unidos, para que eles fechassem um acordo. Nesse meio tempo Madeleine foi à região para vê-los. Eles se encontraram entre Israel e Gaza, e depois Arafat os levou à sua casa de hóspedes para almoçar, obrigando o linha-dura Netanyahu a entrar na faixa de Gaza palestina, algo que nunca um primeiro-ministro israelense havia feito.

Meses de trabalho foram dedicados à preparação da reunião de cúpula. As duas partes queriam a mediação dos Estados Unidos nas decisões mais difíceis, e acreditavam que a grande solenidade do evento os ajudaria a vender as decisões nos seus próprios países. Claro que em qualquer reunião de cúpula há sempre o risco de que as partes não alcancem um acordo, e que o esforço tão divulgado prejudique todos os envolvidos. A minha equipe de segurança nacional estava preocupada com a possibilidade de malogro e com as conseqüências dele. Tanto Arafat como Netanyahu tinham marcado posições inflexíveis em público, e

Netanyahu tinha defendido a sua retórica ao nomear Ariel Sharon, o líder linha-dura mais proeminente do partido Likud, para ministro do Exterior. Sharon tinha se referido ao acordo de paz de 1993 como um "suicídio nacional" para Israel. Era impossível saber se Netanyahu tinha dado a pasta a Sharon para poder culpá-lo de um possível fracasso da reunião de cúpula ou para ter a cobertura da direita se tudo desse certo.

Eu acreditava na idéia da reunião de cúpula e estava ansioso para realizá-la. Achava que não tínhamos muito a perder, pois sempre preferia o fracasso num esforço válido à omissão por medo do fracasso.

No dia 15 demos o pontapé inicial na Casa Branca e depois as delegações seguiram para o centro de conferências de Wye River, em Maryland. Era um local bem apropriado para o evento; os espaços para as reuniões públicas e jantares eram confortáveis e as acomodações ficavam dispostas de tal modo que cada delegação podia ficar reunida a uma distância razoável da outra.

Originalmente planejamos quatro dias para a reunião de cúpula; ela terminaria dois dias antes de Netanyahu voltar a Israel a tempo de abrir a nova sessão do Knesset. Concordamos sobre os regulamentos usuais: nenhum lado poderia fazer acordos provisórios em questões específicas antes que um acordo completo fosse alcançado, e os Estados Unidos redigiriam o acordo final. Eu lhes disse que ficaria lá a maior parte do tempo, mas todas as noites voltaria para Washington de helicóptero, independentemente da hora, para poder despachar na manhã seguinte e continuar a negociação com o Congresso sobre os projetos da lei orçamentária. Já estávamos no novo ano fiscal, mas somente um terço dos treze projetos de lei orçamentária tinha sido aprovado e assinado. Os fuzileiros navais que operavam o helicóptero presidencial HMX1 me prestaram um grande serviço nos oito anos de mandato, mas durante a reunião em Wye River os seus préstimos foram incalculáveis; eles ficavam de prontidão para me levar à Casa Branca após as sessões noturnas, lá pelas duas ou três da manhã.

No primeiro jantar insisti para que Arafat e Netanyahu pensassem num meio de se ajudarem ao lidar com as respectivas oposições internas. Eles pensaram e conversaram por quatro dias, mas ficaram exaustos por tentar e não alcançar nenhum acordo. Netanyahu disse que não era possível chegar a um acordo sobre todas as questões e sugeriu um acordo parcial: Israel retiraria 13% da ocupação da Margem Ocidental e os palestinos melhorariam substancialmente a cooperação com a segurança, seguindo um plano elaborado pelo diretor da CIA, George Tenet, que desfrutava confiança dos dois lados.

Bem tarde naquela noite eu me encontrei a sós com Ariel Sharon pela primeira vez. O ex-general de setenta anos tinha participado da criação de Israel e de todas as guerras posteriores. Sua impopularidade entre os árabes era decorrente não só de sua hostilidade na negociação das terras pela paz, mas também do seu papel na invasão israelense do Líbano em 1982, na qual um grande número de refugiados palestinos desarmados tinha sido morto pela milícia libanesa, que era aliada de Israel. Durante o nosso encontro de mais de duas horas eu basicamente fiz perguntas e o ouvi. Sharon não era totalmente desprovido de simpatia pela causa palestina. Ele queria ajudá-los economicamente, mas se opunha à desistência da Margem Ocidental, por isso contrariar os interesses de segurança de Israel, e não confiava que Arafat combateria o terrorismo. Ele era o único representante da delegação de Israel que não apertava a mão de Arafat. Gostei de ouvir Sharon falar da sua vida e das suas opiniões, e quando terminamos aquela conversa, às três da manhã, eu compreendia melhor o seu pensamento.

Um ponto que me surpreendeu foi a sua insistência em perdoar Jonathan Pollard, um ex-analista do serviço de informação da Marinha norte-americana que em 1986 tinha sido julgado culpado por espionar para Israel. Tanto Rabin quanto Netanyahu também já tinham me pedido a libertação de Pollard. Obviamente essa era uma questão importante na política interna de Israel, e a opinião pública do país não entendia o castigo severo imposto pelos Estados Unidos a Pollard, que afinal de contas tinha vendido informações altamente preciosas a um aliado. Antes do término das reuniões o caso voltaria à baila novamente. Enquanto isso, continuei a trabalhar com os líderes e a conversar com os representantes das equipes, inclusive com o ministro da Defesa de Israel, Ytzhak Mordechai; os altos conselheiros de Arafat, Abu Ala e Abu Mazen, que seriam mais tarde primeiros-ministros palestinos; Saeb Erekat, negociador-chefe de Arafat; e Mohammed Dahlan, com apenas 37 anos e já chefe da segurança em Gaza. Tanto os israelenses como os palestinos eram admiráveis. Tentei permanecer com eles o máximo possível; era difícil dizer quem defenderia de modo decisivo a paz quando eles estivessem sozinhos em suas delegações separadas.

No domingo à noite ainda não tínhamos chegado a um consenso e os dois lados concordaram em ampliar o prazo de discussão. Al Gore se juntou a nós para contribuir com o seu poder de persuasão no nosso grupo, que incluía, da equipe da Casa Branca, Sandy Berger, Rob Malley e Bruce Reidle, e do lado do departamento do Estado a secretária Albright, Dennis Ross, Martin Indyk, Aaron Miller, Wendy Sherman e Toni Verstandig. Todos os dias havia um rodízio de trabalho com os correspondentes israelenses e palestinos sobre vários assuntos, sempre na esperança de ver alguma luz no fim do túnel.

O tradutor do departamento de Estado, Gemal Helal, também representou um papel extraordinário nessas e em outras negociações. Os representantes das duas delegações falavam inglês, mas Arafat sempre usava a língua árabe nas negociações. Gemal era geralmente a única pessoa na sala durante minhas reuniões individuais com Arafat. Ele conhecia a situação do Oriente Médio e o papel de cada representante da delegação palestina nas decisões, além de Arafat gostar dele. Helal viria a ser um conselheiro no nosso grupo. Em mais de uma vez a sua percepção e a sua conexão pessoal com Arafat tiveram um valor inestimável.

Na segunda-feira senti que estávamos mais uma vez progredindo. Continuei pressionando Netanyahu a atender Arafat pela causa da paz — terras, o aeroporto, uma passagem segura entre Gaza e a Margem Ocidental, o porto em Gaza —, de maneira a fortalecê-lo o suficiente para que ele pudesse combater o terrorismo, e pressionei Arafat não somente a aumentar os esforços na segurança mas também a reunir o Conselho Nacional Palestino a fim de formalmente rever o Pacto Palestino, eliminando os trechos que pedem a destruição de Israel. O Conselho Executivo da Organização para a Libertação da Palestina (OLP) já havia renunciado à cláusula, mas Netanyahu achava que os cidadãos israelenses só aceitariam esse parceiro da paz se a Assembléia Palestina eleita votasse pela eliminação daquele trecho ofensivo. Arafat não queria reunir o conselho porque temia não conseguir controlar o resultado. Todos os palestinos em todo o mundo eram eleitores dos representantes do conselho, e muitos dos expatriados não apoiavam as concessões inerentes no processo de paz, nem a liderança de Arafat era aceita por palestinos que moravam em Gaza e na Cisjordânia.

No dia 20 o rei Hussen e a rainha Noor se juntaram a nós. Hussein estava nos Estados Unidos se tratando de câncer na Clínica Mayo. Eu o mantive informado dos progressos e dos problemas. Embora estivesse fraco em razão da doença e da quimioterapia, ele disse que iria a Wye River se eu achasse que isso ajudaria. Após falar com Noor, que garantiu que ele queria ir e que eles ficariam bem em qualquer acomodação disponível, eu disse a Hussein que precisávamos de toda ajuda possível. É difícil descrever o impacto que a presença de Hussein teve nas negociações. Ele tinha emagrecido muito e a quimioterapia havia levado todo o seu cabelo, inclusive a sobrancelha, mas a sua cabeça e o coração permaneciam fortes. Ele foi muito prestativo, aconselhando os dois lados com sensatez, e a própria visão da sua figura diminuiu a pose e o complexo de inferioridade comuns em todas as negociações.

No dia 21 tínhamos conseguido um acordo apenas quanto à questão da segurança, e tudo indicava que Netanyahu comemoraria o seu quadragésimo nono aniversário abandonando as negociações malogradas. No dia seguinte voltei para ficar o tempo que durasse a negociação. Após a reunião dos dois lados a sós por duas horas, eles apresentaram uma solução inteligente para obter a votação do Conselho Palestino sobre a alteração do pacto: eu iria a Gaza para me dirigir ao grupo junto de Arafat, que então pediria uma demonstração de apoio através de mãos levantadas, palmas ou os pés batendo no chão. Sandy Berger, embora apoiasse o plano, me advertiu sobre o risco disso. Era verdade, mas nós estávamos pedindo aos israelenses e palestinos que se arriscassem mais; eu concordei em ir.

Naquela noite ainda estávamos tratando do pedido de Arafat para que mil prisioneiros palestinos fossem soltos de prisões israelenses. Netanyahu disse que não poderia libertar militantes do Hamas ou outros "com as mãos manchadas de sangue", limitando a quinhentos o número de futuros libertos. Eu sabia que nos encontrávamos num momento de decisão e pedi a Hussein para ir ao grande chalé onde estávamos jantando, a fim de conversar com as duas delegações ao mesmo tempo. Quando ele entrou na sala, com a sua aura régia, olhos luminosos e uma eloqüência simples, todos esses traços pareciam intensificados pela sua decadência física. Com uma voz sonora e profunda, ele disse que a história nos julgaria a todos, que as diferenças remanescentes entre os dois lados eram triviais comparadas aos benefícios da paz, e que eles teriam de alcançá-la para o bem dos seus próprios filhos. A mensagem não dita parecia igualmente clara: pode ser que eu não tenha muito tempo de vida; impedir a morte da paz vai depender de vocês.

Depois que Hussein saiu, ficamos no grande chalé, onde todos se reuniram nas várias mesas para continuar trabalhando em diversas questões. Eu disse à minha equipe que estávamos sem tempo e que eu não ia dormir. A minha estratégia para o sucesso agora se reduzia à resistência; eu estava disposto a ser o último homem de pé. Netanyahu e Arafat tinham consciência de que seria agora ou nunca. Eles e as suas equipes ficaram conosco durante a longa noite.

Finalmente, às três da manhã, elaborei com Netanyahu e Arafat um acordo sobre os prisioneiros, e nós avançamos a duras penas até concluirmos. Já eram quase sete da manhã. Havia apenas um obstáculo: Netanyahu estava ameaçando abandonar todo o acordo a menos que Pollard fosse solto. Ele disse que eu tinha prometido isso no jantar da noite anterior, e por isso ele havia concordado com outras questões. De fato eu tinha dito ao primeiro-ministro que, se esse fosse o preço da paz, eu estaria inclinado a atender-lhe, mas teria de consultar a minha equipe.

Apesar da solidariedade que Pollard inspirava em Israel, ele era um caso difícil para os Estados Unidos. Tinha vendido os nossos segredos por dinheiro, não por convicção, e durante anos nunca demonstrou remorso. Quando conversei com Sandy Berger e George Tenet, eles se opuseram terminantemente a soltar Pollard, e Madeleine Albright fez o mesmo. George disse que depois do prejuízo que o caso Aldrich Ames causara à CIA, ele teria de renunciar se eu substituísse a sentença de Pollard. Eu não queria fazer isso, e os comentários de Tenet fecharam a porta. A segurança e os compromissos dos israelenses e dos palestinos de trabalhar juntos contra o terrorismo estavam no cerne do acordo que realizamos. Tenet havia ajudado os dois lados a elaborar os detalhes e tinha concordado em que a CIA os apoiaria na sua implantação. Se ele saísse, provavelmente Arafat iria embora. E eu, pelo meu lado, também precisava de George na luta contra a Al-Qaeda e o terrorismo. Eu disse a Netanyahu que reexaminaria o caso seriamente e tentaria discuti-lo com Tenet e a equipe da segurança nacional, mas que Netanyahu tinha se saído melhor com o acordo de segurança, com o qual ele podia contar, do que com a libertação de Pollard.

Finalmente, depois de mais uma longa conversa, Netanyahu concordou em ficar com o acordo, mas somente sob a condição de que ele pudesse mudar o grupo de prisioneiros a serem libertados, de maneira a aumentar o número dos criminosos comuns a serem soltos e reduzir o dos que cometeram crimes contra a segurança. Isso seria um problema para Arafat, que queria a libertação das pessoas que ele considerava guerreiros da liberdade. Dennis Ross e Madeleine Albright foram ao chalé de Arafat e o convenceram de que aquilo era o máximo que eu podia conseguir. Então eu fui vê-lo e lhe agradecer; a sua concessão de último minuto salvou o meu dia.

O acordo garantiu aos palestinos mais terra na Cisjordânia, o aeroporto, a libertação de prisioneiros, a passagem segura entre Gaza e a Cisjordânia, e ajuda financeira. Em contrapartida, Israel obteria uma cooperação sem precedentes na luta contra a violência e o terrorismo, a prisão de determinados palestinos que os israelenses identificavam como fontes da violência e dos assassinatos contínuos, a alteração no Pacto Palestino e um rápido começo das negociações sobre o *status* final. Os Estados Unidos forneceriam a Israel ajuda para os gastos com segurança na mobilização das tropas, e aos palestinos apoio para o desenvolvimento econômico, além de o nosso país representar um papel central na consolidação dessa cooperação de segurança sem precedentes que os dois lados decidiram acolher.

Logo que selamos o acordo com apertos de mãos, tivemos de voar de volta para a Casa Branca a fim de anunciar o pacto. A maioria de nós estava acordada fazia umas quarenta horas e poderíamos ter descansado e tomado um banho, mas como era sexta-feira à tarde, tínhamos de terminar a cerimônia antes do pôr-do-sol, quando se inicia o sabá judeu. A cerimônia começou às quatro da tarde no Salão

Leste. Depois que Madeleine Albright e Al Gore falaram, anunciei as linhas gerais do acordo e agradeci às partes. Então Netanyahu fez comentários amistosos e otimistas, num tom muito formal. Ao falar sobre a sua renúncia à violência, Arafat usou palavras fortes, o que não era comum. Hussein advertiu que os inimigos da paz tentariam anular o acordo com o uso da violência, e insistiu para que a população de ambos os lados seguisse os seus dirigentes e substituísse a destruição e a morte por um futuro comum para os filhos de Abraão "que seja digno deles".

Em um gesto de amizade e avaliação do que o Congresso estava disposto a fazer, Hussein, dirigindo-se a mim, disse que havia feito amizade com nove presidentes: "Mas no tema da paz [...] nunca — com toda a afeição que mantive pelos seus antecessores — conheci alguém com a sua dedicação, clareza de pensamento, concentração e disposição [...] e esperamos que você esteja conosco quando virmos um sucesso maior e quando ajudarmos os nossos irmãos a progredir em direção a um futuro melhor".

Então Netanyahu e Arafat assinaram o acordo, logo antes de o sol se pôr, e o sabá começar. A paz no Oriente Médio ainda estava viva.

Ao mesmo tempo que as negociações se realizavam em Wye River, Erskine Bowles estava se ocupando de intensas negociações sobre o orçamento no Congresso. Ele ia me deixar depois da eleição e queria, antes disso, fazer o melhor acordo possível. Nós tínhamos poder de barganha porque os republicanos não iam querer obstruir a pauta do governo mais uma vez, pois eles já tinham perdido muitos meses brigando entre si e me atacando, em vez de cumprir as suas obrigações.

Erskine e a equipe dele fizeram as manobras corretas nos detalhes dos projetos de lei, concedendo aqui e ali a fim de garantir verbas para as nossas grandes prioridades. Anunciamos o fechamento do acordo na tarde do dia 15, e na manhã seguinte já houve a comemoração no Jardim Rosa com Tom Daschle, Dick Gephardt e toda a equipe econômica. O acordo final salvou o superávit para a reforma do sistema nacional de aposentadoria e garantiu verbas para o primeiro pagamento dos 100 mil novos professores, para um aumento significativo dos programas para reter as crianças na escola fora do horário das aulas e das nossas outras prioridades educacionais. Garantimos uma ajuda financeira substancial aos agricultores e criadores e atingimos ganhos ambientais impressionantes: verbas para o projeto da água limpa, que visava recuperar para a pesca e a natação 40% dos nossos lagos e rios poluídos, assim como verbas para o combate ao aquecimento global e para dar continuidade às nossas atividades de proteção ambiental contra as ocupações de áreas sem planejamento e a poluição. E, depois de oito meses de impasse, também pudemos aprovar a contribuição norte-americana ao Fundo Monetário Internacional, possibilitando aos Estados Unidos dar continuidade aos esforços de pôr fim à crise financeira e estabilizar a economia mundial.

Como a nossa pauta não foi totalmente aprovada, tivemos muita munição para duas semanas e meia de campanha. Os republicanos derrubaram a Declaração dos Direitos dos Pacientes no plano de saúde HMO [Health Maintenance Organization]; abortaram a legislação sobre o tabaco, com os seus aumentos de impostos sobre o cigarro e as suas medidas contra o fumo entre adolescentes, favorecendo portanto os grandes fabricantes de cigarros; obstruíram no Senado a reforma do financiamento de campanha, apesar do unânime apoio dos senadores democratas à legislação, depois de ela ter sido aprovada na Câmara; rejeitaram o aumento do salário mínimo; e, o que mais me surpreendeu, não aprovaram a minha proposta de construir e reformar 5 mil escolas. Derrotaram também o crédito tributário na produção e na compra de energia não poluente e de instrumentos que visavam à preservação de energia. Brinquei com Newt Gingrich dizendo que finalmente eu tinha encontrado um corte de impostos a que ele se opunha.

Mesmo assim, dada a composição política do Congresso, foi um orçamento esplêndido, e uma homenagem à capacidade de negociação de Erskine Bowles. Depois de negociar um orçamento equilibrado em 1997, ele havia repetido o feito. Como eu costumava dizer, ele teve "um fim de cena magistral".

Quatro dias depois, logo antes de partir para Wye River, nomeei John Podesta para o cargo de Erskine, que o tinha recomendado veementemente. Eu já conhecia John fazia quase trinta anos, desde a campanha de Joe Duffey para o Senado em 1970. Ele já havia servido na Casa Branca como secretário e subchefe de gabinete; conhecia o Congresso e já tinha ajudado a orientar as políticas econômica, externa e de defesa; era um ambientalista ferrenho; e, fora Al Gore, entendia de tecnologias de informação mais que qualquer outra pessoa na Casa Branca. Ele também tinha a personalidade adequada: uma boa cabeça, experiência, um humor balanceado e jogava cartas melhor que Erskine Bowles. John proveu a Casa Branca com uma equipe de liderança excepcionalmente capaz, com os subchefes de gabinete Steve Richetti e Maria Echaveste, e com a sua assistente, Karen Tramontano.

Nas nossas provações e triunfos, partidas de golfe e jogos de cartas, Erskine e eu nos tornamos grandes amigos. Eu iria sentir muito a sua falta, em especial no campo de golfe. Nos dias mais estressantes, Erskine e eu íamos até o campo de golfe do Exército e da Marinha para uma partida rápida. Antes de deixar o cargo de consultor jurídico, o meu amigo Kevin O'Keefe freqüentemente se juntava a nós. Tínhamos sempre a companhia de Mel Cook, um militar reformado que trabalhava lá e conhecia o lugar como a palma da sua mão. Com freqüência eu precisava jogar umas cinco ou seis vezes antes de acertar uma boa tacada, mas a beleza do lugar e o meu gosto pelo golfe eliminavam a pressão do dia. Continuei a ir jogar naquele campo, mas sempre sentia a falta de Erskine. Pelo menos ele estava me deixando nas boas mãos de Podesta.

Rahm Emanuel também tinha me deixado. Ele começou comigo como diretor financeiro da campanha de 1991 e, nesse meio tempo, se casou, teve filhos e queria garantir o futuro deles. O grande dom de Rahm era a sua capacidade de transformar as idéias em ações. Ele conseguia perceber a potencialidade de pontos que ninguém via e não desgrudava dos detalhes que freqüentemente determinavam fracasso ou sucesso. Depois da nossa derrota em 1994, ele foi o maior responsável por recuperar a minha imagem. Em poucos anos Rahm estaria de volta a Washington como parlamentar de Chicago, a cidade que, segundo ele, deveria ser a capital do mundo. Eu o substituí com Doug Sosnik, o diretor político da Casa Branca, que era quase tão ativo e convincente quanto Rahm, entendia de política e do Congresso, e sempre me mostrava o lado negativo de cada situação, sem esperar com isso que eu cedesse, além de ser astuto no jogo de cartas. Craig Smith o substituiu como diretor político, um cargo que ele já tinha cumprido na campanha de 1992.

Na manhã do dia 22, pouco antes da minha ida a Wye River para mais um dia interminável, o Congresso suspendeu a sessão depois de me enviar o projeto de lei do governo que visava criar 3 mil escolas públicas nos Estados Unidos até o ano 2000. Na última semana do mês, o primeiro-ministro Netanyahu sobreviveu a um voto de não-confiança no Knesset sobre o acordo de Wye River, e os presidentes do Peru e do Equador, com a ajuda dos Estados Unidos, resolveram um litígio de fronteira que quase chegou a um conflito armado. Na Casa Branca recebi o novo presidente da Colômbia, Andrés Pastrana, e apoiei os seus projetos corajosos de acabar com o conflito de décadas entre os grupos de guerrilhas. Também assinei a Lei de Liberdade Religiosa Internacional de 1998, e nomeei Robert Seiple, ex-presidente do World Vision U.S., organização cristã de caridade, como o representante especial do secretário do Estado para a liberdade religiosa internacional.

À medida que a campanha chegava ao fim, fiz várias escalas na Califórnia, em Nova York e em Maryland, e fui com Hillary ao Cabo Canaveral, na Flórida, para ver John Glenn ser lançado no espaço; o Comitê Nacional Republicano pôs na televisão uma série de peças de propaganda contra mim; a juíza Norma Holloway Johnson declarou haver fundamentos para acreditar que o escritório de Starr tinha violado a legislação sobre vazamentos do grande júri 24 vezes; e reportagens indicavam que, segundo testes de DNA, Thomas Jefferson tinha tido vários filhos com a sua escrava Sally Hemings.

No dia 3 de novembro, apesar da enorme vantagem financeira dos republicanos, dos ataques a mim e das previsões de extinção dos democratas pelos analistas políticos, as eleições foram a nosso favor. Em vez da perda prevista de quatro a seis cadeiras no Senado, não houve mudança. O meu amigo John Breaux, que depois da eleição de 1994 tinha me ajudado a restaurar a imagem de Novo Democrata do governo e se opôs firmemente ao *impeachment*, foi reeleito com uma vitória esmagadora na Louisiana. Na Câmara dos Deputados os democratas recuperaram cinco cadeiras, sendo a primeira vez desde 1822 que o partido do presidente conseguia essa façanha no sexto ano de mandato.

A eleição apresentou uma escolha simples: os democratas queriam em primeiro lugar salvar o sistema nacional de aposentadoria, contratar 100 mil professores, modernizar as escolas, aumentar o salário mínimo e aprovar a Declaração dos Direitos dos Pacientes. Os republicanos eram contra tudo isso. De modo geral, eles fizeram uma campanha de uma nota só, calcada no *impeachment*, muito embora em alguns estados levantassem a bandeira contra os gays, dizendo basicamente que, se os democratas vencessem no Congresso, nós obrigaríamos todos os estados a reconhecer os casamentos de gays. Nos estados de Washington e do Arkansas a mensagem foi reforçada por fotografias de casais gays se beijando ou num altar. Pouco antes da eleição, um jovem homossexual, Mathew Shephard, foi espancado até a morte no Wyoming por sua orientação sexual. Esse fato chocou o país, especialmente depois que os seus pais tiveram a coragem de falar sobre o assunto em público. Eu mal pude acreditar que a extrema direita faria propaganda contra os gays depois da morte de Shephard, mas o fato é que eles sempre precisaram de um inimigo. Os republicanos também ficaram enfraquecidos por causa de sua forte divisão com relação ao acordo do orçamento em outubro; os representantes mais conservadores achavam que eles tinham dado demais sem receber nada em troca.

Nos meses anteriores às eleições cheguei à conclusão de que "o azar dos seis anos" tinha sido por demais superestimado, que os cidadãos historicamente votavam contra o partido do governo no sexto ano por acharem que o governo estava desacelerando, perdendo energia e boas idéias, e que a única solução seria dar oportunidade ao outro lado. Em 1998 eles me viram trabalhando no acordo do Oriente Médio e em outras questões internacionais e internas até as eleições, além de saberem que tínhamos uma pauta para os próximos dois anos. A campanha do *impeachment* incentivou os democratas a votar em maior número do que em 1994, e a recusar qualquer mensagem de troca de votos feita pelos republicanos. Por outro lado, os governadores republicanos, cientes da responsabilidade do cargo, e que fizeram campanha com a minha plataforma de responsabilidade fiscal, reforma do seguro contra a pobreza, medidas sensatas para o controle da criminalidade e apoio consistente à educação, estes foram bem-sucedidos. No Texas o governador George W. Bush, depois de derrotar facilmente o meu velho amigo Garry Mauro, fez o seu discurso de vitória diante de uma faixa com a inscrição "Oportunidade, Responsabilidade", dois terços do slogan da minha campanha de 1992.

O voto de um grande número de eleitores afro-americanos ajudou um jovem advogado chamado John Edwards a derrotar o senador Lauch Faircloth, da Carolina do Norte, que era amigo do juiz Sentelle e um dos meus críticos mais acirrados; e na Carolina do Sul os eleitores negros impulsionaram a candidatura do senador Fritz Hollings, levando-o a uma vitória inesperada. Em Nova York, o parlamentar Chuck Schumer, um adversário incisivo do *impeachment* com um longo currículo em medidas contra a criminalidade, derrotou facilmente o senador Al D'Amato, que nos últimos anos havia se dedicado a atacar Hillary e a equipe dela em seus depoimentos na comissão. Na Califórnia, a senadora Bárbara Boxer venceu a reeleição, e Gray Davis foi eleito governador com margens muito mais elevadas do que apontavam as pesquisas de opinião. Além disso, graças ao ímpeto anti-*impeachment* e ao grande número de eleitores hispânicos e afro-americanos, os democratas conquistaram mais duas cadeiras na Câmara.

Nas eleições para a Câmara recuperamos a cadeira que Marjorie Margolies-Mezvinsky tinha perdido em 1994, quando o nosso candidato, Joe Hoeffel, que tinha perdido em 1996, se candidatou novamente e se opôs ao *impeachment*. No estado de Washington, Jay Inslee, que tinha sido derrotado em 1994, recuperou a sua cadeira. Em Nova Jersey, dez dias antes das eleições, um professor de física chamado Rush Holt estava com 20% nas pesquisas. Ele divulgou uma propaganda na televisão enfatizando a sua oposição ao *impeachment* e ganhou uma cadeira que havia um século um democrata não ganhava.

Todos nós fizemos o máximo para diminuir a grande diferença na questão da arrecadação de fundos de campanha e eu gravei mensagens telefônicas dirigidas a residências de hispânicos, negros e outros prováveis eleitores dos democratas. Al Gore fez campanha vigorosa em todo o país, e Hillary provavelmente apareceu mais que todos. Durante uma escala da campanha em Nova York o pé dela inchou demais, e então descobriram um coágulo de sangue na parte posterior do seu joelho direito e ela começou a tomar medicamentos para o problema. O dr. Mariano queria que ela ficasse em repouso por uma semana, mas ela continuou, transmitindo segurança e apoio aos nossos candidatos. Eu fiquei muito preocupado com a sua saúde, mas ela se mostrava disposta a continuar. Com toda a raiva que sentia de mim, ela ainda estava mais contrariada com o que Starr e os republicanos tentavam fazer.

As pesquisas realizadas por James Carville e Stan Greenberg e pelo perito em opinião pública, o democrata Mark Mellman, tinham indicado que no âmbito nacional os eleitores teriam 20% a mais de probabilidade de votar num democrata que dissesse que eu devia ser repreendido pelo Congresso do que num republicano que defendesse o *impeachment*. Esses resultados levaram Carville e outros a implorar a todos os candidatos com chance de ganhar que adotassem essa estratégia. O poder de persuasão dessa tática foi evidente, inclusive em disputas que perdemos por pequena margem quando os republicanos deveriam ter vencido facilmente. Por exemplo, o democrata Phil Maloof, que em junho tinha acabado de perder uma eleição especial por seis pontos, e a uma semana da eleição de novembro tinha ampliado essa desvantagem para dez pontos, no fim de semana anterior à eleição começou uma propaganda anti-*impeachment* na televisão. Ele ganhou no dia da eleição, mas perdeu a eleição por 1% porque um terço dos eleitores tinha votado antecipadamente, ou seja, antes de ouvir a sua mensagem. Acredito que os democratas teriam prevalecido na Câmara se os candidatos tivessem concorrido com a bandeira do nosso programa positivo e do anti-*impeachment*. Muitos não o fizeram por medo, pois não conseguiam acreditar no óbvio por causa da cobertura imensamente negativa que sofri e da quase unanimidade entre os analistas políticos de que a ação de Starr e Henry Hyde teria conseqüências negativas para os democratas, e não para os republicanos.

No dia seguinte à eleição telefonei para Newt Gingrich para falar de outro assunto, mas a conversa acabou caindo na eleição. Ele foi muito amável, dizendo-me que como historiador e "artilheiro do outro time", queria me parabenizar. Disse que não tinha acreditado na nossa possibilidade de vitória e que esse era um acontecimento histórico. Mais tarde, em novembro, Erskine Bowles me telefonou para falar de uma conversa bem diferente que ele tinha tido com Gingrich. Newt lhe disse que eles iam pedir o *impeachment* apesar do resultado das eleições, e do fato de que muitos republicanos moderados não tinham votado a favor. Quando Erskine lhe perguntou por que eles pediriam o *impeachment* em vez de outras soluções possíveis como a repreensão, o presidente da Câmara respondeu: "Porque nós podemos".

Os republicanos de direita, que controlavam a Câmara, achavam que, já que tinham pago o preço pelo *impeachment*, agora o melhor era ir em frente com ele antes que o novo Congresso chegasse. Eles achavam que o *impeachment* não lhes causaria mais perdas eleitorais nas próximas eleições, quando os eleitores estariam pensando em outra coisa. Newt e Tom DeLay acreditavam que poderiam forçar a maioria dos moderados a votar com o partido — pressionados por programas de entrevistas de apresentadores direitistas e por militantes dos seus distritos; por ameaças de cortar fundos de campanha ou de apresentar adversários nas primárias republicanas, ou de lhes tirar cargos de direção, ou ainda pela oferta de novos cargos e outras vantagens.

Na Câmara a derrota havia deixado os direitistas a ponto de explodir. Muitos realmente acreditavam que haviam perdido por terem cedido demais à Casa Branca nas duas últimas negociações do orçamento. A verdade é que, se tivessem levantado a bandeira dos orçamentos equilibrados de 1997 e 1998, do programa de seguro de saúde infantil e dos 100 mil professores, eles teriam tido bons resultados, da mesma maneira que os governadores republicanos. Mas eles eram ideológicos e furiosos demais para fazer isso. Agora eles iam recuperar o controle do programa republicano com o *impeachment*.

Eu já tivera quatro enfrentamentos decisivos com os radicais de direita: a eleição de 1994, que eles venceram; no mesmo ano, o fechamento do governo por causa do orçamento; a eleição de 1996; e a eleição de 1998, que foi a nosso favor. Nesse meio tempo, tentei trabalhar de boa-fé com o Congresso para manter o país avançando. Dessa vez, diante da maioria esmagadora da opinião pública contra o *impeachment*, e da comprovação de que nada do que eles alegavam que eu havia feito chegava ao nível de um delito passível de *impeachment*, eles estavam de volta para uma outra batalha ideológica. Não havia nada a fazer a não ser vestir o uniforme e entrar em campo.

50

A UMA SEMANA DA ELEIÇÃO, dois políticos renomados de Washington anunciaram que não iriam mais se candidatar, e além disso estávamos em plena crise com Saddam Hussein. Newt Gingrich nos surpreendeu a todos ao anunciar que estava renunciando à presidência da Câmara e ao próprio mandato. Parecia que a convenção estava bastante dividida e ele enfrentava ataques à sua liderança pelas perdas eleitorais, e com isso desistiu de continuar a lutar. Depois que vários republicanos moderados deixaram claro que o *impeachment* era letra morta pelos resultados eleitorais, eu não entendi a decisão do presidente da Câmara. Ele tinha sempre me apoiado nas questões externas, tinha agido com franqueza quanto às tendências da convenção quando estávamos a sós e, após a batalha no final do mandato, demonstrou flexibilidade na elaboração de acordos honestos com a Casa Branca. Nesse momento ele tinha o pior de ambos os lados: os republicanos entre moderados e conservadores estavam contrariados porque o partido não tinha oferecido nenhum programa positivo para as eleições de 1998, e durante o ano todo não tinha feito nada além de me atacar; e os seus ideólogos da direita do partido estavam contrariados porque achavam que ele tinha trabalhado demais do meu lado e me demonizado muito pouco. A ingratidão do conluio direitista, que passou a controlar a convenção republicana, deve ter exasperado Gingrich; eles estavam no poder unicamente por causa da sua estratégia brilhante na eleição de 1994, e, antes disso, pelos anos que ele passara organizando e fazendo proselitismo.

O anúncio de Newt recebeu mais manchetes nos jornais, mas a aposentadoria de Pat Moynihan, senador por Nova York, teve um impacto maior na minha família. Na noite em que Moynihan disse que não concorreria à reeleição, Hillary recebeu um telefonema do nosso amigo Charlie Rangel, parlamentar do Harlem e alto representante da Comissão de Recursos e Meios da Câmara, insistindo para que ela se candidatasse à cadeira de Moynihan. Hillary assegurou a Charlie que se sentia lisonjeada, mas nunca tinha levado em consideração essa possibilidade.

Ela não fechou de todo a porta, e eu fiquei contente. Achei a idéia bem interessante. Com o fim do meu mandato, nós pretendíamos morar em Nova York, e eu passaria algum tempo no Arkansas na minha biblioteca. Os nova-iorquinos gostavam de senadores proeminentes: Moynihan, Robert Kennedy, Jacob Javits, Robert Wagner e muitos outros que eram vistos tanto como representantes de Nova York como de todo o país. Eu achava que Hillary daria uma ótima senadora e gostaria do trabalho. Mas essa decisão ainda levaria meses.

No dia 8 de novembro levei a minha equipe de segurança nacional para discutirmos o Iraque em Camp David. Uma semana antes Saddam Hussein tinha novamente expulsado os inspetores da ONU, e era quase certo que teríamos de fazer uso de ação militar. O Conselho de Segurança da ONU tinha votado unanimemente pela condenação do Iraque por "violações flagrantes" das resoluções da ONU. Bill Cohen tinha ido ao Oriente Médio a fim de reunir apoio para os ataques aéreos, e Tony Blair estava disposto a participar.

Poucos dias depois, a comunidade internacional deu um grande passo para estabilizar a situação financeira global, com um pacote de socorro ao Brasil de 42 bilhões de dólares, 5 bilhões dos quais com dinheiro dos contribuintes norte-americanos. Diferentemente dos pacotes de socorro à Tailândia, à Coréia do Sul, à Indonésia e à Rússia, esse era concedido antes de o país se tornar inadimplente, coerentemente com a nossa nova política de tentar impedir a falência e a sua disseminação para outros países. Fizemos o máximo para convencer os investidores internacionais de que o Brasil estava disposto a realizar as reformas e tinha munição financeira para combater os especuladores. E dessa vez as condições de empréstimo do FMI seriam menos rigorosas, preservando os programas de ajuda aos pobres e incentivando os bancos brasileiros a continuar concedendo empréstimos. Eu não sabia se funcionaria, mas confiava muito no presidente Fernando Henrique Cardoso. E como o Brasil era nosso importante parceiro econômico, os Estados Unidos tinham grande interesse no seu êxito. Era mais um risco que valia a pena correr.

No dia 14 pedi a Al Gore para representar os Estados Unidos na reunião anual da APEC [Asia-Pacific Economic Cooperation], na Malásia, a primeira parte de uma viagem à Ásia agendada com grande antecedência. Eu não podia ir porque Saddam Hussein estava tentando impor condições inaceitáveis para o retorno dos inspetores da ONU; estávamos tentando reagir com ataques aéreos a locais que o serviço de informação indicasse estarem ligados ao programa de armas dele, assim como a outros alvos militares. Logo antes de começarem os ataques, com os aviões já a caminho, recebemos a primeira das três cartas do Iraque abordando as nossas objeções. Em poucas horas Saddam cedeu totalmente e se comprometeu a solucionar todas as questões importantes levantadas pelos inspetores, a dar a eles acesso irrestrito a todos os locais, sem nenhuma interferência, a entregar toda a documentação relevante e a aceitar todas as resoluções da ONU sobre as armas de destruição em massa. Eu estava cético, mas decidi lhe dar mais uma chance.

No dia 18 parti para Tóquio e Seul. Queria ir ao Japão para firmar uma relação de trabalho conjunto com Keizo Obuchi, o novo primeiro-ministro, e tentar influenciar a opinião pública a apoiar as duras reformas necessárias para pôr fim a mais de cinco anos de estagnação econômica. Gostei de Obuchi e achei que ele seria capaz de controlar a turbulência da cena política do Japão e cumprir o mandato por vários anos. Ele se interessava pelo estilo da política norte-americana de apaziguamento. Na década de 1960, quando jovem, tinha ido aos Estados Unidos e, com a sua lábia, conseguiu conhecer o então procurador-geral Robert Kennedy, que passou a ser o seu herói político. Após o nosso encontro, Obuchi me levou para as ruas de Tóquio, onde apertei as mãos de colegiais que seguravam bandeiras japonesas e norte-americanas. Também participei de um programa de televisão ao vivo no palácio da cidade, no qual os japoneses, famosos pela sua reticência, me surpreenderam com perguntas abertas e diretas; além de querer a minha opinião sobre os desafios do Japão no momento, eles me perguntaram se eu já tinha visitado as vítimas de Hiroshima e Nagasaki; o que o Japão poderia fazer para que os pais ficassem mais tempo com os seus filhos, como eu fiquei com a Chelsea; quantas vezes por mês eu jantava com a minha família; como eu lidava com as pressões do cargo de presidente; e como eu tinha me desculpado com Hillary e Chelsea.

Em Seul apoiei Kim Dae Jung, tanto nos seus esforços contínuos para sair da crise econômica quanto na aproximação com a Coréia do Norte, uma vez que estava claro que nenhum de nós permitiria a proliferação de mísseis, de armas nucleares ou de outras armas de destruição em massa. Nós dois estávamos preocupados com o recente teste de lançamento de um míssil de longo alcance pela Coréia do Norte. Eu tinha pedido que Bill Perry orientasse um pequeno grupo a fim de rever a nossa política para a Coréia. Sua missão era sugerir um plano para o futuro que maximizasse as chances de a Coréia do Norte abandonar os seus programas de armas e mísseis, reconciliar com a Coréia do Sul, e ao mesmo tempo minimizar os riscos de fracasso.

No fim do mês Madeleine Albright e eu presidimos uma conferência no Departamento de Estado em prol do desenvolvimento econômico dos palestinos, com Yasser Arafat, Jim Wolfensohn, do Banco Mundial, e os representantes da União Européia, do Oriente Médio e da Ásia. O gabinete israelense e o Knesset tinham aprovado o acordo de Wye River, e já era hora de fazer investimentos em Gaza e na Cisjordânia para dar aos palestinos sitiados um sabor das vantagens da paz.

Paralelamente a esses acontecimentos, Henry Hyde e os seus colegas prosseguiram com a sua pauta, enviando-me 81 perguntas para serem respondidas com "admito ou nego", e liberando 22 horas de gravação de conversas entre Linda Tripp e Monica Lewinsky. A gravação que Linda fez dessas conversas sem a permissão de Monica — depois que o seu advogado explicitamente a avisou que aquilo era um ato criminoso e que ela não deveria fazê-lo novamente — era um delito sob o direito penal de Maryland. Ela foi indiciada por isso, mas o juiz do caso não permitiu que o promotor chamasse Monica Lewinsky como testemunha para comprovar que as conversas ocorreram de fato, declarando que a imunidade que Starr tinha concedido a Linda Tripp para testemunhar sobre a violação ilegal da privacidade de Monica Lewinsky impedia que ela testemunhasse contra Linda. Mais uma vez Starr tinha conseguido proteger criminosos que cooperavam com ele, mesmo quando ele indiciava pessoas inocentes que não mentiriam em seu favor.

Na mesma ocasião Starr também indiciou Webb Hubbel pela terceira vez, alegando que ele tinha enganado os agentes federais sobre o trabalho que ele e a Rose Law Firm tinham feito para uma instituição financeiramente falida. Foi a última, e quase desesperada, tentativa de dobrar Hubbel para forçá-lo a dizer alguma coisa prejudicial contra mim ou contra Hillary.

No dia 19 de novembro Kenneth Starr apareceu diante da Comissão de Justiça da Câmara fazendo comentários que, tal como o seu relatório, iam muito além dos limites da sua responsabilidade de simplesmente dar conta ao Congresso dos fatos encontrados. O relatório de Starr já estava sendo criticado pela omissão de uma prova importante e útil para mim: a afirmação convicta de Monica Lewinsky de que eu nunca pedi que ela mentisse.

Três pontos surpreendentes se evidenciaram no depoimento de Starr à comissão. O primeiro foi o seu anúncio de que não tinha sido encontrada nenhuma falha da minha parte e da parte de Hillary nas investigações feitas na Divisão de Viagens e nos arquivos do FBI. O deputado Barney Frank, de Massachusetts, perguntou quando ele tinha chegado a essas conclusões. "Alguns meses atrás", respondeu Starr. Frank então perguntou por que ele havia esperado o fim das eleições para me livrar dessas acusações, uma vez que ele tinha apresentado o seu relatório "com muita coisa negativa sobre o presidente" antes das eleições. A resposta curta de Starr foi confusa e evasiva.

A segunda surpresa foi Starr ter admitido que falou com a imprensa secretamente, violando a regra de sigilo do grande júri. Finalmente, ele negou sob juramento que o seu escritório tivesse tentado fazer Monica Lewinsky usar transmissores para gravar conversas com Vernon Jordan, comigo e com outras pessoas. Quando confrontado com o formulário do FBI provando que ele tinha tentado convencê-la a isso, Starr foi evasivo. O *Washington Post* escreveu que "as negações de Starr [...] foram destruídas pelos seus próprios relatórios do FBI".

O fato de Starr ter admitido a violação das regras de sigilo do grande júri e o falso testemunho sob juramento não o desanimou, nem aos republicanos da comissão. Eles achavam que ao time da casa se aplicavam regulamentos diferenciados.

No dia seguinte Sam Dash renunciou ao cargo de conselheiro de ética de Starr, dizendo que este tinha se introduzido "ilegitimamente" no processo de *impeachment* com os comentários dele, Sam Dash, no depoimento no Congresso. Como a minha mãe costumava dizer, Dash estava "um dia atrasado e com um dólar a menos": por muito tempo Starr não se importou com a legitimidade da sua atitude.

Logo antes do Dia de Ação de Graças os republicanos da Câmara voltaram a Washington para eleger Bob Livingston, da Louisiana, presidente da Comissão de Dotações Orçamentárias, para ser o presidente da casa. Ele assumiria em janeiro, quando começaria a nova temporada do Congresso. Na ocasião a maioria das pessoas achava que o movimento pelo *impeachment* estava de molho. Vários republicanos moderados tinham se declarado contra ele e achavam que a eleição havia passado uma mensagem clara de que o povo norte-americano queria que o Congresso me repreendesse e o país continuasse sendo governado.

Em meados do mês encerrei o caso Paula Jones com uma quantia exorbitante e nenhuma desculpa. Eu não gostei nada de fazer o acordo, porque tinha obtido uma vitória evidente, segundo a lei e os fatos, num caso de motivação política. Os advogados de Paula Jones tinham levado o caso ao Tribunal de Recursos da Oitava Circunscrição Judiciária, mas a lei aplicável ao caso era clara: se o Tribunal de Recursos seguisse as suas próprias decisões, eu ganharia a ação. Infelizmente a banca dos três juízes designados para o caso era encabeçada por Pasco Bowman, o mesmo juiz ultraconservador que tinha retirado o juiz Henry Woods de um dos casos Whitewater, com base em artigos espúrios de jornal, depois de Woods ter apresentado uma decisão de que Starr não gostou. Pasco Bowman, como o juiz David Sentelle, em Washington, já havia demonstrado que tinha a intenção de abrir exceções na legislação normal em casos relacionados a Whitewater.

Um lado meu queria perder o recurso para que eu pudesse ir ao Tribunal, liberar todos os documentos e depoimentos e mostrar ao público as intenções dos meus adversários. Mas tendo prometido ao povo norte-americano que trabalharia para ele nos próximos dois anos, eu não devia dedicar nem cinco minutos a mais do meu tempo ao caso Paula Jones. O acordo levou cerca da metade da poupança das nossas vidas, e já estávamos com uma grande dívida das custas judiciais, mas depois que entregasse o cargo, se tivesse saúde, eu poderia ganhar dinheiro para prover a minha família e pagar todas essas contas. Então fiz um acordo para um caso judicial que eu já tinha ganho, e voltei a trabalhar.

A minha promessa de virar a página do caso Jones seria testada mais uma vez, e sem piedade. Em abril de 1999, a juíza Wright me sancionou por violar as suas ordens de procedimento probatório e exigiu que eu pagasse as suas custas de viagem e as dos advogados de Paula Jones com o depoimento. Discordei com veemência dessa opinião, mas não podia argumentar sem entrar nas questões factuais que eu estava disposto a evitar, além de roubar mais do meu tempo de trabalho. Fiquei realmente indignado por pagar as custas dos advogados de Paula Jones; eles tinham abusado da sua posição no depoimento em que me interrogaram com perguntas de má-fé e em conluio com Starr, e repetidamente desafiaram a ordem da juíza de não vazar informações. A juíza nunca fez nada para puni-los.

No dia 2 de dezembro Mike Espy foi absolvido de todas as acusações contra ele feitas pelo promotor independente Donald Smaltz. Smaltz tinha seguido a cartilha de Starr na investigação de Espy, gastando mais de 17 milhões de dólares e indiciando todo mundo que ele conseguia, num esforço para pressioná-los a dizer algo prejudicial contra Mike. A reprovação pungente do júri fez de Smaltz e de Starr os únicos promotores independentes a perder julgamentos em tribunal de júri.

Poucos dias depois, Hillary e eu pegamos um avião para Nashville para um culto dedicado à memória do pai de Al Gore, o senador Albert Gore, que tinha morrido aos noventa anos em sua casa em Carthage, no Tennessee. O War Memorial Auditorium estava cheio de gente de todos os cantos, que foi reverenciar um homem cujo mandato no Senado incluiu feitos como a construção do sistema de estradas interestaduais, a recusa em assinar o Manifesto Sulista segregacionista de 1956, e a sua corajosa oposição à Guerra do Vietnã. Eu admirava o senador Gore desde a minha juventude, e sempre gostei das oportunidades que a minha associação com Al me proporcionaram de estar com ele. O senador e a sra. Gore ajudaram muito na campanha de Al e minha em 1992, e eu apreciava muito ouvir o senador fazer os seus antiquados discursos de campanha, inflamados e enfurecidos.

A música do culto em sua memória foi emocionante, especialmente quando ouvimos uma fita antiga, de 1938, do senador Gore, então um jovem político que despontava, tocando violino no Salão da Constituição. Al fez um discurso em seu louvor, uma homenagem carinhosa e eloquente ao pai, ao homem e ao funcionário público. Depois do culto eu disse a Hillary que gostaria que todos pudessem ouvi-lo nos Estados Unidos.

Em meados do mês, logo antes da minha partida para Israel e Gaza a fim de cumprir os compromissos assumidos no acordo de Wye River, a Comissão de Justiça da Câmara votou, mais uma vez com o partido, a favor do meu *impeachment* por perjúrio no testemunho e no depoimento ao grande júri, e por obstruir a justiça. Eles também aprovaram um quarto item, de acusação por falso testemunho nas respostas às suas perguntas. Era um procedimento realmente esquisito. O presidente Hyde se recusou a estabelecer um padrão do que constituía um crime passível de *impeachment* ou a chamar testemunhas com conhecimento direto no caso em disputa. Ele assumiu a posição de que um voto pelo *impeachment* era simplesmente um voto para enviar o relatório de Starr ao Senado, que tinha poderes de determinar se o relatório era factualmente exato, e se a minha remoção do cargo era justificada.

Um grupo bipartidário de promotores disse à comissão que nenhum promotor normal me acusaria de perjúrio com relação à evidência desse caso, e uma lista de historiadores renomados, inclusive Arthur Schlesinger, da Universidade da Cidade de Nova York, C. Vann Woodward, de Yale, e Sean Wilentz, de Princeton, relatou que a alegação do que eu fiz não se enquadrava no padrão para pedido de *impeachment* — quer dizer, um "crime ou delito muito grave" cometido no exercício do poder executivo. Essa foi sempre a definição aceita, e a sua interpretação foi sustentada por uma carta aberta ao Congresso assinada por quatrocentos especialistas em Direito. No caso Watergate, por exemplo, a Comissão de Justiça da Câmara votou contra a aplicação do *impeachment* ao presidente Nixon com base na alegação de evasão de imposto de renda, porque isso não tinha nada a ver com a sua atuação no cargo. Mas nada disso era relevante para Hyde, para o seu promotor, David Schippers, igualmente hostil, e para os direitistas que controlavam a Câmara.

Desde a eleição, Tom DeLay e a sua equipe estavam insistindo com os direitistas para que eles pedissem o meu *impeachment*. Os programas de rádio pressionavam bastante nesse sentido e os moderados começavam a receber mensagens dos militantes anti-Clinton em seus distritos. Eles estavam convencidos de que poderiam conseguir fazer um número suficiente de moderados no Congresso esquecer a oposição popular ao *impeachment* se despertassem neles o temor à retaliação que viria dos inimigos do Clinton.

No contexto dessa estratégia, o voto na comissão de Hyde contra a reprimenda era tão importante quanto a sua votação a favor dos artigos do *impeachment*. A repreensão contava com a preferência de 75% dos norte-americanos; se uma moção de repreensão fosse apresentada à Câmara, os republicanos moderados votariam nela e o processo de *impeachment* estaria enterrado. Hyde afirmou que o Congresso não tinha autoridade para censurar o presidente; ou o *impeachment*, ou nada. Na verdade, os presidentes Andrew Jackson e James Polk sofreram repreensão do Congresso. A resolução da censura ou repreensão foi derrotada pela comissão, mais uma vez numa votação partidária. A Câmara seria impedida de votar no que a maioria dos cidadãos queria. Agora só restava saber quantos republicanos moderados seriam "convencidos".

Após a votação da comissão, Hillary e eu pegamos o avião para o Oriente Médio. Tivemos uma reunião e um jantar com o primeiro-ministro Netanyahu, à luz das velas do menorá pelo Chanuca, e visitamos o túmulo de Rabin com a família dele. No dia seguinte, Madeleine Albright, Sandy Berger, Dennis Ross, Hillary e eu pegamos um helicóptero até uma Gaza densamente habitada para cortar a fita de inauguração do novo aeroporto e almoçar com Arafat, em um hotel com vista para a praia mediterrânea de Gaza, longa e bonita. Fiz o discurso a que tinha me comprometido em Wye River para o Conselho Nacional Palestino. Logo antes de me levantar para falar, quase todos os representantes ergueram as mãos em apoio a retirar do documento a cláusula que conclamava à destruição de Israel. Esse foi o ponto alto que justificou a viagem. Quase se podia ouvir um suspiro de alívio de Israel; talvez, no final das contas, israelenses e palestinos de fato pudessem compartilhar a terra e o futuro. Agradeci aos representantes, disse-lhes que queria que o seu povo tivesse vantagens concretas com a paz e pedi que ficassem do lado desse processo.

Não foi um apelo em vão. Menos de dois meses depois da aprovação do acordo de Wye River, as negociações enfrentaram novos problemas. Muito embora o gabinete de Netanyahu tivesse aprovado o acordo por uma pequena margem, a sua coalizão não era de fato a favor dele e praticamente impedia que ele prosseguisse com o deslocamento das tropas e a libertação dos prisioneiros, ou que levasse adiante questões finais ainda mais difíceis, como o Estado palestino e se a parte oriental de Jerusalém se tornaria a capital da Palestina. A emenda à Constituição palestina do dia anterior ajudou Netanyahu com o povo israelense, mas era muito mais difícil convencer a sua própria coalizão. Tudo indicava que ele teria de formar uma base de unidade nacional com apoio mais amplo ou realizar eleições.

Na manhã seguinte ao meu discurso para os palestinos, Netanyahu, Arafat e eu nos encontramos na travessia da fronteira de Erez, na tentativa de impulsionar a implantação do acordo de Wye River e decidir sobre como avançar nas questões finais. Depois disso Arafat, eu e Hillary fomos até Belém. Ele se orgulhava de ter a custódia de um local tão sagrado para os cristãos, e sabia que significaria muito para nós visitá-lo em data tão próxima ao Natal.

Depois de deixarmos Arafat, nos juntamos ao primeiro-ministro Netanyahu para uma visita a Massada. Fiquei impressionado com o trabalho de restauração das ruínas da fortaleza onde os judeus lutaram até a morte por suas convicções. Esse trabalho de restauração foi realizado depois de 1981, quando Hillary e eu estivemos lá pela primeira vez. Netanyahu parecia um tanto pensativo e acabrunhado. Ele tinha ultrapassado a zona de segurança política com o acordo de Wye River e o seu futuro parecia incerto. Era impossível prever se os riscos que ele tinha corrido levariam Israel a uma paz duradoura ou ao fim do seu governo.

Nós nos despedimos do primeiro-ministro e voltamos a Washington para um novo conflito. Seis dias antes, no segundo dia das novas inspeções da ONU no Iraque, alguns inspetores tinham tido o acesso negado ao quartel-general do Ba'ath, o partido de Saddam. No dia em que voltamos a Washington, o inspetor-chefe de armas da ONU, Richard Butler, relatou a Kofi Annan que o Iraque não estava mantendo os compromissos de cooperar e tinha até impingido novas restrições ao trabalho dos inspetores.

No dia seguinte os Estados Unidos e o Reino Unido fizeram uma série de ataques de aviões e com mísseis de cruzeiro em locais do Iraque suspeitos de abrigar laboratórios químicos, biológicos e nucleares. No meu pronunciamento daquela noite ao povo norte-americano, eu disse que Saddam já tinha usado armas químicas contra os iranianos e os curdos do norte do Iraque, e lançado mísseis Scud contra outros países. Eu disse que tinha cancelado um ataque quatro semanas antes porque o líder iraquiano havia prometido total aceitação das normas. Em vez disso, os inspetores tinham sido ameaçados várias vezes e, "desse modo, o Iraque desperdiçou sua última chance".

Enquanto os ataques eram lançados, nosso serviço de inteligência assinalou que grandes quantidades de material biológico e químico que existiam no Iraque no fim da Guerra do Golfo, assim como algumas ogivas de mísseis, ainda não tinham sido encontradas, e que estava em andamento um trabalho laboratorial básico voltado para a possibilidade de desenvolvimento de armas nucleares. Os nossos especialistas militares achavam que as armas não-convencionais poderiam ter se tornado mais importantes para Saddam, na medida em que o seu poderio militar convencional estava muito mais fragilizado do que antes da Guerra do Golfo.

A minha equipe de segurança nacional achava unanimemente que deveríamos atacar Saddam logo que o relatório de Butler saísse, visando minimizar a probabilidade de o Iraque dispersar as suas tropas e proteger os seus estoques químicos e biológicos. Tony Blair e seus assessores concordaram. O ataque com apoio britânico durou quatro dias, com 650 vôos de reconhecimento aéreo e 400 mísseis *cruise*, todos meticulosamente programados para atingir alvos militares e de segurança nacional, assim como para minimizar as vítimas civis. Após os ataques não tínhamos como saber a quantidade do material proscrito destruído, mas, em contrapartida, a capacidade de o Iraque produzir e utilizar armas perigosas tinha sido obviamente reduzida.

Embora eles falassem de Saddam como se ele fosse o próprio demônio, alguns republicanos estavam agitados em conseqüência dos ataques. Muitos deles, inclusive o senador Lott e o representante Dick Armey, criticaram o momento dos ataques, dizendo que eu só os tinha comandado para atrasar a votação do *impeachment* pela Câmara. No dia seguinte, depois de vários senadores republicanos aprovarem o ataque, Lott voltou atrás nos seus comentários. Armey não o fez; ele, DeLay e os seus protegidos se esforçavam para pôr os moderados na linha do partido e tinham pressa de votar o *impeachment* antes que alguns começassem a mudar de opinião.

No dia 19 de dezembro, pouco antes de a Câmara começar a votar o meu *impeachment*, o presidente designado da Câmara, Bob Livingston, anunciou o seu afastamento por problemas pessoais, na esteira de revelações públicas. Mais tarde eu soube que dezessete republicanos conservadores foram até ele e disseram que Bob teria de deixar o cargo, não por algo que tivesse feito, mas por obstruir o meu *impeachment*.

Quase seis semanas depois de o povo norte-americano ter mandado uma mensagem clara de oposição ao *impeachment*, a Câmara aprovou dois dos quatro itens ratificados pela comissão Hyde. O primeiro, acusando-me de mentir para o grande júri, passou por 228 a 206, em que cinco republicanos votaram contra. O segundo, alegando que eu tinha obstruído a justiça ao instigar ao perjúrio e esconder evidências, passou por 221 a 212, em que também doze republicanos votaram contra. As duas acusações eram inconsistentes. A primeira era baseada nas diferenças observadas entre os detalhes da descrição de Monica Lewinsky dos nossos encontros no relatório de Starr e do meu depoimento ao grande júri; a segunda ignorou o fato de que ela também tinha testemunhado que eu nunca tinha pedido para ela mentir, um fato sustentado por todas as outras testemunhas. Os republicanos pareciam acreditar em Monica só quando ela discordava de mim.

Logo depois da eleição, Tom DeLay e companhia haviam começado a laçar os republicanos moderados. Eles conseguiram alguns votos impedindo que os moderados votassem pela repreensão, e depois lhes dizendo que, se eles queriam que eu fosse castigado de alguma maneira, eles deviam se sentir à vontade para votar pelo *impeachment*, pois eu não seria considerado culpado nem afastado do cargo se os republicanos não conseguissem os dois terços necessários para o meu afastamento no Senado. Poucos dias depois da votação na Câmara, quatro deputados republicanos moderados — Mike Castle, de Delaware, James Greenwood, da Pensilvânia, Bem Gilman e Sherwood Boehlert, de Nova York — divulgaram por meio do *New York Times* que os seus votos pelo *impeachment* não significavam que eles eram a favor do meu afastamento do cargo.

Eu não estou a par de todas as políticas de "é dando que se recebe" utilizadas com os moderados, mas descobri algumas delas. Um presidente de comissão republicano estava obviamente perturbado quando contou a um funcionário da Casa Branca que não queria votar pelo *impeachment*, mas que perderia o posto se votasse contra. Jay Dickey, um republicano do Arkansas, contou a Mack McLarty que poderia perder o seu lugar na Comissão de Diretrizes Orçamentárias se não votasse pelo *impeachment*. Fiquei decepcionado com Jack Quinn, um republicano de Buffalo, em Nova York, que freqüentava a Casa Branca e disse a várias pessoas, inclusive a mim, que se opunha ao *impeachment*, quando mudou de opinião e disse que votaria em três dos quatro artigos. Em 1996, a maioria do seu distrito tinha votado em mim, mas uma minoria eloqüente dos seus eleitores parecia pressioná-lo bastante. Mike Forbes, um republicano de Long Island que tinha me apoiado na batalha contra o *impeachment*, mudou quando lhe ofereceram um cargo de liderança na equipe de Livingston. Quando Livingston se afastou, a oferta se evaporou.

Cinco democratas também votaram pelo *impeachment*. Quatro deles eram provenientes de distritos conservadores. O quinto disse que tinha intenção de votar pela repreensão, mas foi convencido de que estava fazendo a segunda melhor opção. Entre os republicanos que votaram contra o *impeachment* estavam Amo Houghton, de Nova York, e Chris Shays, de Connecticut, dois dos deputados republicanos mais progressistas e independentes; Connie Morella, de Maryland, também progressista, cujo distrito tinha votado esmagadoramente em mim em 1996; e dois conservadores, Mark Souder, de Indiana, e Peter King, de Nova York, que simplesmente se recusaram a se alinhar à liderança do partido e transformar uma questão constitucional em um teste de fidelidade partidária.

Peter King, com quem eu tinha trabalhado na Irlanda do Norte, resistiu a semanas de enorme pressão, inclusive ameaças de destruí-lo politicamente se ele não votasse pelo *impeachment*. Em várias entrevistas na televisão, King simplesmente argumentava para os seus colegas republicanos: sou contra o *impeachment* porque, se o presidente Clinton fosse republicano, vocês também seriam contra. Os republicanos pró-*impeachment*, que se apresentaram nos programas com ele, nunca deram uma resposta convincente a esse argumento. Os direitistas achavam que toda pessoa tinha um preço ou um ponto de ruptura, e na maior parte dos casos eles estavam certos. Mas Peter King tinha uma alma irlandesa: ele adorava a poesia de Yeats; não temia lutar por uma causa perdida e não estava à venda.

Embora se alegasse que as forças pró-*impeachment* se reuniam no escritório de DeLay para rezar, pedindo o apoio de Deus à sua missão divina, o movimento a favor do *impeachment* não era em sua essência moral nem judicial, mas de poder. Newt Gingrich tinha dito tudo em uma única frase: "porque podemos". O meu *impeachment* não era por quererem um presidente com uma conduta pessoal indefensável; havia muitos erros no lado deles também, o que já estava surgindo na mídia, porém sem uma ação judicial fictícia e sem um promotor especial para fazer os ataques. Não era pelo fato de eu ter mentido em processos judiciais; quando descobriram que Newt Gingrich tinha dado falso testemunho várias vezes durante as investigações na Comissão de Ética da Câmara sobre práticas aparentemente ilegais da sua comissão de ação política, ele recebera uma repreensão e uma multa da mesma turma que tentava votar pelo meu *impeachment*. Quando Kathleen Willey — que tinha imunidade garantida por Starr enquanto dissesse o que ele queria ouvir — mentiu, Starr até lhe concedeu imunidade mais uma vez. Quando Susan McDougal se recusou a mentir, ele a indiciou. Quando Herby Branscum e Rob Hill se recusaram a mentir, ele os indiciou. Quando Webb Hubbell se recusou a mentir, ele o indiciou uma segunda e uma terceira vez, e indiciou a sua esposa, o seu advogado e o seu contador, para acabar retirando as acusações contra os três mais tarde. Quando a primeira história de David Hale sobre mim foi refutada, Starr permitiu que ele a alterasse até ele finalmente surgir com uma versão que não fosse refutada. O ex-sócio de Jim McDougal e meu velho amigo, Steve Smith, se ofereceu para ser testado com um detector de mentiras em relação à sua afirmação de que o pessoal de Starr tinha preparado uma declaração datilografada para ele ler diante do grande júri, além de pressioná-lo a fazer isso mesmo depois de Steve ter dito diversas vezes que a declaração era mentirosa. O próprio Starr não falou a verdade sob juramento sobre a tentativa de fazer Monica Lewinsky usar transmissores para gravar conversas secretamente.

Certamente a votação da Câmara não era sobre se as acusações das autoridades da Câmara constituíam crimes passíveis de *impeachment* segundo a definição histórica. Se os mesmos critérios utilizados no caso Watergate fossem aplicados no meu caso, não haveria nenhum processo de *impeachment*.

Foi uma questão de poder, de algo que os republicanos da Câmara fizeram porque podiam, e porque eles queriam seguir uma pauta a que eu me opunha e tinha obstruído. Não tenho dúvida de que muitos dos que os apoiaram acreditavam que a razão para me afastar do cargo dizia respeito à moralidade e à lei, e que eu era uma pessoa nefasta e, portanto, não importava se a minha conduta cabia ou não na definição constitucional de crimes passíveis de *impeachment*. Mas a posição deles não passou no primeiro teste de moralidade e justiça: as mesmas regras se aplicam a todos. Como Teddy Roosevelt disse certa vez, homem algum está acima da lei, "mas tampouco homem algum se encontra abaixo dela".

Nas guerras sectárias que grassaram desde meados da década de 1960, nenhum lado é totalmente inocente. Considerei os erros dos democratas ao examinar o gosto cinematográfico do juiz Bork e os hábitos alcoólicos do senador John Tower. Mas quando chegou à política de destruição pessoal, a Nova Direita republicana formou uma classe própria. O meu partido nem sempre soube entender o poder, mas me orgulho do fato de que há coisas que os democratas não fariam só porque podiam.

Logo antes de a Câmara votar, Robert Healy escreveu um artigo no *Boston Globe* sobre uma reunião ocorrida no fim de 1986 entre o presidente da Câmara dos Deputados, Tip O'Neill, e o presidente Reagan na Casa Branca. O escândalo Irã-Contras estava sendo divulgado; os funcionários John Poindexter e Oliver North, da Casa Branca, tinham ido contra a lei e mentido no Congresso. O'Neill não perguntou ao presidente se ele sabia ou se tinha autorizado o delito. (A comissão bipartidária do senador republicano John Tower mais tarde descobriu que Reagan de fato sabia.) De acordo com Healy, O'Neill simplesmente disse ao presidente que ele não permitiria que um processo de *impeachment* avançasse; ele disse que já tinha passado pelo Watergate e não faria o país passar por essa provação novamente.

Talvez Tip O'Neill fosse mais patriota do que Gingrich e DeLay, mas eles e os seus aliados foram mais eficazes em concentrar poder e em usá-lo sem limites contra os seus adversários. Eles acreditavam que, a curto prazo, o poder faz a lei, e não se importavam com as conseqüências para o país. Para eles, certamente não era importante que o Senado não me afastaria do cargo. Eles achavam que, se me depenassem por algum tempo, a imprensa e a opinião pública acabariam me culpando pela má conduta deles, assim como pela minha. Eles queriam muito me marcar com um grande "EU", e acreditavam que pelo resto da minha vida, e inclusive depois, o fato de ter passado por um processo de *impeachment* me perseguiria para além das suas próprias circunstâncias, e pouco depois ninguém mencionaria a farsa hipócrita de todo o processo, nem que foi o resultado de anos de conduta inescrupulosa de Kenneth Starr e do seu bando.

Logo depois da votação, Dick Gephardt levou à Casa Branca um grande grupo de deputados democratas que tinham me defendido, de maneira que eu pudesse lhes agradecer e que pudéssemos demonstrar unidade para a próxima batalha. Al Gore fez uma defesa emocionante da minha atuação como presidente, e Dick fez um apelo passional para que os republicanos parassem com a política de destruição pessoal e se ocupassem dos assuntos do país. Depois do evento, Hillary comentou que parecia um comício de vitória. De certa maneira foi. Os democratas não estavam somente me defendendo, mas defendendo sobretudo a Constituição.

Eu certamente não queria sofrer o *impeachment*, mas estava consolado pelo fato de que a única vez que ele ocorreu, a Andrew Johnson no fim da década de 1860, também não havia "graves crimes e delitos"; exatamente como no meu caso, foi motivado por ação política pelo partido majoritário no Congresso, que não conseguiu se conter.

Hillary estava mais chateada com o sectarismo político do processo na Câmara do que eu. Quando jovem advogada, ela fizera parte da equipe de John Doar na Comissão de Justiça da Câmara durante o caso Watergate, época em que havia um esforço bipartidário sério e equilibrado para realizar o mandato constitucional de definir e descobrir graves crimes e delitos nas ações oficiais do presidente.

Desde o início eu acreditava que a melhor maneira de vencer a decisão final com a extrema direita era me manter no cargo e deixar os outros me defenderem. Durante o processo na Câmara e no Senado foi o que eu tentei fazer, e muitas pessoas aprovaram a minha conduta.

A estratégia funcionou otimamente. A liberação do relatório de Starr e a determinação dos republicanos de darem andamento ao processo de *impeachment* ocasionaram uma grande mudança na cobertura da mídia. Como eu já deixei claro, a mídia nunca foi monolítica e, nesse momento, mesmo os que anteriormente desejavam dar a Starr acesso livre à imprensa começaram a destacar o envolvimento de grupos de direita na trama, as táticas abusivas do OIC — o escritório de Starr —, e o ineditismo do que os republicanos estavam fazendo. E os programas de entrevistas na televisão começaram a demonstrar mais equilíbrio, quando comentaristas — como Greta Van Sustren e Susan Estrich, e de convidados como os advogados Lanny Davis, Alan Dershowitz, Julian Epstein e Vincent Bugliosi — garantiram que ambos os lados do caso fossem ouvidos. Membros do Congresso também me defenderam, inclusive o senador Tom Harken e os representantes da Comissão Judiciária da Câmara, como Sheila Jackson Lee e Bill Delahunt, ele próprio ex-promotor; e os professores Cass Sunstein da Universidade de Chicago e Susan Bloch da Georgetown, que divulgaram uma carta sobre a inconstitucionalidade do processo de *impeachment* assinada por quatrocentos especialistas em Direito.

À medida que 1999 se aproximava, o índice de desemprego havia caído para 4,3% e a Bolsa de Valores nunca estivera tão alta. Hillary teve um problema na coluna durante uma visita de Natal aos empregados do Old Executive Office Building, mas logo melhorou depois que o médico lhe disse para deixar de usar sapatos de salto alto no chão de mármore. Chelsea e eu decoramos a árvore e fomos às nossas compras anuais de Natal.

Os meus melhores presentes de Natal foram o carinho e o apoio dos cidadãos comuns. Uma menina de treze anos, do Kentucky, me escreveu para dizer que eu tinha errado mas que não devia desistir, porque os meus adversários eram "maus". E um homem branco de 86 anos de New Brunswick, em Nova Jersey, depois de dizer à família que estava indo passar o dia em Atlantic City, tomou o trem para Washington, onde pegou um táxi para a casa do reverendo Jesse Jackson. Quando cumprimentou a sogra de Jesse Jackson, ele disse que o reverendo era a única pessoa que ele conhecia que falava com o presidente, e ele queria me enviar uma mensagem: "Diga ao presidente que ele não pode desistir. Eu estava presente quando os republicanos tentaram destruir Al Smith [o presidente indicado em 1928] por ele ser católico. Ele não pode ceder a eles". O homem pegou o táxi de novo, voltou à Union Station e tomou o trem de volta para casa. Eu liguei para aquele homem para lhe agradecer. Depois fui com a minha família ao Fim de Semana Renaissance e entramos no novo ano.

51

NO DIA 7 DE JANEIRO, o presidente da Suprema Corte, William Rehnquist, abriu oficialmente o julgamento do *impeachment* no Senado, e Ken Starr indiciou Julie Hiatt Steele, a republicana que se recusou a mentir para sustentar a versão de Kathleen Willey.

Uma semana depois, os membros da comissão do *impeachment* na Câmara dos Deputados fizeram a apresentação das suas alegações no prazo de três dias. Eles decidiram ouvir testemunhas, conduta que eles não adotaram em suas próprias audiências, com exceção de Kenneth Starr. Um dos membros, Asa Hutchinson, do Arkansas, que tinha sido o procurador público no processo sobre o envolvimento do meu irmão com drogas na década de 1980, alegou que o Senado tinha de permitir que eles ouvissem testemunhas porque, se ele fosse um promotor, não poderia me indiciar por obstruir a justiça — o tópico da sua incumbência — baseado apenas na escassa documentação que a Câmara enviara ao Senado! Por outro lado, um outro membro da mesma comissão da Câmara argumentou que o Senado não tinha o direito de julgar se os delitos alegados estavam contidos nos parâmetros constitucionais para o pedido de *impeachment*; defendeu que a Câmara já tinha feito isso pelos senadores, e o Senado deveria acatar a sua opinião, embora a comissão de Hyde tivesse se recusado a apresentar os parâmetros com que eles haviam julgado as condutas para que essas fossem consideradas passíveis do processo de *impeachment*.

Na última argumentação ao Senado, Henry Hyde finalmente deu a sua interpretação do significado constitucional de *impeachment*, quando disse que preservar terceiros da vergonha da má conduta na vida particular era uma justificativa mais plausível para o afastamento do cargo, segundo ele, do que mentir para o país sobre um importante assunto de Estado. A minha mãe me educou para ver o lado bom das pessoas. Ao observar o infame Sr. Hyde, eu tinha certeza de que havia um Dr. Jekyll escondido em algum lugar, mas não conseguia encontrá-lo.

No dia 19 a minha equipe jurídica começou a sua defesa de três dias. Chuck Ruff, advogado da Casa Branca e ex-promotor público, por duas horas e meia argumentou que as acusações não eram válidas e, mesmo que os senadores lhes atribuíssem validade, os delitos não se enquadravam nos parâmetros constitucionais para motivar o processo, muito menos para o afastamento por *impeachment*. Ruff era um homem de estilo conciliador, que ficou preso a uma cadeira de rodas praticamente toda a sua vida. Ele também era um advogado muito capaz, que percebeu o distanciamento da lei adotado pelos membros da comissão formada na Câmara. Ele destruiu os seus argumentos de indício de provas e fez lembrar ao Senado que a banca bipartidária de promotores já tinha pronunciado que nenhum promotor responsável instauraria uma ação de perjúrio baseada nos autos que lhes foram apresentados.

Achei que o ponto alto de Ruff foi quando ele flagrou Asa Hutchinson fazendo um relato distorcido dos fatos. Hutchinson tinha dito ao Senado que Vernon Jordan só começou a ajudar Monica Lewinsky a conseguir emprego depois que soube que ela seria testemunha no caso Paula Jones. No entanto, as provas confirmavam que Vernon a tinha ajudado várias semanas antes de ele saber, ou que pudesse vir a saber, dessa determinação, e que quando a juíza Wright decidiu permitir que Monica Lewinsky testemunhasse (uma decisão mais tarde anulada), Vernon estava num avião rumo à Europa. Não entendi se Asa tentou enganar o Senado porque ele achou que os senadores não descobririam, ou porque ele achava que estes, assim como os membros da comissão da Câmara, não se importavam com a exatidão dos fatos.

No dia seguinte, Greg Craig e Cheryl Mills falaram das acusações específicas. Greg observou que o artigo tratando de perjúrio, no qual me enquadravam, não citava um único exemplo específico; sendo assim, tentou pôr em cena o meu depoimento no caso Paula Jones, embora a Câmara tivesse votado contra o artigo do *impeachment* que tratava disso. Craig também observou que algumas alegações de perjúrio feitas pelo Senado naquele momento nunca haviam sido apontadas por Starr ou por qualquer representante da Câmara. Eles estavam inventando as alegações à medida que o processo avançava.

Cheryl Mills, uma jovem afro-americana formada em Direito pela Stanford Law School, falou no dia do sexto aniversário de seu trabalho na Casa Branca. Ela lidou brilhantemente com as duas acusações de obstrução da justiça, apresentando fatos que os membros da comissão da Câmara não podiam contestar, e que tinham se omitido de apresentá-los ao Senado; isso demonstrava que as suas alegações de obstrução da justiça eram absurdas. O melhor momento de Cheryl foi no final. Respondendo ao republicano Lindsey Graham, da Carolina do Sul, e a outros que sugeriram que a minha absolvição passaria a mensagem de que a nossa legislação sobre direitos civis e assédio sexual eram sem importância, ela então disse: "Não posso deixar estes comentários sem resposta". Os negros em todos os Estados Unidos sabiam que a força motora por trás do meu *impeachment* partia dos sulistas brancos de direita que não tinham levantado um único dedo pelos direitos civis.

Cheryl chamou a atenção para o fato de que Paula Jones teve a oportunidade de comparecer ao Tribunal e que uma juíza considerara a sua causa perdida. Ela disse que reverenciamos homens como Jefferson, Kennedy e Luther King, que eram todos imperfeitos, porém "lutaram para o bem da humanidade", e que a minha atuação pelos direitos civis e das mulheres é irrepreensível para motivar o *impeachment*: "Eu estou aqui, diante de vocês hoje, porque o presidente Bill Clinton acreditou que eu pudesse estar aqui por ele [...] Seria um erro considerá-lo culpado neste quesito".

No terceiro e último dia da nossa argumentação, David Kendall começou com um desmantelamento calculado, lógico e sistemático da acusação de que eu havia obstruído a justiça, citando as repetidas afirmações de Monica Lewinsky, de que eu nunca lhe pedi para mentir, e mais uma vez detalhando as declarações distorcidas ou omissões de fatos por parte dos membros da comissão da Câmara.

O fechamento da minha defesa foi feito por Dale Bumpers. Eu tinha pedido isso ao Dale porque ele era um ótimo advogado de tribunal, um estudioso da Constituição e um dos melhores oradores dos Estados Unidos. Ele me conhecia havia muito tempo e tinha acabado de deixar o Senado depois de atuar ali por 24 anos. Após desanuviar o clima da platéia — formada por ex-colegas seus — com algumas piadas, Dale afirmou que estava relutante em se apresentar para a defesa porque ele e eu éramos grandes amigos fazia 25 anos e trabalháramos juntos pelas mesmas causas. Ele disse que, apesar de saber que o Senado talvez desconsiderasse a sua defesa por representar a palavra de um amigo, não estava ali para me defender, mas sim à Constituição, "o documento mais sagrado para mim depois da Bíblia".

Bumpers deu início à sua argumentação arrasando a investigação de Starr: "A perseguição de Javert a Jean Valjean em *Os Miseráveis* não é nada se fizermos a comparação". Ele disse: "Depois de todos esses anos [...] o presidente não foi considerado culpado de nada, nem oficial nem pessoalmente [...] Estamos hoje aqui porque o presidente sofreu um terrível lapso moral".

Ele censurou os dirigentes da Câmara por falta de compaixão. Então veio o momento mais espetacular do discurso de Dale: "Coloquem-se no seu lugar [...] Nenhum de nós é perfeito [...] Ele tinha de ter pensado em tudo isso antes. De fato ele deveria, assim como Adão e Eva deveriam" — nesse momento ele apontou para os senadores — "da mesma maneira que *o senhor* e *o senhor* e *o senhor* e *o senhor* e milhões de outras pessoas que foram pegas em circunstâncias semelhantes deveriam ter pensado antes. Como eu digo, nenhum de nós é perfeito".

Dale então disse que eu já tinha sido duramente punido pelo meu erro, que o povo não queria o meu afastamento do cargo e que o Senado deveria ouvir os líderes internacionais que me defenderam, inclusive Havel, Mandela e o rei Hussein.

Ele concluiu com a história erudita e detalhada das deliberações da convenção constitucional sobre a cláusula do *impeachment*, dizendo que os formuladores da nossa Constituição se basearam na legislação inglesa, que claramente abrangia os delitos "nitidamente 'políticos' contra o Estado". Ele conclamou o Senado a que não desafiasse a Constituição e, em vez disso, ouvisse o povo norte-americano, que estava "fazendo um apelo para que vocês se elevem acima do jogo político [...] e cumpram o seu dever solene".

O discurso de Bumpers foi magnífico, alternando entre o erudito e o emotivo, o simples e o profundo. Se a votação no Senado fosse realizada naquele momento, não haveria muitos votos a favor do meu afastamento. Mas o processo se arrastou por mais três semanas, quando os dirigentes da Câmara e os seus aliados tentaram convencer mais senadores republicanos a votar com eles. Depois que as argumentações dos dois lados foram apresentadas, ficou claro que todos os senadores democratas e vários republicanos votariam contra o *impeachment*.

Enquanto o Senado se ocupava do julgamento, eu fazia o que sempre fiz nessa época do ano — me preparar para o discurso do Estado da União e promover no país as novas iniciativas contidas nele. O discurso estava programado para o dia 19, o mesmo dia do início da minha defesa no Senado. Alguns senadores republicanos insistiram para que eu o adiasse, mas eu não estava inclinado a fazer isso. O *impeachment* já tinha custado muito aos bolsos dos contribuintes que se esforçavam para pagar os impostos, desviou o Congresso das votações urgentes e afetou os fundamentos da Constituição. Se eu adiasse o meu discurso, o povo norte-americano concluiria que os seus interesses teriam sido colocados em banho-maria.

Por incrível que pareça, a atmosfera no Estado da União foi ainda mais surreal do que no ano anterior. Como sempre, entrei no Capitólio e fui levado para o setor da presidência da Câmara, que era então ocupado por Dennis Hastert, de

Illinois, um ex-treinador de lutas atarracado e bastante conservador, mas não tão dado a enfrentamentos quanto Gingrich, Armey ou DeLay. Logo depois uma delegação bipartidária de senadores e deputados chegou para me levar até a sala de audiências da casa. Nós nos cumprimentamos como se nada estivesse acontecendo. Quando entrei na sala e comecei a caminhar pelo corredor, os democratas me aplaudiram ruidosamente, enquanto os republicanos fizeram-no com polidez. Como o corredor divide os republicanos dos democratas, no meu itinerário até a tribuna achei que teria de apertar as mãos só do lado dos democratas, mas, para a minha surpresa, fosse lá por qual razão, alguns representantes republicanos também estenderam a mão.

Comecei com uma saudação ao novo presidente da Câmara, que tinha dito que queria trabalhar com os democratas dentro do espírito de civilidade e do bipartidarismo. Sua declaração pareceu promissora e acho que ele foi sincero, pois a votação para a abertura do *impeachment* na Câmara tinha sido realizada antes da sua presidência. Assim sendo, aceitei a oferta.

Em 1999, a nossa expansão econômica era a mais longa da história, com 18 milhões de novos empregos desde que assumi o governo, salários reais subindo, um pequeno declínio na taxa de desigualdade de renda e o menor índice de desemprego em tempo de paz desde 1957. As condições do país estavam mais consolidadas do que nunca, e elaborei um programa para nos beneficiarmos o máximo disso, começando por uma série de iniciativas para garantir a aposentadoria da geração dos nascidos na década de 1940. Propus empenhar 60% do superávit, pelos próximos quinze anos, para estender até 2055 a solvência do Fundo Fiduciário de Aposentadoria, um aumento correspondente a mais de vinte anos, sendo uma pequena porção dessa verba investida em fundos mútuos; fim do limite de isenção para os pensionistas; e pagamentos mais generosos para as mulheres idosas, que tinham o dobro da tendência dos homens idosos a acabar na pobreza. Também propus usar 16% do superávit para estender em dez anos a solvência do fundo do Medicare; mil dólares em incentivos fiscais para tratamentos prolongados de idosos e deficientes; a opção de adesão ao Medicare entre 55 e 65 anos; e uma nova iniciativa de pensão, a USA Accounts, que absorveria 11% do superávit para financiar os incentivos fiscais dos cidadãos que aderissem a planos de aposentadoria e para nivelar às contribuições dos trabalhadores de renda mais modesta. Talvez essa tenha sido a melhor proposta já feita para ajudar as famílias de baixa renda a poupar e a gerar riqueza.

Também propus um grande pacote de reformas na educação, alegando que deveríamos mudar a nossa abordagem quanto aos gastos de mais de 15 bilhões de dólares por ano de amparo à educação, para passarmos a "investir no que funciona e parar de investir no que não funciona", exigindo que os estados acabassem com a promoção por influência social; recuperando as escolas falidas ou fechando-as, melhorando a qualidade do ensino, publicando avaliações de todas as escolas e adotando políticas sensatas de disciplina. Também pedi verbas ao Congresso para construir ou modernizar 5 mil escolas e aprovar um aumento de seis vezes no número de bolsas de estudo universitárias, para alunos que se comprometessem a ensinar em áreas com escassez de professores.

A fim de fornecer maior sustentabilidade às famílias, recomendei um aumento no salário mínimo, ampliação da licença familiar, incentivo fiscal para a assistência infantil e travas nos gatilhos das armas de fogo para que as crianças ficassem impossibilitadas de atirar acidentalmente. Também pedi ao Congresso para aprovar a lei de Pagamentos Iguais e Não-Discriminação no Emprego; instituir um novo órgão para a captação de investimento privado norte-americano, com o intuito de levantar 15 bilhões de dólares para a criação de novos negócios e empregos em comunidades pobres; sancionar a Lei de Comércio e Desenvolvimento com a África, para abrir mais mercados norte-americanos aos produtos africanos; e financiar uma iniciativa de 1 bilhão de dólares para o Legado Territorial, com a finalidade de preservar os tesouros nacionais, e um pacote de isenção tributária e verbas para pesquisas visando combater o aquecimento global.

Quanto à segurança nacional, pedi verbas para preservar as redes de computadores contra os terroristas e proteger as comunidades de ataques químicos e biológicos; aumentar a pesquisa para a fabricação de vacinas e tratamentos; aumentar em dois terços o programa Nunn-Lugar de segurança nuclear; apoiar o acordo de Wye River; e reverter o declínio dos gastos militares iniciados com o fim da Guerra Fria.

Antes de terminar, homenageei Hillary pela sua liderança no Projeto do Milênio e por representar tão bem os Estados Unidos em todo o mundo. Ela estava sentada no camarote com o astro Sammy Sosa, do Chicago Cubs, que participara com ela de uma viagem feita pouco tempo antes à República Dominicana, sua terra natal. Depois de tudo por que ela havia passado, Hillary recebeu mais aplausos do que Sammy. Concluí "o último discurso do Estado da União do século XX" lembrando ao Congresso que "talvez, nos eventos noticiados, no embate da controvérsia, não vejamos o tempo atual como o que ele de fato é, um novo amanhecer para os Estados Unidos".

No dia seguinte ao discurso, com os maiores índices de aprovação já obtidos, peguei o avião rumo a Buffalo, com Hillary e Al e Tipper Gore, para falar a uma multidão de mais de 20 mil pessoas no Marine Midland Arena. Mais uma vez, apesar dos fatos, o discurso do Estado da União, com a pauta lotada para todo o ano, sensibilizou o povo norte-americano.

Terminei o mês com um discurso importante na Academia Nacional de Ciências, enumerando as minhas propostas para proteger os Estados Unidos de ataques terroristas com armas biológicas e químicas e do ciberterrorismo; uma viagem a Little Rock para ver os danos provocados por um tornado no meu bairro, inclusive a perda de várias árvores centenárias no terreno da Mansão do Governador; uma visita a St. Louis para receber o papa João Paulo II em mais uma visita aos Estados Unidos; uma reunião com uma grande delegação do Congresso no Salão Leste para debater sobre o futuro do sistema nacional de aposentadoria e do Medicare; e um culto dedicado à memória do meu amigo e governador da Flórida, Lawton Chiles, que tinha morrido de repente fazia pouco tempo. Lawton me dera coragem para a luta com um dos seus provérbios preferidos: "Se não pode com os cachorros grandes, fique no portão".

No dia 7 de fevereiro o rei Hussein perdeu a sua batalha contra o câncer. Hillary e eu fomos imediatamente para a Jordânia, com uma delegação que incluía os presidentes Ford, Carter e Bush. Fiquei contente pelo fato de eles quererem prestar homenagem a um homem com quem todos trabalhamos e a quem admirávamos. No dia seguinte caminhamos em seu cortejo fúnebre por um quilômetro e meio, comparecemos à cerimônia em sua memória e apresentamos nossos cumprimentos à rainha Noor, que estava profundamente triste. Hillary e eu também. Havíamos desfrutado momentos maravilhosos com Hussein e Noor na Jordânia e nos Estados Unidos. Lembro-me de um jantar especialmente prazeroso que nós quatro compartilhamos no Truman Balcony da Casa Branca, não muito tempo antes de sua morte. Ele partiu, e o mundo ficou mais pobre sem a sua presença.

Depois de me encontrar com o novo monarca, o filho de Hussein, Abdullah, além do primeiro-ministro Netanyahu, do presidente Assad, do presidente Mubarak, Tony Blair, Jacques Chirac, Boris Yeltsin e o presidente Suleyman Demirel, da Turquia, voltei para casa a fim de esperar a votação do Senado sobre o meu futuro. Sem levar em consideração o resultado, as manobras de bastidores foram interessantes. Alguns senadores republicanos estavam irritados com os republicanos da Câmara por fazê-los passar por esse julgamento; no entanto, sempre que a pressão dos direitistas aumentava, eles voltavam atrás e se alinhavam ao partido em uma adesão forçada. Quando o senador Robert Byrd tomou a iniciativa de propor rejeitar as acusações considerando-as desprovidas de mérito, a colega de David Kendall, Nicole Seligman, usou uma argumentação embasada na lei e nos fatos que era inacreditável para a maioria dos senadores. Apesar disso, a moção de Byrd foi derrotada. Quando o senador Strom Thurmond disse aos seus colegas republicanos que o processo não estava sendo conduzido para me afastar do cargo e que aquilo devia ser interrompido, ele foi desautorizado no meio republicano.

Um senador republicano que se opunha ao *impeachment* nos mantinha informados do que acontecia entre os seus colegas. Dias antes da votação, ele informou que contavam com trinta votos republicanos para a acusação de perjúrio e com quarenta a 45 votos para a acusação de obstrução da justiça. Eles estavam longe da maioria de dois terços que a Constituição exige para o afastamento. Poucos dias antes da votação, o senador nos contou que os republicanos da Câmara disseram que se sentiriam humilhados se nenhuma das acusações recebesse maioria — nem que fosse simbólica, só para constar —, e era melhor que os colegas senadores não os humilhassem se eles queriam que a Câmara continuasse nas mãos dos republicanos depois das próximas eleições. O senador disse que os votos contra o *impeachment* dos republicanos teriam de ser reduzidos.

No dia 12 de fevereiro as moções do *impeachment* foram derrotadas. A votação para acusação de perjúrio perdeu por 22 votos, 45 a 55, e a votação para a acusação de obstrução da justiça perdeu por 17 votos, 50 a 50, com todos os senadores democratas, e os senadores republicanos Jim Jeffords, de Vermont, Arlen Specter, da Pensilvânia, John Chafee, de Rhode Island, Olympia Snowe e Susan Collins, do Maine, votando contra as duas acusações. Os senadores Richard Shelby, do Alabama, Slade Gorton, de Washington, Ted Stevens, do Alaska, Fred Thompson, do Tennessee, e John Warner, da Virgínia, votaram contra a acusação de perjúrio.

A votação em si foi sem clima, sendo realizada três semanas após a conclusão da minha defesa. Só a margem da derrota estava em suspenso. Fiquei aliviado com o fim de toda essa provação para a minha família e para o meu país. Depois da votação eu disse que estava profundamente sentido com o que tinha feito, inclusive por provocar as conseqüências e aquele fardo ao povo norte-americano, e que estava me comprometendo mais uma vez com a causa que conduziria a "um período de reconciliação e renovação para os Estados Unidos". Escolhi uma pergunta retórica: "Será que Deus, presente em nosso coração, é capaz de perdoar e esquecer?". Eu respondi: "Antes de tudo, creio que qualquer pessoa que peça perdão deva estar disposta a perdoar".

Depois da provação do *impeachment*, as pessoas me perguntavam como eu tinha passado por tudo aquilo sem enlouquecer ou, pelo menos, como não fiquei impossibilitado de cumprir as minhas funções. Eu não teria conseguido sobreviver àquilo se a equipe e o gabinete da Casa Branca, inclusive os que desaprovavam a minha conduta, não tivessem ficado do meu lado. Teria sido mais difícil se o povo norte-americano não tivesse demonstrado desde o início querer que eu permanecesse no cargo e mantido essa opinião. Se os congressistas democratas tivessem abandonado o barco quando isso parecia ser a coisa mais segura a ser feita em janeiro, depois que o caso foi divulgado, ou em agosto, depois que testemunhei para o grande júri, teria sido bem difícil; em vez disso, eles se ergueram para enfrentar o desafio. Tendo o apoio de líderes mundiais como Mandela, Blair, o rei Hussein, Havel, o príncipe regente Abdullah, Kim Dae Jung, Chirac, Fernando Henrique Cardoso, Zedillo e de outros que eu admirava, me ajudou a elevar o meu ânimo. Quando eu os comparava aos meus inimigos, mesmo estando revoltado comigo mesmo, concluía que eu não podia ser tão mau assim como me acusavam.

O amor e o apoio dos amigos e de até mesmo estranhos fizeram uma grande diferença; os que me escreveram ou disseram uma palavra amável no meio de uma multidão significaram mais do que eles podiam imaginar. Os líderes religiosos que me aconselharam, me visitaram na Casa Branca ou rezaram comigo me fizeram lembrar que, a despeito das condenações que recebi de várias partes, Deus é amor.

Mas a minha capacidade de sobreviver e ficar em atividade foi basicamente graças a fatores pessoais. Os irmãos de Hillary e o meu irmão me deram um tremendo apoio. Roger brincou comigo dizendo que estava curtindo ser finalmente o irmão que não é problemático. Hugh vinha toda semana de Miami jogar UpWords comigo, conversar sobre esporte e me fazer rir. Tony ia aos nossos familiares jogos de carta. A minha sogra e Dick Kelley foram maravilhosos comigo.

Apesar de tudo, a nossa filha ainda me amava e queria que eu me defendesse. E, ainda mais importante, Hillary ficou do meu lado e me amou o tempo todo. Desde que nos conhecemos, eu adorava a sua risada. No meio de toda a insensatez, nós voltamos a rir, nos reunimos na terapia semanal e na nossa decisão conjunta de combater o golpe de direita. Eu quase me vi grato aos meus torturadores: talvez eles fossem as únicas pessoas que me fizeram novamente parecer bom para Hillary. E eu pude abandonar o sofá.

No longo ano entre o meu depoimento no caso Paula Jones e a minha absolvição no Senado, quando eu estava à noite na Casa Branca, ficava sozinho no escritório do segundo andar por umas duas ou três horas lendo a Bíblia e livros sobre a fé e o perdão, e reli *A imitação de Cristo*, de Thomas à Kempis, *Meditações*, de Marco Aurélio, além de muitas das cartas atenciosas que recebia, inclusive uma série de minissermões do rabino Menachem Genack, de Englewood, Nova Jersey.

Fiquei especialmente tocado pelo *Setenta vezes sete*, um livro sobre o perdão escrito por Johann Christoph Arnold, ancião de Bruderhof, uma comunidade cristã com fiéis no nordeste dos Estados Unidos e na Inglaterra.

Eu guardei os poemas, as orações e as citações que as pessoas ou me enviaram, ou me entregaram em eventos públicos. E ainda tenho duas pedras inscritas com o versículo 8:7 de são João do Novo Testamento. No que foi considerado o último encontro de Jesus com os seus críticos, os fariseus, eles levaram até ele uma mulher surpreendida em adultério e disseram que a lei de Moisés ordenava que ela fosse apedrejada até a morte. Eles testaram Jesus: "O que você tem a dizer sobre isso?". Em vez de responder, ele se abaixou e começou a rabiscar no chão com o dedo, como se ele não os tivesse escutado. Mas à medida que eles continuaram a perguntar, ele se levantou e disse: "Aquele entre vocês que nunca pecou, que atire a primeira pedra". Os que o ouviram, "convencidos por sua própria consciência, saíram um a um, começando pelo mais velho até o último". Quando Jesus ficou a sós com a mulher, ele perguntou a ela: "Onde estão os seus acusadores? Ninguém a condenou?". Ela respondeu: "Nenhum homem, Senhor". Então Jesus respondeu: "Nem eu a condeno".

Muitas pedras foram atiradas contra mim, e por meio dos meus sofrimentos auto-infligidos fiquei exposto diante de todo mundo. De certa maneira, isso teve um caráter libertador; eu não tinha mais nada a esconder. À medida que eu tentava entender a causa dos meus próprios erros, também tentava dar conta do grande ódio que consumia os meus adversários, de modo a fazer e dizer coisas inconsistentes com as suas proferidas convicções morais. Sempre tive uma visão preconceituosa das tentativas que fizeram de me compreender pela psicanálise, mas me parece que muitos dos meus críticos mais acirrados — os grupos políticos e religiosos de extrema direita e os jornalistas mais moralistas — procuravam a segurança em posições de onde eles pudessem julgar e não ser julgados, prejudicar e não ser prejudicados.

A consciência da minha mortalidade e da fragilidade humana, além do amor incondicional que recebi quando criança, me salvou da compulsão de julgar e condenar os outros. Eu acreditava que os meus defeitos pessoais, independentemente da sua gravidade, ameaçavam muito menos o governo democrático do que a avidez de poder demonstrada pelos meus acusadores. No fim de janeiro recebi uma carta tocante de Bill Ziff, de Nova York, um empresário que nunca cheguei a conhecer mas cujo filho era meu amigo. Ele disse se compadecer pelo sofrimento que Hillary e eu tivemos de enfrentar, mas algo positivo surgiu da história toda, pois o povo norte-americano se mostrou maduro e justo ao ser capaz de ver através da "demonização dos mulás do nosso meio. Embora não tenha sido a sua intenção, você fez mais ao expor o propósito deles do que qualquer outro presidente na história, inclusive Roosevelt".

Quaisquer que tenham sido os motivos dos meus adversários, ficou claro para mim, naquelas noites solitárias no meu escritório do segundo andar, que, se quisesse a compreensão dos outros, eu precisava demonstrar isso, mesmo para os que não me brindavam com essa compreensão. Além disso, do que eu poderia me queixar? Eu nunca seria perfeito mesmo, mas Hillary estava rindo novamente, Chelsea estava indo bem em Stanford, eu ainda ocupava o cargo que adorava e a primavera estava chegando.

52

No DIA 19 DE FEVEREIRO, uma semana depois da votação no Senado, concedi o primeiro perdão póstumo, jamais dado por um presidente, a Henry Flipper, o primeiro negro formado pela West Point, que por causa de sua cor tinha sido erroneamente julgado culpado de conduta imprópria para um oficial, 117 anos antes. Tais ações de um presidente podem parecer sem importância, se comparadas à força dos acontecimentos contemporâneos, mas a correção de erros históricos é relevante, não unicamente para os descendentes dos que foram injustiçados, mas para todos nós.

Na última semana do mês, Paul Begala anunciou que ia deixar a Casa Branca. Havia contado com sua colaboração desde New Hampshire; ele era inteligente, engraçado, combativo e eficaz. Os seus filhos ainda eram pequenos e mereciam mais tempo com o pai. Paul permaneceu comigo durante toda a batalha do *impeachment*, e então chegou a hora da partida.

As únicas notícias provenientes do Mundo de Whitewater foram a votação totalmente desequilibrada da Ordem dos Advogados dos Estados Unidos, 384 a 49, sobre uma resolução que solicitava a revogação da lei de promotoria independente, e uma nota dizendo que o Departamento da Justiça estava investigando se Kenneth Starr tinha enganado Janet Reno quanto ao envolvimento do seu escritório no caso Paula Jones e sobre as razões alegadas para incluir o caso Monica Lewinsky na sua jurisdição.

O mês de março começou com o anúncio de uma conquista do governo, resultado de meses de complexas negociações: preservar a maior floresta de sequóias desprotegida do mundo, a Headwaters Forest, no norte da Califórnia. Na semana seguinte fiz uma viagem de quatro dias à Nicarágua, a El Salvador, a Honduras e à Guatemala, para divulgar uma nova era de cooperação democrática na região, onde, não fazia muito tempo, os Estados Unidos apoiaram governos repressores, contanto que fossem anticomunistas, apesar das histórias chocantes de abuso dos direitos humanos. Ver soldados norte-americanos ajudando a população a se recuperar de desastres naturais, falar ao Parlamento em El Salvador onde ex-adversários em uma recente guerra civil sangrenta se sentavam juntos em paz, desculpar-me pelas ações norte-americanas do passado na Guatemala — tudo isso me parecia sinal de uma nova era de progresso democrático que eu me empenhava em apoiar.

Quando voltei, estava começando uma outra guerra nos Bálcãs, dessa vez em Kosovo. Os sérvios tinham lançado uma ofensiva contra os albaneses kosovares um ano antes, matando muitos inocentes; muitas mulheres e crianças foram queimadas em suas próprias casas. A última agressão sérvia havia provocado outro êxodo de refugiados e intensificado o desejo de independência dos albaneses kosovares. As mortes lembravam bastante o início da guerra na Bósnia, que, tal como Kosovo, transpunha a divisão entre a Europa muçulmana e os cristãos ortodoxos sérvios, uma linha divisória ao longo da qual os conflitos explodiam de tempo em tempo havia seiscentos anos.

Em 1974 Tito dera autonomia a Kosovo, permitindo um governo próprio e o controle das escolas. Em 1989 Milosevic retirou a autonomia. As tensões cresceram desde então, e explodiram depois da independência da Bósnia, em 1995. Decidi não permitir que Kosovo se tornasse uma outra Bósnia. Madeleine Albright também.

Em abril de 1998 a ONU impôs um embargo de armas e os Estados Unidos e os seus aliados impuseram sanções econômicas à Sérvia, por esta não ter posto fim às hostilidades e não ter iniciado um diálogo com os albaneses kosovares. Em meados de junho a OTAN começou a planejar um leque de opções militares com o intuito de acabar com a violência. Com a chegada do verão, Dick Holbrooke estava de volta à região para tentar encontrar uma solução diplomática para o conflito.

Em meados de julho as forças sérvias atacaram novamente os kosovares armados, bem como os desarmados, dando início a um verão de agressões, forçando 300 mil albaneses kosovares a abandonarem as suas casas. No fim de setembro o Conselho de Segurança da ONU aprovou uma nova resolução ordenando o encerramento das hostilidades e, um mês depois enviamos Holbrooke para mais uma missão a Belgrado na tentativa de dissuadir Milosevic.

No dia 13 de outubro a OTAN ameaçou atacar a Sérvia dentro de quatro dias se as resoluções da ONU não fossem acatadas. Os ataques aéreos foram adiados quando 4 mil oficiais da polícia especial iugoslava foram retirados de Kosovo. Houve um tempo de trégua, mas, em janeiro de 1999, mais uma vez os sérvios mataram inocentes em Kosovo e os ataques aéreos da OTAN pareciam inevitáveis. Decidimos continuar tentando a diplomacia, mas eu não estava muito otimista. Os objetivos dos partidos eram bastante díspares. Os Estados Unidos e a OTAN queriam que Kosovo tivesse a autonomia política de que gozara sob a Constituição iugoslava de 1974 a 1989, quando Milosevic a retirou, e queríamos que uma força de paz liderada pela OTAN garantisse a paz e a segurança dos civis de Kosovo, inclusive da minoria sérvia. Milosevic queria manter o controle sobre Kosovo e se opunha a qualquer mobilização de tropas estrangeiras lá. Os albaneses kosovares queriam a independência, mas estavam divididos entre si. Ibrahim Rugova, chefe do governo de fachada, era um homem de fala mansa que gostava de usar cachecol. Eu estava convencido de que com ele poderíamos chegar a um acordo de paz, mas não tinha a mesma garantia com a outra facção kosovar importante, o Exército de Libertação de Kosovo [Kosovo Liberation Army — KLA], liderada por um homem jovem chamado Hacim Thaci. O KLA queria a independência e acreditava estar equiparado ao Exército sérvio.

Em 6 de fevereiro as partes interessadas se reuniram em Rambouillet, na França, para elaborar os detalhes de um acordo que restaurasse a autonomia, protegesse os kosovares da opressão por meio de uma operação liderada pela OTAN, desarmasse o KLA e permitisse que o Exército sérvio continuasse a patrulhar a fronteira. Madeleine Albright e o seu correspondente britânico, Robin Cook, se empenharam seriamente nessa política. Depois de uma semana de negociações lideradas pelo embaixador norte-americano Chris Hill e os embaixadores da União Européia e da Rússia, Madeleine Albright concluiu que a nossa posição esbarrava na oposição dos dois lados: os sérvios não queriam concordar com a força de paz da OTAN e os kosovares não queriam aceitar a autonomia, a menos que um plebiscito para a independência fosse garantido. E o KLA não estava satisfeito com o desarmamento, em parte porque eles não confiavam que as forças da OTAN pudessem protegê-los. A nossa equipe decidiu redigir um acordo de tal modo que o plebiscito fosse adiado, mas não para sempre.

No dia 23 de fevereiro os albaneses kosovares, inclusive Thaci, em princípio aceitaram o acordo, voltaram para casa para explicá-lo a seus povos e, em meados de março, viajaram para Paris com a intenção de assinar o documento final. Os sérvios boicotaram a cerimônia com 40 mil soldados dentro e ao redor de Kosovo, e Milosevic declarou que nunca concordaria com tropas estrangeiras em solo iugoslavo. Enviei Dick Holbrooke de volta para vê-lo pela última vez, mas nem Dick conseguiu demovê-lo.

No dia 23 de março, depois de Holbrooke deixar Belgrado, o secretário-geral da OTAN, Javier Solana, com o meu pleno apoio, ordenou que o general Wes Clark começasse os ataques aéreos. No mesmo dia, por uma maioria bipartidária de 58 a 41 votos, o Senado votou pelo apoio à ação. No início do mês, a Câmara tinha votado, 219 a 191, pelo envio de tropas norte-americanas a Kosovo se houvesse um acordo de paz. Dos republicanos proeminentes que votaram pela proposta estavam o novo presidente da Câmara, Dennis Hastert, e Henry Hyde. Quando o congressista Hyde disse que os Estados Unidos deveriam se posicionar contra a limpeza étnica de Milosevic, sorri ao pensar que talvez o Dr. Jekyll estivesse ali, no final das contas.

Enquanto a maioria do Congresso e todos os nossos aliados da OTAN eram a favor dos ataques aéreos, a Rússia não era. O primeiro-ministro Yevgeny Primakov estava a caminho dos Estados Unidos para se encontrar com Al Gore. Quando Al lhe avisou que um ataque à Iugoslávia era iminente, Primakov mandou o avião dar meia-volta para levá-lo de novo a Moscou.

No dia 24 coloquei o povo norte-americano a par do que eu estava fazendo e por quê. Expliquei que Milosevic tinha privado os kosovares da sua autonomia, negando-lhes os seus direitos constitucionalmente garantidos de falar a sua própria língua, administrar as suas escolas e ter seu próprio governo. Descrevi as atrocidades sérvias: mortes de civis, aldeias queimadas e expulsão das pessoas de suas casas, 60 mil nas últimas cinco semanas, mas 250 mil ao todo. Finalmente, inseri os eventos correntes no contexto das guerras que Milosevic já tinha empreendido contra a Bósnia e a Croácia, além do impacto aniquilador dessas mortes no futuro da Europa.

A campanha de bombardeio tinha três objetivos: mostrar a Milosevic a nossa séria intenção de pôr fim à limpeza étnica, impedir uma ofensiva ainda mais sangrenta contra civis inocentes em Kosovo e, se Milosevic não jogasse a toalha logo, enfraquecer radicalmente a capacidade militar dos sérvios.

Naquela noite os bombardeios aéreos da OTAN começaram. Eles durariam onze semanas, enquanto Milosevic continuava a matar os albaneses kosovares e a expulsar as pessoas das suas casas. Os bombardeios infligiram um grande estrago à infra-estrutura militar e econômica da Sérvia. Infelizmente, em poucas ocasiões eles erraram os alvos e tiraram a vida das pessoas que eles deveriam proteger.

Algumas pessoas argumentaram que a nossa posição teria sido mais defensável se tivéssemos enviado tropas terrestres. Havia dois problemas com essa idéia. Em primeiro lugar, quando os soldados estivessem em posição, em número adequado e com apoio apropriado, os sérvios já teriam feito um enorme estrago. Em segundo lugar, as vítimas civis muito provavelmente teriam sido em número muito maior em uma campanha terrestre do que com as poucas bombas que erraram o alvo. Na minha opinião, uma ação que custasse mais vidas norte-americanas, sem perspectiva de vitória, não seria muito convincente. A nossa estratégia podia por vezes ser criticada, mas nunca abandonada.

No fim do mês, quando a Bolsa de Valores teve um fechamento inédito acima de 10 mil — bem acima dos 3.200 de quando assumi o cargo —, fui entrevistado por Dan Rather na rede de televisão CBS. Depois de uma longa conversa sobre Kosovo, Dan me perguntou se eu contava com a idéia de ser o marido de uma senadora dos Estados Unidos. Naquela ocasião, muitas autoridades de Nova York se juntaram ao coro de Charlie Rangel no pedido a Hillary para considerar sua candidatura. Eu disse a Rather que não tinha idéia do que ela decidiria, mas se Hilary se candidatasse e vencesse, "ela seria magnífica".

Em abril, o conflito de Kosovo se intensificou quando estendemos o bombardeio para o centro de Belgrado, atingindo o Ministério do Interior, o centro de operações da televisão estatal da Sérvia, a sede do partido de Milosevic e a sua casa. Aumentamos maciçamente o apoio financeiro e a presença de tropas nas vizinhas Albânia e Macedônia, para ajudá-las a lidar com as grandes levas de refugiados. No final do mês, quando Milosevic ainda não tinha se curvado, a oposição à nossa política vinha dos dois lados. Tony Blair e alguns representantes do Congresso achavam que já era hora de enviarmos tropas terrestres, enquanto a Câmara dos Deputados votou pela rejeição do uso de tropas sem a aprovação prévia do Congresso.

Eu ainda acreditava que a campanha aérea funcionaria e esperava podermos enviar tropas terrestres só quando elas pudessem atuar em missão de paz. No dia 14 de abril telefonei a Boris Yeltsin para pedir a participação de tropas russas na força de paz pós-conflito, como na Bósnia. Eu acreditava que a presença russa ajudaria na proteção da minoria sérvia e talvez permitisse a Milosevic uma saída digna da sua oposição a tropas estrangeiras.

Muitas outras coisas aconteceram em abril. No dia 5 a Líbia finalmente entregou dois suspeitos do ataque a bomba ao avião 103 da Pan Am sobre Lockerbie, na Escócia, em 1988. Eles seriam julgados por juízes escoceses em Haia. A Casa Branca esteve envolvida na questão durante anos. Eu tinha pressionado os líbios a entregarem os suspeitos e a Casa Branca entrou em contato com as famílias das vítimas, mantendo-as informadas e aprovando a construção de um monumento dedicado à memória dos seus familiares no Arlington National Cemetery. Era o começo de um degelo nas relações entre os Estados Unidos e a Líbia.

Na segunda semana do mês, o premier chinês Zhu Rongji fez a sua primeira viagem à Casa Branca, na esperança de chegar a uma solução para os obstáculos pendentes à entrada da China na Organização Internacional do Comércio (OIC). Progredimos substancialmente no que dizia respeito a aparar muitas das nossas arestas, mas ainda tínhamos problemas, inclusive o nosso desejo de um maior acesso ao mercado chinês de automóveis e a insistência da China por um limite de cinco anos ao nosso acordo de "enxurrada", sob o qual os Estados Unidos — na eventualidade de um grande aumento repentino, e quando este ocorresse por razões outras que não as econômicas normais — podiam limitar a importação de produtos da China. Era uma questão importante para os Estados Unidos, em razão da experiência anterior com a enxurrada de aço importado da Rússia, do Japão e de outros países.

Charlene Barshefsky me disse que os chineses tinham progredido bastante e que deveríamos fechar o acordo com Zhu enquanto ele estivesse nos Estados Unidos, para evitar o seu enfraquecimento na China. Madeleine Albright e Sandy Berger concordaram com ela. Os demais membros da equipe econômica — Rubin, Summers, Sperling e Daley —, assim como John Podesta e o meu coordenador político na Câmara, Larry Stein, discordaram. Eles achavam que, sem maiores avanços, o Congresso rejeitaria o acordo e aniquilaria a entrada da China na OIC.

Na noite anterior à visita oficial, eu me reuni com Zhu no Salão Oval Amarelo. Abri o jogo com ele quanto às divergências de opinião na minha equipe, mas me ofereci para trabalharmos toda a noite, caso fosse importante para ele firmar o acordo enquanto estivesse nos Estados Unidos. Zhu respondeu que, se o momento não fosse propício, poderíamos esperar.

Infelizmente, a notícia falsa de que tínhamos fechado um acordo vazou, de modo que, quando ele não se realizou, Zhu ficou magoado pelas concessões que havia feito, e eu fui criticado por ter rejeitado um acordo sob pressão dos adversários à entrada da China na OIC. Esta versão foi reforçada pela inundação de matérias contra a China na mídia. As alegações de que o governo chinês tinha injetado fundos na campanha de 1996 ainda não tinham sido esclarecidas; além do caso de Wen Ho Lee, um funcionário norte-americano de origem chinesa no laboratório nacional de energia em Los Alamos, no Novo México, que tinha sido acusado de roubar tecnologia sigilosa para a China. Toda a minha equipe queria a China na OIC naquele ano; depois disso tudo, esse projeto ficou mais difícil de ser alcançado.

Em 12 de abril um júri deu o seu veredicto no caso de Kenneth Starr contra Susan McDougal, que tinha sido acusada de obstrução da justiça e de desacato à autoridade pelas suas recusas de testemunhar diante do grande júri. Ela foi absolvida na acusação de obstrução da justiça e, segundo a imprensa, o júri ficou paralisado em 7 a 5 para inocentá-la das acusações de desacato. Foi um veredicto incrível. Susan McDougal admitiu que tinha recusado obedecer a um mandado judicial para depor porque ela não confiava em Starr, nem em seu assessor, Hick Ewing. Ela declarou que nesse momento estaria disposta a responder, em tribunal aberto, às perguntas que o Escritório do Promotor Independente (OIC) queria fazer diante de um júri secreto. Ela disse que, embora tivesse recebido imunidade, ela tinha se recusado a colaborar com o OIC porque Starr e a sua equipe já vinham tentando fazê-la mentir para incriminar Hillary ou a mim, e além disso ela acreditava que, se falasse a verdade diante do grande júri, ele a indiciaria por sua recusa em mentir. Para concluir sua defesa, ela chamou Julie Hiatt Steele, que afirmou que Starr tinha feito o mesmo com ela, indiciando-a depois que, por duas vezes, ela se recusou a mentir para ele diante do grande júri.

A vitória não devolveria os anos perdidos a Susan McDougal, mas a sua defesa significou um enorme revés para Starr e um doce triunfo para todos aqueles que tiveram a vida e suas economias destruídas por ele.

No dia 20 os Estados Unidos sofreram mais um tiroteio dramático em uma escola. Na Escola Secundária Columbine, em Littleton, no Colorado, dois estudantes fortemente armados abriram fogo contra os seus colegas, matando doze alunos e ferindo mais de vinte, antes de se matarem. Poderia ter sido pior. Um professor que acabou morrendo em decorrência dos ferimentos salvou a vida de muitos estudantes. Médicos e policiais salvaram outras vidas. Uma semana depois, com um grupo bipartidário de congressistas e prefeitos, anunciei algumas medidas para dificultar que armas de fogo caíssem em mãos erradas: aplicando a Lei Brady de proibição de porte de armas por jovens violentos; fechando eventos de tiro ao alvo, a fim de exigir atestados de bons antecedentes das pessoas que compravam armas em tais eventos em vez de em lojas; destruindo o tráfico de armas ilegais; e proibindo jovens de comprarem armas de grande poder destrutivo. Também propus verbas para ajudar as escolas a desenvolverem programas de prevenção à violência e de resolução de conflitos, como os que se realizavam na Escola Secundária T. C. Williams em Alexandria, na Virgínia.

O líder da maioria no Senado, Trent Lott, chamou a minha iniciativa de uma "típica reação paliativa", e Tom DeLay me acusou de explorar o caso Columbine para obter ganhos políticos. Mas a principal responsável pela iniciativa, a congressista Carolyn McCarthy, de Nova York, não estava interessada em política; o seu marido tinha sido assassinado e o seu filho fora gravemente ferido em um trem urbano por um desequilibrado com um revólver que não podia estar em suas mãos. A Associação Nacional do Rifle (NRA) e os seus defensores puseram a culpa na violência da nossa cultura. Eu concordava com o fato de que nossas crianças vinham tendo exposição demasiada à violência; exatamente por isso é que eu estava apoiando a iniciativa de Al e Tipper Gore de conseguir inserir V-chips nos aparelhos de televisão, de modo que os pais pudessem impedir a exposição das crianças à violência excessiva. Mas justamente a violência na nossa cultura tornava mais forte o argumento de impedir o acesso às armas pelas nossas crianças, por criminosos e por pessoas mentalmente instáveis.

No fim do mês Hillary e eu presidimos a maior reunião de chefes de Estado realizada em Washington, quando os líderes da OTAN e os Estados que participavam da sua Parceria para a Paz se reuniram para comemorar o qüinquagésimo aniversário da organização e para confirmar a nossa decisão de triunfar em Kosovo. Depois disso, Al From, do Conselho da Liderança Democrata, e Sidney Blumenthal fizeram mais uma das conferências da "Terceira Via" para salientar os valores, as idéias e as estratégias que Tony Blair e eu compartilhávamos com Gerhard Schroeder, da Alemanha, Wim Kok, da Holanda, e o novo primeiro-ministro italiano, Massimo D'Alema. Naquela ocasião, eu estava interessado em construir um consenso global sobre as políticas econômicas, sociais e de segurança que fossem positivas para os Estados Unidos e para o mundo, depois do fim do meu mandato, ao fortalecer as forças de interdependência positiva e enfraquecer as de desintegração e destruição. O movimento da Terceira Via e a ampliação das alianças da OTAN e da sua missão fizeram com que nós progredíssemos bastante na direção certa, mas, como acontecem com os melhores projetos, eles acabam sendo atropelados pelos fatos, em especial pelo movimento antiglobalização e pelo terrorismo.

No início de maio, logo após Jesse Jackson convencer Milosevic a libertar três funcionários norte-americanos que os sérvios tinham capturado na fronteira com a Macedônia, perdemos dois soldados nossos quando o helicóptero Apache em que estavam caiu em um vôo de treinamento; as únicas vítimas norte-americanas em todo o conflito. Boris Yeltsin enviou Victor Chernomyrdin para discutir o interesse da Rússia de pôr fim à guerra e provavelmente de participar da força de paz após o conflito. Enquanto mantivemos a pressão, autorizei que mais 176 aviões fossem disponibilizados para Wes Clark.

No dia 7 de maio sofremos a nossa pior derrota política do conflito, quando a OTAN bombardeou a embaixada chinesa em Belgrado, matando três cidadãos chineses. Logo soube que o bombardeio tinha atingido o seu alvo, erroneamente identificado como um prédio do governo sérvio usado para fins militares, segundo os antigos mapas da CIA. Era exatamente o tipo de erro que eu tentei evitar. Os militares estavam usando basicamente fotografia de satélites. Eu me reunia com Bill Cohen, Hugh Shelton e Sandy Berger várias vezes por semana para rever os alvos em alto-relevo, numa tentativa de maximizar a agressão a Milosevic e minimizar as vítimas civis. Fiquei estarrecido, profundamente chateado com o erro, e imediatamente telefonei a Jiang Zemin para me desculpar. Como ele não atendesse ao meu telefonema, eu me desculpei publicamente mais de uma vez.

Nos três dias seguintes os protestos se multiplicaram pela China. Eles foram especialmente intensos próximos da embaixada norte-americana em Pequim, onde o embaixador Sasser se sentiu sitiado. Os chineses declararam que os ataques tinham sido deliberados e que se recusavam a aceitar desculpas. Quando finalmente consegui falar com o presidente Jiang, no dia 14, eu me desculpei novamente e lhe disse que tinha certeza de que ele não acreditava que os ataques tivessem sido propositais. Ele disse que não acreditava, mas que havia pessoas no Pentágono e na CIA que se opunham à minha aproximação com a China, e provavelmente planejaram um conflito entre nós por meio de mapas adulterados. Jiang teve dificuldade em entender que um país com uma tecnologia tão avançada pudesse cometer um erro dessa proporção.

Também para mim foi difícil acreditar no que havia acontecido. Mas era um fato. Acabamos superando isso, mas não foi fácil enquanto durou. Acabei nomeando o almirante Joe Prueher, que estava se reformando como comandante-em-chefe das nossas forças no Pacífico, para ser o novo embaixador na China. Ele era muito respeitado pelos militares chineses, e eu acreditava que ele pudesse restaurar as nossas relações.

No fim de maio, a OTAN aprovou uma força de paz de 48 mil soldados para entrar em Kosovo depois da conclusão do conflito, e começamos a conversar sobre a possibilidade de enviar tropas terrestres mais cedo, se ficasse claro que os ataques aéreos não teriam êxito, antes que as pessoas ficassem presas nas montanhas por causa do inverno. Sandy Berger estava preparando um memorando com as opções, e eu estava disposto a enviar tropas terrestres, se necessárias, mas ainda acreditava que a guerra aérea seria suficiente. No dia 27 Milosevic foi indiciado pelo tribunal de crimes de guerra em Haia.

Em maio muitos acontecimentos agitaram o mundo. Em meados do mês Boris Yeltsin sobreviveu à votação do seu próprio *impeachment* na Duma. No dia 17, o primeiro-ministro Netanyahu foi derrotado para a reeleição pelo líder trabalhista, o general reformado Ehud Barak, o soldado mais condecorado na história de Israel. Barak era um eclético brilhante: escreveu uma tese sobre sistemas de engenharia econômica em Stanford, era um pianista clássico e consertava relógios por *hobby*. Ele estava na política fazia relativamente pouco tempo, e o seu cabelo curto, olhar intenso e um tom de voz desconexo e abrupto refletiam mais o seu passado militar do que as águas políticas mais densas nas quais ele passou a navegar. A sua vitória sinalizava claramente que os israelenses viam nele o que eles tinham visto no seu modelo ideal, Yitzhak Rabin: a possibilidade de paz com segurança. Igualmente importante, a grande margem de vitória de Barak lhe deu a oportunidade de ter um governo de coalizão no Knesset, que apoiaria o difícil caminho para a paz, algo que o primeiro-ministro Netanyahu nunca teve.

No dia seguinte o rei Abdullah da Jordânia foi me ver, bastante esperançoso com a paz e disposto a ser um sucessor digno do seu pai. Ele tinha uma idéia nítida dos desafios que o seu país e o processo de paz tinham de enfrentar. Fiquei impressionado pelo seu conhecimento de economia e pela sua compreensão de que o crescimento contribuiria para a paz e a reconciliação. Depois do encontro fiquei convencido de que o rei, assim como a sua esposa igualmente admirável, a rainha Raina, se constituiriam em forças positivas na região por muito tempo.

No dia 26 de maio Bill Perry entregou uma carta enviada por mim a Kim Jong Il, o líder da Coréia do Norte, propondo um plano para o futuro em que os Estados Unidos forneceriam um espectro amplo de ajuda a ele se, mas somente se, desistisse da sua tentativa de produzir armas nucleares e mísseis de longo alcance. Em 1998, a Coréia do Norte tinha dado um passo positivo ao interromper os seus testes com tais mísseis, e acreditei que a missão de Perry tinha alguma probabilidade de êxito.

Dois dias mais tarde, Hillary e eu estávamos no retiro do Conselho da Liderança Democrata na White Oak Plantation, no norte da Flórida, a maior área preservada de caça selvagem nos Estados Unidos. Acordei às quatro da manhã para assistir pela televisão à cerimônia de posse do novo presidente da Nigéria, o ex-general Olusegun Obasanjo. Desde a sua independência, a Nigéria esteve envolvida em corrupção, disputas regionais e religiosas, além de deterioração das suas condições sociais. Apesar da grande produção de petróleo, o país sofreu periódicos atentados políticos e escassez de combustível. Obasanjo tinha tomado o poder por meio de um golpe militar na década de 1970 e manteve a promessa de deixar o posto logo que novas eleições fossem realizadas. Mais tarde, quando foi preso político, se tornou um cristão devoto e escreveu livros sobre a sua fé. Era difícil imaginar um futuro promissor para a África Subsaariana sem uma Nigéria em boas condições — de longe o país mais populoso do continente. Depois de ouvir o seu convincente discurso de posse, tive esperança de que Obasanjo fosse capaz de ter êxito onde outros falharam.

* * *

No front interno, comecei o mês com um pronunciamento importante sobre ar limpo. Já tínhamos reduzido em 90% a poluição tóxica do ar, proveniente das fábricas de substâncias químicas, e criado padrões rígidos para reduzir o nevoeiro de fumaça e a fuligem, o que evitaria milhões de casos de asma infantil. No dia 1º de maio eu disse que, após uma consulta ampla à indústria, a grupos de ambientalistas e a consumidores, a diretora da Agência de Proteção Ambiental (EPA), Carol Browner, promulgaria uma norma para exigir de todos os proprietários de veículos de passageiros, inclusive de veículos utilitários que consomem muita gasolina, o cumprimento dos mesmos padrões de controle de poluição, e que reduziríamos o conteúdo de enxofre na gasolina em 90% nos próximos cinco anos.

Anunciei uma nova iniciativa contra a criminalidade, liberando verbas para concluir o nosso empenho de colocar 100 mil policiais nas ruas (mais da metade deles já estava em serviço); expandir o programa de patrulhamento ao contratar 50 mil policiais para áreas de maior índice de criminalidade; e fazer da posse de agentes biológicos um crime federal, pelo risco de serem transformados em armas terroristas sem uma finalidade legítima e pacífica.

Eu torcia para que o dia 12 nunca chegasse; Bob Rubin estava voltando à vida privada. Na minha opinião, ele foi o secretário do Tesouro mais importante desde Alexander Hamilton no início da República. Bob também foi o primeiro presidente do Conselho Nacional de Economia. Nos dois cargos ele representou papéis decisivos nos nossos esforços para restaurar o crescimento econômico e ampliar os seus benefícios para um maior número de norte-americanos, evitar e conter as crises financeiras estrangeiras e modernizar o sistema financeiro internacional para lidar com a economia global, na qual mais de 1 trilhão de dólares atravessavam fronteiras diariamente. Ele também representou a estabilidade durante a provação do *impeachment*, não só se pronunciando na reunião em que me desculpei perante o meu gabinete, mas constantemente lembrando à nossa equipe de que eles deviam se orgulhar do que estavam fazendo e advertindo-os para não serem críticos demais. Um dos funcionários mais jovens da minha equipe disse que Bob tinha lhe falado que, se vivesse tempo suficiente, ele próprio também faria algo do qual se envergonharia muito.

Quando Bob entrou no governo, talvez fosse a pessoa mais rica da nossa equipe. Depois de trabalhar pelo plano econômico de 1993, com aumento de imposto para os norte-americanos de renda mais alta, eu costumava brincar com ele dizendo que "o Bob Rubin foi para Washington para me ajudar a salvar a classe média e, quando sair, ele vai ser um deles". Mas, nesse momento em que ele estava voltando à vida civil, eu não tinha de me preocupar mais com isso.

Nomeei o vice-secretário de Bob para assumir o seu posto, o capacitado Larry Summers. Larry estivera presente no auge de todas as mais importantes questões econômicas dos últimos seis anos, portanto estava preparado para o cargo. Também nomeei Stu Eizenstat, o subsecretário de Estado para assuntos econômicos, para ser o vice-secretário do Tesouro. Stu soube lidar muito bem com assuntos importantes, sobretudo com a questão conhecida como o Ouro dos Nazistas. Edgar Bronfman Sr. tinha despertado o nosso interesse no assunto ao contatar Hillary, que deu prosseguimento à questão a partir de uma primeira reunião.

Eizenstat, então, tomou a iniciativa de assegurar justiça e compensação para os sobreviventes do Holocausto e suas famílias, cujo patrimônio tinha sido saqueado quando eles partiram para os campos de concentração.

Logo depois, Hillary e eu fomos ao Colorado para nos reunir com os alunos e famílias da Escola Secundária Columbine. Poucos dias antes, o Senado tinha acolhido as minhas propostas de banimento de importação de grandes quantidades de carregadores de munição, usados para burlar a proibição de armas pesadas, e a proibição de posse de armas pesadas por jovens. E, diante do *lobby* intenso da Associação Nacional do Rifle (NRA), Al Gore superou o empate de 50 a 50 para aprovar o projeto de inviabilizar os eventos de tiro ao alvo por meio da exigência de atestado de bons antecedentes da Lei Brady.

Embora a comunidade ainda estivesse de luto, os alunos da Columbine aos poucos começavam a retornar, e juntamente com os pais estavam dispostos a se mobilizar para reduzir a probabilidade de outras Columbines. Eles sabiam que já tinha havido outros tiroteios em escolas, mas foi o episódio de Columbine que mais chocou os norte-americanos. Eu lhes disse que eles tinham condições de construir um futuro mais seguro depois do sofrimento que enfrentaram. Embora o Congresso não fechasse os eventos de tiro ao alvo, nas eleições de 2000, devido a Columbine, os eleitores do estado conservador do Colorado aprovariam, com uma margem esmagadora, uma medida estadual para acabar com tais eventos.

Em maio o Mundo de Whitewater ainda estava vivo e passava bem, quando Kenneth Starr, apesar da derrota no julgamento de Susan McDougal, deu prosseguimento na história, dessa vez contra Julie Hiatt Steele. O caso acabou com a sentença suspensa, por falta de acordo entre os jurados; no norte conservador da Virgínia foi mais um revés para o promotor independente e a sua tática. Depois de todos os esforços de Starr para entrar no caso Paula Jones, a única pessoa indiciada do caso foi Steele, uma outra inocente, alheia à história, que se recusou a mentir. O escritório de Starr conduziu quatro julgamentos e tinha perdido três até o momento.

Em junho, os ataques a bomba como punição aos sérvios finalmente romperam a resistência de Milosevic. No dia 2, Victor Chernomyrdin e o presidente finlandês, Martti Ahtisaari, levaram pessoalmente as exigências da OTAN a Milosevic. No dia seguinte, Milosevic e o Parlamento sérvio concordaram com elas. Como era previsto, os próximos dias foram tensos, com contestações dos detalhes, mas no dia 9 a OTAN e as autoridades militares sérvias concordaram com uma retirada imediata das forças sérvias de Kosovo e a mobilização de uma força de segurança internacional sob o comando unificado da OTAN. No dia seguinte Javier Solana instruiu o general Clark para suspender as operações aéreas da OTAN, o Conselho de Segurança da ONU aprovou uma resolução acatando o fim da guerra, e eu anunciei ao povo norte-americano que, após 79 dias, a campanha de bombardeio à Sérvia havia terminado, as forças sérvias estavam se retirando, e 1 milhão de homens, mulheres e crianças, expulsos de suas terras, poderiam voltar para casa. Em um pronunciamento no Salão Oval, agradeci às nossas forças armadas por seu desempenho excelente, e ao povo norte-americano por sua posição contra a limpeza étnica e pelo seu apoio generoso aos refugiados, muitos dos quais vieram para os Estados Unidos.

O comandante dos aliados, Wes Clark, administrou a campanha com habilidade e determinação, e ele e Javier Solana foram bastante eficazes em manter a aliança e nunca recuar do nosso firme propósito de vencer, nos maus e nos bons dias. O mesmo espírito de toda a minha equipe de segurança nacional. Embora estivéssemos constantemente tentando analisar os eventos, uma semana antes de o bombardeio terminar Bill Cohen e Hugh Shelton estavam convencidos de que a campanha aérea funcionaria se pudéssemos manter a coalizão por dois meses. Al Gore, Madeleine Albright e Sandy Berger se mantiveram tranqüilos nas semanas tensas que acabávamos de compartilhar. Al teve um papel crucial ao manter o relacionamento com a Rússia intacto, mediante contatos com Victor Chernomyrdin, e assegurando que nós e os russos tínhamos a mesma posição quando Chernomydin e Ahtisaari foram à Sérvia convencer Milosevic a desistir da sua resistência inútil.

No dia 11 levei uma delegação do Congresso à Base Aérea de Whiteman, no Missouri, para agradecer à tripulação e ao pessoal de apoio dos bombardeiros invisíveis B-2, que voaram direto do Missouri até a Sérvia e voltaram sem escalas, para efetuar os bombardeios noturnos aos quais eles são bastante apropriados. Ao todo, 30 mil aviões de ataque voaram na campanha de Kosovo. Só perdemos dois deles, mas as suas tripulações foram salvas.

Após o êxito dos ataques aéreos, John Keegan, talvez o mais proeminente historiador de guerra vivo, escreveu um artigo interessantíssimo na imprensa britânica sobre a campanha em Kosovo. Ele admitiu com franqueza que achava que os bombardeios não seriam bem-sucedidos, mas tinha se enganado. De acordo com ele, tais campanhas não tiveram êxito no passado porque a maioria das bombas errava o alvo. As armas usadas em Kosovo foram mais precisas do que as utilizadas na primeira guerra no Golfo; apesar de algumas terem errado o alvo em Kosovo e na Sérvia, muito menos civis foram mortos do que no Iraque. Também ainda estou convencido de que muito mais civis teriam morrido se tivéssemos usado tropas terrestres, uma ponte que eu só cruzaria se Milosevic triunfasse na nossa primeira tentativa. O êxito da campanha aérea em Kosovo marcou um novo capítulo na história militar.

Houve mais um momento tenso antes de a situação se estabilizar. Dois dias depois do término oficial das hostilidades, cinqüenta veículos transportaram duzentos soldados russos que entraram em Kosovo, vindos da Bósnia, e ocuparam o aeroporto de Pristina sem uma permissão prévia da OTAN, quatro horas antes da chegada das tropas autorizadas pela ONU. Os russos confirmaram a sua intenção de controlar o aeroporto.

Wes Clark ficou lívido. Não era de espantar, mas eu sabia que não estávamos à beira da Terceira Guerra Mundial. Por cooperar conosco, Yeltsin estava sendo muito criticado na Rússia pelos ultranacionalistas, que se solidarizavam com os sérvios. Eu achei que ele só estava tentando apaziguar a oposição interna temporariamente. Mas logo o comandante britânico, o general Michael Jackson, resolveu a situação sem incidentes e, no dia 18 de junho, o secretário Cohen e o ministro de Defesa da Rússia chegaram a um acordo sob o qual as tropas russas se juntariam às forças da OTAN sancionadas pela ONU em Kosovo. No dia 20 de junho os militares iugoslavos concluíram a retirada, e duas semanas depois o Alto Comissariado para Refugiados da ONU estimou que mais de 765 mil refugiados já tinham retornado a Kosovo.

Como indicava nossa experiência anterior na Bósnia, mesmo depois do conflito ainda haveria muito trabalho a ser realizado em Kosovo: dar segurança aos refugiados na volta para casa; limpar os campos minados; reconstruir moradias;

fornecer alimento, medicamentos e abrigo aos desabrigados; desmilitarizar o Exército de Libertação de Kosovo; criar um ambiente seguro tanto para os albaneses kosovares quanto para a minoria sérvia; organizar um governo civil; e restaurar a economia. Era muito trabalho, a maior parte desempenhada pelos aliados europeus, embora os norte-americanos tivessem se responsabilizado pela valentia dos combates aéreos.

Apesar dos desafios a serem enfrentados, eu me sentia bastante aliviado e satisfeito. Os dez anos sangrentos de exploração de Slobodan Milosevic — valendo-se das diferenças étnica e religiosa para impor a sua vontade à antiga Iugoslávia — estavam nos seus últimos dias. O incêndio de aldeias e a chacina de inocentes já eram História. Eu sabia que era só uma questão de tempo para que Milosevic também se tornasse uma página virada.

No dia do nosso acordo com a Rússia, Hillary e eu estávamos em Colônia, na Alemanha, para a reunião de cúpula anual do G-8. Aquela acabou sendo uma das reuniões mais importantes nos meus oito anos de mandato. Além de comemorar o sucesso do fim do conflito em Kosovo, endossamos as recomendações dos nossos ministros de Finanças de modernizar as instituições financeiras internacionais e as nossas políticas nacionais, a fim de poder enfrentar os desafios da economia global, assim como anunciamos uma proposta, que recebeu o meu total apoio, para uma enorme iniciativa do milênio de aliviar as dívidas dos países pobres, se eles concordassem em investir as suas reservas financeiras em educação, em saúde e em desenvolvimento econômico. A iniciativa era coerente com o apelo mundial para o alívio das dívidas, liderado pelo papa João Paulo II e o meu amigo Bono.

Depois da reunião de cúpula fomos à Eslovênia para agradecer ao seu povo por apoiar a OTAN em Kosovo e por ajudar os refugiados, e em seguida à Macedônia, onde o presidente Kiro Gligorov, apesar das dificuldades econômicas e das tensões étnicas do seu país, acolheu 300 mil refugiados. No acampamento em Skopje, Hillary, Chelsea e eu visitamos alguns deles, e ouvimos histórias terríveis do que eles tinham passado. Também encontramos o pessoal da força de segurança internacional que estava presente ali. Foi a minha primeira oportunidade de agradecer a Wes Clark pessoalmente.

Em junho a política começou a esquentar. No dia 16 Al Gore anunciou a sua candidatura à Presidência. O seu provável adversário era o governador George W. Bush, o candidato preferido tanto da direita quanto da liderança do Partido Republicano. Bush já tinha levantado mais fundos do que Al e o seu adversário das primárias, o ex-senador de Nova Jersey, Bill Bradley, juntos. Hillary estava inclinada a se candidatar ao Senado por Nova York. Quando eu saísse da Casa Branca, ela já teria me ajudado na minha carreira política por mais de 26 anos. Eu estava contente e disposto a apoiá-la pelos próximos 26 anos.

Ao entrarmos no período eleitoral, eu estava muito mais preocupado em manter o clima promovendo ações no Congresso e no meu governo. Em geral, quando a eleição presidencial começa a esquentar e o presidente não participa dela, há uma predominância da inércia. Alguns democratas achavam que eles se posicionariam melhor se alguma legislação fosse aprovada; desse modo, eles poderiam combater a grande omissão dos republicanos no Congresso. Muitos republicanos estavam dispostos a não me dar nenhuma vitória. Fiquei surpreso com a virulência de alguns, mesmo depois de passados quatro meses do processo de *impeachment*, especialmente porque eu não os estava atazanando, nem em público, nem pessoalmente.

Todas as manhãs eu tentava acordar sem rancor e disposto a trabalhar dentro do espírito de reconciliação. Os republicanos voltaram ao tema que eles apregoavam desde 1992: que eu não tinha caráter e não merecia confiança. Durante o conflito em Kosovo, alguns deles pareciam estar torcendo pelo nosso fracasso. Um senador republicano justificou a torcida morna dos seus colegas pela ação das nossas tropas dizendo simplesmente que eles tinham perdido a confiança em mim; eles me culpavam pelo fracasso deles próprios em se opor à limpeza étnica.

Na minha opinião, os republicanos tentavam me colocar numa posição de total perdedor. Se eu me vestisse de penitente, diriam que eu estava por demais lesado para governar. Se eu estivesse feliz, eles falariam que eu estava me vangloriando e agindo como se eu tivesse escapado impune. Seis dias depois da minha absolvição pelo Senado, fui a New Hampshire para comemorar o sétimo aniversário das minhas primárias no estado. Alguns críticos no Congresso disseram que eu não deveria estar feliz, mas eu estava feliz — e tinha motivos para isso: todos os meus velhos amigos foram me ver; conheci um jovem que contou que o seu primeiro voto tinha sido para mim, e que eu fiz exatamente o que tinha prometido; e também conheci uma mulher que disse que eu a tinha incentivado a deixar o seguro contra a pobreza, e a voltar a estudar para ser enfermeira. Em 1999, ela era enfermeira do estado de New Hampshire. Foi por essas pessoas que eu havia entrado para a política.

De início, eu não conseguia entender o porquê de os republicanos, assim como de certos comentaristas, dizerem que eu tinha levado a melhor em tudo. A humilhação pública, o sofrimento da minha família, as imensas dívidas judiciais — inclusive as do caso Paula Jones mesmo depois de eu ter ganho a ação —, os anos de insultos da imprensa e da Justiça que Hillary sofreu com paciência, e a minha sensação de impotência pelos inúmeros inocentes em Washington e no Arkansas que foram perseguidos e arruinados financeiramente — tudo isso significou um preço muito alto que eu tive de pagar. Eu me desculpei e tentei demonstrar a minha sinceridade da mesma maneira que sempre lidei e trabalhei com os republicanos. Mas nada disso foi suficiente. Nunca seria suficiente por uma razão muito simples: eu sobrevivi e continuei a cumprir o meu mandato e a lutar pelo que acreditava. Em todos os momentos a minha briga com a Nova Direita dos republicanos foi pelo poder. Eu acreditava que o poder provinha do povo, e era ele quem tinha o direito de dá-lo e de tirá-lo. Eles achavam que o povo tinha errado ao me dar o poder duas vezes, e estavam dispostos a usar os meus defeitos pessoais para justificar os seus ataques constantes.

Eu estava convicto de que a minha estratégia positiva era o que eu tinha de fazer como pessoa, com a capacidade que eu tinha para fazer o meu trabalho. Não estava tão certo de que seria boa política. Quanto mais eu era atacado pelos republicanos, mais se dissipavam as minhas lembranças da atuação de Ken Starr e do comportamento deles durante o processo de *impeachment*. A imprensa costuma se concentrar em fatos do presente, não em fatos passados, e os conflitos são sempre notícia. Isso dá uma vantagem ao agressor, independentemente de quem está certo. Em pouco tempo, em vez de me perguntar se eu perdoaria e esqueceria, a imprensa passou a me perguntar, com ar grave, se eu tinha autoridade moral para exercer o cargo. Os republicanos também estavam desancando Hillary, que, deixando de ser a figura que inspirava solidariedade ao lado do homem imperfeito, passava a ser a mulher forte que ocupava um lugar na política. Apesar disso tudo, no cômputo geral, eu me sentia tranqüilo quanto à situação do momento: o país avançava na direção certa, a aprovação do meu desempenho no cargo era elevada e eu ainda tinha muito a fazer.

Embora eu vá sempre me arrepender dos erros que cometi, sei que vou morrer com orgulho das forças contra as quais lutei na batalha do *impeachment*, o meu momento de decisão contra as forças às quais me opus a vida toda — os defensores da velha ordem a favor da discriminação e da segregação no Sul e que jogavam com a insegurança e os medos da classe operária branca na qual eu cresci; os opositores dos movimentos feminino, ambiental e gay, bem como de outros esforços para expandir a nossa comunidade, pois viam nesses movimentos ataques à ordem natural; os que acreditavam que o governo devesse servir aos interesses dos privilegiados e favorecer os ricos com isenções tributárias, em vez de investir na saúde e melhorar a educação.

Desde menino estive do outro lado. No início, as forças da reação, da divisão e do *status quo* eram representadas pelos democratas contrários aos direitos civis. Quando o partido nacional de Truman, Kennedy e Johnson começou a abraçar a causa dos direitos civis, os conservadores do Sul migraram para o Partido Republicano, agremiação que, no começo da década de 1970, formou uma aliança com o movimento emergente da direita religiosa.

Quando a Nova Direita republicana assumiu o poder no Congresso, em 1995, tranqüei a maior parte dos seus projetos mais extremistas e fizemos do maior progresso na justiça econômica, social e ambiental o preço da nossa cooperação. Eu entendi por que as pessoas que equiparam o conservadorismo político, econômico e social com a vontade de Deus me odeiam. Lutei pelos Estados Unidos que compartilhassem benefícios, responsabilidades e participação em uma sociedade democrática. A Nova Direita republicana queria um país no qual a riqueza e o poder estariam concentrados nas mãos das pessoas "direitas", que manteriam um apoio majoritário ao demonizar uma sucessão de minorias, cujas demandas de inclusão ameaçavam o comando do poder. Eles também me odiavam por ser apóstata, um protestante branco do Sul que podia atrair os votos dos seus eleitores cativos.

A partir do momento em que os meus pecados foram divulgados para o público, os republicanos achavam que podiam me atirar pedras até o dia da minha morte. Eu me libertei do meu ódio em relação a isso, mas fiquei satisfeito de ter, por acidente histórico, a felicidade de combater essa última encarnação das forças da reação e da divisão e de ter sido a favor de uma união mais perfeita.

53

No INÍCIO DE JUNHO participei com Tipper Gore de um programa de rádio sobre saúde mental, com o intuito de conscientizar a população sobre esse assunto. Eu tinha nomeado Tipper Gore para ser a conselheira oficial da saúde mental e, recentemente, ela teve a coragem de revelar o seu tratamento contra a depressão. Dois dias mais tarde, Hillary e eu nos reunimos com Al e Tipper na Casa Branca para uma conferência sobre saúde mental, na qual abordamos os custos pessoais, econômicos e sociais desconcertantes em decorrência da doença mental não tratada.

No restante do mês chamei a atenção para as nossas propostas de segurança das armas; os nossos esforços de desenvolver uma vacina contra a AIDS; os meus esforços para incluir questões ambientais e de direitos trabalhistas em negociações comerciais; o relatório do presidente do conselho de serviço de informação estrangeira sobre a segurança nos laboratórios de armas do Departamento de Energia; um plano para restaurar os benefícios de assistência médica e a portadores de deficiência física para imigrantes legais; uma proposta para permitir ao Medicaid dar cobertura a deficientes norte-americanos impossibilitados de financiar tratamentos, caso perdessem a cobertura de assistência médica ao ingressarem em algum emprego; a legislação para ajudar crianças mais velhas egressas de orfanatos a se ajustarem à vida independente; e um plano para modernizar o Medicare e ampliar o período de solvência do seu fundo de assistência.

Eu estava ansioso para julho chegar. Seria um mês previsível e positivo na minha opinião. Eu anunciaria que a águia de cabeça branca tinha sido retirada da lista das espécies ameaçadas e Al Gore esboçaria o nosso plano para concluir a restauração dos pântanos dos Everglades, na Flórida. Hillary começaria a sua "viagem de escuta" na fazenda do senador Moynihan em Pindars Corners, no norte do estado de Nova York, e eu faria uma viagem pelas comunidades pobres em todo o país para promover a minha iniciativa de "Novos Mercados", visando atrair investimentos em áreas que ainda estavam excluídas da nossa recuperação econômica. Tudo isso aconteceu, mas também ocorreram eventos inesperados que foram problemáticos ou trágicos.

O primeiro-ministro do Paquistão, Nawaz Sharif, me telefonou querendo me ver em Washington, no dia 4 de julho, para falar sobre o impasse perigoso com a Índia, iniciado várias semanas antes, quando tropas paquistanesas, sob o comando do general Pervez Musharraf, cruzaram a Linha de Controle, que tinha sido a fronteira reconhecida e geralmente observada entre a Índia e o Paquistão, na Caxemira, desde 1972. Sharif temia perder o controle da situação criada pelo Paquistão e esperava usar os meus bons auxílios não só para resolver a crise mas também para mediar com os indianos a questão da Caxemira em si. Mesmo antes da crise,

Sharif já tinha me pedido ajuda na questão da Caxemira, dizendo que ela era tão merecedora da minha atenção quanto o Oriente Médio e a Irlanda do Norte. Eu lhe havia dito que os Estados Unidos estavam envolvidos naqueles processos de paz, porque ambos os lados nos queriam como mediadores. Neste caso, no entanto, a Índia havia recusado com veemência o envolvimento de terceiros.

O procedimento de Sharif era desconcertante porque, em fevereiro, o primeiro-ministro indiano, Atal Behari Vajpayee, tinha viajado até Lahore, no Paquistão, para promover conversas bilaterais a fim de resolver o problema da Caxemira e outras diferenças. Ao atravessar a Linha de Controle, o Paquistão tinha prejudicado as negociações. Eu não sabia se Sharif tinha autorizado a invasão para criar uma crise e forçar o envolvimento dos Estados Unidos, ou se tinha permitido a invasão para não se confrontar com o poder dos militares do Paquistão. De qualquer modo, ele tinha se metido numa situação de difícil saída.

Eu disse a Sharif que ele era sempre bem-vindo a Washington, mesmo no 4 de julho, mas, se ele fizesse questão que eu passasse com ele o dia da Independência dos Estados Unidos, ele teria de saber de duas coisas: primeiro, ele tinha de concordar com a retirada das suas tropas para aquém da Linha de Controle e, segundo, que eu não concordaria em intervir no conflito da Caxemira, especialmente sob circunstâncias que pareceriam um prêmio ao Paquistão por sua incursão ilegal.

Sharif disse que queria vir de qualquer maneira. No dia 4 de julho nos encontramos na Blair House. O dia estava quente, mas a delegação paquistanesa estava acostumada ao calor e, em suas tradicionais calças e túnicas longas e brancas, pareciam mais confortáveis do que a minha equipe. Mais uma vez, Sharif insistiu para que eu interviesse na Caxemira, e, mais uma vez, eu lhe expliquei que sem o consentimento da Índia seria contraproducente, mas que eu tentaria convencer Vajpayee a retomar o diálogo bilateral se as tropas paquistanesas se retirassem. Ele concordou, e eu divulguei uma nota conjunta dizendo que os passos para restaurar a Linha de Controle seriam dados e que eu apoiaria e incentivaria a retomada e a intensificação das discussões bilaterais, uma vez alcançado o fim da violência.

Depois do encontro, concluí que talvez Sharif tivesse ido aos Estados Unidos para fazer uso do nosso poder de pressão, para lhe dar cobertura às ordens de desarmar o conflito, que ele teria de dar aos seus militares. Eu sabia que sua base de apoio interno era instável, mas queria que ele sobrevivesse, pois eu precisava da sua cooperação na luta contra o terrorismo.

O Paquistão era um dos poucos países que mantinham relações fortes com os talibãs no Afeganistão. Antes da nossa reunião de 4 de julho, em três ocasiões eu tinha pedido ajuda a Sharif para prender Osama bin Laden: em uma reunião no último dezembro, no funeral do rei Hussein e numa conversa telefônica em junho, seguida de carta em reposta. Recebemos relatórios do serviço de informação dizendo que a Al-Qaeda estava planejando ataques a oficiais militares e prédios norte-americanos em várias partes do mundo, e talvez até nos Estados Unidos. Tínhamos tido êxito no desmantelamento de algumas células e na prisão de vários militantes da Al-Qaeda, mas enquanto Bin Laden e seus comandantes não fossem presos ou mortos, a ameaça permaneceria. No dia 4 de julho eu disse a Sharif que, se ele não cooperasse mais, eu teria de anunciar que o Paquistão apoiava o terrorismo no Afeganistão.

No mesmo dia da reunião com Sharif, assinei uma ordem executiva impondo sanções econômicas aos talibãs, bloqueando os seus bens e proibindo transações comerciais. Nessa ocasião, com o apoio de Sharif, militares norte-americanos também começaram a treinar sessenta soldados paquistaneses para incursões no Afeganistão, a fim de capturar Bin Laden. Eu estava cético quanto ao projeto; mesmo se Sharif quisesse ajudar, as forças militares paquistaneses abrigavam muitos talibãs e simpatizantes da Al Qaeda. Mas também achava que não tínhamos nada a perder ao explorar todas as opções.

No dia seguinte à minha reunião com Sharif, comecei a minha viagem dos "Novos Mercados", partindo de Hazard, no Kentucky, com uma grande delegação que incluía vários executivos, congressistas, pessoal do gabinete, o reverendo Jesse Jackson e Al From.

Eu estava contente com o fato de Jackson participar da excursão e de começarmos pelos Apalaches, a região mais pobre e, ao mesmo tempo, totalmente branca dos Estados Unidos. Fazia muito tempo que Jesse trabalhava para levar mais investimento do setor privado para áreas pobres, e nós tínhamos nos aproximado bastante durante o processo de *impeachment*, quando ele deu apoio a toda a minha família e fez um esforço especial para se aproximar de Chelsea. Do Kentucky fomos para Clarksdale, no Mississippi; a East St. Louis, em Illinois; a Pine Ridge Reservation, em Dakota do Sul; a um bairro hispânico em Phoenix, no Arizona; e ao bairro de Watts, em Los Angeles.

Embora os índices de desemprego nos Estados Unidos nos últimos dois anos ficassem pouco acima de 4%, todas as comunidades que visitei, e muitas outras como estas, sofriam de índices de desemprego bem mais elevados e de renda *per capita* muito inferior aos indicadores nacionais. O índice de desemprego em Pine Ridge estava acima de 70%. Apesar disso, em todos os lugares a que fomos encontrei pessoas inteligentes e trabalhadoras que tinham muito a contribuir para a economia.

Na minha opinião, levar mais investimentos para essas áreas era o que deveria ser feito e também economicamente inteligente. Nós já desfrutávamos da maior expansão econômica da história, com uma taxa de produtividade em rápido crescimento. A mim me parecia que havia três meios para continuar a crescer sem inflação: vender mais produtos e serviços para o exterior; aumentar a participação de certas populações na força de trabalho, como os beneficiários do seguro contra a pobreza; e levar crescimento para novos mercados nos Estados Unidos, onde o investimento era por demais baixo e o desemprego por demais alto.

Estávamos tendo êxito nas duas primeiras áreas, com mais de 250 novos acordos comerciais e a reforma do seguro contra a pobreza. E tivemos um início promissor na terceira área, com mais de 130 zonas de capacitação e de cooperativas, bancos comunitários de desenvolvimento e a exigência da aplicação da lei de reinvestimento comunitário. Mas muitas comunidades ainda se viam excluídas. Eu estava elaborando uma proposta legislativa para aumentar para 15 bilhões de dólares o capital disponível para as cidades do interior, cidades rurais e reservas indígenas. Como ela favorecesse a iniciativa privada, eu esperava obter um grande apoio bipartidário, também por ter sido incentivado pelo presidente da Câmara, Hastert, que demonstrou interesse no projeto.

No dia 15 de julho Ehud e Nava Barak aceitaram o nosso convite para passar uma noite em Camp David, comigo e com Hillary. Tivemos um jantar muito agradável, depois Ehud e eu ficamos conversando até quase as três da manhã. Ficou evidente que ele queria concluir o processo de paz, e sabia que a sua grande vitória eleitoral lhe dera o mandato para isso. Ele tinha interesse em já fazer algo de concreto em Camp David, sobretudo depois que lhe mostrei o prédio onde foi realizada, em 1978, a maior parte das negociações mediadas pelo presidente Carter, entre Anwar Sadat e Menachem Begin.

Ao mesmo tempo eu me ocupava em pôr novamente nos trilhos o processo de paz da Irlanda do Norte. Havia um impasse entre o Sinn Fein e os Unionistas sobre se o desarmamento do IRA seria feito antes ou depois da formação do novo governo. Eu expliquei a situação a Barak e ele ficou intrigado com as semelhanças e as diferenças entre os problemas dos irlandeses e os seus.

No dia seguinte, John Kennedy Jr., a sua esposa, Carolyn, e a irmã dela, Lauren, morreram em um acidente no jatinho que John pilotava sobre a costa de Massachusetts. Eu gostei de John desde que o conheci, na década de 1980, quando ele estudava Direito e fazia estágio na empresa de Mickey Kantor em Los Angeles. Ele foi a Nova York para um dos meus primeiros eventos de campanha em 1991, e pouco antes da morte do casal tive o prazer de mostrar a John e a Carolyn a parte residencial da Casa Branca. Na cerimônia fúnebre, Ted Kennedy fez outro elogio magnífico a um membro da família: "Como o seu pai, ele tinha todos os dons".

No dia 23 de julho o rei Hassan II do Marrocos morreu, aos setenta anos. Ele tinha sido aliado dos Estados Unidos e partidário do processo de paz no Oriente Médio, e eu desfrutava um bom relacionamento pessoal com ele. Mais uma vez, o presidente Bush embarcou no mesmo avião que Hillary, Chelsea e eu tomamos para o funeral em Marrocos. Eu segui o cortejo atrás do esquife do rei puxado por cavalos, com o presidente Murabak, Yasser Arafat, Jacques Chirac e outros líderes, em um percurso de quase cinco quilômetros pelo centro de Rabat. Bem mais de 1 milhão de pessoas se enfileiraram nas ruas, homenageando e gritando em pesar e respeito por seu monarca morto. A gritaria ensurdecedora da imensa multidão emocionada fez da marcha um dos eventos mais incríveis de que participei. Acho que Hassan teria aprovado.

Depois de um rápido encontro com o filho de Hassan, o herdeiro do trono, o rei Mohamed VI, voltei para Washington por alguns dias antes de partir novamente, dessa vez para Sarajevo, com o intuito de me encontrar com vários líderes europeus para nos comprometermos com um pacto de estabilidade para os Bálcãs, um acordo visando apoiar as necessidades da região a curto prazo e o crescimento a longo prazo, ao oferecer maior acesso dos produtos balcânicos aos nossos mercados; trabalhar para a inclusão dos países do sudeste europeu na Organização Mundial do Comércio (OMC) e fornecer fundos de investimentos e garantias de crédito para incentivar iniciativas privadas.

O restante do verão voou enquanto eu continuava a discordar dos republicanos quanto ao orçamento, e ao tamanho e à distribuição da proposta deles de isenções fiscais; Dick Holbrooke foi finalmente confirmado embaixador na ONU, depois de um atraso inconcebível de catorze meses; e Hillary estava quase anunciando a sua candidatura para o Senado.

Em agosto fizemos duas viagens a Nova York para procurar uma casa. No dia 28 visitei uma casa de fazenda do fim do século XIX, com uma ampliação feita em 1989, em Chappaqua, cerca de 65 quilômetros de Manhattan. A parte antiga da casa era charmosa, e a nova era espaçosa e iluminada. No momento em que subi e entrei no quarto principal, eu disse a Hillary que tínhamos de comprar aquele imóvel. O quarto mencionado ficava na parte nova; tinha pé-direito alto com uma série de portas de vidro dando para o jardim dos fundos, além de janelas imensas nas outras paredes. Quando Hillary me perguntou por que eu tinha tanta certeza, eu respondi: "Porque você vai enfrentar uma campanha exaustiva. Com dias difíceis. Este belo quarto é banhado pelo sol. Você vai sempre acordar de bom humor".

No fim de agosto fui a Atlanta para entregar a Medalha da Liberdade para o presidente e a sra. Carter, pelo extraordinário trabalho de ambos na vida civil depois de deixarem a Casa Branca. Dois dias depois, em uma cerimônia na Casa Branca, entreguei um prêmio a vários outros norte-americanos distintos, inclusive o presidente Ford e Lloyd Bentsen. Outros merecedores do prêmio foram militantes dos direitos civis, do trabalhismo, da democracia e do meio ambiente. Todos menos famosos do que Ford e Bentsen, mas que fizeram contribuições singulares e duradouras para os Estados Unidos.

Fiz um pouco de campanha, indo ao Arkansas com Al Gore para encontros com fazendeiros locais e líderes negros de todo o Sul, e um grande evento de arrecadação de fundos com muita gente das minhas antigas campanhas. Também falei e toquei saxofone em um evento para Hillary em Martha's Vineyard, além de aparecer com ela em vários eventos em Nova York, inclusive uma escala em Syracuse, na feira agrícola estadual, onde me senti à vontade com os fazendeiros. Eu estava gostando de fazer campanha para Hillary e para Al Gore, e começava a aguardar com prazer o momento em que, depois de passar a vida sendo ajudado pelos outros, poderia terminar a minha vida política como comecei, fazendo campanha para pessoas em quem acreditava.

No início de setembro Henry Cisneros finalmente solucionou o seu caso com o promotor independente David Barrett, que o havia enquadrado inacreditavelmente em dezoito artigos da lei, os quais Cisneros teria infringido por subestimar gastos pessoais ao FBI em seu depoimento em 1993. No dia anterior ao início do julgamento, Barrett, que sabia que não ganharia a ação, propôs a Cisneros um acordo: seria considerado culpado de um delito, sob a fiança de 10 mil dólares, e sem prisão. Henry aceitou para evitar custos judiciais imensos em um julgamento prolongado. Barrett já tinha gasto 9 milhões de dólares em dinheiro dos contribuintes para atormentar por quatro anos uma pessoa de bem. Poucas semanas antes, havia expirado a lei da promotoria independente.

A maior parte do mês de setembro foi dedicada à política internacional. Logo no início do mês, Madeleine Albright e Dennis Ross estavam em Gaza para apoiar a aceitação dos líderes Ehud Barak e Yasser Arafat sobre os próximos passos para a implantação do acordo de Wye River, aprovando um porto para os palestinos, uma estrada conectando Gaza à Cisjordânia, a devolução de 11% da Cisjordânia, e a libertação de 350 prisioneiros. Madeleine Albright e Dennis Ross foram então para Damasco, a fim de solicitar ao presidente Assad que respondesse ao desejo de Barak de conversar sobre a paz com ele em breve.

No dia 9 fiz a minha primeira visita à Nova Zelândia para uma reunião da APEC [Asia-Pacific Economic Cooperation]. Chelsea me acompanhou, enquanto Hillary ficou para fazer campanha. O grande evento da cúpula envolvia a Indonésia e o apoio que os seus militares receberam para suprimir com violência o movimento pró-independência do Timor Leste, um enclave católico que havia muito tempo se agitava no país de maior população muçulmana do mundo. A maioria dos líderes da APEC era favorável a uma missão de paz para o Timor Leste, e o primeiro-ministro australiano, John Howard, queria assumir a liderança. De início a Indonésia era contra, mas logo foi forçada a ceder. Uma coalizão internacional foi formada para enviar tropas ao Timor Leste sob a liderança da Austrália, e eu me comprometi com o primeiro-ministro Howard a enviar cerca de duzentos homens para fornecer o apoio logístico necessário às forças aliadas.

Também me encontrei com o presidente Jiang para conversar sobre assuntos relacionados à OMC, presidi discussões com Kim Dae Jung e Keizo Obuchi para confirmar a nossa posição comum quanto à Coréia do Norte, e tive a minha primeira reunião com o novo primeiro-ministro e sucessor escolhido de Boris Yeltsin, Vladimir Putin. Putin contrastava totalmente com Yeltsin. Yeltsin era grande e robusto; Putin era compacto e em plena forma física pela prática de artes marciais. Yeltsin era volúvel; o ex-agente da KGB era estável e preciso. Saí da reunião com a sensação de que Yeltsin tinha escolhido um sucessor com habilidade e capacidade para administrar a turbulência política e econômica da Rússia melhor do que ele próprio seria capaz, dada a sua saúde; Putin também tinha a perseverança de defender os interesses da Rússia e proteger o legado de Yeltsin.

Antes de deixar a Nova Zelândia, Chelsea, eu e a minha equipe tiramos umas férias para aproveitar a beleza do país. A primeira-ministra Jenny Shipley e o seu marido, Burton, nos hospedaram em Queenstown, onde joguei golfe com Burton; Chelsea explorou cavernas com os filhos de Jenny Shipley, e muitas pessoas da minha equipe foram fazer *bungee jumping* em uma ponte. Gene Sperling insistiu para que eu também fosse, mas eu lhe disse que já tinha feito saltos livres demais na minha vida.

A nossa última escala foi o Centro Internacional da Antártida em Christchurch, a estação de lançamento dos Estados Unidos para as nossas atividades na Antártida. O centro abrangia um grande módulo de treinamento, no qual as condições gélidas eram reproduzidas. Fui lá para chamar a atenção para o problema do aquecimento global. A Antártida é uma grande torre de resfriamento do nosso planeta, com camadas de gelo de mais de três quilômetros de espessura. Um enorme pedaço de gelo, do tamanho aproximado de Rhode Island, havia se desprendido em virtude do descongelamento. Divulguei fotos de satélites previamente selecionadas do continente para ajudar nos estudos das mudanças em curso. A maior emoção no programa, para Chelsea e para mim, foi a presença de sir Edmund Hillary, que explorou o pólo sul na década de 1950, foi o primeiro homem a chegar ao topo do monte Everest era uma lembrança de outra Hillary, que eu e Chelsea amávamos tanto e que estava envolvida com sua campanha em casa.

Logo após a minha volta aos Estados Unidos, fui a Nova York para abrir a última Assembléia Geral da ONU no século XX, pedindo aos delegados que adotassem três resoluções: fazer mais para combater a pobreza e humanizar a economia global; aumentar os esforços para impedir ou pôr um fim às mortes de inocentes em conflitos étnicos, religiosos, raciais e tribais; e intensificar os esforços para impedir o uso de armas nucleares, químicas ou biológicas por países irresponsáveis ou grupos terroristas.

No fim do mês voltei aos assuntos internos, vetando a última isenção de impostos dos republicanos por ser "grande demais, inchada demais", sobrecarregando demais a economia dos Estados Unidos. Sob as diretrizes orçamentárias, o projeto de lei forçaria grandes cortes na educação, na assistência médica e na proteção ambiental. Ela também nos impediria de ampliar a solvência dos fundos de pensão do sistema nacional de aposentadoria e do Medicare, e de acrescentar o benefício, tão necessário, de fornecer determinados medicamentos aos segurados.

O superávit desse ano seria de cerca de 100 bilhões de dólares, mas a proposta de isenção de imposto dos republicanos custaria quase 1 trilhão de dólares dentro de uma década. A justificativa dos republicanos se baseava nos superávits projetados. Nessa questão, eu era muito mais conservador que eles. Se as projeções falhassem, os déficits iriam voltar e, com eles, taxas de juros mais elevadas e menor crescimento. Nos cinco anos anteriores, as estimativas da Comissão de Orçamento do Congresso haviam errado em cerca de 13%, embora o nosso governo chegasse mais próximo da projeção. Era um risco irresponsável. Eu pedi aos republicanos para trabalharem com a Casa Branca e com os democratas, no mesmo espírito em que produzimos o projeto de lei bipartidário da reforma do seguro contra a pobreza, em 1996, e a Lei de Responsabilidade Fiscal, em 1997.

No dia 24 de setembro, Hillary e eu presidimos um evento no Old Executive Building para comemorar o sucesso de esforços bipartidários em prol da adoção de crianças mantidas em instituições para órfãos. Em dois anos desde a sua aprovação, houve um aumento de 30% nas adoções. Eu prestei uma homenagem a Hillary, que vinha trabalhando nessa questão havia mais de vinte anos, e a Tom DeLay, talvez o mais eloqüente ativista dessas reformas na Câmara dos Deputados, ele próprio pai adotivo.

Eu gostaria de ter desfrutado outros momentos como esse, mas, nesta única exceção, DeLay não considerou a opção de se aliar ao inimigo.

A lealdade partidária voltou no início de outubro, quando o Senado rejeitou, fiel à liderança, a minha nomeação do juiz Ronnie White para a magistratura federal. White foi o primeiro afro-americano a exercer um cargo na Suprema Corte do Missouri, e era um juiz altamente considerado. Ele foi derrotado depois que o senador conservador do Missouri, John Ashcroft, que se encontrava num embate difícil para a sua reeleição contra o governador Mel Carnahan, distorceu substancialmente o histórico de sentenças de morte proferidas por White. White tinha votado para confirmar 70% dos casos de sentença de morte que chegaram às suas mãos. Em mais da metade dos casos em que tinha votado pela reversão, ele seguia uma decisão unânime da Suprema Corte estadual. Ashcroft conseguiu que os seus colegas republicanos mantivessem a distorção dos fatos porque ele achava que isso tanto o ajudaria quanto prejudicaria o governador Carnahan, seu adversário, que tinha o apoio de White, com os eleitores a favor da pena de morte no Missouri.

Ashcroft não estava sozinho na politização do processo de ratificação da nomeação. Nessa época, o senador Jesse Helms havia anos já vinha recusando permitir que o Senado votasse em um juiz negro para o Quarto Tribunal Itinerante de Recursos, embora nunca tivesse havido um afro-americano naquele tribunal. E os republicanos não sabiam por que os afro-americanos não votavam neles.

As nossas diferenças partidárias atingiram inclusive o Tratado de Proibição Geral de Testes, que era apoiado por todos os presidentes, democratas e republicanos, desde Eisenhower. O Estado-Maior Conjunto era a favor do tratado, e os nossos especialistas nucleares asseguraram que os testes não eram necessários para testar a confiabilidade das armas. Mas não conseguimos os dois terços de votos necessários para a ratificação do tratado, e Trent Lott tentou me fazer prometer não apresentá-lo novamente no restante do meu mandato. Eu não conseguia entender se os republicanos do Senado tinham realmente se deslocado tanto para a direita da posição tradicional do seu partido, ou simplesmente se não queriam me dar outra vitória. Independentemente disso, a recusa deles em ratificar o Tratado de Proibição Geral de Testes enfraqueceu o poder dos Estados Unidos de impedir que outros países produzam e testem armas nucleares.

Continuei com os meus compromissos com Al Gore e os democratas, inclusive dois eventos com ativistas homossexuais que apoiaram muito Al e a mim, devido ao grande número de gays e lésbicas no nosso governo e ao nosso intenso apoio à Lei contra a Discriminação no Emprego e ao projeto de lei contra crimes de Intolerância, que fazia dos crimes de discriminação por raça, deficiência ou orientação sexual um crime federal. Também ia a Nova York sempre que podia para apoiar Hillary. Seu provável adversário era o prefeito de Nova York, Rudy Giuliani, que era combativo, uma figura controversa, mas muito menos conservador do que os republicanos nacionalistas. A minha relação com ele tinha sido cordial, em parte graças ao nosso esforço conjunto no programa de patrulhamento policial e nas medidas para impor a criação de dispositivos de segurança para armas.

George W. Bush estava prestes a ganhar a indicação republicana, sobretudo porque muitos dos seus concorrentes desistiram, ficando somente o senador John McCain, sem nenhuma chance de vencê-lo. Fiquei impressionado com a campanha de Bush desde a primeira vez em que o vi articular o seu tema de "conservador piedoso" numa fazenda em Iowa. A concepção foi brilhante, o único argumento que ele podia usar para fazer os eleitores trocarem de candidato, contra um governo que estava com uma avaliação de 65%. Ele não conseguiria contestar o fato de que tínhamos 19 milhões de novos empregos, a economia estava crescendo e a criminalidade em apresentava queda no sétimo ano consecutivo. Em vez disso, a sua mensagem de conservador piedoso para convencer o eleitor a trocar de candidatos era: "Eu posso dar a vocês as mesmas condições que vocês têm agora, com um governo mais enxuto e maior isenção de impostos. Vocês não gostariam disso?". Em quase todos os assuntos Bush seguia a linha dos republicanos congressistas, apesar de ele ter criticado o orçamento deles por ser cruel para os pobres, ao elevar os impostos dos norte-americanos de baixa renda na medida em que cortou o seu crédito de imposto sobre a renda, enquanto reduziu os impostos para os mais ricos.

Embora Bush fosse um político formidável, eu acreditava que Al Gore fosse vencer — apesar do fato de que somente dois vice-presidentes tinham conseguido ser eleitos presidentes, vindos diretamente da Vice-presidência: Martin Van Buren e George H. W. Bush —, porque o país estava em boa forma e o nosso governo tinha muito apoio. Todos os vice-presidentes que concorrem à Presidência enfrentam dois problemas: a maioria das pessoas não sabe o que ele fez e não lhe dá credito por suas realizações no governo, e tendem a vê-lo como secundário, o "número dois". Eu tinha tentado evitar ao máximo que Al caísse nessa situação, ao lhe atribuir tarefas públicas e garantir que ele recebesse o reconhecimento do público por suas inestimáveis contribuições aos nossos êxitos. Apesar disso, embora ele fosse indiscutivelmente o vice-presidente mais ativo e influente da história, ainda havia uma distância entre a percepção e a realidade.

O maior desafio que Al enfrentou foi o de demonstrar independência e, ao mesmo tempo, obter os créditos dos nossos feitos. Ele já tinha dito que discordava do meu mau procedimento pessoal, mas se sentia orgulhoso das nossas conquistas para o bem do povo norte-americano. Na minha opinião, ele deveria enfatizar que, não importava quem fosse o próximo presidente, haveria mudança; a questão colocada aos eleitores seria se continuaríamos a mudar na direção certa, ou se faríamos um retorno para a política falida da economia de conta-gotas. Isso já tinha sido tentado por doze anos, e o nosso estilo por sete anos. O nosso modo de governar deu mais certo, e tínhamos prova disso.

A campanha deu a Al a oportunidade de lembrar aos eleitores que eu estava deixando o cargo, mas que os republicanos que perseguiram o *impeachment* e apoiaram Starr ficavam. Os Estados Unidos precisavam de um presidente que os defendesse de maneira que não se repetisse o abuso de poder como o que tinha havido, ou a implantação de políticas austeras que eu impedi nas batalhas sobre o orçamento, as quais começaram com o fechamento do governo, causado pelos republicanos. Havia indícios claros, em menos de um ano, de que, se os eleitores vissem a eleição como uma escolha para o futuro e se lembrassem do que os republicanos fizeram, a vantagem se deslocaria para os democratas.

Quando alguns jornalistas começaram com a teoria de que eu levaria Al à derrota eleitoral, tivemos uma conversa telefônica sobre isso. Eu disse que só estava interessado na sua vitória, e se achasse que isso ajudaria estava disposto a ficar na porta do *Washington Post* e o deixaria me açoitarem. Ele soltou essa, na maior cara-de-pau: "Talvez a gente devesse ganhar uns votos assim". Eu ri e disse: "Vamos ver se funciona melhor com ou sem camisa".

No dia 12 de outubro, o primeiro-ministro do Paquistão, Nawaz Sharif, caiu devido a um golpe militar encabeçado pelo general Musharraf, que tinha liderado as forças armadas paquistanesas para além da Linha de Controle na Caxemira. Eu fiquei preocupado com o risco à democracia e insisti para que um governo civil fosse restaurado o mais cedo possível. A influência de Musharraf teve uma conseqüência imediata: o programa visando enviar tropas de incursões ao Afeganistão para capturar ou matar Bin Laden estava cancelado.

Em meados do mês, Ken Starr anunciou que deixaria o cargo. A banca do juiz Sentelle o substituiu por Robert Ray, que era da equipe de Starr e, antes disso, tinha participado da equipe de Donald Smaltz, durante a sua tentativa frustrada de condenar Mike Espy. Quase no fim do meu mandato, Ray queria o seu naco também: uma declaração por escrito admitindo que dei falso testemunho no meu depoimento e um acordo para aceitar uma suspensão temporária da minha licença de advogado, em troca do arquivamento do caso. Eu duvidava que ele de fato me indiciaria, pelo fato de que uma banca bipartidária de promotores já tinha testemunhado no processo do *impeachment*, declarando que nenhum promotor responsável faria isso. Mas eu estava querendo tocar a minha vida para a frente e não queria complicar a nova vida política de Hillary. No entanto, eu não conseguia concordar que tivesse dado falso testemunho intencionalmente, porque eu achava que não tinha dado. Porém, depois de reler o meu depoimento com cuidado, descobri dois momentos em que as minhas respostas não foram muito precisas. Dei a Ray uma declaração que dizia que, embora tivesse tentado testemunhar dentro da lei, algumas respostas eram falsas. Ele aceitou a declaração. Depois de seis anos e 70 milhões de dólares em dinheiro dos contribuintes, o caso Whitewater chegava ao fim.

Nem todos reivindicavam o seu naco. Em meados do mês convidei os meus colegas do secundário para a nossa reunião de 35 anos de formados, na Casa Branca — como eu já tinha feito, cinco anos antes, no trigésimo aniversário da nossa formatura. Eu adorei os meus anos de escola secundária e sempre sentia prazer em rever os meus colegas de turma. Nessa ocasião, muitos me disseram que a sua vida tinha melhorado nos últimos sete anos. O filho de um deles declarou que me achava um bom presidente, mas que "ele teve mais orgulho de mim na minha defesa contra o *impeachment*". Ouvi de várias pessoas que se diziam impotentes diante dos seus próprios erros e adversidades; o meu enfrentamento da situação ampliou meu canal de comunicação com eles, porque assim me aproximei mais deles mostrando que também era um ser humano e tinha minhas debilidades.

No fim do mês, um senador obstrucionista matou a reforma do financiamento de campanha mais uma vez; completamos o quinto aniversário da AmeriCorps, na qual 150 mil norte-americanos serviram; Hillary e eu presidimos uma conferência sobre filantropia na Casa Branca, na esperança de aumentar a quantidade e o impacto de doações de caridade; e comemoramos o aniversário de Hillary com o evento "Uma Broadway para a Hillary", uma reminiscência do que as estrelas da Broadway fizeram para mim em 1992.

Comecei o mês de novembro com uma viagem a Oslo, onde as negociações entre israelenses e palestinos tinham sido iniciadas para celebrar o quarto aniversário da morte de Yitzhak Rabin, prestar homenagem à sua memória e participar das conversas sobre a retomada do processo de paz. O primeiro-ministro norueguês, Kjell Bondevik, concluiu que um evento em Oslo faria avançar o processo. O nosso embaixador, David Hermelin, um homem irreprimível de origem judeonoruegesa, tentou fazer a sua parte servindo cachorro-quente *kosher* a Barak e a Arafat. Shimon Peres e Leah Rabin também estavam lá. O evento teve o efeito desejado, embora eu estivesse convencido de que tanto Barak quanto Arafat já queriam concluir o processo de paz, e de fato o fariam em 2000.

Por essa ocasião, muitos jornalistas começaram a me perguntar sobre o meu legado. Se eu seria conhecido por ter levado a prosperidade, ou por ser um pacificador. Tentei formular uma resposta que encampasse não só as conquistas concretas, mas também a idéia de possibilidade e comunidade que eu queria que os Estados Unidos incorporassem. A verdade é que eu ainda não tinha tido tempo para pensar nisso, embora quisesse recrutar a imprensa mais tarde, no último dia. O legado se evidenciaria por si só, provavelmente muito depois da minha morte.

No dia 4 de novembro comecei mais uma excursão para os "Novos Mercados", dessa vez em Newark, em Hartford e em Hermitage, no Arkansas, uma cidade pequena que eu tinha ajudado com moradias para os trabalhadores migrantes da cultura de tomate na década de 1970. A excursão terminou em Chicago, com Jesse Jackson e o presidente da Câmara, Hastert, que decidiu apoiar a iniciativa. Jesse estava resplandecente com o seu terno riscado, e eu brinquei com ele dizendo para o presidente da Câmara que Jesse estava vestido "como republicano". Fiquei animado com o apoio de Hastert e confiante na aprovação da lei no ano seguinte.

Na segunda semana do mês eu me uni a Al From para a primeira reunião presidencial na Câmara on-line. Desde que assumi a Presidência, o número de sites na internet tinha subido de cinqüenta para 9 milhões, e as novas páginas estavam sendo acrescentadas nos últimos tempos a uma média de 100 mil por hora. O programa de reconhecimento de voz, que convertia as minhas respostas em texto digitalizado, é uma rotina hoje em dia, mas uma novidade naquela época. Duas pessoas me perguntaram o que eu iria fazer depois que eu deixasse a Casa Branca. Eu ainda não tinha uma idéia clara, mas estava começando a planejar minha biblioteca presidencial.

Durante os anos como presidente, pensei muito na biblioteca e no material a ser reunido. Todos os presidentes têm de levantar fundos para a construção da sua biblioteca, além da dotação para manter o espaço. O Arquivo Nacional então fornece a equipe para organizar e cuidar do seu conteúdo. Estudei atentamente o trabalho de vários arquitetos e visitei muitas bibliotecas presidenciais. A maioria esmagadora das pessoas que as visita está interessada no material em exposição, mas o prédio tem de ser construído de modo a preservar os documentos. Eu queria um espaço de exibição aberto, bonito e bastante iluminado, e que o material apresentado demonstrasse o movimento dos Estados Unidos rumo ao século XXI.

Escolhi Jim Polshek e a sua empresa para trabalhar na arquitetura do lugar, sobretudo pelo seu projeto para o Rose Center for Earth and Space [Centro Rose para a Terra e o Espaço] em Nova York, uma imensa estrutura de vidro e aço com um globo enorme no interior. Pedi a Ralph Appleton para organizar a exposição, porque achei o seu trabalho no Museu do Holocausto, em Washington, o melhor que já vi. Os trabalhos já estavam iniciados, mas antes de serem concluídos Polshek disse que fui o seu pior cliente: se depois de seis meses ele chegasse com uma mudança mínima na planta, eu notava e o questionava a respeito.

Eu queria que a biblioteca ficasse situada em Little Rock, por sentir que devia isso ao meu estado natal, e também porque eu queria a biblioteca no coração do país, onde os que não viajassem a Washington ou a Nova York pudessem ter acesso direto a ela. Little Rock, por iniciativa do prefeito Jim Dailey e do vereador dr. Dean Kumpuris, ofereceu onze hectares de terra ao longo do rio Arkansas, na parte antiga da cidade, que estava sendo revitalizada e não ficava muito distante do Old State Capitol, o cenário de muitos acontecimentos importantes da minha vida.

Além de construir a biblioteca, eu sabia que queria escrever um livro sobre a minha vida e a Presidência, e que teria de trabalhar muito por três ou quatro anos para pagar as contas judiciais, comprar a nossa casa — duas casas, se Hillary ganhasse a eleição para o Senado — e guardar algum dinheiro para ela e para Chelsea. Depois eu planejava me dedicar a serviços de utilidade pública pelo resto da minha vida. O presidente Carter sobressaiu nos anos pós-presidenciais, e eu achava que também poderia fazer isso.

Em meados do mês, no dia em que parti para uma viagem de dez dias à Turquia, à Grécia, à Itália, à Bulgária e a Kosovo, recebi o anúncio de Kofi Annan de que o presidente Glafcos Clerides, do Chipre, e o líder cipriota turco Rauf Denktash começariam "diálogos de aproximação" em Nova York, no início de dezembro. O Chipre recebeu a independência do Reino Unido em 1960. Em 1974, o presidente do Chipre, o arcebispo Makarios, foi deposto num golpe orquestrado pelo regime militar grego. Em resposta, os militares turcos enviaram tropas à ilha a fim de proteger os cipriotas turcos, dividindo o país e criando um enclave turco independente ao norte. Muitos gregos do norte de Chipre saíram das suas casas e se mudaram para o sul. A ilha ficou dividida desde então, e as tensões permaneceram elevadas entre a Turquia e a Grécia. A Grécia queria acabar com a presença militar turca no Chipre e encontrar uma solução que pelo menos permitisse aos gregos voltarem para o norte. Durante anos tentei resolver o problema e esperava que o esforço do secretário-geral tivesse êxito. Mas não teve, e eu deixaria o cargo decepcionado com a questão do Chipre, que se tornou um obstáculo para a reconciliação greco-turca e a possibilidade de a Turquia ser plenamente aceita pela Europa.

Finalmente alcançamos um acordo com a liderança republicana em três prioridades do orçamento: verbas para a contratação de 100 mil novos professores, duplicação do número de crianças em programas de atividades extracurriculares e o pagamento de dívidas antigas das nossas contribuições à ONU. De alguma maneira, Madeleine Albright e Dick Holbrooke resolveram essa questão com Jesse Helms e outros céticos da ONU. Ele levou mais tempo nisso do que para fazer a paz na Bósnia, mas acho que ninguém mais conseguiria isso.

Hillary, Chelsea e eu chegamos à Turquia para uma estada de cinco dias, longa demais para o padrão que adotávamos. Eu queria oferecer o meu apoio aos turcos após os dois terremotos devastadores e incentivá-los a continuar a trabalhar com os Estados Unidos e a Europa. A Turquia era uma aliada da OTAN e esperava ser admitida na União Européia — um projeto que eu vinha apoiando havia anos. Ela fazia parte de um pequeno grupo de países cujo futuro teria um grande impacto no mundo do século XXI. Se a Turquia resolvesse o problema do Chipre com a Grécia, chegasse a uma acomodação para a minoria curda rebelde, e por vezes reprimida, e mantivesse a sua identidade como uma democracia muçulmana secular, o país poderia ser o portal do Ocidente para um novo Oriente Médio. Se a paz no Oriente Médio caísse vítima da crescente onda de extremismo islâmico, uma Turquia estável e democrática seria uma salvaguarda contra a sua expansão pela Europa.

Fiquei satisfeito em me encontrar de novo com o presidente Demirel. Ele tinha uma mente aberta e queria que a Turquia fosse uma ponte entre o Oriente e o Ocidente. Transmiti a minha inclinação para este ponto de vista ao primeiro-ministro Bülent Ecevit e à Assembléia Nacional turca, insistindo para que eles rejeitassem o isolacionismo e o nacionalismo ao solucionar os problemas com os curdos e a Grécia, para com isso o país poder se tornar um membro da União Européia.

No dia seguinte argumentei no mesmo tom com empresários norte-americanos e turcos em Istambul, depois de pararmos em uma tenda, próxima a Izmit, para falar com as vítimas do terremoto. Visitamos algumas famílias que tinham perdido tudo e agradecemos a todos os países que haviam ajudado às vítimas, inclusive a Grécia. Logo após os terremotos na Turquia, a Grécia também sofreu um terremoto e os turcos retribuíram o favor. Se os terremotos conseguiam uni-los, eles também deviam ser capazes de trabalhar juntos quando o solo não estivesse se movendo.

Toda a minha viagem foi vista pelos turcos como uma visita às vítimas do terremoto. Quando segurei uma criança nos braços, ela pegou no meu nariz exatamente como a Chelsea fazia quando pequena. Um fotógrafo registrou a cena e a fotografia estava em todos os jornais turcos no dia seguinte. Um deles tinha a seguinte manchete: "Ele é turco!".

Depois da visita da minha família às ruínas de Éfeso, que incluía a maior biblioteca do mundo romano e um anfiteatro onde São Paulo pregava, participei de uma reunião de 54 países da Organização para a Segurança e Cooperação na Europa, que tinha sido criada em 1973 para incentivar a democracia, os direitos humanos e a prevalência da lei. Estávamos lá para apoiar o Pacto de Estabilidade para os Bálcãs e uma resolução para a crise crônica na Tchetchênia, visando pôr fim ao terrorismo contra a Rússia e ao uso excessivo de força contra os tchetchenos não militantes. Também assinei um acordo com os líderes do Cazaquistão, do Turcomenistão, do Azerbaijão e da Geórgia, que se comprometiam a permitir que os Estados Unidos construíssem dois oleodutos para transportar o petróleo do mar Cáspio para o Ocidente sem passar pelo Irã. Dependendo do destino do Irã, esse acordo para o oleoduto poderia vir a ser de grande utilidade para a estabilidade futura, tanto dos países produtores como dos consumidores.

Eu estava fascinado com Istambul, e a sua rica história como capital tanto do Império Otomano como do Império Romano no Oriente. Em mais uma tentativa de promover a reconciliação, visitei o patriarca ecumênico de todas as igrejas ortodoxas, Bartolomeu de Constantinopla, e pedi aos turcos para reabrirem o monastério ortodoxo em Istambul. O patriarca me presenteou com um bonito papiro com uma das minhas passagens preferida das Escrituras, do capítulo dos hebreus. Começa assim: "A fé é a promessa das coisas esperadas, a convicção das coisas invisíveis".

Enquanto eu estava na Turquia, a Casa Branca e o Congresso realizaram um acordo sobre o orçamento que, além das minhas iniciativas para a educação, previa verbas para o policiamento, o projeto do Legado Territorial, nossos compromissos sob o acordo de Wye River e a nova iniciativa de perdão parcial das dívidas dos países pobres. Os republicanos também concordaram em desistir das suas cláusulas anti-ambientais mais prejudiciais aos projetos de lei de planejamento orçamentário.

Também tivemos boa notícia da Irlanda do Norte, onde George Mitchell conseguiu um acordo com as facções envolvidas para dar prosseguimento simultâneo ao novo governo e ao desarmamento, com o apoio de Tony Blair e de Bertie Ahern. Bertie estava comigo na Turquia quando ele soube da notícia.

Em Atenas, pela manhã, depois de uma excursão emocionante à Acrópole com Chelsea e de comparecer a uma manifestação pública contra o apoio dos Estados Unidos ao regime repressor e antidemocrático que assumiu o poder em 1967, reafirmei o meu compromisso com uma solução justa para o problema do Chipre como condição para a entrada da Turquia na União Européia, e agradeci ao primeiro-ministro Costas Simitis por ficar com os aliados em Kosovo. Em virtude de os gregos e os sérvios compartilharem da mesma fé ortodoxa, essa posição tinha sido difícil para ele. Eu deixei a reunião esperançoso pela disposição do primeiro-ministro a uma reconciliação com a Turquia e sua entrada na União Européia — se o problema do Chipre fosse solucionado —, especialmente porque os ministros do Exterior dos dois países, George Papandreou e Ismael Cem, eram jovens e trabalhavam para um futuro comum — a única possibilidade válida.

Da Grécia pegamos o avião para Florença, onde o primeiro-ministro D'Alema presidiu mais uma das nossas conferências da Terceira Via. Esta, em especial, teve um sabor italiano, quando Andrea Bocelli cantou no jantar e o ator vencedor do Oscar, Roberto Benigni, nos fez rir sem parar. Ele e D'Alema faziam um par harmonioso — dois homens magros e passionais que sempre descobriam um motivo de piada. Quando fui apresentado a Benigni, ele disse "Eu adoro você, cara!", e se jogou nos meus braços; então eu pensei que talvez devesse me candidatar na Itália — sempre gostei de lá.

De longe essa foi a reunião da Terceira Via mais produtiva. Tony Blair, o presidente da União Européia, Romano Prodi, Gerhard Schroeder, Fernando Henrique Cardoso, e o primeiro-ministro Lionel Jospin, estavam todos presentes para articular um consenso progressista quanto a políticas internas e externas no século XXI e a reformas no sistema financeiro internacional, a fim de minimizar as crises financeiras e intensificar os nossos esforços para estender os benefícios e reduzir os ônus da globalização.

No dia 22 Chelsea e eu fomos à Bulgária, onde fui o primeiro presidente norte-americano a fazer uma visita ao país. Em um discurso para mais de 30 mil pessoas na sombra da bem iluminada Catedral Alexander Nevsky, garanti o apoio dos Estados Unidos à liberdade alcançada com grande esforço, às aspirações políticas e à sua parceria com a OTAN.

A minha última escala, antes de voltar para casa e comemorar o dia de Ação de Graças, foi em Kosovo, onde Madeleine Albright, Wes Clark e eu fomos entusiasticamente ovacionados. Eu me dirigi a um grupo de cidadãos que interrompia o meu discurso gritando o meu nome. Eu não tinha a intenção de cortar o clima, mas tentei transmitir o meu apelo para que eles não descontassem os ressentimentos passados na minoria sérvia, uma questão que enfatizei nas reuniões que tive com os líderes das várias facções políticas kosovares. Mais tarde, no mesmo dia, fui ao acampamento de Bondsteel para agradecer aos soldados e compartilhar com eles um jantar de Ação de Graças antecipado. Eles se orgulhavam da sua missão, e Chelsea fez muito mais sucesso do que eu entre os jovens soldados.

Enquanto estávamos viajando, enviei Charlene Barshefsky e Gene Sperling para a China, a fim de tentarem fechar um acordo para a entrada da China na OMC. O acordo teria de ser adequado o suficiente para nos permitir aprovar uma legislação que estabelecesse relações comerciais normais e permanentes com o país. A presença de Gene asseguraria que os chineses sabiam que eu estava apoiando as negociações. Estas foram difíceis até o final, quando conseguimos salvaguardas contra o *dumping* e a enxurrada de importação, além do acesso aos mercados de automóveis, que ganhou o apoio do congressista democrata do Michigan, Sandy Levin. O seu apoio asseguraria a aprovação no Congresso das relações comerciais normais e permanentes e, por conseguinte, a entrada da China na OMC. Gene e Charlene fizeram um ótimo trabalho.

Logo depois do Dia de Ação de Graças, David Trimble, do Partido Unionista Ulster, aprovou um novo acordo de paz, e o novo governo da Irlanda do Norte foi formado por David Trimble, como primeiro-ministro, e Seamus Mallon, do Partido Social Democrata e Trabalhista de John Hume, como vice-primeiro-ministro. Martin McGuinness, do Sinn Fein, foi nomeado ministro da Educação. Pouco tempo atrás isso seria impensável.

Em dezembro, quando os representantes da Organização Mundial do Comércio se reuniram em Seattle, veementes protestos antiglobalização agitaram o centro da cidade. No entanto, a maioria dos militantes era pacífica e tinha ressentimentos legítimos, como comentei com os delegados da convenção. O processo de interdependência talvez não pudesse ser revertido, mas a OMC teria de ser mais aberta e sensível às questões comerciais e de meio ambiente, e os países ricos, que se beneficiam da globalização, deveriam fazer mais para estender os seus benefícios à outra metade do mundo que ainda vivia com menos de dois dólares por dia. Após Seattle, haveria mais protestos em reuniões financeiras internacionais. Eu estava convencido de que eles continuariam enquanto não buscássemos soluções para os problemas dos excluídos.

No início de dezembro pude anunciar que após sete anos a nossa economia havia criado mais de 20 milhões de novos empregos, 80% deles em categorias salariais acima do salário mínimo, com os mais baixos índices de desemprego entre os afro-americanos e hispânicos na história do país, e o mais baixo índice de desemprego feminino desde 1953, quando a porcentagem de mulheres na força de trabalho era bem menor.

No dia 6 de dezembro recebi uma visita muito especial: um menino de onze anos, Fred Sanger, de St. Louis. Fred e seus pais foram me ver com representantes da fundação Faça um Desejo [Make-a-Wish], que ajuda crianças gravemente doentes a realizar um sonho. Fred tinha problemas cardíacos que exigiam que ele ficasse constantemente em casa. Ele assistia aos noticiários e me surpreendeu com o que sabia sobre o meu trabalho. Tivemos uma conversa agradável e mantivemos contato por algum tempo depois disso. Durante os meus oito anos no cargo, o pessoal da Faça um Desejo levou 47 crianças para me conhecer. Eles sempre animavam o meu dia e me faziam lembrar o motivo pelo qual eu quis ser presidente.

Na segunda semana do mês, depois de uma conversa telefônica com o presidente Assad, anunciei que dentro de uma semana Israel e a Síria retomariam as negociações em local a ser revelado em Washington, com o objetivo de alcançarem um acordo o mais breve possível.

No dia 9 voltei a Worcester, em Massachusetts, a cidade que me acolheu tão bem nos terríveis dias de agosto de 1998, para o funeral de seis bombeiros que morreram em ação. A tragédia dolorosa tinha agitado a comunidade, assim como a todo o pessoal dos bombeiros dos Estados Unidos; centenas deles vieram de todos os pontos do país, e vários do exterior, e encheram o centro de convenções da cidade, uma lembrança dolorosa de que o índice de mortalidade em serviço entre os bombeiros é ainda mais elevado do que o de policiais.

Uma semana depois, no Memorial Franklin Delano Roosevelt, assinei uma lei que estendia os benefícios do Medicare e do Medicaid para deficientes inseridos no mercado de trabalho. Foi a lei mais importante para a comunidade de deficientes desde a aprovação da Lei dos Norte-americanos com Deficiências, permitindo que pacientes, anteriormente sem cobertura — com AIDS, distrofia muscular, doença de Parkinson, diabetes ou deficientes físicos em decorrência de acidentes —, pudessem se utilizar do programa do Medicare. A lei mudaria a vida de inúmeras pessoas, que teriam melhoria na qualidade de vida e ficariam possibilitadas de trabalhar e conseguir uma renda. Foi uma homenagem ao trabalho de militantes dos deficientes, particularmente do meu amigo Justin Dart, um republicano do Wyoming preso a uma cadeira de rodas que nunca tirava o seu chapéu e as botas de caubói.

Durante a época do Natal estávamos ansiosos para que chegasse o Ano-Novo e o novo milênio. Pela primeira vez em muitos anos a nossa família faltaria ao Fim de Semana Renaissance para ficar em Washington para a comemoração do novo milênio. Foi tudo realizado com verbas particulares; o meu amigo Terry McAuliffe levantou vários milhões de dólares, de maneira que pudéssemos oferecer aos cidadãos uma oportunidade de desfrutar as festividades, que incluíam dois dias de atividades familiares públicas no Smithsonian Institution e, no dia 31, uma comemoração infantil à tarde e um show no Mall com Quincy Jones e George Stevens, além de um grande show de fogos de artifício. Também fizemos um grande jantar na Casa Branca com pessoas interessantes dos círculos literário, artístico, musical, universitário, militar e civil, e um longo baile depois dos fogos no Mall.

Foi uma noite maravilhosa, mas eu permaneci tenso o tempo todo. A equipe de segurança estava em alerta máximo havia várias semanas, em razão de numerosos relatórios do serviço de inteligência indicarem que os Estados Unidos poderiam ser vítimas de vários ataques terroristas. Especialmente desde os bombardeios nas embaixadas em 1998, eu me concentrei em Bin Laden e nos militantes da Al-Qaeda. Tínhamos conseguido algumas vitórias em relação a certas células da Al-Qaeda, capturado alguns militantes terroristas e desmantelado planos contra nós, e continuávamos a insistir com o Paquistão e a Arábia Saudita para pressionar o Afeganistão a entregar Bin Laden. Com esse novo alerta, praticamente todos os dias ao longo do mês Sandy Berger reuniu todos os altos funcionários da equipe de segurança nacional na Casa Branca.

Um homem encontrado com material para fabricação de explosivos foi preso cruzando a fronteira do Canadá com o estado de Washington; ele havia planejado um ataque a bomba no aeroporto de Los Angeles. Duas células terroristas no nordeste dos Estados Unidos e uma no Canadá foram descobertas e desmanteladas. Ataques planejados contra a Jordânia foram frustrados. O milênio chegou para os Estados Unidos com muita comemoração e nenhum terrorismo, uma homenagem ao trabalho árduo de milhares de pessoas e, talvez, um pouco de sorte. Sem levar nada disso em conta, à medida que o novo ano, o novo século e o novo milênio chegavam, eu estava impregnado de alegria e gratidão. O país estava em ótima forma, e estávamos entrando em uma nova era em excelentes condições.

54

Hillary e eu começamos o primeiro dia do novo século, e o último ano do meu mandato presidencial, com um discurso conjunto dirigido ao povo norte-americano transmitido pelo rádio e também ao vivo pela televisão. Tínhamos ficado acordados com os nossos convidados na Casa Branca até as duas da manhã e estávamos cansados, mas desejosos de marcar esse dia. A comemoração mundial na noite anterior tinha sido fantástica: bilhões de pessoas assistiram pela televisão à passagem da meia-noite, primeiro na Ásia, depois na Europa, depois na África, na América do Sul, e finalmente nos Estados Unidos. Os Estados Unidos estavam entrando no novo século da independência global com uma combinação única de sucesso econômico, solidariedade social e autoconfiança nacional, e a nossa abertura, o nosso dinamismo e os valores democráticos estavam sendo celebrados pelo mundo todo. Hillary e eu dissemos que nós, norte-americanos, tínhamos de aproveitar ao máximo essa oportunidade de continuar a tornar o nosso país melhor e de espalhar os benefícios e compartilhar os encargos do mundo no século XXI. Era assim que eu pretendia passar o meu último ano de governo.

Num desafio às tendências históricas, o sétimo ano do meu mandato presidencial fora pleno de realizações, porque continuamos a trabalhar nos negócios públicos em meio ao processo de *impeachment* e depois dele, seguindo o programa estabelecido no meu discurso do Estado da União e tratando dos problemas e das oportunidades à medida que eles apareciam. A tradicional decaída nas atividades durante a última metade do segundo mandato de um presidente não ocorrera. Eu estava decidido a tampouco deixar que isso acontece nesse ano.

O novo ano trouxe a perda de um dos meus velhos parceiros, quando Boris Yeltsin renunciou e foi substituído por Vladimir Putin. Yeltsin não recuperara inteiramente as forças e a energia depois da sua cirurgia cardíaca, e acreditava que Putin estava preparado para suceder-lhe e agüentar as longas horas exigidas pelo cargo. Boris sabia também que, se desse ao povo russo a oportunidade de ver o desempenho de Putin, este aumentaria suas chances de ganhar as eleições seguintes. Foi uma jogada um tanto sensata quanto perspicaz, mas eu ia sentir falta de Yeltsin. Apesar dos seus problemas de saúde e da sua ocasional imprevisibilidade, ele tinha sido um líder visionário e corajoso. Nós confiávamos um no outro e havíamos realizado muita coisa juntos. No dia em que ele renunciou, conversamos durante vinte minutos ao telefone e percebi que ele estava se sentindo bem com a decisão tomada. Ele saiu do governo do mesmo modo como viveu e governou: no seu próprio estilo pessoal.

No dia 3 de janeiro fui a Shepherdstown, na Virgínia Ocidental, para abrir as conversações de paz entre Síria e Israel. Ehud Barak me pressionara muito para realizar as conferências no início do ano. Ele estava ficando impaciente com relação ao processo de paz com Arafat, e não tinha muita certeza de que as diferenças entre eles com respeito a Jerusalém pudessem ser resolvidas. Ao contrário, meses antes ele me contara que estava preparado para entregar as colinas de Golan de volta à Síria, desde que os interesses de Israel pudessem ser satisfeitos, no que dizia respeito à sua estação de radares em Golan e à sua independência no uso de um terço do suprimento de água do lago Tiberíades, também conhecido como mar da Galiléia.

O mar da Galiléia é um reservatório de água singular: a parte do fundo é constituída de água salgada, alimentada por fontes subterrâneas, enquanto a camada superior é composta de água doce. Como a água doce é mais leve, tomou-se o cuidado de não se drenar demais o lago durante ano algum, para que a camada superior de água doce não ficasse com peso insuficiente para manter no fundo a de água salgada. Se a água doce descer abaixo de um determinado ponto, a água salgada poderá vir à tona e se misturar à água doce, acabando com um suprimento de água essencial para Israel.

Antes de ser assassinado, Yitzhak Rabin se comprometera comigo a retirar seu pessoal de Golan, recuando para as fronteiras estabelecidas em 4 de junho de 1967, desde que os interesses de Israel fossem satisfeitos. O compromisso foi selado com a condição de que eu o mantivesse "no bolso" até que ele pudesse ser formalmente apresentado à Síria, no contexto de uma solução completa. Depois da morte de Yitzhak, Shimon Peres reafirmou o compromisso "de bolso", e foi com base nesse fato que nós patrocinamos as conferências entre os sírios e os israelenses em 1996 em Wye River. Peres queria que eu assinasse um tratado de segurança com Israel se eles abrissem mão do Golan, uma idéia que me havia sido sugerida mais tarde por Netanyahu, e que seria mais uma vez apresentada por Barak. Eu disse a eles que estava disposto a fazê-lo.

Dennis Ross e a nossa equipe estavam fazendo progressos, até que "Bibi" Netanyahu derrotou Peres na eleição, em meio a uma onda de atividades terroristas. Ali, as negociações sírias fraquejaram. Agora Barak queria recomeçá-las, embora ainda não estivesse disposto a reafirmar os termos exatos de Rabin no compromisso "de bolso".

Barak tinha de lutar com um eleitorado israelense muito diferente daquele liderado por Rabin. Havia muito mais imigrantes, e os russos, em especial, opunham-se à entrega de Golan. Natan Sharansky, que se tornara um herói no Ocidente durante a sua longa prisão na União Soviética, e que acompanhara Netanyahu a Wye River em 1998, explicou-me a atitude dos judeus-russos. Sharansky disse que eles tinham vindo de um dos maiores países do mundo para um dos menores, e não concordavam em tornar Israel ainda menor abrindo mão de Golan ou da Cisjordânia. Além disso, eles achavam que a Síria não era ameaça para Israel. Eles não estavam em paz, mas tampouco estavam em guerra. Se a Síria atacasse Israel, os israelenses ganhariam facilmente. Por que abrir mão de Golan?

Embora Barak não concordasse com essa opinião, ele tinha de argumentar com ela. No entanto, ele queria fazer a paz com a Síria, estava confiante de que as questões seriam resolvidas, e queria que eu convocasse as negociações assim que possível. Em janeiro eu já estava trabalhando havia mais de três meses com o ministro do Exterior da Síria, Farouk-al-Shara, e por telefone com o presidente Assad, para montar o palco para as conversações. Assad não estava bem de saúde e queria retomar Golan antes de morrer, mas tinha de ser cuidadoso. Ele queria que seu filho Bashar lhe sucedesse e, além da sua convicção de que a Síria deveria retomar toda a terra que ocupara antes de 4 de junho de 1967, ele tinha de fazer um acordo que não viesse a ser alvo de ataques de forças dentro da Síria, de cujo apoio seu filho iria precisar.

A fragilidade de Assad e um derrame sofrido pelo ministro do Exterior Shara no outono de 1999 acentuaram o senso de urgência de Barak. A pedido dele eu mandei uma carta a Assad, dizendo achar que Barak estava disposto a fazer um acordo se conseguíssemos resolver a definição da fronteira, o controle da água e o posto de radares, e que, se eles conseguissem o acordo, os Estados Unidos estariam preparados para estabelecer relações bilaterais com a Síria, uma medida que Barak defendera. Isso para nós era um grande passo, dado o apoio da Síria ao terrorismo no passado. É claro que Assad precisaria parar de apoiar o terrorismo para poder conseguir ter relações normais com os Estados Unidos, mas se ele conseguisse Golan de volta, o incentivo para o apoio aos terroristas do Hezbollah do Líbano que atacaram Israel evaporaria.

Barak queria paz também com o Líbano porque se comprometera a retirar as forças israelenses do país antes do fim do ano, e um tratado de paz tornaria Israel mais seguro contra os ataques do Hezbollah ao longo da fronteira, e não ficaria parecendo que Israel tinha recuado por causa desses ataques. Como todos sabemos, não haveria nenhum tratado com o Líbano sem o consentimento e o envolvimento da Síria.

Assad respondeu um mês depois com uma carta que parecia voltar atrás em suas posições anteriores, talvez por causa das incertezas na Síria, causadas pelos problemas de saúde dele e de Shara. No entanto, algumas semanas mais tarde, quando Madeleine Albright e Dennis Ross foram visitar Assad e Shara, que pareceu inteiramente recuperado, Assad disse a eles que queria retomar as negociações e estava pronto para fazer a paz, porque acreditava que Barak era sério. Chegou até a concordar com que Shara tratasse das negociações, coisa que ele não fizera antes, desde que Barak se encarregasse pessoalmente do lado de Israel.

Barak aceitou ansiosamente e quis começar logo. Expliquei que isso não seria possível durante os feriados do Natal, e ele concordou com o nosso cronograma: conferências preliminares em Washington, em meados de dezembro, a serem retomadas no Ano-Novo com a minha participação, e que continuariam sem interrupções até chegarem ao acordo. As conferências de Washington tiveram um início um tanto turbulento por causa de uma declaração pública agressiva feita por Shara. Nas conferências privadas, no entanto, quando Shara sugeriu que começássemos do ponto em que as conferências tinham parado em 1996 — com o compromisso "de bolso" sobre o recuo para as fronteiras estabelecidas em 4 de junho de 1967 desde que as necessidades de Israel fossem satisfeitas —, Barak respondeu que embora não tivesse assumido nenhum compromisso com relação a território, "nós não apagamos a história". Os dois homens então concordaram em que eu poderia determinar em que ordem as questões — inclusive fronteiras, segurança, água e paz — seriam discutidas. Barak quis que as negociações continuassem sem interrupções; isso exigiria que os sírios trabalhassem durante o final do Ramadã, em 7 de janeiro, e não fossem para casa comemorar a festa tradicional do Eid Al

Fitr no final do período de jejum. Shara concordou e os dois lados foram para casa se preparar.

Embora Barak tivesse feito muita pressão para as negociações começarem, logo ele passou a se preocupar com as conseqüências políticas de abrir mão de Golan sem ter preparado o povo israelense para isso. Ele queria um pouco de cobertura: a retomada das conversações com o Líbano, a serem conduzidas pelos sírios em consulta com os libaneses; que pelo menos um estado árabe fizesse um anúncio de melhoria nas relações com Israel; confirmação clara de segurança por parte dos Estados Unidos; e uma zona de livre-comércio em Golan. Concordei em apoiar todas essas exigências e levei as coisas até mais longe, ligando para Assad no dia 19 de dezembro e pedindo a ele que retomasse os acordos com os libaneses ao mesmo tempo que faria as conferências com a Síria, e ajudasse a recuperar os restos mortais de três israelenses que ainda estavam na lista dos desaparecidos em ação desde a guerra no Líbano, quase vinte anos antes. Assad concordou com o segundo pedido e nós enviamos uma equipe de legistas à Síria, mas infelizmente os restos mortais não estavam onde os israelenses achavam que eles estariam. Quanto ao primeiro ponto, Assad tergiversou, dizendo que as conferências com o Líbano deviam ser retomadas depois de se ter algum avanço nas reuniões com a Síria.

Shepherdstown é uma comunidade rural que fica a pouco mais de duas horas de carro de Washington; Barak insistira num ambiente isolado, para diminuir o risco de vazamentos de informações, e os sírios não queriam Camp David nem Wye River, porque outras altas negociações com o Oriente Médio tinham se dado nesses locais. Para mim, tudo bem; as instalações em Shepherdstown eram confortáveis e eu podia chegar lá em vinte minutos, saindo da Casa Branca de helicóptero.

Logo ficou patente que as duas partes não estavam assim tão afastadas uma da outra quanto às questões em pauta. A Síria queria Golan inteira de volta, mas estava disposta a deixar uma pequena faixa de terra para Israel, com dez metros de largura, ao longo da margem do lago; Israel queria uma faixa mais larga. A Síria queria que Israel retirasse a tropa dentro de dezoito meses; Barak queria três anos. Israel queria ficar com a estação de radares; a Síria queria que ela fosse administrada por pessoal da ONU ou talvez pelos Estados Unidos. Israel queria garantias quanto à qualidade e quantidade da água que vinha do Golan para o lago; a Síria concordou, desde que tivesse as mesmas garantias em relação às águas vindas da Turquia. Israel queria relações diplomáticas plenas assim que começasse a retirada das tropas; a Síria queria um pouco menos até que a retirada tivesse terminado.

Os sírios vieram a Shepherdstown com uma postura positiva e flexível, desejosos de fazer um acordo. Mas Barak, que tinha feito tanta pressão para o início das conferências, resolveu, aparentemente baseado em pesquisas de opinião pública, que precisava diminuir o ritmo do processo durante alguns dias para convencer o público israelense de que era um negociador firme. Ele queria que eu usasse as minhas boas relações com Shara e Assad para manter os sírios satisfeitos, enquanto ele dizia o mínimo possível durante seu auto-imposto período de espera.

Dizer que eu fiquei decepcionado seria eufemismo. Se Barak tivesse tratado disso com os sírios antes, ou se ele nos tivesse participado, teria sido possível dar um jeito. Talvez, como líder democraticamente eleito, ele tivesse de prestar maior atenção à opinião pública do que Assad, mas Assad tinha os seus próprios problemas políticos e havia vencido a sua notória aversão a envolvimentos de alto nível com israelenses porque confiava em mim e acreditara nas garantias de Barak.

Barak não estava havia muito tempo na política e achei que ele tinha sido muito mal aconselhado. No tocante a questões de política externa, as pesquisas de opinião são, na maior parte das vezes, inúteis; as pessoas contratam seus dirigentes para que eles ganhem por elas, e o que importa são os resultados. Muitas das minhas decisões mais importantes em política externa não foram populares no começo. Se Barak fizesse uma paz verdadeira com a Síria, ele teria a sua condição elevada em Israel e em todo o mundo, e aumentaria as suas chances de sucesso com os palestinos. Se fracassasse, alguns dias de bons números nas pesquisas seriam levados pelo vento. Por mais que tentasse, eu não consegui mudar a opinião de Barak. Ele queria que eu o ajudasse a manter Shara na comissão enquanto ele esperava, e que eu fizesse isso no ambiente isolado de Shepherdstown, onde nada nos afastava do assunto de que estávamos tratando.

Madeleine Albright e Dennis Ross tentaram pensar em modos criativos de pelo menos deixar mais esclarecido o empenho de Barak com o compromisso "de bolso" de Rabin, inclusive abrindo um canal de comunicação entre Madeleine e Butheina Shaban, a única mulher da delegação síria. Butheina era uma mulher articulada, imponente, que sempre servira como intérprete de Assad quando nos encontrávamos. Ela trabalhava com Assad havia anos, e eu tinha certeza de que a sua presença em Shepherdstown visava garantir que o presidente recebesse uma versão sem retoques de tudo o que estivesse acontecendo.

Na sexta-feira, o quinto dia, apresentamos a minuta de um acordo de paz com as diferenças entre os dois lados entre colchetes. Os sírios responderam positivamente no sábado à noite e então começamos as reuniões sobre as questões de fronteiras e de segurança. Mais uma vez os sírios demonstraram flexibilidade nas duas questões, dizendo que aceitariam um ajuste de até cinqüenta metros na faixa de terra margeando o lago da Galiléia, desde que Israel aceitasse a fronteira de 4 de junho como base de discussão. Havia alguma validade prática nisso; aparentemente o lago tinha encolhido de tamanho durante os últimos trinta anos. Fiquei animado, mas logo se tornou evidente que Barak ainda não tinha autorizado a ninguém da sua equipe que aceitasse o 4 de junho, não importando o que os sírios oferecessem.

No domingo, num almoço para Ehud e Nava Barak na fazenda de Madeleine Albright, Madeleine e Dennis fizeram uma última proposta a Barak. A Síria tinha demonstrado flexibilidade naquilo que Israel queria, desde que as suas necessidades fossem satisfeitas; Israel não tinha reagido à altura. O que mais Barak queria? Ele disse que queria retomar as negociações com o Líbano. E se não isso não ocorresse, ele queria uma interrupção de vários dias, para depois voltar.

Shara não ficou satisfeito ao ouvir isso. Disse que Shepherdstown foi um fracasso, que Barak não fora sincero, e que ele teria de contar isso ao presidente Assad. No último jantar tentei mais uma vez fazer com que Barak dissesse alguma coisa de positivo para Shara levar de volta à Síria. Ele não quis, e em vez disso me disse em particular que eu deveria ligar para Assad depois que saíssemos de Shepherdstown e dizer-lhe que ele aceitaria a linha de 4 de junho assim que as negociações com o Líbano fossem retomadas ou estivessem prestes a sê-lo. Isso significava que Shara voltaria de mãos vazias para casa, vindo das negociações que ele fora levado a acreditar que pudessem ser decisivas, tanto que os sírios se dispuseram a permanecer lá durante todo o final do Ramadã e do Eid.

Para piorar as coisas, o último texto entre colchetes do nosso tratado vazara para a imprensa de Israel, mostrando as concessões que a Síria oferecera sem conseguir nada em troca. Shara foi alvo de críticas intensas em casa. É claro que foi constrangedor para ele e para Assad. Nem mesmo governos autoritários estão imunes à opinião popular e aos poderosos grupos de interesses.

Quando liguei para Assad com a oferta de Barak de reafirmar o compromisso de Rabin, e de demarcar as fronteiras com eles desde que as negociações com o Líbano também começassem, ele escutou sem fazer comentários. Alguns dias mais tarde Shara ligou para Madeleine Albright e rejeitou a oferta de Barak, dizendo que os sírios só abririam as negociações no Líbano depois de feitos os acordos de demarcação das fronteiras. Eles já tinham se queimado uma vez, sendo flexíveis e acessíveis, e não estavam dispostos a cometer o mesmo erro de novo.

Na hora ficamos aturdidos, mas achei que deveríamos continuar tentando. Barak ainda parecia querer a paz com a Síria, e era verdade que os israelenses não estavam preparados para as concessões que a paz exigia. Também era do interesse da Síria fazer a paz, e logo. Assad estava com a saúde ruim e tinha de preparar o terreno para a sucessão do filho. Nesse meio tempo havia ainda mais do que o suficiente a fazer no lado palestino. Pedi a Sandy, Madeleine e Dennis que descobrissem o que deveríamos fazer, e voltei a minha atenção para outras coisas.

No dia 10 de janeiro, depois de uma comemoração com os islâmicos na Casa Branca para marcar o final do Ramadã, Hillary e eu fomos para a capela da Academia Naval dos Estados Unidos, em Annapolis, no estado de Maryland, para o sepultamento do ex-chefe de operações navais Bud Zumwalt, que se tornara nosso amigo durante os Fins de Semana Renaissance. Depois da minha posse, Bud trabalhou conosco no fornecimento de ajuda às famílias dos soldados que, como o falecido filho dele, tinham ficado doentes por causa da exposição ao agente laranja durante a Guerra do Vietnã. Além disso, ele fez *lobby* no Senado para a ratificação da Convenção sobre Armas Químicas. O apoio pessoal dele à nossa família durante e depois do processo de *impeachment* da Câmara dos Deputados foi uma dádiva que jamais esqueceremos. Enquanto eu estava me vestindo para o ato fúnebre, um dos meus camareiros, Lito Bautista, um norte-americano de origem filipina que servira na Marinha durante trinta anos, disse que estava contente por eu ir ao enterro porque Bud Zumwalt "foi o melhor comandante que já tivemos. Ele ficava do nosso lado".

Naquela noite eu fui de avião para o Grand Canyon, ficando no El Tovar Hotel, num quarto com uma sacada bem à beira do cânion. Quase trinta anos antes eu vira o sol se pôr sobre o Grand Canyon; agora eu queria vê-lo nascer ali, iluminando as camadas de rochas de cores diferentes desde o topo até embaixo. Na manhã seguinte, depois de um nascer do sol tão lindo quanto o que eu esperava, o ministro do Interior, Bruce Babbitt, e eu criamos três novos monumentos nacionais e expandimos em um quarto a área protegida do Arizona e da Califórnia, incluindo 450 mil hectares em torno do Grand Canyon e uma extensão de milhares de pequenas ilhas e recifes situados ao longo do litoral da Califórnia.

Passaram-se exatamente 92 anos desde que o presidente Theodore Roosevelt protegera o próprio Grand Canyon, convertendo-o em monumento nacional.

Bruce Babbitt, Al Gore e eu fizéramos o melhor que pudemos para ser fiéis à ética conservacionista de Roosevelt e à sua recomendação de que deveríamos sempre adotar o que ele chamava de "o longo olhar à frente".

No dia 15 comemorei o aniversário de Martin Luther King Jr. no meu discurso de sábado de manhã no rádio, assinalando o progresso econômico e social dos afro-americanos e hispânicos durante os últimos sete anos, e chamando a atenção para quanto tivéramos de fazer. Embora as taxas de desemprego e pobreza estivessem em níveis historicamente baixos, elas ainda estavam bem acima da média nacional. Tínhamos também sofrido uma enxurrada de crimes de intolerância motivados pela raça ou pelo grupo étnico das vítimas — James Byrd, um homem negro arrastado da traseira de uma caminhonete e morto por racistas brancos no Texas; tiros contra uma escola judaica em Los Angeles; um estudante norte-americano nascido na Coréia, um treinador de basquete afro-americano e um funcionário dos Correios filipino, todos mortos por causa da intolerância racial.

Alguns meses antes, em uma das noites do milênio de Hillary na Casa Branca, o dr. Eric Lander, diretor do Centro de Pesquisas do Genoma do Instituto Whitehead do Massachusetts Institute of Technology, e o executivo do setor de alta tecnologia Vinton Cerf, conhecido como o "pai da internet", discutiram como a tecnologia digital possibilitara o sucesso do projeto do genoma humano. Impressionou-me muito, naquela noite, a declaração de Lander de que todos os seres humanos são mais de 99,9% geneticamente semelhantes. Desde que ouvi isso tenho pensado em todo o sangue derramado, toda a energia desperdiçada por pessoas obcecadas em nos manter divididos por causa de um décimo de 1%.

No discurso pelo rádio eu pedi outra vez ao Congresso que aprovasse a lei para os crimes de intolerância e pedi ao Senado que confirmasse um ilustre advogado norte-americano de origem chinesa, Bill Lann Lee, como o novo procurador-geral assistente para direitos civis. A maioria republicana vinha retendo a confirmação; eles pareciam ter aversão a diversos dos meus nomeados não caucasianos. Minha principal convidada naquela manhã foi a centenária Charlotte Fillmore, uma ex-empregada da Casa Branca que décadas antes tinha tido de entrar na Casa Branca por uma porta especial, por causa da sua origem negra. Dessa vez nós levamos Charlotte pela porta da frente até o Salão Oval.

Na semana que antecedeu o discurso do Estado da União segui o meu costume habitual de enfatizar as iniciativas importantes que constassem no meu discurso. Dessa vez eu estava incorporando duas propostas que Hillary e Al Gore andaram defendendo na campanha. Eu havia recomendado a permissão para que os pais de crianças qualificadas para o seguro-saúde dentro do programa de seguro de saúde infantil, o CHIP [Children Health Insurance Program], fizessem seguros para si mesmos, um plano que estava sendo promovido por Al, e apoiei tornar dedutíveis nos impostos os primeiros 10 mil dólares de pagamentos de anuidades universitárias, uma idéia que o senador Chuck Schumer estava levando ao Congresso e que Hillary defendia na campanha dela.

Se todos os pais e filhos que fossem qualificados por renda — cerca de 14 milhões — estivessem segurados dentro do programa CHIP, mais ou menos um terço da população sem seguros ficaria coberta. Se as pessoas com 55 anos ou mais pudessem ser seguradas pelo Medicare, como eu recomendara, os dois programas juntos cortariam pela metade o número de norte-americanos sem seguro de saúde. Se a dedução nos impostos dos primeiros 10 mil dólares de pagamentos de anuidades universitárias, e também a expansão da ajuda à universidade que eu já assinara como lei, fossem adotadas, poderíamos alegar com justiça termos aberto as portas das universidades a todos os norte-americanos. O índice de matrículas na universidade já havia subido para 67%, quase 10% mais alto do que quando eu tomei posse.

Num discurso para cientistas no Instituto de Tecnologia da Califórnia tornei pública uma proposta de aumento de quase 3 bilhões de dólares nos financiamentos para pesquisas, que incluíam 1 bilhão de dólares para a AIDS e outros objetivos biomédicos, e 500 milhões de dólares para a nanotecnologia, além de grandes aumentos para ciência básica, estudos espaciais e para a energia limpa. No dia 24 Alexis Herman, Donna Shalala e eu pedimos ao Congresso que ajudasse a corrigir o desnível de 25% entre os salários de homens e mulheres, aprovando a Lei da Justiça no Cheque de Pagamento. Isso nos daria os meios para sanar o problema da grande quantidade de casos de discriminação no emprego pendentes na Comissão de Oportunidades Iguais de Empregos, e teríamos como apoiar os esforços do Departamento do Trabalho para aumentar a proporção de mulheres ocupando os postos de salários mais altos, nos quais as mulheres estão sub-representadas. Por exemplo, na maior parte das ocupações no setor de alta tecnologia, a proporção de homens para mulheres chega a ser superior a dois para um.

Na véspera do discurso eu me sentei com Jim Lehrer, do *NewsHour* da PBS, pela primeira vez desde a nossa entrevista de dois anos antes, logo depois de ter explodido a tempestade a respeito da minha deposição. Após recapitularmos as realizações da administração durante os sete anos anteriores, Lehrer me perguntou se eu estava preocupado com o que os historiadores iriam escrever a meu respeito. O *New York Times* acabara de publicar um editorial dizendo que os historiadores estavam começando a dizer que eu era um político de grande talento natural e algumas realizações significativas que tinha "perdido a grandeza que a certa altura parecera estar ao seu alcance".

Ele me perguntou a respeito da minha reação à avaliação de "o que poderia ter sido". Eu disse achar que a época mais parecida com a nossa tinha sido na virada do século passado, quando também estávamos entrando numa nova era de mudança econômica e social e mais do que nunca estávamos sendo atraídos para o mundo além das nossas fronteiras. Baseado no que tinha acontecido naquela época, eu achava que os testes do meu desempenho seriam: fizemos bem ou mal a transição dos Estados Unidos para uma nova economia e uma era de globalização? Fizemos progresso social e mudamos a maneira de abordar os problemas de modo a nos ajustar à nossa época? Fomos bons administradores do ambiente? E contra que forças nos batemos? Eu disse a ele que me sentia à vontade com as respostas a essas questões.

Além do mais, eu estudara história o suficiente para saber que ela está sendo constantemente reescrita. Enquanto eu estava na Presidência, publicaram-se duas grandes biografias de Grant que implicaram uma notável revisão, para melhor, da avaliação convencional do seu mandato presidencial. Esse tipo de coisa acontecia o tempo todo. Além do mais, eu disse a Lehrer, estava mais concentrado naquilo que pudesse realizar no meu último ano do que no que o futuro pudesse pensar de mim.

Eu contei a Lehrer que, além do programa interno, queria preparar o nosso país para lidar com os maiores desafios de segurança do século XXI. A principal prioridade dos republicanos no Congresso era construir um sistema nacional de mísseis de defesa, mas eu disse que a principal ameaça era "a probabilidade de ter terroristas e narcotraficantes e o crime organizado cooperando uns com os outros, com armas de destruição em massa cada vez menores e de mais difícil detecção, além das poderosas armas tradicionais. Desse modo, tentamos projetar uma estrutura para lidar com o ciberterrorismo, o bioterrorismo, o terrorismo químico [...]. Isso não está nas manchetes, mas [...] eu acho que provavelmente os inimigos do Estado-nação neste mundo interconectado são a maior ameaça à segurança".

Naquela época eu andava pensando muito no terrorismo, por causa dos dois meses de nervosismo que estávamos passando antes da comemoração do milênio. A CIA, a Agência Nacional de Segurança, o FBI e todo o nosso grupo de contraterrorismo tinham trabalhado arduamente para impedir diversos ataques planejados nos Estados Unidos e no Oriente Médio. Agora dois submarinos estavam no norte do mar Arábico, prontos para lançar mísseis para qualquer ponto que a CIA determinasse como sendo o esconderijo de Bin Laden. O grupo de contraterrorismo de Dick Clarke e George Tenet estava trabalhando duro para encontrá-lo. Achei que estávamos dominando a situação, mas ainda não tínhamos a capacidade, nem ofensiva nem defensiva, de que precisávamos para combater um inimigo perito em encontrar as oportunidades de atacar pessoas inocentes, oportunidades que a crescente abertura do mundo multiplica.

Antes do final da entrevista, Lehrer fez a pergunta que me parecera inevitável: se dois anos antes eu tivesse respondido de modo diferente à pergunta dele e a outras perguntas relativas à minha conduta, eu achava que o resultado teria sido diferente e que eu não teria tido de passar pelo processo do *impeachment*? Eu respondi a ele que não sabia, mas que eu lamentava profundamente tê-los iludido, a ele e o ao povo norte-americano. Eu ainda não tenho uma resposta fácil para essa pergunta, dada a atmosfera de histeria que envolvera Washington na época. Como disse a Lehrer, eu pedira desculpas e tentara corrigir os meus erros. Era tudo o que eu podia fazer.

Então Lehrer perguntou se eu ficara satisfeito em constatar que, se tinha havido uma conspiração para me tirar do cargo, ela não funcionara. Acho que isso foi o mais perto que qualquer jornalista chegou de admitir, na minha presença, a existência da conspiração que todos eles sabiam existir, mas que não podiam se permitir reconhecer. Eu disse a Jim que aprendera pelo método mais difícil que a vida sempre nos humilha se nos entregamos à raiva ou se ficamos muito satisfeitos por derrotarmos alguém, ou se pensamos que, por mais graves que sejam os nossos pecados, os dos adversários são piores. Eu tinha um ano pela frente; não havia mais tempo para raivas ou para buscar satisfações.

Foi uma alegria fazer o meu último discurso do Estado da União. Tínhamos mais de 20 milhões de novos empregos, a menor taxa de desemprego e os menores registros de dependentes do seguro contra a pobreza em trinta anos, a menor taxa de crimes em 25 anos, a menor taxa de pobreza em vinte anos, a menor força de trabalho federal em quarenta anos, o maior superávit orçamentário em 42 anos, sete anos de declínio na gravidez de adolescentes e 30% de aumento nas adoções, e 150 mil jovens que serviram no AmeriCorps. Dentro de um mês teríamos a mais longa expansão econômica da história dos Estados Unidos, e no fim do ano teríamos três superávits orçamentários consecutivos, pela primeira vez em mais de cinqüenta anos.

A minha preocupação era se os Estados Unidos se tornariam complacentes nessa prosperidade, de modo que pedi ao nosso povo que não considerasse isso tudo como garantido, mas que mantivesse aquele "longo olhar à frente" para a nação que poderíamos construir para o século XXI. Sugeri mais de sessenta iniciativas que satisfariam um ambicioso conjunto de objetivos: cada criança deveria começar a escola já preparada para o aprendizado e formar-se preparada para obter sucesso; cada família deveria estar apta a ter sucesso em casa e no trabalho, nenhuma criança seria criada na pobreza; o desafio da aposentadoria dos nascidos na década de 1940 seria resolvido; todos os norte-americanos teriam acesso a cuidados de saúde de qualidade e a preços que pudessem pagar; os Estados Unidos seriam o país de grande extensão territorial mais seguro do mundo, e sem dívidas pela primeira vez desde 1835; a prosperidade atingiria todas as comunidades; a mudança climática se reverteria; os Estados Unidos liderariam o mundo na direção da prosperidade e da segurança compartilhadas e no avanço das fronteiras da ciência e da tecnologia; e nós nos tornaríamos, por fim, uma só nação, unida em toda a nossa diversidade.

Fiz o melhor que pude para convencer republicanos e democratas, recomendando uma mistura de corte de impostos e programas de investimentos que amparassem nossos objetivos; maior apoio para esforços de combate à pobreza e ao abuso de drogas, e para ajudar as mães adolescentes; um abatimento da renda tributável por contribuições de caridade feitas por cidadãos de rendas baixa e média que não poderiam reivindicar uma compensação agora por não terem discriminado suas deduções; compensação de impostos da assim chamada penalização pelo casamento, e outra expansão do EITC, o Crédito Tributário sobre a Renda Auferida; maiores incentivos para o ensino de inglês e de educação cívica para os novos imigrantes; e aprovação do projeto de lei para os crimes de intolerância e da Lei da Não-Discriminação no Emprego. Também agradeci ao presidente da Câmara pelo apoio dado à iniciativa dos Novos Mercados.

Pela última vez fiz a apresentação das pessoas que estavam sentadas ao lado de Hillary, e que representavam aquilo que estávamos tentando realizar: o pai de um dos estudantes mortos em Columbine, que gostaria que o Congresso acabasse com a brecha na Lei de Controle das Armas de Fogo; um pai hispânico que tinha orgulho de pagar pensão alimentícia e que se beneficiaria do pacote de medidas referentes a impostos que eu havia proposto para as famílias de trabalhadores; um capitão da Força Aérea que salvara um piloto cujo avião fora abatido em Kosovo, para ilustrar a importância de terminarmos o nosso trabalho nos Bálcãs; e meu amigo Hank Aaron, que tinha passado os anos depois de se aposentar do beisebol trabalhando para ajudar crianças pobres e transpor a barreira racial.

Terminei com um apelo em favor da unidade, tendo ouvido muitas risadas quando lembrei ao Congresso que até republicanos e democratas eram 99,9% iguais. Eu disse: "A ciência moderna confirmou o que as religiões antigas sempre pensaram: o fator mais importante na vida é a nossa humanidade comum".

O discurso foi criticado por um congressista que comentou que eu estava parecendo com Calvin Coolidge ao querer fazer com que os Estados Unidos não tivessem dívidas, e por conservadores que afirmaram que eu estava gastando dinheiro demais em educação, em saúde e em meio ambiente. A maior parte dos cidadãos pareceu convencida de que eu iria trabalhar duro no meu último ano, interessados que estavam nas novas idéias que eu estava apresentando, e aprovando os meus esforços para mantê-los com os olhos focalizados no futuro.

A última vez em que os Estados Unidos pareceram estar navegando nessas águas tão tranqüilas foi no início dos anos 1960, com a economia florescendo, as leis de direitos civis prometendo um futuro mais justo e o Vietnã sendo um blip* distante na tela. Passados seis anos a economia estava despencando, havia tumultos nas ruas, John e Robert Kennedy e Martin Luther King Jr. tinham sido assassinados e o Vietnã consumira os Estados Unidos, afastara do cargo o presidente Johnson e introduzira uma nova era de divisão nas nossas políticas. Os bons tempos são para ser agarrados e desenvolvidos, e não para ser vividos sem esforços.

Depois de uma parada em Quincy, Illinois, para cumprir os pontos altos da minha agenda, fui para Davos, na Suíça, a fim de falar no Fórum Econômico Mundial, uma reunião anual, cada vez mais importante, de líderes políticos e econômicos. Eu havia levado comigo cinco membros do secretariado para discutirem a revolta popular contra a globalização que testemunháramos nas ruas de Seattle durante a recente reunião da Organização Mundial do Comércio (OMC). As empresas multinacionais e seus padrinhos políticos tinham criado com muito gosto uma economia global que atendia às suas necessidades, acreditando que o resultante crescimento do mercado geraria riqueza e empregos no mundo inteiro.

Em países bem governados o comércio ajudou a tirar muita gente da pobreza, mas em países pobres um número grande demais de pessoas foi deixado de fora: metade do mundo ainda vivia com menos de dois dólares por dia, 1 bilhão de pessoas vivia com menos de um dólar por dia, e mais de 1 bilhão de pessoas ia todas as noites dormir com fome. Somente uma pessoa em cada quatro tinha acesso a água limpa. Cerca de 130 milhões de crianças nunca pisaram numa escola, e 10 milhões de crianças morriam todos os anos de doenças evitáveis.

Mesmo em países ricos, as constantes convulsões econômicas sempre levavam a demissões, e os Estados Unidos não estavam se esforçando o suficiente para conduzi-las de volta à força de trabalho ganhando o mesmo ou até mais. Finalmente, as instituições de financiamento global não pareciam estar preparadas para deter ou mitigar as crises nos países em desenvolvimento de modo a minimizar o dano às classes operárias, e a OMC era vista como estando excessivamente nas mãos dos países ricos e das empresas multinacionais.

Durante os meus dois primeiros anos de governo, quando os democratas estavam em maioria, eu tinha mais dinheiro para a capacitação de trabalhadores demitidos e havia assinado os acordos colaterais do NAFTA sobre meio ambiente e padrões de trabalho. Depois disso, o Congresso republicano foi menos solidário

---

* Pequeno ponto de luz que representa um objeto no radar. (N. dos T.)

com esses esforços, especialmente com aqueles destinados a reduzir a pobreza e a criar novos empregos em países pobres. Agora me parecia que tínhamos uma oportunidade de estruturar um consenso bipartidário em pelo menos três iniciativas: o programa de Novos Mercados, o projeto de lei para o comércio com a África e o Caribe, e o esforço de Compensação de Dívidas do Milênio.

A questão maior era se seria possível ter uma economia global sem políticas sociais e ambientais globais e sem uma administração mais aberta por parte dos formuladores das políticas econômicas, especialmente da OMC. Eu achava que as forças antimercado e antiglobalização estavam equivocadas em acreditar que o mercado tinha aumentado a pobreza. Na verdade, o mercado tinha tirado um maior número de pessoas da pobreza e um maior número de países do isolamento. Por outro lado, aqueles que achavam ser suficiente haver fluxos de capital diários não regulados de mais de 1 trilhão de dólares e mercado eternamente em crescimento também estavam enganados.

Eu disse que a globalização impunha aos seus beneficiários a responsabilidade de compartilhar ganhos e encargos, e de fazer com que cada vez mais pessoas pudessem participar dela. Essencialmente, defendi uma abordagem de Terceira Via à globalização: o mercado e mais um esforço concentrado para dar às pessoas e às nações as ferramentas e condições para aproveitarem-no ao máximo. Por fim, argumentei que dar esperança às pessoas por meio do crescimento econômico e da justiça social era algo essencial para a nossa capacidade de convencer o mundo do século XXI a se afastar dos horrores modernos do terrorismo e das armas de destruição em massa, e dos velhos conflitos enraizados na etnia, na religião e nos ódios tribais.

Terminado o discurso, não pude perceber se havia conseguido convencer os milhares de dirigentes empresariais que estavam lá, mas senti que eles tinham escutado e, pelo menos, estavam lutando com os problemas da nossa interdependência global e das suas próprias obrigações em criar um mundo mais unificado. O que os líderes mundiais precisavam era de uma visão compartilhada. Quando pessoas competentes, dotadas de energia, agem tendo por base uma visão compartilhada, a maior parte dos problemas se resolve.

De volta em casa, era hora do meu último Café-da-Manhã Ecumênico. Joe Lieberman, o primeiro orador judeu do evento, fez um belo discurso sobre os valores comuns a todas as religiões. Eu falei em seguida sobre as implicações práticas dos comentários dele: se fôssemos estimulados a não repelir os estranhos e a tratar os outros como gostaríamos que nos tratassem, e se amássemos o nosso próximo como a nós mesmos, "quem são os nossos próximos e o que significa amá-los?". Se éramos praticamente iguais geneticamente, e se o nosso mundo era tão interdependente que eu tinha um primo em Arkansas que jogava xadrez duas vezes por semana na internet com um homem da Austrália, era evidente que teríamos de alargar os nossos horizontes nos anos que tínhamos pela frente.

A direção a ser tomada durante esses anos, é claro, seria dada pelo resultado das eleições que ocorreriam naquele ano. Tanto Al Gore como George W. Bush tinham vencido habilmente em Iowa, como se esperava. Depois a campanha se deslocou para New Hampshire, onde os eleitores das primárias dos dois partidos se deliciam em confundir as expectativas. A campanha de Al Gore tivera um começo difícil, mas depois que mudou a sede da campanha para Nashville, e passou a fazer reuniões informais nos centros cívicos de New Hampshire, ele realmente começou a se comunicar com os eleitores, conseguiu melhor cobertura da imprensa e passou à frente do senador Bradley. Após o Estado da União, quando apresentei as suas principais realizações, ele ganhou mais alguns pontos em meio à animação que sempre obtivemos com o discurso. E aí Bradley começou a atacá-lo com dureza. O fato de Al não ter respondido fez com que Bradley subisse, diminuindo a liderança dele, mas ainda assim Al se manteve à frente a ponto de ganhar com 52% a 47%. Depois disso, eu sabia que ele estava com o caminho livre para a indicação. Ele iria ganhar fácil no Sul e na Califórnia, e achei que ele se sairia bem nos grandes estados industriais, especialmente depois de ter tido o endosso da AFL-CIO, a associação dos sindicados norte-americanos.

John McCain derrotou George W. Bush em New Hampshire com 49% a 31%. Era um estado feito sob medida para McCain. Eles gostavam do traço independente dele e do apoio que ele dava à reforma financeira. A grande disputa seguinte seria na Carolina do Sul, onde McCain teria a ajuda do seu passado militar e do endosso de dois congressistas, mas Bush tinha o apoio tanto do *establishment* do partido quanto da direita religiosa.

No domingo à tarde, 6 de fevereiro, Chelsea, Dorothy e eu fomos de carro de Chappaqua para o campus da Universidade Estadual de Nova York, em Purchase, próximo dali, para o anúncio formal da candidatura de Hillary ao Senado. O senador Moynihan a apresentou. Disse que conhecera Eleanor Roosevelt e que ela "a adoraria". Foi um cumprimento sincero e engraçado, uma vez que Hillary agüentara muita gozação bem-humorada por contar que tinha tido conversas imaginárias com a senhora Roosevelt.

Hillary fez um discurso fantástico, que ela escrevera cuidadosamente e ensaiara muito; o discurso mostrou quanto ela aprendera a respeito dos interesses das diferentes regiões do estado e o seu nível de compreensão sobre as escolhas que os eleitores estavam enfrentando. Ela teve também de explicar por que estava se candidatando; teve de mostrar que entendia os receios dos nova-iorquinos em votar num candidato que, mesmo sendo alguém de quem eles gostavam, não morava no estado até poucos meses antes; e disse o que ela faria como senadora. Houve alguma discussão a respeito de se eu deveria falar. Nova York foi um dos melhores estados para mim; lá, na época, a aprovação do meu desempenho estava em 70% e a minha aprovação pessoal estava em 60%. Mas resolvemos que eu não falaria. Era o dia de Hillary, e os eleitores estavam lá para ouvi-la.

Durante o restante do mês, enquanto as políticas dominavam as notícias, eu lidava com uma grande variedade de questões da política interna e da política externa. Na frente doméstica endossei um projeto de lei bipartidário para dar a cobertura do Medicaid a mulheres de baixa renda para tratamentos de câncer cervical e de mama; negociei com o senador Lott que ele encaminharia ao plenário do Senado, para serem votadas, a nomeação de cinco juízes que eu havia indicado, e em contrapartida ele poderia nomear para a Comissão Eleitoral Federal um inimigo ferrenho da reforma do financiamento de campanhas; discuti com os republicanos a respeito do projeto de lei da Declaração dos Direitos dos Pacientes — eles disseram que o aprovariam desde que ninguém pudesse entrar com um processo legal para que ela fosse cumprida, e eu argumentei que isso faria dele um projeto de lei de "sugestões"; inaugurei a sala da imprensa da Casa Branca com o nome de James Brady, o corajoso secretário de Imprensa do presidente Reagan; anunciei um aumento recorde no financiamento para a educação e a saúde da população indígena norte-americana; apoiei uma mudança nos regulamentos dos cupons de alimentos, para permitir que beneficiários do seguro contra a pobreza que voltassem a trabalhar pudessem possuír um carro usado sem perder o auxílio-alimentação;* recebi um prêmio da Liga dos Cidadãos Unidos da América Latina [League of United Latin American Citizens — LULAC] pelas minhas políticas econômicas e sociais e pelas nomeações de hispânicos para cargos importantes, e fui pela última vez anfitrião de um encontro da Associação Nacional de Governadores.

Nos negócios externos, lidamos com um bocado de dores de cabeça. No dia 7 Yasser Arafat suspendeu as suas conferências de paz com Israel. Ele estava convencido de que Israel estava levando a questão palestina em banho-maria para ir atrás da paz com a Síria. Havia alguma verdade nisso, e na época o público israelense estava mais a fim de fazer a paz com os palestinos, com todas as dificuldades que isso acarretava, do que de abrir mão das colinas de Golan e pôr em perigo todas as conversações com os palestinos. Passamos o mês inteiro tentando fazer com que as coisas voltassem a caminhar.

No dia 11 o Reino Unido suspendeu a autonomia da Irlanda do Norte, apesar de na última hora o IRA ter garantido o desarmamento para o general John de Castelain, o canadense que estava supervisionando o processo. Consegui que George Mitchell se envolvesse outra vez, e fizemos o melhor que pudemos para ajudar Bertie Ahern e Tony Blair a evitar esse dia. O problema fundamental, de acordo com Gerry Adams, era que o IRA queria o desarmamento porque o seu pessoal votara a favor dele, e não porque David Trimble e os Unionistas tivessem determinado que o desarmamento seria o preço para a continuação da participação deles no governo. É claro que sem desarmamento os protestantes perderiam a confiança no processo e Trimble acabaria sendo substituído, um resultado que Adams e o Sinn Fein não queriam. Trimble podia ser austero e pessimista, mas, debaixo da sua severa aparência irlando-escocesa, havia um bravo idealista que também corria riscos em prol da paz. De qualquer modo, a questão da seqüência dos atos para chegar à paz retardara o estabelecimento do governo em mais de um ano; agora estávamos de volta a governo nenhum. Era frustrante, mas achei que o impasse seria resolvido, porque ninguém queria voltar aos maus dias de antes.

No dia 5 de março comemorei o trigésimo quinto aniversário da marcha pelo direito de voto em Selma, Alabama, atravessando a pé a Ponte Edmund Pettus, como os manifestantes pelos direitos civis tinham feito naquele "Domingo Sangrento", arriscando a vida pelo direito de voto para todos os norte-americanos.

---

* A elegibilidade para o programa de cupons de alimentos é baseada em diversos fatores, incluindo o patrimônio pessoal: casa, investimentos e veículos. Os veículos são avaliados pelo valor de mercado, exceto se forem usados como moradia, necessários para produzir a renda familiar, como táxis ou serviços de entrega, ou se forem utilizados para o transporte de pessoas deficientes. (N. dos T.)

Muitos dos veteranos da guerra pelos direitos civis que tinham marchado com Martin Luther King Jr., ou o haviam apoiado, marcharam de braços dados outra vez naquele dia, inclusive Coretta Scott King, Jesse Jackson, John Lewis, Andrew Young, Joe Lowery, Julian Bond, Ethel Kennedy e Harris Wofford.

Em 1965, a marcha de Selma eletrizou a consciência da nação. Cinco meses mais tarde o presidente Johnson sancionou a Lei do Direito de Voto. Antes dela, havia apenas trezentos funcionários negros eleitos em qualquer nível e somente três congressistas afro-americanos. Em 2000, havia cerca de 9 mil funcionários negros eleitos e 39 membros do Núcleo Negro do Congresso.

Nos meus comentários, disse que Martin Luther King Jr. tinha razão ao dizer que quando os norte-americanos negros "vencerem a sua luta para se tornarem livres, os que os sujeitaram se tornarão, eles mesmos, livres pela primeira vez". Depois de Selma, sulistas brancos e negros atravessaram a ponte para o Novo Sul, deixando para trás a intolerância e o isolamento para abraçar novas oportunidades e prosperidade e influência política: sem Selma, Jimmy Carter e Bill Clinton nunca teriam se tornado presidentes dos Estados Unidos.

Agora, no momento em que cruzávamos a ponte para o século XXI, com as menores taxas de desemprego e pobreza e as maiores taxas já registradas de proprietários de casa própria e donos de negócios entre os afro-americanos, pedi à platéia que se lembrasse de quanto ainda faltava realizar. Enquanto ainda houvesse grandes disparidades raciais em termos de renda, educação, riqueza, vulnerabilidade à violência e percepção de justiça no sistema judiciário criminal, enquanto a discriminação e o ódio persistissem, "tínhamos outra ponte para atravessar".

Adorei aquele dia em Selma. Mais uma vez fui transportado nos anos, de volta à minha meninice ansiosa pela crença em um país sem divisão racial. Mais uma vez voltei ao núcleo emocional da minha vida política dizendo adeus ao povo que tinha feito tanto para nutri-la: "Desde que os norte-americanos estejam dispostos a se darem as mãos, poderemos caminhar sob qualquer vento, poderemos atravessar qualquer ponte. No fundo do coração, acredito que nós venceremos".

Passei a maior parte da primeira metade do mês fazendo campanha para as minhas medidas de segurança em relação às armas: acabar com a brecha na lei de controle de armas de fogo, dotar as armas de travas de segurança para proteger as crianças de acidentes e exigir que os donos de armas tenham uma licença identificada com fotografia, provando que eles passaram na "checagem Brady" de verificação do histórico do comprador, e tenham feito o curso de segurança para o uso de armas. Os Estados Unidos foram sacudidos por uma série de mortes trágicas por armas de fogo, uma delas causada por uma criança bem pequena, que brincava com uma arma encontrada no apartamento. O número de mortes acidentais causadas por armas de fogo para crianças abaixo de quinze anos nos Estados Unidos era nove vezes mais alto do que o da soma dessas ocorrências nas 25 maiores economias seguintes.

Apesar da necessidade gritante e do crescente apoio público para o controle de armas, a Associação Nacional do Rifle (NRA), até então impedira qualquer coisa de acontecer no Congresso, embora a maioria dos fabricantes de armas — é preciso que se diga isso a favor deles — já estivesse agora introduzindo as travas de segurança para proteger crianças. A respeito da brecha na lei de controle das armas de fogo, ao se opor ao projeto de lei Brady a NRA disse que não tinha nada contra verificações instantâneas de históricos, mas não queria que ninguém, por causa da segurança pública, tivesse de suportar uma espera de três dias. Naquela época, 70% das verificações já eram feitas em uma hora, 90% em um dia. Algumas demoravam um pouco mais. Se não tivéssemos um período de espera, as pessoas com maus antecedentes poderiam comprar suas armas na hora da loja fechar, na sexta-feira à tarde. A NRA também ficou inflexível contra o cadastramento dos donos de armas, encarando isso como o primeiro passo na direção de lhes negar o direito de possuir armas. Esse argumento não se sustenta; há anos exigimos licenças para a condução de veículos e ninguém até agora sugeriu proibir a posse de automóveis.

Entretanto, eu sabia que a NRA podia assustar muita gente. Eu crescera numa cultura de caça, na qual a influência deles era maior, e tinha visto o impacto devastador que a NRA tivera nas eleições de 1994 para o Congresso. Mas sempre achei que, em sua maior parte, os caçadores e atiradores esportivos eram bons cidadãos e ouviriam um argumento razoável, exposto com clareza. Eu sabia que tinha de tentar, porque acreditava no que estava fazendo e porque Al Gore se enquadrara diretamente no alvo da NRA, ao endossar a idéia do licenciamento até mesmo antes de mim.

No dia 12, Wayne LaPierre, vice-presidente executivo da NRA, disse que eu tinha necessidade de "um certo grau de violência" e estava "disposto a aceitar um determinado nível de mortes" para levar adiante os meus objetivos políticos, "e os do vice-presidente também". A posição de LaPierre era de que nós deveríamos tratar os crimes praticados com armas de fogo com maior severidade e punir os adultos que, por serem descuidados, permitiam o acesso de crianças às armas. No dia seguinte, em Cleveland, respondi a ele dizendo que concordava com a proposta de uma punição mais severa, mas achava absurda a sua posição de que não havia necessidade de medidas de prevenção. A NRA se opunha até à proibição de balas que matam policiais. Eram eles que estavam dispostos a aceitar um certo nível de violência e mortes para manter intactas a sociedade e a ideologia deles. Eu disse que gostaria de ver LaPierre olhar nos olhos dos pais das crianças que perderam a vida em Columbine ou em Springfield, no Oregon, ou em Jonesboro, no Arkansas, e repetir aquelas afirmações.

Eu não achava que iria conseguir derrotar a NRA na Câmara, mas estava gostando muito de tentar. Perguntei às pessoas o que elas achariam se a estratégia de "nenhuma prevenção, toda punição" da NRA fosse aplicada a todos os aspectos das nossas vidas: jogar fora os cintos de segurança, *airbags* e limitadores de velocidade, e acrescentar cinco anos às penas dos motoristas imprudentes que matam gente; e jogar fora os detectores de metais nos aeroportos, acrescentando dez anos à pena de quem explodisse um avião.

Na minha ida anterior a Cleveland, eu visitara uma escola primária onde voluntários do AmeriCorps estavam auxiliando crianças pequenas no aprendizado da leitura. Um garoto de seis anos me olhou e perguntou: "Você é mesmo o presidente?". Quando eu disse que era, ele replicou: "Mas você ainda não morreu!". Ele só conhecia George Washington e Abraham Lincoln. O meu tempo já estava acabando, mas com uma luta dura como aquela a enfrentar, eu sabia que o garoto tinha razão. Eu ainda não tinha morrido.

No dia 17 de março anunciei um acordo pioneiro entre a Smith & Wesson, uma das maiores fábricas de armamentos, e os governos federal, estaduais e locais. A companhia concordara em incluir dispositivos de trava em suas armas, a desenvolver uma "arma inteligente" que só pudesse ser disparada pelo adulto que fosse o dono dela, a cortar o fornecimento a negociantes que vendessem um número desproporcional de armas usadas em crimes, a exigir que seus vendedores não as comercializassem em eventos de tiro ao alvo, a não ser que verificassem o histórico dos compradores, e a projetar novas armas que não aceitassem pentes com grande capacidade. Foi um passo corajoso por parte da companhia. Eu sabia que a Smith & Wesson ficaria sujeita a ataques violentos por parte da NRA e dos seus concorrentes.

O processo de indicação presidencial terminara na segunda semana de março com a retirada de John McCain e de Bill Bradley, depois de Al Gore e George W. Bush terem alcançado grandes vitórias nas dezesseis primárias da Super terça-feira* e nas convenções dos líderes dos partidos. Bill Bradley fizera uma campanha séria e, ao pressionar Al no início, havia levado o adversário a se tornar um candidato melhor, pois Al descartou a sua postura de candidato carregado de endossos e optou por um esforço nas bases, no qual ele tinha mais a cara de um questionador tranqüilo, mas agressivo. Bush havia acertado a sua campanha depois de perder em New Hampshire, ganhando na Carolina do Sul, ajudado por uma campanha por telefone para famílias brancas conservadoras, lembrando a elas que o senador McCain tinha "um bebê negro". McCain adotara uma criança de Bangladesh, uma das inúmeras razões pelas quais eu o admirava.

Antes do término das primárias, um grupo de veteranos que apoiava Bush acusou McCain de trair o país durante os cinco anos e meio em que ele fora prisioneiro de guerra no Vietnã do Norte. Em Nova York, o pessoal de Bush atacou McCain por ele ter se oposto à pesquisa do câncer de mama. Na verdade, ele tinha votado contra um projeto de lei que incluía algum dinheiro para o câncer de mama, mas por ser contra todo o dinheiro para fins políticos implicado no projeto; o senador tinha uma irmã com câncer de mama e sempre votou a favor das dotações que contivessem mais de 90% para financiamento de pesquisas de câncer. Quando o senador McCain resolveu reagir com dureza contra a campanha de Bush, ou contra os extremistas de direita por eles o terem difamado, já era muito tarde.

Os acontecimentos na frente internacional em março foram em grande parte positivos. Barak e Arafat concordaram em reiniciar as suas conferências. No meu último Dia de São Patrício como presidente, Seamus Heaney leu sua poesia, nós todos cantamos "Danny Boy", e ficou claro que, embora o governo ainda estivesse anulado na Irlanda do Norte, ninguém queria que o processo de paz fosse interrompido. Falei com o rei Fahd, da Arábia Saudita, a respeito da possibilidade de a Organização dos Países Exportadores de Petróleo (OPEP) aumentar a produção. Um ano antes o preço do óleo tinha caído a doze dólares por barril, baixo demais para

---

* Como já registrado em outra nota, segunda terça-feira de março num ano de eleição presidencial, na qual muitos estados fazem suas eleições primárias. (N. dos T.)

atender às necessidades dos países produtores. Agora tinha pulado para entre 31 e 34 dólares, alto demais para evitar efeitos adversos aos países consumidores. Eu queria ver o preço estabilizado entre vinte e 22 dólares o barril, e esperava que a OPEP aumentasse a produção o suficiente para possibilitar isso; caso contrário, os Estados Unidos poderiam ter problemas econômicos significativos.

No dia 18 iniciei uma viagem de uma semana para a Índia, o Paquistão e Bangladesh. Estava indo à Índia para estabelecer as bases do que eu esperava ser uma longa relação positiva. Tínhamos perdido muito tempo, desde o final da Guerra Fria, quando a Índia se alinhara com a União Soviética sobretudo como contrapeso à China. Bangladesh era o país mais pobre do Sul da Ásia, mas era grande e tinha alguns programas de inovação econômica; mantinha uma atitude amigável em relação aos Estados Unidos. Ao contrário do Paquistão e da Índia, Bangladesh era um país sem armas nucleares, que havia ratificado o Tratado de Proibição Geral de Testes, ou seja, mais do que os Estados Unidos tinham feito. A minha parada no Paquistão foi a mais controversa, por causa do golpe militar que havia ocorrido ali recentemente, mas eu tinha resolvido ir por diversos motivos: para incentivar uma volta imediata à lei civil e para uma diminuição na tensão a respeito da Caxemira; para tentar fazer com que o general Musharraf não executasse o primeiro-ministro deposto, Nawaz Sharif, que estava sendo condenado à morte; e para pressionar Musharraf a cooperar conosco com relação a Bin Laden e à Al-Qaeda.

O Serviço Secreto se opunha fortemente à minha ida ao Paquistão ou a Bangladesh porque, segundo informações da CIA, a Al-Qaeda queria me atacar numa daquelas paradas, ou em terra ou durante as decolagens e aterrissagens. Eu achava que tinha de ir por causa das conseqüências adversas para os interesses dos Estados Unidos, se eu fosse apenas à Índia, e porque eu não queria baixar a cabeça a uma ameaça de ataque terrorista. Desse modo, tomamos as precauções sensatas e fomos adiante. Acho que foi a única exigência do Serviço Secreto que eu contrariei.

A mãe de Hillary, Dorothy, e Chelsea iam comigo à Índia. Voamos para lá primeiro, onde eu as deixei nas mãos do nosso embaixador, meu bom amigo Dick Celeste, ex-governador do Ohio, e da esposa dele, Jacqueline. Depois levei um grupo reduzido, em dois aviões pequenos, para Bangladesh, onde me encontrei com o primeiro-ministro Sheikh Hasina. Mais tarde, fui obrigado a fazer outra concessão à segurança. Tinham planejado para mim a visita à aldeia de Joypura com o meu amigo Muhammad Yunus, para observar alguns dos projetos de microcrédito do Grameen Bank. O Serviço Secreto havia advertido que o nosso grupo estaria indefeso nas estradas estreitas ou no vôo de helicóptero para a aldeia, de modo que trouxemos os habitantes da aldeia, inclusive algumas crianças das escolas, para a embaixada norte-americana em Dacca, onde eles instalaram uma sala de aula e algumas exposições no pátio interno.

Enquanto eu estava em Bangladesh, 35 *sikhs* foram mortos na Caxemira por assassinos desconhecidos, que queriam ter publicidade graças à minha visita. Ao voltar a Delhi, na minha reunião com o primeiro-ministro Vajpayee expressei a minha revolta e o profundo pesar pelo fato de os terroristas terem usado a minha viagem como pretexto para os assassinatos. Eu me entendi bem com Vajpayee, e esperei que antes de ele deixar o cargo o primeiro-ministro tivesse uma oportunidade de fazer com que o país voltasse à lei civil. Não concordamos quanto ao Tratado de Proibição Geral de Testes, mas eu já sabia que isso ia acontecer, porque Strobe Talbott vinha trabalhando com o ministro das Relações Exteriores, Jaswant Singh, e outros havia meses, sobre as questões de não-proliferação. No entanto, Vajpayee se uniu a mim na promessa de não fazer mais testes no futuro, e concordamos a respeito de um conjunto de princípios positivos para conduzir a nossa relação bilateral, que estava fria havia tempos.

Tive também uma boa visita com a líder do partido da oposição no Congresso, Sonia Gandhi. Tanto o marido dela como a sogra, neto e filha de Nehru, tinham sido vítimas de assassinato político. Sonia, italiana de nascimento, permanecera corajosamente na vida pública.

No quarto dia da minha viagem tive a oportunidade de fazer um discurso no Parlamento indiano. O prédio do Parlamento é uma grande estrutura circular na qual as várias centenas de parlamentares se sentam cada qual em sua mesinha, dispostos numa enormidade de fileiras. Falei do meu respeito pela democracia indiana, pela diversidade do país e pelos passos impressionantes dados para a construção de uma economia moderna; discuti francamente as nossas diferenças nas questões nucleares e os incentivei a alcançar uma solução pacífica para o problema da Caxemira. Fiquei até certo ponto surpreendido com a ótima recepção que tive. Eles aplaudiram batendo nas mesas, demonstrando que os indianos estavam tão desejosos quanto eu de que o nosso longo distanciamento terminasse.

Chelsea, Dorothy e eu visitamos o Memorial Gandhi, onde nos presentearam com exemplares da autobiografia dele e de outros escritos, e viajamos para Agra, onde o Taj Mahal, talvez a estrutura mais linda do mundo, estava ameaçado pela poluição atmosférica. A Índia estava lutando muito para estabelecer uma zona livre de poluição em torno do Taj Mahal, e o ministro do Exterior, Singh, e Madeleine Albright assinaram um acordo de cooperação entre os nossos países para energia e meio ambiente, sendo que os Estados Unidos dariam 45 milhões de dólares em fundos da Agência Norte-americana para o Desenvolvimento Internacional (USAID) e 200 milhões de dólares do Banco de Exportação-Importação para desenvolver energia limpa na Índia. O Taj Mahal era de tirar o fôlego, e eu detestei ter de ir embora.

No dia 23 visitei Naila, um pequeno vilarejo perto de Jaipur. Depois de ser saudado com uma chuva de pétalas de rosas pelas mulheres de lá, vestidas em seus sáris de cores vivas, eu me encontrei com os funcionários escolhidos para trabalhar juntos transpondo as fronteiras de castas e sexo que tradicionalmente dividiam os indianos, e discutimos a importância dos empréstimos no sistema de microcrédito para as mulheres da cooperativa de laticínios local.

No dia seguinte fui à cidade de Hyderabad, próspera pelos seus negócios no setor de alta tecnologia, como convidado do ministro-chefe do Estado, Chandrababu Naidu, um líder político versátil e muito moderno. Visitamos o Centro HITECH, onde fiquei pasmo ao ver a variedade de empresas que estavam crescendo como nunca, e um hospital onde, juntamente com o administrador da USAID, Brady Anderson, anunciei uma doação de 5 milhões de dólares para ajudá-los a combater a AIDS e a tuberculose. Na época, a AIDS estava apenas começando a ser admitida na Índia e ainda havia muita contestação. Esperei que a nossa modesta doação ajudasse a aumentar a consciência pública e a vontade de agir, antes que a doença alcançasse na Índia as proporções epidêmicas a que tinha chegado na África. A minha última parada foi em Mumbai (Bombaim), onde me encontrei com empresários do comércio e depois tive uma conversa interessante com jovens líderes num restaurante local. Saí da Índia achando que os nossos países tinham começado uma relação sólida, mas gostaria de ter tido mais uma semana para absorver a beleza e o mistério do país.

No dia 25 voei para Islamabad, a parte da viagem que o Serviço Secreto achava mais perigosa. Levei o mínimo de pessoas possível, deixando para trás a maior parte do nosso grupo, que iria no avião maior para a nossa parada de reabastecimento em Omã. Sandy Berger disse brincando que era um pouco mais velho do que eu, e como já passáramos por tantas coisas em quase trinta anos de amizade, ele podia ir comigo ao Paquistão para a frigideira. Mais uma vez, fomos em dois aviões pequenos, um com a pintura da Força Aérea norte-americana, e o outro, no qual eu voava, pintado apenas em branco. Os paquistaneses tinham limpado uma área de mais de um quilômetro e meio em torno da pista para terem a garantia de que não iríamos ser atingidos por um míssil portátil. Mesmo assim, a aterrissagem foi uma experiência tensa.

Nossa comitiva viajou por uma estrada vazia até o Palácio Presidencial, para uma reunião com o general Musharraf e o gabinete dele, e para um discurso televisionado para o povo do Paquistão. No discurso mencionei a nossa longa amizade ao longo da Guerra Fria, e pedi ao povo paquistanês que voltasse as costas para o terror e as armas nucleares e se dedicassem a um diálogo com a Índia sobre a questão da Caxemira; que eles abraçassem o Tratado de Proibição Geral de Testes, e investissem em educação, em saúde e em desenvolvimento, em vez de investir em armamentos. Disse também que viera como amigo do Paquistão e do mundo islâmico; que repudiara o assassinato de muçulmanos na Bósnia e em Kosovo; que falara com o Conselho Nacional Palestino, em Gaza; que caminhara com os enlutados nos enterros dos reis Hussein e Hassan; e que comemorara o final do Ramadã na Casa Branca com os muçulmanos norte-americanos. O ponto sobre o qual eu queria chamar a atenção era que o nosso mundo não era dividido por diferenças religiosas, e sim por aqueles que escolhiam viver com a dor do passado e os que escolhiam a promessa do futuro.

Nas minhas reuniões com Musharraf eu percebi por que ele se tinha feito notar naquela cultura complexa, muitas vezes violenta, das políticas paquistanesas. Ele era visivelmente inteligente, forte e sagaz. Achei que, se escolhesse seguir um caminho de paz, de progresso, sua chance de ter sucesso era grande; mas disse também a ele que, na minha opinião, o terrorismo, se não fosse combatido, ia acabar destruindo o Paquistão a partir de dentro.

Musharraf disse que não acreditava que Sharif seria executado, mas foi evasivo quanto às outras questões. Eu sabia que ele ainda estava tentando consolidar a sua posição e que se encontrava numa situação difícil. Sharif depois foi solto e mandado para o exílio em Jedda, na Arábia Saudita. Quando Musharraf começou uma cooperação séria com os Estados Unidos na guerra contra o terror, depois do 11 de setembro de 2001, a trajetória dele ficou perigosa. Em 2003 ele sobreviveria a dois atentados contra a sua vida com poucos dias de intervalo entre eles.

No caminho de volta para casa, depois da parada em Omã para ver o sultão Qaboos e para levar de volta a nossa delegação para o Air Force One, fui até Genebra a fim de me encontrar com o presidente Assad. A nossa equipe andava trabalhando para conseguir de Barak uma proposta específica a respeito da Síria para eu apresentar. Eu sabia que não seria uma última oferta e que os sírios também sabiam disso, mas achei que, se Israel finalmente respondesse com a mesma flexibilidade que os sírios tinham demonstrado em Shepherdstown, ainda teríamos condições de fazer um acordo. Mas isso não iria acontecer.

Ao me encontrar com Assad, ele foi simpático quando dei a ele uma gravata azul com o perfil, em vermelho, de um leão — o significado do nome dele. Foi uma reunião pequena: juntaram-se a Assad o ministro do Exterior, Shara, e Butheina Shaban; Madeleine Albright e Dennis Ross me acompanharam, com Rob Malley, do Conselho de Segurança Nacional, anotando tudo. Depois de uma conversa leve e agradável pedi a Dennis que abrisse os mapas que eu estudara cuidadosamente ao preparar o encontro. Comparativamente à posição que ele declarara em Shepherdstown, Barak agora estava disposto a aceitar menos terra em torno do lago, embora ainda quisesse um bocado, quatrocentos metros; menos pessoas na estação de radares; e um período de retirada mais curto. Assad não quis nem me ouvir acabar a apresentação. Ficou agitado e, contradizendo a posição síria em Shepherdstown, disse que nunca cederia terra nenhuma, que queria poder se sentar às margens do lago e pôr os pés dentro da água. Durante duas horas tentamos avançar alguma coisa com os sírios, porém sem nenhum resultado. A rejeição de Israel em Shepherdstown e o vazamento do documento de trabalho para a imprensa israelense tinham constrangido Assad e destruído a sua frágil confiança. E a sua saúde parecia ainda pior do que eu supunha. Barak fizera uma oferta respeitável. Se ela tivesse sido feita em Shepherdstown, poderia ter havido um acordo. Agora a principal prioridade de Assad era a sucessão do seu filho, e ele evidentemente tinha resolvido que uma nova negociação, não interessando o resultado, poderia pôr essa sucessão em risco. Em menos de quatro anos eu vira a perspectiva de paz entre Israel e a Síria frustrada três vezes: pelo terror em Israel e a derrota de Peres em 1996; pela rejeição de Israel às aberturas da Síria em Shepherdstown; e pela preocupação de Assad com a sua própria morte. Depois de nos despedirmos em Genebra, não vi mais Assad.

No mesmo dia Vladimir Putin foi eleito presidente da Rússia no primeiro turno, com 52,5% dos votos. Liguei para congratulá-lo e desliguei o telefone achando que ele tinha firmeza bastante para manter a Rússia unida, e esperando que ele fosse prudente o suficiente para encontrar uma saída para o problema da Tchetchênia, além de comprometido o suficiente com a democracia para preservá-la. Ele logo teria um bom começo, com a Duma retificando tanto o START II, o Tratado de Redução de Armas Estratégicas, quanto o Tratado de Proibição Geral de Testes Nucleares. Agora até a Duma russa estava mais progressista quanto ao controle de armas do que o Senado dos Estados Unidos.

Em abril continuei viajando pelo país para promover as questões apresentadas no Estado da União: educação, dispositivos de segurança nas armas de fogo e acesso a tecnologias; criei outro monumento nacional, a Grande Sequóia, na Califórnia; vetei a lei para pôr todos os resíduos nucleares de baixo nível dos Estados Unidos em Nevada, por não achar que todas as questões legítimas tinham sido respondidas; assinei a lei que acabava com a redução dos benefícios concedidos pelo sistema nacional de aposentadoria; visitei os povos da Nação Navajo em Shiprock, no norte do Novo México, para enfatizar os nossos esforços no emprego da internet para criar oportunidades educacionais, de saúde e econômicas em comunidades remotas; e inaugurei o simples mas eloqüente memorial às vítimas da bomba em Oklahoma: 168 cadeiras vazias enfileiradas num pequeno outeiro ladeado por duas largas vias de entrada e dominando uma grande lagoa cintilante.

Abril trouxe também o ato final da longa saga do pequeno Elián González. Sua mãe fugira com ele de Cuba para os Estados Unidos vários meses antes, num barco caindo aos pedaços. O barco virou e ela morreu afogada depois de prender Elián a uma câmara de pneu para salvar sua vida. O menino foi levado para Miami e posto sob a custódia temporária de um tio-avô que estava disposto a mantê-lo. O pai, em Cuba, o queria de volta. A comunidade cubana nos Estados Unidos fez do caso de Elián uma cruzada, dizendo que sua mãe morrera tentando trazer o filho para a liberdade, e que não seria certo mandá-lo de volta para a ditadura de Fidel.

A lei em vigência parecia clara. O Serviço de Imigração e Naturalização deveria determinar se o pai da criança era um bom pai; se fosse, Elián tinha de ser devolvido a ele. Uma equipe do Serviço de Imigração foi a Cuba e descobriu que, embora os pais de Elián fossem divorciados, eles mantinham um bom relacionamento e compartilhavam os encargos da criação da criança. Na verdade, Elián passara mais da metade da vida com o pai, que morava perto da escola do garoto. O Serviço de Imigração verificou que Juan Miguel González era um bom pai.

Os advogados dos parentes norte-americanos do garoto levaram o caso ao Tribunal, numa tentativa de questionar a validade do processo em Cuba, achando que ele poderia ter sido comprometido pela presença do pessoal de Fidel no processo de avaliação. Alguns tentaram aplicar o critério normal da lei estadual nos casos de custódia de menores: o que é melhor para a criança? O Congresso entrou no caso, propondo vários projetos de lei para manter Elián nos Estados Unidos. Nesse meio-tempo, a comunidade cubana do nosso país se manteve num frenesi de manifestações na porta da casa dos parentes de Elián e de entrevistas regulares na TV com um deles, uma moça muito emotiva.

Janet Reno, que tinha sido promotora em Miami e era uma figura popular entre os norte-americanos de origem cubana, enraiveceu-os ao declarar que a situação deveria ser controlada pela lei federal, e que Elián deveria ser devolvido ao pai. Isso não foi fácil para Janet. Ela me disse que uma das suas ex-secretárias mal falava com ela; o marido da mulher estivera na prisão de Fidel durante quinze anos, e ela esperara durante todo esse tempo que o soltassem e ele se juntasse a ela. Muitos da comunidade cubana e outros imigrantes achavam que para o menino seria melhor ficar nos Estados Unidos.

Dei apoio a Reno, pois achava que o fato de o pai de Elián amá-lo e ter sido um bom pai deveria contar mais do que a pobreza ou a política fechada e repressiva de Cuba. Além do mais, os Estados Unidos tentaram diversas vezes fazer com que fossem devolvidas crianças que tinham sido tiradas do país, geralmente por pais que tinham perdido a causa de custódia em nosso território. Se mantivéssemos Elián, os nossos argumentos para a devolução daquelas crianças aos seus pais norte-americanos ficariam enfraquecidos.

Por fim, o caso se tornou uma questão eleitoral. Al Gore discordou publicamente de nós, dizendo que ele teve problemas com o processo do Serviço de Imigração e que mesmo que o pai de Elián fosse considerado apto a criá-lo, ainda assim seria melhor para o garoto ficar nos Estados Unidos. Era uma posição defensável em si, e compreensível, dada a importância da Flórida na eleição de Al Gore. Eu havia trabalhado durante oito anos para fortalecer a nossa posição no estado e entre os cubanos radicados no país; pelo menos nessa comunidade o caso Elián tinha anulado a maior parte dos nossos ganhos. Hillary viu o caso como defensora das crianças e como mãe: ela apoiou a nossa decisão de devolver o garoto ao pai.

No início do mês, Juan Miguel González veio aos Estados Unidos com a esperança de assumir a custódia do filho, de acordo com a ordem de um tribunal federal. Umas duas semanas mais tarde, depois de Janet Reno ter tentado durante vários dias assegurar a entrega voluntária do menino, um grupo de quatro cidadãos proeminentes — o presidente da Universidade de Miami, um advogado altamente conceituado e dois respeitados norte-americanos de origem cubana — sugeriu que a família de Miami entregasse a custódia ao pai num lugar isolado, em que eles pudessem ficar juntos durante alguns dias para facilitar a transição. Na meia-noite da Sexta-Feira Santa falei com Janet Reno e eles ainda estavam negociando, mas ela já começava a perder a paciência. Às duas horas da madrugada do sábado, John Podesta ligou para dizer que as negociações ainda estavam em andamento. Às quinze para as quatro, Podesta ligou outra vez e disse que a família de Miami agora estava se recusando até a reconhecer os direitos de guarda do pai. Trinta minutos mais tarde, às cinco e quinze, recebi outro telefonema de John dizendo que o caso estava terminado. Janet Reno autorizara uma batida da Polícia Federal na casa do tio-avô do menino durante a madrugada. Essa batida durou três minutos, ninguém ficou ferido e Elián foi devolvido ao pai. Um menino pequeno tornara-se um joguete na interminável luta contra Fidel.

Fotografias veiculadas na imprensa mostraram um Elián visivelmente feliz com o pai, e o sentimento do público deu uma guinada, passando a ficar a favor da entrega do garoto ao homem. Embora confiante de que seguíramos o único caminho aberto para nós, eu estava preocupado com a possibilidade de a decisão custar a Flórida a Al Gore nas eleições de novembro. Juan Miguel e Elián González permaneceram nos Estados Unidos durante mais algumas semanas, até a Suprema Corte finalmente manter a ordem de custódia dos tribunais inferiores. O sr. González poderia ter ficado nos Estados Unidos, mas quis levar o filho de volta para casa, em Cuba.

Em maio percorri escolas no Kentucky, em Iowa, Minnesota e Ohio para promover o nosso pacote da educação; fui anfitrião numa visita oficial de Thabo Mbeki, que acabara de ser eleito presidente da África do Sul; e lancei o projeto de lei do comércio com a China, necessário para que o país fosse admitido na OMC. Os presidentes Ford e Carter, além de James Baker e Henry Kissinger, foram à Casa Branca para o lançamento. O projeto acabou se tornando uma luta legislativa muito penosa — um voto especialmente difícil para os democratas que dependiam do apoio dos trabalhadores —, e durante várias semanas eu havia levado à Casa Branca grupos de mais ou menos uma dúzia de representantes, num esforço intensivo para explicar a importância da integração da China na economia global.

No dia 17 de maio fiz o meu último discurso em academias de serviço militar para a Academia da Guarda Costeira dos Estados Unidos, em New London, Connecticut. Num intervalo de oito anos eu já falara duas vezes para cada uma das academias.* Cada turma me enchia de orgulho pela qualidade dos jovens de ambos os sexos que queriam servir fardados ao nosso país. Eu estava orgulhoso também com todos os jovens de todas as partes do mundo que vinham para as nossas academias preparatórias. Essa nova turma incluía graduados vindos dos nossos adversários na Guerra Fria, Rússia e Bulgária.

Falei aos novos oficiais sobre a luta decisiva em que eles estariam envolvidos, a luta entre as forças da integração e da harmonia e as da desintegração e do caos, uma luta na qual a globalização e a tecnologia da informação tinham ampliado o potencial da humanidade, tanto criativa como destrutivamente. Discuti os ataques que Osama bin Laden e a Al-Qaeda tinham planejado para o milênio, que foram frustrados por meio de trabalho doméstico árduo e da cooperação internacional. Disse que para construir um mundo mais seguro eu estava alocando mais 300 milhões de dólares para o orçamento antiterrorismo; somados à solicitação de 9 bilhões de dólares que eu já enviara ao Congresso, o total representava um aumento de mais de 40% em três anos.

Depois de discutir outras ameaças à segurança, defendi da melhor maneira que pude uma política externa ativa, de cooperação com outros países, num mundo em que nenhum país mais estava protegido pela geografia ou pelo poder militar convencional.

No fim de maio, logo antes de partir para uma viagem a Portugal, Alemanha, Rússia e Ucrânia, fui a Assateague Island, em Maryland, anunciar uma nova iniciativa para proteger os nossos recifes de coral e outros tesouros marinhos. Já tínhamos quadruplicado os recursos financeiros para os refúgios marinhos protegidos do país. Assinei uma ordem executiva para criar uma rede nacional de proteção para os nossos litorais, recifes, florestas submarinas e outras estruturas importantes, e disse que íamos proteger permanentemente os recifes de coral do noroeste das ilhas havaianas, mais de 60% do total dos Estados Unidos, que se estendem por mais de 1.200 milhas. Foi a medida conservacionista mais importante que tomei desde a preservação de mais de 17 milhões de hectares de áreas sem estradas nas nossas florestas nacionais, e um passo muito necessário, uma vez que a poluição oceânica estava ameaçando recifes de corais no mundo todo, inclusive a Grande Barreira de Corais na Austrália.

Fui a Portugal para a reunião anual entre os Estados Unidos e a União Européia. O primeiro-ministro português, Antonio Guterres, estava à frente do Conselho Europeu. Era um progressista jovem e brilhante, membro do grupo da Terceira Via, do mesmo modo que o presidente da União Européia, Romano Prodi.

---

* Nos Estados Unidos existem quatro *service academies* preparatórias para os servidores militares: a U. S. Air Force Academy, ou Academia da Força Aérea, a U. S. Coast Guard Academy, ou Academia da Guarda Costeira, a U.S. Military Academy, ou Academia Militar, do Exército, e a U. S. Naval Academy, ou Academia Naval, da Marinha. (N. dos T.)

Tratamos da maioria das questões olho no olho, e gostei da reunião, além dessa minha primeira visita a Portugal. Achei o país magnífico, com uma história fascinante; o tempo estava bom e as pessoas eram bastante simpáticas.

No dia 2 de junho fui com Gerhard Schroeder à antiga cidade de Aachen para receber o Prêmio Carlos Magno. Em uma ensolarada cerimônia a céu aberto, num espaço público perto da cidade medieval e da velha catedral que guardava os restos mortais de Carlos Magno, agradeci ao chanceler Schroeder e ao povo alemão por me concederem uma honra compartilhada por Václav Havel e pelo rei Juan Carlos, e raramente concedida a um norte-americano. Eu havia feito o que estava ao meu alcance para ajudar a Europa a se tornar unida, democrática e segura, e para expandir e fortalecer a aliança transatlântica, a estender a mão para a Rússia e a terminar com a limpeza étnica nos Bálcãs. Era gratificante isso ser reconhecido.

No dia seguinte Gerhard Schroeder foi anfitrião de outra das nossas conferências da Terceira Via em Berlim. Dessa vez, além de Gerhard, Jean Chrétien e eu, estavam presentes três latino-americanos — Fernando Henrique Cardoso, do Brasil, o presidente Ricardo Lagos, do Chile, e o presidente Fernando de la Rúa, da Argentina — para delinearmos os tipos de parcerias progressistas que os dirigentes dos países desenvolvidos e em desenvolvimento deveriam formar. Tony Blair não comparecera porque ele e Cherie, já pais de três filhos, tinham recentemente trazido ao mundo um quarto, um menino a quem eles chamaram de Leo.

Fui para Moscou, onde tive a minha primeira reunião com Vladimir Putin desde a eleição dele. Concordamos em destruir, cada um de nós, outras 34 toneladas métricas de plutônio com gradação para armamento, mas não conseguimos chegar a um acordo sobre a emenda do Tratado de Mísseis Antibalísticos [ABM Treaty] para possibilitar aos Estados Unidos instalar um sistema nacional de defesa contra mísseis. Eu não estava muito preocupado com isso; Putin provavelmente ia querer esperar para ver qual seria o resultado das eleições nos Estados Unidos. Os republicanos namoravam a defesa contra mísseis desde a era de Reagan, e muitos deles não hesitariam em ab-rogar o ABM Treaty com o objetivo de montar esse sistema. Al Gore basicamente concordava comigo. Putin não queria ter de lidar com esse assunto duas vezes.

Na época, não existia um sistema de defesa contra mísseis confiável o suficiente para ser instalado. Como dissera Hugh Shelton, abater um míssil chegando era como "uma bala acertando outra bala". Eu achava que se desenvolvêssemos um sistema executável, deveríamos oferecer a tecnologia a outros países, e ao fazer isso provavelmente poderíamos convencer os russos a aprovar a emenda no ABM Treaty. Eu não tinha tanta certeza de que a construção de um sistema de defesa contra mísseis era a melhor maneira de gastar as fantásticas quantias implicadas, mesmo se ele funcionasse. Era muito mais provável que tivéssemos de encarar ataques de terroristas dotados de pequenas armas nucleares, químicas ou biológicas.

Além do mais, a instalação de um sistema de defesa contra mísseis poderia até mesmo expor o mundo a um perigo maior. Durante o futuro que se podia prever, o sistema poderia abater apenas uns poucos mísseis. Se os Estados Unidos e a Rússia fossem construir um sistema desses, a China iria provavelmente construir ainda mais mísseis para sobrepujá-lo, com o objetivo de manter a sua capacidade inibitória. E então a Índia seguiria o seu exemplo, como também o Paquistão. Os europeus estavam convencidos de que a idéia era terrível. Mas não precisávamos lidar com todas essas questões antes de termos um sistema que funcionasse, e até agora nós não o tínhamos.

Antes de sairmos de Moscou, Putin nos convidou para um pequeno jantar no Kremlin, seguido de um concerto de jazz com músicos russos que iam de adolescentes a um octogenário. O *finale* começou num palco escuro, com uma esplêndida série de canções do que eu considero o melhor sax-tenor ainda vivo, Igor Butman. John Podesta, que gosta de jazz tanto quanto eu, concordou comigo que nunca tínhamos assistido a uma apresentação ao vivo tão boa quanto aquela.

Fui à Ucrânia anunciar o apoio financeiro norte-americano para a decisão do presidente Leonid Kuchma de, no dia 15 de dezembro, desligar o último reator da usina nuclear de energia elétrica de Chernobyl. A decisão já havia demorado muito, e eu estava contente em saber que pelo menos o problema estaria resolvido antes do término do meu mandato. Minha última parada foi para um discurso a céu aberto para uma imensa multidão de ucranianos, insistindo com eles para que se mantivessem no rumo da liberdade e da reforma econômica. Kiev estava linda sob o brilho do sol do final da primavera, e eu esperei que a sua população pudesse manter o moral alto que eu observara na multidão. Eles ainda tinham muitos obstáculos a remover.

No dia 8 de junho eu segui de avião para Tóquio, para apresentar os meus respeitos no serviço fúnebre do meu amigo primeiro-ministro Keizo Obuchi, que morrera de derrame poucos dias antes. O ato foi realizado na parte coberta de um estádio de futebol, com alguns milhares de cadeiras ao rés do chão, divididas por um corredor no meio, e com muitas centenas de pessoas sentadas nos balcões, acima. Um palco tinha sido construído com uma grande rampa na frente e outras menores nos lados. Atrás do palco havia uma parede de oito ou nove metros de altura, coberta de flores. Estas estavam magnificamente arrumadas, de modo a mostrar o sol nascente japonês contra um céu azul-claro. Sobre tudo isso havia uma reentrância na qual, no início da cerimônia, um adido militar solenemente depositou uma caixa contendo as cinzas do Obuchi. Depois que os colegas e amigos lhe ofereceram as suas homenagens, diversas jovens japonesas apareceram segurando bandejas cheias de flores brancas. Começando com a esposa de Obuchi e seus filhos, os membros da família imperial e os líderes do governo, todos os presentes na cerimônia caminharam pela rampa central, inclinaram-se diante das cinzas em sinal de respeito e depuseram suas flores numa tira de madeira à altura do quadril, que percorria todo o comprimento da parede florida.

Depois de ter me inclinado para o meu amigo e depositado ali as minhas flores, voltei para a embaixada dos Estados Unidos para visitar o nosso embaixador, antigo presidente da Câmara dos Deputados Tom Foley. Liguei a televisão para ver a cerimônia, que ainda não tinha acabado. Milhares dos concidadãos de Obuchi estavam criando uma nuvem de flores sagradas contra o sol nascente. Foi um dos tributos mais emocionantes que já testemunhei. Antes de deixar o Japão, parei brevemente na recepção que estava sendo dada para apresentar os meus respeitos à família de Obuchi, que tinha uma das filhas também na política. A sra. Obuchi me agradeceu por ter ido e me deu uma linda caixa de cartas esmaltada que havia sido do marido. Obuchi tinha sido um amigo meu e dos Estados Unidos. Nossa aliança era importante e ele a valorizava até mesmo na época em que ainda era rapaz. Gostaria que ele pudesse ter servido por mais tempo.

Muitos dias depois, enquanto eu estava participando das cerimônias de entrega de diplomas no Carleton College em Minnesota, um assistente me passou um bilhete informando que o presidente Hafez al-Assad tinha acabado de morrer em Damasco, apenas dez semanas depois do nosso último encontro em Genebra. Embora tivéssemos nossas divergências, ele sempre tinha sido direto comigo, e eu acreditei nele quando ele disse que fizera uma escolha estratégica para a paz. As circunstâncias, falhas de comunicação e barreiras psicológicas impediram que isso acontecesse, mas pelo menos agora sabíamos o que seria necessário para Israel e Síria chegarem lá, quando os dois lados estivessem prontos.

Quando a primavera já estava para ser substituída pelo verão, fui anfitrião do maior jantar de Estado que já houve, quando mais de quatrocentas pessoas se reuniram sob uma tenda no Gramado Sul para prestar honras ao rei Mohammed VI do Marrocos. Um dos ancestrais de Mohammed tinha sido o primeiro soberano a reconhecer os Estados Unidos, logo depois de os nossos treze estados originais se unirem.

No dia seguinte corrigi uma velha injustiça, concedendo a Medalha de Honra do Congresso a 22 norte-americanos de origem nipônica que tinham se apresentado voluntariamente para servir na Europa durante a Segunda Guerra Mundial, depois de suas famílias terem sido levadas para campos de concentração. Um deles era um amigo e aliado meu, o senador Daniel Inouye, do Havaí, que perdera um braço e por pouco não perdera a vida na guerra. Uma semana depois nomeei o primeiro norte-americano asiático para o gabinete: o ex-congressista Norm Mineta, da Califórnia, concordara em servir durante o restante do meu mandato como secretário do Comércio, substituindo Bill Daley, que estava saindo para se tornar o coordenador da campanha de Al Gore.

Na última semana do mês marquei uma reunião na Sala Leste da Casa Branca, onde quase duzentos anos antes Thomas Jefferson abrira o mapa pioneiro do Oeste dos Estados Unidos, feito pelo seu ajudante Meriwether Lewis durante a corajosa expedição que foi do rio Mississippi até o oceano Pacífico em 1803. A reunião, com uma multidão de cientistas e diplomatas, era para comemorar um mapa do século XXI: mais de mil pesquisadores dos Estados Unidos, do Reino Unido, da Alemanha, da França, do Japão e da China tinham decodificado o genoma humano, identificando quase todos os 3 bilhões de seqüências do nosso código genético. Depois de se baterem durante anos, Francis Collins, chefe do projeto internacional do genoma humano financiado pelo governo, e o presidente da Celera, Craig Venter, tinham concordado em publicar juntos os seus dados genéticos mais para o fim do ano. Craig era um velho amigo, e eu fizera o melhor que pude para uni-los. Tony Blair juntou-se a nós numa ligação por satélite, dando-me a chance de brincar que o seu filho recém-nascido acabara de ter a expectativa de vida dele aumentada em uns 25 anos.

Com o mês se aproximando do fim, anunciei que o saldo positivo no nosso orçamento excederia 200 bilhões de dólares, com uma projeção de superávit de mais de 4 trilhões de dólares para os próximos dez anos. Mais uma vez, recomendei que reservássemos o excedente do sistema nacional de aposentadoria, cerca de 2,3 trilhões de dólares, e guardássemos uns 550 bilhões de dólares para o Medicare. Estava começando a parecer que finalmente teríamos condições de lidar com a aposentadoria dos nascidos na década de 1940.

Além disso, realizei alguns eventos políticos para apoiar os democratas no Arizona e na Califórnia, e para ajudar Terry McAuliffe a levantar o restante do dinheiro de que precisávamos para fazer a nossa convenção em Los Angeles, em agosto. Estávamos trabalhando bem próximos dele e da campanha de Gore, por intermédio do meu diretor político Minyon Moore.

A maior parte das pesquisas mostrava que Gore estava atrás de Bush, e na minha entrevista coletiva no dia 28 de junho um repórter da NBC me perguntou se Al estava sendo responsabilizado pelos "escândalos" da administração. Eu disse que não havia nenhum indício de que ele estivesse pagando pelos meus erros; que a única coisa malfeita de que ele tinha sido acusado envolvia a campanha para levantar fundos, e que ele não tinha culpa; e que os outros assim chamados escândalos eram fictícios: "A palavra 'escândalo' tem sido lançada aqui como uma chaleira que vem assobiando durante sete anos". Eu disse também que sabia três coisas a respeito de Al Gore: ele tivera um impacto positivo muito maior sobre o país como vice-presidente do que qualquer dos seus antecessores; tinha as posições certas a respeito dos problemas e manteria em marcha a prosperidade; e compreendia o que o esperava no futuro, tanto as suas possibilidades quanto os seus perigos. Eu acreditava que, se todos os eleitores entendessem isso, Al venceria.

Na primeira semana de julho, depois de anunciar que a nossa economia tinha produzido 22 milhões de empregos desde que eu assumira o cargo, saí para ir ao Lar dos Velhos Soldados, alguns quilômetros ao norte da Casa Branca, para anunciar uma medida de proteção ao velho *cottage* que Abraham Lincoln e sua família tinham usado como casa de verão na época em que o Potomac gerava nuvens de mosquitos e não havia sistema de ar condicionado. Muitos outros presidentes a usaram também. Aquele era um dos itens do programa Salvem os Tesouros dos Estados Unidos, criado por Hillary, e nós queríamos garantir que o velho local seria cuidado depois que deixássemos a Casa Branca.

Em 11 de julho iniciei uma reunião de cúpula com Ehud Barak e Yasser Arafat em Camp David, numa tentativa de resolver os obstáculos à paz que ainda estavam pendentes, ou pelo menos diminuir a diferença entre eles para que pudéssemos terminar o processo antes de eu deixar o cargo, um resultado que os dois líderes disseram desejar.

Eles vieram para essa reunião de cúpula com posturas muito diferentes. Barak fizera forte pressão para a realização da conferência, porque a abordagem por partes do acordo de 1993 e o acordo de Wye River não convinham a ele. Os 180 mil israelenses assentados na Cisjordânia e em Gaza eram uma força formidável. Cada uma das concessões dos israelenses que não resultava no fim do terror e num reconhecimento formal por parte da Palestina de que o conflito tinha acabado era uma morte por mil facadas. Barak acabara de sobreviver por apenas dois votos a um voto de desconfiança no Knesset. Ele também estava ansioso por uma negociação antes de setembro, quando Arafat ameaçara declarar unilateralmente um Estado. Barak acreditava que se conseguisse apresentar um plano de paz abrangente aos cidadãos israelenses eles votariam nesse plano, desde que fossem satisfeitos os interesses fundamentais de Israel: segurança, proteção dos locais religiosos e culturais do monte do Templo, um fim à reivindicação palestina de um direito ilimitado de volta para Israel, e uma declaração de que o conflito estava terminado.

Arafat, por outro lado, não queria ir a Camp David, pelo menos não por enquanto. Ele se sentiu abandonado pelos israelenses quando da retomada da questão da Síria e estava furioso por Barak não ter mantido os compromissos anteriores de entregar uma parte maior da Cisjordânia, inclusive aldeias perto de Jerusalém. Aos olhos de Arafat, a retirada unilateral de Barak do Líbano e a sua oferta de se retirar do Golan o enfraqueceram. Enquanto Arafat tinha continuado pacientemente o processo de paz, o Líbano e a Síria tinham se beneficiado adotando uma linha dura. Arafat disse também que precisava de mais duas semanas para desenvolver as suas propostas. Ele queria o mais próximo que conseguisse de 100% da Cisjordânia e de Gaza; soberania total sobre o monte do Templo e Jerusalém Oriental, com exceção dos bairros judeus; e uma solução para o problema dos refugiados que não exigisse dele abdicar do princípio do direito de volta.

Como é comum, cada líder via a sua própria posição com mais clareza do que a do outro lado. Não havia uma grande probabilidade de sucesso para a reunião de cúpula. Eu a convoquei porque acreditava que, de outro modo, o colapso do processo de paz passaria a ser quase uma certeza.

No primeiro dia tentei fazer com que Arafat passasse por cima dos seus ressentimentos e se concentrasse no trabalho que tinha pela frente; com relação a Barak, tentei fazer com que ele concordasse quanto ao modo de avançar nas questões, especialmente as mais contenciosas: território, assentamentos, refugiados, segurança e Jerusalém. Do mesmo modo que em Shepherdstown, Barak quis protelar durante alguns dias. Dessa vez isso não tinha lá muita importância — Arafat não chegara com um conjunto de pontos a serem negociados; tudo era um território estranho para ele. Em negociações anteriores, ele tentara obter o melhor possível de Israel em termos de terra, um aeroporto, estradas de conexão e liberação de prisioneiros, para depois prometer seus melhores esforços na questão da segurança. Agora, se quiséssemos chegar a um acordo, Arafat tinha de fazer concessões quanto a questões concretas: ele não poderia conseguir 100% da Cisjordânia ou um direito de retorno ilimitado para um Israel muito menor. Além disso, ele teria de satisfazer algumas das preocupações de Israel em matéria de segurança a respeito de possíveis inimigos a leste do rio Jordão.

Passei os dois primeiros dias tentando levar Arafat e Barak à disposição de espírito apropriada, enquanto Madeleine, Sandy, Dennis, Gemal Helal, John Podesta e o restante da nossa equipe começaram a trabalhar com os seus equivalentes israelenses e palestinos. Eu estava enormemente impressionado com a qualidade das duas delegações. Eles eram todos patriotas, inteligentes e trabalhadores, e pareciam genuinamente querer um acordo. Quase todos já se conheciam uns aos outros e aos seus colegas do outro lado havia anos, e a relação entre os dois grupos era bastante satisfatória.

Tentamos criar um ambiente tranqüilo e informal para os israelenses e os palestinos. Além da nossa equipe regular de especialistas em Oriente Médio, pedi à assessora de Hillary, Huma Abedin, que se juntasse a nós. Huma era uma jovem norte-americana muçulmana que falava árabe, fora criada na Arábia Saudita e conhecia o Oriente Médio; ela foi especialmente eficiente em fazer com que os delegados israelenses e palestinos se sentissem em casa e à vontade. Capricia Marshall, a secretária social da Casa Branca, deu um jeito de os mordomos, *chefs* e camareiros da Casa Branca virem ajudar a equipe de Camp David para tornar as refeições agradáveis. E Chelsea ficou comigo o tempo todo, conversando com os convidados e me ajudando a lidar com as intermináveis horas de tensão.

Quase todas as noites jantávamos juntos em Laurel, uma grande cabana de reuniões em Camp David que tinha instalações de restaurante, uma grande sala de estar, uma sala de reunião e o meu escritório particular. O café-da-manhã e o almoço eram mais informais, e os israelenses e palestinos podiam ser observados conversando entre si em pequenos grupos. Algumas vezes eram negócios; muitas vezes eles estavam contando anedotas e piadas, ou contando histórias de família. Abu Ala e Abu Mazen eram os conselheiros mais antigos e que desde mais tempo serviam a Arafat. Abu Ala levou um bocado de gozação dos israelenses e dos norte-americanos por causa da família dele. O seu pai era tão prolífico que o palestino de 63 anos de idade tinha um irmão de oito; o menino era mais jovem do que alguns dos netos do próprio Abu. Eli Rubisntein, o procurador-geral de Israel, conhecia mais piadas do que eu e as contava bem melhor.

Embora a relação entre as equipes fosse boa, o mesmo já não se podia dizer de Arafat e Barak. Eu os pus em salas próximas à minha e visitava demoradamente os dois todos os dias, mas eles não se visitavam. Arafat continuava ressentido. Barak não queria se encontrar sozinho com Arafat, por receio de cair nos velhos padrões em que Barak fazia todas as concessões e Arafat não respondia na mesma moeda. Ehud passava a maior parte do dia na cabine dele, a maior parte do tempo ao telefone com Israel, tentando manter unida a sua coalizão.

Dessa vez consegui entender Barak melhor. Ele era brilhante e corajoso, e estava disposto a avançar bastante na questão de Jerusalém e dos territórios. Mas tinha dificuldade em escutar as pessoas que não viam as coisas do mesmo jeito que ele, e a sua maneira de fazer as coisas era diametralmente oposta aos costumes honrados pelos árabes com que eu já lidara. Barak queria que os outros esperassem até ele decidir que o momento era adequado; chegado esse momento, ele fazia as suas melhores ofertas, e então esperava que elas fossem aceitas como um óbvio bom negócio. Já os palestinos queriam cortesias que construíssem a confiança, queriam negociações e queriam muito regateio.

O choque de culturas dificultou a minha tarefa. Eles apresentaram diversas estratégias para quebrar o impasse, e fez-se algum progresso depois que as delegações foram divididas em grupos diferentes para discutir assuntos específicos, mas nenhum dos lados tinha permissão de ir além de um determinado ponto.

No sexto dia, Shlomo Ben-Ami e Gilead Sher, com a bênção de Barak, foram muito além das posições anteriormente declaradas por Israel, na esperança de conseguir algum avanço por parte de Saeb Erekat e Mohammed Dahlan, membros mais jovens da equipe de Arafat, um avanço que todos nós acreditávamos que queria um acordo. Quando os palestinos não ofereceram a Barak nada em troca dos seus avanços a respeito de Jerusalém e territórios, eu fui ver Arafat, levando Helal comigo como intérprete e Malley para fazer as anotações. Foi uma reunião difícil, e eu a encerrei dizendo a Arafat que terminaria as conversações e diria que ele tinha se recusado a negociar, a menos que ele me desse alguma coisa para levar de volta a Barak, que estava transtornado, porque Ben-Ami e Sher tinham ido muito longe e não haviam recebido nada de volta. Depois de algum tempo Arafat me deu uma carta que parecia dizer que, se Barak o satisfizesse com relação à questão de Jerusalém, eu poderia entrar na discussão final sobre a extensão de terra que os israelenses manteriam para assentamentos e o que constituiria uma troca justa de território. Levei a carta para Barak e passei um bocado de tempo conversando com ele, muitas vezes sozinho ou com Bruce Reidel, o membro do Conselho de Segurança Nacional que tomava notas para Israel. Por fim Barak concordou em que a carta de Arafat poderia significar alguma coisa.

No sétimo dia, 17 de julho, quase perdemos Barak. Ele estava comendo e trabalhando ao mesmo tempo quando engasgou com uma castanha e parou de respirar durante cerca de quarenta segundos, até que Gid Gernstein, o membro mais jovem de sua delegação, administrou nele a manobra de Heimlich.* Barak era duro na queda; depois de recuperar o fôlego, voltou a trabalhar como se nada tivesse acontecido. Para o restante de nós, nada era o que estava acontecendo. Barak manteve toda a sua delegação trabalhando com ele o dia inteiro, e noite adentro.

Em qualquer processo desse tipo há sempre períodos de "manutenção", em que algumas pessoas estão trabalhando e outras não. É preciso fazer alguma coisa para quebrar a tensão. Passei boa parte do meu tempo de pouca atividade jogando cartas com Joe Lockhart, John Podesta e Doug Band. Doug trabalhara durante cinco anos na Casa Branca, enquanto cursava à noite a pós-graduação em Direito, e na primavera passara a ser o meu último assessor presidencial. Ele se interessava pelo Oriente Médio e foi de muita ajuda para mim. Chelsea jogou cartas, também. Ela fez a maior pontuação no Oh Hell!* nas duas semanas inteiras em Camp David.

Já passava da meia-noite quando Barak finalmente me procurou com as suas propostas. Elas eram menos do que o que Ben-Amin e Sher já tinham apresentado aos palestinos. Ehud queria que eu as apresentasse a Arafat como sendo propostas dos Estados Unidos. Eu compreendia a frustração dele com Arafat, mas não podia fazer isso; teria sido um desastre, e eu disse isso a ele. Conversamos até as duas e meia. Às três e quinze ele voltou e conversamos mais uma hora a sós no pórtico de trás da minha cabine. Em essência, ele me deu luz verde para ver se eu conseguia costurar um acordo sobre Jerusalém e a Cisjordânia com o qual ele pudesse conviver e que fosse consistente com o que Ben-Amid e Sher tinham discutido com os seus congêneres. Valeu a pena ter ficado acordado para isso.

---

* Procedimento usado em caso de engasgos. Nele uma pessoa fica de pé atrás da vítima, envolve-a com os braços e, rápida e fortemente, pressiona-lhe o diafragma com as mãos cruzadas, para que ela consiga expelir o objeto que a sufoca. (N. dos T.)

** Como já registrado, "Oh Hell!" é um jogo de cartas bastante popular nos Estados Unidos. (N. dos T.)

Na manhã do oitavo dia eu estava me sentindo ansioso e esperançoso. Ansioso porque estava com hora marcada para sair para a reunião de cúpula do G-8 em Okinawa, à qual eu tinha de ir por diversas razões; e esperançoso porque o senso de oportunidade de Barak e a sua enorme coragem tinham se manifestado. Adiei por um dia a minha viagem a Okinawa e me encontrei com Arafat. Disse-lhe que achava que ele conseguiria 91% da Cisjordânia e mais pelo menos uma extensão de terra simbólica perto de Gaza e da Cisjordânia; uma capital em Jerusalém Oriental; soberania sobre os bairros cristãos e islâmicos da Cidade Antiga, e as vizinhanças externas de Jerusalém Oriental; autoridade para planejamento, zoneamento e imposição da lei no restante da parte oriental da cidade; e custódia, mas não soberania, sobre o monte do Templo, que os árabes chamavam de Haram al-Sharif. Arafat torceu o nariz para a não-obtenção da soberania sobre toda a Jerusalém Oriental, inclusive o monte do Templo, e recusou a oferta. Eu lhe pedi que pensasse a respeito. Enquanto ele se irritava e Barak fumegava, eu liguei para os líderes árabes pedindo apoio. A maioria deles não disse grande coisa, receando pedir menos que Arafat.

No nono dia eu fiz outra vez a minha melhor apresentação a Arafat. Mais uma vez ele disse não. Israel tinha avançado muito mais do que ele, e ele nem ao menos acolhia aquele avanço como base para futuras negociações. Mais uma vez, liguei para diversos líderes árabes pedindo ajuda. O rei Abdullah e o presidente Ben Ali, da Tunísia, tentaram animar Arafat e me disseram que ele estava com medo de fazer concessões. Parecia que as conversações estavam mortas, e em termos desastrosos. Os dois lados claramente queriam um acordo, de modo que lhes pedi para permanecerem lá e trabalharem enquanto eu estivesse em Okinawa. Eles concordaram, mas, depois que saí, os palestinos se recusaram a negociar com base nas idéias que eu apresentara, dizendo que já as tinham recusado. Aí os israelenses empacaram. Isso em parte foi por culpa minha. Pelo jeito eu não fora tão claro com Arafat quanto pensava ter sido a respeito de como deveriam ser os termos de continuação.

Deixei Madeleine e o restante da nossa equipe numa situação realmente difícil. Ela levou Arafat à fazenda dela e Barak ao famoso campo de batalha da Guerra Civil, perto de Gettysburg. Isso os animou, mas nada aconteceu entre eles. Shlomo Ben-ami e Amnon Shahak, que era um general reformado, tiveram boas conversas com Mohammed Dahlan e Mohamed Rashid, mas eles eram os mais progressistas dos seus grupos; mesmo se tivessem concordado em alguma coisa, provavelmente não conseguiriam nada com seus líderes.

Voltei no décimo terceiro dia da discussão, e trabalhamos outra vez a noite toda, sobretudo em torno das questões de segurança. Depois fizemos a mesma coisa no décimo quarto dia, indo até bem mais de três da madrugada antes de desistir, quando o controle efetivo sobre o monte do Templo e toda Jerusalém Oriental não era suficiente para Arafat sem a palavra "soberania". Num último esforço desesperado, ofereci-me para tentar convencer Barak a conceder soberania plena para as vizinhanças externas de Jerusalém Oriental, soberania limitada para as vizinhanças internas, e soberania "custodial" para o Haram. Arafat outra vez disse não. Encerrei as conversações. Foi frustrante e profundamente triste. Havia uma pequena diferença entre os dois lados a respeito de como os negócios de Jerusalém seriam efetivamente tratados; a questão toda era sobre quem iria deter a soberania.

Publiquei uma declaração dizendo ter concluído que as partes não conseguiram chegar a um acordo dessa vez, dadas as dimensões históricas, religiosas, políticas e emocionais do conflito. Para dar alguma cobertura a Barak no seu país e indicar o que acontecera, eu disse que, ao mesmo tempo que Arafat deixara claro que queria permanecer no caminho da paz, Barak mostrara "especial coragem, visão e compreensão da importância histórica do momento".

Disse que as duas delegações tinham mostrado uma pela outra um genuíno respeito e uma compreensão que eu jamais vira nos meus oito anos de promoção da paz pelo mundo, e que pela primeira vez elas tinham discutido abertamente as questões mais delicadas da disputa. Agora tínhamos uma idéia melhor do que era decisivo para cada lado, e eu ainda acreditava que havia uma chance de alcançar um acordo antes do término do ano.

Arafat quis continuar as negociações, e em mais de uma ocasião reconheceu ser pouco provável que ele encontrasse um futuro governo de Israel, ou uma equipe norte-americana, tão empenhados em prol da paz. Era difícil entender por que ele avançara tão pouco. Talvez a sua equipe realmente não tivesse lidado bem com as concessões difíceis; talvez eles quisessem uma reunião para ver quanto conseguiriam obter apertando Israel antes de abrir o jogo. Seja lá por que motivos fossem, eles deixaram Barak exposto a uma situação política precária. Não era à toa que ele era o militar mais condecorado na história de Israel. Apesar da sua teimosia brusca, ele assumira grandes riscos para conseguir um futuro mais seguro para sua nação. Nos meus comentários para a imprensa, garanti ao povo de Israel que ele não fizera nada para comprometer a segurança e disse que eles deveriam estar muito orgulhosos dele.

Arafat era famoso por esperar até o último minuto para tomar uma decisão, ou "cinco minutos antes da meia-noite", como costumávamos dizer. Restavam-me apenas seis meses pela frente na Presidência. Obviamente eu esperava que o relógio de Arafat estivesse certo.

55

ENQUANTO AS CONVERSAÇÕES em Camp David tinham prosseguimento, coisas positivas aconteciam por toda parte. Charlene Barshefsky fechou um amplo acordo comercial com o Vietnã e a Câmara dos Deputados adotou uma emenda da minha antiga aliada, Maxine Waters, uma iniciativa que autorizava nossa participação na primeira parcela do esforço de perdão parcial da dívida de países pobres para o novo milênio. A essa altura, a campanha de perdão da dívida contava com um leque espantoso de defensores, liderados por Bono.

Bono se tornara presença constante na vida política de Washington. Ele se revelou um político de primeira categoria, em parte graças ao elemento surpresa. Larry Summers, que sabia tudo sobre economia mas pouco de cultura pop, entrou no Salão Oval um dia e afirmou que acabava de voltar de uma reunião sobre perdão da dívida com "um cara chamado Bono — só um nome — usando jeans, camiseta e uns óculos escuros enormes. Ele veio discutir comigo o perdão da dívida e sabe do que está falando".

A viagem a Okinawa foi um tremendo sucesso, com o G-8 assumindo parte da responsabilidade no nosso compromisso de ter todas as crianças do mundo cursando a escola de ensino fundamental até 2015. Deixei a cidade com um programa de 300 milhões de dólares destinado a prover uma refeição diária adequada a 9 milhões de crianças, que para ter acesso a ela teriam apenas de freqüentar a escola. A iniciativa me fora apresentada pelo nosso embaixador de programas alimentares norte-americanos em Roma, George McGovern; pelo velho parceiro de McGovern na ação pioneira dos cupons de alimentação, Bob Dole; e pelo congressista Jim McGovern, de Massachusetts. Também visitei as forças armadas dos Estados Unidos baseadas em Okinawa, agradeci ao primeiro-ministro Yoshiro Mori por permitir que elas permanecessem ali, e me comprometi a pôr todo o meu empenho em reduzir as tensões causadas com a nossa presença. Era a minha última conferência do G-8 e fiquei aborrecido por ter de participar apressadamente para voltar a Camp David. Os demais líderes haviam manifestado grande apoio às minhas iniciativas ao longo de oito anos e nós havíamos realizado um bocado de coisas juntos.

Chelsea viajou para Okinawa comigo. Uma das melhores coisas nesse ano, tanto para Hillary quanto para mim, foi que Chelsea permaneceu em casa ao longo de todo o segundo semestre. Ela obtivera muito mais créditos em seus três primeiros anos em Stanford do que necessitava para a graduação, de modo que podia passar conosco os nossos últimos seis meses na Casa Branca. Agora ela dividiria o tempo entre participar da campanha de apoio à sua mãe, ajudar-me com o dia-a-dia da Casa Branca e me acompanhar nas viagens ao exterior. Sua participação foi perfeita nas três atividades, e a sua presença tornou a vida muito melhor para Hillary e para mim.

Perto do fim do mês retomei o meu embate com os republicanos sobre cortes de impostos. Eles queriam gastar nisso o equivalente a uma década de superávit projetado, alegando que o dinheiro pertencia aos contribuintes e que deveríamos devolvê-lo a eles. Era um argumento convincente, exceto por um fato: superávits são projeções, e os cortes de impostos vigorariam independentemente do fato de o superávit projetado se concretizar ou não. Tentei ilustrar o meu ponto de vista pedindo às pessoas que imaginassem ter recebido uma daquelas chamativas malas diretas do Ed McMahon, a celebridade da TV, que começam com "Você pode ter sido o ganhador de 10 milhões de dólares". Disse que só aqueles que gastariam 10 milhões de dólares ao receber uma carta como essa estariam apoiando os republicanos, mas que todos os demais iriam "permanecer ao nosso lado e manter o crescimento da prosperidade".

Agosto foi um mês atarefado. Começou com a escolha, na Filadélfia, de George W. Bush e Dick Cheney para concorrer às eleições presidenciais. Hillary e eu fomos a Martha's Vineyard conseguir alguns captadores de fundos para a campanha dela, depois eu viajei até Idaho para ver os bombeiros que combatiam um incêndio florestal grande e perigoso. No dia 9 entreguei a Medalha da Liberdade a quinze norte-americanos: o senador Pat Moynihan; a fundadora do Fundo de Defesa da Criança, Marian Edelman; a ativista contra a AIDS dra. Mathilde Krim; Jesse Jackson; o juiz Cruz Reynoso, defensor dos direitos civis; o general Wes Clark, que coroara a sua brilhante carreira militar comandando a árdua campanha contra Milosevic e sua limpeza étnica em Kosovo; e concedida postumamente ao falecido senador John Chafee.

Em meio a essa tempestade de acontecimentos políticos houve um que foi completamente apolítico: visitei a Igreja da Comunidade de Willow Creek, do meu amigo Bill Hybels, em South Barrington, no estado de Illinois, perto de Chicago. O intuito da visita era uma conversa diante de centenas de pessoas, na conferência de pastores proeminentes. Conversamos sobre o momento em que decidi ingressar na carreira política; as igrejas que eu e minha família freqüentávamos e o que isso significava para mim; por que tantas pessoas ainda acreditavam que eu não me desculpara publicamente pela minha má conduta; como eu utilizava a pesquisa eleitoral; quais eram as mais importantes características da liderança e de que modo eu queria ser lembrado. Hybels tinha um jeito misterioso de levar as coisas para o nível mais fundamental e de me fazer discutir assuntos sobre os quais normalmente eu não falaria. Gostei de passar umas poucas horas distante da política e de trabalhar para pensar acerca da vida interior que os políticos muitas vezes mantêm bloqueada.

Na noite de 14 de agosto, na abertura da convenção democrática, Hillary fez um tocante agradecimento aos democratas pelo seu apoio e uma eloqüente declaração sobre o que estava em jogo na eleição daquele ano. Depois, após a exibição do meu terceiro filme de convenção produzido por Harry e Linda Thomason para mostrar as realizações dos nossos oito anos, fui chamado ao palco sob aplausos estrondosos e ao som de uma música inspiradora. Quando o barulho amainou, afirmei que a eleição dizia respeito a uma única questão: "Vamos manter em andamento o progresso e a prosperidade?".

Pedi aos democratas que se certificassem de que nós poríamos em prática o critério estabelecido pelo presidente Reagan em 1980 para saber se um partido deve ou não continuar no poder: "Estamos melhores hoje do que há oito anos?". A resposta provou que Harry Truman estava certo quando disse: "Se você quer viver como um republicano, é melhor votar nos democratas". A multidão urrou. Estávamos melhor, não só economicamente falando. Havia mais empregos, estava havendo mais adoções. A dívida havia diminuído, a gravidez na adolescência havia diminuído. Estávamos nos tornando ao mesmo tempo mais diversificados e mais unidos. Tínhamos construído e atravessamos a nossa ponte para o século XXI, "e não vamos voltar atrás".

Fiz a defesa de um Congresso democrata, dizendo que o que realizamos pela nossa prosperidade representou um teste dos valores, do caráter e da capacidade de julgamento dos norte-americanos, tão definitivo quanto a maneira como lidamos com a adversidade no passado. Se tivéssemos um Congresso democrata, o país já disporia da Declaração dos Direitos dos Pacientes, de um aumento do salário mínimo, de leis mais vigorosas para a igualdade de remuneração feminina, de cortes de impostos para a classe média visando aliviar os gastos com ensino superior e assistência médica a longo prazo.*

Elogiei Hillary pelos seus trinta anos de serviço público e especialmente pelo seu trabalho na Casa Branca com crianças e famílias, dizendo que, assim como sempre estivera presente para nossa família, ela sempre estaria pronta para ajudar as famílias de Nova York e dos Estados Unidos.

Então defendi Al Gore, enfatizando as suas fortes convicções, as boas idéias, a compreensão do futuro e a sua boa reputação fundamental. Agradeci a Tipper por seu trabalho em defesa da saúde mental e aplaudi a escolha que Al fez de Joe Lieberman, mencionando a nossa amizade de 34 anos e o trabalho de Joe pelos direitos civis no Sul, na década de 1960. Como primeiro judeu norte-americano a figurar na lista de candidatos nacionais de um grande partido político, Joe forneceu claras evidências do compromisso de Al Gore em desenvolver o "Uma América", o programa de integração racial e eliminação do racismo.

Encerrei o meu discurso com agradecimentos pessoais e um apelo:

> Meus amigos, 54 anos antes desta semana eu nascia durante uma tempestade de verão, filho de uma jovem viúva, num pequeno vilarejo sulista. Os Estados Unidos me deram a oportunidade de viver os meus sonhos. E tenho tentado, o mais arduamente de que sou capaz, proporcionar-lhes uma oportunidade melhor de viver os de vocês. Agora o meu cabelo está um pouco mais grisalho e as minhas rugas um pouco mais acentuadas, mas com o mesmo otimismo e esperança com que, oito anos atrás, me entreguei ao trabalho de que tanto gostei. E quero que saibam que o meu coração está cheio de gratidão.
>
> Meu compatriotas norte-americanos, o futuro do nosso país está agora em suas mãos. Vocês devem refletir com profundidade, sentir com intensidade e escolher com sabedoria. E se lembrar [...] de que as pessoas vêm em primeiro lugar. Continuem a erguer pontes. E nunca deixem de pensar no amanhã.

---

* Como já registrado, assistência médica e supervisão diária e permanente a pessoas com alguma condição degenerativa, doença prolongada ou distúrbio cognitivo que as debilite. (N. dos T.)

No dia seguinte, Hillary, Chelsea e eu fomos de avião para Monroe, no Michigan, estado que era um campo de batalha, para um comício de "passagem de tocha" com Al e Tipper Gore. Enquanto Al partia para Los Angeles visando reivindicar a indicação e se tornar o líder de nosso partido, eu dava uma passada no McDonald's local, alago que não fazia havia muitos anos.

A chapa Bush-Cheney havia se firmado com uma mensagem de campanha que era uma faca de dois gumes. O argumento positivo era um "conservadorismo compassivo", propiciando aos Estados Unidos as mesmas boas condições que nós tínhamos fornecido, mas com um governo mais enxuto e maiores cortes de impostos. O negativo era que, segundo eles, os dois elevariam o tom moral e acabariam com o partidarismo rancoroso em Washington. Isso era, para dizer o mínimo, uma insinceridade. Eu havia feito o que estava ao meu alcance para me aproximar dos republicanos em Washington; eles tentaram me demonizar desde o primeiro dia. Agora, diziam: "Vamos parar de nos comportar mal se você, eleitor, nos devolver a Casa Branca".

O argumento da moralidade não deveria ter tido nenhuma ressonâncias, a não ser que as pessoas acreditassem que Gore havia feito algo errado, ainda mais tendo o supercorreto Lieberman como vice. Não era eu que me candidatava; era tanto injusto quanto frustrante para os eleitores que eles dois recebessem a culpa pelos meus erros pessoais. Eu sabia que a estratégia não funcionaria, a menos que os democratas acatassem a legitimidade do argumento republicano e deixassem de lembrar aos eleitores o fiasco do *impeachment* e quanto prejuízo adicional a direita poderia provocar se controlasse tanto a Casa Branca como o Congresso. Um vice-presidente da Associação Nacional do Rifle (NRA) já dissera exultante que, se Bush fosse eleito, eles teriam uma sala na Casa Branca.

Depois da nossa convenção, as pesquisas revelavam que Al Gore saíra de uma posição ruim para uma estreita margem de liderança, e eu acompanhei Hillary à região dos lagos Finger, no interior do estado de Nova York, para alguns dias de férias e campanha. Sua disputa tinha agora um quadro diferente do inicial. O prefeito Giuliani se afastara e o novo oponente, Rick Lazio, congressista por Long Island, representava um novo desafio: era um homem atraente e astuto, uma figura menos polarizadora, porém mais conservadora que Giuliani.

Encerrei o mês com duas viagens curtas. Depois de me encontrar em Washington com Vicente Fox, presidente eleito do México, fui à Nigéria para ver o presidente Olusegun Obasanjo. Queria dar o meu apoio aos esforços dele para restringir o avanço da AIDS antes que as taxas da infecção no país atingissem o nível das nações da África meridional, e para destacar a recente aprovação da carta de comércio com o continente, o que, segundo eu esperava, ajudaria a Nigéria a firmar a sua titubeante economia. Obasanjo e eu comparecemos a uma conferência sobre AIDS na qual uma jovem falou dos seus esforços para conscientizar os colegas de classe a respeito da doença; e um homem chamado John Ibekwe contou a comovente história do seu casamento com uma portadora do HIV, de como ele se tornou um infectado e da sua frenética procura de um remédio que lhe possibilitasse ter um filho livre do vírus. No final John conseguiu, e a pequena Maria nasceu sem o HIV. O presidente Obasanjo pediu à sra. Ibekwe que subisse ao palco e a abraçou. Foi um gesto comovente, dando claros sinais de que a Nigéria não cairia na armadilha da negação, que tanto contribuiu para a disseminação da AIDS em outros países.

Da Nigéria eu voei para Arusha, na Tanzânia, para as conversações de paz do Burundi, chefiadas por Nelson Mandela. O presidente sul-africano queria que eu me unisse a ele e a inúmeros outros líderes africanos na sessão de encerramento, para exortar os líderes das numerosas facções do Burundi a assinar o tratado e evitar uma nova Ruanda. Mandela me deu instruções claras: era para encenarmos o velho truque do tira bom/tira mau. Eu falaria num tom otimista, instando com eles para que fizessem a coisa certa, ao passo que Mandela pediria aos partidos que assinassem a sua proposta. Funcionou: o presidente Pierre Buyoya e treze dos dezenove partidos antagônicos assinaram o tratado. Em pouco tempo, todos, exceto dois, assinariam. Embora fosse uma viagem penosa, a ida à conferência de paz do Burundi era uma importante maneira de demonstrar à África e ao mundo que os Estados Unidos eram um país pacificador. Como eu disse a mim mesmo antes de começar as conferências de Camp David: "Seremos bem-sucedidos ou seremos pegos tentando sê-lo".

No dia 30 de agosto fui a Cartagena, na Colômbia, com o presidente do Congresso Dennis Hastert e seis outros membros da Câmara dos Deputados, o senador Joe Biden e três outros senadores, e diversos membros do governo. Todos com o intento de reforçar o compromisso norte-americano com o plano do presidente Andrés Pastrana para a Colômbia, visando livrar o país dos narcotraficantes e terroristas que detinham o controle de um terço do território. Pastrana arriscara a vida numa tentativa de estabelecer a paz, indo sozinho se encontrar com os guerrilheiros no esconderijo deles. Como sua iniciativa fracassou, ele pediu aos Estados Unidos que o ajudassem a derrotá-los com o Plano Colômbia. Mediante o forte apoio de Hastert, obtive mais de 1 bilhão de dólares com o Congresso para a nossa missão.

Cartagena é uma linda cidade antiga e murada. Pastrana nos levou às ruas para encontrar oficiais que combatiam os narcotraficantes e algumas pessoas que haviam sido atingidas pela violência, inclusive a viúva de um policial morto em serviço, uma entre as centenas de pessoas assassinadas por sua bravura e honestidade. Andrés também apresentou a Chelsea e a mim um adorável grupo de jovens músicos que se auto-intitulavam As Crianças de Vallenato, provenientes de uma região freqüentemente assolada pela violência. Eles cantaram e dançaram pela paz vestidos com roupas nativas tradicionais, e nessa noite, nas ruas de Cartagena, Pastrana, Chelsea e eu dançamos com eles.

Ao fim da primeira semana de setembro, depois de vetar uma lei que revogava o imposto para transferência de herança, de anunciar que iria deixar para o meu sucessor a decisão sobre a montagem de um sistema de defesa de mísseis e de fazer campanha com Hillary na Feira Estadual de Nova York, fui às Nações Unidas para a Conferência do Milênio. Era a maior assembléia de líderes mundiais jamais reunida. Meu último discurso nas Nações Unidas foi um apelo breve porém apaixonado pela cooperação internacional nas questões da segurança, da paz e da partilha da prosperidade, a fim de construir um mundo que funcionasse segundo regras simples: "Todo mundo conta; todo mundo tem um papel a desempenhar; e todos nós agimos melhor quando ajudamos uns aos outros".

Depois do discurso, desci ao auditório para me sentar com Madeleine Albright e Dick Holbrooke e ouvir o palestrante seguinte: o presidente Mohammed Khatami, do Irã. O Irã passara por inúmeras eleições nos anos recentes, para a Presidência, para o Parlamento e para os cargos municipais. Em todos os casos, os reformistas haviam vencido com dois terços ou 70% dos votos. O problema era que sob a Constituição iraniana um conselho de fundamentalistas islâmicos liderado pelo aiatolá Sayyed Ali Khamenei detinha um enorme poder; eles podiam cancelar algumas leis e proibir candidatos de concorrer a cargos públicos. E controlavam as operações da inteligência iraniana no exterior, além de bancar o apoio ao terrorismo. Nós havíamos tentado estreitar os laços com Khatami e promover contatos mais próximos. Eu também dissera que os Estados Unidos haviam errado ao apoiar a derrubada de um governo eleito no Irã na década de 1950. Esperava que o meu gesto de respeito tornasse possíveis maiores progressos para o novo presidente.

Kofi Annan e eu fomos os anfitriões do tradicional almoço, ao término do qual mantive o meu costume de ficar de pé ao lado da mesa para apertar as mãos dos líderes que passavam a caminho da saída. Achei que já havia terminado quando veio apertar a minha mão uma autoridade da Namíbia, um gigante, bem mais alto do que eu. Quando ele saiu da minha frente, um último homem que estivera até então invisível surgiu diante de mim: Fidel Castro. Fidel estendeu a sua mão e eu a apertei, o primeiro presidente dos Estados Unidos a fazer tal coisa em mais de quarenta anos. Ele disse que não queria me causar problemas mas que queria me cumprimentar antes que eu deixasse a Presidência. Respondi que tinha a esperança de que um dia nossas nações se reconciliassem.

Após os encontros nas Nações Unidas, a OPEP anunciou um aumento na produção de petróleo de 800 mil barris por dia, o primeiro-ministro Vajpayee, da Índia, foi a Washington para uma visita oficial, e no dia 19 de setembro o Senado se juntou à Câmara na aprovação da lei que concedia relações normais de comércio com a China, o que abria o caminho para que o país ingressasse na OMC. Na época fiquei convencido de que isso provaria ser um dos mais importantes acontecimentos da política externa dos meus oito anos de governo.

O mês de setembro foi bom para Hillary. Ela venceu as primárias no dia 12 e derrotou habilmente Lazio no debate moderado por Tim Russert, em Buffalo. Lazio teve três problemas: alegou que a ainda vacilante economia do interior do estado de Nova York saíra da penúria; insinuou enganosamente (e foi obrigado a prestar contas disso) que o senador Moynihan o apoiava, e não a Hillary; e a provocou bem ali, desafiando-a a assinar um compromisso de financiamento de campanha que não tinha credibilidade alguma. Tudo o que Hillary precisou fazer foi manter a compostura e responder às perguntas, o que ela fez muito bem. Uma semana mais tarde, uma nova pesquisa a mostrou superando Lazio numa proporção de 48% a 39%, com novo ímpeto entre o público feminino suburbano.

No dia 16 de setembro fiz uma despedida emocionada diante de um grande público predominantemente afro-americano no jantar da Convenção de Congressistas Negros, resumindo o meu mandato, manifestando apoio a Gore e Lieberman e pedindo o apoio deles para juízes negros bem qualificados que ainda não estavam confirmados. Então abandonei o texto do discurso e encerrei com as seguintes palavras:

Agradeço-lhes do fundo do coração. Toni Morrison disse certa vez que eu era o primeiro presidente negro da história deste país. E isso para mim foi melhor do que um Prêmio Nobel, e vou dizer por quê. Porque em algum lugar, nos interstícios mais recônditos da minha memória, estão as raízes do entendimento daquilo que vocês sempre perceberam. Em algum lugar em mim havia um profundo anseio de compartilhar o destino das pessoas que foram excluídas e abandonadas, às vezes brutalizadas, e com freqüência ignoradas ou esquecidas.

Não sei exatamente a quem devo agradecer por isso. Mas estou absolutamente seguro de que não mereço reconhecimento algum, pois, seja lá o que tenha feito, não tive na verdade nenhuma outra escolha.

Repeti isso alguns dias depois, no dia 20 de setembro, na Convenção de Congressistas Hispânicos e na Conferência de Bispos da Igreja de Deus em Cristo, onde observei que me restavam apenas mais 120 dias no cargo de presidente e que eu lhes proporcionaria "120 dias de trabalho árduo", dialogando com o Congresso e tentando obter a paz no Oriente Médio. Eu sabia que teria a oportunidade de conquistar mais algumas vitórias com a redução do ritmo do Congresso pela aproximação do recesso, mas não estava tão certo quanto ao Oriente Médio.

Muitos dias depois a minha equipe econômica estava comigo quando anunciei que a renda média no país subira mais de mil dólares no último ano, chegando a 40 mil dólares anuais pela primeira vez na história, e que o número dos norte-americanos sem assistência médica caíra para 1,7 milhão no ano precedente, o maior declínio em doze anos.

No dia 25 de setembro, após semanas de esforços da nossa equipe para fazer as conversações de paz serem retomadas, Barak convidou Arafat para um jantar na sua casa. Perto do fim da refeição, liguei e tive uma boa conversa com ambos. No dia seguinte os dois lados enviaram negociadores a Washington para tratar do que haviam deixado de fora em Camp David. No dia 28 tudo mudou, quando Ariel Sharon se tornou o primeiro político israelense importante a caminhar no monte do Templo desde a sua tomada por Israel na guerra de 1967. Na época, Moshe Dayan havia dito que os locais religiosos muçulmanos seriam respeitados, e a partir de então o monte foi inspecionado por muçulmanos.

Arafat disse que pedira a Barak para impedir o passeio de Sharon, claramente destinado a afirmar a soberania de Israel no local e a fortalecer a sua posição ante o desafio à sua liderança representado pelo Likud, partido do antigo primeiro-ministro Netanyahu, que no momento parecia ainda mais belicoso que o próprio Sharon. Eu também tinha esperança de que Barak pudesse impedir a provocação de Sharon, mas ele me disse que não. Em vez disso, Sharon foi proibido de entrar no Domo do Rochedo e na mesquita de Al-Aqsa, e foi escoltado no monte por um grande número de policiais pesadamente armados.

Eu e outros da nossa equipe havíamos instado com Arafat para que ele repelisse a violência. Aquela era uma grande oportunidade para os palestinos, de uma vez por todas, se recusarem a ser provocados. Eu achava que Sharon deveria ter sido recebido com flores por crianças palestinas e informado de que, quando o monte do Templo estivesse sob controle palestino, ele seria bem-vindo a qualquer hora. Mas, como disse Abba Eban muito tempo atrás, os palestinos nunca perdem uma oportunidade de perder uma oportunidade. No dia seguinte houve grandes manifestações palestinas perto do Muro Ocidental, durante as quais a polícia israelense abriu fogo com balas de borracha contra os palestinos que atiravam pedras e também contra os demais. Pelo menos cinco pessoas foram mortas e centenas saíram feridas. No desenrolar dessa violência, todos se chocaram com duas imagens vívidas da dor e da inutilidade provocadas por ela: um garoto palestino de doze anos de idade baleado no fogo cruzado e morrendo nos braços do pai, e dois soldados israelenses tirados de dentro de um prédio, sendo espancados até a morte e tendo seus corpos inertes arrastados através das ruas, com um dos agressores orgulhosamente exibindo as mãos manchadas de sangue para o mundo, na televisão.

Enquanto o Oriente Médio explodia, a situação nos Bálcãs melhorava. Na última semana de setembro, Slobodan Milosevic foi derrotado para a Presidência da Sérvia por Vojislav Kostunica, numa campanha em que ajudamos a garantir que a eleição não fosse fraudada e Kostunica pudesse transmitir a sua mensagem. Milosevic acabou tentando fraudar a eleição de um modo ou de outro, mas as manifestações maciças o convenceram de que não poderia prosseguir com aquilo e, em 6 de outubro, o principal responsável pelas matanças nos Bálcãs admitiu a derrota.

No início de outubro promovi uma reunião no gabinete dos defensores do perdão da dívida. O reverendo Pat Robertson estava lá. Seu forte apoio e o da comunidade cristã evangélica revelavam quanto o apoio ao perdão da dívida se tornara amplo e profundo. Na Câmara, a mobilização era empreendida por Maxine Waters, uma das nossas deputadas mais liberais, e pelo conservador chefe da Comissão de Orçamento John Kasich. Até Jesse Helms apoiava a causa, graças sobretudo a uma campanha pessoal que Bono fez com ele. Os resultados iniciais eram encorajadores: a Bolívia havia gasto 77 milhões de dólares em saúde e educação; Uganda dobrou o número de crianças matriculadas na escola de ensino fundamental; e Honduras ampliou o ensino obrigatório de seis para nove anos. Eu tinha o objetivo de conseguir o restante da nossa contribuição no acordo final sobre o orçamento.

Na segunda semana do mês, Hillary foi bem em seu segundo e mais civilizado debate com Rick Lazio. Assinei a carta de comércio com a China e agradeci a Charlene Barshefsky e Gene Sperling pela árdua jornada das duas naquele país para, na última hora, conseguir o nosso acordo; sancionei a minha lei de proteção ambiental na Iniciativa do Legado de Terras e os novos investimentos para as comunidades indígenas; e no dia 11 de outubro, em Chappaqua, me encontrei com Hillary para comemorar o nosso vigésimo quinto aniversário de casamento. Parecia mesmo ter sido ontem que éramos jovens e estávamos começando. Agora a nossa filha estava quase formada na faculdade e os anos de Casa Branca praticamente terminavam. Eu me sentia confiante quanto à vitória de Hillary para o Senado, e otimista quanto ao que o futuro nos reservava.

Minha breve fantasia ficou em pedaços no dia seguinte, quando um pequeno barco recheado de explosivos foi para os ares ao lado do *USS Cole*, num porto em

Áden, no Iêmen. Dezessete marinheiros morreram no que era obviamente um ataque terrorista. Todos nós achamos que seria obra do Bin Laden e da Al-Qaeda, mas não podíamos ter certeza. A CIA começou a trabalhar no caso e eu enviei funcionários dos departamentos de Defesa e de Estado e o FBI ao Iêmen, onde o presidente Ali Saleh prometera cooperar totalmente na investigação e em levar os assassinos a julgamento.

Enquanto isso, continuei a pressionar o Pentágono e a equipe de segurança nacional para que dessem mais opções para a captura de Bin Laden. Chegamos perto de fazer outra ofensiva com mísseis em outubro, mas no último minuto a CIA recomendou que a cancelássemos, acreditando não haver indícios suficientemente confiáveis da sua presença. O Pentágono fazia recomendações contra o envio das Forças Especiais ao Afeganistão, com todas as dificuldades de logística conseqüentes, a menos que tivéssemos informações mais confiáveis quanto ao paradeiro de Bin Laden. Isso deixava opções militares maiores: um bombardeio em larga escala de todos os acampamentos suspeitos ou uma invasão considerável. Achei que nenhuma das duas era praticável sem a determinação da responsabilidade da Al Qaeda no episódio do *Cole*. Fiquei muito frustrado e tinha esperança de que antes de deixar o governo conseguíssemos localizar Bin Laden para atacá-lo com mísseis.

Depois que a campanha terminou no Colorado e em Washington, viajei para Sharm el-Sheikh, no Egito, para participar de uma conferência sobre a violência no Oriente Médio com o presidente Mubarak, o rei Abdullah, Kofi Annan e Javier Solana, agora secretário-geral da União Européia. Todos eles queriam o fim das hostilidades, assim como o príncipe herdeiro Abdullah, da Arábia Saudita, que não estava presente mas já havia manifestado o seu apoio à questão. Barak e Arafat estavam lá, mas era como se estivessem em lados perfeitamente opostos do planeta. Barak queria o fim da violência; Arafat, uma investigação do alegado uso excessivo de força pela polícia e pelo Exército israelenses. George Tenet concebeu um plano de segurança para ambas as partes, e eu tive de fazer com que tanto Barak como Arafat o aceitassem, bem como uma declaração a ser lida ao final do encontro.

Eu disse a Arafat que pretendia apresentar uma proposta de solução para as questões pendentes das conversações de paz, mas que não podia fazer isso enquanto ele não concordasse com o plano de segurança. Não poderia haver paz sem o encerramento da violência. Arafat concordou com o projeto. Então nós varamos a noite trabalhando numa declaração que eu faria em nome de todos os envolvidos. Ela se dividia em três partes: um compromisso de cessar a violência; o estabelecimento de um comitê de averiguação para investigar a causa da revolta e da conduta de ambos os lados, designado pelos Estados Unidos em conjunto com israelenses e palestinos e sob a supervisão de Kofi Annan; e um compromisso de dar prosseguimento às conversações de paz. Parecia simples, mas não era. Arafat queria um comitê das Nações Unidas e a retomada imediata das negociações. Barak, um comitê norte-americano e espera suficiente para ver se a violência cessaria. Mubarak e eu finalmente tivemos um encontro a sós com Arafat e o persuadimos a aceitar a declaração. Eu teria sido incapaz de conseguir tal coisa sem Hosni. Embora eu achasse que com freqüência ele resistia demais a se envolver profundamente no processo de paz, nessa noite ele se mostrou forte, objetivo e eficaz.

Quando regressei aos Estados Unidos, Hillary, Chelsea e eu fomos a Norfolk, na Virgínia, para prestar as honras fúnebres às vítimas da explosão no *USS Cole*, e nos reunirmos privadamente com as famílias em luto. Como os aviadores das Khobar Towers, nossos marinheiros haviam sido mortos num conflito muito diferente daquele para o qual haviam sido treinados para lutar. Nele, o inimigo era esquivo, todos constituíam um alvo em potencial, nosso enorme arsenal não representava um meio de intimidação e a abertura e a tecnologia da informação do mundo moderno estavam sendo usadas contra nós. Eu sabia que no final acabaríamos levando a melhor na luta contra Bin Laden, mas não fazia idéia de quantas pessoas inocentes perderiam as vidas antes que encontrássemos um modo de conseguir isso.

Dois dias depois, Hillary, Al e Tipper Gore e eu fomos a Jefferson City, no Missouri, para comparecer à cerimônia fúnebre do governador Mel Carnahan, seu filho e uma jovem assistente, mortos em acidente aéreo num pequeno jato. Carnahan e eu nos tornamos próximos desde que ele me apoiara no início da campanha em 1992. Ele tinha sido um bom governante e um líder na reforma do seguro contra a pobreza, e na ocasião da sua morte disputava palmo a palmo com John Ashcroft a eleição para o Senado. Era tarde demais para que outra pessoa assumisse o seu lugar na campanha. Alguns dias depois, Jean Carnahan disse que se o povo do Missouri votava em seu marido, também votaria nela. O povo assim o fez, e Jean cumpriu o mandato com distinção.

Nos últimos dias de outubro, com a eleição presidencial se aproximando da reta final, assinei um tratado de comércio com o rei Abdullah da Jordânia, continuei a assinar e a vetar leis, e fiz campanha em Indiana, no Kentucky, em Massachusetts; e em Nova York compareci a diversos eventos para a campanha de Hillary. O mais divertido deles foi uma festa de aniversário em que Robert De Niro me passou instruções sobre como falar como um autêntico nova-iorquino.

Desde a convenção, Al Gore definira a eleição como um embate "do povo contra os poderosos". E era isso mesmo; todos os grupos de interesse conservadores concebíveis — a indústria dos planos de saúde, as fábricas de cigarros, as indústrias altamente poluentes, a NRA e muitos mais — apoiavam a candidatura de Bush. O problema do slogan era que ele não propiciava a Al todo o benefício do nosso histórico de progresso econômico e social, nem punha em suficiente relevo o compromisso explícito de Bush de fazer retroceder esse progresso. Além disso, o viés populista da frase soava para alguns eleitores como se também ele, Al, pudesse mudar o rumo econômico do país. Próximo ao fim do mês, Al começou a dizer "Não ponham em risco a prosperidade". No dia 1º de novembro ele começou a subir nas pesquisas, embora ainda estivesse quatro pontos atrás.

Na última semana de campanha, a pedido do governador Gray Davis, viajei até a Califórnia para dois dias de campanha pelas eleições presidenciais e pelos nossos candidatos ao Congresso, participei de um grande evento no Harlem, para a Hillary, e no domingo voltei para casa, no Arkansas, para a campanha de Mike Ross, que fora meu motorista na campanha pelo governo estadual em 1982 e agora concorria com o congressista republicano Jay Dickey.

Passei a véspera e o dia da eleição dando mais de sessenta entrevistas a rádios de todo o país, conclamando as pessoas a votar em Al, Joe e nos democratas locais. Eu já gravara mais de 170 mensagens para serem veiculadas no rádio e por mensagens telefônicas dirigidas às casas de democratas e de militantes das minorias, pedindo que votassem nos nossos candidatos.

No dia da eleição, Hillary, Chelsea e eu votamos na Escola de Ensino Fundamental Douglas Graffin, nossa seção eleitoral local em Chappaqua. Foi uma experiência estranha e maravilhosa: estranha porque a escola era o único lugar fora do Arkansas onde eu já votara e, depois de 26 anos de vida política, o meu nome não constava na lista de candidatos; e maravilhosa porque eu votava na Hillary. Chelsea e eu votamos primeiro, depois nos abraçamos enquanto observávamos Hillary fechar a cortina para formalizar o voto para o seu próprio nome.

A noite da eleição foi uma montanha-russa. Hillary venceu sua disputa, 55% a 43%, margem muito mais elevada do que obtivera em todas as pesquisas de intenção de voto, exceto uma. Fiquei muito orgulhoso dela. Nova York a pusera à prova, assim como fizera comigo em 1992. Ela estivera à frente, depois atrás, depois à frente outra vez, mas manteve o controle e acabou vencendo.

Enquanto comemorávamos a sua vitória no Grand Hyatt Hotel, em Nova York, Bush e Gore seguiam ombro a ombro. Durante semanas todos souberam que a eleição seria vencida por uma margem estreita, com vários comentaristas dizendo que Gore podia perder o voto popular mas mesmo assim levar a melhor no colégio eleitoral. Dois dias antes da eleição, quando eu olhava o mapa e as últimas pesquisas, comentei com Steve Ricchetti minha esperança de que a situação se revertesse. Nossa base eleitoral fora acionada e se mostraria tão zelosa quanto os republicanos que queriam a Casa Branca de volta. Al ganhava grandes estados por larga margem, mas Bush o superava na maioria dos pequenos estados rurais, e assim eles tinham uma vantagem no colégio eleitoral, pois cada estado representava um voto para membro da Câmara mais dois votos extras para os seus senadores. No dia decisivo, eu continuava a achar que Al venceria, em virtude do ímpeto que ganhara e por estar bem na disputa.

Gore realmente estava vencendo, por mais de 500 mil votos, mas ainda havia dúvida quanto aos votos do colégio eleitoral. A disputa perdeu força na Flórida, depois que Gore obteve uma vitória apertada por 366 votos no Novo México, um dos vários estados em que a margem era mais estreita do que deveria ter sido se Ralph Nader não tivesse participado da disputa. Eu pedira a Bill Richardson que passasse a última semana em seu estado natal, e ele pode muito bem ter feito a diferença.

Dos estados nos quais eu vencera em 1996, Bush ficou com Nevada, Arizona, Missouri, Arkansas, Tennessee, Kentucky, Ohio, Virgínia Ocidental e New Hampshire. O Tennessee se tornara cada vez mais republicano. Em 1992, 1996 e 2000 o voto democrata se estabilizara numa faixa de 47% a 48%. Além disso, a NRA bateu pesado em Al nesse estado e em diversos outros, inclusive no Arkansas. Por exemplo, o condado de Yell, onde os Clinton haviam se estabelecido um século antes, é um condado populista e culturalmente conservador que um democrata tem de conquistar se pretende levar o estado numa disputa apertada. Gore o perdeu para Bush por 50% a 47%. Foi uma vitória da NRA. Talvez eu tivesse sido capaz de reverter a situação, mas isso teria me tomado dois ou três dias de campanha pelo interior e eu não fazia idéia da gravidade do problema até bem perto da eleição.

O *lobby* das armas tentou derrubar Al no Michigan e na Pensilvânia, e teria conseguido não fosse o esforço heróico dos sindicatos trabalhistas locais, eles próprios com muitos membros da NRA. Eles bateram de volta dizendo "Gore não vai tirar as suas armas, mas Bush vai tirar o seu sindicato!". Infelizmente, em áreas rurais do Arkansas, Tennessee, Kentucky, Virgínia Ocidental, Missouri e Ohio não houve membros de sindicatos em número suficiente para vencer no campo a batalha.

No Kentucky, a nossa posição contra o marketing do cigarro dirigido a crianças, promovido pelas grandes companhias de cigarros, afetou Al nas áreas plantadoras de tabaco. Na Virgínia Ocidental ele foi prejudicado pela falência da Weirton Steel, uma empresa gerida pelos funcionários; os empregados e suas famílias estavam convencidos de que a quebra fora causada pelo meu fracasso em limitar a importação de aço barato da Rússia e da Ásia durante a crise econômica asiática. Havia indícios de que a companhia falira por outros motivos, mas os operários proprietários da Weirton viram a coisa de outro modo e descontaram em Al.

New Hampshire ficou com Bush por uma margem de apenas 7 mil votos porque Nader recebeu 22.198 votos. Pior ainda, Nader recebeu mais de 90 mil votos na Flórida, onde Bush estava por um fio numa contenda eleitoral que se arrastaria por mais de um mês.

Quando teve início a briga eleitoral na Flórida, já estava claro que nós havíamos conquistado quatro cadeiras no Senado e uma na Câmara. Três deputados republicanos que tentavam a reeleição foram derrotados, inclusive Jay Dickey, que perdeu para Mike Ross no Arkansas, e os democratas obtiveram quatro cadeiras na Califórnia, levando a melhor em todas as disputas, exceto em uma delas. Al ficou em desvantagem quando fizeram a recontagem na Flórida porque a secretária de Estado da Flórida, Katherine Harris, uma republicana conservadora que presidia a apuração, era próxima do governador Jeb Bush, e a legislatura estadual que confirmava os eleitores era dominada por republicanos conservadores. Por outro lado, a Suprema Corte estadual, que presumivelmente teria de dar a última palavra sobre a contagem, tinha também juízes indicados por governadores democratas e supostamente seria menos partidária.

Dois dias depois, ainda sem saber quem seria o meu sucessor, encontrei-me com Arafat no Salão Oval. A violência retrocedera e achei que talvez ele tivesse intenções sérias de buscar a paz. Eu lhe disse que tinha apenas mais dez semanas para fazer um tratado. Em um momento a sós, segurei o seu braço, encarei-o e lhe disse que eu tinha também a possibilidade de conseguir um tratado com a Coréia do Norte para acabar com a sua produção de mísseis de longo alcance, mas que eu teria de ir até lá para isso. A viagem toda levaria uma semana ou mais pelo tempo perdido nas paradas obrigatórias: Coréia do Sul, Japão e China.

Se era para obtermos a paz no Oriente Médio, eu sabia que tinha de fechar o tratado. Eu disse a Arafat que fizera tudo o que estava ao meu alcance para conseguir um Estado palestino na Cisjordânia e em Gaza, embora zelando pela segurança de Israel. Após todos os meus esforços, se Arafat não fosse fechar o tratado de paz, sua dívida comigo era me dizer isso, para que eu pudesse viajar para a Coréia do Norte e tentar acabar com a outra séria ameaça à segurança. Ele me rogou que ficasse, dizendo que tínhamos de finalizar o tratado de paz e que, se não o fizéssemos antes de eu deixar o poder, levaria no mínimo cinco anos para chegarmos novamente tão próximos da paz.

Nessa noite houve um jantar para comemorar o bicentenário da Casa Branca. Lady Bird Johnson e os ex-presidentes Ford, Carter e Bush com suas esposas estavam lá para assinalar o aniversário da casa do povo, onde haviam morado todos os presidentes, desde John Adams. Era um momento maravilhoso na história norte-americana, embora tenso para Bush e sua esposa, obviamente muito ansiosos com a acirrada disputa eleitoral do filho. Eu fiquei feliz com a presença do casal Bush.

Alguns dias mais tarde, Chelsea e eu fomos ao Brunei para a conferência anual da APEC [Asia-Pacific Economic Cooperation]. O sultão Hassanal Bolkiah recebeu a nossa comitiva no centro de convenções de um hotel novo e belíssimo. Fizemos algum progresso nas reformas necessárias para evitar outra crise financeira asiática, e o primeiro-ministro de Cingapura, Goh Chok Tong, e eu concordamos em dar início às negociações de um tratado bilateral de livre-comércio. Também tive o prazer de jogar golfe com o primeiro-ministro num campo para jogos noturnos, concebido para ajudar os golfistas a escapar do calor intenso durante o dia. Eu instituíra o encontro dos líderes da APEC em 1993, e fiquei satisfeito com a expansão do grupo e o trabalho feito desde então. Em minha última reunião da APEC achei que o meu empenho dera frutos, não apenas em tratados específicos como também na construção de uma instituição que ligasse a Ásia aos Estados Unidos no novo século.

Depois do Brunei, Chelsea e eu fomos ao Vietnã para uma visita histórica a Hanói, à cidade de Ho Chi Minh (a antiga Saigon), e a um lugar onde os vietnamitas trabalhavam com os norte-americanos para desenterrar os restos mortais dos nossos homens ainda dados por desaparecidos em ação. Hillary tomou um avião e foi se juntar a nós, vinda de Israel, onde havia comparecido ao funeral de Leah Rabin.

Encontrei-me com o líder do Partido Comunista, o presidente, o primeiro-ministro e o prefeito da cidade de Ho Chi Minh. Quanto mais elevada a posição, maior a probabilidade de que o dirigente parecesse um comunista da velha-guarda. O líder do partido, Le Kha Phieu, tentou usar a minha oposição à Guerra do Vietnã para classificar a atitude dos Estados Unidos naqueles tempos de imperialista. Fiquei irritado, particularmente porque ele fez isso diante do embaixador norte-americano, Pete Peterson, um antigo prisioneiro de guerra. Eu disse ao líder sem meias palavras que, embora não concordasse com a nossa política no Vietnã, aqueles que a haviam buscado não eram imperialistas ou colonialistas, mas gente decente que acreditava estar combatendo o comunismo. Apontei Pete e disse que ele não passara seis anos e meio na prisão conhecida como Hilton Hanói por querer colonizar o Vietnã. Havíamos virado uma nova página com as relações normalizadas, o tratado comercial e a cooperação entre os países no resgate dos desaparecidos em ação; agora não era hora de reabrir antigas feridas. O presidente Tran Duc Luong foi só um pouco menos dogmático.

O primeiro-ministro Phan Van Khai e eu havíamos estabelecido um bom relacionamento nos encontros da APEC; um ano antes ele havia me dito que apreciava a minha oposição à guerra. Quando lhe falei que os norte-americanos que não concordavam comigo e apoiavam a guerra eram boas pessoas que desejavam a liberdade para os vietnamitas, ele respondeu: "Sei". Khai estava interessado no futuro e esperava que os Estados Unidos dessem assistência ao Vietnã no cuidado com as vítimas do agente laranja e no desenvolvimento da sua economia. O prefeito de

Ho Chi Minh, Vo Viet Thanh, se parecia com qualquer prefeito norte-americano competente. Gabava-se de equilibrar o orçamento, reduzir a folha e trabalhar para obter financiamento do exterior. Além dos governantes, apertei as mãos de pessoas na multidão amigável que se aglomerou espontaneamente para nos saudar após uma refeição informal num restaurante do lugar. Eram pessoas que queriam construir um futuro comum.

A viagem para o local de busca dos desaparecidos em ação foi uma experiência que nenhum de nós jamais esqueceria. Pensei nos meus amigos de escola que haviam morrido no Vietnã e no homem que eu ajudara quando estava em Moscou, em 1970, que buscava informações sobre o filho desaparecido. Os norte-americanos que trabalhavam com os vietnamitas acreditavam, baseados em informações dos residentes locais, que um piloto desaparecido, o tenente-coronel Lawrence Evert, caíra ali trinta anos antes. Os filhos do militar, agora crescidos, nos acompanharam ao local. Trabalhando com lama até os joelhos em conjunto com os vietnamitas, nossos soldados cortavam a terra em grandes blocos que eram levados para uma tenda ali perto e vasculhados. Eles já haviam recuperado partes do avião e um uniforme e estavam perto de obter o suficiente para uma identificação. O trabalho era supervisionado por um arqueólogo norte-americano, ele próprio veterano do Vietnã. O homem afirmou que aquela era a escavação mais gratificante do mundo. O cuidado e a atenção aos detalhes de seu trabalho eram espantosos, assim como os esforços dos vietnamitas em ajudar. Logo, os Evert encontraram seu pai.

A caminho de casa, voltando do Vietnã, eu soube que Chuck Ruff, meu advogado na Casa Branca durante o processo de *impeachment*, morrera subitamente. Ao aterrissarmos, fui visitar a sua esposa, Sue; Chuck foi um homem extraordinário, que trouxera capacidade e coragem à nossa equipe de advocacia no Senado.

O restante de novembro foi tomado pelo Oriente Médio e pela recontagem da Flórida, interrompida antes que se contassem milhares de votos de três grandes condados, um resultado injusto para Gore, uma vez que, dos votos que haviam sido descartados por causa de erros resultantes de apurações confusas e cartões perfurados danificados, se depreendia claramente que na Flórida os eleitores que tinham tido a intenção de votar em Gore eram em quantidade muito superior aos que queriam votar em Bush. Gore contestou a eleição judicialmente. Ao mesmo tempo, Barak e Arafat se encontravam mais uma vez no Oriente Médio. Não estava claro para mim se nos achávamos ou não em vias de perder tanto a batalha no estado da Flórida quanto a luta pela paz.

No dia 5 de dezembro Hillary foi ao Capitólio para a sua diplomação como senadora. Na noite anterior eu havia brincado com ela, dizendo que seria o seu primeiro dia na "Escola dos Senadores" e que ela precisaria de uma boa noite de sono e trajes apropriados. Ela estava muito animada e eu fiquei feliz por ela.

Três dias depois viajei para o Nebraska, o único estado que eu ainda não visitara como presidente, para dar uma palestra na Universidade de Nebraska em Kearney. Na verdade foi um discurso de despedida no coração do país, instando os norte-americanos a seguir em seu papel de liderança em relação ao mundo além das nossas fronteiras. Enquanto isso, a Suprema Corte da Flórida ordenou a inclusão de mais votos recontados dos condados de Palm Beach e Dade, e a recontagem de mais 45 mil votos pelos padrões da lei da Flórida: o voto só deveria ser computado se a intenção de voto estivesse clara. A margem de Bush agora havia caído para 154 votos de diferença.

O governador Bush imediatamente entrou com um recurso na Suprema Corte para suspender a recontagem. Vários advogados me disseram que a Suprema Corte não aceitaria o recurso; a mecânica das eleições era uma questão de legislação estadual, a não ser que ela fosse usada como ferramenta de discriminação contra um determinado grupo de cidadãos, como por exemplo minorias raciais. Além disso, é difícil obter uma injunção expedida pelo Tribunal contra uma ação considerada legal, como uma recontagem eleitoral ou a demolição de um prédio com a aquiescência do dono. Para fazer isso a parte interessada tem de provar que seu dano será irreparável, a menos que a atividade seja interrompida. Numa decisão por 5 a 4, o juiz Scalia proferiu uma opinião incrivelmente honesta concedendo a injunção. Qual era o dano irreparável? Scalia disse que a contagem das cédulas poderia "lançar uma nuvem sobre o que [Bush] alega ser a legitimidade da sua eleição". Bem, quanto a isso ele estava certo. Se Gore tivesse mais votos do que Bush na Flórida, seria mais difícil para a Suprema Corte dar a Presidência a Bush, afinal.

Nessa noite houve uma recepção de Natal na Casa Branca, e eu perguntei a todos os advogados com quem me encontrei se alguma vez eles tinham ouvido falar de decisão semelhante. A resposta geral foi negativa. A Suprema Corte iria proferir em breve outra decisão quanto à questão subjacente da própria constitucionalidade da recontagem. Agora percebíamos que a fatura ficaria em 5 a 4. Eu disse a Hillary que jamais permitiriam a Scalia proferir uma segunda opinião; ele fora franco demais naquela.

No dia 11 de dezembro Hillary, Chelsea e eu tomamos o avião para a Irlanda, país dos meus ancestrais e cenário de grande parte do meu ativismo pela paz. Descemos em Dublin para ver Bertie Ahern e depois fomos a Dundalk, perto da fronteira, participar de um grande comício numa cidade que outrora havia constituído um viveiro do IRA e agora representava um bastião da paz. As ruas cintilavam de luzes natalinas com a multidão saudando alegremente e cantando "Danny Boy" para mim. Seamus Heaney disse certa vez a respeito de Yeats: "Ele estava interessado em achar um espaço na mente e no mundo para o miraculoso". Agradeci aos irlandeses por preencher esse espaço com o milagre da paz.

Fomos para Belfast, onde me encontrei com líderes da Irlanda do Norte, inclusive David Trimble, Seamus Mallon, John Hume e Gerry Adams. Depois estive com Tony e Cherie Blair, Bertie Ahern e George Mitchell para uma imensa reunião de católicos e protestantes na Odyssey Arena. Eles continuavam achando um pouco esquisito se reunir em Belfast. Ainda havia algumas acirradas disputas concernentes à nova força policial e ao programa e ao método de depor as armas de ambos os lados. Instei com eles para que seguissem trabalhando nos problemas, e adverti que os inimigos da paz não precisavam da sua aprovação: "Eles só precisam da sua apatia". Fiz o público lembrar que o acordo da Sexta-Feira Santa trouxera um alento aos pacifistas do mundo todo, e mencionei o recém-anunciado tratado que encerrava o sangrento conflito entre a Eritréia e a Etiópia, concretizado com o apoio dos Estados Unidos. Fechei o meu discurso dizendo quanto eu havia gostado de trabalhar com eles pela paz, "embora a questão não diga respeito aos meus sentimentos, mas à vida que os seus filhos irão ter".

Depois do evento, a minha família e eu viajamos para a Inglaterra, onde, durante uma estada com os Blair em Chequers, ouvimos o discurso de Gore admitindo a derrota. Na noite anterior, às dez, a Suprema Corte determinara por 7 votos a 2 que a nova apuração na Flórida era inconstitucional, porque não havia padrões uniformes para definir a clara intenção dos eleitores para fins de uma recontagem; logo, as várias pessoas que contavam os votos poderiam contar ou interpretar as mesmas cédulas de modo diferente. Assim, disse o Tribunal, permitir que qualquer um dos votos questionados fosse contado, independentemente da clareza de intenção dos eleitores, representaria negar a proteção equânime da lei àqueles cujas cédulas não fossem contadas. Discordei totalmente da decisão, mas estava animado pelo fato de os juízes Souter e Breyer quererem mandar o caso de volta para o Tribunal de Justiça da Flórida, a fim de criar um padrão e dar prosseguimento acelerado à recontagem. A reunião do colégio eleitoral não demorou a ocorrer. Os demais cinco juízes, na maioria, não concordaram. Por 5 a 4, os mesmos cinco juízes que três dias antes haviam interrompido a contagem de votos diziam agora que essa contagem tinha de dar a vitória a Bush porque, segundo a lei estadual da Flórida, a recontagem tinha de ser encerrada à meia-noite desse dia, de um modo ou de outro.

Era uma decisão espantosa. Uma estreita maioria de conservadores que desenvolvera uma virtual mania pelos direitos dos estados agora despojava a Flórida de uma clara função estadual: o direito de recontar votos do modo como sempre se fizera. Os cinco juízes que não queriam os votos contados de acordo com nenhum padrão alegavam proteger a igualdade privando milhares de pessoas do direito constitucional de ter seus votos contados, mesmo que a sua intenção fosse cristalina. Eles diziam que Bush devia ganhar a eleição porque os votos não podiam ser apurados nas próximas duas horas, quando, após ter já matado três dias de recontagem, eles haviam postergado a promulgação da sua opinião até as dez da noite, para ter certeza absoluta de que a recontagem não terminaria a tempo. A maioria de cinco não teve o menor pudor quanto ao teor do seu documento: a opinião sentenciava claramente que a determinação não poderia ser adotada como um precedente em futuros processos eleitorais, e que a sua argumentação era "limitada às presentes circunstâncias, pois o problema da proteção da igualdade em processos eleitorais geralmente apresenta muitas complexidades". Se Gore estivesse à frente na contagem de votos e Bush atrás, eu não tenho a menor dúvida de que o mesmo Tribunal teria decidido a favor da recontagem de votos por 9 a zero. E eu teria apoiado essa decisão.

O caso *Bush versus Gore* entrará para a história como uma das piores decisões jamais tomadas pela Suprema Corte, posta ao lado do caso *Dred Scott*, que determinou que um escravo fugido continuava sendo um objeto de propriedade a ser devolvido a seu dono; também do *Plessy versus Ferguson*, que sustentou a legalidade da segregação racial; dos casos das décadas de 1920 e 1930 que invalidavam as proteções legais dos trabalhadores, como salário mínimo e carga semanal máxima, por considerá-las violações dos direitos de propriedade dos empregadores; e do caso *Korematsu*, no qual a Suprema Corte deu a sua aprovação ao confinamento indiscriminado de norte-americanos de origem japonesa em campos de concentração depois de Pearl Harbor. Nós havíamos vivenciado e rejeitado as premissas de todas as decisões reacionárias do passado. Eu sabia que os Estados Unidos superariam esse dia terrível, em que cinco juízes republicanos privaram milhares de conterrâneos norte-americanos do seu direito ao voto, só porque podiam.

O discurso de admissão da derrota feito por Al Gore foi maravilhoso. Genuíno, elegante e patriótico. Quando liguei para cumprimentá-lo, ele me contou que um amigo seu, comediante profissional, brincara com ele dizendo que ele havia conseguido o que ninguém até agora conseguira: ganhara o voto popular e não precisaria fazer o trabalho.

Na manhã seguinte, depois de conversar um pouco com Tony Blair eu saí para fazer um pronunciamento em que cumprimentei Al e me comprometi a trabalhar com o presidente eleito Bush. Depois Tony e Cherie acompanharam Hillary, Chelsea e a mim à Universidade de Warwick, onde eu fiz outro de meus discursos de despedida, dessa vez sobre a abordagem da globalização adotada pelo nosso grupo da Terceira Via: comércio comprometido com um contrato global visando fortalecimento econômico, educação, assistência médica e governo democrático. O discurso também representou uma oportunidade de agradecer publicamente a Tony Blair pela sua amizade e pela nossa aliança. Eu havia apreciado muito a nossa convivência e sentiria falta dela.

Antes de partir da Inglaterra fomos ao Palácio de Buckingham, em resposta ao gentil convite da rainha Elizabeth para um chá. Foi uma visita agradável, na qual discutimos a eleição e assuntos mundiais. Depois Sua Majestade abandonou o protocolo e nos acompanhou ao andar térreo do edifício, indo até o carro para se despedir. Também ela fora gentil e elegante comigo ao longo dos últimos oito anos.

No dia 15 de dezembro conquistei no Congresso um acordo sobre um amplo orçamento que cobria várias áreas, a última grande vitória legislativa de meus oito anos. O orçamento para a educação era particularmente bom. Finalmente eu assegurava mais de 1 bilhão de dólares para reformar prédios escolares; o maior aumento já visto no programa Head Start; dinheiro suficiente para pôr 1,3 milhão de crianças em programas de atividades extra-escolares; aumento de 25% no fundo para a contratação de 100 mil professores; e mais subsídios para os programas de bolsas Pell Grants e Gear Up e para nossos esforços em reverter a situação de escolas em processo de falência. A aprovação incluía ainda uma lei de incentivo a regiões de baixa renda, a de Novos Mercados; um grande aumento na pesquisa médica; cobertura médica para os beneficiários do seguro contra a pobreza e para as pessoas deficientes que estavam entrando na força de trabalho; e a proposta de Perdão da Dívida para o Novo Milênio.

John Podesta, Steve Ricchetti, meu assistente legislativo Larry Stein e toda a nossa equipe haviam feito um excelente trabalho. Meu último ano, que muitos supunham estar destinado a ser uma transmissão de cargo mergulhada no fracasso, resultara na aprovação de um número surpreendente das recomendações expostas no Estado da União. Além das que acabei de mencionar, o Congresso havia aprovado a carta de comércio África-Caribe, a carta de comércio com a China, o projeto do Legado Territorial, e um enorme aumento na assistência médica infantil para famílias de trabalhadores.

Embora continuasse decepcionado com o resultado das eleições, e preocupado com o Oriente Médio, após a visita à Irlanda e à Inglaterra e as vitórias no orçamento eu finalmente entrava no espírito natalino.

No dia 18 Jacques Chirac e Romano Prodi foram à Casa Branca para o meu último encontro com líderes da União Européia. A essa altura já éramos velhos amigos, e fiquei feliz em recebê-los uma última vez. Jacques me agradeceu por eu apoiar o crescimento da União Européia e as relações transatlânticas. Respondi que conseguimos lidar bem com três grandes questões: o crescimento e a expansão da União Européia; a expansão da OTAN e o novo relacionamento com a Rússia; e os problemas nos Bálcãs.

Enquanto eu me reunia com Chirac e Prodi, as equipes do Oriente Médio davam início às conversações na Base Aérea de Bolling, em Washington. Hillary recebeu Laura Bush na Casa Branca, e a nossa família foi procurar uma casa para comprar em Washington. Afinal, o povo do estado de Nova York decidira que ela teria de continuar por ali. Acabamos achando uma casa adorável ao lado do Rock Creek Park, na área diplomática da Massachusetts Avenue.

No dia seguinte, o presidente eleito Bush foi à Casa Branca para ter o mesmo encontro que eu tivera com o seu pai oito anos antes. Conversamos sobre a campanha, o funcionamento da Casa Branca e a segurança nacional. Ele estava reunindo uma experiente equipe de governos republicanos anteriores, para a qual os maiores problemas de segurança eram a necessidade de um sistema nacional de defesa de mísseis e o Iraque. Eu lhe disse que, com base nos últimos anos, achava que seus maiores problemas de segurança seriam, nesta ordem: Osama bin Laden e a Al-Qaeda; o conflito no Oriente Médio; o impasse entre as potências nucleares da Índia e do Paquistão e os laços que os paquistaneses mantinham com o Talibã e a Al-Qaeda; a Coréia do Norte; e só depois o Iraque. Disse-lhe que a minha maior decepção tinha sido não capturar Bin Laden, que ainda seríamos capazes de obter um tratado de paz no Oriente Médio, e que estivéramos prestes a fechar um acordo com a Coréia do Norte para encerrar o seu programa de mísseis, mas que ele provavelmente teria de viajar até lá para fechá-lo.

Ele ouviu sem muitos comentários o que eu tinha a dizer, e depois mudou de assunto, perguntando-me como eu conduzia o trabalho. Meu único conselho foi que ele reunisse uma boa equipe e tentasse fazer o que julgava certo para o país. Então conversamos mais um pouco sobre política.

Bush fora um político bastante hábil em 2000, formando uma coalizão com uma retórica moderada e propostas conservadoras muito específicas. Na primeira vez que o vi fazendo o seu discurso na linha "conservador piedoso" em Iowa, soube que ele tinha chance de vencer. Após as primárias ele estava mal posicionado, muito à direita e bem atrás nas pesquisas, mas se movera de volta ao centro moderando a retórica, insistindo com o setor republicano do Congresso para que não equilibrasse o orçamento à custa dos pobres, e até apoiando a minha posição em uma ou duas questões de política externa. Quando era governador, seu conservadorismo fora atenuado pela necessidade de trabalhar com uma legislatura estadual democrática e pelo apoio que recebera do ex-governador Bob Bullock, um democrata, que exercia grande parte do poder cotidiano no sistema do Texas. Agora ele ia governar com um Congresso republicano conservador. Tinha de escolher seu próprio caminho. Depois do nosso encontro eu sabia que ele era plenamente capaz de achá-lo, mas não saberia dizer se o escolhido seria o que ele trilhara como governador ou o que tomara para derrotar John McCain nas primárias da Carolina do Sul.

O dia 23 de dezembro foi particularmente decisivo para o processo de paz no Oriente Médio. Após as duas partes negociarem outra vez por vários dias na Base Aérea de Bolling, minha equipe e eu ficamos convencidos de que, a menos que estreitássemos o âmbito do debate, forçando de fato grandes compromissos na linha de frente, jamais haveria tratado nenhum. Arafat tinha medo de ser criticado por outros líderes árabes; Barak perdia terreno para Sharon em seu país natal. Assim, levei as equipes palestina e israelense ao gabinete e li para elas os meus "parâmetros" de procedimento. Estes haviam sido desenvolvidos após extensas conversas privadas com cada uma das partes separadamente, desde Camp David. Se elas aceitassem os parâmetros em quatro dias, seguiríamos adiante. Caso contrário, encerraríamos por ali.

Li vagarosamente para que todos pudessem fazer as suas anotações com cuidado. Quanto ao território, recomendei 94% a 96% da Cisjordânia para os palestinos, com uma cessão de terra de 1% a 3% por parte de Israel e um acordo de que a área mantida por Israel incluiria 80% dos assentamentos. Sobre segurança, disse que as forças israelenses deveriam se retirar num período de até três anos, paralelamente à introdução gradativa de uma força internacional, com o entendimento de que uma pequena presença israelense no vale da Jordânia poderia permanecer por mais três anos, sob a autoridade das forças internacionais. Os israelenses também poderiam manter sua estação de radar na Cisjordânia, com a existência de uma ligação palestina. Na eventualidade de uma "ameaça iminente e demonstrável à segurança de Israel", haveria condições para reunir as tropas rapidamente.

O novo Estado da Palestina seria "não-militarizado", mas com uma poderosa força de segurança; teria soberania sobre o seu espaço aéreo, com arranjos especiais que fossem ao encontro das necessidades de treinamento e operacionais israelenses; e na fronteira haveria uma força internacional para segurança e contenção.

Sobre Jerusalém, recomendei que os bairros árabes ficassem na Palestina e os bairros judeus em Israel, e que os palestinos tivessem a soberania sobre o monte do Templo, o Haram, enquanto os israelenses teriam a soberania sobre o Muro Ocidental e o "espaço sagrado" do qual ele faz parte, sem escavações em torno do muro ou sob o monte, ou somente com o consentimento mútuo.

Quanto aos refugiados, disse que o novo Estado palestino devia ser a pátria dos que haviam sido deslocados na guerra de 1948 e posteriormente, sem excluir a possibilidade de que Israel aceitasse alguns dos refugiados segundo as próprias leis e decisões soberanas israelenses, dando prioridade às populações de refugiados no Líbano. Recomendei um esforço internacional para indenizar os refugiados e auxiliá-los a encontrar casas no novo Estado, nas áreas cedidas a serem transferidas para a Palestina, nos países que no momento os hospedavam, em outros países que se dispusessem a acolhê-los ou em Israel. Ambas as partes deveriam concordar em que essa solução satisfaria à Resolução 194 do Conselho de Segurança da ONU.

Enfim, o tratado deveria marcar claramente o fim do conflito e fazer cessar em definitivo todas as hostilidades. Sugeri uma nova resolução do Conselho de Segurança das Nações Unidas dizendo que o tratado, juntamente com a liberação final dos prisioneiros palestinos, preencheria os requisitos das Resoluções 242 e 338.

Disse que esses parâmetros não eram negociáveis e representavam o melhor que eu podia fazer, e que esperava que as partes negociassem um tratado final respeitando esses parâmetros. Depois que saí, Dennis Ross e outros membros da nossa equipe permaneceram para esclarecer quaisquer entendimentos equivocados, mas se recusaram a ouvir queixas. Eu sabia que o plano era duro para ambas as partes, mas já era tempo — mais do que tempo — de pô-lo em prática ou encerrar as conversações. Os palestinos abririam mão do seu direito de retorno absoluto; eles sempre souberam que teriam de fazê-lo, mas jamais haviam admitido isso. Os israelenses desistiriam do leste de Jerusalém e de partes da Cidade Velha, mas seus locais religiosos e culturais seriam preservados; estava evidente já havia algum tempo que, para obter a paz, eles teriam de fazer isso. Os israelenses também abririam mão de um pouco mais da Cisjordânia, e provavelmente cederiam um pouco mais de terras do que na melhor oferta feita por Barak na última vez, mas continuariam com o suficiente para deter pelo menos 80% dos assentamentos. E teriam um encerramento formal do conflito. Era um acordo difícil, mas, se eles queriam a paz, eu achava aquilo justo para ambos os lados.

Arafat começou a tergiversar imediatamente, pedindo "esclarecimentos". Mas os parâmetros eram claros; ele tinha de negociar ou não dentro deles. Como sempre, ele fazia seu jogo de postergar. Liguei para Mubarak e li os pontos. Ele disse que eram históricos e que incentivaria Arafat a aceitá-los.

No dia 27, o gabinete de Barak endossou os parâmetros com reservas, mas todas elas estavam dentro dos parâmetros, podendo assim ser negociadas. Era histórico: um governo israelense dissera que para a obtenção da paz haveria um Estado palestino em mais ou menos 97% da Cisjordânia, contando com a cessão de terras e toda Gaza, onde Israel também tinha assentamentos. Agora a bola estava com Arafat.

Eu ligava diariamente para outros líderes árabes pedindo-lhes que pressionassem Arafat a dizer sim. Estavam todos impressionados com a aceitação de Israel, e disseram acreditar que Arafat aceitaria o trato. Eu não tinha como saber o que eles lhe diziam, embora o embaixador saudita, o príncipe Bandar, mais tarde tenha me contado que ele e o príncipe herdeiro Abdullah tiveram a nítida impressão de que Arafat iria aceitar os parâmetros.

No dia 29 Dennis Ross se encontrou com Abu Ala, a quem todos respeitávamos, a fim de assegurar que Arafat compreenderia as conseqüências da rejeição. Eu estaria fora das negociações. Ross também. Barak perderia a futura eleição para Sharon. Bush não iria querer participar, depois que eu investira tanto naquilo sem sucesso.

Eu ainda não acreditava que Arafat cometeria um equívoco tão colossal. No dia anterior eu anunciara que não viajaria à Coréia do Norte para fechar o tratado que proibia a produção de mísseis de longo alcance pelos norte-coreanos, dizendo estar confiante em que o próximo governo consumaria o tratado baseado no bom trabalho que fora realizado. Detestei abrir mão de fechar aquele acordo. Havíamos encerrado o programa de testes da Coréia do Norte com plutônio e com mísseis, e nos recusamos a tratar de outros assuntos com eles sem envolver a Coréia do Sul, montando o palco para a "política solar" de Kim Dae Jung. O bravo empenho de Kim oferecia mais esperança de conciliação do que em qualquer outro momento desde o fim da Guerra da Coréia, e ele acabara de ganhar o Prêmio Nobel por isso.

Madeleine Albright fizera uma viagem à Coréia do Norte e estava convencida de que, se eu fosse até lá, poderíamos fechar o tratado de mísseis. Embora quisesse dar o passo seguinte, eu simplesmente não podia me arriscar a estar quase do outro lado do mundo quando nos encontrávamos tão perto de obter a paz no Oriente Médio, especialmente depois que Arafat me assegurara estar ansioso por um acordo e de ter suplicado pela minha permanência.

Além do que dizia respeito ao Oriente Médio e ao orçamento, muitas outras coisas tinham acontecido nos últimos trinta dias. Comemoramos o septuagésimo aniversário da Lei Brady com o anúncio de que ela impedira 611 mil criminosos, fugitivos e delinqüentes de comprar armas; o Dia Mundial de combate à AIDS foi celebrado na Howard University com representantes de 24 países africanos, e eu dei uma declaração dizendo que a taxa de mortalidade da doença fora diminuída em mais de 70% nos Estados Unidos, e que agora tínhamos de fazer muito mais pela África e por outros países onde a AIDS avançava; apresentei o projeto da minha biblioteca presidencial, uma "ponte para o século XXI" em um prédio longilíneo de aço e vidro que se projeta sobre o rio Arkansas; anunciei o esforço de aumentar a taxa de vacinação entre as crianças das regiões depauperadas das cidades, cujo número permanecia bem abaixo da média nacional; assinei o meu último veto, de uma reforma na Lei de Falências, muito mais dura com os devedores de baixa renda do que com os ricos; despachei regulamentações vigorosas visando proteger a privacidade dos registros médicos; saudei a decisão da Índia de manter o cessar-fogo na Caxemira e a iminente retirada de tropas paquistanesas ao longo da Linha de Controle; e anunciei novas regulamentações para reduzir a emissão de diesel de caminhões e ônibus, nociva à saúde. Somadas aos regulamentos sobre padrões de emissão para carros e utilitários, de um ano antes, as novas iniciativas asseguravam que próximo ao fim da década os veículos novos estariam até 95% mais limpos do que os que então circulavam nas ruas, prevenindo milhares de registros de doenças respiratórias e morte prematura.

Três dias antes do Natal concedi indultos ou comutações de pena a 62 indivíduos. Em meu primeiro mandato eu não concedera muitos indultos e estava ansioso por cuidar dos processos acumulados. O presidente Carter concedera 566 indultos em seus quatro anos. O presidente Ford concedera 409 em dois anos e meio. O total de Reagan foi de 406 em seus oito anos. Bush concedera apenas 77, que incluíam os controversos pedidos de indulto do caso Irã-Contras e a libertação de Orlando Bosch, um cubano anticastrista que o FBI acreditava ser culpado de inúmeros assassinatos.

A minha filosofia quanto a indultos e comutação de sentenças, desenvolvida quando eu era procurador-geral e depois governador do Arkansas, era conservadora no que dizia respeito a encurtar sentenças, mas liberal em conceder o indulto por delitos não violentos envolvendo pessoas que haviam cumprido a pena e, depois disso, passado um razoável período de tempo vivendo como cidadãos respeitadores da lei. Se não por outra razão, concedi os indultos ao menos para lhes restituir o importante direito ao voto. Havia uma seção no Departamento de Justiça que examinava os pedidos de indulto e fazia as recomendações. Eu as havia recebido ao longo de oito anos e aprendi duas coisas com isso: as pessoas encarregadas da justiça levavam tempo demais para examinar os pedidos e a recomendação era negativa em quase todos os casos.

Compreendi o que acontecia. Em Washington, tudo se reduz a política, e qualquer indulto pode ser considerado potencialmente controverso. Como funcionário público, o único modo certeiro de ficar longe de problemas era dizer não. O gabinete responsável por analisar os pedidos de indulto do Departamento de Justiça sabia que não se veria em maus lençóis por atrasar os processos ou recomendar recusas; uma função constitucional de que o presidente era investido estava lentamente sendo transferida para as entranhas do Departamento de Justiça.

Ao longo dos últimos meses, havíamos pressionado duramente a justiça para que nos enviassem mais casos, e a pressão funcionou. Dos 59 indivíduos a quem eu concedera o indulto, e dos três cujas sentenças comutei, a maioria eram pessoas que haviam cometido um erro, cumprido sua pena e se tornado bons cidadãos. Também concedi indultos nos assim chamados "processos de namoradas". Eles envolviam mulheres que haviam sido presas porque os maridos ou namorados cometeram delitos, em geral ligados a drogas. Mesmo que não estivessem diretamente envolvidas no crime, as mulheres eram ameaçadas de longas sentenças se não aceitassem testemunhar contra os homens. As que se recusavam ou não sabiam o bastante para ser de alguma ajuda, pegavam longas penas na prisão. Em inúmeros casos o homem em questão mais tarde cooperava com os promotores e recebia sentenças mais curtas do que as próprias mulheres haviam recebido. Trabalhamos em cima desses casos por meses. Eu já concedera o indulto a quatro deles no verão anterior.

Também indultei o antigo presidente da Comissão de Recursos e Meios da Câmara dos Deputados, Dan Rostenkowski. Rostenkowski fizera muito pelo país e pagara mais do que o suficiente pelos erros que cometera. E dei o indulto a Archie Schaffer, um executivo da Tyson Foods que fora pego na investigação sobre Michael Espy e enfrentava uma sentença de prisão por violar uma antiga lei de cuja existência ele, Schaffer, não tinha a menor idéia, porque ele havia feito arranjos de viagem, como fora instruído, de modo que Espy pudesse proceder a uma retirada da Tyson.

Após as clemências de Natal, ficamos mergulhados em pedidos, muitos deles vindos de pessoas irritadas com a demora do processo regular. Durante as cinco semanas seguintes nos debruçamos sobre centenas de pedidos, rejeitamos outras tantas centenas e concedemos mais 140, elevando o meu total nos oito anos a 456, de um universo de 7 mil petições de clemência. Beth Nolan, minha conselheira na Casa Branca, Bruce Lindsey e a minha advogada para indultos, Meredith Cabe, empenharam-se ao máximo no trabalho, obtendo informações e esclarecimentos no Departamento de Justiça. Algumas decisões eram fáceis, como os casos de Susan McDougal e Henry Cisneros, que tinham sido horrivelmente maltratados pelos promotores independentes; mais alguns casos de "processos de namoradas"; e um grande número de pedidos rotineiros que provavelmente deveriam ter sido concedidos muitos anos antes. Um deles era um erro baseado em informação inadequada porque o Departamento de Justiça não sabia que o homem em questão se encontrava sob investigação em outro estado. A maior parte dos indultos era para pessoas de posses modestas que não tinham a menor possibilidade de abrir seu caminho através do sistema.

Os indultos mais controvertidos de todos foram para Marc Rich e seu sócio, Pincus Green. Rich era um abastado homem de negócios que fugira dos Estados Unidos para a Suíça pouco antes de ser indiciado por causa de acusações envolvendo sonegação de impostos e outros itens, sob a alegação de que numa tentativa de sonegação dera declarações falsas sobre o preço de determinadas transações de petróleo. Houve inúmeros casos como esse na década de 1980, quando parte do petróleo estava sob controle de preço e parte não, num convite a industriais desonestos para ocultar seus rendimentos ou onerar ainda mais os compradores. Durante essa época várias pessoas e empresas foram acusadas de violar a lei, mas os indivíduos eram normalmente acusados de um delito civil. Era extremamente raro que as acusações de fraude tributária fossem julgadas segundo os estatutos de extorsão, como aconteceu com Rich e Green, e depois que eles foram acusados o Departamento de Justiça ordenou aos promotores norte-americanos que parassem de proceder assim. Após ser indiciado, Rich resolveu permanecer do outro lado do oceano, passando a maior parte do tempo em Israel e na Suíça.

O governo autorizara que os negócios de Rich continuassem a funcionar depois que ele concordou em pagar 200 milhões de dólares de multa, mais do que quatro vezes os 48 milhões em impostos que, segundo o governo, ele havia sonegado. O professor Marty Ginsburg, um especialista em impostos que era casado com a juíza Ruth Bader Ginsburg, e Bernard Wolfman, professor de Direito de Harvard, tinham examinado as transações em questão e concluído que não havia nada errado no cálculo tributário das empresas de Rich, o que significava que o próprio Rich não tirara proveito algum dessas transações. Ele concordou em abrir mão da prescrição para poder ser ainda processado pelo governo numa ação civil, como ocorrera com todos os demais réus. Ehud Barak me pediu em três ocasiões para indultar Rich, em virtude dos préstimos dele a Israel e da ajuda que ele prestara aos palestinos, e várias outras personalidades israelenses dentro dos dois principais partidos também me rogaram que o indultasse. Finalmente o Departamento de Justiça disse não fazer objeção alguma, e declarou a sua inclinação por conceder o indulto se isso fizesse avançar os nossos interesses na política externa.

Quase todo mundo achou que eu errei em conceder o indulto a um fugitivo rico, cuja ex-mulher era minha aliada e que contava em sua equipe legal com um dos meus jurisconsultos na Casa Branca, mais dois proeminentes advogados republicanos. Rich também havia sido representado recentemente por Lewis "Scooter" Libby, chefe de gabinete do vice-presidente eleito Dick Cheney. Talvez eu tenha cometido um engano, ao menos no sentido de que permiti que o caso chegasse às minhas mãos, mas tomei a decisão baseado no mérito. A ponto de em maio de 2004 Rich ainda não ter sido acionado judicialmente pelo Departamento de Defesa, um fato surpreendente, uma vez que para o governo é muito mais fácil assumir a responsabilidade de provar as alegações num caso civil do que num criminal.

Embora mais tarde viesse a ser criticado por alguns dos indultos concedidos, eu estava mais preocupado com alguns que não concedi. Por exemplo, achei que o caso de Michael Milken era convincente, em razão do bom trabalho que ele fizera sobre o câncer de próstata após ser solto da prisão, mas o Tesouro e a Comissão de Valores Mobiliários foram ferreamente contra o meu indulto, afirmando que ele daria um sinal errado numa época em que eles tentavam estabelecer padrões de conduta mais elevados para o setor financeiro. Os dois casos que mais lamentei rejeitar foram o de Webb Hubbell e o de Jim Guy Tucker. Jim havia entrado com um recurso e Hubbell de fato transgredira a lei e não ficara fora da cadeia pelo período de costume antes de ser considerado apto para o indulto. Mas ambos haviam sofrido abuso do gabinete de Ken Starr por sua recusa em mentir. Nenhum dos dois teria passado por uma fração do que passaram se eu não tivesse sido eleito presidente e caído nas garras de Starr. David Kendall e Hillary insistiram comigo para que eu os indultasse. Todos os demais foram contra. No final, cedi à avaliação pragmática da minha equipe. E desde então lamentei ter feito isso. Mais tarde pedi desculpas a Jim Guy Tucker quando o encontrei, e algum dia farei o mesmo com Webb.

Nosso Natal foi como sempre, embora com um gostinho especial por sabermos que seria o último na Casa Branca. Eu apreciava ainda mais essas últimas recepções e a oportunidade de ver tantas pessoas que compartilharam a nossa presença em Washington. Agora observava com mais carinho os enfeites que Chelsea, Hillary e eu havíamos posto na árvore, e os sinos, livros, pratos natalinos, meias, ilustrações e Papais Noéis com que tínhamos enchido o Salão Oval Amarelo. Peguei-me dando um passeio com todo o vagar pelas salas do segundo e do terceiro andar para ver mais de perto as pinturas e a mobília antiga. E finalmente fiquei por ali ouvindo os guias me contarem a história de todos os relógios de pêndulo da Casa Branca, que usei assim que havia aprendido a fazê-lo. Os retratos dos meus antecessores e das suas esposas assumiram um novo sentido quando Hillary e eu nos demos conta de que em breve estaríamos entre eles. Ambos havíamos escolhido Simmie Knox para pintar os nossos retratos: gostávamos do estilo naturalista de Knox, que seria o primeiro retratista afro-americano a ter seu trabalho pendurado na Casa Branca.

Na semana após o Natal sancionei mais algumas leis e designei Roger Gregory para ser o primeiro juiz afro-americano da Quarta Circunscrição Judiciária de Recursos. Gregory era bem qualificado e Jesse Helms barrara um juiz negro ali por tempo demais. Era uma indicação "de recesso", que o presidente pode fazer só por um ano, quando o Congresso não está em sessão. Apostei que o novo presidente não gostaria de ter no Sudoeste uma corte de apelações formado inteiramente por brancos.

Também anunciei que, com o orçamento recém-aprovado, haveria dinheiro suficiente para amortizar 600 bilhões da dívida em quatro anos e, a seguir no presente rumo, nos vermos livre dela em 2010, economizando doze centavos de cada dólar cobrado para cortes de impostos ou novos investimentos. Graças à nossa responsabilidade fiscal, as taxas de juros a longo prazo estavam agora, após todo o crescimento, 2% mais baixas do que na época em que assumi a Presidência, o que reduzia os custos de hipotecas, do financiamento de veículos e dos empréstimos. A redução das taxas de juros representava mais dinheiro no bolso da população do que se tivesse havido cortes nos impostos.

Finalmente, no último dia do ano, assinei o acordo pelo qual o país se juntava ao Tribunal Criminal Internacional. O senador Lott e a maioria dos senadores republicanos opunham-se fortemente a isso, temendo que os soldados norte-americanos em terras estrangeiras pudessem ser obrigados a prestar contas perante o

Tribunal para fins políticos. A hipótese tinha me preocupado, mas a nova redação do tratado me convenceu de que as devidas precauções contra essa possibilidade haviam sido tomadas. Eu estivera entre os primeiros líderes mundiais a pedir por um Tribunal Internacional contra Crimes de Guerra e achava que os Estados Unidos deviam apoiar a medida.

Nesse ano, novamente abrimos mão do Fim de Semana Renaissance para podermos passar o último Ano-Novo em Camp David. Eu ainda não tinha notícias de Arafat. No Ano-Novo eu o convidei a ir à Casa Branca no dia seguinte. Antes de aparecer, ele recebeu o príncipe Bandar e o embaixador egípcio em seu hotel. Um dos assistentes mais jovens de Arafat nos contou que ambos o pressionaram muito para que ele aceitasse o acordo. Quando Arafat apareceu, fez uma porção de perguntas sobre a minha proposta. Aceitava que Israel ficasse com o Muro das Lamentações, pelo seu significado religioso, mas asseverava que o restante do Muro Ocidental deveria ficar para os palestinos. Eu lhe disse que ele estava errado, que Israel precisava ter o muro todo para se proteger de possíveis tentativas de invasão, ou de usarem uma das entradas do túnel que existe sob a sua extensão para danificar as ruínas dos templos do monte Haram. A Cidade Velha se divide em quatro partes: judaica, muçulmana, cristã e armênia. A proposta era de que a Palestina ficasse com os setores muçulmano e cristão, enquanto Israel ficaria com os outros dois. Arafat alegou que deveria receber algumas quadras do setor armênio, porque havia igrejas cristãs ali. Eu não podia acreditar que ele estivesse me dizendo aquilo.

Arafat também tentava dar um jeito de não abrir mão do direito de retorno dos palestinos. Ele sabia que tinha de desistir, mas estava com medo da crítica que ia sofrer. Lembrei-o de que Israel prometera acolher alguns refugiados do Líbano cujas famílias haviam vivido por centenas de anos no que era agora o atual norte de Israel, mas que nenhum líder israelense permitiria a entrada de tantos palestinos de modo a que o caráter judaico do Estado pudesse ser ameaçado em poucas décadas pela taxa de natalidade superior de palestinos. Não haveria dois Estados de maioria árabe na Terra Santa; Arafat concordara com isso assinando o tratado de paz de 1993, que implicava a solução no impasse dos dois Estados. Além disso, o acordo tinha de ser aprovado pelos cidadãos israelenses num plebiscito. O direito de retorno era uma violação do acordo. Eu não cogitava pedir aos israelenses que votassem por ele. Por outro lado, achava que os israelenses votariam por um assentamento definitivo dentro dos parâmetros que eu havia proposto. Se o pacto saísse, eu achava até que Barak seria capaz de voltar e ganhar a eleição, embora estivesse muito atrás de Sharon nas pesquisas, num eleitorado assustado com a intifada e furioso com a recusa de Arafat em fazer a paz.

Às vezes Arafat parecia confuso, não plenamente no domínio dos fatos. Eu tivera a sensação por algum tempo de que a sua posição de destaque naquele jogo estava com os dias contados, após tantos anos passando a noite em lugares diferentes para escapar às tentativas de assassinato, todas as incontáveis horas em aviões, as infindáveis horas de tensas conversações. Talvez ele fosse simplesmente incapaz de dar o salto final que o faria passar de revolucionário a homem de Estado. Ele havia crescido acostumado a viajar de um lugar para outro dando objetos de madrepérola feitos por artesão palestinos a líderes mundiais e aparecendo na TV com eles. Seria diferente se o cessar das hostilidades tirasse a Palestina das manchetes e ele, por sua vez, tivesse de se preocupar em conseguir empregos, escolas e serviços básicos. A maior parte dos jovens da equipe de Arafat queria que ele fechasse o tratado. Acredito que Abu Ala e Abu Mazen também teriam concordado, mas eles não queriam se ver em conflito com o seu líder.

Quando ele partiu, eu ainda não tinha idéia do que Arafat pretendia fazer. Sua linguagem corporal dizia não, mas o acordo era tão bom que eu não podia crer que alguém fosse tolo o suficiente para deixá-lo escapar. Barak queria que eu fosse à região, mas eu queria que Arafat primeiro dissesse sim aos israelenses quanto aos principais pontos contidos nos parâmetros. Em dezembro, os dois lados haviam se encontrado na Base Aérea de Bolling para conversações que não foram bem-sucedidas porque Arafat não queria aceitar as condições dentro dos parâmetros, duros para ele.

Finalmente Arafat concordou em ver Shimon Peres no dia 13, depois de Peres ter se encontrado primeiro com Saeb Erekat. Nada resultou disso. Como apoio, os israelenses tentaram produzir uma carta concordando o máximo possível com os parâmetros, presumindo que Barak perderia a eleição e ao menos ambos os lados estariam encaminhados num rumo que poderia levar ao acordo. Arafat não faria nem isso, pois não queria ser visto fazendo nenhuma concessão. As partes continuaram suas conversações em Taba, no Egito. Chegaram perto, mas não conseguiram. Arafat nunca disse não; simplesmente era incapaz de se obrigar a dizer sim. O orgulho vem antes da queda.

Pouco antes de eu deixar o governo, Arafat, numa das nossas últimas conversas, agradeceu-me por todos os meus esforços e me falou do grande homem que eu era. "Senhor presidente", respondi, "não sou um grande homem. Sou um fracasso, e o senhor fez isso de mim." Adverti Arafat de que ele era o único responsável pela futura eleição de Sharon e colheria a tempestade.

Em fevereiro de 2001 Ariel Sharon foi eleito primeiro-ministro por esmagadora maioria. Os israelenses haviam decidido que, se Arafat não queria aceitar a minha oferta, não levaria nada, e como não tinham parceiro na busca da paz era melhor que fossem liderados pelo governante mais agressivo e intransigente à disposição. Sharon adotaria uma postura dura em relação a Arafat, e nisso contaria com o apoio de Ehud Barak e dos Estados Unidos. Quase um ano depois da minha saída do governo Arafat disse estar pronto para negociar com base nos parâmetros que eu apresentara. Aparentemente ele havia considerado que a hora da decisão, "cinco minutos para a meia-noite", finalmente chegara. Seu relógio estava com defeito havia muito tempo.

A rejeição da minha proposta depois de Barak tê-la aceitado foi um erro de proporções históricas. Contudo, muitos palestinos e israelenses continuam comprometidos com a paz. Um dia a paz chegará, e, quando isso ocorrer, o tratado final parecerá um bocado com as propostas elaboradas em Camp David e nos longos seis meses seguintes.

No dia 3 de janeiro me sentei no Senado com Chelsea e o restante da família de Hillary enquanto Al Gore presidia o juramento da nova senadora por Nova York. Eu me sentia tão feliz que quase pulei por cima da balaustrada. Por mais dezessete dias nós dois faríamos parte do governo, o primeiro casal da história norte-americana a ocupar a Casa Branca e o Senado. Mas Hillary agora estava por conta própria. Tudo o que eu podia fazer era pedir a Trent Lott que não fosse duro demais com ela, e me oferecer para ser o assistente social de Hillary pelo condado de Westchester.

No dia seguinte houve um evento na Casa Branca que, para mim, dizia respeito a minha mãe: uma comemoração da Lei de Tratamento e Prevenção do Câncer Cervical e de Mama, de 2000, que permitia às mulheres sem assistência médica, diagnosticadas com esses males, receberem benefícios médicos completos.

No dia 5 anunciei que iríamos dar proteção contra a construção de estradas e a exploração madeireira a 24 milhões de hectares de floresta nativa virgem em 39 estados, que incluíam a Floresta Nacional de Tongass, no Alasca, a última floresta temperada de grandes proporções nos Estados Unidos.* A indústria madeireira era contra isso e eu imaginei que o governo de Bush poderia tentar desfazer o arranjo alegando interesse econômico, mas somente 5% da madeira nacional vinha de florestas nativas, e apenas 5% desse número era proveniente de áreas sem estradas. Poderíamos passar sem essa minúscula quantidade de madeira para preservar outro inestimável tesouro nacional.

Depois do anúncio, fui de carro a Fort Myer para receber a tradicional homenagem de despedida das forças armadas, uma bela cerimônia militar que incluía a entrega de uma bandeira norte-americana com o selo presidencial e medalhas de cada uma das forças armadas. Concederam também a Hillary uma medalha. Bill Cohen observou que, com a sua indicação, eu me tornara o único presidente de todos os tempos a pedir a um oficial eleito do partido de oposição que ocupasse o cargo de secretário da Defesa.

A maior honra de ocupar a Presidência é ser o comandante-em-chefe de homens e mulheres de todas as raças e religiões, cujas ancestralidades remontam a todas as regiões do planeta. Eles são a encarnação viva do nosso credo nacional, *E pluribus unum* [de muitos, um]. Eu os vi me fazendo a saudação nos campos de refugiados dos Bálcãs, ajudando vítimas de desastres naturais na América Central, trabalhando contra narcotraficantes na Colômbia e no Caribe, sendo recebidos de braços abertos nas antigas nações comunistas da Europa Central, servindo em postos avançados do Alasca, montando guarda nos desertos do Oriente Médio, patrulhando o Pacífico.

Os norte-americanos sabem de nossas forças quando vão para o combate. Jamais haverá um relato completo das batalhas nunca travadas, das perdas nunca sofridas, das lágrimas nunca derramadas, porque homens e mulheres desse país estavam a postos para salvaguardar a paz. Minhas relações iniciais com os militares podem ter sido tensas, mas trabalhei duro como comandante-em-chefe e tenho confiança de que deixei nossas forças armadas em melhor estado do que quando as encontrei.

---

* No original, "temperate rain forest". As florestas situadas ao lado dos oceanos, por receberem bastante chuva pela evaporação da água, são às vezes chamadas "rain forests". Há dois tipos de "rain forest": as tropicais e as temperadas. As florestas temperadas são mais simples em estrutura que as florestas tropicais e suportam um número menor de espécies de árvores e de animais. (N. dos T.)

No sábado, 6 de janeiro, após uma visita ao Zoológico Nacional para ver os pandas, Hillary e eu demos uma festa de despedida no Gramado Sul com Al e Tipper para todas as pessoas que haviam trabalhado ou sido voluntárias na Casa Branca ao longo dos últimos oito anos. Centenas compareceram, muitos vindo de longas distâncias. Conversamos e trocamos lembranças por várias horas. Al recebeu uma enorme saudação quando o apresentei como a escolha do povo na última eleição. Quando ele pediu que todas as pessoas que se casaram ou tiveram filhos no período em que estivemos na Casa Branca erguessem as mãos, fiquei boquiaberto com o que vi. Os republicanos podiam dizer o que quisessem, éramos um partido pró-família.

A secretária presidencial da Casa Branca, Capricia Marshall, que me apoiara desde 1991 e estivera com Hillary desde o início de nossa primeira campanha, preparou uma surpresa especial para mim. A cortina atrás de nós foi erguida para revelar nada menos que Fleetwood Mac cantando "Don't Stop Thinkin' About Tomorrow" [Não pare de pensar sobre o futuro], mais uma vez.

No domingo, Hillary, Chelsea e eu fomos à Igreja Metodista da Fundição, onde o reverendo Phil Wogaman convidou Hillary e a mim para dizermos algumas palavras de despedida à congregação que nos acolhera por oito anos. Chelsea fizera bons amigos ali e aprendera um bocado trabalhando num pequeno vale distante do Kentucky rural, no Appalachian Service Project da igreja. Seus membros eram provenientes de diversas raças e nações, ricos e pobres, héteros e gays, velhos e jovens. A Fundação dera apoio à população de sem-teto de Washington e a refugiados de lugares do mundo onde eu tentara fazer a paz.

Eu não sabia o que ia dizer, mas Wogaman afirmara à congregação que eu lhes contaria como seria minha nova vida dali por diante. Então eu disse que a minha fé seria testada por voltar a utilizar os serviços das companhias aéreas comerciais e que ficaria desorientado ao andar em grandes ambientes sem nenhuma banda tocando "Hail to the Chief" [Salve o Comandante]. Disse que faria tudo ao meu alcance para ser um bom cidadão, para aumentar a esperança e a sorte daqueles que mereciam um destino melhor do que o que vinham tendo, e continuar a trabalhar pela paz e pela reconciliação. A despeito de todos os meus esforços nos últimos oito anos, esse item final parecia precisar ainda de forte empenho.

Mais tarde nessa noite, em Nova York, discursei diante do Israel Policy Forum, um debate sobre a sua política pró-paz. Nesse momento, ainda tínhamos alguma esperança de conseguir a paz. Arafat dissera que aceitava os parâmetros com reservas. O problema era que suas reservas, ao contrário das de Israel, estavam fora dos parâmetros, pelo menos no que dizia respeito aos refugiados e ao Muro Ocidental, mas tratei sua aceitação como um fato real, baseado em seu pedido de fazer a paz antes que eu deixasse o poder. A comunidade judaica nos Estados Unidos fora muito boa para mim, como os meus amigos Haim Saban e Danny Abraham, que estavam profundamente envolvidos com Israel e haviam me dado conselhos úteis ao longo dos anos. Muitos outros simplesmente apoiaram o meu trabalho pela paz. Independentemente do que ocorresse, eu achava que era meu dever lhes explicar a minha proposta.

No dia seguinte, após condecorar 28 meritórios norte-americanos com a Citizens Medal,* incluindo Muhammad Ali, fui à sede do Partido Democrata para agradecer aos presidentes, o prefeito Ed Rendell da Filadélfia e Joe Andrew, e para dizer algumas palavras favoráveis por Terry McAuliffe, que fizera tanto por Al Gore e por mim e que agora estava em campanha para ser o novo presidente do partido. Depois de todo o trabalho que tivera, eu não conseguia acreditar que Terry ainda quisesse o cargo, mas, se queria, eu estava com ele. Declarei quanto estava agradecido às pessoas que trabalharam duro como voluntários pelo partido, sem esperar glória ou reconhecimento.

No dia 9 comecei uma turnê de despedida por lugares que foram particularmente benévolos comigo, Michigan e Illinois, onde as vitórias nas primárias no Dia de São Patrício de 1992 praticamente me asseguraram a Presidência. Dois dias depois fui a Massachusetts, que me deu o maior percentual de todos os estados em 1996, e a New Hampshire, onde no início de 1992 fui lançado como o "Comeback Kid".** Nesse meio tempo, compareci à cerimônia de inauguração de uma estátua de Franklin Roosevelt em cadeira de rodas no FDR Memorial, no National Mall. A comunidade deficiente dera muito duro para erigi-la e a maior parte da família Roosevelt os apoiara. Das mais de 10 mil fotos de Roosevelt em seus arquivos, somente quatro o retratavam em cadeira de rodas. Os americanos deficientes haviam conquistado muitas coisas desde então.

Disse adeus a New Hampshire em Dover, onde quase nove anos antes prometera estar com eles até o último cão. Muitos de meus antigos aliados estavam na plateia. Chamei vários deles pelo nome, agradeci a todos e então fiz um longo relato das realizações que o árduo trabalho deles naquele inverno, tanto tempo antes, tornara possível. E pedi que jamais esquecessem que, "mesmo não sendo presidente, vou estar com vocês até o último cão".

Do dia 11 ao 14 participei de festas com membros do governo, com a equipe da Casa Branca e com amigos em Camp David. Na noite do dia 14, Don Henley nos brindou com um maravilhoso concerto solo após um jantar na capela de Camp David. A manhã seguinte foi o último domingo da nossa família naquela linda capela, onde havíamos comparecido a inúmeros cultos com os jovens marinheiros e fuzileiros que ali trabalhavam com suas famílias. Chegavam até a permitir que eu cantasse no coro, sempre deixando a partitura em Aspen, no chalé da minha família, na sexta ou no sábado, de modo que eu pudesse estudá-la antes.

Na segunda-feira fiz um discurso nas comemorações do feriado consagrado a Martin Luther King Jr., na Universidade do Distrito de Colúmbia. Em geral eu passava o feriado realizando algum serviço comunitário, mas queria aproveitar essa oportunidade para agradecer ao distrito de Colúmbia por ter sido o meu lar ao

---

* Estabelecida em 1969, é concedida pelo presidente em reconhecimento a cidadãos americanos por suas ações exemplares para a nação ou para os seus concidadãos. Todos podem ser considerados para essa concessão, e a medalha também pode ser conferida postumamente. (N. dos T.)

** Como relatado no capítulo 27, alusão ao relato da experiência de um garoto sulista que vai para Nova York esperando fazer grande sucesso e no final acaba se apaixonando pela cidade. Clinton recebeu esse apelido na primeira campanha presidencial. (N. dos T.)

longo de oito anos. A representante do distrito no Congresso, Eleanor Holmes Norton, e o prefeito Tony Williams eram bons amigos meus, assim como vários outros membros do conselho municipal. Trabalhamos juntos para impor alguma legislação necessária ao Congresso e para impedir o prosseguimento de leis excessivamente inoportunas. O distrito ainda sofria com muitos problemas, mas estava em condições bem melhores do que as de oito anos antes, quando fiz minha caminhada pré-inaugural pela Georgia Avenue.

Também enviei o meu último comunicado ao Congresso: "O Trabalho Inacabado de Construir Uma América". Era baseado em grande parte no relatório final da Comissão sobre Raça e Racismo e incluía uma ampla lista de recomendações: avançar para dar um fim à divisão racial na educação, na assistência médica, no emprego e no sistema de justiça criminal; esforços especiais para ajudar pais ausentes de baixa renda a participar da criação dos filhos; novos investimentos para as comunidades indígenas; melhoria da política de imigração; aprovação da lei contra os crimes de intolerância;* reforma das leis eleitorais; e a continuação do AmeriCorps e do gabinete administrativo do "Uma América". Avançamos muito nesses oito anos, mas os Estados Unidos haviam se tornado mais diversificados e havia ainda muita coisa por ser feita.

No dia 17 participei da minha última cerimônia no Salão Leste, em que Bruce Babbitt e eu anunciamos mais oito reservas nacionais, duas delas ao longo da trilha aberta por Lewis e Clark em 1803 com seu guia indígena Sacajawea e um negro escravizado chamado York. Tínhamos agora protegido mais terras nos 48 estados que formam o bloco territorial dos Estados Unidos do que qualquer outro governo desde o de Theodore Roosevelt.

Após o anúncio deixei a Casa Branca para a minha última viagem presidencial, e fui para casa em Little Rock a fim de discursar perante o Legislativo do Arkansas. Alguns dos meus antigos colegas continuavam a ocupar a Câmara e o Senado, assim como outros que haviam começado a carreira política comigo e uns poucos que começaram na oposição a mim. Mais de vinte pessoas naturais do Arkansas que estavam ou haviam estado comigo em Washington se juntaram a mim nesse dia, bem como três colegas de secundário que moravam na região de Washington, e inúmeros conterrâneos do Arkansas que serviram como um elo com o Legislativo quando eu era governador. Chelsea também foi comigo. No caminho entre o aeroporto e a cidade passamos por duas escolas em que ela havia estudado, e pensei no quanto ela crescera desde que Hillary e eu fomos assistir às suas exibições escolares na Booker Arts Magnet School.

Tentei agradecer a todos os amigos do Arkansas que haviam me ajudado a chegar a esse dia, começando por dois que já não se encontravam mais entre nós, o juiz Frank Holt e o senador Fulbright. Conclamei o Legislativo a continuar pressionando o governo federal para que apoiasse os estados na educação, no desenvolvimento econômico, na assistência médica e na reforma do seguro contra a pobreza. Finalmente, disse aos meus velhos amigos que deixaria o governo dali a três dias grato por, "de algum modo, o mistério desta grande democracia ter me dado a chance de sair de uma infância na South Hervey Street, em Hope, Arkansas, para

---

* Crimes motivados pela raça, religião ou origem das vítimas. (N. dos T.)

chegar à Casa Branca. [...] Provavelmente eu seja o único presidente eleito a dever a sua escolha puramente aos amigos pessoais, sem os quais jamais teria ganho". Deixei os meus amigos e voltei para terminar o trabalho em casa.

Na noite seguinte, após um dia realizando um trabalho de última hora, fiz um breve discurso de adeus à nação no Salão Oval. Depois de agradecer ao povo norte-americano por ter me concedido a oportunidade de servi-lo e rapidamente resumir a minha filosofia e as minhas realizações, fiz três observações sobre o futuro, dizendo que deveríamos permanecer na trilha da responsabilidade fiscal; que nossa segurança e nossa prosperidade exigiam empenho na luta pela prosperidade e pela liberdade e contra o terrorismo, o crime organizado, o narcotráfico, a disseminação de armas letais, a degradação do meio ambiente, as doenças e a pobreza mundial; e, finalmente, que deveríamos continuar a "trançar os fios de nosso casaco multicor no tecido de um único país".

Fiz votos de sucesso ao presidente eleito Bush e sua família, e disse que deixava a Presidência "mais idealista e mais cheio de esperança do que no dia em que cheguei, assim como mais confiante do que nunca de que os melhores dias dos Estados Unidos ainda estão por vir".

No dia 19, meu último como presidente, dei uma declaração sobre minas terrestres, explicando que desde 1993 o país havia destruído mais de 3,3 milhões das nossas próprias minas, gasto 500 milhões de dólares para remover minas terrestres em 35 países, e que empreendi vigorosos esforços de encontrar uma alternativa sensata a tais dispositivos para continuar a proteger as nossas tropas. Pedi ao novo governo que continuasse por mais dez anos nesse esforço de acabar com as minas espalhadas pelo mundo.

Quando voltei à Casa Branca era tarde, e as coisas ainda não estavam totalmente empacotadas. Havia caixas por toda parte e eu precisava decidir que roupas iam para onde — Nova York, Washington ou Arkansas. Hillary e eu não queríamos dormir; só queríamos seguir vagando de sala em sala. Estávamos tão honrados por morar na Casa Branca em nossa última noite quanto ao chegar ali, após os primeiros bailes inaugurais. Em nenhum momento deixei de me emocionar com aquilo tudo. Parecia quase inacreditável que ali fora o nosso lar por oito anos; agora aquela temporada estava quase chegando ao fim.

Entrei outra vez no Quarto de Lincoln, li a sua cópia manuscrita do discurso de Gettysburg pela última vez e fitei a litografia do antigo presidente assinando a Proclamação de Emancipação, no exato lugar onde eu me encontrava. Fui à Sala da Rainha e pensei em Winston Churchill passando três semanas ali, nos difíceis dias da Segunda Guerra Mundial. Sentei-me à Mesa do Tratado em meu gabinete, olhando para as prateleiras vazias e as paredes nuas, pensando em todas as reuniões e nas ligações que fizera naquela sala por causa da Irlanda do Norte, do Oriente Médio, da Rússia, da Coréia e dos conflitos domésticos. Era nesse lugar que eu lia a minha Bíblia, os meus livros e as minhas cartas, e onde rezei pedindo força e orientação ao longo de todo o ano de 1998.

Mais cedo naquele dia eu havia gravado previamente a minha última fala para o rádio, a ser transmitida não muito antes de deixar a Casa Branca para a cerimônia de posse. Nela, agradecia à equipe da Casa Branca, à equipe residencial, ao serviço de informações, ao secretariado e a Al Gore por tudo que haviam feito para tornar a minha administração possível. E mantive a minha promessa de trabalhar até a última hora do último dia, liberando outros 100 milhões de dólares para financiar mais policiais; essa nova medida de policiamento ajudara a trazer aos Estados Unidos a menor taxa de criminalidade em um quarto de século.

Bem depois da meia-noite, voltei ao Salão Oval para fazer uma limpeza, empacotar algumas coisas e responder a umas tantas cartas. Sentado solitariamente à escrivaninha, pensei em tudo que acontecera ao longo dos últimos oito anos e como tudo passara rápido. Em breve eu assistiria à cerimônia de posse e seguiria o meu caminho. Hillary, Chelsea e eu embarcaríamos no Air Force One para um último vôo, com a ótima tripulação que nos conduzira pelos mais distantes rincões do mundo; com os membros mais chegados da minha equipe; com o novo pessoal do serviço de informações; com alguns oficiais de carreira como Glen Maes, o cozinheiro da Marinha que fazia todos os meus bolos de aniversário especialmente decorados, e Glenn Powell, o sargento da Força Aérea que cuidava para que nossa bagagem nunca se extraviasse; e com mais algumas outras pessoas que "me tiraram para dançar" — os Jordan, os McAuliffe, os McLarty e Harry Thomason.

Vários membros da equipe de imprensa também haviam sido escalados para a última viagem. Um deles, Mark Knoller, da Rádio CBS, cobrira todos os meus oito anos e conduzira uma das inúmeras entrevistas de balanço da administração que eu dera ao longo das últimas semanas. Mark havia me perguntado se eu tinha medo, já que "praticamente a melhor parte da sua vida está encerrada". Respondi que aproveitei cada parte da minha vida, e que em cada estágio estivera "absorvido e interessado, e encontrara algo de útil para fazer".

Eu já aguardava a nova vida que se apresentava diante de mim, a construção da minha biblioteca, os serviços públicos a serem prestados por meio da minha fundação, o apoio a Hillary, e mais tempo para a leitura, o golfe, a música e para viajar sem pressa. Eu sabia que desfrutaria a minha vida e acreditava que, se permanecesse com saúde, poderia realizar muitas coisas boas. Mas Mark Knoller havia tocado num ponto crucial com a sua pergunta. Eu estava prestes a deixar a velha função. Havia adorado ser presidente, mesmo nos dias ruins.

Pensei na nota para o presidente Bush que iria escrever e deixar no Salão Oval, como seu pai fizera comigo oito anos antes. Queria ser elegante e encorajador, assim como George Bush o fora. Em breve George W. Bush seria o presidente perante o povo e eu desejava a ele tudo de bom. Eu tinha prestado bastante atenção no que Bush e Cheney disseram em sua campanha. Sabia que eles viam o mundo de um modo bem diferente do meu, e tentariam desfazer muitas coisas que eu fizera, especialmente quanto às políticas econômica e ambiental. Imaginei que fariam aprovar seu grande corte de impostos e que, em pouco tempo, estaríamos de volta aos grandes déficits da década de 1980; além de que, apesar dos comentários encorajadores de Bush sobre a educação e o AmeriCorps, ele sofreria pressão para cortar novamente todo o gasto doméstico, incluindo as verbas para a educação, o amparo à infância, os programas extracurriculares nas escolas, o policiamento nas ruas, a pesquisa inovadora e a proteção ao meio ambiente. Mas essas já não eram mais escolhas minhas.

Achei que os aliados internacionais que conseguimos atrair no período subseqüente à Guerra Fria poderiam ficar agastados com a abordagem republicana mais unilateral — que se opunha ao Tratado de Proibição Geral de Testes Nucleares, ao tratado sobre mudanças no clima, ao Tratado sobre Mísseis Antibalísticos e ao Tribunal Internacional.

Em Washington, eu observara os republicanos ao longo de oito anos e imaginava que o presidente Bush, desde o início do seu mandato, seria pressionado pelos líderes e pelos grupos de interesse privado ultradireitistas que agora controlavam o seu partido a abandonar um certo "conservadorismo piedoso". Eles acreditavam no seu caminho tanto quanto eu no meu, mas eu achava que as evidências, e o peso da história, faziam a balança pender para o nosso lado.

Eu não poderia manter o controle sobre o que acontecia com as nossas políticas e os nossos programas; poucas coisas são permanentes em política. E tampouco tinha poder para influenciar a avaliação de meu assim chamado legado. A história dos rumos norte-americanos desde o fim da Guerra Fria até o novo milênio seria escrita e reescrita vezes sem conta. A única coisa que me importava quanto ao meu período na Presidência era saber se fizera um bom trabalho pelo povo norte-americano, numa era nova e muito diferente de interdependência global.

Teria eu ajudado a formar uma "união mais perfeita" ao ampliar o círculo de oportunidades, aprofundando o significado da liberdade e reforçando os elos comunitários? Certamente, tentei tornar os Estados Unidos a principal força de liderança do século XXI na busca por paz e prosperidade, liberdade e segurança. Eu tentara dar um rosto mais humano à globalização, conclamando outras nações a se juntarem a nós na construção de um mundo mais integrado, de responsabilidades compartilhadas, benefícios compartilhados e valores compartilhados; e tentara liderar os Estados Unidos ao longo dessa transição para uma nova era com um sentido de esperança e otimismo quanto ao que éramos capazes de fazer, e um sentido de sobriedade em relação ao que as novas forças de destruição poderiam fazer conosco. Finalmente, tentara construir uma nova política progressista fundamentada em novas idéias e antigos valores, e apoiar movimentos de mentalidade similar por todo o mundo. Independentemente de quantas das minhas iniciativas específicas pudessem ser desfeitas pelo novo governo e a sua maioria no Congresso, eu acreditava que, se estivéssemos no lado certo da história, a direção por mim tomada rumo ao novo milênio acabaria prevalecendo.

Na minha última noite, no agora vazio Salão Oval, pensei no frasco de vidro que mantivera na mesinha de centro entre os dois sofás, a cerca de um metro. Seu conteúdo era uma rocha trazida da Lua por Neil Armstrong em 1969. Sempre que as discussões naquela sala ficavam acaloradas e irracionais demais, eu interrompia para dizer: "Estão vendo esta pedra? Ela tem 3,6 bilhões de anos. Nós estamos de passagem. Tenham calma e voltem ao trabalho".

Aquela rocha lunar me dava uma perspectiva inteiramente nova da História e do proverbial "longo prazo". Nosso papel é viver da melhor maneira possível e pelo maior período de tempo de que formos capazes, além de ajudar os outros a fazer o mesmo. O que acontece depois disso, e como somos vistos pelos demais, escapa ao nosso controle. O rio do tempo arrasta todos consigo. Tudo que existe é o momento. O que fiz com a maior parte do meu tempo, cabe aos outros julgar. Já era quase manhã quando voltei à residência para embrulhar mais algumas coisas e compartilhar alguns momentos a sós com Hillary e Chelsea.

Na manhã seguinte voltei ao Salão Oval para escrever a minha nota ao presidente Bush. Hillary também desceu. Olhamos através da janela e admiramos demoradamente os lindos jardins onde desfrutamos tantos momentos memoráveis e onde eu incontáveis vezes brinquei com Buddy atirando uma bola de tênis para ele buscar. Depois Hillary saiu para que eu escrevesse o meu bilhete. Ao depositá-lo sobre a escrivaninha, chamei a minha equipe para me despedir. Todo mundo se abraçou, sorriu, verteu algumas lágrimas e tirou fotos. Então saímos do Salão Oval pela última vez.

Saindo de braços abertos da sala, e fui saudado por membros da imprensa que captaram o momento. John Podesta caminhou comigo ao longo da colunata para me juntar a Hillary, Chelsea e os Gore no andar de cima, onde em breve cumprimentaríamos os sucessores. Toda a equipe da residência da Casa Branca se reunira para dar adeus — a governanta e sua equipe, o pessoal da cozinha, o florista, os jardineiros, os guias, os mordomos, os meus assistentes pessoais. Muitos deles haviam se tornado parte da família. Fitei os seus rostos e guardei a sua lembrança, sem saber quando voltaria a vê-los e sabendo que, quando isso acontecesse, não seria a mesma coisa. Em breve teriam uma nova família que sentiria tanta necessidade deles quanto nós havíamos sentido.

Um pequeno conjunto da Marinha tocava no grande saguão. Sentei-me ao piano com o maestro e sargento Charlie Corrado, que tocara para presidentes ao longo de quarenta anos. Charlie estivera sempre presente para nós, e a sua música abrilhantara não poucos dias. Hillary e eu dançamos ali pela última vez, e perto das dez e meia os Bush e os Cheney chegaram. Tomamos café e papeamos por alguns minutos, e depois entramos todos os oito nas limusines, quando acompanhei George W. Bush ao longo da Pennsylvania Avenue até o Capitólio.

Dali a uma hora a transferência pacífica de poder, que há mais de duzentos anos mantém livre o nosso país, tinha acontecido novamente. Minha família se despediu da nova família presidencial e tomamos o carro com destino à Base Aérea de Andrews para o nosso último vôo no avião presidencial, que não era mais o Air Force One para mim. Depois de oito anos na Presidência, e metade da vida participando da política, eu voltava a ser um cidadão comum, só que cheio de gratidão, ainda apaixonado pelo meu país, e ainda pensando sobre o amanhã.

EPÍLOGO

ESCREVI ESTE LIVRO para contar a minha história, e para contar a história dos Estados Unidos na última metade do século XX; para expor do melhor modo possível as forças que concorrem pelo sentimento e pela razão do país; para explicar os desafios do novo mundo em que vivemos e como eu acredito que o nosso governo e os nossos cidadãos devem encará-los; e para dar às pessoas que nunca se envolveram na vida pública uma idéia de como é estar no governo, e especialmente como é ser presidente.

Enquanto estava escrevendo, me vi voltando no tempo, revivendo os fatos à medida que os narrava, sentindo como me senti na época e escrevendo como me senti. Durante o meu segundo mandato, quando as lutas partidárias que tentei contornar prosseguiram com a mesma força, também procurei entender como o meu período no governo se encaixava no curso da história norte-americana.

Essa história é em grande parte a história dos nossos esforços para honrar a tarefa de criar uma "união mais perfeita", da qual nos incumbiram os fundadores de nossa nação. Em tempos mais tranqüilos o nosso país foi bem atendido pelo sistema bipartidário, com progressistas e conservadores debatendo sobre o que mudar e o que conservar. Mas, quando os acontecimentos nos impõem a mudança, todos nós somos postos à prova e levados de volta à nossa missão fundamental de ampliar o âmbito das oportunidades, aprofundar o significado da liberdade e fortalecer os laços da nossa comunidade. Para mim, tornar mais perfeita a nossa união é exatamente isso.

Em todos os momentos decisivos nós escolhemos a união, e não a divisão: nos primeiros tempos da República, construindo uma economia nacional e um sistema legal; durante a Guerra Civil, preservando a União e abolindo a escravatura; no início do século XX, quando deixamos de ser uma sociedade agrícola e nos tornamos uma sociedade industrial, fortalecendo o nosso governo para preservar a competição, promover salvaguardas básicas para a mão-de-obra, prover a subsistência dos pobres, dos idosos e dos enfermos, e proteger da espoliação os nossos recursos naturais; e nos anos 1960 e 1970, fazendo avançar os direitos civis e os das mulheres. Em todas essas ocasiões, enquanto estávamos engajados na luta para definir, defender e expandir a nossa união, poderosas forças conservadoras resistiam, e enquanto o resultado ainda era uma dúvida, os conflitos pessoais e políticos eram intensos.

Em 1993, quando tomei posse, estávamos enfrentando outro desafio histórico para a União, ao passarmos da era industrial para a era da informação global. Os norte-americanos estavam sendo confrontados com grandes mudanças na maneira como viviam e trabalhavam, e com grandes perguntas a serem respondidas: Vamos escolher um engajamento na economia global ou o nacionalismo econômico? Vamos usar o nosso incomparável poder militar, político e econômico para disseminar os benefícios e enfrentar as ameaças que surgem do mundo interdependente ou para nos tornar uma isolada Fortaleza Norte-americana? Vamos abandonar o nosso governo da era industrial, com os seus compromissos com oportunidades iguais e justiça social, ou reformulá-lo para que ele conserve as suas realizações, ao mesmo tempo que dá às pessoas as ferramentas para serem bem-sucedidas na nova era? Nossa crescente diversidade racial e religiosa irá fraturar ou fortalecer a nossa comunidade nacional?

Como presidente, tentei responder a essas perguntas de um modo que continuasse nos movendo em direção a uma união mais perfeita, elevando a visão das pessoas e reunindo-as para construir um novo centro vital para a política norte-americana no século XXI. Dois terços dos nossos cidadãos apoiaram a minha abordagem geral, mas com relação às controvertidas questões culturais, e nos sempre empolgantes cortes de impostos, o eleitorado estava mais igualmente dividido. Com o resultado incerto, raivosos ataques partidários e pessoais grassaram, extraordinariamente semelhantes àqueles do começo da República.

Independentemente da correção ou da incorreção dessa análise histórica, avalio a minha administração sobretudo no seu impacto sobre a vida das pessoas. Nesse sentido, marquei pontos: todos os milhões de pessoas com novos empregos, casas novas e ajuda para cursar a faculdade; as crianças com assistência médica e atividades extracurriculares fora do horário escolar; as pessoas que deixaram o seguro conta a pobreza e começaram a trabalhar; as famílias beneficiadas pela lei da licença familiar em momentos decisivos de suas vidas; as pessoas que atualmente vivem em bairros mais seguros — todas essas pessoas têm histórias, e as suas histórias são melhores hoje. A vida ficou melhor para todos os norte-americanos porque o ar e a água estão mais limpos, e uma quantidade maior do nosso legado natural foi preservada. E trouxemos mais esperança de paz, de liberdade, de segurança e de prosperidade para as pessoas em todo o mundo. Elas também têm as suas histórias.

Quando me tornei presidente, os Estados Unidos estavam navegando por águas desconhecidas, por um mundo cheio de forças positivas e negativas aparentemente desconexas. Por ter passado a vida toda tentando reconciliar as minhas próprias vidas paralelas e ter sido educado para dar valor a todas as pessoas, e por ter visto como governador tanto o lado brilhante como o lado escuro da globalização, senti que sabia onde o meu país estava e como precisávamos entrar no novo século. Eu sabia como juntar as coisas, e como seria difícil fazer isso.

No dia 11 de setembro as coisas pareceram voltar a se desintegrar quando a Al-Qaeda usou as forças de interdependência — fronteiras abertas, facilidade de viagens e de imigração, acesso fácil às informações e à tecnologia — para matar quase 3 mil pessoas de mais de setenta países em Nova York, em Washington e na Pensilvânia. O mundo se solidarizou com os norte-americanos na nossa perda e na nossa determinação de lutar contra o terrorismo. Nos anos decorridos desde então, a luta se intensificou, com divergências no país e por todo o mundo sobre a melhor maneira de conduzir a guerra contra o terrorismo, diferenças compreensíveis e que foram sustentadas com honestidade.

O mundo interdependente em que vivemos é inerentemente instável, repleto tanto de oportunidades como de forças de destruição. E permanecerá assim até que, partindo dessa interdependência, encontremos o nosso caminho para uma comunidade global mais integrada, com responsabilidades partilhadas, benefícios partilhados e valores partilhados. Construir esse tipo de mundo e derrotar o terrorismo é algo que não se consegue rapidamente; esse será o grande desafio da primeira metade do século XXI.

Acredito que os Estados Unidos possam fazer cinco coisas para alcançar esse caminho: combater o terrorismo e a disseminação de armas de destruição em massa e melhorar as nossas defesas contra elas; fazer mais amigos e menos terroristas, ajudando os 50% do mundo que não colhem os benefícios da globalização a vencer a pobreza, a ignorância, a doença e o mau governo; fortalecer as instituições de cooperação global e trabalhar por meio delas para promover a segurança e a prosperidade e visando combater os nossos problemas comuns, desde o terrorismo até a AIDS e o aquecimento global; continuar a fazer dos Estados Unidos um modelo melhor do modo como queremos que o mundo funcione; e trabalhar para acabar com a antiqüíssima compulsão de acreditar que as nossas diferenças são mais importantes que a nossa humanidade comum.

Eu acredito que o mundo prosseguirá na sua marcha do isolamento para a interdependência pela cooperação, porque não há alternativa. Nós percorremos um longo caminho desde que os nossos ancestrais se puseram de pé na savana africana pela primeira vez, mais de 100 mil anos atrás. Nos apenas quinze anos decorridos desde o fim da Guerra Fria, o Ocidente se reconciliou amplamente com os seus antigos adversários, Rússia e China; pela primeira vez na História, mais da metade das pessoas do mundo está vivendo sob governos da sua própria escolha; houve um grau sem precedente de cooperação global contra o terrorismo, e também um reconhecimento de que precisamos fazer mais para combater a pobreza, as doenças e o aquecimento global, e para colocar todas as crianças do mundo na escola; e os Estados Unidos, e muitas outras sociedades livres, mostraram que pessoas de todas as raças e religiões podem conviver juntas em mútuo respeito e harmonia.

A nossa nação não será destruída pelo terrorismo. Nós vamos derrotá-lo, mas precisamos tomar cuidado para que, ao fazer isso, não comprometamos o caráter do nosso país ou o futuro das nossas crianças. A nossa missão de formar uma união mais perfeita agora é uma missão global.

Quanto a mim, ainda estou trabalhando naquela lista de objetivos de vida que tracei quando era jovem. Tornar-me uma boa pessoa é um esforço para a vida inteira, que exige não guardar rancor contra as pessoas e manter a responsabilidade pelos erros que cometemos. E isso exige perdão. Depois de todos os perdões que recebi de Hillary, de Chelsea, dos meus amigos e de milhões de pessoas nos Estados Unidos e pelo mundo, é o mínimo que eu posso fazer. Quando era um político jovem e comecei a ir às igrejas de comunidade negra, ouvi pela primeira vez as pessoas se referirem a funerais como a "ida para casa". Nós estamos todos indo para casa, e eu quero estar sempre pronto para essa viagem.

Até isso acontecer, eu me alegro muito com a vida que Chelsea está construindo, com o fantástico trabalho que Hillary está fazendo no Senado e com os esforços da minha fundação para levar oportunidades econômicas, educacionais e de serviço para comunidades pobres nos Estados Unidos e ao redor do mundo; para combater a AIDS e oferecer medicamentos a baixo custo para os que necessitam; e para continuar a minha luta de toda a vida pela reconciliação racial e religiosa.

Se tenho arrependimentos? Claro que tenho, tanto pessoais como públicos, como discuti neste livro. Deixo para outras pessoas o julgamento de como pesar os pratos da balança.

Eu simplesmente tentei contar a história das minhas alegrias e das minhas tristezas, dos sonhos e dos medos, dos triunfos e dos fracassos. E tentei explicar a diferença entre a minha visão de mundo e aquela mantida pelas pessoas da extrema direita com quem estive em guerra. No fundo eles acreditam honestamente que sabem toda a verdade. Eu vejo as coisas de maneira distinta. Acho que São Paulo estava certo quando disse que nesta vida nós "vemos obscuramente através de um vidro" e "sabemos em parte". É por isso que ele exaltou as virtudes da "fé, esperança e amor".

Tive uma vida inacreditável e maravilhosa, repleta de fé, de esperança e de amor, e tive também mais do que a minha cota de graça e de boa sorte. Uma vida tão inacreditável como a minha teria sido impossível em qualquer outro lugar que não os Estados Unidos. Diferentemente de tantas pessoas, eu tive o privilégio de gastar cada dia trabalhando por coisas em que acredito desde que era garotinho e passava o tempo na loja do meu avô. Cresci com uma mãe fascinante que me adorava, aprendi com grandes professores, fiz uma legião de amigos leais, construí uma vida adorável com a mulher mais maravilhosa que conheci, e tenho uma filha que continua sendo a luz da minha vida.

Como já disse, acho que esta é uma boa história, e gostei muito de contá-la.

AGRADECIMENTOS

Sinto-me particularmente em dívida com as muitas pessoas sem as quais este livro não poderia ter sido escrito. Justin Cooper gastou mais de dois anos da sua jovem vida trabalhando comigo todos os dias e, em várias ocasiões nos últimos seis meses, durante a noite inteira. Ele organizou e recuperou pilhas de materiais, fez pesquisas adicionais, corrigiu muitos erros, digitou o manuscrito e acrescentou os novos trechos inúmeras vezes, tomando como base os meus garranchos ilegíveis em mais de vinte grandes cadernos de anotações. Muitos dos parágrafos foram reescritos seis ou mais vezes. Ele nunca perdeu a paciência, sua energia nunca enfraqueceu e, quando chegamos à etapa final, algumas vezes ele parecia me conhecer e saber o que eu queria dizer melhor do que eu mesmo. Embora ele não seja responsável pelo que há de errado nas suas páginas, o livro testemunha o grande talento e os esforços de Justin.

Antes de começarmos a trabalhar juntos, haviam me dito que o meu editor, Robert Gottlieb, era o melhor que havia no seu ofício. Ele mostrou ser tudo isso e ainda mais. Apenas eu gostaria de tê-lo encontrado trinta anos antes. Bob me orientou sobre momentos mágicos e cortes difíceis. Sem o seu julgamento e a sua percepção, este livro teria tido talvez o dobro do tamanho e metade do interesse. Ele leu a minha história como uma pessoa para quem a política é interessante, mas está longe de ser uma obsessão. Ele sempre me fazia recuar para o lado humano da minha vida. E me convenceu a retirar incontáveis nomes de pessoas que me ajudaram durante o caminho, porque o leitor comum não poderia reter tudo aquilo. Se você é uma dessas pessoas, espero que o perdoe, e a mim.

Um livro longo e minucioso como este exige um gigantesco trabalho de checagem de fatos. Esse trabalho foi feito por Meg Thompson, uma jovem brilhante que durante cerca de um ano avançou penosamente pelos detalhes da minha vida; nos últimos meses ela foi auxiliada por Caitlin Klevorick e outros jovens voluntários. Eles descobriram muitas incorreções no que eu afirmava, provando que a minha memória está longe de ser perfeita. Se restou ainda alguma, não foi por falta de esforços da parte deles para sanar essa minha deficiência.

Eu nunca poderia agradecer suficientemente ao pessoal da Knopf, a começar por Sonny Mehta, o presidente e editor-chefe. Ele acreditou no projeto desde o início e fez a sua parte para mantê-lo em andamento, inclusive me lançando um olhar espantado toda vez que eu o encontrava, onde quer que isso acontecesse, nos últimos dois anos; um olhar que dizia algo do tipo: "Você vai mesmo acabar o livro no prazo?", e "Por que você está aqui, e não em casa, escrevendo?". O olhar de Sonny sempre obteve o efeito desejado.

Também devo agradecimentos às muitas pessoas que me ajudaram na Knopf. Sou grato pelo fato de a equipe de editoria e de produção da Knopf ser tão obcecada quanto eu por exatidão e detalhes (mesmo em se tratando de um livro com um ritmo um tanto acelerado, como foi o meu), e apreciei especialmente os esforços incansáveis e o trabalho meticuloso de Katherine Hourigan, gerente de editoria; do nobre diretor industrial, Andy Hughes; da persistente editora de produção Maria Massey; da chefe da equipe de preparação de texto Lydia Buechker; da preparadora Charlotte Gross e dos revisores Steve Messina, Jenna Dolan, Ellen Feldman, Rita Madrigal e Liz Polizzi; do diretor de programação visual Peter Andersen; da diretora de arte da capa, Carol Carson; dos sempre prestativos Diana Tejerina e Eric Bliss; e de Lee Pentea.

Além disso, quero agradecer a muitas outras pessoas que me ajudaram na Knopf: Tony Chirico, pela sua valiosa orientação; Jim Johnston, Justine LeCates e Anne Diaz; Carol Janeway e Suzanne Smith; Jon Fine; e pelos talentos de promoção/marketing de Pat Johnson, Paul Bogaards, Nina Bourne, Nicholas Latimer, Joy Dallanegra-Sanger, Amanda Kauff, Anne-Lise Spitzer e Sarah Robinson. E obrigado às equipes da North Market Street Graphics, da Coral Graphics e da R. R. Donnelley & Sons.

Robert Barnett, um excelente advogado e amigo de longa data, negociou o contrato com a Knopf; ele e o seu sócio Michael O'Connor trabalharam durante todo o projeto quando editores estrangeiros se incorporaram a ele. Sou muito grato a eles.

Quando estava na Casa Branca, a partir do fim de 1993, tive encontros com o meu velho amigo Taylor Branch, cerca de uma vez por mês, para registrar uma história oral. Aquelas conversas contemporâneas aos acontecimentos me ajudaram a relembrar momentos específicos da Presidência. Depois que deixei a Casa Branca, Ted Widmer, um excelente historiador que trabalhou na Casa Branca como redator de discursos, fez um relato oral da história da minha vida antes da Presidência que me ajudou a trazer de volta e organizar velhas lembranças. Janis Kearney, a memorialista da Casa Branca, entregou-me volumosas anotações que me auxiliaram a reconstituir os eventos cotidianos.

Agradeço o cuidadoso exame legal e técnico que David Kendall e Beth Nolan fizeram do manuscrito.

As fotografias foram selecionadas com a ajuda de Vincent Virga, que encontrou várias que captavam momentos especiais discutidos no livro, e Carolyn Huber, que esteve com a nossa família durante os anos na Mansão do Governador e na Casa Branca. Enquanto eu era presidente, Carolyn também organizou todas as minhas cartas e textos pessoais desde a época em que eu era garotinho até 1974, tarefa árdua sem a qual uma grande parcela da primeira parte do livro não teria sido escrita.

Tenho uma grande dívida com aqueles que leram todo o livro, ou partes dele, e fizeram boas sugestões de acréscimos, cortes, reorganização, contextualização e interpretação, inclusive Hillary, Chelsea, Dorothy Rodham, Doug Band, Sandy Berger, Tommy Caplan, Mary DeRosa, Nancy Hernreich, Dick Holbrooke, David Kendall, Jim Kennedy, Ian Klaus, Bruce Lindsey, Ira Magaziner, Cheryl Mills, Beth Nolan, John Podesta, Bruce Reed, Steve Ricchetti, Bob Rubin, Ruby Shamir, Brooke Shearer, Gene Sperling, Strobe Talbott, Mark Weiner, Maggie Williams e meus amigos Brian e Myra Greenspun, que estavam comigo quando a primeira página foi escrita.

Muitos dos meus amigos e colegas gastaram seu tempo registrando comigo histórias orais improvisamente, entre eles Huma Abedin, Madeleine Albright, Dave Barram, Woody Basset, Paul Begala, Paul Berry, Jim Blair, Sidney Blumenthal, Erskine Bowles, Ron Burkle, Tom Campbell, James Carville, Roger Clinton, Patty Criner, Denise Dangremond, Lynda Dixon, Rahm Emanuel, Al From, Mark Gearen, Ann Henry, Denise Hyland, Harold Ickes, Roger Johnson, Vernon Jordan, Mickey Kantor, Dick Kelley, Tony Lake, David Leopoulos, Capricia Marshall, Mack McLarty, Rudy Moore, Bob Nash, Kevin O'Keefe, Leon Panetta, Betsey Reader, Dick Riley, Bobby Roberts, Hugh Rodham, Tony Rodham, Dennis Ross, Martha Saxton, Eli Segal, Terry Schumaker, Marsha Scott, Michael Sheehan, Nancy Soderberg, Doug Sosnik, Rodney Slater, Craig Smith, Gayle Smith, Steve Smith, Carolyn Staley, Stephanie Street, Larry Summers, Martha Whetstone, Delta Willis, Carol Willis e muitos dos meus leitores. Tenho certeza de que há outros que me esqueci de citar; se realmente isso aconteceu, peço desculpas e garanto que o seu trabalho me ajudou igualmente.

Minha pesquisa também teve muita ajuda de vários livros escritos por integrantes do governo e outros e, é claro, das memórias de Hillary e de minha mãe.

David Alsobrook e a equipe do Projeto Clinton Presidential Materials foram pacientes e persistentes recuperando material. Quero agradecer a todos eles: Deborah Bush, Susan Collins, Gary Foulk, John Keller, Jimmie Purvis, Emily Robison, Rob Seibert, Dana Simmons, Richard Stalcup, Rhonda Wilson. E o historiador do Arkansas David Ware. Os arquivistas e historiadores da Georgetown e de Oxford também ajudaram muito.

Enquanto eu estava ocupado escrevendo, na maior parte dos últimos dois anos e meio e especialmente nos últimos seis meses, as atividades da minha fundação foram levadas adiante com a construção da biblioteca e com o trabalho nas nossas missões: combate à AIDS na África e no Caribe, oferta de medicamentos a baixo custo e testes em todo o mundo; aumento das oportunidades econômicas em comunidades pobres nos Estados Unidos, na Índia e na África; promoção da educação e da prestação de serviços à comunidade entre jovens no país e no exterior; e defesa da aceitação religiosa, racial e étnica em todo o mundo. Quero agradecer àqueles cujos donativos tornaram possível o trabalho da minha fundação e a construção da Biblioteca Presidencial e da Clinton School of Public Service na Universidade do Arkansas. Tenho uma grande dívida com Maggie Williams, a chefe da minha equipe, por tudo o que ela fez para manter as coisas andando e pela sua ajuda no livro. Quero agradecer aos membros da minha fundação e ao pessoal do escritório por tudo o que eles fizeram para dar continuidade ao trabalho da fundação e aos programas dela enquanto eu estava escrevendo o livro. Um agradecimento especial vai para Doug Band, meu assistente, que desde o dia em que deixei a Casa Branca me ajudou a construir a minha nova vida e que lutou para preservar o meu tempo de escrever nas nossas viagens pelos Estados Unidos e pelo mundo.

Também tenho uma dívida com Oscar Flores, que mantém as coisas andando na minha casa em Chappaqua. Nas muitas noites em que Justin Cooper e eu trabalhamos até altas horas, Oscar saía da sua rotina para ter certeza de que havíamos nos lembrado de jantar e de que dispúnhamos de uma dose suficiente de café.

Concluindo, não posso relacionar todas as pessoas que tornaram possível a vida relatada nestas páginas — todos os professores e mentores da minha juventude; as pessoas que trabalharam e contribuíram nas minhas campanhas; aqueles que trabalharam comigo no Conselho da Liderança Democrata, na Associação Nacional de Governadores e em todas as outras organizações que contribuíram para a minha educação em política pública; aqueles que trabalharam comigo pela paz, pela segurança e pela tolerância em todo o mundo; aqueles que fizeram a Casa Branca funcionar e as minhas viagens serem bem-sucedidas; as centenas de pessoas talentosas que trabalharam nas minhas administrações como procurador-geral, governador e presidente; sem os seus dedicados préstimos eu teria muito pouco a dizer sobre os meus anos na vida pública; aqueles que proporcionaram segurança para a minha família e para mim; e meus amigos de toda a vida. Nenhum deles é responsável pelas falhas da minha vida, mas merecem grande parte do crédito por tudo o que dela tenha resultado de bom.

ÍNDICE ONOMÁSTICO

Aaron, Hank, 420, 837
Abbas, Mahmoud, 514, 515
Abdulla, príncipe saudita, 796, 880
Abdullah, rei da Jordânia, 805, 859, 869, 870
Abedin, Huma, 857, 901
Abraham, Danny, 888
Abu Ala, 769, 857, 880, 886
Abu Mazen, 514, 769, 857, 886
Adams, Gerry, 114, 265, 427, 547, 548, 549, 551, 581, 612, 647, 648, 660, 661, 735, 739, 741, 761, 762, 841, 873, 875
Agnew, Spiro, 124, 130, 134
Ahern, Bertie, 649, 735, 739, 761, 762, 824, 841, 875
Ahtisaari, Martti, 706, 807, 808
Aidid, Mohammed, 521, 522, 523, 524, 525
Alamo, Tony e Susan, 223
al-Assad, Bashar, 830
al-Assad, Hafez, 517, 544, 545, 576, 591, 592, 650, 795, 817, 826, 829, 830, 831, 832, 833, 848, 854
Albright, Madeleine, 327, 364, 432, 433, 539, 646, 661, 695, 697, 719, 760, 762, 771, 780, 783, 799, 802, 808, 816, 817, 823, 825, 830, 832, 833, 846, 848, 865, 881, 901
Alexander, Kern, 251, 293
Alexander, Lamar, 304, 310
Alford, Dale, 81, 86
Ali, Muhammad, 678, 889
Aller, Frank, 138, 141, 142, 154, 156, 166, 173, 174, 181, 446, 504
al-Majid, Hussein Kamel Hassan, 632
Altman, Roger, 429, 437, 438, 439, 498, 505, 553, 554, 573

Alvarez, Aida, 696
Ames, Aldrich, 551, 771
Anik, Alexis, 148, 162, 163
Annan, Kofi, 697, 734, 784, 823, 866, 869
Arafat, Yasser, 513, 514, 515, 516, 551, 563, 591, 592, 634, 635, 641, 661, 662, 663, 668, 687, 697, 698, 704, 705, 709, 731, 766, 767, 768, 769, 770, 771, 772, 780, 784, 815, 816, 821, 829, 841, 844, 855, 856, 857, 858, 859, 860, 867, 869, 872, 874, 879, 880, 881, 885, 886, 888
Aristide, Jean-Bertrand, 162, 440, 441, 443, 563, 582, 583, 584, 590, 602, 609, 612, 613
Armey, Dick, 604, 644, 654, 655, 785, 793
Armstrong, Bill, 129, 152, 153, 369
Armstrong, Neil, 150, 893
Ashby, Kit, 102, 103, 149, 168
Ashcroft, John, 818, 819, 870
Ashley, Eliza, 260
Aspell, Mauria, 370
Aspin, Les, 407, 432, 433, 459, 461, 524, 545, 708
Atkinson, Dick, 198, 225

Babbitt, Bruce, 319, 433, 434, 497, 833, 834, 890
Bachman, Dru, 138, 143
Baird, Zoë, 433, 434, 441, 444, 457
Baker, Bobby, 130, 131
Baker, James, 403, 417, 710, 850
Baker, John, 173, 192
Baliles, Jerry, 346, 491
Band, Doug, 858, 900, 901
Bandar, príncipe, 880, 885

Banks, Charles, 633
Barak, Ehud, 805, 815, 816, 817, 821, 828, 829, 830, 831, 832, 833, 844, 848, 855, 856, 857, 858, 859, 860, 867, 869, 874, 879, 880, 883, 885, 886
Barak, Nava, 815, 832
Barbieri, Arthur, 182, 183
Barnett, Bob, 412, 416, 900
Barrett, David, 696, 816
Barshefsky, Charlene, 501, 667, 696, 703, 802, 825, 861, 868
Bassett, Woody, 382
Batista, Fulgêncio, 79
Bautista, Lito, 833
Bayh, Evan, 93, 766
Beauvoir, Max, 227, 228, 239
Begala, Paul, 363, 364, 368, 369, 372, 390, 398, 403, 407, 439, 450, 464, 466, 467, 469, 756, 798, 901
Bell, Terrel, 293, 319
Ben Artzi Pelossof, Noa, 641
Ben-Ami, Shlomo, 857, 858, 859
Bennett, Bob, 564, 729
Bennett, Victor, 147
Bentsen, Lloyd, 188, 324, 327, 410, 429, 437, 438, 439, 463, 464, 469, 470, 482, 509, 542, 601, 816
Berger, Sandy, 276, 316, 364, 426, 433, 521, 582, 608, 646, 695, 743, 752, 757, 769, 770, 771, 783, 802, 804, 808, 827, 847, 900
Berlusconi, Silvio, 565, 566
Berry, Paul, 229, 234, 901
Bersin, Alan, 131, 145
Beryl, Anthony, 298, 351
Bhumibiol Adulyadej, rei da Tailândia, 694
Biden, Joe, 319, 320, 481, 578, 865
Bin Laden, Osama, 750, 751, 752, 753, 757, 758, 813, 814, 821, 827, 869, 870, 878
Bishop, "Burro", 123
Bizimungu, Pasteur, 736
Black, Charles, 191, 413
Blair, Cherie, 713, 733, 761, 875, 877

Blair, Diane, 466, 536
Blair, Jim, 201, 259, 552, 901
Blair, Tony, 348, 647, 712, 713, 720, 733, 734, 735, 739, 741, 742, 761, 766, 779, 785, 795, 801, 803, 824, 825, 841, 852, 854, 875, 877
Blanchard, Jim, 319, 352, 610
Blinder, Alan, 436, 437, 438, 439, 469
Bloodworth, Linda, 325, 398
Blumenthal, Sidney, 557, 734, 803, 901
Blythe, William Jefferson, Jr., 11
Bolkiah, Hassanal, sultão, 873
Bond, Julian, 127, 842
Bond, Mary, 79, 110
Bono, 649, 809, 861, 868
Boren, David, 338, 474, 498, 505, 506, 508
Bork, Robert, 170, 174, 257, 320, 321, 787
Bossie, David, 554, 555, 556, 573
Boutros-Ghali, Boutros, 484, 485, 521, 523, 662
Bowen, Bill, 352, 353
Bowles, Erskine, 214, 431, 604, 623, 631, 675, 688, 693, 711, 772, 773, 776, 901
Bowman, Pasco, 89, 670, 781
Bradley, Bill, 245, 246, 395, 413, 669, 809, 840, 844
Brady, James, 841
Brady, Sarah, 528, 682
Branch, Taylor, 151, 187, 450, 900
Branscum, Herby, 683, 684, 787
Brazelton, T. Berry, 519
Breaux, John, 16, 346, 474, 774
Breslin, Jimmy, 381, 386
Breyer, Stephen, 497, 498, 560, 876
Briscoe, Dolph, 188, 189
Brock, David, 535, 563, 671
Bronfman, Sheila, 451
Brooks, Jack, 232, 233, 578, 594
Brown, Alma, 450, 665
Brown, Floyd, 554, 556, 573
Brown, Jerry, 271, 272, 360, 376, 378, 381, 384, 386, 387, 389, 394, 397
Brown, Jesse, 432

Brown, Ron, 346, 394, 395, 410, 423, 430, 442, 450, 492, 550, 563, 589, 616, 649, 665, 666, 737
Browner, Carol, 432, 762, 806
Bruton, John, 612, 647, 649, 661, 739
Buchanan, Pat, 130, 364, 373, 378, 405
Bullock, Bob, 189, 878
Bumpers, Dale, 40, 171, 184, 202, 211, 215, 223, 230, 244, 245, 270, 316, 327, 351, 356, 508, 560, 578, 617, 791, 792
Burkle, Ron, 388, 389, 901
Bush, Barbara, 462
Bush, George H. W., 92, 93, 157, 269, 297, 298, 301, 315, 318, 320, 323, 325, 326, 327, 332, 333, 335, 342, 345, 346, 347, 348, 349, 353, 359, 360, 361, 364, 369, 372, 378, 385, 388, 389, 390, 391, 392, 393, 394, 396, 397, 398, 399, 400, 403, 404, 405, 406, 407, 408, 409, 410, 411, 412, 413, 414, 415, 416, 417, 418, 419, 420, 423, 424, 425, 426, 427, 428, 429, 430, 431, 434, 435, 436, 437, 440, 441, 442, 443, 445, 448, 450, 451, 452, 454, 455, 457, 465, 468, 469, 475, 477, 478, 479, 480, 484, 486, 487, 488, 499, 503, 514, 517, 518, 521, 522, 528, 541, 542, 545, 549, 552, 565, 571, 579, 585, 594, 596, 600, 624, 627, 641, 657, 659, 670, 675, 685, 744, 746, 750, 795, 809, 815, 819, 820, 840, 844, 855, 864, 870, 871, 872, 873, 874, 875, 876, 877, 878, 881, 892
Bush, George W., 92, 139, 321, 389, 607, 671, 775, 809, 819, 839, 840, 844, 862, 878, 880, 887, 891, 892, 893, 894
Bush, Jeb, 872
Bush, Laura, 878
Butheina, Shaban, 832, 848
Byrd, Robert, 93, 211, 459, 460, 467, 474, 523, 666, 795, 834

Cabe, Gloria, 270, 332, 339, 345
Campbell, Carroll, 328, 332
Campbell, Craig, 232
Campbell, Kim, 500
Campbell, Tom, 71, 103, 123, 140, 149, 627, 901
Campolo, Tony, 699, 704, 764
Caplan, Tommy, 71, 103, 115, 118, 119, 168, 169, 250, 450, 900
Caputo, Lisa, 475, 552
Cardoso, Fernando Henrique, 722, 779, 796, 825, 852
Carey, Hugh, 265, 352
Carlisle, Lib, 330, 401
Carlton, Kearney, 207, 208
Carnahan, Jean, 870
Carnahan, Mel, 375, 682, 818, 819, 870
Carrington, Lorde, 484
Carson, Johnny, 325, 326
Carter, Jimmy, 20, 87, 91, 92, 117, 215, 222, 223, 227, 231, 232, 233, 245, 248, 255, 259, 261, 262, 264, 265, 266, 267, 268, 269, 270, 271, 316, 327, 337, 348, 360, 364, 366, 385, 389, 395, 396, 401, 405, 406, 416, 433, 434, 455, 458, 462, 505, 514, 517, 518, 528, 542, 546, 563, 570, 581, 582, 583, 584, 585, 607, 628, 641, 663, 725, 795, 815, 816, 823, 842, 850, 873, 881
Carter, Rosalynn, 366, 406
Carville, James, 183, 363, 368, 369, 370, 386, 403, 404, 413, 421, 423, 425, 434, 756, 776, 901
Casey, Bob, 363, 387, 393, 395
Cassidy, Edith Grisham, 16, 54, 67
Cassidy, James Eldridge, 17, 18
Castle, Mike, 314, 328, 786
Castro, Fidel, 56, 79, 231, 261, 262, 581, 661, 866
Cauthron, Bill, 262, 263, 269
Cawkwell, George, 136, 146
Cecil, George, 54, 57, 363
Cedras, Raoul, 162, 440, 563, 582, 583, 584, 613

Chafee, John, 526, 586, 795, 862
Chase, Chevy, 326, 390
Cheney, Dick, 862, 864, 883, 892, 894
Chernomyrdin, Viktor, 482, 561, 602, 618, 658, 804, 807, 808
Chirac, Jacques, 567, 620, 650, 795, 796, 815, 878
Chirelstein, Marvin, 179, 180, 191, 192, 553
Chrétien, Jean, 500, 610, 620, 852
Christopher, Warren, 389, 392, 425, 426, 432, 442, 465, 479, 485, 486, 513, 515, 548, 549, 551, 559, 563, 565, 576, 582, 590, 604, 629, 645, 646, 650, 657, 663, 668, 687, 693, 697, 698
Churchill, Winston, 276, 455, 610, 637, 891
Ciller, Tansu, 614, 658
Cindy, Arnold, 57
Cisneros, Henry, 425, 432, 621, 696, 816, 882
Clark, L. W. "Bill", 278
Clark, Steve, 39, 276, 284, 337
Clark, Wesley, 108, 630, 631, 709, 800, 804, 807, 808, 809, 825, 862
Clarke, Richard, 743, 744, 751, 757, 836
Cleaver, Eldridge, 142
Cleland, Max, 155, 688, 691
Clifford, Clark, 114, 168
Clinton, Al, 35
Clinton, Bill
  casamento, 225, 366, 412, 754, 764; *ver também* Clinton, Hillary, (entrada principal)
  filha, 21, 260, 318, 381, 400, 402, 537, 710, 713, 731, 754, 756, 796, 868; *ver também* Clinton, Chelsea (entrada principal)
  infância, 19, 24, 24, 26, 27, 48, 51, 64, 69, 83, 95, 140, 145, 176, 177, 210, 225, 241, 251, 292, 293, 294, 300, 312, 313, 319, 334, 342, 346, 347, 367, 370, 376, 392, 476, 482, 504, 505, 527, 533, 552, 569, 598, 600, 665, 679, 711, 726, 764, 890
  irmão *ver* Clinton, Roger Cassidy
  mãe *ver* Kelly, Virgínia Cassidy Blythe Clinton
  nascimento, 11, 15, 20, 112, 230
  padrasto *ver* Clinton, Roger
  pai *ver* Blythe, William Jefferson, Jr.
  primeiro mandato presidencial, 248, 249, 250, 261, 278, 282, 284, 288, 289, 290, 291, 293, 307, 325, 341, 439, 464, 474, 581, 605, 681, 695, 696, 700, 704, 751, 881
  segundo mandato presidencial, 57, 77, 235, 241, 270, 285, 286, 447, 499, 560, 625, 661, 692, 693, 700, 828, 895
Clinton, Chelsea, 19, 43, 70, 73, 133, 241, 260, 270, 271, 272, 273, 274, 278, 279, 281, 283, 291, 292, 297, 298, 301, 304, 307, 317, 318, 326, 329, 332, 338, 343, 348, 351, 352, 355, 366, 367, 381, 391, 392, 394, 396, 397, 400, 421, 422, 424, 428, 435, 443, 450, 452, 454, 455, 458, 462, 474, 475, 480, 488, 489, 512, 514, 534, 536, 537, 538, 539, 540, 550, 581, 610, 612, 630, 641, 649, 650, 659, 662, 665, 666, 675, 678, 681, 694, 699, 704, 705, 709, 710, 713, 715, 720, 721, 723, 725, 731, 736, 747, 754, 756, 779, 780, 789, 797, 809, 814, 815, 817, 823, 824, 825, 840, 845, 846, 857, 858, 861, 864, 865, 869, 871, 873, 875, 877, 884, 887, 888, 890, 892, 894, 897, 900
Clinton, Eula Mae Cornwell, 35
Clinton, Evelyn, 36
Clinton, Hillary Rodham, 13, 16, 19, 20, 34, 35, 36, 42, 70, 72, 86, 94, 111, 120, 124, 131, 133, 157, 166, 170, 172, 175-9, 181-4, 187-8, 191-5, 198, 201-6, 209, 213-5, 219, 222-6, 228-9, 231-5, 241-4, 246-50, 252,

254-5, 258-60, 262, 264, 267, 269-72, 274, 277-9, 281-3, 291-300, 304, 306-8, 312-3, 316, 318, 321, 324-6, 329, 332, 337-40, 342, 348-55, 364-6, 368-70, 372-3, 376-7, 379, 382, 386, 390, 394-7, 399, 401-2, 404-6, 412, 416, 420-2, 424-5, 428, 431-2, 435, 437, 442-3, 445, 447-52, 454, 455, 458, 461-5, 467, 472, 474, 475, 477, 479-80, 488-90, 492-3, 501-2, 504, 511-2, 515, 517, 519-20, 526, 532-43, 550, 552-9, 563-9, 573-5, 580, 586, 591-3, 598, 600, 603, 610, 612, 616, 621, 630, 632-4, 636-7, 639-41, 648-9, 652, 656, 658-9, 662, 665, 667, 669-72, 675, 678-82, 684, 688, 693, 694, 699, 703-5, 709-10, 713, 715, 717, 720-5, 728, 731-4, 736-8, 742, 744-5, 747, 754, 756-7, 760-1, 763-4, 774-5, 778, 780-4, 788-9, 794-7, 801-3, 805-7, 809-12, 815-9, 821, 823, 828, 833-4, 837, 840, 845, 850, 855, 857, 861-6, 868-71, 873-5, 877-8, 884, 887-8, 890-2, 894, 897, 900-1

Clinton, Ilaree, 35, 36
Clinton, Janet, 36, 43
Clinton, Karla, 27
Clinton, Marie, 210, 225
Clinton, Molly Martin, 559
Clinton, Raymond, 23, 27, 28, 31, 36, 37, 67, 68, 82, 87, 88, 136, 137, 210
Clinton, Raymond "Corky", Jr., 36
Clinton, Robert, 36
Clinton, Roger (padrasto), 23, 25, 51, 53, 69, 78, 101, 131, 139, 140, 154, 195, 214
Clinton, Roger Cassidy (irmão), 38, 47, 49, 51, 53, 55, 67, 78, 108, 109, 119, 139, 214, 215, 225, 280, 299, 300, 309, 318, 349, 350, 400, 489, 533, 536, 559, 694, 796
Clinton, Roy, 36, 43
Clinton, Tyler Cassidy, 564, 694
Cohen, Bill, 506, 695, 708, 743, 758, 779, 804, 808, 887
Cohen, Steve, 250, 316
Coleman, Bill, 172
Connally, John, 188
Conway, Mike, 182, 203, 215, 230
Coolidge, Calvin, 532, 838
Cooper, Justin, 899, 901
Cormier, Rufus, 172, 179, 203
Craig, Greg, 250, 763, 791
Craighead, Kelly, 723
Crain, Joe, 49
Crain, Louise, 49
Crane, Edie, 32
Crane, Larry, 32
Crane, Mary Dan, 32
Crane, Rose, 32, 210, 213
Crawford, Gabe, 23, 24, 35, 36, 50, 206, 210
Crawford, Virginia, 24, 35
Criner, Patty Howe, 359, 537, 901
Crowe, Bill, 409, 432, 457
Crumbly, Jack, 284, 285
Cuomo, Andrew, 696
Cuomo, Mario, 316, 346, 349, 356, 361, 364, 384, 392, 397, 398, 413, 497, 594
Currie, Betty, 442, 693, 734
Cutler, Lloyd, 555, 573, 580, 750

D'Alema, Massimo, 803, 825
D'Amato, Alfonse, 632
Dahlan, Mohammed, 769, 857, 859
Dalai Lama, 714, 747
Daley, Bill, 512, 528, 695, 760, 854
Daley, Richard, 125, 357
Danforth, John, 506, 533
Dangremond, Bob, 371
Dangremond, Denise Hyland, 77, 130, 136, 148, 371, 901
Daniel, George, 206, 272
Dannemeyer, Bill, 555, 556
Danner, John, 254
Daschle, Tom, 604, 608, 644, 655, 690, 710, 711, 758, 772
Dash, Sam, 552, 781
Davids, Jules, 105, 106, 110

Davis, Edward e Annie, 363, 372
Davis, Gray, 271, 775, 870
Davis, Wylie, 192, 204
Dayan, Moshe, 867
Dean, John, 152, 187
Dean, Richard, 656
DeConcini, Dennis, 506, 507, 508
DeLay, Tom, 235, 604, 699, 700, 776, 783, 785, 786, 787, 788, 793, 803, 818
Demirel, Suleyman, 658, 795, 823
DeRoeck, Wally, 229, 272
DeRosa, Mary, 900
Deutch, John, 663, 695, 706
Diana, princesa de Gales, 566, 720, 721
Dickey, Jay, 786, 870, 872
Dixon, Lynda, 53, 291, 338, 349, 901
Doar, John, 191, 203, 788
Dodd, Chris, 465, 547, 582, 607, 636
Dodd, Tom, 93, 169, 636
Dole, Bob, 427, 459, 461, 474, 481, 487, 509, 518, 538, 546, 547, 550, 561, 568, 579, 586, 596, 604, 607, 608, 611, 614, 626, 629, 636, 642, 644, 645, 649, 651, 655, 664, 672, 680, 682, 685, 688, 690, 691, 698, 861
Dole, Elizabeth, 680, 725
Dozhier, Parker, 671
Drew, Nelson, 630, 631
Drummond, James "Bulldog", 262, 263, 264, 289
DubËek, Alexander, 163
Duffey, Joe, 169, 170, 171, 172, 174, 183, 193, 210, 372, 442, 773
Dukakis, Michael, 289, 319, 323, 324, 325, 326, 327, 351, 406, 412, 433, 554
Duke, Steve, 174, 192
Durant, Mike, 522, 523, 525
Duvalier, François "Papa Doc", 227
Duvalier, Jean-Claude "Baby Doc", 227
Dwire, Jeff, 125, 137, 138, 139, 153, 154, 165, 168, 176, 229, 247, 369

Eagleton, Tom, 186, 187, 188, 190
Eakeley, Doug, 131, 172, 182
Eban, Abba, 868
Ecevit, Bülent, 824
Echaveste, Maria, 773
Edelman, Marian, 184, 193, 862
Edelman, Peter, 679
Edwards, David, 143, 154, 158, 166, 227, 231, 411
Eidenberg, Gene, 262, 263, 264, 266
Eisenhower, Dwight D., 38, 40, 45, 58, 144, 527, 571, 620, 819
Eizenstat, Stu, 806
Elders, Joycelyn, 330, 331, 432
Elizabeth II, rainha da Inglaterra, 418, 877
Ellis, Carolyn, 176, 250
Emanuel, Rahm, 357, 441, 447, 514, 716, 756, 773, 901
Emerson, John, 430, 431, 491
Erekat, Saeb, 857, 886
Ervin, Sam, 187, 202
Espy, Mike, 327, 346, 367, 433, 563, 588, 589, 782, 821, 882
Ewing, Hickman, 684, 717, 718, 735, 745, 802

Fahd, rei da Arábia Saudita, 426, 513, 592, 676, 844
Faircloth, Lauch, 573, 579, 632, 775
Falwell, Jerry, 230, 556
Farmer, Bob, 351, 358
Farmer, Sharon, 494
Faubus, Elizabeth, 204
Faubus, Orval, 37, 40, 62, 80, 81, 82, 91, 111, 123, 171, 199, 203, 204, 244, 266, 307, 309, 334, 430
Faulkner, William, 172, 180
Feder, Judy, 458, 520
Fisher, George, 254, 275, 276
Fisher, Jimmie Lou, 355
Fiske, Robert, 543, 552, 554, 573, 574, 579, 580, 669
Flores, Oscar, 901
Flowers, Gennifer, 341, 365, 366, 367, 368, 370, 372, 383

Flynn, Ray, 381, 407
Foley, Tom, 426, 451, 547, 578, 594, 595, 853
Ford, Betty, 517
Ford, Gerald, 172, 215, 233, 514, 517, 518, 585, 795, 816, 850, 873, 881
Forney, Bo, 207, 209
Fors, Henry, 163
Fortas, Abe, 182
Foster, Vince, 19, 229, 234, 235, 441, 466, 503, 552, 555, 573, 604, 632, 658, 673
Fox, Vicente, 864
Franklin, John Hope, 714, 766
Frasure, Bob, 628, 630, 631
Freeh, Louis, 503, 504, 675, 719
French, Mel, 447
Friendly, Andrew, 442, 591
From, Al, 398, 426, 803, 814, 822, 901
Fulani, Lenora, 381
Fulbright, J. William, 62, 88, 89, 90, 92, 95, 96, 97, 98, 99, 100, 103, 104, 106, 110, 111, 112, 115, 118, 119, 120, 121, 122, 123, 136, 146, 157, 162, 184, 202, 211, 215, 216, 382, 492, 554, 609
Fulbright, Roberta, 95
Fuller, Millard, 406

Gallucci, Bob, 590
García Márquez, Gabriel, 179, 581
Garrison, William, 522, 523, 524
Gearan, Mark, 426, 495, 528, 542, 649
George Stephanopoulos, 357, 369, 398, 404, 421, 425, 439, 441, 450, 473, 495, 514, 515, 519, 542, 553, 607, 695
Gephardt, Dick, 319, 467, 507, 518, 578, 595, 604, 608, 644, 655, 673, 710, 758, 772, 788
Gergen, David, 495, 542
Giles, Walter, 79
Gingrich, Newt, 139, 235, 328, 331, 427, 428, 481, 535, 538, 546, 568, 587, 588, 593, 594, 596, 598, 599, 600, 604, 607, 608, 612, 614, 622, 626, 635, 636, 638, 643, 644, 645, 649, 651, 655, 660, 671, 685, 699, 700, 710, 711, 724, 725, 733, 743, 758, 766, 767, 773, 776, 778, 787, 788, 793
Ginsburg, Ruth Bade, 497, 498, 730, 883
Giuliani, Rudy, 577, 819, 864
Glaser, Elizabeth, 396, 598
Gleckel, Jeff, 175
Glenn, John, 346, 459, 690, 739, 767, 774
Glickman, Julius, 187
Goggins, Will, 206, 212
Goldwater, Barry, 62, 71, 91, 320, 460, 745
Gonzáles, Elián, 849, 850
Goodrum, Randy, 57, 250, 370, 400
Gorbachev, Mikhail, 348, 478, 514
Gore, Albert, Jr., 38, 93, 152, 235, 317, 319, 320, 339, 346, 352, 392, 393, 394, 397, 398, 402, 412, 414, 418, 419, 420, 422, 424, 426, 432, 437, 438, 439, 442, 443, 447, 450, 451, 463, 464, 469, 472, 482, 486, 487, 490, 492, 498, 505, 506, 507, 509, 512, 514, 519, 527, 528, 538, 545, 549, 557, 563, 570, 580, 582, 589, 602, 603, 611, 618, 632, 635, 637, 644, 646, 655, 658, 660, 664, 665, 668, 675, 678, 681, 686, 687, 703, 716, 725, 728, 733, 737, 749, 769, 771, 773, 775, 779, 782, 788, 794, 800, 803, 807, 808, 809, 812, 816, 819, 820, 834, 839, 843, 844, 850, 852, 854, 855, 863, 864, 866, 870, 871, 872, 874, 875, 876, 877, 887, 889, 892, 894
Gore, Nancy, 632
Gore, Pauline, 394
Gore, Tipper, 393, 394, 395, 401, 402, 406, 420, 424, 447, 448, 450, 454, 455, 532, 563, 681, 682, 687, 688, 733, 794, 803, 812, 863, 864, 870, 888
Graham, Billy, 41, 42, 47, 454, 616, 672

Graham, Bob, 279, 392, 459, 466
Graham, Katharine, 428, 512
Gramm, Phil, 651, 664
Grant, Ulysses S., 455, 666
Gray, Bill, 346, 563, 582
Gray, Boyden, 434, 659
Green, Pincus, 883
Greenberg, Stan, 351, 386, 404, 419, 423, 439, 464, 776
Greenspan, Alan, 428, 429, 472, 607
Greenspun, Brian, 900
Greenspun, Myra, 900
Greer, Frank, 351, 353, 358, 363, 365, 386, 404, 418, 423
Gregory, Dick, 127, 351
Grisham, Falba, 20, 22
Grisham, Ollie, 20, 21, 22, 37, 149
Grisham, Oren "Buddy", 19, 22, 715
Grunwald, Mandy, 386, 418, 439, 464
Guinier, Lani, 173, 496, 497

Hackler, Hugh, 206
Hale, David, 190, 541, 554, 555, 556, 633, 670, 671, 672, 717, 787
Hall, Arsenio, 390
Hamill, Pete, 386
Hammerschmidt, John Paul, 202, 205, 207, 210, 212, 213, 214, 216, 218, 219, 227, 230, 369
Haram al-Sharif, 687, 859
Hardin, Lillie, 314, 680
Harkin, Tom, 352, 360, 361, 372, 373, 374, 375, 384, 394, 396, 582, 690, 692
Harriman, Averell, 105, 135, 276
Harris, Blake, 721
Harris, Maxine *ver* Jones, Maxine Temple
Harris, Oren, 62, 300
Harrison, William Henry, 453
Hart, Gary, 58, 157, 178, 184, 185, 269, 316
Hashimoto, Ryutaro, 662, 667, 710, 725, 749, 760
Hassan, rei do Marrocos, 517, 632, 815, 847

Hastert, Dennis, 792, 800, 815, 822, 865
Hatfield, Mark, 94, 168, 624
Havel, Václav, 164, 433, 521, 532, 539, 765, 792, 796, 852
Hawke, Bob, 134
Hays, Brooks, 81, 85, 86, 104
Healy, Robert, 788
Heaney, Seamus, 649, 844, 875
Helal, Gemal, 769, 856, 858
Helms, Jesse, 243, 579, 628, 661, 709, 710, 720, 819, 823, 868, 884
Henry, Ann, 201, 202, 225, 259, 901
Henry, Morriss, 201, 202, 225, 259
Hentz, Otto, 75, 450
Herman, Alexis, 696, 835
Hernreich, Nancy, 441, 503, 693, 900
Heston, Charlton, 39
Hill, Henry, 45, 68
Hill, Rob, 683, 684, 787
Hilley, John, 717
Hinckley, John, 490
Ho Chi Minh, 97, 98, 873, 874
Hoar, Joseph, 522, 524
Hobbes, Thomas, 166
Holbrooke, Dick, 364, 479, 486, 628, 630, 631, 634, 646, 658, 697, 709, 746, 747, 749, 799, 800, 815, 823, 866, 900
Holmes, Eugene, 149, 158, 369
Holt, Frank, 82, 85, 110, 140, 213, 890
Holt, Jack, 88
Holt, Lyda, 83, 147
Holt, Mary, 83
Holt, Melissa, 83
Holtz, Lou, 242
Holum, John, 316, 533
Horton, Willie, 327, 406, 554, 600
Howard, John, 694, 817
Howe, Jonathan, 521
Howe, Patty, 210, 225, 359, 537
Hubbell, Suzy, 504
Hubbell, Webb, 234, 441, 557, 744, 787
Huber, Carolyn, 259, 260, 352, 475, 658, 659, 900

910   *Bill Clinton*

Hume, John, 547, 548, 612, 648, 661, 739, 741, 826, 875
Humphrey, Hubert, 46, 91, 93, 118, 125, 126, 127, 128, 129, 130, 134, 135, 136, 137, 139, 182, 185, 187, 188, 191
Hunt, Jim, 265
Hussein, rei da Jordânia, 569, 576, 591, 592, 632, 641, 662, 687, 698, 709, 792, 794, 796, 813
Hussein, Saddam, 342, 417, 419, 425, 448, 499, 628, 632, 676, 686, 727, 734, 778, 779
Hussman, Walter, 356, 357
Hutchinson, Asa, 300, 301, 790
Hybels, Bill, 442, 764, 862
Hyde, Henry, 766, 776, 780, 790, 800
Hyland, Denise ver Dangremond, Denise Hyland

Ickes, Harold, 352, 358, 379, 381, 386, 394, 542, 552, 695, 696, 731, 901
Imus, Don, 385, 386
Indyck, Martin, 364
Inouye, Daniel, 126, 127, 854
Iue, Satoshi, 305
Izetbegovic, Alija, 483, 486, 513, 558, 657

Jackson, Andrew, 29, 209, 315, 324, 361, 503, 783
Jackson, Cliff, 364, 563
Jackson, Jesse, 319, 324, 346, 350, 374, 381, 386, 388, 390, 391, 394, 396, 664, 699, 737, 789, 804, 814, 822, 842, 862
Jackson, Mauria, 67
Jamison, Phil, 63
Javits, Jacob, 94, 778
Jaworski, Leon, 580, 762
Jefferson, Bill, 241, 433
Jefferson, Thomas, 385, 445, 447, 699, 774, 854
Jeffords, Jim, 568, 795
Jeffries, Bert, 34, 141, 145, 151, 495
Jiang Zemin, 531, 618, 723, 746, 747, 804

João Paulo II, papa, 511, 566, 794, 809
Johnson, Ben, 714
Johnson, Jim, 81, 82, 85, 87, 91, 120, 123, 136, 140, 554, 556, 670, 671, 692
Johnson, Lyndon, 31, 65, 73, 90, 91, 93, 103, 106, 113, 114, 115, 126, 129, 130, 134, 135, 458, 585
Johnson, Norma Holloway, 745, 774
Johnson, Roger, 359, 580, 901
Johnson, Tim, 690
Johnson, Virginia, 23
Jones, Fay, 195, 203, 307
Jones, Hilary, 208, 209, 253
Jones, Maxine Temple, 31, 32
Jones, Paula, 212, 368, 563, 579, 669, 718, 724, 728, 730, 733, 735, 738, 755, 763, 781, 782, 791, 796, 798, 807, 810
Jordan, Ann, 428, 511
Jordan, Vernon, 281, 410, 425, 426, 434, 580, 631, 720, 734, 781, 901
Joulwan, Georges, 629, 649, 709
Juan Carlos, rei da Espanha, 166, 715, 852
Juan Miguel, Gonzáles, 849, 850

Kagame, Paul, 560, 736
Kammer, Fred, 172
Kansi, Mir Aimal, 714, 731
Kant, Immanuel, 105, 226
Kantor, Mickey, 271, 316, 317, 349, 353, 369, 370, 386, 410, 425, 430, 431, 433, 439, 500, 501, 550, 601, 620, 662, 667, 688, 695, 696, 731, 756, 815, 901
Karadzic, Radovan, 483, 486
Karsh, Yousuf, 455, 610
Katzenbach, Nicholas, 98, 556
Kearney, Janis, 900
Kefauver, Estes, 38, 93
Kelley, Dick, 280, 309, 533, 537, 550, 561, 603, 649, 796, 901
Kelly, Virgínia Cassidy Blythe Clinton, 11, 12, 14, 15, 18, 23, 24, 25, 28, 35, 36, 38, 47, 49, 50, 51, 69, 78,

108, 138, 154, 210, 280, 300, 309, 318, 345, 355, 450, 534, 536, 537, 550
Kendall, David, 535, 542, 543, 616, 658, 730, 745, 755, 756, 763, 791, 795, 884, 900
Kennan, George, 98, 145
Kennedy, Edward, 126, 186, 248, 459
Kennedy, Ethel, 449, 842
Kennedy, Jim, 900
Kennedy, Joe, 397
Kennedy, Joe, Jr., 566
Kennedy, John F., 187, 189, 317, 362, 397, 400, 407, 449, 815
Kennedy, Robert F., 94, 113, 116, 117, 118, 125, 127, 139, 153, 157, 179, 189, 397, 449, 778, 779, 838
Kennedy, Vicki, 512
Kerns, Barbara, 274
Kerrey, Bob, 155, 316, 360, 373, 374, 375, 392, 394, 397, 409, 506, 507, 509, 533, 550, 604, 628
Kerry, John, 155, 547, 550, 622, 628, 673
Khamenei, Sayyed Ali, 866
Khruschev, Nikita, 45, 156, 479, 481, 482
Kim Dae Jung, 725, 745, 780, 796, 817, 880
Kim Il Sung, 570, 574, 575
Kim Jong Il, 805
Kim Young Sam, 628, 667
Kincaid, Diane, 201, 202, 246, 259
Kincaid, Hugh, 201, 202
King, Berenice, 765
King, Bruce, 368, 421
King, Coretta Scott, 46, 842
King, Larry, 390, 412, 503, 544, 561
King, Peter, 381, 547, 762, 786, 787
Kissinger, Henry, 61, 135, 157, 561, 708, 850
Klauss, Ian, 900
Klevorick, Caitlin, 899
Knapp, Bill, 623
Knoller, Mark, 892
Kohl, Helmut, 477, 485, 500, 575, 609, 618, 629, 649, 740

Kok, Wim, 803
Koop, C. Everett, 519, 520
Koresh, David, 472, 473
Kozyrev, Andrei, 478, 514
Kravchuk, Leonid, 539
Kristol, William, 568, 642
Kroft, Steve, 366
Kruzel, Joe, 630, 631
Kuchma, Leonid, 601, 668, 853

Lader, Phil, 299, 604
Lady, Frank, 244, 246
Lagos, Ricardo, 852
Lake, Tony, 364, 432, 433, 477, 478, 480, 515, 523, 525, 548, 549, 582, 630, 640, 641, 646, 695, 697, 706, 751, 901
Lancaster, Bob, 344
Lautenberg, Frank, 506
Lazio, Rick, 864, 866, 868
Leach, Jim, 632
Lee, Martin, 714, 715, 749
Lee, Wen Ho, 802
Leflar, Robert, 198
Lehrer, Jim, 413, 416, 731, 835, 836
Leopoulos, David, 32, 45, 54, 166, 370, 901
Leopoulos, Evelyn, 32, 166
Lewinsky, Monica, 729, 730, 732, 733, 734, 735, 750, 754, 755, 763, 780, 781, 791, 798
Lewis, John, 374, 420, 433, 759, 842
Lewis, L. Jean, 633, 652, 669
Lewis, Meriwether, 854
Lieberman, Joe, 346, 459, 646, 695, 762, 839, 863, 864, 866
Limbaugh, Rush, 555, 556, 622
Lincoln, Abraham, 60, 63, 385, 402, 414, 445, 455, 843, 855
Lincoln, Mary Todd, 455, 616
Lindsey, Bruce, 104, 325, 351, 357, 369, 386, 441, 450, 473, 532, 586, 683, 684, 882, 900
Lipton, John, 343, 351
Livingston, Bob, 781, 785, 786
Lockhart, Joe, 749, 858

Long, Huey, 31, 165
Lott, Trent, 604, 699, 717, 803, 819, 887
Lowe, Rudy, 144, 164
Lowenstein, Allard, 105, 113
Lugar, Richard, 646, 706
Luther King, Martin, Jr., 64, 103, 116, 118, 125, 139, 151, 152, 303, 343, 350, 380, 392, 448, 530, 838, 889

Mabus, Ray, 327
Machos, Ron, 363
Madden, Owen Vincent "Owney", 30
Madison, James, 69, 624, 625
Maes, Glen, 892
Magaziner, Ira, 408, 442, 458, 467, 520, 586, 900
Mahone, Glenn, 150, 151
Maitland, Sara, 146, 248
Malley, Rob, 769, 848
Mallon, Seamus, 826, 875
Malvie Lee, Giles, 538
Manatt, Charles, 271
Mandela, Nelson, 338, 396, 397, 563, 589, 737, 738, 749, 765, 792, 796, 865
Mangun, Anthony, 240, 241, 386
Mangun, Mickey, 240, 241
Mankiewicz, Frank, 184
Mansfield, Mike, 92, 114
Manton, Tom, 380, 547
Mao Tsé-tung, 156, 186
Margolies-Mezvinsky, Marjorie, 508, 533, 775
Mariano, Connie, 706
Markusen, Ann, 115, 118, 138, 143, 144
Marshall, Burke, 179, 192, 203, 556
Marshall, Capricia, 723, 857, 888, 901
Marshall, Thurgood, 64, 451
Marshall, Thurgood, Jr., 451
Martin, Billy, 72
Mathis, Randall, 245
Matter, Dave, 250, 451
Matthews, Sylvia, 696
Mauro, Garry, 188, 775

Mbeki, Thabo, 589, 737, 850
McAuliffe, Terry, 689, 827, 855, 889, 892
McCaffrey, Barry, 656, 664
McCain, John, 155, 523, 550, 628, 673, 680, 699, 734, 819, 840, 844, 879
McCarthy, Gene, 93, 113, 151, 168, 169
McCarthy, Joe, 96, 413
McClellan, John, 62, 82, 94, 95, 96, 229, 242, 244, 246, 270
McCurdy, Dave, 346, 397, 433, 594
McCurry, Mike, 604, 749
McDonald, Gordon, 764
McDougal, Jim (amigo de infância), 64
McDougal, Jim (associado de Whitewater), 120, 122, 535, 556, 671, 672, 735, 787
McDougal, Susan, 302, 382, 541, 554, 632, 670, 672, 684, 717, 718, 735, 744, 745, 787, 802, 807, 882
McEntee, Gerald, 380
McGinty, Katie, 442, 681
McGovern, George, 113, 125, 193, 861
McGuinness, Martin, 761, 826
McLarty, Mack, 24, 26, 61, 150, 229, 272, 350, 431, 461, 495, 552, 570, 571, 740, 786, 901
McNamara, Robert, 114, 446, 496, 511
McRae, Tom, 337
McVeigh, Timothy, 615, 616, 618
McWherter, Ned, 368
Melamed, Leo, 552
Meri, Lennart, 161, 574
Mikva, Abner, 580
Miles, John, 140, 151, 280, 538
Miller, Aaron, 769
Miller, John, 287
Miller, Zell, 363, 364, 368, 373, 374, 395, 420
Milligan, Jim, 207
Millin, Douglas, 132, 133
Mills, Cheryl, 763, 791, 900
Mills, Wilbur, 62, 184, 227
Milosevic, Slobodan, 442, 483, 484,

485, 628, 629, 630, 631, 650, 741, 749, 799, 800, 801, 804, 807, 808, 809, 862, 868
Mitchell, Bill, 280
Mitchell, George, 426, 467, 474, 497, 508, 509, 559, 579, 582, 647, 688, 735, 739, 761, 824, 841, 875
Mitchell, John, 135, 205
Mitchell, Joni, 73, 610
Mitchell, Marge, 49, 50, 123, 124, 214
Mitterrand, François, 485, 499, 567
Miyazawa, Kiichi, 500, 501
Mladic, Ratko, 484, 628, 631
Mohammed VI, rei do Marrocos, 854
Mondale, Walter, 93, 268, 271, 288, 301, 316, 402, 668
Monfort, Simão de, 418
Moore, Dorothy, 291
Moore, Jim, 102, 103, 119, 149, 168, 169
Moore, Minyon, 855
Moore, Rudy, 202, 248, 254, 266, 270, 272, 901
Morgan, James, 536, 561
Morris, Dick, 247, 269, 279, 280, 287, 307, 351, 593, 623, 682
Morrison, Bruce, 381, 547
Morrison, Michael, 363, 372, 449
Morse, Wayne, 93, 106
Moynihan, Pat, 328, 384, 467, 506, 778, 812, 840, 862, 866
Mubarak, Hosni, 426, 614, 641, 662, 698, 751, 795, 869, 880
Mulroney, Brian, 485, 500
Mundy, Carl, 459
Murayama, Tomiichi, 575, 620
Musharraf, Pervez, 812, 820, 845, 847
Muskie, Edmund, 127, 134, 185, 187
Myers, Dee Dee, 358, 365, 441, 473, 495, 603

Nelson, Sheffield, 337, 340, 382, 555
Nelson, Willie, 188, 265, 288
Netanyahu, Benjamin "Bibi", 592, 663, 673, 687, 697, 698, 704, 705, 709, 727, 731, 766, 767, 768, 769, 770, 771, 772, 774, 783, 784, 795, 805, 829, 867
Newman, Joe, 43, 56, 57, 140
Nichols, Larry, 341, 365, 367
Nixon, Richard, 45, 46, 91, 96, 113, 114, 124, 125, 126, 127, 129, 130, 134, 135, 136, 137, 139, 141, 142, 153, 156, 157, 158, 159, 162, 167, 168, 180, 184, 186, 187, 188, 199, 201, 202, 203, 204, 205, 210, 213, 214, 215, 216, 217, 218, 222, 235, 242, 353, 390, 442, 458, 477, 480, 541, 546, 554, 555, 560, 561, 580, 585, 600, 625, 783
Nixon, Vic, 205, 225
Nolan, Beth, 882, 900
Noor, rainha da Jordânia, 591, 641, 770, 795
Norman, Greg, 694
North, Oliver, 595, 788
Nunn, Sam, 346, 364, 368, 374, 420, 433, 459, 460, 506, 582, 689
Nussbaum, Bernie, 442, 503, 504, 542, 553, 554, 555, 573

O'Brien, Don, 189
O'Connor, Michael, 900
O'Dwyer, Brian, 765
O'Dwyer, Paul, 381
O'Keefe, Kevin, 352, 357, 773, 901
O'Leary, Hazel, 432, 508, 638, 695, 696
O'Neill, Thomas "Tip", 238, 545, 788
Oakley, Robert, 523
Obasanjo, Olusegun, 805, 864
Obuchi, Keizo, 766, 779, 817, 853
Oliver, Henry, 331, 344
Onassis, Henry, 512, 564
Orwell, George, 146, 166
Osenbaugh, Elizabeth, 198, 225
Owen, David, 485

Paisley, Ian, 547, 648, 742
Pamela, Harriman, 276, 428, 567
Panetta, Leon, 429, 436, 437, 439, 463, 507, 570, 571, 604, 607, 608, 623, 644, 645, 655, 675, 693, 901

Parish, Paul, 146, 165, 166
Paschal, Jan, 363, 372
Paster, Howard, 442, 468
Pastrana, Andrés, 774, 865
Patricof, Alan, 381
Patterson, Thomas, 571
Pei, I. M., 567
Pell, Claiborne, 70
Peña, Federico, 433, 550, 746
Penn, Mark, 623, 689, 690
Penny, Tim, 507, 509
Peres, Shimon, 514, 642, 650, 668, 669, 673, 821, 829, 886
Perot, H. Ross, 388, 389, 391, 398, 410, 415, 417, 423, 424, 528, 601, 685, 689
Perry, Bill, 545, 559, 582, 629, 636, 695, 780, 805
Perry, Tavia, 44
Peterson, Pete, 155, 550, 628, 686, 873
Pietrafesa, Nancy, 254
Platão, 76
Pledger, Jim, 331
Podesta, John, 170, 442, 773, 802, 850, 853, 856, 858, 877, 894, 900
Pogue, Don, 172
Poindexter, John, 788
Pollard, Jonathan, 769, 771
Porter, Roger, 333, 334, 350
Post, Markie, 29
Powell, Colin, 92, 241, 428, 459, 461, 496, 499, 511, 522, 524, 582, 680, 710
Powers, Francis Gary, 56, 163
Presley, Elvis, 38, 539
Prodi, Romano, 766, 825, 851, 878
Pryor, David, 40, 61, 84, 127, 244, 246, 282, 356, 496, 508, 578, 599, 617
Pryor, Mark, 344
Purcell, Joe, 282, 283, 286, 288
Putin, Vladimir, 479, 817, 828, 848, 852

Quayle, Dan, 391, 395, 403, 409, 414, 424, 568
Quayle, Marilyn, 405
Quigley, Carroll, 76

Rabin, Leah, 641, 821, 873
Rabin, Yitzhak, 426, 513, 514, 516, 549, 563, 576, 591, 592, 604, 634, 640, 805, 829
Rainer, Bill, 61, 62
Raines, Frank, 667
Rangel, Charlie, 778, 801
Rasco, Carol, 291, 345, 441, 458, 696
Rather, Dan, 325, 801
Ray, Louise e Clifford, 449
Ray, Robert, 821
Rayburn, Sam, 13
Raymar, Bob, 451
Reagan, Ronald, 91, 92, 113, 124, 139, 170, 265, 266, 269, 279, 298, 299, 301, 303, 304, 308, 318, 319, 320, 322, 328, 346, 349, 351, 361, 375, 389, 392, 399, 409, 419, 428, 430, 436, 437, 457, 460, 475, 487, 490, 519, 528, 541, 545, 552, 580, 581, 585, 596, 597, 600, 643, 670, 675, 677, 696, 708, 711, 716, 744, 746, 788, 841, 852, 862, 881
Reece, Bo, 121, 122
Reed, Bruce, 357, 398, 450, 568, 696, 900
Rehnquist, William, 320, 452, 543, 559, 573, 579, 790
Reich, Robert, 132, 142, 172, 173, 297, 426, 430, 437, 467, 695, 696
Reidel, Bruce, 858
Reischauer, Edwin, 98
Rendell, Ed, 577, 889
Reno, Janet, 466, 472, 473, 503, 541, 542, 543, 579, 588, 651, 669, 675, 696, 719, 720, 743, 746, 798, 849, 850
Ribicoff, Abe, 127, 187
Rice, Donna, 58, 316
Rich, Marc, 883
Richards, Ann, 441, 594
Richardson, Bill, 628, 695, 746, 760, 871
Richetti, Steve, 773
Riley, Dick, 368, 374, 426, 432, 558, 589, 611, 649, 746, 901

Rivlin, Alice, 429, 468, 627, 645
Robb, Chuck, 155, 346, 459, 460, 595, 628
Robertson, Pat, 405, 868
Robinson, Tommy, 261, 337, 340
Rockefeller, Jay, 346, 388, 396, 717
Rockefeller, Winthrop, 80, 81, 85, 86, 87, 140, 210
Rodham, Dorothy Howell, 747, 840, 845, 846, 900
Rodham, Hugh, 178, 225, 318, 466, 475, 901
Rodham, Maria, 364
Rodham, Nicole, 621
Rodham, Tony, 215, 225, 364, 474, 475, 901
Rodham, Zachary Boxer, 621
Roemer, Buddy, 327
Roosevelt, Eleanor, 31, 445, 713, 840
Roosevelt, Franklin D., 45, 91, 113, 209, 215, 362, 519, 889
Roosevelt, Theodore, 30, 45, 190, 317, 421, 423, 686, 713, 787, 890
Root, Paul, 58, 291
Ross, Dennis, 641, 668, 697, 698, 767, 769, 771, 783, 816, 817, 829, 830, 832, 848, 880, 901
Ross, Kate, 29
Ross, Michael, 29
Rostenkowski, Dan, 328, 506, 508, 882
Rubin, Bob, 358, 429, 436, 437, 464, 571, 601, 605, 606, 608, 644, 664, 677, 696, 739, 759, 760, 763, 806, 900
Ruff, Chuck, 719, 756, 763, 790, 874
Rush, Bobby, 376
Rusk, Dean, 98, 114
Russell, Carl, 19
Russell, Falba, 20, 22
Russell, Ollie, 20, 21, 22, 37, 149
Russell, Opal (Otie), 19, 20
Russell, Otie Grisham, 20, 40, 41
Russert, Tim, 527, 866

Saban, Haim, 888
Sadat, Anwar, 592, 751, 815
Safire, William, 554
Salinas de Gortari, Carlos, 441, 581
Sanchez, Richard, 301
Sarbanes, Paul, 607, 652
Saxton, Martha, 131, 148, 157, 901
Scaife, Richard Mellon, 671, 703
Scalia, Antonin, 320
Scanlon, Jim, 210, 212
Schaer, Kathleen, 34
Schaffer, Beverly Basset, 382, 383, 882
Schatteman, Christophe, 492
Schlossberg, Caroline Kennedy, 512
Schneider, Tom, 451
Schoen, Doug, 623
Schroeder, Gerhard, 740, 803, 825, 852
Schuman, Stan, 381
Schumer, Chuck, 775, 834
Schwartz, Tony, 279, 280
Schwarzlose, Monroe, 263, 282
Scott, Marsha, 451, 901
Sebes, Joseph, 75
Segal, Eli, 152, 357, 368, 441, 518, 679, 901
Seligman, Nicole, 763, 795
Sentelle, David, 579, 589, 670, 696, 775, 781, 821
Shackleford, Lottie, 386
Shakespeare, William, 51, 59, 81, 138
Shalala, Donna, 432, 564, 568, 655, 664, 743, 762, 835
Shales, Tom, 324, 326
Shalikashvili, John, 511, 524, 583, 629, 641, 646, 708, 721
Shamir, Ruby, 900
Shara, Farouk al-, 829
Sharif, Nawaz, 740, 812, 820, 845
Sharon, Ariel, 12, 140, 494, 630, 761, 767, 768, 769, 867, 879, 880, 885, 886
Shearer, Brooke, 174, 900
Sheehan, Michael, 688, 901
Sheid, Vada, 206, 297
Shelby, Richard, 459, 506, 706, 795
Shelley, Percy Bysshe, 134
Shelton, George, 210, 214

Shelton, Hugh, 583, 613, 721, 804, 808, 852
Shriver, Robert Sargent, 187, 189, 190, 191, 421, 519
Simon, Paul, 319, 357, 454, 624
Simpson, Alan, 487, 653
Sjostrand, Janice, 241, 538
Slater, Rodney, 284, 696, 762, 901
Smaltz, Donald, 589, 782, 821
Smith, Al, 46, 789
Smith, Craig, 357, 374, 384, 773, 901
Smith, Jean Kennedy, 547, 649
Smith, Maurice, 277, 278, 290, 339
Smith, Steve, 199, 200, 202, 216, 229, 234, 248, 254, 257, 787, 901
Soderberg, Nancy, 381, 426, 548, 549, 901
Sofia, rainha da Espanha, 166, 715
Solana, Javier, 650, 800, 807, 869
Sosnik, Doug, 494, 580, 773, 901
Sperling, Gene, 392, 426, 437, 438, 467, 696, 817, 825, 868, 900
Squier, Bob, 623
Staley, Carolyn Yeldell, 63, 117, 140, 168, 250
Stalin, Joseph, 156, 276, 521, 637, 653
Starr, Kenneth, 579, 604, 632, 659, 669, 703, 718, 730, 780, 788, 790, 798, 802, 807
Stearns, Rick, 131, 137, 144, 145, 146, 151, 155, 157, 165, 174, 177, 184, 185
Steele, Julie Hiatt, 735, 790, 802, 807
Steenburger, Mary, 326
Stein, Larry, 802, 877
Stennis, John, 91
Stephanopoulos, Constantinos, 672
Stephens, Jack, 232, 242, 308, 309
Stephens, Witt, 232
Stevenson, Adlai, 38, 113
Stewart, David, 210, 211, 212
Strauss, Bob, 265, 478
Street, Stephanie, 901
Streisand, Barbra, 449, 454, 534, 537, 538
Styron, Bill e Rose, 169, 181, 512, 581

Sullivan, Gordon, 459
Sullivan, Mike, 359, 368, 653
Summers, Larry, 429, 437, 438, 480, 605, 696, 727, 806, 861, 901
Sununu, John, 318, 321, 333, 334
Swett, Dick, 690
Synar, Mike, 412, 416

Talbott, Strobe, 131, 138, 142, 146, 152, 156, 174, 181, 479, 706, 752, 846, 900
Tarnoff, Peter, 548, 630
Taunton, Larry, 61, 62
Tempelsman, Maurice, 564
Tenet, George, 706, 743, 768, 771, 836, 869
Teresa, madre, 544, 550, 720
Thatcher, Margaret, 499, 549
Theofanis, Dimitrios, 370, 449
Thieu, Nguyen Van, 135
Thomas, Clarence, 173
Thomas, Mike, 46, 152
Thomases, Susan, 170, 358, 386, 401, 632
Thomason, Danny, 124, 325
Thomason, Harry, 325, 387, 447, 731, 892
Thompson, Meg, 899
Thornton, Ray, 242, 246, 351, 508
Thurman, Sandy, 710
Thurmond, Strom, 91, 199, 699, 795
Tillman, Seth, 92, 110
Tito, marechal, 477
Tower, John, 93, 541, 787, 788
Tramontano, Karen, 773
Trimble, David, 612, 735, 739, 761, 826, 841, 875
Tripp, Linda, 730, 780
Truman, Harry S., 31, 45, 201, 301, 335, 406, 407, 458, 459, 863
Tsongas, Paul, 346, 360, 365, 372, 373, 376, 381, 387, 394, 397, 472
Tucker, Jim Guy, 199, 227, 228, 242, 246, 282, 284, 285, 337, 338, 343, 351, 430, 632, 670, 671, 672, 884
Tudjman, Franjo, 558, 631, 657

Tully, Paul, 410, 555
Turabi, Hasan al-, 751
Turner, Lonnie, 222, 299
Tyson, Don, 201, 217
Tyson, Laura, 430, 436, 438, 469, 601, 609, 644, 695, 696

Vachss, Andrew, 533
Vajpayee, Atal Behari, 813, 845, 846, 866
Van Buren, Martin, 315, 820
Vaught, W. O., 42, 279, 280, 335, 336
Venter, Craig, 742, 743, 854

Wagner, Carl, 316, 317
Waldman, Michael, 450
Walesa, Lech, 574
Walesa, sra. (mãe de Lech), 574
Walker, Jerry Jeff, 188, 421
Wallace, George, 36, 91, 113, 114, 120, 121, 137, 185, 289, 298, 364
Walsh, Lawrence, 419, 434, 541, 580
Walters, Cora, 28
Warneke, Lonnie, 59, 143
Warner, John, 595, 795
Waters, Maxine, 388, 389, 397, 861, 868
Watkins, David, 283, 286, 307, 441, 493
Weinberger, Caspar, 419, 434, 541, 710
Weiner, Mark, 900
Weld, Bill, 607, 622, 720
Welty, Eudora, 173
Wendell, Ford, 451, 452, 604, 690
Wexler, Anne, 171, 188, 331
Whetstone, Martha, 451, 901
Whillock, Carl, 200, 201, 205
White, Byron "Whizzer", 451, 497
White, Frank, 266, 267, 269, 270, 274, 275, 276, 277, 283, 284, 286, 287, 289, 307, 308, 309, 377
Whorton, Charles, 200
Widmer, Ted, 900
Wilder, Doug, 346, 360, 394
Wilhelm, David, 357, 369, 442

Willey, Kathleen, 735, 787, 790
Williams, Edgar "Bill", 132, 147
Williams, Edward Bennet, 264
Williams, Lee, 88, 89, 100, 110, 120, 122, 153, 154, 155, 184
Williams, Maggie, 442, 552, 632, 900, 901
Williams, Pat, 508, 595
Williamson, Gaston, 111, 112
Williamson, Tom, 131, 137, 140, 145, 147, 148, 157
Willis, Carol, 284, 357, 386, 901
Wilson, Jimmy, 284
Wilson, Woodrow, 83
Witt, James Lee, 544, 580, 762
Wofford, Harris, 363, 392, 407, 842
Wogaman, Phil, 534, 641, 764, 888
Wolfe, Thomas, 159, 173
Wolfensohn, Jim, 631, 780
Wonder, Stevie, 733
Woods, Henry, 670, 781
Woodward, C. Vann, 173, 244, 245, 783
Woolsey, Jim, 432, 433
Wright, Betsey, 12, 188, 274, 279, 283, 290, 299, 307, 308, 331, 384
Wright, Susan Weber, 724, 733, 755
Yarborough, Ralph, 93, 188
Yates, Jack, 222, 299
Yeltsin, Boris, 348, 391, 425, 435, 478, 479, 480, 481, 482, 483, 499, 521, 539, 540, 561, 575, 576, 601, 602, 618, 637, 638, 658, 662, 668, 677, 706, 707, 708, 712, 714, 745, 761, 795, 801, 804, 805, 808, 817, 828

Young, Robert, 254
Yunus, Muhammad, 312, 313, 845

Zedillo, Ernesto, 607, 608
Zemin, Jiang, 618, 723, 746, 747, 804
Zhirinovsky, Vladimir, 540
Zhu Rongji, 723, 748, 801
Zumwalt, "Bud", 673, 833
Zyuganov, Gennady, 677, 707, 708

Este livro, composto na fonte Fairfield
e paginado por Alves e Miranda Editorial,
foi impresso em chamois fine 70g
na Imprensa da Fé.
São Paulo, Brasil, no inverno de 2004